각 시·도 청원경찰 공개경쟁·경력경쟁 임용시험 대비

# 청원경찰
## 민간경비론

**PREFACE**

청원경찰은 국가기관 또는 공공단체. 국내 주재 외국기관 등의 장이나 중요 시설 또는 사업장의 경영자가 그 소요경비를 부담하고 경찰관의 배치를 신청하는 경우 그 기관·시설 또는 사업장에 배치하는 경찰로 관할 경찰서장의 감독을 받아 그 경비구역만의 경비를 목적으로 필요한 범위에서 경찰관의 직무를 수행한다.

출입금지구역 및 금연구역, 휴대금지물품 등을 통제하고 규칙위반자를 경고 및 추방하며, 도난, 폭력, 규칙위반 또는 기타 불법적인 행위를 예방하기 위해 건물이나 산업체·산업체의 작업현장 등을 정기적으로 순찰한다.

본서는 청원경찰 필기시험 과목 중 하나인 민간경비론에 대한 핵심이론을 체계적으로 정리하고 이를 바탕으로 출제가 예상되는 문제를 수록하여, 이를 통해 이론에 대한 빠른 학습과 문제를 통한 응용학습이 가능하도록 하였다. 또한 각 문제마다 상세한 해설을 담아 보다 효율적인 학습을 할 수 있도록 하였다.

신념을 가지고 도전하는 사람은 반드시 그 꿈을 이룰 수 있습니다.
도서출판 서원각은 수험생이 합격이라는 꿈을 이룰 수 있도록 열심히 응원하고 있습니다.

## ■ 응시자격

① **응시결격사유** : 「국가공무원법」 제33조(결격사유) 및 「청원경찰법」 제10조의6(당연퇴직) 제3호에 해당되거나, 기타 법령에 의하여 응시자격을 정지당한 자는 응시할 수 없음

> **「국가공무원법」 제33조(결격사유)**
> 다음의 어느 하나에 해당하는 자는 공무원으로 임용될 수 없다.
> 1. 피성년후견인
> 2. 파산선고를 받고 복권되지 아니한 자
> 3. 금고 이상의 실형을 선고받고 그 집행이 종료되거나 집행을 받지 아니하기로 확정된 후 5년이 지나지 아니한 자
> 4. 금고 이상의 형을 선고받고 그 집행유예 기간이 끝난 날부터 2년이 지나지 아니한 자
> 5. 금고 이상의 형의 선고유예를 받은 경우에 그 선고유예 기간 중에 있는 자
> 6. 법원의 판결 또는 다른 법률에 따라 자격이 상실되거나 정지된 자
> 6의2. 공무원으로 재직기간 중 직무와 관련하여 「형법」 제355조 및 제356조에 규정된 죄를 범한 자로서 300만 원 이상의 벌금형을 선고받고 그 형이 확정된 후 2년이 지나지 아니한 자
> 6의3. 「성폭력범죄의 처벌 등에 관한 특례법」 제2조에 규정된 죄를 범한 사람으로서 100만 원 이상의 벌금형을 선고받고 그 형이 확정된 후 3년이 지나지 아니한 사람
> 6의4. 미성년자에 대한 다음의 어느 하나에 해당하는 죄를 저질러 파면·해임되거나 형 또는 치료감호를 선고받아 그 형 또는 치료감호가 확정된 사람(집행유예를 선고받은 후 그 집행유예기간이 경과한 사람을 포함)
>   가. 「성폭력범죄의 처벌 등에 관한 특례법」 제2조에 따른 성폭력범죄
>   나. 「아동·청소년의 성보호에 관한 법률」 제2조제2호에 따른 아동·청소년대상 성범죄
> 7. 징계로 파면처분을 받은 때부터 5년이 지나지 아니한 자
> 8. 징계로 해임처분을 받은 때부터 3년이 지나지 아니한 자
>
> **「청원경찰법」 제10조의6(당연퇴직) 제3호**
> 3. 나이가 60세가 되었을 때. 다만, 그 날이 1월부터 6월 사이에 있으면 6월 30일에, 7월부터 12월 사이에 있으면 12월 31일에 각각 당연 퇴직된다.

② **거주지 제한**(다음 ㉠과 ㉡의 요건 중 어느 하나를 충족하면 응시가능)
　㉠ 2021년 1월 1일 이전부터 최종시험(면접시험)일까지 계속하여 주민등록상 주소지 또는 국내거소신고(재외국민에 한함)가 응시지역으로 되어 있는 자
　　※ 위 기간 중 주민등록의 말소 및 거주불명으로 등록된 사실이 없어야 함
　㉡ 2021년 1월 1일 이전까지 주민등록상 주소지 또는 국내거소신고(재외국민에 한함)가 응시지역으로 되어 있었던 기간을 모두 합산하여 총 3년 이상인 자
　　※ 주민등록의 말소 및 거주불명으로 등록된 기간은 제외함
　　※ 행정구역의 통·폐합 등으로 주민등록상 시·군·구의 변경이 있는 경우 현재 행정구역을 기준으로 하며, 과거 거주사실의 합산은 연속하지 않더라도 총거주한 기간을 월 단위로 계산하여 36개월 이상이면 충족함
　　※ 거주지 요건의 확인은 개인별주민등록표를 기준으로 함

③ **응시연령** : 18세 이상자

④ **성별** : 남자(군복무를 마쳤거나 면제된 자에 한함)

⑤ **선체조건**(청원경찰법 시행규칙 제4조)
　• 신체가 건강하고 팔다리가 완전할 것

- 시력(교정시력을 포함)은 양쪽 눈이 각각 0.8 이상일 것
- 주간 및 야간 교대 근무가 가능하여야 함
    ※ 응시자는 신제조건 등을 반드시 확인하고 응시하여야 한다.

## ▌ 시험과목

- 필기시험과목은 자체출제로 각 시·도마다 상이하므로 반드시 각 시행계획 공고문을 참고하여야 한다.
- 일반적인 시험과목으로는 한국사, 민간경비론(청원경찰법 포함) 또는 일반상식을 포함하는 경우가 대부분이며, 제주도의 경우에는 한국사, 사회를 시행한다.

## ▌ 시험방법

① 제1차 시험 – 선택형 필기시험
- 매 과목별 만점의 40퍼센트 이상 득점자 중에서 고득점자순으로 선발예정인원의 1.5배수 범위 내에서 합격 자를 선정하고 동점자가 있을 때에는 1.5배수를 초과하여 합격자 결정 가능
- 필기시험 성적은 자치단체 통합 인터넷원서접수센터 본인에 한하여 확인할 수 있음(전화 확인불가)

② 제2차 시험 – 서류전형
- 응시자격 요건의 가산특전 해당여부 등 심사
- 서류전형은 필기시험 합격자에 한해 응시자격, 가산점 적용 등의 적합여부를 서면으로 심사

③ 제3차 시험 – 체력시험
- 경찰(순경)채용 체력시험 준용 – 경찰공무원 임용령 시행규칙 별표5의2 참고
- 합격자 결정 : 각 종목을 합산한 만점(30점) 중 40퍼센트(12점) 이상 득점자를 합격자로 결정. 단, 평가종목 중 1종목 이상 1점을 받은 경우 불합격으로 함

④ 제4차 시험 – 면접시험
- 평가요소 및 평가점수
 - 청원경찰로서의 정신자세(20점)
 - 전문지식과 그 응용능력(20점)
 - 의사표현의 정확성과 논리성(20점)
 - 예의품행과 성실성(20점)
 - 창의력·의지력 및 발전가능성(20점)
- 합격자 결정 : 총점의 40퍼센트(40점) 이상 득점자를 합격자로 결정. 단, 면접위원 과반수가 2개 이상의 평 가요소에 대하여 40퍼센트(8점) 미만의 점수를 평정하거나 면접위원 과반수가 동일한 평가요소에 대하여 40퍼센트(8점) 미만의 점수를 평정한 경우에는 불합격으로 함

⑤ 최종합격자 결정
- 면접시험 합격자 중에서 시험단계별 점수를 100점 만점 기준으로 환산해 필기시험 성적 50퍼센트, 체력시 험 성적 25퍼센트, 면접시험 성적 25퍼센트의 비율로 합산한 성적(소수점 셋째자리 이하 절사)의 고득점자 순으로 선발예정인원 범위 안에서 최종합격자를 결정함
- 선발예정인원을 초과하여 동점자가 있는 경우 필기시험 성적이 우수한 자, 체력시험 성적이 우수한 자 순 으로 합격자를 결정함

### ⊙ 민간경비의 정의

㉠ 민간경비 : 여러 가지 위해로부터 개인의
특정 고객에게 이들로부터 받은 경제적 이득
을 의미한다.

㉡ 경호 : 신변을 보호하는 행위를 말한다.

㉢ 경비업법상 정의

　ⓐ 경비업 : 시설경비업무, 호송경비업무, 신변
　는 일부를 도급받아 행하는 영업을 말한다.

　ⓑ 경비는 경호의 의미인 신변보호업무를 포

　ⓒ 경비업의 정의〈경비업법 제2조〉

　　• 시설경비업무 : 경비를 필요로 하는
　　한 위험발생을 방지하는 업무를

　　• 경비업무 : 운반 중에

**❶**

---

**❷**

〔예제문제〕～～～～～～～

**민간경비의 개념을 정의한 것으로 옳지 않은 것은?**

① 광의적 개념은 민간경비에 방범, 방재, 방화, 사이버보
② 실질적 개념은 공공의 안녕과 질서유지 등의 경찰활동
③ 협의적 개념은 국민의 생명과 신체 그리고 재산보호,
④ 형식적 개념은 경비업법에 규정하는 업무를 수행하는

★ ② 민간경비는 국가 경찰력의 한계로 인하여

---

━━━━━
━━━━━

**⊙1　민간경비 · 공경비 개념**

**❶ 민간경비**

① 민간경비의 정의

㉠ 민간경비 : 여러 가지 위해로부터 개인의 생명, 재산을 보호하기 위해 경비 서비스를 의뢰 받은
특정 고객에게 이들로부터 받은 경제적 이득만큼 반대급부를 제공하는 개인이나 단체 · 영리기업
을 의미한다.

㉡ 경호 : 신변을 보호하는 행위를 말한다.

㉢ 경비업법상 정의

　ⓐ 경비업 : 시설경비업무, 호송경비업무, 신변보호업무, 기계경비업무, 특수경비업무의 전부 또
　　는 일부를 도급받아 행하는 영업을 말한다.

　ⓑ 경비는 경호의 의미인 신변보호업무를 포함하는 것으로 경호의 상위개념이다.

　ⓒ 경비업의 정의〈경비업법 제2조〉

　　• 시설경비업무 : 경비를 필요로 하는 시설 및 장소에서의 도난 · 화재, 그 밖의 혼잡 등으로 인
　　　한 위험발생을 방지하는 업무를 말한다.

　　• 호송경비업무 : 운반 중에 있는 현금 · 유가증권 · 귀금속 · 상품, 그 밖의 물건에 대하여 도
　　　난 · 화재 등 위험발생을 방지하는 업무를 말한다.

　　• 신변보호업무 : 사람의 생명이나 신체에 대한 위해의 발생을 방지하고 그 신변을 보호하는 업
　　　무를 말한다.

　　• 기계경비업무 : 경비대상시설에 설치한 기기에 의하여 감지 · 송신된 정보를 그 경비대상시설
　　　외의 장소에 설치한 관제시설의 기기로 수신하여 도난 · 화재 등 위험발생을 방지하는 업무를
　　　말한다.

　　• 특수경비업무 : 공항(항공기를 포함한다) 등 대통령령이 정하는 국가중요시설의 경비 및 도
　　　난 · 화재, 그 밖의 위험발생을 방지하는 업무를 말한다.

　　• 대통령령이 정하는 국가중요시설 : 공항, 항만, 원자력발전소 등의 시설 중 국가정보원장이 지
　　　정하는 국가보안목표시설과 국방부 장관이 지정하는 국가중요시설물〈경비업법 시행령 제2조〉

② 민간경비의 분류

　ⓐ 주체에 따른 분류

　　• 인력경비 : 종의 위해(범죄행위, 화재, 재난 등) 등으로부터 인적 · 물적인 가치를 인력을 통해
　　　보호하는 경비형태이다.

　　• 기계경비 : 인력경비와 대응되는 개념으로 각종의 위해(범죄행위, 화재, 재난 등) 등으로부터
　　　인적 · 물적인 가치를 기계경비시스템을 통해 보호하는 경비형태이다.

---

**❶ 핵심이론정리**

민간경비론에 대한 필수적인 내용만을 정리하여 수록하였다. 출제가 예상되는 핵심적인 내
용만을 학습함으로써 단기간에 학습효율을 높일 수 있다.

**❷ 예제문제**

중요 이론에 대한 복습의 개념으로 예제문제를 별도의 요소로 구성하여 학습의 효율성을 높
였다.

# 출제 예상 문제

**1** 우리나라에서 민간경비와 경찰과의 관계에 관한 설명으로 옳지 않은 것은?

① 경비업법상 경찰청장 또는 시·도경찰청장은 경비업무의 적정한 수행을 위하여 경비업자 및 경비지도사를 지도·감독하며, 필요한 명령을 할 수 있다.
② 경찰활동의 재원은 세금이지만 민간경비의 재원은 의뢰자가 지급하는 도급계약의 대가(代價)라고 할 수 있다.
③ 경찰의 활동영역은 법령에 근거하며 민간경비의 활동영역은 경비계약에 근거한다.
④ 수익자부담이론은 개인이나 단체의 사유재산보호는 기본적으로 경찰의 역할이라고 간주한다.

> **TIP** 수익자부담이론
> ㉠ 경찰은 거시적인 질서 유지 기능을 하고, 개인이 자신의 신체와 사유재산을 보호받기 위해서는 개인적 비용의 지출로 민간경비집단을 의존해야 한다는 이론
> ㉡ 경찰의 역할이 개개인의 안전과 사유재산을 보호 하는 것이라는 일반적 통념을 거부하는 것임
> ㉢ 자본주의 사회에서는 개인의 재산보호나 범죄에 올 수 있는 신체적 피해로부터의 보호를 결국 개인적 비용에 의해 담보 받을 수밖에 없다는 입장

**2** 민간경비원의 권한에 관한 설명으로 옳지 않은 것은?

① 일반경비원은 사인(私人)적 지위와 특별한 권한을 갖는다.
② 일반경비원은 고용주의 관리권 범위 내에서 경비업무만을 수행할 수 있다.
③ 청원경찰은 경비구역 내에서 경비목적을 위해 필요한 경우 불심검문을 할 수 있다.
④ 특수경비원은 국가중요시설 등 경비구역 내에서 경비목적을 위해 필요한 경우 무기휴대 및 사용이 가능하다.

> **TIP** ① 법에 정해진 내용의 미약한 권한을 가진다.

❸ **출제예상문제**

기출문제를 분석하여 실제 출제유형과 가장 유사한 예상문제들만 엄선하여 수록하였다.

❹ **상세한 해설**

매 문제마다 상세한 해설을 달아 문제풀이만으로도 개념학습이 가능하도록 하였다. 문제풀이와 함께 이론정리를 함으로써 완벽하게 학습할 수 있다.

# CONTENTS

01
PART

# 민간경비 개설

# ⊖1 민간경비 · 공경비 개념

## ① 민간경비

### ① 민간경비의 정의

⊙ **민간경비** : 여러 가지 위해로부터 개인의 생명, 재산을 보호하기 위해 경비 서비스를 의뢰 받은 특정 고객에게 이들로부터 받은 경제적 이득만큼 반대급부를 제공하는 개인이나 단체 · 영리기업을 의미한다.

ⓛ **경호** : 신변을 보호하는 행위를 말한다.

ⓒ **경비업법상 정의**

ⓐ **경비업** : 시설경비업무, 호송경비업무, 신변보호업무, 기계경비업무, 특수경비업무의 전부 또는 일부를 도급받아 행하는 영업을 말한다.

ⓑ 경비는 경호의 의미인 신변보호업무를 포함하는 것으로 경호의 상위개념이다.

ⓒ **경비업의 정의**〈경비업법 제2조〉

- 시설경비업무 : 경비를 필요로 하는 시설 및 장소에서의 도난 · 화재, 그 밖의 혼잡 등으로 인한 위험발생을 방지하는 업무를 말한다.
- 호송경비업무 : 운반 중에 있는 현금 · 유가증권 · 귀금속 · 상품, 그 밖의 물건에 대하여 도난 · 화재 등 위험발생을 방지하는 업무를 말한다.
- 신변보호업무 : 사람의 생명이나 신체에 대한 위해의 발생을 방지하고 그 신변을 보호하는 업무를 말한다.
- 기계경비업무 : 경비대상시설에 설치한 기기에 의하여 감지 · 송신된 정보를 그 경비대상시설 외의 장소에 설치한 관제시설의 기기로 수신하여 도난 · 화재 등 위험발생을 방지하는 업무를 말한다.
- 특수경비업무 : 공항(항공기를 포함한다) 등 대통령령이 정하는 국가중요시설의 경비 및 도난 · 화재, 그 밖의 위험발생을 방지하는 업무를 말한다.
- 대통령령이 정하는 국가중요시설 : 공항, 항만, 원자력발전소 등의 시설 중 국가정보원장이 지정하는 국가보안목표시설과 국방부 장관이 지정하는 국가중요시설물〈경비업법 시행령 제2조〉

### ⓔ **민간경비의 분류**

ⓐ **주체에 따른 분류**

- 인력경비 : 종의 위해(범죄행위, 화재, 재난 등) 등으로부터 인적 · 물적인 가치를 인력을 통해 보호하는 경비형태이다.
- 기계경비 : 인력경비와 대응되는 개념으로 각종의 위해(범죄행위, 화재, 재난 등) 등으로부터 인적 · 물적인 가치를 기계경비시스템을 통해 보호하는 경비형태이다.

ⓑ 목적에 따른 분류
- 시설경비 : 국가중요시설, 빌딩, 주택, 공장건물, 상가, 공공건물, 공항 등 경비대상 시설에 대한 각종의 위해(외부침입·내부절도, 사고의 발생 등)로부터 그 시설물의 인적·물적 가치를 보호하는 경비형태이다.
- 혼잡경비 : 기념행사, 각종경기, 제례행사 등으로 인해 모인 군중들에 의해 발생되는 혼란상태를 사전에 예방하거나 경계하고 사태가 발생할 경우 신속히 대처하여 확대되는 것을 방지하는 경비형태이다.
- 경호경비 : 의뢰자의 의뢰에 의거하여 각종의 위해로부터 대상자를 보호하는 신변보호활동이다.
- 호송경비 : 운송이 필요한 현금, 보석, 각종 귀중품을 강·절도로부터 보호하여 안전하게 이송시키는 경비활동을 말한다.

ⓒ 성격에 따른 분류
- 계약경비 : 일반적으로 경비상품을 갖춘 용역경비전문업체가 경비서비스를 원하는 용역의뢰자와의 일정한 계약행위를 통해 경비서비스를 제공하는 형태의 경비서비스를 말한다.
- 상주경비(자체경비) : 계약경비와 상대개념으로 당해 조직이 자체적으로 경비부서를 조직하고 경비활동을 실시하는 경비형태를 의미한다. 즉, 조직의 일부로서 경비조직을 운영하여 경비를 행하는 형태를 말한다.

② 민간경비의 등장 배경
㉠ 범죄의 증가
ⓐ 기존 범죄자가 재범죄를 일으킨다.
ⓑ 범죄인식 부족으로 초범자들이 양산되었다.
ⓒ 신종 전문범죄 증가 : 회사 기밀유출, 공금횡령 등
ⓓ 청소년 범죄가 증가하였다.
ⓔ 경제위기(97년 IMF사태)를 맞게 되었다.

㉡ 국가 경찰력의 한계
ⓐ 경찰 예산 및 인력이 부족하다.
ⓑ 소극적 공권력을 갖는다.
ⓒ 긴급연락·즉각 대응 시스템이 정착되지 않았다.
ⓓ 전문성이 부족하다.

㉢ 시민의 안전욕구 증대
ⓐ 삶의 질(Quality of Life)이 상승함에 따라 안전욕구가 증대되었다.
ⓑ 시민의식이 증대되었다.

㉣ 민간경비의 배경
ⓐ 영미법계 : 영미법계 민간경비원은 국가경찰과 동등한 위치에서 그 주체성을 인정받는 것이 일반적이다.
ⓑ 대륙법계 : 대륙법계의 민간경비원은 국가경찰의 보조적인 위치에서 그 주체성을 인정받는다.

예 제 문 제 ～～～～～～～～～～～～～～～～～～～～～～～～～～～～～～

**민간경비의 개념을 정의한 것으로 옳지 않은 것은?**

① 광의적 개념은 민간경비에 방범, 방재, 방화, 사이버보안, 민간조사 업무 등 모두를 포함한다.
② 실질적 개념은 공공의 안녕과 질서유지 등의 경찰활동과 본질적으로 차이가 있다.
③ 협의적 개념은 국민의 생명과 신체 그리고 재산보호, 질서유지 및 범죄예방활동을 의미한다.
④ 형식적 개념은 경비업법에 규정하는 업무를 수행하는 활동을 의미한다.

★ ② 민간경비는 국가 경찰력의 한계로 인하여 발생하였으므로 그 실질적 개념에 차이가 없다.

답 ②

# ❷ 공경비

## ① 공경비의 개념

㉠ 일반적으로 경찰이 수행하는 일을 의미하는데 개인의 생명 및 재산을 보호하고 공공의 질서를 유지하는 공공의 이익과 안전을 도모하는 일련의 업무를 말한다.

㉡ 공경비는 공권력을 바탕으로 법 집행을 하는 것이 주된 업무이다.

## ② 경찰의 개념

㉠ 등장 : 서구적인 의미의 경찰은 갑오개혁 이후에 도입되었다.

㉡ 경찰의 개념 구분

　ⓐ 형식적 의미의 경찰

　　- 법규정상 경찰이 담당하도록 규정되어 있는 사항을 말한다.
　　- 직무의 범위〈경찰관 직무집행법 제2조〉
　　　- 국민의 생명 · 신체 및 재산의 보호
　　　- 범죄의 예방 · 진압 및 수사
　　　- 경비 · 주요인사 경호 및 대간첩 · 대테러 작전수행
　　　- 치안정보의 수집 · 작성 및 배포
　　　- 교통의 단속과 위해의 방지
　　　- 외국 정부기관 및 국제기구와의 국제협력
　　　- 그 밖에 공공의 안녕과 질서유지

　ⓑ 실질적 의미의 경찰

　　- 권력적 작용으로 명령 · 강제하는 것을 말하며 비권력적 작용은 실질적 경찰이 아니다.
　　- 행정경찰, 예방경찰, 보안경찰, 도로경찰, 공물경찰 등이 있다.

ⓒ 경찰의 종류
  ⓐ 국가경찰과 자치경찰

| 구분 | 자치경찰 | 국가경찰 |
|---|---|---|
| 권한과 책임 | 지방자치단체 | 국가 |
| 조직 | 자치단체별 조직 | 관료적 조직, 중앙집권적 조직 |
| 업무 | - 자치단체 이익증대, 질서유지<br>- 주민 개인의 권익보호 | - 국가적 이익증대, 질서유지<br>- 국민 개인의 권익보호 |
| 장점 | - 지방적 특색이 반영된 경찰행정<br>- 조직의 간소화<br>- 개혁추진이 용이함<br>- 주민의 인권보호 | - 강력한 공권력 발휘<br>- 조직의 통일성<br>- 조직의 거대화<br>- 타 부문과의 협조 용이 |
| 단점 | - 특정세력의 개입 우려<br>- 타 경찰과의 협조가 곤란<br>- 전국적 활동의 부적합성 | - 주민의 인권보호 미흡<br>- 조직의 거대화로 개혁추진이 어려움<br>- 지방특색의 퇴색 |

  ⓑ 행정경찰과 사법경찰

| 구분 | 사법경찰 | 행정경찰 |
|---|---|---|
| 조직 | 검찰총장 지휘 | 경찰청장 지휘 |
| 법적용 | 형사소송법 | 행정법규 |
| 업무 | - 형식적 의미의 경찰<br>- 공공질서 유지<br>- 권력적 작용 | - 실질적 의미의 경찰<br>- 범죄의 수사, 체포<br>- 통치권 작용 |

# 02 민간경비 · 공경비의 제 관계

## ❶ 업무수행적 측면

| 민간경비와 공경비의 업무수행 관계 | | |
|---|---|---|
| 구분＼종류 | 민간경비 | 공경비 |
| 비용부담자 | 의뢰자 | 국민 |
| 수혜자 | 비용을 부담한 자 | 국민 |
| 내용 | • 부담한 비용만큼 서비스를 제공한다.<br>• 경제적 손실방지에 주력한다.<br>• 범죄 대응에 치중한다.<br>• 이질의 서비스를 제공한다. | • 법집행 위주로 업무를 수행한다.<br>• 범죄 예방과 억제에 주력한다.<br>• 동질의 서비스를 제공한다. |

## ❷ 공권력 측면

① **공경비**(경찰)
- ㉠ 국가경찰의 경우 법에 정해진 내용의 비교적 강력한 공권력을 가진다.
- ㉡ 업무수행에 있어서 강제권을 포함한다.

② **민간경비**
- ㉠ 법에 정해진 내용의 미약한 권한을 가진다.
- ㉡ 업무수행에 있어서 강제권을 수반할 수 없다.
- ㉢ 업무의 범위는 국가경찰의 보조적인 역할로 한정된다.

**공경비와 민간경비의 관계에 관한 설명으로 옳지 않은 것은?**

① 우리나라는 넓게 공경비와 민간경비로 치안메카니즘이 구성된다.

② 공경비 분야에서 나타난 한계와 비생산성으로 민간경비가 등장하게 되었다.

③ 오늘날에는 공경비만으로 공동체의 안전과 질서를 유지하기 어렵다.

④ 민간경비서비스는 공경비서비스와 같이 소비자의 경제능력과 상관없이 이용이 가능하다.

★ ④ 경제적 이득을 제공하는 특정 고객만 민간경비서비스를 받을 수 있다.

답 ④

# ◻◻ 03 민간경비의 이론적 배경

## ❶ 공동화이론

① **전제**
  ㉠ 민간경비는 경찰력의 인적 · 물적 부족으로 인해 발생하였다.
  ㉡ 경찰력의 부족을 민간경비가 메워 주기 위해 출현하였다.

② **내용**
  ㉠ 사회의 발전과 인식의 변화로 인해 범죄가 증가한다.
  ㉡ 범죄의 증가 속도에 경찰력이 따라주지 못한다.
  ㉢ 민간경비의 출현으로 민간경비산업은 빠르게 성장하게 된다.
  ㉣ 민간경비와 경찰의 상호보완적 관계를 형성한다.

## ❷ 경제환원론

① **전제**
  ㉠ 경기 침체로 인한 실업의 증가를 가정한다.
  ㉡ 실업의 증가는 범죄의 증가를 초래한다.
  ㉢ 범죄의 증가는 민간경비시장의 성장으로 연결된다.

② **내용**
  ㉠ 미국이 경기침체를 보였던 1965~1972년에 민간경비시장의 성장이 다른 서비스업의 증가보다 두드러졌다는 단순하고 단기적인 경험적 관찰에 의한 내용이다(미국).
  ㉡ 현상 자체를 지나치게 경제적으로 풀어나가려고 한다.
  ㉢ 경기침체와 민간경비의 성장이 인과적 관계를 지닌다고 볼 수 없다.
  ㉣ 이론적인 설명이 취약하다.

## ❸ 수익자부담이론

### ① 전제

　　㉠ 경찰의 기능에서 개인의 안전과 재산보호를 제외시킨다.

　　㉡ 경찰은 법집행기관의 일부이다.

　　㉢ 경찰의 주된 기능을 질서유지와 체제유지와 같은 거시적 기능에 한정한다.

　　㉣ 자본주의 사회에서 국가기구의 일부로서 경찰의 근본적 성격과 역할·기능에 의문을 제기한다.

### ② 내용

　　㉠ 자본주의사회의 생리상 개인의 안전과 재산을 보호하기 위해서는 개인적 비용지출을 피할 수 없다.

　　㉡ 민간경비산업의 성장요건

　　　　ⓐ 국민 전체소득이 증가해야 한다.

　　　　ⓑ 전 사회 내에 범죄가 증가해야 한다.

　　　　ⓒ 경비에 대한 사회적 인식이 변화해야 한다.


## ❹ 이익집단이론

### ① 전제

　　㉠ 이익집단은 자신들의 이익을 극대화시키기 위해 행위한다.

　　㉡ 민간경비 역시 하나의 이익집단으로 자신들의 이익을 극대화한다.

　　㉢ 그냥 두면 보호받지 못하게 될 재산을 민간경비가 보호한다는 시각에서 출발한 이론이다.

　　㉣ 경찰과 민간경비가 상호보완 관계를 갖는다는 공동화이론이나 경제환원론의 입장을 부정하면서 제기되었다.

### ② 내용

　　㉠ 민간경비는 새로운 규율과 제도를 창출시키려고 노력한다.

　　㉡ 초기단계에 일어나는 현상이 민간경비의 양적 성장이다. 궁극적으로는 이익집단으로서의 내부적 결속과 제도화, 조직화의 결과 세력과 입지를 강화하게 된다고 주장한다.

## ⑤ 공동생산이론

① 전제
- ㉠ 민간경비와 시민이 속한 민간부문을 치안의 보조자적 입장에서 주체자적 입장으로 전환된다고 본다.
- ㉡ 공공부문과 민간부문이 상호대립적 관계가 아닌 상호보완적 관계로 전환된다고 본다.

② 내용
- ㉠ 치안서비스의 공동생산을 상정한다.
- ㉡ 최근 선진국에서 나타나는 흐름으로 민간부문의 적극적 참여가 핵심이다.

예 제 문 제 ～～～～～～～～～～～～～～～～～～～～～～～～～～～～～～～～

**다음 내용이 설명하고 있는 민간경비의 이론적 배경은?**

> 경찰의 공권력 작용은 원칙적으로 거시적인 측면에서 체제수호 등과 같은 역할과 기능에 한정되고, 사회구성원 개개인 차원이나 집단과 조직의 안전과 보호는 결국 해당 개인이나 조직이 담당하여야 한다.

① 경제환원론            ② 공동화이론
③ 수익자부담이론        ④ 이익집단이론

★ ③ 수익자 부담이론은 공경찰의 임무와 역할은 국민의 생명과 재산을 보호하는 공적인 임무만 수행하고 개인적 편익을 위한 자기보호 사업은 사업주체자인 수익자가 부담해야 한다는 이론이다.

답 ③


## ⑥ 민영화이론

① 전제
- ㉠ 정부의 역할을 줄이고 민간역할의 증대를 통하여 국가 비용절감 효과를 거둔다.
- ㉡ 국가독점에 의한 비효율성을 극복하고자 시장경쟁논리를 도입하여 효율성을 증대시킨다.

② 내용
- ㉠ 국가중요시설의 경호 및 경비를 민간에 위탁하여 공경비의 역할을 줄이는 대신 민간경비의 역할을 확대한다.
- ㉡ 경비서비스를 내부공급에서 외부공급으로 전환함으로서 경비서비스 분야에서 자율적 경쟁개념을 도입한다.
- ㉢ 국민들이 경비서비스공급 과정에 참여하여 소비자의 서비스선택의 폭을 넓힌다.

# ❼ 환경설계를 위한 범죄예방(CPTED)

## ① 전제

- ㉠ 범죄의 발생·예방에 대한 환경요인으로 범죄를 저지르는 사람 또는 그 사람의 인적 환경에만 국한하였다.
- ㉡ 사람과 사회에 국한되었던 범죄문제 연구관행에 의문이 제기되면서 범죄를 저지르는 사람으로부터 범죄가 행해지는 장소와 공간 등 물리적 환경으로 그 관심이 이동하게 되었다.

## ② 내용

- ㉠ 물리적 환경을 개선함으로써 범죄를 억제하고 주민의 불안감을 해소하는 제도를 말한다.
- ㉡ 건물과 가로등, 감시장비 등을 범죄를 줄이는 방향으로 설계하는 건축기법이다.
- ㉢ 도시계획이나 건축설계시 사각지대를 없애기 위해 건물 모서리를 둥글게 하거나 폐쇄회로(CCTV)를 설치하는 것을 말한다.
- ㉣ 지역의 방어적 공간특성을 높여 범죄가 발생할 기회를 줄이고 지역주민들이 안전감을 느끼도록 하여 궁극적으로 삶의 질을 향상시키는 종합적인 범죄예방전략이다.

## ③ 기본 전략

- ㉠ 1차적 기본전략 : 자연적인 통제, 자연적인 감시, 영역성의 강화, 이 세 가지 자원에서 출발하는 이론으로 자연적 접근방법을 통해 범죄예방 효과를 극대화하고자 한다.
- ㉡ 2차적 기본전략 : 경비원을 통한 조직적 통제, 자물쇠 등을 통한 기계적 통제, 공간구획을 통한 자연적 통제 등을 고려하는 것이다.

# 출제 예상 문제

**1** 우리나라에서 민간경비와 경찰과의 관계에 관한 설명으로 옳지 않은 것은?

① 경비업법상 경찰청장 또는 시·도경찰청장은 경비업무의 적정한 수행을 위하여 경비업자 및 경비지도사를 지도·감독하며, 필요한 명령을 할 수 있다.

② 경찰활동의 재원은 세금이지만 민간경비의 재원은 의뢰자가 지급하는 도급계약의 대가(代價)라고 할 수 있다.

③ 경찰의 활동영역은 법령에 근거하며 민간경비의 활동영역은 경비계약에 근거한다.

④ 수익자부담이론은 개인이나 단체의 사유재산보호는 기본적으로 경찰의 역할이라고 간주한다.

**O TIP** 수익자부담이론
ⓐ 경찰은 거시적인 질서 유지 기능을 하고, 개인이 자신의 신체와 사유재산을 보호받기 위해서는 개인적 비용의 지출로 민간경비집단을 의존해야 한다는 이론
ⓑ 경찰의 역할이 개개인의 안전과 사유재산을 보호 하는 것이라는 일반적 통념을 거부하는 것임
ⓒ 자본주의 사회에서는 개인의 재산보호나 범죄에서 올 수 있는 신체적 피해로부터의 보호를 결국 개인적 비용에 의해 담보 받을 수밖에 없다는 입장

**2** 민간경비원의 권한에 관한 설명으로 옳지 않은 것은?

① 일반경비원은 사인(私人)적 지위와 특별한 권한을 갖는다.

② 일반경비원은 고용주의 관리권 범위 내에서 경비업무만을 수행할 수 있다.

③ 청원경찰은 경비구역 내에서 경비목적을 위해 필요한 경우 불심검문을 할 수 있다.

④ 특수경비원은 국가중요시설 등 경비구역 내에서 경비목적을 위해 필요한 경우 무기휴대 및 사용이 가능하다.

**O TIP** ① 법에 정해진 내용의 미약한 권한을 가진다.

**Answer** 1.④ 2.①

**3** 우리나라의 민간경비와 청원경찰에 대한 설명으로 옳지 않은 것은?

① 협의의 민간경비는 특정한 의뢰자의 생명과 신체, 재산보호 및 질서유지를 위한 범죄예방 활동을 의미한다.

② 실질적 개념의 민간경비는 경비업법에서 규정하는 업무를 수행하는 활동을 의미하며 경비 업법상 인정된 법인에 의해 수행되는 활동을 말한다.

③ 청원경찰은 무기를 사용할 수 있으며 청원경찰이 휴대할 무기를 대여 받으려는 경우에는 관할 경찰서장을 거쳐 시·도경찰청장에게 무기대여를 신청하여야 한다.

④ 학교 등 육영시설과 언론, 통신, 방송 또는 인쇄를 업으로 하는 시설 또는 사업장에도 청 원경찰을 배치할 수 있다.

**◎ TIP** ② 형식적 개념의 민간경비에 대한 설명이다.

※ 민간경비의 개념
- ㉠ 협의(狹義)의 개념 : 고객(국민)의 생명·신체·재산보호, 질서유지를 위한 범죄예방활동
- ㉡ 광의(廣義)의 개념 : 경비의 3요소(방범, 방재, 방화) 모두를 포함하는 넓은 개념
- ㉢ 실질적 개념 : 국민의 생명과 신체, 재산보호, 사회적 손실 감소와 질서유지를 위한 일체의 활동
- ㉣ 형식적 개념 : 실정법인 경비업법에서 규정하는 업무를 수행하고, 동법에 의해 허가받은 법 인에 의해 수행되는 활동

**4** 민간경비의 특징이 아닌 것은?

① 계약자 등 특정인이 수혜대상이다.

② 주요 임무로는 범죄예방기능을 들 수 있다.

③ 공경비와 상호관련성을 가지고 있다.

④ 공익성을 영리성보다 우선시한다.

**◎ TIP** ④ 영리성이 우선한다.

**5** 민간경비의 개념에 대한 설명으로 옳지 않은 것은?

① 경찰은 일반통치권에 근거하는 활동을 한다.
② 민간경비와 공경비는 모두 범죄예방의 역할을 수행한다.
③ 현재 우리나라에는 경찰관신분을 가진 민간경비원이 부분적으로 존재한다.
④ 국가는 민간경비의 제공주체에 포함되지 않는다.

**◎TIP** 우리나라 민간경비원의 법적지위는 일반시민과 같기 때문에 어떠한 법적지위도 가질 수 없다.


**6** 다음 중 민간경비와 공경비의 공통적인 역할이라고 할 수 없는 것은?

① 범죄예방                  ② 범죄감소
③ 범죄수사                  ④ 질서유지

**◎TIP** 범죄수사는 공경비의 역할이므로 민간경비와 공경비의 공통적 역할이라고 할 수 없다.


**7** 민간경비의 권한에 대한 설명으로 옳은 것은?

① 일반적으로 영미법계 민간경비원은 대륙법계 민간경비원에 비해 그 권한이 많다고 볼 수 있다.
② 민간경비의 가장 중심적인 권한은 법집행권한이라 할 수 있다.
③ 우리나라의 경우에도 경찰관신분을 가진 민간경비원이 존재한다.
④ 민간경비원의 법적 지위와 관련하여 빌렉(Bilek)은 이를 4가지 유형으로 구분하였다.

**◎TIP** 영미법계의 민간경비원은 국가경찰과 동등한 위치에서 그 주체성을 인정받는 것이 일반적이나 대륙법계의 민간경비원은 국가경찰의 보조적인 위치에서 그 주체성을 인정받는다.

**Answer** 5.③ 6.③ 7.①

**8** 민간경비와 공경비를 개인차원과 국가차원으로 분리하기 시작한 역사적 시기는?

① 고대 원시 시대　　　　　　　② 함무라비 시대
③ 로마제국 말기　　　　　　　④ 영국왕조 시대

○**TIP** 함무라비 시대부터 민간경비와 공경비를 개인차원과 국가차원으로 분리하기 시작하였다.

**9** 민간경비의 가장 중요한 역할 가운데 하나라고 볼 수 있는 것은?

① 범인체포　　　　　　　　　　② 범죄수사
③ 범죄예방　　　　　　　　　　④ 대민봉사

○**TIP** ①②④ 경찰의 역할이다.
③ 민간경비는 경찰의 보조적인 역할을 수행하고 범죄예방이 가장 중요한 역할이다.

**10** 현행 경비업법상 민간경비의 업무로 규정되지 않는 것은?

① 신변보호업무　　　　　　　　② 호송경비업무
③ 시설경비업무　　　　　　　　④ 정보보호업무

○**TIP** 경비업법상 정의된 경비란 시설경비업무, 호송경비업무, 신변보호업무, 기계경비업무, 특수경비업무의 전부 또는 일부를 도급받아 행하는 영업을 말한다.

**Answer** 8.② 9.③ 10.④

**11** 다음 중 민간경비에 대한 설명으로 옳지 않은 것은?

① 민간경비의 목적은 범죄예방에 있다.

② 민간경비업무로는 시설경비, 호송경비, 신변보호, 기계경비, 특수경비 등이 있다.

③ 민간경비의 수혜대상은 일반시민이다.

④ 우리나라에서는 경찰관이 부업으로 민간경비원의 업무를 수행할 수 없다.

**TIP** 민간경비의 수혜대상은 비용을 부담한 자이다. 일반시민은 공경비의 수혜대상이다.


**12** 민간경비 성장의 이론적 배경에 대한 설명으로 옳지 않은 것은?

① 경제환원론은 거시적 차원에서 범죄증가 원인을 실업의 증가에서 찾으려고 한다.

② 공동화이론은 공경비와 민간경비와의 관계는 경쟁과 협조·보완의 두 측면에서 이루어진다고 본다.

③ 수익자부담이론은 경찰의 공권력 작용은 질서유지, 체제수호와 같은 거시적 측면에서 이루어진다고 본다.

④ 수익자부담이론은 결국 개인의 안전과 보호는 해당개인이 책임져야 한다는 자본주의 체제하에서 주장되는 이론이다.

**TIP** 공동화이론은 경찰력의 부족을 민간경비가 메워 주기 위해 출현했으며 민간경비와 경찰이 상호보완적 관계를 형성한다고 주장한다.


**13** 민간경비와 공경비에 대한 설명으로 옳은 것은?

① 민간경비는 공경비와 절대적·대립적인 관계이다.

② 민간경비의 대상은 특정인과 일반시민들이다.

③ 민간경비에 비해 공경비는 강제력을 갖고 있다.

④ 민간경비의 주된 임무는 범죄예방과 범인구인이다.

**TIP** ① 민간경비와 공경비는 상호보완적 관계이다.
② 민간경비의 대상은 특정인 및 특정시설이다.
④ 공경비의 주된 임무이다.


**Answer** 11.③ 12.② 13.③

**14** 민간경비의 이론적 배경 중 "그냥 내버려 두면 보호받지 못한 채로 방치될 재산을 민간경비가 보호한다."는 시각에서 출발한 이론은?

① 경제환원론
② 공동생산이론
③ 이익집단이론
④ 수익자부담이론

**TIP** 이익집단이론
ㄱ 전제
　• 이익집단은 자신들의 이익을 극대화시키기 위해 행위한다.
　• 민간경비 역시 하나의 이익집단으로 자신들의 이익을 극대화한다.
　• 그냥 두면 보호받지 못하게 될 재산을 민간경비가 보호한다는 시각에서 출발한 이론이다.
ㄴ 내용
　• 민간경비는 새로운 규율과 제도를 창출시키려고 노력한다.
　• 초기단계에 일어나는 현상이 민간경비의 양적 성장이다.

**15** 민간경비의 이론적 배경에서 그 이론으로 옳지 않은 것은?

① 공동화이론
② 경제환원론
③ 수익자부담론
④ 집단이론

**TIP** 민간경비의 이론적 배경으로는 공동화이론, 경제환원론, 수익자부담이론, 이익집단이론, 공동생산이론 등이 있다.

**Answer** 14.③ 15.④

**16** 경찰업무의 민영화에 대한 설명으로 가장 옳은 것은?

① 비범죄적이고 경찰의 보조적 업무성격을 가지는 분야를 민간경비분야로 이관시키는 것이다.
② 주민들에게 강제적인 동원으로 방범순찰대를 형성하는 것이다.
③ 경찰관이 일과 후 경비회사에서 부업하는 것이다.
④ 범죄행위를 민간차원에서 수사하는 것이다.

**TIP** 경찰의 업무를 분리하여 경찰업무 특유의 공권력 강제수단이 필요하지 않은 부분과 보조적인 부분을 민간경비분야로 이관시켜야 한다.

**17** 민간경비에 관한 설명으로 옳지 않은 것은?

① 특정 분야에서는 공경비와 거의 유사한 활동을 하게 된다.
② 공경비에 비하여 한정된 권한과 각종의 제약을 받는다.
③ 특정한 의뢰자의 이익을 위하여 안전활동을 수행한다.
④ 공경비와는 완전히 다른 안전기법을 활용하여 업무를 수행한다.

**TIP** 공경비와 민간경비는 경비주체에 따른 분류로 공경비와 민간경비가 서로 다른 기법을 활용하여 업무를 수행하지는 않는다.

**18** 민간경비업의 개념에 관한 설명으로 옳지 않은 것은?

① 우리나라 경비업법상 경비업에는 시설경비, 호송경비, 신변보호, 기계경비, 특수경비, 민간정보조사업무가 있다.
② 민간경비라는 용어는 경찰조직에서의 경비와 그 의미에서 차이가 있다.
③ 민간경비업은 영리성을 그 특징으로 한다.
④ 민간경비 종사자는 사인신분으로 특정 고객에게 계약사항 내에서의 서비스를 제공한다.

**TIP** 경비업이란 시설경비업무, 호송경비업무, 신변보호업무, 기계경비업무, 특수경비업무의 전부 또는 일부를 도급받아 행하는 영업을 말한다.

**Answer** 16.① 17.④ 18.①

**19** 민간경비와 공경비의 공통적인 목적으로 맞는 것은?

① 공공기관 보호, 시민단체 옹호, 영리기업 보존
② 범죄예방, 범죄감소, 사회질서유지
③ 범죄대응, 체포와 구속, 초소근무 철저경비
④ 일반시민보호, 정책결정, 공사경비철저

**○TIP** ①③④ 공경비의 목적이다.

**20** 다음 설명 중 옳지 않은 것은?

① 공경비란 일반적으로 경찰이 수행하는 일로 개인의 생명 및 재산을 보호하고 공공의 질서를 유지하는 공공의 이익과 안전을 도모하는 일련의 업무를 말한다.
② 경찰은 범죄의 예방·진압 및 수사 업무를 한다.
③ 경찰은 교통의 단속과 위해의 방지 업무를 한다.
④ 우리나라에는 자치경찰제도가 없다.

**○TIP** 우리나라의 경우 제주도에 자치경찰제도가 시행되고 있다.

**21** 민간경비산업 성장의 이론적 배경으로 맞는 것은?

① 이익집단이론 – 실업의 증가가 범죄의 증가를 가져오고 그에 대한 대응으로 민간경비시장이 성장하였다.
② 공동화이론 – 경찰의 허술한 범죄대응능력을 보완하거나 대체하며 성장하는 것이 민간경비이다.
③ 수익자부담이론 – 그냥 내버려두면 보호받지 못하는 재산을 민간경비가 보호하는 것이다.
④ 경제환원론 – 경찰은 거시적인 질서유지기능을 하고 개인의 안전보호는 개인의 비용으로 부담해야 한다.

**○TIP** ① 경제환원론에 관한 설명이다.
③ 이익집단이론에 관한 설명이다.
④ 수익자부담이론에 관한 설명이다.

**22** 국가경찰과 자치경찰의 비교에 관한 설명이다. 옳지 않은 것은?

① 자치경찰은 주민의 인권을 보호하는 데 있어서 장점이 있다.
② 자치경찰은 강력한 공권력을 발휘하는 데 장점이 있다.
③ 국가경찰은 타 부문과의 협조가 용이하다.
④ 국가경찰은 조직의 거대화로 개혁추진이 어렵다.

○**TIP** 국가경찰이 강력한 공권력을 발휘하고 자치경찰은 지방적 특색이 반영된 경찰행정을 한다.

**23** 민간경비와 공경비와의 비교 관계에 대한 설명이다. 옳은 것은?

① 민간경비는 범죄예방과 억제에 주력한다.
② 민간경비는 동질의 서비스를 제공한다.
③ 공경비는 범죄 대응에 치중한다.
④ 민간경비는 경제적 손실방지에 주력한다.

○**TIP** ① 공경비가 범죄예방과 억제에 주력한다.
② 공경비가 동질의 서비스를 제공한다.
③ 민간경비가 범죄 대응에 치중한다.

**24** 법에서 규정되어 있는 경찰직무의 범위로 옳지 않은 것은?

① 교통의 단속과 위해의 방지
② 교통신호기의 수리 및 교체작업
③ 범죄의 예방 및 진압
④ 범죄피해자의 보호

**TIP** 경찰의 직무의 범위〈경찰관 직무집행법 제2조〉
ㄱ 국민의 생명·신체 및 재산의 보호
ㄴ 범죄의 예방·진압 및 수사
ㄷ 범죄피해자 보호
ㄹ 경비, 주요인사 경호 및 대간첩·대테러작전 수행
ㅁ 공공안녕에 대한 위험의 예방과 대응을 위한 정보의 수집·작성 및 배포
ㅂ 교통의 단속과 위해의 방지
ㅅ 외국 정부기관 및 국제기구와의 국제협력
ㅇ 기타 공공의 안녕과 질서의 유지

**Answer** 24.②

# 세계 각국의 민간경비
# 과정 및 현황

# 01 각국 민간경비의 역사적 발전

## ❶ 한국의 민간경비

### ① 조선시대 이전
⊙ 주로 권력가나 지방유지가 자신들의 생명과 재산을 보호하기 위해 사적으로 고용하였다.

ⓛ 지나친 무사들의 사병화로 국가에서 견제를 받는 경우도 있었다.

### ② 현대적 민간경비
⊙ 1972년 청원경찰제도의 도입
ⓐ 1960년대 후반부터 급속한 산업화가 시작되었다.
ⓑ 1962년 청원경찰법의 제정, 1973년 청원경찰법 전면개정
ⓒ 국가중요시설과 방위산업체가 신설되었다(경비수요의 급작스런 확대).
ⓓ 경찰력이 수요에 비해 부족하였다.

ⓛ 민간경비의 효시
ⓐ 1950년대 후반 부산의 범아실업에서 민간경비는 시작되었다.
ⓑ 특수한 형태로 1960년대 경원기업, 화영기업은 미군에 용역경비를 제공하였다.

ⓒ 법률의 제정
ⓐ 1976년 용역경비업법이 제정되었다.
ⓑ 1999년 용역경비업법에서 경비업법으로 명칭을 변경하였다.

ⓔ 민간경비산업의 성장
ⓐ 1986년 아시안 게임과 1988년 서울올림픽을 계기로 성장하였다.
ⓑ 급작스런 경비수요의 증가로 민간경비업체가 크게 늘어났다.
ⓒ 1993년 대전엑스포박람회에서 민간경비업체가 크게 활약하였다.
ⓓ 최근 국가치안영역도 맡으면서 그 역할이 점점 커지고 있다.
ⓔ 2001년 「경비업법」이 전면개정되면서 경비업무의 종류에 특수경비업무가 추가되었고, 기계경비산업이 급속히 발전하여 종전의 기계경비업무가 신고제에서 허가제로 변경되고, 특수경비원제도가 추가되어 청원경찰의 입지가 축소되었다.

**한국의 민간경비 발전과정에 관한 설명으로 옳지 않은 것은?**

① 한국의 민간경비는 미군에 대한 군납형태인 제한적인 형태의 용역경비로 시작되었다.

② 1976년 12월에 용역경비업법이 제정되어 본격적인 용역경비가 실시되었다.

③ 1960년대 이후 경제성장에 따른 산업시설의 증가와 더불어 영미법상의 제도인 청원경찰제도가 도입되었다.

④ 1980년대 중반부터 프로야구, 프로축구 등 대형 이벤트가 활성화되면서 민간경비가 경기장 경비 등의 업무를 담당하게 되었다.

★ ③ 우리나라에서는 1962년 청원경찰법이 제정되었지만, 1970년대 이후 본격적인 산업화와 함께 산업시설의 경비를 위하여 1973년에 청원경찰제를 실시하게 되었다. 이는 외국에서는 유래를 찾 아보기 어려운 제도로서 경찰과 민간경비의 과도기에 만들어진 제도이다.

답 ③

## ② 일본의 민간경비

### ① 중세시대

　㉠ 지역의 성주는 자신의 세력을 유지하기 위해 무사를 고용하였다.

　㉡ 직업경비업자들이 생겨나 경비업무를 하고 용역공급을 하였다.

　㉢ 점차적으로 귀중품 운반과 저택경비 등 그 업무가 전문화되었다.

### ② 현대적 민간경비

　㉠ 제2차 세계대전의 패전 이후 현대적 민간경비업이 등장하였다.

　㉡ 민간경비산업의 성장

　　ⓐ 1964년 동경올림픽을 계기로 성장하였다.

　　ⓑ 1970년 오사카에서 개최된 만국박람회로 민간경비업은 양적·질적으로 성장하였다.

　　ⓒ 1980년대 초 한국에 진출하였다.

　　　- 일본 경비업계 1위인 SECOM이 한국에 진출하였다.

　　　- 한국에 SECOM이 들어와서 지금의 S1(에스원)으로 영업하고 있다.

　　ⓓ 1988년에 중국에도 진출하였다.

### ❸ 미국의 민간경비

① **19세기 중엽**
- ㉠ 서부개척시대에 금괴수송을 위해 민간경비가 시작되었다.
- ㉡ 철도경비의 시작으로 민간경비의 새로운 기회가 찾아오게 되었다. 금을 운반하기 위해 역마차, 철도 등이 부설되었고, 이 때문에 역마차회사, 철도회사는 자체의 경비조직을 갖지 않을 수 없게 되었으며 이와 같은 요청에 의해 생겨난 조직이 핑커톤 경비조직이다.

 **TIP**

**핑커톤 경비조직**
앨른 핑커톤은 시카고 최초의 형사로 핀카톤 흥신소를 설립하여 50년에 걸쳐 미국 철도수송의 안전을 도모하는 경비회사가 조직되었다. 1883년에는 보석상연합회의의 위탁을 받아 도난보석이나 보석절도에 관한 정보를 집중관리하는 조사기관이 있었고, 20세기에 들어와서는 FBI 등 연방법 집행기관이 이러한 범죄자 정보를 수집, 관리하였기 때문에 핑커톤 회사는 민간대상의 정보에 한정되도록 되어 있다.

② **19세기 말**
- ㉠ 불경기와 함께 강력한 노동운동이 벌어졌다.
- ㉡ 노동자들의 과격한 행동은 자본가들의 민간경비고용으로 이어졌다.
- ㉢ 당시 미국사회의 전반적인 불황으로 민간경비의 수요는 급증하였다.

③ **제1 · 2차 대전**
- ㉠ 제1차 대전 직전에는 산업시설보호가 주 업무였다.
- ㉡ 제2차 대전 때에는 군 관련 업무가 민간에 맡겨지면서 민간경비의 업무가 확대되었다.
- ㉢ 양적인 확대뿐만 아니라 전쟁을 겪으면서 기술적 발전을 민간경비분야에 적용하게 되었다.
- ㉣ 국민들의 경비에 대한 인식도 변화하면서 민간경비의 황금기를 맞게 되었다.

## ❹ 영국의 민간경비

### ① 경찰의 역사

- ㉠ 5세기경부터 앵글로색슨족이 정착하면서 10인 조합(10가구씩 하나의 집단)을 구성하는 등 자치치안의 전통을 형성하기 시작하였다.
- ㉡ 10인 조합은 100인 조합을 형성하고 효율적인 관리를 위해 영주가 임명한 관리책임자(Constable)를 선출하였다.
- ㉢ 1285년 에드워드 1세는 중소도시의 경찰활동을 보장하기 위해 윈체스터법을 제정하였다.
- ㉣ 1749년 헨리필딩은 당시 영국 보우가의 행정장관으로 임명되어 타락한 보우가의 치안을 유지하기 위해 시민들 중 지원자에 의해서 범죄예방 조직을 만들고 이들에게 봉사에 대한 보수를 지급하였으며, 나중에 수도경찰에 흡수되었다.
- ㉤ 산업혁명 이후 1829년 내무부 장관 로버트 필 경(Sir Robert Peel)은 혁신적인 경찰개혁을 단행하였다.
- ㉥ 로버트 필 경은 수도 런던에는 런던경찰청의 설립을 제안하고, 주·야간 경비제도를 통합하여 수도경찰조직을 만들었다.

### ② 영국의 레지스 헨리시법

- ㉠ 민간차원의 경비개념을 공경비 차원의 경비개념으로 바꾸게 된 법이다. 헨리국왕 집권기간에 이루어졌다.
- ㉡ 범죄자에 대한 처벌은 국왕에 의해서 처벌되어야 한다는 내용이다.

### ③ 산업혁명시대

- ㉠ 공경비와 민간경비의 발달을 가져온 시기이다.
- ㉡ 급속한 산업화로 빈부의 격차가 커지면서 범죄가 크게 늘어났다.

---

**예 제 문 제** ～～～～～～～～～～～～～～～～～～～～～～～～～～～～～～～～

범죄예방을 위해서는 시민 스스로가 단결해야 한다는 개념을 확립하고 보우가의 외근기동대를 창설하는데 공헌한 사람은?

① 리처드 메인　　　　　　② 앨런 핑커톤
③ 로버트 필　　　　　　　④ 헨리필딩

★ ④ 신속한 범죄해결을 위해 최초의 형사기동대로 활동하였으며 1893년 수도경찰에 흡수되면서 영국경찰의 모델이 되었다.

답 ④

# 🔳 각국 민간경비산업 현황

## ❶ 일본의 민간경비산업 현황

① 1960년대 초반부터 현대적 민간경비가 출현하기 시작하였다.

② 1964년 동경올림픽, 1970년 오사카 만국박람회를 통해 민간경비업체가 성장하기 시작하였으며, 민간경비업이 하나의 경비산업을 자리를 잡았다.

③ 일본의 민간경비는 고도의 기동력과 경제력, 지식·기술·기기 확보 등 첨단 경비시스템을 보유하고 있다는 것이 특징이다.

④ 일본은 1980년대 이후 민간경비업체가 시설경비, 교통유도경비, 운반경비, 신변경비, 기계경비 등이 업무를 하고 있다.

⑤ 일본의 민간경비는 한국과 중국에 진출을 시도하면서 기계경비가 급속히 성장하고 있다.

## ❷ 미국의 민간경비산업 현황

① 19세기 중엽부터 범죄예방 분야에서 민간경비가 많은 역할을 수행하였으며, 오늘날에는 개인을 위한 생명, 신체, 재산 등의 보호를 위해 민간경비가 많이 이용되고 있다.

② 민간경비에 대한 시민들의 인식변화로 인하여 20세기 민간경비 분야가 최고 성장산업 중 하나로 자리매김하였으며, 점차 고용 및 예산규모의 증가로 경찰의 공경비를 능가하고 있다.

③ 경찰의 국가공권력은 헌법상의 권리이므로 민간경비로의 이전은 이루어질 수 없으나, 공공건물경비, 주차 관련 경비, 공원순찰업무, 동물보호 및 통제, 특별행사 경호, 법원의 경호, 죄수 호송업무 등의 업무를 민간경비로 이전하였다.

④ 민간경비원과 경찰은 범죄예방활동을 위하여 긴밀한 상호협조체제를 유지하고 있으며 상호 간의 직위, 보수, 신분상 차이가 거의 없고, 각자의 영역에서 범죄예방활동을 실시하고 있다.

⑤ 미국의 경비업체는 계약경비업체와 자체경비업체로 분류되며, 계약경비업체의 성장이 크게 증가하고 있는 추세이다.

⑥ 홀크레스트(Hallcrest) 보고서에 의하면 2000년대 이후 미국의 민간경비인력은 경찰인력의 2배 수준을 성장하고 있다고 하였다.

# O3 각국 민간경비의 법적 지위(한국, 일본, 미국)

## ❶ 한국의 민간경비 법적 지위

### ① 형사법상 지위

- ㉠ 민간경비원이 범인을 체포·감금하는 경우 형법상 체포·감금죄가 성립한다. 형법상 민간경비원은 사인에 불과하기 때문에 체포·감금행위가 정당방위·긴급피난·자구행위가 되거나 소송법상 현행범 체포에 해당되는 경우에는 정당행위에 해당하여 위법성이 조각된다.
- ㉡ 특수경비원은 인질·간첩 또는 테러사건에 있어서 은밀히 작전을 수행하는 경우에만 경고 없이 소총을 발사할 수 있다.
- ㉢ 특수경비업자는 특수경비원으로 하여금 배치된 경비구역 안에서 관할 경찰서장 또는 공항경찰대장 등 국가중요시설의 경비책임자와 국가중요시설 시설주의 감독을 받아 시설을 경비하고 도난·화재 그 밖의 위험의 발생을 방지하는 업무를 수행할 수 있다.
- ㉣ 국가중요시설에 근무하는 특수경비원은 필요한 경우 무기휴대가 가능하나 수사권은 인정되지 않는다.

### ② 민사법상 지위

- ㉠ 민간경비업은 법인이 아니면 설립하지 못하고 이에 대한 규율은 민법상 사단법인에 대한 규정을 준용한다.
- ㉡ 민간경비단체의 설립 시에는 시·도경찰청장의 허가를 받아야 하며, 법인사무에 대한 검사·감독 등도 시·도경찰청장의 검사·감독을 받아야 한다.
- ㉢ 경비원이 업무수행 중 고의나 과실로 경비대상의 손해를 방지하지 못한 경우 민법상 사용자배상책임의 원칙에 따라 민간경비업자가 1차적인 배상책임을 하여야 하며, 경비원이 업무수행 중 고의 또는 과실로 제3자에게 손해를 입힌 경우에는 경비업자가 이를 배상하여야 한다.
- ㉣ 민간경비원은 계약자의 이익을 보호한다는 점에서 일반적으로 공무수탁사인으로서 지위를 가진다고 볼 수 없으나, 국가중요시설의 경비를 담당하는 특수경비원은 한정된 범위에서 공무수탁사인의 지위를 갖는다.

### ③ 경찰과의 법적 지위 상호 비교

- ㉠ 공찰(공경비)
  - ⓐ 범인능력 : 권한 존재
  - ⓑ 증거능력 : 수집한 증거는 증거능력이 인정
  - ⓒ 손해배상청구권 : 국가배상법 적용

   ⓛ 경비원(민간경비)

      ⓐ 범인체포권 : 형법상 사인과 동일하므로 권한 없음

      ⓑ 증거능력 : 소송당사자에 의하여 증거로 원용될 경우만 증거능력 인정

      ⓒ 손해배상청구권 : 민법 적용

④ **경비업법상 행정적 통제**

   ㉠ 경비업의 허가

      ⓐ 경비업을 영위하고자 하는 법인은 도급받아 행하고자 하는 경비업무를 특정하여 그 법인의 주사무소의 소재지를 관할하는 시 · 도경찰청장의 허가를 받아야 한다. 도급받아 행하고자 하는 경비업무를 변경하는 때에도 또한 같다.

      ⓑ 경비업 허가의 유효기간은 허가받은 날부터 5년으로 하며, 유효기간이 만료된 후 계속하여 경비업을 하고자 하는 법인은 행정안전부령이 정하는 바에 의하여 갱신허가를 받아야 한다.

   ㉡ 감독

      ⓐ 경찰청장 또는 시 · 도경찰청장은 경비업무의 적정한 수행을 위하여 경비업자 및 경비지도사를 지도 · 감독하며 필요한 명령을 할 수 있다.

      ⓑ 시 · 도경찰청장 또는 관할 경찰관서장은 소속 경찰공무원으로 하여금 관할 구역 안에 있는 경비업자의 주사무소 및 출장소와 경비원 배치장소에 출입하여 근무상황 및 교육훈련상황 등을 감독하며 필요한 명령을 하게 할 수 있다. 이 경우 출입하는 경찰공무원은 그 권한을 표시하는 증표를 관계인에게 내보여야 한다.

      ⓒ 시 · 도경찰청장 또는 관할 경찰관서장은 경비업자 또는 배치된 경비원이 경비업법이나 이 법에 따른 명령, 폭력행위 등 처벌에 관한 법률에 위반하는 행위를 하는 경우 그 위반행위의 중지를 명할 수 있다.

      ⓓ 시 · 도경찰청장 또는 관할 경찰관서장은 경비업무 장소가 집단민원현장으로 판단되는 경우에는 그때부터 48시간 이내에 경비업자에게 경비원 배치허가를 받을 것을 고지하여야 한다.

## ❷ 일본의 민간경비 법적 지위

① **일반 시민과 동일한 지위**

   ㉠ 일본의 민간경비원의 법적인 지위는 미국과 달리 일반인으로서의 지위 이상이나 특권이 부여되지 않는다.

   ㉡ 민간경비원의 법집행 권한은 일반인의 재산관리권 범위 내에서만 정당화되며, 민사 · 형사상의 책임에 있어서는 일반 시민과 동일한 지위에서 취급받는다.

② **현행범의 체포**

　　㉠ 형사법상 문제가 발생할 경우 일반 시민과 동일하게 취급되어 현행범인이나 범행 직후의 범인은 누구라고 현행범으로 체포할 수 있다.

　　㉡ 정당방위나 긴급피난 등에 의한 민간경비원의 행위는 현행범 체포와 동일하게 위법성이 조각된다.

③ **공경비와의 권한 차이**

　　㉠ 경찰에게는 신문, 보호, 피난조치, 수색, 무기 사용 등 여러 가지 권한이 부여되어 있다.

　　㉡ 민간경비원에게는 특별한 권한이 없으며 일반 시민이 활동할 수 있는 범위와 동일하다.


## ❸ 미국의 민간경비 법적 지위

① **헌법상 권리**

　　㉠ 형사적 제도에서 법을 집행하는 경찰, 경찰과 같은 성격의 업무를 수행하는 준경찰조직에 대한 많은 권한이 규정되어 있다.

　　㉡ 민간경비원은 경찰과의 협력 또는 기소를 목적으로 증거를 수집하여 경찰에게 제공하는 대리인으로 활동할 경우 개인 사생활 및 비밀침해금지 등의 제한이 따른다.

② **형사법상 권리**

　　㉠ 특권이나 동의 없이 개인의 권리를 침해했을 경우 민간경비원에게 책임이 따른다. 동의는 민간경비원에 의해 수행되는 활동의 기본적인 법적 근거가 되나 타인에게 강요할 수는 없다.

　　㉡ 정당한 목적을 실현하는데 필요한 긴급피난, 정당방위의 경우 허용은 되지만 합리적 범위 내에서만 행사가 가능하다.

　　㉢ 경찰이 행하는 수색과 민간경비원이 행하는 수색에는 차이가 존재한다. 민간경비원에 의한 수색은 그 범위가 명확하게 규정되어 있지 않으나 경찰의 수색은 명백한 규정이 존재한다.

　　㉣ 민간경비원이 일정한 사안에 대해 심문 또는 질문을 하는 경우 일반시민이 반드시 응답하여야 하는 규정은 존재하지 않는다.

③ **민법상 권리**

　　㉠ 민법상 불법행위에 대해서 민간경비원에게 특별 권한이 부여되지는 않으며, 민사법상 민간경비원의 불법행위도 일반인의 불법행위와 동일한 민사책임을 진다.

　　㉡ 계약법적으로 민간경비원 또는 민간경비업체가 제공하는 경비서비스에 대해서는 일반민사책임보다 엄격한 책임이 부과된다.

　　㉢ 특별권한이 부여되는 경비원과 경찰 신분의 경비원에 대한 신분상의 특례 이외에는 민간인의 법적 권한·의무와 차이가 없다.

④ **A. J. Bilek이 분류한 민간경비원의 법적 지위 유형**

　　㉠ **일반시민과 같은 민간경비원** : 공공기관으로부터 선서에 의해 임명되거나 경찰기관으로부터 특별임무의 위임이나 자격증 등을 받지 못한 상태에서 경비업무를 수행하는 민간경비원으로, 일반시민과 동일한 법적 권리를 갖는다. 우리나라의 대부분 민간기업체 경비원들이 이에 해당한다.

　　㉡ **특별권한을 가진 민간경비원** : 특별권한을 가진 민간경비원은 제한된 근무지에서 경찰업무를 일부 수행하는 경비원으로, 학교 및 공원지역, 주지사, 보안관, 시 당국, 정부기관에 의해 특별 경찰업무를 위임받은 민간경비원을 말한다. 우리나라의 경우에는 청원경찰이 이에 해당한다.

　　㉢ **경찰 신분을 가진 민간경비원** : 경찰 신분으로 민간경비 분야에 부업으로 근무하는 민간경비원으로 두 가지 신분을 모두 가지고 있다.

┌─ **예 제 문 제** 〰〰〰〰〰〰〰〰〰〰〰〰〰〰〰〰〰〰〰〰〰〰〰〰〰〰〰〰

**각국의 민간경비 발전과정에 관한 설명으로 옳지 않은 것은?**

① 미국의 민간경비산업은 2001년 9·11테러 사건 이후 국토안보부의 신설 등 정부역할이 확대되면서 공항, 금융기관 등의 주요 시설에서의 매출과 인력이 축소되었다.

② 일본에서 현대 이전의 민간경비는 헤이안(平安)시대에 출현한 무사계급에서 그 뿌리를 찾을 수 있다.

③ 독일은 1990년 통일 후 민간경비가 구동독사회의 질서유지역할을 수행하여 시민의 지지를 얻게 되었다.

④ 우리나라는 주한미군 시설물에 대한 군납경비를 통해 민간경비산업이 처음 등장하게 되었다.

　　　　　　　★ ① 범죄에 대한 두려움과 국가경찰의 예산감축으로 인해 보험대용으로 민간경비비가 증가하였다.

　　　　　　　　　　　　　　　　　　　　　　　　　　　　　　　　　　　답 ①

# 출제 예상 문제

**1** 각국의 민간경비 발전과정에 관한 설명으로 옳지 않은 것은?

① 일본의 민간경비는 1964년 동경올림픽을 계기로 획기적으로 발전하였다.

② 일본의 민간경비는 실질적인 지휘감독은 도·부·현에 설치된 각 공안위원회의 지휘를 받고 범죄예방 활동에 있어서는 경찰과 긴밀한 협력관계를 유지하고 있는 것이 특징이다.

③ 미국은 제2차 세계대전에서 군사, 산업시설의 안전보호와 군사물자, 장비 또는 기밀 등의 보호를 위한 임무가 민간경비에 부여되었다.

④ 미국은 서부지역에 치우쳐 있던 공권력이 동부지역에 미치지 못하여 민간경비의 정착이 20세기 이후에 이루어졌다.

**○TIP** ④ 19세기 중엽의 미국은 골드러쉬로 불리는 서부개척시대로 금을 운반하기 위한 역마차나 철도가 부설되고 이를 보호하기 위한 경비조직을 필요로 했다. 이로 인해 핑커톤(Pinkerton) 경비조직이 생겼으며, 이것이 미국 민간경비 발달의 계기가 되었다.

**2** 영국에서 민간경비 차원의 경비개념에서 공경비 차원의 경비개념으로 바뀌게 한 결과를 가져온 것은?

① 규환제도(Hue and Cry)

② 상호보증제도(Frank Pledge System)

③ 윈체스터법(The Statute of Winchester)

④ 레지스 헨리시법(The Legis Henrici Law)

**○TIP** ④ 헨리국왕 집권기간에 이루어졌고 범죄자에 대한 처벌은 국왕에 의해서 처벌되어야 한다는 내용이다.

**Answer** 1.④ 2.④

**3** 우리나라 민간경비의 발전과정에 관한 설명으로 옳지 않은 것은?

① 정부는 치안상황이 경찰력만으로는 부족하다는 정책적 판단 하에 1976년 용역경비업법을 제정하였다.

② 1960년대 경제성장에 따른 산업시설의 증가와 북한의 무장게릴라 침투에 따른 한정된 경찰인력을 보조하여 국가중요시설의 경비를 담당할 목적으로 청원경찰제를 창설하였다.

③ 1997년 제1회 경비지도사 자격시험을 실시하였다.

④ 2000년대 자본과 기술에서 어려움을 겪던 기존의 영세한 민간경비업체들이 대기업의 진출을 환영하였다.

**TIP** ④ 1986년 아시안게임과 1988년 올림픽을 거치면서 영세함에서 탈피하였다.

**4** 우리나라 민간경비의 역사적 배경에 관한 설명으로 옳지 않은 것은?

① 고대는 부족이나 촌락단위의 공동체 성격을 가진 자체경비조직을 활용하였다.

② 삼국시대는 지방의 실력자들이 해상을 중심으로 사적 경비조직을 활용하였다.

③ 고려시대는 지방호족이나 중앙의 세도가들이 무사를 고용하는 등 다양한 형태의 경비조직이 출현하였다.

④ 조선시대는 자신들의 생명과 재산을 보호하기 위한 목적의 권력자나 재력가들로 인해 민간경비조직이 활성화 되었다.

**TIP** ④ 지나친 무사들의 사병화로 국가에서 견제하였다.

**5** A. J. Bilek이 제시한 민간경비원의 일반적 지위에 포함되지 않는 것은?

① 경찰관 신분의 경비원　　　　② 군인신분의 경비원
③ 민간인 신분의 경비원　　　　④ 특별한 권한을 보유한 경비원

**TIP** J. Bilek이 제시한 민간경비원의 일반적 지위
ㄱ 민간인 신분의 경비원
ㄴ 특별권한을 보유한 경비원
ㄷ 경찰관 신분의 경비원

**Answer** 3.④ 4.④ 5.②

**6** 다음 중 영국에서 주야간 경비제도를 통합하여 수도경찰 조직을 만든 사람은?

① 로버트 필
② 헨리 필딩
③ 조지 맥밀란
④ 에드윈 홈즈

●**TIP** 1829년 당시 내무부 장관 로버트 필(Robert Peel)은 혁신적인 경찰개혁을 단행한다. 종래 경비병에 지나지 않았던 비능률적 경찰제도를 폐지하고 근대적 경찰을 창설하였다.


**7** 각국의 민간경비에 대한 설명 중 틀린 것은?

① 미국의 민간경비산업은 1·2차 세계대전 이후 급속하게 발전하였다.
② 일본에는 교통유도경비제도가 있다.
③ 영국은 산업혁명 때 민간경비와 공경비의 발전을 이루었다.
④ 한국의 (용역)경비업법은 청원경찰법 이전에 제정되어 일찍부터 공경비인 경찰과 더불어 치안활동에 많은 기여를 해오고 있다.

●**TIP** ④ 청원경찰법은 1973년에 제정되었으며, 용역경비업법은 1976년에 제정되었다. 1999년 용역경비업법이 경비업법으로 명칭이 변경되면서 공경비와 더불어 치안활동에 대한 기여정도가 점진적으로 커졌다.


**8** 한국에서 외국경비회사와의 기술제휴로 기계경비시대가 본격적으로 열린 시기는?

① 1940~1950년대
② 1960년대 이후
③ 1970년대
④ 1980년대

●**TIP** 일본의 SECOM이 1980년대 초에 한국에 진출하였다. 그때 일본과 기술제휴를 하여 기계경비를 시작하게 되었다.


**Answer** 6.① 7.④ 8.④

**9** 일본의 현대적인 민간경비업이 등장하게 된 배경은?

① 미국의 남북전쟁 이후
② 1차 세계대전 이후
③ 한국의 6 · 25전쟁 이후
④ 2차 세계대전 패전 이후

**○TIP** 일본에서는 2차 세계대전 패전 이후 현대적인 민간경비업이 등장하였다.

**10** 각국의 민간경비 역사에 대한 설명으로 옳지 않은 것은?

① 일본의 민간경비산업은 1964년 도쿄(東京)올림픽을 계기로 획기적인 발전을 하였다.
② 1285년 영국에서는 15~60세의 남자들에게 공동체의 범죄대처능력을 강화하기 위하여 무기 등의 장비를 보유할 수 있게 하였다.
③ 일본의 민간경비는 제2차 세계대전 이후 지속적인 발전을 거듭하여 1980년대 초 한국에 진출하였다.
④ 한국의 청원경찰제도는 1960년대 초 경제성장에 따른 일반산업시설의 경비를 담당할 목적으로 도입되었다.

**○TIP** 한국의 청원경찰제도는 1962년 경제성장으로 증가한 산업시설을 보호하고 북한의 무장게릴라 침투에 따른 한정된 경찰인력을 보조하기 위하여 제정 · 도입되었다.

**11** 다음 중 영국에서 민간경비와 공경비의 발달을 가져온 시기는?

① 산업혁명시대
② 헨리국왕시대
③ 보우(Bow)가 주자시대
④ 주야감시시대

**○TIP** 산업혁명시대
㉠ 공경비와 민간경비의 발달을 가져온 시기이다.
㉡ 급속한 산업화로 빈부의 격차가 커지면서 범죄가 크게 늘어났다.

**Answer** 9.④ 10.④ 11.①

**12** 미국의 민간경비 발전과정에 대한 설명으로 옳지 않은 것은?

① 민간경비 발전 초기 위조화폐 단속
② 제2차 세계대전으로 인한 군수산업의 발전
③ 권위주의적인 경찰통제
④ 18세기 금광개발로 인한 금괴수송을 위한 철도경비

**○ TIP** 경찰의 인력부족으로 경비수요를 충족하기 위해 발전하기 시작한 민간경비는 경찰과 상호보완적인 관계로 권위주의적 경찰통제는 민간경비의 발전과 직접적인 연관이 없다.

**13** 미국의 경비산업을 크게 발전시킨 이유로 볼 수 없는 것은?

① 캘리포니아에서 금광의 발견에 따른 역마차 및 철도 운송경비 수요의 증가
② 19세기 말부터 20세기 초에 걸친 대규모 산업 스트라이크
③ 1892년의 홈스티드의 파업사건
④ 제2차대전 후 산업경비의 필요성에 대한 인식 증대

**○ TIP** 1892년 펜실베이아주 홈스티드에 있는 카네기 제강소에서 벌어진 노동자 파업으로 이는 경비산업을 발전시킨 사건이 아니다.

**14** 우리나라 민간경비업과 민간경비원의 법적 지위에 관한 설명으로 옳지 않은 것은?

① 민간경비원의 활동은 일반통치권에 의한 작용이므로 사인적 지위와는 다르다.
② 민간경비원의 범인체포 등의 행위는 형법상의 체포, 감금죄가 성립된다.
③ 경비업법은 민간경비원이 업무수행 중에 고의 또는 과실로 경비대상에 발생하는 손해를 방지하지 못할 때에 경비업자가 이를 배상하도록 규정하고 있다.
④ 경비업체는 법인으로 제한되어 있다.

**○ TIP** 일반통치권에 의한 경찰의 법적 지위에 관한 설명이다.

**15** 각국의 민간경비원의 법적 지위에 관한 설명으로 옳지 않은 것은?

① 일본의 민간경비원은 형사법상 문제발생 시 사인과 동일하게 취급한다.

② 미국의 민간경비원은 주의 위임입법이나 지방조례 등에서 예외적으로 특정 조건하에서 특별한 권한을 부여하고 있다.

③ 한국의 민간경비원은 업무수행 중 고의 또는 과실로 경비대상에 발생한 손해를 방지하지 못한 때에는 그 손해를 직접 배상해야 한다.

④ 한국의 민간경비원은 영장 없이 현행범을 체포할 수 있다.

**○TIP** 손해배상〈경비업법 제26조〉

㉠ 경비업자는 경비원이 업무수행 중 고의 또는 과실로 경비대상에 손해가 발생하는 것을 방지하지 못한 때에는 그 손해를 배상해야 한다.

㉡ 경비업자는 경비원이 업무수행 중 고의 또는 과실로 제3자에게 손해를 입힌 경우에는 이를 배상해야 한다.

**16** 한국의 민간경비산업의 특징이 아닌 것은?

① 한국의 청원경찰제도는 외국에서는 볼 수 없는 특별한 제도이다.

② 1976년 용역경비업법이 제정되었고 1978년 사단법인 한국용역경비협회가 설립되었다.

③ 현대적 의미의 한국 민간경비제도는 1960년대부터이다.

④ 1993 대전엑스포박람회를 계기로 한국에 기계경비가 도입되었다.

**○TIP** 1980년대 일본의 민간경비업체가 한국에 진출하면서부터 한국에 기계경비가 도입되기 시작했다.

**17** 한국의 민간경비산업에 대한 설명 중 옳은 것은?

① 2001년 경비업법 개정은 시설경비업무를 더욱 강화했다.

② 경비회사의 수나 인원면에서 기계경비에의 의존도가 매우 높다.

③ 한국민간경비업계는 1986년 아시안 게임, 1988년 서울 올림픽, 1993년 대전엑스포를 계기로 급성장했다.

④ 일반 국민들이 기계경비의 필요성과 효율성을 인식하는 단계에까지는 아직 이르지 못했다.

○**TIP** ① 경비업법 개정내용으로는 신변보호업무로 규정하여 해당관청에 허가를 얻어야 신변보호업무를 영위할 수 있고 신변보호업무는 사람의 생명이나 신체에 대한 위해발생을 방지하고 그 신변을 보호하는 업무로 정의하고 있으며 신변보호업무 법인이 아니면 이를 영위할 수 없다고 규정하고 있고 사설경호기관의 임직원에 대해서도 경비업법에 임용규정 자격취득의 규정 및 준수사항 등을 명시하고 있다. 2009년 법률 개정으로 외국의 경우처럼 특수경비를 목적으로 하는 사설경호기관 요원도 총기를 휴대하여 활동할 수 있게 되었다.
② 기계경비에 의존도는 높지 않다.
④ 필요성과 효율성을 인식하는 단계에는 이르렀다.

**18** 다음 중 우리나라 경비산업에 대한 설명으로 가장 올바르지 못한 것은?

① 경비업법은 경비업의 육성, 발전과 그 체계적 관리로 경비업의 건전한 운영에 이바지함을 목적으로 하고 있다.

② 기계경비산업이 점차 활성화되고 있다.

③ 국가중요시설의 효율성 제고 방안으로 특수경비업무가 신설되었다.

④ 민간경비산업이 공경비에 비하여 성장하지 못하고 있다.

○**TIP** 민간경비산업은 경비업법이 제정되고 아시안게임과 올림픽 그리고 엑스포를 개최하면서 크게 성장한 산업 중에 하나이다. 그에 비해 공경비의 성장은 크게 이루어지지 않았다.

**19** 우리나라의 민간경비에 대한 설명으로 옳지 않은 것은?

① 1976년에 용역경비업법이 제정되었다.

② 2002년에 용역경비업법이 경비업법으로 명칭을 변경하였다.

③ 아시안게임과 올림픽을 계기로 크게 성장하였다.

④ 1972년에는 청원경찰제도가 도입되었다.

**O TIP** ② 1999년에 용역경비업법이 경비업법으로 명칭을 변경하였다.

**Answer** 19.②

# 민간경비의 환경

# 01 국내 치안여건의 변화

## ❶ 국제 정세의 변화

① **다극화된 경제실리체제로 전환** … 미국과 소련 위주의 자본주의와 공산주의로 양극화된 이념체제가 붕괴되면서 다극화된 경제실리체제로 변모하고 있다.

② **지역블록화 현상** … 국제간의 경제적 실익추구는 다자 간 국제협력기반을 유지하면서도 금융, 환율, 기술투자의 각 분야별 마찰이 예상되며 지역블록화 현상이 강화되어 유럽공동체, 북미권, 아시아, 태평양권의 경제적 공동체가 성립되는 추세이다.

③ **국제범죄의 급증** … 국제화, 개방화로 인하여 국제범죄조직과 국제테러조직의 국내 잠입 및 활동이 급증하고 있다.

④ **불법체류와 범죄 증가** … 노동력 부족으로 인하여 국내로 유입되는 교포 및 개발도상국가 인력의 불법취업과 체류 다국적기업에 의한 범죄 그리고 국제범죄조직을 통한 범죄가 계속해서 증가하는 추세이다. 외국인 노동자, 다문화가정 등의 증가로 인하여 새로운 치안수요가 발생하고 있다.

## ❷ 국내 정세의 변화

① **국가간의 공조요구 필요성 증대**

　㉠ 동남아시아와 중국 노동력의 불법취업과 체류가 증가하여 다국적기업에 의한 범죄와 국제범죄조직을 통한 범죄가 계속 증가하고 있다.

　㉡ 이에 대한 국가 간의 협조와 연대의 필요성이 증대하고 있다.

② **남, 북 간의 갈등완화**

　㉠ 북한의 핵문제, 천안함사건 등 북한의 계획적인 도발행위로 남, 북한의 갈등이 심화되고 있다가 최근 남, 북한의 화해무드가 조성되고 있다.

　㉡ 21세기에는 남, 북 간의 군사적 대치보다는 경제적 실리추구와 평화공돈이 중요시되고 있다는 점에서 이에 대한 대비가 필요하다.

③ **금융공황과 범죄증가**

　㉠ 미국에서 시작한 금융공황으로 세계경제는 침체되고 IMF 이후 산업의 경쟁력 강화를 위한 구조조정 때문에 범죄가 횡포화되고 있다.

ⓛ 국제범죄증가로 나타나는 국제치안의 변화에 대처하기 위해서는 국가간 범인의 인도, 국제경찰기구와의 연계 및 협력 등 국가 간의 공조수사가 필요하다.

## ③ 범죄추세의 변화

### ① 범죄의 증가원인

　　㉠ 1970년 이후 범죄가 약 4배 가량 증가율을 보여 총 범죄발생건수가 크게 증가하고 있다.

　　ⓛ 인구증가, 도시화, 경제구조의 변화, 물질적인 풍요에 따른 가치관의 혼란, 정보·통신의 발달 등으로 인하여 범죄가 증가하고 있다.

### ② 범죄의 특징

　　㉠ 화이트칼라 범죄의 증가 : 고전적인 단순한 재산범죄보다는 고학력자들에 의한 지능화되고 전문화된 금융, 보험, 신용카드, 컴퓨터 등과 관련된 화이트칼라 범죄가 큰 비중을 차지하고 있다.

　　ⓛ 경제범죄의 증가 : 신용카드 발급·사용의 남발로 인한 개인채무의 증가, 실업률의 증가로 경제적 이익을 목적으로 하는 경제범죄가 크게 증가하고 있다.

　　ⓒ 컴퓨터를 이용한 신종범죄의 증가 : 교통·통신 등의 발달로 범죄행위와 방법 등이 더욱더 광역화·기동화되면서 조직화·집단화될 것으로 예상되며, 첨단기술을 활용하는 지능적인 범죄가 증가하고 컴퓨터를 활용한 각종 신종범죄가 등장하고 있고, 무선 인터넷과 스마트폰의 보급 확대로 인하여 사이버범죄가 증가하고 있다.

　　ⓔ 청소년과 여성범죄의 증가 : 대체적으로 범죄연령이 낮아지고 있는 추세이며, 검거된 범죄자의 절반 이상이 재범자에 해당할 정도로 재범자의 범법행위가 증가하고 있다. 청소년범죄의 증가와 더불어 여성범죄가 증가하고 있으며, 청소년범죄의 흉폭화는 가장 우려할 만한 특징이다.

　　ⓜ 국제범죄의 증가 : 국제화·개방화에 따른 국내인의 해외범죄, 외국인의 국내범죄, 밀수·테러 등의 국제범죄가 증가하고 있다.

　　ⓗ 마약범죄의 증가 : 최근 마약류와 관련한 범죄가 꾸준히 증가하고 있으며, 언론을 통하여 끊임없이 이어지고 있다. 인터넷이나 클럽, SNS 등 과거에 비하여 마약구입경로가 다양해지면서 향정신성 의약품 흡입 및 투약 범죄는 시간이 지날수록 그 빈도가 증가하고 있다.

## ④ 인구구조의 변화

① 저출산과 급격한 노령화로 인한 노동력 감소와 노인인구 부양 등이 사회문제가 되고 있다.

② 고령화사회로 진입하여 정년문제와 노인문제 등이 출현함으로써 생계형 노인범죄가 증가하고 있다.

# 02 국내 경찰의 역할과 방범 실태

## ❶ 경찰의 역할

① **경찰의 기본임무**

  ㉠ 위험의 방지
    ⓐ 공공의 안녕
    ⓑ 공공의 질서
    ⓒ 위험
  ㉡ 범죄의 수사
  ㉢ 대 국민 서비스 활동

② **경찰의 임무를 규정한 법**

  ㉠ 경찰의 임무〈국가경찰과 자치경찰의 조직 및 운영에 관한 법률 제3조〉
    ⓐ 국민의 생명·신체 및 재산의 보호
    ⓑ 범죄의 예방·진압 및 수사
    ⓒ 범죄피해자 보호
    ⓓ 경비·요인경호 및 대간첩·대테러 작전 수행
    ⓔ 공공안녕에 대한 위험의 예방과 대응을 위한 정보의 수집·작성 및 배포
    ⓕ 교통의 단속과 위해의 방지
    ⓖ 외국 정부기관 및 국제기구와의 국제협력
    ⓗ 그 밖의 공공의 안녕과 질서유지
  ㉡ 직무의 범위〈경찰관 직무집행법 제2조〉
    ⓐ 국민의 생명·신체 및 재산의 보호
    ⓑ 범죄의 예방·진압 및 수사
    ⓒ 범죄피해자 보호
    ⓓ 경비, 주요 인사 경호 및 대간첩·대테러 작전 수행
    ⓔ 공공안녕에 대한 위험의 예방과 대응을 위한 정보의 수집·작성 및 배포
    ⓕ 교통 단속과 교통 위해의 방지
    ⓖ 외국 정부기관 및 국제기구와의 국제협력
    ⓗ 그 밖의 공공의 안녕과 질서유지

  &copy; 성격

    &#9424; 즉시강제에 대한 일반법 시행

    &#9425; 긴급 구호 요청, 사실확인 및 출석요구

    &#9426; 직무수행에 대한 근본

    &#9427; 불심검문, 범죄예방과 제지, 보호조치, 위험방지


## ❷ 경찰의 방범 실태

① 고된 업무와 위험에 비하여 떨어지는 보수와 근무조건 등으로 지원자의 선호가 감소하여 경찰의 인력이 부족하다.

② 경찰장비가 노후되었다.

③ 경찰의 안전을 보장하는 장치가 충분하지 못하다.

④ 경찰의 민생안전 부서 근무의 기피현상이 있다.

⑤ 경찰의 주민들에 대한 고정관념으로 인한 이해부족 현상이 있다.

⑥ 일반인의 협조가 미비하다,

⑦ 고유 업무가 아닌 타부서 협조 업무가 많다.


---

#### 예 제 문 제

**경찰의 역할과 활동에 관한 설명으로 옳지 않은 것은?**

① 범죄예방은 범죄가 발생하지 않도록 사전에 그 원인을 제거하는 활동이다.

② 일선경찰관들이 직접적으로 사용하는 개인장비의 표준화와 보급 및 관리는 지속적으로 개선되어야 한다.

③ 우리나라 경찰 1인당 담당하는 시민의 비율은 선진국에 비해 상당히 낮은 편이다.

④ 현재 경찰은 경찰의 이미지와 경찰활동에 대한 국민들의 인식을 높이고자 노력하고 있다.

★③ 주요 선진국과 비교 시 우리나라의 치안 인력은 여전히 부족한 실정이며, 일본과 비슷한 수준이다.

※ 주요 선진국 경찰관 1인당 담당인구 비교

|  | 독일 | 프랑스 | 미국 | 영국 | 일본 | 우리나라 |
|---|---|---|---|---|---|---|
| 경찰관 1인당 담당인구 | 320명 | 347명 | 401명 | 403명 | 493명 | 498명 |

답 ③

# 출제 예상 문제

**1** 우리나라의 치안환경에 관한 내용으로 옳지 않은 것은?

① 인구의 도시집중에 따른 개인주의적 경향으로 조직적인 범죄는 감소하고 있다.

② 고령화로 인해 노인범죄가 심각한 사회문제로 대두되고 있다.

③ 지능화, 전문화된 사이버범죄가 날로 증가하고 있다.

④ 빈부격차의 심화와 도시화로 다양한 유형의 범죄가 발생하고 있다.

**TIP** ① 인구집중에 따른 개인주의 성향과 조직범죄 감소 사이에 인과관계가 성립되지 않는다.

**2** 환경설계를 통한 범죄예방(Crime Prevention Through Environmental Design)에 관한 설명으로 옳지 않은 것은?

① 환경적인 요소가 인간의 행동 및 심리적 성향을 자극하여, 범죄를 예방한다는 환경행태학적 이론에 기초하고 있다.

② 전통적 CPTED는 범죄로부터 피해를 입을 가능성이 있는 잠재적 피해자들을 보호하기 위하여 공격자가 보호대상에 접근하지 못하도록 하는 방법을 주로 활용한다.

③ 현대적 CPTED는 궁극적인 삶의 질 향상은 고려하지 않는다.

④ CPTED의 기본전략은 자연적 감시와 접근통제, 영역성 강화, 활용성 증대, 유지관리에서 출발한다.

**TIP** ③ 전통적 CPTED는 공격자가 보호대상에 접근하지 못하도록 하는 방법을 주로 활용하였으나 현대적 CPTED는 시민들의 삶의 질 향상까지 고려하여 설계한다.

※ 환경설계를 통한 범죄예방(Crime Prevention Through Environmental Design)

㉠ 환경적인 요소가 인간의 행동 및 심리적 성향을 자극하여 범죄를 예방한다는 환경행태학적 이론에 기초함

㉡ 적절한 건축설계나 도시계획과 같은 범죄환경에 대한 방어적 디자인을 통해 범죄가 발생할 기회를 줄이고, 도시민들이 범죄에 대한 두려움을 덜 느끼고 안전감을 유지하도록 하여 궁극적으로 삶을 질을 향상시키는 종합적인 범죄예방전략

㉢ 개인의 본래 활동을 방해하지 않으면서 범죄예방효과를 극대화시키는 것이 목표임

**Answer** 1.① 2.③

**3** 범죄예방 및 안전사고 방지를 위해 관내 금융기관 등 현금다액취급업소, 상가, 여성운영업소 등에 대하여 방범시설 및 안전설비의 설치상황, 자위방범역량 등을 점검하여 미비점을 보완하도록 지도하기 위한 경찰활동을 무엇이라 하는가?

① 방범홍보               ② 경찰방문

③ 생활방범               ④ 방범진단

   **TIP** 방범진단 … 범죄예방 및 안전사고방지를 위하여 관내 주택, 고층빌딩, 금융기관 등 현금다액취급업소 및 상가, 여성운영업소 등에 대하여 방범시설 및 안전설비의 설치상황, 자위방법역량 등을 점검하여 미비점을 보완하도록 지도하거나 경찰력 운용상의 문제점을 보완하는 활동을 의미한다.

**4** 경찰의 범죄능력 한계가 발생하는 원인에 대한 설명으로 옳지 않은 것은?

① 경찰활동에 대한 주민들의 이해부족
② 경찰장비의 부족 및 노후화
③ 경찰과 민간경비의 과도한 치안공조
④ 타부처협조업무의 과중

   **TIP** 경찰과 민간경비가 오히려 치안공조를 제대로 하고 있지 못하기 때문에 범죄능력의 한계가 생긴다고 볼 수 있다.

**5** 국내 치안여건의 변화 중 정책실패에 관련한 것들로만 바르게 짝지어진 것은?

> ㉠ 비효율적인 세금 배정
> ㉡ 집값의 상승
> ㉢ 경찰인력의 부족
> ㉣ 미흡한 환율정책
> ㉤ 고르지 못한 지방 발전으로 인한 과도한 도시화의 진행

① ㉠㉡               ② ㉠㉢㉣

③ ㉡㉢㉣              ④ ㉢㉣㉤

   **TIP** ㉠ 국내 치안여건의 변화 중 국회 불신에 관한 내용이다.
        ㉡ 국내 치안여건의 변화 중 부동산 정책의 실패에 해당한다.

**Answer**  3.④  4.③  5.④

**6** 경찰의 임무를 규정한 것 중에 경찰법에 규정되어 있지 않는 것은?

① 국민의 생명·신체 및 재산의 보호

② 범죄의 예방·진압 및 수사

③ 교통의 단속

④ 정보수집 및 분석

○**TIP** 경찰의 임무〈국가경찰과 자치경찰의 조직 및 운영에 관한 법률 제3조〉
㉠ 국민의 생명·신체 및 재산의 보호
㉡ 범죄의 예방·진압 및 수사
㉢ 범죄피해자 보호
㉣ 경비·요인경호 및 대간첩·대테러 작전 수행
㉤ 공공안녕에 대한 위험의 예방과 대응을 위한 정보의 수집·작성 및 배포
㉥ 교통의 단속과 위해의 방지
㉦ 외국 정부기관 및 국제기구와의 국제협력
㉧ 그 밖의 공공의 안녕과 질서유지

**7** 범죄증가의 원인에 관한 내용이다. 옳지 않은 것은?

① 경제위기와 관련한 대규모 실업사태

② 지방의 고른 발전 부재로 과도한 도시화

③ 공무원의 공금횡령

④ 가치관의 미확립

○**TIP** 범죄증가의 원인으로 인구증가와 과도한 도시화, 경제위기 등이 있으나 공무원의 공금횡령은 범죄의 일부이지 범죄증가의 원인이 될 수 없다.

**8**  다음 설명 중 틀린 것은?

① 범죄예방이란 범죄를 미연에 방지하는 것으로 범죄가 발생하지 않도록 미리 그 원인을 제거하고 피해 확대를 방지하는 활동을 말한다.

② 최근 경찰은 지구대 도입을 통해 경찰의 인력 부족 문제를 해결하였다.

③ 방범경찰은 광의로는 공공의 안녕과 질서유지, 범죄예방 등 모든 경찰활동을 생활안전이라는 개념에 포함시킬 수 있다.

④ 방범리콜제도는 치안행정상 주민참여와 관련이 있다.

 ○**TIP**  지구대는 파출소 3~4개를 묶어 운영하는 제도로 지구대 운영 이후 일부 농·어촌의 출동 시간이 늦어지고 순찰 빈도가 낮아 치안 사각지대가 늘어난 것을 이유로 기존의 지구대 운영제도를 파출소 운영제도로 다시 개편하고 있다.


**9**  최근 국내 치안여건의 변화에 대한 설명으로 옳지 않은 것은?

① 교통·통신시설의 급격한 발달로 범죄가 광역화·기동화·조직화되고 있다.

② 청소년 범죄가 늘고 있으며 범죄연령이 점점 낮아지고 있다.

③ 국내의 총범죄 발생건수는 시민 질서의식의 정착, 경찰의 적절한 방범대책 등으로 점차 줄어들고 있다.

④ 국제화·개방화에 따라 국내인의 해외범죄, 외국인의 국내범죄, 밀수, 테러 등의 국제범죄가 증가하고 있다.

 ○**TIP**  국내 범죄 발생건수는 매년 증가추세를 보이고 있으며 경찰의 인력부족과 시설낙후로 방범대책수립은 점차 어려워지고 있다.

**10** 다음 중 경찰의 방범능력한계에 해당되지 않는 것은?

① 경찰인력의 부족
② 민생치안부서 근무기피 현상
③ 경찰에 대한 주민의 이해 부족
④ 경찰방범 장비 확충 및 현대화

○ **TIP** 경찰이 앞으로 더 좋은 경비서비스를 제공하기 위해 필요한 것에 대한 설명이다.


**11** 다음 중 한국경찰의 범죄예방활동 수행에 있어서 한계 요인으로 옳지 않은 것은?

① 경찰방범 장비의 부족 및 노후화
② 타 부처와의 업무협조 원활
③ 경찰활동에 대한 국민들의 이해부족
④ 치안수요 증가로 인한 경찰인력의 부족

○ **TIP** 타 부처와의 업무협조가 원활하면 범죄예방활동 수행이 수월해지므로 한계요인이라고 할 수 없다.


**12** 우리나라의 경찰방범능력의 장애요인이 아닌 것은?

① 주민자치에 의한 방범활동
② 경찰인력의 부족
③ 타 부처의 업무협조 증가
④ 방범장비의 부족 및 노후화

○ **TIP** 주민자치의 방범활동은 경찰방범능력을 부수적으로 도와주는 활동이다.


**Answer** 10.④ 11.② 12.①

**13** 우리나라 경찰방범능력의 한계로서 적절하지 않은 것은?

① 경찰인력 부족

② 경찰방범장비 부족 및 노후화

③ 타 부처 협조업무 증가

④ 경찰에 대한 주민들의 협조원활

**○ TIP** 경찰에 대한 주민들의 협조가 원활해지면 경찰방범능력이 확대된다.

**14** 우리나라 치안환경에 대한 설명으로 옳지 않은 것은?

① 국제화·개방화로 인한 외국인 범죄가 증가하는 추세이다.

② 고령화 추세로 인한 노인범죄가 사회문제로서 대두되고 있다.

③ 보이스 피싱 등 신종범죄가 대두되고 있다.

④ 청소년범죄가 증가하고 있으며 범죄연령이 높아지는 추세이다.

**○ TIP** ④ 범죄연령은 점차 낮아지는 추세이다.

# 민간경비의
# 조직 및 업무

# ０１ 경비업무의 유형

## ① 경비업법상 유형(경비업법 제2조)

① **시설경비업무** … 경비를 필요로 하는 시설 및 장소에서의 도난·화재, 그 밖의 혼잡 등으로 인한 위험발생을 방지하는 업무를 말한다.

② **호송경비업무** … 운반 중에 있는 현금·유가증권·귀금속·상품, 그 밖의 물건에 대하여 도난·화재 등 위험발생을 방지하는 업무를 말한다.

③ **신변보호업무** … 사람의 생명이나 신체에 대한 위해의 발생을 방지하고 그 신변을 보호하는 업무를 말한다.

④ **기계경비업무** … 경비대상시설에 설치한 기기에 의하여 감지·송신된 정보를 그 경비대상시설 외의 장소에 설치한 관제시설의 기기로 수신하여 도난·화재 등 위험발생을 방지하는 업무를 말한다.

⑤ **특수경비업무** … 공항(항공기를 포함) 등 국가중요시설의 경비 및 도난·화재, 그 밖의 위험발생을 방지하는 업무를 말한다. 국가중요시설은 다음과 같다.
　㉠ 공항·항만, 원자력 발전소 등의 시설 중 국가정보원장이 지정한 국가보안목표시설
　㉡ 통합방위법 제21조 제4항의 규정에 의하여 국방부장관이 지정하는 국가중요시설

## ② 홈 시큐리티

① 홈 시큐리티 개요
　㉠ 인터넷의 확산과 주거환경의 변화로 가정의 안전 및 경비를 담당하는 홈 시큐리티(Home Security)가 보편화되었다.
　㉡ 현대인들이 보다 안전한 환경을 추구하면서 이에 따른 수요가 증가하고 있다.
　㉢ 기존 경비방식에서 탈피하여 초고속 정보통신망을 기반으로 강력한 보안솔루션을 제공하고 차별화된 시스템으로 사고발생을 원천적으로 차단하며 삶의 질을 향상시키는 데 그 목적이 있다.

② 홈 시큐리티 기능
　㉠ 도난경보 : 각종 감지기에서 발생하는 이상신호와 카메라에 포착되는 영상신호를 주장치를 통해서 관제실로 통보한다.

ⓛ 화재 및 가스경보 : 화재발생 및 가스유출 시 경보 및 통보를 한다.

ⓒ 원격 감시 제어 시스템 : 감시물에 대한 영상, 방범·방재, 출입통제센서 등의 감시정보를 실시간으로 네트워크나 인터넷망을 통해 사용자가 원하는 화면을 분할 형태로 동시에 모니터링하고 감시 제어 할 수 있는 보안 시스템이다.

ⓔ 안전 확보 : CCTV 설치로 실시간 감시가 가능하다.

ⓜ 공동현관 제어 : 세대 또는 관제실에서 출입자의 신원을 영상으로 확인하고 원격제어가 가능하다.

ⓑ 음성인식 및 교신 : 긴급상황시 현장의 음성을 청취하고 회원과의 교신으로 관제실에서 상황을 직접 통제할 수 있다.

ⓢ 동영상 통보 및 원격지 전송 : 인터넷망을 통하여 PDA나 휴대폰으로 현장상황을 실시간으로 확인할 수 있다.

ⓞ 가전생활용품 원격제어 : 외부에서 PC나 휴대폰, PDA로 현장상황을 확인 후 원격제어가 가능하다.

③ 홈 시큐리티의 분류

㉠ 출동전문업체를 이용한 홈 시큐리티
  ⓐ 각종 센서와 ARS를 연결한 출동경비 서비스이다.
  ⓑ 안전하고 빠른 시스템으로 설치 및 관리, 출동경비를 동시에 할 수 있다.
  ⓒ 보험 가입 등 추가적인 안전장치 및 보상장치가 마련되고 있다.

㉡ CCTV 카메라 설치를 통한 로컬 보안 시스템
  ⓐ CCTV 카메라 구매 및 공사를 수행해야 하는 것으로 일반적으로 대형 매장이나 건물관리에 유용하게 사용될 수 있다.
  ⓑ 아날로그 카메라로 VCR 또는 TV에 연결되어 로컬상에서 저장하며 볼 수 있는 시스템이다.
  ⓒ DVR 카드를 구매하여 기존 PC에 장착 후 저장 및 원격 모니터링을 수행하는 방법이 성행하고 있다.

㉢ 웹 카메라(USB 카메라)를 이용한 로컬 및 원격 보안 시스템
  ⓐ 인터넷이 되는 어떠한 곳이든 설치가 가능하며 기존 PC를 이용하여 감시카메라 역할을 수행하는 USB 카메라와 서버가 내장되어 있는 네트워크 카메라로 구분될 수 있다.
  ⓑ 로컬 및 원격지에서 감시 및 저장할 수 있다.
  ⓒ 움직임이 감지되면 통보해 주는 서비스, 핸드폰으로 모니터링할 수 있는 서비스 등 다양하다.
  ⓓ 일부 서비스 업체는 움직임이 감지되면 핸드폰 또는 이메일로 통보하거나 스피커를 통하여 경보음을 발생 시킨다.
  ⓔ 공사비가 없거나 적게 들고, 추가 관리비가 없다는 것이 장점이다.

㉣ DVR 시스템을 이용한 보안 시스템
  ⓐ CCTV 카메라(아날로그 카메라)를 이용하고 전문 저장장치인 DVR 셋톱박스를 동시에 구매하여 설치하는 것으로 가장 전문적인 보안 감시 시스템이다.
  ⓑ 가격이 고가이고 대형 매장이나 큰 규모의 관리가 필요한 곳에 적합하다.
  ⓒ 기존 PC를 이용하여 DVR 캡쳐카드를 장착하면 DVR 셋톱박스의 기능을 한다.

## ❸ 요인경호

① 의의

　ⓐ 최근 국가 중요 인사들의 안전에 위기감이 고조되면서 요인경호에 대한 관심이 커지고 있다.

　ⓑ 요인경호는 요인을 암살이나 납치 등으로부터 보호하기 위한 것으로 주로 국가기관에서 행해지고 있다.

　ⓒ 국가기관의 경호인력이 부족하고 요인의 범위가 점차 확대되면서 민간부문이 요인경호를 하는 경우가 늘어나고 있다.

② 요인경호의 내용

　ⓐ 요인의 환경과 지역 구조에 관한 충분한 지식을 가지고 계획을 수립해야 한다.

　ⓑ 요인의 신분과 명성 등에 유의하여 가능한 위험을 예측하여 계획을 수립한다.

　ⓒ 경호 상세 내용

　　ⓐ 이동 중 경호
　　　- 차량 운전기사에 관한 정보를 사전에 조사해 둔다.
　　　- 이동 지점을 미리 조사하고 미리 요원을 배치해 둔다.
　　　- 차량 내부를 점검한다.
　　　- 경호원 간의 통신이 두절되지 않도록 하고 긴급히 연락할 수 있는 수단을 만들어 둔다.
　　　- 거리이동 중 경호는 요인의 신분에 맞게 하며 지나치지 않도록 주의한다.
　　　- 수상한 사람이 있는지 살피고 경계를 늦추지 않는다.

　　ⓑ 건물 조사
　　　- 출입문·창문이 잘 잠기는지 조사한다.
　　　- 경보시스템을 확인한다.
　　　- 비상전원의 유무를 확인한다.
　　　- 경보시 응답시간과 요원 도착시간을 체크한다.

　　ⓒ 기타 유의사항
　　　- 요인의 주위사람들을 미리 조사한다.
　　　- 예기치 않은 소포나 박스 포장물 등을 조심한다.
　　　- 요인이 규칙적으로 출입하는 장소나 행동을 파악한다.
　　　- 요인의 가족 신변을 확보한다.

**❹ 시설경비**

① **의의**

　ⓐ 금융·소매·의료 등 다양한 시설이 증가하고 더 많은 범죄에 노출되므로 시설경비에 대한 수요가 증가하고 있다.

　ⓑ 다양한 시설이 존재하므로 시설의 용도에 따라 경비체계가 달라야 한다.

　ⓒ 시설에는 다양한 첨단장비들이 사용되므로 관련 기술력이 중요하다.

② **경비체계에 대한 계획수립**

　ⓐ 건물구조(설계도)를 참고한다.

　ⓑ 경비설비 이상 유무를 점검하고 정비한다.

　ⓒ 직원들에 대한 경비시설 훈련과 기기사용 교육을 실시한다.

　ⓓ 개점·폐점 시간의 유의사항

　　ⓐ 시간대에 맞는 경비시스템을 수립한다.

　　ⓑ 개점·폐점 시간대 범죄 발생 빈도가 높으므로 적절한 대책을 수립한다.

　ⓔ 주위에 경찰관서가 있는지와 거리 등을 체크해 둔다.

　ⓕ 각 시설별 유의사항

　　ⓐ 금융시설의 경우 현금수송차량이나 ATM기 등의 경비도 포함되어야 한다.

　　ⓑ 숙박·의료·도서관 시설의 경우에는 특히 화재에 각별한 신경을 써야 한다.

　　ⓒ 대형 소매점의 경우

　　　- 고객에 의한 외부 절도에 유의한다.

　　　- 직원에 의한 내부 절도에 유의한다.

　　　- 부주의에 의한 제품의 손상이나 손실에 유의한다.

　　　- 사람들이 밀집하는 공간이므로 폭파 위협과 같은 긴급상황에도 대처하도록 한다.

**TIP**

**ATM 안전관리 대책**
ⓐ ATM 설치장소에 CCTV를 설치한다.
ⓑ ATM 설치장소에 적절한 경비조명시설을 설치한다.
ⓒ ATM 설치장소에 주기적으로 경비순찰을 실시한다.
ⓓ ATM 설치장소는 구조적으로 견고하게 설계한다.

③ **경비계획 절차** … 경비계획 수립 → 경비계획 집행 → 경비계획 측정 및 평가 → 경비계획에 대한 피드백

## ❺ 기계경비와 인력경비

① **기계경비의 의의**
- ㉠ 사람을 대신하여 첨단장비를 이용해 경비를 수행하는 것을 말한다.
- ㉡ 기계경비는 무인기계경비와 인력요소가 혼합된 기계경비가 있다.
- ㉢ 기계경비 시스템의 기본요소
    - ⓐ 불법침입에 대한 감지
    - ⓑ 침입정보의 전달
    - ⓒ 침입행위의 대응

② **기계경비의 장·단점**
- ㉠ 장점
    - ⓐ 인건비가 적게 든다.
    - ⓑ 광범위한 장소를 효율적으로 감시할 수 있다.
    - ⓒ 24시간 감시가 용이하다.
    - ⓓ 인명피해를 최소화할 수 있다.
- ㉡ 단점
    - ⓐ 최초의 설치비용이 많이 들며 유지보수 비용이 비싸다.
    - ⓑ 고장시 즉각적인 대응이 어렵다.
    - ⓒ 비상시 현장대응이 어렵다.
    - ⓓ 오경보 및 허위경보 등의 위험이 있다.

③ **인력경비의 의의** … 화재, 절도, 분실, 파괴 등 기타 범죄 내지 피해로부터 기업의 인적, 물적 안전을 확보하기 위해 경비원 등의 인력으로 경비하는 것을 말한다.

④ **인력경비의 장·단점**
- ㉠ 장점
    - ⓐ 인력이 상주함으로써 현장에서 상황이 발생하였을 경우 신속한 조치가 가능하다.
    - ⓑ 인력요소이기 때문에 경비업무를 전문화 할 수 있고 고용창출 효과와 고객의 접점 서비스 효과가 있다.
- ㉡ 단점
    - ⓐ 인건비의 부담으로 경비에 많은 비용이 드는 편이다.
    - ⓑ 사건발생이 인명피해의 가능성이 있다.
    - ⓒ 야간에는 경비활동의 제약을 받아 효율성이 감소된다.

**기계경비에 대한 설명으로 옳지 않은 것은?**

① 24시간 계속적인 감시가 가능하다.

② 감시지역이 광범위하기 때문에 정확성을 기할 수 없다.

③ 장기적으로 볼 때 경비 소요비용의 절감효과를 기대할 수 있다.

④ 화재예방과 같은 다른 시스템과 통합적으로 운용이 가능하다.

★② 광범위한 장소를 효율적으로 감시할 수 있다.

답 ②

# 6 혼잡행사경비

## ① 의의

㉠ 최근 경찰은 혼잡행사 안전관리에 관한 경비활동을 줄여가고 있다.

㉡ 부족한 경찰인력을 혼잡경비에 투입하기보다 민생치안활동에 주력하기 위한 것이다.

㉢ 운동경기 · 공연 등 수익성 행사의 경비를 민간부문이 맡는 경우가 급증하고 있다.

## ② 혼잡행사 안전관리의 문제점

㉠ 행사장소 자체가 협소하여 안전관리상 문제가 생길 수 있다.

㉡ 경찰인력의 지원이 부족하다.

㉢ 시민들에게 안전 불감증이 존재한다.

㉣ 안전요원에게 책임감이 결여되어 있다.

㉤ 행사장별 경험부족으로 인해 경비가 미흡하다.

## ③ 선진국의 혼잡경비

㉠ 민간경비업체가 행사 안전관리를 담당한다.

㉡ 경찰과 연락체계를 갖추어 긴급사항 발생 시 경찰이 바로 출동할 수 있도록 되어 있다.

㉢ 행사장소 별로 다양한 안전모델이 확립되어 있다.

**7 특수시설경비**

① **민영교도소의 의의**

ㄱ 교정시설의 부족과 운용경비의 증가로 정부에게 부담이 되고 있다.

ㄴ 미국에서 최초로 민영교도소를 1983년에 설립했다.

ㄷ 국내에서도 2000년에 민영교도소 등의 설치·운영에 관한 법률을 제정하였다.

② **민영교도소 등의 설치·운영에 관한 법률**

ㄱ 목적 : 교도소 등의 설치·운영에 관한 업무의 일부를 민간에 위탁하는 데 필요한 사항을 정함으로써 교도소 등 운영의 효율성을 높이고 수용자의 처우 향상과 사회복귀를 촉진함을 목적으로 한다.

ㄴ 정의〈제2조〉

ⓐ 교정업무 : 수용자의 수용·관리, 교정·교화, 직업교육, 교도작업, 분류·처우, 그 밖에 형의 집행 및 수용자의 처우에 관한 법률이 정하는 업무를 말한다.

ⓑ 수탁자 : 교정업무를 위탁받기로 선정된 자를 말한다.

ⓒ 교정법인 : 법무부장관으로부터 교정업무를 포괄적으로 위탁받아 교도소·소년교도소 또는 구치소 및 그 지소를 설치·운영하는 법인을 말한다.

ⓓ 민영교도소 등 : 교정법인이 운영하는 교도소 등을 말한다.

ㄷ 교정업무의 민간위탁〈제3조〉

ⓐ 법무부장관은 필요하다고 인정하면 이 법에서 정하는 바에 따라 교정업무를 공공단체 외의 법인·단체 또는 그 기관이나 개인에게 위탁할 수 있다. 다만, 교정업무를 포괄적으로 위탁하여 1개 또는 여러 개의 교도소 등을 설치·운영하도록 하는 경우에는 법인에게만 위탁할 수 있다.

ⓑ 법무부장관은 교정업무의 수탁자를 선정하는 경우에는 수탁자의 인력·조직·시설·재정능력·공신력 등을 종합적으로 검토한 후 적정한 자를 선정하여야 한다.

ⓒ 수탁자의 선정방법, 선정절차, 그 밖에 수탁자의 선정에 관하여 필요한 사항은 법무부장관이 정한다.

ㄹ 위탁계약의 체결〈제4조〉

ⓐ 법무부장관은 교정업무를 위탁하려면 수탁자와 위탁계약을 체결하여야 한다.

ⓑ 법무부장관은 필요하다고 인정하면 민영교도소 등의 직원이 담당할 업무와 민영교도소 등에 파견된 소속공무원이 담당할 업무를 구분하여 위탁계약을 체결할 수 있다.

ⓒ 법무부장관은 위탁계약을 체결하기 전에 계약내용을 기획재정부장관과 미리 협의하여야 한다.

ⓓ 위탁계약의 기간은 수탁자가 교도소 등의 설치비용을 부담하는 경우에는 10년 이상 20년 이하로 하고, 기타의 경우에는 1년 이상 5년 이하로 하되, 그 기간은 갱신할 수 있다.

ⓜ 위탁계약의 내용〈제5조〉
    ⓐ 위탁업무를 수행할 때 수탁자가 제공하여야 하는 시설 및 교정업무의 기준에 관한 사항
    ⓑ 수탁자에게 지급하는 위탁의 대가와 그 금액의 조정 및 지급방법에 관한 사항
    ⓒ 계약기간에 관한 사항과 계약기간의 수정·갱신 및 계약의 해지에 관한 사항
    ⓓ 교도작업에서의 작업장려금·위로금 및 조위금의 지급에 관한 사항
    ⓔ 위탁업무를 재위탁할 수 있는 범위에 관한 사항
    ⓕ 위탁수용 대상자의 범위에 관한 사항
    ⓖ 기타 법무부장관이 필요하다고 인정하는 사항

③ **민영교도소의 도입**
    ㉠ 시설경비의 계획을 새롭게 수립하여야 한다.
    ㉡ 첨단장비와 시스템의 자동화가 필요하다.
    ㉢ 최소의 비용으로 최대의 효율을 얻을 수 있어야 한다.
    ㉣ 수용자의 처우 향상과 사회복귀를 촉진함을 목적으로 해야 한다.

## 02 경비원 교육

### ❶ 경비지도사의 교육

| 경비지도사 교육의 과목 및 시간 | | |
|---|---|---|
| 구분(교육시간) | 과목 | 시간 |
| 공통교육 (28시간) | 경비업법 | 4 |
| | 경찰관직무집행법 및 청원경찰법 | 3 |
| | 테러 대응요령 | 3 |
| | 화재대처법 | 2 |
| | 응급처치법 | 3 |
| | 분사기 사용법 | 2 |
| | 교육기법 | 2 |
| | 예절 및 인권교육 | 2 |
| | 체포 · 호신술 | 3 |
| | 입교식 · 평가 · 수료식 | 4 |
| 자격의 종류별 교육 (16시간) | 일반경비지도사 | 시설경비 | 2 |
| | | 호송경비 | 2 |
| | | 신변보호 | 2 |
| | | 특수경비 | 2 |
| | | 기계경비개론 | 3 |
| | | 일반경비 현장실습 | 5 |
| | 기계경비지도사 | 기계경비 운용관리 | 4 |
| | | 기계경비 기획 및 설계 | 4 |
| | | 인력경비개론 | 3 |
| | | 기계경비 현장실습 | 5 |
| 계 | | 44 |

**❷ 경비원의 교육**

① **일반경비원에 대한 교육**

　㉠ 경비업자는 일반경비원을 채용한 경우 해당 일반경비원에게 경비업자의 부담으로 다음의 기관 또는 단체에서 실시하는 일반경비원 신임교육을 받도록 하여야 한다.
　　ⓐ 경비협회
　　ⓑ 경찰교육기관
　　ⓒ 경비업무 관련 학과가 개설된 대학 등 경비원에 대한 교육을 전문적으로 수행할 수 있는 인력과 시설을 갖춘 기관 또는 단체 중 경찰청장이 지정하여 고시하는 기관 또는 단체

　㉡ 경비업자는 다음의 어느 하나에 해당하는 사람을 일반경비원으로 채용한 경우에는 해당 일반경비원을 일반경비원 신임교육 대상에서 제외할 수 있다.
　　ⓐ 일반경비원 신임교육을 받은 사람으로서 채용 전 3년 이내에 경비업무에 종사한 경력이 있는 사람
　　ⓑ 경찰공무원법에 따른 경찰공무원으로 근무한 경력이 있는 사람
　　ⓒ 대통령 등의 경호에 관한 법률에 따른 경호공무원 또는 별정직공무원으로 근무한 경력이 있는 사람
　　ⓓ 군인사법에 따른 부사관 이상으로 근무한 경력이 있는 사람
　　ⓔ 경비지도사 자격이 있는 사람

　㉢ 경비업자는 소속 일반경비원에게 선임한 경비지도사가 수립한 교육계획에 따라 매월 행정안전부령으로 정하는 시간(4시간) 이상 직무교육을 받도록 하여야 한다. 일반경비원에 대한 직무교육의 과목은 일반경비원의 직무수행에 필요한 이론·실무과목, 그 밖에 정신교양 등으로 한다.

　㉣ 일반경비원에 대한 신임교육의 실시 등
　　ⓐ 경찰청장은 일반경비원에 대한 신임교육의 실시를 위하여 연도별 교육계획을 수립하고, 일반경비원 신임교육 기관 또는 단체가 교육계획에 따라 교육을 실시하도록 하여야 한다.
　　ⓑ 일반경비원 신임교육 기관 또는 단체의 장은 일반경비원 신임교육과정을 마친 사람에게 신임교육이수증을 교부하고 그 사실을 신임교육이수증 교부대장에 기록하여야 한다.
　　ⓒ 경비업자는 일반경비원이 신임교육을 받은 때에는 경비원의 명부에 그 사실을 기재하여야 한다.

ⓜ 일반경비원의 신임교육의 과목 및 시간

| 구분(교육시간) | 과목 | 시간 |
|---|---|---|
| 이론교육(4시간) | 경비업법 | 2 |
| | 범죄예방론(신고 및 순찰요령을 포함한다) | 2 |
| 실무교육<br>(19시간) | 시설경비실무(신고 및 순찰요령, 관찰·기록기법을 포함한다) | 2 |
| | 호송경비실무 | 2 |
| | 신변보호실무 | 2 |
| | 기계경비실무 | 2 |
| | 사고예방대책(테러 대응요령, 화재대처법 및 응급처치법을 포함한다) | 3 |
| | 체포·호신술(질문·검색요령을 포함한다) | 3 |
| | 장비사용법 | 2 |
| | 직업윤리 및 서비스(예절 및 인권교육을 포함한다) | 3 |
| 기타(1시간) | 입교식, 평가 및 수료식 | 1 |
| 계 | | 24 |

〜〜〜 예 제 문 제 〜〜〜〜〜〜〜〜〜〜〜〜〜〜〜〜〜〜〜〜〜〜〜〜〜

**일반경비원의 교육에 관한 설명으로 옳지 않은 것은?**

① 직무교육의 실시주체는 경비업자이다.
② 직무교육은 매월 4시간 이상 실시하여야 한다.
③ 신임교육은 이론교육 8시간과 실무교육 20시간으로 한다.
④ 경찰청장은 일반경비원에 대한 신임교육의 실시를 위하여 연도별 교육계획을 수립해야 한다.

★ ③ 이론교육 4시간, 실무교육 19시간, 기타 1시간

답 ③

② **특수경비원에 대한 교육**

㉠ 특수경비업자는 특수경비원을 채용한 경우 해당 특수경비원에게 특수경비업자의 부담으로 다음의 기관 또는 단체에서 실시하는 특수경비원 신임교육을 받도록 하여야 한다.

ⓐ 경찰교육기관

ⓑ 행정안전부령으로 정하는 기준에 적합한 기관 또는 단체 중 경찰청장이 지정하여 고시하는 기관 또는 단체

ⓛ 특수경비업자는 채용 전 3년 이내에 특수경비업무에 종사하였던 경력이 있는 사람을 특수경비원으로 채용한 경우에는 해당 특수경비원을 특수경비원 신임교육 대상에서 제외할 수 있다.

ⓒ 특수경비업자는 소속 특수경비원에게 선임한 경비지도사가 수립한 교육계획에 따라 매월 행정안전부령으로 정하는 시간(6시간) 이상 직무교육을 받도록 하여야 한다.

ⓔ 특수경비원에 대한 신임교육의 실시

ⓐ 특수경비원 신임교육의 과정을 개설하고자 하는 기관 또는 단체는 다음의 규정에 의한 시설 등을 갖추고 경찰청장에게 지정을 요청하여야 한다.

| 특수경비원 교육기관 시설 및 강사의 기준 | |
|---|---|
| 구분 | 기준 |
| 시설 기준 | - 100인 이상 수용이 가능한 165제곱미터 이상의 강의실<br>- 감지장치·수신장치 및 관제시설을 갖춘 132제곱미터 이상의 기계경비 실습실<br>- 100인 이상이 동시에 사용할 수 있는 330제곱미터 이상의 체육관 또는 운동장<br>- 소총에 의한 실탄사격이 가능하고 10개 사로 이상을 갖춘 사격장 |
| 강사 기준 | - 고등교육법에 의한 대학 이상의 교육기관에서 교육과목 관련 학과의 전임강사(전문대학의 경우에는 조교수) 이상의 직에 1년 이상 종사한 경력이 있는 사람<br>- 박사학위를 소지한 사람으로서 교육과목 관련 분야의 연구실적이 있는 사람<br>- 석사학위를 소지한 사람으로서 교육과목 관련 분야의 실무업무에 3년 이상 종사한 경력이 있는 사람<br>- 교육과목 관련 분야에서 공무원으로 5년 이상 근무한 경력이 있는 사람<br>- 교육과목 관련 분야의 실무업무에 10년 이상 종사한 경력이 있는 사람<br>- 체포·호신술 과목의 경우 무도사범의 자격이 있는 사람으로서 교육과목 관련 분야에서 2년 이상 실무경력이 있는 사람<br>- 폭발물 처리요령 및 예절교육 과목의 경우 교육과목 관련 분야에서 2년 이상 실무경력이 있는 사람 |
| 비고 | 교육시설이 교육기관의 소유가 아닌 경우에는 임대 등을 통하여 교육기간 동안 이용할 수 있도록 하여야 한다. |

ⓑ 경찰청장은 교육과정을 개설하고자 하는 기관 또는 단체가 규정에 의한 지정을 요청한 때에는 다음의 규정에 의한 기준에 적합한 지의 여부를 확인한 후 그 기준에 적합한 경우 이를 특수경비원 신임교육을 실시할 수 있는 기관 또는 단체로 지정할 수 있다.

ⓒ 지정을 받은 기관 또는 단체는 신임교육의 과정에서 필요한 경우에는 관할 경찰관서장에게 경찰서 시설물의 이용이나 전문적인 소양을 갖춘 경찰관의 파견을 요청할 수 있다.

ⓔ 특수경비원 신임교육의 과목 및 시간은 다음과 같다.

| 특수경비원 신임교육의 과목 및 시간 | | |
|---|---|---|
| 구분(교육시간) | 과목 | 시간 |
| 이론교육 (15시간) | 경비업법 · 경찰관직무집행법 및 청원경찰법 | 8 |
| | 헌법 및 형사법(인권, 경비관련 범죄 및 현행범 체포에 관한 규정을 포함) | 4 |
| | 범죄예방론(신고요령을 포함) | 3 |
| 실무교육 (69시간) | 정신교육 | 2 |
| | 테러 대응요령 | 4 |
| | 폭발물 처리요령 | 6 |
| | 화재대처법 | 3 |
| | 응급처치법 | 3 |
| | 분사기 사용법 | 3 |
| | 출입통제 요령 | 3 |
| | 예절교육 | 2 |
| | 기계경비 실무 | 3 |
| | 정보보호 및 보안업무 | 6 |
| | 시설경비요령(야간경비요령을 포함) | 4 |
| | 민방공(화생방 관련 사항을 포함) | 6 |
| | 총기조작 | 3 |
| | 총검술 | 5 |
| | 사격 | 8 |
| | 체포 · 호신술 | 5 |
| | 관찰 · 기록기법 | 3 |
| 기타(4시간) | 입교식 · 평가 · 수료식 | 4 |
| 계 | | 88 |

## ❸ 청원경찰의 교육〈청원경찰법 시행령 제5조〉

① 청원주는 청원경찰에 임용된 사람으로 하여금 경비구역에 배치하기 전에 경찰교육기관에서 직무수행 상 필요한 교육을 받게 해야 한다. 다만, 경찰교육기관의 교육계획상 부득이하다고 인정할 때에는 우선 배치하고 임용 후 1년 이내에 교육을 받게 할 수 있다.

② 경찰공무원(의무경찰을 포함) 또는 청원경찰에서 퇴직한 사람이 퇴직한 날부터 3년 이내에 청원경찰로 임용된 때에는 위의 교육을 면제할 수 있다.

③ 교육기관, 교육과목, 수업시간 및 그 밖의 교육의 시행에 필요한 사항은 행정안전부령으로 정한다.

④ **교육기간 및 직무교육 등**
    ㉠ 교육기간은 2주간으로 한다.
    ㉡ 교육과목 및 수업시간

| 학과별 | 과목 | | 시간 |
|---|---|---|---|
| 정신교육 | 정신교육 | | 8 |
| 학술교육 | 형사법 | | 10 |
| | 청원경찰법 | | 5 |
| 실무교육 | 경무 | 경찰관직무집행법 | 5 |
| | 방범 | 방범업무 | 3 |
| | | 경범죄처벌법 | 2 |
| | 경비 | 시설경비 | 6 |
| | | 소방 | 4 |
| | 정보 | 대공이론 | 2 |
| | | 불심검문 | 2 |
| | 민방위 | 민방공 | 3 |
| | | 화생방 | 2 |
| | 기본훈련 | | 5 |
| | 총기조작 | | 2 |
| | 총검술 | | 2 |
| | 사격 | | 6 |
| 술과 | 체포술 및 호신술 | | 6 |
| 기타 | 입교 · 수료 및 평가 | | 3 |

ⓒ 직무교육〈시행규칙 제13조〉

    ⓐ 청원주는 소속 청원경찰에게 그 직무집행에 필요한 교육을 매월 4시간 이상 하여야 한다.

    ⓑ 관할 경찰서장은 필요하다고 인정하는 경우에는 청원경찰이 배치된 사업장에 소속공무원을 파견하여 직무집행에 필요한 교육을 할 수 있다.

# 03 경비위해요소 분석과 조사업무

## ① 경비위해요소 분석

### ① 의의

ⓐ 예측하지 못한 피해나 자연재해로부터 손실을 방지하기 위해 경비위해요소 분석을 시행하여야 한다.

ⓑ 모든 경비가 같은 방식으로 이루어지지 않기 때문에 각각의 환경에 맞는 경비형태를 선택하여야 한다.

ⓒ 경비형태를 결정짓기 이전에 경비위해요소 분석을 시행하여야 한다.

ⓓ 경비시스템의 유형

  ⓐ 1차원적 경비 : 경비원이 행하는 경비와 같이 단일예방체제에 의존하는 것을 말한다.

  ⓑ 단편적 경비 : 포괄적이고 전체적인 계획 없이 필요에 의해 단편적으로 손실예방의 역할을 수행하기 위해 추가되는 경비형태를 말한다.

  ⓒ 반응적 경비 : 특정 손실이 발생하는 사건에 한해서만 반응하는 경비형태를 말한다.

  ⓓ 총체적 경비 : 위해요소와 관계없이 언제 어떤 형태로 발생할지 모르는 사항에 대비하여 인력경비와 기계경비를 혼합한 표준화된 경비형태를 말한다.

### ② 경비위해요소의 형태

ⓐ 자연재해

  ⓐ 시설경비에 있어서 화재나 지진, 홍수와 같은 사고를 들 수 있다.

  ⓑ 요인경호에 있어서 호우나 폭설 등이 있다.

ⓑ 인위적 위험

  ⓐ 시설경비에 있어서 화재, 폭파위협, 부실공사에 의한 건물붕괴 등이 있다.

  ⓑ 요인경호에 있어서 오물투척, 살인위협, 납치 등이 있다.

ⓒ 특정적 위험

  ⓐ 위험에 노출되는 정도가 시설물 또는 특정상황에 따라 다양하게 나타나는 위험을 말한다.

  ⓑ 예를 들어 공장의 화재 폭발위험은 다른 곳에 비해 더 크게 나타날 수 있고, 강도나 절도는 소매점이나 백화점에서 더 크게 발생할 수 있다.

③ **경비위해요소의 분석**

　㉠ 위해요소의 손실발생 정도

　㉡ 위해요소의 손실발생 빈도

④ **비용편익분석**(CBA : Cost Benefit Analysis)

　㉠ 의의 : 경비사업의 경제적 타당성을 알아보기 위한 기법으로 편익과 이에 필요한 비용을 계량적으로 비교·평가하여 합리적인 대안을 선택하는 기법이다.

　㉡ 내용

　　ⓐ 편익 : 금전적 편익이나 비용이 아닌 실질적 비용과 편익을 측정해야 한다.

　　ⓑ 비용 : 매몰비용은 무시하고 기회비용 개념을 사용한다. 기회비용이란 특정대안을 선택함으로써 포기하는 비용을 말한다.

　㉢ 평가기준

　　ⓐ 순현재가치(NPV : Net Present Value)

　　　- 편익 − 비용 > 0 : 대안 선택

　　　- 편익 − 비용 < 0 : 대안 포기

　　ⓑ 편익비용비(Benefit cost ratio)

　　　- 편익/비용 > 1 : 대안 선택

　　　- 편익/비용 < 1 : 대안 포기

⑤ **비용효과분석**(CEA : Cost Effectiveness Analysis)

　㉠ 의의

　　ⓐ 편익이 비금전적 단위로 측정되며 경쟁 대안들의 크기와 유형이 비교될 수 있다는 가정하에 이용되는 분석방법이다.

　　ⓑ KTX의 개통으로 비용효과분석은 10만 명을 더 운송할 수 있다고 보고 비용편익분석은 10만 명의 운송가치를 화폐로 분석해야 한다.

　㉡ 비용편익분석과의 차이

| 구분 | 비용편익분석 | 비용효과분석 |
|---|---|---|
| 편익 | 화폐가치로 표현 | 비화폐적 가치로 표현 |
| 합리성 | 경제적 합리성 강조 | 목표와 수단 간 합리성 강조 |
| 문제유형 분석 | 고정비용과 고정효과 | 가변비용과 가변효과 |

**❷ 경비조사업무**

① **조사업무의 의의**

   ㉠ 경비의 취약점을 파악하고 부족한 부분을 피드백하여 보다 발전적인 경비 서비스를 제공하기 위한 업무이다.

   ㉡ 경비활동에 관한 전반적인 사항을 객관적으로 분석해야 한다.

② **조사업무의 요건**

   ㉠ 충분한 예산을 확보해야 한다.

   ㉡ 외부의 전문 경비인력이 참여하면 좋다.

   ㉢ 최고경영자의 의지와 필요에 대한 인식이 있어야 한다.

③ **경비조사**

   ㉠ 경비구역 경계조사

   ㉡ 인접건물조사

   ㉢ 경비보호대상에 대한 조사

      ⓐ 금고 및 귀중품의 손상 여부

      ⓑ 요인의 건강상태 조사 등

   ㉣ 경비 스케줄 및 방법 확인

   ㉤ 경보기 및 기기 확인

   ㉥ 주차장 조사

   ㉦ 화재관련 위험사항 조사

④ **기타 경비 외적 조사**

   ㉠ 해고된 사원의 정보유출 가능성 여부

   ㉡ 건물 내 비상통로의 안전 여부, 경비대상과 접근 용이성 확인

   ㉢ 현금 및 귀중품 운반 시 이동경로나 이동방법 확인

   ㉣ 사내 직원이 외부자와의 연계 가능성 확인

   ㉤ 공금횡령 가능성에 대한 통제 절차 확인

# 04 민간경비의 조직

## ❶ 자체경비조직

① **자체경비조직의 의의**
　㉠ 기업에서 비용감소 및 기업 내 보안을 이유로 기업 자체에서 경비조직을 운영하는 것을 의미한다.
　㉡ 기업체가 가지고 있는 특수한 사항을 외부경비조직의 표준화된 서비스가 아닌 그 기업에 맞는 서비스로 바꾸어 활용할 수 있게 된다.
　㉢ 기업 자체에서 조직하는 경비는 외부경비업체에 비해 상대적으로 전문성이 떨어지고 조직의 효율적 구성이 어려울 수 있다.

② **권한**
　㉠ 자체경비는 외부경비보다 더 높은 권한을 가지게 되는 것이 일반적이다.
　㉡ 권한의 정도는 각각의 회사 규율이나 방침에 따라 달라진다.
　㉢ 자체경비의 경우 타 부서와의 충돌과 갈등이 깊어질 수 있다.

③ **경비책임자의 역할**
　㉠ 경영상의 역할
　　ⓐ 경비원을 채용하고 지도하며 조직화하는 업무를 처리한다.
　　ⓑ 경비업무를 기획하며 혁신적인 방향을 제시한다.
　㉡ 관리상의 역할
　　ⓐ 재정상 감독과 예산 관련 업무, 사무행정, 경비원의 훈련개발, 경비교육 등의 업무를 처리한다.
　　ⓑ 다른 부서와의 긴밀한 의사소통을 연결하는 가교역할을 한다.
　㉢ 예방상의 역할
　　ⓐ 경비원의 대한 감독, 안전점검, 규칙적인 감사 등의 업무를 처리한다.
　　ⓑ 경비기기 상태를 주기적으로 점검한다.
　㉣ 조사활동
　　ⓐ 관련 규칙의 위반 여부 등의 감찰 업무를 수행한다.
　　ⓑ 경비부서 자체의 회계적인 부분 역시 조사의 대상이다.

④ **자체경비의 특징**
　㉠ 일반적 경비와 다르게 발생 후 대처가 아닌 발생 전 예방이 중요하다.
　㉡ 조사활동을 통해 기업 특유의 경비 시스템을 구축해야 한다.

ⓒ 타 부서와 긴밀하게 의사소통을 해야 한다.

ⓔ 습득하게 된 기밀을 유지하며 경비직원의 보안교육을 철저히 해야 한다.

ⓜ 타 부서에도 민감한 사항을 제외한 일정수준의 정보를 공개해 전체적인 협조체제를 구축해야 한다.

## ❷ 계약경비

① **계약경비의 의의**

   ⓐ 자체적으로 경비조직을 두지 않고 외부의 경비업체를 선정하여 경비업무를 시행하게 하는 것이다.

   ⓑ 경비업무를 조직적으로 운영하고 있고 전문성을 갖추고 있으므로 높은 경비서비스를 제공할 수 있다.

   ⓒ 기업 자체에서 운영하는 것보다 저렴한 비용으로 경비서비스를 받을 수 있다.

② **자체경비와 계약경비의 비교**

| 구분 | 자체경비 | 계약경비 |
|------|----------|----------|
| 비용 | 고가 | 저가 |
| 이용기간 | 장기간 | 단기간 |
| 인사상문제 | 복잡하다(해임 어려움). | 단순하다(해임 간편함). |
| 객관성 | 고용주 의식 有 | 고용주 의식 無 |
| 전문성 | 낮다. | 높다. |

## ❸ 민간경비의 조직운영원리

① **계층제의 원리** … 권한과 책임의 정도에 따라 직무를 등급화 함으로써 상하 계층 간에 직무상 지휘, 감독 관계에 서게 하는 것을 말한다.

② **통솔범위의 원리** … 한 사람의 상관이 효과적으로 감독할 수 있는 최대한의 부하의 수이다.

③ **명령통일의 원리** … 각 구성원들은 오직 한 사람의 감독자 또는 상관을 가지고 있고, 그 상관의 명령만을 따라야 한다는 원리이다.

④ **전문화의 원리** … 조직의 전체 기능을 성질별로 나누어 가급적 한 사람에게 동일한 업무를 분담시키는 것이다.

⑤ **조정·통합의 원리** … 공동의 목표를 달성하기 위하여 하위체제 간의 노력에 통일을 기하기 위한 과정을 말한다.

# 출제 예상 문제

**1** 경비형태에 관한 설명으로 옳지 않은 것은?

① 계약경비는 자체경비에 비해 비용이 저렴하다는 장점이 있다.
② 자체경비는 기업체 등이 조직 내에 자체적인 경비인력을 조직하여 운용하는 것을 말한다.
③ 계약경비는 결원 보충 및 추가 인력 배치가 용이하다는 장점이 있다.
④ 최근에는 자체경비가 계약경비보다 더 빠르게 증가하는 추세에 있다.

○**TIP** ④ 최근에는 계약경비가 자체경비보다 더 빠르게 증가하고 있다.

**2** 경비업무의 유형에 관한 설명으로 옳지 않은 것은?

① 순찰경비는 도보나 차량을 이용하여 정해진 노선을 따라 시설물의 상태를 점검하는 것이다.
② 상주경비는 중요산업시설, 상가, 학교와 같은 시설에 근무하면서 경비를 실시하는 것이다.
③ 인력경비는 기계경비에 비해 사건 발생 시 현장에서 신속하게 대처하기가 곤란하다.
④ 기계경비는 경비대상시설에 설치한 기기에 의하여 감지·송신된 정보를 관제시설의 기기로 수신하여 도난·화재 등 인적·물적인 가치를 보호하는 것이다.

○**TIP** ③ 사건 발생 시 인력경비는 기계경비에 비해 현장에서 신속하게 상황을 대처할 수 있다.
　　※ 인력경비와 기계경비
　　　⊙ 인력경비 : 경비를 필요로 하는 시설 및 장소에 범죄 예방, 안전 등을 위해서 인력을 투입하여 경비를 제공하는 경비형태이다.
　　　ⓒ 기계경비 : 경비를 필요로 하는 경비 대상 시설에 첨단 과학 장비를 설치·제공하는 경비형태이다.

**Answer** 1.④ 2.③

**3** 특정한 위험요소와 관계없이, 예측할 수 없는 사항에 대비하여 인력·기계경비를 종합한 표준화된 경비형태를 말하는 경비업무의 유형은?

① 단편적 경비
② 총체적 경비
③ 반응적 경비
④ 1차원적 경비

○**TIP** ① 단편적 경비 : 경비실시가 필요할 때마다 단편적으로 손실 예방 등의 역할을 수행하기 위해 경비조직을 추가해 나가는 경비형태이다.
③ 반응적 경비 : 단지 특정한 손실이 발생하는 사건에만 대응하는 경비형태이다.
④ 1차원적 경비 : 경비원과 같은 단일 예방 체제에 의존하는 가장 단순한 경비형태이다.

**4** 민간경비에서 조직이 지향하는 공동의 목표를 달성하기 위하여 하위체제 간에 수행되고 있는 업무가 통일성 또는 조화를 이루도록 하는 조직운영원리는?

① 계층제의 원리
② 명령통일의 원리
③ 전문화의 원리
④ 조정·통합의 원리

○**TIP** ① 권한과 책임의 정도에 따라 직무를 등급화 함으로써 상하 계층 간에 직무상 지휘, 감독 관계에 서게 하는 것
② 각 구성원들은 오직 한 사람의 감독자 또는 상관을 가지고 있어야 하고, 어떤 조직 구조 속에서도 이런 명령통일의 원리를 준수해야 한다는 원리
③ 조직의 전체 기능을 성질별로 나누어 가급적 한 사람에게 동일한 업무를 분담시키는 것

**5** 경비위해분석에 관한 내용으로 옳지 않은 것은?

① 경비위해분석이란 경비활동의 대상이 되는 위험요소들을 대상별로 추출하여 성격을 파악하는 경비진단활동을 말한다.
② 비용효과분석이란 개인 및 시설물에 대한 범죄예방 또는 질서유지활동에 대한 경제적 가치에 대하여 경비에 투입된 비용과 산출된 효과를 수치로 분석하는 것을 말한다.
③ 위험요소분석에 있어 위험요소를 인지하는 것이 가장 선행되어야 한다.
④ 인식된 위험요소의 척도화는 인지된 사실들을 경비대상물이 갖고 있는 환경을 고려하여 무작위로 배열하는 것이다.

○**TIP** ④ 경비위해요소의 형태와 손실발생 정도와 빈도, 비용편익분석 등의 분석 틀에 의하여 배열한다.

**Answer** 3.② 4.④ 5.④

**6** 민간경비의 조직운영원리와 관련하여 다음에 해당하는 것은?

> 민간경비부서에서 근무하는 경비원은 자신을 직접관리하고 있는 경비책임자로부터 지시를 받아야 하고, 항상 그 상관에게 보고해야 한다. 만약 관련 경비원이 계통이 다른 부서의 여러 관리자들로부터 지시를 받게된다면 업무수행에 차질이 생기고 결과적으로 상황을 악화시킬 가능성이 높게 될 것이다. 또한 지휘계통이 다원화되어 있다면 결과에 대한 책임소재가 불문명하게 될 것이다.

① 전문화의 원리　　　　　　　② 계층제의 원리
③ 명령통일의 원리　　　　　　④ 통솔범위의 원리

**○TIP** 명령통일의 원리 … 조직내 혼란을 방지, 신속성, 능률성 확보, 책임을 명확하게 하기 위해 중요한 것으로 누구나 한 사람의 상관에게 명령을 받고 보고해야 한다는 원리이다.

**7** 주거시설 경비에 대한 설명 중 틀린 것은?

① 최근에는 방범, 구급안전, 화재 등으로부터 보호하기 위한 주택용 방범기기의 수요가 급속히 증가하고 있다.
② 주거시설 경비는 점차 기계경비에서 인력경비로 변화하고 있다.
③ 주거침입의 예방대책은 건축 초기부터 설계되어야 한다.
④ 타운경비는 일반단독주택이나 개별빌딩 단위가 아닌 대규모 지역단위의 방범활동이다.

**○TIP** 주거시설 경비는 점차 인력경비에서 기계경비로 변화하고 있다.

**8** 다음 중 우리나라 경비업법상 민간경비의 업무라고 볼 수 없는 것은?

① 정보보호업무　　　　　　　② 기계경비업무
③ 시설경비업무　　　　　　　④ 특수경비업무

**○TIP** 경비업이란 시설경비업무, 호송경비업무, 신변보호업무, 기계경비업무, 특수경비업무의 전부 또는 일부를 도급받아 행하는 영업을 말하는 것이다〈경비업법 제2조〉.

**Answer** 6.③ 7.② 8.①

**9** 경비요소 조사에 대한 설명 중 틀린 것은?

① 내부적 담당자에 의한 조사는 조직 내 타부서와 경비부서의 협조체제가 용이하다.

② 경비전문가에 의한 조사는 현 상태에 대한 더욱 정확한 평가가 가능하다.

③ 경비요소 조사는 경비책임자가 우선적으로 고려해야 할 사항이다.

④ 내부적 담당자에 의한 조사는 평가기준이 더욱 객관적이다.

**TIP** 내부 담당자의 의한 조사는 평가기준이 주관적일 수 있으므로 객관적인 평가를 위해서는 외부에 인사를 통한 조사가 필요하다.


**10** 청원경찰의 신분이 공무원으로 인정되는 경우?

① 경비구역 내에서 경비근무를 실시하고 있는 경우

② 사업장 등의 경비구역을 관리하는 경우

③ 청원주에 의하여 배치된 기관에서 근무하는 경우

④ 형법, 기타 법령에 의한 벌칙이 적용되는 경우

**TIP** 형법 등 법령에 의한 벌칙이 적용되는 경우에 청원경찰이 공무원으로 인정된다.


**11** 아래 표에서 경비원의 질문검색과 경찰관의 불심검문의 특징이 잘못 배열되어 있는 것은?

| | 구분 | 경비원의 질문검색 | 경찰관의 불심검문 |
|---|---|---|---|
| ① | 법적 근거 | 미비 | 경찰관직무집행법 등 |
| ② | 목적 | 경비대상시설의 위험발생방지 | 범죄예방 및 진압 |
| ③ | 대상 | 출입자, 거동수상자 등 | 거동수상자 등 |
| ④ | 한계 | 타인의 권리침해 가능 | 타인의 권리침해 불가 |

**TIP** 경찰관의 불심검문은 타인의 권리침해가 가능하고 경비원의 질문검색은 타인의 권리침해가 불가능하다.


**Answer** 9.④ 10.④ 11.④

**12** 다음 중 특정한 손실이 발생하는 사건에만 대응하는 경비형태에 해당하는 것은?

① 반응적 경비　　　　　　　　② 총체적 경비

③ 단편적 경비　　　　　　　　④ 1차원적 경비

**ⓞTIP** 반응적 경비 … 특정 손실이 발생하는 사건에 한해서만 반응하는 경비형태를 말한다.


**13** 다음 경비부서 관리자의 관리상 역할에 해당되는 것은?

① 관련문서의 분류, 감시, 회계

② 화재와 경비원의 안전, 경비원에 대한 감독, 순찰

③ 조직화, 기획, 채용

④ 예산과 재정상의 감독, 사무행정

**ⓞTIP** 관리상의 역할
　　ⓐ 재정상 감독과 예산 관련 업무, 사무행정, 경비원의 훈련개발, 경비교육 등의 업무를 처리한다.
　　ⓑ 다른 부서와의 긴밀한 의사소통을 연결하는 가교역할을 한다.


**14** 다음 중 사기, 횡령, 절도 등과 관련있는 위해요소는?

① 인위적 위해　　　　　　　　② 자연적 위해

③ 특정한 위해　　　　　　　　④ 잠재적 위해

**ⓞTIP** 인위적 위해요소에 사기, 횡령, 절도 등이 포함된다.


**15** 인력경비의 단점에 관한 설명 중 잘못된 것은?

① 야간경비 활동의 제약　　　　② 인건비의 부담

③ 현장에서 신속한 조치가 불가능　④ 사건의 신속한 전파의 장애

**ⓞTIP** 인력경비의 장점은 현장에서 문제가 발생했을 때 신속하게 대응·조치할 수 있다는 것이다.


**Answer** 12.① 13.④ 14.① 15.③

**16** 기계경비시스템의 기본요소에 해당되지 않는 것은?

① 불법침입에 대한 감지      ② 침입정보의 전달

③ 침입행위의 대응      ④ 침입자의 체포

> **TIP** 기계경비
> ㉠ 사람을 대신하여 첨단장비를 이용해 경비를 수행하는 것을 말한다.
> ㉡ 기계경비는 무인기계경비와 인력요소가 혼합된 기계경비가 있다.
> ㉢ 기계경비시스템의 기본요소
> - 불법침입에 대한 감지
> - 침입정보의 전달
> - 침입행위의 대응

**17** 경비계획과정의 연속성을 나타내는 모형으로 적합한 것은?

① 경비평가 → 경비계획 → 경비조직관리 및 실행 → 경비계획(피드백)

② 경비계획 → 경비조직관리 및 실행 → 경비계획(피드백) → 경비평가

③ 경비계획 → 경비평가 → 경비조직관리 및 실행 → 경비계획(피드백)

④ 경비계획 → 경비조직관리 및 실행 → 경비평가 → 경비계획(피드백)

> **TIP** 경비계획과정은 경비계획을 세운 후 경비조직관리 및 실행 그리고 경비평가를 진행한 후에 피드백을 하는 것으로 끝이 난다.

**18** 경비위해요소에 대한 설명으로 옳지 않은 것은?

① 경비위해요소는 일반적으로 자연적 위해와 인위적 위해, 특정한 위해 등으로 구분할 수 있다.

② 경비위해요소의 분석에 있어서 첫번째 단계는 위해요소를 인지하는 것이다.

③ 경비위해요소의 평가 및 분석에 있어서 경비활동의 비용효과분석은 실시할 필요가 없다.

④ 경비위해요소는 경비대상의 안전성에 위험을 끼치는 제반요소를 의미한다.

> **TIP** 경비위해요소의 평가 및 분석에 있어서 경비활동의 비용효과분석을 실시한다.

**19** 다음 중 우리나라의 인력경비와 기계경비의 실정에 대한 설명으로 옳지 않은 것은?

① 아직까지 많은 경비업체가 인력경비 위주의 영세성을 벗어나지 못하고 있는 부분도 있다.
② 인력경비 없이 기계경비 시스템만으로도 경비활동의 목표달성이 가능한 수준에 이르고 있다.
③ 이들 양자 가운데 어디에 비중을 둘 것인가 하는 문제는 경비대상의 특성과 관련된다.
④ 최근 선진국과의 기술제휴 등을 통한 첨단 기계경비 시스템의 개발뿐만 아니라 국내 자체적으로도 새로운 기술이 개발되고 있다.

○**TIP** 우리나라 경비산업은 80년대 초에 기계경비를 일본과 기술제휴를 통해 도입했다. 그 후 기계경비가 크게 성장하였지만 아직 기계경비 시스템만으로 경비활동의 목표를 달성할 수 있는 수준에 이르지는 못했다.


**20** 일반경비원의 교육에 관한 설명으로 옳지 않은 것은?

① 직무교육의 실시 주체는 경비업자이다.
② 직무교육은 매월 4시간이상 실시해야 한다.
③ 신임교육은 이론교육 8시간과 실무교육 20시간으로 한다.
④ 직무교육의 과목은 직무수행에 필요한 이론과 실무과목, 그 밖의 정신교양 등으로 한다.

○**TIP** 신임교육은 이론교육 4시간과 실무교육 19시간으로 나뉜다〈경비업법 시행규칙 별표2〉.


**21** 다음 중 청원경찰의 직무교육시간으로 올바른 것은?

① 매월 4시간
② 매월 4시간 이상
③ 매월 8시간
④ 매월 8시간 이상

○**TIP** 직무교육 … 청원주는 소속 청원경찰에게 그 직무집행에 필요한 교육을 매월 4시간 이상 하여야한다〈청원경찰법 시행규칙 제13조 제1항〉.


**Answer** 19.② 20.③ 21.②

**22** 경비조사업무에 있어 조사자들이 갖추어야 할 요건이 아닌 것은?

① 관련 분야의 높은 지식을 가지고 있을 것
② 조사대상 시설물과 집행절차를 숙지하고 있을 것
③ 조사진행의 각 단계에 대한 사전계획을 수립할 것
④ 조사대상 시설물에서 경비근무를 해본 경험이 있을 것

○**TIP** 경비조사업무를 수행하는 조사자들이 경비근무를 해본 경험이 있을 필요는 없다.


**23** 자체경비와 계약경비의 선택기준 중 가장 중요한 것은?

① 경비에 사용되는 인력의 비교
② 경비에 사용되는 장비의 비교
③ 경비에 사용되는 경비(經費)의 비교
④ 경비가 요구되는 경비 특성의 검토

○**TIP** 자체경비와 계약경비의 가장 중요한 차이는 경비에 요구되는 경비 특성으로 일반적으로 기업의
기밀유출을 꺼리거나 보안의 철저함을 유지하기 위해서 자체경비를 조직하는 기업이 많다.


**24** 다음 중 경비형태에 대한 설명으로 옳은 것은?

① 오늘날은 계약경비 서비스가 점차 확대되고 있다.
② 자체경비 서비스란 한 경비회사가 모든 서비스를 제공함을 뜻한다.
③ 계약경비는 비용상승효과 유발로 비능률적이다.
④ 오늘날은 자체경비 서비스가 점차 확대되고 있다.

○**TIP** ② 자체경비 서비스란 기업에서 자체적으로 경비조직을 만들어 서비스를 제공하는 것을 말한다.
③ 계약경비는 자체경비조직에 비해 전문화되어 있고 또한 비용면에서 보다 저렴하게 경비 서비
스를 받을 수 있다.
④ 오늘날 계약경비 서비스의 확대로 민간경비산업이 점차 커지고 있는 실정이다.

**Answer** 22.④ 23.④ 24.①

**25** 현금자동인출기(ATM)에 대한 안전관리대책으로 옳지 않은 것은?

① ATM을 구조적으로 견고하게 설계한다.

② ATM에 경비순찰을 주기적으로 실시한다.

③ ATM에 적절한 경비조명시설을 갖춘다.

④ ATM을 가급적 보행자의 통행량이 적은 곳에 설치한다.

○**TIP** 보행자의 통행량이 적은 곳에 설치해서는 안 된다.


**26** 기계경비 시스템의 기본요소가 아닌 것은?

① 불법침입에 대한 감지　　　　　　② 침입정보의 전달

③ 적정수준의 인건비 지출　　　　　④ 침입행위의 대응

○**TIP** 기계경비의 경우 첨단장비의 사용으로 인력경비와 다르게 인건비 지출이 거의 없다.


**27** 기계경비 시스템의 장점이 아닌 것은?

① 24시간 경비가 가능　　　　　　　② 소요비용의 절감효과

③ 경비에 효과적으로 감시할 수 있음　④ 사건발생 시 현장에서 신속대처 가능

○**TIP** 기계경비는 비용대비 효과는 인상적이나 긴급하게 사건이 발생하게 되면 인력경비에 비해 신속한 대처효과가 떨어진다.


**28** 경비조직화시 한 사람의 상관이 효과적으로 감독할 수 있는 최대한의 부하직원 수를 의미하는 것은?

① 책임　　　　　　　　　　　　　② 통솔범위

③ 감독　　　　　　　　　　　　　④ 권한위임

○**TIP** 통솔범위 … 한 사람의 상관이 효과적으로 감독할 수 있는 최대한의 부하 수를 말한다. 직무의 성질이 동질적 · 단순할수록, 시간적으로 신설된 조직보다 기존에 있던 조직일수록 통솔범위는 확대된다. 또한 참모기관과 정보관리체계가 발달할수록 통솔범위가 확대된다.

**Answer** 25.④ 26.③ 27.④ 28.②

**29** 기업에서 자체경비조직의 유지 및 기능 확장의 필요성을 평가할 때 고려할 사항이 아닌 것은?

① 경비안전의 긴급성
② 예상되는 경비활동
③ 회사성장의 잠재성
④ 경비회사와의 협력체제

○**TIP** 자체경비의 경우 기업 내에 자체적으로 경비조직을 만드는 것으로 경찰과의 협력체계를 갖추는 것과는 다르게 경비회사와의 협력체제를 갖출 이유가 없다.

**30** 다음 설명 중 옳지 않은 것은?

① 계약경비는 자체경비에 비해서 운용경비가 절감된다.
② 계약경비는 자체경비보다 인력운용이 쉽고 고용주에 대한 충성심이 강하다.
③ 자체경비는 계약경비에 비해 이직률이 낮은 편이다.
④ 자체경비는 고용주의 요구에 신속하게 대처할 수 있다.

○**TIP** 계약경비는 고용주에 대한 충성심이 자체경비에 비해 약하다. 자체경비는 고용주에게 직접 속하므로 그 충성심이 계약에 의해 성립된 계약경비에 비해 강하다.

**31** 다음 설명 중 타당하지 않은 것은?

① 1차원적 경비란 경비원과 같은 단일예방체제에 의존하는 것을 말한다.
② 단편적 경비란 포괄적이고 전체적인 계획하에 필요할 때마다 손실예방 등의 역할을 수행하는 것이다.
③ 반응적 경비란 단지 특정한 손실이 발생하는 사건에만 대응하는 것이다.
④ 총체적 경비란 특정의 위해요소와 관계없이 언제 발생할지도 모르는 사항에 대비하여 인적경비와 기계경비를 종합한 표준화된 경비 형태이다.

○**TIP** 단편적 경비 … 포괄적이고 전체적인 계획 없이 필요에 의해 단편적으로 손실예방의 역할을 수행하기 위해 추가되는 경비 형태를 말한다.

**32** 국가보안목표로 지정된 중요시설 경비의 일반적인 안전대책으로 옳지 않은 것은?

① 평상시 주요 취약지점에 경비인력을 중점 배치하여 시설 내외의 위험요소를 제거한다.

② 주요 방호지점 접근로에 제한지역, 제한구역, 통제구역 등을 설정하여 출입자를 통제하며 계속적인 순찰 및 경계를 실시한다.

③ 첨단기계경비를 설치하여 인력 소요를 줄이고 기계경비 위주로 관리한다.

④ 상황발생 시에는 즉시 인근 부대 및 경찰관서 등에 통보한다.

**OTIP** 국가보안목표로 지정된 시설의 경비는 인력경비와 기계경비를 적절히 조합하여 관리한다.

**33** 다음 중 자체경비에서 경비책임자의 역할이 바르게 연결된 것은?

① 관리상 역할 – 기획, 조정, 채용, 지도, 감독

② 예방적 역할 – 순찰, 경비원의 안전, 경비활동에 대한 규칙적인 감사

③ 조사활동 – 경비원에 대한 감독, 순찰, 화재와 경비원의 안전

④ 경영상의 역할 – 예산과 재정상의 감독, 사무행정, 직원 교육훈련

**OTIP** ① 경영상의 역할이다.
③ 예방상의 역할이다.
④ 관리상의 역할이다.

**34** 인력경비와 기계경비에 관한 설명 중 옳지 않은 것은?

① 인력경비는 현장에서 사건 발생 시 신속한 대응 조치가 가능하다.

② 기계경비는 방범관련 업무에만 가능하며 범죄자 등에게 역이용 당할 우려가 있다.

③ 인력경비는 야간의 경우 경비활동에 제약을 받는다.

④ 기계경비는 화재예방시스템 등과는 통합운용이 어렵다.

**OTIP** 기계경비는 첨단장비를 이용하는 것으로 화재예방시스템과 통합하여 운용할 수 있다.

**35** 경비원의 순찰업무에 대한 설명으로 옳지 않은 것은?

① 예비인력은 고정배치, 근무자나 순찰근무자의 경비수행업무상 필요한 지원사항들을 신속하게 처리하기 위해 확보해 둔다.

② 예비인력은 휴식시간에도 특별한 사항이 없으면 순찰자와 함께 주기적으로 순찰활동을 수행한다.

③ 도보나 차량을 이용하여 정해진 순찰노선을 따라 경비구역 및 시설물의 상태를 점검한다.

④ 경우에 따라서는 창고지역, 야외보관소 주변에 있는 울타리를 순찰한다.

◯**TIP** 예비인력은 휴식시간에는 충분한 휴식을 취하고 긴급한 일이 벌어지면 즉시 대응한다.

**36** 내부경비에 관한 설명으로 옳지 않은 것은?

① 출입문의 잠금관리는 출입자의 편리성 측면보다는 내부경비의 보안적 측면이 항상 우선적으로 고려되어야만 한다.

② 경비시스템 중 1차 보호시스템은 외부출입통제 시스템이고, 2차 보호시스템은 내부출입통제 시스템이다.

③ 창문경비에서는 방호창문과 함께 안전유리의 사용이 효율적이다.

④ 내부출입통제의 중요 목적은 시설물 내의 침입이나 절도, 도난 등을 막기 위한 것이다.

◯**TIP** 출입자의 편리성과 보안적 측면 모두를 같이 고려해야 한다.

**37** 민간경비를 활용한 국가중요시설경비의 효율화 방안으로 옳지 않은 것은?

① 경비전문화를 위한 교육훈련의 강화

② 경비원의 최저임금 보장

③ 인력경비의 확대 및 기계경비시스템의 최소화

④ 전문경비자격증 제도 도입

◯**TIP** 기계경비시스템의 확대와 첨단화, 인력경비의 축소를 통해 경비의 효율화를 도모할 수 있다.

**Answer** 35.② 36.① 37.③

# 05
PART

# 경비와 시설보호의
기본원칙

# 01 경비계획의 수립

## ❶ 경비계획의 의의

① 효과적인 경비 서비스를 제공하기 위한 절차로 축적된 경험에 따라 조금씩 차이가 있다.

② 경비계획의 수립은 경비 서비스의 전반적인 계획이므로 특정 사항들이 누락되면 후에 수정비용이 더 많이 들 수 있다.

## ❷ 경비계획의 체계

① 외부출입자의 통제는 불필요한 의심의 요소를 줄이기 위해서이다.

② 내부출입자의 통제는 내부 절도나 유출 등을 막기 위해서이다.

③ 사전조사와 연구를 토대로 실제로 배치 · 실행해본다.

④ 실행된 원칙이 실제적인 효용성이 있는지 판단한다.

## ❸ 경비수준

① **최저수준 경비** … 보통의 가정집에서 이루어지는 경비수준을 의미한다.

② **하위수준 경비** … 창문에 창살이나 기본적인 경보 시스템을 갖춘 경비수준을 의미한다.

③ **중간수준 경비** … 추가적으로 통신장비를 갖춘 경비원들이 조직되어 있는 경비수준을 의미한다.

④ **상위수준 경비**
　　㉠ CCTV나 경계경보 시스템, 무장경호원 등이 갖추어진 경비수준을 의미한다.
　　㉡ 고도의 조명 시스템으로 관계기관과의 조정계획 등을 갖춘다.
　　㉢ 교도소시설, 제약회사, 전자회사 등에서 이루어진다.

⑤ **최고수준 경비**

　　㉠ 일정한 패턴이 전혀 없는 외부 및 내부의 행동을 발견, 억제하고 문제를 해결하기 위하여 최첨단의 경보 시스템과 현장에서 즉시 대응할 수 있는 24시간 무장체계를 갖추도록 요구되는 경비수준이다.

　　㉡ 군사시설이나 핵시설에서 이루어진다.

예 제 문 제 〰〰〰〰〰〰〰〰〰〰〰〰〰〰〰〰〰〰〰〰〰〰〰〰〰〰〰〰

**경비계획의 수립과정으로 알맞은 것은?**

① 문제의 인지 → 목표의 설정 → 경비계획안 비교검토 → 전체계획 검토 → 경비위해요소 조사 · 분석 → 최선안 선택

② 문제의 인지 → 경비계획안 비교검토 → 경비위해요소 조사 · 분석 → 전체계획 검토 → 목표의 설정 → 최선안 선택

③ 문제의 인지 → 목표의 설정 → 경비위해요소 조사 · 분석 → 전체계획 검토 → 경비계획안 비교검토 → 최선안 선택

④ 문제의 인지 → 목표의 설정 → 전체계획 검토 → 경비위해요소 조사 · 분석 → 경비계획안 비교검토 → 최선안 선택

★ 경비계획 수립과정
　ⓐ 문제의 인지 – 경비문제발생, 경비용역의뢰
　ⓑ 목표의 설정 – 경비대상 목표설정
　ⓒ 자료, 정보 수집분석 – 경비위해요소 조사 · 분석
　ⓓ 전체계획검토 – 경비계획 고려사항, 통솔기준설정, 대상조직 현재상태
　ⓔ 대안작성, 비교검토 – 경비실시안 작성, 비교검토
　ⓕ 최선안 선택 – 경비실시안 선택
　ⓖ 실시 – 경비조직구성, 경비의 실시

답 ③

# ❹ 경비계획의 수립과정과 기본 원칙

① **경비계획의 수립과정**

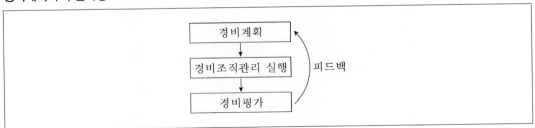

② **경비계획의 기본 원칙**

　　㉠ 직원의 출입구는 주차장으로부터 가급적 멀리 떨어진 곳에 위치해야 한다.

　　㉡ 경비원의 대기실은 시설물의 출입구와 비상구에서 인접한 곳에서 위치해야 한다.

　　㉢ 경비관리실은 출입자 등의 통행이 많은 곳에서 설치해야 한다.

　　㉣ 경계구역과 건물의 출입구는 안전규칙의 범위 내에서 최소한으로 유지되어야 한다.

　　㉤ 경비원 1인이 경계해야 할 구역의 범위는 안전규칙상 적당해야 한다.


**❺ 피드백의 중요성**

① **피드백의 의의**

　　㉠ 경비 서비스에 대한 정보가 공급자인 경비업체에게 되돌아오는 것을 의미한다.

　　㉡ 피드백이란 어떻게 행동해야 하는지 알 수 있도록 해주는 긍정적이고 부정적인 정보라고 정의한다.

　　㉢ 피드백을 받음으로써 제공하고 있는 서비스의 질(Quality)이 어떤지, 어떤 영향을 주었는지 명확하게 이해할 수 있다.

② **피드백의 목적**

　　㉠ 제공되는 서비스에서 기대되고 있는 바에 대해 알 수 있도록 해준다.

　　㉡ 추구하고 있는 목표와 변화를 가속화시키고, 서비스의 신뢰를 고취시키며, 지속하게끔 고무시킨다.

　　㉢ 기존의 서비스에서 새로운 기술을 학습할 것인지에 대한 정보를 준다.

　　㉣ 서비스의 허점과 장애요인에 대한 가치 있는 정보를 제공해준다.

③ **피드백의 원칙**

　　㉠ 피드백을 자주 주고받는다.

　　㉡ 적시에 피드백한다.

　　㉢ 피드백은 지속적으로 이루어질 때 가장 효과적이다.

　　㉣ 일상적이고 사소한 것에 대한 피드백이 중요하다.

　　㉤ 개발을 목적으로 피드백한다.

　　㉥ 성과문제를 해결하기 위해 피드백한다.

# 02 외곽경비

## ❶ 외벽

### ① 자연적 외벽
　　㉠ 지역의 지형지물이나 자연적으로 생성된 특성을 이용하는 것을 말한다.
　　㉡ 강, 도랑, 절벽, 계곡 등 침입하기 곤란한 지역을 의미한다.

### ② 인공적 외벽
　　㉠ 인위적 구조물에 대한 것으로 일시적 · 상설적인 것을 의미한다.
　　㉡ 벽, 담, 울타리, 문, 철조망 등과 같이 침입을 막기 위해 설치한 방어시설을 말한다.

## ❷ 울타리

### ① 철조망
　　㉠ 지상에 철주(鐵柱)나 나무 말뚝을 박고, 철선을 종횡으로 얽어서 만드는 것이 일반적이다.
　　㉡ 철조망은 그 자체만으로도 외부인의 접근을 제한하는 효과가 있다.
　　㉢ 비교적 철거를 하기 쉬워서 전류를 흐르게 하는 경우도 있다.

### ② 철사
　　㉠ 가시철사
　　　　ⓐ 꼬인 두 가닥의 철사로 일정한 간격(4인치)에 수직방향으로 감긴 날카로운 짧은 철사로 되어 있다.
　　　　ⓑ 비용대비 효과가 비교적 큰 것으로 널리 쓰이고 있다.
　　㉡ 콘서티나 철사
　　　　ⓐ 윤형철조망이라고도 부르는데 실린더 모양으로 만들어져서 강철 면도날 철사와 함께 철해져서 감아놓은 것이다.
　　　　ⓑ 콘서티나 철사는 신속하게 장벽을 설치하기 위해 군대에서 처음 개발되었다.

### ③ 담장
　　㉠ 목책이나 가시철망울타리 등과 같이 경미한 재료로 만들어진 것보다 튼튼하게 만들어진 것을 담장이라고 한다.

   &#12314; 담장을 축조하는 재료에 따라 구분하면 토담·돌담·벽돌담·블록담·콘크리트담 등이 있다.

   &#12315; 담장의 목적

     ⓐ 소유권 표시로서의 대지경계선을 확정한다.

     ⓑ 사람이나 동물의 침입을 방지한다.

     ⓒ 외부의 시선을 차단한다.

## ❸ 출입문

① 출입경비는 출입구가 많을수록 경비가 어렵고 비용이 많이 든다.

② 업무시간과 업무 외 시간을 구분하여 출입문 경비를 한다.

③ 출입구의 용도에 따라 경비 방식은 달라져야 한다.

  ㉠ 개방된 출입구

    ⓐ 직원 전용 출입구의 경우 직원 이외의 출입자를 확인한다.

    ⓑ 직원과 고객이 함께 출입하는 경우 거동이 수상한 자를 확인하거나 용무를 확인한다.

    ⓒ 차량의 진입 통제에서 염두에 두어야 할 것은 차량의 원활한 소통이다.

    ⓓ 가능한한 출입차량에 방해를 주지 말아야 하며 공간은 충분히 넓어야 한다.

    ⓔ 비상시 대처나 그 밖의 경우에 대비하여 평상시에는 양방통행을 유지하며 긴급한 사정 발생
      시에 한해 일방통행을 실시한다.

  ㉡ 폐쇄된 출입구

    ⓐ 폐쇄된 출입구는 긴급한 경우 사용이 가능하도록 평소에 주기적으로 점검한다.

    ⓑ 사용하지 않는 경우에는 잠금장치를 해둔다.

## ❹ 시설물

① **창문**

  ㉠ 창문은 외부의 침입과 공격에 취약한 부분 중의 하나이다.

  ㉡ 지상에서 가까운 층의 창문은 외부 침입의 원인이 될 수 있으므로 필수적으로 외부 보호시설(철
    망, 창살)을 설치하여야 한다.

  ㉢ 지상에서 가까운 층이 아니더라도 평소에 수시로 잠금장치가 되어 있는지 확인해야 한다.

② **비상출구**

  ㉠ 비상구의 경우 평상시 원격통제가 필요하나 자동, 수동 모두 가능하도록 설치하여야 한다.

  ㉡ 사람의 왕래가 적은 지역이므로 특별히 경보장치를 설치하는 것이 좋다.

③ **지붕**

    ㉠ 취약지구 중 하나로서 감시장치 등이 필요하다.

    ㉡ 타 건물과 인접하여 건물을 넘어서 침입할 수 있으므로 사용하지 않는 경우 잠가둔다.

## ❺ 보호조명

① **백열전구**

    ㉠ 가장 보편적으로 사용되는 조명이다.

    ㉡ 텅스텐 필라멘트에 전류를 흘려 열 방사에 의해 광을 얻지만 에너지 대부분이 열로 방출되어 효율이 낮다.

② **형광등**

    ㉠ 발광효율이 좋고 가격이 경제적이다.

    ㉡ 일반 사무실과 가정, 학교에 많이 사용된다.

③ **석영수은등**

    ㉠ 유리 대신에 투명한 석영 용기를 사용한 수은등으로 석영 자체가 내열이 강하여 높은 전류를 보낼 수가 있다.

    ㉡ 자외선을 투과시키는 장점이 있다.

    ㉢ 높은 조명을 요하는 곳에 쓰이며 주로 경계구역, 사고다발지역에 설치한다.

④ **가스방전등**

    ㉠ 설치비용이 많이 든다.

    ㉡ 수명이 긴 편이나 자주 껐다 켰다하는 공간에는 적당하지 않다.

    ㉢ 경비조명으로서 가스방전등은 제 밝기를 내기 위해서 일정시간이 필요하므로 적합하지 않다.

⑤ **나트륨등**

    ㉠ 방광관에 특수한 세라믹관을 사용하고 내부에 나트륨 외에 크세논가스를 봉입한 고순도 방전등이다.

    ㉡ 장점

        ⓐ 점등방향이 자유롭다.

        ⓑ 점등시간이 빠르다.

        ⓒ 미관을 이용할 수 있어 좋다.

        ⓓ 광속이 높고 광속 감퇴가 매우 좋다.

        ⓔ 투과력이 높아 안개지역이나 해안지역에 적합하다.

        ⓕ 수명이 길다.

ⓖ 소전력으로 밝은 광원을 얻을 수 있어 절전효과를 최대한으로 줄일 수 있다.

　ⓒ 단점

　　ⓐ 색상이 적황색이라 좋지 않다.

　　ⓑ 시력에 장애와 피로감을 주어 인체에 해롭다.

　　ⓒ 수은등, 백열등보다 고가이다.

　　ⓓ 작업능률을 저하시키는 요소가 된다.

　　ⓔ 인구가 많은 지역에 설치가 불가하다.

　ⓔ 용도

　　ⓐ 안개지역, 공항, 해안지역, 보안지역, 교량, 터미널 등에 사용된다.

　　ⓑ 인적이 드문 지역에 설치가 용이하다.

## ❻ 조명장비의 형태

① 탐조등

　ⓐ 광원 : 직류전기로 탄소봉(炭素棒)을 태워서 백색의 불꽃을 내게 하는 탄소아크등을 사용한다.

　ⓑ 흔히 서치라이트라고도 하는데 반사거울을 갖추고 있으며, 직류전기를 공급하는 발전기가 부수되어 있다.

　ⓒ 빛의 확산을 방지하고 원거리 표적을 유효하게 조명하기 위해서는 반사거울의 초점에 아크등의 불꽃을 고정시켜야 한다.

　ⓓ 탐조등은 예전에는 주로 야간에 적의 항공기 탐색용으로 사용되었으며 최근에는 주로 전장(戰場) 조명이나 해안경계용으로 쓰이고 있다.

② 투광조명

　ⓐ 건축물 외부나 경기장 등을 돋보이도록 하기 위한 조명이다.

　ⓑ 상당히 밝은 빛을 만들어 낸다.

③ 프레이넬등

　ⓐ 경계구역에 접근을 방지하기 위한 조명이다.

　ⓑ 빛을 길고 수평하게 확장하는 데 사용한다.

　ⓒ 광선의 크기가 수평으로 180° 정도, 수직으로 15°에서 30° 정도의 폭이 좁고 기다랗게 비춰지는 조명등이다.

 TIP

**가시지대**

감시할 수 있는 경비구역을 의미하는 것으로 가능한 가시지대를 넓히는 것이 경비하는 데 유리하다.

④ **가로등**

　㉠ **대칭적 가로등** : 빛을 골고루 발산하며 높은 지점의 조명을 필요로 하지 않는 넓은 지역에서 사용된다.

　㉡ **비대칭적 가로등** : 조명이 필요한 곳에서 다소 떨어진 곳에서 사용된다.

# 03  내부경비

## ❶ 의의

① 외각경비 이후의 단계로 내부 출입 통제에 관한 경비이다.

② 시설물 내부침입이나 절도 등을 막기 위한 경비이다.

③ 시설물의 용도와 구조에 따라 경비방법이 달라진다.

## ❷ 출입문경비

① **자물쇠**
   ㉠ **돌기 자물쇠** : 일반적으로 사용되는 자물쇠로 안전도가 상당히 낮다.
   ㉡ **판날름쇠 자물쇠** : 열쇠의 한쪽 면에만 홈이 있는 것으로 돌기 자물쇠보다 상대적으로 안전도가 높지만 크게 안전하다고 볼 수 없다.
   ㉢ **핀날름 자물쇠** : 열쇠 양쪽에 불규칙적으로 홈이 파인 형태로 판날름쇠 자물쇠 보다 안전도가 높다.
   ㉣ **숫자맞춤 자물쇠** : 자물쇠에 있는 숫자조합을 맞춰서 잠금장치를 해체하는 것으로 안전도가 높다.
   ㉤ **암호사용식 자물쇠** : 전자자판에 암호를 입력하는 형식의 자물쇠로 암호를 잘못 입력하면 경보가 울리며 특별한 경비가 필요한 장소에 사용된다.
   ㉥ **카드작동식 자물쇠** : 카드를 꽂아 잠금을 해체하는 형식의 자물쇠이다.

② **패드록**
   ㉠ 자물쇠의 단점을 보완하기 위해 고안된 장치이다.
   ㉡ 문의 중간에 일체식으로 설치된 것으로 키를 삽입하면 열리는 형식의 잠금장치이다.
   ㉢ 패드록의 종류
      ⓐ **일체식 잠금장치** : 문 하나가 잠기면 전체 출입문이 잠기는 것으로 교도소 같은 수감시설에서 사용되는 잠금장치이다.
      ⓑ **전기식 잠금장치** : 전기신호에 의해 열리고 닫히는 잠금장치로 일반적으로 원거리에서 제어할 수 있는 장점이 있다.
      ⓒ **기억식 잠금장치** : 특정시간에만 문이 열리고 닫히는 잠금장치를 말하는 것으로 은행이나 박물관 등의 출입문에 사용하면 적당하다.

## ❸ 창문경비

① 외부의 침입을 막기 위해 강화유리를 사용한다.

② 시설밖에서는 창을 분리할 수 없어야 하며 시설 내부에서는 쉽게 분리할 수 있어야 한다.

③ **강화유리**

　㉠ 강화유리는 판유리를 고온의 열처리를 한 후에 급냉시켜 생산되는 것으로 보통의 판유리와 투사성은 같으나 강도와 내열성이 매우 증가된 안전한 유리이다.

　㉡ 한계가 넘는 충격으로 파손되더라도 유리 끝이 날카롭지 않은 작은 입자로 부서져 사람에게 손상을 주지 않는다.

　㉢ 강한 내열성을 갖는다.

**TIP**

파손 가능한 온도변화
보통의 판유리 60℃, 강화유리 200℃

　㉣ 열처리의 정도에 따른 구분
　　ⓐ 강화유리
　　　- 보통의 판유리와 비교했을 때 다섯 배의 내충격 강도를 가진다.
　　　- 보통의 판유리와 비교했을 때 무게를 견디는 힘이 세 배 이상이다.
　　ⓑ 배강도유리
　　　- 고층건물의 외벽에 주로 사용한다.
　　　- 보통의 판유리와 비교했을 때 파손상태는 비슷하나 두 배 정도의 내충격 강도를 가진다.

ⓜ 강화유리의 종류

　　ⓐ 접합유리 : 접합유리는 최소 두 장의 판유리 사이에 투명하고 내열성이 강한 폴리비닐부티랄 필름(Polyvinyl Butyral Film)을 삽입하고 진공상태에서 판유리 사이에 있는 공기를 완전하게 제거한 후에 온도와 압력을 높여 완벽하게 밀착시켜 생산한다.

　　　　- 충격물이 반대편으로 관통되지 않아 안전하며 도난을 방지한다.
　　　　- 대형규격 생산이 가능하고 방음 성능이 우수하다.
　　　　- 충격흡수력이 매우 우수하여 쉽게 파손되지 않는다.
　　　　- 충격을 받아 파손되더라도 필름이 유리파편의 비산을 방지한다.

　　ⓑ 복층유리 : 복층유리는 판유리의 기능을 극대화시킨 알루미늄 스페이서 안에 공기건조제를 넣고 1차 접착한 뒤에 스페이서를 사이에 두고 판유리를 맞대어 붙인 후 2차 접착하여 생산된다.

　　　　- 유리면에 이슬 맺힘 현상을 방지하고 소음차단 성능이 뛰어나다.
　　　　- 에너지 절약형 제품이다.
　　　　- 최소한 두 장 이상의 판유리로도 생산이 가능하다.

④ 도둑이 침입할 때 시간을 지연시키게 하는 효과가 있다.

⑤ 대처할 시간이 생기게 되어 건축물 내부에 있는 사람과 재산을 보호할 수 있다.


## ❹ 감시 시스템

① **순찰**

　　㉠ 순찰은 정기적으로 이루어져야 한다.
　　㉡ 순찰 중에 긴급상황 발생 시 대처할 계획을 수립해둔다.
　　㉢ 순찰 패턴을 유지하고 담당자들 간의 의견교환 기회를 부여한다.

② **경보 시스템**

　　㉠ 방범 시스템
　　　　ⓐ 도난방지 시스템
　　　　ⓑ 침입방지 시스템
　　㉡ 화재경보 시스템
　　㉢ 자연재해경보 시스템
　　　　ⓐ 홍수경보 시스템
　　　　ⓑ 낙뢰경보 시스템 등
　　㉣ 경보센서
　　　　ⓐ 초음파탐지기 : 기계 간의 진동파를 탐지하는 것으로 오보율이 높다.
　　　　ⓑ 광전자식 센서 : 레이저가 중간에 끊기면 시상신호로 바뀌면서 작동하는 센서이다.

ⓒ 콘덴서 경보 시스템 : 전류의 흐름으로 외부침입을 파악하는 것으로 전류의 흐름을 방해하는 것으로 감지한다.

ⓓ 자력선식 센서 : 자력선을 건드리면 작동하는 것으로 천장이나 담 등에 설치한다.

ⓔ 전자기계식 센서 : 접지극을 설치하여 접촉유무로 작동하고 감지한다.

ⓕ 전자파 울타리 : 레이저로 전자벽을 형성하여 작동하는 것으로 오보율이 높은 것이 단점이다.

ⓖ 무선주파수 장치 : 열감지 등으로 전파가 이동하는데 방해 시 감지한다.

ⓗ 진동탐지기 : 보호대상 물건에 직접 센서를 부착하여 물건의 진동을 탐지하는 센서이다.

ⓘ 압력반응식 센서 : 직·간접적 압력에 따라 반응하는 센서이다.

ⓜ 경보체계의 종류

ⓐ 중앙관제시스템 : CCTV를 활용하는 일반적 경보체계이다.

ⓑ 다이얼 경보시스템 : 비상사태 발생 시 사전의 지정된 긴급연락을 한다.

ⓒ 상주경보시스템 : 주요지점마다 경비원을 배치하는 방식이다.

ⓓ 제한적 경보시스템 : 화재예방시설에 주로 쓰이는 사이렌이나 종, 비상등과 같은 제한된 경보장치를 설치한다.

ⓔ 국부적 경보시스템 : 일정 지역에 국한해 1~2개의 경보장치를 설치하는 방식이다.

ⓕ 로컬경비시스템 : 경비원들이 이상이 발생하면 사고발생현장으로 출동한다.

ⓖ 외래지원정보시스템 : 전용전화회선을 통하여 비상감지 시에 각 관계기관에 자동으로 연락이 취해지는 방식이다.

③ CCTV

㉠ 경비원이 감시할 수 있는 시간은 제한적이고 비효율적이다.

㉡ 장점

ⓐ 특정 중요 장소에 설치하여 사후에 침입자를 검거할 때 유용하다.

ⓑ 적은 수의 인원으로 여러 지점을 감시 할 수 있으므로 효율적이다.

㉢ 단점

ⓐ 특정 지점만 감시할 수 있으며 각도가 비교적 제한적이다.

ⓑ 특정 지점에 침입자를 감지할 때 즉각적인 반응을 할 수 없다.

④ IP CAM

㉠ 장비비용 및 유지비용이 저렴하다.

㉡ 설치가 비교적 쉽다.

㉢ HDD급 디지털 영상을 초당 15~30프레임으로 녹화할 수 있으며 최대 화면 16분할이 가능하다.

㉣ 원격지에서 화면 출력 및 전송은 물론 HDD/웹서버에 영상저장이 가능하다.

㉤ 최대 9대까지 카메라 모니터링이 가능하며 유동/고정 IP 인터넷 사용이 가능하다.

㉥ 자동으로 영상을 PC에 저장하거나 침입자의 움직임을 녹화해 이메일 등으로 자동 전송할 수 있다.

⑤ 비교

| 구분 | IP CAM | DVR | CCTV |
|---|---|---|---|
| 인터넷 접속 | 기본적 기능 | 불가능<br>(추가장비구매 시 가능) | 불가능 |
| 영상화질 | 고화질 | 고화질 | 저화질 |
| 녹화화면 | 동영상 | 동영상 | 정지화면 |
| 응급상황 | 원격대처가능 | 불가능 | 불가능 |
| 유지비 | 없음 | 거의 없음 | TAPE 구입비 |
| 자료보관 | HDD/웹서버 | HDD | VIDEO TAPE |

**❺ 화재예방**

① 화재의 의의

　㉠ 화재의 종류별 급수를 정한다.

| 급수 | A급 | B급 | C급 | D급 | E급 |
|---|---|---|---|---|---|
| 화재의 종류 | 일반화재 | 유류화재 | 전기화재 | 금속화재 | 가스화재 |
| 색상 | 백색 | 황색 | 청색 | 무색 | 황색 |

　㉡ 국내에서는 가스화재(E급)를 유류화재에 포함시켜 B급으로 취급한다.

　㉢ 화재발생의 3요소 : 열, 재료, 산소

　㉣ 화재발생 단계

　　ⓐ 초기 단계 : 연기와 불꽃이 보이지 않고 감지만 하는 단계

　　ⓑ 그을린 단계 : 연기는 보이지만 불꽃이 보이지 않는 단계

　　ⓒ **불꽃발화 단계** : 실제로 불꽃과 연기가 보이는 단계

　　ⓓ **열 단계** : 고온의 열이 감지되며 불이 외부로 확장되는 단계

② **전기화재**

　㉠ **주요 원인**

　　ⓐ 낡은 전기기구나 부실공사로 인해 발생한다.

　　ⓑ 전기화재의 가장 큰 원인은 전기용품에 대한 지식이나 상식부족 또는 사용하는 사람의 부주
의나 방심으로 인해 전기기구의 과열 및 탄화상태를 가져와서 발생한다.

ㄴ 발화의 종류

ⓐ 전선의 합선에 의한 발화

ⓑ 누전에 의한 발화

ⓒ 과전류(과부하)에 의한 발화

ⓓ 기타 원인에 의한 발화 : 규격미달의 전선 또는 전기기계기구 등의 과열, 배선 및 전기기계기구 등의 절연불량 상태, 또는 정전기로부터의 불꽃으로 인한 발화를 말한다.

ㄷ 예방요령

ⓐ 전기기구를 사용하지 않을 때에는 스위치를 끄고 플러그를 뽑아 둔다.

ⓑ 플러그를 뽑을 때에는 선을 잡아당기지 말고 플러그 몸체를 잡고 뽑도록 한다.

ⓒ 개폐기(두꺼비집)는 과전류 차단장치를 설치하고 습기나 먼지가 없는, 사용하기 쉬운 위치에 부착한다.

ⓓ 개폐기에 사용하는 퓨즈는 규격퓨즈를 사용하고 퓨즈가 자주 끊어질 경우 근본적으로 그 원인이 무엇인가를 규명·개선한다.

ⓔ 각종 전기공사 및 전기시설 설치 시 전문 면허업체에 의뢰하여 정확하게 규정에 의한 시공을 하도록 한다.

ⓕ 누전으로 인한 화재를 예방하기 위해서 누전차단기를 설치하고 한 달에 1~2회 작동유무를 확인한다.

ⓖ 한 개의 콘센트나 소켓에서 여러 선을 끌어 쓰거나 한꺼번에 여러 가지 전기기구를 꽂는 문어발식 사용을 하지 않는다.

③ 방화(放火)

ㄱ 강력범죄인 방화(放火)는 최근 들어 계속적으로 증가하고 있는 실정이다.

ㄴ 방화에 의한 화재는 의도적으로 발생하기 때문에 초기진압이 어려워 많은 재산과 인명피해를 가져온다.

ㄷ 예방요령

ⓐ 건물의 화재예방을 위해 시건장치 후 외출한다.

ⓑ 실내청소 후 내다버린 쓰레기 중 타기 쉬운 물건을 방치하지 않도록 하며 항상 깨끗이 정리 정돈한다.

④ 유류화재

ㄱ 의의

ⓐ 유류화재는 상온에서 액체 상태로 존재하는 액체 가연물질인 제4류 위험물의 취급 사용시 부주의에 의해서 발생한다.

ⓑ 유류화재의 경우 화재의 진행속도가 빠른 편이다.

ⓛ 유류화재의 발생원인

 ⓐ 유류표면에서 발생된 증기가 공기와 적당히 혼합되어 연소 범위 내에 있는 상태에서 열에 접촉되었을 때 발생한다.

 ⓑ 유류를 취급하는 기기 등에 주유하던 중 조작하는 사람의 부주의로 인해 흘러나온 유류에 화기가 열에 접촉되었을 때 발생한다.

 ⓒ 유류기구를 장시간 과열시켜 놓고 자리를 비우거나 관리가 소홀하여 부근의 가연물질에 인화하였을 때 발생한다.

 ⓓ 난방기구의 전도(顚倒), 가연물질의 낙하 등에 의해 발화될 때 발생한다.

ⓒ 유류화재의 예방대책

 ⓐ 열기구는 본래의 사용목적 이외의 용도로 사용하지 않는다.

 ⓑ 열이 잘 전달되는 금속제를 피하고 석면과 같이 차열성능이 있는 불연재료의 받침을 사용한다.

 ⓒ 유류기구를 점화시킨 후 장시간 자리를 비우는 일이 없도록 한다.

 ⓓ 유류 이외의 다른 물질과 함께 저장하지 않도록 한다.

 ⓔ 유류저장소는 환기가 잘 되도록 하고 가솔린 등 인화물질은 용도에 맞게 사용한다.

 ⓕ 급유 중 흘린 기름은 반드시 닦아 내고 난로 주변에는 소화기나 모래 등을 준비해 둔다.

 ⓖ 석유난로, 버너 등은 사용 도중 넘어지지 않도록 고정시켜 둔다.

 ⓗ 실내에 페인트, 신나 등으로 도색작업을 할 경우에는 창문을 완전히 열어 충분한 환기를 시켜준다.

 ⓘ 산소공급을 중단시키는 것이 가장 효과적인 화재 진압방법이다.

⑤ **가스화재**

 ㉠ 의의

  ⓐ 가스화재는 B급 화재(5단계 분류 시는 E급)로서 에너지의 원천이 되는 연료용 가스에 의해 주로 발생한다.

  ⓑ 폭발을 동반하므로 많은 사상자가 발생한다.

  ⓒ 국내에서는 화재의 진행 특성이 유사한 유류화재에 포함시켜 B급 화재로 취급하고 있다.

 ㉡ 가스화재의 발생원인

  ⓐ 가스는 열량이 높고 사용이 편리하여 많이 사용하는데 점화에너지의 값이 작아 화재가 빈번히 발생한다.

  ⓑ 가스 사용자가 부주의하게 취급해서 발생한다.

  ⓒ 안전관리 기술 부족으로 관리가 소홀해서 발생한다.

  ⓓ 가스용기 운전 중 용기 취급자의 안전관리가 부족해서 발생한다.

 ㉢ 가스화재의 예방대책

  ⓐ 사용시설의 통풍을 양호하게 한다.

  ⓑ 기기에 적합한 연료만을 사용한다.

  ⓒ 가스 누출 시 창문을 열고 실내의 가스를 밖으로 내보낸다.

⑥ **고층건물 화재**

　　㉠ 고층건물에는 화재에 대한 신속한 감지를 위하여 건물 전체에 자동 화재탐지설비를 설치하여 집중적인 감시를 한다.

　　㉡ 화재발생 가능성이나 발화 시 유독가스로 인한 인명피해를 최소화하기 위하여 건물내장재를 불연화하고 연소가 용이한 수납물을 적재하지 않는다.

　　㉢ 화재 시 계단 및 기타 수직개구부는 연소확대의 통로가 될 뿐만 아니라 연소를 돕는 작용을 하므로 모든 계단은 층별 발화구획이 되도록 피난계단 또는 특별피난계단 구조로 하고 냉난방닥트 등에는 방화댐퍼와 같은 유효한 방화설비를 설치한다.

　　㉣ 화재의 성장을 한정된 범위로 억제하기 위하여 층별, 면적별 방화구획을 설정하고 또한 방연구획도 병행하도록 한다.

　　㉤ 고층건물이나 백화점 등의 대규모 건축물을 계획할 경우에는 반드시 구조계획서 및 방재계획서를 작성 · 비치하도록 한다.

　　㉥ 화기를 사용하는 기구나 시설에 대해서는 사용상의 안전수칙을 철저하게 주지시켜야 한다.

⑦ **소화방법**

　　㉠ 제거소화 : 연소반응에 관계된 가연물이나 그 주위의 가연물을 제거하여 소화하는 방법

　　㉡ 질식소화 : 연소범위의 산소공급을 차단시켜 연소가 되지 않도록 하는 방법

　　㉢ 냉각소화 : 연소물을 냉각하여 착화 온도 이하로 떨어뜨려 소화하는 방법으로 물을 많이 사용

　　㉣ 억제소화 : 연소의 연쇄반응을 부촉매 작용에 의해 억제하는 방법으로 할로겐화합물 소화약제를 주로 사용

　　㉤ 희석소화 : 산소나 가연성 기체의 농도를 연소범위 이하로 희석시켜 소화하는 방법

# O4 재해예방과 비상계획

## ① 자연재해예방

### ① 일상적인 생활수칙

- ㉠ 자신이 살고 있는 지역에서 일어날 가능성이 있는 재해를 확인한다.
- ㉡ 재해가 발생했을 때 지역사회에서 사용하는 경보 사이렌 소리를 알아둔다.
- ㉢ 재난 후 걸어야 할 응급전화번호를 확인한다.
- ㉣ 응급처치법과 심폐소생술에 관한 기본 지식을 알아둔다.
- ㉤ 위험할 때 이용할 수 있는 비상출구를 확인해 둔다.

### ② 필수적인 준비물품

- ㉠ 만일 치료받는 사람이 있다면 가정 상비약품과 함께 사용약품을 미리 챙겨야 한다.
- ㉡ 한 사람 당 바꿔 입을 옷 한 벌, 양말, 담요 한 장이 있어야 한다.
- ㉢ 중요한 서류는 반드시 방수가 되는 비닐 봉투에 넣어 따로 보관한다.
- ㉣ 적어도 3일 동안 사용할 물품을 확보하고 있어야 한다.

### ③ 홍수피해 예방과 대처

- ㉠ 물이 급속히 불어나고 있으면 우선 그 장소를 빠져 나와 고지대로 대피한다.
- ㉡ 차를 타고 있다면 빨리 차에서 나와 고지대로 올라간다.
- ㉢ 비가 심하게 올 때 강가나 물 근처에서 노는 것을 피한다.

### ④ 천둥번개에 대한 안전

- ㉠ 천둥이 친다는 방송을 들으면 즉시 안전한 건물 속이나 차안으로 들어간다.
- ㉡ 건물 속으로 들어 갈 수 없으면 즉시 낮은 빈 공간으로 가서 머리를 가슴에 붙이고 양손으로 무릎을 잡고 웅크리고 앉는다.
- ㉢ 나무, 탑, 담장, 전화선, 전기선 같이 높은 물건은 번개를 잡아 당길 수 있으므로 이것에서 피한다.
- ㉣ 번개가 칠 수 있는 금속성의 물건, 우산, 야구 방망이, 낚시대, 캠핑 도구 등을 들고 있는 것을 피한다.
- ㉤ 천둥, 번개가 발생할 때는 에어컨, TV 등을 끄고 전화도 끊는다.

## ❷ 인위적 재해대처

### ① 폭발물 발견 시

㉠ 경찰에 연락하고 폭발물에 손을 대거나 이동시키지 않는다.

㉡ 최단 시간내 대피하고 주위사람들에게 대피를 유도한다.

㉢ 대피시 휴대전화나 라디오를 작동할 경우 전자파가 폭발물의 기폭장치를 작동시킬 수 있으므로 사용을 자제한다.

㉣ 폭탄이 설치된 반대방향으로 피신하되 엘리베이터를 이용하지 말고 비상계단을 이용하여 탈출한다.

### ② 건물 붕괴 시

㉠ 건물 잔해에 깔렸을 경우, 불필요한 행동으로 먼지를 일으키지 않도록 하고 천으로 코와 입을 막아 먼지를 마시지 않도록 주의한다.

㉡ 가능하면 손전등을 사용하거나 배관 등을 두드려 외부에 갇혀 있다는 사실을 알린다.

### ③ 납치 시

㉠ 자제력을 잃지 않도록 마음을 가다듬고 희망을 잃지 않도록 한다.

㉡ 억류범이나 납치범을 자극하는 언행을 삼간다.

㉢ 납치범과 가능하면 대화를 계속하고 우호적인 관계를 유지하도록 한다.

㉣ 납치범들의 복장·인상착의·버릇 등을 기억하되 납치범들에게 관심이 있다는 것을 드러내서는 안 된다.

---

**✎ TIP**

**국가중요시설의 분류기준**

| 급수 | 시설 |
|---|---|
| 가급 | 국가의 안전보장에 고도의 영향을 미치는 행정·산업시설로 청와대, 국회의사당, 대법원, 정부중앙청사, 원자력발전소, 국제공항, 국방부, 국가정보원청사, 한국은행 본점 등 |
| 나급 | 국가보안상 국가경제·사회생활에 중대한 영향을 끼치는 행정·산업시설로 중앙행정기관 각 부처 및 준하는 기관, 대검찰청 및 경찰청·기상청 청사, 한국산업은행·한국수출입은행 본점, 국내 주요 비행장 등 |
| 다급 | 국가보안상 국가경제·사회생활에 중요하다고 인정되는 행정 및 산업시설로 중앙행정기관의 청사, 국가정보원 지부, 한국은행 각 지역본부, 기타 중요 국공립기관 |
| 기타급 | 중앙부처장 또는 시·도지사가 필요하다고 지정한 행정 및 산업시설 |

# 출제 예상 문제

**1** 잠금장치에 관한 설명으로 옳지 않은 것은?

① 핀날름쇠 자물쇠는 열쇠의 양쪽에 홈이 파여져 있는 형태로서 한쪽에만 홈이 파여져 있는 판날름쇠 자물쇠보다 안전하다.

② 카드식 잠금장치는 전기나 전자기방식으로 암호가 입력된 카드를 인식시킴으로써 출입문이 열리도록 한 장치이다.

③ 열쇠가 분실되는 경우에 대비하여 잠금장치의 문틀과 문 사이에는 적당한 틈을 유지하는 것이 필요하다.

④ 일체식 잠금장치는 원격조정에 의해 하나의 출입문이 개폐될 경우 전체의 출입문이 동시에 개폐되는 방식의 장치를 말한다.

**TIP** ③ 문틀과 문 사이에 틈이 있을 경우 지렛대 등이 들어갈 수 있으므로 문틈을 없애는 것이 중요하다. 또한 문틀을 내구성이 강한 재질로 사용하고 나사보다는 용접의 방법을 이용하는 것이 좋다.

**2** 화재대책에 관한 설명으로 옳지 않은 것은?

① 목재류보다 화학제품에서 많은 연기와 유독가스가 발생한다.

② 화재는 열, 가연물, 산소 3가지 요소의 결합에 의해 발생한다.

③ 화재발생 시 화염보다 연기와 유독가스에 의해 사망하는 경우가 많다.

④ 정비소, 보일러실과 같은 시설은 컴퓨터실보다 민감한 화재감지시스템을 설치하는 것이 바람직하다.

**TIP** ④ 컴퓨터실은 화재 초기에 감지하여 진화해야 데이터의 손실을 막을 수 있으므로 정비소, 보일러실 같은 시설보다 더욱 민감한 화재감지시스템을 설치해야 한다. 또한 스프링클러나 물을 이용할 경우 컴퓨터에 손상을 줄 수 있으므로 이산화탄소나 할론가스를 이용한 소화 장비를 설치하는 것이 좋다.

**Answer** 1.③ 2.④

**3** 경비위해요인의 분석단계와 그에 대한 설명으로 옳은 것은?

① 인지 단계 – 개인 및 기업의 보호영역에서 손실을 일으키기 쉬운 취약 부분을 확인하는 단계이다.

② 평가 단계 – 경비보호대상의 보호가치에 따른 손실발생 가능성을 예측하는 단계이다.

③ 비용효과분석 단계 – 특정한 손실이 발생하였다면 얼마나 심각한 영향을 미쳤는가를 고려하는 단계이다.

④ 손실발생가능성 예측 단계 – 범죄피해로 인한 인적·물적 피해의 정도, 고객의 정신적 안정성, 개인 및 기업체의 비용부담정도 등을 고려하는 단계이다.

○ **TIP** 경비위해요인의 분석단계
  ㉠ 인지 단계 : 개인 또는 기업의 보호 영역에서 손실을 일으키기 쉬운 취약 부분을 확인하는 단계이다.
  ㉡ 손실발생가능성 예측 단계 : 경비보호대상의 보호가치에 따른 손실발생 가능성을 예측하는 단계이다.
  ㉢ 평가 단계 : 특정한 손실이 발생 시 얼마나 심각한 영향을 미쳤는가를 고려하는 단계이다.
  ㉣ 비용효과분석 단계 : 범죄피해로 인한 인적·물적 피해의 정도, 고객의 정신적 안정성, 개인 및 기업체의 비용부담정도 등을 고려하는 단계이다.

**4** 다음과 같은 특징을 갖는 자물쇠의 형태는?

---

• 열쇠의 홈이 한쪽 면에만 있음
• 주로 책상이나 서류함에 사용

---

① 돌기 자물쇠                    ② 판날름쇠 자물쇠
③ 핀날름쇠 자물쇠                ④ 숫자맞춤식 자물쇠

○ **TIP** ① 일반적으로 사용되는 자물쇠로 안전도가 상당히 낮다.
  ③ 열쇠 양쪽에 불규칙적으로 홈이 파인 형태로 판날름쇠 자물쇠보다 안전도가 높다.
  ④ 자물쇠에 있는 숫자조합을 맞춰서 잠금장치를 해체하는 것으로 안전도가 높다.

**Answer**  3.①  4.②

**5** 조명등에 관한 설명으로 옳지 않은 것은?

① 석영등은 매우 밝은 하얀 빛을 발하며 빛의 발산이 빠르다.

② 나트륨등은 노란색을 띠고 있으며 안개가 발생하는 지역에 사용된다.

③ 프레이넬등은 특정지역에 빛을 집중시키거나 직접적으로 비추는 형태로, 경계지역 및 건물주변지역 등에 사용된다.

④ 투광조명은 건축물 외부나 경기장 등을 돋보이도록 하기 위한 조명이다.

**○TIP** ③ 프레이넬등은 경계구역에 접근을 방지하기 위한 조명이다. 빛을 길고 수평하게 확장하는 데 사용한다.

**6** 백열등과 마찬가지로 매우 밝은 하얀 빛을 발하며, 빨리 빛을 발산하고 매우 높은 빛을 내기 때문에 경계구역과 사고발생지역에 사용하기에 매우 유용하지만, 가격이 비싸다는 단점을 갖고 있는 조명은?

① 가스방전등                    ② 석영등

③ 투광조명등                    ④ 프레이넬등

**○TIP** 석영수은등

㉠ 유리 대신에 투명한 석영 용기를 사용한 수은등으로 석영 자체가 내열이 강하여 높은 전류를 보낼 수가 있다.

㉡ 석영수은등은 자외선을 투과시키는 장점이 있다.

㉢ 높은 조명을 요하는 곳에 쓰이며 주로 경계구역, 사고다발지역에 설치한다.

**7** 다음 중 각 주요 지점에 일일이 경비원을 배치하여 비상시에 대응하는 경보시스템은?

① 상주경보시스템                ② 중앙모니터시스템

③ 제한경보시스템                ④ 외래지원경보시스템

**○TIP** 상주경보시스템은 주요 지점에 경비원이 상시대기하는 것으로 비상시 대응이 빠르다는 장점이 있다.

**Answer** 5.③ 6.② 7.①

**8** 경비실시의 형태 중 포괄적이고 전체적인 계획 없이 필요할 때마다 손실 및 예방 등의 역할을 수행하기 위해 추가되는 경비형태는?

① 단편적 경비

② 1차원적 경비

③ 반응적 경비

④ 총체적 경비

○ **TIP** 경비시스템의 유형

㉠ 1차원적 경비 : 경비원이 행하는 경비와 같이 단일 예방체제에 의존하는 것을 말한다.

㉡ 단편적 경비 : 포괄적이고 전체적인 계획 없이 필요에 의해 단편적으로 손실예방의 역할을 수행하기 위해 추가되는 경비형태를 말한다.

㉢ 반응적 경비 : 특정 손실이 발생하는 사건에 한해서만 반응하는 경비형태를 말한다.

㉣ 총체적 경비 : 위해요소와 관계없이 언제, 어떤 형태로 발생할지 모르는 사항에 대비하여 인력경비와 기계경비를 혼합한 표준화된 경비형태를 말한다.

**9** 시설물의 외곽경비에 대한 설명 중 틀린 것은?

① 외곽경비의 1차적인 경계지역은 건물 주변이다.

② 강, 절벽 등 자연적인 장벽만으로는 외부침입을 방지하는 데 문제점이 있을 경우, 인위적인 구조물을 설치하여야 한다.

③ 울타리 중 철조망은 내부에서 외부침입자를 쉽게 적발할 수 있으나, 설치비용이 많이 든다.

④ 담장은 외부에서 내부관찰이 불가능하도록 하기 위해 주로 사용된다.

○ **TIP** 철조망

㉠ 지상에 철주(鐵柱)나 나무 말뚝을 박고, 철선을 종횡으로 얽어서 만드는 것이 일반적이다.

㉡ 철조망은 그 자체만으로도 외부인의 접근을 제한하는 효과가 있다.

㉢ 비교적 설치와 철거가 간편하며 비용도 저렴하다.

**10** 다음 중 시설물 경비에 있어서 1차적인 방어수단이 아닌 것은?

① 외곽 방호시설물

② 울타리

③ 경보장치

④ 담장

○ **TIP** ①②④ 외곽경비에 속하는 것으로 1차적인 방어수단에 해당한다.

③ 2차적인 방어수단에 해당한다.

**Answer** 8.① 9.③ 10.③

**11** 다음 국가중요시설의 분류기준에 대한 설명으로 맞는 것은?

① 가급 - 중앙부처장 또는 시·도시사가 필요하다고 지정한 행정 및 산업시설
② 나급 - 국가보안상 국가경제·사회생활에 중대한 영향을 끼치는 산업시설
③ 다급 - 국방·국가기간산업 등 국가의 안전보장에 고도의 영향을 미치는 행정시설
④ 라급 - 국가보안상 국가경제·사회생활에 중요하다고 인정되는 행정 및 산업시설

○**TIP** ① 가급 - 국방·국가기간산업 등 국가의 안전보장에 고도의 영향을 미치는 행정시설
③ 다급 - 국가보안상 국가경제·사회생활에 중요하다고 인정되는 행정 및 산업시설
④ 라급 - 중앙부처장 또는 시·도지사가 필요하다고 지정한 행정 및 산업시설


**12** 다음에 설명하는 경비수준으로 옳은 것은?

> 이 수준의 경비는 불법적인 외부침입과 일부 내부침입을 방해, 탐지, 사정할 수 있도록 계획되어진 경비시스템으로, 보다 발전된 원거리 경보시스템, 경계지역의 보다 높은 수준의 물리적 장벽, 기본적인 의사소통 장비를 갖춘 경비원 등이 조직되는 수준이다. 여기에는 큰 물품창고, 제조공장, 대형 소매점 등이 해당된다.

① 최저수준 경비(Level : Minimum Security)
② 중간수준 경비(Level : Medium Security)
③ 상위수준 경비(Level : High-Level Security)
④ 하위수준 경비(Level : Low-Level Security)

○**TIP** 중간수준 경비는 추가적으로 통신장비를 갖춘 경비원들이 조직되어 있는 경비수준을 의미한다.


**13** 다음 중 경보시스템의 종류에 해당되지 않는 것은?

① 침입경보시스템　　　　　　② 화재경보시스템
③ 상주경보시스템　　　　　　④ 특수경보시스템

○**TIP** 경보시스템의 종류 … 침입경보시스템, 화재경보시스템, 특수경보시스템


**Answer** 11.② 12.② 13.③

**14** 자물쇠와 패드록(Pad-Lock)에 대한 설명 중 옳지 않은 것은?

① 핀날름 자물쇠(Pin Tumbler Locks)는 열쇠의 홈이 한쪽 면에만 있으며, 홈에 맞는 열쇠를 꽂지 않으면 자물쇠가 열리지 않는다.

② 판날름 자물쇠(Disc Tumbler Locks)는 돌기 자물쇠보다 발달된 자물쇠로 책상, 서류함, 패드록 등에 보편적으로 사용되고 있다.

③ 돌기 자물쇠(Warded Locks)는 단순 철판에 홈도 거의 없는 것이 대부분이며 예방기능이 가장 취약하다.

④ 암호 사용식 자물쇠(Code Operated Locks)는 숫자 맞춤식 자물쇠보다 발전시킨 것으로 일반적으로 전문적이고 특수한 경비 필요시 사용한다.

**O TIP** 열쇠의 홈이 한쪽 면에만 있으며, 홈에 맞는 열쇠를 꽂지 않으면 자물쇠가 열리지 않는 것은 판날름 자물쇠이다.

**15** 다음 중 잠재적으로 사고가 발생할만한 지역을 정확하게 관찰하기 위해 사용되며, 외딴 산간 지역이나 작은 배로 쉽게 시설물에 접근할 수 있는 위치에 설치하는 조명은?

① 탐조등        ② 가로등

③ 투광조명등        ④ 프레이넬등

**O TIP** 탐조등
ⓐ 직류전기로 탄소봉(炭素棒)을 태워서 백색의 불꽃을 내게 하는 탄소아크등을 광원으로 사용하고, 반사거울을 갖추고 있으며, 직류전기를 공급하는 발전기가 부수되어 있다. 흔히 서치라이트라고도 한다.
ⓑ 빛의 확산을 방지하고 원거리 표적을 유효하게 조명하기 위해서는 반사거울의 초점에 아크등의 불꽃을 고정시켜야 한다.
ⓒ 탐조등은 예전에는 주로 야간에 적의 항공기 탐색용으로 사용되었으며 최근에는 주로 전장(戰場) 조명이나 해안경계용으로 쓰이고 있다.

**16** 첨단식 Pad Locks 전기식 잠금장치에 대한 설명으로 옳지 않은 것은?

① 출입문의 개폐가 전기신호에 의해 이루어지는 장치이다.

② 주로 은행금고 등에 많이 활용되고 있다.

③ 원거리에서 문의 개폐를 제어할 수 있는 장점이 있다.

④ 가정집 내부에서 스위치를 눌러 외부의 문이 열리도록 하는 방식이다.

**⊙ TIP** 전기식 잠금장치는 전기신호에 의해 열리고 닫히는 잠금장치로 일반적으로 원거리에서 제어할 수 있는 장점이 있다. 은행의 금고 등과 같이 보안이 철저히 요구되는 시설에서 사용되기에는 적합하지 않다.

**17** 경비시설물의 출입문에 설치되는 안전장치는 어떤 기준에 따라 달라지는가?

① 건물위치　　　　　　　　② 건물의 높이

③ 경비구역의 중요성　　　　④ 화재위험도

**⊙ TIP** 경비구역의 중요도에 따라 출입문에 설치되는 안전장치는 달라진다.

**18** 경비업의 개선방안에 관한 내용으로 해당되지 않는 것은?

① 경비원 교육훈련의 내실화

② 대응체제의 제도적 보완

③ 청원경찰의 점진적 확대

④ 특수경비원 쟁의행위금지 문제의 보완

**⊙ TIP** 청원경찰과 민간경비제도는 청원경찰법과 경비업법으로 법제가 이원화되어 있는데 이것을 양 제도의 형평성과 통일성을 기하기 위해 일원화하여야 한다.

**Answer** 16.② 17.③ 18.③

**19** 경비조명 설치 시 유의사항으로 옳지 않은 것은?

① 보호조명은 경계구역 내의 지역과 건물에 적합하도록 설계되어야 한다.

② 경비조명은 침입자의 탐지 외에 경비원의 시야를 확보하는 기능이 있으므로 경비원의 감시활동, 확인점검활동을 방해하는 강한 조명이나 각도, 색깔 등을 고려해야 한다.

③ 인근지역을 너무 밝게 하거나 영향을 미침으로써 타인의 사생활을 침해하지 않도록 해야 한다.

④ 도로, 고속도로, 항해수로 등에 인접한 시설물의 조명장치는 통행에 영향을 미치더라도 모든 부분을 구석구석 비출 수 있도록 설치되어야 한다.

**O TIP** 도로와 항해수로 등에 인접한 시설물의 조명장치는 통행에 영향을 미치지 않도록 주의해야 한다. 조명장치로 인해 교통사고나 선박사고로 이어질 수 있기 때문이다.

**20** 하나의 문이 작동할 경우 전체 문이 작동하는 보안잠금장치는?

① 전기식 잠금장치
② 일체식 잠금장치
③ 기억식 잠금장치
④ 패드록

**O TIP** 일체식 잠금장치는 문 하나가 잠기면 전체 출입문이 잠기는 것으로 교도소 같은 수감시설에서 사용되는 잠금장치이다.

**21** 고도의 조명 시스템으로 관계기관과의 조정계획 등을 갖춘 제조공장이나 대형상점에서 필요로 하는 경비수준은?

① 최저수준 경비
② 중간수준 경비
③ 상위수준 경비
④ 최고수준 경비

**O TIP** 상위수준 경비
㉠ CCTV나 경계경보 시스템, 무장경호원 등이 갖추어진 경비수준을 의미한다.
㉡ 고도의 조명 시스템으로 관계기관과의 조정계획 등을 갖춘다.
㉢ 교도소시설, 대형할인점, 제조공장 등에서 이루어진다.

**Answer** 19.④ 20.② 21.③

**22** 조명장비에 관한 설명이다. 그 연결이 올바른 것은?

> ㉠ 프레이넬등        ㉡ 투광조명        ㉢ 탐조등

> ⓐ 빛의 확산을 방지하고 원거리 표적을 유효하게 조명하기 위해서는 반사거울의 초점에 아크등의 불꽃을 고정시켜야 한다.
> ⓑ 건축물 외부나 경기장 등을 돋보이도록 하기 위한 조명이다.
> ⓒ 광선의 크기가 수평으로 180° 정도, 수직으로 15°~30° 정도의 폭이 좁고 기다랗게 비춰지는 조명등이다.

① ㉠ - ⓑ                ② ㉡ - ⓐ
③ ㉢ - ⓐ                ④ ㉢ - ⓒ

○**TIP** ㉠ 프레이넬등 - ⓒ
       ㉡ 투광조명 - ⓑ
       ㉢ 탐조등 - ⓐ

**23** 다음 자물쇠 종류 중 안전도가 가장 낮은 것은?

① 카드작동식 자물쇠(Card Operated Locks)
② 돌기 자물쇠(Warded Locks)
③ 핀날름쇠 자물쇠(Pin Tumbler Locks)
④ 숫자맞춤식 자물쇠(Combination Locks)

○**TIP** 일반적으로 사용되는 자물쇠 중에서 가장 안전도가 낮은 자물쇠는 돌기자물쇠이다.

**24** 다음 중 산소공급의 중단을 포함해 이산화탄소 같은 불연성의 무해한 기체를 살포하여 화재를 진압하는 것이 매우 효과적인 화재의 종류는?

① 유류화재                ② 가스화재
③ 금속화재                ④ 전기화재

○**TIP** 유류화재에 관한 설명으로 가장 효과적인 화재진압방법은 산소공급의 차단이다.

**Answer** 22.③ 23.② 24.①

**25** 다음은 어떤 경비조명에 대한 설명인가?

> - 넓은 폭의 빛을 내는 조명으로 경계구역에의 접근을 방지하기 위해 길고 수평하게 빛을 확장하는 데 유용하게 사용된다.
> - 수평으로 약 180° 정도, 수직으로 15°~30° 정도의 폭이 좁고 긴 광선을 투사한다.

① 가로등

② 투광조명등

③ 탐조등

④ 프레이넬등

**TIP** ① 가로등은 대칭적으로 설치하는 것과 비대칭적으로 설치하는 것이 있는데, 대칭적인 가로등은 빛을 골고루 발산하여 특별히 높은 지점의 조명을 필요로 하지 않는 넓은 지역에서 사용되며 비대칭적 가로등은 밝은 조명이 요구되지 않는 경비구역에서 다소 떨어진 장소에 사용된다.
② 건축물 외부나 경기장 등을 돋보이도록 하기 위한 조명이다.
③ 야간에 적의 항공기 탐색시에 사용하거나 전장 조명·해안경계용으로 쓰인다.

**26** 빠른 설치의 필요성 때문에 주로 군부대에서 많이 사용하는 6각형 모양의 가시철선은?

① 가시철사

② 콘서티나 철사

③ 철조망

④ 구리철사

**TIP** 콘서티나 철사
㉠ 윤형철조망이라고도 부르는데 실린더 모양으로 만들어져서 강철 면도날 철사와 함께 철해져서 감아놓은 것이다.
㉡ 콘서티나 철사는 신속하게 장벽을 설치하기 위해 군대에서 처음 개발됐다.

**27** 다음 중 비상계획수립 시 고려할 사항이 아닌 것은?

① 비상위원회 구성에 있어 경비 감독관은 반드시 포함되어야 한다.
② 초기에 사태대응을 보다 신속하게 할 수 있도록 체계가 잘 갖추어 있어야 한다.
③ 비상사태에 책임을 지고 있는 자에게는 그 책임관계를 명확히 규정하여야 한다.
④ 비상업무를 수행하면서 대중 및 언론에게 정보를 제공하는 것은 최대한 은폐하여야 한다.

**TIP** 비상업무 수행 시 대중이 이에 대한 대처를 할 수 있도록 필요한 정보를 언론에 제공해야 한다.

**Answer** 25.④ 26.② 27.④

**28** 금융시설경비에 대한 설명으로 옳지 않은 것은?

① 경비원은 경계를 가능한 2인 이상이 하는 것으로 하여야 하며 점포내 순찰, 출입자 감시 등 구체적인 근무요령에 의해 실시한다.

② ATM의 증가는 범죄자들의 범행욕구를 충분히 유발시킬 수 있으므로 지속적인 경비순찰을 실시하고 경비조명뿐만 아니라 CCTV를 설치하는 등 안전대책을 수립하여야 한다.

③ 경비책임자는 경찰과의 연락 및 방범정보의 교환과 같은 사항이 지속적으로 이루어지도록 점검하여야 한다.

④ 현금수송은 원칙적으로 금융기관 자체에서 실시하되 특별한 경우에는 현금수송 전문경비회사에 의뢰할 수 있다.

**○ TIP** 현금수송은 원칙적으로 전문경비회사에 의뢰한다.

**29** 화재유형별 소화기 표시색이 잘못 분류된 것은?

① 일반화재 – 백색　　　　　　② 전기화재 – 청색

③ 유류화재 – 적색　　　　　　④ 금속화재 – 무색

**○ TIP** 화재의 종류별 급수

| 급수 | A급 | B급 | C급 | D급 | E급 |
|---|---|---|---|---|---|
| 화재의 종류 | 일반화재 | 유류화재 | 전기화재 | 금속화재 | 가스화재 |
| 색상 | 백색 | 황색 | 청색 | 무색 | 황색 |

**30** 일정한 패턴이 전혀 없는 외부 및 내부의 행동을 발견, 억제하고 문제를 해결하기 위하여 최첨단의 경보 시스템과 현장에서 즉시 대응할 수 있는 24시간 무장체계를 갖추도록 요구되는 경비수준은?

① 최저수준 경비　　　　　　② 하위수준 경비

③ 최고수준 경비　　　　　　④ 중간수준 경비

**○ TIP** 최고수준 경비에 대한 설명으로 핵시설이나 군사시설에서 이루어질 수 있다.

**Answer**　28.④　29.③　30.③

**31** 시설물에 대한 경비계획수립 시 고려해야 할 기본원칙이 아닌 것은?

① 경비원 1인이 경계해야 할 구역의 범위는 안전규칙상 적당해야 한다.
② 천장, 하수도관, 맨홀 등 외부로부터의 접근 또는 탈출이 가능한 지점 및 경계구역도 포함해야 한다.
③ 잠금장치는 비교적 정교하고 파손이 곤란하도록 제작해야 한다.
④ 경비원의 대기실은 시설물의 출입구와 비상구에서 멀리 떨어진 곳에 위치해야 한다.

**○TIP** 경비원의 대기실은 비상시에 신속한 이동성을 확보하기 위해 가능한 출입구와 비상구에서 가까운 곳에 위치해야 한다.

**32** 다음 중 경비계획수립의 순서가 옳은 것은?

① 경비목표의 설정 − 경비문제의 발생 및 인지 − 경비요소 및 위해 − 경비의 실시 및 평가 − 경비대안의 비교검토 및 최종안 선택
② 경비요소 및 위해분석 − 경비문제의 발생 및 인지 − 경비목표의 설정 − 경비의 실시 및 평가 − 경비대안의 비교검토 및 최종안 선택
③ 경비문제의 발생 및 인지 − 경비목표의 설정 − 경비요소 및 위해분석 − 경비대안의 비교검토 및 최종안 선택 − 경비의 실시 및 평가
④ 경비문제의 발생 및 인지 − 경비요소 및 위해분석 − 경비목표의 설정 − 경비대안의 비교검토 및 최종안 선택 − 경비의 실시 및 평가

**○TIP** 경비문제의 인지를 시작으로 경비목표를 설정해야 한다. 경비위해분석을 한 후 경비대안을 비교검토하여 최종안을 선택한다. 마지막으로 경비의 실시 및 평가를 한다.

**33** 외곽시설물 경비에서 경계구역 감시에 해당되는 것은?

① 철조망
② 폐쇄된 출입구 통제
③ 가시지대
④ 옥상, 일반외벽

**○TIP** 가시지대는 감시할 수 있는 경비구역을 의미하는 것으로 가능한 가시지대를 넓히는 것이 경비하는 데 유리하다.

**Answer** 31.④ 32.③ 33.③

**34** 내부경비에 관한 설명으로 옳지 않은 것은?

① 안전유리의 궁극적인 목적은 침입을 시도하는 강도가 창문을 깨는데 걸리는 시간을 지연시키는 데에 있다.

② 화물통제에 있어서는 화물이나 짐이 외부로 반출되는 경우에 한해서만 철저한 조사가 필요하다.

③ 카드작동식 자물쇠는 종업원들의 출입이 빈번하지 않은 제한구역에서 주로 사용된다.

④ 외부 침입자들 대부분은 창문을 통해 내부로 들어온다.

**O TIP** 화물통제의 경우 화물이나 짐이 내부로 유입되는 경우와 반출되는 경우 모두를 철저히 조사해야 한다.

**35** 경보체제에 대한 설명 중 옳지 않은 것은?

① 제한적 경보시스템은 사람이 없어도 효과가 높다.

② 각 주요 지점에 일일이 경비원을 배치하고 비상시 대처하는 방식은 상주경보시스템이다.

③ 외래지원 경보시스템은 전화선 등을 이용해서 비상 시 외부에 연락을 취하는 것이다.

④ 중앙모니터시스템은 가장 일반적으로 널리 활용되는 것이다.

**O TIP** 사람이 없는 제한적 경보시스템은 그 효과에 한계가 있다.

**36** 경비시설물에 대해 민간경비 조사업무를 실시하는 근본 목적이 아닌 것은?

① 정보수집으로 범죄자를 조기에 색출한다.

② 경비시설물에 대한 경비의 취약점을 도출한다.

③ 조사업무를 통해 조직 내의 구성원들과 경비와 관련하여 협력을 구한다.

④ 조사업무를 통해 종합적인 경비계획을 수립한다.

**O TIP** 민간경비 조사업무를 실시하는 목적은 경비 취약점을 발견하고 경비계획을 수립하는 것으로 범죄자의 조기색출은 그 목적에 해당하지 않는다.

**Answer** 34.② 35.① 36.①

**37** 첨단식 패드록 잠금장치의 종류가 아닌 것은?

① 기억식 잠금장치　　　　　　　　② 일체식 잠금장치
③ 이중식 잠금장치　　　　　　　　④ 전기식 잠금장치

● **TIP** 패드록의 종류
　　　 ㉠ 일체식 잠금장치
　　　 ㉡ 전기식 잠금장치
　　　 ㉢ 기억식 잠금장치

**38** 다음 중 방호유리의 궁극적인 목적은?

① 경비원이나 경찰출동의 시간적 여유 제공
② 경비원의 순찰활동 강화
③ 완전한 외부침입의 차단효과
④ 비용절감 및 화재예방 효과

● **TIP** 방호유리는 경찰이나 경비원들이 출동하여 그 지점에 도착할 때까지의 시간을 벌어주는 것이 주목적이다.

**39** 경비계획수립의 기본원칙에 관한 설명으로 옳은 것은?

① 경비관리실은 출입자 등의 통행이 많은 곳에 설치하고 직원의 출입구는 주차장으로부터 가급적 멀리 떨어진 곳에 위치해야 한다.
② 경계구역과 건물 출입구 수는 안전규칙 범위와 상관없이 최대한으로 유지되어야 한다.
③ 경비원 대기실은 시설물 출입구와 비상구에서 멀리 떨어져 있는 것이 효과적이다.
④ 비상시에만 사용하는 외부 출입구에는 경보장치를 설치할 필요가 없다.

● **TIP** ② 경계구역과 건물 출입구의 수는 적정한 수를 유지해야 한다.
　　　 ③ 경비원 대기실은 시설물 출입구와 비상구에서 가까운 곳에 위치해야 한다.
　　　 ④ 비상시에 이용하는 외부 출입구에도 경보장치를 설치해야 한다.

**Answer**　37.③　38.①　39.①

# 06
P
A
R
T

# 컴퓨터 범죄와 안전관리

# 01 컴퓨터 관리 및 안전대책

## ① 안전관리

① 컴퓨터의 의존성 증가로 자료를 보관하는 컴퓨터의 안전관리가 중요하다.

② 안전관리는 소프트웨어적 관리와 하드웨어적 관리로 나뉜다.

③ **컴퓨터 안전관리상의 관리적 대책**

　㉠ 근무자들에 대하여 정기적으로 배경조사를 실시한다.

　㉡ 회사 내부의 컴퓨터 기술자, 사용자, 프로그래머의 기능을 각각 분리한다.

　㉢ 회의를 통하여 컴퓨터 안전관리의 중요성을 인식시킨다.

　㉣ 엑세스 제도를 도입한다.

　㉤ 레이블링을 관리한다.

　㉥ 스케줄러를 점검한다.

　㉦ 감시증거기록 삭제를 방지한다.

---

**예 제 문 제** 〜〜〜〜〜〜〜〜〜〜〜〜〜〜〜〜〜〜〜〜〜〜〜〜〜〜〜〜〜〜〜〜〜〜〜

**컴퓨터 시스템의 물리적 안전대책에 관한 설명으로 옳지 않은 것은?**

① 컴퓨터실은 벽면이나 바닥을 강화콘크리트 등으로 보호하고, 화재에 대비하여 불연재를 사용하여야 한다.

② 컴퓨터실은 출입자를 기록하도록 하며, 지정된 비밀번호는 장기간 사용하여 기억의 오류를 방지하는 게 좋다.

③ 불의의 사고에 대비해 시스템백업은 물론 프로그램백업도 이루어져야 한다.

④ 권한이 없는 자가 출입하는 것을 엄격하게 통제해야 한다.

★ ② 비밀번호는 정기적으로 바꿔준다.

답 ②

## ❷ 소프트웨어적 보안

① **보안의 정의** ··· 보안(Security)이란 각종 정보 및 자원을 고의 또는 실수로 불법적인 노출, 변조, 파괴하는 것으로부터 보호하는 것을 의미한다. 보안의 특성으로 비밀성, 가용성, 무결성이 있다.

　㉠ 비밀성 : 비인가된 사용자는 정보를 확인할 수 없는 것을 말한다.

　㉡ 가용성 : 자원을 계속해서 사용할 수 있는 특성을 말한다.

　㉢ 무결성 : 의도하지 않은 방법으로 정보가 변형·파괴되지 않는 것을 말한다.

② **보안기술의 분류**

| 구분 | 목적 | 보안 기술 |
|---|---|---|
| 데이터 보안 | 컴퓨터 시스템 속에 있는 정보를 보호하는 것이다. | 암호화 기술 |
| 시스템 보안 | 컴퓨터 시스템의 운용체계, 서버 등의 허점을 통해 해커들이 침입하는 것을 방지하는 것이다. | 침입차단기술<br>침입탐지기술 |
| 네트워크 보안 | 네트워크에서 정보를 전달할 때 중간에 가로채거나, 수정하는 등의 해킹 위험으로부터 정보를 보호하는 것이다. | 웹 보안기술<br>암호화 기술<br>침입탐지기술 |

　㉠ 암호화 기술

　　ⓐ 데이터에 암호화 알고리즘을 섞어 그 알고리즘이 없이는 암호를 해독할 수 없도록 하는 기술이다.

　　ⓑ 보통의 메시지를 그냥 보아서는 이해할 수 없는 암호문으로 변환시키는 조작을 암호화라고 한다.

　㉡ 웹 보안기술

　　ⓐ 웹 보안에 있어서 클라이언트 인증, 웹 서버 인증, 웹 서버에 있는 문서정보에 대한 접근제어, 서버와 클라이언트 사이에 일어나는 Transaction 데이터의 인증, 무결성, 기밀성 등이 요구된다.

　　ⓑ 웹 보안기술에는 Kerberos, PGP(Pretty Good Privacy), SSL 등이 있다.

　　　‑ Kerberos : DES 같은 암호화 기법을 기반으로 해서 보안 정도가 높다.

　　　‑ PGP : 전자우편 보안으로 광범위하게 사용되는 비밀보장 프로그램이다.

　　　‑ SSL : 넷스케이프사에서 개발한 것으로 HTTP뿐만 아니라 다른 틀에도 적용될 수 있는 장점이 있지만 디지털 서명 기능을 제공하지 못하는 단점도 있다.

　㉢ 침입차단기술

　　ⓐ 방화벽이라고도 불리는데 네트워크 사이에 접근을 제어하는 시스템이나 그 집합을 말한다.

　　ⓑ 침입차단기술에서 방화벽을 구축하는 데 사용되는 접근법으로 패킷 필터링과 프락시 서비스 두 가지가 있다.

② 침입탐지기술
    ⓐ 무결성, 가용성, 비밀성을 저해하는 행위를 실시간으로 탐지하는 시스템이다.
    ⓑ 침입탐지 시스템은 모니터링 대상에 따라 호스트 기반과 네트워크 기반으로 나뉜다.

## ❸ 하드웨어적 보안

① 전산실에 보안장치를 설치한다.
    ㉠ 출입이 가능한 직원을 한정한다.
    ㉡ 전산실 내에 CCTV나 전자장비를 설치하여 24시간 관리한다.
    ㉢ 전산실에 출입하는 직원 외의 자는 신원을 확인하고 관리한다.

② **건물 자체의 보호조치**
    ㉠ 홍수나 방화에 견딜 수 있는 건물이어야 한다.
    ㉡ 전력공급이 원활한 건물이어야 하고 비상시 전력이 확보되어야 한다.
    ㉢ 건물의 출입하는 출입자를 관리할 수 있도록 적당한 출입구를 갖추어야 한다.

③ 타 건물의 화재나 위험이 전이되지 않도록 적당한 거리를 유지하는 것이 좋다.

④ 전산실 내의 환경, 즉 공기조절이나 습도 등이 중요하다.

# 02 컴퓨터와 보호대책

## ① 컴퓨터 바이러스 전염 경로

① E-mail의 첨부파일

② 네트워크 공유

③ 인터넷 서핑

④ 디스크/CD의 복사

⑤ 프로그램의 다운

## ② 보호대책

① 정품 소프트웨어 사용을 생활화한다.

② 무료 프로그램의 경우에도 신뢰할 수 있는 사이트에서 다운받도록 한다.

③ 출처가 불분명한 e-mail과 첨부파일은 열어보지 않는다.

④ 데이터를 정기적으로 백업한다.

⑤ 백신 프로그램은 항상 최신판으로 업데이트하고 보안패치에도 신경쓴다.

⑥ 의심되는 파일은 미리 차단해야 한다.

⑦ 다양한 감염경로를 막기 위해 백신과 방화벽을 동시에 사용한다.

# ◯3 컴퓨터 범죄 및 예방대책

## ❶ 사이버 범죄의 의의

① 경찰청에서는 사이버 범죄를 크게 사이버테러형 범죄와 일반사이버 범죄로 구분하고 있다.

② 사이버테러형 범죄는 해킹, 바이러스 유포와 같이 고도의 기술적인 요소가 포함되어 정보통신망 자체에 대한 공격행위를 통해 이루어지는 것을 말한다.

③ 일반사이버 범죄는 전자상거래 사기, 프로그램 불법복제, 불법사이트 운영, 개인정보 침해, 사이버 스토킹, 사이버 성폭력, 협박·공갈 등과 같이 사이버 공간이 범죄의 수단으로 사용된 유형을 말한다.

## ❷ 사이버테러형 범죄

① **해킹**
  ㉠ 해킹(Hacking)은 일반적으로 다른 사람의 컴퓨터 시스템에 무단 침입하여 정보를 빼내거나 프로그램을 파괴하는 전자적 침해행위를 의미한다.
  ㉡ 해킹은 사용하는 기술과 방법 및 침해의 정도에 따라서 다양하게 구분된다.
  ㉢ 경찰청에서는 해킹에 사용된 기술과 방법, 침해의 정도에 따라서 단순침입, 사용자도용, 파일 등 삭제변경, 자료유출, 폭탄스팸메일, 서비스 거부공격으로 구분하고 있다.
    ⓐ **단순침입** : 정당한 접근권한 없이 또는 허용된 접근권한을 초과하여 정보통신망에 침입하는 것을 말한다.
      - 접근권한 : 행위자가 해당 정보통신망의 자원을 임의로 사용할 수 있도록 하는 권한을 말한다.
      - 정보통신망에의 침입 : 행위자가 해당 정보통신망의 자원을 사용하기 위해서 거쳐야 하는 인증절차를 거치지 않거나 비정상적인 방법을 사용해 해당 정보통신망의 접근권한을 획득하는 것으로, 즉 정보통신망의 자원을 임의대로 사용할 수 있는 상태가 되었을 때 침입이 이루어진 것이라고 할 수 있다.
    ⓑ **사용자 도용** : 정보통신망에 침입하기 위해서 타인에게 부여된 사용자계정과 비밀번호를 권한자의 동의 없이 사용하는 것을 말한다.
    ⓒ **파일 등 삭제와 자료유출** : 정보통신망에 침입한 자가 행한 2차적 행위의 결과로, 일반적으로 정보통신망에 대한 침입행위가 이루어진 뒤에 가능하다.

ⓓ 폭탄메일 : 메일서버가 감당할 수 있는 한계를 넘는 많은 양의 메일을 일시에 보내 장애가 발생하게 하거나 메일 내부에 메일 수신자의 컴퓨터에 과부하를 일으킬 수 있는 실행코드 등을 넣어 보내는 것은 서비스 거부공격의 한 유형이다.

ⓔ 스팸메일 : 상업적인 내용의 메일을 불특정 다수에게 보내는 것으로 이메일이 광고의 주요한 수단으로 부상하면서 이메일을 이용한 상업적인 목적의 광고가 많이 늘어나고 있으며 특히 기업광고, 특정인 비방, 음란물 및 성인사이트 광고, 컴퓨터 바이러스 등을 담은 이메일을 대량으로 발송하여 사회적인 문제를 일으키고 있다.

## ② 악성프로그램

㉠ 악성프로그램이란 일반적으로 컴퓨터 바이러스 또는 인터넷 웜을 의미하며 '정보시스템의 정상적인 작동을 방해하기 위하여 고의로 제작 · 유포되는 모든 실행 가능한 컴퓨터 프로그램'이다.

㉡ 리소스의 감염여부, 전파력 및 기능적인 특징에 따라 컴퓨터 바이러스, 인터넷 웜, 스파이웨어 등으로 구분하고 있으며 법에서 '정보통신 시스템, 데이터 또는 프로그램 등을 훼손, 멸실, 변경, 위조 또는 그 운용을 방해할 수 있는 프로그램'을 악성프로그램으로 규정하고 이를 유포하는 행위를 처벌하고 있다. 악성프로그램에 감염된 컴퓨터는 처리속도가 현저하게 감소하거나 평소에 나타나지 않던 오류메시지 등이 표시 되면서 비정상적으로 작동하고 또는 지정된 일시에 특정한 작동을 하기도 한다.

ⓐ 트로이목마 : 프로그램에 미리 입력된 기능을 능동적으로 수행하여 시스템 외부의 해커에게 정보를 유출하거나 원격제어 기능을 수행하여 트로이목마처럼 유용한 유틸리티로 위장하여 확산되기 때문에 감염 사실을 알아채기 어렵다.

ⓑ 인터넷 웜 : 시스템 과부하를 목적으로 이메일의 첨부파일 등 인터넷을 이용하여 확산된다. 확산 시 정상적인 파일이 이메일에 첨부되기도 하기 때문에 개인정보 유출의 위험을 내포하고 있다.

ⓒ 스파이웨어 : 공개프로그램, 쉐어웨어, 평가판 등의 무료 프로그램에 탑재되어 정보를 유출 시키는 기능이 있는 모든 종류의 프로그램을 말한다. 스파이(Spy)와 소프트웨어의 합성어로 대개 인터넷이나 PC통신 등에서 무료로 공개되는 소프트웨어를 다운받을 때 함께 설치된다. 트로이목마나 백도어와 달리, 치명적인 피해를 주지 않더라도 악의적인 목적으로 사용될 수 있기 때문에 주기적으로 탐지 프로그램을 사용하여 제거하는 것이 바람직하다.

ⓓ 논리 폭탄(logic bomb) : 프로그램에 어떤 조건이 주어져 숨어 있던 논리에 만족되는 순간 폭탄처럼 자료나 소프트웨어를 파괴하여, 자동으로 잘못된 결과가 나타나게 한다.

**❸ 일반형 범죄**

① 사기

② 불법복제

③ 불법·유해 사이트

④ 사이버 명예훼손

⑤ 개인정보침해

⑥ 사이버 스토킹

**❹ 컴퓨터 관련 경제범죄**

① **컴퓨터 관련 범죄 유형**
  ㉠ 컴퓨터 부정조작
  ㉡ 컴퓨터 파괴
  ㉢ 컴퓨터 스파이
  ㉣ 컴퓨터 무단사용
  ㉤ 컴퓨터 부정사용

② **컴퓨터 부정조작**
  ㉠ 컴퓨터의 처리결과를 변경시키거나 자료처리 과정에 간섭하는 것을 말한다.
  ㉡ 처벌규정
    ⓐ **공전자기록 위작·변작〈형법 제227조의2〉**: 사무처리를 그르치게 할 목적으로 공무원 또는 공문서의 전자기록 등 특수매체기록을 위작 또는 변작한 자는 10년 이하의 징역에 처한다.
    ⓑ **공정증서원본 등의 부실기재〈형법 제228조〉**
    ﹣공무원에 대하여 허위신고를 하여 공정증서원본 또는 이와 동일한 전자기록 등 특수매체기록에 부실의 사실을 기재 또는 기록하게 한 자는 5년 이하의 징역 또는 1천만 원 이하의 벌금에 처한다.
    ﹣공무원에 대하여 허위신고를 하여 면허증, 허가증, 등록증 또는 여권에 부실의 사실을 기재하게 한 자는 3년 이하의 징역 또는 700만 원 이하의 벌금에 처한다.
    ⓒ **컴퓨터 등 사용사기〈형법 제347조의2〉**: 컴퓨터 등 정보처리장치에 허위의 정보 또는 부정한 명령을 입력하거나 권한 없이 정보를 입력·변경하여 정보처리를 하게 함으로써 재산상의 이익을 취득하거나 제3자로 하여금 취득하게 한 자는 10년 이하의 징역 또는 2천만 원 이하의 벌금에 처한다.

        © 부정조작의 유형

           ⓐ **투입조작** : 일부 자료를 은닉·변경된 자료나 허구의 자료 등을 입력·잘못된 산출을 초래하게 하는 방법을 말한다.

           ⓑ **프로그램조작** : 기존 프로그램을 변경하거나 기본 프로그램과 전혀 다른 새로운 프로그램을 작성·투입하는 방법을 말한다.

           ⓒ **콘솔조작** : 컴퓨터의 체계의 시동, 정지, 운영상태 감시 정보처리 내용과 방법의 변경 및 수정에 사용되는 것을 부당하게 조작, 기억정보 등을 변경하는 것을 말한다.

           ⓓ **산출물조작** : 정당하게 처리 산출된 결과물의 변경을 의미한다.

③ **컴퓨터 파괴**

    ㉠ 컴퓨터의 정상적인 기능을 곤란하게 하거나 또는 불가능하게 만드는 것을 말한다.

    ㉡ **처벌규정**

        ⓐ **공용서류 등의 무효, 공용물의 파괴**〈형법 제141조〉: 공무소에서 사용하는 서류, 기타 물건 또는 전자기록 등 특수매체기록을 손상 또는 은닉하거나 기타 방법으로 그 효용을 해한 자는 7년 이하의 징역 또는 1천만 원 이하의 벌금에 처한다.

        ⓐ **업무방해**〈형법 제314조〉: 컴퓨터 등 정보처리장치 또는 전자기록 등 특수매체기록을 손괴하거나 정보처리장치에 허위의 정보 또는 부정한 명령을 입력하거나 기타 방법으로 정보처리에 장애를 발생하게 하여 사람의 업무를 방해한 자는 5년 이하의 징역 또는 1천500만 원 이하의 벌금에 처한다.

④ **컴퓨터 스파이**

    ㉠ 타인 컴퓨터에 침입하여 프로그램, 자료 등의 정보를 탐지 또는 획득하여 타인에게 재산적 손해를 야기시키는 행위를 하며, 자료와 프로그램의 불법획득과 이용이라는 2개의 행위로 이루어진다.

    ㉡ **처벌규정**

        ⓐ 통신비밀보호법(전기통신감청죄)

        ⓑ 정보통신망 이용촉진 및 정보보호 등에 관한 법률(전산망비밀침해죄)

⑤ **컴퓨터 무단사용**

    ㉠ 권한없는 자가 타인의 컴퓨터를 무단으로 사용하여 특정 일을 처리하는 것을 말한다.

    ㉡ 제한적으로 업무방해죄 적용이 가능하다는 견해가 있다.

⑥ **컴퓨터 부정사용** … 컴퓨터를 이용할 권한이 없는 자가 특정행위를 함에 컴퓨터를 이용함으로써 컴퓨터 소유자에게 재산상 손해를 입히는 것을 말한다.

⑦ **기타 관련 범죄**

　㉠ **크래커** : 경제적 이익을 위해 컴퓨터에 무단침입하여 정보를 유출하고 경쟁사에 피해를 주는 것을 말한다.

　㉡ **쌀라미 기법(Salami Techniques)** : 정상작업을 수행하면서 관심 밖의 작은 이익을 긁어 모으는 수법으로 금융기관의 이자와 같은 적은 금액을 모으는 기법이다.

　㉢ **논리폭탄(Logic Bomb)** : 특정조건에 반응하여 시스템이나 프로그램을 파괴하는 것을 말한다.

　㉣ **허프건(Hert Gun)** : 고출력 전자기장을 발생 시켜 정보를 파괴하는 것을 말한다.

　㉤ **함정문(Trap Door)** : OS나 대형프로그램 개발 중 Debugging을 핑계로 자료를 유출하는 것을 말한다.

　㉥ **슈퍼재핑(Super Zapping)** : 컴퓨터 고장시 비상용으로 쓰는 프로그램으로 관리 · 권한 정보를 유출하여 이용하는 것을 말한다.

　㉦ **와이어탭핑(Wiretapping)** : 도청, 몰래 카메라 등 모든 도청을 말한다.

　㉧ **스카벤징(Scavenging)** : 작업수행이 완료된 후에 이전 사용자의 흔적, 즉 메모리나 쿠키에서 자료를 얻는 것을 말한다.

　㉨ **IP스프핑** : 인터넷 프로토콜인 TCP/IP의 구조적 결함, 즉 TCP시퀀스번호, 소스라우팅, 소스주소를 이용한 방법으로써 인증기능을 가지고 있는 시스템에 침입하기 위해 침입자가 사용하는 시스템을 원래의 호스트로 위장하는 방법이다.

# ❺ 적용법규

① **해킹**

　㉠ **정보통신기반 보호법**

　　ⓐ 주요 **정보통신기반시설 침해행위 등의 금지**〈제12조 제1호〉: 접근권한을 가지지 아니하는 자가 주요 정보통신기반시설에 접근하거나 접근권한을 가진 자가 그 권한을 초과하여 저장된 데이터를 조작 · 파괴 · 은닉 또는 유출하는 행위를 하여서는 안 된다.

　　ⓑ **벌칙**〈제28조〉
　　　- 주요 정보통신기반시설을 교란 · 마비 또는 파괴한 자는 10년 이하의 징역 또는 1억 원 이하의 벌금에 처한다.
　　　- 위의 미수범은 처벌한다.

　㉡ **정보통신망 이용촉진 및 정보보호 등에 관한 법률**

　　ⓐ **정보통신망 침해행위 등의 금지**〈제48조 제1항〉: 누구든지 정당한 접근권한 없이 또는 허용된 접근권한을 넘어 정보통신망에 침입하여서는 안 된다.

　　ⓑ **벌칙**〈제72조 제1항〉: 정보통신망에 침입한 자는 3년 이하의 징역 또는 3천만 원 이하의 벌금에 처한다.

ⓒ 물류정책기본법

    ⓐ 전자문서 및 물류정보의 보안〈제33조〉

- 누구든지 국가물류통합정보센터 또는 단위물류정보망에서 처리 · 보관 또는 전송되는 물류정보를 훼손하거나 그 비밀을 침해 · 도용 또는 누설하여서는 안 된다〈제2항〉.
- 누구든지 불법 또는 부당한 방법으로 보호조치를 침해하거나 훼손하여서는 안 된다〈제5항〉.

    ⓑ 벌칙〈제71조〉

- 국가물류통합정보센터 또는 단위물류정보망에 의하여 처리 · 보관 또는 전송되는 물류정보를 훼손하거나 그 비밀을 침해 · 도용 또는 누설한 자는 5년 이하의 징역 또는 5천만 원 이하의 벌금에 처한다〈제2항〉.
- 국가물류통합정보센터 또는 단위물류정보망의 보호조치를 침해하거나 훼손한 자는 3년 이하의 징역 또는 3천만 원 이하의 벌금에 처한다〈제3항〉.

② 바이러스

ㄱ 주요 정보통신기반시설 침해행위 등의 금지〈정보통신기반 보호법 제12조 제2호〉 : 주요 정보통신기반시설에 대하여 데이터를 파괴하거나 주요 정보통신기반시설의 운영을 방해할 목적으로 컴퓨터 바이러스 · 논리폭탄 등의 프로그램을 투입하는 행위를 하여서는 안 된다.

ㄴ 벌칙〈정보통신기반 보호법 제28조 제1항〉 : 주요 정보통신기반시설을 교란 · 마비 또는 파괴한 자는 10년 이하의 징역 또는 1억 원 이하의 벌금에 처한다.

③ 저작권 침해

ㄱ 저작권법

    ⓐ 저작권의 등록〈제53조〉

- 저작자는 다음의 사항을 등록할 수 있다.
  - 저작자의 실명 · 이명(공표 당시에 이명을 사용한 경우에 한함) · 국적 · 주소 또는 거소
  - 저작물의 제호 · 종류 · 창작연월일
  - 공표의 여부 및 맨 처음 공표된 국가 · 공표연월일
  - 그 밖에 대통령령으로 정하는 사항
- 저작자가 사망한 경우 저작자의 특별한 의사표시가 없는 때에는 그의 유언으로 지정한 자 또는 상속인이 위의 규정에 따른 등록을 할 수 있다.
- 저작자로 실명이 등록된 자는 그 등록저작물의 저작자로, 창작연월일 또는 맨 처음의 공표연월일이 등록된 저작물은 등록된 연월일에 창작 또는 맨 처음 공표된 것으로 추정한다. 다만, 저작물을 창작한 때부터 1년이 경과한 후에 창작연월일을 등록한 경우에는 등록된 연월일에 창작된 것으로 추정하지 아니한다.

    ⓑ 권리변동 등의 등록 · 효력〈제54조〉 : 다음의 사항은 이를 등록할 수 있으며, 등록하지 아니하면 제3자에게 대항할 수 없다.

- 저작재산권의 양도 또는 처분제한
- 배타적발행권 또는 출판권의 설정 · 이전 · 변경 · 소멸 또는 처분제한
- 저작재산권, 배타적발행권 및 출판권을 목적으로 하는 질권의 설정 · 이전 · 변경 · 소멸 또는 처분제한

      © 권리의 침해죄〈제136조〉

- 저작재산권, 그 밖에 이 법에 따라 보호되는 재산적 권리(데이터베이스제작자의 권리를 제외)를 복제 · 공연 · 공중송신 · 전시 · 배포 · 대여 · 2차적 저작물 작성의 방법으로 침해한 자는 5년 이하의 징역 또는 5천만 원 이하의 벌금에 처하거나 이를 병과할 수 있다〈제1항 제1호〉.
- 다음의 어느 하나에 해당하는 자는 3년 이하의 징역 또는 3천만 원 이하의 벌금에 처하거나 이를 병과할 수 있다〈제2항 제1호, 제2호〉.
  - 저작인격권 또는 실연자의 인격권을 침해하여 저작자 또는 실연자의 명예를 훼손한 자
  - 저작권, 권리변동 등의 등록을 거짓으로 한 자

ⓛ 콘텐츠산업진흥법

      ⓐ 금지행위 등〈제37조〉

- 누구든지 정당한 권한 없이 콘텐츠제작자가 상당한 노력으로 제작하여 대통령령으로 정하는 방법에 따라 콘텐츠 또는 그 포장에 제작연월일, 제작자명 및 이 법에 따라 보호받는다는 사실을 표시한 콘텐츠의 전부 또는 상당한 부분을 복제 · 배포 · 방송 또는 전송함으로써 콘텐츠제작자의 영업에 관한 이익을 침해하여서는 아니 된다. 다만, 콘테츠를 최초로 제작한날부터 5년이 지났을 때에는 그러하지 아니한다.
- 누구든지 정당한 권한 없이 콘텐츠제작자나 그로부터 허락을 받은 자가 ⓐ의 첫 번째 규정의 본문의 침해행위를 효과적으로 방지하기 위하여 콘텐츠에 적용한 기술적 보호조치를 회피 · 제거 또는 변경(무력화)하는 것을 주된 목적으로 하는 기술 · 서비스 · 장치 또는 그 주요 부품을 제공 · 수입 · 제조 · 양도 · 대여 또는 전송하거나 이를 양도 · 대여하기 위하여 전시하는 행위를 하여서는 아닌 된다. 다만, 기술적보호조치의 연구 · 개발을 위하여 기술적보호조치를 무력화하는 장치 또는 부품을 제조하는 경우에는 그러하지 아니한다.
- 콘텐츠제작자가 ⓐ의 첫 번째 규정의 표시사항을 거짓으로 표시하거나 변경하여 복제 · 배포 · 방송 또는 전송한 경우에는 처음부터 표시가 없었던 것으로 본다.

      ⓑ 벌칙〈제40조〉

- 다음의 어느 하나에 해당하는 자는 2년 이하의 징역 또는 2천만 원 이하의 벌금에 처한다.
  - 콘텐츠제작자의 영업에 관한 이익을 침해한 자
  - 정당한 권한 없이 기술적보호조치의 무력화를 목적으로 하는 기술 · 서비스 · 장치 또는 그 주요 부품을 제공 · 수입 · 제조 · 양도 · 대여 또는 전송하거나 이를 양도 · 대여하기 위하여 전시하는 행위를 한 자
- ⓑ의 규정의 죄는 고소가 있어야 공소를 제기할 수 있다.

④ 스팸메일

㉠ 정보통신망 침해행위 등의 금지 규정을 위반하여 정보통신망에 장애를 발생하게 한 자는 5년 이하의 징역 또는 5천만 원 이하의 벌금에 처한다〈정보통신망 이용촉진 및 정보보호 등에 관한 법률 제71조 제10호〉.

㉡ 청소년 유해매체물의 광고금지 규정을 위반하여 청소년 유해매체물을 광고하는 내용의 정보를 청소년에게 전송하거나 청소년 접근을 제한하는 조치 없이 공개적으로 전시한 자는 2년 이하의 징역 또는 2천만 원 이하의 벌금에 처한다〈정보통신망 이용촉진 및 정보보호 등에 관한 법률 제73조 제3호〉.

ⓒ 전자적 전송매체를 이용하여 영리목적의 광고성 정보를 전송하는 자는 다음의 어느 하나에 해당하는 조치를 하여서는 아니 된다〈정보통신망 이용촉진 및 정보보호 등에 관한 법률 제50조 제5항〉. 이를 위반하여 조치를 한 자는 1년 이하의 징역 또는 1천만 원 이하의 벌금에 처한다〈동법 제74조 제1항 제4호〉.

ⓐ 광고성 정보 수신자의 수신거부 또는 수신동의의 철회를 회피·방해하는 조치

ⓑ 숫자·부호 또는 문자를 조합하여 전화번호·전자우편주소 등 수신자의 연락처를 자동으로 만들어 내는 조치

ⓒ 영리목적의 광고성 정보를 전송할 목적으로 전화번호 또는 전자우편주소를 자동으로 등록하는 조치

ⓓ 광고성 정보 전송자의 신원이나 광고 전송 출처를 감추기 위한 각종 조치

ⓔ 영리목적의 광고성 정보를 전송할 목적으로 수신자를 기망하여 회신을 유도하는 각종 조치

**예제문제** ～～～～～～～～～～～～～～～～～～～～～～～～～～

**컴퓨터 범죄의 특징으로 알맞지 않은 것은?**

① 행위자의 대부분은 재범자이다.
② 일반적으로 죄의식이 희박하다.
③ 컴퓨터 지식을 갖춘 비교적 젊은 층이 다수이다.
④ 주로 내부인의 소행이며, 범죄입증의 곤란성을 지닌다.

★① 초범인 경우가 많다.

답 ①

⑤ **개인정보 침해**

㉠ 주민등록법 제37조 : 다음의 어느 하나에 해당하는 자는 3년 이하의 징역 또는 3천만 원 이하의 벌금에 처한다.

ⓐ 주민등록번호 부여방법으로 거짓의 주민등록번호를 만들어 자기 또는 다른 사람의 재물이나 재산상의 이익을 위하여 사용한 자

ⓑ 주민등록증을 채무이행의 확보 등의 수단으로 제공한 자 또는 그 제공을 받은 자

ⓒ 신고사항을 위반한 자나 재외국민의 신고를 위반하여 이중으로 신고한 사람

ⓓ 주민등록 또는 주민등록증에 관하여 거짓의 사실을 신고 또는 신청한 사람

ⓔ 거짓의 주민등록번호를 만드는 프로그램을 다른 사람에게 전달하거나 유포한 자

ⓕ 거짓이나 그 밖의 부정한 방법으로 다른 사람의 주민등록표를 열람하거나 그 등본 또는 초본을 교부받은 자

ⓖ 전산자료를 이용·활용하는 자가 본래의 목적 외의 용도로 이용·활용한 경우

ⓗ 주민등록표의 관리자가 주민등록법의 규정에 따른 보유 또는 이용목적 외의 목적을 위하여 주민등록표를 이용한 전산처리를 한 경우 또는 주민등록업무에 종사하거나 종사하였던 자 또는 그 밖의 자로서 직무상 주민등록사항을 알게 된 자가 다른 사람에게 이를 누설한 경우

ⓘ 비밀유지 등의 규정을 위반하여 직무상 알게 된 비밀을 누설하거나 목적 외에 이용한 사람

ⓙ 다른 사람의 주민등록증을 부정하게 사용한 자

ⓚ 법률에 따르지 아니하고 영리의 목적으로 다른 사람의 주민등록번호에 관한 정보를 알려주는 자

ⓛ 다른 사람의 주민등록번호를 부정하게 사용한 자(단, 직계혈족 · 배우자 · 동거친족 또는 그 배우자 간에는 피해자가 명시한 의사에 반하여 공소를 제기할 수 없음)

ⓛ 위치정보의 보호 및 이용 등에 관한 법률 제39조 : 다음에 해당하는 자는 5년 이하의 징역 또는 5천만 원 이하의 벌금에 처한다.

ⓐ 허가를 받지 아니하고 위치정보사업을 하는 자 또는 속임수 그 밖의 부정한 방법으로 허가를 받은 자

ⓑ 개인위치정보를 누설 · 변조 · 훼손 또는 공개한 자

ⓒ 개인위치정보주체의 동의를 얻지 아니하거나 동의의 범위를 넘어 개인위치정보를 수집 · 이용 또는 제공한 자 및 그 정을 알고 영리 또는 부정한 목적으로 개인위치정보를 제공받은 자

ⓓ 이용약관에 명시하거나 고지한 범위를 넘어 개인위치정보를 이용하거나 제3자에게 제공한 자

ⓔ 개인위치정보를 긴급구조 외의 목적에 사용한 자

ⓕ 개인위치정보주체의 동의를 받지 아니하거나 긴급구조 외의 목적으로 개인위치정보를 제공하거나 제공받은 자

# 출제 예상 문제

**1** 다음과 같은 컴퓨터 범죄의 유형은?

> 금융기관의 이자에서 단수로 처리되는 소액을 자동으로 한 개의 계좌에 이체되도록 함

① 슈퍼재핑　　　　　　　　　　② 살라미수법
③ 논리폭탄　　　　　　　　　　④ 트랩도어

> **TIP** 살라미수법(Salami techniques) … 딱딱한 이탈리아식 소시지 살라미(Salami)를 잘게 썰어 먹는 데
> 서 유래된 용어로 금융기관의 컴퓨터시스템에서 이자 계산 시 단수 이하의 적은 금액을 특정 계좌
> 에 모이게 함으로써 이익을 취하는 수법이다.
> ① 슈퍼재핑(Super Zapping) : 컴퓨터 고장 시 비상용으로 쓰는 프로그램으로 권리권한 정보를
> 　유출·이용함
> ③ 논리폭탄(Logic Bomb) : 해커나 크래커가 프로그램 코드의 일부를 조작해 이것이 소프트웨어
> 　의 어떤 부위에 숨어 있다가 특정 조건에 달했을 경우 실행되도록 하는 것
> ④ 트랩도어(Trap Door) : 시스템 보안이 제거된 비밀 통로로, 시스템 설계자가 고의로 만들어 놓
> 　은 시스템의 보안 구멍

**2** 컴퓨터시스템의 암호화에 관한 설명으로 옳지 않은 것은?

① 암호는 특정시스템에 대한 접근권을 가진 이용자들을 식별장치로 작용할 수 있다.
② 허가받지 않은 사용자의 접근을 차단하여 정보의 보안성을 확보하기 위한 방법이다.
③ 암호가 자주 변경되면 유지 및 보안관리가 어렵기 때문에 가능한 한 암호수명(password age)
은 오래도록 유지하는 것이 좋다.
④ 암호설정은 단순 숫자조합보다는 특수문자 등을 사용하여 조합하는 것이 보안에 더욱 효
과적이다.

> **TIP** ③ 보안을 유지하기 위해서는 가능한 한 암호수명(password age)을 짧게 하고, 패스워드를 자주
> 변경하는 것이 좋다.

**Answer** 1.② 2.③

**3** 다음과 같은 컴퓨터 범죄의 유형은?

> 행위자가 컴퓨터의 처리결과나 출력인쇄를 변경시켜 타인에게 손해를 끼쳐 자신이나 제3자의 재산적 이익을 얻도록 컴퓨터 시스템 자료처리 영역의 정상적인 운영을 방해하는 행위

① 컴퓨터 스파이
② 컴퓨터 부정조작
③ 컴퓨터 부정사용
④ 컴퓨터를 이용한 파괴 및 태업

○ **TIP** ① 타인 컴퓨터에 침입하여 프로그램, 자료 등의 정보를 탐지 또는 획득하여 타인에게 재산적 손해를 야기하는 행위

**4** 컴퓨터 범죄의 수법과 설명이 바르게 연결되지 않은 것은?

① 함정문(Trap Door) – 컴퓨터 시험가동을 이용한 정상작업을 가장하면서 실제로는 컴퓨터를 범행도구로 이용하는 수법
② 트로이목마(Trojan Horse) – 프로그램 속에 범죄자만 아는 명령문을 삽입하여 이용하는 수법
③ 쓰레기 줍기(Scavenging) – 전 사용자의 내용을 메모리에서 꺼내 보는 것
④ 논리폭탄(Logic Bomb) – 컴퓨터의 일정한 사항이 작동시마다 부정행위가 일어날 수 있도록 프로그램을 조작하는 수법

○ **TIP** ① 함정문(Trap Door) : OS나 대형프로그램 개발 중 Debugging을 핑계로 자료를 유출하는 것을 말한다.

**5** 컴퓨터범죄 중 은행시스템에서 이자계산 시 떼어버리는 단수를 1개의 계좌에 자동적으로 입금되도록 프로그램을 조작하는 수법은?

① 부분잠식수법           ② 운영자 가장수법
③ 자료의 부정변개        ④ 시험가동, 모델로 위장수법

   **TIP** 부분잠식수법(Salami Techniques) … 은행시스템에서 이자 계산 시 떼어버리는 단수를 1개의 계좌에 자동적으로 입금되도록 프로그램을 조작하는 방법으로서 피해자가 알지 못하는 사이에 범죄가 이루어진다.

**6** 컴퓨터 시스템 안전대책 중 관리적 대책이 아닌 것은?

① 엑세스제도 도입        ② 레이블링 관리
③ 스케줄러 점검           ④ 감시증거기록 삭제

   **TIP** 컴퓨터 안전관리상의 관리적 대책
       ⓐ 근무자들에 대하여 정기적으로 배경조사를 실시한다.
       ⓑ 회사 내부의 컴퓨터 기술자, 사용자, 프로그래머의 기능을 각각 분리한다.
       ⓒ 회의를 통하여 컴퓨터 안전관리의 중요성을 인식시킨다.
       ⓓ 엑세스제도를 도입한다.
       ⓔ 레이블링을 관리한다.
       ⓕ 스케줄러를 점검한다.
       ⓖ 감시증거기록 삭제를 방지한다.

**7** 데이터의 기밀을 유지하기 위하여 파일이나 컴퓨터기기에 대한 접근권을 가진 이용자를 식별하는 일종의 암호장치는?

① 패스워드(Password)        ② 백업(Back-up)
③ 엑세스(Access)           ④ 하드웨어(Hardware)

   **TIP** 패스워드는 컴퓨터시스템에 접속을 요구하는 사용자가 실제 사용허가를 받은 본인인지의 여부를 확인하기 위해 사용되는 일련의 문자열이다.

**Answer** 5.① 6.④ 7.①

**8** 컴퓨터 데이터를 입력 또는 변환하는 시점에서 최종적인 입력순간에 자료를 절취 또는 변경, 추가하는 행위를 무엇이라고 하는가?

① 트로이의 목마
② 데이터 디들링
③ 살라미 테크니퀴스
④ 슈퍼잽핑

○ TIP 데이터 디들링(Data Diddling) … 자료의 부정변개라고도 불리며 원시서류 자체를 변조·위조해 끼워 넣거나 바꿔치기 하는 것으로 자기 테이프나 디스크 속에 엑스트라 바이트를 만들어 두었다가 데이터를 추가하는 수법이다.

**9** 컴퓨터 관련 범죄 중 컴퓨터 부정조작에 관한 설명이다. 옳지 않은 것은?

① 컴퓨터 부정조작은 컴퓨터의 처리결과를 변경시키거나 자료처리과정에 간섭하는 것을 말한다.
② 투입조작은 컴퓨터의 체계의 시동, 정지, 운영상태 감시 정보처리 내용과 방법의 변경 및 수정에 사용되는 것을 부당하게 조작, 기억정보 등을 변경하는 것을 말한다.
③ 프로그램 조작은 기존 프로그램을 변경하거나 기본 프로그램과 전혀 다른 새로운 프로그램을 작성·투입하는 방법을 말한다.
④ 산출물조작은 정당하게 처리·산출된 결과물의 변경을 의미한다.

○ TIP 투입조작 … 일부 자료를 은닉, 변경된 자료나 허구의 자료 등을 입력, 잘못된 산출을 초래하게 하는 방법을 말한다.

**Answer** 8.② 9.②

**10** 컴퓨터 부정조작의 종류에 대한 설명 중 옳지 않은 것은?

① 불법적인 목적을 달성하기 위해 입력될 자료를 조작하여 컴퓨터로 하여금 거짓처럼 결과를 만들어내게 하는 행위를 입력조작이라 한다.

② 컴퓨터의 시동·정지, 운전상태 감시, 정보처리 내용과 방법의 변경·수정의 경우에 사용되는 콘솔을 거짓으로 조작하여 컴퓨터의 자료처리 과정에서 프로그램의 지시나 처리될 기억정보를 변경시키는 행위를 프로그램 조작이라고 한다.

③ 입력조작은 천공카드, 천공테이프, 마그네틱 테이프, 디스크 등의 입력매체를 이용한 입력장치나 입력 타자기에 의하여 행하여진다.

④ 출력조작은 특별한 컴퓨터 지식 없이도 할 수 있는 방법이다.

**TIP** 프로그램 조작은 기존 프로그램을 변경하거나 기본 프로그램과 전혀 다른 새로운 프로그램을 작성·투입하는 방법을 말한다.

**11** 사이버테러형 범죄에 관한 설명으로 옳지 않은 것은?

① 해킹(Hacking)은 일반적으로 다른 사람의 컴퓨터 시스템에 무단침입하여 정보를 빼내거나 프로그램을 파괴하는 전자적 침해행위를 의미한다.

② 해킹은 해킹에 사용된 기술과 방법에 따라서 단순침입, 사용자도용, 파일 등 삭제변경, 자료유출, 폭탄스팸메일, 서비스 거부공격으로 구분하고 있다.

③ 폭탄스팸메일은 정보통신망에 일정한 시간 동안 대량의 데이터를 전송시키거나 처리하게 하여 과부하를 야기시켜 정상적인 서비스가 불가능한 상태로 만드는 일체의 행위를 말한다.

④ 파일 등 삭제와 자료유출은 정보통신망에 침입하기 위해서 타인에게 부여된 사용자계정과 비밀번호를 권한자의 동의 없이 사용하는 것을 말한다.

**TIP** ④ 사용자 도용은 정당한 접근권한 없이 또는 허용된 접근권한을 초과하여 정보통신망에 침입하는 것을 말한다.

**Answer** 10.② 11.④

**12** 컴퓨터 관련 범죄에 관한 설명으로 옳지 않은 것은?

① 컴퓨터 파괴는 컴퓨터의 정상적인 기능을 곤란하게 하거나 또는 불가능하게 만드는 것을 말한다.

② 컴퓨터 무단사용은 타인이 컴퓨터에 침입하여 프로그램, 자료 등의 정보를 탐지 또는 획득하는 것을 말한다.

③ 컴퓨터 부정사용은 컴퓨터를 이용할 권한이 없는 자가 특정행위를 함에 타인의 컴퓨터를 이용함으로써 컴퓨터 소유자에게 재산상 손해를 입히는 것을 말한다.

④ 크래커는 경제적 이익을 위해 컴퓨터에 무단침입하여 정보를 유출하고 경쟁사에 피해를 주는 것을 말한다.

○ **TIP** 컴퓨터 무단사용
　ⓞ 권한 없는 자가 타인의 컴퓨터를 무단으로 사용하여 특정일을 처리하는 것을 말한다.
　ⓛ 제한적으로 업무방해죄 적용이 가능하다는 견해가 있다.

**13** 다음 중 컴퓨터 범죄의 예방대책으로 옳지 않은 것은?

① 컴퓨터 범죄를 처벌하기 위한 관계법령의 개정 및 제정

② 프로그래머(Programmer)와 오퍼레이터(Operator)의 상호 업무분리 원칙 준수

③ 컴퓨터 범죄 전담수사관의 수사능력 배양

④ 컴퓨터 취급능력 향상을 위한 전체 구성원들의 접근허용

○ **TIP** 전체 구성원들의 접근을 허용한다면 컴퓨터 범죄에 대해 노출되어 범죄자의 접근이 용이하여 범죄를 증가시킬 수 있으므로 예방대책으로는 옳지 않다.

**14** 컴퓨터범죄의 예방대책 중 관리적 대책에 해당되지 않는 것은?

① 컴퓨터기기 및 프로그램 백업
② 프로그램 개발통제
③ 기록문서화 철저
④ 액세스(Access)제도 도입

**○TIP** 컴퓨터 안전관리상의 관리적 대책
ⓐ 근무자들에 대하여 정기적으로 배경조사를 실시한다.
ⓑ 회사 내부의 컴퓨터 기술자, 사용자, 프로그래머의 기능을 각각 분리한다.
ⓒ 회의를 통하여 컴퓨터 안전관리의 중요성을 인식시킨다.
ⓓ 엑세스제도를 도입한다.
ⓔ 레이블링을 관리한다.
ⓕ 스케줄러를 점검한다.
ⓖ 감시증거기록 삭제를 방지한다.

**15** 다음 중 컴퓨터 범죄 유형의 설명으로 옳지 않은 것은?

① 컴퓨터 부정조작 – 컴퓨터 시스템 자료처리 영역 내에서의 정상적인 운영을 방해하는 행위
② 컴퓨터 파괴 – 컴퓨터 자체, 프로그램, 컴퓨터 내부와 외부에 기억되어 있는 자료를 개체로 하는 파괴행위
③ 컴퓨터 스파이 – 자료를 권한 없이 획득하거나 불법이용 또는 누설하여 타인에게 재산적 손해를 야기시키는 행위
④ 컴퓨터 부정사용 – 자신의 컴퓨터로 불법적인 스팸메일 등을 보내는 행위

**○TIP** 컴퓨터 부정사용은 컴퓨터를 이용할 권한이 없는 자가 특정행위를 함에 있어 컴퓨터를 이용해서 컴퓨터 소유자에게 재산상 손해를 입히는 것을 말한다.

**16** 컴퓨터 범죄의 유형과 그 설명으로 옳은 것은?

① 투입조작 – 올바르게 출력된 출력인쇄를 사후에 변조하는 것이다.

② 프로그램조작 – 프로그램을 구성하는 개개의 명령물 변경, 혹은 삭제하거나 새로운 명령을 삽입하여 기존의 프로그램을 변경하는 것이다.

③ 산출물조작 – 컴퓨터 시스템의 자료를 권한 없이 획득, 이용, 누설하여 타인에게 재산적 손해를 야기시키는 것이다.

④ 콘솔조작 – 입력될 자료를 조작하여 컴퓨터로 하여금 거짓처리 결과를 만들어 내게 하는 것이다.

○**TIP** ① 투입조작은 일부 자료를 은닉, 변경된 자료나 허구의 자료 등을 입력, 잘못된 산출을 초래하게 하는 방법을 말한다.
③ 산출물조작은 정당하게 처리 산출된 결과물의 변경을 의미한다.
④ 콘솔조작은 컴퓨터 체계의 시동, 정지, 운영상태 감시 정보처리 내용과 방법의 변경 및 수정에 사용되는 것을 부당하게 조작, 기억정보 등을 변경하는 것을 말한다.


**17** 사이버테러 중 고출력 전자기장을 발생 시켜 컴퓨터 정보를 파괴시키는 사이버테러용 무기는?

① 허프건(Herf Gun)  ② 스팸(Spam)

③ 프레임(Flame)  ④ 크래커(Cracker)

○**TIP** 허프건은 고출력 전자기장을 발생 시켜 정보를 파괴하는 것을 말한다.


**18** 다음 중 컴퓨터 범죄의 특징이 아닌 것은?

① 컴퓨터 범죄 행위자는 대부분 상습범이거나 누범자이다.

② 일반 형사법에 비해 죄의식이 희박하다.

③ 범죄의 영향이 광범위하게 미치는 경우가 많다.

④ 컴퓨터 범죄는 사기, 횡령 등 금융에 관한 부분이 많다.

○**TIP** 컴퓨터 범죄의 행위자는 대부분 초범자이며 자신의 행위가 범죄행위인지 알지 못하는 경우가 대부분이다.


**Answer** 16.② 17.① 18.①

**19** 컴퓨터의 안전관리에 대한 설명으로 옳지 않은 것은?

① 컴퓨터 경비 시스템의 경보 시스템은 컴퓨터가 24시간 가동되는 경우에만 설치해야 한다.

② 컴퓨터의 안전관리는 크게 하드웨어(H/W)와 소프트웨어(S/W) 안전관리로 나누어 진다.

③ 컴퓨터 무단사용방지 대책으로는 Password 부여, 암호화, 권한 등급별 접근 허용 등이 있다.

④ 컴퓨터 에러방지 대책으로는 시스템 작동 재검토, 전문요원의 활용, 시스템 재검토 등이 있다.

**TIP** ① 컴퓨터가 24시간 가동되지 않아도 경보 시스템을 설치한다.

**20** 컴퓨터 범죄의 유형 중 컴퓨터 부정조작의 종류가 아닌 것은?

① 프로그램조작　　　　　　　　② 콘솔조작

③ 입출력조작　　　　　　　　　④ 데이터파괴조작

**TIP** 부정조작의 유형

㉠ **투입조작**: 일부 자료를 은닉, 변경된 자료나 허구의 자료 등을 입력, 잘못된 산출을 초래하게 하는 방법을 말한다.

㉡ **프로그램조작**: 기존 프로그램을 변경하거나 기본 프로그램과 전혀 다른 새로운 프로그램을 작성·투입하는 방법을 말한다.

㉢ **콘솔조작**: 컴퓨터 체계의 시동, 정지, 운영상태 감시 정보처리 내용과 방법의 변경 및 수정에 사용되는 것을 부당하게 조작, 기억정보 등을 변경하는 것을 말한다.

㉣ **산출물조작**: 정당하게 처리 산출된 결과물의 변경을 의미한다.

**21** 프로그램 내에 범죄자만 아는 명령문을 삽입하여 범죄에 이용하는 것으로 프로그램 본래의 목적을 실행하면서도 일부에서는 부정한 결과가 나오도록 은밀히 프로그램을 조작하는 방법은?

① 논리폭탄(Logic Bomb)　　　　② 자료의 부정변개(Data Diddiing)

③ 함정문수법(Trap Doors)　　　　④ 트로이의 목마(Troian Horse)

**TIP** 트로이 목마는 프로그램에 미리 입력된 기능을 능동적으로 수행하여 시스템 외부의 해커에게 정보를 유출하거나 원격제어기능을 수행하여 트로이 목마처럼 유용한 유틸리티로 위장하여 확산되기 때문에 감염 사실을 알아채기 어렵다.

**22** 컴퓨터의 안전관리에 대한 설명으로 옳지 않은 것은?

① 컴퓨터의 안전관리는 크게 하드웨어와 소프트웨어 안전관리로 나누어진다.
② 컴퓨터의 무단사용 방지의 조치로는 패스워드 부여 권한등급별 접근허용 등이 있다.
③ 컴퓨터가 24시간 가동되는 경우에는 중앙경보 시스템이 필수적이다.
④ 컴퓨터 에러 방지대책으로는 시스템 작동, 재검토 전문요원의 활용, 시스템의 재검토 등이 있다.

○**TIP** 컴퓨터가 24시간 가동되는 경우 반드시 중앙경보 시스템이 필수적인 것은 아니다.


**23** 다음은 컴퓨터 안전대책 중 어떤 관리적 대책에 대한 설명인가?

> 콘솔시트에는 컴퓨터 시스템의 사용일자와 취급자의 성명, 프로그램 명칭 등이 기록되므로 임의로 파괴해 버릴 수 없는 체제를 도입함으로써, 부당 사용 후 흔적을 없애는 사태를 방지한다.

① 엑세스 제도 도입        ② 레이블링 관리
③ 스케줄러 점검        ④ 감시증거기록 삭제 방지

○**TIP** 지문은 감시증거기록 삭제 방지에 대한 설명이다.
   ※ 컴퓨터 안전관리상의 관리적 대책
      ㉠ 근무자들에 대하여 정기적으로 배경조사를 실시한다.
      ㉡ 회사 내부의 컴퓨터 기술자, 사용자, 프로그래머의 기능을 각각 분리한다.
      ㉢ 회의를 통하여 컴퓨터 안전관리의 중요성을 인식시킨다.
      ㉣ 엑세스 제도를 도입한다.
      ㉤ 레이블링을 관리한다.
      ㉥ 스케줄러를 점검한다.
      ㉦ 감시증거기록 삭제를 방지한다.

**Answer** 22.③ 23.④

**24** 컴퓨터 범죄에 대한 설명 중 옳지 않은 것은?

① 자신의 실력을 과시하기 위하여 개인이 중소기업체의 시스템으로 들어가 데이터를 보는 것은 컴퓨터 범죄로 볼 수 있다.

② 컴퓨터 범죄자들은 일반적으로 죄의식이 희박하고 컴퓨터 범죄자의 연령층이 비교적 젊은 것이 특징이다.

③ 컴퓨터 범죄의 동기는 주로 원한이나 불만, 정치적 목적, 상업경쟁 혹은 지적 모험심 등에 의해서 발생한다.

④ 컴퓨터 범죄는 단독범행이 쉽고, 완전범죄의 가능성이 있으며, 범행 후 도주할 수 있는 시간적 여유가 충분하다.

○**TIP** 시스템에 들어가 데이터를 보는 행위 자체가 범죄가 되지는 않는다.

**25** 보안의 특성요소로 옳지 않은 것은?

① 비밀성                    ② 무결성
③ 외부성                    ④ 가용성

○**TIP** 보안의 특성요소는 비밀성, 가용성, 무결성이다.

**26** 보안기술의 분류에 관한 내용이다. 그 분류가 옳지 않은 것은?

① 네트워크 보안은 네트워크에서 정보를 전달할 때 중간에 가로채거나, 수정하는 등의 해킹 위험으로부터 정보를 보호하는 것이다.

② 시스템 보안은 침입차단 기술이다.

③ 시스템 보안은 컴퓨터 시스템 속에 있는 정보를 보호하는 것이다.

④ 네트워크 보안은 웹 보안 기술이다.

○**TIP** 데이터 보안이 컴퓨터 시스템 속에 있는 정보를 보호하는 것이다.

**Answer**   24.①   25.③   26.③

**27** 바이러스에 관한 설명이다. 옳지 않은 것은?

① 트로이 목마는 프로그램에 미리 입력된 기능을 능동적으로 수행하여 시스템 외부의 해커에게 정보를 유출하거나 원격제어 기능을 수행한다.

② 인터넷 웜은 시스템 과부하를 목적으로 이메일의 첨부파일 등 인터넷를 이용하여 확산된다.

③ 스파이웨어는 공개프로그램, 쉐어웨어, 평가판 등의 무료 프로그램에 탑재되어 정보를 유출 시키는 기능이 있는 모든 종류의 프로그램을 말한다.

④ 악성코드란 정보 시스템의 정상적인 작동을 방해하기 위하여 고의로 제작·유포되는 모든 실행 가능한 컴퓨터 프로그램을 말한다.

○**TIP** 바이러스(악성 프로그램)에 대한 설명으로 일반적으로 컴퓨터 바이러스 또는 인터넷 웜을 의미하며 정보 시스템의 정상적인 작동을 방해하기 위하여 고의로 제작·유포되는 모든 실행 가능한 컴퓨터 프로그램을 말한다.


**28** 컴퓨터 범죄의 범행상 특성 중 틀린 것은?

① 범행의 연속성

② 범행의 광역성

③ 죄의식의 희박성

④ 범행증명의 용이성

○**TIP** 컴퓨터 범죄의 경우 일반범죄와는 달리 범행증명이 상대적으로 용이하지 않다. 컴퓨터 범죄의 경우 범행을 저지른 범인이 일반 범죄와는 달리 연령이 낮은 경우가 많으며 상대적으로 죄의식이 희박하다.

**Answer** 27.④ 28.④

**29** 컴퓨터를 운영하기 위해 필요한 운영프로그램이 저장되어 있는 자료들을 불이나 물 그리고 물리적 공격, 자석 등을 이용하여 지워버리거나 작동하지 못하게 하는 행위는?

① 하드웨어 파괴

② 소프트웨어 파괴

③ 전자기 폭탄

④ 사이버 갱

**TIP** 운영프로그램을 물리적인 공격으로 작동 못하게 하는 행위를 소프트웨어 파괴라고 한다.

**30** 불의의 사고로 인하여 컴퓨터 시스템이 파괴되거나 손상이 될 것에 대비하여 실시되는 안전대책은?

① 시스템 백업

② 방화벽

③ 침입차단 시스템

④ 시스템 복구

**TIP** 시스템 백업은 데이터를 미리 복사해두어 문제가 발생할 경우를 대비하는 것으로 임시보관이라고도 불리며 일반적으로 데이터 백업이라고 한다.

# 민간경비산업의
# 과제와 전망

# 01 한국 민간경비업의 문제점

## ❶ 경비업법과 청원경찰법의 단일화 논의

### ① 경비업법과 청원경찰법의 차이

| 구분 | | 청원경찰법 | 경비업법 |
|---|---|---|---|
| 업무 | | • 국민의 생명·신체 및 재산의 보호<br>• 범죄의 예방·진압 및 수사<br>• 경비·주요 인사 경호 및 대간첩·대테러 작전 수행<br>• 공공안녕에 대한 위험의 예방과 대응을 위한 정보의 수집·작성 및 배포<br>• 교통의 단속과 교통 위해의 방지<br>• 외국 정부기관 및 국제기구와의 국제협력<br>• 기타 공공의 안녕과 질서유지 | • 시설경비<br>• 호송경비<br>• 신변보호<br>• 기계병비<br>• 특수경비 |
| 경비주체 | | 청원주 | 경비업의 허가를 받은 법인 |
| 업무배치 | | 시·도경찰청장에게 배치 요청 | 사업장 |
| 경비원 | 임용 | 경찰관서의 승인 필요 | 승인 불필요 |
| | 무기사용 | 총기휴대 가능 | 특수경비원을 제외한 일반경비원 총기휴대 불가능 |

✎ **TIP**

**청원경찰 임용의 결격사유**
㉠ 피성년후견인
㉡ 파산선고를 받고 복권되지 아니한 자
㉢ 금고 이상의 실형을 선고받고 그 집행이 종료되거나 집행을 받지 아니하기로 확정된 후 5년이 지나지 아니한 자
㉣ 금고 이상의 형을 선고받고 그 집행유예 기간이 끝난 날부터 2년이 지나지 아니한 자
㉤ 금고 이상의 형의 선고유예를 받은 경우에 그 선고유예 기간 중에 있는 자
㉥ 법원의 판결 또는 다른 법률에 따라 자격이 상실되거나 정지된 자
㉦ 재직기간 중 직무와 관련하여 형법 제355조(횡령, 배임) 및 제356조(업무상의 횡령과 배임)에 규정된 죄를 범한 자로서 300만 원 이상의 벌금형을 선고받고 그 형이 확정된 후 2년이 지나지 아니한 자

◎ 「성폭력범죄의 처벌 등에 관한 특례법」에 규정된 죄를 범한 사람으로서 100만 원 이상의 벌금형을 선고받고 그 형이 확정된 후 3년이 지나지 아니한 사람

ⓐ 미성년자에 대한 다음의 어느 하나에 해당하는 죄를 저질러 파면·해임되거나 형 또는 치료감호를 선고받아 그 형 또는 치료감호가 확정된 사람(집행유예를 선고받은 후 그 집행유예기간이 경과한 사람을 포함)

• 「성폭력범죄의 처벌 등에 관한 특례법」에 따른 성폭력범죄

• 「아동·청소년의 성보호에 관한 법률」에 따른 아동·청소년대상 성범죄

ⓩ 징계로 파면처분을 받은 때부터 5년이 지나지 아니한 자

㉠ 징계로 해임처분을 받은 때부터 3년이 지나지 아니한 자

② **법률제정**

㉠ 1973년에 청원경찰법이 제정되었다.

㉡ 1976년에 경비업법이 제정되었다.

③ **법적 이원화에 따른 문제점**

㉠ 일관된 지휘체계가 성립되기 불가능하다.

㉡ 청원경찰의 총기휴대로 인한 형평성 문제가 발생한다.

㉢ 법제에 따라 보수에 차이가 생긴다.

## ❷ 경비업자 겸업금지규정

① 2001년 4월 전문 개정된 경비업법에 의해 경비업자는 경비업 외의 영업을 해서는 안 되도록 규정되었다.

② 2002년 4월 25일 헌법재판소에서 전원일치로 위헌결정되었다.

③ 직업의 자유를 침해하는 조항으로 겸업금지로 보호하려는 공익보다 기본권 침해의 강도가 크므로 과잉금지의 원칙에 위배된다.

④ 경비업 이외의 모든 영업을 금지시키는 것은 지나치게 막연하고 포괄적이다.

┌ **예 제 문 제** ~~~~~~~~~~~~~~~~~~~~~~~~~~~~~~

**우리나라 민간경비의 문제점으로 옳지 않은 것은?**

① 경비업체는 대체로 영세한 편이다.　② 기계경비에 의존하는 형태이다.

③ 경비분야 연구 인력이 부족하다.　④ 학문적·이론적 연구가 미비하다.

★ ② 인력경비에 의존하고 있다. 기계경비는 초기투자비용이 많이 발생하나 부가적인 투자가 없다.

답 ②

# 02 국내 민간경비산업의 개선방안

## ① 경비전문화의 필요

① 전문 경비자격증을 도입해야 한다.

② 기존의 자격증은 경비지도사에 한정된다.

③ 일반경비원의 전문화를 위해서도 경비자격증이 필요하다.

④ 미국과 일본의 경우 전문자격증 제도가 확립되어 있는 실정이다.

## ② 경찰과 협력방안모색

① 법적 · 제도적 방안을 확립한다.

② 원활한 커뮤니케이션이 가능하도록 통로를 개설한다.

# 03 민간경비산업의 전망

## ❶ 민간경비산업의 양적 증가

① 1976년 이후 지속적으로 경비업체와 경비원의 수가 증가하고 있다.

② 경찰의 인력과 예산은 크게 증가하지 않았다.

③ 앞으로 민간경비의 업무 범위가 확대될 것으로 여겨진다.

## ❷ 기계경비의 발전

① 선진국의 경비 시스템의 도입과 첨단기기의 기술제휴가 증가하고 있다.

② 경비산업 자체에서 기계경비가 차지하는 비중이 점차 증가하고 있다.

## ❸ 경비수요의 증가

① 경찰력의 한계와 안전수요의 증가로 경비수요는 지속적으로 증가할 것으로 예상된다.

② 기존의 비효율적 인력경비의 측면은 감소되고 첨단기계경비는 증가할 것으로 예상된다.

╭─ 예 제 문 제 ~~~~~~~~~~~~~~~~~~~~~~~~~~~~~~~~~~~~~~~~~~~~~

**우리나라 민간경비산업의 전망에 관한 설명으로 옳은 것은?**
① 긴급통보 시큐리티시스템이 구축됨으로써 노인인구와 관련된 경비서비스는 점점 사라질 것이다.
② 안전관리서비스를 제공하는 경비서비스는 컴퓨터 시스템이 광범위한 보급으로 감소할 것이다.
③ 민간경비는 건축물이 인텔리전트화되면서 예방적인 시큐리티시스템의 운용을 추구할 것이다.
④ 정보통신기술의 발달로 토탈시큐리티보다는 인력경비시스템 중심으로 발달할 것이다.

　　　　★ ① 노인인구가 증가함에 따라 늘어날 것이다.
　　　　　 ② 컴퓨터 시스템을 이용하는 것도 경비서비스에 포함된다.
　　　　　 ④ 토탈시큐리티 방향으로 발전해 간다.

　　　　　　　　　　　　　　　　　　　　　　　　　　　　　　 답 ③

# 출제 예상 문제

**1** 우리나라의 민간경비산업 현황과 발전방안에 관한 설명으로 옳은 것은?

① 민간경비의 수요와 시장규모가 일부 지역에 편중된 경향이 있다.

② 최근에는 기계경비를 배제하고, 인력경비를 중심으로 변화하면서 민간경비의 질적 향상이 도모되고 있다.

③ 청원경찰과 민간경비의 일원적 운용으로 인해 다양한 문제점들이 발생되고 있다.

④ 민간경비업 감소의 한 요인으로 경찰 및 교정업무의 민영화 추세를 들 수 있다.

○**TIP** ② 최근에 인력경비를 줄이고, 기계경비를 중심으로 변화하면서 민간경비의 질적 향상이 도모되고 있다.
③ 청원경찰과 민간경비의 이원적 운용으로 인해 여러 문제점들이 발생하고 있다.
④ 경찰 및 교정업무의 민영화 추세는 민간경비업 증가의 한 요인이 된다.

**2** 민간경비와 시민의 관계를 개선하기 위한 방안으로 옳지 않은 것은?

① 민간경비원은 정당한 권한 없이 시민의 권리와 자유를 침해하거나 제한해서는 안 된다.

② 민간경비원은 고객이 아닌 일반시민과 상호작용하는 것은 바람직하지 않다.

③ 민간경비가 일반시민들로부터 긍정적 인식을 얻는 것은 국가 내지 사회전체적인 안전확보에도 기여한다.

④ 경비업체의 영세성과 지역편중으로 인하여 지역사회와 상호협력을 구축하는 것이 필요하다.

○**TIP** ② 민간경비가 일반시민들로부터 긍정적 인식을 얻는 것은 국가 내지 사회전체적인 안전확보에도 기여한다.

**Answer** 1.① 2.②

**3** 우리나라의 민간경비와 경찰의 상호협력, 관계개선 방안으로 틀린 것은?

① 경찰조직 내에 일정규모 이상의 민간경비 전담부서 설치

② 민간경비업체와 경찰책임자와의 정기적인 회의 개최

③ 민간경비원의 복장을 경찰과 유사하게 하여 치안활동의 가시성을 높이도록 하는 방안

④ 경찰과 민간경비원의 합동순찰제도

◯**TIP** ③ 민간경비와 경찰의 협력 및 관계개선 방안에 있어 경비원의 복장은 직접적인 연관성이 없다.


**4** 민간경비제도의 단일화 방안이 제기되는 이유로 틀린 것은?

① 외국 경비업체의 국내 진출로 인한 갈등

② 지휘체계 이원화에서 파생되는 갈등

③ 신분차이에서 오는 갈등

④ 보수의 차이에서 오는 갈등

◯**TIP** ① 외국 경비업체의 국내 진출은 외국 경비업체의 높은 기술력으로 인한 경쟁 심화, 그로 인한 경쟁력 개선 및 기술력 습득 등의 장점을 가지지만 민간경비제도의 단일화와는 직접적인 관련이 없다.


**5** 한국 민간경비의 문제점으로 적절하지 않은 것은?

① 인력경비에 치중되어 있다.

② 민간경비와 경찰은 업무에 대한 상호이해가 잘 되어 있어 협조체제가 잘 구축되어 있다.

③ 일부 경비업체 외에는 영세한 업체가 대다수이다.

④ 청원경찰법과 경비업법과의 단일화가 아직 안 되어 있다.

◯**TIP** ② 민간경비와 경찰 간의 협조체제가 잘 구축되어 있는 것은 민간경비의 문제점이 아닌 장점이다.


**Answer**　3.③ 4.① 5.②

**6** 민간경비산업의 전망에 대한 설명 중 옳지 않은 것은?

① 지역특성에 맞는 민간경비상품의 개발이 요구될 것이다.
② 향후 인력경비와 기계경비는 동일한 성장속도로 발전할 것이다.
③ 경찰력의 인원, 장비의 부족, 업무 과다로 인해 민간경비업은 급속히 발전할 것이다.
④ 민간경비업의 홍보활동이 적극적으로 전개될 것이다.

○**TIP** ② 향후 기계경비는 성장속도가 더욱 가속화 될 것이고 인력경비는 그 성장이 둔화 또는 퇴화될 것이다.


**7** 경비업의 개선방안에 관한 내용으로 해당되지 않는 것은?

① 경비원 교육훈련의 내실화
② 대응체제의 제도적 보완
③ 청원경찰의 점진적 확대
④ 특수경비원 쟁의행위금지 문제의 보완

○**TIP** ③ 청원경찰과 민간경비제도는 청원경찰법과 경비업법으로 법제가 이원화되어 있는데 이것을 양 제도의 형평성과 통일성을 기하기 위해 일원화하여야 한다.


**8** 국내 민간경비산업의 발전방안에 관한 설명 중 옳지 않은 것은?

① 경비관련 자격증 제도의 전문화
② 첨단장비의 개발
③ 경찰조직과의 협조체제 구축
④ 경비원에 대한 사법경찰권 부여

○**TIP** ④ 민간경비의 발전방안은 자격증 제도를 전문화하고 경찰조직과 협조체계를 구축하며 법제를 일 원화하는 것으로 경비원에게 사법경찰권을 부여한다는 내용은 관련이 없다.

**9** 민간경비산업의 발전방안으로 옳지 않은 것은?

① 방범장비산업을 적극 육성한다.

② 경비인력을 전문화한다.

③ 방범장비에 대한 오경보로 인한 인력의 소모와 방범상의 허점을 개선하여야 한다.

④ 청원경찰과 민간경비제도를 현재와 같이 계속 이원화하여야 한다.

**TIP** ④ 청원경찰과 민간경비제도는 청원경찰법과 경비업법으로 법제가 이원화되어 있는데 이것을 양 제도의 형평성과 통일성을 기하기 위해 일원화하여야 한다.


**10** 다음 중 한국의 민간경비업에 관한 설명으로 옳지 않은 것은?

① 개정된 경비업법 상의 경비업무는 시설경비업무, 호송경비업무, 신변보호업무, 기계경비 업무, 특수경비업무 등 5종이다.

② 인력경비보다 기계경비의 비중이 크다.

③ 민간경비원의 법적 지위는 일반 시민과 같다.

④ 1986년 아시안게임, 1988년 올림픽을 치른 이후로 민간경비업이 날로 발전하고 있다.

**TIP** ② 기계경비의 비중보다 인력경비의 비중이 크다. 최근 기계경비의 비중이 전체 민간경비산업에 서 차지하는 비중이 예전에 비해 증가하기는 했으나 여전히 인력경비가 차지하는 비중이 크다.


**11** 청원경찰과 민간경비에 대한 설명 중 옳지 않은 것은?

① 민간경비는 준경찰관의 신분으로 경찰관직무집행법에 따라 경찰관의 직무를 수행할 수 있다.

② 민간경비는 고객과 도급계약을 맺고 사적인 범죄예방활동을 한다.

③ 청원경찰은 기관장이나 청원주의 요청에 의해 근무활동이 이루어진다.

④ 청원경찰과 민간경비의 주요 임무는 범죄예방활동이다.

**TIP** ① 청원경찰법에 의한 청원경찰에 관한 설명이다.


**Answer** 9.④ 10.② 11.①

**12** 한국의 민간경비와 청원경찰제도의 단일화 문제에 관한 설명으로 옳지 않은 것은?

① 전체적으로 통일된 민간경비산업의 육성이 가능하게 되어 경비업무의 능률을 전반적으로 제고시킬 수 있다.

② 민간경비의 전문성을 확보하게 되어 치안수요에 대한 경찰력의 한계를 극복해 나갈 수 있다.

③ 현행 청원경찰법과 경비업법은 모두 폐지하고 새로운 단일 법안을 제정하는 것이 유일한 단일화 방안이다.

④ 경비시장이 확대되어 경비원의 보수수준이 향상된다.

**TIP** ③ 청원경찰법과 경비업법을 모두 폐지하고 단일법을 제정하는 것이 유일한 방안은 아니며 한쪽 법으로 통합하거나 기존 법제의 개정을 통해서도 단일화가 가능하다.

**13** 다음 중 민간경비업의 개선방안으로 옳지 않은 것은?

① 청원경찰제도와의 단일화

② 근로자파견업 및 공동주택관리업에 있어 경비업무규정 명확화

③ 특수경비업 및 기계경비업의 요건 완화

④ 경비원의 자격요건 및 교육의 강화

**TIP** ③ 특수경비업의 경우 일반경비업과 다르게 무기휴대가 가능하므로 그 요건이 보다 엄격해야 할 것이다. 기계경비업 역시 일반인력경비와 다르게 첨단장비를 갖추어야 하는 업무이기 때문에 요건 완화가 민간경비의 개선방안이라고 할 수 없다.

**Answer** 12.③ 13.③

**14** 다음 중 국내 민간경비 시장의 전망으로 옳지 않은 것은?

① 경찰력의 인원, 장비, 업무의 과다로 민간경비원은 급속히 발전할 것이다.
② 지역 특성에 맞는 민간경비 상품의 개발이 요구될 것이다.
③ 민간경비업의 홍보활동이 적극적으로 전개될 것이다.
④ 21세기에는 기계경비보다 인력경비업의 성장속도가 훨씬 빠를 것이다.

○**TIP** ④ 21세기에는 첨단장비의 발전으로 인력경비업보다 기계경비업이 성장속도가 훨씬 빠를 것이다.


**15** 경비인력 전문화에 관한 설명이다. 옳지 않은 것은?

① 경비업법에 경비지도사를 선발하는 규정을 두고 있다.
② 경비업자는 경비업 이외의 모든 영업을 금지한다.
③ 청원경찰법은 민간인이 경찰관의 직무를 수행할 수 있도록 허가된 준경찰제도이다.
④ 경비구역 내에서는 경찰관직무집행법에 의한 직무를 수행한다.

○**TIP** 경비업자 겸업금지 규정
　㉠ 2001년 4월 전문 개정된 경비업법에 의해 경비업자는 경비업 외의 영업을 해서는 안 되도록 규정되었다.
　㉡ 2002년 4월 25일 헌법재판소에서 전원일치로 위헌결정되었다.
　㉢ 직업의 자유를 침해하는 조항으로 겸업금지로 보호하려는 공익보다 기본권 침해의 강도가 크므로 과잉금지의 원칙에 위배된다.
　㉣ 경비업 이외의 모든 영업을 금지시키는 것은 지나치게 막연하고 포괄적이다.

**16** 경비업법과 청원경찰법의 비교에 관한 설명이다. 옳지 않은 것은?

① 경비업법의 경비 주체는 경비업을 허가 받은 법인이다.
② 청원경찰법의 업무배치는 사업장에서 한다.
③ 경비업법에서 경비원의 임용은 타 기관의 승인이 불필요하다.
④ 청원경찰은 총기휴대가 가능하다.

○ **TIP** ② 청원경찰법의 업무배치는 시·도경찰청장에게 배치를 요청해야 한다.


**17** 경비업법과 청원경찰법의 법적 이원화에 따른 문제점으로 옳지 않은 것은?

① 법제에 따른 보수의 차이가 있다.
② 청원경찰의 총기휴대로 인한 형평성 문제가 있다.
③ 일관된 지휘체계 성립이 불가능하다.
④ 경비원에 대한 전문자격증 제도의 차이에 문제가 있다.

○ **TIP** ④ 경비업법에는 경비지도사에 관한 자격증만이 있으며 경비원에 대한 전문자격증 제도는 경비업
법과 청원경찰법 모두에 존재하지 않는다.


**18** 국내 민간경비업법의 개선방안으로 옳지 않은 것은?

① 경비원의 전문 경비자격증을 도입해야 한다.
② 경비지도사자격증을 도입해야 한다.
③ 경찰과의 협력방안을 모색해야 한다.
④ 미국과 일본의 경우 경비원에 대한 전문자격증 제도가 확립되어 있다.

○ **TIP** ② 우리나라의 경우에도 경비지도사자격증 제도는 이미 도입되어 있다.

**19** 국내 민간경비산업의 앞으로 나아갈 방향으로 옳지 않은 것은?

① 민간경비원의 경찰권 부여
② 경찰과의 협조체제 구축
③ 첨단기계장비 개발
④ 민간경비원자격증의 전문화

○**TIP** ① 민간경비원에게 경찰권을 부여하는 것은 공경찰의 권한을 민간경비원에게 부여하는 것으로 옳지 않으며 기존의 방향을 유지하되 공공부문과 민간부문의 협조체제를 강화해야 한다.

08 PART

청원경찰법

# 01 청원경찰법의 제정 및 배경

## ❶ 제정

① 청원경찰제도는 1962년에 법제화되었다.

② 1973년에 청원경찰법을 근거로 제도적 정착이 이루어졌다.

③ 타법개정을 제외하고 12차례의 개정을 거쳐 현재의 법제를 구축하게 되었다.

## ❷ 배경

① 늘어난 경비수요에 비해 부족한 경찰인력으로 인해 청원경찰제도를 도입하게 되었다.

② 1978년 이후로 꾸준히 증가되고 있는 추세이다.

③ 2001년 특수경비제도가 도입되면서 청원경찰의 수가 줄어들고 있는 추세이다.

# 02 청원경찰법의 해석

## ① 청원경찰의 정의〈법 제2조〉

① 청원경찰은 다음에 해당하는 기관의 장 또는 시설·사업장 등의 경영자가 경비를 부담할 것을 조건
으로 경찰의 배치를 신청하는 경우에 그 기관·시설 또는 사업장 등의 경비를 담당하게 하기 위하여
배치하는 경찰을 말한다.

    ㉠ 국가기관 또는 공공단체와 그 관리하에 있는 중요시설 또는 사업장

    ㉡ 국내 주재 외국기관

    ㉢ 선박·항공기 등 수송시설

    ㉣ 금융 또는 보험을 업으로 하는 시설 또는 사업장

    ㉤ 언론·통신·방송 또는 인쇄를 업으로 하는 시설 또는 사업장

    ㉥ 학교 등 육영시설

    ㉦ 의료법에 따른 의료기관

    ㉧ 그 밖에 공공의 안녕질서 유지와 국민경제를 위하여 고도의 경비가 필요한 중요시설·사업체 또
      는 장소

② 민간인이 경찰관의 직무를 수행할 수 있도록 허가해 준 경찰제도이다.

## ② 청원경찰의 직무〈법 제3조〉

청원경찰은 청원경찰의 배치 결정을 받은 자와 배치된 기관·시설 또는 사업장 등의 구역을 관
할하는 경찰서장의 감독을 받아 그 경비구역만의 경비를 목적으로 필요한 범위 안에서 경찰관
직무집행법에 따른 다음 경찰관의 직무를 행한다.

① 국민의 생명·신체 및 재산의 보호

② 범죄의 예방·진압 및 수사

③ 범죄피해자 보호

④ 경비·주요 인사 경호 및 대간첩·대테러 작전 수행

⑤ 공공안녕에 대한 위험의 예방과 대응을 위한 정보의 수집·작성 및 배포

⑥ 교통 단속과 교통 위해의 방지

⑦ 외국 정부기관 및 국제기구와의 국제협력

⑧ 그 밖에 공공의 안녕과 질서유지

---

┌─ 예제문제 ~~~~~~~~~~~~~~~~~~~~~~~~~~~~~~~~~~~~~~~~~~~~~~~~~~~~

**청원경찰법령상 청원경찰의 직무에 관한 설명으로 옳지 않은 것은?**

① 청원경찰은 청원주와 관할 경찰서장의 감독을 받아 그 경비구역만의 경비를 목적으로 필요한 범위에서 경찰관직무집행법에 따른 경찰관의 직무를 수행한다.
② 청원경찰은 자신이 배치된 기관의 경비 뿐 아니라 그 구역을 관할하는 경찰서장의 명에 따라 관할 경찰서의 경비업무를 보조하여야 한다.
③ 복무에 관하여 청원경찰은 해당 사업장의 취업규칙에 따른다.
④ 청원경찰은 청원주의 신청에 따라 배치되며, 청원주의 감독을 받는다.

★② 청원경찰은 청원주와 배치된 기관, 시설 또는 사업장 등의 구역을 관할하는 경찰서장의 감독을 받아 경비구역 내에서 경찰관직무집행법에 의한 경찰관의 직무를 행한다.

답 ②

---

### ❸ 청원경찰의 배치〈법 제4조〉

① 청원경찰을 배치받으려는 자는 청원경찰 배치신청서에 경비구역 평면도 1부, 배치계획서 1부의 서류를 첨부하여 기관·시설·사업장 또는 장소의 소재지를 관할하는 경찰서장을 거쳐 시·도경찰청장에게 제출하여야 한다. 배치장소가 2 이상의 도인 때에는 주된 사업장의 관할 경찰서장을 거쳐 시·도경찰청장에게 한꺼번에 신청할 수 있다.

② 시·도경찰청장은 청원경찰의 배치 신청을 받은 때에는 지체없이 그 배치 여부를 결정하여 신청인에게 알려야 한다.

③ 시·도경찰청장은 청원경찰의 배치가 필요하다고 인정되는 기관의 장 또는 시설·사업장의 경영자에게 청원경찰을 배치할 것을 요청할 수 있다.

## ❹ 청원경찰의 임용 등〈법 제5조〉

① 청원경찰은 청원주가 임용하되, 임용을 할 때에는 미리 시·도경찰청장의 승인을 얻어야 한다.

② **청원경찰 임용의 결격사유**

    ㉠ 피성년후견인

    ㉡ 파산선고를 받고 복권되지 아니한 자

    ㉢ 금고 이상의 실형을 선고받고 그 집행이 종료되거나 집행을 받지 아니하기로 확정된 후 5년이 지나지 아니한 자

    ㉣ 금고 이상의 형을 선고받고 그 집행유예의 기간이 끝난 날부터 2년이 지나지 아니한 자

    ㉤ 금고 이상의 형의 선고유예를 받은 경우에 그 선고유예 기간 중에 있는 자

    ㉥ 법원의 판결 또는 다른 법률에 따라 자격이 상실 또는 정지된 자

    ㉦ 공무원으로 재직기간 중 직무와 관련하여 형법 제355조(횡령, 배임) 및 제356조(업무상의 횡령과 배임)에 규정된 죄를 범한 자로서 300만 원 이상의 벌금형을 선고받고 그 형이 확정된 후 2년이 지나지 아니한 자

    ㉧ 「성폭력범죄의 처벌 등에 관한 특례법」에서 말하는 '성폭력범죄'에 규정된 죄를 범한 사람으로서 100만 원 이상의 벌금형을 선고받고 그 형이 확정된 후 3년이 지나지 아니한 사람

    ㉨ 미성년자에 대한 다음의 어느 하나에 해당하는 죄를 저질러 파면·해임되거나 형 또는 치료감호를 선고받아 그 형 또는 치료감호가 확정된 사람(집행유예를 선고받은 후 그 집행유예기간이 경과한 사람을 포함)

        ⓐ 「성폭력범죄의 처벌 등에 관한 특례법」에 따른 성폭력범죄

        ⓑ 「아동·청소년의 성보호에 관한 법률」에 따른 아동·청소년대상 성범죄

    ㉩ 징계로 파면의 처분을 받은 때부터 5년이 지나지 아니한 자

    ㉪ 징계로 해임의 처분을 받은 때부터 3년이 지나지 아니한 자

③ **청원경찰의 임용자격**

    ㉠ 임용자격 : 18세 이상인 사람. 다만, 남자의 경우에는 군복무를 마쳤거나 군복무가 면제된 사람으로 한정한다.

    ㉡ 신체조건

        ⓐ 신체가 건강하고 팔다리가 완전해야 한다.

        ⓑ 시력(교정시력 포함)은 양쪽 눈이 각각 0.8 이상이어야 한다.

④ **임용**

    ⊙ 청원경찰의 배치결정을 받은 자는 그 배치 결정 통지를 받은 날부터 30일 이내에 배치 결정된 인원수의 임용예정자에 대하여 청원경찰 임용승인을 시·도경찰청장에게 신청해야 한다.

    ⓒ 청원주가 청원경찰을 임용한 때에는 임용한 날부터 10일 이내에 그 임용사항을 관할 경찰서장을 거쳐 시·도경찰청장에게 보고해야 한다. 청원경찰이 퇴직한 때에도 또한 같다.

---

**예 제 문 제** ~~~~~~~~~~~~~~~~~~~~~~~~~~~~~~~~~~~~~~~~~~~

**청원경찰법령상 청원경찰 임용 조건에 부합하지 않는 것은?**

① 체중이 남자는 50kg 이상, 여자는 40kg 이상일 것

② 신체가 건강하고 팔다리가 완전할 것

③ 교정시력을 포함한 시력은 양쪽 눈이 각각 0.8 이상일 것

④ 18세 이상인 사람으로 군복무를 마친 사람

★① 체중에 관한 규정은 없다.

답 ①

---

⑤ **교육**

    ⊙ 청원주는 청원경찰에 임용된 사람으로 하여금 경비구역에 배치하기 전에 경찰교육기관에서 직무수행에 필요한 교육을 받게 해야 한다. 다만, 경찰교육기관의 교육계획상 부득이하다고 인정할 때에는 우선 배치하고 임용 후 1년 이내에 교육을 받게 할 수 있다.

    ⓒ 경찰공무원(의무경찰순경을 포함) 또는 청원경찰에서 퇴직한 자가 퇴직한 날부터 3년 이내에 청원경찰로 임용된 때에는 교육을 면제할 수 있다.

    ⓒ 교육기간 및 직무교육 등

      ⓐ 교육기간은 2주간으로 한다.

      ⓑ 교육과목 및 수업시간

| 학과별 | 과목 | | 시간 |
|---|---|---|---|
| 정신교육 | 정신교육 | | 8 |
| 학술교육 | 형사법 | | 10 |
| | 청원경찰법 | | 5 |
| 실무교육 | 경무 | 경찰관직무집행법 | 5 |
| | 방범 | 방범업무 | 3 |
| | | 경범죄처벌법 | 2 |

| | | |
|---|---|---|
| 경비 | 시설경비 | 6 |
| | 소방 | 4 |
| 정보 | 대공이론 | 2 |
| | 불심검문 | 2 |
| 민방위 | 민방공 | 3 |
| | 화생방 | 2 |
| 기본훈련 | | 5 |
| 총기조작 | | 2 |
| 총검술 | | 2 |
| 사격 | | 6 |
| 술과 | 체포술 및 호신술 | 6 |
| 기타 | 입교·수료 및 평가 | 3 |

ⓒ 직무교육
- 청원주는 소속 청원경찰에 대하여 그 직무집행에 관하여 필요한 교육을 매월 4시간 이상 하여야 한다.
- 청원경찰이 배치된 사업장의 소재지를 관할하는 경찰서장은 필요하다고 인정하는 경우에는 그 사업장에 소속 공무원을 파견하여 직무집행에 필요한 교육을 할 수 있다.

㉣ 보수
ⓐ 국가기관 또는 지방자치단체에 근무하는 청원경찰의 각종 수당은 공무원수당 등에 관한 규정에 따른 수당 중 가계보전수당, 실비변상 등으로 하며, 그 세부항목은 경찰청장이 정하여 고시한다.
ⓑ 국가기관 또는 지방자치단체에 근무하는 청원경찰 외의 청원경찰의 봉급 및 각종 수당은 경찰청장이 고시한 최저부담기준액 이상을 지급해야 한다. 다만, 고시된 최저부담기준액이 배치된 사업장에서 같은 종류의 직무나 유사직무 근로자에게 지급하는 임금보다 적을 때에는 그 사업장에서 같은 종류의 직무나 유사직무 근로자에게 지급하는 임금에 상당한 금액을 지급해야 한다.
ⓒ 청원경찰의 보수산정에 관하여 그 배치된 사업장의 취업규칙에 특별한 규정이 없는 경우에는 다음의 경력을 봉급 산정의 기준이 되는 경력에 산입해야 한다.
- 청원경찰로 근무한 경력
- 군 또는 의무경찰에 복무한 경력
- 수위·경비원·감시원, 그 밖에 청원경찰과 비슷한 직무에 종사하던 자가 그 사업장의 청원주에 의하여 청원경찰로 임용된 경우에는 그 직무에 종사한 경력

- 국가기관 또는 지방자치단체에서 근무하는 청원경찰에 대하여는 국가기관 또는 지방자치단체에서 상근으로 근무한 경력
  ⓓ 국가기관 또는 지방자치단체에 근무하는 청원경찰 보수의 호봉 간 승급기간은 경찰공무원의 승급기간에 관한 규정을 준용한다.
  ⓔ 국가기관 또는 지방자치단체에 근무하는 청원경찰 외의 청원경찰 보수의 호봉 간 승급기간 및 승급액은 그 배치된 사업장의 취업규칙에 따르며, 이에 관한 취업규칙이 없을 때에는 순경의 승급에 관한 규정을 준용한다.
ⓜ 복무 … 청원경찰의 복무에 관하여는 복종의 의무, 직장 이탈 금지, 비밀 엄수의 의무, 거짓 보고 등의 금지를 준용한다.
ⓑ 징계
  ⓐ 청원주는 청원경찰이 다음의 어느 하나에 해당한 때 징계절차를 거쳐 징계처분을 하여야 한다.
    - 직무상의 의무를 위반하거나 직무를 태만히 한 때
    - 품위를 손상하는 행위를 한 때
  ⓑ 청원경찰에 대한 징계의 종류는 파면, 해임, 정직, 감봉 및 견책으로 구분한다.
    - 정직(停職)은 1개월 이상 3개월 이하로 하고, 그 기간에 청원경찰의 신분은 보유하나 직무에 종사하지 못하며, 보수의 3분의 2를 줄인다.
    - 감봉은 1개월 이상 3개월 이하로 하고, 그 기간에 보수의 3분의 1을 줄인다.
    - 견책(譴責)은 전과(前過)에 대하여 훈계하고 회개하게 한다.
  ⓒ 청원주는 청원경찰의 배치 결정 통지를 받은 때에는 그 날로부터 15일 이내에 청원경찰에 대한 징계규정을 제정하여 관할 시·도경찰청장에게 신고하여야 한다. 징계규정을 변경할 때에도 또한 같다.
  ⓓ 시·도경찰청장은 징계규정의 보완을 필요하다고 인정할 때에는 청원주에게 그 보완을 요구할 수 있다.

예 제 문 제 ~~~~~~~~~~~~~~~~~~~~~~~~~~~~~~~~~~~~~~~~~~~~~~~~~~~~~~~~~~~~~~~~

**청원경찰법령상 청원경찰의 징계에 관한 내용으로 옳지 않은 것은?**
① 청원경찰이 품위를 손상하는 행위를 한 경우 청원주는 징계절차에 따라 징계처분을 하여야 한다.
② 관할 경찰서장은 청원경찰이 직무상 의무 위반에 해당한다고 인정되면 청원주에게 해당 청원경찰에 대하여 징계처분을 하도록 요청할 수 있다.
③ 정직은 1개월 이상 3개월 이하로 하고, 그 기간에 청원경찰의 신분은 보유하나 직무에 종사하지 못하며, 보수의 2분의 1을 줄인다.
④ 감봉은 1개월 이상 3개월 이하로 하고, 그 기간에 보수의 3분의 1을 줄인다.

★ ③ 보수의 2분의 1을 줄인다. → 보수의 3분의 2를 줄인다.

답 ③

**⑤ 청원경찰경비, 감독**

① **청원경찰경비**〈법 제6조〉

  ㉠ 청원주가 부담하는 청원경찰경비
    ⓐ 청원경찰에게 지급할 봉급 및 각종 수당
    ⓑ 청원경찰의 피복비
    ⓒ 청원경찰의 교육비
    ⓓ 보상금 및 퇴직금
  ㉡ 국가기관 또는 지방자치단체에 근무하는 청원경찰의 보수는 다음의 구분에 따라 같은 재직기간에 해당하는 경찰공무원의 보수를 감안하여 대통령령으로 정한다.
    ⓐ 재직기간 15년 미만 : 순경
    ⓑ 재직기간 15년 이상 23년 미만 : 경장
    ⓒ 재직기간 23년 이상 30년 미만 : 경사
    ⓓ 재직기간 30년 이상 : 경위
  ㉢ 청원주의 봉급·수당의 최저부담기준액과 부담기준액은 경찰청장이 정하여 고시(告示)한다.

② **보상금 및 퇴직금**

  ㉠ 보상금〈법 제7조〉 : 청원주는 청원경찰이 다음의 어느 하나에 해당하게 된 때에는 청원경찰 본인 또는 그 유족에게 보상금을 지급해야 한다.
    ⓐ 직무수행으로 인하여 부상을 입거나, 질병에 걸리거나 또는 사망한 때
    ⓑ 직무상의 부상·질병으로 인하여 퇴직하거나, 퇴직 후 2년 이내에 사망한 때
  ㉡ 퇴직금〈법 제7조의2〉 : 청원주는 청원경찰이 퇴직한 때에는 근로자퇴직급여 보장법의 규정에 의한 퇴직금을 지급해야 한다. 다만, 국가기관이나 지방자치단체에 근무하는 청원경찰의 퇴직금에 관하여는 따로 대통령령으로 정한다.

③ **제복 착용과 무기 휴대**〈법 제8조〉

  ㉠ 청원경찰은 근무 중 제복을 착용하여야 한다.
  ㉡ 시·도경찰청장은 청원경찰이 직무수행을 위하여 필요하다고 인정하면 청원주의 신청을 받아 관할 경찰서장으로 하여금 청원경찰에게 무기를 대여하여 지니게 할 수 있다.
  ㉢ 청원경찰의 복제는 제복·장구 및 부속물로 구분한다.
  ㉣ 청원경찰의 제복·장구 및 부속물의 종류와 그 제식 및 재질은 다음과 같다.
    ⓐ 제복은 정모·기동모·근무복(하복, 동복)·성하복·기동복·점퍼·비옷·방한복·외투·단화·기동화 및 방한화로 구분하고, 장구는 허리띠·경찰봉·호루라기 및 포승으로 구분하며, 부속물은 모자표장·가슴표장·휘장·계급장·넥타이핀·단추 및 장갑으로 구분한다.

ⓑ 제복의 제식 및 재질은 청원주가 결정하되, 경찰공무원 또는 군인 제복의 색상과 명확하게 구별될 수 있어야 하며, 사업장별로 통일하여야 한다. 다만, 기동모·기동복의 색상은 진한 청색으로 한다.

ⓒ 장구의 제식 및 재질은 경찰장구와 같다.

ⓓ 부속물 중 모자표장의 제식 및 재질은 금색 금속지로 하되, 기동모의 표장은 정모 표장의 2분의 1 크기로 한다. 가슴표장과 계급장의 색상 및 재질은 금색 금속지로 하고, 넥타이핀과 단추의 색상 및 재질은 은색 금속지로 한다.

ⓜ 청원경찰은 평상근무 중에는 정모·근무복·단화·호루라기·경찰봉 및 포승을 착용 또는 휴대하여야 하고, 총기를 휴대하지 아니하는 때에는 분사기를 휴대하여야 하며, 교육훈련이나 그밖의 특수근무 중에는 기동모·기동복·기동화 및 휘장을 착용 또는 부착하되, 허리띠와 경찰봉은 착용 또는 휴대하지 아니할 수 있다.

④ **감독**〈법 제9조의3〉

㉠ 청원주는 항상 소속 청원경찰의 근무 상황을 감독하고 근무 수행에 필요한 교육을 실시해야 한다.

㉡ 시·도경찰청장은 청원경찰의 효율적인 운영을 위하여 청원주를 지도하며 감독상 필요한 명령을 할 수 있다.

㉢ 관할 경찰서장은 매달 1회 이상 청원경찰을 배치한 경비구역에 대하여 다음 사항을 감독하여야 한다.
   ⓐ 복무규율과 근무 상황
   ⓑ 무기의 관리 및 취급 사항

⑤ **쟁의행위의 금지**〈법 제9조의4〉…청원경찰은 파업, 태업 또는 그 밖에 업무의 정상적인 운영을 방해하는 일체의 쟁의행위를 하여서는 아니 된다.

⑥ **직권남용 금지 등**〈법 제10조〉

㉠ 청원경찰이 직무를 수행할 때 직권을 남용하여 국민에게 해를 끼친 경우에는 6개월 이하의 징역이나 금고에 처한다.

㉡ 청원경찰 업무에 종사하는 자는 형법, 그 밖의 법령에 따른 벌칙을 적용할 때에는 공무원으로 본다.

⑦ **의사에 반한 면직**〈법 제10조의4〉

㉠ 청원경찰은 형의 선고·징계처분 또는 신체상·정신상의 이상으로 직무를 감당하지 못할 때를 제외하고는 그 의사에 반하여 면직되지 아니한다.

㉡ 청원주가 청원경찰을 면직시킨 때에는 그 사실을 관할 경찰서장을 거쳐 시·도경찰청장에게 보고하여야 한다.

## 6 벌칙과 과태료

① **벌칙**〈법 제11조〉 … 쟁의행위의 금지를 위반하여 파업, 태업 또는 그 밖에 업무의 정상적인 운영을 방해하는 쟁의행위를 한 사람은 1년 이하의 징역 또는 1천만 원 이하의 벌금에 처한다.

② **과태료**〈법 제12조〉

　㉠ **500만 원 이하의 과태료**

　　ⓐ 시·도경찰청장의 배치 결정을 받지 아니하고 청원경찰을 배치하거나 시·도경찰청장의 승인을 얻지 아니하고 청원경찰을 임용한 자

　　ⓑ 정당한 사유 없이 경찰청장이 고시한 최저부담기준액 이상의 보수를 지급하지 아니한 자

　　ⓒ 시·도경찰청장은 청원경찰의 효율적인 운영을 위하여 청원주를 지도하며 감독상 필요한 명령을 할 수 있는데 이에 따른 감독상 필요한 명령을 정당한 사유 없이 이행하지 아니한 자

### 예제문제

**청원경찰법에서 규정하는 위반행위에 따른 과태료 부과기준이다. 괄호 안에 들어갈 금액의 합은 얼마인가?**

- 시·도경찰청장의 감독상 필요한 총기·실탄 및 분사기에 관한 명령을 정당한 사유 없이 이행하지 않은 경우 (　　)의 과태료를 부과한다.
- 시·도경찰청장의 승인을 받지 않고 국가공무원법상 임용결격사유에 해당하는 청원경찰을 임용한 경우 (　　)의 과태료를 부과한다.

① 7백만 원　　　　　　　　　　② 8백만 원
③ 9백만 원　　　　　　　　　　④ 1천만 원

　★ ㆍ시·도경찰청장의 감독상 필요한 총기·실탄 및 분사기에 관한 명령을 정당한 사유 없이 이행하지 않은 경우 (500만 원)의 과태료를 부과한다.
　　 ㆍ시·도경찰청장의 승인을 받지 않고 국가공무원법상 임용결격사유에 해당하는 청원경찰을 임용한 경우 (500만 원)의 과태료를 부과한다.

답 ④

| 위반행위의 종류별 과태료의 부과기준 | | |
|---|---|---|
| 위반행위 | | 과태료금액 |
| 시·도경찰청장의 배치 결정을 받지 아니하고 다음의 시설에 청원경찰을 배치한 경우 | 국가 중요 시설(국가정보원장이 지정하는 국가보안 목표시설을 말함)인 경우 | 500만 원 |
| | 국가 중요 시설 외의 시설인 경우 | 400만 원 |
| 시·도경찰청장의 승인을 받지 아니하고 다음의 청원경찰을 임용한 경우 | 임용 결격사유에 해당하는 청원경찰 | 500만 원 |
| | 임용 결격사유에 해당하지 아니하는 청원경찰 | 300만 원 |
| 정당한 사유 없이 경찰청장이 고시한 최저부담기준액 이상의 보수를 지급하지 아니한 경우 | | 500만 원 |
| 시·도경찰청장의 감독상 필요한 다음의 명령을 정당한 사유 없이 이행하지 아니한 경우 | 총기·실탄 및 분사기에 관한 명령 | 500만 원 |
| | 위 명령 외의 명령 | 300만 원 |

ⓛ 과태료는 시·도경찰청장이 부과·징수한다.


# ❼ 청원경찰의 무기관리, 경비비치부책

① 무기관리

㉠ 무기휴대〈영 제16조〉

ⓐ 청원주가 청원경찰이 휴대할 무기를 대여받으려는 경우에는 관할 경찰서장을 거쳐 시·도경찰청장에게 무기대여를 신청해야 한다.

ⓑ 시·도경찰청장이 무기를 대여하여 휴대하게 하려는 경우에는 청원주로부터 국가에 기부 채납된 무기에 한하여 관할 경찰서장으로 하여금 무기를 대여하여 휴대하게 할 수 있다.

ⓒ 무기를 대여한 때에는 관할 경찰서장은 청원경찰의 무기관리 상황을 수시로 점검해야 한다.

ⓓ 청원주 및 청원경찰은 행정안전부령으로 정하는 무기관리 수칙을 준수하여야 한다.

㉡ 청원경찰무기관리수칙

ⓐ 무기 및 탄약을 대여받은 청원주는 다음에 따라 이를 관리해야 한다.

- 청원주가 무기 및 탄약을 대여받았을 때에는 경찰청장이 정하는 무기·탄약 출납부 및 무기장비 운영카드를 갖춰 두고 기록해야 한다.
- 청원주는 무기 및 탄약의 관리를 위하여 관리책임자를 지정하고 관할 경찰서장에게 그 사실을 통보해야 한다.
- 무기고 및 탄약고는 단층에 설치하고 환기·방습·방화 및 총가(銃架) 등의 시설을 해야 한다.

- 탄약고는 무기고와 떨어진 곳에 설치하고, 그 위치는 사무실이나 그 밖에 여러 사람을 수용하거나 여러 사람이 오고 가는 시설로부터 격리되어야 한다.
- 무기고 및 탄약고에는 이중 잠금장치를 하고 열쇠는 관리책임자가 보관하되 근무시간 이후에는 숙직책임자에게 인계하여 보관시켜야 한다.
- 청원주는 경찰청장이 정하는 바에 따라 매월 무기 및 탄약의 관리 실태를 파악하여 다음달 3일까지 관할 경찰서장에게 통보해야 한다.
- 청원주는 대여받은 무기 및 탄약에 분실·도난·피탈 또는 훼손 등의 사고가 발생한 때에는 지체없이 그 사유를 관할 경찰서장에게 통보해야 한다.
- 청원주는 무기 및 탄약이 분실·도난·피탈 또는 훼손되었을 때에는 경찰청장이 정하는 바에 따라 그 전액을 배상해야 한다. 다만, 전시·사변·천재지변, 그 밖의 불가항력의 사유가 있다고 시·도경찰청장이 인정한 때에는 그러하지 아니하다.
ⓑ 무기 및 탄약을 대여 받은 청원주가 청원경찰에게 무기 및 탄약을 출납하려는 경우에는 다음에 따라야 한다. 다만, 관할 경찰서장의 지시에 따라 탄약의 수를 늘리거나 줄일 수 있고, 무기와 탄약의 출납을 중지할 수 있으며, 무기와 탄약을 회수하여 집중관리할 수 있다.
- 무기 및 탄약을 출납하였을 때에는 무기·탄약 출납부에 그 출납사항을 기록하여야 한다.
- 소총의 탄약은 1정당 15발 이내, 권총의 탄약은 1정당 7발 이내로 출납해야 한다. 이 경우 생산된 후 오래된 탄약을 우선 출납해야 한다.
- 청원경찰에게 지급한 무기와 탄약은 매주 1회 이상 손질하게 하여야 한다.
- 수리가 필요한 무기가 있을 때에는 그 목록과 무기장비 운영카드를 첨부하여 관할 경찰서장에게 수리를 요청할 수 있다.
ⓒ 청원주로부터 무기 및 탄약을 지급받은 청원경찰은 다음 사항을 준수해야 한다.
- 무기를 지급받거나 반납할 때 또는 인계인수시에는 반드시 '앞에 총' 자세에서 '검사 총'을 해야 한다.
- 무기 및 탄약을 지급받았을 때에는 별도의 지시가 없으면 무기와 탄약을 분리하여 휴대해야 하며, 소총은 '우로 어깨 걸어 총', 권총은 '권총집에 넣어 총' 자세를 유지해야 한다.
- 지급받은 무기는 다른 사람에게 보관하거나 휴대시킬 수 없으며 손질을 의뢰할 수 없다.
- 무기를 손질 또는 조작할 때에는 반드시 총구를 공중으로 향하게 하여야 한다.
- 무기 및 탄약을 반납할 때에는 손질을 철저히 해야 한다.
- 근무시간 이후에는 무기 및 탄약을 청원주에게 반납하거나 교대근무자에게 인계해야 한다.
ⓓ 청원주는 다음에 해당하는 청원경찰에게 무기 및 탄약을 지급하여서는 아니 되며 지급된 무기 및 탄약은 회수해야 한다.
- 직무상 비위로 징계 대상이 된 자
- 형사사건으로 인하여 조사 대상이 된 자
- 사의를 밝힌 자
- 평소에 불평이 심하고 염세적인 자
- 주벽이 심한 자
- 변태적 성벽이 있는 자

청원경찰법령상 청원주가 청원경찰에 대하여 무기 및 탄약을 지급하여서는 아니 되며, 지급된 경우 회수 하여야 하는 경우를 모두 고른 것은?

> ㉠ 변태적 성벽(性癖)이 있는 사람
> ㉡ 주벽(酒癖)이 심한 사람
> ㉢ 직무상 비위(非違)로 징계 대상이 된 사람
> ㉣ 형사사건으로 조사 대상이 된 사람

① ㉠㉡                                         ② ㉠㉢
③ ㉡㉢㉣                                       ④ ㉠㉡㉢㉣

★ 청원주가 청원경찰에 대하여 무기 및 탄약을 지급하여서는 아니 되며 지급된 무기 및 탄약은 회
수해야 하는 대상
ⓐ 직무상 비위 징계대상
ⓑ 형사사건 조사대상
ⓒ 사의 표명자
ⓓ 심한 불평이 있는 자와 염세 비관론자
ⓔ 주벽이 심한 자
ⓕ 변태적 성벽이 있는 자

**답 ④**

② **배치의 폐지**〈법 제10조의5〉

㉠ 청원주는 청원경찰이 배치된 시설이 폐쇄 또는 축소되어 청원경찰의 배치를 폐지하거나 배치인
원을 감축할 필요가 있다고 인정하면 청원경찰의 배치를 폐지하거나 배치인원을 감축할 수 있다.
다만, 청원주는 다음의 어느 하나에 해당하는 경우에는 청원경찰의 배치를 폐지하거나 배치인원
을 감축할 수 없다.
ⓐ 청원경찰을 대체할 목적으로 경비업법에 따른 특수경비원을 배치하는 경우
ⓑ 청원경찰이 배치된 기관·시설 또는 사업장 등이 배치인원의 변동 사유 없이 다른 곳으로 이
전하는 경우

㉡ 청원주가 청원경찰을 폐지 또는 감축한 때에는 청원경찰의 배치 결정을 한 경찰관서의 장에게
알려야 하며, 그 사업장이 시·도경찰청장이 청원경찰의 배치를 요청한 사업장인 때에는 그 폐
지 또는 감축 사유를 구체적으로 밝혀야 한다.

㉢ 청원경찰의 배치를 폐지하거나 배치인원을 감축하는 경우 해당 청원주는 배치폐지나 배치인원
감축으로 과원(過員)이 되는 청원경찰 인원을 그 기관·시설 또는 사업장 내의 유사 업무에 종사
하게 하거나 다른 시설·사업장 등에 재배치하는 등 청원경찰의 고용이 보장될 수 있도록 노력
해야 한다.

③ **당연퇴직**〈법 제10조의6〉

ㄱ 임용결격사유에 해당될 때

ㄴ 청원경찰의 배치가 폐지되었을 때

ㄷ 나이가 60세가 되었을 때(다만, 그 날이 1월부터 6월 사이에 있으면 6월 30일에, 7월부터 12월 사이에 있으면 12월 31일에 각각 당연 퇴직된다)

※ 단순위헌, 2017헌가26, 2018. 1. 25., 청원경찰법(2010. 2. 4. 법률 제10013호로 개정된 것) 당연퇴직 ㄱ의 임용결격사유 중 국가공무원법 제33조(임용결격사유) 제5호(금고 이상의 형의 선고유예를 받은 경우에 그 선고유예 기간 중에 있는 자)에 관한 부분은 헌법에 위반된다.

# 출제 예상 문제

**1** 청원경찰법령상의 내용으로 옳은 것은?

① 청원경찰의 경비는 시 · 도경찰청장이 부담한다.

② 경비업법의 결격사유의 어느 하나에 해당하는 사람은 청원경찰로 임용될 수 없다.

③ 법원의 판결 또는 다른 법률에 따라 자격이 정지된 자는 청원경찰로 임용될 수 없다.

④ 청원주는 청원경찰 배치가 필요하다고 인정하는 기관의 장 또는 시설 · 사업장의 경영자에게 청원경찰을 배치할 것을 요청할 수 있다.

○**TIP** ① 청원경찰에게 지급할 봉급과 각종 수당, 청원경찰의 피복비, 청원경찰의 교육비, 보상금 및 퇴직금의 청원경찰경비는 청원주가 부담하여야 한다〈청원경찰법 제6조 제1항〉.
② 국가공무원법 제33조 각 호의 어느 하나의 결격사유에 해당하는 사람은 청원경찰로 임용될 수 없다〈청원경찰법 제5조 제2항〉.
④ 시 · 도경찰청장은 청원경찰 배치가 필요하다고 인정하는 기관의 장 또는 시설 · 사업장의 경영자에게 청원경찰을 배치할 것을 요청할 수 있다〈청원경찰법 제4조 제3항〉.

**2** 청원경찰법령상 분사기 및 무기의 휴대에 관한 내용으로 옳은 것은?

① 청원경찰은 근무 중 제복을 착용하여야 하며 청원경찰의 복제(服制)와 무기 휴대에 필요한 사항은 대통령령으로 정한다.

② 청원경찰로 하여금 분사기를 휴대하여 직무를 수행하게 하고자 하는 경우 청원주는 총포 · 도검 · 화약류 등 단속법에 따라 관할 경찰서장에게 소지신고를 하여야 한다.

③ 관할 경찰서장이 대여할 수 있는 무기는 청원주가 국가에 기부채납한 무기에 한하지 않는다.

④ 청원주가 무기와 탄약을 출납하려는 경우 청원주는 청원경찰에게 지급한 무기와 탄약을 월 2회 손질하게 하여야 한다.

○**TIP** ② 청원주는 총포 · 도검 · 화약류 등의 안전관리에 관한 법률에 따른 분사기의 소지허가를 받아 청원경찰로 하여금 그 분사기를 휴대하여 직무를 수행하게 할 수 있다〈청원경찰법 시행령 제15조〉.
③ 시 · 도경찰청장이 무기를 대여하여 휴대하게 하려는 경우에는 청원주로부터 국가에 기부채납된 무기에 한정하여 관할 경찰서장으로 하여금 무기를 대여하여 휴대하게 할 수 있다〈청원경찰법 시행령 제16조 제2항〉.
④ 무기와 탄약을 대여받은 청원주가 청원경찰에게 무기와 탄약을 출납하려는 경우에는 청원경찰에게 지급한 무기와 탄약은 매주 1회 이상 손질하게 하여야 한다〈청원경찰법 시행규칙 제16조 제2항 제3호〉.

**Answer** 1.③ 2.①

**3** 청원경찰법령상 청원주가 비치해야 할 문서와 장부가 아닌 것은?

① 무기·탄약 대여대장

② 청원경찰 명부

③ 신분증명서 발급대장

④ 무기장비 운영카드

> **TIP** 청원주가 구비하고 있어야 할 문서와 장부〈청원경찰법 시행규칙 제17조 제1항〉
> ⓐ 청원경찰 명부
> ⓑ 근무일지
> ⓒ 근무 상황카드
> ⓓ 경비구역 배치도
> ⓔ 순찰표철
> ⓕ 무기·탄약 출납부
> ⓖ 무기장비 운영카드
> ⓗ 봉급지급 조서철
> ⓘ 신분증명서 발급대장
> ⓙ 징계 관계철
> ⓚ 교육훈련 실시부
> ⓛ 청원경찰 직무교육계획서
> ⓜ 급여품 및 대여품 대장
> ⓝ 그 밖에 청원경찰의 운영에 필요한 문서와 장부

**4** 청원경찰법령상 청원주는 소속 청원경찰에게 그 직무집행에 필요한 교육을 매월 몇 시간 이상 하여야 하는가?

① 3시간  ② 4시간

③ 5시간  ④ 6시간

> **TIP** 직무교육〈청원경찰법 시행규칙 제13조 제1항〉… 청원주는 소속 청원경찰에게 그 직무집행에 필요한 교육을 매월 4시간 이상 하여야 한다.

**Answer** 3.① 4.②

**5** 청원경찰법의 규정 내용에 대한 설명으로 옳은 것은?

① 지방자치단체에 근무하는 청원경찰의 직무상 불법행위에 대한 배상책임에 관하여는 민법의 규정을 따르고, 이를 제외한 청원경찰의 직무상 불법행위에 대한 배상책임에 관하여는 국가배상법의 규정을 따른다.

② 청원경찰 업무에 종사하는 사람은 형법이나 그 밖의 법령에 따른 벌칙을 적용할 때에는 공무원으로 본다.

③ 청원경찰이 직무를 수행할 때 직권을 남용하여 국민에게 해를 끼친 경우에는 3년 이하의 징역이나 금고에 처한다.

④ 청원경찰은 불가피한 사정이 있는 경우 경찰관직무집행법에 따른 직무외의 수사 활동 등 사법경찰관리의 직무를 수행할 수 있다.

○**TIP** ① 국가기관이나 지방자치단체에 근무하는 청원경찰의 직무상 불법행위에 대한 배상책임에 관하여는 국가배상법의 규정을 따르고, 이를 제외한 청원경찰의 직무상 불법행위에 대한 배상책임에 관하여는 민법의 규정을 따른다〈청원경찰법 제10조의2〉.
③ 청원경찰이 직무를 수행할 때 직권을 남용하여 국민에게 해를 끼친 경우에는 6개월 이하의 징역이나 금고에 처한다〈청원경찰법 제10조 제1항〉.
④ 청원경찰은 그 경비구역만의 경비를 목적으로 필요한 범위에서 경찰관직무집행법에 따른 경찰관의 직무를 수행하지만, 수사 활동 등 사법경찰관리의 직무를 수행할 수는 없다〈청원경찰법 제3조〉.

**6** 청원경찰법령상 청원경찰의 제복착용과 무기휴대에 대한 설명으로 옳은 것은?

① 청원경찰은 근무 중 제복을 착용하여야 한다.

② 청원경찰의 제복, 장구 및 부속물에 관하여 필요한 사항은 대통령령으로 정한다.

③ 경찰청장은 청원경찰이 직무수행을 위하여 필요하다고 인정할 때에는 관할 경찰서장의 신청에 의하여 시 · 도경찰청장으로 하여금 무기를 대여하여 휴대하게 할 수 있다.

④ 청원경찰의 복제와 무기휴대에 관하여 필요한 사항은 경찰청장령으로 정한다.

○**TIP** ② 청원경찰의 제복 · 장구 및 부속물에 관하여 필요한 사항은 행정안전부령으로 정한다〈청원경찰법 시행령 제14조 제2항〉.
③ 시 · 도경찰청장은 청원경찰이 직무수행을 위하여 필요하다고 인정하면 청원주의 신청을 받아 관할 경찰서장으로 하여금 청원경찰에게 무기를 대여하여 지니게 할 수 있다〈청원경찰법 제8조 제2항〉.
④ 청원경찰의 복제와 무기휴대에 관하여 필요한 사항은 대통령령으로 정한다〈청원경찰법 제8조 제3항〉.

**Answer** 5.② 6.①

**7** A는 군복무를 필하고 청원경찰로 2년간 근무하다가 퇴직하였다. 그 후 다시 청원경찰로 임용되었다면 청원경찰법령상 봉급산정에 있어서 산입되는 경력은? (단, A가 배치된 사업자의 취업규칙에 특별한 규정이 없는 것을 전제로 한다)

① 군 복무경력과 청원경찰로 근무한 경력 중 어느 하나만 산입하여야 한다.
② 군 복무경력은 반드시 산입하여야 하고, 청원경찰 경력은 산입하지 않아도 된다.
③ 군 복무경력과 청원경찰의 경력을 모두 산입하여야 한다.
④ 군 복무경력은 산입하지 않아도 되고, 청원경찰경력은 산입하여야 한다.

> **TIP** 보수 산정 시의 경력 인정〈청원경찰법 시행령 제11조〉… 배치된 사업장의 취업규칙에 특별한 규정이 없는 경우에는 다음의 경력을 봉급산정의 기준이 되는 경력에 산입해야 한다.
> ㉠ 청원경찰로 근무한 경력
> ㉡ 군 또는 의무경찰에 복무한 경력
> ㉢ 수위·경비원·감시원, 그 밖에 청원경찰과 비슷한 직무에 종사하던 자가 해당 사업장의 청원주에 의하여 청원경찰로 임용된 경우에는 그 직무에 종사한 경력
> ㉣ 국가기관 또는 지방자치단체에서 근무하는 청원경찰에 대하여는 국가기관 또는 지방자치단체에서 상근으로 근무한 경력

**8** 청원경찰법령상 청원경찰의 배치에 관한 설명으로 틀린 것은?

① KBS와 같은 언론사는 청원경찰의 배치대상이 되는 시설에 해당된다.
② 청원경찰의 배치를 받고자 하는 자는 청원경찰 배치신청서를 사업장 소재지 관할 경찰서장을 거쳐 시·도경찰청장에게 제출하여야 한다.
③ 청원경찰의 배치장소가 2 이상의 도인 때에는 주된 사업장의 관할 경찰서장을 거쳐 관할 시·도경찰청장에게 한꺼번에 신청할 수 있다.
④ 청원경찰의 배치를 받고자 하는 자는 청원경찰 배치신청서에 경비구역 평면도 1부 또는 배치계획서 1부를 첨부하여야 한다.

> **TIP** 청원경찰의 배치 신청〈청원경찰법 시행령 제2조〉… 청원경찰의 배치를 받으려는 자는 청원경찰 배치신청서에 다음 서류를 첨부하여 법이 정하는 기관·시설·사업장 또는 장소의 소재지를 관할하는 경찰서장을 거쳐 시·도경찰청장에게 제출하여야 한다. 이 경우 배치장소가 둘 이상의 도(특별시, 광역시 및 특별자치도 포함)일 때에는 주된 사업장의 관할 경찰서장을 거쳐 시·도경찰청장에게 한꺼번에 신청할 수 있다.
> ㉠ 경비구역 평면도 1부
> ㉡ 배치계획서 1부

**Answer** 7.③ 8.④

**9** 청원경찰법령상 국가 또는 지방자치단체의 기관이 아닌 사업장의 청원주가 산업재해보상보험법에 의한 산업재해보상보험에 가입한 경우에 청원경찰이 직무수행 중의 부상으로 인하여 퇴직하였다면 다음 중 옳은 것은?

① 청원주는 산업재해보상보험법에 의하여 보상금을 지급하여야 하고, 근로자퇴직급여 보장법의 규정에 의한 퇴직금을 지급하여야 한다.

② 청원주는 근로기준법의 규정에 의한 보상금과 국가공무원법에 의한 퇴직금을 지급하여야 한다.

③ 청원주는 근로기준법의 규정에 의한 퇴직금만 지급하면 된다.

④ 청원주는 근로기준법의 규정에 의한 보상금과 퇴직금을 지급하여야 한다.

○**TIP** 보상금 … 청원주는 청원경찰이 다음의 어느 하나에 해당하게 되면 대통령령으로 정하는 바에 따라 청원경찰 본인 또는 그 유족에게 보상금을 지급하여야 한다〈청원경찰법 제7조〉.
ㄱ 직무수행으로 인하여 부상을 입거나, 질병에 걸리거나 또는 사망한 경우
ㄴ 직무상의 부상·질병으로 인하여 퇴직하거나, 퇴직 후 2년 이내에 사망한 경우
※ **퇴직금**〈청원경찰법 제7조의2〉… 청원주는 청원경찰이 퇴직할 때에는 근로자퇴직급여 보장법에 따른 퇴직금을 지급하여야 한다. 다만, 국가기관이나 지방자치단체에 근무하는 청원경찰의 퇴직금에 관하여는 따로 대통령령으로 정한다.

**10** 청원경찰법령상 청원경찰의 임용권자와 임용승인권자가 순서대로 바르게 연결된 것은?

① 청원주 – 시·도경찰청장       ② 청원주 – 경찰서장
③ 시·도경찰청장 – 청원주       ④ 경찰서장 – 청원주

○**TIP** 청원경찰은 청원주가 임용하되, 임용을 할 때에는 미리 시·도경찰청장의 승인을 받아야 한다〈청원경찰법 제5조 제1항〉.

**11** 매월 1회 이상 청원경찰을 배치한 경비구역에 대하여 복무규율 및 근무사항, 무기관리 및 취급사항을 감독하여야 하는 자는?

① 청원주                    ② 경비업자
③ 관할 시·도경찰청장         ④ 관할 경찰서장

○**TIP** 감독〈청원경찰법 시행령 제17조〉… 관할 경찰서장은 매달 1회 이상 청원경찰을 배치한 경비구역에 대하여 다음의 사항을 감독하여야 한다.
ㄱ 복무규율과 근무 상황
ㄴ 무기의 관리 및 취급 사항

**Answer** 9.① 10.① 11.④

**12** 청원경찰법령상 청원주와 관할 경찰서장이 공통적으로 비치해야 할 문서와 장부는?

① 청원경찰 명부                    ② 무기·탄약 출납부
③ 전출입 관계철                    ④ 징계 관계철

○ **TIP** 문서와 장부의 비치〈청원경찰법 시행규칙 제17조〉

　　㉠ 청원주는 다음의 문서와 장부를 갖춰 두어야 한다.
　　　- 청원경찰 명부
　　　- 근무일지
　　　- 근무 상황카드
　　　- 경비구역 배치도
　　　- 순찰표철
　　　- 무기·탄약 출납부
　　　- 무기장비 운영카드
　　　- 봉급지급 조서철
　　　- 신분증명서 발급대장
　　　- 징계 관계철
　　　- 교육훈련 실시부
　　　- 청원경찰 직무교육계획서
　　　- 급여품 및 대여품 대장
　　　- 그 밖에 청원경찰의 운영에 필요한 문서와 장부
　　㉡ 관할 경찰서장은 다음의 문서와 장부를 갖춰 두어야 한다.
　　　- 청원경찰 명부
　　　- 감독 순시부
　　　- 전출입 관계철
　　　- 교육훈련 실시부
　　　- 무기·탄약 대여대장
　　　- 징계요구서철
　　　- 그 밖에 청원경찰의 운영에 필요한 문서와 장부

**Answer**　12.①

**13** 지방자치단체에 근무하는 청원경찰의 직무상 불법행위에 대한 배상책임의 근거법은?

① 국가배상법
② 지방자치법
③ 청원경찰법
④ 민법

○ **TIP** 국가기관이나 지방자치단체에 근무하는 청원경찰의 직무상 불법행위에 대한 배상책임은 국가배상법이 적용되며 그 외의 청원경찰에 대해서는 민법의 규정을 따른다.

※ **청원경찰법 제10조의2** … 청원경찰(국가기관이나 지방자치단체에 근무하는 청원경찰은 제외한다)의 직무상 불법행위에 대한 배상책임에 관하여는 「민법」의 규정을 따른다.

※ **국가배상법 제2조 제1항** … 국가나 지방자치단체는 공무원 또는 공무를 위탁받은 사인이 직무를 집행하면서 고의 또는 과실로 법령을 위반하여 타인에게 손해를 입히거나, 「자동차손해배상 보장법」에 따라 손해배상의 책임이 있을 때에는 이 법에 따라 그 손해를 배상하여야 한다. 다만, 군인 · 군무원 · 경찰공무원 또는 향토예비군대원이 전투 · 훈련 등 직무 집행과 관련하여 전사(戰死) · 순직(殉職)하거나 공상(公傷)을 입은 경우에 본인이나 그 유족이 다른 법령에 따라 재해보상금 · 유족연금 · 상이연금 등의 보상을 지급받을 수 있을 때에는 이 법 및 「민법」에 따른 손해배상을 청구할 수 없다.

**14** 청원경찰법령상의 무기 및 탄약을 지급받은 청원경찰이 준수해야 할 사항은?

① 별도의 지시가 없는 한 무기와 탄약을 분리하여 휴대한다.
② 무기를 타인에게 보관시킬 수 없으나, 손질은 의뢰할 수 있다.
③ 근무시간 이후에는 다음 근무시간까지 자신만이 아는 비밀스런 장소에 보관해 두어야 한다.
④ 무기를 손질하거나 조작할 때에는 반드시 총구가 지면을 향하도록 해야 한다.

○ **TIP** 청원주로부터 무기 및 탄약을 지급받은 청원경찰이 준수할 사항〈청원경찰법 시행규칙 제16조 제3항〉

㉠ 무기를 지급받거나 반납할 때 또는 인계인수시에는 반드시 '앞에 총' 자세에서 '검사 총'을 해야 한다.
㉡ 무기 및 탄약을 지급받았을 때에는 별도의 지시가 없으면 무기와 탄약은 분리하여 휴대해야 하며, 소총은 '우로 어깨 걸어 총', 권총은 '권총집에 넣어 총' 자세를 유지해야 한다.
㉢ 지급받은 무기는 다른 사람에게 보관 또는 휴대하게 할 수 없으며 손질을 의뢰할 수 없다.
㉣ 무기를 손질 또는 조작할 때에는 반드시 총구를 공중으로 향해야 한다.
㉤ 무기 및 탄약을 반납할 때에는 손질을 철저히 해야 한다.
㉥ 근무시간 이후에는 무기 및 탄약을 청원주에게 반납하거나 교대근무자에게 인계해야 한다.

**Answer** 13.① 14.①

**15** 청원경찰법령상 500만 원 이하의 과태료 처분의 대상이 되는 자가 아닌 것은?

① 정당한 사유없이 경찰청장이 고시한 최저부담기준액 이상의 보수를 지급하지 아니한 자
② 시·도경찰청장의 승인을 받지 않고 청원경찰을 임용한 자
③ 시·도경찰청장의 청원주에 대한 지도·감독상 필요한 명령을 정당한 이유없이 이행하지 아니한 자
④ 시·도경찰청장에게 신청을 하지 않고 무기대여를 받으려는 자

○**TIP** 500만 원 이하의 과태료〈법 제12조〉
　㉠ 시·도경찰청장의 배치결정을 받지 아니하고 청원경찰을 배치하거나 시·도경찰청장의 승인을 받지 아니하고 청원경찰을 임용한 자
　㉡ 정당한 사유없이 경찰청장이 고시한 최저부담기준액 이상의 보수를 지급하지 아니한 자
　㉢ 시·도경찰청장이 청원경찰의 효율적인 운영을 위하여 청원주에게 발한 감독상 필요한 명령을 정당한 이유 없이 이행하지 아니한 자

**16** 청원경찰법령상 청원주가 무기 및 탄약을 지급해서는 안 되고 이미 지급된 무기 및 탄약도 회수해야 하는 대상이 되지 않는 청원경찰은?

① 직무상 비위로 징계 대상이 된 자
② 이혼경력이 있는 자
③ 사의를 밝힌 자
④ 주벽이 심한 자

○**TIP** 청원주가 무기 및 탄약을 지급하여서는 안 되며 지급된 무기 및 탄약은 회수해야 하는 청원경찰〈청원경찰법 시행규칙 제16조 제4항〉
　㉠ 직무상 비위로 징계 대상이 된 자
　㉡ 형사사건으로 인하여 조사 대상이 된 자
　㉢ 사의를 밝힌 자
　㉣ 평소에 불평이 심하고 염세적인 자
　㉤ 주벽이 심한 자
　㉥ 변태적 성벽이 있는 자

**Answer** 15.④ 16.②

**17** 청원경찰법령상 청원주가 부담해야 하는 청원경찰경비가 아닌 것은?

① 청원경찰에게 지급할 봉급 및 각종 수당

② 청원경찰의 피복비

③ 청원경찰의 교육비

④ 청원경찰의 의료비

○**TIP** 청원주가 부담하는 청원경찰경비〈청원경찰법 제6조 제1항〉
　　㉠ 청원경찰에게 지급할 봉급 및 각종 수당
　　㉡ 청원경찰의 피복비
　　㉢ 청원경찰의 교육비
　　㉣ 보상금 및 퇴직금

**18** 청원경찰법령상 청원경찰의 교육에 관한 설명으로 옳지 않은 것은?

① 청원주는 청원경찰에 임용된 자에 대하여 경비구역에 배치하기 전에 경찰교육기관에서 직무상 필요한 교육을 받게 하여야 한다.

② 경찰공무원 또는 청원경찰에서 퇴직한 자가 퇴직한 날로부터 3년 이내에 청원경찰로 임용된 때에는 교육을 면제할 수 있다.

③ 청원경찰의 신임교육의 기간은 4주간으로 한다.

④ 청원주는 소속 청원경찰에게 그 직무집행에 필요한 교육을 매월 4시간 이상 하여야 한다.

○**TIP** 청원경찰의 교육기간은 2주간으로 한다〈청원경찰법 시행규칙 제6조〉.

**19** 청원경찰법령상 청원경찰의 징계에 관한 설명으로 옳지 않은 것은?

① 청원경찰의 징계권자는 청원주이다.
② 감봉은 1개월 이상 3개월 이하로 하고, 그 기간에 보수의 3분의 1를 줄인다.
③ 청원경찰에 대한 징계의 종류는 파면, 해임, 정직, 감봉, 견책이 있다.
④ 청원주는 청원경찰의 배치결정통지를 받은 때에는 그 날로부터 30일 이내에 청원경찰에
   대한 징계규정을 제정하여 관할 시·도경찰청장에게 신고하여야 한다.

● **TIP** 청원주는 청원경찰의 배치 결정 통지를 받았을 때에는 그 날부터 15일 이내에 청원경찰에 대한
   징계규정을 제정하여 관할 시·도경찰청장에게 신고하여야 한다. 징계규정을 변경한 때에도 또한
   같다〈청원경찰법 시행령 제8조 제5항〉.

**20** A광역시에 소재하고 있는 B은행 본점에는 20명의 청원경찰이 배치되어 있다. 이에 관한 설
명으로 옳지 않은 것은?

① 청원경찰에 대한 봉급 및 각종 수당은 B은행에서 지급한다.
② B은행은 B은행 직원의 봉급지급일에 청원경찰에 대한 봉급도 지급한다.
③ 청원경찰이 입을 피복은 B은행에서 직접 그 피복대금을 청원경찰에게 지급한다.
④ 청원경찰로 임용된 자는 원칙적으로 경비구역에 배치되기 전에 경찰교육기관에서 직무수
   행에 필요한 교육을 받아야 한다.

● **TIP** 피복은 청원주가 제작하거나 구입하여 정기지급일 또는 신규 배치 시에 청원경찰에게 현품으로
   지급한다〈청원경찰법 시행규칙 제8조 제2호〉.

**Answer** 19.④ 20.③

**21** A기업체 청원경찰이 보수산정과 관련하여 가장 우선시 되는 기준은?

① 경찰관 순경의 보수에 준해 지급

② 국가기관, 지방자치단체 근무자에 준해 지급

③ 당해 사업체의 유사직종 근로자와 동일하게 지급

④ 당해 사업장의 취업규칙

**TIP** 보수 산정 시의 경력인정〈청원경찰법 시행령 제11조〉… 청원경찰의 보수 산정에 관하여 배치된 사업장의 취업규칙에 특별한 규정이 없는 경우에는 다음의 경력을 봉급산정의 기준이 되는 경력에 산입해야 한다.
  ㉠ 청원경찰로 근무한 경력
  ㉡ 군 또는 의무경찰에 복무한 경력
  ㉢ 수위·경비원·감시원, 기타 청원경찰과 비슷한 직무에 종사하던 자가 그 사업장의 청원주에 의하여 청원경찰로 임용된 경우에는 그 직무에 종사한 경력
  ㉣ 국가기관 또는 지방자치단체에서 근무하는 청원경찰에 대하여는 국가기관 또는 지방자치단체에서 상근으로 근무한 경력

**22** 청원경찰의 신분보장에 관한 설명으로 옳지 않은 것은?

① 청원주가 청원경찰을 면직시킨 때에는 그 사실을 관할 경찰서장을 거쳐 시·도경찰청장에게 보고하여야 한다.

② 청원경찰은 형의 선고·징계처분으로 직무를 감당하지 못할 때에는 그 의사에 반하여 면직될 수 있다.

③ 청원경찰은 신체상의 이상이 있는 경우에도 그 의사에 반하여 면직될 수는 없다.

④ 청원경찰은 원칙적으로 본인의 의사에 반하여 면직될 수 없다.

**TIP** 의사에 반한 면직〈청원경찰법 제10조의4〉
  ㉠ 청원경찰은 형의 선고·징계처분 또는 신체상·정신상의 이상으로 직무를 감당하지 못할 때를 제외하고는 그 의사에 반하여 면직되지 아니한다.
  ㉡ 청원주가 청원경찰을 면직시킨 때에는 그 사실을 관할 경찰서장을 거쳐 시·도경찰청장에게 보고하여야 한다.

**Answer** 21.④  22.③

**23** 다음 중 청원경찰의 당연퇴직사유에 해당하는 것은?

① 청원경찰이 만 55세 달한 때
② 청원주가 청원경찰이 배치된 시설을 축소하여 청원경찰의 비치인원을 감축한 경우
③ 청원주가 청원경찰이 배치된 시설을 폐쇄하여 청원경찰의 배치를 폐지한 때
④ 청원경찰이 견책처분을 받은 때

● **TIP** 당연퇴직〈청원경찰법 제10조의6〉
　　㉠ 임용결격사유에 해당되었을 때
　　㉡ 청원경찰의 배치가 폐지되었을 때
　　㉢ 나이가 60세가 되었을 때. 다만, 그 날이 1월부터 6월 사이에 있으면 6월 30일에, 7월부터 12월 사이에 있으면 12월 31일에 각각 당연 퇴직된다.

**24** 청원주가 부담하지 않아도 되는 경비는?

① 청원경찰의 봉급 및 각종 수당
② 청원경찰의 교육비
③ 청원경찰의 피복비
④ 직무상 부상으로 인하여 퇴직 후 2년 이후에 사망한 자에 대한 보상금

● **TIP** 보상금〈청원경찰법 제7조〉… 청원주는 청원경찰이 다음의 어느 하나에 해당하게 되면 대통령령으로 정하는 바에 따라 청원경찰 본인 또는 그 유족에게 보상금을 지급하여야 한다.
　　㉠ 직무수행으로 인하여 부상을 입거나, 질병에 걸리거나 또는 사망한 경우
　　㉡ 직무상의 부상·질병으로 인하여 퇴직하거나, 퇴직 후 2년 이내에 사망한 경우

**25** 다음 (　　) 안에 들어갈 알맞은 숫자는?

> 청원주가 청원경찰에게 무기 및 탄약을 출납할 때 소총은 1정당, (　㉠　)발 이내, 권총은 1정당 (　㉡　)발 이내로 하여야 한다.

① ㉠ – 10, ㉡ – 5 　　　　　　　　② ㉠ – 15, ㉡ – 7
③ ㉠ – 15, ㉡ – 5 　　　　　　　　④ ㉠ – 10, ㉡ – 7

● **TIP** 소총의 탄약은 1정당 15발 이내, 권총의 탄약은 1정당 7발 이내로 출납하여야 한다. 이 경우 생산된 후 오래된 탄약을 우선하여 출납하여야 한다〈청원경찰법 시행규칙 제16조 제2항 제2호〉.

**Answer**　23.③　24.④　25.②

**26** 청원경찰의 복제에 대한 설명 중 옳지 않은 것은?

① 장구는 허리띠, 경찰봉, 호루라기 및 포승으로 구분한다.
② 기동모, 기동복의 색상은 검정색으로 한다.
③ 제복의 제식 및 재질은 청원주가 결정한다.
④ 장구의 제식 및 재질은 경찰장구와 같다.

● **TIP** 기동모·기동복의 색상은 진한 청색으로 한다〈청원경찰법 시행규칙 제9조 제2항 제1호〉.

**27** 청원경찰의 임용, 배치, 경비에 대한 설명으로 옳지 않은 것은?

① 청원경찰의 임용자격은 18세 이상의 남자는 군복무를 미쳤거나 면제된 자에 한한다.
② 청원주가 청원경찰을 임용한 때에는 15일 이내에 그 임용사항을 관할 경찰청장에게 보고하여야 한다.
③ 청원주는 청원경찰을 신규로 배치한 때에는 배치지 관할 경찰서장에게 이를 통보하여야 한다.
④ 원칙적으로 청원경찰경비의 최저부담기준액 및 부담기준액은 순경의 것을 고려하여 다음 연도분을 매년 12월에 고시하여야 한다.

● **TIP** 청원주가 청원경찰을 임용하였을 때에는 10일 이내에 그 임용사항을 관할 경찰서장을 거쳐 시·도경찰청장에게 보고해야 한다〈청원경찰법 시행령 제4조 제2항〉.

**28** 청원주가 부담해야 하는 청원경찰경비가 아닌 것은?

① 청원경찰의 피복비
② 청원경찰의 교육비
③ 청원경찰의 의료비
④ 청원경찰에게 지급할 봉급 및 각종 수당

● **TIP** 청원주가 부담하는 청원경찰경비〈청원경찰법 제6조 제1항〉
　　　㉠ 청원경찰에게 지급할 봉급 및 각종 수당
　　　㉡ 청원경찰의 피복비
　　　㉢ 청원경찰의 교육비
　　　㉣ 보상금 및 퇴직금

**Answer** 26.② 27.② 28.③

**29** 청원경찰의 무기휴대에 관한 사항 중 옳지 않은 것은?

① 청원주가 청원경찰이 휴대할 무기를 대여받고자 할 때에는 관할 경찰서장을 거쳐 시·도 경찰청장에게 무기대여의 신청을 하여야 한다.

② 청원경찰은 별도의 허가를 받지 아니하고도 분사기를 휴대할 수 있다.

③ 청원경찰에게 무기를 대여한 경우에 관할 경찰서장은 청원경찰의 무기관리상황을 수시 점검하여야 한다.

④ 청원주는 경찰청장이 청하는 바에 의하여 매월 무기 및 탄약의 관리실태를 파악하여 다음 달 3일까지 관할 경찰서장에게 통보하여야 한다.

○ **TIP** 청원주는 「총포·도검·화약류 등의 안전관리에 관한 법률」에 따른 분사기의 소지허가를 받아 청원경찰로 하여금 그 분사기를 휴대하여 직무를 수행하게 할 수 있다〈청원경찰법 시행령 제15조〉

**30** 청원경찰이 배치되는 시설이 아닌 것은?

① 선박, 항공기 등 수송시설

② 의료법에 의한 의료기관

③ 사회복지법에 의한 사회복지시설

④ 학교 등 육영시설

○ **TIP** 청원경찰이 배치되는 시설〈청원경찰법 제2조〉
　　㉠ 국가기관 또는 공공단체와 그 관리하에 있는 중요 시설 또는 사업장
　　㉡ 국내 주재 외국기관
　　㉢ 선박·항공기 등 수송시설
　　㉣ 금융 또는 보험을 업으로 하는 시설 또는 사업장
　　㉤ 언론·통신·방송 또는 인쇄를 업으로 하는 시설 또는 사업장
　　㉥ 학교 등 육영시설
　　㉦ 의료법에 의한 의료기관
　　㉧ 그 밖에 공공의 안녕질서 유지와 국민경제를 위하여 고도의 경비가 필요한 중요 시설·사업체 또는 장소

**Answer** 29.② 30.③

**31** 청원경찰에 대한 설명으로 옳지 않은 것은?

① 형법적용에 있어서는 공무원으로 본다.

② 청원경찰에 임용된 자는 누구나 반드시 경비구역에 배치되기 전 교육을 받아야 한다.

③ 관할 경찰서장은 매월 1회 이상 복무규율 및 근무상황을 감독하여야 한다.

④ 청원주는 청원경찰을 이동배치한 때에는 배치지 관할 경찰서장에게 통보해야 한다.

**O TIP** 교육〈청원경찰법 시행령 제5조〉
   ㉠ 청원주는 청원경찰에 임용된 사람으로 하여금 경비구역에 배치하기 전에 경찰교육기관에서 직무수행에 필요한 교육을 받게 해야 한다. 다만, 경찰교육기관의 교육계획상 부득이하다고 인정할 때에는 우선 배치하고 임용 후 1년 이내에 교육을 받게 할 수 있다.
   ㉡ 경찰공무원(의무경찰을 포함) 또는 청원경찰에서 퇴직한 자가 퇴직한 날부터 3년 이내에 청원경찰로 임용된 때에는 교육을 면제할 수 있다.

**32** 청원경찰에 대한 징계처분과 관련된 내용 중 옳지 않은 것은?

① 청원주는 청원경찰이 직무상의 의무를 위반하거나 직무를 태만히 하면 징계처분하여야 한다.

② 감봉은 1월 이상 6월 이하로 하여 봉급의 2분의 1을 감한다.

③ 징계의 종류는 파면, 해임, 정직, 감봉, 견책의 5종류가 있다.

④ 청원주는 청원경찰의 배치결정통지를 받은 후 15일 이내에 징계규정을 제정해야 한다.

**O TIP** 징계〈청원경찰법 제5조의2〉
   ㉠ 청원주는 청원경찰이 다음에 해당하는 때에는 징계절차를 거쳐 징계처분을 하여야 한다.
      • 직무상의 의무를 위반하거나 직무를 태만히 한 때
      • 품위를 손상하는 행위를 한 때
   ㉡ 청원경찰에 대한 징계의 종류는 파면, 해임, 정직, 감봉, 견책으로 하며, 감봉은 1월 이상 3월 이하로 하되, 그 기간에 봉급의 3분의 1을 줄인다.

**Answer** 31.② 32.②

**33** 다음 설명 중 옳지 않은 것은?

① 청원경찰의 임용자격, 임용방법, 교육, 보수에 관하여는 대통령령으로 정한다.

② 청원경찰이 퇴직한 때에는 원칙적으로 근로자퇴직급여 보장법의 규정에 의한 퇴직금을 지급해야 한다.

③ 청원경찰경비의 봉급 등의 최저부담기준액이나 피복비, 교육비의 부담기준액은 행정안전부장관이 정하여 고시한다.

④ 시·도경찰청장은 청원경찰의 배치신청을 받은 때에는 지체없이 그 배치여부를 결정하여 신청인에게 알려야 한다.

**⊙ TIP** 청원주의 봉급·수당의 최저부담기준액(국가기관 또는 지방자치단체에 근무하는 청원경찰의 봉급·수당은 제외한다)과 청원경찰의 피복비, 교육비 비용의 부담기준액은 경찰청장이 정하여 고시한다〈청원경찰법 제6조 제3항〉.

**34** 다음 중 경찰관의 경찰관직무집행법상의 직무가 아닌 것은?

① 경비 및 주요 인사 경호

② 치안정보의 수집

③ 공공복리의 증진

④ 대간첩·대테러작전의 수행

**⊙ TIP** 경찰관직무집행법상 경찰관의 직무〈경찰관 직무집행법 제2조〉

　　㉠ 국민의 생명·신체 및 재산의 보호

　　㉡ 범죄의 예방·진압 및 수사

　　㉢ 범죄피해자 보호

　　㉣ 경비·주요 인사 경호 및 대간첩·대테러 작전 수행

　　㉤ 공공안녕에 대한 위험의 예방과 대응을 위한 정보의 수집·작성 및 배포

　　㉥ 교통 단속과 교통 위해의 방지

　　㉦ 외국의 정부기관 및 국제기구와 국제협력

　　㉧ 그 밖에 공공의 안녕과 질서 유지

**35** 청원경찰법령상 관할 경찰서장과 시 · 도경찰청장이 공통으로 갖춰 두어야 할 문서나 장부에 해당하는 것은?

① 청원경찰 명부　　　　　　　　② 전출입 관계철
③ 교육훈련 실시부　　　　　　　④ 배치 결정 관계철

○**TIP**　㉠ 관할 경찰서장이 갖춰 두어야 하는 문서와 장부〈청원경찰법 시행규칙 제17조 제2항〉…청원경찰 명부, 감독 순시부, 전출입 관계철, 교육훈련 실시부, 무기 · 탄약 대여대장, 징계요구서철, 그 밖에 청원경찰의 운영에 필요한 문서와 장부
　　　　㉡ 시 · 도경찰청장이 갖춰 두어야 하는 문서와 장부〈청원경찰법 시행규칙 제17조 제3항〉… 배치 결정 관계철, 청원경찰 임용승인 관계철, 전출입 관계철, 그 밖에 청원경찰의 운영에 필요한 문서와 장부

**36** 청원경찰의 배치 및 임용에 관한 다음 설명 중 옳은 것은?

① 시 · 도경찰청장은 청원경찰의 배치가 필요하다고 인정되는 기관의 장 또는 시설, 사업장의 경영자에게 청원경찰의 배치를 요청할 수 있다.
② 청원경찰의 배치를 받고자 하는 자는 관할 경찰관서장에게 문서 또는 구두로 신청해야 한다.
③ 청원경찰은 청원주가 관할 경찰관서장과 협의하여 임용하되, 그 임용에 있어서 미리 경찰청장의 승인을 얻어야 한다.
④ 청원주는 청원경찰비와 청원경찰 또는 그 유족에 대한 보상금 및 청원경찰의 퇴직금의 일부를 부담하여야 한다.

○**TIP**　② 청원경찰의 배치를 받으려는 자는 청원경찰 배치신청서에 경비구역 평면도 1부와 배치계획서 1부를 첨부하여 사업장의 소재지를 관할하는 경찰서장을 거쳐 시 · 도경찰청장에게 제출하여야 한다〈청원경찰법 시행령 제2조〉.
　　　　③ 청원경찰은 청원주가 임용하되, 임용을 할 때에는 미리 시 · 도경찰청장의 승인을 받아야 한다〈청원경찰법 제5조 제1항〉.
　　　　④ 청원주는 보상금 및 퇴직금의 전부를 부담하여야 한다〈청원경찰법 제6조 제1항 제4호〉.

**Answer**　35.②　36.①

**37** 청원경찰법 제1조의 내용이다. (    )안에 들어갈 용어로 옳은 것은?

> 청원경찰법의 청원경찰의 직무·임용·배치·보수·(    ) 및 그 밖에 필요한 사항을 규정함으로써 청원경찰의 원활한 운영을 목적으로 한다.

① 무기휴대                          ② 신분보장
③ 사회보장                          ④ 징계

○**TIP** 청원경찰법 제1조(목적) … 이 법은 청원경찰의 직무·임용·배치·보수·사회보장 및 그 밖에 필요한 사항을 규정함으로써 청원경찰의 원활한 운영을 목적으로 한다.


**38** 청원경찰법령상 청원경찰의 신분 및 근무 등에 관한 설명으로 옳지 않은 것은?

① 청원경찰은 형법이나 그 밖의 법령에 따른 벌칙을 적용할 때에는 공무원으로 본다.
② 청원경찰은 형의 선고, 징계처분 또는 신체상·정신상의 이상으로 직무를 감당하지 못할 때를 제외하고는 그 의사에 반하여 면직되지 아니한다.
③ 청원경찰이 직무를 수행할 때 직권을 남용하여 국민에게 해를 끼친 경우에는 6개월 이하의 징역이나 금고에 처한다.
④ 국가기관에 근무하는 청원경찰의 직무상 불법행위에 대한 배상책임에 관하여는 민법의 규정을 적용해야 한다.

○**TIP** ④ 청원경찰(국가기관이나 지방자치단체에 근무하는 청원경찰은 제외한다)의 직무상 불법행위에 대한 배상책임에 관하여는 「민법」의 규정을 따른다〈청원경찰법 제10조의2〉.
　　① 청원경찰법 제10조 제2항
　　② 청원경찰법 제10조의4 제1항
　　③ 청원경찰법 제10조 제1항

**39** 청원경찰법령상 국가기관이나 지방자치단체에 근무하는 청원경찰 본인의 의사에도 불구하고 휴직을 명하여야 하는 경우가 아닌 것은?

① 국외유학을 하게 된 때

② 신체·정신상의 장애로 장기 요양이 필요할 때

③ 천재지변 등의 사유로 소재가 불명확하게 된 때

④ 병역법에 따른 병역 복무를 마치기 위하여 소집된 때

**TIP** ① 국외유학을 하게 된 경우는 휴직을 원하면 휴직을 명할 수 있는 사유이지 휴직을 명하여야 하는 사유가 아니다.

※ **휴직 및 명예퇴직**… 국가기관이나 지방자치단체에 근무하는 청원경찰의 휴직 및 명예퇴직에 관하여는 국가공무원법을 준용하며 국가공무원법상 휴직을 명하여야 하는 경우는 다음과 같다 〈청원경찰법 제10조의7〉.

㉠ 신체·정신상의 장애로 장기 요양이 필요할 때

㉡ 병역법에 따른 병역 복무를 마치기 위하여 징집 또는 소집된 때

㉢ 천재지변이나 전시·사변, 그 밖의 사유로 생사(生死) 또는 소재(所在)가 불명확하게 된 때

㉣ 그 밖에 법률의 규정에 따른 의무를 수행하기 위하여 직무를 이탈하게 된 때

㉤ 공무원의 노동조합 설립 및 운영 등에 관한 법률에 따라 노동조합 전임자로 종사하게 된 때

**40** 청원경찰이 직무를 수행함에 있어서 직권을 남용하여 국민에게 해를 끼친 경우의 처벌로 옳은 것은?

① 6월 이하의 징역이나 금고

② 2년 이하의 징역이나 금고

③ 1년 이하의 징역이나 금고

④ 3년 이하의 징역이나 금고

**TIP** 직권남용 금지 등〈청원경찰법 제10조〉

㉠ 청원경찰이 직무를 수행할 때 직권을 남용하여 국민에게 해를 끼친 경우에는 6개월 이하의 징역이나 금고에 처한다.

㉡ 청원경찰업무에 종사하는 자는 형법, 그 밖의 법령에 따른 벌칙을 적용할 때에는 공무원으로 본다.

**41** 청원경찰법령상 청원경찰경비에 대한 설명으로 틀린 것은?

① 청원주가 부담하는 청원경찰경비는 청원경찰에게 지급할 봉급 및 각종 수당, 청원경찰의 피복비 및 교육비, 청원경찰법의 규정에 의한 보상금 및 퇴직금이 있다.

② 청원경찰에게 지급할 봉급 및 각종 수당의 최저부담기준액과 청원경찰의 피복비 및 교육비의 부담기준액은 경찰청장이 고시한다.

③ 청원경찰에게 지급할 봉급 및 각종 수당의 최저 부담 기준액은 순경의 것을 고려하여 매년 12월에 다음 연도분을 고시하여야 하며, 어떠한 경우에도 수시 고시는 허용될 수 없다.

④ 청원경찰에 대한 봉급 및 각종 수당은 청원주가 당해 사업장의 직원에 대한 보수지급일에 청원경찰에게 직접 지급된다.

○**TIP** ③ 청원경찰경비의 최저부담기준액 및 부담기준액은 경찰공무원 중 순경의 것을 고려하여 다음 연도분을 매년 12월에 고시하여야 한다. 다만 부득이한 사유가 있을 때에는 수시 고시할 수 있다 〈청원경찰법 시행령 제12조〉.

※ **청원경찰경비**〈청원경찰법 제6조〉
　㉠ 청원주는 다음의 청원경찰경비를 부담하여야 한다.
　　• 청원경찰에게 지급할 봉급과 각종 수당
　　• 청원경찰의 피복비
　　• 청원경찰의 교육비
　　• 보상금 및 퇴직금
　㉡ 국가기관 또는 지방자치단체에 근무하는 청원경찰의 보수는 다음의 구분에 따라 같은 재직기간에 해당하는 경찰공무원의 보수를 감안하여 대통령령으로 정한다.
　　• 재직기간 15년 미만 : 순경
　　• 재직기간 15년 이상 23년 미만 : 경장
　　• 재직기간 23년 7이상 30년 미만 : 경사
　　• 재직기간 30년 이상 : 경위
　㉢ 청원경찰에게 지급할 봉급·수당의 최저부담기준액과 같은 청원경찰의 피복비 및 청원경찰의 교육비의 부담기준액은 경찰청장이 정하여 고시한다.

서원각과 함께

꿈의 날개를 펴라

기업체 시리즈

한국전기안전공사

LH한국토지주택공사

한국승강기안전공단

공항철도

# 온라인강의와
# 함께 공부하자!

## 공무원 | 자격증 | NCS | 부사관·장교

네이버 검색창과 유튜브에 소정미디어를 검색해보세요.
다양한 강의로 학습에 도움을 받아보세요.

유튜브무료강의

소정미디어 홈페이지에서
다양한 강의를 확인해보세요.

정쌤's
소방관계
법규

합격의 토대를 만드는 기본서

소방공무원은 화재를 예방·진압하고 재난·재해 등의 위급한 상황에서의 구급·구조 활동 등을 통해 국민의 생명과 신체 및 재산을 보호함으로써 공공의 안녕과 질서 유지, 복리증진에 이바지함을 목적으로 한다. 또한 화재예방 및 구조와 구급 업무 이외에 지령실 업무 및 각 시설물들에 대한 소방점검을 비롯해 각종 긴급재난 예방활동도 하며, 해마다 각종 화재사고가 증가하고 있어 소방공무원의 선발인원은 매년 증가하고 있는 추세이다.

시험의 출제수준은 소방업무수행에 필요한 기본적인 능력·지식을 검정할 수 있는 정도로 각 과목별로 변경된 출제분야에 대해 유의하여 학습전략을 세워야 한다.

본서는 그동안 시험에 출제된 소방관계법규의 핵심 내용을 엄선하여 최신 개정 내용을 반영하여 수록하여 효율적인 학습이 이루어지도록 하였다. 또한, 풍성한 출제예상문제를 풀어봄으로써 각 법령에 대해 이해하고 암기하는 것이 수월하도록 하였다. 본서가 수험생 여러분을 합격의 길로 안내하기를 희망한다.

이 책의
특징 구성
# Structure

---

**01** 총칙

### 1. 소방기본법의 목적

소방기본법은 화재를 예방·경계하거나 진압하고 화재, 재난·재해, 그 밖의 위급한 상황에서의 구조·구급 활동 등을 통하여 국민의 생명·신체 및 재산을 보호함으로써 공공의 안녕 및 질서 유지와 복리증진에 이바지함을 목적으로 한다. [법 제1조(목적)]

### 2. 소방기법 상의 기본용어의 정리 [법 제2조(정의)]

① 소방대상물 … 건축물, 차량, 선박('선박법」에 따른 선박으로서 항구에 매어둔 선박만 해당), 선박 건조 구조물, 산림, 그 밖의 인공 구조물 또는 물건을 말한다.

② 관계지역 … 소방대상물이 있는 장소 및 그 이웃 지역으로서 화재의 예방·경계·진압, 구조·구급 등의 활동에 필요한 지역을 말한다.

③ 관계인이란 소방대상물의 소유자·관리자 또는 점유자를 말한다.

● **핵심이론정리**

소방관계법규에 해당하는 4가지 법령을 체계적으로 정리하여 효율적인 학습의 완성을 도모하였습니다.

---

**Let's check it out** **09** 출제예상문제

**1** 화재예방, 소방시설설치·유지 및 안전관리에 관한 법률의 목적으로 바르지 않은 것은?

① 위급한 상황으로부터 국민의 생명·신체 및 재산을 보호
② 화재의 예방 및 안전관리
③ 소방시설 등의 설치·유지
④ 소방활동의 정보제공

**TIPS!**

[법 제1조]
이 법은 화재의 예방·경계, 그 밖의 위급한 상황으로부터 국민의 생명·신체 및 재산을 효과적으로 보호하기 위하여 화재의 예방 및 안전관리에 관한 국가와 지방자치단체의 책무와 소방시설 등의 설치·유지 및 소방대상물의 안전관리에 관하여 필요한 사항을 정함으로써 공공의 안전과 복리 증진에 이바지함을 목적으로 한다.

● **출제예상문제**

그동안 시행된 기출문제들을 분석하여 출제 가능한 예상문제를 다수 수록하였습니다.

---

④ 「정신건강증진 및 정신질환자 복지서비스 지원에 관한 법률」에 따른 정신의료기관(입원실이 없는 정신건강의학과 의원은 제외) : 400제곱미터 이상

**TIPS!**

[시행령 제12조(건축허가등의 동의대상물의 범위 등)]

● **상세한 해설**

상세한 해설을 달아 문제풀이와 동시에 이론을 반복 학습할 수 있도록 하였습니다.

차례

# Contents

# 소방기본법

# 01 총칙

## 1. 소방기본법의 목적

소방기본법은 화재를 예방·경계하거나 진압하고 화재, 재난·재해, 그 밖의 위급한 상황에서의 구조·구급 활동 등을 통하여 국민의 생명·신체 및 재산을 보호함으로써 공공의 안녕 및 질서 유지와 복리증진에 이바지함을 목적으로 한다. [법 제1조(목적)]

## 2. 소방기법 상의 기본용어의 정리 [법 제2조(정의)]

① 소방대상물 ··· 건축물, 차량, 선박(「선박법」에 따른 선박으로서 항구에 매어둔 선박만 해당), 선박 건조 구조물, 산림, 그 밖의 인공 구조물 또는 물건을 말한다.

② 관계지역 ··· 소방대상물이 있는 장소 및 그 이웃 지역으로서 화재의 예방·경계·진압, 구조·구급 등의 활동에 필요한 지역을 말한다.

③ 관계인이란 소방대상물의 소유자·관리자 또는 점유자를 말한다.

④ 소방본부장 ··· 특별시·광역시·특별자치시·도 또는 특별자치도에서 화재의 예방·경계·진압·조사 및 구조·구급 등의 업무를 담당하는 부서의 장을 말한다.

⑤ 소방대 ··· 화재를 진압하고 화재, 재난·재해, 그 밖의 위급한 상황에서 구조·구급 활동 등을 하기 위하여 다음의 사람으로 구성된 조직체를 말한다.
  ㉠ 「소방공무원법」에 따른 소방공무원
  ㉡ 「의무소방대설치법」에 따라 임용된 의무소방원
  ㉢ 「의용소방대 설치 및 운영에 관한 법률」에 따른 의용소방대원

⑥ 소방대장 ··· 소방본부장 또는 소방서장 등 화재, 재난·재해, 그 밖의 위급한 상황이 발생한 현장에서 소방대를 지휘하는 사람을 말한다.

## 3. 국가와 지방자치단체의 책무 (법 제2조의2)

국가와 지방자치단체는 화재, 재난·재해, 그 밖의 위급한 상황으로부터 국민의 생명·신체 및 재산을 보호하기 위하여 필요한 시책을 수립·시행하여야 한다.

## 4. 소방기관의 설치

### (1) 소방기관의 설치 등 [법 제3조(소방기관의 설치 등)]

① 시·도의 화재 예방·경계·진압 및 조사, 소방안전교육·홍보와 화재, 재난·재해, 그 밖의 위급한 상황에서의 구조·구급 등의 업무(이하 "소방업무"라 한다)를 수행하는 소방기관의 설치에 필요한 사항은 대통령령으로 정한다.

② 소방업무를 수행하는 소방본부장 또는 소방서장은 그 소재지를 관할하는 특별시장·광역시장·특별자치시장·도지사 또는 특별자치도지사(이하 "시·도지사"라 한다)의 지휘와 감독을 받는다.

③ 제2항에도 불구하고 소방청장은 화재 예방 및 대형 재난 등 필요한 경우 시·도 소방본부장 및 소방서장을 지휘·감독할 수 있다.

④ 시·도에서 소방업무를 수행하기 위하여 시·도지사 직속으로 소방본부를 둔다.

### (2) 소방공무원의 배치 (법 제3조의2)

제3조제1항의 소방기관 및 같은 조 제4항의 소방본부에는 「지방자치단체에 두는 국가공무원의 정원에 관한 법률」에도 불구하고 대통령령으로 정하는 바에 따라 소방공무원을 둘 수 있다.

### (3) 다른 법률과의 관계 (제3조의3)

제주특별자치도에는 「제주특별자치도 설치 및 국제자유도시 조성을 위한 특별법」 제44조에도 불구하고 같은 법 제6조제1항 단서에 따라 이 법 제3조의2를 우선하여 적용한다.

### (4) 119종합상황실의 설치와 운영 [법 제4조(119종합상황실의 설치와 운영)]

#### 1) 119종합상황실의 설치와 운영

소방청장, 소방본부장 및 소방서장은 화재, 재난·재해, 그 밖에 구조·구급이 필요한 상황이 발생하였을 때에 신속한 소방활동을 위한 정보의 수집·분석과 판단·전파, 상황관리, 현장 지휘 및 조정·통제 등의 업무를 수행하기 위하여 119종합상황실을 설치·운영하여야 한다.

#### 2) 종합상활실 설치·운영의 법적근거

소방업무를 위한 모든 활동을 위하여 119종합상황실의 설치·운영에 필요한 사항은 행정안전부령으로 정한다.

#### 3) 종합상황실의 설치 범위 [소방기본법 시행규칙 제2조]

① 종합상황실은 소방청과 특별시·광역시·특별자치시·도 또는 특별자치도의 소방본부 및 소방서에 각각 설치·운영하여야 한다.

② 소방청장, 소방본부장 또는 소방서장은 신속한 소방활동을 위한 정보를 수집·전파하기 위하여 종합상황실에 「소방력 기준에 관한 규칙」에 의한 전산·통신요원을 배치하고, 소방청장이 정하는 유·무선통신시설을 갖추어야 한다.

③ 종합상황실은 24시간 운영체제를 유지하여야 한다.

### 4) 종합상황실의 실장 [소방기본법 시행규칙 제3조]

① **종합상황실의 실장** ⋯ 종합상황실에 근무하는 자 중 최고직위에 있는 자를 말한다. 단, 최고직위에 있는 자가 2인이상인 경우에는 선임자

② **종합상황실장의 기본 업무**
   ㉠ 화재, 재난·재해 그 밖에 구조·구급이 필요한 상황의 발생의 신고접수
   ㉡ 접수된 재난상황을 검토하여 가까운 소방서에 인력 및 장비의 동원을 요청하는 등의 사고수습
   ㉢ 하급소방기관에 대한 출동지령 또는 동급 이상의 소방기관 및 유관기관에 대한 지원요청
   ㉣ 재난상황의 전파 및 보고
   ㉤ 재난상황이 발생한 현장에 대한 지휘 및 피해현황의 파악
   ㉥ 재난상황의 수습에 필요한 정보수집 및 제공

③ **종합상황실의 실장의 보고 업무** ⋯ 다음에 해당하는 상황이 발생하는 때에는 그 사실을 지체 없이 서면·모사전송 또는 컴퓨터통신 등으로 소방서의 종합상황실의 경우는 소방본부의 종합상황실에, 소방본부의 종합상황실의 경우는 소방청의 종합상황실에 각각 보고하여야 한다.
   ㉠ 다음에 해당하는 화재
      가. 사망자가 5인 이상 발생하거나 사상자가 10인 이상 발생한 화재
      나. 이재민이 100인 이상 발생한 화재
      다. 재산피해액이 50억원 이상 발생한 화재
      라. 관공서·학교·정부미도정공장·문화재·지하철 또는 지하구의 화재
      마. 관광호텔, 층수(「건축법 시행령」산정한 층수)가 11층 이상인 건축물, 지하상가, 시장, 백화점, 「위험물안전관리법」의한 지정수량의 3천배 이상의 위험물의 제조소·저장소·취급소, 층수가 5층 이상이거나 객실이 30실 이상인 숙박시설, 층수가 5층 이상이거나 병상이 30개 이상인 종합병원·정신병원·한방병원·요양소, 연면적 1만5천제곱미터 이상인 공장 또는 소방기본법 시행령따른 화재경계지구에서 발생한 화재
      바. 철도차량, 항구에 매어둔 총 톤수가 1천톤 이상인 선박, 항공기, 발전소 또는 변전소에서 발생한 화재
      사. 가스 및 화약류의 폭발에 의한 화재
      아. 「다중이용업소의 안전관리에 관한 특별법」에 따른 다중이용업소의 화재
   ㉡ 「긴급구조대응활동 및 현장지휘에 관한 규칙」에 의한 통제단장의 현장지휘가 필요한 재난상황
   ㉢ 언론에 보도된 재난상황
   ㉣ 그 밖에 소방청장이 정하는 재난상황

④ 종합상황실의 근무 방법 … 종합상황실 근무자의 근무방법 등 종합상황실의 운영에 관하여 필요한 사항은 종합상황실을 설치하는 소방청장, 소방본부장 또는 소방서장이 각각 정한다.

## 5. 소방박물관의 설립과 운영

### (1) 소방박물관의 정의 [제5조(소방박물관 등의 설립과 운영)]

소방의 역사와 안전문화를 발전시키고 국민의 안전의식을 높이기 위하여 소방청장은 소방박물관을, 시·도지사는 소방체험관(화재 현장에서의 피난 등을 체험할 수 있는 체험관)을 설립하여 운영할 수 있다.

### (2) 소방박물관의 설치 규정

소방박물관의 설립과 운영에 필요한 사항은 행정안전부령으로 정하고, 소방체험관의 설립과 운영에 필요한 사항은 행정안전부령으로 정하는 기준에 따라 시·도의 조례로 정한다.

### (3) 소방박물관의 구성 (소방기본법 시행규칙 제4조 소방박물관의 설립과 운영)

소방청장은 소방박물관을 설립·운영하는 경우에는 소방박물관에 소방박물관장 1인과 부관장 1인을 두되, 소방박물관장은 소방공무원중에서 소방청장이 임명한다.

### (4) 소방박물관의 운영방향

소방박물관은 국내·외의 소방의 역사, 소방공무원의 복장 및 소방장비 등의 변천 및 발전에 관한 자료를 수집·보관 및 전시한다.

### (5) 소방박물관 운영위원회의 설치

소방박물관에는 그 운영에 관한 중요한 사항을 심의하기 위하여 7인 이내의 위원으로 구성된 운영위원회를 둔다.

### (6) 소방박물관의 운영에 관한 규정

소방박물관의 관광업무·조직·운영위원회의 구성 등에 관하여 필요한 사항은 소방청장이 정한다.

### (7) 소방체험관의 설치 및 운영 [소방기본법 시행령 제4조의2 (소방체험관의 설립 및 운영)]

- 소방체험관은 다음의 기능을 수행한다.
    - ㉠ 재난 및 안전사고 유형에 따른 예방, 대처, 대응 등에 관한 체험교육의 제공
    - ㉡ 체험교육 프로그램의 개발 및 국민 안전의식 향상을 위한 홍보·전시
    - ㉢ 체험교육 인력의 양성 및 유관기관·단체 등과의 협력
    - ㉣ 그 밖에 체험교육을 위하여 시·도지사가 필요하다고 인정하는 사업의 수행

– 소방체험관 설치기준 [행정안전부령을 기준]

1. 설립 입지 및 규모 기준
   가. 소방체험관은 도로 등 교통시설을 갖추고, 재해 및 재난 위험요소가 없는 등 국민의 접근성과 안전성이 확보된 지역에 설립되어야 한다.
   나. 소방체험관 중 소방안전 체험실로 사용되는 부분의 바닥면적의 합이 900제곱미터 이상이 되어야 한다.

2. 소방체험관의 시설 기준
   가. 소방체험관에는 다음 표에 따른 체험실을 모두 갖추어야 한다. 이 경우 체험실별 바닥면적은 100제곱미터 이상이어야 한다.

| 분야 | 체험실 |
|---|---|
| 생활안전 | 화재안전 체험실 |
| | 시설안전 체험실 |
| 교통안전 | 보행안전 체험실 |
| | 자동차안전 체험실 |
| 자연재난안전 | 기후성 재난 체험실 |
| | 지질성 재난 체험실 |
| 보건안전 | 응급처치 체험실 |

   나. 소방체험관의 규모 및 지역 여건 등을 고려하여 다음 표에 따른 체험실을 갖출 수 있다. 이 경우 체험실별 바닥면적은 100제곱미터 이상이어야 한다.

| 분야 | 체험실 |
|---|---|
| 생활안전 | 전기안전 체험실, 가스안전 체험실, 작업안전 체험실, 여가활동 체험실, 노인안전 체험실 |
| 교통안전 | 버스안전 체험실, 이륜차안전 체험실, 지하철안전 체험실 |
| 자연재난안전 | 생물권 재난안전 체험실(조류독감, 구제역 등) |
| 사회기반안전 | 화생방·민방위안전 체험실, 환경안전 체험실, 에너지·정보통신안전 체험실, 사이버안전 체험실 |
| 범죄안전 | 미아안전 체험실, 유괴안전 체험실, 폭력안전 체험실, 성폭력안전 체험실, 사기범죄 안전 체험실 |
| 보건안전 | 중독안전 체험실(게임·인터넷, 흡연 등), 감염병안전 체험실, 식품안전 체험실, 자살방지 체험실 |
| 기타 | 시·도지사가 필요하다고 인정하는 체험실 |

   다. 소방체험관에는 사무실, 회의실, 그 밖에 시설물의 관리·운영에 필요한 관리시설이 건물규모에 적합하게 설치되어야 한다.

3. 체험교육 인력의 자격 기준

　가. 체험실별 체험교육을 총괄하는 교수요원은 소방공무원 중 다음의 어느 하나에 해당하는 사람이어 야 한다.

　　1) 소방 관련학과의 석사학위 이상을 취득한 사람

　　2) 「소방기본법」에 따른 소방안전교육사, 「화재예방, 소방시설 설치·유지 및 안전관리에 관한 법률」에 따른 소방시설관리사, 「국가기술자격법」에 따른 소방기술사 또는 소방설비기사 자격을 취득한 사람

　　3) 간호사 또는 「응급의료에 관한 법률」에 따른 응급구조사 자격을 취득한 사람

　　4) 소방청장이 실시하는 인명구조사시험 또는 화재대응능력시험에 합격한 사람

　　5) 「소방기본법」에 따른 소방활동이나 생활안전활동을 3년 이상 수행한 경력이 있는 사람

　　6) 5년 이상 근무한 소방공무원 중 시·도지사가 체험실의 교수요원으로 적합하다고 인정하는 사람

　나. 체험실별 체험교육을 지원하고 실습을 보조하는 조교는 다음의 어느 하나에 해당하는 사람이어야 한다.

　　1) 가목에 따른 교수요원의 자격을 갖춘 사람

　　2) 「소방기본법」에 따른 소방활동이나 생활안전활동을 1년 이상 수행한 경력이 있는 사람

　　3) 중앙소방학교 또는 지방소방학교에서 2주 이상의 소방안전교육사 관련 전문교육과정을 이수한 사람

　　4) 소방체험관에서 2주 이상의 체험교육에 관한 직무교육을 이수한 의무소방원

　　5) 그 밖에 1)부터 4)까지의 규정에 준하는 자격 또는 능력을 갖추었다고 시·도지사가 인정하는 사람

4. 소방체험관의 관리인력 배치 기준 등

　가. 소방체험관의 규모 등에 비추어 체험교육 프로그램의 기획·개발, 대외협력 및 성과분석 등을 담당할 적정한 수준의 행정인력을 두어야 한다.

　나. 소방체험관의 규모 등에 비추어 건축물과 체험교육 시설·장비 등의 유지관리를 담당할 적정한 수준의 시설관리인력을 두어야 한다.

　다. 시·도지사는 소방체험관 이용자에 대한 안전지도 및 질서 유지 등을 담당할 자원봉사자를 모집하여 활용할 수 있다.

5. 체험교육 운영 기준

　가. 체험교육을 실시할 때 체험실에는 1명 이상의 교수요원을 배치하고, 조교는 체험교육대상자 30명당 1명 이상이 배치되도록 하여야 한다. 다만, 소방체험관의 장은 체험교육대상자의 연령 등을 고려하여 조교의 배치기준을 달리 정할 수 있다.

　나. 교수요원은 체험교육 실시 전에 소방체험관 이용자에게 주의사항 및 안전관리 협조사항을 미리 알려야 한다.

　다. 시·도지사는 설치되어 있는 체험실별로 체험교육 표준운영절차를 마련하여야 한다.

　라. 시·도지사는 체험교육대상자의 정신적·신체적 능력을 고려하여 체험교육을 운영하여야 한다.

　마. 시·도지사는 체험교육 운영인력에 대하여 체험교육과 관련된 지식·기술 및 소양 등에 관한 교육훈련을 연간 12시간 이상 이수하도록 하여야 한다.

　바. 체험교육 운영인력은 「소방공무원 복제 규칙」에 따른 기동장을 착용하여야 한다. 다만, 계절이나 야외 체험활동 등을 고려하여 제복의 종류 및 착용방법을 달리 정할 수 있다.

6. 안전관리 기준

　가. 시·도지사는 소방체험관에서 발생한 사고로 인한 이용자 등의 생명·신체나 재산상의 손해를 보
　　　상하기 위한 보험 또는 공제에 가입하여야 한다.

　나. 교수요원은 체험교육 실시 전에 체험실의 시설 및 장비의 이상 유무를 반드시 확인하는 등 안전검
　　　검을 실시하여야 한다.

　다. 소방체험관의 장은 소방체험관에서 발생하는 각종 안전사고 등을 총괄하여 관리하는 안전관리자
　　　를 지정하여야 한다.

　라. 소방체험관의 장은 안전사고 발생 시 신속한 응급처치 및 병원 이송 등의 조치를 하여야 한다.

　마. 소방체험관의 장은 소방체험관의 이용자의 안전에 위해(危害)를 끼치거나 끼칠 위험이 있다고 인
　　　정되는 이용자에 대하여 출입 금지 또는 행위의 제한, 체험교육의 거절 등의 조치를 하여야 한다.

7. 이용현황 관리 등

　가. 소방체험관의 장은 체험교육의 운영결과, 만족도 조사결과 등을 기록하고 이를 3년간 보관하여야
　　　한다.

　나. 소방체험관의 장은 체험교육의 효과 및 개선 사항 발굴 등을 위하여 이용자를 대상으로 만족도 조
　　　사를 실시하여야 한다. 다만, 이용자가 거부하거나 만족도 조사를 실시할 시간적 여유가 없는 등의
　　　경우에는 만족도 조사를 실시하지 아니할 수 있다.

　다. 소방체험관의 장은 체험교육을 이수한 사람에게 교육이수자의 성명, 체험내용, 체험시간 등을 적
　　　은 체험교육 이수증을 발급할 수 있다.

## 6. 소방업무의 종합계획

### (1) 소방업무에 관한 종합계획 [제6조(소방업무에 관한 종합계획의 수립·시행 등)]

　소방청장은 화재, 재난·재해, 그 밖의 위급한 상황으로부터 국민의 생명·신체 및 재산을 보호하기 위하여 소방업무에 관한 종합계획을 5년마다 수립·시행하여야 하고, 이에 필요한 재원을 확보하도록 노력하여야 한다.

### (2) 종합계획의 내용

① 소방서비스의 질 향상을 위한 정책의 기본방향

② 소방업무에 필요한 체계의 구축, 소방기술의 연구·개발 및 보급

③ 소방업무에 필요한 장비의 구비

④ 소방전문인력 양성

⑤ 소방업무에 필요한 기반조성

⑥ 소방업무의 교육 및 홍보(도로교통법에 따른 소방자동차의 우선 통행 등에 관한 홍보를 포함)

⑦ 그 밖에 소방업무의 효율적 수행을 위하여 필요한 사항으로서 대통령령으로 정하는 사항

## (3) 종합계획의 통보 및 보완

① 소방청장은 종합계획을 관계 중앙행정기관의 장, 시·도지사에게 통보하여야 한다.

② 시·도지사는 관할 지역의 특성을 고려하여 종합계획의 시행에 필요한 세부계획을 매년 수립하여 소방청장에게 제출하여야 하며, 세부계획에 따른 소방업무를 성실히 수행하여야 한다.

③ 소방청장은 소방업무의 체계적 수행을 위하여 필요한 경우 시·도지사가 제출한 세부계획의 보완 또는 수정을 요청할 수 있다.

③ 그 밖에 종합계획 및 세부계획의 수립·시행에 필요한 사항은 대통령령으로 정한다.

⑦ 소방청장은 「소방기본법」에 따른 소방업무에 관한 종합계획을 관계 중앙행정기관의 장과의 협의를 거쳐 계획 시행 전년도 10월 31일까지 수립하여야 한다. [시행령 제1조의 2]

⑭ 소방기본법의 대통령령으로 정하는 사항

㉠ 재난·재해 환경 변화에 따른 소방업무에 필요한 대응 체계 마련

㉡ 장애인, 노인, 임산부, 영유아 및 어린이 등 이동이 어려운 사람을 대상으로 한 소방활동에 필요한 조치

㉰ 특별시장·광역시장·특별자치시장·도지사 또는 특별자치도지사는 소방기본법에 따른 종합계획의 시행에 필요한 세부계획을 계획 시행 전년도 12월 31일까지 수립하여 소방청장에게 제출하여야 한다.

## 7. 소방의 날 제정과 운영 [소방기본법 제7조(소방의 날 제정과 운영 등)]

### (1) 소방의 날 제정

국민의 안전의식과 화재에 대한 경각심을 높이고 안전문화를 정착시키기 위하여 매년 11월 9일을 소방의 날로 정하여 기념행사를 한다.

### (2) 소방의 날 운영

소방의 날 행사에 관하여 필요한 사항은 소방청장 또는 시·도지사가 따로 정하여 시행할 수 있다.

### (3) 명예소방대원의 위촉

소방청장은 다음에 해당하는 사람을 명예직 소방대원으로 위촉할 수 있다.

① 「의사상자 등 예우 및 지원에 관한 법률」에 따른 의사상자로서 천재지변, 화재, 건물·축대·제방의 붕괴 등으로 위해에 처한 다른 사람의 생명·신체 또는 재산을 구하다가 사망하거나 부상을 입는 구조행위를 한 때 또는 천재지변, 수난, 화재, 건물·축대·제방의 붕괴 등으로 일어날 수 있는 불특정 다수인의 위해를 방지하기 위하여 긴급한 조치를 하다가 사망하거나 부상을 입는 구조행위를 한 때에 해당하는 사람

② 소방행정 발전에 공로가 있다고 인정되는 사람

# 02 소방장비 및 소방용수시설

## 1. 소방력의 기준 [제8조(소방력의 기준 등)]

### (1) 소방력의 개념

소방력이라함은 소방기관이 소방업무를 수행하는 데에 필요한 인력과 장비 등을 의미하며, 이를 "소방력"(消防力)이라 한다. 이에 관한 기준은 행정안전부령으로 정한다.

1) 시·도지사는 소방력의 기준에 따라 관할구역의 소방력을 확충하기 위하여 필요한 계획을 수립하여 시행하여야 한다.

2) 소방자동차 등 소방장비의 분류·표준화와 그 관리 등에 필요한 사항은 따로 법률에서 정한다.

### (2) 소방활동

소방활동은 소방대(消防隊)를 기초로 한 조직활동이다. 이 대(隊)를 구성하는 ① 대원(인원)과 ② 차량(장비)이며 이것에 ③ 소방용수를 합하여 소방력의 3요소라 한다. 일반적으로는 인원이 확보되고 장비 및 소방용수시설이 완비되어 있으면 소방력은 갖추어졌다고 말할 수 있으나 엄격한 의미에서의 소방력 확보라 함은 인원은 체계화된 조직에 편성되어 교육훈련을 받은 정예의 대원이어야 하고, 장비는 완전하게 정비되어 있으며, 소방용수는 풍부하고 완벽하게 관리되어 화재 발생시 그 기능이 유기적으로 충분하게 발휘될 수 있어야 한다.

#### 1) 대원(소방대원)

소방력의 3요소로서 인원, 장비, 소방용수를 들지만 이 세 가지가 반드시 같은 정도의 중요성을 갖는 것은 아니며 그 기반이 되는 것은 인원 즉, 소방대원이다. 아무리 기계장비가 우수하고 소방용수가 풍부하다고 해도 그것만으로 효과적인 소방활동을 할 수는 없다. 장비와 수리를 유효하게 활용하는 것은 소방대원이기 때문이다.

① **지휘자** … 지휘자(일반적으로 소방장 이상의 계급에 있는 자를 출동대마다 소방서장이 지정한다)는 현장활동에 있어서의 보다 효과적인 화재진압을 위한 핵심으로 지휘권한 및 책임을 가진다. 대원을 확실하게 장악하고 자기의 상황판단에 따라 소화, 연소방지, 인명구조 등의 구체적인 방법, 순서를 지시, 명령하여 소방의 활동목적을 달성하고 자신의 명령에 대한 책임을 지며 지휘능력에 따라 소방활동의 승패를 좌우한다.

② **대원** … 재해현장은 항상 위기적 상황이므로 대원은 지휘자의 지시, 명령에 대하여 신속·정확하게 행동하여야 한다. 이를 위하여 소방활동에 관한 지식, 기능을 몸으로 익힘과 동시에 체력의 향상과 정신력의 함양에 노력하여야 한다. 정예대원의 요건은 강인하고 왕성한 정신력과 체력을 바탕으로 한 지식과 기술의 습득이 그 요건이다.

## 2) 차량(장비)

소방장비는 소방활동의 능률을 높이기 위한 것으로서 「소방장비관리규칙」(행자부령 제248호)에는 장비의 기능 및 성질에 따라서 기동·진압·구조·구급·통신·측정·보호·보조·기타장비의 9종으로 분류하고 있다.

- 소방기관이 소방업무를 수행하는 데에 필요한 인력과 장비 등에 관한 기준은 행정안전부령으로 정한다.

※ 소방장비의 분류 표

| 대분류 | 중분류 | 소분류 |
|---|---|---|
| 1. 기동장비 | 소방자동차 | 소방펌프차, 소방물탱크차, 소방화학차, 화생방 대응차, 소방사다리차, 무인방수차, 지휘차, 구조차, 구급차, 조명배연차, 화재조사차, 생활안전차, 안전진단차, 소방순찰차, 현장지원차, 행정 및 교육지원차, 이륜차, 중장비 |
| | 소방선박 | 소방정, 구조정, 지휘정 |
| | 소방항공기 | 고정익, 회전익 |
| 2. 화재 진압장비 | 소화용수기구 | 결합금속구, 소방용수 이용장비 |
| | 관창 | 일반관창, 특수관창, 폼관창, 방수총 |
| | 사다리 | 화재진압용 사다리 |
| | 소방용 펌프 | 동력소방펌프 |
| | 소방호스 | 소방호스, 소방호스 운용 용품 |
| | 소방용 보조기구 | 소화용 기구, 산소발생 공기정화기, 열화상 카메라, 이동식 송배풍기 |
| | 이동식진화기 | 소화기, 초순간진화기 |
| | 소방용로봇 | 화재진압 로봇, 정찰 로봇 |
| 3. 구조장비 | 일반구조용 | 구조용 사다리, 개방장비, 조명기구, 총포류, 동물포획 장비 세트, 일반구조 통신장비, 이송 및 안전장비, 그 밖의 일반장비 |
| | 산악구조용 | 등하강 및 확보장비, 산악용 안전벨트, 고리, 도르래, 슬링, 등반용 로프 및 부대장비, 배낭, 일반장비, 빙벽 등반장비 세트, 설상 구조장비 세트, 암벽 및 거벽 등반장비 세트, 구조대상자 이송 및 안전장비, 산악용 근거리 통신장비 |
| | 수난구조용 | 급류 구조장비, 잠수장비, 수중통신장비, 인명구조 및 안전장비 |
| | 화생방 및 대테러 구조용 | 경계구역 설정라인, 제 소독장비, 누출물 수거장비, 누출방지장비, 화생방 오염환자 이송장비, 시료 채취 및 이송장비, 슬링백 세트, 에어리프팅 백, 보호의류 등, 대테러 구조장비 |
| | 절단 구조용 | 절단기, 톱, 드릴, 유압절단장비 |
| | 중량물 작업용 | 유압장비, 휴대용 윈치, 다목적 구조 삼각대, 운전석 에어백 작동방지장치, 에어백, 지지대, 리프트 잭, 체인블럭, 체인세트, 벨트슬링, 중량물 작업용 와이어 |
| | 탐색 구조용 | 헬멧식 연기투시기, 적외선 야간투시경, 매몰자 탐지기, 영상송수신장비세트, 붕괴물 경보기, 수중 탐지기, 수중비디오, 수중카메라, GPS수신기, 인명구조견, 구조용 로봇, 공중수색장비 |
| | 파괴용 | 도끼, 방화문파괴기, 해머드릴, 착암기 |

| | 검사장비 | 검안기기, 손전등, 심전도기기, 청진기, 체온 및 온도계, 인체 측정기, 혈압 혈류계 |
|---|---|---|
| **4. 구급장비** | 기도확보유지장비 | 기도유지장치 |
| | 분만장비 | 분만용 장비 |
| | 순환유지장비 | 쇼크방지용 바지, 정맥주사 세트, 지혈대 |
| | 시트 | 멸균 시트, 체온유지 시트, 화상용 시트 |
| | 심장박동회복장비 | 자동심장충격기, 자동심폐소생기 |
| | 외상처치장비 | 집게, 경추보호대, 구출고정장치, 기초 인명소생 가방세트, 긴척추고 정판(머리 고정대 포함), 목 고정대, 곡반, 부목 |
| | 호흡유지장비 | 네블라이저, 백 밸브 마스크, 포켓마스크, 비강케뉼라, 비재호흡마스크, 안면마스크, 인공호흡기, 자동식 산소 소생기, 지속양압환기장치, 충전식 흡인기 |
| | 환자이송장비 | 들것, 보온용 담요 |
| | 그 밖의 구급장비 | 소독기, 산소 발생기, 원격화상 전송장치, 혈관압박 의복 또는 지지율, 폐기물 보관통 |
| | 구급의약품 | 의약품, 소독품 |
| | 교육장비 | 마네킹 |
| **5. 정보 통신장비** | 기반장비 | 냉방장치, 동력조절장비, 발전기류, 전기물리학 교재, 회로보호장치 및 액세서리 |
| | 네트워크장비 | 고정 네트워크 장비 및 부품, 광 네트워크 장치, 네트워크서비스장비, 음향장비 및 제어기 |
| | 무선통신장비 | 개인무선통신장치, 고정 네트워크 장비 및 부품, 전화장비, 회로어셈블리 및 라디오주파수 부품 |
| | 보안장비 | 네트워크 보안장비, 보안 및 보호 소프트웨어 |
| | 소프트웨어 | 네트워킹 소프트웨어, 데이터관리 및 질문 소프트웨어 |
| | 유선통신장비 | 개인유선통신장치, 이동식 및 임시용 조명 및 액세서리, 전기케이블 및 부속품, 정류기(整流器) |
| | 전산장비 | 복합영상장비 및 콘트롤러, 음향기기 및 영상기기, 카메라 및 액세서리, 컴퓨터, 컴퓨터 디스플레이, 컴퓨터데이터입력장비, 컴퓨터프린터, 고정 네트워크 장비 및 부품, 등사기, 매체저장장치, 영사기 및 소모품, 회의용 비디오 및 전화장비, 콜매니지먼트시스템 또는 액세서리 |

| | | |
|---|---|---|
| 6. 측정장비 | 소방시설점검장비 | 공통시설 점검장비, 소화기구 점검장비, 소화설비 점검장비, 화재경보설비 점검장비, 누전 점검장비, 무전통신보조설비 점검장비, 제연설비 점검장비, 유도등 및 조명등 점검장비 |
| | 화재조사 및 감식장비 | 발굴용 장비, 기록용 장비, 감식감정용 장비, 증거수집장비, 특수감식감정장비, 분석실 구비 장비 |
| | 일반측정장비 | 전기측정장비, 가스측정장비, 공기성분 분석기, 측정기, 화재탐지기, X-ray 투시기 |
| | 화생방 등 측정장비 | 방사능 측정장비, 화학생물학 측정장비 |
| 7. 보호장비 | 호흡장비 | 공기호흡기, 공기공급기, 산소호흡기, 마스크 |
| | 보호의류 및 헬멧 | 방화복, 방호복, 특수방호복, 방화두건, 보호장갑, 안전화, 헬멧 |
| | 안전장구 | 안전안경, 인명구조 경보기, 신체 및 관절보호대, 대원 위치추적장치, 대원 탈출장비, 대원 안전확보장비, 손매듭기, 방탄조끼, 방한커버 |
| 8. 보조장비 | 기록보존용 | 카메라, 녹음기, 차량용 운행기록계, 초시계, 컴퓨터 프린터, 영상장비 |
| | 정비기구 | 일반정비기구, 세탁건조장비, 발전기 |
| | 현장지휘소 운영장비 | 지휘 텐트, 상황브리핑 장비 |
| | 현장지원장비 | 출입통제선, 차량 이동기, 휴대용 확성기 |
| | 그 밖의 보조장비 | 안전매트, 전선 릴, 수중펌프, 드럼펌프, 양수기, 수손(水損) 방지막 |

※ 비고

1. 위 표에서 대분류별 소방장비의 뜻은 다음과 같다.

    가. 기동장비 : 자체에 동력원이 부착되어 자력으로 이동하거나 견인되어 이동할 수 있는 장비

    나. 화재진압장비 : 화재진압활동에 직접 사용되는 필수장비

    다. 구조장비 : 구조활동에 사용되는 장비

    라. 구급장비 : 구급활동에 사용되는 장비

    마. 정보통신장비 : 소방업무 수행을 위한 의사전달 및 정보교환·분석에 필요한 장비

    바. 측정장비 : 소방업무 수행에 수반되는 각종 조사 및 측정을 위하여 사용되는 장비

    사. 보호장비 : 소방현장에서 소방대원의 신체를 보호하는 장비

    아. 보조장비 : 소방업무 수행을 위하여 간접 또는 부수적으로 필요한 장비

2. 위 표에서 분류된 소방장비의 상세한 내용에 대하여 구체적으로 필요한 사항은 소방청장이 정한다.

### 3) 소방용수

① **소방용수(消防用水)의 정의** … 소방용수라 함은 소방기본법에 규정하는 소방에 필요한 소방용수시설을 말한다. 소방용수는 소방기관이 소방활동에 사용할 것을 목적으로 시 또는 도의 책임 하에 설치하거나 지정된 것이므로 그 설치기준은 소방기본법시행규칙의 소방용수시설 설치기준에 의하여 정해져 있다. 그러나 그 외에도 소방용의 목적으로 설치되거나 사용하는 소방용수로서 다음과 같은 것이 있다.

　㉠ 자위소방대, 시민들이 활용하는 초기소화용수

　㉡ 소방시설설치유지및안전관리에관한법률에 규정하는 소방의 목적에 쓰이는 설비의 수원 및 소방용수

　㉢ 기타 미지정용수

② **소방용수의 종류** … 소방용수의 구분방법으로 소화전과 소화전 이외의 것으로 구분하는 방법이 있으며 (소화전 이외의 용수를 달리 자연용수라고 하는 경우도 있다) 일반적으로는 인공적인 것과 자연적인 것으로 구분되며 그 종류는 다음과 같이 구분할 수가 있다.

③ **소방용수시설의 설치기준** … 소방용수는 소방대가 화재시 소화활동을 하기 위한 충분한 수량과 소방용 기계기구를 유효하게 활용할 수 있는 위치, 구조이어야 한다.

　ⓐ **소화전** : 상수도와 연결하여 지하식 또는 지상식의 구조로 하고, 소방용호스와 연결하는 소화전의 연결금속구의 구경은 65밀리미터로 한다.

　ⓑ **급수탑** : 급수배관의 구경은 100밀리미터 이상으로 하고, 개폐밸브는 지상에서 1.5미터 이상 1.7미터 이하의 위치에 설치한다.

　ⓒ **저수조** : 지면으로부터 낙차가 4.5미터 이하, 흡수부분의 수심은 0.5미터 이상이며, 소방차가 쉽게 접근할 수 있도록 하며, 저수조에 물을 공급하는 방법은 상수도에 연결하여 자동으로 급수되는 구조이어야 한다. 흡수관의 투입구가 사각형인 경우에는 한 변의 길이가 60센티미터 이상, 원형인 경우에는 지름이 60센티미터 이상이어야 하며, 흡수에 지장이 없도록 토사 및 쓰레기 등을 제거할 수 있는 설비를 갖추어야 한다.

　ⓓ **소방용수 배치기준** : 소방용수 배치기준에 관해서는 소방대의 유효활동 범위와 지역의 건축물 밀집도, 인구 및 기상상황을 고려하여 평상시의 설치기준으로서 소방기본법시행규칙 제6조에 정해져 있다. 평상시의 소방대의 유효활동 범위는 소방활동의 신속, 정확성을 고려하여 연장 수관 10본(150m)이내일 것으로 하고 있다. 이 수관(호스, hose)연장은 다음 그림과 같이 도로를 따라서 연장한 경우 수관의 굴곡을 고려하여 기하학적으로 산출하면 반경 약 100m의 범위 내가 된다. 따라서 소방용수는 도시계획법상의 공업 및 상업지역, 주거지역은 100m이내, 그 밖의 지역은 140m이내에 설치하도록 되어 있다.

## 2. 소방장비 등에 대한 국고보조 [제9조(소방장비 등에 대한 국고보조)]

**(1)** 국가는 소방장비의 구입 등 시·도의 소방업무에 필요한 경비의 일부를 보조한다.

## (2) 보조 대상사업의 범위와 기준보조율

기본보조율범위 [소방기본법 시행령 제2조(국고보조 대상사업의 범위와 기준보조율)]

### 1) 소방활동장비와 설비의 구입 및 설치

① 소방자동차

② 소방헬리콥터 및 소방정

③ 소방전용통신설비 및 전산설비

④ 그 밖에 방화복 등 소방활동에 필요한 소방장비

### 2) 소방관서용 청사의 건축(「건축법」에 근거)

건축물을 신축·증축·개축·재축(再築)하거나 건축물을 이전하는 것을 말한다.

### 3) 소방활동장비 및 설비의 종류와 규격은 행정안전부령으로 정한다.

### 4) 국고보조 대상사업의 기준보조율

「보조금 관리에 관한 법률 시행령」에 따라 국고보조산정을 위한 기준가격

① 국내조달품 ⋯ 정부고시가격

② 수입물품 ⋯ 조달청에서 조사한 해외시장의 시가

③ 정부고시가격 또는 조달청에서 조사한 해외시장의 시가가 없는 물품 ⋯ 2 이상의 공신력 있는 물가조사기관에서 조사한 가격의 평균가격

## 3. 소방용수시설

### (1) 소방용수시설의 설치 및 관리 [제10조(소방용수시설의 설치 및 관리 등)]

시·도지사는 소방활동에 필요한 소방용수시설[①소화전(消火栓)·②급수탑(給水塔)·③저수조(貯水槽)]를 설치하고 유지·관리하여야 한다. 다만, 「수도법」에 따라 소화전을 설치하는 일반수도사업자는 관할 소방서장과 사전협의를 거친 후 소화전을 설치하여야 하며, 설치 사실을 관할 소방서장에게 통지하고, 그 소화전을 유지·관리하여야 한다.

(2) 시·도지사는 소방자동차의 우선 통행 등에 따른 소방자동차의 진입이 곤란한 지역 등 화재발생 시에 초기 대응이 필요한 지역으로서 대통령령으로 정하는 지역에 소방호스 또는 호스 릴 등을 소방용수시설에 연결하여 화재를 진압하는 시설이나 장치(이하 "비상소화장치"라 한다)를 설치하고 유지·관리할 수 있다.

**POINT** **대통령령으로 정하는 비상소화장치** [시행령 제2조의2(비상소화장치의 설치대상 지역)]
소방용수시설의 설치 및 관리 규정에서 "대통령령으로 정하는 지역"이란 다음 각 호의 어느 하나에 해당하는 지역을 말한다.

① 화재경계지구 지정의 규정에 따라 지정된 화재경계지구

② 시·도지사가 소방용수시설의 설치 및 관리 규정에 따른 비상소화장치의 설치가 필요하다고 인정하는 지역

**(3)** 소방용수시설과 비상소화장치의 설치기준은 행정안전부령으로 정한다.

### 1) 소방용수시설 설치의 기준 [시행규칙 제6조(소방용수시설의 설치기준)]

① 특별시장·광역시장·특별자치시장·도지사 또는 특별자치도지사는 소방용수시설의 설치 및 관리 규정에 의하여 설치된 소방용수시설에 대하여 소방용수표지를 보기 쉬운 곳에 설치하여야 한다.

**POINT** **소방용수시설의 설치기준**(제6조제1항 관련)
1. 지하에 설치하는 소화전 또는 저수조의 경우 소방용수표지는 다음 각목의 기준에 의한다.
　가. 맨홀뚜껑은 지름 648밀리미터 이상의 것으로 할 것. 다만, 승하강식 소화전의 경우에는 이를 적용하지 아니한다.
　나. 맨홀뚜껑에는 "소화전·주차금지" 또는 "저수조·주차금지"의 표시를 할 것

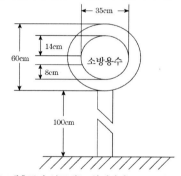

　다. 맨홀뚜껑 부근에는 황색반사도료로 폭 15센티미터의 선을 그 둘레를 따라 칠할 것
2. 급수탑 및 지상에 설치하는 소화전·저수조의 경우 소방용수표지는 다음과 같다.
　가. 문자는 백색, 내측바탕은 적색, 외측바탕은 청색으로 하고 반사도료를 사용하여야 한다.
　나. 위의 표지를 세우는 것이 매우 어렵거나 부적당한 경우에는 그 규격 등을 다르게 할 수 있다.

② 소방용수시설의 설치 및 관리 규정에 의한 소방용수시설의 설치기준

**POINT** **소방용수시설의 설치기준**(제6조제2항 관련)
1. 공통기준
　가. 국토의계획및이용에관한법률의 규정에 의한 주거지역·상업지역 및 공업지역에 설치하는 경우: 소방대상물과의 수평거리를 100미터 이하가 되도록 할 것
　나. 가목 외의 지역에 설치하는 경우: 소방대상물과의 수평거리를 140미터 이하가 되도록 할 것

2. 소방용수시설별 설치기준
  가. 소화전의 설치기준 : 상수도와 연결하여 지하식 또는 지상식의 구조로 하고, 소방용호스와 연결하는 소화전의 연결금속구의 구경은 65밀리미터로 할 것
  나. 급수탑의 설치기준 : 급수배관의 구경은 100밀리미터 이상으로 하고, 개폐밸브는 지상에서 1.5미터 이상 1.7미터 이하의 위치에 설치하도록 할 것
  다. 저수조의 설치기준
    (1) 지면으로부터의 낙차가 4.5미터 이하일 것
    (2) 흡수부분의 수심이 0.5미터 이상일 것
    (3) 소방펌프자동차가 쉽게 접근할 수 있도록 할 것
    (4) 흡수에 지장이 없도록 토사 및 쓰레기 등을 제거할 수 있는 설비를 갖출 것
    (5) 흡수관의 투입구가 사각형의 경우에는 한 변의 길이가 60센티미터 이상, 원형의 경우에는 지름이 60센티미터 이상일 것
    (6) 저수조에 물을 공급하는 방법은 상수도에 연결하여 자동으로 급수되는 구조일 것

③ 비상소화장치의 설치기준[시행규칙 제6조 제3항]

㉠ 비상소화장치는 비상소화장치함, 소화전, 소방호스(소화전의 방수구에 연결하여 소화용수를 방수하기 위한 도관으로서 호스와 연결금속구로 구성되어 있는 소방용릴호스 또는 소방용고무내장호스를 말한다), 관창(소방호스용 연결금속구 또는 중간연결금속구 등의 끝에 연결하여 소화용수를 방수하기 위한 나사식 또는 차입식 토출기구를 말한다)을 포함하여 구성할 것

㉡ 소방호스 및 관창은 「화재예방, 소방시설 설치·유지 및 안전관리에 관한 법률」 제36조제5항에 따라 소방청장이 정하여 고시하는 형식승인 및 제품검사의 기술기준에 적합한 것으로 설치할 것

㉢ 비상소화장치함은 「화재예방, 소방시설 설치·유지 및 안전관리에 관한 법률」 제39조제4항에 따라 소방청장이 정하여 고시하는 성능인증 및 제품검사의 기술기준에 적합한 것으로 설치할 것

④ ③항에서 규정한 사항 외에 비상소화장치의 설치기준에 관한 세부 사항은 소방청장이 정한다.

## 4. 소방업무의 응원 [제11조(소방업무의 응원)]

### (1) 소방업무의 응원 요청

소방본부장이나 소방서장은 소방활동을 할 때에 긴급한 경우에는 이웃한 소방본부장 또는 소방서장에게 소방업무의 응원(應援)을 요청할 수 있다.

### (2) 소방업무 응원의 거절

소방업무의 응원 요청을 받은 소방본부장 또는 소방서장은 정당한 사유 없이 그 요청을 거절하여서는 아니 된다.

### (3) 소방업무의 응원의 지휘체계

소방업무의 응원을 위하여 파견된 소방대원은 응원을 요청한 소방본부장 또는 소방서장의 지휘에 따라야 한다.

### (4) 소방업무 응원 규약

1) 시·도지사는 소방업무의 응원을 요청하는 경우를 대비하여 출동 대상지역 및 규모와 필요한 경비의 부담 등에 관하여 필요한 사항을 행정안전부령으로 정하는 바에 따라 이웃하는 시·도지사와 협의하여 미리 규약(規約)으로 정하여야 한다.

2) 소방업무의 상호응원협정 [시행령 제8조]

시·도지사는 이웃하는 다른 시·도지사와 소방업무에 관하여 상호응원협정을 체결하고자 하는 때에는 다음의 사항이 포함되도록 하여야 한다.

① 소방활동에 관한 사항
　가. 화재의 경계·진압활동
　나. 구조·구급업무의 지원
　다. 화재조사활동

② 응원출동대상지역 및 규모

③ 소요경비의 부담에 관한 사항
　가. 출동대원의 수당·식사 및 피복의 수선
　나. 소방장비 및 기구의 정비와 연료의 보급
　다. 그 밖의 경비

④ 응원출동의 요청방법

⑤ 응원출동훈련 및 평가

### 5. 소방력의 동원 [소방기본법 제11조의2(소방력의 동원)]

### (1) 소방력 동원 요청

소방청장은 해당 시·도의 소방력만으로는 소방활동을 효율적으로 수행하기 어려운 화재, 재난·재해, 그 밖의 구조·구급이 필요한 상황이 발생하거나 특별히 국가적 차원에서 소방활동을 수행할 필요가 인정될 때에는 각 시·도지사에게 행정안전부령으로 정하는 바에 따라 소방력을 동원할 것을 요청할 수 있다.

### (2) 소방력 동원 거절

동원 요청을 받은 시·도지사는 정당한 사유 없이 요청을 거절하여서는 아니 된다.

## (3) 소방대편성

소방청장은 시·도지사에게 동원된 소방력을 화재, 재난·재해 등이 발생한 지역에 지원·파견하여 줄 것을 요청하거나 필요한 경우 직접 소방대를 편성하여 화재진압 및 인명구조 등 소방에 필요한 활동을 하게 할 수 있다.

## (4) 소방대의 지휘

동원된 소방대원이 다른 시·도에 파견·지원되어 소방활동을 수행할 때에는 특별한 사정이 없으면 화재, 재난·재해 등이 발생한 지역을 관할하는 소방본부장 또는 소방서장의 지휘에 따라야 한다. 다만, 소방청장이 직접 소방대를 편성하여 소방활동을 하게 하는 경우에는 소방청장의 지휘에 따라야 한다.

## (5) 소방대 경비

소방활동을 수행하는 과정에서 발생하는 경비 부담에 관한 사항, 소방활동을 수행한 민간 소방 인력이 사망하거나 부상을 입었을 경우의 보상주체·보상기준 등에 관한 사항, 그 밖에 동원된 소방력의 운용과 관련하여 필요한 사항은 대통령령으로 정한다.

1) 동원된 소방력의 소방활동 수행 과정에서 발생하는 경비는 화재, 재난·재해 또는 그 밖의 구조·구급이 필요한 상황이 발생한 특별시·광역시·도 또는 특별자치도에서 부담하는 것을 원칙으로 하되, 구체적인 내용은 해당 시·도가 서로 협의하여 정한다. [시행령 제2조의2(소방력의 동원)]

2) 동원된 민간 소방 인력이 소방활동을 수행하다가 사망하거나 부상을 입은 경우 화재, 재난·재해 또는 그 밖의 구조·구급이 필요한 상황이 발생한 시·도가 해당 시·도의 조례로 정하는 바에 따라 보상한다.

3) 소방기본법에 의해 동원된 소방력 이외의 소방력 동원의 운용과 관련하여 필요한 사항은 소방청장이 정한다.

# 화재의 예방과 경계(警戒)

### 1. 화재예방 조치 [소방기본법 제12조(화재의 예방조치 등)]

**(1)** 소방본부장이나 소방서장은 화재의 예방상 위험하다고 인정되는 행위를 하는 사람이나 소화(消火) 활동에 지장이 있다고 인정되는 물건의 소유자 · 관리자 또는 점유자에게 다음의 명령을 할 수 있다.

  1) 불장난, 모닥불, 흡연, 화기(火氣) 취급, 그 밖에 화재예방상 위험하다고 인정되는 행위의 금지 또는 제한

  2) 타고 남은 불 또는 화기가 있을 우려가 있는 재의 처리

  3) 함부로 버려두거나 그냥 둔 위험물, 그 밖에 불에 탈 수 있는 물건을 옮기거나 치우게 하는 등의 조치

**(2)** 소방본부장이나 소방서장은 방치된 위험물 또는 물건의 소유자 · 관리자 또는 점유자의 주소와 성명을 알 수 없어서 필요한 명령을 할 수 없을 때에는 소속 공무원으로 하여금 그 위험물 또는 물건을 옮기거나 치우게 할 수 있다.

**(3)** 소방본부장이나 소방서장은 방치된 위험물을 옮기거나 치운 위험물 또는 물건을 보관하여야 한다.

**(4)** 소방본부장이나 소방서장은 위험물 또는 물건을 보관하는 경우에는 그 날부터 14일 동안 소방본부 또는 소방서의 게시판에 그 사실을 공고하여야 한다.

**(5)** 소방본부장이나 소방서장이 보관하는 위험물 또는 물건의 보관기간 및 보관기간 경과 후 처리 등에 대하여는 대통령령으로 정한다.

① 규정에 의한 위험물 또는 물건의 보관기간은 소방본부 또는 소방서의 게시판에 공고하는 기간의 종료일 다음 날부터 7일로 한다. [시행령 제3조(위험물 또는 물건의 보관기간 및 보관기간 경과후 처리 등)]

② 소방본부장 또는 소방서장은 보관기간이 종료되는 때에는 보관하고 있는 위험물 또는 물건을 매각하여야 한다. 다만, 보관하고 있는 위험물 또는 물건이 부패 · 파손 또는 이와 유사한 사유로 소정의 용도에 계속 사용할 수 없는 경우에는 폐기할 수 있다.

③ 소방본부장 또는 소방서장은 보관하던 위험물 또는 물건을 매각한 경우에는 지체 없이 「국가재정법」에 의하여 세입조치를 하여야 한다.

④ 소방본부장 또는 소방서장은 매각되거나 폐기된 위험물 또는 물건의 소유자가 보상을 요구하는 경우에는 보상금액에 대하여 소유자와 협의를 거쳐 이를 보상하여야 한다.

## 2. 화재경계지구의 지정 [소방기본법 제13조(화재경계지구의 지정 등)]

(1) 시·도지사는 다음의 어느 하나에 해당하는 지역 중 화재가 발생할 우려가 높거나 화재가 발생하는 경우 그로 인하여 피해가 클 것으로 예상되는 지역을 화재경계지구(火災警戒地區)로 지정할 수 있다.

   1) 시장지역

   2) 공장·창고가 밀집한 지역

   3) 목조건물이 밀집한 지역

   4) 위험물의 저장 및 처리 시설이 밀집한 지역

   5) 석유화학제품을 생산하는 공장이 있는 지역

   6) 「산업입지 및 개발에 관한 법률」에 따른 산업단지

   7) 소방시설·소방용수시설 또는 소방출동로가 없는 지역

   8) 그 밖에 1)부터 7)까지에 준하는 지역으로서 소방청장·소방본부장 또는 소방서장이 화재경계지구로 지정할 필요가 있다고 인정하는 지역

(2) 화재경계지구 자정 사유가 있음에도 불구하고 시·도지사가 화재경계지구로 지정할 필요가 있는 지역을 화재경계지구로 지정하지 아니하는 경우 소방청장은 해당 시·도지사에게 해당 지역의 화재경계지구 지정을 요청할 수 있다.

(3) 소방본부장이나 소방서장은 대통령령으로 정하는 바에 따라 화재경계지구 안의 소방대상물의 위치·구조 및 설비 등에 대하여 「소방시설 설치·유지 및 안전관리에 관한 법률」에 따른 소방특별조사를 하여야 한다.

   1) 소방본부장 또는 소방서장은 화재경계지구 안의 소방대상물의 위치·구조 및 설비 등에 대한 소방특별조사를 연 1회 이상 실시하여야 한다.

   2) 소방본부장 또는 소방서장은 소방상 필요한 훈련 및 교육을 실시하고자 하는 때에는 화재경계지구 안의 관계인에게 훈련 또는 교육 10일 전까지 그 사실을 통보하여야 한다.

**(4)** 소방본부장이나 소방서장은 소방특별조사를 한 결과 화재의 예방과 경계를 위하여 필요하다고 인정할 때에는 관계인에게 소방용수시설, 소화기구, 그 밖에 소방에 필요한 설비의 설치를 명할 수 있다.

**(5)** 소방본부장이나 소방서장은 화재경계지구 안의 관계인에 대하여 대통령령으로 정하는 바에 따라 소방에 필요한 훈련 및 교육을 실시할 수 있다.

  1) 소방본부장 또는 소방서장은 화재경계지구 안의 관계인에 대하여 소방상 필요한 훈련 및 교육을 연 1회 이상 실시할 수 있다.

  2) 소방본부장 또는 소방서장은 소방상 필요한 훈련 및 교육을 실시하고자 하는 때에는 화재경계지구 안의 관계인에게 훈련 또는 교육 10일 전까지 그 사실을 통보하여야 한다.

**(6)** 시 · 도지사는 대통령령으로 정하는 바에 따른 화재경계지구의 지정 현황, 소방특별조사의 결과, 소방설비 설치 명령 현황, 소방교육의 현황 등이 포함된 화재경계지구에서의 화재예방 및 경계에 필요한 자료를 매년 작성 · 관리하여야 한다.

> **▷POINT** 관리대장의 작성사항
> 1) 화재경계지구의 지정 현황
> 2) 소방특별조사의 결과
> 3) 소방설비의 설치 명령 현황
> 4) 소방교육의 실시 현황
> 5) 소방훈련의 실시 현황
> 6) 그 밖에 화재예방 및 경계에 필요한 사항

### 3. 화재에 관한 위험경보 [제14조(화재에 관한 위험경보)]

 소방본부장이나 소방서장은 「기상법」에 따른 이상기상(異常氣象)의 예보 또는 특보가 있을 때에는 화재에 관한 경보를 발령하고 그에 따른 조치를 할 수 있다.

### 4. 불을 사용하는 설비의 관리 [제15조(불을 사용하는 설비 등의 관리와 특수가연물의 저장 · 취급)]

**(1)** 보일러, 난로, 건조설비, 가스 · 전기시설, 그 밖에 화재 발생 우려가 있는 설비 또는 기구 등의 위치 · 구조 및 관리와 화재 예방을 위하여 불을 사용할 때 지켜야 하는 사항은 대통령령으로 정한다.

  1) 불을 사용하는 설비의 관리기준 [시행령 제5조(불을 사용하는 설비의 관리기준 등)]

① 보일러, 난로, 건조설비, 가스 · 전기시설 그 밖에 화재발생의 우려가 있는 설비 또는 기구 등의 위치 · 구조 및 관리와 화재예방을 위하여 불의 사용에 있어서 지켜야 하는 사항

[보일러 등의 위치·구조 및 관리와 화재예방을 위하여 불의 사용에 있어서 지켜야 하는 사항(제5조관련)]

| 종류 | 내용 |
|---|---|
| 보일러 | 1. 가연성 벽·바닥 또는 천장과 접촉하는 증기기관 또는 연통의 부분은 규조토·석면 등 난연성 단열재로 덮어씌워야 한다.<br>2. 경유·등유 등 액체연료를 사용하는 경우에는 다음 각목의 사항을 지켜야 한다.<br>　가. 연료탱크는 보일러본체로부터 수평거리 1미터 이상의 간격을 두어 설치할 것<br>　나. 연료탱크에는 화재 등 긴급상황이 발생하는 경우 연료를 차단할 수 있는 개폐밸브를 연료탱크로부터 0.5미터 이내에 설치할 것<br>　다. 연료탱크 또는 연료를 공급하는 배관에는 여과장치를 설치할 것<br>　라. 사용이 허용된 연료 외의 것을 사용하지 아니할 것<br>　마. 연료탱크에는 불연재료(「건축법 시행령」의 규정에 의한 것을 말한다.)로 된 받침대를 설치하여 연료탱크가 넘어지지 아니하도록 할 것<br>3. 기체연료를 사용하는 경우에는 다음 각목에 의한다.<br>　가. 보일러를 설치하는 장소에는 환기구를 설치하는 등 가연성가스가 머무르지 아니하도록 할 것<br>　나. 연료를 공급하는 배관은 금속관으로 할 것<br>　다. 화재 등 긴급시 연료를 차단할 수 있는 개폐밸브를 연료용기 등으로부터 0.5미터 이내에 설치할 것<br>　라. 보일러가 설치된 장소에는 가스누설경보기를 설치할 것<br>4. 보일러와 벽·천장 사이의 거리는 0.6미터 이상 되도록 하여야 한다.<br>5. 보일러를 실내에 설치하는 경우에는 콘크리트바닥 또는 금속 외의 불연재료로 된 바닥 위에 설치하여야 한다. |
| 난로 | 1. 연통은 천장으로부터 0.6미터 이상 떨어지고, 건물 밖으로 0.6미터 이상 나오게 설치하여야 한다.<br>2. 가연성 벽·바닥 또는 천장과 접촉하는 연통의 부분은 규조토·석면 등 난연성 단열재로 덮어씌워야 한다.<br>3. 이동식난로는 다음 각목의 장소에서 사용하여서는 아니된다. 다만, 난로가 쓰러지지 아니하도록 받침대를 두어 고정시키거나 쓰러지는 경우 즉시 소화되고 연료의 누출을 차단할 수 있는 장치가 부착된 경우에는 그러하지 아니하다.<br>　가. 「다중이용업소의 안전관리에 관한 특별법」에 따른 다중이용업의 영업소<br>　나. 「학원의 설립·운영 및 과외교습에 관한 법률」의 규정에 의한 학원<br>　다. 「학원의 설립·운영 및 과외교습에 관한 법률 시행령」의 규정에 의한 독서실<br>　라. 「공중위생관리법」의 규정에 의한 숙박업·목욕장업·세탁업의 영업장<br>　마. 「의료법」에 의한 종합병원·병원·치과병원·한방병원·요양병원·의원·치과의원·한의원 및 조산원<br>　바. 「식품위생법 시행령」에 따른 휴게음식점영업, 일반음식점영업, 단란주점영업, 유흥주점영업 및 제과점영업의 영업장<br>　사. 「영화 및 비디오물의 진흥에 관한 법률」에 따른 영화상영관<br>　아. 「공연법」의 규정에 의한 공연장<br>　자. 「박물관 및 미술관 진흥법」에 의한 박물관 및 미술관<br>　차. 「유통산업발전법」의 규정에 의한 상점가<br>　카. 「건축법」에 따른 가설건축물<br>　타. 역·터미널 |

| | |
|---|---|
| 난로 | 1. 연통은 천장으로부터 0.6미터 이상 떨어지고, 건물 밖으로 0.6미터 이상 나오게 설치하여야 한다.<br>2. 가연성 벽·바닥 또는 천장과 접촉하는 연통의 부분은 규조토·석면 등 난연성 단열재로 덮어씌워야 한다.<br>3. 이동식난로는 다음 각목의 장소에서 사용하여서는 아니된다. 다만, 난로가 쓰러지지 아니하도록 받침대를 두어 고정시키거나 쓰러지는 경우 즉시 소화되고 연료의 누출을 차단할 수 있는 장치가 부착된 경우에는 그러하지 아니하다.<br>　가. 「다중이용업소의 안전관리에 관한 특별법」에 따른 다중이용업의 영업소<br>　나. 「학원의 설립·운영 및 과외교습에 관한 법률」의 규정에 의한 학원<br>　다. 「학원의 설립·운영 및 과외교습에 관한 법률 시행령」의 규정에 의한 독서실<br>　라. 「공중위생관리법」의 규정에 의한 숙박업·목욕장업·세탁업의 영업장<br>　마. 「의료법」에 의한 종합병원·병원·치과병원·한방병원·요양병원·의원·치과의원·한의원 및 조산원<br>　바. 「식품위생법 시행령」에 따른 휴게음식점영업, 일반음식점영업, 단란주점영업, 유흥주점영업 및 제과점영업의 영업장<br>　사. 「영화 및 비디오물의 진흥에 관한 법률」에 따른 영화상영관<br>　아. 「공연법」의 규정에 의한 공연장<br>　자. 「박물관 및 미술관 진흥법」에 의한 박물관 및 미술관<br>　차. 「유통산업발전법」의 규정에 의한 상점가<br>　카. 「건축법」에 따른 가설건축물<br>　타. 역·터미널 |
| 건조설비 | 1. 건조설비와 벽·천장 사이의 거리는 0.5미터 이상 되도록 하여야 한다.<br>2. 건조물품이 열원과 직접 접촉하지 아니하도록 하여야 한다.<br>3. 실내에 설치하는 경우에 벽·천장 또는 바닥은 불연재료로 하여야 한다. |
| 수소가스를 넣는 기구 | 1. 연통 그 밖의 화기를 사용하는 시설의 부근에서 띄우거나 머물게 하여서는 아니된다.<br>2. 건축물의 지붕에서 띄워서는 아니된다. 다만, 지붕이 불연재료로 된 평지붕으로서 그 넓이가 기구 지름의 2배 이상인 경우에는 그러지 아니하다.<br>3. 다음의 장소에서 운반하거나 취급하여서는 아니된다.<br>　가. 공연장 : 극장·영화관·연예장·음악당·서커스장 그 밖의 이와 비슷한 것<br>　나. 집회장 : 회의장·공회당·예식장 그 밖의 이와 비슷한 것<br>　다. 관람장 : 운동경기관람장(운동시설에 해당하는 것을 제외)·경마장·자동차경주장 그 밖의 이와 비슷한 것<br>　라. 전시장 : 박물관·미술관·과학관·기념관·산업전시장·박람회장 그 밖의 이와 비슷한 것<br>4. 수소가스를 넣거나 빼는 때에는 다음 각목의 사항을 지켜야 한다.<br>　가. 통풍이 잘 되는 옥외의 장소에서 할 것<br>　나. 조작자 외의 사람이 접근하지 아니하도록 할 것<br>　다. 전기시설이 부착된 경우에는 전원을 차단하고 할 것<br>　라. 마찰 또는 충격을 주는 행위를 하지 말 것<br>　마. 수소가스를 넣을 때에는 기구 안에 수소가스 또는 공기를 제거한 후 감압기를 사용할 것<br>5. 수소가스는 용량의 90퍼센트 이상을 유지하여야 한다.<br>6. 띄우거나 머물게 하는 때에는 감시인을 두어야 한다. 다만, 건축물 옥상에서 띄우거나 머물게 하는 경우에는 그러하지 아니하다.<br>7. 띄우는 각도는 지표면에 대하여 45도 이하로 유지하고 바람이 초속 7미터 이상 부는 때에는 띄워서는 아니된다. |

| | |
|---|---|
| 불꽃을 사용하는 용접·용단기구 | 용접 또는 용단 작업장에서는 다음 각 호의 사항을 지켜야 한다. 다만, 「산업안전보건법」의 적용을 받는 사업장의 경우에는 적용하지 아니한다.<br>1. 용접 또는 용단 작업자로부터 반경 5m 이내에 소화기를 갖추어 둘 것<br>2. 용접 또는 용단 작업장 주변 반경 10m 이내에는 가연물을 쌓아두거나 놓아두지 말 것. 다만, 가연물의 제거가 곤란하여 방지포 등으로 방호조치를 한 경우는 제외한다. |
| 전기시설 | 1. 전류가 통하는 전선에는 과전류차단기를 설치하여야 한다.<br>2. 전선 및 접속기구는 내열성이 있는 것으로 하여야 한다. |
| 노·화덕 설비 | 1. 실내에 설치하는 경우에는 흙바닥 또는 금속 외의 불연재료로 된 바닥이나 흙바닥에 설치하여야 한다.<br>2. 노 또는 화덕을 설치하는 장소의 벽·천장은 불연재료로 된 것이어야 한다.<br>3. 노 또는 화덕의 주위에는 녹는 물질이 확산되지 아니하도록 높이 0.1미터 이상의 턱을 설치하여야 한다.<br>4. 시간당 열량이 30만킬로칼로리 이상인 노를 설치하는 경우에는 다음 각목의 사항을 지켜야 한다.<br>　가. 주요구조부(「건축법」에 따른 것을 말한다)는 불연재료로 할 것<br>　나. 창문과 출입구는 「건축법 시행령」에 의한 갑종방화문 또는 을종방화문으로 설치할 것<br>　다. 노 주위에는 1미터 이상 공간을 확보할 것 |
| 음식조리를 위하여 설치하는 설비 | 일반음식점에서 조리를 위하여 불을 사용하는 설비를 설치하는 경우에는 다음 각목의 사항을 지켜야 한다.<br>　가. 주방설비에 부속된 배기닥트는 0.5밀리미터 이상의 아연도금강판 또는 이와 동등 이상의 내식성 불연재료로 설치할 것<br>　나. 주방시설에는 동물 또는 식물의 기름을 제거할 수 있는 필터 등을 설치할 것<br>　다. 열을 발생하는 조리기구는 반자 또는 선반으로부터 0.6미터 이상 떨어지게 할 것<br>　라. 열을 발생하는 조리기구로부터 0.15미터 이내의 거리에 있는 가연성 주요구조부는 석면판 또는 단열성이 있는 불연재료로 덮어 씌울 것 |

* 내화·방화는 구조를 의미하며, 불연(준불연)·난연은 재료를 말한다.

② '①'에 규정된 것 외에 불을 사용하는 설비의 세부관리기준은 시·도의 조례로 정한다.

**(2)** 화재가 발생하는 경우 불길이 빠르게 번지는 고무류·면화류·석탄 및 목탄 등 대통령령으로 정하는 특수가연물(特殊可燃物)의 저장 및 취급 기준은 대통령령으로 정한다.

1) 특수가연물 [시행령 제6조(화재의 확대가 빠른 특수가연물)]

① 대통령령으로 정하는 특수가연물(特殊可燃物)

[특수가연물(제6조관련)]

| 품명 | | 수량 |
|---|---|---|
| 면화류 | | 200킬로그램 이상 |
| 나무껍질 및 대팻밥 | | 400킬로그램 이상 |
| 넝마 및 종이부스러기 | | 1,000킬로그램 이상 |
| 사류(絲類) | | 1,000킬로그램 이상 |
| 볏짚류 | | 1,000킬로그램 이상 |
| 가연성고체류 | | 3,000킬로그램 이상 |
| 석탄·목탄류 | | 10,000킬로그램 이상 |
| 가연성액체류 | | 2세제곱미터 이상 |
| 목재가공품 및 나무부스러기 | | 10세제곱미터 이상 |
| 합성수지류 | 발포시킨 것 | 20세제곱미터 이상 |
| | 그 밖의 것 | 3,000킬로그램 이상 |

※ 비고
1. "면화류"라 함은 불연성 또는 난연성이 아닌 면상 또는 팽이모양의 섬유와 마사(麻絲) 원료를 말한다.
2. 넝마 및 종이부스러기는 불연성 또는 난연성이 아닌 것(동식물유가 깊이 스며들어 있는 옷감·종이 및 이들의 제품을 포함)에 한한다.
3. "사류"라 함은 불연성 또는 난연성이 아닌 실(실부스러기와 솜털을 포함한다)과 누에고치를 말한다.
4. "볏짚류"라 함은 마른 볏짚·마른 북더기와 이들의 제품 및 건초를 말한다.
5. "가연성고체류"라 함은 고체로서 다음 각목의 것을 말한다.
   가. 인화점이 섭씨 40도 이상 100도 미만인 것
   나. 인화점이 섭씨 100도 이상 200도 미만이고, 연소열량이 1그램당 8킬로칼로리 이상인 것
   다. 인화점이 섭씨 200도 이상이고 연소열량이 1그램당 8킬로칼로리 이상인 것으로서 융점이 100도 미만인 것
   라. 1기압과 섭씨 20도 초과 40도 이하에서 액상인 것으로서 인화점이 섭씨 70도 이상 섭씨 200도 미만이거나 나목 또는 다목에 해당하는 것
6. 석탄목탄류에는 코크스, 석탄가루를 물에 갠 것, 조개탄, 연탄, 석유코크스, 활성탄 및 이와 유사한 것을 포함한다.
7. "가연성액체류"라 함은 다음 각목의 것을 말한다.
   가. 1기압과 섭씨 20도 이하에서 액상인 것으로서 가연성 액체량이 40중량퍼센트 이하이면서 인화점이 섭씨 40도 이상 섭씨 70도 미만이고 연소점이 섭씨 60도 이상인 물품

나. 1기압과 섭씨 20도에서 액상인 것으로서 가연성 액체량이 40중량퍼센트 이하이고 인화점이 섭씨 70도 이상 섭씨 250도 미만인 물품

　　다. 동물의 기름기와 살코기 또는 식물의 씨나 과일의 살로부터 추출한 것으로서 다음에 해당하는 것

　　　㉠ 1기압과 섭씨 20도에서 액상이고 인화점이 250도 미만인 것으로서 「위험물안전관리법」의 규정에 의한 용기기준과 수납·저장기준에 적합하고 용기외부에 물품명·수량 및 "화기엄금" 등의 표시를 한 것

　　　㉡1기압과 섭씨 20도에서 액상이고 인화점이 섭씨 250도 이상인 것

　8. "합성수지류"라 함은 불연성 또는 난연성이 아닌 고체의 합성수지제품, 합성수지반제품, 원료합성수지 및 합성수지 부스러기(불연성 또는 난연성이 아닌 고무제품, 고무반제품, 원료고무 및 고무 부스러기를 포함한다)를 말한다. 다만, 합성수지의 섬유·옷감·종이 및 실과 이들의 넝마와 부스러기를 제외한다.

② **특수가연물의 저장 및 취급** [시행령 제7조(특수가연물의 저장 및 취급의 기준)]

　㉮ 특수가연물을 저장 또는 취급하는 장소에는 품명·최대수량 및 화기취급의 금지표지를 설치할 것

　㉯ 다음의 기준에 따라 쌓아 저장할 것. 다만, 석탄·목탄류를 발전(發電)용으로 저장하는 경우에는 그러하지 아니하다.

　　㉠ 품명별로 구분하여 쌓을 것

　　㉡ 쌓는 높이는 10미터 이하가 되도록 하고, 쌓는 부분의 바닥면적은 50제곱미터(석탄·목탄류의 경우에는 200제곱미터) 이하가 되도록 할 것. 다만, 살수설비를 설치하거나, 방사능력 범위에 해당 특수가연물이 포함되도록 대형수동식소화기를 설치하는 경우에는 쌓는 높이를 15미터 이하, 쌓는 부분의 바닥면적을 200제곱미터(석탄·목탄류의 경우에는 300제곱미터) 이하로 할 수 있다.

　　㉢ 쌓는 부분의 바닥면적 사이는 1미터 이상이 되도록 할 것

## 04 소방활동

### 1. 소방활동 [제16조(소방활동)]

#### (1) 소방활동의 지휘

소방청장, 소방본부장 또는 소방서장은 화재, 재난·재해, 그 밖의 위급한 상황이 발생하였을 때에는 소방대를 현장에 신속하게 출동시켜 화재진압과 인명구조·구급 등 소방에 필요한 활동을 하게 하여야 한다.

#### (2) 소방활동의 방해금지

누구든지 정당한 사유 없이 출동한 소방대의 화재진압 및 인명구조·구급 등 소방활동을 방해하여서는 아니 된다.

### 2. 소방지원활동 [제16조의2(소방지원활동)]

#### (1) 소방활동 지원

소방청장·소방본부장 또는 소방서장은 공공의 안녕질서 유지 또는 복리증진을 위하여 필요한 경우 소방활동 외에 다음의 소방지원활동을 하게 할 수 있다.

① 산불에 대한 예방·진압 등 지원활동

② 자연재해에 따른 급수·배수 및 제설 등 지원활동

③ 집회·공연 등 각종 행사 시 사고에 대비한 근접대기 등 지원활동

④ 화재, 재난·재해로 인한 피해복구 지원활동

⑤ 그 밖에 행정안전부령으로 정하는 활동[시행규칙 8조의3(소방지원활동)]

   ㉠ 군·경찰 등 유관기관에서 실시하는 훈련지원 활동

   ㉡ 소방시설 오작동 신고에 따른 조치활동

   ㉢ 방송제작 또는 촬영 관련 지원활동

#### (2) 소방활동 지원의 범위

소방지원활동은 소방활동 수행에 지장을 주지 아니하는 범위에서 할 수 있다.

### (3) 소방지원활동의 경비

유관기관·단체 등의 요청에 따른 소방지원활동에 드는 비용은 지원요청을 한 유관기관·단체 등에게 부담하게 할 수 있다. 다만, 부담금액 및 부담방법에 관하여는 지원요청을 한 유관기관·단체 등과 협의하여 결정한다.

## 3. 생활안전활동 [소방기본법 제16조의3(생활안전활동)]

**(1)** **소**방청장·소방본부장 또는 소방서장은 신고가 접수된 생활안전 및 위험제거 활동(화재, 재난·재해, 그 밖의 위급한 상황에 해당하는 것은 제외한다)에 대응하기 위하여 소방대를 출동시켜 다음의 생활안전활동을 하게 하여야 한다.

① 붕괴, 낙하 등이 우려되는 고드름, 나무, 위험 구조물 등의 제거활동

② 위해동물, 벌 등의 포획 및 퇴치 활동

③ 끼임, 고립 등에 따른 위험제거 및 구출 활동

④ 단전사고 시 비상전원 또는 조명의 공급

⑤ 그 밖에 방치하면 급박해질 우려가 있는 위험을 예방하기 위한 활동

**(2)** 누구든지 정당한 사유 없이 출동하는 소방대의 생활안전활동을 방해하여서는 아니 된다.

## 4. 소방차동차의 보험 가입 [소방기본법 제16조의4(소방자동차의 보험 가입 등)]

### (1) 보험의 가입

시·도지사는 소방자동차의 공무상 운행 중 교통사고가 발생한 경우 그 운전자의 법률상 분쟁에 소요되는 비용을 지원할 수 있는 보험에 가입하여야 한다.

### (2) 보험가입 비용의 지원

국가는 보험 가입비용의 일부를 지원할 수 있다.

## 5. 소방교육 및 훈련 [소방기본법 제17조(소방교육·훈련)]

### (1) 소방대원의 교육 및 훈련

소방청장, 소방본부장 또는 소방서장은 소방업무를 전문적이고 효과적으로 수행하기 위하여 소방대원에게 필요한 교육·훈련을 실시하여야 한다.

## (2) 집단 시설의 소방 교육 및 훈련

소방청장, 소방본부장 또는 소방서장은 화재를 예방하고 화재 발생 시 인명과 재산피해를 최소화하기 위하여 다음에 해당하는 사람을 대상으로 행정안전부령으로 정하는 바에 따라 소방안전에 관한 교육과 훈련을 실시할 수 있다. 이 경우 소방청장, 소방본부장 또는 소방서장은 해당 어린이집·유치원·학교의 장과 교육일정 등에 관하여 협의하여야 한다.

① 「영유아보육법」에 따른 어린이집의 영유아

② 「유아교육법」에 따른 유치원의 유아

③ 「초·중등교육법」에 따른 학교의 학생

## (3) 피난 방법의 홍보

소방청장, 소방본부장 또는 소방서장은 국민의 안전의식을 높이기 위하여 화재 발생 시 피난 및 행동 방법 등을 홍보하여야 한다.

## (4) 피난방법의 홍보대상

교육·훈련의 종류 및 대상자, 그 밖에 교육·훈련의 실시에 필요한 사항은 행정안전부령으로 정한다.

① 소방대원에게 실시할 교육·훈련의 종류, 해당 교육·훈련을 받아야 할 대상자 및 교육·훈련기간 [시행령 제9조(소방교육·훈련의 종류 등)]

> 1. 교육·훈련의 종류 및 교육·훈련을 받아야 할 대상자
> * 소방대원에게 실시할 교육·훈련의 종류 등(시행규칙 제3조 제1항 관련)

| 종류 | 교육·훈련을 받아야 할 대상자 |
|---|---|
| 1. 화재진압훈련 | 1) 화재진압업무를 담당하는 소방공무원<br>2) 「의무소방대설치법 시행령」에 따른 임무를 수행하는 의무소방원<br>3) 「의용소방대 설치 및 운영에 관한 법률」에 따라 임명된 의용소방대원 |
| 2. 인명구조훈련 | 1) 구조업무를 담당하는 소방공무원<br>2) 「의무소방대설치법 시행령」에 따른 임무를 수행하는 의무소방원<br>3) 「의용소방대 설치 및 운영에 관한 법률」에 따라 임명된 의용소방대원 |
| 3. 응급처치훈련 | 1) 구급업무를 담당하는 소방공무원<br>2) 「의무소방대설치법」에 따라 임용된 의무소방원<br>3) 「의용소방대 설치 및 운영에 관한 법률」에 따라 임명된 의용소방대원 |
| 4. 인명대피훈련 | 1) 소방공무원<br>2) 「의무소방대설치법」에 따라 임용된 의무소방원<br>3) 「의용소방대 설치 및 운영에 관한 법률」에 따라 임명된 의용소방대원 |

| | |
|---|---|
| 5. 현장지휘훈련 | 소방공무원 중 다음의 계급에 있는 사람<br>1) 소방정<br>2) 소방령<br>3) 소방경<br>4) 소방위 |

2. 교육 · 훈련 횟수 및 기간
 ① 교육 · 훈련 횟수 : 2년마다 1회
 ② 교육 · 훈련 기간 : 2주 이상

3. 1~2에서 규정한 사항 외에 소방대원의 교육 및 훈련에 필요한 사항은 소방청장이 정한다.

② 소방안전에 관한 교육과 소방안전교육훈련에 필요한 시설, 장비, 강사자격 및 교육방법 등의 기준
은 표와 같다.

※ 소방안전교육훈련의 시설, 장비, 강사자격 및 교육방법 등의 기준(제9조제2항 관련)

1. 시설 및 장비 기준
 가. 소방안전교육훈련에 필요한 장소 및 차량의 기준
  1) 소방안전교실 : 화재안전 및 생활안전 등을 체험할 수 있는 100제곱미터 이상의 실내시설
  2) 이동안전체험차량 : 어린이 30명(성인은 15명)을 동시에 수용할 수 있는 실내공간을 갖춘 자동차
 나. 소방안전교실 및 이동안전체험차량에 갖추어야 할 안전교육장비의 종류

| 구 분 | 종 류 |
|---|---|
| 화재안전 교육용 | 안전체험복, 안전체험용 헬멧, 소화기, 물소화기, 연기소화기, 옥내소화전 모형장비, 화재모형 타켓, 가상화재 연출장비, 연기발생기, 유도등, 유도표지, 완강기, 소방시설(자동화재탐지설비, 옥내소화전 등) 계통 모형도, 화재대피용 마스크, 공기호흡기, 119신고 실습전화기 |
| 생활안전 교육용 | 구명조끼, 구명환, 공기 튜브, 안전벨트, 개인로프, 가스안전 실습 모형도, 전기안전 실습 모형도 |
| 교육 기자재 | 유 · 무선 마이크, 노트북 컴퓨터, 빔 프로젝터, 이동형 앰프, LCD 모니터, 디지털 캠코더 |
| 기타 | 그 밖에 소방안전교육훈련에 필요하다고 인정하는 장비 |

2. 강사 및 보조강사의 자격 기준 등
 가. 강사는 다음의 어느 하나에 해당하는 사람이어야 한다.
  1) 소방 관련학과의 석사학위 이상을 취득한 사람
  2) 「소방기본법」에 따른 소방안전교육사, 「화재예방, 소방시설 설치 · 유지 및 안전관리에 한 법률」
   에 따른 소방시설관리사, 「국가기술자격법」에 따른 소방기술사 또는 소방설비기사 자격을 취득
   한 사람
  3) 응급구조사, 인명구조사, 화재대응능력 등 소방청장이 정하는 소방활동 관련 자격을 취득한 사람
  4) 소방공무원으로서 5년 이상 근무한 경력이 있는 사람

나. 보조강사는 다음의 어느 하나에 해당하는 사람이어야 한다.

　　1) 가목에 따른 강사의 자격을 갖춘 사람
　　2) 소방공무원으로서 3년 이상 근무한 경력이 있는 사람
　　3) 그 밖에 보조강사의 능력이 있다고 소방청장, 소방본부장 또는 소방서장이 인정하는 사람

다. 소방청장, 소방본부장 또는 소방서장은 강사 및 보조강사로 활동하는 사람에 대하여 소방안전교육 훈련과 관련된 지식·기술 및 소양 등에 관한 교육 등을 받게 할 수 있다.

### 3. 교육의 방법

가. 소방안전교육훈련의 교육시간은 소방안전교육훈련대상자의 연령 등을 고려하여 소방청장, 소방본 부장 또는 소방서장이 정한다.

나. 소방안전교육훈련은 이론교육과 실습(체험)교육을 병행하여 실시하되, 실습(체험)교육이 전체 교 육시간의 100분의 30 이상이 되어야 한다.

다. 소방청장, 소방본부장 또는 소방서장은 나목에도 불구하고 소방안전교육훈련대상자의 연령 등을 고려하여 실습(체험)교육 시간의 비율을 달리할 수 있다.

라. 실습(체험)교육 인원은 특별한 경우가 아니면 강사 1명당 30명을 넘지 않아야 한다.

마. 소방청장, 소방본부장 또는 소방서장은 소방안전교육훈련 실시 전에 소방안전교육훈련대상자에게 주의사항 및 안전관리 협조사항을 미리 알려야 한다.

바. 소방청장, 소방본부장 또는 소방서장은 소방안전교육훈련대상자의 정신적·신체적 능력을 고려하 여 소방안전교육훈련을 실시하여야 한다.

### 4. 안전관리 기준

가. 소방청장, 소방본부장 또는 소방서장은 소방안전교육훈련 중 발생한 사고로 인한 교육훈련대상자 등의 생명·신체나 재산상의 손해를 보상하기 위한 보험 또는 공제에 가입하여야 한다.

나. 소방청장, 소방본부장 또는 소방서장은 소방안전교육훈련 실시 전에 시설 및 장비의 이상 유무를 반드시 확인하는 등 안전점검을 실시하여야 한다.

다. 소방청장, 소방본부장 또는 소방서장은 사고가 발생한 경우 신속한 응급처치 및 병원 이송 등의 조 치를 하여야 한다.

### 5. 교육현황 관리 등

가. 소방청장, 소방본부장 또는 소방서장은 소방안전교육훈련의 실시결과, 만족도 조사결과 등을 기록 하고 이를 3년간 보관하여야 한다.

나. 소방청장, 소방본부장 또는 소방서장은 소방안전교육훈련의 효과 및 개선사항 발굴 등을 위하여 이용자를 대상으로 만족도 조사를 실시하여야 한다. 다만, 이용자가 거부하거나 만족도 조사를 실 시할 시간적 여유가 없는 등의 경우에는 만족도 조사를 실시하지 아니할 수 있다.

다. 소방청장, 소방본부장 또는 소방서장은 소방안전교육훈련을 이수한 사람에게 교육이수자의 성명, 교육내용, 교육시간 등을 기재한 소방안전교육훈련 이수증을 발급할 수 있다.

③ 소방청장, 소방본부장 또는 소방서장은 소방안전교육훈련을 실시하려는 경우 매년 12월 31일까지 다음 해의 소방안전교육훈련 운영계획을 수립하여야 한다

④ 소방청장은 소방안전교육훈련 운영계획의 작성에 필요한 지침을 정하여 소방본부장과 소방서장에게 매년 10월 31일까지 통보하여야 한다.

## 6. 소방안전 교육사 [제17조의2(소방안전교육사)]

### (1) 소방안전교육사의 자격

소방청장은 소방안전교육을 위하여 소방청장이 실시하는 시험에 합격한 사람에게 소방안전교육사 자격을 부여한다.

### (2) 소방안전교육사의 업무

소방안전교육사는 소방안전교육의 기획·진행·분석·평가 및 교수업무를 수행한다.

### (3) 소방안전교육사의 시험

소방안전교육사 시험의 응시자격, 시험방법, 시험과목, 시험위원, 그 밖에 소방안전교육사 시험의 실시에 필요한 사항은 대통령령으로 정한다.

### 1) 소방안전교육사시험의 응시자격 [제7조의2(소방안전교육사시험의 응시자격)]

소방안전교육사시험의 응시자격(제7조의2 관련)

1. 「소방공무원법」에 따른 소방공무원으로 다음 각 목의 어느 하나에 해당하는 사람
   가. 소방공무원으로 3년 이상 근무한 경력이 있는 사람
   나. 중앙소방학교 또는 지방소방학교에서 2주 이상의 소방안전교육사 관련 전문교육과정을 이수한 사람
2. 「초·중등교육법」에 따라 교원의 자격을 취득한 사람
3. 「유아교육법」에 따라 교원의 자격을 취득한 사람
4. 「영유아보육법」에 따라 어린이집의 원장 또는 보육교사의 자격을 취득한 사람(보육교사 자격을 취득한 사람은 보육교사 자격을 취득한 후 3년 이상의 보육업무 경력이 있는 사람만 해당한다.)
5. 다음의 어느 하나에 해당하는 기관에서 소방안전교육 관련 교과목(응급구조학과, 교육학과 또는 소방청장이 정하여 고시하는 소방 관련 학과에 개설된 전공과목을 말한다)을 총 6학점 이상 이수한 사람
   가. 「고등교육법」규정의 어느 하나에 해당하는 학교
   나. 「학점인정 등에 관한 법률」따라 학습과정의 평가인정을 받은 교육훈련기관
6. 「국가기술자격법」에 따른 국가기술자격의 직무분야 중 안전관리 분야(국가기술자격의 직무분야 및 국가기술자격의 종목 중 중직무분야의 안전관리를 말한다)의 기술사 자격을 취득한 사람
7. 「화재예방, 소방시설 설치·유지 및 안전관리에 관한 법률」에 따른 소방시설관리사 자격을 취득한 사람
8. 「국가기술자격법」에 따른 국가기술자격의 직무분야 중 안전관리 분야의 기사 자격을 취득한 후 안전관리 분야에 1년 이상 종사한 사람
9. 「국가기술자격법」에 따른 국가기술자격의 직무분야 중 안전관리 분야의 산업기사 자격을 취득한 후 안전관리 분야에 3년 이상 종사한 사람
10. 「의료법」에 따라 간호사 면허를 취득한 후 간호업무 분야에 1년 이상 종사한 사람
11. 「응급의료에 관한 법률」에 따라 1급 응급구조사 자격을 취득한 후 응급의료 업무 분야에 1년 이상 종사한 사람
12. 「응급의료에 관한 법률」에 따라 2급 응급구조사 자격을 취득한 후 응급의료 업무 분야에 3년 이상 종사한 사람

13. 「화재예방, 소방시설 설치·유지 및 안전관리에 관한 법률 시행령」에 의거 소방기술사 또는 소방시설관리사, 소방설비기사의 자격을 취득한 후 5년 이상 1급 소방안전관리대상물의 소방안전관리자로 근무한 실무경력, 소방설비산업기사의 자격을 취득한 후 7년 이상 1급 소방안전관리대상물의 소방안전관리자로 근무한 실무경력이 있는 사람, 소방공무원으로 20년 이상 근무한 경력이 있는 사람, 소방청장이 실시하는 특급 소방안전관리대상물의 소방안전관리에 관한 시험에 합격한 사람

14. 「화재예방, 소방시설 설치·유지 및 안전관리에 관한 법률 시행령」에 의거 소방설비기사 또는 소방설비산업기사의 자격이 있는 사람, 산업안전기사 또는 산업안전산업기사의 자격을 취득한 후 2년 이상 2급 소방안전관리대상물 또는 3급 소방안전관리대상물의 소방안전관리자로 근무한 실무경력이 있는 사람, 소방공무원으로 7년 이상 근무한 경력이 있는 사람, 위험물기능장·위험물산업기사 또는 위험물기능사 자격을 가진 사람으로서 「위험물안전관리법에 따라 위험물안전관리자로 선임된 사람, 「고압가스 안전관리법」, 「액화석유가스의 안전관리 및 사업법」 또는 「도시가스사업법」에 따라 안전관리자로 선임된 사람, 「전기사업법」에 따라 전기안전관리자로 선임된 사람, 소방청장이 실시하는 1급 소방안전관리대상물의 소방안전관리에 관한 시험에 합격한 사람 중 자격을 갖춘 후 소방안전관리대상물의 소방안전관리에 관한 실무경력이 1년 이상 있는 사람

15. 「화재예방, 소방시설 설치·유지 및 안전관리에 관한 법률 시행령」에 의거 건축사·산업안전기사·산업안전산업기사·건축기사·건축산업기사·일반기계기사·전기기능장·전기기사·전기산업기사·전기공사기사 또는 전기공사산업기사 자격을 가진 사람, 위험물기능장·위험물산업기사 또는 위험물기능사 자격을 가진 사람, 광산보안기사 또는 광산보안산업기사 자격을 가진 사람으로서 「광산안전법」에 따라 광산안전관리직원(안전관리자 또는 안전감독자만 해당한다)으로 선임된 사람, 소방공무원으로 3년 이상 근무한 경력이 있는 사람, 소방청장이 실시하는 2급 소방안전관리대상물의 소방안전관리에 관한 시험에 합격한 사람 중 어느 하나에 해당하는 자격을 갖춘 후 소방안전관리대상물의 소방안전관리에 관한 실무경력이 3년 이상 있는 사람

16. 「의용소방대 설치 및 운영에 관한 법률」에 따라 의용소방대원으로 임명된 후 5년 이상 의용소방대 활동을 한 경력이 있는 사람

### 2) 소방안전교육사의 시험방법 [제7조의3(시험방법)]

① 소방안전교육사시험은 제1차 시험 및 제2차 시험으로 구분하여 시행한다.

② 제1차 시험은 선택형을, 제2차 시험은 논술형을 원칙으로 한다. 다만, 제2차 시험에는 주관식 단답형 또는 기입형을 포함할 수 있다.

③ 제1차 시험에 합격한 사람에 대해서는 다음 회의 시험에 한정하여 제1차 시험을 면제한다.

### 3) 소방안전교육사의 시험과목 [시행령 제7조의4(시험과목)]

① 소방안전교육사시험의 제1차 시험 및 제2차 시험 과목

　㉠ 제1차 시험 : 소방학개론, 구급·응급처치론, 재난관리론 및 교육학개론 중 응시자가 선택하는 3과목

　㉡ 제2차 시험 : 국민안전교육 실무

② 시험 과목별 출제범위는 행정안전부령으로 정한다. [시행규칙 제9조의 2]

| 구분 | 시험 과목 | 출제범위 | 비고 |
|---|---|---|---|
| 제1차 시험<br>※ 4과목 중<br>3과목 선택 | 소방학개론 | 소방조직, 연소이론, 화재이론, 소화이론 | 선택형<br>(객관식) |
| | 구급 · 응급처치론 | 응급환자 관리, 임상응급의학,<br>인공호흡 및 심폐소생술(기도폐쇄 포함),<br>화상환자 및 특수환자 응급처치 | |
| | 재난관리론 | 재난의 정의 · 종류, 재난유형론, 재난단계별 대응이론 | |
| | 교육학개론 | 교육의 이해, 교육심리, 교육사회, 교육과정,<br>교육방법 및 교육공학, 교육평가 | |
| 제2차 시험 | 국민안전교육 실무 | 재난 및 안전사고의 이해, 안전교육의 개념과 기본원리<br>안전교육 지도의 실제 | 논술형<br>(주관식) |

### 4) 시험위원 [시행령 제7조의5(시험위원 등)]

① 소방청장은 소방안전교육사시험 응시자격심사, 출제 및 채점을 위하여 다음의 어느 하나에 해당하는 사람을 응시자격심사위원 및 시험위원으로 임명 또는 위촉하여야 한다.

  ㉠ 소방 관련 학과, 교육학과 또는 응급구조학과 박사학위 취득자

  ㉡ 「고등교육법」규정에 해당하는 학교에서 소방 관련 학과, 교육학과 또는 응급구조학과에서 조교수 이상으로 2년 이상 재직한 자

  ㉢ 소방위 또는 지방소방위 이상의 소방공무원

  ㉣ 소방안전교육사 자격을 취득한 자

② 응시자격심사위원 및 시험위원의 수는 다음과 같다.

  ㉠ **응시자격심사위원** : 3명

  ㉡ **시험위원 중 출제위원** : 시험과목별 3명

  ㉢ **시험위원 중 채점위원** : 5명

③ 응시자격심사위원 및 시험위원으로 임명 또는 위촉된 자는 소방청장이 정하는 시험문제 등의 작성 시 유의사항 및 서약서 등에 따른 준수사항을 성실히 이행해야 한다.

④ 임명 또는 위촉된 응시자격심사위원 및 시험위원과 시험감독업무에 종사하는 자에 대하여는 예산의 범위에서 수당 및 여비를 지급할 수 있다.

### 5) 시험의 공고 [시행령 제7조의6(시험의 시행 및 공고)]

① 소방안전교육사시험은 2년마다 1회 시행함을 원칙으로 하되, 소방청장이 필요하다고 인정하는 때에는 그 횟수를 증감할 수 있다.

② 소방청장은 소방안전교육사시험을 시행하려는 때에는 응시자격·시험과목·일시·장소 및 응시절차 등에 관하여 필요한 사항을 모든 응시 희망자가 알 수 있도록 소방안전교육사시험의 시행일 90일 전까지 1개 이상의 일간신문, 소방기관의 게시판 또는 인터넷 홈페이지 그 밖의 효과적인 방법에 따라 공고해야 한다.

### 6) 응시원서의 제출 [시행령 제7조의7(응시원서 제출 등)]

① 소방안전교육사시험에 응시하려는 자는 행정안전부령으로 정하는 소방안전교육사시험응시원서를 소방청장에게 제출(정보통신망에 의한 제출을 포함)하여야 한다.

② 소방안전교육사시험에 응시하려는 자는 행정안전부령으로 정하는 응시자격에 관한 증명서류를 소방청장이 정하는 기간 내에 제출해야 한다.

③ 소방안전교육사시험에 응시하려는 자는 행정안전부령으로 정하는 응시수수료를 납부해야 한다.
   ㉠ **응시수수료** [시행령 제7조의7제3항] : 응시수수료는 3만원으로 한다.
   ㉡ 수수료는 수입인지 또는 정보통신망을 이용한 전자화폐·전자결제 등의 방법으로 납부하여야 한다.

④ 납부한 응시수수료는 다음의 어느 하나에 해당하는 경우에는 해당 금액을 반환하여야 한다.
   ㉠ 응시수수료를 과오납한 경우 : 과오납한 응시수수료 전액
   ㉡ 시험 시행기관의 귀책사유로 시험에 응시하지 못한 경우 : 납입한 응시수수료 전액
   ㉢ 시험시행일 20일 전까지 접수를 철회하는 경우 : 납입한 응시수수료 전액
   ㉣ 시험시행일 10일 전까지 접수를 철회하는 경우 : 납입한 응시수수료의 100분의 50

### 7) 합격자 결정 [시행령 제7조의8(시험의 합격자 결정 등)]

① 제1차 시험은 매과목 100점을 만점으로 하여 매과목 40점 이상, 전과목 평균 60점 이상 득점한 자를 합격자로 한다.

② 제2차 시험은 100점을 만점으로 하되, 시험위원의 채점점수 중 최고점수와 최저점수를 제외한 점수의 평균이 60점 이상인 사람을 합격자로 한다.

③ 소방청장은 ① 및 ②에 따라 소방안전교육사시험 합격자를 결정한 때에는 이를 일간신문·소방기관의 게시판 또는 인터넷 홈페이지 그 밖의 효과적인 방법에 따라 공고해야 한다.

④ 소방청장은 ③에 따른 시험합격자 공고일부터 1개월 이내에 행정안전부령으로 정하는 소방안전교육사증을 시험합격자에게 발급하며, 이를 소방안전교육사증 교부대장에 기재하고 관리하여야 한다.

### (4) 소방안전교육사 시험의 응시료

소방안전교육사 시험에 응시하려는 사람은 대통령령으로 정하는 바에 따라 수수료를 내야 한다.

## 7. 소방안전교육사의 결격사유 [제17조의3(소방안전교육사의 결격사유)]

### (1) 결격사유

1) 피성년후견인 또는 피한정후견인

2) 금고 이상의 실형을 선고받고 그 집행이 끝나거나(집행이 끝난 것으로 보는 경우를 포함한다) 집행이 면제된 날부터 2년이 지나지 아니한 사람

3) 금고 이상의 형의 집행유예를 선고받고 그 유예기간 중에 있는 사람

4) 법원의 판결 또는 다른 법률에 따라 자격이 정지되거나 상실된 사람

### (2) 시험 부정행위자의 조치 [제17조의4(부정행위자에 대한 조치)]

1) 소방청장은 소방안전교육사 시험에서 부정행위를 한 사람에 대하여는 해당 시험을 정지시키거나 무효로 처리한다.

2) 시험이 정지되거나 무효로 처리된 사람은 그 처분이 있은 날부터 2년간 소방안전교육사 시험에 응시하지 못한다.

## 8. 소방안전교육사의 배치 [제17조의5(소방안전교육사의 배치)]

### (1) 배치 대상

1) 소방안전교육사를 소방청, 소방본부 또는 소방서에서 정하는 대상에 배치할 수 있다.

2) 그 밖에 대통령령으로 정하는 대상에 배치할 수 있다.

– 소방안전교육사의 배치대상 [시행령 제7조의10(소방안전교육사의 배치대상)]
    ㉠ 한국소방안전원
    ㉡ 「소방산업의 진흥에 관한 법률」에 따른 한국소방산업기술원

## (2) 배치 기준

- 소방안전교육사의 배치대상 및 배치기준, 그 밖에 필요한 사항은 대통령령으로 정한다.

| 배치대상 | 배치기준(단위 : 명) | 비고 |
|---|---|---|
| 1. 소방청 | 2 이상 | |
| 2. 소방본부 | 2 이상 | |
| 3. 소방서 | 1 이상 | |
| 4. 한국소방안전원 | 본회 : 2 이상 / 시·도지부 : 1 이상 | |
| 5. 한국소방산업기술원 | 2 이상 | |

### 9. 한국119청소년단 (법 제17조의6)

① 청소년에게 소방안전에 관한 올바른 이해와 안전의식을 함양시키기 위하여 한국119청소년단을 설립한다.

② 한국119청소년단은 법인으로 하고, 그 주된 사무소의 소재지에 설립등기를 함으로써 성립한다.

③ 국가나 지방자치단체는 한국119청소년단에 그 조직 및 활동에 필요한 시설·장비를 지원할 수 있으며, 운영경비와 시설비 및 국내외 행사에 필요한 경비를 보조할 수 있다.

④ 개인·법인 또는 단체는 한국119청소년단의 시설 및 운영 등을 지원하기 위하여 금전이나 그 밖의 재산을 기부할 수 있다.

⑤ 이 법에 따른 한국119청소년단이 아닌 자는 한국119청소년단 또는 이와 유사한 명칭을 사용할 수 없다.

⑥ 한국119청소년단의 정관 또는 사업의 범위·지도·감독 및 지원에 필요한 사항은 행정안전부령으로 정한다.

⑦ 한국119청소년단에 관하여 이 법에서 규정한 것을 제외하고는 「민법」 중 사단법인에 관한 규정을 준용한다.

### 10. 소방신호 [제18조(소방신호)]

화재예방, 소방활동 또는 소방훈련을 위하여 사용되는 소방신호의 종류와 방법은 행정안전부령으로 정한다.

## (1) 소방신호의 종류 [시행규칙 제10조(소방신호의 종류 및 방법)]

1) 경계신호 : 화재예방상 필요하다고 인정되거나 화재위험경보시 발령

2) 발화신호 : 화재가 발생한 때 발령

3) 해제신호 : 소화활동이 필요 없다고 인정되는 때 발령

4) 훈련신호 : 훈련상 필요하다고 인정되는 때 발령

## (2) 소방신호의 방법

1) 타종 및 싸이렌

| | 타종신호 | 싸이렌 신호 |
|---|---|---|
| 경계신호 | 1타와 연2타를 반복 | 5초 간격을 두고 30초씩 3회 |
| 발화신호 | 1타와 연2타를 반복 | 5초 간격을 두고 5초씩 3회 |
| 해제신호 | 상당한 간격을 두고 1타씩 반복 | 1분간 1회 |
| 훈련신호 | 연3타반복 | 10초 간격을 두고 1분씩 3회 |

※ 비고
① 소방신호의 방법은 그 전부 또는 일부를 함께 사용할 수 있다.
② 게시판을 철거하거나 통풍대 또는 기를 내리는 것으로 소방활동이 해제되었음을 알린다.
③ 소방대의 비상소집을 하는 경우에는 훈련신호를 사용할 수 있다.

2) 그 밖의 신호

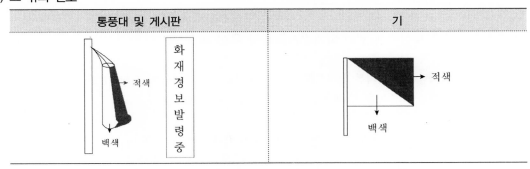

| 통풍대 및 게시판 | 기 |
|---|---|
| 적색 / 백색 / 화재경보발령중 | 적색 / 백색 |

## 11. 화재의 통지 [제19조(화재 등의 통지)]

(1) 화재 현장 또는 구조·구급이 필요한 사고 현장을 발견한 사람은 그 현장의 상황을 소방본부, 소방서 또는 관계 행정기관에 지체 없이 알려야 한다.

(2) 다음의 어느 하나에 해당하는 지역 또는 장소에서 화재로 오인할 만한 우려가 있는 불을 피우거나 연막(煙幕) 소독을 하려는 자는 시·도의 조례로 정하는 바에 따라 관할 소방본부장 또는 소방서장에게 신고하여야 한다.

1) 시장지역

2) 공장 · 창고가 밀집한 지역

3) 목조건물이 밀집한 지역

4) 위험물의 저장 및 처리시설이 밀집한 지역

5) 석유화학제품을 생산하는 공장이 있는 지역

6) 그 밖에 시 · 도의 조례로 정하는 지역 또는 장소

### 12. 관계인의 소방활동 [제20조(관계인의 소방활동)]

관계인은 소방대상물에 화재, 재난 · 재해, 그 밖의 위급한 상황이 발생한 경우에는 소방대가 현장에 도착할 때까지 경보를 울리거나 대피를 유도하는 등의 방법으로 사람을 구출하는 조치 또는 불을 끄거나 불이 번지지 아니하도록 필요한 조치를 하여야 한다.

### 13. 소방차동차의 우선통행 및 전용구역

#### (1) 소방자동차의 우선통행[제21조(소방자동차의 우선 통행 등)]

1) 모든 차와 사람은 소방자동차(지휘를 위한 자동차와 구조 · 구급차 포함)가 화재진압 및 구조 · 구급 활동을 위하여 출동을 할 때에는 이를 방해하여서는 아니 된다.

2) 소방자동차의 우선 통행에 관하여는 「도로교통법」에서 정하는 바에 따른다.

3) 소방자동차가 화재진압 및 구조 · 구급 활동을 위하여 출동하거나 훈련을 위하여 필요할 때에는 사이렌을 사용할 수 있다.

#### (2) 전용구역 [제21조의2(소방자동차 전용구역 등)]

1) 「건축법」 제2조제2항제2호에 따른 공동주택 중 대통령령으로 정하는 공동주택의 건축주는 제16조제1항에 따른 소방활동의 원활한 수행을 위하여 공동주택에 소방자동차 전용구역(이하 "전용구역"이라 한다)을 설치하여야 한다.

2) 누구든지 전용구역에 차를 주차하거나 전용구역에의 진입을 가로막는 등의 방해행위를 하여서는 아니 된다.

3) 전용구역의 설치 기준·방법, 전용구역 진입 방해행위의 기준, 그 밖의 필요한 사항은 대통령령으로 정한다.

4) 전용구역의 설치 방법 [시행령 제7조의13(소방자동차 전용구역의 설치 기준·방법)]

① 아파트 중 세대수가 100세대 이상인 아파트와 3층 이상의 기숙사의 경우 공동주택의 건축주는 소방자동차가 접근하기 쉽고 소방활동이 원활하게 수행될 수 있도록 각 동별 전면 또는 후면에 소방자동차 전용구역(이하 "전용구역"이라 한다)을 1개소 이상 설치하여야 한다. 다만, 하나의 전용구역에서 여러 동에 접근하여 소방활동이 가능한 경우로서 소방청장이 정하는 경우에는 각 동별로 설치하지 아니할 수 있다.

② 전용구역의 설치 방법

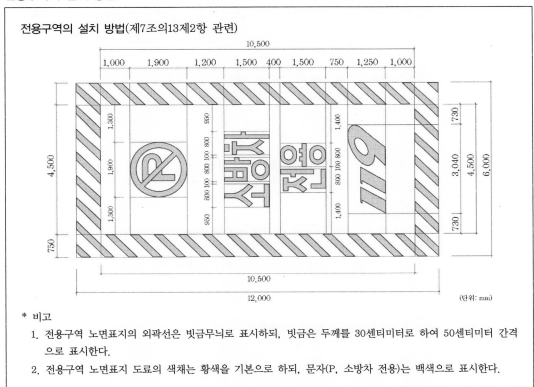

전용구역의 설치 방법(제7조의13제2항 관련)

* 비고
  1. 전용구역 노면표지의 외곽선은 빗금무늬로 표시하되, 빗금은 두께를 30센티미터로 하여 50센티미터 간격으로 표시한다.
  2. 전용구역 노면표지 도료의 색채는 황색을 기본으로 하되, 문자(P, 소방차 전용)는 백색으로 표시한다.

5) 전용구역 방해행위 [제7조의14(전용구역 방해행위의 기준)]

① 전용구역에 물건 등을 쌓거나 주차하는 행위

② 전용구역의 앞면, 뒷면 또는 양 측면에 물건 등을 쌓거나 주차하는 행위. 다만, 「주차장법」 제19조에 따른 부설주차장의 주차구획 내에 주차하는 경우는 제외한다.

③ 전용구역 진입로에 물건 등을 쌓거나 주차하여 전용구역으로의 진입을 가로막는 행위

④ 전용구역 노면표지를 지우거나 훼손하는 행위

⑤ 그 밖의 방법으로 소방자동차가 전용구역에 주차하는 것을 방해하거나 전용구역으로 진입하는 것을 방해하는 행위

### 14. 소방대의 긴급통행 [제22조(소방대의 긴급통행)]

소방대는 화재, 재난·재해, 그 밖의 위급한 상황이 발생한 현장에 신속하게 출동하기 위하여 긴급할 때에는 일반적인 통행에 쓰이지 아니하는 도로·빈터 또는 물 위로 통행할 수 있다.

### 15. 소방활동구역의 설정 [제23조(소방활동구역의 설정)]

(1) 소방대장은 화재, 재난·재해, 그 밖의 위급한 상황이 발생한 현장에 소방활동구역을 정하여 소방활동에 필요한 사람으로서 대통령령으로 정하는 사람 외에는 그 구역에 출입하는 것을 제한할 수 있다.

-소방활동 출입자 [시행령 제8조(소방활동구역의 출입자)]

① 소방활동구역 안에 있는 소방대상물의 소유자·관리자 또는 점유자

② 전기·가스·수도·통신·교통의 업무에 종사하는 사람으로서 원활한 소방활동을 위하여 필요한 사람

③ 의사·간호사 그 밖의 구조·구급업무에 종사하는 사람

④ 취재인력 등 보도업무에 종사하는 사람

⑤ 수사업무에 종사하는 사람

⑥ 그 밖에 소방대장이 소방활동을 위하여 출입을 허가한 사람

(2) 경찰공무원은 소방대가 소방활동구역에 있지 아니하거나 소방대장의 요청이 있을 때에는 소방활동구역에 따른 조치를 할 수 있다.

### 16. 소방활동 종사 [제24조(소방활동 종사 명령)]

### (1) 소방활동 종사 명령

소방본부장, 소방서장 또는 소방대장은 화재, 재난·재해, 그 밖의 위급한 상황이 발생한 현장에서 소방활동을 위하여 필요할 때에는 그 관할구역에 사는 사람 또는 그 현장에 있는 사람으로 하여금 사람을 구출하는 일 또는 불을 끄거나 불이 번지지 아니하도록 하는 일을 하게 할 수 있다. 이 경우 소방본부장, 소방서장 또는 소방대장은 소방활동에 필요한 보호장구를 지급하는 등 안전을 위한 조치를 하여야 한다.

## (2) 소방활동의 비용지급의 예외

소방활동에 종사한 사람은 시·도지사로부터 소방활동의 비용을 지급받을 수 있다. 다만, 다음의 어느 하나에 해당하는 사람의 경우에는 그러하지 아니하다.

① 소방대상물에 화재, 재난·재해, 그 밖의 위급한 상황이 발생한 경우 그 관계인

② 고의 또는 과실로 화재 또는 구조·구급 활동이 필요한 상황을 발생시킨 사람

③ 화재 또는 구조·구급 현장에서 물건을 가져간 사람

## 17. 강제처분 [제25조(강제처분 등)]

**(1)** 소방본부장, 소방서장 또는 소방대장은 사람을 구출하거나 불이 번지는 것을 막기 위하여 필요할 때에는 화재가 발생하거나 불이 번질 우려가 있는 소방대상물 및 토지를 일시적으로 사용하거나 그 사용의 제한 또는 소방활동에 필요한 처분을 할 수 있다.

**(2)** 소방본부장, 소방서장 또는 소방대장은 사람을 구출하거나 불이 번지는 것을 막기 위하여 긴급하다고 인정할 때에는 강제처분 조치된 소방대상물 또는 토지 외의 소방대상물과 토지에 강제처분을 할 수 있다.

**(3)** 소방본부장, 소방서장 또는 소방대장은 소방활동을 위하여 긴급하게 출동할 때에는 소방자동차의 통행과 소방활동에 방해가 되는 주차 또는 정차된 차량 및 물건 등을 제거하거나 이동시킬 수 있다.

**(4)** 소방본부장, 소방서장 또는 소방대장은 소방활동에 방해가 되는 주차 또는 정차된 차량의 제거나 이동을 위하여 관할 지방자치단체 등 관련 기관에 견인차량과 인력 등에 대한 지원을 요청할 수 있고, 요청을 받은 관련 기관의 장은 정당한 사유가 없으면 이에 협조하여야 한다.

**(5)** 시·도지사는 (4)항에 따라 견인차량과 인력 등을 지원한 자에게 시·도의 조례로 정하는 바에 따라 비용을 지급할 수 있다.

## 18. 피난명령 [제26조(피난 명령)]

## (1) 피난명령

소방본부장, 소방서장 또는 소방대장은 화재, 재난·재해, 그 밖의 위급한 상황이 발생하여 사람의 생명을 위험하게 할 것으로 인정할 때에는 일정한 구역을 지정하여 그 구역에 있는 사람에게 그 구역 밖으로 피난할 것을 명할 수 있다.

**(2) 피난명령의 협조**

　소방본부장, 소방서장 또는 소방대장은 명령을 할 때 필요하면 관할 경찰서장 또는 자치경찰단장에게 협조를 요청할 수 있다.

### 19. 위험시설에 대한 긴급조치 [제27조(위험시설 등에 대한 긴급조치)]

**(1)** 소방본부장, 소방서장 또는 소방대장은 화재 진압 등 소방활동을 위하여 필요할 때에는 소방용수 외에 댐·저수지 또는 수영장 등의 물을 사용하거나 수도(水道)의 개폐장치 등을 조작할 수 있다.

**(2)** 소방본부장, 소방서장 또는 소방대장은 화재 발생을 막거나 폭발 등으로 화재가 확대되는 것을 막기 위하여 가스·전기 또는 유류 등의 시설에 대하여 위험물질의 공급을 차단하는 등 필요한 조치를 할 수 있다.

### 20. 수방용수시설의 사용금지 [제28조(소방용수시설 또는 비상소화장치의 사용금지 등)]

**(1)** 정당한 사유 없이 소방용수시설을 사용하는 행위

**(2)** 정당한 사유 없이 손상·파괴, 철거 또는 그 밖의 방법으로 소방용수시설의 효용(效用)을 해치는 행위

**(3)** 소방용수시설의 정당한 사용을 방해하는 행위

# 화재의 조사

## 1. 화재의 원인 및 피해 조사 [제29조(화재의 원인 및 피해 조사)]

### (1) 화재조사

소방청장, 소방본부장 또는 소방서장은 화재가 발생하였을 때에는 화재의 원인 및 피해 등에 대한 화재조사를 하여야 한다.

### (2) 화재조사의 방법 및 전담조사반

#### 1) 화재조사 방법 [시행령 규칙 제11조(화재조사의 방법 등)]

① 화재조사는 장비를 활용하여 소화활동과 동시에 실시되어야 한다.

② 화재조사의 종류 및 조사의 범위는 다음과 같다.

㉠ 화재원인조사

| 종류 | 조사범위 |
|---|---|
| 가. 발화원인 조사 | 화재가 발생한 과정, 화재가 발생한 지점 및 불이 붙기 시작한 물질 |
| 나. 발견 · 통보 및 초기 소화상황 조사 | 화재의 발견 · 통보 및 초기소화 등 일련의 과정 |
| 다. 연소상황 조사 | 화재의 연소경로 및 확대원인 등의 상황 |
| 라. 피난상황 조사 | 피난경로, 피난상의 장애요인 등의 상황 |
| 마. 소방시설 등 조사 | 소방시설의 사용 또는 작동 등의 상황 |

㉡ 화재피해 조사

| 종류 | 조사범위 |
|---|---|
| 가. 인명피해조사 | (1) 소방활동중 발생한 사망자 및 부상자<br>(2) 그 밖에 화재로 인한 사망자 및 부상자 |
| 나. 재산피해조사 | (1) 열에 의한 탄화, 용융, 파손 등의 피해<br>(2) 소화활동중 사용된 물로 인한 피해<br>(3) 그 밖에 연기, 물품반출, 화재로 인한 폭발 등에 의한 피해 |

#### 2) 화재조사전담부서 [시행규칙 제12조(화재조사전담부서의 설치 · 운영 등)]

① 화재의 원인과 피해 조사를 위하여 소방청, 시 · 도의 소방본부와 소방서에 화재조사를 전담하는 부서를 설치 · 운영한다.

② 화재조사전담부서의 장은 업무

  ㉠ 화재조사의 총괄·조정

  ㉡ 화재조사의 실시

  ㉣ 화재조사의 발전과 조사요원의 능력향상에 관한 사항

  ㉤ 화재조사를 위한 장비의 관리운영에 관한 사항

  ㉥ 그 밖의 화재조사에 관한 사항

③ 화재조사전담부서의 장은 소속 소방공무원 가운데 다음 각 호의 어느 하나에 해당하는 자로서 소방청장이 실시하는 화재조사에 관한 시험에 합격한 자로 하여금 화재조사를 실시하도록 하여야 한다. 다만, 화재조사에 관한 시험에 합격한 자가 없는 경우에는 소방공무원중 「국가기술자격법」에 의한 소방·건축·가스·전기·위험물분야 자격증을 취득한 자 또는 소방공무원으로서 화재조사분야에서 1년 이상 근무한 자로 하여금 화재조사를 실시하도록 할 수 있다.

  ㉠ 소방교육기관(중앙·지방소방학교 및 시·도에서 설치·운영하는 소방교육대를 말한다)에서 12주 이상 화재조사에 관한 전문교육을 이수한 자

  ㉡ 국립과학수사연구원 또는 외국의 화재조사관련 기관에서 12주 이상 화재조사에 관한 전문교육을 이수한 자

④ 소방청장·소방본부장 또는 소방서장은 화재조사전담부서에서 근무하는 자의 업무능력 향상을 위하여 국내·외의 소방 또는 안전에 관련된 전문기관에 위탁교육을 실시할 수 있다.

⑤ 화재전담부서의 운영 및 화재조사에 관한 시험의 응시자격, 시험방법, 시험과목, 그 밖에 시험의 시행에 필요한 사항은 소방청장이 정한다.

⑥ 화재조사전담부서에는 장비 및 시설을 갖추어야 한다.

**화재조사전담부서에 갖추어야 할 장비 및 시설(제12조제4항 관련)**

1. **소방본부**(거점소방서 포함)

| 구분 | 기자재명 및 시설규모 |
|---|---|
| 발굴용구(1종세트) | 공구류(니퍼, 펜치, 와이어커터, 드라이버세트, 스패너세트, 망치, 등), 톱(나무, 쇠), 전동 드릴, 전동 그라인더, 다용도 칼, 버니어캘리퍼스, U형자석, 뜰채, 붓, 빗자루, 양동이, 삽, 긁개 |
| 기록용기기(14종) | 디지털카메라(DSLR)세트, 비디오카메라세트, 소형 디지털방수카메라, 칼라(포토)프린터, 촬영용 고무매트, TV, VTR, 디지털녹음기, 거리측정기, 초시계, 디지털온도·습도계, 디지털풍향풍속기록계, 정밀저울, 줄자 |
| 감식·감정용기기(13종) | 절연저항계, 멀티테스터기, 클램프메타, 정전기측정장치, 누설전류계, 검전기, 복합가스측정기, 가스(유증)검지기, 확대경, 실체현미경, 적외선열상카메라, 접지저항계, 휴대용디지털현미경 |
| 조명기기(5종) | 발전기, 이동용조명기, 손전등, 투광기, 헤드랜턴 |
| 안전장비(7종) | 보호용작업복, 보호용장갑, 안전화, 안전모, 마스크(방진마스크, 방독마스크), 보안경, 안전고리 |

| 증거수집 장비(6종) | 증거물 수집기구세트(핀셋류, 가위류 등), 증거물 보관세트(박스, 봉투, 밀폐용기, 유증수집용 캔 등), 증거물 표지(번호, 화살·○표, 스티커), 증거물 태그, 접자, 라텍스장갑 |
|---|---|
| 화재조사차량(1종) | 화재조사용 전용차량 |
| 보조장비(7종) | 노트북컴퓨터, 냉장고, 소화기, 수중펌프, 전선 릴, 이동용 에어컴프레서, 접이식사다리 |
| 추가 권장 장비 (17종) | 가스크로마토그래피, 고속카메라세트, 화재시뮬레이션시스템, X선 촬영기, 금속현미경, 시편절단기, 시편성형기, 시편연마기, 접점저항계, 직류전압전류계, 교류전압전류계, 오실로스코프, 주사전자현미경, 인화점측정기, 발화점측정기, 미량용점측정기, 온도기록계 |
| 화재조사분석실 | 화재조사분석실 구성장비를 유효하게 보존·사용할 수 있는 30㎡ 이상의 실(室) |
| 화재조사분석실 구성장비(8종) | 증거물보관함, 시료보관함, 실험작업대, 바이스, 개수대, 초음파세척기, 실험용초자류(비이커, 피펫, 유리병 등), 드라이어 |

2. 소방서

| 구분 | 기자재명 |
|---|---|
| 발굴용구 (1종세트) | 공구류(니퍼, 펜치, 와이어커터, 드라이버세트, 스패너세트, 망치, 등), 톱(나무, 쇠), 전동 드릴, 전동 그라인더, 다용도 칼, 버니어캘리퍼스, U형자석, 뜰채, 붓, 빗자루, 양동이, 삽, 긁개 |
| 기록용기기(14종) | 디지털카메라(DSLR)세트, 비디오카메라세트, 소형 디지털방수카메라, 칼라(포토)프린터, 촬영용 고무매트, TV, VTR, 디지털녹음기, 거리측정기, 초시계, 디지털온도·습도계, 디지털풍향풍속기록계, 정밀저울, 줄자 |
| 감식용기기(9종) | 절연저항계, 멀티테스터기, 클램프메타, 누설전류계, 검전기, 복합가스측정기, 가스(유증)검지기, 확대경, 실체현미경 |
| 조명기기(5종) | 발전기, 이동용조명기, 손전등, 투광기, 헤드랜턴 |
| 안전장비(7종) | 보호용작업복, 보호용장갑, 안전화, 안전모, 마스크(방진마스크, 방독마스크), 보안경, 안전고리 |
| 증거수집 장비(6종) | 증거물 수집기구세트(핀셋류, 가위류 등), 증거물 보관세트(박스, 봉투, 밀폐용기, 유증수집용 캔 등), 증거물 표지(번호, 화살·○표, 스티커), 증거물 태그, 접자, 라텍스장갑 |
| 화재조사차량(1종) | 화재조사용 전용차량 |
| 보조장비(7종) | 노트북컴퓨터, 냉장고, 소화기, 수중펌프, 전선 릴, 이동용 에어컴프레서, 접이식사다리 |
| 추가 권장 장비(3종) | 휴대용디지털현미경, 화재시뮬레이션시스템, 정전기측정장치 |
| 화재조사분석실 | 화재조사분석실 구성장비를 유효하게 보존·사용할 수 있는 20㎡ 이상의 실(室) |
| 화재조사분석실 구성장비(8종) | 증거물보관함, 시료보관함, 실험작업대, 바이스, 개수대, 초음파세척기, 실험용초자류(비이커, 피펫, 유리병 등), 드라이어 |

* 비고
  1. 거점소방서란 화재발생 빈도와 화재조사의 중요성을 감안하여 시·도 소방본부장이 권역별로 별도로 지정한 소방서를 말한다.
  2. 촬영용 고무매트란 증거물 등을 올려놓고 사진을 촬영하기 위한 격자 표시형 고무매트를 말한다.
  3. 화재조사차량은 탑승공간과 장비 적재공간이 구분되어 주요 장비의 적재·활용이 가능하여야 하며, 차량 내부에 기초 조사사무용 테이블을 설치할 수 있는 차량을 말한다.
  4. 추가 권장 장비는 화재조사 및 감식·감정 등에 유용하게 활용되는 것으로써 보유가 권장되는 장비를 말한다.
  5. 화재조사분석실의 면적은 청사 공간의 효율적 활용을 위하여 불가피한 경우에만 기준 면적의 절반 이상의 면적으로 조정할 수 있다.

3) 화재조사에 관한 전문교육 [시행규칙 제13조(화재조사에 관한 전문교육 등)]

① 전문교육과정의 교육과목은 소양교육(국정시책, 기초소양, 심리상담기법 등), 전문교육(기초화학, 기초전기, 구조물과 화재, 화재조사 관계법령, 화재학 등), 실습교육(화재조사실습, 현장실습, 사례연구 및 발표), 행정(입교식, 과정소개, 평가, 교육효과측정, 수료식 등)으로 나누며, 교육과목별 교육시간과 실습교육의 방법은 전문교육과정을 운영하는 소방교육기관에서 정한다.

② 소방청장은 화재조사에 관한 시험에 합격한 자에게 2년마다 전문보수교육을 실시하여야 한다.

③ 전문보수교육을 받지 아니한 자에 대하여는 전문보수교육을 이수하는 때까지 화재조사를 실시하게 하여서는 아니된다.

## 2. 출입·조사 [법 제30조(출입·조사 등)]

(1) 소방청장, 소방본부장 또는 소방서장은 화재조사를 하기 위하여 필요하면 관계인에게 보고 또는 자료 제출을 명하거나 관계 공무원으로 하여금 관계 장소에 출입하여 화재의 원인과 피해의 상황을 조사하거나 관계인에게 질문하게 할 수 있다.

(2) 화재조사를 하는 관계 공무원은 그 권한을 표시하는 증표를 지니고 이를 관계인에게 보여 주어야 한다.

(3) 화재조사를 하는 관계 공무원은 관계인의 정당한 업무를 방해하거나 화재조사를 수행하면서 알게 된 비밀을 다른 사람에게 누설하여서는 아니 된다.

### 3. 방화 또는 실화 피의자 조사 [법 제31조(수사기관에 체포된 사람에 대한 조사)]

소방청장, 소방본부장 또는 소방서장은 수사기관이 방화(放火) 또는 실화(失火)의 혐의가 있어서 이미 피의자를 체포하였거나 증거물을 압수하였을 때에 화재조사를 위하여 필요한 경우에는 수사에 지장을 주지 아니하는 범위에서 그 피의자 또는 압수된 증거물에 대한 조사를 할 수 있다. 이 경우 수사기관은 소방청장, 소방본부장 또는 소방서장의 신속한 화재조사를 위하여 특별한 사유가 없으면 조사에 협조하여야 한다.

### 4. 행정기관 협력 [법 제32조(소방공무원과 국가경찰공무원의 협력 등)]

(1) 소방공무원과 국가경찰공무원은 화재조사를 할 때에 서로 협력하여야 한다.

(2) 소방본부장이나 소방서장은 화재조사 결과 방화 또는 실화의 혐의가 있다고 인정하면 지체 없이 관할 경찰서장에게 그 사실을 알리고 필요한 증거를 수집·보존하여 그 범죄수사에 협력하여야 한다.

### 5. 보험회사 협력 [제33조(소방기관과 관계 보험회사의 협력)]

소방본부, 소방서 등 소방기관과 관계 보험회사는 화재가 발생한 경우 그 원인 및 피해상황을 조사할 때 필요한 사항에 대하여 서로 협력하여야 한다.

# 구조 및 구급(119구조·구급에 관한 법률)

## 1. 목적 [119구조·구급에 관한 법률 제1조(목적)]

119구조·구급에 관한 법률은 화재, 재난·재해 및 테러, 그 밖의 위급한 상황에서 119구조·구급의 효율적 운영에 관하여 필요한 사항을 규정함으로써 국가의 구조·구급 업무 역량을 강화하고 국민의 생명·신체 및 재산을 보호하며 삶의 질 향상에 이바지함을 목적으로 한다.

## 2. 용어의 정의 [119구조·구급에 관한 법률 제2조(정의)]

이 법에서 사용하는 용어의 뜻은 다음과 같다

① 구조란 화재, 재난·재해 및 테러, 그 밖의 위급한 상황에서 외부의 도움을 필요로 하는 사람의 생명, 신체 및 재산을 보호하기 위하여 수행하는 모든 활동을 말한다.

② 119구조대란 탐색 및 구조활동에 필요한 장비를 갖추고 소방공무원으로 편성된 단위조직을 말한다.

③ 구급이란 응급환자에 대하여 행하는 상담, 응급처치 및 이송 등의 활동을 말한다.

④ 119구급대란 구급활동에 필요한 장비를 갖추고 소방공무원으로 편성된 단위조직을 말한다.

⑤ 응급환자란 「응급의료에 관한 법률」의 응급환자를 말한다.

⑥ 응급처치란 「응급의료에 관한 법률」의 응급처치를 말한다.

⑦ 구급차등이란 「응급의료에 관한 법률」의 구급차등을 말한다.

⑧ 지도의사란 「응급의료에 관한 법률」의 지도의사를 말한다.

## 3. 국가의 책무 [제3조(국가 등의 책무)]

① 국가와 지방자치단체는 119구조·구급과 관련된 새로운 기술의 연구·개발 및 구조·구급서비스의 질을 향상시키기 위한 시책을 강구하고 추진하여야 한다.

② 국가와 지방자치단체는 구조·구급업무를 효과적으로 수행하기 위한 체계의 구축 및 구조·구급장비의 구비, 그 밖에 구조·구급활동에 필요한 기반을 마련하여야 한다.

③ 국가와 지방자치단체는 국민이 위급상황에서 자신의 생명과 신체를 보호할 수 있는 대응능력을 향상시키기 위한 교육과 홍보에 적극 노력하여야 한다.

## 4. 국민의 권리와 의무 [제4조(국민의 권리와 의무)]

① 누구든지 위급상황에 처한 경우에는 국가와 지방자치단체로부터 신속한 구조와 구급을 통하여 생활의 안전을 영위할 권리를 가진다.

② 누구든지 119구조대원·119구급대원이 위급상황에서 구조·구급활동을 위하여 필요한 협조를 요청하는 경우에는 특별한 사유가 없으면 이에 협조하여야 한다.

③ 누구든지 위급상황에 처한 요구조자를 발견한 때에는 이를 지체 없이 소방기관 또는 관계 행정기관에 알려야 하며, 119구조대·119구급대도착할 때까지 요구조자를 구출하거나 부상 등이 악화되지 아니하도록 노력하여야 한다.

## 5. 다른 법률과의 관계 [제5조(다른 법률과의 관계)]

구조·구급활동에 관하여 다른 법률에 특별한 규정이 있는 경우를 제외하고는 이 법에서 정하는 바에 따른다.

## 6. 구조·구급 기본계획 등의 수립·시행 [제6조(구조·구급 기본계획 등의 수립·시행)]

① 소방청장은 제3조의 업무를 수행하기 위하여 관계 중앙행정기관의 장과 협의하여 대통령령으로 정하는 바에 따라 구조·구급 기본계획을 수립·시행하여야 한다.

② 기본계획에는 다음의 사항이 포함되어야 한다.
  ㉠ 구조·구급서비스의 질 향상을 위한 정책의 기본방향에 관한 사항
  ㉡ 구조·구급에 필요한 체계의 구축, 기술의 연구개발 및 보급에 관한 사항
  ㉢ 구조·구급에 필요한 장비의 구비에 관한 사항
  ㉣ 구조·구급 전문인력 양성에 관한 사항
  ㉤ 구조·구급활동에 필요한 기반조성에 관한 사항
  ㉥ 구조·구급의 교육과 홍보에 관한 사항
  ㉦ 그 밖에 구조·구급업무의 효율적 수행을 위하여 필요한 사항

③ 소방청장은 기본계획에 따라 매년 연도별 구조·구급 집행계획을 수립·시행하여야 한다.

④ 소방청장은 제1항 및 제3항에 따라 수립된 기본계획 및 집행계획을 관계 중앙행정기관의 장, 특별시장·광역시장·특별자치시장·도지사·특별자치도지사에게 통보하고 국회 소관 상임위원회에 제출하여야 한다.

⑤ 소방청장은 기본계획 및 집행계획을 수립하기 위하여 필요한 경우에는 관계 중앙행정기관의 장 또는 시·도지사에게 관련 자료의 제출을 요청할 수 있다. 이 경우 자료제출을 요청받은 관계 중앙행정기관의 장 또는 시·도지사는 특별한 사유가 없으면 이에 따라야 한다.

### 7. 시·도 구조·구급집행계획의 수립·시행 [제7조(시·도 구조·구급집행계획의 수립·시행)]

① 소방본부장은 기본계획 및 집행계획에 따라 관할 지역에서 신속하고 원활한 구조·구급활동을 위하여 매년 특별시·광역시·특별자치시·도·특별자치도 구조·구급 집행계획을 수립하여 소방청장에게 제출하여야 한다.

② 소방본부장은 시·도 집행계획을 수립하기 위하여 필요한 경우에는 해당 특별자치도지사·시장·군수·구청장에게 관련 자료의 제출을 요청할 수 있다. 이 경우 자료제출을 요청받은 해당 특별자치도지사·시장·군수·구청장은 특별한 사유가 없으면 이에 따라야 한다.

③ 시·도 집행계획의 수립시기·내용, 그 밖에 필요한 사항은 대통령령으로 정한다.

### 8. 119구조대의 편성과 운영 [제8조(119구조대의 편성과 운영)]

① 소방청장·소방본부장 또는 소방서장은 위급상황에서 요구조자의 생명 등을 신속하고 안전하게 구조하는 업무를 수행하기 위하여 대통령령으로 정하는 바에 따라 119구조대를 편성하여 운영하여야 한다.

② 구조대의 종류, 구조대원의 자격기준, 그 밖에 필요한 사항은 대통령령으로 정한다.

③ 구조대는 행정안전부령으로 정하는 장비를 구비하여야 한다.

### 9. 국제구조대의 편성과 운영 [제9조(국제구조대의 편성과 운영)]

① 소방청장은 국외에서 대형재난 등이 발생한 경우 재외국민의 보호 또는 재난발생국의 국민에 대한 인도주의적 구조 활동을 위하여 국제구조대를 편성하여 운영할 수 있다.

② 소방청장은 외교부장관과 협의를 거쳐 국제구조대를 재난발생국에 파견할 수 있다.

③ 소방청장은 국제구조대를 국외에 파견할 것에 대비하여 구조대원에 대한 교육훈련 등을 실시할 수 있다.

④ 소방청장은 국제구조대의 국외재난대응능력을 향상시키기 위하여 국제연합 등 관련 국제기구와의 협력체계 구축, 해외재난정보의 수집 및 기술연구 등을 위한 시책을 추진할 수 있다.

⑤ 소방청장은 국제구조대를 재난발생국에 파견하기 위하여 필요한 경우 관계 중앙행정기관의 장 또는 시·도지사에게 직원의 파견 및 장비의 지원을 요청할 수 있다. 이 경우 관계 중앙행정기관의 장 또는 시·도지사는 특별한 사유가 없으면 요청에 따라야 한다.

⑥ 국제구조대의 편성, 파견, 교육훈련 및 국제구조대원의 귀국 후 건강관리와 그 밖에 필요한 사항은 대통령령으로 정한다.

⑦ 국제구조대는 행정안전부령으로 정하는 장비를 구비하여야 한다.

## 10. 119구급대의 편성과 운영 [제10조(119구급대의 편성과 운영)]

① 소방청장, 소방본부장, 소방서장은 위급상황에서 발생한 응급환자를 응급처치하거나 의료기관에 긴급히 이송하는 등의 구급업무를 수행하기 위하여 대통령령으로 정하는 바에 따라 119구급대를 편성하여 운영하여야 한다.

② 구급대의 종류, 구급대원의 자격기준, 이송대상자, 그 밖에 필요한 사항은 대통령령으로 정한다.

③ 구급대는 행정안전부령으로 정하는 장비를 구비하여야 한다.

## 11. 119구급상황관리센터의 설치 · 운영 등 [제10조의2(119구급상황관리센터의 설치 · 운영 등)]

① 소방청장은 119구급대원 등에게 응급환자 이송에 관한 정보를 효율적으로 제공하기 위하여 소방청과 시 · 도 소방본부에 119구급상황관리센터를 설치 · 운영하여야 한다.

② 구급상황센터에서는 다음 각 호의 업무를 수행한다.
　　㉠ 응급환자에 대한 안내 · 상담 및 지도
　　㉡ 응급환자를 이송 중인 사람에 대한 응급처치의 지도 및 이송병원 안내
　　㉢ 정보의 활용 및 제공
　　㉣ 119구급이송 관련 정보망의 설치 및 관리 · 운영

③ 구급상황센터의 설치 · 운영, 그 밖에 필요한 사항은 대통령령으로 정한다.

④ 보건복지부장관은 제2항에 따른 업무를 평가할 수 있으며, 소방청장은 그 평가와 관련한 자료의 수집을 위하여 보건복지부장관이 요청하는 경우 기록 등 필요한 자료를 제공하여야 한다.

⑤ 소방청장은 응급환자의 이송정보가 「응급의료에 관한 법률」의 응급의료 전산망과 연계될 수 있도록 하여야 한다.

## 12. 구조 · 구급대의 통합 편성과 운영 [제11조(구조 · 구급대의 통합 편성과 운영)]

소방청장, 소방본부장, 소방서장은 구조 · 구급대를 통합하여 편성 · 운영할 수 있다.

## 13. 항공구조구급대의 편성과 운영 [제12조(항공구조구급대의 편성과 운영)]

① 소방청장 또는 소방본부장은 초고층 건축물 등에서 요구조자의 생명을 안전하게 구조하거나 도서 · 벽지에서 발생한 응급환자를 의료기관에 긴급히 이송하기 위하여 항공구조구급대를 편성하여 운영한다.

② 항공구조구급대의 편성과 운영 및 업무, 그 밖에 필요한 사항은 대통령령으로 정한다.

③ 항공구조구급대는 행정안전부령으로 정하는 장비를 구비하여야 한다.

### 14. 구조 · 구급활동 [제13조(구조 · 구급활동)]

① 소방청장, 소방본부장, 소방서장은 위급상황이 발생한 때에는 구조 · 구급대를 현장에 신속하게 출동시켜 인명구조 및 응급처치, 그 밖에 필요한 활동을 하게 하여야 한다.

② 누구든지 구조 · 구급활동을 방해하여서는 아니 된다.

③ 소방청장, 소방본부장, 소방서장은 대통령령으로 정하는 위급하지 아니한 경우에는 구조 · 구급대를 출동시키지 아니할 수 있다.

# 의용소방대 설치 및 운영에 관한 법률

### 1. 총칙

**(1) 목적 [의용소방대 설치 및 운영에 관한 법률 제1조(목적)]**

의용소방대 설치 및 운영에 관한 법률은 화재진압, 구조·구급 등의 소방업무를 체계적으로 보조하기 위하여 의용소방대 설치 및 운영 등에 필요한 사항을 규정함을 목적으로 한다.

**(2) 의용소방대의 설치 [제2조(의용소방대의 설치 등)]**

① 특별시장·광역시장·특별자치시장·도지사·특별자치도지사 또는 소방서장은 재난현장에서 화재진압, 구조·구급 등의 활동과 화재예방활동에 관한 소방업무를 보조하기 위하여 의용소방대를 설치할 수 있다.

② 의용소방대는 특별시·광역시·특별자치시·도·특별자치도, 시·읍 또는 면에 둔다.

③ 시·도지사 또는 소방서장은 필요한 경우 관할 구역을 따로 정하여 그 지역에 의용소방대를 설치할 수 있다.

④ 시·도지사 또는 소방서장은 필요한 경우 의용소방대를 화재진압 등을 전담하는 전담의용소방대로 운영할 수 있다. 이 경우 관할 구역의 특성과 관할 면적 또는 출동거리 등을 고려하여야 한다.

⑤ 그 밖에 의용소방대의 설치 등에 필요한 사항은 행정안전부령으로 정한다.

### 2. 의용소방대원의 임명·해임 및 조직 등

**(1) 의용소방대원의 임명 [제3조(의용소방대원의 임명)]**

시·도지사 또는 소방서장은 그 지역에 거주 또는 상주하는 주민 가운데 희망하는 사람으로서 다음의 어느 하나에 해당하는 사람을 의용소방대원으로 임명한다.

1) 관할 구역 내에서 안정된 사업장에 근무하는 사람

2) 신체가 건강하고 협동정신이 강한 사람

3) 희생정신과 봉사정신이 투철하다고 인정되는 사람

4) 「소방시설공사업법」에 따른 소방기술 관련 자격·학력 또는 경력이 있는 사람

5) 의사 · 간호사 또는 응급구조사 자격을 가진 사람

6) 기타 의용소방대의 활동에 필요한 기술과 재능을 보유한 사람

**(2) 의용소방대원의 해임 [제4조(의용소방대원의 해임)]**

1) 시 · 도지사 또는 소방서장은 의용소방대원이 다음에 해당하는 때에는 해임하여야 한다.

① 소재를 알 수 없는 경우

② 관할 구역 외로 이주한 경우. 다만, 2개 이상의 소방서가 설치되어 있는 시 지역에서는 대원으로서 활동하는 데 지장이 없다고 인정되는 경우에는 그러하지 아니하다.

③ 심신장애로 직무를 수행할 수 없다고 인정되는 경우

④ 직무를 태만히 하거나 직무상의 의무를 이행하지 아니한 경우

⑤ 행위금지 의무를 위반한 경우

⑥ 그 밖에 행정안전부령으로 정하는 사유에 해당하는 경우

2) 그 밖에 의용소방대원의 해임절차 등에 필요한 사항은 행정안전부령으로 정한다.

**(3) 의용소방대의 정년 [제5조(정년)]**

의용소방대원의 정년은 65세로 한다.

**(4) 의용소방대의 조직 [제6조(조직)]**

① 의용소방대에는 대장 · 부대장 · 부장 · 반장 또는 대원을 둔다.

② 대장 및 부대장은 의용소방대원 중 관할 소방서장의 추천에 따라 시 · 도지사가 임명한다.

③ 그 밖에 의용소방대의 조직 등에 필요한 사항은 행정안전부령으로 정한다.

**(5) 의용소방대의 임무 [제7조(임무)]**

의용소방대의 임무는 다음과 같다.

1) 화재의 경계와 진압업무의 보조

2) 구조 · 구급 업무의 보조

3) 화재 등 재난 발생 시 대피 및 구호업무의 보조

4) 화재예방업무의 보조

5) 그 밖에 행정안전부령으로 정하는 사항

## (6) 복장착용 [제8조(복장착용 등)]

① 의용소방대원이 임무(전담의용소방대 활동 포함)를 수행하는 경우에는 복장을 착용하고 신분증을 소지하여야 한다.

② 소방본부장 또는 소방서장은 의용소방대원 또는 의용소방대원 이었던 자가 경력증명발급을 신청하는 경우에는 경력증명서를 발급하고 관리하여야 한다.

③ 의용소방대원의 복장·신분증과 경력증명서 등에 필요한 사항은 행정안전부령으로 정한다.

## 3. 의용소방대원의 복무와 교육훈련 [제9조(의용소방대원의 근무 등)]

(1) 의용소방대원은 비상근(非常勤)으로 한다.

(2) 소방본부장 또는 소방서장은 소방업무를 보조하게 하기 위하여 필요한 때에는 의용소방대원을 소집할 수 있다.

## 4. 재난현장의 출동 [제10조(재난현장 출동 등)]

(1) 의용소방대원은 소집명령에 따라 화재, 구조·구급 등 재난현장에 출동하여 소방본부장 또는 소방서장의 지휘와 감독을 받아 소방업무를 보조한다.

(2) 전담의용소방대원은 소방본부장 또는 소방서장의 소집명령이 없어도 긴급하거나 통신두절 등 특별한 경우에는 자체적으로 화재진압을 수행할 수 있다. 이 경우 전담의용소방대장은 화재진압에 관하여 행정안전부령으로 정하는 바에 따라 소방본부장 또는 소방서장에게 보고하여야 한다.

(3) 시·도지사 또는 소방서장은 의용소방대에 대하여 「공유재산 및 물품 관리법」에도 불구하고 소방장비 등 필요한 물품을 무상으로 대여하거나 사용하게 할 수 있다.

(4) 대여 또는 사용에 필요한 사항은 행정안전부령으로 정한다.

## 5. 금지행위 [제11조(행위의 금지)]

의용소방대원은 의용소방대의 명칭을 사용하여 다음에 해당하는 행위를 하여서는 아니 된다.

**(1)** 기부금을 모금하는 행위

**(2)** 영리목적으로 의용소방대의 명의를 사용하는 행위

**(3)** 정치활동에 관여하는 행위

**(4)** 소송 · 분쟁 · 쟁의에 참여하는 행위

**(5)** 그 밖에 의용소방대의 명예가 훼손되는 행위

### 6. 복무관련 [제12조(복무에 대한 지도 · 감독)]

소방본부장 또는 소방서장은 의용소방대원이 그 품위를 유지할 수 있도록 복무에 대한 지도 · 감독을 실시하여야 한다.

### 7. 교육 및 훈련 [제13조(교육 및 훈련)]

**(1)** 소방청장, 소방본부장 또는 소방서장은 의용소방대원에 대하여 교육(임무 수행과 관련한 보건안전교육을 포함) · 훈련을 실시하여야 한다.

**(2)** 교육 · 훈련의 내용, 주기, 방법 등에 필요한 사항은 행정안전부령으로 정한다.

### 8. 경비의 부담 [제14조(경비의 부담)]

**(1)** 의용소방대의 운영과 활동 등에 필요한 경비는 해당 시 · 도지사가 부담한다.

**(2)** 국가는 경비의 일부를 예산의 범위에서 지원할 수 있다.

# 08 소방산업의 육성 · 진흥 및 지원

### 1. 국가의 책무 [제39조의3(국가의 책무)]

국가는 소방산업(소방용 기계 · 기구의 제조, 연구 · 개발 및 판매 등에 관한 일련의 산업을 말한다)의 육성 · 진흥을 위하여 필요한 계획의 수립 등 행정상 · 재정상의 지원시책을 마련하여야 한다.

### 2. 소방산업 관련 기술개발 [제39조의5(소방산업과 관련된 기술개발 등의 지원)]

(1) 국가는 소방산업과 관련된 소방기술의 개발을 촉진하기 위하여 기술개발을 실시하는 자에게 그 기술개발에 드는 자금의 전부나 일부를 출연하거나 보조할 수 있다.

(2) 국가는 우수소방제품의 전시 · 홍보를 위하여 「대외무역법」에 따른 무역전시장 등을 설치한 자에게 다음의 정한 범위에서 재정적인 지원을 할 수 있다.

 1) 소방산업전시회 운영에 따른 경비의 일부

 2) 소방산업전시회 관련 국외 홍보비

 3) 소방산업전시회 기간 중 국외의 구매자 초청 경비

### 3. 소방기술의 연구 [제39조의6(소방기술의 연구 · 개발사업 수행)]

(1) 국가는 국민의 생명과 재산을 보호하기 위하여 다음의 어느 하나에 해당하는 기관이나 단체로 하여금 소방기술의 연구 · 개발사업을 수행하게 할 수 있다.

 1) 국공립 연구기관

 2) 「과학기술분야 정부출연연구기관 등의 설립 · 운영 및 육성에 관한 법률」에 따라 설립된 연구기관

 3) 「특정연구기관 육성법」에 따른 특정연구기관

 4) 「고등교육법」에 따른 대학 · 산업대학 · 전문대학 및 기술대학

 5) 「민법」이나 다른 법률에 따라 설립된 소방기술 분야의 법인인 연구기관 또는 법인 부설 연구소

6) 「기초연구진흥 및 기술개발지원에 관한 법률」에 따라 인정받은 기업부설연구소

7) 「소방산업의 진흥에 관한 법률」에 따른 한국소방산업기술원

8) 그 밖에 대통령령으로 정하는 소방에 관한 기술개발 및 연구를 수행하는 기관·협회

(2) 국가가 기관이나 단체로 하여금 소방기술의 연구·개발사업을 수행하게 하는 경우에는 필요한 경비를 지원하여야 한다.

### 4. 소방기술 및 소방산업 [제39조의7(소방기술 및 소방산업의 국제화사업)]

(1) 국가는 소방기술 및 소방산업의 국제경쟁력과 국제적 통용성을 높이는 데에 필요한 기반 조성을 촉진하기 위한 시책을 마련하여야 한다.

(2) 소방청장은 소방기술 및 소방산업의 국제경쟁력과 국제적 통용성을 높이기 위하여 다음의 사업을 추진하여야 한다.

1) 소방기술 및 소방산업의 국제 협력을 위한 조사·연구

2) 소방기술 및 소방산업에 관한 국제 전시회, 국제 학술회의 개최 등 국제 교류

3) 소방기술 및 소방산업의 국외시장 개척

4) 그 밖에 소방기술 및 소방산업의 국제경쟁력과 국제적 통용성을 높이기 위하여 필요하다고 인정하는 사업

# 한국소방안전원

## 1. 한국소방안전원의 설립 [제40조(한국소방안전원의 설립 등)]

**(1)** 소방기술과 안전관리기술의 향상 및 홍보, 그 밖의 교육·훈련 등 행정기관이 위탁하는 업무의 수행과 소방업계의 건전한 발전 및 소방 관계 종사자의 기술 향상을 위하여 한국소방안원을 설립한다.

**(2)** 설립되는 안전원은 법인으로 한다.

**(3)** 안전원에 관하여는 이 법에 규정된 것을 제외하고는 「민법」 중 재단법인에 관한 규정을 준용한다.

## 2. 안전원의 교육 계획 수립 및 평가 [법 제40조의2(교육계획의 수립 및 평가 등)]

**(1)** 안전원의 장은 소방기술과 안전관리의 기술향상을 위하여 매년 교육 수요조사를 실시하여 교육계획을 수립하고 소방청장의 승인을 받아야 한다.

**(2)** 안전원장은 소방청장에게 해당 연도 교육결과를 평가·분석하여 보고하여야 하며, 소방청장은 교육평가 결과를 교육계획에 반영하게 할 수 있다.

**(3)** 안전원장은 교육결과를 객관적이고 정밀하게 분석하기 위하여 필요한 경우 교육 관련 전문가로 구성된 위원회를 운영할 수 있다.

**(4)** 안전원의 교육관련 위원회의 구성·운영에 필요한 사항은 대통령령으로 정한다.

### 1) 교육평가심의위원회의 구성·운영 [시행령 제9조(교육평가심의위원회의 구성·운영) ]

① 안전원의 장은 다음의 사항을 심의하기 위하여 교육평가심의위원회를 둔다.
    ㉠ 교육평가 및 운영에 관한 사항
    ㉡ 교육결과 분석 및 개선에 관한 사항
    ㉢ 다음 연도의 교육계획에 관한 사항

② 평가위원회는 위원장 1명을 포함하여 9명 이하의 위원으로 성별을 고려하여 구성한다.

③ 평가위원회의 위원장은 위원 중에서 호선(互選)한다.

④ 평가위원회의 위원은 다음에 해당하는 사람 중에서 안전원장이 임명 또는 위촉한다.
    ㉠ 소방안전교육 업무 담당 소방공무원 중 소방청장이 추천하는 사람
    ㉡ 소방안전교육 전문가

ⓒ 소방안전교육 수료자

ⓔ 소방안전에 관한 학식과 경험이 풍부한 사람

⑤ 평가위원회에 참석한 위원에게는 예산의 범위에서 수당을 지급할 수 있다. 다만, 공무원인 위원이 소관 업무와 직접 관련되어 참석하는 경우에는 수당을 지급하지 아니한다.

⑥ ①부터 ⑤까지에서 규정한 사항 외에 평가위원회의 운영 등에 필요한 사항은 안전원장이 정한다.

### 3. 안전원의 업무 [제41조(안전원의 업무)]

**(1)** 소방기술과 안전관리에 관한 교육 및 조사·연구

**(2)** 소방기술과 안전관리에 관한 각종 간행물 발간

**(3)** 화재 예방과 안전관리의식 고취를 위한 대국민 홍보

**(4)** 소방업무에 관하여 행정기관이 위탁하는 업무

**(5)** 그 밖에 회원의 복리 증진 등 정관으로 정하는 사항

### 4. 안전원 회원의 자격 [제42조(회원의 자격)]

**(1)** 「화재예방, 소방시설 설치·유지 및 안전관리에 관한 법률」, 「소방시설공사업법」 또는 「위험물 안전관리법」에 따라 등록을 하거나 허가를 받은 사람으로서 회원이 되려는 사람

**(2)** 「화재예방, 소방시설 설치·유지 및 안전관리에 관한 법률」, 「소방시설공사업법」 또는 「위험물 안전관리법」에 따라 소방안전관리자, 소방기술자 또는 위험물안전관리자로 선임되거나 채용된 사람으로서 회원이 되려는 사람

**(3)** 그 밖에 소방 분야에 관심이 있거나 학식과 경험이 풍부한 사람으로서 회원이 되려는 사람

### 5. 정관 [제43조(안전원의 정관)]

**(1) 협회의 정관에 기재하여야 하는 사항은 대통령령으로 정한다.**

① 목적

② 명칭

③ 주된 사무소의 소재지

④ 사업에 관한 사항

⑤ 이사회에 관한 사항

⑥ 회원과 임원 및 직원에 관한 사항

⑦ 재정 및 회계에 관한 사항

⑧ 정관의 변경에 관한 사항

**(2)** 안전원은 정관을 변경하려면 소방청장의 인가를 받아야 한다.

### 6. 안전원의 운영 경비 [제44조(안전원의 운영 경비)]

안전원의 운영 및 사업에 소요되는 경비는 다음의 재원으로 충당한다.

1) 소방기술과 안전관리에 관한 교육 및 조사·연구 및 소방업무에 관하여 행정기관이 위탁하는 업무 수행에 따른 수입금

2) 소방안전원 회원의 회비

3) 자산운영수익금

4) 그 밖의 부대수입

### 7. 소방안전원의 임원 [제44조의2(안전원의 임원)]

**(1)** 안전원에 임원으로 원장 1명을 포함한 9명 이내의 이사와 1명의 감사를 둔다.

**(2)** 안전원의 원장과 감사는 소방청장이 임명한다.

### 8. 소방안전원 명칭 규정 [제44조의3(유사명칭의 사용금지)]

소방기본법에 따른 안전원이 아닌 자는 한국소방안전원 또는 이와 유사한 명칭을 사용하지 못한다.

# 10 보칙

## 1. 한국소방안전원의 감독 [제48조(감독)]

소방청장은 소방안전원의 업무를 감독한다.

**(1) 감독 업무**

1) 이사회의 중요의결 사항

2) 회원의 가입 · 탈퇴 및 회비에 관한 사항

3) 사업계획 및 예산에 관한 사항

4) 기구 및 조직에 관한 사항

5) 그 밖에 소방청장이 위탁한 업무의 수행 또는 정관에서 정하고 있는 업무의 수행에 관한 사항

**(2)** 소방청장은 안전원에 대하여 업무 · 회계 및 재산에 관하여 필요한 사항을 보고하게 하거나, 소속 공무원으로 하여금 안전원의 장부 · 서류 및 그 밖의 물건을 검사하게 할 수 있다.

**(3)** 소방청장은 (2)항에 따른 보고 또는 검사의 결과 필요하다고 인정되면 시정명령 등 필요한 조치를 할 수 있다.

## 2. 협회 권한의 위임 [제49조(권한의 위임)]

소방청장은 소방기본법에 따른 권한의 일부를 대통령령으로 정하는 바에 따라 시 · 도지사, 소방본부장 또는 소방서장에게 위임할 수 있다.

## 3. 손실보상 [제49조의2(손실보상)]

**(1)** 소방청장 또는 시 · 도지사는 다음에 해당하는 자에게 손실보상심의위원회의 심사 · 의결에 따라 정당한 보상을 하여야 한다.

1) 생활안전활동에 따른 조치로 인하여 손실을 입은 자

2) 소방활동 종사명령에 따른 소방활동 종사로 인하여 사망하거나 부상을 입은 자

3) 소방대상물 또는 토지 외의 소방대상물에 대한 강제처분 또는 소방활동을 위한 긴급 출동 시에 방해가 되는 주차 및 정차된 차량이나 물건 등을 제거하거나 이동시키는 처분으로 인하여 손실을 입은 자. 다만, 법령을 위반하여 소방자동차의 통행과 소방활동에 방해가 된 경우는 제외한다.

4) 화재 진압 등 소방활동을 위하여 필요할 때에는 소방용수 외에 댐 · 저수지 또는 수영장 등의 물을 사용하거나 수도(水道)의 개폐장치 등을 조작하는 행위 또는 화재 발생을 막거나 폭발 등으로 화재가 확대되는 것을 막기 위하여 가스 · 전기 또는 유류 등의 시설에 대하여 위험물질의 공급을 차단하는 등 필요한 조치에 따른 조치로 인하여 손실을 입은 자

5) 그 밖에 소방기관 또는 소방대의 적법한 소방업무 또는 소방활동으로 인하여 손실을 입은 자

**(2)** 손실보상을 청구할 수 있는 권리는 손실이 있음을 안 날부터 3년, 손실이 발생한 날부터 5년간 행사하지 아니하면 시효의 완성으로 소멸한다.

**(3)** 손실보상청구 사건을 심사 · 의결하기 위하여 손실보상심의위원회를 둔다.

**(4)** 손실보상의 기준, 보상금액, 지급절차 및 방법, 손실보상심의위원회의 구성 및 운영, 그 밖에 필요한 사항은 대통령령으로 정한다.

### 1) 손실보상의 기준 및 보상금액 [시행령 제11조(손실보상의 기준 및 보상금액)]

① (1)의 1), 3), 4), 5)에 해당하는 자에게 물건의 멸실 · 훼손으로 인한 손실보상을 하는 때에는 다음 각 호의 기준에 따른 금액으로 보상한다. 이 경우 영업자가 손실을 입은 물건의 수리나 교환으로 인하여 영업을 계속할 수 없는 때에는 영업을 계속할 수 없는 기간의 영업 이익액에 상당하는 금액을 더하여 보상한다.
　㉠ 손실을 입은 물건을 수리할 수 있는 때 : 수리비에 상당하는 금액
　㉡ 손실을 입은 물건을 수리할 수 없는 때 : 손실을 입은 당시의 해당 물건의 교환가액
② 물건의 멸실 · 훼손으로 인한 손실 외의 재산상 손실에 대해서는 직무집행과 상당한 인과관계가 있는 범위에서 보상한다.
③ (1)의 2)에 따른 사상자의 보상금액 등의 기준

> 🔊 **POINT** 소방활동 종사 사상자의 보상금액 등의 기준(제11조제3항 관련)
> 　㉠ **사망자의 보상금액 기준** : 「의사상자 등 예우 및 지원에 관한 법률 시행령」 제12조제1항에 따라 보건복지부장관이 결정하여 고시하는 보상금에 따른다.
> 　㉡ **부상등급의 기준** : 「의사상자 등 예우 및 지원에 관한 법률 시행령」 제2조 및 별표 1에 따른 부상범위 및 등급에 따른다.

    © 부상등급별 보상금액 기준 : 「의사상자 등 예우 및 지원에 관한 법률 시행령」 제12조제2항 및 별표 2
    에 따른 의상자의 부상등급별 보상금에 따른다.
    ② 보상금 지급순위의 기준 : 「의사상자 등 예우 및 지원에 관한 법률」 제10조의 규정을 준용한다.
    ③ 보상금의 환수 기준 : 「의사상자 등 예우 및 지원에 관한 법률」 제19조의 규정을 준용한다.

## (5) 지급절차 및 방법 [시행령 제12조(손실보상의 지급절차 및 방법)]

1) 손실보상심의위원회의 심사·의결에 따라 정당한 보상을 하여하는 규정에 따라 소방기관 또는 소방대의 적법한 소방업무 또는 소방활동으로 인하여 발생한 손실을 보상받으려는 자는 행정안전부령으로 정하는 보상금 지급 청구서에 손실내용과 손실금액을 증명할 수 있는 서류를 첨부하여 소방청장 또는 시·도지사에게 제출하여야 한다. 이 경우 소방청장 또는 시·도지사는 손실보상금의 산정을 위하여 필요하면 손실보상을 청구한 자에게 증빙·보완 자료의 제출을 요구할 수 있다.

2) 소방청장 또는 시·도지사는 손실보상심의위원회의 심사·의결을 거쳐 특별한 사유가 없으면 보상금 지급 청구서를 받은 날부터 60일 이내에 보상금 지급 여부 및 보상금액을 결정하여야 한다.

3) 소방청장 또는 시·도지사는 다음에 해당하는 경우에는 그 청구를 각하(却下)하는 결정을 하여야 한다.

① 청구인이 같은 청구 원인으로 보상금 청구를 하여 보상금 지급 여부 결정을 받은 경우. 다만, 기각 결정을 받은 청구인이 손실을 증명할 수 있는 새로운 증거가 발견되었음을 소명(疎明)하는 경우는 제외한다.

② 손실보상 청구가 요건과 절차를 갖추지 못한 경우. 다만, 그 잘못된 부분을 시정할 수 있는 경우는 제외한다.

4) 소방청장 또는 시·도지사는 2) 또는 3)에 따른 결정일부터 10일 이내에 행정안전부령으로 정하는 바에 따라 결정 내용을 청구인에게 통지하고, 보상금을 지급하기로 결정한 경우에는 특별한 사유가 없으면 통지한 날부터 30일 이내에 보상금을 지급하여야 한다.

5) 소방청장 또는 시·도지사는 보상금을 지급받을 자가 지정하는 예금계좌(「우체국예금·보험에 관한 법률」에 따른 체신관서 또는 「은행법」에 따른 은행의 계좌를 말한다)에 입금하는 방법으로 보상금을 지급한다. 다만, 보상금을 지급받을 자가 체신관서 또는 은행이 없는 지역에 거주하는 등 부득이한 사유가 있는 경우에는 그 보상금을 지급받을 자의 신청에 따라 현금으로 지급할 수 있다.

6) 보상금은 일시불로 지급하되, 예산 부족 등의 사유로 일시불로 지급할 수 없는 특별한 사정이 있는 경우에는 청구인의 동의를 받아 분할하여 지급할 수 있다.

7) 1)항부터 6)항까지에서 규정한 사항 외에 보상금의 청구 및 지급에 필요한 사항은 소방청장이 정한다.

**(6) 손실보상심의 위원회 [시행령 제13조(손실보상심의위원회의 설치 및 구성)]**

1) 소방청장 또는 시·도지사는 손실보상심의 위원회 설치 규정에 따라 손실보상청구 사건을 심사·의결하기 위하여 각각 손실보상심의위원회(이하 "보상위원회"라 한다)를 둔다.

2) 보상위원회는 위원장 1명을 포함하여 5명 이상 7명 이하의 위원으로 구성한다.

3) 보상위원회의 위원은 다음 각 호의 어느 하나에 해당하는 사람 중에서 소방청장 또는 시·도지사가 위촉하거나 임명한다. 이 경우 위원의 과반수는 성별을 고려하여 소방공무원이 아닌 사람으로 하여야 한다.

① 소속 소방공무원

② 판사·검사 또는 변호사로 5년 이상 근무한 사람

③ 「고등교육법」 제2조에 따른 학교에서 법학 또는 행정학을 가르치는 부교수 이상으로 5년 이상 재직한 사람

④ 「보험업법」 제186조에 따른 손해사정사

⑤ 소방안전 또는 의학 분야에 관한 학식과 경험이 풍부한 사람

4) 3)항에 따라 위촉되는 위원의 임기는 2년으로 하며, 한 차례만 연임할 수 있다.

5) 보상위원회의 사무를 처리하기 위하여 보상위원회에 간사 1명을 두되, 간사는 소속 소방공무원 중에서 소방청장 또는 시·도지사가 지명한다.

**(7) 보상위원회 위원장 [시행령 제14조(보상위원회의 위원장)]**

① 보상위원회의 위원장은 위원 중에서 호선한다.

② 보상위원장은 보상위원회를 대표하며, 보상위원회의 업무를 총괄한다.

③ 보상위원장이 부득이한 사유로 직무를 수행할 수 없는 때에는 보상위원장이 미리 지명한 위원이 그 직무를 대행한다.

**(8) 위원회의 운영 [시행령 제15조(보상위원회의 운영)]**

① 보상위원장은 보상위원회의 회의를 소집하고, 그 의장이 된다.

② 보상위원회의 회의는 재적위원 과반수의 출석으로 개의(開議)하고, 출석위원 과반수의 찬성으로 의결한다.

③ 보상위원회는 심의를 위하여 필요한 경우에는 관계 공무원이나 관계 기관에 사실조사나 자료의 제출 등을 요구할 수 있으며, 관계 전문가에게 필요한 정보의 제공이나 의견의 진술 등을 요청할 수 있다.

**(9) 보상위원회 위원의 제척 · 기피 · 회피 [시행령 제16조(보상위원회 위원의 제척 · 기피 · 회피)]**

1) 보상위원회의 위원이 다음에 해당하는 경우에는 보상위원회의 심의 · 의결에서 제척(除斥)된다.

① 위원 또는 그 배우자나 배우자였던 사람이 심의 안건의 청구인인 경우

② 위원이 심의 안건의 청구인과 친족이거나 친족이었던 경우

③ 위원이 심의 안건에 대하여 증언, 진술, 자문, 용역 또는 감정을 한 경우

④ 위원이나 위원이 속한 법인(법무조합 및 공증인가합동법률사무소를 포함한다)이 심의 안건 청구인의 대리인이거나 대리인이었던 경우

⑤ 위원이 해당 심의 안건의 청구인인 법인의 임원인 경우

2) 청구인은 보상위원회의 위원에게 공정한 심의 · 의결을 기대하기 어려운 사정이 있는 때에는 보상위원회에 기피 신청을 할 수 있고, 보상위원회는 의결로 이를 결정한다. 이 경우 기피 신청의 대상인 위원은 그 의결에 참여하지 못한다.

3) 보상위원회의 위원이 제1항 각 호에 따른 제척 사유에 해당하는 경우에는 스스로 해당 안건의 심의 · 의결에서 회피(回避)하여야 한다.

**⑽ 위원의 해촉 및 해임 [시행령 제17조(보상위원회 위원의 해촉 및 해임)]**

소방청장 또는 시 · 도지사는 보상위원회의 위원이 다음에 해당하는 경우에는 해당 위원을 해촉(解囑)하거나 해임할 수 있다.

1) 심신장애로 인하여 직무를 수행할 수 없게 된 경우

2) 직무태만, 품위손상이나 그 밖의 사유로 위원으로 적합하지 아니하다고 인정되는 경우

3) 보상위원회 위원의 제척 · 기피 · 회피 규정에 해당하는 데에도 불구하고 회피하지 아니한 경우

4) 보상위원회의 비밀 누설 금지 규정을 위반하여 직무상 알게 된 비밀을 누설한 경우

**⑾ 보상위원회의 비밀 누설 금지 [시행령 제17조의2(보상위원회의 비밀 누설 금지)]**

보상위원회의 회의에 참석한 사람은 직무상 알게 된 비밀을 누설해서는 아니 된다.

⑿ 기타 [시행령 제18조(보상위원회의 운영 등에 필요한 사항)]

소방기본법 및 소방기본법 시행령에서 규정한 손실보상에 관한 사항 외에 보상위원회의 운영 등에 필요한 사항은 소방청장 또는 시·도지사가 정한다.

## 4. 벌칙적용 특례 [법 제49조의3(벌칙 적용에서 공무원 의제)]

소방업무에 관하여 행정기관이 위탁하는 업무에 종사하는 안전원의 임직원은 「형법」 제129조부터 제132조까지를 적용할 때에는 공무원으로 본다.

* 형법 : 제129조(수뢰, 사전수뢰), 제130조(제삼자뇌물제공), 제131조(수뢰후부정처사, 사후수뢰), 제132조(알선수뢰)

# 11 벌칙

## 1. 벌칙 [제50조~제54조(벌칙)]

### (1) 5년 이하의 징역 또는 5천만원 이하의 벌금

**1) 소방활동을 방해하는 행위로 다음의 어느 하나에 해당하는 행위를 한 사람**

① 위력(威力)을 사용하여 출동한 소방대의 화재진압·인명구조 또는 구급활동을 방해하는 행위

② 소방대가 화재진압·인명구조 또는 구급활동을 위하여 현장에 출동하거나 현장에 출입하는 것을 고의로 방해하는 행위

③ 출동한 소방대원에게 폭행 또는 협박을 행사하여 화재진압·인명구조 또는 구급활동을 방해하는 행위

④ 출동한 소방대의 소방장비를 파손하거나 그 효용을 해하여 화재진압·인명구조 또는 구급활동을 방해하는 행위

**2) 화재진압 및 구조·구급 활동을 위하여 출동하는 소방자동차의 출동을 방해한 사람**

**3) 소방활동 종사 명령에 의해 사람을 구출하는 일 또는 불을 끄거나 불이 번지지 아니하도록 하는 일을 방해한 사람**

**4) 정당한 사유 없이 소방용수시설을 사용하거나 소방용수시설의 효용을 해치거나 그 정당한 사용을 방해한 사람**

### (2) 강제처분 조항에 따른 처분

사람을 구출하거나 불이 번지는 것을 막기 위하여 필요할 때에는 화재가 발생하거나 불이 번질 우려가 있는 소방대상물 및 토지를 일시적으로 사용하거나 그 사용의 제한 또는 소방활동에 필요한 처분에 따르지 아니한 자는 3년 이하의 징역 또는 3천만원 이하의 벌금에 처한다.

### (3) 300만원 이하의 벌금

1) 소방대상물 또는 토지 외의 소방대상물을 일시적으로 사용하거나 그 사용의 제한 강제 처분 또는 긴급하게 출동하는 소방자동차의 통행과 소방활동에 방해가 되는 주차 또는 정차된 차량 및 물건 등을 제거하거나 이동을 방해한 자 또는 정당한 사유 없이 그 처분에 따르지 아니한 자

2) 화재조사를 하는 관계 공무원은 출입·조사를 함에 있어 관계인의 정당한 업무를 방해하거나 화재조사를 수행하면서 알게 된 비밀을 다른 사람에게 누설한 사람

**(4) 200만원 이하의 벌금**

1) 정당한 사유 없이 화재예방 조치에 따른 명령에 따르지 아니하거나 이를 방해한 자

2) 정당한 사유 없이 화재조사 관계 공무원의 출입 또는 조사를 거부·방해 또는 기피한 자

**(5) 100만원 이하의 벌금**

1) 화재경계지구 안의 소방대상물에 대한 소방특별조사를 거부·방해 또는 기피한 자

2) 정당한 사유 없이 소방대의 생활안전활동을 방해한 자

3) 정당한 사유 없이 소방대가 현장에 도착할 때까지 사람을 구출하는 조치 또는 불을 끄거나 불이 번지지 아니하도록 하는 조치를 하지 아니한 사람

4) 피난 명령을 위반한 사람

5) 정당한 사유 없이 물의 사용이나 수도의 개폐장치의 사용 또는 조작을 하지 못하게 하거나 방해한 자

6) 위험시설 등에 대한 긴급 조치를 정당한 사유 없이 방해한 자

## 2. 양벌규정 [제55조(양벌규정)]

법인의 대표자나 법인 또는 개인의 대리인, 사용인, 그 밖의 종업원이 그 법인 또는 개인의 업무에 관하여 벌칙에 해당하는 위반행위를 하면 그 행위자를 벌하는 외에 그 법인 또는 개인에게도 해당 조문의 벌금형을 과(科)한다. 다만, 법인 또는 개인이 그 위반행위를 방지하기 위하여 해당 업무에 관하여 상당한 주의와 감독을 게을리하지 아니한 경우에는 그러하지 아니하다.

## 3. 과태료 [제56조~제57조(과태료)]

**(1) 200만원 이하의 과태료**

1) 소방용수시설, 소화기구 및 설비 등의 설치 명령을 위반한 자

2) 불을 사용할 때 지켜야 하는 사항 및 특수가연물의 저장 및 취급 기준을 위반한 자

3) 화재 또는 구조 · 구급이 필요한 상황을 거짓으로 알린 사람

4) 소방활동구역을 출입한 사람

5) 보고 또는 자료 제출을 하지 아니하거나 거짓으로 보고 또는 자료 제출을 한 자

## (2) 100만원 이하의 과태료

소방전용 자동차의 전용구역에 차를 주차하거나 전용구역에의 진입을 가로막는 등의 방해행위를 한 자에게는 100만원 이하의 과태료를 부과한다

**(3)** 과태료는 대통령령으로 정하는 바에 따라 관할 시 · 도지사, 소방본부장 또는 소방서장이 부과 · 징수한다.

### 1) 일반기준

① 과태료 부과권자는 위반행위자가 다음 중 어느 하나에 해당하는 경우에는 과태료 금액의 100분의 50의 범위에서 그 금액을 감경하여 부과할 수 있다. 다만, 감경할 사유가 여러 개 있는 경우라도 「질서위반행위규제법」에 따른 감경을 제외하고는 감경의 범위는 100분의 50을 넘을 수 없다.
  ㉠ 위반행위자가 「질서위반행위규제법 시행령」의 어느 하나에 해당하는 경우
  ㉡ 위반행위자가 화재 등 재난으로 재산에 현저한 손실이 발생한 경우 또는 사업의 부도 · 경매 또는 소송 계속 등 사업여건이 악화된 경우로서 과태료 부과권자가 자체위원회의 의결을 거쳐 감경하는 것이 타당하다고 인정하는 경우[위반행위자가 최근 1년 이내에 소방 관계 법령(「소방기본법」, 「소방시설설치유지 및 안전관리에 관한 법률」, 「소방시설공사업법」, 「위험물안전관리법」, 「다중이용업소의 안전관리에 관한 특별법」 및 그 하위법령을 말한다)을 2회 이상 위반한 자는 제외한다]
  ㉢ 위반행위자가 위반행위로 인한 결과를 시정하거나 해소한 경우
② 위반행위의 횟수에 따른 과태료의 부과기준은 최근 1년간 같은 위반행위로 과태료를 부과받은 경우에 적용한다. 이 경우 위반행위에 대하여 과태료 부과처분을 한 날과 다시 같은 위반행위를 적발한 날을 기준으로 하여 위반횟수를 계산한다.

2) 개별기준

| 위반행위 | 근거 법조문 | 과태료 금액(만원) | | | |
|---|---|---|---|---|---|
| | | 1회 | 2회 | 3회 | 4회 이상 |
| 가. 소방용수시설·소화기구 및 설비 등의 설치명령을 위반한 경우 | 법 제56조제1항 | 50 | 100 | 150 | 200 |
| 나. 불의 사용에 있어서 지켜야 하는 사항을 위반한 경우 | 법 제56조제1항 | | | | |
|   1) 위반행위로 인하여 화재가 발생한 경우 | | 100 | 150 | 200 | 200 |
|   2) 위반행위로 인하여 화재가 발생하지 않은 경우 | | 50 | 100 | 150 | 200 |
| 다. 특수가연물의 저장 및 취급의 기준을 위반한 경우 | 법 제56조제1항 | 20 | 50 | 100 | 100 |
| 라. 화재 또는 구조·구급이 필요한 상황을 허위로 알린 경우 | 법 제56조제1항 | 100 | 150 | 200 | 200 |
| 마. 소방활동구역을 출입한 경우 | 법 제56조제1항 | 100 | | | |
| 바. 명령을 위반하여 보고 또는 자료제출을 하지 아니하거나 거짓으로 보고 또는 자료제출을 한 경우 | 법 제56조제1항 | 50 | 100 | 150 | 200 |
| 사. 구조·구급의 지원요청에 따르지 아니한 경우 | 법 제56조제1항 | 50 | 100 | 150 | 200 |

(4) 시장지역, 공장·창고가 밀집한 지역, 목조건물이 밀집한 지역, 위험물의 저장 및 처리시설이 밀집한 지역, 석유화학제품을 생산하는 공장이 있는 지역, 그 밖에 시·도의 조례로 정하는 지역 또는 장소의 경우 화재로 오인할 만한 우려가 있는 불을 피우거나 연막(煙幕) 소독을 하려는 자는 시·도의 조례로 정하는 바에 따라 관할 소방본부장 또는 소방서장에게 신고하여야 한다. 이 신고를 하지 아니하여 소방자동차를 출동하게 한 자에게는 20만원 이하의 과태료를 부과한다.

(5) 과태료는 조례로 정하는 바에 따라 관할 소방본부장 또는 소방서장이 부과·징수한다.

**1** 다음 중 소방기본법의 목적으로 적절하지 않은 것은?

① 화재위험물의 평가
② 공공의 안녕 및 질서 유지
③ 위급한 상황에서의 구조 · 구급 활동
④ 국민의 생명 · 신체 및 재산의 보호

> 🔥 TIPS!
>
> 소방기본법은 화재를 예방 · 경계하거나 진압하고 화재, 재난 · 재해, 그 밖의 위급한 상황에서의 구조 · 구급
> 활동 등을 통하여 국민의 생명 · 신체 및 재산을 보호함으로써 공공의 안녕 및 질서 유지와 복리증진에 이바
> 지함을 목적으로 한다.

**2** 다음 중 소방대물이라 보기 어려운 것은?

① 건축물                    ② 운항중인 선박
③ 선박 건조 구조물            ④ 인공구조물

> 🔥 TIPS!
>
> **소방대상물**: 건축물, 차량, 선박(「선박법」 제1조의2제1항에 따른 선박으로서 항구에 매어둔 선박만 해당한
> 다), 선박 건조 구조물, 산림, 그 밖의 인공 구조물 또는 물건을 말한다.

**3** 소방기본법에서 정의하는 소방대상물이 있는 장소 및 그 이웃지역을 일컫는 용어는?

① 인접지역                    ② 인린지역
③ 근접지역                    ④ 관계지역

> 🔥 TIPS!
>
> **관계지역**: 소방대상물이 있는 장소 및 그 이웃 지역으로서 화재의 예방 · 경계 · 진압, 구조 · 구급 등의 활동
> 에 필요한 지역을 말한다.

**Answer** 1.① 2.② 3.④

**4**    소방대 구성 조직체의 대원으로 보기 어려운 것은?

① 소방안전교육사                    ② 소방공무원
③ 의무소방원                        ④ 의용소방대원

> **TIPS!**
>
> **소방대** : 화재를 진압하고 화재, 재난·재해, 그 밖의 위급한 상황에서 구조·구급 활동 등을 하기 위하여 다음의 사람으로 구성된 조직체를 말한다.
> ㉠ 「소방공무원법」에 따른 소방공무원
> ㉡ 「의무소방대설치법」 : 병역법에 의하여 전환복무된 자중에서 의무소방대설치법 따라 임용된 의무소방원
> ㉢ 「의용소방대 설치 및 운영에 관한 법률」에 따른 의용소방대원

**5**    소방 기본법상 소방대상물의 관계인에 대한 설명으로 바른 것은?

① 소방대상물의 소유자만
② 소방대상물의 관리자만
③ 소방대상물의 점유자만
④ 소방대상물의 소유자 · 관리자 또는 점유자

> **TIPS!**
>
> 소방기본법 상의 관계인이란 소방대상물의 소유자·관리자 또는 점유자를 말한다.

**6**    소방본부장 또는 소방서장 등 화재, 재난·재해, 그 밖의 위급한 상황이 발생한 현장에서 소방대를 지휘하는 사람을 일컫는 용어는?

① 소방대원                          ② 소방대장
③ 지휘팀장                          ④ 의용소방대장

> **TIPS!**
>
> **소방대장** : 소방본부장 또는 소방서장 등 화재, 재난·재해, 그 밖의 위급한 상황이 발생한 현장에서 소방대를 지휘하는 사람을 말한다.

**Answer**  4.①  5.④  6.②

**7** 119종합상황실의 설치·운영에 관한 내용 중 잘못된 것은?

① 119종합상황실의 설치·운영에 필요한 사항은 총리령으로 정한다.

② 119종합상황실은 24시간 운영체제를 유지하여야 한다.

③ 119종합상황실은 소방청과 특별시·광역시·특별자치시·도 또는 특별자치도의 소방본부 및 소방서에 각각 설치·운영하여야 한다.

④ 119종합상황실은 전산·통신요원을 배치하고, 소방청장이 정하는 유·무선통신시설을 갖추어야 한다.

 **TIPS!**

소방기본법 제4조 소방업무를 위한 모든 활동을 위하여 119종합상황실의 설치·운영에 필요한 사항은 행정안전부령으로 정한다.

**8** 종합상황실의 실장의 기본업무라 보기 어려운 것은?

① 재난상황의 전파 및 보고

② 재난상황의 수습에 필요한 정보수집 및 제공

③ 재난상황이 발생한 현장에 대한 지휘 및 피해현황의 파악

④ 종합상황실 근무자의 근무방법 등 종합상황실의 운영에 관하여 필요한 사항

**TIPS!**

• **종합상황실의 근무 방법**
종합상황실 근무자의 근무방법 등 종합상황실의 운영에 관하여 필요한 사항은 종합상황실을 설치하는 소방청장, 소방본부장 또는 소방서장이 각각 정한다.

• **종합상황실장의 기본 업무** [소방기본법 시행규칙 제3조]
㉠ 화재, 재난·재해 그 밖에 구조·구급이 필요한 상황의 발생의 신고접수
㉡ 접수된 재난상황을 검토하여 가까운 소방서에 인력 및 장비의 동원을 요청하는 등의 사고수습
㉢ 하급소방기관에 대한 출동지령 또는 동급 이상의 소방기관 및 유관기관에 대한 지원요청
㉣ 재난상황의 전파 및 보고
㉤ 재난상황이 발생한 현장에 대한 지휘 및 피해현황의 파악
㉥재난상황의 수습에 필요한 정보수집 및 제공

**Answer** 7.① 8.④

**9** 다음 중 소방본부의 종합상황실의 실장이 소방청의 종합상황실에 보고해야 하는 경우 해당하지 않는 것은?

① 재산피해액이 50억원 이상 발생한 화재
② 언론에 보도된 재난상황
③ 통제단장의 현장지휘가 필요한 재난상황
④ 사망자가 3인 이상 발생하거나 사상자가 5인 이상 발생한 화재

> **TIPS!**
>
> **종합상황실의 실장의 보고 업무**
> 다음에 해당하는 상황이 발생하는 때에는 그 사실을 지체 없이 서면·모사전송 또는 컴퓨터통신 등으로 소방서의 종합상황실의 경우는 소방본부의 종합상황실에, 소방본부의 종합상황실의 경우는 소방청의 종합상황실에 각각 보고하여야 한다.
>
> ㉠ 다음에 해당하는 화재
>   가. 사망자가 5인 이상 발생하거나 사상자가 10인 이상 발생한 화재
>   나. 이재민이 100인 이상 발생한 화재
>   다. 재산피해액이 50억원 이상 발생한 화재
>   라. 관공서·학교·정부미도정공장·문화재·지하철 또는 지하구의 화재
>   마. 관광호텔, 층수(「건축법 시행령」산정한 층수)가 11층 이상인 건축물, 지하상가, 시장, 백화점, 「위험물안전관리법」의한 지정수량의 3천배 이상의 위험물의 제조소·저장소·취급소, 층수가 5층 이상이거나 객실이 30실 이상인 숙박시설, 층수가 5층 이상이거나 병상이 30개 이상인 종합병원·정신병원·한방병원·요양소, 연면적 1만5천제곱미터 이상인 공장 또는 소방기본법 시행령따른 화재경계지구에서 발생한 화재
>   바. 철도차량, 항구에 매어둔 총 톤수가 1천톤 이상인 선박, 항공기, 발전소 또는 변전소에서 발생한 화재
>   사. 가스 및 화약류의 폭발에 의한 화재
>   아. 「다중이용업소의 안전관리에 관한 특별법」 따른 다중이용업소의 화재
> ㉡ 「긴급구조대응활동 및 현장지휘에 관한 규칙」에 의한 통제단장의 현장지휘가 필요한 재난상황
> ㉢ 언론에 보도된 재난상황
> ㉣ 그 밖에 소방청장이 정하는 재난상황

**Answer** 9.④

**10** 다음 중 종합상황실 근무자의 근무방법을 지정하는 권한이 없는 자는?

① 소방청장　　　　　　　　　② 종합상황실 실장
③ 소방본부장　　　　　　　　④ 소방서장

> **TIPS!**
>
> **종합상황실의 근무 방법**
> 종합상황실 근무의 근무방법 등 종합상황실의 운영에 관하여 필요한 사항은 종합상황실을 설치하는 소방청장, 소방본부장 또는 소방서장이 각각 정한다.

**11** 소방박물관의 설립과 운영에 관한 내용 중 틀린 것은?

① 소방박물관의 설립과 운영에 필요한 사항은 행정안전부령으로 정한다.
② 소방의 역사와 안전문화를 발전시키고 국민의 안전의식을 높이기 위하여 시 · 도지사는 소방박물관을, 소방청장은 소방체험관을 설립하여 운영할 수 있다.
③ 소방박물관에는 그 운영에 관한 중요한 사항을 심의하기 위하여 7인 이내의 위원으로 구성된 운영위원회를 둔다.
④ 소방박물관의 관광업무 · 조직 · 운영위원회의 구성 등에 관하여 필요한 사항은 소방청장이 정한다.

> **TIPS!**
>
> 소방의 역사와 안전문화를 발전시키고 국민의 안전의식을 높이기 위하여 소방청장은 소방박물관을, 시 · 도지사는 소방체험관(화재 현장에서의 피난 등을 체험할 수 있는 체험관)을 설립하여 운영할 수 있다.

**12** 소방업무에 관한 종합계획의 수립 · 시행은 몇 년 주기로 해야 하는가?

① 1년　　　　　　　　　　　② 3년
③ 5년　　　　　　　　　　　④ 10년

> **TIPS!**
>
> 소방청장은 화재, 재난 · 재해, 그 밖의 위급한 상황으로부터 국민의 생명 · 신체 및 재산을 보호하기 위하여 소방업무에 관한 종합계획을 5년마다 수립 · 시행하여야 한다.

**Answer** 10.② 11.② 12.③

**13** **매년 11월9일은 소방의 날이다. 소방의 날 제정의 이유로 타당한 것은?**

① 국민의 안전의식과 화재에 대한 경각심을 높이고 안전문화를 정착시키기 위하여

② 재난·재해 환경 변화에 따른 소방업무에 필요한 대응 체계 마련하기 위하여

③ 장애인, 노인, 임산부, 영유아 및 어린이 등 이동이 어려운 사람을 대상으로 한 소방활동에 필요한 조치를 취하기 위하여

④ 업무의 효율적 수행을 위하여 필요한 사항을 정하기 위하여

 **TIPS!**

소방의 날 제정
국민의 안전의식과 화재에 대한 경각심을 높이고 안전문화를 정착시키기 위하여 매년 11월 9일을 소방의 날로 정하여 기념행사를 한다.

**14** **다음 중 소방력의 3요소에 해당하지 않는 것은?**

① 대원

② 차량

③ 소방용수

④ 긴급구조

**TIPS!**

소방활동은 소방대(消防隊)를 기초로 한 조직활동이다. 이 대(隊)를 구성하는 ①대원(인원)과 ②차량(장비)이며 이것에 ③소방용수를 합하여 소방력의 3요소라 한다.

**15** **소방력의 장비와 인력 등의 기준에 대한 근거 법령은?**

① 대통령령

② 총리령

③ 행정안전부령

④ 조례

**TIPS!**

소방기관이 소방업무를 수행하는 데에 필요한 인력과 장비 등에 관한 기준은 행정안전부령으로 정한다.

**Answer** 13.① 14.④ 15.③

**16** 소방용수시설의 설치 기준으로 바르지 않은 것은?

① 소화전은 상수도와 연결하여 지하식 또는 지상식의 구조로 한다.

② 급수탑의 급수배관의 구경은 100밀리미터 이상으로 한다.

③ 저수조는 지면으로부터 낙차가 4.5미터 이상, 흡수부분의 수심은 0.5미터 이상으로 한다.

④ 소방용수 배치기준에 관해서는 소방대의 유효활동 범위와 지역의 건축물 밀집도, 인구 및 기상상황을 고려하여 화재시의 설치기준으로서 소방기본법시행규칙에 정해져 있다.

---

**◉ TIPS!**

**소방용수시설의 설치기준**

소방용수는 소방대가 화재시 소화활동을 하기 위한 충분한 수량과 소방용 기계기구를 유효하게 활용할 수 있는 위치, 구조이어야 한다.

ⓐ **소화전** : 상수도와 연결하여 지하식 또는 지상식의 구조로 하고, 소방용호스와 연결하는 소화전의 연결금속구의 구경은 65밀리미터로 한다.

ⓑ **급수탑** : 급수배관의 구경은 100밀리미터 이상으로 하고, 개폐밸브는 지상에서 1.5미터 이상 1.7미터 이하의 위치에 설치한다.

ⓒ **저수조** : 지면으로부터 낙차가 4.5미터 이하, 흡수부분의 수심은 0.5미터 이상이며, 소방차가 쉽게 접근할 수 있도록 하며, 저수조에 물을 공급하는 방법은 상수도에 연결하여 자동으로 급수되는 구조이어야 한다. 흡수관의 투입구가 사각형인 경우에는 한 변의 길이가 60센티미터 이상, 원형인 경우에는 지름이 60센티미터 이상이어야 하며, 흡수에 지장이 없도록 토사 및 쓰레기 등을 제거할 수 있는 설비를 갖추어야 한다.

ⓓ **소방용수 배치기준** : 소방용수 배치기준에 관해서는 소방대의 유효활동 범위와 지역의 건축물 밀집도, 인구 및 기상상황을 고려하여 평상시의 설치기준으로서 소방기본법시행규칙에 정해져 있다. 평상시의 소방대의 유효활동 범위는 소방활동의 신속, 정확성을 고려하여 연장 수관 10본(150m)이내일 것으로 하고 있다. 이 수관(호스, hose)연장은 다음 그림과 같이 도로를 따라서 연장한 경우 수관의 굴곡을 고려하여 기하학적으로 산출하면 반경 약 100m의 범위 내가 된다. 따라서 소방용수는 도시계획법상의 공업 및 상업지역, 주거지역은 100m이내, 그 밖의 지역은 140m이내에 설치하도록 되어 있다.

**Answer** 16.③

**17** 저수조의 설치기준으로 바르지 않은 것은?

① 지면으로부터 낙차가 4.5미터 이상
② 흡수부분의 수심은 0.5미터 이상
③ 흡수관의 투입구가 사각형인 경우에는 한 변의 길이가 60센티미터 이상
④ 흡수에 지장이 없도록 토사 및 쓰레기 등을 제거할 수 있는 설비를 갖추어야 한다.

> **TIPS!**
>
> **저수조의 설치 기준**
> ㉠ 지면으로부터 낙차가 4.5미터 이하
> ㉡ 흡수부분의 수심은 0.5미터 이상
> ㉢ 소방차가 쉽게 접근할 수 있도록 한다
> ㉣ 저수조에 물을 공급하는 방법은 상수도에 연결하여 자동으로 급수되는 구조이어야 한다.
> ㉤ 흡수관의 투입구가 사각형인 경우에는 한 변의 길이가 60센티미터 이상, 원형인 경우에는 지름이 60센티미터 이상
> ㉥ 흡수에 지장이 없도록 토사 및 쓰레기 등을 제거할 수 있는 설비를 갖추어야 한다.

**18** 소방장비 등에 대한 국고보조금의 대상이 아닌 것은?

① 소방장비
② 소방자동차
③ 소화기의 보급
④ 소방관서용 청사의 건축

> **TIPS!**
>
> **소방기본법 시행령 제2조**(국고보조 대상사업의 범위와 기준보조율)
> 가) **소방활동장비와 설비의 구입 및 설치**
> ㉠ 소방자동차
> ㉡ 소방헬리콥터 및 소방정
> ㉢ 소방전용통신설비 및 전산설비
> ㉣ 그 밖에 방화복 등 소방활동에 필요한 소방장비
> 나) **소방관서용 청사의 건축**(「건축법」 제2조제1항제8호): 건축물을 신축·증축·개축·재축(再築)하거나 건축물을 이전하는 것을 말한다.

**Answer** 17.① 18.③

**19** 소방장비 등에 대한 국고보조금의 기준 보조율에 대한 설명으로 바르지 않은 것은?

① 국내조달품 : 정부고시가격

② 수입물품 : 조달청에서 조사한 해외시장의 시가

③ 정부고시가격 또는 조달청에서 조사한 해외시장의 시가가 없는 물품 : 2 이상의 공신력 있는 물가조사기관에서 조사한 가격의 평균가격

④ 정부고시가격 또는 조달청에서 조사한 해외시장의 시가가 있는 물품 : 공신력 있는 물가조사기관에서 조사한 가격

> 🍃 **TIPS!**
>
> **국고보조 대상사업의 기준보조율**
> 「보조금 관리에 관한 법률 시행령」에 따라 국고보조산정을 위한 기준가격은 다음과 같다.
> ① **국내조달품** : 정부고시가격
> ② **수입물품** : 조달청에서 조사한 해외시장의 시가
> ③ **정부고시가격 또는 조달청에서 조사한 해외시장의 시가가 없는 물품** : 2 이상의 공신력 있는 물가조사기관에서 조사한 가격의 평균가격

**20** 화재경계지구의 지정에 관한 설명으로 바르지 않은 것은?

① 시·도지사는 화재가 발생할 우려가 높거나 화재가 발생하는 경우 그로 인하여 피해가 클 것으로 예상되는 지역을 화재경계지구로 지정할 수 있다.

② 화재경계지구 자정 사유가 있음에도 불구하고 시·도지사가 화재경계지구로 지정할 필요가 있는 지역을 화재경계지구로 지정하지 아니하는 경우 소방청장은 해당 시·도지사에게 해당 지역의 화재경계지구 지정을 요청할 수 있다.

③ 소방본부장이나 소방서장은 소방특별조사를 한 결과 화재의 예방과 경계를 위하여 필요하다고 인정할 때에는 관계인에게 소방용수시설, 소화기구, 그 밖에 소방에 필요한 설비의 설치를 명할 수 있다.

④ 시·도지사는 화재경계지구 안의 관계인에 대하여 대통령령으로 정하는 바에 따라 소방에 필요한 훈련 및 교육을 실시할 수 있다.

> 🍃 **TIPS!**
>
> 소방본부장이나 소방서장은 화재경계지구 안의 관계인에 대하여 대통령령으로 정하는 바에 따라 소방에 필요한 훈련 및 교육을 실시할 수 있다.
> ㉠ 소방본부장 또는 소방서장은 화재경계지구 안의 관계인에 대하여 소방상 필요한 훈련 및 교육을 연 1회 이상 실시할 수 있다.
> ㉡ 소방본부장 또는 소방서장은 소방상 필요한 훈련 및 교육을 실시하고자 하는 때에는 화재경계지구 안의 관계인에게 훈련 또는 교육 10일 전까지 그 사실을 통보하여야 한다.

**Answer** 19.④ 20.④

**21** 소방업무의 상호응원협정 중 소방활동에 관한 사항이 아닌 것은?

① 화재의 경계 · 진압활동

② 출동대원의 수당 · 식사 및 피복의 수선

③ 구조 · 구급업무의 지원

④ 화재조사활동

> **TIPS!**
>
> • 소방활동에 관한 사항
> 가. 화재의 경계 · 진압활동
> 나. 구조 · 구급업무의 지원
> 다. 화재조사활동
> • 소요경비의 부담에 관한 사항
> 가. 출동대원의 수당 · 식사 및 피복의 수선
> 나. 소방장비 및 기구의 정비와 연료의 보급
> 다. 그 밖의 경비

**22** 다음 중 소방력의 동원에 대한 설명으로 바르지 않은 것은?

① 지역을 관할하는 소방본부장 또는 소방서장은 해당 시 · 도의 소방력만으로는 소방활동을 효율적으로 수행하기 어려운 화재, 재난 · 재해에 대해 소방력 동원을 협정할 수 있다.

② 동원 요청을 받은 시 · 도지사는 정당한 사유 없이 요청을 거절하여서는 아니 된다.

③ 소방청장은 필요한 경우 직접 소방대를 편성하여 화재진압 및 인명구조 등 소방에 필요한 활동을 하게 할 수 있다.

④ 동원된 소방대원이 다른 시 · 도에 파견 · 지원되어 소방활동을 수행할 때에는 특별한 사정이 없으면 화재, 재난 · 재해 등이 발생한 지역을 관할하는 소방본부장 또는 소방서장의 지휘에 따라야 한다.

> **TIPS!**
>
> 소방청장은 해당 시 · 도의 소방력만으로는 소방활동을 효율적으로 수행하기 어려운 화재, 재난 · 재해, 그 밖의 구조 · 구급이 필요한 상황이 발생하거나 특별히 국가적 차원에서 소방활동을 수행할 필요가 인정될 때에는 각 시 · 도지사에게 행정안전부령으로 정하는 바에 따라 소방력을 동원할 것을 요청할 수 있다.

**Answer** 21.② 22.①

**23** 소방체험관의 설립과 운영에 관한 법률적 근거는?

① 대통령령
② 총리령
③ 행정안전부령
④ 시·도의 조례

> **TIPS!**
>
> **소방박물관의 설치 규정[소방기본법 제5조 제2항]**
> 소방박물관의 설립과 운영에 필요한 사항은 행정안전부령으로 정하고, 소방체험관의 설립과 운영에 필요한
> 사항은 행정안전부령으로 정하는 기준에 따라 시·도의 조례로 정한다.

**24** 화재의 예방상 위험하다고 인정되는 행위를 하는 사람이나 소화활동에 지장이 있다고 인정되는 물건의
소유자·관리자 또는 점유자에게 취할 수 있는 명령으로 바르지 않은 것은?

① 불장난, 모닥불, 흡연, 화기취급 등 화재예방상 위험하다고 인정되는 행위의 금지 또는 제한
② 타고 남은 불 또는 화기가 있을 우려가 있는 재의 처리
③ 함부로 버려두거나 그냥 둔 위험물 등의 물건을 옮기거나 치우게 하는 등의 조치
④ 연소 가능 물건 보관행위의 승낙

> **TIPS!**
>
> 소방본부장이나 소방서장은 화재의 예방상 위험하다고 인정되는 행위를 하는 사람이나 소화(消火) 활동에 지
> 장이 있다고 인정되는 물건의 소유자·관리자 또는 점유자에게 다음의 명령을 할 수 있다.
> ① 불장난, 모닥불, 흡연, 화기(火氣) 취급, 그 밖에 화재예방상 위험하다고 인정되는 행위의 금지 또는 제
> 한
> ② 타고 남은 불 또는 화기가 있을 우려가 있는 재의 처리
> ③ 함부로 버려두거나 그냥 둔 위험물, 그 밖에 불에 탈 수 있는 물건을 옮기거나 치우게 하는 등의 조치

**25** 화재에 관한 위험 경보 또는 이상기상의 에 대한 경보를 발령할 수 있는 권한은 누구에게 있는가?

① 국무총리
② 행정안전부장관
③ 시·도지사
④ 소방본부장

> **TIPS!**
>
> 소방본부장이나 소방서장은 「기상법」에 따른 이상기상(異常氣象)의 예보 또는 특보가 있을 때에는 화재에 관
> 한 경보를 발령하고 그에 따른 조치를 할 수 있다.

**Answer** 23.④ 24.④ 25.④

**26** 다음 중 소방활동의 지휘권자가 아닌 자는?

① 시도지사
② 소방청장
③ 소방본부장
④ 소방서장

> 🔥 **TIPS!**
>
> **소방활동의 지휘**
> 소방청장, 소방본부장 또는 소방서장은 화재, 재난·재해, 그 밖의 위급한 상황이 발생하였을 때에는 소방대를 현장에 신속하게 출동시켜 화재진압과 인명구조·구급 등 소방에 필요한 활동을 하게 하여야 한다.

**27** 소방지원활동과 거리가 먼 것은?

① 자연재해에 따른 급수·배수 및 제설 등 지원활동
② 집회·공연 등 각종 행사 시 사고에 대비한 근접대기 등 지원활동
③ 소방시설 오작동 신고에 따른 조치활동
④ 생활안전 및 위험물 제거활동

> 🔥 **TIPS!**
>
> **소방지원활동** [소방기본법 제16조의2(소방지원활동)]
> 가. 산불에 대한 예방·진압 등 지원활동
> 나. 자연재해에 따른 급수·배수 및 제설 등 지원활동
> 다. 집회·공연 등 각종 행사 시 사고에 대비한 근접대기 등 지원활동
> 라. 화재, 재난·재해로 인한 피해복구 지원활동
> 마. 그 밖에 행정안전부령으로 정하는 활동[시행규칙 8조의3(소방지원활동)]
>    ㉠ 군·경찰 등 유관기관에서 실시하는 훈련지원 활동
>    ㉡ 소방시설 오작동 신고에 따른 조치활동
>    ㉢ 방송제작 또는 촬영 관련 지원활동

**28** 소방안전교육사의 업무 범위가 아닌 것은?

① 소방안전교육의 기획
② 소방안전교육의 진행
③ 소방안전교육의 분석
④ 소방안전교육의 감독

> 🔥 **TIPS!**
>
> **소방안전교육사의 업무**
> 소방안전교육사는 소방안전교육의 기획·진행·분석·평가 및 교수업무를 수행한다.

**Answer** 26.① 27.④ 28.④

**29** 다음 중 소방안전교육사의 결격사유로 바르지 않은 것은?

① 피성년후견인 또는 피한정후견인

② 금고 이상의 형의 집행유예를 선고받고 그 유예기간 중에 있는 사람

③ 법원의 판결 또는 다른 법률에 따라 자격이 정지되거나 상실된 사람

④ 금고 이상의 실형을 선고 받고 그 집행이 끝나거나 집행이 면제된 날부터 1년이 지나지 아니한 사람

> **TIPS!**
>
> **소방안전교육사의 결격사유**
>
> ㉠ 피성년후견인 또는 피한정후견인
>
> ㉡ 금고 이상의 실형을 선고 받고 그 집행이 끝나거나(집행이 끝난 것으로 보는 경우를 포함한다) 집행이 면제된 날부터 2년이 지나지 아니한 사람
>
> ㉢ 금고 이상의 형의 집행유예를 선고 받고 그 유예기간 중에 있는 사람
>
> ㉣ 법원의 판결 또는 다른 법률에 따라 자격이 정지되거나 상실된 사람

**30** 소방훈련의 종류에 해당하지 않는 것은?

① 피난방법 훈련　　　　　　② 화재진압 훈련

③ 인명대피 훈련　　　　　　④ 현장지휘 훈련

> **TIPS!**
>
> **소방기본법 시행규칙 제9조 제2항**
>
> 소방훈련은 화재진압훈련, 인명구조훈련, 응급처치훈련, 인명대피훈련, 현장지휘훈련으로 구분한다.

**31** 소방신호를 사용해야 하는 경우 중 바르지 않은 것은?

① 화재예방　　　　　　　　② 화재진압

③ 소방활동　　　　　　　　④ 소방훈련

> **TIPS!**
>
> ㉠ 화재예방, ㉡ 소방활동 또는 ㉢ 소방훈련을 위하여 사용되는 소방신호의 종류와 방법은 행정안전부령으로 정한다.

Answer　29.④　30.①　31.②

**32** 소방신호의 종류별 방법에 대한 설명으로 바른 것은?

① 경계신호 : 화재예방상 필요하다고 인정되거나 화재위험경보시 발령
② 발화신호 : 화재가 발생 전 필요 할 때 발령
③ 해제신호 : 소화활동이 필요 하다고 인정되는 때 발령
④ 훈련신호 : 훈련상 필요 없다고 인정되는 때 발령

> **TIPS!**
>
> **소방신호의 종류** [제10조(소방신호의 종류 및 방법)]
> ① **경계신호** : 화재예방상 필요하다고 인정되거나 화재위험경보시 발령
> ② **발화신호** : 화재가 발생한 때 발령
> ③ **해제신호** : 소화활동이 필요 없다고 인정되는 때 발령
> ④ **훈련신호** : 훈련상 필요하다고 인정되는 때 발령

**33** 소방기본법의 내용으로 바르지 않은 것은?

① 소방자동차의 우선 통행에 관하여는 「소방기본법」에서 정하는 바에 따른다.
② 모든 차와 사람은 소방자동차가 화재진압 및 구조·구급 활동을 위하여 출동을 할 때에는 이를 방해하여서는 아니 된다.
③ 소방자동차가 화재진압 및 구조·구급 활동을 위하여 출동하거나 훈련을 위하여 필요할 때에는 사이렌을 사용할 수 있다.
④ 소방대는 화재, 재난·재해, 그 밖의 위급한 상황이 발생한 현장에 신속하게 출동하기 위하여 긴급할 때에는 일반적인 통행에 쓰이지 아니하는 도로·빈터 또는 물 위로 통행할 수 있다.

> **TIPS!**
>
> **소방기본법 제21조 제2항**
> 소방자동차의 우선 통행에 관하여는 「도로교통법」에서 정하는 바에 따른다.

Answer 32.① 33.①

**34** 화재로 오인할 만한 우려가 있는 불을 피우거나 연막 소독을 하는 지정된 지역에서는 신고 후 행하여야 한다. 그 신고 지역으로 바르지 않은 것은?

① 주거지역
② 공장 · 창고가 밀집한 지역
③ 목조건물이 밀집한 지역
④ 위험물의 저장 및 처리시설이 밀집한 지역

> **TIPS!**
>
> 다음의 어느 하나에 해당하는 지역 또는 장소에서 화재로 오인할 만한 우려가 있는 불을 피우거나 연막(煙幕) 소독을 하려는 자는 시 · 도의 조례로 정하는 바에 따라 관할 소방본부장 또는 소방서장에게 신고하여야 한다.
> ① 시장지역
> ② 공장 · 창고가 밀집한 지역
> ③ 목조건물이 밀집한 지역
> ④ 위험물의 저장 및 처리시설이 밀집한 지역

**35** 화재로 오인할 만한 우려가 있는 불을 피우거나 연막 소독을 하는 지정된 지역에서는 신고 후 행하여야 한다. 그 신고 대상은?

① 소방대원
② 종합상황실장
③ 관할 소방본부장
④ 시 · 도 지사

> **TIPS!**
>
> 해당하는 지역 또는 장소에서 화재로 오인할 만한 우려가 있는 불을 피우거나 연막(煙幕) 소독을 하려는 자는 시 · 도의 조례로 정하는 바에 따라 관할 소방본부장 또는 소방서장에게 신고하여야 한다.

**Answer** 34.① 35.③

**36** 소방활동구역 출입자로 보기 어려운 사람은?

① 소방대상물의 인접인
② 보도업무에 종사자
③ 수사업무에 종사자
④ 의사 · 간호사

> **TIPS!**
>
> **소방활동 출입자** [시행령 제8조(소방활동구역의 출입자)]
> ㉠ 소방활동구역 안에 있는 소방대상물의 소유자 · 관리자 또는 점유자
> ㉡ 전기 · 가스 · 수도 · 통신 · 교통의 업무에 종사하는 사람으로서 원활한 소방활동을 위하여 필요한 사람
> ㉢ 의사 · 간호사 그 밖의 구조 · 구급업무에 종사하는 사람
> ㉣ 취재인력 등 보도업무에 종사하는 사람
> ㉤ 수사업무에 종사하는 사람
> ㉥ 그 밖에 소방대장이 소방활동을 위하여 출입을 허가한 사람

**37** 시 · 도지사로부터 소방활동의 비용지급의 예외 대상으로 보기 어려운 사람은?

① 소방대상물에 화재, 재난 · 재해 등의 관계인
② 고의 또는 과실로 화재 또는 구조 · 구급 활동이 필요한 상황을 발생시킨 사람
③ 화재 또는 구조 · 구급 현장에서 물건을 가져간 사람
④ 화재현장에서 구조 · 구급 활동을 하다 부상을 당한 일반인

> **TIPS!**
>
> **소방활동의 비용지급의 예외**
> 소방활동에 종사한 사람은 시 · 도지사로부터 소방활동의 비용을 지급받을 수 있다. 다만, 다음의 어느 하나
> 에 해당하는 사람의 경우에는 그러하지 아니하다.
> ㉠ 소방대상물에 화재, 재난 · 재해, 그 밖의 위급한 상황이 발생한 경우 그 관계인
> ㉡ 고의 또는 과실로 화재 또는 구조 · 구급 활동이 필요한 상황을 발생시킨 사람
> ㉢ 화재 또는 구조 · 구급 현장에서 물건을 가져간 사람

**Answer** 36.① 37.④

**38** 다음 설명 중 바른 것은?

① 종합상황실 실장은 사람을 구출하거나 불이 번지는 것을 막기 위하여 필요할 때에는 화재가 발생하거나 불이 번질 우려가 있는 소방대상물 및 토지를 일시적으로 사용하거나 그 사용의 제한 또는 소방활동에 필요한 처분을 할 수 있다.

② 시·도지사는 화재, 재난·재해, 그 밖의 위급한 상황이 발생하여 사람의 생명을 위험하게 할 것으로 인정할 때에는 일정한 구역을 지정하여 그 구역에 있는 사람에게 그 구역 밖으로 피난할 것을 명할 수 있다.

③ 시·도지사는 화재 진압 등 소방활동을 위하여 필요할 때에는 소방용수 외에 댐·저수지 또는 수영장 등의 물을 사용하거나 수도(水道)의 개폐장치 등을 조작할 수 있다.

④ 소방본부장, 소방서장 또는 소방대장은 화재 발생을 막거나 폭발 등으로 화재가 확대되는 것을 막기 위하여 가스·전기 또는 유류 등의 시설에 대하여 위험물질의 공급을 차단하는 등 필요한 조치를 할 수 있다.

> **TIPS!**
> ① 소방본부장, 소방서장 또는 소방대장은 사람을 구출하거나 불이 번지는 것을 막기 위하여 필요할 때에는 화재가 발생하거나 불이 번질 우려가 있는 소방대상물 및 토지를 일시적으로 사용하거나 그 사용의 제한 또는 소방활동에 필요한 처분을 할 수 있다.
> ② 소방본부장, 소방서장 또는 소방대장은 화재, 재난·재해, 그 밖의 위급한 상황이 발생하여 사람의 생명을 위험하게 할 것으로 인정할 때에는 일정한 구역을 지정하여 그 구역에 있는 사람에게 그 구역 밖으로 피난할 것을 명할 수 있다.
> ③ 소방본부장, 소방서장 또는 소방대장은 화재 진압 등 소방활동을 위하여 필요할 때에는 소방용수 외에 댐·저수지 또는 수영장 등의 물을 사용하거나 수도(水道)의 개폐장치 등을 조작할 수 있다.

**39** 소방용수시설의 사용이 금지되는 경우가 아닌 것은?

① 소방용수시설을 사용하는 화재진압

② 정당한 사유 없이 소방용수시설을 사용하는 행위

③ 정당한 사유 없이 손상·파괴, 철거 또는 그 밖의 방법으로 소방용수시설의 효용(效用)을 해치는 행위

④ 소방용수시설의 정당한 사용을 방해하는 행위

> **TIPS!**
> **소방용수시설의 사용금지** [제28조(소방용수시설의 사용금지 등)]
> ⊙ 정당한 사유 없이 소방용수시설을 사용하는 행위
> ⊙ 정당한 사유 없이 손상·파괴, 철거 또는 그 밖의 방법으로 소방용수시설의 효용(效用)을 해치는 행위
> ⊙ 소방용수시설의 정당한 사용을 방해하는 행위

**Answer** 38.④ 39.①

**40** 화재조사에 대한 설명으로 바른 것은?

① 시·도지사는 화재가 발생하였을 때에는 화재의 원인 및 피해 등에 대한 화재조사를 하여야 한다.

② 화재조사는 장비를 활용하여 소화활동과 동시에 실시되어야 한다.

③ 화재의 원인 조사는 발화원인, 인명피해 조사 등이 있다.

④ 화재피해 조사는 인명피해, 피난상황 조사로 나누어진다.

> **TIPS!**
> ① 소방청장, 소방본부장 또는 소방서장은 화재가 발생하였을 때에는 화재의 원인 및 피해 등에 대한 화재 조사를 하여야 한다.
> ③ 화재의 원인 조사는 발화원인 조사, 발견·통보 및 초기 소화상황 조사, 연소상황 조사, 피난상황 조사, 소방시설조사가 있다.
> ④ 화재피해 조사는 인명피해, 재산 피해 조사로 나누어진다.

**41** 다음 중 구조된 사람, 사망자 또는 구조된 물건을 특별자치도지사·시장·군수·구청장에게 인도하거나 인계하여야 하는 경우에 해당되지 않는 것은?

① 구조된 사람이나 사망자의 신원이 확인되지 아니한 때

② 구조된 사람이나 사망자를 인도받을 보호자 또는 유족이 없는 때

③ 구조된 물건의 소유자를 알 수 없는 때

④ 구조된 물건의 망실이 있을 때

> **TIPS!**
> 119구조·구급에 관한 법률 제16조
> 소방청장, 소방본부장, 소방서장은 다음의 어느 하나에 해당하는 때에는 구조된 사람, 사망자 또는 구조된 물건을 특별자치도지사·시장·군수·구청장(「재난 및 안전관리 기본법」 제14조 또는 제16조에 따른 재난안전대책본부가 구성된 경우 해당 재난안전대책본부장을 말한다. 이하 같다)에게 인도하거나 인계하여야 한다.
> ㉠ 구조된 사람이나 사망자의 신원이 확인되지 아니한 때
> ㉡ 구조된 사람이나 사망자를 인도받을 보호자 또는 유족이 없는 때
> ㉢ 구조된 물건의 소유자를 알 수 없는 때

**Answer** 40.② 41.④

**42** 소방청장은 소방기술 및 소방산업의 국제경쟁력과 국제적 통용성을 높이기 위한 업무로 바르지 않은 것은?

① 소방기술 및 소방산업의 국제 협력을 위한 조사·연구
② 소방기술 및 소방산업에 관한 국제 전시회, 국제 학술회의 개최 등 국제 교류
③ 소방기술 및 소방산업의 국내시장 개척
④ 소방기술 및 소방산업의 국제경쟁력과 국제적 통용성을 높이기 위하여 필요하다고 인정하는 사업

> **TIPS!**
>
> 소방기본법 제39조의7
> 소방청장은 소방기술 및 소방산업의 국제경쟁력과 국제적 통용성을 높이기 위하여 다음의 사업을 추진하여야 한다.
> ㉠ 소방기술 및 소방산업의 국제 협력을 위한 조사·연구
> ㉡ 소방기술 및 소방산업에 관한 국제 전시회, 국제 학술회의 개최 등 국제 교류
> ㉢ 소방기술 및 소방산업의 국외시장 개척
> ㉣ 그 밖에 소방기술 및 소방산업의 국제경쟁력과 국제적 통용성을 높이기 위하여 필요하다고 인정하는 사업

**43** 소방안전원의 업무로 바르지 않은 것은?

① 소방기술과 안전관리에 관한 교육 및 조사·연구
② 소방기술과 안전관리에 관한 각종 간행물 발간
③ 화재 예방과 안전관리의식 고취를 위한 대국민 홍보
④ 소방안전원의 수익사업

> **TIPS!**
>
> 소방기본법 제41조
> 안전원의 업무
> ㉠ 소방기술과 안전관리에 관한 교육 및 조사·연구
> ㉡ 소방기술과 안전관리에 관한 각종 간행물 발간
> ㉢ 화재 예방과 안전관리의식 고취를 위한 대국민 홍보
> ㉣ 소방업무에 관하여 행정기관이 위탁하는 업무
> ㉤ 그 밖에 회원의 복리 증진 등 정관으로 정하는 사항

**Answer** 42.③ 43.④

**44** 다음 중 5년 이하의 징역 또는 5천 만원 이하의 벌금에 처하는 행위는?

① 정당한 사유 없이 화재예방 조치에 따른 명령에 따르지 아니하거나 이를 방해한 자
② 소방자동차의 출동을 방해한 사람
③ 사람을 구출하는 일 또는 불을 끄거나 불이 번지지 아니하도록 하는 일을 방해한 사람
④ 정당한 사유 없이 소방용수시설을 사용하거나 소방용수시설의 효용을 해치거나 그 정당한 사용을 방해한 사람

> **TIPS!**
>
> • 강제처분조항에 따른 처분을 방해한 자 또는 정당한 사유 없이 그 처분에 따르지 아니한 자는 200만 원 이하의 벌금에 처한다.
> • 다음의 어느 하나에 해당하는 사람은 5년 이하의 징역 또는 5천만 원 이하의 벌금에 처한다.
>   가. 소방활동을 방해하는 행위로 다음의 어느 하나에 해당하는 행위를 한 사람
>     ㉠ 위력(威力)을 사용하여 출동한 소방대의 화재진압·인명구조 또는 구급활동을 방해하는 행위
>     ㉡ 소방대가 화재진압·인명구조 또는 구급활동을 위하여 현장에 출동하거나 현장에 출입하는 것을 고의로 방해하는 행위
>     ㉢ 출동한 소방대원에게 폭행 또는 협박을 행사하여 화재진압·인명구조 또는 구급활동을 방해하는 행위
>     ㉣ 출동한 소방대의 소방장비를 파손하거나 그 효용을 해하여 화재진압·인명구조 또는 구급활동을 방해하는 행위
>   나. 소방자동차의 출동을 방해한 사람
>   다. 사람을 구출하는 일 또는 불을 끄거나 불이 번지지 아니하도록 하는 일을 방해한 사람
>   라. 정당한 사유 없이 소방용수시설을 사용하거나 소방용수시설의 효용을 해치거나 그 정당한 사용을 방해한 사람

**Answer** 44.①

**45** 보일러 등의 위치·구조 및 관리와 화재예방을 위한 설명으로 바르지 않은 것은?

① 가연성 벽·바닥 또는 천장과 접촉하는 증기기관 또는 연통의 부분은 규조토·석면 등 난연성 단열 재로 덮어씌워야 한다.
② 연료탱크에는 화재 등 긴급상황이 발생하는 경우 연료를 차단할 수 있는 개폐밸브를 연료탱크로부 터 1미터 이내에 설치할 것
③ 사용이 허용된 연료 외의 것을 사용하지 아니할 것
④ 보일러와 벽·천장 사이의 거리는 0.6미터 이상 되도록 하여야 한다.

> **TIPS!**
>
> 가. 가연성 벽·바닥 또는 천장과 접촉하는 증기기관 또는 연통의 부분은 규조토·석면 등 난연성 단열재로 덮어씌워야 한다.
> 나. 경유·등유 등 액체연료를 사용하는 경우에는 다음 각목의 사항을 지켜야 한다.
> ㉠ 연료탱크는 보일러본체로부터 수평거리 1미터 이상의 간격을 두어 설치할 것
> ㉡ 연료탱크에는 화재 등 긴급상황이 발생하는 경우 연료를 차단할 수 있는 개폐밸브를 연료탱크로부터 0.5미터 이내에 설치할 것
> ㉢ 연료탱크 또는 연료를 공급하는 배관에는 여과장치를 설치할 것
> 다. 사용이 허용된 연료 외의 것을 사용하지 아니할 것
> ㉠ 연료탱크에는 불연재료(「건축법 시행령」 제2조제10호의 규정에 의한 것을 말한다. 이하 이 표에서 같 다)로 된 받침대를 설치하여 연료탱크가 넘어지지 아니하도록 할 것

**46** 수소가스를 넣거나 빼는 때 지켜야 할 사항으로 바르지 못한 것은?

① 통풍이 잘 되는 옥외의 장소에서 할 것
② 조작자 외의 사람이 접근하지 아니하도록 할 것
③ 전기시설이 부착된 경우에는 전원을 차단하고 할 것
④ 수소가스를 넣을 때에는 기구 안에 수소가스 또는 공기를 제거한 후 변압기를 사용할 것

> **TIPS!**
>
> 수소가스를 넣거나 빼는 때에는 다음의 사항을 지켜야 한다.
> ㉠ 통풍이 잘 되는 옥외의 장소에서 할 것
> ㉡ 조작자 외의 사람이 접근하지 아니하도록 할 것
> ㉢ 전기시설이 부착된 경우에는 전원을 차단하고 할 것
> ㉣ 마찰 또는 충격을 주는 행위를 하지 말 것
> ㉤ 수소가스를 넣을 때에는 기구 안에 수소가스 또는 공기를 제거한 후 감압기를 사용할 것

**Answer** 45.② 46.④

**47** 다음 중 소방안전교육사 시험과목이 아닌 것은?

① 소방학개론
② 소방관계법규
③ 구급·응급처치론
④ 교육학개론

- 제1차 시험과목 : 소방학개론, 구급·응급처치론, 재난관리론 및 교육학개론 중 택3
- 제2차 시험과목 : 국민안전교육 실무

**48** 소방안전교육사의 배치대상과 배치기준이 바르지 않은 것은?

| | 배치대상 | 배치기준(단위 : 명) |
|---|---|---|
| ① | 소방청 | 2 이상 |
| ② | 소방본부 | 2 이상 |
| ③ | 소방서 | 1 이상 |
| ④ | 한국소방안전원 | 본회 : 1 이상 |
| | | 시·도지부 : 2 이상 |

| 배치대상 | 배치기준(단위 : 명) | 비고 |
|---|---|---|
| 1. 소방청 | 2 이상 | |
| 2. 소방본부 | 2 이상 | |
| 3. 소방서 | 1 이상 | |
| 4. 한국소방안전원 | 본회 : 2 이상<br>시·도지부 : 1 이상 | |
| 5. 한국소방산업기술원 | 2 이상 | |

Answer 47.② 48.④

**49** 화재조사전담부서 장의 업무라 보기 어려운 것은?

① 화재조사의 총괄·조정
② 화재조사의 실시
③ 화재조사의 발전과 조사요원의 복리향상에 관한 사항
④ 화재조사를 위한 장비의 관리운영에 관한 사항

**TIPS!**

화재조사전담부서의 장은 다음의 업무를 관장한다.
㉠ 화재조사의 총괄·조정
㉡ 화재조사의 실시
㉢ 화재조사의 발전과 조사요원의 능력향상에 관한 사항
㉣ 화재조사를 위한 장비의 관리운영에 관한 사항
㉤ 그 밖의 화재조사에 관한 사항

**Answer** 49.③

**50** 다음 중 100만원 이하의 벌금에 해당하지 않는 행위는?

① 정당한 사유 없이 관계 공무원의 출입 또는 조사를 거부·방해 또는 기피한 자
② 경계지구 안의 소방대상물에 대한 소방특별조사를 거부·방해 또는 기피한 자
③ 정당한 사유 없이 소방대의 생활안전활동을 방해한 자
④ 피난 명령을 위반한 사람

> **TIPS!** ..........................................................................................
>
> 정당한 사유 없이 관계 공무원의 출입 또는 조사를 거부·방해 또는 기피한 자는 200만 원 이하의 벌금에 처한다.
>
> 다음의 어느 하나에 해당하는 자는 100만 원 이하의 벌금에 처한다.
> ㉠ 화재경계지구 안의 소방대상물에 대한 소방특별조사를 거부·방해 또는 기피한 자
> ㉡ 정당한 사유 없이 소방대의 생활안전활동을 방해한 자
> ㉢ 정당한 사유 없이 소방대가 현장에 도착할 때까지 사람을 구출하는 조치 또는 불을 끄거나 불이 번지지 아니하도록 하는 조치를 하지 아니한 사람
> ㉣ 피난 명령을 위반한 사람
> ㉤ 정당한 사유 없이 물의 사용이나 수도의 개폐장치의 사용 또는 조작을 하지 못하게 하거나 방해한 자
> ㉥ 위험시설 등에 대한 긴급 조치를 정당한 사유 없이 방해한 자

PART

02

# 화재예방, 소방시설 설치 · 유지 및 안전관리에 관한 법률

# 01 총칙

## 1. 목적 [제1조(목적)]

이 법은 화재와 재난·재해, 그 밖의 위급한 상황으로부터 국민의 생명·신체 및 재산을 보호하기 위하여 화재의 예방 및 안전관리에 관한 국가와 지방자치단체의 책무와 소방시설등의 설치·유지 및 소방대상물의 안전관리에 관하여 필요한 사항을 정함으로써 공공의 안전과 복리 증진에 이바지함을 목적으로 한다.

## 2. 용어의 정의 [제2조(정의)]

(1) 이 법에서 사용하는 용어의 뜻은 다음과 같다.

1) 소방시설이란 소화설비, 경보설비, 피난설비, 소화용수설비, 그 밖에 소화활동설비로서 대통령령으로 정하는 것을 말한다. [표1]

2) 소방시설등이란 소방시설과 비상구(非常口), 그 밖에 소방 관련 시설로서 대통령령으로 정하는 것으로서 방화문 및 방화셔터를 말한다.

3) 특정소방대상물이란 소방시설을 설치하여야 하는 소방대상물로서 대통령령으로 정하는 것을 말한다.[표2]

4) 소방용품이란 소방시설등을 구성하거나 소방용으로 사용되는 제품 또는 기기로서 대통령령으로 정하는 것을 말한다.[표3]

5) **무창층** : 지상층 중 개구부가 바닥면적의 1/30 이하가 되는 층을 말한다. (영 제2조)

6) **개구부(영 제2조)**

① 지름 50cm 이상의 원이 내접할 것

② 바닥으로부터 개구부 밑 부분까지 높이가 1.2m 이내일 것

③ 도로 또는 차량이 진입할 수 있는 빈터를 향할 것

④ 창살이나 장애물이 설치되지 아니할 것

⑤ 내부 또는 외부에서 쉽게 부수거나 열수 있을 것

7) **피난층(영 제2조)** : 곧바로 지상으로 갈 수 있는 출입구가 있는 층(피난층에는 피난 기구가 필요없다)

**(2)** 이 법에서 사용하는 용어의 뜻은 (1)에서 규정하는 것을 제외하고는 「소방기본법」, 「소방시설공사업법」, 「위험물 안전관리법」 및 「건축법」에서 정하는 바에 따른다.

소방시설 [표1]

1. 소화설비 : 물 또는 그 밖의 소화약제를 사용하여 소화하는 기계·기구 또는 설비로서 다음 각 목의 것
   가. 소화기구
     1) 소화기
     2) 간이소화용구 : 에어로졸식 소화용구, 투척용 소화용구 및 소화약제 외의 것을 이용한 간이소화용구
     3) 자동확산소화기
   나. 자동소화장치
     1) 주거용 주방자동소화장치
     2) 상업용 주방자동소화장치
     3) 캐비닛형 자동소화장치
     4) 가스자동소화장치
     5) 분말자동소화장치
     6) 고체에어로졸자동소화장치
   다. 옥내소화전설비(호스릴옥내소화전설비를 포함한다)
   라. 스프링클러설비등
     1) 스프링클러설비
     2) 간이스프링클러설비(캐비닛형 간이스프링클러설비를 포함한다)
     3) 화재조기진압용 스프링클러설비
   마. 물분무등소화설비
     1) 물 분무 소화설비
     2) 미분무소화설비
     3) 포소화설비
     4) 이산화탄소소화설비
     5) 할론소화설비
     6) 할로겐화합물 및 불활성기체 소화설비
     7) 분말소화설비
     8) 강화액소화설비
     9) 고체에어로졸소화설비
   바. 옥외소화전설비

2. 경보설비 : 화재발생 사실을 통보하는 기계·기구 또는 설비로서 다음 각 목의 것
   가. 단독경보형 감지기
   나. 비상경보설비
     1) 비상벨설비
     2) 자동식사이렌설비

다. 시각경보기

라. 자동화재탐지설비

마. 비상방송설비

바. 자동화재속보설비

사. 통합감시시설

아. 누전경보기

자. 가스누설경보기

3. 피난구조설비 : 화재가 발생할 경우 피난하기 위하여 사용하는 기구 또는 설비로서 다음 각 목의 것

　가. 피난기구

　　1) 피난사다리

　　2) 구조대

　　3) 완강기

　　4) 그 밖에 소방청장이 정하여 고시하는 화재안전기준(이하 "화재안전기준"이라 한다)으로 정하는 것

　나. 인명구조기구

　　1) 방열복, 방화복(안전헬멧, 보호장갑 및 안전화를 포함한다)

　　2) 공기호흡기

　　3) 인공소생기

　다. 유도등

　　1) 피난유도선

　　2) 피난구유도등

　　3) 통로유도등

　　4) 객석유도등

　　5) 유도표지

　라. 비상조명등 및 휴대용비상조명등

4. 소화용수설비 : 화재를 진압하는 데 필요한 물을 공급하거나 저장하는 설비로서 다음 각 목의 것

　가. 상수도소화용수설비

　나. 소화수조·저수조, 그 밖의 소화용수설비

5. 소화활동설비 : 화재를 진압하거나 인명구조활동을 위하여 사용하는 설비로서 다음 각 목의 것

　가. 제연설비

　나. 연결송수관설비

　다. 연결살수설비

　라. 비상콘센트설비

　마. 무선통신보조설비

　바. 연소방지설비

특정소방대상물 [표2]

1. 공동주택
   가. 아파트등 : 주택으로 쓰이는 층수가 5층 이상인 주택
   나. 기숙사 : 학교 또는 공장 등에서 학생이나 종업원 등을 위하여 쓰는 것으로서 공동취사 등을 할 수 있는 구조를 갖추되, 독립된 주거의 형태를 갖추지 않은 것(「교육기본법」 제27조제2항에 따른 학생 복지 주택을 포함한다)

2. 근린생활시설
   가. 슈퍼마켓과 일용품(식품, 잡화, 의류, 완구, 서적, 건축자재, 의약품, 의료기기 등) 등의 소매점으로서 같은 건축물(하나의 대지에 두 동 이상의 건축물이 있는 경우에는 이를 같은 건축물로 본다. 이하 같다)에 해당 용도로 쓰는 바닥면적의 합계가 1천㎡ 미만인 것
   나. 휴게음식점, 제과점, 일반음식점, 기원(棋院), 노래연습장 및 단란주점(단란주점은 같은 건축물에 해당 용도로 쓰는 바닥면적의 합계가 150㎡ 미만인 것만 해당한다)
   다. 이용원, 미용원, 목욕장 및 세탁소(공장이 부설된 것과 「대기환경보전법」, 「물환경보전법」 또는 「소음·진동관리법」에 따른 배출시설의 설치허가 또는 신고의 대상이 되는 것은 제외한다)
   라. 의원, 치과의원, 한의원, 침술원, 접골원(接骨院), 조산원(「모자보건법」 제2조제11호에 따른 산후조리원을 포함한다) 및 안마원(「의료법」 제82조제4항에 따른 안마시술소를 포함한다)
   마. 탁구장, 테니스장, 체육도장, 체력단련장, 에어로빅장, 볼링장, 당구장, 실내낚시터, 골프연습장, 물놀이형 시설(「관광진흥법」 제33조에 따른 안전성검사의 대상이 되는 물놀이형 시설을 말한다. 이하 같다), 그 밖에 이와 비슷한 것으로서 같은 건축물에 해당 용도로 쓰는 바닥면적의 합계가 500㎡ 미만인 것
   바. 공연장(극장, 영화상영관, 연예장, 음악당, 서커스장, 「영화 및 비디오물의 진흥에 관한 법률」 제2조 16호가목에 따른 비디오물감상실업의 시설, 같은 호 나목에 따른 비디오물소극장업의 시설, 그 밖에 이와 비슷한 것을 말한다. 이하 같다) 또는 종교집회장[교회, 성당, 사찰, 기도원, 수도원, 수녀원, 제실(祭室), 사당, 그 밖에 이와 비슷한 것을 말한다. 이하 같다]으로서 같은 건축물에 해당 용도로 쓰는 바닥면적의 합계가 300㎡ 미만인 것
   사. 금융업소, 사무소, 부동산중개사무소, 결혼상담소 등 소개업소, 출판사, 서점, 그 밖에 이와 비슷한 것으로서 같은 건축물에 해당 용도로 쓰는 바닥면적의 합계가 500㎡ 미만인 것
   아. 제조업소, 수리점, 그 밖에 이와 비슷한 것으로서 같은 건축물에 해당 용도로 쓰는 바닥면적의 합계가 500㎡ 미만이고, 「대기환경보전법」, 「물환경보전법」 또는 「소음·진동관리법」에 따른 배출시설의 설치허가 또는 신고의 대상이 아닌 것
   자. 「게임산업진흥에 관한 법률」 제2조제6호의2에 따른 청소년게임제공업 및 일반게임제공업의 시설, 같은 조 제7호에 따른 인터넷컴퓨터게임시설제공업의 시설 및 같은 조 제8호에 따른 복합유통게임제공업의 시설로서 같은 건축물에 해당 용도로 쓰는 바닥면적의 합계가 500㎡ 미만인 것
   차. 사진관, 표구점, 학원(같은 건축물에 해당 용도로 쓰는 바닥면적의 합계가 500㎡ 미만인 것만 해당하며, 자동차학원 및 무도학원은 제외한다), 독서실, 고시원(「다중이용업소의 안전관리에 관한 특별법」에 따른 다중이용업 중 고시원업의 시설로서 독립된 주거의 형태를 갖추지 않은 것으로서 같은 건축물에 해당 용도로 쓰는 바닥면적의 합계가 500㎡ 미만인 것을 말한다), 장의사, 동물병원, 총포판매사, 그 밖에 이와 비슷한 것

　　카. 의약품 판매소, 의료기기 판매소 및 자동차영업소로서 같은 건축물에 해당 용도로 쓰는 바닥면적의 합계가 1천㎡ 미만인 것

3. 문화 및 집회시설

　　가. 공연장으로서 근린생활시설에 해당하지 않는 것

　　나. 집회장 : 예식장, 공회당, 회의장, 마권(馬券) 장외 발매소, 마권 전화투표소, 그 밖에 이와 비슷한 것으로서 근린생활시설에 해당하지 않는 것

　　다. 관람장 : 경마장, 경륜장, 경정장, 자동차 경기장, 그 밖에 이와 비슷한 것과 체육관 및 운동장으로서 관람석의 바닥면적의 합계가 1천㎡ 이상인 것

　　라. 전시장 : 박물관, 미술관, 과학관, 문화관, 체험관, 기념관, 산업전시장, 박람회장, 견본주택, 그 밖에 이와 비슷한 것

　　마. 동 · 식물원 : 동물원, 식물원, 수족관, 그 밖에 이와 비슷한 것

4. 종교시설

　　가. 종교집회장으로서 근린생활시설에 해당하지 않는 것

　　나. 가목의 종교집회장에 설치하는 봉안당(奉安堂)

5. 판매시설

　　가. 도매시장 : 「농수산물 유통 및 가격안정에 관한 법률」 제2조제2호에 따른 농수산물도매시장, 같은 조 제5호에 따른 농수산물공판장, 그 밖에 이와 비슷한 것(그 안에 있는 근린생활시설을 포함한다)

　　나. 소매시장 : 시장, 「유통산업발전법」 제2조제3호에 따른 대규모점포, 그 밖에 이와 비슷한 것(그 안에 있는 근린생활시설을 포함한다)

　　다. 전통시장 : 「전통시장 및 상점가 육성을 위한 특별법」 제2조제1호에 따른 전통시장(그 안에 있는 근린생활시설을 포함하며, 노점형시장은 제외한다)

　　라. 상점 : 다음의 어느 하나에 해당하는 것(그 안에 있는 근린생활시설을 포함한다)

　　1) 제2호가목에 해당하는 용도로서 같은 건축물에 해당 용도로 쓰는 바닥면적 합계가 1천㎡ 이상인 것

　　2) 제2호자목에 해당하는 용도로서 같은 건축물에 해당 용도로 쓰는 바닥면적 합계가 500㎡ 이상인 것

6. 운수시설

　　가. 여객자동차터미널

　　나. 철도 및 도시철도 시설(정비창 등 관련 시설을 포함한다)

　　다. 공항시설(항공관제탑을 포함한다)

　　라. 항만시설 및 종합여객시설

7. 의료시설

　　가. 병원 : 종합병원, 병원, 치과병원, 한방병원, 요양병원

　　나. 격리병원 : 전염병원, 마약진료소, 그 밖에 이와 비슷한 것

　　다. 정신의료기관

　　라. 「장애인복지법」 제58조제1항제4호에 따른 장애인 의료재활시설

8. 교육연구시설

　가. 학교

　1) 초등학교, 중학교, 고등학교, 특수학교, 그 밖에 이에 준하는 학교: 「학교시설사업 촉진법」 제2조제1호나목의 교사(校舍)(교실·도서실 등 교수·학습활동에 직접 또는 간접적으로 필요한 시설물을 말하되, 병설유치원으로 사용되는 부분은 제외한다. 이하 같다), 체육관, 「학교급식법」 제6조에 따른 급식시설, 합숙소(학교의 운동부, 기능선수 등이 집단으로 숙식하는 장소를 말한다. 이하 같다)

　2) 대학, 대학교, 그 밖에 이에 준하는 각종 학교: 교사 및 합숙소

　나. 교육원(연수원, 그 밖에 이와 비슷한 것을 포함한다)

　다. 직업훈련소

　라. 학원(근린생활시설에 해당하는 것과 자동차운전학원·정비학원 및 무도학원은 제외한다)

　마. 연구소(연구소에 준하는 시험소와 계량계측소를 포함한다)

　바. 도서관

9. 노유자시설

　가. 노인 관련 시설: 「노인복지법」에 따른 노인주거복지시설, 노인의료복지시설, 노인여가복지시설, 주·야간보호서비스나 단기보호서비스를 제공하는 재가노인복지시설(「노인장기요양보험법」에 따른 재가장기요양기관을 포함한다), 노인보호전문기관, 그 밖에 이와 비슷한 것

　나. 아동 관련 시설: 「아동복지법」에 따른 아동복지시설, 「영유아보육법」에 따른 어린이집, 「유아교육법」에 따른 유치원[제8호가목1)에 따른 학교의 교사 중 병설유치원으로 사용되는 부분을 포함한다], 그 밖에 이와 비슷한 것

　다. 장애인 관련 시설: 「장애인복지법」에 따른 장애인 거주시설, 장애인 지역사회재활시설(장애인 심부름센터, 한국수어통역센터, 점자도서 및 녹음서 출판시설 등 장애인이 직접 그 시설 자체를 이용하는 것을 주된 목적으로 하지 않는 시설은 제외한다), 장애인 직업재활시설, 그 밖에 이와 비슷한 것

　라. 정신질환자 관련 시설: 「정신건강증진 및 정신질환자 복지서비스 지원에 관한 법률」에 따른 정신재활시설(생산품판매시설은 제외한다), 정신요양시설, 그 밖에 이와 비슷한 것

　마. 노숙인 관련 시설: 「노숙인 등의 복지 및 자립지원에 관한 법률」 제2조제2호에 따른 노숙인복지시설(노숙인일시보호시설, 노숙인자활시설, 노숙인재활시설, 노숙인요양시설 및 쪽방상담소만 해당한다), 노숙인종합지원센터 및 그 밖에 이와 비슷한 것

　바. 가목부터 마목까지에서 규정한 것 외에 「사회복지사업법」에 따른 사회복지시설 중 결핵환자 또는 한센인 요양시설 등 다른 용도로 분류되지 않는 것

10. 수련시설

　가. 생활권 수련시설: 「청소년활동 진흥법」에 따른 청소년수련관, 청소년문화의집, 청소년특화시설, 그 밖에 이와 비슷한 것

　나. 자연권 수련시설: 「청소년활동 진흥법」에 따른 청소년수련원, 청소년야영장, 그 밖에 이와 비슷한 것

　다. 「청소년활동 진흥법」에 따른 유스호스텔

11. 운동시설

　가. 탁구장, 체육도장, 테니스장, 체력단련장, 에어로빅장, 볼링장, 당구장, 실내낚시터, 골프연습장, 물놀이형 시설, 그 밖에 이와 비슷한 것으로서 근린생활시설에 해당하지 않는 것

　나. 체육관으로서 관람석이 없거나 관람석의 바닥면적이 1천㎡ 미만인 것

   다. 운동장 : 육상장, 구기장, 볼링장, 수영장, 스케이트장, 롤러스케이트장, 승마장, 사격장, 궁도장, 골프장 등과 이에 딸린 건축물로서 관람석이 없거나 관람석의 바닥면적이 1천㎡ 미만인 것

**12. 업무시설**

   가. 공공업무시설 : 국가 또는 지방자치단체의 청사와 외국공관의 건축물로서 근린생활시설에 해당하지 않는 것

   나. 일반업무시설 : 금융업소, 사무소, 신문사, 오피스텔(업무를 주로 하며, 분양하거나 임대하는 구획 중 일부의 구획에서 숙식을 할 수 있도록 한 건축물로서 국토교통부장관이 고시하는 기준에 적합한 것을 말한다), 그 밖에 이와 비슷한 것으로서 근린생활시설에 해당하지 않는 것

   다. 주민자치센터(동사무소), 경찰서, 지구대, 파출소, 소방서, 119안전센터, 우체국, 보건소, 공공도서관, 국민건강보험공단, 그 밖에 이와 비슷한 용도로 사용하는 것

   라. 마을회관, 마을공동작업소, 마을공동구판장, 그 밖에 이와 유사한 용도로 사용되는 것

   마. 변전소, 양수장, 정수장, 대피소, 공중화장실, 그 밖에 이와 유사한 용도로 사용되는 것

**13. 숙박시설**

   가. 일반형 숙박시설 : 「공중위생관리법 시행령」 제4조제1호가목에 따른 숙박업의 시설

   나. 생활형 숙박시설 : 「공중위생관리법 시행령」 제4조제1호나목에 따른 숙박업의 시설

   다. 고시원(근린생활시설에 해당하지 않는 것을 말한다)

   라. 그 밖에 가목부터 다목까지의 시설과 비슷한 것

**14. 위락시설**

   가. 단란주점으로서 근린생활시설에 해당하지 않는 것

   나. 유흥주점, 그 밖에 이와 비슷한 것

   다. 「관광진흥법」에 따른 유원시설업(遊園施設業)의 시설, 그 밖에 이와 비슷한 시설(근린생활시설에 해당하는 것은 제외한다)

   라. 무도장 및 무도학원

   마. 카지노영업소

**15. 공장**

물품의 제조·가공[세탁·염색·도장(塗裝)·표백·재봉·건조·인쇄 등을 포함한다] 또는 수리에 계속적으로 이용되는 건축물로서 근린생활시설, 위험물 저장 및 처리 시설, 항공기 및 자동차 관련 시설, 분뇨 및 쓰레기 처리시설, 묘지 관련 시설 등으로 따로 분류되지 않는 것

**16. 창고시설**(위험물 저장 및 처리 시설 또는 그 부속용도에 해당하는 것은 제외한다)

   가. 창고(물품저장시설로서 냉장·냉동 창고를 포함한다)

   나. 하역장

   다. 「물류시설의 개발 및 운영에 관한 법률」에 따른 물류터미널

   라. 「유통산업발전법」 제2조제15호에 따른 집배송시설

**17. 위험물 저장 및 처리 시설**

   가. 위험물 제조소등

   나. 가스시설 : 산소 또는 가연성 가스를 제조·저장 또는 취급하는 시설 중 지상에 노출된 산소 또는 가연성 가스 탱크의 저장용량의 합계가 100톤 이상이거나 저장용량이 30톤 이상인 탱크가 있는 가스시설로서 다음의 어느 하나에 해당하는 것

1) 가스 제조시설

　가)「고압가스 안전관리법」제4조제1항에 따른 고압가스의 제조허가를 받아야 하는 시설

　나)「도시가스사업법」제3조에 따른 도시가스사업허가를 받아야 하는 시설

2) 가스 저장시설

　가)「고압가스 안전관리법」제4조제3항에 따른 고압가스 저장소의 설치허가를 받아야 하는 시설

　나)「액화석유가스의 안전관리 및 사업법」제8조제1항에 따른 액화석유가스 저장소의 설치 허가를 받아야 하는 시설

3) 가스 취급시설

　「액화석유가스의 안전관리 및 사업법」제5조에 따른 액화석유가스 충전사업 또는 액화석유가스 집단공급사업의 허가를 받아야 하는 시설

18. **항공기 및 자동차 관련 시설(건설기계 관련 시설을 포함한다)**

가. 항공기격납고

나. 차고, 주차용 건축물, 철골 조립식 주차시설(바닥면이 조립식이 아닌 것을 포함한다) 및 기계장치에 의한 주차시설

다. 세차장

라. 폐차장

마. 자동차 검사장

바. 자동차 매매장

사. 자동차 정비공장

아. 운전학원 · 정비학원

자. 다음의 건축물을 제외한 건축물의 내부(「건축법 시행령」제119조제1항제3호다목에 따른 필로티와 건축물 지하를 포함한다)에 설치된 주차장

　1)「건축법 시행령」별표 1 제1호에 따른 단독주택

　2)「건축법 시행령」별표 1 제2호에 따른 공동주택 중 50세대 미만인 연립주택 또는 50세대 미만인 다세대주택

차.「여객자동차 운수사업법」,「화물자동차 운수사업법」및「건설기계관리법」에 따른 차고 및 주기장

19. **동물 및 식물 관련 시설**

가. 축사[부화장(孵化場)을 포함한다]

나. 가축시설 : 가축용 운동시설, 인공수정센터, 관리사(管理舍), 가축용 창고, 가축시장, 동물검역소, 실험동물 사육시설, 그 밖에 이와 비슷한 것

다. 도축장

라. 도계장

마. 작물 재배사(栽培舍)

바. 종묘배양시설

사. 화초 및 분재 등의 온실

아. 식물과 관련된 마목부터 사목까지의 시설과 비슷한 것(동 · 식물원은 제외한다)

20. **자원순환 관련 시설**

가. 하수 등 처리시설

    나. 고물상

    다. 폐기물재활용시설

    라. 폐기물처분시설

    마. 폐기물감량화시설

**21. 교정 및 군사시설**

    가. 보호감호소, 교도소, 구치소 및 그 지소

    나. 보호관찰소, 갱생보호시설, 그 밖에 범죄자의 갱생 · 보호 · 교육 · 보건 등의 용도로 쓰는 시설

    다. 치료감호시설

    라. 소년원 및 소년분류심사원

    마. 「출입국관리법」 제52조제2항에 따른 보호시설

    바. 「경찰관 직무집행법」 제9조에 따른 유치장

    사. 국방 · 군사시설(「국방 · 군사시설 사업에 관한 법률」 제2조제1호가목부터 마목까지의 시설을 말한다)

**22. 방송통신시설**

    가. 방송국(방송프로그램 제작시설 및 송신 · 수신 · 중계시설을 포함한다)

    나. 전신전화국

    다. 촬영소

    라. 통신용 시설

    마. 그 밖에 가목부터 라목까지의 시설과 비슷한 것

**23. 발전시설**

    가. 원자력발전소

    나. 화력발전소

    다. 수력발전소(조력발전소를 포함한다)

    라. 풍력발전소

    마. 그 밖에 가목부터 라목까지의 시설과 비슷한 것(집단에너지 공급시설을 포함한다)

**24. 묘지 관련 시설**

    가. 화장시설

    나. 봉안당(제4호나목의 봉안당은 제외한다)

    다. 묘지와 자연장지에 부수되는 건축물

    라. 동물화장시설, 동물건조장(乾燥葬)시설 및 동물 전용의 납골시설

**25. 관광 휴게시설**

    가. 야외음악당

    나. 야외극장

    다. 어린이회관

    라. 관망탑

    마. 휴게소

    바. 공원 · 유원지 또는 관광지에 부수되는 건축물

26. **장례시설**
　가. 장례식장[의료시설의 부수시설(「의료법」 제36조제1호에 따른 의료기관의 종류에 따른 시설을 말한다)은 제외한다]
　나. 동물 전용의 장례식장

27. **지하가**
지하의 인공구조물 안에 설치되어 있는 상점, 사무실, 그 밖에 이와 비슷한 시설이 연속하여 지하도에 면하여 설치된 것과 그 지하도를 합한 것
　가. 지하상가
　나. 터널 : 차량(궤도차량용은 제외한다) 등의 통행을 목적으로 지하, 해저 또는 산을 뚫어서 만든 것

28. **지하구**
　가. 전력·통신용의 전선이나 가스·냉난방용의 배관 또는 이와 비슷한 것을 집합수용하기 위하여 설치한 지하 인공구조물로서 사람이 점검 또는 보수를 하기 위하여 출입이 가능한 것 중 폭 1.8m 이상이고 높이가 2m 이상이며 길이가 50m 이상(전력 또는 통신사업용인 것은 500m 이상)인 것
　나. 「국토의 계획 및 이용에 관한 법률」 제2조제9호에 따른 공동구

29. **문화재**
　「문화재보호법」에 따라 문화재로 지정된 건축물

30. **복합건축물**
　가. 하나의 건축물이 제1호부터 제27호까지의 것 중 둘 이상의 용도로 사용되는 것. 다만, 다음의 어느 하나에 해당하는 경우에는 복합건축물로 보지 않는다.
　　1) 관계 법령에서 주된 용도의 부수시설로서 그 설치를 의무화하고 있는 용도 또는 시설
　　2) 「주택법」 제35조제1항제3호 및 제4호에 따라 주택 안에 부대시설 또는 복리시설이 설치되는 특정소방대상물
　　3) 건축물의 주된 용도의 기능에 필수적인 용도로서 다음의 어느 하나에 해당하는 용도
　　　가) 건축물의 설비, 대피 또는 위생을 위한 용도, 그 밖에 이와 비슷한 용도
　　　나) 사무, 작업, 집회, 물품저장 또는 주차를 위한 용도, 그 밖에 이와 비슷한 용도
　　　다) 구내식당, 구내세탁소, 구내운동시설 등 종업원후생복리시설(기숙사는 제외한다) 또는 구내소각시설의 용도, 그 밖에 이와 비슷한 용도
　나. 하나의 건축물이 근린생활시설, 판매시설, 업무시설, 숙박시설 또는 위락시설의 용도와 주택의 용도로 함께 사용되는 것

※ 비고
　1. 내화구조로 된 하나의 특정소방대상물이 개구부(건축물에서 채광·환기·통풍·출입 등을 위하여 만든 창이나 출입구를 말한다)가 없는 내화구조의 바닥과 벽으로 구획되어 있는 경우에는 그 구획된 부분을 각각 별개의 특정소방대상물로 본다.
　2. 둘 이상의 특정소방대상물이 다음 각 목의 어느 하나에 해당되는 구조의 복도 또는 통로(이하 이 표에서 "연결통로"라 한다)로 연결된 경우에는 이를 하나의 소방대상물로 본다.
　　가. 내화구조로 된 연결통로가 다음의 어느 하나에 해당되는 경우
　　　1) 벽이 없는 구조로서 그 길이가 6m 이하인 경우

2) 벽이 있는 구조로서 그 길이가 10m 이하인 경우. 다만, 벽 높이가 바닥에서 천장까지의 높이의 2분의 1 이상인 경우에는 벽이 있는 구조로 보고, 벽 높이가 바닥에서 천장까지의 높이의 2분의 1 미만인 경우에는 벽이 없는 구조로 본다.

나. 내화구조가 아닌 연결통로로 연결된 경우

다. 컨베이어로 연결되거나 플랜트설비의 배관 등으로 연결되어 있는 경우

라. 지하보도, 지하상가, 지하가로 연결된 경우

마. 방화셔터 또는 갑종 방화문이 설치되지 않은 피트로 연결된 경우

바. 지하구로 연결된 경우

3. 제2호에도 불구하고 연결통로 또는 지하구와 소방대상물의 양쪽에 다음 각 목의 어느 하나에 적합한 경우에는 각각 별개의 소방대상물로 본다.

가. 화재 시 경보설비 또는 자동소화설비의 작동과 연동하여 자동으로 닫히는 방화셔터 또는 갑종 방화문이 설치된 경우

나. 화재 시 자동으로 방수되는 방식의 드렌처설비 또는 개방형 스프링클러헤드가 설치된 경우

4. 위 제1호부터 제30호까지의 특정소방대상물의 지하층이 지하가와 연결되어 있는 경우 해당 지하층의 부분을 지하가로 본다. 다만, 다음 지하가와 연결되는 지하층에 지하층 또는 지하가에 설치된 방화문이 자동폐쇄장치 · 자동화재탐지설비 또는 자동소화설비와 연동하여 닫히는 구조이거나 그 윗부분에 드렌처설비가 설치된 경우에는 지하가로 보지 않는다.

**소방용품 [표3]**

1. 소화설비를 구성하는 제품 또는 기기

가. 소화기구(소화약제 외의 것을 이용한 간이소화용구는 제외한다)

나. 자동소화장치

다. 소화설비를 구성하는 소화전, 송수구, 관창(菅槍), 소방호스, 스프링클러헤드, 기동용 수압개폐장치, 유수제어밸브 및 가스관선택밸브

2. 경보설비를 구성하는 제품 또는 기기

가. 누전경보기 및 가스누설경보기

나. 경보설비를 구성하는 발신기, 수신기, 중계기, 감지기 및 음향장치(경종만 해당한다)

3. 피난설비를 구성하는 제품 또는 기기

가. 피난사다리, 구조대, 완강기(간이완강기 및 지지대를 포함한다)

나. 공기호흡기(충전기를 포함한다)

다. 피난구유도등, 통로유도등, 객석유도등 및 예비 전원이 내장된 비상조명등

4. 소화용으로 사용하는 제품 또는 기기

가. 소화약제와 자동소화장치와 같은 소화설비용만 해당한다

나. 방염제(방염액 · 방염도료 및 방염성물질을 말한다)

5. 그 밖에 행정안전부령으로 정하는 소방 관련 제품 또는 기기

### 3. 국가 및 지방자치단체의 책무 [제2조의2(국가 및 지방자치단체의 책무)]

**(1)** 국가는 화재로부터 국민의 생명과 재산을 보호할 수 있도록 종합적인 화재안전정책을 수립ㆍ시행하여야 한다.

**(2)** 지방자치단체는 국가의 화재안전정책에 맞추어 지역의 실정에 부합하는 화재안전정책을 수립ㆍ시행하여야 한다.

**(3)** 국가와 지방자치단체가 (1) 및 (2)에 따른 화재안전정책을 수립ㆍ시행할 때에는 과학적 합리성, 일관성, 사전 예방의 원칙이 유지되도록 하되, 국민의 생명ㆍ신체 및 재산보호를 최우선적으로 고려하여야 한다.

### 4. 화재안전정책기본계획의 수립ㆍ시행 [제2조의3(화재안전정책기본계획 등의 수립ㆍ시행)]

**(1)** 국가는 화재안전 기반 확충을 위하여 화재안전정책에 관한 기본계획을 5년마다 수립ㆍ시행하여야 한다.

**(2)** 기본계획은 대통령령으로 정하는 바에 따라 소방청장이 관계 중앙행정기관의 장과 협의하여 수립한다.

> **◆ POINT** 소방청장은 화재안전정책에 관한 기본계획을 계획 시행 전년도 8월 31일까지 관계 중앙행정기관의 장과 협의를 마친 후 계획 시행 전년도 9월 30일까지 수립하여야 한다. [시행령 제6조의2(화재안전정책기본계획의 협의 및 수립)]

**(3)** 기본계획에는 다음의 사항이 포함되어야 한다.

1) 화재안전정책의 기본목표 및 추진방향

2) 화재안전을 위한 법령ㆍ제도의 마련 등 기반 조성에 관한 사항

3) 화재예방을 위한 대국민 홍보ㆍ교육에 관한 사항

4) 화재안전 관련 기술의 개발ㆍ보급에 관한 사항

5) 화재안전분야 전문인력의 육성ㆍ지원 및 관리에 관한 사항

6) 화재안전분야 국제경쟁력 향상에 관한 사항

7) 그 밖에 대통령령으로 정하는 화재안전 개선에 필요한 사항

① 화재현황, 화재발생 및 화재안전정책의 여건 변화에 관한 사항 [시행령 제6조의3(기본계획의 내용)]

② 소방시설의 설치 · 유지 및 화재안전기준의 개선에 관한 사항

**(4)** 소방청장은 기본계획을 시행하기 위하여 매년 시행계획을 수립 · 시행하여야 한다.

**(5)** 소방청장은 수립된 기본계획 및 시행계획을 관계 중앙행정기관의 장, 특별시장 · 광역시장 · 특별자치시장 · 도지사 · 특별자치도지사에게 통보한다.

**(6)** 기본계획과 시행계획을 통보받은 관계 중앙행정기관의 장 또는 시 · 도지사는 소관 사무의 특성을 반영한 세부 시행계획을 수립하여 시행하여야 하고, 시행결과를 소방청장에게 통보하여야 한다.

**(7)** 소방청장은 기본계획 및 시행계획을 수립하기 위하여 필요한 경우에는 관계 중앙행정기관의 장 또는 시 · 도지사에게 관련 자료의 제출을 요청할 수 있다. 이 경우 자료제출을 요청받은 관계 중앙행정기관의 장 또는 시 · 도지사는 특별한 사유가 없으면 이에 따라야 한다.

**(8)** 기본계획, 시행계획 및 세부시행계획 등의 수립 · 시행에 관하여 필요한 사항은 대통령령으로 정한다.

1) 화재안전정책기본계획의 협의 및 수립 [시행령 제6조의2(화재안전정책기본계획의 협의 및 수립)]

소방청장은 화재안전정책에 관한 기본계획을 계획 시행 전년도 8월 31일까지 관계 중앙행정기관의 장과 협의를 마친 후 계획 시행 전년도 9월 30일까지 수립하여야 한다.

2) 기본계획의 내용 [시행령 제6조의3(기본계획의 내용)]

① 화재현황, 화재발생 및 화재안전정책의 여건 변화에 관한 사항
② 소방시설의 설치 · 유지 및 화재안전기준의 개선에 관한 사항

3) 화재안전정책시행계획의 [시행령 수립 · 시행 제6조의4(화재안전정책시행계획의 수립 · 시행)]

① 소방청장은 기본계획을 시행하기 위한 시행계획을 계획 시행 전년도 10월 31일까지 수립하여야 한다.
② 시행계획에는 다음의 사항이 포함되어야 한다.
　　㉠ 기본계획의 시행을 위하여 필요한 사항
　　㉡ 그 밖에 화재안전과 관련하여 소방청장이 필요하다고 인정하는 사항

4) 화재안전정책 세부시행계획의 수립 · 시행 [시행령 제6조의5(화재안전정책 세부시행계획의 수립 · 시행)]

① 관계 중앙행정기관의 장 또는 특별시장 · 광역시장 · 특별자치시장 · 도지사 · 특별자치도지사는 세부 시행계획을 계획 시행 전년도 12월 31일까지 수립하여야 한다.

② 세부시행계획에는 다음의 사항이 포함되어야 한다.

　㉠ 기본계획 및 시행계획에 대한 관계 중앙행정기관 또는 특별시·광역시·특별자치시·도·특별자치 의 세부 집행계획

　㉡ 그 밖에 화재안전과 관련하여 관계 중앙행정기관의 장 또는 시·도지사가 필요하다고 결정한 사항

### 5. 타 법률과의 관계 [제3조(다른 법률과의 관계)]

특정소방대상물 가운데 「위험물 안전관리법」에 따른 위험물 제조소등의 안전관리와 위험물 제조소등에 설치하는 소방시설등의 설치기준에 관하여는 「위험물 안전관리법」에서 정하는 바에 따른다.

# 소방특별조사 등

### 1. 소방특별조사 [제4조(소방특별조사)]

**(1)** 소방청장, 소방본부장 또는 소방서장은 관할구역에 있는 소방대상물, 관계 지역 또는 관계인에 대하여 소방시설등이 이 법 또는 소방 관계 법령에 적합하게 설치·유지·관리되고 있는지, 소방대상물에 화재, 재난·재해 등의 발생 위험이 있는지 등을 확인하기 위하여 관계 공무원으로 하여금 소방안전관리에 관한 소방특별조사를 하게 할 수 있다. 다만, 개인의 주거에 대하여는 관계인의 승낙이 있거나 화재발생의 우려가 뚜렷하여 긴급한 필요가 있는 때에 한정한다.

**(2) 소방특별조사는 다음의 어느 하나에 해당하는 경우에 실시한다.**

　　1) 관계인이 이 법 또는 다른 법령에 따라 실시하는 소방시설등, 방화시설, 피난시설 등에 대한 자체점검 등이 불성실하거나 불완전하다고 인정되는 경우

　　2) 「소방기본법」에 따른 화재경계지구에 대한 소방특별조사 등 다른 법률에서 소방특별조사를 실시하도록 한 경우

　　3) 국가적 행사 등 주요 행사가 개최되는 장소 및 그 주변의 관계 지역에 대하여 소방안전관리 실태를 점검할 필요가 있는 경우

　　4) 화재가 자주 발생하였거나 발생할 우려가 뚜렷한 곳에 대한 점검이 필요한 경우

　　5) 재난예측정보, 기상예보 등을 분석한 결과 소방대상물에 화재, 재난·재해의 발생 위험이 높다고 판단되는 경우

　　6) 1)부터 5)까지에서 규정한 경우 외에 화재, 재난·재해, 그 밖의 긴급한 상황이 발생할 경우 인명 또는 재산 피해의 우려가 현저하다고 판단되는 경우

**(3)** 소방청장, 소방본부장 또는 소방서장은 객관적이고 공정한 기준에 따라 소방특별조사의 대상을 선정하여야 하며, 소방본부장은 소방특별조사의 대상을 객관적이고 공정하게 선정하기 위하여 필요하면 소방특별조사위원회를 구성하여 소방특별조사의 대상을 선정할 수 있다.

**(4)** 소방청장은 소방특별조사를 할 때 필요하면 대통령령으로 정하는 바에 따라 중앙소방특별조사단을 편성하여 운영할 수 있다.

1) 중앙소방특별조사단은 단장을 포함하여 21명 이내의 단원으로 성별을 고려하여 구성한다. [시행령 제7조의6(중앙소방특별조사단의 편성·운영)]

2) 조사단의 단원은 다음의 어느 하나에 해당하는 사람 중에서 소방청장이 임명 또는 위촉하고, 단장은 단원 중에서 소방청장이 임명 또는 위촉한다.

① 소방공무원

② 소방업무와 관련된 단체 또는 연구기관 등의 임직원

③ 소방 관련 분야에서 5년 이상 연구 또는 실무 경험이 풍부한 사람

(5) 소방청장은 중앙소방특별조사단의 업무수행을 위하여 필요하다고 인정하는 경우 관계 기관의 장에게 그 소속 공무원 또는 직원의 파견을 요청할 수 있다. 이 경우 공무원 또는 직원의 파견요청을 받은 관계 기관의 장은 특별한 사유가 없으면 이에 협조하여야 한다.

(6) 소방청장, 소방본부장 또는 소방서장은 소방특별조사를 실시하는 경우 다른 목적을 위하여 조사권을 남용하여서는 아니 된다.

(7) 소방특별조사의 세부 항목, 소방특별조사위원회의 구성·운영에 필요한 사항은 대통령령으로 정한다. 이 경우 소방특별조사의 세부 항목에는 소방시설등의 관리 상황 및 소방대상물의 화재 등의 발생 위험과 관련된 사항이 포함되어야 한다.

1) 소방특별조사의 항목 [시행령 제7조(소방특별조사의 항목)]

소방특별조사는 다음의 세부 항목에 대하여 실시한다. 다만, 소방특별조사의 목적을 달성하기 위하여 필요한 경우에는 소방시설, 피난시설·방화구획·방화시설 및 임시소방시설의 설치·유지 및 관리에 관한 사항을 조사할 수 있다.

① 소방안전관리 업무 수행에 관한 사항

② 작성한 소방계획서의 이행에 관한 사항

③ 자체점검 및 정기적 점검 등에 관한 사항

④ 화재의 예방조치 등에 관한 사항

⑤ 불을 사용하는 설비 등의 관리와 특수가연물의 저장·취급에 관한 사항

⑥ 「다중이용업소의 안전관리에 관한 특별법」에 따른 안전관리에 관한 사항

⑦ 「위험물안전관리법」에 따른 안전관리에 관한 사항

### 2) 소방특별조사위원회의 구성 [시행령 제7조의2(소방특별조사위원회의 구성 등)]

① 소방특별조사위원회 위원장 1명을 포함한 7명 이내의 위원으로 성별을 고려하여 구성하고, 위원장은 소방본부장이 된다.

② 위원회의 위원은 다음의 어느 하나에 해당하는 사람 중에서 소방본부장이 임명하거나 위촉한다.

  ㉠ 과장급 직위 이상의 소방공무원

  ㉡ 소방기술사

  ㉢ 소방시설관리사

  ㉣ 소방 관련 분야의 석사학위 이상을 취득한 사람

  ㉤ 소방 관련 법인 또는 단체에서 소방 관련 업무에 5년 이상 종사한 사람

  ㉥ 소방공무원 교육기관, 「고등교육법」의 학교 또는 연구소에서 소방과 관련한 교육 또는 연구에 5년 이상 종사한 사람

③ 위촉위원의 임기는 2년으로 하고, 한 차례만 연임할 수 있다.

④ 위원회에 출석한 위원에게는 예산의 범위에서 수당, 여비, 그 밖에 필요한 경비를 지급할 수 있다. 다만, 공무원인 위원이 그 소관 업무와 직접적으로 관련하여 위원회에 출석하는 경우는 그러하지 아니하다.

### 3) 위원의 제척 · 기피 · 회피 [시행령 제7조의3(위원의 제척 · 기피 · 회피)]

① 위원회의 위원이 다음의 어느 하나에 해당하는 경우에는 위원회의 심의 · 의결에서 제척된다.

  ㉮ 위원, 그 배우자나 배우자였던 사람 또는 위원의 친족이거나 친족이었던 사람이 다음의 어느 하나에 해당하는 경우

   ㉠ 해당 안건의 소방대상물 등(이하 이 조에서 "소방대상물등"이라 한다)의 관계인이거나 그 관계인과 공동권리자 또는 공동의무자인 경우

   ㉡ 소방대상물등의 설계, 공사, 감리 등을 수행한 경우

   ㉢ 소방대상물등에 대하여 소방특별조사 업무(소방안전관리 업무 수행에 관한 사항 등)를 수행한 경우 등 소방대상물등과 직접적인 이해관계가 있는 경우

  ㉯ 위원이 소방대상물등에 관하여 자문, 연구, 용역(하도급을 포함한다), 감정 또는 조사를 한 경우

  ㉰ 위원이 임원 또는 직원으로 재직하고 있거나 최근 3년 내에 재직하였던 기업 등이 소방대상물등에 관하여 자문, 연구, 용역(하도급을 포함한다), 감정 또는 조사를 한 경우

② 소방대상물등의 관계인은 위원에게 공정한 심의 · 의결을 기대하기 어려운 사정이 있는 경우에는 위원회에 기피(忌避) 신청을 할 수 있고, 위원회는 의결로 이를 결정한다. 이 경우 기피 신청의 대상인 위원은 그 의결에 참여하지 못한다.

③ 위원이 제 제척 사유에 해당하는 경우에는 스스로 해당 안건의 심의 · 의결에서 회피(回避)하여야 한다.

4) 위원의 해임·해촉 [시행령 제7조의4(위원의 해임·해촉)]

소방본부장은 위원회의 위원이 다음의 어느 하나에 해당하는 경우에는 해당 위원을 해임하거나 해촉할 수 있다.

① 심신장애로 인하여 직무를 수행할 수 없게 된 경우

② 직무태만, 품위손상이나 그 밖의 사유로 위원으로 적합하지 아니하다고 인정된 경우

③ 회피사유에 해당함에도 불구하고 회피하지 아니한 경우

④ 직무와 관련된 비위사실이 있는 경우

⑤ 위원 스스로 직무를 수행하는 것이 곤란하다고 의사를 밝히는 경우

5) 운영 세칙 [시행령 제7조의5(운영 세칙)]

위원회의 구성 및 운영에 필요한 사항은 소방청장이 정한다.

## 2. 소방특별조사에의 전문가 참여 [제4조의2(소방특별조사에의 전문가 참여)]

(1) 소방청장, 소방본부장 또는 소방서장은 필요하면 소방기술사, 소방시설관리사, 그 밖에 소방·방재 분야에 관한 전문지식을 갖춘 사람을 소방특별조사에 참여하게 할 수 있다.

(2) 조사에 참여하는 외부 전문가에게는 예산의 범위에서 수당, 여비, 그 밖에 필요한 경비를 지급할 수 있다.

## 3. 소방특별조사의 방법·절차 [제4조의3(소방특별조사의 방법·절차 등)]

(1) 소방청장, 소방본부장 또는 소방서장은 소방특별조사를 하려면 7일 전에 관계인에게 조사대상, 조사기간 및 조사사유 등을 서면으로 알려야 한다. 다만, 다음의 경우에는 그러하지 아니하다.

1) 화재, 재난·재해가 발생할 우려가 뚜렷하여 긴급하게 조사할 필요가 있는 경우

2) 소방특별조사의 실시를 사전에 통지하면 조사목적을 달성할 수 없다고 인정되는 경우

(2) 소방특별조사는 관계인의 승낙 없이 해가 뜨기 전이나 해가 진 뒤에 할 수 없다.

다만, 화재, 재난·재해가 발생할 우려가 뚜렷하여 긴급하게 조사할 필요가 있는 경우, 소방특별조사의 실시를 사전에 통지하면 조사목적을 달성할 수 없다고 인정되는 경우에는 그러하지 아니하다.

**(3)** 통지를 받은 관계인은 천재지변이나 그 밖에 대통령령으로 정하는 사유로 소방특별조사를 받기 곤란한 경우에는 소방특별조사를 통지한 소방청장, 소방본부장 또는 소방서장에게 대통령령으로 정하는 바에 따라 소방특별조사를 연기하여 줄 것을 신청할 수 있다.

  1) 소방특별조사의 연기 사유 [시행령 제8조(소방특별조사의 연기)]

① 태풍, 홍수 등 재난(「재난 및 안전관리 기본법」에 해당하는 재난을 말한다)이 발생하여 소방대상물을 관리하기가 매우 어려운 경우

② 관계인이 질병, 장기출장 등으로 소방특별조사에 참여할 수 없는 경우

③ 권한 있는 기관에 자체점검기록부, 교육 · 훈련일지 등 소방특별조사에 필요한 장부 · 서류 등이 압수되거나 영치(領置)되어 있는 경우

  2) 소방특별조사의 연기를 신청하려는 관계인은 행정안전부령으로 정하는 연기신청서에 연기의 사유 및 기간 등을 적어 소방청장, 소방본부장 또는 소방서장에게 제출하여야 한다.

  3) 소방청장, 소방본부장 또는 소방서장은 소방특별조사의 연기를 승인한 경우라도 연기기간이 끝나기 전에 연기사유가 없어졌거나 긴급히 조사를 하여야 할 사유가 발생하였을 때에는 관계인에게 통보하고 소방특별조사를 할 수 있다.

**(4)** 연기신청을 받은 소방청장, 소방본부장 또는 소방서장은 연기신청 승인 여부를 결정하고 그 결과를 조사 개시 전까지 관계인에게 알려주어야 한다.

**(5)** 소방청장, 소방본부장 또는 소방서장은 소방특별조사를 마친 때에는 그 조사결과를 관계인에게 서면으로 통지하여야 한다.

**(6)** 규정한 사항 외에 소방특별조사의 방법 및 절차에 필요한 사항은 대통령령으로 정한다.

  1) 소방청장, 소방본부장 또는 소방서장은 소방특별조사를 위하여 필요하면 관계 공무원으로 하여금 다음의 행위를 하게 할 수 있다. [시행령 제9조(소방특별조사의 방법)]

① 관계인에게 필요한 보고를 하도록 하거나 자료의 제출을 명하는 것

② 소방대상물의 위치 · 구조 · 설비 또는 관리 상황을 조사하는 것

③ 소방대상물의 위치 · 구조 · 설비 또는 관리 상황에 대하여 관계인에게 질문하는 것

  2) 소방청장, 소방본부장 또는 소방서장은 필요하면 다음의 기관의 장과 합동조사반을 편성하여 소방특별조사를 할 수 있다.

① 관계 중앙행정기관 및 시(행정시를 포함한다) · 군 · 자치구

② 「소방기본법」에 따른 한국소방안전원

③ 「소방산업의 진흥에 관한 법률」에 따른 한국소방산업기술원(이하 "기술원"이라 한다)

④ 「화재로 인한 재해보상과 보험가입에 관한 법률」에 따른 한국화재보험협회

⑤ 「고압가스 안전관리법」에 따른 한국가스안전공사

⑥ 「전기사업법」에 따른 한국전기안전공사

⑦ 그 밖에 소방청장이 정하여 고시한 소방 관련 단체

3) 규정한 사항 외에 소방특별조사계획의 수립 등 소방특별조사에 필요한 사항은 소방청장이 정한다.

### 4. 증표의 제시 [제4조의4(증표의 제시 및 비밀유지 의무 등)]

(1) 소방특별조사 업무를 수행하는 관계 공무원 및 관계 전문가는 그 권한 또는 자격을 표시하는 증표를 지니고 이를 관계인에게 내보여야 한다.

(2) 소방특별조사 업무를 수행하는 관계 공무원 및 관계 전문가는 관계인의 정당한 업무를 방해하여서는 아니되며, 조사업무를 수행하면서 취득한 자료나 알게 된 비밀을 다른 자에게 제공 또는 누설하거나 목적 외의 용도로 사용하여서는 아니 된다.

### 5. 소방특별조사 결과에 따른 조치명령 [제5조(소방특별조사 결과에 따른 조치명령)]

(1) 소방청장, 소방본부장 또는 소방서장은 소방특별조사 결과 소방대상물의 위치·구조·설비 또는 관리의 상황이 화재나 재난·재해 예방을 위하여 보완될 필요가 있거나 화재가 발생하면 인명 또는 재산의 피해가 클 것으로 예상되는 때에는 행정안전부령으로 정하는 바에 따라 관계인에게 그 소방대상물의 개수(改修)·이전·제거, 사용의 금지 또는 제한, 사용폐쇄, 공사의 정지 또는 중지, 그 밖의 필요한 조치를 명할 수 있다.

1) 소방특별조사에 따른 조치명령 절차 [시행규칙 제2조(소방특별조사에 따른 조치명령 등의 절차)]

소방청장, 소방본부장 또는 소방서장은 소방대상물의 개수(改修)·이전·제거, 사용의 금지 또는 제한, 사용폐쇄, 공사의 정지 또는 중지, 그 밖의 필요한 조치를 명할 때에는 소방특별조사 조치명령서를 해당 소방대상물의 관계인에게 발급하고, 소방특별조사 조치명령대장에 이를 기록하여 관리하여야 한다.

2) 소방청장, 소방본부장 또는 소방서장은 명령으로 인하여 손실을 입은 자가 있는 경우에는 소방특별조사 조치명령 손실확인서를 작성하여 관련 사진 및 그 밖의 증빙자료와 함께 보관하여야 한다.

**(2)** 소방청장, 소방본부장 또는 소방서장은 소방특별조사 결과 소방대상물이 법령을 위반하여 건축 또는 설비되었거나 소방시설등, 피난시설 · 방화구획, 방화시설 등이 법령에 적합하게 설치 · 유지 · 관리되고 있지 아니한 경우에는 관계인에게 조치를 명하거나 관계 행정기관의 장에게 필요한 조치를 하여 줄 것을 요청할 수 있다.

**(3)** 소방청장, 소방본부장 또는 소방서장은 관계인이 조치명령을 받고도 이를 이행하지 아니한 때에는 그 위반사실 등을 인터넷 등에 공개할 수 있다.

**(4)** 위반사실 등의 공개 절차, 공개 기간, 공개 방법 등 필요한 사항은 대통령령으로 정한다.

  1) 소방청장, 소방본부장 또는 소방서장은 소방특별조사 결과에 따른 조치명령의 미이행 사실 등을 공개하려면 공개내용과 공개방법 등을 공개대상 소방대상물의 관계인에게 미리 알려야 한다. [시행령 제10조(조치명령 미이행 사실 등의 공개)]

  2) 소방청장, 소방본부장 또는 소방서장은 조치명령 이행기간이 끝난 때부터 소방청, 소방본부 또는 소방서의 인터넷 홈페이지에 조치명령 미이행 소방대상물의 명칭, 주소, 대표자의 성명, 조치명령의 내용 및 미이행 횟수를 게재하고, 다음의 어느 하나에 해당하는 매체를 통하여 1회 이상 같은 내용을 알려야 한다.

① 관보 또는 해당 소방대상물이 있는 지방자치단체의 공보

② 「신문 등의 진흥에 관한 법률」에 따라 전국 또는 해당 소방대상물이 있는 지역을 보급지역으로 등록한 일간신문

③ 유선방송

④ 반상회보

⑤ 해당 소방대상물이 있는 지방자치단체에서 지역 주민들에게 배포하는 소식지

  3) 소방청장, 소방본부장 또는 소방서장은 소방대상물의 관계인이 조치명령을 이행하였을 때에는 즉시 공개내용을 해당 인터넷 홈페이지에서 삭제하여야 한다.

  4) 조치명령 미이행 사실 등의 공개가 제3자의 법익을 침해하는 경우에는 제3자와 관련된 사실을 제외하고 공개하여야 한다.

## 6. 손실보상 [제6조(손실 보상)]

소방청장, 특별시장·광역시장·특별자치시장·도지사 또는 특별자치도지사는 소방특별조사 결과에 따른 조치명령으로 인하여 손실을 입은 자가 있는 경우에는 대통령령으로 정하는 바에 따라 보상하여야 한다.

① 시·도지사가 손실을 보상하는 경우에는 시가(時價)로 보상하여야 한다. [시행령 제11조(손실 보상)]

② 손실 보상에 관하여는 시·도지사와 손실을 입은 자가 협의하여야 한다.

③ 보상금액에 관한 협의가 성립되지 아니한 경우에는 시·도지사는 그 보상금액을 지급하거나 공탁하고 이를 상대방에게 알려야 한다.

④ 보상금의 지급 또는 공탁의 통지에 불복하는 자는 지급 또는 공탁의 통지를 받은 날부터 30일 이내에 관할 토지수용위원회에 재결(裁決)을 신청할 수 있다.

# 소방시설의 설치 및 유지 · 관리

### 1. 건축허가 [제7조(건축허가 등의 동의)]

**(1)** 건축물 등의 신축 · 증축 · 개축 · 재축(再築) · 이전 · 용도변경 또는 대수선(大修繕)의 허가 · 협의 및 사용승인(「주택법」에 따른 승인 및 사용검사, 「학교시설사업 촉진법」에 따른 승인 및 사용승인을 포함하며, 이하 "건축허가등"이라 한다)의 권한이 있는 행정기관은 건축허가등을 할 때 미리 그 건축물 등의 시공지(施工地) 또는 소재지를 관할하는 소방본부장이나 소방서장의 동의를 받아야 한다.

**(2)** 건축물 등의 대수선 · 증축 · 개축 · 재축 또는 용도변경의 신고를 수리(受理)할 권한이 있는 행정기관은 그 신고를 수리하면 그 건축물 등의 시공지 또는 소재지를 관할하는 소방본부장이나 소방서장에게 지체 없이 그 사실을 알려야 한다.

**(3)** 건축허가 등의 권한이 있는 행정기관과 신고를 수리할 권한이 있는 행정기관은 건축허가 등의 동의를 받거나 신고를 수리한 사실을 알릴 때 관할 소방본부장이나 소방서장에게 건축허가 등을 하거나 신고를 수리할 때 건축허가 등을 받으려는 자 또는 신고를 한 자가 제출한 설계도서 중 건축물의 내부구조를 알 수 있는 설계도면을 제출하여야 한다. 다만, 국가안보상 중요하거나 국가기밀에 속하는 건축물을 건축하는 경우로서 관계 법령에 따라 행정기관이 설계도면을 확보할 수 없는 경우에는 그러하지 아니하다.

**(4)** 소방본부장이나 소방서장은 건축허가 등의 동의를 요구 받으면 그 건축물 등이 이 법 또는 이 법에 따른 명령을 따르고 있는지를 검토한 후 행정안전부령으로 정하는 기간 이내에 해당 행정기관에 동의 여부를 알려야 한다.

　1) 건축물 등의 신축 · 증축 · 개축 · 재축 · 이전 · 용도변경 또는 대수선의 허가 · 협의 및 사용승인(건축허가등)의 동의요구는 다음의 구분에 따른 기관이 건축물 등의 시공지(施工地) 또는 소재지를 관할하는 소방본부장 또는 소방서장에게 하여야 한다. [시행규칙 제4조(건축허가 등의 동의요구)]

① **위험물 제조소등의 경우** … 「건축법」에 따른 허가(「건축법」에 따른 협의, 「주택법」에 따른 승인, 사용검사, 「학교시설사업 촉진법」에 따른 승인 및 사용승인을 포함한다)의 권한이 있는 행정기관

② **가스시설의 경우** … 「고압가스 안전관리법」, 「도시가스사업법」 및 「액화석유가스의 안전관리 및 사업법」에 따른 허가의 권한이 있는 행정기관

③ **지하구의 경우** … 「국토의 계획 및 이용에 관한 법률」에 따른 도시·군계획시설사업 실시계획 인가의 권한이 있는 행정기관

  2) 해당 기관은 건축허가 등의 동의를 요구하는 때에는 동의요구서(전자문서로 된 요구서를 포함한다)에 다음의 서류(전자문서를 포함)를 첨부하여야 한다.

① 「건축법 시행규칙」의 규정에 의한 건축허가신청서 및 건축허가서 또는 건축·대수선·용도변경신고서 등 건축허가 등을 확인할 수 있는 서류의 사본. 이 경우 동의 요구를 받은 담당공무원은 특별한 사정이 없는 한 「전자정부법」에 따른 행정정보의 공동이용을 통하여 건축허가서를 확인함으로써 첨부서류의 제출에 갈음하여야 한다.

② 다음의 설계도서. 다만, 설계도서는 「소방시설공사업법 시행령」에 따른 소방시설공사 착공신고대상에 해당되는 경우에 한한다.
   ㉠ 건축물의 단면도 및 주단면 상세도(내장재료를 명시한 것에 한한다.)
   ㉡ 소방시설(기계·전기분야의 시설을 말한다)의 층별 평면도 및 층별 계통도(시설별 계산서를 포함)
   ㉢ 창호도

③ 소방시설 설치계획표

④ 임시소방시설 설치계획서(설치 시기·위치·종류·방법 등 임시소방시설의 설치와 관련한 세부사항을 포함한다.)

⑤ 소방시설설계업등록증과 소방시설을 설계한 기술인력자의 기술자격증 사본

⑥ 「소방시설공사업법」 제21조의3제2항에 따라 체결한 소방시설설계 계약서 사본 1부

(5) 건축허가 등의 규정에 의해 사용승인에 대한 동의를 할 때에는 「소방시설공사업법」에 따른 소방시설공사의 완공검사증명서를 교부하는 것으로 동의를 갈음할 수 있다. 이 경우 건축허가등의 권한이 있는 행정기관은 소방시설공사의 완공검사증명서를 확인하여야 한다.

(6) 건축허가 등을 할 때에 소방본부장이나 소방서장의 동의를 받아야 하는 건축물 등의 범위는 대통령령으로 정한다.

  1) 건축허가 등을 할 때 미리 소방본부장 또는 소방서장의 동의를 받아야 하는 건축물 등의 범위는 다음과 같다. [시행령 제12조(건축허가등의 동의대상물의 범위 등)]

① 연면적(「건축법 시행령」에 따라 산정된 면적을 말한다.)이 400제곱미터 이상인 건축물. 다만, 다음의 어느 하나에 해당하는 시설은 해당 목에서 정한 기준 이상인 건축물로 한다.
   ㉠ 「학교시설사업 촉진법」에 따라 건축등을 하려는 학교시설 : 100제곱미터
   ㉡ 노유자시설(老幼者施設) 및 수련시설 : 200제곱미터
   ㉢ 「정신건강증진 및 정신질환자 복지서비스 지원에 관한 법률」에 따른 정신의료기관(입원실이 없는 정신건강의학과 의원은 제외) : 300제곱미터

   ⓔ「장애인복지법」에 따른 장애인 의료재활시설 : 300제곱미터

② 차고 · 주차장 또는 주차용도로 사용되는 시설로서 다음의 어느 하나에 해당하는 것

  ㉠ 차고 · 주차장으로 사용되는 바닥면적이 200제곱미터 이상인 층이 있는 건축물이나 주차시설

  ㉡ 승강기 등 기계장치에 의한 주차시설로서 자동차 20대 이상을 주차할 수 있는 시설

③ 항공기격납고, 관망탑, 항공관제탑, 방송용 송수신탑

④ 지하층 또는 무창층이 있는 건축물로서 바닥면적이 150제곱미터(공연장의 경우에는 100제곱미터) 이상인 층이 있는 것

⑤ 특정소방대상물 중 위험물 저장 및 처리 시설, 지하구

⑥ 노유자시설 중 다음의 어느 하나에 해당하는 시설. 다만, 「건축법 시행령」단독주택 또는 공동주택에 설치되는 시설은 제외한다.

  ㉠ 노인 관련 시설(「노인복지법」에 따른 노인여가복지시설 및 노인보호전문기관은 제외)

  ㉡「아동복지법」에 따른 아동복지시설(아동상담소, 아동전용시설 및 지역아동센터는 제외)

  ㉢「장애인복지법」에 따른 장애인 거주시설

  ㉣ 정신질환자 관련 시설(「정신건강증진 및 정신질환자 복지서비스 지원에 관한 법률」에 따른 공동생활가정을 제외한 재활훈련시설과 종합시설 중 24시간 주거를 제공하지 아니하는 시설은 제외한다)

  ㉤ 노숙인 관련 시설 중 노숙인자활시설, 노숙인재활시설 및 노숙인요양시설

  ㉥ 결핵환자나 한센인이 24시간 생활하는 노유자시설

⑦「의료법」에 따른 요양병원. 다만, 정신의료기관 중 정신병원과 의료재활시설은 제외한다.

 2) 다음의 어느 하나에 해당하는 특정소방대상물은 소방본부장 또는 소방서장의 건축허가등의 동의 대상에서 제외된다.

① 특정소방대상물에 설치되는 소화기구, 누전경보기, 피난기구, 방열복 · 공기호흡기 및 인공소생기, 유도등 또는 유도표지가 화재안전기준에 적합한 경우 그 특정소방대상물[시행령 15조 관련]

> **특정소방대상물의 관계인이 특정소방대상물의 규모 · 용도 및 수용인원 등을 고려하여 갖추어야 하는 소방시설의 종류**
>
> 1. 소화설비
>  가. 화재안전기준에 따라 소화기구를 설치하여야 하는 특정소방대상물은 다음의 어느 하나와 같다.
>   1) 연면적 33㎡ 이상인 것. 다만, 노유자시설의 경우에는 투척용 소화용구 등을 화재안전기준에 따라 산정된 소화기 수량의 2분의 1 이상으로 설치할 수 있다.
>   2) 1)에 해당하지 않는 시설로서 지정문화재 및 가스시설
>   3) 터널
>  나. 자동소화장치를 설치하여야 하는 특정소방대상물은 다음의 어느 하나와 같다.
>   1) 주거용 주방자동소화장치를 설치하여야 하는 것 : 아파트등 및 30층 이상 오피스텔의 모든 층

2) 캐비닛형 자동소화장치, 가스자동소화장치, 분말자동소화장치 또는 고체에어로졸자동소화장치를 설치하여야 하는 것 : 화재안전기준에서 정하는 장소

다. 옥내소화전설비를 설치하여야 하는 특정소방대상물(위험물 저장 및 처리 시설 중 가스시설, 지하구 및 방재실 등에서 스프링클러설비 또는 물분무등소화설비를 원격으로 조정할 수 있는 업무시설 중 무인변전소는 제외한다)은 다음의 어느 하나와 같다.

1) 연면적 3천㎡ 이상(지하가 중 터널은 제외한다)이거나 지하층·무창층(축사는 제외한다) 또는 층수가 4층 이상인 것 중 바닥면적이 600㎡ 이상인 층이 있는 것은 모든 층

2) 지하가 중 터널로서 길이가 1천m 이상인 터널

3) 1)에 해당하지 않는 근린생활시설, 판매시설, 운수시설, 의료시설, 노유자시설, 업무시설, 숙박시설, 위락시설, 공장, 창고시설, 항공기 및 자동차 관련 시설, 교정 및 군사시설 중 국방·군사시설, 방송통신시설, 발전시설, 장례식장 또는 복합건축물로서 연면적 1천5백㎡ 이상이거나 지하층·무창층 또는 층수가 4층 이상인 층 중 바닥면적이 300㎡ 이상인 층이 있는 것은 모든 층

4) 건축물의 옥상에 설치된 차고 또는 주차장으로서 차고 또는 주차의 용도로 사용되는 부분의 면적이 200㎡ 이상인 것

5) 1) 및 3)에 해당하지 않는 공장 또는 창고시설로서 「소방기본법 시행령」 별표 2에서 정하는 수량의 750배 이상의 특수가연물을 저장·취급하는 것

라. 스프링클러설비를 설치하여야 하는 특정소방대상물(위험물 저장 및 처리 시설 중 가스시설 또는 지하구는 제외한다)은 다음의 어느 하나와 같다.

1) 문화 및 집회시설(동·식물원은 제외한다), 종교시설(주요구조부가 목조인 것은 제외한다), 운동시설(물놀이형 시설은 제외한다)로서 다음의 어느 하나에 해당하는 경우에는 모든 층

가) 수용인원이 100명 이상인 것

나) 영화상영관의 용도로 쓰이는 층의 바닥면적이 지하층 또는 무창층인 경우에는 500㎡ 이상, 그 밖의 층의 경우에는 1천㎡ 이상인 것

다) 무대부가 지하층·무창층 또는 4층 이상의 층에 있는 경우에는 무대부의 면적이 300㎡ 이상인 것

라) 무대부가 다) 외의 층에 있는 경우에는 무대부의 면적이 500㎡ 이상인 것

2) 판매시설, 운수시설 및 창고시설(물류터미널에 한정한다)로서 바닥면적의 합계가 5천㎡ 이상이거나 수용인원이 500명 이상인 경우에는 모든 층

3) 층수가 11층 이상인 특정소방대상물의 경우에는 모든 층. 다만, 주택 관련 법령에 따라 기존의 아파트 등을 리모델링하는 경우로서 건축물의 연면적 및 층높이가 변경되지 않는 경우에는 해당 아파트 등 의 사용검사 당시의 소방시설 적용기준을 적용한다.

4) 다음의 어느 하나에 해당하는 용도로 사용되는 시설의 바닥면적의 합계가 600㎡ 이상인 것은 모든 층

가) 의료시설 중 정신의료기관

나) 의료시설 중 요양병원(정신병원은 제외한다)

다) 노유자시설

라) 숙박이 가능한 수련시설

5) 창고시설(물류터미널은 제외한다)로서 바닥면적 합계가 5천㎡ 이상인 경우에는 모든 층

6) 천장 또는 반자(반자가 없는 경우에는 지붕의 옥내에 면하는 부분)의 높이가 10m를 넘는 랙식 창고(rack warehouse)(물건을 수납할 수 있는 선반이나 이와 비슷한 것을 갖춘 것을 말한다)로서 바닥면적의 합계가 1천5백㎡ 이상인 것

7) 1)부터 6)까지의 특정소방대상물에 해당하지 않는 특정소방대상물의 지하층 · 무창층(축사는 제외한다), 또는 층수가 4층 이상인 층으로서 바닥면적이 1천㎡ 이상인 층

8) 6)에 해당하지 않는 공장 또는 창고시설로서 다음의 어느 하나에 해당하는 시설

　가) 「소방기본법 시행령」에서 정하는 수량의 1천 배 이상의 특수가연물을 저장 · 취급하는 시설

　나) 「원자력안전법 시행령」에 따른 중 · 저준위방사성폐기물의 저장시설 중 소화수를 수집 · 처리하는 설비가 있는 저장시설

9) 지붕 또는 외벽이 불연재료가 아니거나 내화구조가 아닌 공장 또는 창고시설로서 다음의 어느 하나에 해당하는 것

　가) 창고시설(물류터미널에 한정한다) 중 2)에 해당하지 않는 것으로서 바닥면적의 합계가 2천5백㎡ 이상이거나 수용인원이 250명 이상인 것

　나) 창고시설(물류터미널은 제외한다) 중 5)에 해당하지 않는 것으로서 바닥면적의 합계가 2천5백㎡ 이상인 것

　다) 랙식 창고시설 중 6)에 해당하지 않는 것으로서 바닥면적의 합계가 750㎡ 이상인 것

　라) 공장 또는 창고시설 중 7)에 해당하지 않는 것으로서 지하층 · 무창층 또는 층수가 4층 이상인 것 중 바닥면적이 500㎡ 이상인 것

　마) 공장 또는 창고시설 중 8)의 가)에 해당하지 않는 것으로서 「소방기본법 시행령」 별표 2에서 정하는 수량의 500배 이상의 특수가연물을 저장 · 취급하는 시설

10) 지하가(터널은 제외한다)로서 연면적 1천㎡ 이상인 것

11) 기숙사(교육연구시설 · 수련시설 내에 있는 학생 수용을 위한 것을 말한다) 또는 복합건축물로서 연면적 5천㎡ 이상인 경우에는 모든 층

12) 교정 및 군사시설 중 다음의 어느 하나에 해당하는 경우에는 해당 장소

　가) 보호감호소, 교도소, 구치소 및 그 지소, 보호관찰소, 갱생보호시설, 치료감호시설, 소년원 및 소년분류심사원의 수용거실

　나) 「출입국관리법」에 따른 보호시설(외국인보호소의 경우에는 보호대상자의 생활공간으로 한정한다)로 사용하는 부분. 다만, 보호시설이 임차건물에 있는 경우는 제외한다.

　다) 「경찰관 직무집행법」에 따른 유치장

13) 1)부터 12)까지의 특정소방대상물에 부속된 보일러실 또는 연결통로 등

마. 간이스프링클러설비를 설치하여야 하는 특정소방대상물은 다음의 어느 하나와 같다.

1) 근린생활시설로 사용하는 부분의 바닥면적 합계가 1천㎡ 이상인 것은 모든 층

2) 교육연구시설 내에 합숙소로서 연면적 100㎡ 이상인 것

3) 의료시설 중 정신의료기관 또는 요양병원으로서 다음의 어느 하나에 해당하는 시설

　가) 요양병원(정신병원과 의료재활시설은 제외)으로 사용되는 바닥면적의 합계가 600㎡ 미만인 시설

　나) 정신의료기관 또는 의료재활시설로 사용되는 바닥면적의 합계가 300㎡ 이상 600㎡ 미만인 시설

　다) 정신의료기관 또는 의료재활시설로 사용되는 바닥면적의 합계가 300㎡ 미만이고, 창살(철재 · 플라스틱 또는 목재 등으로 사람의 탈출 등을 막기 위하여 설치한 것을 말하며, 화재 시 자동으로 열리는 구조로 되어 있는 창살은 제외한다)이 설치된 시설

4) 노유자시설로서 다음의 어느 하나에 해당하는 시설

　가) 노유자 시설(단독주택 또는 공동주택에 설치되는 시설은 제외한다)

　나) 가)에 해당하지 않는 노유자시설로 해당 시설로 사용하는 바닥면적의 합계가 300㎡ 이상 600㎡ 미만인 시설

다) 가)에 해당하지 않는 노유자시설로 해당 시설로 사용하는 바닥면적의 합계가 300㎡ 미만이고, 창살(철재·플라스틱 또는 목재 등으로 사람의 탈출 등을 막기 위하여 설치한 것을 말하며, 화재 시 자동으로 열리는 구조로 되어 있는 창살은 제외한다)이 설치된 시설

5) 건물을 임차하여 「출입국관리법」 제52조제2항에 따른 보호시설로 사용하는 부분

6) 숙박시설 중 생활형 숙박시설로서 해당 용도로 사용되는 바닥면적의 합계가 600㎡ 이상인 것

7) 복합건축물(별표 2 제30호나목의 복합건축물만 해당한다)로서 연면적 1천㎡ 이상인 것은 모든 층

바. 물분무등소화설비를 설치하여야 하는 특정소방대상물(위험물 저장 및 처리 시설 중 가스시설 또는 지하구는 제외한다)은 다음의 어느 하나와 같다.

1) 항공기 및 자동차 관련 시설 중 항공기격납고

2) 주차용 건축물(「주차장법」에 따른 기계식주차장을 포함한다)로서 연면적 800㎡ 이상인 것

3) 건축물 내부에 설치된 차고 또는 주차장으로서 차고 또는 주차의 용도로 사용되는 부분(「건축법 시행령」의 필로티를 주차용도로 사용하는 경우를 포함한다)의 바닥면적의 합계가 200㎡ 이상인 것

4) 「주차장법」에 따른 기계식주차장치를 이용하여 20대 이상의 차량을 주차할 수 있는 것

5) 특정소방대상물에 설치된 전기실·발전실·변전실(가연성 절연유를 사용하지 않는 변압기·전류차단기 등의 전기기기와 가연성 피복을 사용하지 않은 전선 및 케이블만을 설치한 전기실·발전실 및 변전실은 제외한다)·축전지실·통신기기실 또는 전산실, 그 밖에 이와 비슷한 것으로서 바닥면적이 300㎡ 이상인 것[하나의 방화구획 내에 둘 이상의 실(室)이 설치되어 있는 경우에는 이를 하나의 실로 보아 바닥면적을 산정한다]. 다만, 내화구조로 된 공정제어실 내에 설치된 주조정실로서 양압시설이 설치되고 전기기기에 220볼트 이하인 저전압이 사용되며 종업원이 24시간 상주하는 곳은 제외한다.

6) 소화수를 수집·처리하는 설비가 설치되어 있지 않은 중·저준위방사성폐기물의 저장시설. 다만, 이 경우에는 이산화탄소소화설비, 할로겐화합물소화설비 또는 청정소화약제소화설비를 설치하여야 한다.

7) 지하가 중 예상 교통량, 경사도 등 터널의 특성을 고려하여 행정안전부령으로 정하는 터널. 다만, 이 경우에는 물분무소화설비를 설치하여야 한다.

8) 「문화재보호법」에 따른 지정문화재 중 소방청장이 문화재청장과 협의하여 정하는 것

사. 옥외소화전설비를 설치하여야 하는 특정소방대상물(아파트등, 위험물 저장 및 처리 시설 중 가스시설, 지하구 또는 지하가 중 터널은 제외한다)은 다음의 어느 하나와 같다.

1) 지상 1층 및 2층의 바닥면적의 합계가 9천㎡ 이상인 것. 이 경우 같은 구(區) 내의 둘 이상의 특정소방대상물이 행정안전부령으로 정하는 연소(延燒) 우려가 있는 구조인 경우에는 이를 하나의 특정소방대상물로 본다.

2) 「문화재보호법」에 따라 보물 또는 국보로 지정된 목조건축물

3) 1)에 해당하지 않는 공장 또는 창고시설로서 「소방기본법 시행령」에서 정하는 수량의 750배 이상의 특수가연물을 저장·취급하는 것

2. 경보설비

가. 비상경보설비를 설치하여야 할 특정소방대상물(지하구, 모래·석재 등 불연재료 창고 및 위험물 저장·처리 시설 중 가스시설은 제외한다)은 다음의 어느 하나와 같다.

1) 연면적 400㎡(지하가 중 터널 또는 사람이 거주하지 않거나 벽이 없는 축사 등 동·식물 관련시설은 제외한다) 이상이거나 지하층 또는 무창층의 바닥면적이 150㎡(공연장의 경우 100㎡) 이상인 것

    2) 지하가 중 터널로서 길이가 500m 이상인 것

    3) 50명 이상의 근로자가 작업하는 옥내 작업장

나. 비상방송설비를 설치하여야 하는 특정소방대상물(위험물 저장 및 처리 시설 중 가스시설, 사람이 거주하지 않는 동물 및 식물 관련 시설, 지하가 중 터널, 축사 및 지하구는 제외한다)은 다음의 어느 하나와 같다.

    1) 연면적 3천5백㎡ 이상인 것

    2) 지하층을 제외한 층수가 11층 이상인 것

    3) 지하층의 층수가 3층 이상인 것

다. 누전경보기는 계약전류용량(같은 건축물에 계약 종류가 다른 전기가 공급되는 경우에는 그 중 최대 계약전류용량을 말한다)이 100암페어를 초과하는 특정소방대상물(내화구조가 아닌 건축물로서 벽 · 바닥 또는 반자의 전부나 일부를 불연재료 또는 준불연재료가 아닌 재료에 철망을 넣어 만든 것만 해당한다)에 설치하여야 한다. 다만, 위험물 저장 및 처리 시설 중 가스시설, 지하가 중 터널 또는 지하구의 경우에는 그러하지 아니하다.

라. 자동화재탐지설비를 설치하여야 하는 특정소방대상물은 다음의 어느 하나와 같다.

    1) 근린생활시설(목욕장은 제외한다), 의료시설(정신의료기관 또는 요양병원은 제외한다), 숙박시설, 위락시설, 장례식장 및 복합건축물로서 연면적 600㎡ 이상인 것

    2) 공동주택, 근린생활시설 중 목욕장, 문화 및 집회시설, 종교시설, 판매시설, 운수시설, 운동시설, 업무시설, 공장, 창고시설, 위험물 저장 및 처리 시설, 항공기 및 자동차 관련 시설, 교정 및 군사시설 중 국방 · 군사시설, 방송통신시설, 발전시설, 관광 휴게시설, 지하가(터널은 제외한다)로서 연면적 1천㎡ 이상인 것

    3) 교육연구시설(교육시설 내에 있는 기숙사 및 합숙소를 포함한다), 수련시설(수련시설 내에 있는 기숙사 및 합숙소를 포함하며, 숙박시설이 있는 수련시설은 제외한다), 동물 및 식물 관련 시설(기둥과 지붕만으로 구성되어 외부와 기류가 통하는 장소는 제외한다), 분뇨 및 쓰레기 처리시설, 교정 및 군사시설(국방 · 군사시설은 제외한다) 또는 묘지 관련 시설로서 연면적 2천㎡ 이상인 것

    4) 지하구

    5) 지하가 중 터널로서 길이가 1천m 이상인 것

    6) 노유자 생활시설

    7) 6)에 해당하지 않는 노유자시설로서 연면적 400㎡ 이상인 노유자시설 및 숙박시설이 있는 수련시설로서 수용인원 100명 이상인 것

    8) 2)에 해당하지 않는 공장 및 창고시설로서 「소방기본법 시행령」에서 정하는 수량의 500배 이상의 특수가연물을 저장 · 취급하는 것

    9) 의료시설 중 정신의료기관 또는 요양병원으로서 다음의 어느 하나에 해당하는 시설

      가) 요양병원(정신병원과 의료재활시설은 제외한다)

      나) 정신의료기관 또는 의료재활시설로 사용되는 바닥면적의 합계가 300㎡ 이상인 시설

      다) 정신의료기관 또는 의료재활시설로 사용되는 바닥면적의 합계가 300㎡ 미만이고, 창살(철재 · 플라스틱 또는 목재 등으로 사람의 탈출 등을 막기 위하여 설치한 것을 말하며, 화재 시 자동으로 열리는 구조로 되어 있는 창살은 제외한다)이 설치된 시설

마. 자동화재속보설비를 설치하여야 하는 특정소방대상물은 다음의 어느 하나와 같다.

1) 업무시설, 공장, 창고시설, 교정 및 군사시설 중 국방·군사시설, 발전시설(사람이 근무하지 않는 시간에는 무인경비시스템으로 관리하는 시설만 해당한다)로서 바닥면적이 1천5백㎡ 이상인 층이 있는 것. 다만, 사람이 24시간 상시 근무하고 있는 경우에는 자동화재속보설비를 설치하지 않을 수 있다.

2) 노유자 생활시설

3) 2)에 해당하지 않는 노유자시설로서 바닥면적이 500㎡ 이상인 층이 있는 것. 다만, 사람이 24시간 상시 근무하고 있는 경우에는 자동화재속보설비를 설치하지 않을 수 있다.

4) 수련시설(숙박시설이 있는 건축물만 해당한다)로서 바닥면적이 500㎡ 이상인 층이 있는 것. 다만, 사람이 24시간 상시 근무하고 있는 경우에는 자동화재속보설비를 설치하지 않을 수 있다.

5) 「문화재보호법」에 따라 보물 또는 국보로 지정된 목조건축물. 다만, 사람이 24시간 상시 근무하고 있는 경우에는 자동화재속보설비를 설치하지 않을 수 있다.

6) 1)부터 5)까지에 해당하지 않는 특정소방대상물 중 층수가 30층 이상인 것

7) 의료시설 중 요양병원으로서 다음의 어느 하나에 해당하는 시설

　가) 요양병원(정신병원과 의료재활시설은 제외한다)

　나) 정신병원과 의료재활시설로 사용되는 바닥면적의 합계가 500㎡ 이상인 층이 있는 것

바. 단독경보형 감지기를 설치하여야 하는 특정소방대상물은 다음의 어느 하나와 같다.

1) 연면적 1천㎡ 미만의 아파트등

2) 연면적 1천㎡ 미만의 기숙사

3) 교육연구시설 또는 수련시설 내에 있는 합숙소 또는 기숙사로서 연면적 2천㎡ 미만인 것

4) 연면적 600㎡ 미만의 숙박시설

5) 라목7)에 해당하지 않는 수련시설(숙박시설이 있는 것만 해당한다)

사. 시각경보기를 설치하여야 하는 특정소방대상물은 라목에 따라 자동화재탐지설비를 설치하여야 하는 특정소방대상물 중 다음의 어느 하나에 해당하는 것과 같다.

1) 근린생활시설, 문화 및 집회시설, 종교시설, 판매시설, 운수시설, 운동시설, 위락시설, 창고시설 중 물류터미널

2) 의료시설, 노유자시설, 업무시설, 숙박시설, 발전시설 및 장례식장

3) 교육연구시설 중 도서관, 방송통신시설 중 방송국

4) 지하가 중 지하상가

아. 가스누설경보기를 설치하여야 하는 특정소방대상물(가스시설이 설치된 경우만 해당한다)은 다음의 어느 하나와 같다.

1) 판매시설, 운수시설, 노유자시설, 숙박시설, 창고시설 중 물류터미널

2) 문화 및 집회시설, 종교시설, 의료시설, 수련시설, 운동시설, 장례식장

자. 통합감시시설을 설치하여야 하는 특정소방대상물은 지하구로 한다.

3. 피난설비

가. 피난기구는 특정소방대상물의 모든 층에 화재안전기준에 적합한 것으로 설치하여야 한다. 다만, 피난층, 지상 1층, 지상 2층(별표 2 제9호에 따른 노유자시설 중 피난층이 아닌 지상 1층과 피난층이 아닌 지상 2층은 제외한다) 및 층수가 11층 이상인 층과 위험물 저장 및 처리시설 중 가스시설, 지하가 중 터널 또는 지하구의 경우에는 그러하지 아니하다.

나. 인명구조기구를 설치하여야 하는 특정소방대상물은 다음의 어느 하나와 같다.

1) 방열복 또는 방화복, 인공소생기 및 공기호흡기를 설치하여야 하는 특정소방대상물 : 지하층을 포함하는 층수가 7층 이상인 관광호텔

2) 방열복 또는 방화복 및 공기호흡기를 설치하여야 하는 특정소방대상물 : 지하층을 포함하는 층수가 5층 이상인 병원

3) 공기호흡기를 설치하여야 하는 특정소방대상물은 다음의 어느 하나와 같다.

　가) 수용인원 100명 이상인 문화 및 집회시설 중 영화상영관

　나) 판매시설 중 대규모점포

　다) 운수시설 중 지하역사

　라) 지하가 중 지하상가

　마) 제1호바목 및 화재안전기준에 따라 이산화탄소소화설비를 설치하여야 하는 특정소방대상물

다. 유도등을 설치하여야 할 대상은 다음의 어느 하나와 같다.

　1) 피난구유도등, 통로유도등 및 유도표지는 별표 2의 특정소방대상물에 설치한다. 다만, 다음의 어느 하나에 해당하는 경우는 제외한다.

　가) 지하가 중 터널 및 지하구

　나) 동물 및 식물 관련 시설 중 축사로서 가축을 직접 가두어 사육하는 부분

　2) 객석유도등은 다음의 어느 하나에 해당하는 특정소방대상물에 설치한다.

　가) 유흥주점영업시설(「식품위생법 시행령」의 유흥주점영업 중 손님이 춤을 출 수 있는 무대가 설치되 카바레, 나이트클럽 또는 그 밖에 이와 비슷한 영업시설만 해당한다)

　나) 문화 및 집회시설

　다) 종교시설

　라) 운동시설

라. 비상조명등을 설치하여야 하는 특정소방대상물(창고시설 중 창고 및 하역장, 위험물 저장 및 처리 시설 중 가스시설은 제외한다)은 다음의 어느 하나와 같다.

　1) 지하층을 포함하는 층수가 5층 이상인 건축물로서 연면적 3천㎡ 이상인 것

　2) 1)에 해당하지 않는 특정소방대상물로서 그 지하층 또는 무창층의 바닥면적이 450㎡ 이상인 경우에는 그 지하층 또는 무창층

　3) 지하가 중 터널로서 그 길이가 500m 이상인 것

마. 휴대용 비상조명등을 설치하여야 하는 특정소방대상물은 다음의 어느 하나와 같다.

　1) 숙박시설

　2) 수용인원 100명 이상의 영화상영관, 판매시설 중 대규모점포, 철도 및 도시철도 시설 중 지하역사, 지하가 중 지하상가

4. 소화용수설비

상수도소화용수설비를 설치하여야 하는 특정소방대상물은 다음 각 목의 어느 하나와 같다. 다만, 상수도소화용수설비를 설치하여야 하는 특정소방대상물의 대지 경계선으로부터 180m 이내에 지름 75㎜ 이상인 상수도용 배수관이 설치되지 않은 지역의 경우에는 화재안전기준에 따른 소화수조 또는 저수조를 설치하여야 한다.

가. 연면적 5천㎡ 이상인 것. 다만, 위험물 저장 및 처리 시설 중 가스시설, 지하가 중 터널 또는 지하구의 경우에는 그러하지 아니하다.

나. 가스시설로서 지상에 노출된 탱크의 저장용량의 합계가 100톤 이상인 것

5. 소화활동설비
　가. 제연설비를 설치하여야 하는 특정소방대상물은 다음의 어느 하나와 같다.
　　1) 문화 및 집회시설, 종교시설, 운동시설로서 무대부의 바닥면적이 200㎡ 이상 또는 문화 및 집회시설 중 영화상영관으로서 수용인원 100명 이상인 것
　　2) 지하층이나 무창층에 설치된 근린생활시설, 판매시설, 운수시설, 숙박시설, 위락시설, 의료시설, 노유자시설 또는 창고시설(물류터미널만 해당한다)로서 해당 용도로 사용되는 바닥면적의 합계가 1천㎡ 이상인 층
　　3) 운수시설 중 시외버스정류장, 철도 및 도시철도 시설, 공항시설 및 항만시설의 대합실 또는 휴게시설로서 지하층 또는 무창층의 바닥면적이 1천㎡ 이상인 것
　　4) 지하가(터널은 제외한다)로서 연면적 1천㎡ 이상인 것
　　5) 지하가 중 예상 교통량, 경사도 등 터널의 특성을 고려하여 행정안전부령으로 정하는 터널
　　6) 특정소방대상물(갓복도형 아파트등는 제외한다)에 부설된 특별피난계단 또는 비상용 승강기의 승강장
　나. 연결송수관설비를 설치하여야 하는 특정소방대상물(위험물 저장 및 처리 시설 중 가스시설 또는 지하구는 제외한다)은 다음의 어느 하나와 같다.
　　1) 층수가 5층 이상으로서 연면적 6천㎡ 이상인 것
　　2) 1)에 해당하지 않는 특정소방대상물로서 지하층을 포함하는 층수가 7층 이상인 것
　　3) 1) 및 2)에 해당하지 않는 특정소방대상물로서 지하층의 층수가 3층 이상이고 지하층의 바닥면적의 합계가 1천㎡ 이상인 것
　　4) 지하가 중 터널로서 길이가 1천m 이상인 것
　다. 연결살수설비를 설치하여야 하는 특정소방대상물(지하구는 제외한다)은 다음의 어느 하나와 같다.
　　1) 판매시설, 운수시설, 창고시설 중 물류터미널로서 해당 용도로 사용되는 부분의 바닥면적의 합계가 1천㎡ 이상인 것
　　2) 지하층(피난층으로 주된 출입구가 도로와 접한 경우는 제외한다)으로서 바닥면적의 합계가 150㎡ 이상인 것. 다만, 「주택법 시행령」 제21조제4항에 따른 국민주택규모 이하인 아파트등의 지하층(대피시설로 사용하는 것만 해당한다)과 교육연구시설 중 학교의 지하층의 경우에는 700㎡ 이상인 것으로 한다.
　　3) 가스시설 중 지상에 노출된 탱크의 용량이 30톤 이상인 탱크시설
　　4) 1) 및 2)의 특정소방대상물에 부속된 연결통로
　라. 비상콘센트설비를 설치하여야 하는 특정소방대상물(위험물 저장 및 처리 시설 중 가스시설 또는 지하구는 제외한다)은 다음의 어느 하나와 같다.
　　1) 층수가 11층 이상인 특정소방대상물의 경우에는 11층 이상의 층
　　2) 지하층의 층수가 3층 이상이고 지하층의 바닥면적의 합계가 1천㎡ 이상인 것은 지하층의 모든 층
　　3) 지하가 중 터널로서 길이가 500m 이상인 것
　마. 무선통신보조설비를 설치하여야 하는 특정소방대상물(위험물 저장 및 처리 시설 중 가스시설은 제외)은 다음의 어느 하나와 같다.
　　1) 지하가(터널은 제외한다)로서 연면적 1천㎡ 이상인 것
　　2) 지하층의 바닥면적의 합계가 3천㎡ 이상인 것 또는 지하층의 층수가 3층 이상이고 지하층의 바닥면적의 합계가 1천㎡ 이상인 것은 지하층의 모든 층

   3) 지하가 중 터널로서 길이가 500m 이상인 것

   4) 「국토의 계획 및 이용에 관한 법률」에 따른 공동구

   5) 층수가 30층 이상인 것으로서 16층 이상 부분의 모든 층

바. 연소방지설비는 지하구(전력 또는 통신사업용인 것만 해당한다)에 설치하여야 한다.

※ 비고

제1호부터 제27호까지 중 어느 하나에 해당하는 시설(근린생활시설등)의 소방시설 설치기준이 복합건축물의 소방시설 설치기준보다 강한 경우 복합건축물 안에 있는 해당 근린생활시설등에 대해서는 그 근린생활시설등의 소방시설 설치기준을 적용한다.

   ⓛ 건축물의 증축 또는 용도변경으로 인하여 해당 특정소방대상물에 추가로 소방시설이 설치되지 아니하는 경우 그 특정소방대상물

③ 건축허가등의 권한이 있는 행정기관은 건축허가등의 동의를 받으려는 경우에는 동의요구서에 행정안전부령으로 정하는 서류를 첨부하여 해당 건축물 등의 소재지를 관할하는 소방본부장 또는 소방서장에게 동의를 요구하여야 한다. 이 경우 동의 요구를 받은 소방본부장 또는 소방서장은 첨부서류가 미비한 경우에는 그 서류의 보완을 요구할 수 있다.

**(7)** 다른 법령에 따른 인가·허가 또는 신고 등(건축허가등에 따른 신고는 제외)의 시설기준에 소방시설등의 설치·유지 등에 관한 사항이 포함되어 있는 경우 해당 인허가등의 권한이 있는 행정기관은 인허가등을 할 때 미리 그 시설의 소재지를 관할하는 소방본부장이나 소방서장에게 그 시설이 이 법 또는 이 법에 따른 명령을 따르고 있는지를 확인하여 줄 것을 요청할 수 있다. 이 경우 요청을 받은 소방본부장 또는 소방서장은 행정안전부령으로 정하는 기간 이내에 확인 결과를 알려야 한다.

1) 동의요구를 받은 소방본부장 또는 소방서장은 건축허가등의 동의요구서류를 접수한 날부터 5일(허가를 신청한 건축물 등이 특정소방물에 해당하는 경우에는 10일) 이내에 건축허가등의 동의여부를 회신하여야 한다. [시행규칙 제4조(건축허가등의 동의요구)]

2) 소방본부장 또는 소방서장은 동의 요구서 및 첨부서류의 보완이 필요한 경우에는 4일 이내의 기간을 정하여 보완을 요구할 수 있다. 이 경우 보완기간은 회신기간에 산입하지 아니하고, 보완기간내에 보완하지 아니하는 때에는 동의요구서를 반려하여야 한다.

3) 건축허가등의 동의를 요구한 기관이 그 건축허가등을 취소하였을 때에는 취소한 날부터 7일 이내에 건축물 등의 시공지 또는 소재지를 관할하는 소방본부장 또는 소방서장에게 그 사실을 통보하여야 한다.

4) 소방본부장 또는 소방서장은 동의 여부를 회신하는 때에는 건축허가등의동의대장에 이를 기재하고 관리하여야 한다.

5) 인허가등의 권한이 있는 행정기관은 인허가등을 할 때 미리 그 시설의 소재지를 관할하는 소방본부장이나 소방서장에게 그 시설이 이 법 또는 이 법에 따른 명령을 따르고 있는지를 확인하여 줄 것을 요청할 수 있다. 이 경우 확인하여 알려주어야 하는 기간은 7일이다.

## 2. 전산시스템 구축 및 운영 [법 제7조의2(전산시스템 구축 및 운영)]

**(1)** 소방청장, 소방본부장 또는 소방서장은 제출 받은 설계도면의 체계적인 관리 및 공유를 위하여 전산시스템을 구축ㆍ운영하여야 한다.

**(2)** 소방청장, 소방본부장 또는 소방서장은 전산시스템의 구축ㆍ운영에 필요한 자료의 제출 또는 정보의 제공을 관계 행정기관의 장에게 요청할 수 있다. 이 경우 자료의 제출이나 정보의 제공을 요청 받은 관계 행정기관의 장은 정당한 사유가 없으면 이에 따라야 한다.

## 3. 주택 소방시설 [제8조(주택에 설치하는 소방시설)]

**(1) 주택의 소유자는 소화기 및 단독경보형감지기를 설치하여야 한다.**

  1) 「건축법」제2조 제2항 제1호의 단독주택

  2) 「건축법」제2조 제2항 제2호의 공동주택(아파트 및 기숙사는 제외한다)

**(2)** 국가 및 지방자치단체는 주택에 설치하여야 하는 주택용 소방시설의 설치 및 국민의 자율적인 안전관리를 촉진하기 위하여 필요한 시책을 마련하여야 한다.

**(3)** 주택용 소방시설의 설치기준 및 자율적인 안전관리 등에 관한 사항은 특별시ㆍ광역시ㆍ특별자치시ㆍ도 또는 특별자치도의 조례로 정한다.

---

**section 2** 특정소방대상물에 설치하는 소방시설등의 유지ㆍ관리 등

## 1. 특정소방대상물 [제9조(특정소방대상물에 설치하는 소방시설의 유지ㆍ관리 등)]

**(1)** 특정소방대상물의 관계인은 대통령령으로 정하는 소방시설을 소방청장이 정하여 고시하는 화재안전기준에 따라 설치 또는 유지ㆍ관리하여야 한다. 이 경우 「장애인ㆍ노인ㆍ임산부 등의 편의증진 보장에 관한 법률」 제2조제1호에 따른 장애인등이 사용하는 소방시설(경보설비 및 피난구조설비를 말한다)은 대통령령으로 정하는 바에 따라 장애인등에 적합하게 설치 또는 유지ㆍ관리하여야 한다.

**POINT** 시행규칙 제15조(특정소방대상물의 규모 등에 따라 갖추어야 하는 소방시설)
특정소방대상물의 관계인이 특정소방대상물의 규모·용도 및 산정기준에 따라 산정된 수용 인원 등을 고려하여 갖추어야 하는 소방시설의 종류는 특정소방대상물의 관계인이 특정소방대상물의 규모·용도 및 수용인원 등을 고려하여 갖추어야 하는 소방시설의 종류와 같다.

---

**수용인원의 산정 방법(시행령 제15조 관련)**

1. **숙박시설이 있는 특정소방대상물**
   가. 침대가 있는 숙박시설 : 해당 특정소방물의 종사자 수에 침대 수(2인용 침대는 2개로 산정한다)를 합한 수
   나. 침대가 없는 숙박시설 : 해당 특정소방대상물의 종사자 수에 숙박시설 바닥면적의 합계를 3㎡로 나누어 얻은 수를 합한 수

2. **제1호 외의 특정소방대상물**
   가. 강의실·교무실·상담실·실습실·휴게실 용도로 쓰이는 특정소방대상물 : 해당 용도로 사용하는 바닥면적의 합계를 1.9㎡로 나누어 얻은 수
   나. 강당, 문화 및 집회시설, 운동시설, 종교시설 : 해당 용도로 사용하는 바닥면적의 합계를 4.6㎡로 나누어 얻은 수(관람석이 있는 경우 고정식 의자를 설치한 부분은 그 부분의 의자 수로 하고, 긴 의자의 경우에는 의자의 정면너비를 0.45m로 나누어 얻은 수로 한다)
   다. 그 밖의 특정소방대상물 : 해당 용도로 사용하는 바닥면적의 합계를 3㎡로 나누어 얻은 수

※ 비고
   1. 위 표에서 바닥면적을 산정할 때에는 복도(「건축법 시행령」에 따른 준불연재료 이상의 것을 사용하여 바닥에서 천장까지 벽으로 구획한 것을 말한다), 계단 및 화장실의 바닥면적을 포함하지 않는다.
   2. 계산 결과 소수점 이하의 수는 반올림한다.

---

(2) 소방본부장이나 소방서장은 소방시설의 화재안전기준에 따라 설치 또는 유지·관리되어 있지 아니할 때에는 해당 특정소방대상물의 관계인에게 필요한 조치를 명할 수 있다.

(3) 특정소방대상물의 관계인은 소방시설을 유지·관리할 때 소방시설의 기능과 성능에 지장을 줄 수 있는 폐쇄(잠금을 포함한다)·차단 등의 행위를 하여서는 아니 된다. 다만, 소방시설의 점검·정비를 위한 폐쇄·차단은 할 수 있다.

### 2. 내진설계기준 [제9조의2(소방시설의 내진설계기준)]

「지진·화산재해대책법」의 시설 중 대통령령으로 정하는 특정소방대상물에 대통령령으로 정하는 소방시설을 설치하려는 자는 지진이 발생할 경우 소방시설이 정상적으로 작동될 수 있도록 소방청장이 정하는 내진설계기준에 맞게 소방시설을 설치하여야 한다.

(1) 대통령령으로 정하는 특정소방대상물이란 「건축법」에 따른 건축물로서 「지진·화산재해대책법 시행령」에 해당하는 시설을 말한다. [시행령 제15조의2(소방시설의 내진설계)]

**(2)** 대통령령으로 정하는 소방시설이란 소방시설 중 옥내소화전설비, 스프링클러설비, 물분무등소화설비를 말한다.

### 3. 성능위주 설계 [제9조의3(성능위주설계)]

**(1)** 대통령령으로 정하는 특정소방대상물(신축하는 것만 해당한다)에 소방시설을 설치하려는 자는 그 용도, 위치, 구조, 수용 인원, 가연물(可燃物)의 종류 및 양 등을 고려하여 설계(성능위주설계)하여야 한다.

> **POINT** 성능위주설계를 하여야 하는 특정소방대상물의 범위 [시행령 제15조의3(성능위주설계를 하여야 하는 특정소방대상물의 범위)]

　　1) 연면적 20만제곱미터 이상인 특정소방대상물. 다만, 공동주택 중 주택으로 쓰이는 층수가 5층 이상인 주택(이하 이 조에서 "아파트등"이라 한다)은 제외한다.

　　2) 다음의 어느 하나에 해당하는 특정소방대상물. 다만, 아파트등은 제외한다.

① 건축물의 높이가 100미터 이상인 특정소방대상물

② 지하층을 포함한 층수가 30층 이상인 특정소방대상물

　　3) 연면적 3만제곱미터 이상인 특정소방대상물로서 다음의 어느 하나에 해당하는 특정소방대상물

① 철도 및 도시철도 시설

② 공항시설

　　4) 하나의 건축물에 「영화 및 비디오물의 진흥에 관한 법률」에 따른 영화상영관이 10개 이상인 특정소방대상물

**(2)** 성능위주설계의 기준과 그 밖에 필요한 사항은 소방청장이 정하여 고시한다.

### 4. 소방시설의 정비 [제9조의4(특정소방대상물별로 설치하여야 하는 소방시설의 정비 등)]

**(1)** 소방시설을 정할 때에는 특정소방대상물의 규모·용도 및 수용인원 등을 고려하여야 한다.

**(2)** 소방청장은 건축 환경 및 화재위험특성 변화사항을 효과적으로 반영할 수 있도록 소방시설 규정을 3년에 1회 이상 정비하여야 한다.

**(3)** 소방청장은 건축 환경 및 화재위험특성 변화 추세를 체계적으로 연구하여 정비를 위한 개선방안을 마련하여야 한다.

**(4)** 연구의 수행 등에 필요한 사항은 행정안전부령으로 정한다.

### 5. 소방용품의 내용연수 [제9조의5(소방용품의 내용연수 등)]

**(1)** 특정소방대상물의 관계인은 내용연수가 경과한 소방용품을 교체하여야 한다. 이 경우 내용연수를 설정하여야 하는 소방용품의 종류 및 그 내용연수 연한에 필요한 사항은 대통령령으로 정한다.

　1) 내용연수를 설정하여야 하는 소방용품은 분말형태의 소화약제를 사용하는 소화기로 한다. [시행령 제15조의4(내용연수 설정 대상 소방용품)]

　2) 소방용품의 내용연수는 10년으로 한다.

**(2)** 행정안전부령으로 정하는 절차 및 방법 등에 따라 소방용품의 성능을 확인받은 경우에는 그 사용기한을 연장할 수 있다.

　1) 특정소방대상물의 관계인은 「화재예방, 소방시설 설치·유지 및 안전관리에 관한 법률」에 따라 내용연수가 경과한 소방용품에 대하여 사용기간을 연장하려는 경우에는 소방용품 성능확인 검사신청서에 사업자등록증과 추출한 검사대상 소방용품(검사대상소방용품)을 첨부하여 소방청장에게 제출하여야 한다. 이 경우 특정소방대상물의 관계인은 검사대상소방용품을 제출한 경우에도 적합하게 해당 소방용품을 갖추어야 한다.

　2) 소방청장은 소방용품 성능확인 검사신청서가 접수된 날부터 20일 이내에 해당 소방용품의 성능확인 결과를 신청인에게 통보하여야 한다. 다만, 부득이한 사유로 그 처리기간을 준수하지 못할 때에는 20일의 범위에서 처리기간을 연장할 수 있으며, 신청인에게 그 사유와 예상되는 처리기간을 알려주어야 한다.

　3) 소방용품의 성능확인 검사는 소방용품의 내용연한이 도래한 날의 다음 달부터 1년 이내에 받아야 한다.

　4) 소방용품 성능확인 검사의 방법, 합격기준 및 검사대상소방용품 추출방법은 검사대상소방용품 추출방법에 따른다.

　5) 소방청장은 성능확인 검사에 합격한 소방용품에 대하여 성능확인검사 합격증명서를 발급하여야 한다.

6) 성능확인 검사에 합격한 소방용품은 내용연한이 도래한 날의 다음 달부터 3년 동안 사용할 수 있고, 그 기간이 지나면 해당 소방용품을 교체하여야 한다.

7) 소방청장은 성능확인 검사를 마친 후에는 성능확인을 위하여 제출된 검사대상소방용품을 반납하여야 한다. 다만, 제출된 검사대상소방용품이 파괴된 경우에는 반납하지 아니할 수 있다.

8) 소방청장은 소방용품의 성능확인에 관한 업무를 지정된 제품검사 전문기관 또는 기술원에 대행하게 할 수 있다.

9) 소방청장은 성능확인 검사를 신청한 자에게 성능확인 검사에 드는 비용을 부담하게 할 수 있다. 이 경우 검사비용은 수수료를 기준으로 소방청장이 정한다.

### 6. 피난시설, 방화구획 및 방화시설의 유지 · 관리 [제10조(피난시설, 방화구획 및 방화시설의 유지 · 관리)]

(1) 특정소방대상물의 관계인은 「건축법」에 따른 피난시설, 방화구획(防火區劃) 및 방화벽, 내부 마감 재료 등(방화시설)에 대하여 다음의 행위를 하여서는 아니 된다.

1) 피난시설, 방화구획 및 방화시설을 폐쇄하거나 훼손하는 등의 행위

2) 피난시설, 방화구획 및 방화시설의 주위에 물건을 쌓아두거나 장애물을 설치하는 행위

3) 피난시설, 방화구획 및 방화시설의 용도에 장애를 주거나 「소방기본법」에 따른 소방활동에 지장을 주는 행위

4) 그 밖에 피난시설, 방화구획 및 방화시설을 변경하는 행위

(2) 소방본부장이나 소방서장은 특정소방대상물의 관계인이 1)~4)의 행위를 한 경우에는 피난시설, 방화구획 및 방화시설의 유지 · 관리를 위하여 필요한 조치를 명할 수 있다.

### 7. 임시소방시설 [제10조의2(특정소방대상물의 공사 현장에 설치하는 임시소방시설의 유지 · 관리 등)]

(1) 특정소방대상물의 건축 · 대수선 · 용도변경 또는 설치 등을 위한 공사를 시공하는 자(시공자)는 공사 현장에서 인화성(引火性) 물품을 취급하는 작업 등 대통령령으로 정하는 작업(화재위험작업)을 하기 전에 설치 및 철거가 쉬운 화재대비시설(임시소방시설)을 설치하고 유지 · 관리하여야 한다.

1) 대통령령으로 정하는 인화성(引火性) 물품을 취급하는 작업 [시행령 제15조의5(임시소방시설의 종류 및 설치기준 등)]

① 인화성 · 가연성 · 폭발성 물질을 취급하거나 가연성 가스를 발생시키는 작업

② 용접 · 용단 등 불꽃을 발생시키거나 화기를 취급하는 작업

③ 전열기구, 가열전선 등 열을 발생시키는 기구를 취급하는 작업

④ 소방청장이 정하여 고시하는 폭발성 부유분진을 발생시킬 수 있는 작업

⑤ 그 밖에 ①부터 ④까지와 비슷한 작업으로 소방청장이 정하여 고시하는 작업

2) 공사 현장에 설치하여야 하는 설치 및 철거가 쉬운 화재대비시설(임시소방시설)의 종류와 임시소방시설을 설치하여야 하는 공사의 종류 및 규모

① 임시소방시설의 종류

㉮ 소화기

㉯ 간이소화장치 : 물을 방사(放射)하여 화재를 진화할 수 있는 장치로서 소방청장이 정하는 성능을 갖추고 있을 것

㉰ 비상경보장치 : 화재가 발생한 경우 주변에 있는 작업자에게 화재사실을 알릴 수 있는 장치로서 소방청장이 정하는 성능을 갖추고 있을 것

㉱ 간이피난유도선 : 화재가 발생한 경우 피난구 방향을 안내할 수 있는 장치로서 소방청장이 정하는 성능을 갖추고 있을 것

② 임시소방시설을 설치하여야 하는 공사의 종류와 규모

㉮ 소화기 : 건축허가등을 할 때 소방본부장 또는 소방서장의 동의를 받아야 하는 특정소방대상물의 건축 · 대수선 · 용도변경 또는 설치 등을 위한 공사 중 작업을 하는 현장에 설치한다.

㉯ 간이소화장치 : 다음의 어느 하나에 해당하는 공사의 작업현장에 설치한다.

㉠ 연면적 3천㎡ 이상

㉡ 지하층, 무창층 또는 4층 이상의 층. 이 경우 해당 층의 바닥면적이 600㎡ 이상인 경우만 해당한다.

㉰ 비상경보장치 : 다음의 어느 하나에 해당하는 공사의 작업현장에 설치한다.

㉠ 연면적 400㎡ 이상

㉡ 지하층 또는 무창층. 이 경우 해당 층의 바닥면적이 150㎡ 이상인 경우만 해당한다.

㉱ 간이피난유도선 : 바닥면적이 150㎡ 이상인 지하층 또는 무창층의 작업현장에 설치한다.

③ 임시소방시설과 기능과 성능이 유사한 소방시설

㉮ 간이소화장치를 설치한 것으로 보는 소방시설 : 옥내소화전 또는 소방청장이 정하여 고시하는 기준에 맞는 소화기

㉯ 비상경보장치를 설치한 것으로 보는 소방시설 : 비상방송설비 또는 자동화재탐지설비

㉺ 간이피난유도선을 설치한 것으로 보는 소방시설 : 피난유도선, 피난구유도등, 통로유도등 또는 비상조명등

**(2)** 시공자가 화재위험작업 현장에 소방시설 중 임시소방시설과 기능 및 성능이 유사한 것으로서 대통령령으로 정하는 소방시설을 화재안전기준에 맞게 설치하고 유지·관리하고 있는 경우에는 임시소방시설을 설치하고 유지·관리한 것으로 본다.

**(3)** 소방본부장 또는 소방서장은 임시소방시설 또는 소방시설이 설치 또는 유지·관리되지 아니할 때에는 해당 시공자에게 필요한 조치를 하도록 명할 수 있다.

**(4)** 임시소방시설을 설치하여야 하는 공사의 종류와 규모, 임시소방시설의 종류 등에 관하여 필요한 사항은 대통령령으로 정하고, 임시소방시설의 설치 및 유지·관리 기준은 소방청장이 정하여 고시한다.

1) 인화성(引火性) 물품을 취급하는 작업 등 대통령령으로 정하는 작업이란 다음의 어느 하나에 해당하는 작업을 말한다. [시행규칙 제15조의5(임시소방시설의 종류 및 설치기준 등)]

① 인화성·가연성·폭발성 물질을 취급하거나 가연성 가스를 발생시키는 작업

② 용접·용단 등 불꽃을 발생시키거나 화기를 취급하는 작업

③ 전열기구, 가열전선 등 열을 발생시키는 기구를 취급하는 작업

④ 소방청장이 정하여 고시하는 폭발성 부유분진을 발생시킬 수 있는 작업

⑤ 그 밖에 ①부터 ④까지와 비슷한 작업으로 소방청장이 정하여 고시하는 작업

2) 공사 현장에 설치하여야 하는 설치 및 철거가 쉬운 화재대비시설(이하 "임시소방시설"이라 한다)의 종류와 임시소방시설을 설치하여야 하는 공사의 종류 및 규모는 임시소방시설의 종류와 설치기준 등의 표와 같다.

3) 임시소방시설과 기능과 성능이 유사한 소방시설은 임시소방시설의 종류와 설치기준 등의 표와 같다.

**임시소방시설의 종류와 설치기준 등의 표(제15조의5제2항·제3항 관련)**

1. 임시소방시설의 종류
   가. 소화기
   나. 간이소화장치 : 물을 방사(放射)하여 화재를 진화할 수 있는 장치로서 소방청장이 정하는 성능을 갖추고 있을 것
   다. 비상경보장치 : 화재가 발생한 경우 주변에 있는 작업자에게 화재사실을 알릴 수 있는 장치로서 소방청장이 정하는 성능을 갖추고 있을 것
   라. 간이피난유도선 : 화재가 발생한 경우 피난구 방향을 안내할 수 있는 장치로서 소방청장이 정하는 성능을 갖추고 있을 것

2. 임시소방시설을 설치하여야 하는 공사의 종류와 규모
  가. 소화기 : 건축허가등을 할 때 소방본부장 또는 소방서장의 동의를 받아야 하는 특정소방대상물의 건축 · 대수선 · 용도변경 또는 설치 등을 위한 공사 중 작업을 하는 작업현장 에 설치한다.
  나. 간이소화장치 : 다음의 어느 하나에 해당하는 공사의 작업현장에 설치한다.
  1) 연면적 3천㎡ 이상
  2) 지하층, 무창층 또는 4층 이상의 층. 이 경우 해당 층의 바닥면적이 600㎡ 이상인 경우만 해당한다.
  다. 비상경보장치: 다음의 어느 하나에 해당하는 공사의 작업현장에 설치한다.
  1) 연면적 400㎡ 이상
  2) 지하층 또는 무창층. 이 경우 해당 층의 바닥면적이 150㎡ 이상인 경우만 해당한다.
  라. 간이피난유도선 : 바닥면적이 150㎡ 이상인 지하층 또는 무창층의 작업현장에 설치한다.

3. 임시소방시설과 기능 및 성능이 유사한 소방시설로서 임시소방시설을 설치한 것으로 보는 소방시설
  가. 간이소화장치를 설치한 것으로 보는 소방시설: 옥내소화전 또는 소방청장이 정하여 고시하는 기준에 맞는 소화기
  나. 비상경보장치를 설치한 것으로 보는 소방시설: 비상방송설비 또는 자동화재탐지설비
  다. 간이피난유도선을 설치한 것으로 보는 소방시설: 피난유도선, 피난구유도등, 통로유도등 또는 비상조명 등

### 8. 소방시설기준 적용의 특례 [제11조(소방시설기준 적용의 특례)]

(1) 소방본부장이나 소방서장은 특정소방대상물의 규모 등에 따라 갖추어야 하는 소방시설 또는 화재안전기준이 변경되어 그 기준이 강화되는 경우 기존의 특정소방대상물(건축물의 신축 · 개축 · 재축 · 이전 및 대수선 중인 특정소방대상물을 포함)의 소방시설에 대하여는 변경 전의 특정소방대상물의 규모 등에 따라 갖추어야 하는 소방시설 또는 화재안전기준을 적용한다. 다만, 다음의 어느 하나에 해당하는 소방시설의 경우에는 특정소방대상물의 규모 등에 따라 갖추어야 하는 소방시설 또는 화재안전기준의 변경으로 강화된 기준을 적용한다.

  1) 다음 소방시설 중 특정소방대상물의 규모 등에 따라 갖추어야 하는 소방시설으로 정하는 것

① 소화기구

② 비상경보설비

② 자동화재속보설비

④ 피난설비

  2) 지하구 가운데 「국토의 계획 및 이용에 관한 법률」에 따른 공동구에 설치하여야 하는 소방시설

  3) 노유자(老幼者)시설, 의료시설에 설치하여야 하는 소방시설 중 강화된 소방시설기준의 적용대상으로 정하는 것 [시행령 제15조의6(강화된 소방시설기준의 적용대상)]

① 노유자(老幼者)시설에 설치하는 간이스프링클러설비 및 자동화재탐지설비 및 단독경보형 감지기

② 의료시설에 설치하는 스프링클러설비, 간이스프링클러설비, 자동화재탐지설비 및 자동화재속보설비

**(2)** 소방본부장이나 소방서장은 특정소방대상물에 설치하여야 하는 소방시설 가운데 기능과 성능이 유사한 물 분무 소화설비, 간이 스프링클러 설비, 비상경보설비 및 비상방송설비 등의 소방시설의 경우에는 대통령령으로 정하는 바에 따라 유사한 소방시설의 설치를 면제할 수 있다.

※ 소방본부장 또는 소방서장은 특정소방대상물에 설치하여야 하는 소방시설 가운데 기능과 성능이 유사한 소방시설의 설치를 면제하려는 경우에는 다음의 기준에 따른다. [시행령 제16조(유사한 소방시설의 설치 면제의 기준)]

| 설치가 면제되는 소방시설 | 설치면제 기준 |
| --- | --- |
| 1. 스프링클러설비 | 스프링클러설비를 설치하여야 하는 특정소방대상물에 물분무등소화설비를 화재안전기준에 적합하게 설치한 경우에는 그 설비의 유효범위(해당 소방시설이 화재를 감지·소화 또는 경보할 수 있는 부분을 말한다. 이하 같다)에서 설치가 면제된다. |
| 2. 물분무등소화설비 | 물분무등소화설비를 설치하여야 하는 차고·주차장에 스프링클러설비를 화재안전기준에 적합하게 설치한 경우에는 그 설비의 유효범위에서 설치가 면제된다. |
| 3. 간이스프링클러설비 | 간이스프링클러설비를 설치하여야 하는 특정소방대상물에 스프링클러설비, 물분무소화설비 또는 미분무소화설비를 화재안전기준에 적합하게 설치한 경우에는 그 설비의 유효범위에서 설치가 면제된다. |
| 4. 비상경보설비 또는 단독경보형 감지기 | 비상경보설비 또는 단독경보형 감지기를 설치하여야 하는 특정소방대상물에 자동화재탐지설비를 화재안전기준에 적합하게 설치한 경우에는 그 설비의 유효범위에서 설치가 면제된다. |
| 5. 비상경보설비 | 비상경보설비를 설치하여야 할 특정소방대상물에 단독경보형 감지기를 2개 이상의 단독경보형 감지기와 연동하여 설치하는 경우에는 그 설비의 유효범위에서 설치가 면제된다. |
| 6. 비상방송설비 | 비상방송설비를 설치하여야 하는 특정소방대상물에 자동화재탐지설비 또는 비상경보설비와 같은 수준 이상의 음향을 발하는 장치를 부설한 방송설비를 화재안전기준에 적합하게 설치한 경우에는 그 설비의 유효범위에서 설치가 면제된다. |
| 7. 피난설비 | 피난설비를 설치하여야 하는 특정소방대상물에 그 위치·구조 또는 설비의 상황에 따라 피난상 지장이 없다고 인정되는 경우에는 화재안전기준에서 정하는 바에 따라 설치가 면제된다. |
| 8. 연결살수설비 | 가. 연결살수설비를 설치하여야 하는 특정소방대상물에 송수구를 부설한 스프링클러설비, 간이스프링클러설비, 물분무소화설비 또는 미분무소화설비를 화재안전기준에 적합하게 설치한 경우에는 그 설비의 유효범위에서 설치가 면제된다.<br>나. 가스 관계 법령에 따라 설치되는 물분무장치 등에 소방대가 사용할 수 있는 연결송수구가 설치되거나 물분무장치 등에 6시간 이상 공급할 수 있는 수원(水源)이 확보된 경우에는 설치가 면제된다. |

| | |
|---|---|
| 9. 제연설비 | 가. 제연설비를 설치하여야 하는 특정소방대상물에 다음의 어느 하나에 해당하는 설비를 설치한 경우에는 설치가 면제된다.<br>1) 공기조화설비를 화재안전기준의 제연설비기준에 적합하게 설치하고 공기조화설비가 화재 시 제연설비기능으로 자동전환되는 구조로 설치되어 있는 경우<br>2) 직접 외부 공기와 통하는 배출구의 면적의 합계가 해당 제연구역[제연경계(제연설비의 일부인 천장을 포함)에 의하여 구획된 건축물 내의 공간을 말한다] 바닥면적의 100분의 1 이상이고, 배출구부터 각 부분까지의 수평거리가 30m 이내이며, 공기유입구가 화재안전기준에 적합하게 (외부 공기를 직접 자연 유입할 경우에 유입구의 크기는 배출구의 크기 이상이어야 한다) 설치되어 있는 경우<br>나. 제연설비를 설치하여야 하는 특정소방대상물 중 노대(露臺)와 연결된 특별피난계단 또는 노대가 설치된 비상용 승강기의 승강장에는 설치가 면제된다. |
| 10. 비상조명등 | 비상조명등을 설치하여야 하는 특정소방대상물에 피난구유도등 또는 통로유도등을 화재안전기준에 적합하게 설치한 경우에는 그 유도등의 유효범위에서 설치가 면제된다. |
| 11. 누전경보기 | 누전경보기를 설치하여야 하는 특정소방대상물 또는 그 부분에 아크경보기(옥내 배전선로의 단선이나 선로 손상 등으로 인하여 발생하는 아크를 감지하고 경보하는 장치를 말한다) 또는 전기 관련 법령에 따른 지락차단장치를 설치한 경우에는 그 설비의 유효범위에서 설치가 면제된다. |
| 12. 무선통신보조설비 | 무선통신보조설비를 설치하여야 하는 특정소방대상물에 이동통신 구내 중계기 선로설비 또는 무선이동중계기(「전파법」에 따른 적합성평가를 받은 제품만 해당한다) 등을 화재안전기준의 무선통신보조설비기준에 적합하게 설치한 경우에는 설치가 면제된다. |
| 13. 상수도소화용수 설비 | 가. 상수도소화용수설비를 설치하여야 하는 특정소방대상물의 각 부분으로부터 수평거리 140m 이내에 공공의 소방을 위한 소화전이 화재안전기준에 적합하게 설치되어 있는 경우에는 설치가 면제된다.<br>나. 소방본부장 또는 소방서장이 상수도소화용수설비의 설치가 곤란하다고 인정하는 경우로서 화재안전기준에 적합한 소화수조 또는 저수조가 설치되어 있거나 이를 설치하는 경우에는 그 설비의 유효범위에서 설치가 면제된다. |
| 14. 연소방지설비 | 연소방지설비를 설치하여야 하는 특정소방대상물에 스프링클러설비, 물분무소화설비 또는 미분무소화설비를 화재안전기준에 적합하게 설치한 경우에는 그 설비의 유효범위에서 설치가 면제된다. |
| 15. 연결송수관설비 | 연결송수관설비를 설치하여야 하는 소방대상물에 옥외에 연결송수구 및 옥내에 방수구가 부설된 옥내소화전설비, 스프링클러설비, 간이스프링클러설비 또는 연결살수설비를 화재안전기준에 적합하게 설치한 경우에는 그 설비의 유효범위에서 설치가 면제된다. |

| 16. 자동화재탐지설비 | 자동화재탐지설비의 기능(감지·수신·경보기능을 말한다)과 성능을 가진 스프링클러설비 또는 물분무등소화설비를 화재안전기준에 적합하게 설치한 경우에는 그 설비의 유효범위에서 설치가 면제된다. |
|---|---|
| 17. 옥외소화전설비 | 옥외소화전설비를 설치하여야 하는 보물 또는 국보로 지정된 목조문화재에 상수도소화용수설비를 옥외소화전설비의 화재안전기준에서 정하는 방수압력·방수량·옥외소화전함 및 호스의 기준에 적합하게 설치한 경우에는 설치가 면제된다. |
| 18. 옥내소화전 | 옥내소화전을 설치하여야 하는 장소에 호스릴 방식의 미분무소화설비를 화재안전기준에 적합하게 설치한 경우에는 그 설비의 유효범위에서 설치가 면제된다. |
| 19. 자동소화장치 | 자동소화장치(주거용 주방자동소화장치는 제외)를 설치하여야 하는 특정소방대상물에 물분무등소화설비를 화재안전기준에 적합하게 설치한 경우에는 그 설비의 유효범위에서 설치가 면제된다. |

**(3)** 소방본부장이나 소방서장은 기존의 특정소방대상물이 증축되거나 용도변경되는 경우에는 특정소방대상물의 규모 등에 따라 갖추어야 하는 소방시설으로 정하는 바에 따라 증축 또는 용도변경 당시의 소방시설의 설치에 관한 특정소방대상물의 규모 등에 따라 갖추어야 하는 소방시설(대통령령) 또는 화재안전기준을 적용한다.

– 특정소방대상물의 증축 또는 용도변경 시의 소방시설기준 적용의 특례(시행령 제17조)

1) 소방본부장 또는 소방서장은 특정소방대상물이 증축되는 경우에는 기존 부분을 포함한 특정소방대상물의 전체에 대하여 증축 당시의 소방시설의 설치에 관한 대통령령 또는 화재안전기준을 적용하여야 한다. 다만, 다음 각 호의 어느 하나에 해당하는 경우에는 기존 부분에 대해서는 증축 당시의 소방시설의 설치에 관한 대통령령 또는 화재안전기준을 적용하지 아니한다.

① 기존 부분과 증축 부분이 내화구조(耐火構造)로 된 바닥과 벽으로 구획된 경우

② 기존 부분과 증축 부분이 「건축법 시행령」 제64조에 따른 갑종 방화문(국토교통부장관이 정하는 기준에 적합한 자동방화셔터를 포함한다)으로 구획되어 있는 경우

③ 자동차 생산공장 등 화재 위험이 낮은 특정소방대상물 내부에 연면적 33제곱미터 이하의 직원 휴게실을 증축하는 경우

④ 자동차 생산공장 등 화재 위험이 낮은 특정소방대상물에 캐노피(3면 이상에 벽이 없는 구조의 캐노피를 말한다)를 설치하는 경우

2) 소방본부장 또는 소방서장은 특정소방대상물이 용도변경되는 경우에는 용도변경되는 부분에 대해서만 용도변경 당시의 소방시설의 설치에 관한 대통령령 또는 화재안전기준을 적용한다. 다만, 다음 각 호의 어느 하나에 해당하는 경우에는 특정소방대상물 전체에 대하여 용도변경 전에 해당 특정소방대상물에 적용되던 소방시설의 설치에 관한 대통령령 또는 화재안전기준을 적용한다.

① 특정소방대상물의 구조 · 설비가 화재연소 확대 요인이 적어지거나 피난 또는 화재진압활동이 쉬워 지도록 변경되는 경우

② 문화 및 집회시설 중 공연장 · 집회장 · 관람장, 판매시설, 운수시설, 창고시설 중 물류터미널이 불 특정 다수인이 이용하는 것이 아닌 일정한 근무자가 이용하는 용도로 변경되는 경우

③ 용도변경으로 인하여 천장 · 바닥 · 벽 등에 고정되어 있는 가연성 물질의 양이 줄어드는 경우

④ 「다중이용업소의 안전관리에 관한 특별법」 제2조제1항제1호에 따른 다중이용업의 영업소(이하 "다 중이용업소"), 문화 및 집회시설, 종교시설, 판매시설, 운수시설, 의료시설, 노유자시설, 수련시설, 운동시설, 숙박시설, 위락시설, 창고시설 중 물류터미널, 위험물 저장 및 처리 시설 중 가스시설, 장례식장이 각각 이 호에 규정된 시설 외의 용도로 변경되는 경우

**(4)** 다음에 해당하는 특정소방대상물 가운데 소방시설을 설치하지 아니하는 특정소방대상물의 범위(대통 령령)으로 정하는 특정소방대상물에는 대통령령으로 정하는 소방시설을 설치하지 아니할 수 있다.

1) 화재 위험도가 낮은 특정소방대상물

2) 화재안전기준을 적용하기 어려운 특정소방대상물

3) 화재안전기준을 다르게 적용하여야 하는 특수한 용도 또는 구조를 가진 특정소방대상물

4) 「위험물 안전관리법」에 따른 자체소방대가 설치된 특정소방대상물

※ 소방시설을 설치하지 아니할 수 있는 특정소방대상물 및 소방시설의 범위

| 구분 | 특정소방대상물 | 소방시설 |
|---|---|---|
| 1. 화재 위험도가 낮은 특정소방 대상물 | 석재, 불연성금속, 불연성 건축재료 등의 가공공장 · 기계조립공장 · 주 물공장 또는 불연성 물품을 저장하 는 창고 | 옥외소화전 및 연결살수설비 |
| | 「소방기본법」에 따른 소방대(消防隊) 가 조직되어 24시간 근무하고 있는 청사 및 차고 | 옥내소화전설비, 스프링클러설비, 물분무등소화설비, 비상방송설비, 피난기구, 소화용수설비, 연결송수 관설비, 연결살수설비 |
| 2. 화재안전기준을 적용하기 어 려운 특정소방대상물 | 펄프공장의 작업장, 음료수 공장의 세 정 또는 충전을 하는 작업장, 그 밖에 이와 비슷한 용도로 사용하는 것 | 스프링클러설비, 상수도소화용수 설비 및 연결살수설비 |
| | 정수장, 수영장, 목욕장, 농예 · 축 산 · 어류양식용 시설, 그 밖에 이 와 비슷한 용도로 사용되는 것 | 자동화재탐지설비, 상수도소화용 수설비 및 연결살수설비 |

| 3. 화재안전기준을 달리 적용하여야 하는 특수한 용도 또는 구조를 가진 특정소방대상물 | 원자력발전소, 핵폐기물처리시설 | 연결송수관설비 및 연결살수설비 |
|---|---|---|
| 4. 「위험물 안전관리법」에 따른 자체소방대가 설치된 특정소방대상물 | 자체소방대가 설치된 위험물 제조소등에 부속된 사무실 | 옥내소화전설비, 소화용수설비, 연결살수설비 및 연결송수관설비 |

**(5)** 특정소방대상물에 구조 및 원리 등에서 공법이 특수한 설계로 인정된 소방시설을 설치하는 경우에는 중앙소방기술심의위원회의 심의를 화재안전기준을 적용하지 아니 할 수 있다.

### 9. 소방기술심의위원회 [제11조의2(소방기술심의위원회)]

**(1) 다음의 사항을 심의하기 위하여 소방청에 중앙소방기술심의위원회를 둔다.**

1) 화재안전기준에 관한 사항

2) 소방시설의 구조 및 원리 등에서 공법이 특수한 설계 및 시공에 관한 사항

3) 소방시설의 설계 및 공사감리의 방법에 관한 사항

4) 소방시설공사의 하자를 판단하는 기준에 관한 사항

5) 그 밖에 소방기술 등에 관하여 대통령령으로 정하는 사항

① 연면적 10만제곱미터 이상의 특정소방대상물에 설치된 소방시설의 설계·시공·감리의 하자 유무에 관한 사항 [시행령 제18조의2(소방기술심의위원회의 심의사항)]

② 새로운 소방시설과 소방용품 등의 도입 여부에 관한 사항

③ 그 밖에 소방기술과 관련하여 소방청장이 심의에 부치는 사항

**(2) 다음의 사항을 심의하기 위하여 특별시·광역시·특별자치시·도 및 특별자치도에 지방소방기술심의위원회(지방위원회)를 둔다.**

1) 소방시설에 하자가 있는지의 판단에 관한 사항

2) 그 밖에 소방기술 등에 관하여 대통령령으로 정하는 사항

① 연면적 10만제곱미터 미만의 특정소방대상물에 설치된 소방시설의 설계·시공·감리의 하자유무에 관한 사항 [시행령 제18조의2(소방기술심의위원회의 심의사항)]

② 소방본부장 또는 소방서장이 화재안전기준 또는 위험물 제조소등(「위험물안전관리법」에 따른 제조소등을 말한다)의 시설기준의 적용에 관하여 기술검토를 요청하는 사항

③ 그 밖에 소방기술과 관련하여 시 · 도지사가 심의에 부치는 사항

**(3) 중앙위원회 및 지방위원회의 구성 · 운영에 필요한 사항은 대통령령으로 정한다.**

### 1) 소방기술심의위원회의 구성 [시행령 18조의3(소방기술심의위원회의 구성 등)]

① 중앙소방기술심의위원회(중앙위원회)는 위원장을 포함하여 60명 이내로 성별을 고려하여 구성한다.

② 지방소방기술심의위원회(지방위원회)는 위원장을 포함하여 5명 이상 9명 이하의 위원으로 구성한다.

③ 중앙위원회의 회의는 위원장이 회의마다 지정하는 13명으로 구성하고, 중앙위원회는 분야별 소위원회를 구성 · 운영할 수 있다.

### 2) 위원의 임명 · 위촉 [시행령 제18조의4(위원의 임명 · 위촉)]

① 중앙위원회의 위원은 과장급 직위 이상의 소방공무원과 다음에 해당하는 사람 중에서 소방청장이 임명하거나 성별을 고려하여 위촉한다.
  ㉠ 소방기술사
  ㉡ 석사 이상의 소방 관련 학위를 소지한 사람
  ㉢ 소방시설관리사
  ㉣ 소방 관련 법인 · 단체에서 소방 관련 업무에 5년 이상 종사한 사람
  ㉤ 소방공무원 교육기관, 대학교 또는 연구소에서 소방과 관련된 교육이나 연구에 5년 이상 종사한 사람

② 지방위원회의 위원은 해당 특별시 · 광역시 · 특별자치시 · 도 및 특별자치도 소속 소방공무원과 ㉠~㉤의 어느 하나에 해당하는 사람 중에서 시 · 도지사가 임명하거나 성별을 고려하여 위촉한다.

③ 중앙위원회의 위원장은 소방청장이 해당 위원 중에서 위촉하고, 지방위원회의 위원장은 시 · 도지사가 해당 위원 중에서 위촉한다.

④ 중앙위원회 및 지방위원회의 위원 중 위촉위원의 임기는 2년으로 하되, 한 차례만 연임할 수 있다.

### 3) 위원장 및 위원의 직무 [시행령 제18조의5(위원장 및 위원의 직무)]

① 중앙위원회 및 지방위원회의 위원장은 위원회의 회의를 소집하고 그 의장이 된다.

② 위원장이 부득이한 사유로 직무를 수행할 수 없을 때에는 위원장이 지정한 위원이 그 직무를 대리한다.

4) 위원의 제척ㆍ기피ㆍ회피 [시행령 제18조의6(위원의 제척ㆍ기피ㆍ회피)]

① 위원회의 위원이 다음에 해당하는 경우에는 위원회의 심의ㆍ의결에서 제척(除斥)된다.

    ㉠ 위원이나 그 배우자 또는 배우자였던 사람이 해당 안건의 당사자(당사자가 법인ㆍ단체 등인 경우에는 그 임원을 포함)가 되거나 그 안건의 당사자와 공동권리자 또는 공동의무자인 경우

    ㉡ 위원이 해당 안건의 당사자와 친족인 경우

    ㉢ 위원이 해당 안건에 관하여 증언, 진술, 자문, 연구, 용역 또는 감정을 한 경우

    ㉣ 위원이나 위원이 속한 법인ㆍ단체 등이 해당 안건의 당사자의 대리인이거나 대리인이었던 경우

② 해당 안건의 당사자는 위원에게 공정한 심의ㆍ의결을 기대하기 어려운 사정이 있는 경우에는 위원회에 기피신청을 할 수 있고, 위원회는 의결로 이를 결정한다. 이 경우 기피신청의 대상인 위원은 그 의결에 참여하지 못한다.

③ 위원이 제척사유에 해당하는 경우에는 스스로 해당 안건의 심의ㆍ의결에서 회피(回避)하여야 한다.

5) 위원의 해임 및 해촉 [시행령 제18조의7(위원의 해임 및 해촉)]

① 심신장애로 인하여 직무를 수행할 수 없게 된 경우

② 직무와 관련된 비위사실이 있는 경우

③ 직무태만, 품위손상이나 그 밖의 사유로 인하여 위원으로 적합하지 아니하다고 인정되는 경우

④ 위원의 회피 사유에 해당하는 데에도 불구하고 회피하지 아니한 경우

⑤ 위원 스스로 직무를 수행하는 것이 곤란하다고 의사를 밝히는 경우

6) 시설의 확인 및 의견청취 [시행령 제18조의8(시설 등의 확인 및 의견청취)]

    소방청장 또는 시ㆍ도지사는 위원회의 원활한 운영을 위하여 필요하다고 인정하는 경우 위원회 위원으로 하여금 관련 시설 등을 확인하게 하거나 해당 분야의 전문가 또는 이해관계자 등으로부터 의견을 청취하게 할 수 있다.

7) 위원의 수당 [시행령 제18조의9(위원의 수당)]

    위원회의 위원에게는 예산의 범위에서 참석 및 조사ㆍ연구 수당을 지급할 수 있다.

8) 운영세칙 [제18조의10(운영세칙)]

    대통령령에서 정한 것 외에 위원회의 운영에 필요한 사항은 소방청장 또는 시ㆍ도지사가 정한다.

section **3** 방염(防炎)

### 1. 소방대상물의 방염 [제12조(소방대상물의 방염 등)]

**(1)** 대통령령으로 정하는 특정소방대상물에 실내장식 등의 목적으로 설치 또는 부착하는 물품으로서 대통령령으로 정하는 방염대상물품은 방염성능기준 이상의 것으로 설치하여야 한다.

  1) 방염성능기준 이상의 실내장식물을 설치하여야 하는 특정소방대상물 [시행령 제19조(방염성능기준 이상의 실내장식물 등을 설치하여야 하는 특정소방대상물)]

① 근린생활시설 중 의원, 체력단련장, 공연장 및 종교집회장

② 건축물의 옥내에 있는 시설로서 다음 각 목의 시설

    ㉮ 문화 및 집회시설

    ㉯ 종교시설

    ㉰ 운동시설(수영장은 제외한다)

③ 의료시설

④ 교육연구시설 중 합숙소

⑤ 노유자시설

⑥ 숙박이 가능한 수련시설

⑦ 숙박시설

⑧ 방송통신시설 중 방송국 및 촬영소

⑨ 다중이용업소

⑩ ①~⑨의 시설에 해당하지 않는 것으로서 층수가 11층 이상인 것(아파트는 제외한다)

  2) 방염대상물품 [시행령 제20조(방염대상물품 및 방염성능기준)]

① 대통령령으로 정하는 방염대상물품 및 방염성능기준

    ㉮ 제조 또는 가공 공정에서 방염처리를 한 물품(합판 · 목재류의 경우에는 설치 현장에서 방염처리를 한 것을 포함한다)으로서 다음에 해당하는 것

      ㉠ 창문에 설치하는 커튼류(블라인드를 포함한다)

      ㉡ 카펫, 두께가 2밀리미터 미만인 벽지류(종이벽지는 제외한다)

      ㉢ 전시용 합판 또는 섬유판, 무대용 합판 또는 섬유판

      ㉣ 암막 · 무대막(「영화 및 비디오물의 진흥에 관한 법률」에 따른 영화상영관에 설치하는 스크린과 「다중이용업소의 안전관리에 관한 특별법 시행령」에 따른 골프 연습장업에 설치하는 스크린을 포함한다)

ⓜ 섬유류 또는 합성수지류 등을 원료로 하여 제작된 소파·의자(「다중이용업소의 안전관리에 관한 특별법 시행령」에 따른 단란주점영업, 유흥주점영업 및 노래연습장업의 영업장에 설치하는 것만 해당한다)

㉯ 건축물 내부의 천장이나 벽에 부착하거나 설치하는 것으로서 다음 각 목의 어느 하나에 해당하는 것을 말한다. 다만, 가구류(옷장, 찬장, 식탁, 식탁용 의자, 사무용 책상, 사무용 의자 및 계산대, 그 밖에 이와 비슷한 것을 말한다)와 너비 10센티미터 이하인 반자돌림대 등과 「건축법」에 따른 내부마감재료는 제외한다.

　㉠ 종이류(두께 2밀리미터 이상인 것을 말한다)·합성수지류 또는 섬유류를 주원료로 한 물품
　㉡ 합판이나 목재
　㉣ 공간을 구획하기 위하여 설치하는 간이 칸막이(접이식 등 이동 가능한 벽체나 천장 또는 반자가 실내에 접하는 부분까지 구획하지 아니하는 벽체를 말한다)
　㉤ 흡음(吸音)이나 방음(防音)을 위하여 설치하는 흡음재(흡음용 커튼을 포함한다) 또는 방음재(방음용 커튼을 포함한다)

② 소방본부장 또는 소방서장은 물품 외에 다중이용업소·의료시설·노유자시설·숙박시설 또는 장례식장에서 사용하는 침구류·소파 및 의자에 대하여 방염처리가 필요하다고 인정되는 경우에는 방염처리된 제품을 사용하도록 권장할 수 있다.

**(2)** 소방본부장이나 소방서장은 방염대상물품이 방염성능기준에 미치지 못하거나 방염성능검사를 받지 아니한 것이면 소방대상물의 관계인에게 방염대상물품을 제거하도록 하거나 방염성능검사를 받도록 하는 등 필요한 조치를 명할 수 있다.

## (3) 방염성능기준은 대통령령으로 정한다.

> **POINT** 소방대상물의 방염은 방염성능기준은 다음의 기준에 따르되, 방염대상물품의 종류에 따른 구체적인 방염성능기준은 다음의 기준의 범위에서 소방청장이 정하여 고시하는 바에 따른다. [시행령 제20조(방염대상물품 및 방염성능기준)]
> ① 버너의 불꽃을 제거한 때부터 불꽃을 올리며 연소하는 상태가 그칠 때까지 시간은 20초 이내일 것
> ② 버너의 불꽃을 제거한 때부터 불꽃을 올리지 아니하고 연소하는 상태가 그칠 때까지 시간은 30초 이내일 것
> ③ 탄화(炭化)한 면적은 50제곱센티미터 이내, 탄화한 길이는 20센티미터 이내일 것
> ④ 불꽃에 의하여 완전히 녹을 때까지 불꽃의 접촉 횟수는 3회 이상일 것
> ⑤ 소방청장이 정하여 고시한 방법으로 발연량(發煙量)을 측정하는 경우 최대연기밀도는 400 이하일 것

## 2. 방염성능의 검사 [제13조(방염성능의 검사)]

**(1)** 특정소방대상물에서 사용하는 방염대상물품은 소방청장(대통령령으로 정하는 방염대상물품의 경우에는 시·도지사를 말한다)이 실시하는 방염성능검사를 받은 것이어야 한다.

> **POINT** 시·도지사가 실시하는 방염성능검사의 방염대상물품이란 설치 현장에서 방염처리를 하는 합판·목재를 말한다. [시행령 20조의2(시·도지사가 실시하는 방염성능검사)]

**(2)** 「소방시설공사업법」에 따라 방염처리업의 등록을 한 방염성능검사를 할 때에 거짓 시료(試料)를 제출하여서는 아니 된다.

**(3)** 방염성능검사의 방법과 검사 결과에 따른 합격 표시 등에 필요한 사항은 행정안전부령으로 정한다.

1) 방염대상물품에 대하여 방염성능검사를 받으려는 자는 다음의 구분에 따라 방염성능검사를 신청하여야 한다. [시행규칙 제3조(방염성능검사 신청)]

① 제조 또는 가공 과정에서 방염처리(불에 잘 타지 아니하는 소재로 제조되거나 또는 가공되는 경우를 포함한다)되는 선처리물품에 대한 **방염성능검사** … 선처리물품 방염성능검사 신청서(전자문서로 된 신청서를 포함)에 다음의 서류(전자문서를 포함)를 첨부하여 「소방산업의 진흥에 관한 법률」에 따른 한국소방산업기술원에 제출하여야 한다.

㉠ 수입신고확인증 사본(수입한 선처리물품만 해당한다) 1부

㉡ 방염제의 독성시험 성적서(수입한 선처리물품 중 방염제를 사용한 경우만 해당한다) 1부

② 설치 현장에서 방염처리되는 목재 및 합판(현장처리물품)에 대한 **방염성능검사** … 현장처리물품 방염성능검사 신청서에 시공명세서를 첨부하여 다음의 요건을 갖춘 목재 및 합판과 함께 관할 특별시장 · 광역시장 · 특별자치시장 · 도지사 또는 특별자치도지사에게 제출하여야 한다.

㉠ 가로 29센티미터, 세로 19센티미터 이상일 것

㉡ 종류별, 방염처리 방법별로 각각 1개 이상씩 제출할 것

[방염성능검사를 신청할 수 있는 최소 수량]

| 품목 | 구분 | 최소 수량 |
|---|---|---|
| 카펫 | 포장단위가 두루마리인 것 | 100m |
| | 그 밖의 물품 | 100개 |
| 합판 · 목재, 섬유판, 합성수지판 | | 100장 |
| 커튼 등 막류 | 포장단위가 두루마리인 것 | 1,000m |
| | 그 밖의 물품 | 100개 |
| 벽지류 | 포장단위가 두루마리인 것 | 1,000m |
| | 그 밖의 물품 | 100개 |
| 블라인드류 | 포장단위가 두루마리인 것 | 500m |
| | 그 밖의 물품 | 100개 |
| 소파 · 의자 | | 60개<br>(하나의 소파 · 의자가 여러 좌석으로 된 경우에는 하나의 좌석을 1개로 보아 산정한다) |

※ 비고 : 특수한 목적으로 사용되는 경우 등 소방청장이 정하는 경우에는 소방청장이 정하는 바에 따라 최소 수량 이하로 방염성능검사를 신청할 수 있다.

## 2) 선처리물품의 방염성능검사의 방법 [시행규칙 제4조(선처리물품의 방염성능검사의 방법)]

① 선처리물품에 대한 방염성능검사 신청을 받은 기술원은 소방청장이 정하는 바에 따라 방염성능검사를 신청한 물품 중에서 일정한 수량을 표본으로 추출하여 그 표본이 방염성능기준에 맞는지를 검사하여야 한다.

② 방염처리업자가 다음의 요건을 모두 갖춘 경우에는 소방청장이 정하는 바에 따라 방염성능검사 항목을 생략할 수 있다.

  ㉠ 최근 1년 동안 3개월마다 1회 이상의 선처리물품에 대한 방염성능검사를 신청하였을 것
  ㉡ 선처리물품에 대한 최근 1년 동안의 방염성능검사 결과 연속하여 10회 이상 방염성능에 이상이 없었을 것
  ㉢ 생산하는 방염대상물품의 품질을 관리할 수 있는 자체품질관리규정 및 조직을 갖추고 있을 것
  ㉣ 선처리물품에 대한 제조 과정이 자체품질관리규정에 따라 체계적으로 관리·운영되고 있을 것

## 3) 방염성능검사 합격표시 [제5조(방염성능검사 합격표시 등)]

① 기술원은 방염성능검사에서 합격한 선처리물품에 방염성능검사 합격 표시를 붙여야 한다.

② 방염성능검사 합격표시는 다음의 기준에 따라 붙인다.

  ㉠ **포장단위가 두루마리인 방염물품** : (3 ± 0.3)미터 단위. 다만, 합성수지벽지류 등 최종 생산과정이 고속이고 자동으로 포장이 완료되는 제품은 (15 ± 1)미터 이하의 단위로 할 수 있다.
  ㉡ **합판 및 섬유판** : 수량(장) 단위
  ㉢ **그 밖의 방염물품** : 수량(개) 단위

③ 기술원은 선처리물품을 생산하는 과정에서 방염성능검사 합격표시를 하여야 할 필요가 있거나 생산성 향상을 위하여 필요하다고 인정하는 경우에는 방염성능검사를 마치기 전에 방염성능검사 합격표시를 미리 붙이게 할 수 있다.

④ 방염성능검사 합격표시를 방염성능검사를 마치기 전에 미리 붙이고자 하는 자는 방염성능검사 합격표시 발급신청서를 기술원에 제출하여야 한다.

⑤ 시·도지사는 현장처리물품에 대한 방염성능검사를 마친 경우에는 현장처리물품의 방염성능검사 성적서를 신청인에게 발급하고, 방염성능검사에 합격한 현장처리물품에 방염성능검사 확인표시를 하여야 한다.

⑥ 방염성능검사 합격 표시 및 방염성능검사 확인표시는 쉽게 닳아 없어지거나 떨어지지 아니하도록 하여야 한다.

# 소방대상물의 안전관리

## 1. 특정소방대상물의 소방안전관리 [제20조(특정소방대상물의 소방안전관리)]

**(1)** 특정소방대상물의 관계인은 그 특정소방대상물에 대하여 소방안전관리 업무를 수행하여야 한다.

**(2)** 소방안전관리자를 두어야 하는 특정소방대상물(소방안전관리대상물)의 관계인은 소방안전관리 업무를 수행하기 위하여 소방안전관리자 및 소방안전관리보조자의 선임대상자를 소방안전관리자의 선임신고는 행정안전부령으로 정하는 바에 따라 소방안전관리자 및 소방안전관리보조자로 선임하여야 한다. 이 경우 소방안전관리보조자의 최소인원 기준 등 필요한 사항은 대통령령으로 정하고, 소방안전관리보조자를 두어야 하는 특정소방대상물의 소방안전관리보조자에 대하여 준용한다.

### 1) 소방안전관리자를 두어야 하는 특정소방대상물 [시행령 제22조(소방안전관리자를 두어야 하는 특정소방대상물)]

① 소방안전관리자를 선임하여야 하는 특정소방대상물(소방안전관리대상물)은 다음에 해당하는 특정소방대상물로 한다. 다만, 「공공기관의 소방안전관리에 관한 규정」을 적용받는 특정소방대상물은 제외한다.

㉮ 특정소방대상물 중 다음에 해당하는 것으로서 동·식물원, 철강 등 불연성 물품을 저장·취급하는 창고, 위험물 저장 및 처리 시설 중 위험물 제조소등, 지하구를 제외한 것(특급 소방안전관리대상물)
  ㉠ 50층 이상(지하층은 제외한다)이거나 지상으로부터 높이가 200미터 이상인 아파트
  ㉡ 30층 이상(지하층을 포함한다)이거나 지상으로부터 높이가 120미터 이상인 특정소방대상물(아파트는 제외한다)
  ㉢ ㉡에 해당하지 아니하는 특정소방대상물로서 연면적이 20만제곱미터 이상인 특정소방대상물(아파트는 제외한다)

㉯ 특정소방대상물 중 특급 소방안전관리대상물을 제외한 다음에 해당하는 것으로서 동·식물원, 철강 등 불연성 물품을 저장·취급하는 창고, 위험물 저장 및 처리 시설 중 위험물 제조소등, 지하구를 제외한 것(1급 소방안전관리대상물)
  ㉠ 30층 이상(지하층은 제외한다)이거나 지상으로부터 높이가 120미터 이상인 아파트
  ㉡ 연면적 1만5천제곱미터 이상인 특정소방대상물(아파트는 제외한다)
  ㉢ ㉡에 해당하지 아니하는 특정소방대상물로서 층수가 11층 이상인 특정소방대상물(아파트는 제외한다)
  ㉣ 가연성 가스를 1천톤 이상 저장·취급하는 시설

㉰ 특정소방대상물 중 특급 소방안전관리대상물 및 1급 소방안전관리대상물을 제외한 다음의 어느 하나에 해당하는 것(2급 소방안전관리대상물)

ⓒ 특정소방대상물의 관계인이 특정소방대상물의 규모·용도 및 수용인원 등을 고려하여 갖추어야 하는 소방시설의 종류 규정에 해당하는 특정소방대상물[호스릴(Hose Reel) 방식의 물분무등소화설비만을 설치한 경우는 제외한다]

ⓛ 가스 제조설비를 갖추고 도시가스사업의 허가를 받아야 하는 시설 또는 가연성 가스를 100톤 이상 1천톤 미만 저장·취급하는 시설

ⓒ 지하구

ⓔ 「공동주택관리법 시행령」에 해당하는 공동주택

ⓜ 「문화재보호법」에 따라 보물 또는 국보로 지정된 목조건축물

ⓑ 특정소방대상물 중 특정소방대상물로서 별표 특정소방대상물3급 소방안전관리대상물

② 건축물대장의 건축물현황도에 표시된 대지경계선 안의 지역 또는 인접한 2개 이상의 대지에 소방안전관리자를 두어야 하는 특정소방대상물이 둘 이상 있고, 그 관리에 관한 권원(權原)을 가진 자가 동일인인 경우에는 이를 하나의 특정소방대상물로 보되, 그 특정소방대상물의 규정 중 둘 이상에 해당하는 경우에는 그 중에서 급수가 높은 특정소방대상물로 본다.

2) 소방안전관리자 및 소방안전관리보조자 [시행령 제23조(소방안전관리자 및 소방안전관리보조자의 선임대상자)]

① 특급 소방안전관리대상물의 관계인은 다음에 해당하는 사람 중에서 소방안전관리자를 선임하여야 한다.

㉮ 소방기술사 또는 소방시설관리사의 자격이 있는 사람

㉯ 소방설비기사의 자격을 취득한 후 5년 이상 1급 소방안전관리대상물의 소방안전관리자로 근무한 실무경력(소방안전관리자로 선임되어 근무한 경력은 제외)이 있는 사람

㉰ 소방설비산업기사의 자격을 취득한 후 7년 이상 1급 소방안전관리대상물의 소방안전관리자로 근무한 실무경력이 있는 사람

㉱ 소방공무원으로 20년 이상 근무한 경력이 있는 사람

㉲ 소방청장이 실시하는 특급 소방안전관리대상물의 소방안전관리에 관한 시험에 합격한 사람. 이 경우 해당 시험은 다음에 해당하는 사람만 응시할 수 있다.

ⓒ 1급 소방안전관리대상물의 소방안전관리자로 5년(소방설비기사의 경우 2년, 소방설비산업기사의 경우 3년) 이상 근무한 실무경력이 있는 사람

ⓛ 1급 소방안전관리대상물의 소방안전관리자로 선임될 수 있는 자격이 있는 사람으로서 특급 또는 1급 소방안전관리대상물의 소방안전관리보조자로 7년 이상 근무한 실무경력이 있는 사람

ⓒ 소방공무원으로 10년 이상 근무한 경력이 있는 사람

ⓔ 「고등교육법」 제2조제1호부터 제6호까지의 어느 하나에 해당하는 학교(이하 "대학"이라 한다)에서 소방안전관리학과(소방청장이 정하여 고시하는 학과를 말한다. 이하 같다)를 전공하고 졸업한 사람(법령에 따라 이와 같은 수준의 학력이 있다고 인정되는 사람을 포함한다)으로서 해당 학과를 졸업한 후 2년 이상 1급 소방안전관리대상물의 소방안전관리자로 근무한 실무경력이 있는 사람

ⓜ 다음 ⓐ부터 ⓒ까지의 어느 하나에 해당하는 사람으로서 해당 요건을 갖춘 후 3년 이상 1급 소방안전관리대상물의 소방안전관리자로 근무한 실무경력이 있는 사람

    ⓐ 대학에서 소방안전 관련 교과목(소방청장이 정하여 고시하는 교과목을 말한다. 이하 같다)을 12학점 이상 이수하고 졸업한 사람

    ⓑ 법령에 따라 1)에 해당하는 사람과 같은 수준의 학력이 있다고 인정되는 사람으로서 해당 학력 취득 과정에서 소방안전 관련 교과목을 12학점 이상 이수한 사람

    ⓒ 대학에서 소방안전 관련 학과(소방청장이 정하여 고시하는 학과를 말한다. 이하 같다)를 전공하고 졸업한 사람(법령에 따라 이와 같은 수준의 학력이 있다고 인정되는 사람을 포함한다)

ⓗ 소방행정학(소방학 및 소방방재학을 포함한다) 또는 소방안전공학(소방방재공학 및 안전공학을 포함한다) 분야에서 석사학위 이상을 취득한 후 2년 이상 1급 소방안전관리대상물의 소방안전관리자로 근무한 실무경력이 있는 사람

ⓢ 특급 소방안전관리대상물의 소방안전관리보조자로 10년 이상 근무한 실무경력이 있는 사람

ⓞ 특급 소방안전관리대상물의 소방안전관리에 대한 강습교육을 수료한 사람

② 1급 소방안전관리대상물의 관계인은 다음에 해당하는 사람 중에서 소방안전관리자를 선임하여야 한다. 다만, 안전관리자로 선임된 해당 소방안전관리대상물의 소방안전관리자로만 선임할 수 있다.

㉮ 소방설비기사 또는 소방설비산업기사의 자격이 있는 사람

㉯ 산업안전기사 또는 산업안전산업기사의 자격을 취득한 후 2년 이상 2급 소방안전관리대상물 또는 3급 소방안전관리대상물의 소방안전관리자로 근무한 실무경력이 있는 사람

㉰ 소방공무원으로 7년 이상 근무한 경력이 있는 사람

㉱ 위험물기능장·위험물산업기사 또는 위험물기능사 자격을 가진 사람으로서 「위험물안전관리법」에 따라 위험물안전관리자로 선임된 사람

㉲ 「고압가스 안전관리법」, 「액화석유가스의 안전관리 및 사업법」 또는 「도시가스사업법」에 따라 안전관리자로 선임된 사람

㉳ 「전기사업법」에 따라 전기안전관리자로 선임된 사람

㉴ 소방청장이 실시하는 1급 소방안전관리대상물의 소방안전관리에 관한 시험에 합격한 사람. 이 경우 해당 시험은 다음에 해당하는 사람만 응시할 수 있다.

    ㉠ 대학에서 소방안전관리학과를 전공하고 졸업한 사람(법령에 따라 이와 같은 수준의 학력이 있다고 인정되는 사람을 포함한다)으로서 해당 학과를 졸업한 후 2년 이상 2급 소방안전관리대상물 또는 3급 소방안전관리대상물의 소방안전관리자로 근무한 실무경력이 있는 사람

    ㉡ 다음 ⓐ부터 ⓒ까지의 어느 하나에 해당하는 사람으로서 3년 이상 2급 소방안전관리대상물 또는 3급 소방안전관리대상물의 소방안전관리자로 근무한 실무경력이 있는 사람

        ⓐ 대학에서 소방안전 관련 교과목(소방청장이 정하여 고시하는 교과목을 말한다. 이하 같다)을 12학점 이상 이수하고 졸업한 사람

        ⓑ 법령에 따라 ⓐ에 해당하는 사람과 같은 수준의 학력이 있다고 인정되는 사람으로서 해당 학력 취득 과정에서 소방안전 관련 교과목을 12학점 이상 이수한 사람

        ⓒ 대학에서 소방안전 관련 학과(소방청장이 정하여 고시하는 학과를 말한다. 이하 같다)를 전공하고 졸업한 사람(법령에 따라 이와 같은 수준의 학력이 있다고 인정되는 사람을 포함한다)

ⓒ 소방행정학(소방학, 소방방재학을 포함한다) 또는 소방안전공학(소방방재공학, 안전공학을 포함한다) 분야에서 석사학위 이상을 취득한 사람

ⓓ 5년 이상 2급 소방안전관리대상물의 소방안전관리자로 근무한 실무경력이 있는 사람

ⓜ 특급 소방안전관리대상물 또는 1급 소방안전관리대상물의 소방안전관리에 대한 강습교육을 수료한 사람

ⓗ 「공공기관의 소방안전관리에 관한 규정」에 따른 강습교육을 수료한 사람

ⓢ 2급 소방안전관리대상물의 소방안전관리자로 선임될 수 있는 자격이 있는 사람으로서 특급 또는 1급 소방안전관리대상물의 소방안전관리보조자로 5년 이상 근무한 실무경력이 있는 사람

ⓞ 2급 소방안전관리대상물의 소방안전관리자로 선임될 수 있는 자격이 있는 사람으로서 2급 소방안전관리대상물의 소방안전관리보조자로 7년 이상 근무한 실무경력(특급 또는 1급 소방안전관리대상물의 소방안전관리보조자로 근무한 5년 미만의 실무경력이 있는 경우에는 이를 포함하여 합산한다)이 있는 사람

ⓐ 특급 소방안전관리대상물의 소방안전관리자 자격이 인정되는 사람

③ 2급 소방안전관리대상물의 관계인은 다음에 해당하는 사람 중에서 소방안전관리자를 선임하여야 한다. 다만, 광산안전관리직원에 해당하는 사람은 보안관리자 또는 보안감독자로 선임된 해당 소방안전관리대상물의 소방안전관리자로만 선임할 수 있다.

㉮ 건축사 · 산업안전기사 · 산업안전산업기사 · 건축기사 · 건축산업기사 · 일반기계기사 · 전기기능장 · 전기기사 · 전기산업기사 · 전기공사기사 또는 전기공사산업기사 자격을 가진 사람

㉯ 위험물기능장 · 위험물산업기사 또는 위험물기능사 자격을 가진 사람

㉰ 광산보안기사 또는 광산보안산업기사 자격을 가진 사람으로서 「광산안전법」에 따라 광산안전관리직원(안전관리자 또는 안전감독자만 해당한다)으로 선임된 사람

㉱ 소방공무원으로 3년 이상 근무한 경력이 있는 사람

㉲ 소방청장이 실시하는 2급 소방안전관리대상물의 소방안전관리에 관한 시험에 합격한 사람. 이 경우 해당 시험은 다음 각 목의 어느 하나에 해당하는 사람만 응시할 수 있다.

　　㉠ 대학에서 소방안전관리학과를 전공하고 졸업한 사람(법령에 따라 이와 같은 수준의 학력이 있다고 인정되는 사람을 포함한다)

　　㉡ 다음 ⓐ부터 ⓒ까지의 어느 하나에 해당하는 사람

　　ⓐ 대학에서 소방안전 관련 교과목을 6학점 이상 이수하고 졸업한 사람

　　ⓑ 법령에 따라 ⓐ에 해당하는 사람과 같은 수준의 학력이 있다고 인정되는 사람으로서 해당 학력 취득 과정에서 소방안전 관련 교과목을 6학점 이상 이수한 사람

　　ⓒ 대학에서 소방안전 관련 학과를 전공하고 졸업한 사람(법령에 따라 이와 같은 수준의 학력이 있다고 인정되는 사람을 포함한다)

　　㉢ 소방본부 또는 소방서에서 1년 이상 화재진압 또는 그 보조 업무에 종사한 경력이 있는 사람

　　㉣ 의용소방대원으로 3년 이상 근무한 경력이 있는 사람

　　㉤ 군부대(주한 외국군부대를 포함한다) 및 의무소방대의 소방대원으로 1년 이상 근무한 경력이 있는 사람

　　㉥ 「위험물안전관리법」에 따른 자체소방대의 소방대원으로 3년 이상 근무한 경력이 있는 사람

ⓞ 「대통령 등의 경호에 관한 법률」에 따른 경호공무원 또는 별정직공무원으로서 2년 이상 안전검측 업무에 종사한 경력이 있는 사람

ⓩ 경찰공무원으로 3년 이상 근무한 경력이 있는 사람

ⓒ 특급 소방안전관리대상물, 1급 소방안전관리대상물 또는 2급 소방안전관리대상물의 소방안전관리에 대한 강습교육을 수료한 사람

ⓚ 강습교육을 수료한 사람에 해당하는 사람

ⓔ 소방안전관리보조자로 선임될 수 있는 자격이 있는 사람으로서 특급 소방안전관리대상물, 1급 소방안전관리대상물, 2급 소방안전관리대상물 또는 3급 소방안전관리대상물의 소방안전관리보조자로 3년 이상 근무한 실무경력이 있는 사람

ⓟ 3급 소방안전관리대상물의 소방안전관리자로 2년 이상 근무한 실무경력이 있는 사람

㉾ 특급 또는 1급 소방안전관리대상물의 소방안전관리자 자격이 인정되는 사람

④ 3급 소방안전관리대상물의 관계인은 다음에 해당하는 사람 중에서 소방안전관리자를 선임하여야 한다.

㉮ 소방공무원으로 1년 이상 근무한 경력이 있는 사람

㉯ 소방청장이 실시하는 3급 소방안전관리대상물의 소방안전관리에 관한 시험에 합격한 사람. 이 경우 해당 시험은 다음 각 목의 어느 하나에 해당하는 사람만 응시할 수 있다.

　㉠ 의용소방대원으로 2년 이상 근무한 경력이 있는 사람

　㉡ 「위험물안전관리법」에 따른 자체소방대의 소방대원으로 1년 이상 근무한 경력이 있는 사람

　㉢ 「대통령 등의 경호에 관한 법률」에 따른 경호공무원 또는 별정직공무원으로 1년 이상 안전검측 업무에 종사한 경력이 있는 사람

　㉣ 경찰공무원으로 2년 이상 근무한 경력이 있는 사람

　㉤ 특급 소방안전관리대상물, 1급 소방안전관리대상물, 2급 소방안전관리대상물 또는 3급 소방안전관리대상물의 소방안전관리에 대한 강습교육을 수료한 사람

　㉥ 소방안전관리에 대한 강습교육을 수료한 사람

　㉦ 소방안전관리보조자로 선임될 수 있는 자격이 있는 사람으로서 특급 소방안전관리대상물, 1급 소방안전관리대상물, 2급 소방안전관리대상물 또는 3급 소방안전관리대상물의 소방안전관리보조자로 2년 이상 근무한 실무경력이 있는 사람

㉰ 특급 소방안전관리대상물, 1급 소방안전관리대상물 또는 2급 소방안전관리대상물의 소방안전관리자 자격이 인정되는 사람

⑤ 소방안전관리보조자를 선임하여야 하는 특정소방대상물의 관계인은 다음에 해당하는 사람을 소방안전관리보조자로 선임하여야 한다.

㉮ 특급 소방안전관리대상물, 1급 소방안전관리대상물, 2급 소방안전관리대상물 또는 3급 소방안전관리대상물의 소방안전관리자 자격이 있는 사람

㉯ 「국가기술자격법」에 따른 기술·기능 분야 국가기술자격 중에서 행정안전부령으로 정하는 국가기술자격이 있는 사람(소방안전 관리사 등)

㉰ 소방안전관리에 대한 강습교육을 수료한 사람

㉮ 소방안전관리대상물에서 소방안전 관련 업무에 2년 이상 근무한 경력이 있는 사람

⑥ 강습교육의 시간·기간·교과목 및 소방안전관리에 관한 시험 등에 관하여 필요한 사항은 행정안전부령으로 정한다.

[화재예방, 소방시설 설치·유지 및 안전관리에 관한 법률 시행규칙에 의거한 시험규정]

제29조(소방안전관리자에 대한 강습교육의 실시)
① 소방안전관리자의 강습교육의 일정·횟수 등에 관하여 필요한 사항은 한국소방안전원의 장이 연간계획을 수립하여 실시하여야 한다.
② 협회장은 강습교육을 실시하고자 하는 때에는 강습교육실시 20일전까지 일시·장소 그 밖의 강습교육 실시에 관하여 필요한 사항을 한국소방안전원의 인터넷 홈페이지 및 게시판에 공고하여야 한다.
③ 협회장은 강습교육을 실시한 때에는 수료자에게 수료증을 교부하고 강습교육수료자 명부대장을 강습교육의 종류별로 작성·보관하여야 한다.
④ 강습교육을 받는 자가 3시간 이상 결강한 때에는 수료증을 교부하지 아니한다.

제30조(강습교육 수강신청 등)
① 강습교육을 받고자 하는 자는 강습교육의 종류별로 강습교육원서(전자문서로 된 원서를 포함)에 다음 각 호의 서류(전자문서를 포함)를 첨부하여 협회장에게 제출하여야 한다.
 1. 사진(가로 3.5센티미터×세로 4.5센티미터) 1매
 2. 위험물안전관리자수첩 사본(위험물안전관리법령에 의하여 안전관리자 강습교육을 수료한 자에 한한다) 1부
 3. 재직증명서(공공기관에 재직하는 자에 한한다)
 4. 소방안전관리자 경력증명서(특급 또는 1급 소방안전관리대상물의 소방안전관리에 관한 강습교육을 받으려는 사람만 해당한다)
② 협회장은 강습교육원서를 접수한 때에는 수강증을 교부하여야 한다.

제31조(강습교육의 강사)
강습교육을 담당할 강사는 과목별로 소방에 관한 학식과 경험이 풍부한 자 중에서 협회장이 위촉한다.

제32조(강습교육의 과목, 시간 및 운영방법 등)
특급, 1급, 2급 및 3급 소방안전관리대상물의 소방안전관리에 관한 강습교육과 「공공기관의 소방안전관리에 관한 규정」에 따른 공공기관 소방안전관리자에 대한 강습교육의 과목, 시간 및 운영방법 등은 다음과 같다.

| 교육과정별 과목 및 시간 | | |
|---|---|---|
| 구분 | 교육과목 | 교육시간 |
| 가. 특급 소방안<br>전관리자 | 직업윤리 및 리더십 | 80시간 |
| | 소방관계법령 | |
| | 건축·전기·가스 관계법령 및 안전관리 | |
| | 재난관리 일반 및 관련법령 | |
| | 초고층특별법 | |
| | 소방기초이론 | |
| | 연소·방화·방폭공학 | |
| | 고층건축물 소방시설 적용기준 | |
| | 소방시설(소화설비, 경보설비, 피난설비, 소화용수설비, 소화활동설비)의<br>구조·점검·실습·평가 | |
| | 공사장 안전관리 계획 및 화기취급 감독 | |
| | 종합방재실 운용 | |
| | 고층건축물 화재 등 재난사례 및 대응방법 | |
| | 화재원인 조사실무 | |
| | 위험성 평가기법 및 성능위주 설계 | |
| | 소방계획 수립 이론·실습·평가 | |
| | 방재계획 수립 이론·실습·평가 | |
| | 작동기능점검표 작성 실습·평가 | |
| | 구조 및 응급처치 이론·실습·평가 | |
| | 소방안전 교육 및 훈련 이론·실습·평가 | |
| | 화재대응 및 피난 실습·평가 | |
| | 화재피해 복구 | |
| | 초고층 건축물 안전관리 우수사례 토의 | |
| | 소방신기술 동향 | |
| | 시청각 교육 | |
| 나. 1급 소방안<br>전관리자 | 소방관계법령 | 40시간 |
| | 건축관계법령 | |
| | 소방학개론 | |
| | 화기취급감독(위험물·전기·가스 안전관리 등) | |
| | 종합방재실 운영 | |
| | 소방시설(소화설비, 경보설비, 피난설비, 소화용수설비, 소화활동설비)의<br>구조·점검·실습·평가 | |
| | 소방계획 수립 이론·실습·평가 | |
| | 작동기능점검표 작성 실습·평가 | |
| | 구조 및 응급처치 이론·실습·평가 | |
| | 소방안전 교육 및 훈련 이론·실습·평가 | |
| | 화재대응 및 피난 실습·평가 | |
| | 형성평가(시험) | |

| | | |
|---|---|---|
| 다. 공공기관 소<br>방안전관리자 | 소방관계법령 | 40시간 |
| | 건축관계법령 | |
| | 공공기관 소방안전규정의 이해 | |
| | 소방학개론 | |
| | 소방시설(소화설비, 경보설비, 피난설비, 소화용수설비, 소화활동설비)의<br>구조ㆍ점검ㆍ실습ㆍ평가 | |
| | 종합방재실 운영 | |
| | 소방안전관리 업무대행 감독 | |
| | 공사장 안전관리 계획 및 감독 | |
| | 화기취급감독(위험물ㆍ전기ㆍ가스 안전관리 등) | |
| | 소방계획 수립 이론ㆍ실습ㆍ평가 | |
| | 외관점검표 작성 실습ㆍ평가 | |
| | 응급처치 이론ㆍ실습ㆍ평가 | |
| | 소방안전 교육 및 훈련 이론ㆍ실습ㆍ평가 | |
| | 화재대응 및 피난 실습ㆍ평가 | |
| | 공공기관 소방안전관리 우수사례 토의 | |
| 라. 2급 소방안<br>전관리자 | 소방관계법령(건축관계법령 포함) | 32시간 |
| | 소방학개론 | |
| | 화기취급감독(위험물ㆍ전기ㆍ가스 안전관리 등) | |
| | 소방시설(소화설비, 경보설비, 피난설비)의 구조ㆍ점검ㆍ실습ㆍ평가 | |
| | 소방계획 수립 이론ㆍ실습ㆍ평가 | |
| | 작동기능점검 방법 및 점검표 작성방법 실습ㆍ평가 | |
| | 응급처치 이론ㆍ실습ㆍ평가 | |
| | 소방안전 교육 및 훈련 이론ㆍ실습ㆍ평가 | |
| | 화재대응 및 피난 실습ㆍ평가 | |
| | 형성평가(시험) | |
| 마. 3급 소방안<br>전관리자 | 화재예방, 소방시설 설치ㆍ유지 및 안전관리에 관한 법령 | 24시간 |
| | 화재일반 | |
| | 화기취급감독(위험물ㆍ전기ㆍ가스 안전관리 등) | |
| | 소방시설(소화기, 경보설비, 피난설비)의 구조ㆍ점검ㆍ실습ㆍ평가 | |
| | 소방계획 수립 이론ㆍ실습ㆍ평가 | |
| | 작동기능점검표 작성 실습ㆍ평가 | |
| | 응급처치 이론ㆍ실습ㆍ평가 | |
| | 소방안전 교육 및 훈련 이론ㆍ실습ㆍ평가 | |
| | 화재대응 및 피난 실습ㆍ평가 | |
| | 형성평가(시험) | |

**교육운영방법**

| 구분 | 이론(30%) | 실무(70%) | |
| --- | --- | --- | --- |
| | | 일반(30%) | 실습 및 평가(40%) |
| 특급 소방안전관리자 | 24시간 | 24시간 | 32시간 |
| 1급 및 공공기관 소방안전관리자 | 12시간 | 12시간 | 16시간 |
| 2급 소방안전관리자 | 9시간 | 10시간 | 13시간 |
| 3급 소방안전관리자 | 7시간 | 7시간 | 10시간 |

제34조(시험방법, 시험의 공고 및 합격자 결정 등)

① 특급 소방안전관리대상물의 소방안전관리에 관한 시험(이하 "특급 소방안전관리자시험"이라 한다)은 선택형과 서술형으로 구분하여 실시하고, 1급 소방안전관리대상물의 소방안전관리에 관한 시험(이하 "1급 소방안전관리자시험"이라 한다), 2급 소방안전관리대상물의 소방안전관리에 관한 시험(이하 "2급 소방안전관리자시험"이라 한다) 및 3급 소방안전관리대상물의 소방안전관리에 관한 시험(이하 "3급 소방안전관리자시험"이라 한다)은 선택형을 원칙으로 하되, 기입형을 덧붙일 수 있다.

② 소방청장은 특급, 1급, 2급 또는 3급 소방안전관리자시험을 실시하고자 하는 때에는 응시자격 · 시험과목 · 일시 · 장소 및 응시절차 등에 관하여 필요한 사항을 모든 응시 희망자가 알 수 있도록 시험 시행일 30일 전에 일간신문 또는 인터넷 홈페이지에 공고하여야 한다.

③ 소방안전관리자시험에 응시하고자 하는 자는 별지 제34호서식의 특급, 1급, 2급 또는 3급 소방안전관리자시험 응시원서에 사진(가로 3.5센티미터×세로 4.5센티미터) 2매와 학력 · 경력증명서류(해당하는 사람만 제출하되, 특급 · 1급 · 2급 또는 3급 소방안전관리에 대한 강습교육 수료증을 포함한다)를 첨부하여 소방청장에게 제출하여야 한다.

④ 소방청장은 제3항에 따른 특급, 1급, 2급 또는 3급 소방안전관리자시험응시원서를 접수한 때에는 응시표를 발급하여야 한다.

⑤ 특급, 1급, 2급 또는 3급 소방안전관리자시험의 과목은 각각 제32조 및 별표 5에 따른 특급, 1급, 2급 또는 3급 소방안전관리대상물의 소방안전관리에 관한 강습교육의 과목으로 한다.

⑥ 제1항의 규정에 의한 시험에 있어서는 매과목 100점을 만점으로 하여 매과목 40점 이상, 전과목 평균 60점 이상을 득점한 자를 합격자로 한다.

⑦ 시험문제의 출제방법, 시험위원의 위촉, 합격자의 발표, 응시수수료 및 부정행위자에 대한 조치 등 시험실시에 관하여 필요한 사항은 소방청장이 이를 정하여 고시한다.

3) 소방안전관리자의 선임신고 [시행규칙 제14조(소방안전관리자의 선임신고 등)]

① 특정소방대상물의 관계인은 소방안전관리자를 다음에 해당하는 날부터 30일 이내에 선임하여야 한다.

　㉠ 신축 · 증축 · 개축 · 재축 · 대수선 또는 용도변경으로 해당 특정소방대상물의 소방안전관리자를 신규로 선임하여야 하는 경우 : 해당 특정소방대상물의 완공일(건축물의 경우에는 「건축법」에 따라 건축물을 사용할 수 있게 된 날을 말한다)

　㉡ 증축 또는 용도변경으로 인하여 특정소방대상물이 소방안전관리대상물로 된 경우 : 증축공사의 완공일 또는 용도변경 사실을 건축물관리대장에 기재한 날

ⓒ 특정소방대상물을 양수하거나 「민사집행법」에 의한 경매, 「채무자 회생 및 파산에 관한 법률」에 의한 환가, 「국세징수법」·「관세법」 또는 「지방세기본법」에 의한 압류재산의 매각 그 밖에 이에 준하는 절차에 의하여 관계인의 권리를 취득한 경우 : 해당 권리를 취득한 날 또는 관할 소방서장으로부터 소방안전관리자 선임 안내를 받은 날. 다만, 새로 권리를 취득한 관계인이 종전의 특정소방대상물의 관계인이 선임신고한 소방안전관리자를 해임하지 아니하는 경우를 제외한다.

ⓔ 특정소방대상물의 경우 : 소방본부장 또는 소방서장이 공동 소방안전관리 대상으로 지정한 날

ⓜ 소방안전관리자를 해임한 경우 : 소방안전관리자를 해임한 날

ⓗ 소방안전관리업무를 대행하는 자를 감독하는 자를 소방안전관리자로 선임한 경우로서 그 업무대행 계약이 해지 또는 종료된 경우 : 소방안전관리업무 대행이 끝난 날

② 2급 또는 3급 소방안전관리대상물의 관계인은 소방안전관리자에 대한 강습교육이나 2급 또는 3급 소방안전관리대상물의 소방안전관리에 관한 시험이 소방안전관리자 선임기간 내에 있지 아니하여 소방안전관리자를 선임할 수 없는 경우에는 소방안전관리자 선임의 연기를 신청할 수 있다.

③ 소방안전관리자 선임의 연기를 신청하려는 2급 또는 3급 소방안전관리대상물의 관계인은 소방안전관리자 선임 연기신청서에 소방안전관리 강습교육접수증 사본 또는 소방안전관리자 시험응시표 사본을 첨부하여 소방본부장 또는 소방서장에게 제출하여야 한다. 이 경우 2급 또는 3급 소방안전관리대상물의 관계인은 소방안전관리자가 선임될 때까지 소방안전관리 업무를 수행하여야 한다.

④ 소방본부장 또는 소방서장은 신청을 받은 때에는 소방안전관리자 선임일을 정하여 2급 또는 3급 소방안전관리대상물의 관계인에게 통보하여야 한다.

⑤ 소방안전관리대상물의 관계인은 소방안전관리자 및 공동 소방안전관리자(「기업활동 규제완화에 관한 특별조치법」에 따라 소방안전관리자를 겸임하거나 공동으로 선임되는 자를 포함한다)를 선임한 때에는 소방안전관리자 선임신고서(전자문서로 된 신고서를 포함한다)에 다음에 해당하는 서류(전자문서를 포함한다)를 첨부하여 소방본부장 또는 소방서장에게 제출하여야 한다. 이 경우 담당 공무원은 「전자정부법」에 따른 행정정보의 공동이용을 통하여 선임된 소방안전관리자의 국가기술자격증을 확인하여야 하며, 신고인이 확인에 동의하지 아니하는 경우에는 그 서류(국가기술자격증의 경우에는 그 사본을 말한다)를 제출하도록 하여야 한다.

ⓐ 소방시설관리사증

ⓑ 소방안전관리자수첩

ⓒ 소방안전관리대상물의 소방안전관리에 관한 업무를 감독할 수 있는 직위에 있는 자임을 증명하는 서류 1부

ⓓ 「위험물안전관리법」에 따른 자체소방대장임을 증명하는 서류 또는 소방시설관리업자에게 소방안전관리 업무를 대행하게 한 사실을 증명할 수 있는 서류 1부

ⓔ 「기업활동 규제완화에 관한 특별조치법」에 따라 해당 특정소방대상물의 소방안전관리자를 겸임할 수 있는 안전관리자로 선임된 사실을 증명할 수 있는 서류 또는 선임사항이 기록된 자격수첩

⑥ 소방본부장 또는 소방서장은 특정소방대상물의 관계인이 소방안전관리자를 선임하여 신고하는 경우에는 신고인에게 소방안전관리자 선임증을 발급하여야 한다.

⑦ 특정소방대상물의 관계인은 「전자정부법」에 따라 소방청장이 설치한 전산시스템을 이용하여 소방안전관리자의 선임신고를 할 수 있으며, 이 경우 소방본부장 또는 소방서장은 소방안전관리자 선임증을 발급하여야 한다.

⑧ 행정안전부령으로 정하는 사항
  ㉠ 소방안전관리대상물의 명칭
  ㉣ 소방안전관리자의 선임일자
  ㉢ 소방안전관리대상물의 등급
  ㉤ 소방안전관리자의 연락처

⑨ 소방안전관리자 성명 등의 게시는 별지 서식에 따른다.

### 4) 소방안전관리보조자 [시행규칙 제14조의2(소방안전관리보조자의 선임신고 등)]

① 특정소방대상물의 관계인은 소방안전관리자보조자를에 해당하는 날부터 30일 이내에 선임하여야 한다.
  ㉠ 신축 · 증축 · 개축 · 재축 · 대수선 또는 용도변경으로 해당 특정소방대상물의 소방안전관리보조자를 신규로 선임하여야 하는 경우 : 해당 특정소방대상물의 완공일
  ㉡ 특정소방대상물을 양수하거나 「민사집행법」에 의한 경매, 「채무자 회생 및 파산에 관한 법률」에 의한 환가, 「국세징수법」 · 「관세법」 또는 「지방세기본법」에 의한 압류재산의 매각 그 밖에 이에 준하는 절차에 의하여 관계인의 권리를 취득한 경우 : 해당 권리를 취득한 날 또는 관할 소방서장으로부터 소방안전관리보조자 선임 안내를 받은 날. 다만, 새로 권리를 취득한 관계인이 종전의 특정소방대상물의 관계인이 선임신고한 소방안전관리보조자를 해임하지 아니하는 경우를 제외한다.
  ㉢ 소방안전관리보조자를 해임한 경우 : 소방안전관리보조자를 해임한 날

② 소방안전관리보조자를 선임하여야 하는 특정소방대상물(이하 "보조자선임대상 특정소방대상물"이라 한다)의 관계인은 소방안전관리보조자 선임기간 내에 있지 아니하여 소방안전관리보조자를 선임할 수 없는 경우에는 소방안전관리보조자 선임의 연기를 신청할 수 있다.

③ ②항에 따라 소방안전관리보조자 선임의 연기를 신청하려는 보조자선임대상 특정소방대상물의 관계인은 선임 연기신청서에 소방안전관리 강습교육접수증 사본을 첨부하여 소방본부장 또는 소방서장에게 제출하여야 한다.

④ 소방본부장 또는 소방서장은 ③항에 따라 선임 연기신청서를 제출받은 경우에는 소방안전관리보조자 선임기간을 정하여 보조자선임대상 특정소방대상물의 관계인에게 통보하여야 한다.

⑤ 특정소방대상물의 관계인은 소방안전관리보조자를 선임한 때에는 소방안전관리보조자 선임신고서(전자문서로 된 신고서를 포함한다)에 다음에 해당하는 서류(전자문서를 포함하며, 영 제23조제5항 각 호의 자격요건 중 해당 자격을 증명할 수 있는 서류를 말한다)를 첨부하여 소방본부장 또는 소방서장에게 제출하여야 한다. 이 경우 담당 공무원은 「전자정부법」 제36조제1항에 따른 행정정보의 공동이용을 통하여 선임된 소방안전관리보조자의 국가기술자격증(영 제23조제5항제1호에 해당

하는 사람 중 같은 조 제1항제2호·제3호, 같은 조 제2항제1호·제2호, 같은 조 제3항제1호·제2호에 해당하는 사람 및 같은 조 제5항제2호에 해당하는 사람만 해당한다)을 확인하여야 하며, 신고인이 확인에 동의하지 아니하는 경우에는 국가기술자격증의 사본을 제출하도록 하여야 한다.

　　㉠ 소방시설관리사증

　　㉡ 소방안전관리자수첩

　　㉢ 특급, 1급, 2급 또는 3급 소방안전관리에 관한 강습교육수료증 1부

　　㉣ 해당 소방안전관리대상물에 소방안전 관련 업무에 근무한 경력이 있는 사람임을 증명할 수 있는 서류 1부

⑥ "행정안전부령으로 정하는 국가기술자격"이란「국가기술자격법 시행규칙」의 중직무분야에서 건축, 기계제작, 기계장비설비·설치, 화공, 위험물, 전기, 안전관리에 해당하는 국가기술자격을 말한다.

⑦ 특정소방대상물의 관계인은「전자정부법」제9조에 따라 소방청장이 설치한 전산시스템을 이용하여 소방안전관리자보조자의 선임신고를 할 수 있으며, 이 경우 소방본부장 또는 소방서장은 소방안전관리보조자 선임증을 발급하여야 한다.

### 5) 소방안전관리보조자를 두어야 하는 특정소방대상물 [시행령 제22조의2(소방안전관리보조자를 두어야 하는 특정소방대상물)]

① 소방안전관리보조자를 선임하여야 하는 특정소방대상물은 소방안전관리자를 두어야 하는 특정소방대상물 중 다음에 해당하는 특정소방대상물(보조자선임대상 특정소방대상물)로 한다. 다만, 특정소방대상물로서 해당 특정소방대상물이 소재하는 지역을 관할하는 소방서장이 야간이나 휴일에 해당 특정소방대상물이 이용되지 아니한다는 것을 확인한 경우에는 소방안전관리보조자를 선임하지 아니할 수 있다.

　　㉠「건축법 시행령」에 따른 아파트(300세대 이상인 아파트만 해당한다)

　　㉡ 아파트를 제외한 연면적이 1만5천제곱미터 이상인 특정소방대상물

　　㉢ 특정소방대상물을 제외한 특정소방대상물 중 다음에 해당하는 특정소방대상물

　　　　ⓐ 공동주택 중 기숙사

　　　　ⓑ 의료시설

　　　　ⓒ 노유자시설

　　　　ⓓ 수련시설

　　　　ⓔ 숙박시설(숙박시설로 사용되는 바닥면적의 합계가 1천500제곱미터 미만이고 관계인이 24시간 상시 근무하고 있는 숙박시설은 제외한다)

② 보조자선임대상 특정소방대상물의 관계인이 선임하여야 하는 소방안전관리보조자의 최소 선임기준은 다음과 같다.

　　㉠ **아파트의 경우** : 1명. 다만, 초과되는 300세대마다 1명 이상을 추가로 선임하여야 한다.

　　㉡ **의료시설의 경우** : 1명. 다만, 초과되는 연면적 1만5천제곱미터마다 1명 이상을 추가로 선임하여야 한다.

ⓒ 노유자시설의 경우 : 1명

**(3)** 대통령령으로 정하는 소방안전관리대상물의 관계인은 소방시설관리업의 등록을 한 자(관리업자)로 하여금 소방안전관리 업무 중 대통령령으로 정하는 업무를 대행하게 할 수 있으며, 이 경우 소방 안전관리 업무를 대행하는 자를 감독할 수 있는 자를 소방안전관리자로 선임할 수 있다.

   1) 대통령령으로 정하는 소방안전관리대상물이란 소방안전관리자를 두어야 하는 특정소방대상물을 말한다. [시행령 제23조의2(소방안전관리 업무의 대행)]

   2) 소방안전관리 업무 중 대통령령으로 정하는 업무란 피난시설, 방화구획 및 방화시설의 유지 · 관리 또는 소방시설이나 그 밖의 소방 관련 시설의 유지 · 관리에 해당하는 업무를 말한다.

**(4)** 소방안전관리대상물의 관계인이 소방안전관리자를 선임한 경우에는 행정안전부령으로 정하는 바에 따라 선임한 날부터 14일 이내에 소방본부장이나 소방서장에게 신고하고, 소방안전관리대상물의 출입자가 쉽게 알 수 있도록 소방안전관리자의 성명과 그 밖에 행정안전부령으로 정하는 사항을 게시하여야 한다.

   1) 특정소방대상물의 관계인은 소방안전관리자를 다음에 해당하는 날부터 30일 이내에 선임하여야 한다. [시행규칙 제14조(소방안전관리자의 선임신고 등)]

① 신축 · 증축 · 개축 · 재축 · 대수선 또는 용도변경으로 해당 특정소방대상물의 소방안전관리자를 신규로 선임하여야 하는 경우 … 해당 특정소방대상물의 완공일(건축물의 경우에는 「건축법」에 따라 건축물을 사용할 수 있게 된 날을 말한다)

② 증축 또는 용도변경으로 인하여 특정소방대상물이 소방안전관리대상물로 된 경우 … 증축공사의 완공일 또는 용도변경 사실을 건축물관리대장에 기재한 날

③ 특정소방대상물을 양수하거나 「민사집행법」에 의한 경매, 「채무자 회생 및 파산에 관한 법률」에 의한 환가, 「국세징수법」 · 「관세법」 또는 「지방세기본법」에 의한 압류재산의 매각 그 밖에 이에 준하는 절차에 의하여 관계인의 권리를 취득한 경우 … 해당 권리를 취득한 날 또는 관할 소방서장으로부터 소방안전관리자 선임 안내를 받은 날. 다만, 새로 권리를 취득한 관계인이 종전의 특정소방대상물의 관계인이 선임신고한 소방안전관리자를 해임하지 아니하는 경우를 제외한다.

④ 특정소방대상물의 경우 … 소방본부장 또는 소방서장이 공동 소방안전관리 대상으로 지정한 날

⑤ 소방안전관리자를 해임한 경우 … 소방안전관리자를 해임한 날

⑥ 소방안전관리업무를 대행하는 자를 감독하는 자를 소방안전관리자로 선임한 경우로서 그 업무대행 계약이 해지 또는 종료된 경우 … 소방안전관리업무 대행이 끝난 날

2) 2급 또는 3급 소방안전관리대상물의 관계인은 소방안전관리자에 대한 강습교육이나 2급 또는 3급 소방안전관리대상물의 소방안전관리에 관한 시험이 소방안전관리자 선임기간 내에 있지 아니하여 소방안전관리자를 선임할 수 없는 경우에는 소방안전관리자 선임의 연기를 신청할 수 있다.

3) 소방안전관리자 선임의 연기를 신청하려는 2급 또는 3급 소방안전관리대상물의 관계인은 소방안전관리자 선임 연기신청서에 소방안전관리 강습교육접수증 사본 또는 소방안전관리자 시험응시표 사본을 첨부하여 소방본부장 또는 소방서장에게 제출하여야 한다. 이 경우 2급 또는 3급 소방안전관리대상물의 관계인은 소방안전관리자가 선임될 때까지 소방안전관리 업무를 수행하여야 한다.

4) 소방본부장 또는 소방서장은 신청을 받은 때에는 소방안전관리자 선임일을 지정하여 2급 또는 3급 소방안전관리대상물의 관계인에게 통보하여야 한다.

5) 소방안전관리대상물의 관계인은 소방안전관리자 및 공동 소방안전관리자(「기업활동 규제완화에 관한 특별조치법」에 따라 소방안전관리자를 겸임하거나 공동으로 선임되는 자를 포함한다)를 선임한 때에는 소방안전관리자 선임신고서(전자문서로 된 신고서를 포함)에 다음에 해당하는 서류(전자문서를 포함)를 첨부하여 소방본부장 또는 소방서장에게 제출하여야 한다. 이 경우 담당 공무원은 「전자정부법」에 따른 행정정보의 공동이용을 통하여 선임된 소방안전관리자의 국가기술자격증을 확인하여야 하며, 신고인이 확인에 동의하지 아니하는 경우에는 그 서류(국가기술자격증의 경우에는 그 사본을 말한다)를 제출하도록 하여야 한다.

① 소방시설관리사증

② 소방안전관리자수첩

③ 소방안전관리대상물의 소방안전관리에 관한 업무를 감독할 수 있는 직위에 있는 자임을 증명하는 서류 1부

④ 「위험물안전관리법」에 따른 자체소방대장임을 증명하는 서류 또는 소방시설관리업자에게 소방안전관리 업무를 대행하게 한 사실을 증명할 수 있는 서류 1부

⑤ 「기업활동 규제완화에 관한 특별조치법」에 따라 해당 특정소방대상물의 소방안전관리자를 겸임할 수 있는 안전관리자로 선임된 사실을 증명할 수 있는 서류 또는 선임사항이 기록된 자격수첩

6) 소방본부장 또는 소방서장은 특정소방대상물의 관계인이 소방안전관리자를 선임하여 신고하는 경우에는 신고인에게 소방안전관리자 선임증을 발급하여야 한다.

7) 특정소방대상물의 관계인은 「전자정부법」에 따라 소방청장이 설치한 전산시스템을 이용하여 소방안전관리자의 선임신고를 할 수 있으며, 이 경우 소방본부장 또는 소방서장은 소방안전관리자 선임증을 발급하여야 한다.

8) 행정안전부령으로 정하는 사항이란 다음의 사항을 말한다.

① 소방안전관리대상물의 명칭

② 소방안전관리자의 선임일자

③ 소방안전관리대상물의 등급

④ 소방안전관리자의 연락처

9) 소방안전관리자 성명 등의 게시는 서식에 따른다.

**(5)** 소방안전관리대상물의 관계인이 소방안전관리자를 해임한 경우에는 그 관계인 또는 해임된 소방안전관리자는 소방본부장이나 소방서장에게 그 사실을 알려 해임한 사실의 확인을 받을 수 있다.

**(6)** 특정소방대상물(소방안전관리대상물은 제외)의 관계인과 소방안전관리대상물의 소방안전관리자의 업무는 다음과 같다. 다만, ① · ② 및 ④의 업무는 소방안전관리대상물의 경우에만 해당한다.

① 피난계획에 관한 사항과 대통령령으로 정하는 사항이 포함된 소방계획서의 작성 및 시행(소방안전관리대상물의 경우에만 해당)

② 자위소방대(自衛消防隊) 및 초기대응체계의 구성 · 운영 · 교육(소방안전관리대상물의 경우에만 해당)

③ 피난시설, 방화구획 및 방화시설의 유지 · 관리

④ 소방훈련 및 교육(소방안전관리대상물의 경우에만 해당)

⑤ 소방시설이나 그 밖의 소방 관련 시설의 유지 · 관리

⑥ 화기(火氣) 취급의 감독

⑦ 그 밖에 소방안전관리에 필요한 업무

**(7)** 소방안전관리대상물의 관계인은 소방안전관리자가 소방안전관리 업무를 성실하게 수행할 수 있도록 지도 · 감독하여야 한다.

**(8)** 소방안전관리자는 인명과 재산을 보호하기 위하여 소방시설 · 피난시설 · 방화시설 및 방화구획 등이 법령에 위반된 것을 발견한 때에는 지체 없이 소방안전관리대상물의 관계인에게 소방대상물의 개수 · 이전 · 제거 · 수리 등 필요한 조치를 할 것을 요구하여야 하며, 관계인이 시정하지 아니하는 경우 소방본부장 또는 소방서장에게 그 사실을 알려야 한다. 이 경우 소방안전관리자는 공정하고 객관적으로 그 업무를 수행하여야 한다.

**(9)** 소방안전관리자로부터 조치요구 등을 받은 소방안전관리대상물의 관계인은 지체 없이 이에 따라야 하며 조치요구 등을 이유로 소방안전관리자를 해임하거나 보수(報酬)의 지급을 거부하는 등 불이익한 처우를 하여서는 아니 된다.

⑽ 소방안전관리 업무를 관리업자에게 대행하게 하는 경우의 대가(代價)는 「엔지니어링산업 진흥법」에 따른 엔지니어링사업의 대가 기준 가운데 행정안전부령으로 정하는 방식에 따라 산정한다.

> **POINT** 행정안전부령으로 정하는 소방안전관리 업무대행의 대가는 방식이란 「엔지니어링산업 진흥법」에 따라 산 업통상자원부장관이 인가한 엔지니어링사업대가의 기준 중 실비정액가산방식을 말한다. [시행규칙 제20 조(소방안전관리 업무대행 등의 대가)]

⑾ 자위소방대와 초기대응체계의 구성, 운영 및 교육 등에 관하여 필요한 사항은 행정안전부령으로 정한다.

1) 소방안전관리대상물의 소방안전관리자는 자위소방대를 다음의 기능을 효율적으로 수행할 수 있도록 편성·운영하되, 소방안전관리대상물의 규모·용도 등의 특성을 고려하여 응급구조 및 방호안전기능 등을 추가하여 수행할 수 있도록 편성할 수 있다. [시행규칙 제14조의3(자위소방대 및 초기대응체계의 구성, 운영 및 교육 등)]

① 화재 발생 시 비상연락, 초기소화 및 피난유도
② 화재 발생 시 인명·재산피해 최소화를 위한 조치

2) 소방안전관리대상물의 소방안전관리자는 초기대응체계를 자위소방대에 포함하여 편성하되, 화재 발생 시 초기에 신속하게 대처할 수 있도록 해당 소방안전관리대상물에 근무하는 사람의 근무위치, 근무인원 등을 고려하여 편성하여야 한다.

3) 소방안전관리대상물의 소방안전관리자는 해당 특정소방대상물이 이용되고 있는 동안 초기대응체계를 상시적으로 운영하여야 한다.

4) 소방안전관리대상물의 소방안전관리자는 연 1회 이상 자위소방대(초기대응체계를 포함한다)를 소집하여 그 편성 상태를 점검하고, 소방교육을 실시하여야 한다. 이 경우 초기대응체계에 편성된 근무자 등에 대하여는 화재 발생 초기대응에 필요한 기본 요령을 숙지할 수 있도록 소방교육을 실시하여야 한다.

5) 소방안전관리대상물의 소방안전관리자는 소방교육을 소방훈련과 병행하여 실시할 수 있다.

6) 소방안전관리대상물의 소방안전관리자는 소방교육을 실시하였을 때에는 그 실시 결과를 자위소방대 및 초기대응체계 소방교육 실시 결과 기록부에 기록하고, 이를 2년간 보관하여야 한다.

7) 소방청장은 자위소방대의 구성, 운영 및 교육, 초기대응체계의 편성·운영 등에 필요한 지침을 작성하여 배포할 수 있으며, 소방본부장 또는 소방서장은 소방안전관리대상물의 소방안전관리자가 해당 지침을 준수하도록 지도할 수 있다.

⒀ 소방본부장 또는 소방서장은 소방안전관리자를 선임하지 아니한 소방안전관리대상물의 관계인에게 소방안전관리자를 선임하도록 명할 수 있다.

⒀ 소방본부장 또는 소방서장은 업무를 다하지 아니하는 특정소방대상물의 관계인 또는 소방안전관리자에게 그 업무를 이행하도록 명할 수 있다.

### 2. 소방안전 특별관리시설물의 안전관리 [제20조의2(소방안전 특별관리시설물의 안전관리)]

(1) 소방청장은 화재 등 재난이 발생할 경우 사회 · 경제적으로 피해가 큰 소방안전 특별관리시설물에 대하여 소방안전 특별관리를 하여야 한다.

1) 「항공법」의 공항시설

2) 「철도산업발전기본법」의 철도시설

3) 「도시철도법」의 도시철도시설

4) 「항만법」의 항만시설

5) 「문화재보호법」의 지정문화재인 시설(시설이 아닌 지정문화재를 보호하거나 소장하고 있는 시설을 포함한다)

6) 「산업기술단지 지원에 관한 특례법」의 산업기술단지

7) 「산업입지 및 개발에 관한 법률」의 산업단지

8) 「초고층 및 지하연계 복합건축물 재난관리에 관한 특별법」의 초고층 건축물 및 지하연계 복합건축물

9) 「영화 및 비디오물의 진흥에 관한 법률」의 영화상영관 중 수용인원 1,000명 이상인 영화상영관

10) 전력용 및 통신용 지하구

11) 「한국석유공사법」의 석유비축시설

12) 「한국가스공사법」의 천연가스 인수기지 및 공급망

13) 그 밖에 대통령령으로 정하는 시설물[시행령 제24조의2(소방안전 특별관리시설물)]

① 전통시장으로서 점포가 500개 이상인 전통시장을 말한다.

② 시설물로서 「전기사업법」 제2조제4호에 따른 발전사업자가 가동 중인 발전소(발전원의 종류별로 「발전소주변지역 지원에 관한 법률 시행령」 제2조제2항에 따른 발전소는 제외한다)를 말한다.

(2) 소방청장은 특별관리를 체계적이고 효율적으로 하기 위하여 시·도지사와 협의하여 소방안전 특별관리기본계획을 수립하여 시행하여야 한다.

(3) 시·도지사는 소방안전 특별관리기본계획에 저촉되지 아니하는 범위에서 관할 구역에 있는 소방안전 특별관리시설물의 안전관리에 적합한 소방안전 특별관리시행계획을 수립하여 시행하여야 한다.

(4) 소방안전 특별관리기본계획 및 소방안전 특별관리시행계획의 수립·시행에 필요한 사항은 대통령령으로 정한다.

   1) 소방청장은 소방안전 특별관리기본계획을 5년마다 수립·시행하여야 하고, 계획 시행 전년도 10월 31일까지 수립하여 시·도에 통보한다. [시행령 제24조의3(소방안전 특별관리기본계획·시행계획의 수립·시행)]

   2) 특별관리기본계획에는 다음의 사항이 포함되어야 한다.

① 화재예방을 위한 중기·장기 안전관리정책

② 화재예방을 위한 교육·홍보 및 점검·진단

③ 화재대응을 위한 훈련

④ 화재대응 및 사후조치에 관한 역할 및 공조체계

⑤ 그 밖에 화재 등의 안전관리를 위하여 필요한 사항

   3) 시·도지사는 특별관리기본계획을 시행하기 위하여 매년 소방안전 특별관리시행계획을 계획 시행 전년도 12월 31일까지 수립하여 야 하고, 시행 결과를 계획 시행 다음 연도 1월 31일까지 소방청장에게 통보하여야 한다.

   4) 특별관리시행계획에는 다음의 사항이 포함되어야 한다.

① 특별관리기본계획의 집행을 위하여 필요한 사항

② 시·도에서 화재 등의 안전관리를 위하여 필요한 사항

5) 소방청장 및 시 · 도지사는 특별관리기본계획 및 특별관리시행계획을 수립하는 경우 성별, 연령별, 재해약자(장애인 · 노인 · 임산부 · 영유아 · 어린이 등 이동이 어려운 사람을 말한다)별 화재피해현황 및 실태 등에 관한 사항을 고려하여야 한다.

### 3. 공동 소방안전관리 [제21조(공동 소방안전관리)]

다음에 해당하는 특정소방대상물로서 그 관리의 권원(權原)이 분리되어 있는 것 가운데 소방본부장이나 소방서장이 지정하는 특정소방대상물의 관계인은 행정안전부령으로 정하는 바에 따라 대통령령으로 정하는 자를 공동 소방안전관리자로 선임하여야 한다.

1) 고층 건축물(지하층을 제외한 층수가 11층 이상인 건축물만 해당한다)

2) 지하가(지하의 인공구조물 안에 설치된 상점 및 사무실, 그 밖에 이와 비슷한 시설이 연속하여 지하도에 접하여 설치된 것과 그 지하도를 합한 것을 말한다)

3) 그 밖에 대통령령으로 정하는 특정소방대상물

① 복합건축물로서 연면적이 5천제곱미터 이상인 것 또는 층수가 5층 이상인 것[시행령 제25조(공동 소방안전관리자 선임대상 특정소방대상물)]
② 판매시설 중 도매시장 및 소매시장
③ 특정소방대상물 중 소방본부장 또는 소방서장이 지정하는 것

### 4. 피난계획의 수립 및 시행 [제21조의2(피난계획의 수립 및 시행)]

(1) 소방안전관리대상물의 관계인은 그 장소에 근무하거나 거주 또는 출입하는 사람들이 화재가 발생한 경우에 안전하게 피난할 수 있도록 피난계획을 수립하여 시행하여야 한다.

(2) 피난계획에는 그 특정소방대상물의 구조, 피난시설 등을 고려하여 설정한 피난경로가 포함되어야 한다.

(3) 소방안전관리대상물의 관계인은 피난시설의 위치, 피난경로 또는 대피요령이 포함된 피난유도 안내정보를 근무자 또는 거주자에게 정기적으로 제공하여야 한다.

(4) 피난계획의 수립 · 시행, 피난유도 안내정보 제공에 필요한 사항은 행정안전부령으로 정한다.

1) 피난계획의 수립 · 시행 [시행규칙 제14조의4(피난계획의 수립 · 시행)]

① 피난계획에는 다음의 사항이 포함되어야 한다.
　㉠ 화재경보의 수단 및 방식

     ⓛ 층별, 구역별 피난대상 인원의 현황

     ⓒ 장애인, 노인, 임산부, 영유아 및 어린이 등 이동이 어려운 사람재해약자)의 현황

     ⓔ 각 거실에서 옥외(옥상 또는 피난안전구역을 포함)로 이르는 피난경로

     ⓜ 재해약자 및 재해약자를 동반한 사람의 피난동선과 피난방법

     ⓗ 피난시설, 방화구획, 그 밖에 피난에 영향을 줄 수 있는 제반 사항

② 소안안전관리대상물의 관계인은 해당 소방안전관리대상물의 구조ㆍ위치, 소방시설 등을 고려하여 피난계획을 수립하여야 한다.

③ 소방안전관리대상물의 관계인은 해당 소방안전관리대상물의 피난시설이 변경된 경우에는 그 변경사항을 반영하여 피난계획을 정비하여야 한다.

④ ①부터 ③까지에서 규정한 사항 외에 피난계획의 수립ㆍ시행에 필요한 세부사항은 소방청장이 정하여 고시한다.

### 2) 피난유도 안내정보의 제공 [시행규칙 제14조의5(피난유도 안내정보의 제공)]

① 피난유도 안내정보 제공은 다음에 해당하는 방법으로 하여야 한다.

     ㉠ 연 2회 피난안내 교육을 실시하는 방법

     ㉡ 분기별 1회 이상 피난안내방송을 실시하는 방법

     ㉢ 피난안내도를 층마다 보기 쉬운 위치에 게시하는 방법

     ㉣ 엘리베이터, 출입구 등 시청이 용이한 지역에 피난안내영상을 제공하는 방법

② ①에서 규정한 사항 외에 피난유도 안내정보의 제공에 필요한 세부사항은 소방청장이 정하여 고시한다.

## 5. 특정소방대상물의 근무자 및 거주자에 대한 소방훈련 [제22조(특정소방대상물의 근무자 및 거주자에 대한 소방훈련 등)]

(1) 대통령령으로 정하는 특정소방대상물의 관계인은 그 장소에 상시 근무하거나 거주하는 사람에게 소화ㆍ통보ㆍ피난 등의 소방훈련과 소방안전관리에 필요한 교육을 하여야 한다. 이 경우 피난훈련은 그 소방대상물에 출입하는 사람을 안전한 장소로 대피시키고 유도하는 훈련을 포함하여야 한다.

     **POINT** 대통령령으로 정하는 특정소방대상물이란 특정소방대상물 중 상시 근무하거나 거주하는 인원

(2) 소방본부장이나 소방서장은 특정소방대상물의 관계인이 실시하는 소방훈련을 지도ㆍ감독할 수 있다.

(3) 소방훈련과 교육의 횟수 및 방법 등에 관하여 필요한 사항은 행정안전부령으로 정한다.

1) 특정소방대상물의 관계인은 소방훈련과 교육을 연 1회 이상 실시하여야 한다. 다만, 소방서장이 화재예방을 위하여 필요하다고 인정하여 2회의 범위 안에서 추가로 실시할 것을 요청하는 경우에는 소방훈련과 교육을 실시하여야 한다. [시행규칙 제15조(특정소방대상물의 근무자 및 거주자에 대한 소방훈련과 교육)]

2) 소방서장은 특급 및 1급 소방안전관리대상물의 관계인으로 하여금 소방훈련을 소방기관과 합동으로 실시하게 할 수 있다.

3) 소방훈련을 실시하여야 하는 관계인은 소방훈련에 필요한 장비 및 교재 등을 갖추어야 한다.

4) 소방안전관리대상물의 관계인은 소방훈련과 교육을 실시하였을 때에는 그 실시 결과를 소방훈련 · 교육 실시 결과 기록부에 기록하고, 이를 소방훈련과 교육을 실시한 날의 다음 날부터 2년간 보관하여야 한다.

### 6. 특정소방대상물의 관계인에 대한 소방안전교육 [제23조(특정소방대상물의 관계인에 대한 소방안전교육)]

(1) 소방본부장이나 소방서장은 특정소방대상물의 근무자 및 거주자에 대한 소방훈련을 적용받지 아니하는 특정소방대상물의 관계인에 대하여 특정소방대상물의 화재 예방과 소방안전을 위하여 행정안전부령으로 정하는 바에 따라 소방안전교육을 하여야 한다.

(2) 교육대상자 및 특정소방대상물의 범위 등에 관하여 필요한 사항은 행정안전부령으로 정한다.

1) 소방본부장 또는 소방서장은 소방안전교육을 실시하고자 하는 때에는 교육일시 · 장소 등 교육에 필요한 사항을 명시하여 교육일 30일전까지 교육대상자에게 통보하여야 한다. [시행규칙 제36조(소방안전교육 대상자 등)]

2) 소방안전교육대상자는 다음에 해당하는 특정소방대상물의 관계인으로서 관할 소방서장이 교육이 필요하다고 인정하는 사람으로 한다.

① 소규모의 공장 · 작업장 · 점포 등이 밀집한 지역 안에 있는 특정소방대상물

② 주택으로 사용하는 부분 또는 층이 있는 특정소방대상물

③ 목조 또는 경량철골조 등 화재에 취약한 구조의 특정소방대상물

④ 그 밖에 화재에 대하여 취약성이 높다고 관할 소방본부장 또는 소방서장이 인정하는 특정소방대상물

## 7. 공공기관의 소방안전관리 [제24조(공공기관의 소방안전관리)]

(1) 국가, 지방자치단체, 국공립학교 등 대통령령으로 정하는 공공기관의 장은 소관 기관의 근무자 등의 생명·신체와 건축물·인공구조물 및 물품 등을 화재로부터 보호하기 위하여 화재 예방, 자위소방대의 조직 및 편성, 소방시설의 자체점검과 소방훈련 등의 소방안전관리를 하여야 한다.

  1) 국가 및 지방자치단체

  2) 국공립학교

  3) 「공공기관의 운영에 관한 법률」에 따른 공공기관

  4) 「지방공기업법」에 따라 설립된 지방공사 또는 지방공단

  5) 「사립학교법」에 따른 사립학교

(2) 공공기관에 대한 다음에 관하여는 대통령령으로 정하는 바에 따른다.

  1) 소방안전관리자의 자격, 책임 및 선임 등

① 공공기관의 장(기관장)의 책임 [공공기관의 소방안전관리에 관한 규정 제4조(기관장의 책임)]

  ㉠ 소방시설, 피난시설 및 방화시설의 설치·유지 및 관리에 관한 사항
  ㉡ 소방계획의 수립·시행에 관한 사항
  ㉢ 소방 관련 훈련 및 교육에 관한 사항
  ㉣ 그 밖의 소방안전관리 업무에 관한 사항

② 소안전관리자의 선임 [공공기관의 소방안전관리에 관한 규정 제5조(소방안전관리자의 선임)]

  ㉮ 기관장은 소방안전관리 업무를 원활하게 수행하기 위하여 감독직에 있는 사람으로서 다음 각 호의 구분에 따른 자격을 갖춘 사람을 소방안전관리자로 선임하여야 한다. 다만, 「화재예방, 소방시설 설치·유지 및 안전관리에 관한 법률 시행령」에 따라 소화기 또는 비상경보설비만을 설치하는 공공기관의 경우에는 소방안전관리자를 선임하지 아니할 수 있다.
    ㉠ 「화재예방, 소방시설 설치·유지 및 안전관리에 관한 법률 시행령」의 특급 소방안전관리대상물에 해당하는 공공기관 : 소방기술사 또는 소방시설관리사의 자격이 있는 사람, 소방설비기사의 자격을 취득한 후 5년 이상 1급 소방안전관리대상물의 소방안전관리자로 근무한 실무경력, 소방설비산업기사의 자격을 취득한 후 7년 이상 1급 소방안전관리대상물의 소방안전관리자로 근무한 사람, 소방공무원으로 20년 이상 근무한 경력이 있는 사람, 소방청장이 실시하는 특급 소방안전관리대상물의 소방안전관리에 관한 시험에 합격한 사람 에 해당하는 사람

ⓛ ㉠에 해당하지 않는 공공기관 : 다음에 해당하는 사람
  ⓐ 「화재예방, 소방시설 설치·유지 및 안전관리에 관한 법률 시행령」 소방안전관리자를 두어야 하는 특정소방대상물에 해당하는 사람
  ⓑ 「화재예방, 소방시설 설치·유지 및 안전관리에 관한 법률」의 소방안전관리자 및 소방안전관리보조자, 소방안전관리자, 안전관리자의 자격을 인정받으려는 자로서 대통령령으로 정하는 자 등에 대한 강습 교육(특급 소방안전관리대상물의 소방안전관리 업무 또는 공공기관의 소방안전관리 업무를 위한 강습 교육으로 한정)을 받은 사람

㉮ 기관장은 ㉮에 해당하는 사람이 없는 경우에는 강습 교육을 받을 사람을 미리 지정하고 그 지정된 사람을 소방안전관리자로 선임할 수 있다.

㉯ 공공기관의 건축물이나 그 밖의 시설이 2개 이상의 구역(건축물대장의 건축물 현황도에 표시된 대지경계선 안쪽 지역을 말한다)에 분산되어 위치한 경우에는 각 구역별로 소방안전관리자를 선임하여야 하며, 공공기관의 건축물이나 그 밖의 시설을 관리하는 기관이 따로 있는 경우에는 그 관리기관의 장이 소방안전관리자를 선임하여야 한다.

㉰ 기관장은 소방안전관리자의 퇴직 등의 사유로 새로 소방안전관리자를 선임하여야 할 때에는 그 사유가 발생한 날부터 30일 이내에 소방안전관리자를 선임하여야 한다.

③ **소방안전관리자** [공공기관의 소방안전관리에 관한 규정 제6조(소방안전관리자의 선임 통보)] … 기관장은 소방안전관리자를 선임하였을 때에는 선임한 날부터 14일 이내에 그 선임 사실과 선임된 소방안전관리자의 소속·직위 및 성명을 관할 소방서장에게 통보하여야 한다. 이 경우 소방안전관리자가 소방안전관리자 및 소방안전관리보조자의 선임대상자 또는 소방안전관리자 등에 대한 교육을 받은 자에 해당하는 사람임을 증명하는 서류를 함께 제출하여야 하고, 강습교육을 받을 사람을 미리 지정하여 소방안전관리자를 선임한 경우에는 선임된 소방안전관리자가 강습교육을 받은 경우 지체 없이 그 사실을 증명하는 서류를 제출하여야 한다.

④ **소방안전관리자의 책무** [공공기관의 소방안전관리에 관한 규정 제7조(소방안전관리자의 책무)] … 선임된 소방안전관리자는 소방안전관리 업무를 성실히 수행하여야 한다.

### 2) 소방안전관리의 업무대행

기관장은 소방시설관리업의 등록을 한 자(소방시설관리업자)에게 소방안전관리 업무를 대행하게 할 수 있다. 이 경우 해당 공공기관의 소방안전관리자는 소방안전관리 업무를 대행하는 소방시설관리업자의 업무를 감독하여야 한다. [공공기관의 소방안전관리에 관한 규정 제7조의2(소방안전관리자의 업무 대행)]

### 3) 자위소방대의 구성, 운영 및 교육

① 기관장은 화재가 발생하는 경우에 화재를 초기에 진압하고 인명 및 재산의 피해를 최소화하기 위하여 자위소방대(自衛消防隊)를 편성·운영하여야 한다. [공공기관의 소방안전관리에 관한 규정 제12조(자위소방대의 편성)]

② 자위소방대는 해당 공공기관에 근무하는 모든 인원으로 구성하고, 자위소방대에는 대장·부대장 각 1명과 지휘반·진압반·구조구급반 및 대피유도반을 둔다.

③ 각 반(班)은 해당 기관에 근무하는 직원의 수를 고려하여 적절히 구성한다.

④ **자위소방대의 대장·부대장과 각 반의 임무** [공공기관의 소방안전관리에 관한 규정 제13조(자위소방대의 임무)]

　　㉠ 대장은 자위소방대를 총괄·지휘·운용한다.

　　㉡ 부대장은 대장을 보좌하고, 대장이 부득이한 사유로 임무를 수행할 수 없을 때에는 그 임무를 대행한다.

　　㉢ 지휘반은 대장의 지휘를 받아 다른 반의 임무를 조정하고, 화재진압 등에 관한 훈련계획을 수립·시행한다.

　　㉣ 진압반은 대장과 지휘반의 지휘를 받아 화재를 진압한다.

　　㉤ 구조구급반은 대장과 지휘반의 지휘를 받아 인명을 구조하고 부상자를 응급처치한다.

　　㉥ 대피유도반은 대장과 지휘반의 지휘를 받아 근무자 등을 안전한 장소로 대피하도록 유도한다.

## 4) 근무자 등에 대한 소방훈련 및 교육

① 기관장은 해당 공공기관의 모든 인원에 대하여 연 2회 이상 소방훈련과 교육을 실시하되, 그 중 1회 이상은 소방관서와 합동으로 소방훈련을 실시하여야 한다. 다만, 상시 근무하는 인원이 10명 이하이거나 소방안전관리자를 선임하지 아니할 수 있는 공공기관의 경우에는 소방관서와 합동으로 하는 소방훈련을 실시하지 아니할 수 있다. [공공기관의 소방안전관리에 관한 규정 제14조(소방훈련과 교육)]

② 기관장은 소방훈련과 교육을 실시할 때에는 소화·화재통보·피난 등의 요령에 관한 사항을 포함하여 실시하여야 한다.

③ 기관장은 실시한 소방훈련과 교육에 대한 기록을 2년간 보관하여야 한다.

## 5) 그 밖에 소방안전관리에 필요한 사항

① 기관장은 선임된 소방안전관리자가 화재 예방 및 안전관리의 효율화, 새로운 기술의 보급과 안전의식의 향상을 위한 실무 교육(법 제41조제1항에 따른 실무 교육을 말한다)을 받도록 하여야 한다. [공공기관의 소방안전관리에 관한 규정 제8조(소방안전관리자의 교육)]

② 실(室)이 벽·칸막이 등으로 나누어진 경우 그 사용책임자는 해당 실 안의 화기 단속 및 화재 예방을 위한 조치를 하여야 한다. [공공기관의 소방안전관리에 관한 규정 제9조(화기 단속 등)]

③ 방호원(공공기관의 건축물·인공구조물 및 물품 등을 화재, 외부의 침입 또는 도난 등으로부터 보호하기 위하여 경비 업무를 담당하는 사람을 말하되, 군인·경찰 및 교도관은 제외한다)·일직근무자 및 숙직자(일직근무자 및 숙직자를 두는 경우로 한정한다)는 옥외·공중집합장소 및 공중사용시설의 화기 단속과 화재 예방을 위한 조치를 하여야 한다. [공공기관의 소방안전관리에 관한 규정 제10조(공공기관의 방호원 등의 업무)]

④ 숙직자는 근무 중 화재 예방을 위하여 방호원을 지휘·감독한다.

⑤ 기관장은 화재가 발생하면 소방대가 현장에 도착할 때까지 경보를 울리거나 대피를 유도하는 등의 방법으로 사람을 구출하거나 불을 끄거나 불이 번지지 아니하도록 필요한 조치를 하여야 한다. [공공기관의 소방안전관리에 관한 규정 제11조(기관장의 소방활동)]

## 8. 소방시설등의 자체점검 [제25조(소방시설등의 자체점검 등)]

**(1)** 특정소방대상물의 관계인은 그 대상물에 설치되어 있는 소방시설등에 대하여 정기적으로 자체점검을 하거나 관리업자 또는 행정안전부령으로 정하는 기술자격자로 하여금 정기적으로 점검하게 하여야 한다. (행정안전부령으로 정하는 기술자격자란 소방안전관리자로 선임된 소방시설관리사 및 소방기술사를 말한다)

**(2)** 특정소방대상물의 관계인 등이 점검을 한 경우에는 관계인이 그 점검 결과를 행정안전부령으로 정하는 바에 따라 소방본부장이나 소방서장에게 보고하여야 한다.

① 소방안전관리대상물의 관계인 및 「공공기관의 소방안전관리에 관한 규정」에 따라 소방안전관리자를 선임하여야 하는 공공기관의 장은 작동기능점검을 실시한 경우 7일 이내에 작동기능점검 실시 결과 보고서를 소방본부장 또는 소방서장에게 제출하여야 한다. 이 경우 소방청장이 지정하는 전산망을 통하여 그 점검결과보고서를 제출할 수 있다. [시행규칙 제19조(점검결과보고서의 제출)]

② 소방안전관리대상물의 관계인 및 「공공기관의 소방안전관리에 관한 규정」에 따라 소방안전관리자를 선임하여야 하는 공공기관의 장은 종합정밀점검을 실시한 경우 7일 이내에 그 결과를 적은 소방시설등 종합정밀점검 실시 결과 보고서에 소방청장이 정하여 고시하는 소방시설등점검표를 첨부하여 소방본부장 또는 소방서장에게 제출하여야 한다.

③ 소방안전관리대상물의 관계인 및 「공공기관의 소방안전관리에 관한 규정」에 따라 소방안전관리자를 선임하여야 하는 공공기관의 기관장은 작동기능점검을 실시한 경우 그 점검결과를 2년간 자체 보관하여야 한다.

**(3)** 점검의 구분과 그 대상, 점검인력의 배치기준 및 점검자의 자격, 점검 장비, 점검 방법 및 횟수 등 필요한 사항은 행정안전부령으로 정한다.

1) 소방시설등 자체점검의 구분 및 대상 [시행규칙제18조(소방시설등 자체점검의 구분 및 대상)]

① 소방시설등의 자체점검의 구분·대상·점검자의 자격·점검방법 및 점검횟수는 별표 1과 같고, 소방시설관리업자 또는 소방안전관리자로 선임된 소방시설관리사 및 소방기술사가 점검하는 경우 점검인력의 배치기준은 별표 2와 같다.

[별표 1]

소방시설등의 자체점검의 구분과 그 대상, 점검자의 자격, 점검 방법·횟수 및 시기(시행규칙 제18조제1항 관련)

1. 소방시설등에 대한 자체점검은 다음 각 목과 같이 구분한다.
   가. 작동기능점검 : 소방시설등을 인위적으로 조작하여 정상적으로 작동하는지를 점검하는 것
   나. 종합정밀점검 : 소방시설등의 작동기능점검을 포함하여 소방시설등의 설비별 주요 구성 부품의 구
      조기준이 법 제9조제1항에 따라 소방청장이 정하여 고시하는 화재안전기준 및 「건축법」 등 관련 법
      령에서 정하는 기준에 적합한지 여부를 점검하는 것을 말한다.

2. 작동기능점검은 다음의 구분에 따라 실시한다.
   가. 작동기능점검은 영 제5조에 따른 특정소방대상물을 대상으로 한다. 다만, 다음의 어느 하나에 해당
      하는 특정소방대상물은 제외한다.
      1) 위험물 제조소등과 영 별표 5에 따라 소화기구만을 설치하는 특정소방대상물
      2) 영 제22조제1항제1호에 해당하는 특정소방대상물
   나. 작동기능점검은 해당 특정소방대상물의 관계인·소방안전관리자 또는 소방시설관리업자(소방시설
      관리사를 포함하여 등록된 기술인력을 말한다)가 점검할 수 있다. 이 경우 소방시설관리업자 또는
      소방안전관리자로 선임된 소방시설관리사 및 소방기술사가 점검하는 경우에는 별표 2에 따른 점검
      인력 배치기준을 따라야 한다.
   다. 작동기능점검은 별표 2의2에 따른 점검 장비를 이용하여 점검할 수 있다.
   라. 작동기능점검은 연 1회 이상 실시한다.
   마. 작동기능점검의 점검시기는 다음과 같다.
      1) 제3호가목에 따른 종합정밀점검대상: 종합정밀점검을 받은 달부터 6개월이 되는 달에 실시한다.
      2) 제19조제1항에 따라 작동기능점검 결과를 보고하여야 하는 대상 [1]에 해당하는 경우는 제외한다]
         가) 건축물의 사용승인일(건축물의 경우에는 건축물관리대장 또는 건물 등기사항증명서에 기재되
            어 있는 날, 시설물의 경우에는 「시설물의 안전관리에 관한 특별법」 제16조제1항에 따른 시설
            물정보관리종합시스템에 저장·관리되고 있는 날을 말하며, 건축물관리대장, 건물 등기사항증
            명서 및 시설물정보관리종합시스템으로 확인되지 아니하는 그 외의 경우에는 소방시설완공검
            사증명서에 기재된 날을 말한다. 이하 이 표에서 같다)이 속하는 달의 말일까지 실시한다.
         나) 신규로 건축물의 사용승인을 받은 건축물은 그 다음 해(건축물이 아닌 경우에는 그 특정소방대
            상물을 이용 또는 사용하기 시작한 해의 다음 해를 말한다. 이하 이 표에서 같다)부터 실시하
            되, 소방시설완공검사증명서를 받은 후 1년이 경과한 후에 사용승인을 받은 경우에는 사용승인
            을 받은 그 해부터 실시한다. 다만, 그 해의 작동기능점검은 가)에도 불구하고 사용승인일부터
            3개월 이내에 실시할 수 있다.
      3) 그 밖의 점검대상 : 연중 실시한다.

3. 종합정밀점검은 다음의 구분에 따라 실시한다.
   가. 종합정밀점검은 다음의 어느 하나에 해당하는 특정소방대상물을 대상으로 한다.
      1) 스프링클러설비 또는 물분무등소화설비[호스릴(Hose Reel) 방식의 물분무등소화설비만을 설치한
         경우는 제외한다]가 설치된 연면적 5,000㎡ 이상인 특정소방대상물(위험물 제조소등은 제외한다).
         다만, 아파트는 연면적 5,000㎡ 이상이고 11층 이상인 것만 해당한다.
      2) 「다중이용업소의 안전관리에 관한 특별법 시행령」 제2조제1호나목, 같은 조 제2호(비디오물소극
         장업은 제외한다)·제6호·제7호·제7호의2 및 제7호의5의 다중이용업의 영업장이 설치된 특정
         소방대상물로서 연면적이 2,000㎡ 이상인 것
      3) 제연설비가 설치된 터널

4) 「공공기관의 소방안전관리에 관한 규정」 제2조에 따른 공공기관 중 연면적(터널 · 지하구의 경우 그 길이와 평균폭을 곱하여 계산된 값을 말한다)이 1,000㎡ 이상인 것으로서 옥내소화전설비 또는 자동화재탐지설비가 설치된 것. 다만, 「소방기본법」 제2조제5호에 따른 소방대가 근무하는 공공 기관은 제외한다.

나. 종합정밀점검은 소방시설관리업자 또는 소방안전관리자로 선임된 소방시설관리사 및 소방기술사가 실시할 수 있다. 이 경우 별표 2에 따른 점검인력 배치기준을 따라야 한다.

다. 종합정밀점검은 별표 2의2에 따른 점검 장비를 이용하여 점검하여야 한다.

라. 종합정밀점검의 점검횟수는 다음과 같다.

　1) 연 1회 이상(영 제22조제1항제1호에 해당하는 특정소방대상물의 경우에는 반기에 1회 이상) 실시 한다.

　2) 1)에도 불구하고 소방본부장 또는 소방서장은 소방청장이 소방안전관리가 우수하다고 인정한 특정 소방대상물에 대해서는 3년의 범위에서 소방청장이 고시하거나 정한 기간 동안 종합정밀점검을 면제할 수 있다. 다만, 면제기간 중 화재가 발생한 경우는 제외한다.

마. 종합정밀점검의 점검시기는 다음 기준에 의한다.

　1) 건축물의 사용승인일이 속하는 달에 실시한다. 다만, 「공공기관의 안전관리에 관한 규정」 제2조제 2호 또는 제5호에 따른 학교의 경우에는 해당 건축물의 사용승인일이 1월에서 6월 사이에 있는 경 우에는 6월 30일까지 실시할 수 있다.

　2) 1)에도 불구하고 신규로 건축물의 사용승인을 받은 건축물은 그 다음 해부터 실시하되, 건축물의 사용승인일이 속하는 달의 말일까지 실시한다. 다만, 소방시설완공검사증명서를 받은 후 1년이 경 과한 이후에 사용승인을 받은 경우에는 사용승인을 받은 그 해부터 실시하되, 그 해의 종합정밀점 검은 사용승인일부터 3개월 이내에 실시할 수 있다.

　3) 건축물 사용승인일 이후 가목2)에 해당하게 된 때에는 그 다음 해부터 실시한다.

　4) 하나의 대지경계선 안에 2개 이상의 점검 대상 건축물이 있는 경우에는 그 건축물 중 사용승인일 이 가장 빠른 건축물의 사용승인일을 기준으로 점검할 수 있다.

4. 제1호에도 불구하고 「공공기관의 소방안전관리에 관한 규정」 제2조에 따른 공공기관의 장(이하 ”기관장” 이라 한다)은 공공기관에 설치된 소방시설등의 유지 · 관리상태를 육안 또는 신체감각을 이용하여 점검하 는 외관점검을 월 1회 이상 실시(작동기능점검 또는 종합정밀점검을 실시한 달에는 실시하지 않을 수 있 다)하고, 그 점검결과를 2년간 자체 보관하여야 한다. 이 경우 외관점검의 점검자는 해당 특정소방대상물 의 관계인, 소방안전관리자 또는 소방시설관리업자(소방시설관리사를 포함하여 등록된 기술인력을 말한 다)로 하여야 한다.

5. 제1호 및 제4호에도 불구하고 기관장은 해당 공공기관의 전기시설물 및 가스시설에 대하여 다음 각 목 의 구분에 따른 점검 또는 검사를 받아야 한다.

가. 전기시설물의 경우 : 「전기사업법」 제63조에 따른 사용전검사, 같은 법 제65조에 따른 정기검사 및 같은 법 제66조에 따른 일반용전기설비의 점검

나. 가스시설의 경우 : 「도시가스사업법」 제17조에 따른 검사, 「고압가스 안전관리법」 제16조의2 및 제 20조제4항에 따른 검사 또는 「액화석유가스의 안전관리 및 사업법」 제19조 및 제27조제2항에 따른 검사

## [별표 2]

### 소방시설등의 자체점검 시 점검인력 배치기준(시행규칙 제18조제1항 관련)

1. 소방시설관리업자가 점검하는 경우에는 소방시설관리사 1명과 영 별표 9 제2호에 따른 보조 기술인력
   (이하 "보조인력"이라 한다) 2명을 점검인력 1단위로 하되, 점검인력 1단위에 2명(같은 건축물을 점검
   할 때에는 4명) 이내의 보조인력을 추가할 수 있다. 다만, 제26조의2제2호에 따른 작동기능점검(이하
   "소규모점검"이라 한다)의 경우에는 보조인력 1명을 점검인력 1단위로 한다.

1의2. 소방안전관리자로 선임된 소방시설관리사 및 소방기술사가 점검하는 경우에는 소방시설관리사 또
   는 소방기술사 중 1명과 보조인력 2명을 점검인력 1단위로 하되, 점검인력 1단위에 4명 이내의 보
   조인력을 추가할 수 있다. 다만, 보조인력은 해당 특정소방대상물의 관계인 또는 소방안전관리보조
   자로 할 수 있으며, 소규모점검의 경우에는 보조인력 1명을 점검인력 1단위로 한다.

2. 점검인력 1단위가 하루 동안 점검할 수 있는 특정소방대상물의 연면적(이하 "점검한도 면적"이라 한다)
   은 다음 각 목과 같다.
   가. 종합정밀점검 : 10,000㎡
   나. 작동기능점검 : 12,000㎡(소규모점검의 경우에는 3,500㎡)

3. 점검인력 1단위에 보조인력을 1명씩 추가할 때마다 종합정밀점검의 경우에는 3,000㎡, 작동기능점검
   의 경우에는 3,500㎡씩을 점검한도 면적에 더한다.

4. 소방시설관리업자 또는 소방안전관리자로 선임된 소방시설관리사 및 소방기술사가 하루 동안 점검한
   면적은 실제 점검면적(지하구는 그 길이에 폭의 길이 1.8m를 곱하여 계산된 값을 말하며, 터널은 3차
   로 이하인 경우에는 그 길이에 폭의 길이 3.5m를 곱하고, 4차로 이상인 경우에는 그 길이에 폭의 길이
   7m를 곱한 값을 말한다. 다만, 한쪽 측벽에 소방시설이 설치된 4차로 이상인 터널의 경우는 그 길이와
   폭의 길이 3.5m를 곱한 값을 말한다. 이하 같다)에 다음 각 목의 기준을 적용하여 계산한 면적(이하
   "점검면적"이라 한다)으로 하되, 점검면적은 점검한도 면적을 초과하여서는 아니 된다.
   가. 실제 점검면적에 다음의 가감계수를 곱한다.

| 구분 | 대상용도 | 가감계수 |
|------|----------|----------|
| 1류 | 노유자시설, 숙박시설, 위락시설, 의료시설(정신보건의료기관), 수련시설, 복합건축물(1류에 속하는 시설이 있는 경우) | 1.2 |
| 2류 | 문화 및 집회시설, 종교시설, 의료시설(정신보건시설 제외), 교정 및 군사 시설(군사시설 제외), 지하가, 복합건축물(1류에 속하는 시설이 있는 경우 제외), 발전시설, 판매시설 | 1.1 |
| 3류 | 근린생활시설, 운동시설, 업무시설, 방송통신시설, 운수시설 | 1.0 |
| 4류 | 공장, 위험물 저장 및 처리시설, 창고시설 | 0.9 |
| 5류 | 공동주택(아파트 제외), 교육연구시설, 항공기 및 자동차 관련 시설, 동물 및 식물 관련 시설, 분뇨 및 쓰레기 처리시설, 군사시설, 묘지 관련 시설, 관광휴게시설, 장례식장, 지하구, 문화재 | 0.8 |

   나. 점검한 특정소방대상물이 다음의 어느 하나에 해당할 때에는 다음에 따라 계산된 값을 가목에 따라
   계산된 값에서 뺀다.

1) 영 별표 5 제1호라목에 따라 스프링클러설비가 설치되지 않은 경우: 가목에 따라 계산된 값에 0.1을 곱한 값

2) 영 별표 5 제1호바목에 따라 물분무등소화설비가 설치되지 않은 경우: 가목에 따라 계산된 값에 0.15를 곱한 값

3) 영 별표 5 제5호가목에 따라 제연설비가 설치되지 않은 경우: 가목에 따라 계산된 값에 0.1을 곱한 값

다. 2개 이상의 특정소방대상물을 하루에 점검하는 경우에는 나중에 점검하는 특정소방대상물에 대하여 특정소방대상물 간의 최단 주행거리 5km마다 나목에 따라 계산된 값(나목에 따라 계산된 값이 없을 때에는 가목에 따라 계산된 값을 말한다)에 0.02를 곱한 값을 더한다.

5. 제2호부터 제4호까지의 규정에도 불구하고 아파트(공용시설, 부대시설 또는 복리시설은 포함하고, 아파트가 포함된 복합건축물의 아파트 외의 부분은 제외한다. 이하 이 표에서 같다)를 점검할 때에는 다음 각 목의 기준에 따른다.

가. 점검인력 1단위가 하루 동안 점검할 수 있는 아파트의 세대수(이하 "점검한도 세대수"라 한다)는 다음과 같다.

1) 종합정밀점검 : 300세대

2) 작동기능점검 : 350세대(소규모점검의 경우에는 90세대)

나. 점검인력 1단위에 보조인력을 1명씩 추가할 때마다 종합정밀점검의 경우에는 70세대, 작동기능점검의 경우에는 90세대씩을 점검한도 세대수에 더한다.

다. 소방시설관리업자 또는 소방안전관리자로 선임된 소방시설관리사 및 소방기술사가 하루 동안 점검한 세대수는 실제 점검 세대수에 다음의 기준을 적용하여 계산한 세대수(이하 "점검세대수"라 한다)로 하되, 점검세대수는 점검한도 세대수를 초과하여서는 아니 된다.

1) 점검한 아파트가 다음의 어느 하나에 해당할 때에는 다음에 따라 계산된 값을 실제 점검 세대수에서 뺀다.

(가) 영 별표 5 제1호라목에 따라 스프링클러설비가 설치되지 않은 경우 : 제 점검 세대수에 0.1을 곱한 값

(나) 영 별표 5 제1호바목에 따라 물분무등소화설비가 설치되지 않은 경우 : 실제 점검 세대수에 0.15를 곱한 값

(다) 영 별표 5 제5호가목에 따라 제연설비가 설치되지 않은 경우 : 실제 점검 세대수에 0.1을 곱한 값

2) 2개 이상의 아파트를 하루에 점검하는 경우에는 나중에 점검하는 아파트에 대하여 아파트 간의 최단 주행거리 5km마다 1)에 따라 계산된 값(1)에 따라 계산된 값이 없을 때에는 실제 점검 세대수를 말한다)에 0.02를 곱한 값을 더한다.

6. 아파트와 아파트 외 용도의 건축물을 하루에 점검할 때에는 종합정밀점검의 경우 제5호에 따라 계산된 값에 33.3, 작동기능점검의 경우 제5호에 따라 계산된 값에 34.3(소규모점검의 경우에는 38.9)을 곱한 값을 점검면적으로 보고 제2호 및 제3호를 적용한다.

7. 종합정밀점검과 작동기능점검을 하루에 점검하는 경우에는 작동기능점검의 점검면적 또는 점검세대수에 0.8을 곱한 값을 종합정밀점검 점검면적 또는 점검세대수로 본다.

8. 제3호부터 제7호까지의 규정에 따라 계산된 값은 소수점 이하 둘째 자리에서 반올림한다.

② 소방시설별 점검 장비는 별표 2의2와 같다.

**[별표 2의2]**

**소방시설별 점검 장비**(시행규칙 제18조제2항 관련)

| 소방시설 | 장비 | 규격 |
|---|---|---|
| 공통시설 | 방수압력측정계, 절연저항계, 전류전압측정계 | |
| 소화기구 | 저울 | |
| 옥내소화전설비 옥외소화전설비 | 소화전밸브압력계 | |
| 스프링클러설비 포소화설비 | 헤드결합렌치 | |
| 이산화탄소소화설비 분말소화설비 할로겐화합물소화설비 청정소화약제소화설비 | 검량계, 기동관누설시험기, 그 밖에 소화약제의 저장량을 측정할 수 있는 점검기구 | |
| 자동화재탐지설비 시각경보기 | 열감지기시험기, 연(煙)감지기시험기, 공기주입시험기, 감지기시험기연결폴대, 음량계 | |
| 누전경보기 | 누전계 | 누전전류 측정용 |
| 무선통신보조설비 | 무선기 | 통화시험용 |
| 제연설비 | 풍속풍압계, 폐쇄력측정기, 차압계 | |
| 통로유도등 비상조명등 | 조도계 | 최소눈금이 0.1럭스 이하인 것 |

※ 비고 : 종합정밀점검의 경우에는 위 점검 장비를 사용하여야 하며, 작동기능점검의 경우에는 점검 장비를 사용하지 않을 수 있다.

③ 소방시설관리업자는 점검을 실시한 경우 점검이 끝난 날부터 10일 이내에 별표 2에 따른 점검인력 배치 상황을 포함한 소방시설등에 대한 자체점검실적(별표 1 제4호에 따른 외관점검은 제외한다)을 소방시설관리업자에 대한 평가 등에 관한 업무를 위탁받은 법인 또는 단체(평가기관)에 통보하여야 한다.

④ 자체점검 구분에 따른 점검사항 · 소방시설등점검표 · 점검인원 및 세부점검방법 그 밖의 자체점검에 관하여 필요한 사항은 소방청장이 이를 정하여 고시한다.

### 2) 점검결과보고서의 제출 [시행규칙 제19조(점검결과보고서의 제출)]

① 소방안전관리대상물의 관계인 및 「공공기관의 소방안전관리에 관한 규정」에 따라 소방안전관리자를 선임하여야 하는 공공기관의 장은 별표 1에 따른 작동기능점검을 실시한 경우 30일 이내에 작동기능점검 실시 결과 보고서를 소방본부장 또는 소방서장에게 제출하여야 한다. 이 경우 소방청장이 지정하는 전산망을 통하여 그 점검결과보고서를 제출할 수 있다.

② 소방안전관리대상물의 관계인 및 「공공기관의 소방안전관리에 관한 규정」에 따라 소방안전관리자를 선임하여야 하는 공공기관의 장은 별표 1에 따른 종합정밀점검을 실시한 경우 30일 이내에 그 결과를 적은 소방시설등 종합정밀점검 실시 결과 보고서에 소방청장이 정하여 고시하는 소방시설등 점검표를 첨부하여 소방본부장 또는 소방서장에게 제출하여야 한다.

③ 소방안전관리대상물의 관계인 및 「공공기관의 소방안전관리에 관한 규정」에 따라 소방안전관리자를 선임하여야 하는 공공기관의 기관장은 별표 1에 따른 작동기능점검을 실시한 경우 그 점검결과를 2년간 자체 보관하여야 한다.

**(4)** 관리업자나 기술자격자로 하여금 점검하게 하는 경우의 점검 대가는 「엔지니어링산업 진흥법」에 따른 엔지니어링사업의 대가의 기준 가운데 행정안전부령으로 정하는 방식에 따라 산정한다.

> **POINT** [행정안전부령으로 정하는 방식이란 「엔지니어링산업 진흥법」에 따라 산업통상자원부장관이 인가한 엔지니어링사업대가의 기준 중 실비정액가산방식을 말한다. 시행규칙 제20조(소방안전관리 업무대행 등의 대가)]

### 9. 우수 소방대상물 관계인에 대한 포상 [제25조의2(우수 소방대상물 관계인에 대한 포상 등)]

(1) 소방청장은 소방대상물의 자율적인 안전관리를 유도하기 위하여 안전관리 상태가 우수한 소방대상물을 선정하여 우수 소방대상물 표지를 발급하고, 소방대상물의 관계인을 포상할 수 있다.

(2) 우수 소방대상물의 선정 방법, 평가 대상물의 범위 및 평가 절차 등 필요한 사항은 행정안전부령으로 정한다.

1) 소방청장은 우수 소방대상물의 선정 및 관계인에 대한 포상을 위하여 우수 소방대상물의 선정 방법, 평가 대상물의 범위 및 평가 절차 등에 관한 내용이 포함된 시행계획을 매년 수립·시행하여야 한다. [시행규칙 제20조의2(우수 소방대상물의 선정 등)]

2) 소방청장은 우수 소방대상물로 선정된 소방대상물의 관계인 또는 소방안전관리자를 포상할 수 있다.

3) 소방청장은 우수소방대상물 선정을 위하여 필요한 경우에는 소방대상물을 직접 방문하여 필요한 사항을 확인할 수 있다.

4) 소방청장은 우수 소방대상물 선정 등 업무의 객관성 및 전문성을 확보하기 위하여 필요한 경우에는 다음에 해당하는 사람이 2명 이상 포함된 평가위원회를 구성하여 운영할 수 있다. 이 경우 평가위원회의 위원에게는 예산의 범위에서 수당, 여비 등 필요한 경비를 지급할 수 있다.

① 소방기술사(소방안전관리자로 선임된 사람은 제외한다)

② 소방 관련 석사 학위 이상을 취득한 사람

③ 소방 관련 법인 또는 단체에서 소방 관련 업무에 5년 이상 종사한 사람

④ 소방공무원 교육기관, 대학 또는 연구소에서 소방과 관련한 교육 또는 연구에 5년 이상 종사한 사람

5) 1)부터 4)까지에서 규정한 사항 외에 우수 소방대상물의 평가, 평가위원회 구성·운영, 포상의 종류·명칭 및 우수 소방대상물 인증표지 등에 관한 사항은 소방청장이 정하여 고시한다.

# 05 소방시설관리사 및 소방시설관리업

section 1 소방시설관리사

### 1. 소방시설관리사 [제26조(소방시설관리사)]

**(1)** 소방시설관리사(관리사)가 되려는 사람은 소방청장이 실시하는 관리사시험에 합격하여야 한다.

**(2)** 관리사시험의 응시자격, 시험 방법, 시험 과목, 시험 위원, 그 밖에 관리사시험에 필요한 사항은 대통령령으로 정한다.

  1) 소방시설관리사시험(관리사시험)에 응시할 수 있는 사람은 다음과 같다. [시행령 제27조(소방시설관리사시험의 응시자격)]

① 소방기술사 · 위험물기능장 · 건축사 · 건축기계설비기술사 · 건축전기설비기술사 또는 공조냉동기계기술사

② 소방설비기사 자격을 취득한 후 2년 이상 소방청장이 정하여 고시하는 소방에 관한 소방실무경력이 있는 사람

③ 소방설비산업기사 자격을 취득한 후 3년 이상 소방실무경력이 있는 사람

④ 「국가과학기술 경쟁력 강화를 위한 이공계지원 특별법」에 따른 이공계 분야를 전공한 사람으로서 다음에 해당하는 사람

    ㉠ 이공계 분야의 박사학위를 취득한 사람

    ㉡ 이공계 분야의 석사학위를 취득한 후 2년 이상 소방실무경력이 있는 사람

    ㉢ 이공계 분야의 학사학위를 취득한 후 3년 이상 소방실무경력이 있는 사람

⑤ 소방안전공학(소방방재공학, 안전공학을 포함한다) 분야를 전공한 후 다음에 해당하는 사람

    ㉠ 해당 분야의 석사학위 이상을 취득한 사람

    ㉡ 2년 이상 소방실무경력이 있는 사람

⑥ 위험물산업기사 또는 위험물기능사 자격을 취득한 후 3년 이상 소방실무경력이 있는 사람

⑦ 소방공무원으로 5년 이상 근무한 경력이 있는 사람

⑧ 소방안전 관련 학과의 학사학위를 취득한 후 3년 이상 소방실무경력이 있는 사람

⑨ 산업안전기사 자격을 취득한 후 3년 이상 소방실무경력이 있는 사람

⑩ 다음에 해당하는 사람

　　㉠ 특급 소방안전관리대상물의 소방안전관리자로 2년 이상 근무한 실무경력이 있는 사람

　　㉡ 1급 소방안전관리대상물의 소방안전관리자로 3년 이상 근무한 실무경력이 있는 사람

　　㉢ 2급 소방안전관리대상물의 소방안전관리자로 5년 이상 근무한 실무경력이 있는 사람

　　㉣ 3급 소방안전관리대상물의 소방안전관리자로 7년 이상 근무한 실무경력이 있는 사람

　　㉤ 10년 이상 소방실무경력이 있는 사람

## 2) 시험의 시행방법 [시행령 제28조(시험의 시행방법)]

① 관리사시험은 제1차시험과 제2차시험으로 구분하여 시행한다. 다만, 소방청장은 필요하다고 인정하는 경우에는 제1차시험과 제2차시험을 구분하되, 같은 날에 순서대로 시행할 수 있다.

② 제1차시험은 선택형을 원칙으로 하고, 제2차시험은 논문형을 원칙으로 하되, 제2차시험의 경우에는 기입형을 포함할 수 있다.

③ 제1차시험에 합격한 사람에 대해서는 다음 회의 관리사시험에 한정하여 제1차시험을 면제한다. 다만, 면제받으려는 시험의 응시자격을 갖춘 경우로 한정한다.

④ 제2차시험은 제1차시험에 합격한 사람만 응시할 수 있다. 다만, 제1항 단서에 따라 제1차시험과 제2차시험을 병행하여 시행하는 경우에 제1차시험에 불합격한 사람의 제2차시험 응시는 무효로 한다.

## 3) 시험 과목 [시행령 제29조(시험 과목)]

관리사시험의 제1차시험 및 제2차시험 과목은 다음과 같다.

① 제1차시험

　　㉮ 소방안전관리론(연소 및 소화, 화재예방관리, 건축물소방안전기준, 인원수용 및 피난계획에 관한 부분으로 한정한다) 및 화재역학[화재성상, 화재하중(火災荷重), 열전달, 화염 확산, 연소속도, 구획화재, 연소생성물 및 연기의 생성·이동에 관한 부분으로 한정한다]

　　㉯ 소방수리학, 약제화학 및 소방전기(소방 관련 전기공사재료 및 전기제어에 관한 부분으로 한정한다)

　　㉰ 다음의 소방 관련 법령

　　　　㉠ 「소방기본법」, 같은 법 시행령 및 같은 법 시행규칙

　　　　㉡ 「소방시설공사업법」, 같은 법 시행령 및 같은 법 시행규칙

　　　　㉢ 「화재예방, 소방시설 설치·유지 및 안전관리에 관한 법률」, 같은 법 시행령 및 같은 법 시행규칙

　　　　㉣ 「위험물안전관리법」, 같은 법 시행령 및 같은 법 시행규칙

　　　　㉤ 「다중이용업소의 안전관리에 관한 특별법」, 같은 법 시행령 및 같은 법 시행규칙

　　㉱ 위험물의 성상 및 시설기준

　　㉲ 소방시설의 구조 원리(고장진단 및 정비를 포함한다)

② 제2차시험

㉮ 소방시설의 점검실무행정(점검절차 및 점검기구 사용법을 포함한다)

㉯ 소방시설의 설계 및 시공

### 4) 시험위원 [시행령 제30조(시험위원)]

① 소방청장은 관리사시험의 출제 및 채점을 위하여 다음에 해당하는 사람 중에서 시험위원을 임명하거나 위촉하여야 한다.

㉠ 소방 관련 분야의 박사학위를 가진 사람

㉡ 대학에서 소방안전 관련 학과 조교수 이상으로 2년 이상 재직한 사람

㉢ 소방위 이상의 소방공무원

㉣ 소방시설관리사

㉤ 소방기술사

② 시험위원의 수는 다음에 따른다.

㉠ **출제위원** : 시험 과목별 3명

㉡ **채점위원** : 시험 과목별 5명 이내(제2차시험의 경우로 한정한다)

③ 시험위원으로 임명되거나 위촉된 사람은 소방청장이 정하는 시험문제 등의 출제 시 유의사항 및 서약서 등에 따른 준수사항을 성실히 이행하여야 한다.

④ 임명되거나 위촉된 시험위원과 시험감독 업무에 종사하는 사람에게는 예산의 범위에서 수당과 여비를 지급할 수 있다.

### 5) 시험의 시행 및 공고 [시행령 제32조(시험의 시행 및 공고)]

① 관리사시험은 1년마다 1회 시행하는 것을 원칙으로 하되, 소방청장이 필요하다고 인정하는 경우에는 그 횟수를 늘리거나 줄일 수 있다.

② 소방청장은 관리사시험을 시행하려면 응시자격, 시험 과목, 일시 · 장소 및 응시절차 등에 관하여 필요한 사항을 모든 응시 희망자가 알 수 있도록 관리사시험 시행일 90일 전까지 소방청 홈페이지 등에 공고하여야 한다.

### 6) 응시원서 제출 [시행령 제33조(응시원서 제출 등)]

① 관리사시험에 응시하려는 사람은 행정안전부령으로 정하는 관리사시험 응시원서를 소방청장에게 제출하여야 한다.

② 시험 과목의 일부를 면제받으려는 사람은 ①에 따른 응시원서에 그 뜻을 적어야 한다.

③ 관리사시험에 응시하는 사람은 응시자격에 관한 증명서류를 소방청장이 정하는 원서 접수기간 내에 제출하여야 하며, 증명서류는 해당 자격증(「국가기술자격법」에 따른 국가기술자격 취득자의 자격증

은 제외) 사본과 행정안전부령으로 정하는 경력 · 재직증명원 또는 한국소방안전원장이 발행하는 경력증명서로 한다. 다만, 국가 · 지방자치단체, 「공공기관의 운영에 관한 법률」에 따른 공공기관, 「지방공기업법」에 따른 지방공사 또는 지방공단이 증명하는 경력증명원은 해당 기관에서 정하는 서식에 따를 수 있다.

④ 응시원서를 받은 소방청장은 「전자정부법」에 따른 행정정보의 공동이용을 통하여 응시자의 해당 국가기술자격증을 확인하여야 한다. 다만, 응시자가 확인에 동의하지 아니하는 경우에는 그 사본을 첨부하게 하여야 한다.

### 7) 시험의 합격자 결정 [시행령 제34조(시험의 합격자 결정 등)]

① 제1차시험에서는 과목당 100점을 만점으로 하여 모든 과목의 점수가 40점 이상이고, 전 과목 평균 점수가 60점 이상인 사람을 합격자로 한다.

② 제2차시험에서는 과목당 100점을 만점으로 하되, 시험위원의 채점점수 중 최고점수와 최저점수를 제외한 점수가 모든 과목에서 40점 이상, 전 과목에서 평균 60점 이상인 사람을 합격자로 한다.

③ 소방청장은 관리사시험 합격자를 결정하였을 때에는 이를 소방청 홈페이지 등에 공고하여야 한다.

**(3)** 소방기술사 등 대통령령으로 정하는 사람에 대하여는 관리사시험 과목 가운데 일부를 면제할 수 있다.

① 관리사시험의 제1차시험 과목 가운데 일부를 면제받을 수 있는 사람과 그 면제과목은 다음에 따른다. 다만, ㉠및 ㉡에 모두 해당하는 사람은 본인이 선택한 한 과목만 면제받을 수 있다. [시행령 제31조(시험 과목의 일부 면제)]

  ㉠ 소방기술사 자격을 취득한 후 15년 이상 소방실무경력이 있는 사람 : 소방수리학, 약제화학 및 소방전기의 과목

  ㉡ 소방공무원으로 15년 이상 근무한 경력이 있는 사람으로서 5년 이상 소방청장이 정하여 고시하는 소방 관련 업무 경력이 있는 사람 : 「소방기본법」, 「소방시설공사업법」, 「화재예방, 소방시설 설치 · 유지 및 안전관리에 관한 법률」, 「위험물안전관리법」, 「다중이용업소의 안전관리에 관한 특별법」, 같은 법 시행령 및 같은 법 시행규칙

② 관리사시험의 제2차시험 과목 가운데 일부를 면제받을 수 있는 사람과 그 면제과목은 다음 각 호의 구분에 따른다. 다만, ㉠및 ㉡에 모두 해당하는 사람은 본인이 선택한 한 과목만 면제받을 수 있다.

  ㉠ 소방기술사 · 위험물기능장 · 건축사 · 건축기계설비기술사 · 건축전기설비기술사 또는 공조냉동기계기술사 : 소방시설의 설계 및 시공 과목

  ㉡ 소방공무원으로 5년 이상 근무한 경력이 있는 사람 : 소방시설의 점검실무행정(점검절차 및 점검기구 사용법을 포함한다) 과목

**(4)** 소방청장은 관리사시험에 합격한 사람에게는 행정안전부령으로 정하는 바에 따라 소방시설관리사증을 발급하여야 한다.

> **POINT** 소방시설관리사증의 발급·재발급에 관한 업무를 위탁받은 법인 또는 단체(소방시설관리사증발급자)는 소방시설관리사 시험 합격자에게 합격자 공고일부터 1개월 이내에 소방시설관리사증을 발급하여야 하며, 이를 소방시설관리사증 발급대장에 기록하고 관리하여야 한다. [시행규칙 제20조의3(소방시설관리사증의 발급)]

**(5)** 소방시설관리사증을 발급받은 사람은 소방시설관리사증을 잃어버렸거나 못 쓰게 된 경우에는 행정안전부령으로 정하는 바에 따라 소방시설관리사증을 재발급 받을 수 있다.

① 소방시설관리사가 소방시설관리사증을 잃어버리거나 못쓰게 되어 소방시설관리사증의 재발급을 신청하는 때에는 소방시설관리사증 재발급 신청서(전자문서로 된 신청서를 포함한다)를 소방시설관리사증발급자에게 제출하여야 한다. [시행규칙 제20조의4(소방시설관리사증 재발급)]

② 소방시설관리사증발급자는 재발급신청서를 제출받은 때에는 3일 이내에 소방시설관리사증을 재발급하여야 한다.

**(6)** 관리사는 소방시설관리사증을 다른 자에게 빌려주어서는 아니 된다.

**(7)** 관리사는 동시에 둘 이상의 업체에 취업하여서는 아니 된다.

**(8)** 기술자격자 및 관리업의 기술 인력으로 등록된 관리사는 성실하게 자체점검 업무를 수행하여야 한다.

### 2. 부정행위자에 대한 제재 [제26조의2(부정행위자에 대한 제재)]

소방청장은 시험에서 부정한 행위를 한 응시자에 대하여는 그 시험을 정지 또는 무효로 하고, 그 처분이 있은 날부터 2년간 시험 응시자격을 정지한다.

### 3. 관리사의 결격사유 [제27조(관리사의 결격사유)]

다음에 해당하는 사람은 관리사가 될 수 없다.

**(1)** 피성년후견인

**(2)** 이 법, 「소방기본법」, 「소방시설공사업법」 또는 「위험물 안전관리법」에 따른 금고 이상의 실형을 선고받고 그 집행이 끝나거나(집행이 끝난 것으로 보는 경우를 포함한다) 집행이 면제된 날부터 2년이 지나지 아니한 사람

**(3)** 이 법, 「소방기본법」, 「소방시설공사업법」 또는 「위험물 안전관리법」에 따른 금고 이상의 형의 집행유예를 선고받고 그 유예기간 중에 있는 사람

**(4)** 자격이 취소(피성년후견인에 해당하여 자격이 취소된 경우는 제외)된 날부터 2년이 지나지 아니한 사람

### 4. 자격의 취소·정지 [제28조(자격의 취소·정지)]

소방청장은 관리사가 다음에 해당할 때에는 행정안전부령으로 정하는 바에 따라 그 자격을 취소하거나 2년 이내의 기간을 정하여 그 자격의 정지를 명할 수 있다.

**(1)** 거짓이나 그 밖의 부정한 방법으로 시험에 합격한 경우(취소사유)

**(2)** 소방안전관리 업무를 하지 아니하거나 거짓으로 한 경우

**(3)** 점검을 하지 아니하거나 거짓으로 한 경우

**(4)** 소방시설관리사증을 다른 자에게 빌려준 경우(취소사유)

**(5)** 동시에 둘 이상의 업체에 취업한 경우(취소사유)

**(6)** 성실하게 자체점검 업무를 수행하지 아니한 경우

**(7)** 피성년후견인, 소방관계법률 등의 위반으로 금고이상의 형을 받고 집행이 완료되거나 면제 된지 2년이 지나지 않았거나 집행유예의 기간중의 어느 하나에 따른 결격사유에 해당하게 된 경우(취소사유)

section 2 소방시설관리업

## 1. 소방시설관리업의 등록 [제29조(소방시설관리업의 등록 등)]

**(1)** 소방안전관리 업무의 대행 또는 소방시설등의 점검 및 유지 · 관리의 업을 하려는 자는 시 · 도지사에게 소방시설관리업의 등록을 하여야 한다.

**(2)** 기술 인력, 장비 등 관리업의 등록기준에 관하여 필요한 사항은 대통령령으로 정한다.

　1) 소방시설관리업의 등록기준은 다음과 같다. [시행령 제36조(소방시설관리업의 등록기준)]

> **소방시설관리업의 등록기준(제36조제1항 관련)**
> 1. **주된 기술인력** : 소방시설관리사 1명 이상
> 2. **보조 기술인력** : 다음의 어느 하나에 해당하는 사람 2명 이상. 다만, 나목부터 라목까지의 규정에 해당하는 사람은 「소방시설공사업법」 제28조제2항에 따른 소방기술 인정 자격수첩을 발급받은 사람이어야 한다.
>    가. 소방설비기사 또는 소방설비산업기사
>    나. 소방공무원으로 3년 이상 근무한 사람
>    다. 소방 관련 학과의 학사학위를 취득한 사람
>    라. 행정안전부령으로 정하는 소방기술과 관련된 자격경력 및 학력이 있는 사람

　2) 시 · 도지사는 법 등록신청이 다음에 해당하는 경우를 제외하고는 등록을 해 주어야 한다.

① 등록기준에 적합하지 아니한 경우

② 등록을 신청한 자가 피성년후견인, 소방관계법률 등의 위반으로 금고이상의 형을 받고 집행이 완료되거나 면제 된지 2년이 지나지 않았거나 집행유예의 기간중의 어느 하나에 따른 결격사유 중 어느 하나에 해당하는 경우

③ 그 밖에 이 법 또는 다른 법령에 따른 제한에 위배되는 경우

**(3)** 관리업의 등록신청과 등록증 · 등록수첩의 발급 · 재발급 신청, 그 밖에 관리업의 등록에 필요한 사항은 행정안전부령으로 정한다.

　1) 소방시설관리업의 등록신청 [시행규칙 제21조(소방시설관리업의 등록신청)]

① 소방시설관리업을 하려는 자는 소방시설관리업등록신청서(전자문서로 된 신청서를 포함)에 기술인력연명부 및 기술자격증(자격수첩을 포함)을 첨부하여 시 · 도지사에게 제출(전자문서로 제출하는 경우를 포함)하여야 한다.

② 신청서를 제출받은 담당 공무원은 「전자정부법」에 따라 행정정보의 공동이용을 통하여 법인등기부등본(법인인 경우만 해당)과 제출하는 기술인력연명부에 기록된 소방기술인력의 국가기술자격증을 확인하여야 한다. 다만, 신청인이 국가기술자격증의 확인에 동의하지 아니하는 경우에는 그 사본을 제출하도록 하여야 한다.

2) 소방시설관리업의 등록증 및 등록수첩 발급 [시행규칙 제22조(소방시설관리업의 등록증 및 등록수첩 발급 등)]

① 시·도지사는 소방시설관리업의 등록신청 내용이 소방시설관리업의 등록기준에 적합하다고 인정되면 신청인에게 소방시설관리업등록증과 소방시설관리업등록수첩을 발급하고, 소방시설관리업등록대장을 작성하여 관리하여야 한다. 이 경우 시·도지사는 제출된 소방기술인력의 기술자격증(자격수첩을 포함)에 해당 소방기술인력이 그 소방시설관리업자 소속임을 기록하여 내주어야 한다.

② 시·도지사는 제출된 서류를 심사한 결과 다음에 해당하는 때에는 10일 이내의 기간을 정하여 이를 보완하게 할 수 있다.
  ㉠ 첨부서류가 미비되어 있는 때
  ㉡ 신청서 및 첨부서류의 기재내용이 명확하지 아니한 때

③ 시·도지사는 소방시설관리업등록증을 교부하거나 등록의 취소 또는 영업정지처분을 한 때에는 이를 시·도의 공보에 공고하여야 한다.

3) 소방시설관리업의 등록증·등록수첩의 재교부 및 반납 [시행규칙 제23조(소방시설관리업의 등록증·등록수첩의 재교부 및 반납)]

① 소방시설관리업자는 소방시설관리업등록증 또는 등록수첩을 잃어버리거나 소방시설관리업등록증 또는 등록수첩이 헐어 못쓰게 된 경우에는 시·도지사에게 소방시설관리업등록증 또는 등록수첩의 재교부를 신청할 수 있다.

② 소방시설관리업자는 재교부를 신청하는 때에는 소방시설관리업등록증(등록수첩)재교부신청서(전자문서로 된 신청서를 포함)를 시·도지사에게 제출하여야 한다.

③ 시·도지사는 재교부신청서를 제출받은 때에는 3일 이내에 소방시설관리업등록증 또는 등록수첩을 재교부하여야 한다.

④ 소방시설관리업자는 다음 각호에 해당하는 때에는 지체없이 시·도지사에게 그 소방시설관리업등록증 및 등록수첩을 반납하여야 한다.
  ㉠ 등록이 취소된 때
  ㉡ 소방시설관리업을 휴·폐업한 때
  ㉢ 재교부를 받은 때. 다만, 등록증 또는 등록수첩을 잃어버리고 재교부를 받은 경우에는 이를 다시 찾은 때에 한한다.

## 2. 결격사유 [제30조(등록의 결격사유)]

다음에 해당하는 자는 관리업의 등록을 할 수 없다.

**(1)** 피성년후견인

**(2)** 이 법, 「소방기본법」, 「소방시설공사업법」 또는 「위험물 안전관리법」에 따른 금고 이상의 실형을 선고받고 그 집행이 끝나거나(집행이 끝난 것으로 보는 경우를 포함) 집행이 면제된 날부터 2년이 지나지 아니한 사람

**(3)** 이 법, 「소방기본법」, 「소방시설공사업법」 또는 「위험물 안전관리법」에 따른 금고 이상의 형의 집행유예를 선고받고 그 유예기간 중에 있는 사람

**(4)** 관리업의 등록이 취소(피성년후견인에 해당하여 등록이 취소된 경우는 제외한다)된 날부터 2년이 지나지 아니한 자

**(5)** 임원 중에 (1)부터 (4)까지의 어느 하나에 해당하는 사람이 있는 법인

## 3. 등록사항의 변경신고 [제31조(등록사항의 변경신고)]

관리업자는 등록한 사항 중 행정안전부령으로 정하는 중요 사항이 변경되었을 때에는 행정안전부령으로 정하는 바에 따라 시 · 도지사에게 변경사항을 신고하여야 한다.

**(1) 등록사항의 변경신고 사항 [시행규칙 제24조(등록사항의 변경신고 사항)]**

1) 명칭 · 상호 또는 영업소소재지

2) 대표자

3) 기술인력

**(2) 등록사항의 변경신고 방법 [제25조(등록사항의 변경신고 등)]**

1) 소방시설관리업자는 등록사항의 변경이 있는 때에는 변경일부터 30일 이내에 소방시설관리업등록사항변경신고서(전자문서로 된 신고서를 포함)에 그 변경사항별로 다음에 의한 서류(전자문서를 포함)를 첨부하여 시 · 도지사에게 제출하여야 한다.

① 명칭 · 상호 또는 영업소소재지를 변경하는 경우 … 소방시설관리업등록증 및 등록수첩
② 대표자를 변경하는 경우 … 소방시설관리업등록증 및 등록수첩

③ 기술인력을 변경하는 경우
 ㉠ 소방시설관리업등록수첩
 ㉡ 변경된 기술인력의 기술자격증(자격수첩)
 ㉢ 기술인력연명부

2) 신고서를 제출받은 담당 공무원은 「전자정부법」에 따라 법인등기부 등본(법인인 경우에 한한다) 또는 사업자등록증 사본(개인인 경우에 한한다)을 확인하여야 한다. 다만, 신고인이 확인에 동의하지 아니하는 경우에는 이를 첨부하도록 하여야 한다.

3) 시·도지사는 변경신고를 받은 때에는 5일 이내에 소방시설관리업등록증 및 등록수첩을 새로 교부하거나 제출된 소방시설관리업등록증 및 등록수첩과 기술인력의 기술자격증(자격수첩)에 그 변경된 사항을 기재하여 교부하여야 한다.

4) 시·도지사는 변경신고를 받은 때에는 소방시설관리업등록대장에 변경사항을 기재하고 관리하여야 한다.

## 4. 소방시설관리업자의 지위승계 [제32조(소방시설관리업자의 지위승계)]

**(1)** 다음에 해당하는 자는 관리업자의 지위를 승계한다.

1) 관리업자가 사망한 경우 그 상속인

2) 관리업자가 그 영업을 양도한 경우 그 양수인

3) 법인인 관리업자가 합병한 경우 합병 후 존속하는 법인이나 합병으로 설립되는 법인

**(2)** 「민사집행법」에 따른 경매, 「채무자 회생 및 파산에 관한 법률」에 따른 환가, 「국세징수법」, 「관세법」 또는 「지방세징수법」에 따른 압류재산의 매각과 그 밖에 이에 준하는 절차에 따라 관리업의 시설 및 장비의 전부를 인수한 자는 그 관리업자의 지위를 승계한다.

**(3)** 관리업자의 지위를 승계한 자는 행정안전부령으로 정하는 바에 따라 시·도지사에게 신고하여야 한다.

1) 소방시설관리업자의 지위를 승계한 자는 그 지위를 승계한 날부터 30일 이내에 상속인, 영업을 양수한 자 또는 시설의 전부를 인수한 자는 소방시설관리업지위승계신고서(전자문서로 된 신고서를 포함한다)에, 합병후 존속하는 법인 또는 합병에 의하여 설립되는 법인은 소방시설관리업합병신고서(전자문서로 된 신고서를 포함한다)에 각각 다음의 서류(전자문서를 포함한다)를 첨부하여 시·도지사에게 제출하여야 한다. [시행규칙 제26조(지위승계신고 등)]

① 소방시설관리업등록증 및 등록수첩

② 계약서사본 등 지위승계를 증명하는 서류 1부

③ 소방기술인력연명부 및 기술자격증(자격수첩)

④ 장비기준에 따른 장비명세서 1부

  2) 신고서를 제출받은 담당 공무원은 「전자정부법」에 따라 행정정보의 공동이용을 통하여 다음의 서류를 확인하여야 한다. 다만, 신고인이 사업자등록증 및 국가기술자격증의 확인에 동의하지 않는 때에는 그 사본을 첨부하도록 하여야 한다.

① 법인등기부 등본(지위승계인이 법인인 경우에 한한다)

② 사업자등록증(지위승계인이 개인인 경우만 해당한다)

③ 제출하는 기술인력연명부에 기록된 소방기술인력의 국가기술자격증

  3) 시 · 도지사는 제1항의 규정에 의하여 신고를 받은 때에는 소방시설관리업등록증 및 등록수첩을 새로 교부하고, 기술인력의 자격증 및 자격수첩에 그 변경사항을 기재하여 교부하며, 소방시설관리업등록대장에 지위승계에 관한 사항을 기재하고 관리하여야 한다.

**(4)** 지위승계에 관하여는 등록의 결격사유를 준용한다. 다만, 상속인이 등록의 결격사유의 어느 하나에 해당하는 경우에는 상속받은 날부터 3개월 동안은 그러하지 아니하다.

### 5. 관리업의 운영 [제33조(관리업의 운영)]

**(1)** 관리업자는 관리업의 등록증이나 등록수첩을 다른 자에게 빌려주어서는 아니 된다.

**(2)** 관리업자는 다음에 해당하면 소방안전관리 업무를 대행하게 하거나 소방시설등의 점검업무를 수행하게 한 특정소방대상물의 관계인에게 지체 없이 그 사실을 알려야 한다.

  1) 관리업자의 지위를 승계한 경우

  2) 관리업의 등록취소 또는 영업정지처분을 받은 경우

  3) 휴업 또는 폐업을 한 경우

**(3)** 관리업자는 자체점검을 할 때에는 행정안전부령으로 정하는 바에 따라 기술인력을 참여시켜야 한다.

  1) **작동기능점검(소방안전관리대상물만 해당한다) 및 종합정밀점검** : 소방시설관리사와 보조기술인력
    [시행규칙 제26조의2(자체점검 시의 기술인력 참여 기준)]

2) 그 밖의 특정소방대상물에 대한 작동기능점검 : 소방시설관리사 또는 보조기술인력

## 6. 점검능력 평가 및 공시 [제33조의2(점검능력 평가 및 공시 등)]

**(1)** 소방청장은 관계인 또는 건축주가 적정한 관리업자를 선정할 수 있도록 하기 위하여 관리업자의 신청이 있는 경우 해당 관리업자의 점검능력을 종합적으로 평가하여 공시할 수 있다.

**(2)** 점검능력 평가를 신청하려는 관리업자는 소방시설등의 점검실적을 증명하는 서류 등 행정안전부령으로 정하는 서류를 소방청장에게 제출하여야 한다.

  1) 점검능력을 평가받으려는 소방시설관리업자는 소방시설등 점검능력 평가신청서(전자문서로 된 신청서를 포함)에 다음의 서류(전자문서를 포함한다)를 첨부하여 평가기관에 매년 2월 15일까지 제출하여야 한다. [시행규칙 제26조의3(점검능력 평가의 신청 등)]

① 소방시설등의 점검실적을 증명하는 서류로서 다음 각 목의 구분에 따른 서류
   ㉠ 국내 소방시설등에 대한 점검실적 : 발주자가 발급한 소방시설등의 점검실적 증명서 및 세금계산서(공급자 보관용) 사본
   ㉡ 해외 소방시설등에 대한 점검실적 : 외국환은행이 발행한 외화입금증명서 및 재외공관장이 발행한 해외점검실적 증명서 또는 관리계약서 사본
   ㉢ 주한 외국군의 기관으로부터 도급받은 소방시설등에 대한 점검실적 : 외국환은행이 발행한 외화입금증명서 및 도급계약서 사본
② 소방시설관리업등록수첩 사본
③ 소방기술인력 보유 현황 및 국가기술자격증 사본 등 이를 증명할 수 있는 서류
④ 신인도평가 가점사항 신고서 및 가점 사항을 확인할 수 있는 다음의 해당 서류
   ㉠ 품질경영인증서(ISO 9000 시리즈) 사본
   ㉡ 소방시설등의 점검 관련 표창 사본
   ㉢ 특허증 사본
   ㉣ 소방시설관리업 관련 기술 투자를 증명할 수 있는 서류

  2) 신청을 받은 평가기관의 장은 서류가 첨부되어 있지 않은 경우에는 신청인으로 하여금 15일 이내의 기간을 정하여 보완하게 할 수 있다.

  3) 다음에 해당하는 자는 2월 15일 후에 점검능력 평가를 신청할 수 있다.

① 신규로 소방시설관리업의 등록을 한 자
② 소방시설관리업자의 지위를 승계한 자

**(3)** 점검능력 평가 및 공시방법, 수수료 등 필요한 사항은 행정안전부령으로 정한다.

### 1) 점검능력 평가 항목 [시행규칙 제26조의4(점검능력의 평가)]

① 대행실적(소방안전관리 업무를 대행하여 수행한 실적을 말한다)

② 점검실적(소방시설등에 대한 점검실적을 말한다). 이 경우 점검실적은 점검인력 배치기준에 적합한 것으로 확인된 경우만 인정한다.

③ 기술력

④ 경력

⑤ 신인도

2) 평가기관은 점검능력 평가 결과를 매년 7월 31일까지 1개 이상의 일간신문(「신문 등의 진흥에 관한 법률」에 따라 전국을 보급지역으로 등록한 일간신문을 말한다) 또는 평가기관의 인터넷 홈페이지를 통하여 공시하고, 시 · 도지사에게 이를 통보하여야 한다.

3) 점검능력 평가 결과는 소방시설관리업자가 도급받을 수 있는 1건의 점검 도급금액으로 하고, 점검능력 평가의 유효기간은 평가 결과를 공시한 날(정기공시일)부터 1년간으로 한다. 다만, 점검 재평가에 해당하는 자, 소방시설관리업의 등록을 한 자, 소방시설관리업자의 지위를 승계한 자에 대한 점검능력 평가 결과가 정기공시일 후에 공시된 경우에는 그 평가 결과를 공시한 날부터 다음 해의 정기공시일 전날까지를 유효기간으로 한다.

4) 평가기관은 제출된 서류의 일부가 거짓으로 확인된 경우에는 확인된 날부터 10일 이내에 점검능력을 새로 평가하여 공시하고, 시 · 도지사에게 이를 통보하여야 한다.

5) 점검능력 평가 결과를 통보받은 시 · 도지사는 해당 소방시설관리업자의 등록수첩에 그 사실을 기록하여 발급하여야 한다.

6) 점검능력 평가에 따른 수수료는 평가기관이 정하여 소방청장의 승인을 받아야 한다. 이 경우 소방청장은 승인한 수수료 관련 사항을 고시하여야 한다.

7) 평가 항목에 대한 세부적인 평가기준은 소방청장이 정하여 고시한다.

**(4)** 소방청장은 점검능력을 평가하기 위하여 관리업자의 기술인력 및 장비 보유현황, 점검실적, 행정처분이력 등 필요한 사항에 대하여 데이터베이스를 구축할 수 있다.

## 7. 점검실명제 [제33조의3(점검실명제)]

**(1)** 관리업자가 소방시설등의 점검을 마친 경우 점검일시, 점검자, 점검업체 등 점검과 관련된 사항을 점검기록표에 기록하고 이를 해당 특정소방대상물에 부착하여야 한다.

**(2)** 점검기록표에 관한 사항은 행정안전부령으로 정한다.

- 소방시설관리업자는 점검기록표에 점검과 관련된 사항을 기록하여야 한다. [시행규칙 제26조의5(점검기록표)]

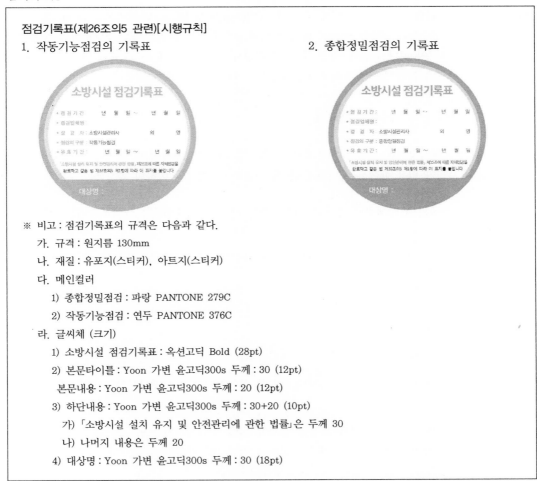

점검기록표(제26조의5 관련)[시행규칙]
1. 작동기능점검의 기록표　　　　　　　2. 종합정밀점검의 기록표

※ 비고 : 점검기록표의 규격은 다음과 같다.
　　가. 규격 : 원지름 130mm
　　나. 재질 : 유포지(스티커), 아트지(스티커)
　　다. 메인컬러
　　　　1) 종합정밀점검 : 파랑 PANTONE 279C
　　　　2) 작동기능점검 : 연두 PANTONE 376C
　　라. 글씨체 (크기)
　　　　1) 소방시설 점검기록표 : 옥션고딕 Bold (28pt)
　　　　2) 본문타이틀 : Yoon 가변 윤고딕300s 두께 : 30 (12pt)
　　　　　본문내용 : Yoon 가변 윤고딕300s 두께 : 20 (12pt)
　　　　3) 하단내용 : Yoon 가변 윤고딕300s 두께 : 30+20 (10pt)
　　　　　가)「소방시설 설치 유지 및 안전관리에 관한 법률」은 두께 30
　　　　　나) 나머지 내용은 두께 20
　　　　4) 대상명 : Yoon 가변 윤고딕300s 두께 : 30 (18pt)

## 8. 등록의 취소와 영업정지 [제34조(등록의 취소와 영업정지 등)]

**(1)** 시 · 도지사는 관리업자가 다음에 해당할 때에는 행정안전부령으로 정하는 바에 따라 그 등록을 취소하거나 6개월 이내의 기간을 정하여 이의 시정이나 그 영업의 정지를 명할 수 있다.

① 거짓이나 그 밖의 부정한 방법으로 등록을 한 경우(취소사유)

② 점검을 하지 아니하거나 거짓으로 한 경우

③ 등록기준에 미달하게 된 경우

④ 등록의 결격사유에 해당하게 된 경우. 다만, 법인으로서 결격사유에 해당하게 된 날부터 2개월 이내에 그 임원을 결격사유가 없는 임원으로 바꾸어 선임한 경우는 제외한다. (취소사유)

⑤ 다른 자에게 등록증이나 등록수첩을 빌려준 경우(취소사유)

**(2)** 관리업자의 지위를 승계한 상속인이 피성년후견인, 소방공사업법·소방기본법 등의 위반으로 실형·금고의 형을 받고 집행을 마치지 않거나 집행유예의 기준 중인 사람, 소방시설업 등록이 취소된 날로부터 2년이 지나지 않은 경우 등 등록 결격사유에 해당하게 된 경우의 어느 하나에 해당하는 경우에는 상속을 개시한 날부터 6개월 동안은 등록의 결격사유를 적용하지 아니한다.

### 9. 과징금 처분 [제35조(과징금처분)]

**(1)** 시·도지사는 영업정지를 명하는 경우로서 그 영업정지가 국민에게 심한 불편을 주거나 그 밖에 공익을 해칠 우려가 있을 때에는 영업정지처분을 갈음하여 3천만원 이하의 과징금을 부과할 수 있다.

**(2)** 과징금을 부과하는 위반행위의 종류와 위반 정도 등에 따른 과징금의 금액, 그 밖의 필요한 사항은 행정안전부령으로 정한다.

> **POINT** 과징금을 부과하는 위반행위의 종별과 그에 대한 과징금의 부과기준 [시행규칙 제27조(과징금을 부과할 위반행위의 종별과 과징금의 부과금액 등)]

#### 1) 일반기준

가. 영업정지 1개월은 30일로 계산한다.

나. 과징금 산정은 영업정지기간(일)에 제2호나목의 영업정지 1일에 해당하는 금액을 곱한 금액으로 한다.

다. 위반행위가 둘 이상 발생한 경우 과징금 부과에 의한 영업정지기간(일) 산정은 제2호가목의 개별기준에 따른 각각의 영업정지 처분기간을 합산한 기간으로 한다.

라. 영업정지에 해당하는 위반사항으로서 위반행위의 동기·내용·횟수 또는 그 결과를 고려하여 그 처분기준의 2분의 1까지 감경한 경우 과징금 부과에 의한 영업정지기간(일) 산정은 감경한 영업정지기간으로 한다.

마. 연간 매출액은 해당 업체에 대한 처분일이 속한 연도의 전년도의 1년간 위반사항이 적발된 업종의 각 매출금액을 기준으로 한다. 다만, 신규사업·휴업 등으로 인하여 1년간의 위반사항이 적발된 업종의 각 매출금액을 산출할 수 없거나 1년간의 위반사항이 적발된 업종의 각 매출금액을 기준으

로 하는 것이 불합리하다고 인정되는 경우에는 분기별·월별 또는 일별 매출금액을 기준으로 산출 또는 조정한다.

바. 가목부터 마목까지의 규정에도 불구하고 과징금 산정금액이 3천만원을 초과하는 경우 3천만원으로 한다.

### 2) 개별기준

가. 과징금을 부과할 수 있는 위반행위의 종별

- 소방시설관리업

| 위반사항 | 근거 법조문 | 행정처분기준 | | |
|---|---|---|---|---|
| | | 1차 | 2차 | 3차 |
| 점검을 하지 않거나 거짓으로 한 경우 | 법 제34조제1항제2호 | | 영업정지 3개월 | |
| 등록기준에 미달하게 된 경우 | 법 제34조제1항제3호 | | 영업정지 3개월 | |

나. 과징금 금액 산정기준

| 등급 | 연간매출액(단위: 백만원) | 영업정지 1일에 해당되는 금액(단위 : 원) |
|---|---|---|
| 1 | 10 이하 | 25,000 |
| 2 | 10 초과 ~ 30 이하 | 30,000 |
| 3 | 30 초과 ~ 50 이하 | 35,000 |
| 4 | 50 초과 ~ 100 이하 | 45,000 |
| 5 | 100 초과 ~ 150 이하 | 50,000 |
| 6 | 150 초과 ~ 200 이하 | 55,000 |
| 7 | 200 초과 ~ 250 이하 | 65,000 |
| 8 | 250 초과 ~ 300 이하 | 80,000 |
| 9 | 300 초과 ~ 350 이하 | 95,000 |
| 10 | 350 초과 ~ 400 이하 | 110,000 |
| 11 | 400 초과 ~ 450 이하 | 125,000 |
| 12 | 450 초과 ~ 500 이하 | 140,000 |
| 13 | 500 초과 ~ 750 이하 | 160,000 |
| 14 | 750 초과 ~ 1,000 이하 | 180,000 |
| 15 | 1,000 초과 ~ 2,500 이하 | 210,000 |
| 16 | 2,500 초과 ~ 5,000 이하 | 240,000 |
| 17 | 5,000 초과 ~ 7,500 이하 | 270,000 |
| 18 | 7,500 초과 ~ 10,000 이하 | 300,000 |
| 19 | 10,000 초과 | 330,000 |

(3) 시·도지사는 과징금을 내야 하는 자가 납부기한까지 내지 아니하면 「지방세외수입금의 징수 등에 관한 법률」에 따라 징수한다.

# 06 소방용품의 품질관리

## 1. 소방용품의 형식승인 [제36조(소방용품의 형식승인 등)]

**(1)** 대통령령으로 정하는 소방용품을 제조하거나 수입하려는 자는 소방청장의 형식승인을 받아야 한다. 다만, 연구개발 목적으로 제조하거나 수입하는 소방용품은 그러하지 아니하다.

> **POINT** 대통령령으로 정하는 소방용품 [시행령 제37조(형식승인대상 소방용품)]

### 1) 소화설비를 구성하는 제품 또는 기기

① 소화기구(소화약제 외의 것을 이용한 간이소화용구는 제외한다)

② 자동소화장치(상업용 주방자동소화장치는 제외)

③ 소화설비를 구성하는 소화전, 송수구, 관창(菅槍), 소방호스, 스프링클러헤드, 기동용 수압개폐장치, 유수제어밸브 및 가스관선택밸브

### 2) 경보설비를 구성하는 제품 또는 기기

① 누전경보기 및 가스누설경보기

② 경보설비를 구성하는 발신기, 수신기, 중계기, 감지기 및 음향장치(경종만 해당한다)

### 3) 피난설비를 구성하는 제품 또는 기기

① 피난사다리, 구조대, 완강기(간이완강기 및 지지대를 포함한다)

② 공기호흡기(충전기를 포함한다)

③ 피난구유도등, 통로유도등, 객석유도등 및 예비 전원이 내장된 비상조명등

**(2)** 형식승인을 받으려는 자는 행정안전부령으로 정하는 기준에 따라 형식승인을 위한 시험시설을 갖추고 소방청장의 심사를 받아야 한다. 다만, 소방용품을 수입하는 자가 판매를 목적으로 하지 아니하고 자신의 건축물에 직접 설치하거나 사용하려는 경우 등 행정안전부령으로 정하는 경우에는 시험시설을 갖추지 아니할 수 있다.

1) 형식승인대상 소방용품에 대하여 형식승인을 받으려는 자는 형식승인 신청서에 다음의 서류[두 가지 이상의 형식승인 사항 또는 형식승인과 성능인증 사항이 결합된 소방용품(형식승인결합소방용품)에 대하여 형식승인을 받으려는 경우에는 형식승인결합소방용품에 해당하는 서류를 말한다]를 첨부하여 소방청장이 정하여 고시하는 수량의 견본품(見本品)과 함께 기술원에 제출하여야 한다. [시행규칙 제6조(형식승인의 신청 등)]

① 소방용품의 설계도(소화약제, 방염제 등 고정된 형태가 없는 소방용품은 제외)와 명세서 각 2부

② 견본품과 부품의 사진 각 2부

③ 수입신고확인증 사본(수입한 소방용품만 해당한다) 2부

④ 시험시설의 명세서(시험시설을 직접 갖춘 경우만 해당한다) 2부

⑤ 소방용품의 설치 또는 사용 명세서(판매를 목적으로 하지 아니하고 수입 당사자의 건축물에 직접 설치하거나 사용하기 위하여 소방용품을 수입하는 경우만 해당한다) 2부

⑥ 시험시설의 사용계약서(시험시설의 사용계약을 체결한 경우만 해당하며, 사용계약을 체결한 시험시설의 명세서를 첨부하여야 한다) 2부

⑦ 형식승인 대상 소방용품의 일부에 대하여 이미 형식시험을 한 경우 그 결과에 관한 자료(형식시험의 일부를 생략 받으려는 경우만 해당한다) 1부

⑧ 형식승인 등의 특례 적용 대상 확인 서류 사본(형식시험 등의 특례를 적용받으려는 경우만 해당한다) 2부

2) 형식승인을 받으려는 자는 다음에 따른 시험시설기준에 맞는 시험시설을 갖추어야 한다.

① 형식승인을 받으려는 경우 ⋯ 시험시설기준

② 형식승인결합소방용품에 대한 형식승인을 받으려는 경우 ⋯ 소방청장이 정하여 고시하는 시험시설기준과 시험시설기준

3) 다음에 해당하는 경우에는 직접 시험시설을 갖추지 아니할 수 있다.

① 판매를 목적으로 하지 아니하고 수입 당사자의 건축물에 직접 설치하거나 사용하기 위하여 소방용품을 수입하는 자(실수요자)가 소방용품을 직접 수입하여 설치하거나 사용하려는 경우

② 소방용품을 수입하려는 자가 시험시설을 갖춘 자와 사용계약을 체결한 경우

(3) 형식승인을 받은 자는 그 소방용품에 대하여 소방청장이 실시하는 제품검사를 받아야 한다.

(4) 형식승인의 방법·절차 등과 제품검사의 구분·방법·순서·합격표시 등에 관한 사항은 행정안전부령으로 정한다.

1) 형식승인의 방법 [시행령 제7조(형식승인의 방법 등)]

① 형식승인은 소방용품의 형상·구조·재질·성분·성능·부품 등(형상등)이 기술기준(형식승인기준)에 맞는지를 심사하는 형식시험[형식승인결합소방용품인 경우에는 기술기준(성능인증기준)에 맞는지를 시험하는 성능시험을 포함]과 설치하여야 할 시험시설이 그 시설기준(형식승인시험시설기준)에 맞는지를 심사하는 시험시설심사로 구분하여 실시한다. 다만, 시험시설을 직접 갖추지 않아도 되는 경우에는 시험시설심사를 하지 아니한다.

② 형식시험은 신청 당시 제출된 소방용품의 견본품에 대하여 실시하고, 다음에 해당하는 경우에는 형식시험의 일부를 생략할 수 있다.

   ㉠ 해당 소방용품의 일부 형상등에 대하여 이미 형식시험을 실시하여 형식승인기준(형식승인과 성능인증 사항이 결합된 소방용품인 경우에는 성능인증기준을 포함한다)에 맞다고 인정된 경우

   ㉡ 형식승인결합소방용품에 대하여 형식시험이 중복되는 경우

③ 기술원은 형식승인을 신청한 자가 제출한 견본품이나 시험시설이 형식승인기준이나 형식승인시험시설기준에 맞지 아니한 경우에는 이를 보완하게 할 수 있다. 이 경우 보완 횟수는 견본품에 대한 보완 횟수와 시험시설에 대한 보완 횟수를 합하여 2회를 넘을 수 없으며 회당 보완기간은 60일 이내로 한다.

④ 기술원은 시험시설심사 결과 필요하다고 인정하면 해당 시험시설에 대하여 「국가표준기본법」에 따른 국가교정업무 전담기관이나 관련 분야 전문기관으로부터 교정이나 검사를 받게 할 수 있다.

⑤ ①부터 ②까지에서 규정한 사항 외에 형식시험 및 시험시설심사에 필요한 세부적인 사항은 소방청장이 정한다.

### 2) 제품검사의 구분 및 방법 [소방용품의 품질관리 등에 관한 규칙 제21조(제품검사의 구분 및 방법 등)]

① 형식승인을 받은 소방용품 및 성능인증을 받은 소방용품에 대한 제품검사는 다음으로 구분한다.

   ㉠ **생산제품검사** : 생산된 소방용품이 출고되기 전에 생산된 소방용품의 형상등이 형식승인기준 또는 성능인증기준(기술기준)에 맞는지를 검사하는 것

   ㉡ **품질제품검사** : 소방용품 제조 과정 등의 품질관리체계를 검사(공정심사)하고 생산된 소방용품의 형상등이 기술기준에 맞는지를 정밀검사하되, 일정한 주기를 정하여 검사하는 것

② 소방용품에 대하여 형식승인 또는 성능인증을 받은 자는 생산제품검사와 품질제품검사 중 어느 하나를 선택하여 제품검사를 받을 수 있다. 다만, 품질제품검사를 받는 것이 확정되기 전까지는 생산제품검사를 받아야 한다.

③ 품질제품검사에 합격한 경우 다음 품질제품검사의 결과가 나오기 전까지 생산된 제품은 제품검사에 합격한 것으로 본다.

④ 생산제품검사와 품질제품검사의 구체적인 방법

---

**제품검사의 방법 등(제21조제4항 관련)**

1. 제품검사주기
   가. 생산제품검사는 로트(lot)별로 한다.
   나. 품질제품검사는 형식승인대상 소방용품의 경우에는 3개월 또는 6개월, 성능인증대상 소방용품은 6개월 또는 1년 중에서 품질제품검사를 신청한 자가 선택한 주기마다 1회씩 한다. 다만, 다음의 어느 하나에 해당하는 경우에는 검사 주기와 상관 없이 별도로 품질제품검사를 할 수 있다.
      1) 불량 소방용품의 유통에 관한 제보, 언론보도, 민원 등으로 인하여 소방용품 생산 실태에 대한 점검이 필요하다고 판단되는 경우

---

2) 품질제품검사 결과 부적합 사항이 발생되어 다른 소방용품에 대한 확인이 필요한 경우

## 2. 생산제품검사의 방법

가. 생산제품검사는 검사를 신청한 소방용품 전부를 검사하거나 검사를 신청한 소방용품 중에서 일정한 수량의 표본을 추출하여 검사하되, 구체적인 방법은 소방청장이 정하는 바에 따른다.

나. 소방용품이 2개 품목 이상 서로 결합되거나 충전되어 제조되거나 수입되는 경우에는 서로 결합되거나 전된 상태로 검사할 수 있다.

## 3. 품질제품검사의 방법

가. 품질제품검사는 공정심사와 정밀검사의 방법으로 실시하되, 품질제품검사를 적용하기 위한 최초의 정밀검사는 품질제품검사 신청 이전에 한 생산제품검사의 실적에 따라 생략할 수 있다. 다만, 생산제품검사에서 부적합 판정을 받았거나, 다른 제품검사기관에서 생산제품검사를 받은 경우에는 그러하지 아니하다.

나. 공정심사는 다음의 방법으로 실시한다.

1) 공정심사는 소방용품의 품목단위별로 실시하며, 다음의 항목(이하 "품질관리체계 운영"이라 한다)이 소청장이 정하여 고시하는 심사기준에 맞는지를 심사한다.

가) 품질경영관리

나) 설계 및 개발

다) 구매 및 생산 절차

라) 자체검사체계

마) 품질개선 활동

바) 합격표시 등의 관리

2) 품질제품검사를 신청할 당시 같은 공장에서 생산하는 다른 소방용품에 대하여 품질제품검사를 적용받고있는 경우 또는 품질제품검사를 신청한 품목이 우수품질인증을 받은 경우에는 공정심사 평가항목 중 일부를 생략할 수 있다.

다. 정밀검사는 다음의 방법으로 실시한다.

1) 정밀검사는 소방용품의 품목단위별로 대표 형식을 선정하고, 그에 해당하는 소방용품으로서 유통 중이거나 출고 대기 중인 소방용품이 기술기준에 맞는지를 검사한다.

2) 정밀검사는 이전 품질제품검사 적용 후 생산된 소방용품을 대상으로 실시한다. 다만, 제1호나목 단서에 해당하는 경우로서 제품검사기관에서 필요하다고 인정하는 경우에는 그 이전에 생산된 소방용품에 대해서도 정밀검사를 할 수 있다.

라. 품질제품검사를 받고 있는 자가 품질제품검사의 범위에 포함되는 새로운 품목단위에 해당하는 소방용품에 대하여 새로운 형식승인이나 성능인증을 받은 경우에는 그 소방용품에 대하여 바로 품질제품검사를 적용한다.

마. 제조자가 둘 이상의 품목단위에 대하여 품질제품검사를 적용받고 있는 경우에는 소방청장이 정하는 바에 따라 품목단위별 품질제품검사의 시행 일정을 일원화할 수 있다.

5. 그 밖에 제품검사에 필요한 사항은 소방청장이 정하여 고시하는 바에 따른다.

⑤ 기술원은 제품검사 결과 필요하다고 인정하면 형식승인을 받은 자가 갖추고 있는 시험시설이 시험시설기준에 맞는지를 확인할 수 있고, 「국가표준기본법」에 따른 국가교정업무 전담기관이나 관련 분야 전문기관으로부터 교정 또는 검사를 받게 할 수 있다.

3) 제품검사의 합격표시 [시행규칙 제24조(제품검사의 합격표시 등)]

① 제품검사기관은 생산제품검사에 합격한 소방용품 및 품질제품검사 적용 대상 소방용품에는 제품검사 합격표시를 하도록 하여야 한다. 다만, 수출용 소방용품 및 우수품질인증 소방용품의 경우에는 소방청장이 정하는 바에 따라 달리 표시할 수 있다.

② 제품검사 합격표시는 소방용품에 붙이거나 직접 표시하는 방법으로 하되, 제품검사 합격표시를 소방용품에 붙일 때에는 제품검사 합격표시가 쉽게 닳아 없어지거나 떨어지지 않도록 붙여야 한다.

③ 제품검사기관은 소방용품을 생산하는 과정에서 제품검사 합격표시를 하여야 하는 등 필요한 경우에는 소방청장이 정하는 바에 따라 생산제품검사 전에 미리 제품검사 합격표시를 하도록 할 수 있다.

④ 생산제품검사 대상 소방용품에 미리 제품검사 합격표시를 하려는 자는 소방용품의 생산제품검사 합격표시 발급 신청서를 제품검사기관에 제출하여야 한다. 이 경우 소방용품에 직접 합격표시를 하려는 경우에는 합격표시 방법과 설계구조 및 규격을 설명하는 서류를 함께 제출하여야 한다.

⑤ 품질제품검사 적용 대상 소방용품에 제품검사 합격표시를 하려는 자는 품질제품검사 합격표시 발급 신청서를 제품검사기관에 제출하여야 한다.

⑥ 신청을 받은 제품검사기관은 품질제품검사 합격표시를 발급할 때에는 품질제품검사 합격표시 발급 확인서를 함께 발급하고, 소방용품에 직접 합격표시를 하여야 하는 경우에는 제품검사 합격표시 사용 승인서를 발급한다.

(5) 소방용품의 형상 · 구조 · 재질 · 성분 · 성능 등 (형상등)의 형식승인 및 제품검사의 기술기준 등에 관한 사항은 소방청장이 정하여 고시한다.

(6) 누구든지 다음에 해당하는 소방용품을 판매하거나 판매 목적으로 진열하거나 소방시설공사에 사용할 수 없다.

1) 형식승인을 받지 아니한 것

2) 형상 등을 임의로 변경한 것

3) 제품검사를 받지 아니하거나 합격표시를 하지 아니한 것

(7) 소방청장은 소방용품에 대하여는 그 제조자 · 수입자 · 판매자 또는 시공자에게 수거 · 폐기 또는 교체 등 행정안전부령으로 정하는 필요한 조치를 명할 수 있다.

1) 시 · 도지사는 미승인 소방용품 등을 판매하거나 판매 목적으로 진열하거나 소방시설공사에 사용한 경우에는 그 소방용품의 제조자 · 수입자 · 판매자 또는 시공자에게 소방용품 조치명령서에 따라 다음의 명령(조치명령)을 하여야 한다. [시행규칙 제39조(소방용품에 대한 수거 · 폐기 또는 교체 명령)]

① 미승인 소방용품등을 판매한 경우 … 수거 및 폐기 명령

② 미승인 소방용품등을 판매 목적으로 진열한 경우 … 폐기 명령

③ 미승인 소방용품등을 설치하거나 설치된 소방용품의 형상등을 변경하여 사용한 경우 … 교체 및 폐기 명령

  2) 조치명령을 한 경우에는 해당 소방용품에 대하여 수거 등 표지를 부착하여야 한다.

  3) 조치명령을 받은 자는 소방청장이 정하는 기간 이내에 조치명령을 이행하고, 조치명령을 이행한 날부터 5일 이내에 그 결과를 시·도지사에게 알려야 한다.

**(8)** 소방청장은 소방용품의 작동기능, 제조방법, 부품 등이 소방청장이 고시하는 형식승인 및 제품검사의 기술기준에서 정하고 있는 방법이 아닌 새로운 기술이 적용된 제품의 경우에는 관련 전문가의 평가를 거쳐 행정안전부령으로 정하는 바에 따라 방법 및 절차와 다른 방법 및 절차로 형식승인을 할 수 있으며, 외국의 공인기관으로부터 인정받은 신기술 제품은 형식승인을 위한 시험 중 일부를 생략하여 형식승인을 할 수 있다.

  1) 새로운 기술이 적용된 제품에 대하여 방법 및 절차와 다른 방법 및 절차로 형식승인을 받으려는 자는 새로운 기술이 적용된 제품에 대한 형식시험 및 제품검사의 방법을 기술원에 제시하여야 한다. 이 경우 기술원은 구성된 기술위원회의 심의를 거쳐 새로운 기술이 적용된 제품인지의 여부, 제시된 형식시험 및 제품검사 방법의 적용 여부, 형식시험 및 제품검사의 생략 여부 등을 결정하여야 한다. [시행규칙 제13조(형식시험 등의 특례 적용)]

  2) 기술원은 외국의 공인기관으로부터 인정받은 신기술 제품에 대하여 기술위원회의 심의를 거쳐 소방청장이 정하는 바에 따라 형식시험 및 제품검사의 전부 또는 일부를 생략할 수 있다.

  3) 기술원은 형식승인 및 제품검사 시험 중 일부만을 적용하여 형식승인 및 제품검사를 적용하려는 경우 기술위원회의 심의를 거쳐야 한다.

  4) 기술원은 필요하다고 인정되면 기술위원회의 심의를 거쳐 형식시험과 제품검사를 동시에 할 수 있다.

  5) 기술원은 다음의 사항을 심의하기 위하여 관련 전문가로 구성된 기술위원회를 구성·운영하여야 한다.

① 기술원에 제시된 제품이 새로운 기술이 적용된 제품인지 여부

② 형식시험 및 제품검사 방법의 적정성 여부

③ 외국의 공인기관으로부터 인정받은 신기술 제품의 형식시험 및 제품검사의 생략 여부 및 생략 범위

④ 기술원은 형식승인 및 제품검사 시험 중 일부만을 적용하여 형식승인 및 제품검사를 적용하려는 경우의 적용 여부

⑤ 그 밖에 형식시험 등의 특례를 적용하기 위하여 필요한 사항

**(9)** 다음에 해당하는 소방용품의 형식승인 내용에 대하여 공인기관의 평가결과가 있는 경우 형식승인 및 제품검사 시험 중 일부만을 적용하여 형식승인 및 제품검사를 할 수 있다.

1) 「군수품관리법」에 따른 군수품

2) 주한외국공관 또는 주한외국군 부대에서 사용되는 소방용품

3) 외국의 차관이나 국가 간의 협약 등에 의하여 건설되는 공사에 사용되는 소방용품으로서 사전에 합의된 것

4) 그 밖에 특수한 목적으로 사용되는 소방용품으로서 소방청장이 인정하는 것

**(10)** 하나의 소방용품에 두 가지 이상의 형식승인 사항 또는 형식승인과 성능인증 사항이 결합된 경우에는 두 가지 이상의 형식승인 또는 형식승인과 성능인증 시험을 함께 실시하고 하나의 형식승인을 할 수 있다.

**(11) 형식승인의 방법 및 절차 등에 관하여는 행정안전부령으로 정한다.**

1) 형식승인의 처리기간 [시행규칙 제10조(형식승인 등의 처리기간)]

① 소방용품에 대한 형식승인 및 변경승인 처리기간은 아래 표1와 같다. 다만, 형식승인결합소방용품에 대한 처리기간은 개별 소방용품에 대한 형식승인 및 변경승인 처리기간과 표2의 개별 소방용품에 대한 성능인증 및 변경인증 처리기간을 합산하여 산정한다.

- 형식승인 및 변경승인의 처리기간(제10조 관련) 표1  (단위 : 일)

| 구 분 | 형식승인 | 변경승인 |
|---|---|---|
| 피난사다리<br>스프링클러헤드(개방형만 해당한다)<br>관창<br>송수구<br>소화전(옥내소화전 방수구만 해당한다) | 35 | 25 |
| 기동용수압개폐장치<br>완강기(간이완강기만 해당한다)<br>가스관선택밸브 | 35 | 30 |
| 소화기(축압식은 제외한다)<br>소화약제(포소화약제는 제외한다)<br>투척용소화용구<br>유수제어밸브<br>소화전(옥외소화전만 해당한다)<br>발신기<br>경종 | 40 | 30 |
| 구조대<br>완강기(지지대를 포함한다) | 45 | 30 |
| 스프링클러헤드(폐쇄형의 금속물질실링구조만 해당한다)<br>소방호스<br>방염제<br>수신기(GP형·GR형 및 복합형은 제외한다)<br>유도등 및 비상조명등<br>소화약제(포소화약제만 해당한다)<br>중계기(GP형·GR형 및 복합형은 제외한다)<br>캐비닛형자동소화장치 | 50 | 35 |
| 누전경보기 | 60 | 45 |
| 소화기(축압식만 해당한다)<br>주방용자동소화장치<br>가스자동소화장치<br>분말자동소화장치<br>고체에어졸자동소화장치<br>자동확산소화기<br>에어졸식소화용구<br>감지기<br>가스누설경보기<br>수신기(GP형·GR형 및 복합형만 해당한다)<br>중계기(GP형·GR형 및 복합형만 해당한다)<br>공기호흡기(충전기는 제외한다) | 75 | 60 |
| 스프링클러헤드(폐쇄형의 비금속물질실링구조만 해당한다) | 115 | 100 |
| 공기호흡기(충전기만 해당한다) | 120 | 60 |

– 성능인증 및 변경인증의 처리기간(제10조 및 제19조 관련)  (단위: 일)

| 구 분 | 성능인증 | 변경인증 |
|---|---|---|
| 축광표지, 예비전원, 비상콘센트설비, 표시등, 소화전함, 스프링클러설비의 신축배관, 탐지부, 지시압력계, 공기안전매트, 소방용밸브, 소방용 스트레이너, 소방용 압력스위치, 소화기가압용 가스용기 | 30 | 25 |
| 방수구, 소화설비용 헤드(물분무헤드, 살수헤드) | 35 | 30 |
| 비상경보설비의 축전지, 소화설비용 헤드(분말헤드, 포헤드) | 40 | 30 |
| 소방용전선, 자동화재속보설비의 속보기, 소방용흡수관 | 50 | 35 |
| 소방용 합성수지배관 | 180 | 175 |

② 기술원은 ①에도 불구하고 부득이한 사유로 처리기간을 준수하지 못할 때에는 처리기간의 범위에서 처리기간을 연장할 수 있으며, 신청인에게 그 사유와 예상되는 처리기간을 알려주어야 한다.

2) 조건부 승인 [시행규칙 제11조(조건부 승인)]

기술원은 소방용품이 형식승인기준에는 맞지만 소방용품의 형상등이 기술상 또는 기능상 결함이 생길 우려가 있거나 산업재산권 분쟁이 발생할 것으로 예상되는 등 특별한 사정이 있는 경우에는 조건을 붙여 형식승인 또는 변경승인할 수 있다.

### 2. 형식승인의 변경 [제37조(형식승인의 변경)]

(1) 형식승인을 받은 자가 해당 소방용품에 대하여 형상등의 일부를 변경하려면 소방청장의 변경승인을 받아야 한다.

(2) 변경승인의 대상 · 구분 · 방법 및 절차 등에 관하여 필요한 사항은 행정안전부령으로 정한다.

(3) **형식승인의 변경 절차 [시행규칙 제9조(형식승인의 변경)]**

1) 형식승인의 변경승인을 받아야 하는 대상 및 구분은 다음과 같다.

① **중요한 변경 사항** … 소방용품의 성능에 영향을 미치는 중요한 부품 및 구조 등으로서 소방청장이 정하는 사항

② **경미한 변경 사항** … 소방용품의 성능에 영향을 미치지 아니하는 경미한 부품 및 외관 등으로서 소방청장이 정하는 사항

2) 변경승인을 받으려는 자는 형식승인 변경 신청서에 다음의 서류를 첨부하여 소방청장이 정하여 고시하는 수량의 견본품과 함께 기술원에 제출하여야 한다. 다만, 기술원은 경미한 변경 사항에 해당하고 첨부 서류의 검토만으로 변경 사항이 형식승인기준에 맞는지를 확인할 수 있는 경우에는 견본품의 제출을 면제할 수 있다.

① 변경 부분의 설계도(변경 부분이 고정된 형태가 없는 경우는 제외)와 명세서 각 2부

② 견본품과 부품의 사진 각 2부

③ 변경된 형상등에 대하여 이미 형식시험을 한 경우 그 결과에 관한 자료(형식시험의 일부를 생략 받으려는 경우만 해당한다) 1부

   3) 기술원은 변경 사항에 대하여 형식시험을 한 결과 중요한 변경 사항이 형식승인기준에 맞는 경우에는 해당 소방용품의 승인번호를 변경하여 부여하고, 변경된 내용을 반영하여 형식승인서를 다시 발급하며, 경미한 변경 사항이 형식승인기준에 맞는 경우에는 변경 승인 여부를 서면으로 통보하여야 한다.

   4) 형식시험의 일부 생략 및 신청 내용의 보완에 관해서는 견본품에 대한 보완 횟수와 시험시설에 대한 보완 횟수를 합하여 2회를 넘을 수 없으며 회당 보완기간은 60일 이내로 한다.

### 3. 형식승인의 중지취소 [제38조(형식승인의 취소 등)]

**(1)** 소방청장은 소방용품의 형식승인을 받았거나 제품검사를 받은 자가 다음 각 호의 어느 하나에 해당될 때에는 행정안전부령으로 정하는 바에 따라 그 형식승인을 취소하거나 6개월 이내의 기간을 정하여 제품검사의 중지를 명할 수 있다.

① 거짓이나 그 밖의 부정한 방법으로 형식승인을 받은 경우(취소사유)

② 시험시설의 시설기준에 미달되는 경우

③ 거짓이나 그 밖의 부정한 방법으로 제품검사를 받은 경우(취소사유)

④ 제품검사 시 기술기준에 미달되는 경우

⑤ 변경승인을 받지 아니하거나 거짓이나 그 밖의 부정한 방법으로 변경승인을 받은 경우(취소사유)

**(2)** 소방용품의 형식승인이 취소된 자는 그 취소된 날부터 2년 이내에는 형식승인이 취소된 동일 품목에 대하여 형식승인을 받을 수 없다.

### (3) 형식승인의 취소 [시행규칙 제12조(형식승인의 취소 등)]

 1) 형식승인의 취소와 제품검사의 중지에 관한 처분기준

① 형식승인 취소 등에 관한 처분기준(제12조제1항 관련)

  ㉠ 일반기준
     가. 위반행위가 둘 이상 발생한 경우에는 그 중 무거운 처분기준(처분기준이 같은 경우에는 그 중 하나의 처분기준을 말한다)에 따르되, 둘 이상의 위반행위에 대한 처분기준이 검사중지인 경우에는 무거운 처분의 2분의 1까지 가중처분할 수 있다. 이 경우 가중된 검사중지 기간은 6개월을 초과할 수 없다.

나. 위반행위의 횟수에 따른 행정처분의 부과기준은 최근 1년간 같은 위반행위로 행정처분을 받은 경우에 적용한다. 이 경우 기간의 계산은 위반행위에 대하여 행정처분을 받은 날과 그 처분 후 다시 같은 위반행위를 하여 적발된 날을 기준으로 한다.

다. 나목에 따라 가중된 부과처분을 하는 경우 가중처분의 적용 차수는 그 위반행위 전 부과처분 차수(나목에 따른 기간 내에 행정처분이 둘 이상 있었던 경우에는 높은 차수를 말한다)의 다음 차수로 한다.

라. 검사중지 처분을 하는 경우 위반행위의 동기·내용·횟수 또는 그 결과를 고려할 때 제2호 각 목의 기준을 적용하는 것이 현저하게 불합리하다고 인정되는 경우에는 그 처분기준의 2분의 1까지 경감하여 처분할 수 있다.

ⓛ 개별기준

| 위반행위 | 근거 법조문 | 처분기준 | | |
|---|---|---|---|---|
| | | 1회 | 2회 | 3회 |
| 가. 거짓이나 그 밖의 부정한 방법으로 형식승인을 받은 경우 | 법 제38조제1항제1호 | 형식승인 취소 | | |
| 나. 시험시설의 시설기준에 미달되는 경우 | 법 제38조제1항제2호 | 시정명령 | 검사중지 3개월 | 형식승인 취소 |
| 다. 거짓이나 그 밖의 부정한 방법으로 제품검사를 받은 경우 | 법 제38조제1항제3호 | 형식승인 취소 | | |
| 라. 제품검사 시 기술기준에 미달되는 경우 | 법 제38조제1항제4호 | | | |
| 1) 품질제품검사 검사주기 간격 내에 생산된 소방용품을 대상으로 한 정밀검사에서 소방용품의 주된 기능을 발휘할 수 없는 결점(치명적 결점)이 2개 이상의 제품에서 발생한 경우 | | 검사중지 3개월 | 검사중지 6개월 | 형식승인 취소 |
| 2) 품질제품검사 검사주기 간격 내에 생산된 소방용품을 대상으로 한 정밀검사에서 소방용품의 주된 기능을 떨어뜨리는 결점(중결점)이 2개 이상의 제품에서 발생한 경우 | | 검사중지 1개월 | 검사중지 4개월 | 형식승인 취소 |
| 마. 변경승인을 받지 아니하거나 거짓이나 그 밖의 부정한 방법으로 변경승인을 받은 경우 | 법 제38조제1항제7호 | 형식승인 취소 | | |

※ 비고 : 품질제품검사의 경우 "검사중지"란 품질제품검사를 생산제품검사로 변경하고, 생산제품검사를 함께 중지하는 것을 말한다.

2) 소방용품에 대하여 형식승인을 받은 자는 형식승인의 취소를 요청할 수 있다. 다만, 형식승인 취소 등의 절차가 진행 중인 경우에는 형식승인의 취소를 요청할 수 없다.

3) 형식승인의 취소를 요청하려는 자는 형식승인 취소요청서와 이전에 발급받았던 형식승인서를 기술원에 제출하여야 한다.

## 4. 소방용품의 성능인증 [제39조(소방용품의 성능인증 등)]

(1) 소방청장은 제조자 또는 수입자 등의 요청이 있는 경우 소방용품에 대하여 성능인증을 할 수 있다.

(2) 성능인증을 받은 자는 그 소방용품에 대하여 소방청장의 제품검사를 받아야 한다.

(3) 성능인증의 대상·신청·방법 및 성능인증서 발급에 관한 사항과 제품검사의 구분·대상·절차·방법·합격표시 및 수수료 등에 관한 사항은 행정안전부령으로 정한다.

1) 성능인증의 대상 및 신청 [시행규칙 제15조(성능인증의 대상 및 신청 등)]

① 성능인증의 대상이 되는 소방용품

성능인증 대상 소방용품(제15조제1항 관련)
1. 축광표지(유도표지 및 위치표지)
2. 예비전원
3. 비상콘센트설비
4. 표시등
5. 소화전함
6. 스프링클러설비신축배관(가지관과 스프링클러헤드를 연결하는 플렉시블 파이프를 말한다)
7. 소방용전선(내화전선 및 내열전선)
8. 탐지부
9. 지시압력계
10. 공기안전매트
11. 소방용밸브(개폐표시형 밸브, 릴리프 밸브, 푸트 밸브)
12. 소방용 스트레이너
13. 소방용 압력스위치
14. 소방용 합성수지배관
15. 비상경보설비의 축전지
16. 자동화재속보설비의 속보기
17. 소화설비용 헤드(물분무헤드, 분말헤드, 포헤드, 살수헤드)
18. 방수구
19. 소화기가압용 가스용기
20. 소방용흡수관
21. 그 밖에 소방청장이 고시하는 소방용품

② 소방용품에 대하여 성능인증을 받으려는 자는 소방청장이 정하여 고시하는 성능인증시험시설기준에 적합한 시험시설을 갖추어야 한다. 다만, 실수요자가 소방용품을 직접 설치하거나 사용하려는 경우 및 성능인증시험시설기준에 적합한 시험시설을 갖춘 자와 사용계약을 체결한 경우에는 시험시설을 갖추지 않아도 된다.

③ 성능인증을 신청하려는 자는 성능인증 신청서에 다음 각 호의 서류[두 가지 이상의 성능인증 사항이 결합된 소방용품(성능인증결합소방용품)에 대하여 성능인증을 받으려는 경우에는 성능인증결합소방용품에 해당하는 서류를 말한다]를 첨부하여 소방청장이 정하여 고시하는 수량의 견본품과 함께 기술원에 제출하여야 한다.

　　㉠ 설계도(고정된 형태가 없는 경우는 제외한다) 및 명세서 각 2부
　　㉡ 수입신고확인증 사본(수입한 소방용품만 해당한다) 2부
　　㉢ 견본품과 부품의 사진 각 2부
　　㉣ 시험시설의 명세서(시험시설을 직접 갖춘 경우만 해당한다) 2부
　　㉤ 시험시설의 사용계약서(제2항에 따라 성능인증시험시설기준에 적합한 시험시설을 갖춘 자와 사용계약을 체결한 경우만 해당한다) 2부
　　㉥ 소방용품의 설치 또는 사용 명세서(제2항 단서의 실수요자의 경우만 해당한다) 2부
　　㉦ 성능인증을 신청한 소방용품의 일부에 대하여 이미 성능시험을 한 경우 그 결과에 관한 자료(성능시험의 일부를 생략 받으려는 경우만 해당한다) 1부

### 2) 성능인증의 방법 [시행규칙 제16조(성능인증의 방법)]

① 성능인증 신청을 받은 기술원은 성능인증 신청 시 제출된 견본품이 성능인증기준에 맞는지에 대한 성능시험과 시험시설이 성능인증시험시설기준에 맞는지에 대한 시험시설심사로 구분하여 실시한다.

② 성능시험을 할 소방용품이 다음에 해당하는 경우에는 ①에 따른 성능시험의 일부를 생략할 수 있다.
　　㉠ 소방용품의 일부 형상등에 대하여 이미 성능시험을 실시하여 성능인증기준에 맞다고 인정된 경우
　　㉡ 성능인증결합소방용품의 성능시험이 중복되는 경우

③ 기술원은 성능인증을 신청한 자가 제출한 견본품이나 시험시설이 성능인증기준이나 성능인증시험시설기준에 맞지 아니한 경우에는 소방청장이 정하는 바에 따라 이를 보완하게 할 수 있다. 이 경우 보완 횟수는 견본품에 대한 보완 횟수와 시험시설에 대한 보완 횟수를 합하여 2회를 넘을 수 없으며 회당 보완기간은 60일 이내로 한다.

### 3) 성능인증서의 발급 [시행규칙 제17조(성능인증서의 발급)]

① 기술원은 성능인증을 신청한 자가 제출한 견본품이나 시험시설이 성능인증기준이나 성능인증시험시설기준에 맞는 경우에는 해당 소방용품에 대하여 성능인증번호를 부여하고, 성능인증서를 발급하여야 한다.

② 성능인증서를 발급받은 자(①의 경우에는 변경된 자를 말한다)는 다음에 해당하는 경우에는 재발급 신청서에 변경 사항을 증명할 수 있는 서류(변경 사항이 있는 경우만 해당)와 발급받았던 성능인증 서(잃어버린 경우는 제외)를 첨부하여 기술원에 성능인증서 재발급을 신청하여야 한다.

    ㉠ 소방용품에 관한 사업의 양도ㆍ양수, 상속, 법인의 합병ㆍ분할 등의 사유로 성능인증을 받은 소 방용품에 관한 사업의 운영자가 변경된 경우

    ㉡ 상호, 사업장 주소지(주소지 일부가 변경된 경우를 포함한다), 법인 대표자 변경 등 성능인증서 의 기재 사항이 변경된 경우

    ㉢ 성능인증서를 잃어버리거나 성능인증서가 헐어 못 쓰게 된 경우

③ 성능인증서 재발급 신청을 받은 기술원은 해당 사항을 확인한 후 변경 사항을 반영하여 성능인증서 를 재발급하되, 사업장의 주소지가 변경된 경우에는 이전된 사업장에 설치된 시험시설이 성능인증 시험시설기준에 맞는 것으로 확인된 경우에만 성능인증서를 재발급한다.

### 4) 성능인증 등의 처리기간 [시행규칙 제19조(성능인증 등의 처리기간)]

① 소방용품에 대한 성능인증 및 변경인증 처리기간 … 다만, 성능인증결합소방용품에 대한 처리기간은 개별 소방용품에 대한 성능인증 및 변경인증 처리기간을 합산하여 산정한다.

– 성능인증 및 변경인증의 처리기간(제10조 및 제19조 관련) (단위 : 일)

| 구 분 | 성능인증 | 변경인증 |
|---|---|---|
| 축광표지, 예비전원, 비상콘센트설비, 표시등, 소화전함, 스프링클러설비 의 신축배관, 탐지부, 지시압력계, 공기안전매트, 소방용밸브, 소방용 스 트레이너, 소방용 압력스위치, 소화기가압용 가스용기 | 30 | 25 |
| 방수구, 소화설비용 헤드(물분무헤드, 살수헤드) | 35 | 30 |
| 비상경보설비의 축전지, 소화설비용 헤드(분말헤드, 포헤드) | 40 | 30 |
| 소방용전선, 자동화재속보설비의 속보기, 소방용흡수관 | 50 | 35 |
| 소방용 합성수지배관 | 180 | 175 |

② 기술원은 부득이한 사유로 처리기간을 준수하지 못할 때에는 제1항에 따른 처리기간의 범위에서 처 리기간을 연장할 수 있으며, 신청인에게 그 사유와 예상되는 처리기간을 알려주어야 한다.

### 5) 제품검사의 신청 [시행규칙 제22조(제품검사의 신청)]

① 형식승인 또는 성능인증을 받은 자는 해당 소방용품에 대하여 제품검사를 받으려는 경우에는 기술 원 또는 전문기관(제품검사기관) 중 어느 하나의 기관에 제품검사의 방법을 정하여 제품검사를 신 청하여야 한다. 다만, 가스계소화설비 설계프로그램의 경우에는 가스계소화설비를 설치하려는 관계 인(「소방기본법」에 따른 관계인을 말한다)이 가스계소화설비 설계프로그램의 제품검사 명세서를 첨 부하여 생산제품검사를 신청할 수 있다.

② 제품검사를 신청하는 자는 제품검사 수요 조절을 통한 효율적인 제품검사를 위하여 특별한 사유가 없으면 소방청장이 정하는 기간 중에는 동일한 제품검사기관에 제품검사를 신청하여야 한다.

③ 생산제품검사를 받으려는 자는 생산제품검사 신청서에 수입신고확인증 사본(수입한 소방용품의 경우만 해당한다)을 첨부하여 제품검사를 받으려는 제품검사기관에 제출하여야 한다.

④ 생산제품검사를 신청하는 자는 소방용품의 제조번호 또는 로트(lot)번호를 일련번호로 표시하여 신청하여야 하고, 제조번호나 로트번호가 동일한 소방용품에 대하여 다른 제품검사기관에 이중으로 생산제품검사를 신청하여서는 아니 된다.

⑤ 생산제품검사를 신청할 수 있는 최소 수량 … 다만, 최소 수량을 초과하는 다른 소방용품에 대한 생산제품검사를 함께 신청하거나 출장비를 부담하는 경우에는 최소 수량 미만으로 신청할 수 있다.

※ 생산제품검사를 신청할 수 있는 최소 수량(제22조제5항 관련)

- 형식승인대상 소방용품

| 소방용품의 구분 | | | 수 량 |
|---|---|---|---|
| 소화기구 | 소화기 | 대형 | 2개 |
| | | 중 · 소형 | 50개 |
| | 주방용 자동소화장치 | | 20개 |
| | 자동확산소화기 | | 50개 |
| | 가스자동소화장치, 분말자동소화장치, 고체에어로졸자동소화장치 | | 30개 |
| | 간이소화용구 | 투척용 소화용구 | 100개 |
| | | 에어로졸식 소화용구 | 100개 |
| | 캐비닛형 자동소화장치 | | 5개 |
| 소화약제 | 분말(20kg) | | 20개 |
| | 포 등 액체(20L) | | 20개 |
| | 기체(50kg) | | 10개 |
| | 그 밖의 소화설비용 소화약제 | | 20개 |
| 감지기 | 차동식스포트형 | | 100개 |
| | 차동식분포형 | | 20개 |
| | 보상식스포트형 | | 20개 |
| | 정온식감지선형 | | 1,000m |
| | 정온식스포트형 | | 30개 |
| | 이온화식 | | 30개 |
| 감지기 | 광전식스포트형 | | 30개 |
| | 광전식분리형 | | 12개 |
| | 광전식흡입형 | | 12개 |
| | 복합형 | | 20개 |
| | 단독경보형 | | 20개 |
| | 불꽃 | | 20개 |

| | | |
|---|---|---|
| 발신기 | | 50개 |
| 경종 | | 50개 |
| 중계기 | | 5개 |
| 수신기 | | 회선수 20회선(P형은 20회선 또는 5개) |
| 가스누설경보기 | | 30회선(분리형은 1개 이상) |
| 유도등 및 비상조명등 | | 30개(대형은 10개) |
| 피난사다리 | | 20개 |
| 완강기 및 간이완강기 | | 20개 |
| 지지대 | | 25개 |
| 구조대 | | 1개 |
| 스프링클러헤드 | 폐쇄형 | 50개 |
| | 개방형 | 50개 |
| 유수제어밸브 | 유수검지장치 | 2개 |
| | 일제개방밸브 | 2개 |
| 기동용 수압개폐장치 | | 10개 |
| 가스관선택밸브 | | 10개 |
| 소방호스 | | 50개 |
| 공기호흡기 | | 20개 |
| 공기호흡기의 충전기 | | 1개 |
| 소화전 | 옥내소화전 방수구 | 50개 |
| | 옥외소화전 | 5개 |
| 관창 | | 50개(특수용도에 사용하는 것은 10개) |
| 송수구 | | 50개 |
| 누전경보기 | 변류기 | 20개 |
| | 수신부 | 20회선 |

- 성능인증대상 소방용품

| 소방용품의 구분 | 수 량 |
| --- | --- |
| 축광표지 | 50개 |
| 예비전원 | 50개 |
| 비상콘센트설비 | 10개 |
| 표시등 | 50개 |
| 소화전함 | 10개 |
| 스프링클러설비의 신축배관 | 100개 |
| 소방용전선 | 100m |
| 탐지부 | 50개 |
| 지시압력계 | 100개 |
| 공기안전매트 | 5개 |
| 소방용밸브(개폐표시형밸브, 릴리프밸브, 푸트밸브) | 10개 |
| 소방용스트레이너 | 10개 |
| 소방용압력스위치 | 50개 |
| 소방용합성수지배관 | 20개 |
| 비상경보설비의 축전지 | 10개 |
| 자동화재속보설비의 속보기 | 2개 |
| 소화설비용헤드(물분무헤드, 분말헤드, 포헤드, 살수헤드) | 50개 |
| 소방용흡수관 | 10개 |
| 소화기가압용가스용기 | 10개 |
| 방수구 | 50개 |

⑥ 품질제품검사를 받으려는 자는 품질제품검사 신청서에 품질관리체계 운영에 관한 자료를 첨부하여 품질제품검사를 받으려는 제품검사기관에 신청하여야 한다.

⑦ 제품검사기관은 품질제품검사 신청을 받은 경우 소방용품 생산 과정과 생산된 소방용품이 기술기준에 맞는 때에는 품질제품검사의 적용 대상 및 검사주기를 정하여 품질제품검사를 신청한 자에게 서면으로 통보하여야 한다.

⑧ 제품검사기관으로부터 품질제품검사 적용 대상으로 통보를 받은 자는 품질제품검사 적용 대상으로 통보된 소방용품에 대하여 다른 기관으로부터 중복하여 품질제품검사를 받을 수 없다.

6) 제품검사의 처리기간 [시행규칙 제22조의2(제품검사의 처리기간)]

제품검사의 처리기한은 다음과 같다. 다만, 부득이한 사유로 처리기간을 준수하지 못할 때에는 다음 각 호에 따른 처리기간의 범위에서 처리기간을 연장할 수 있으며, 신청인에게 그 사유와 예상되는 처리기간을 알려주어야 한다.

① **생산제품검사** ··· 제조자 또는 수입자가 제품검사를 희망한 날부터 10일

② 품질제품검사

   ㉠ 공정심사 : 신청한 날의 다음날부터 20일

   ㉡ 정밀검사 : 해당 품목의 형식승인 또는 성능인증의 처리기간

### 7) 품질제품검사 적용의 해지 [시행규칙 제23조(품질제품검사 적용의 해지)]

① 제품검사기관은 품질제품검사를 받고 있는 자가 다음에 해당하는 경우에는 해당 품목단위에 대하여 품질제품검사 적용을 해지하여야 한다.

   ㉠ 품질제품검사 주기에 따라 받는 품질제품검사에서 부적합 판정을 받은 경우. 다만, 품질관리체계 및 소방용품의 주된 성능에 영향을 미치지 아니하는 경미한 부적합 사항이 발생한 경우(종전 품질제품검사에서 보완한 경미한 부적합 사항이 다음 품질제품검사 시에도 발생한 경우는 제외한다)에는 부적합 사항에 대한 보완을 명하고, 보완 사항이 확인된 경우에는 품질제품검사 적용을 유지하도록 할 수 있다.

   ㉡ 사업소나 생산공장을 이전한 경우

   ㉢ 해당 소방용품에 대하여 제품검사의 중지 처분을 받은 경우

   ㉣ 품질제품검사 주기 동안에 소방용품 생산 실적이 없어 품질제품검사를 받지 못한 경우

   ㉤ 품질제품검사를 적용받고 있는 제조자가 품질제품검사 적용의 해지를 요청하는 경우

   ㉥ 수집검사 결과 해당 소방용품에 중대한 결함이 있다고 인정되는 경우

② 제품검사기관은 품질제품검사 적용이 해지된 소방용품에 대해서는 품질제품검사 적용이 해지된 날부터 생산제품검사를 적용한다. 이 경우 제품검사기관은 그 사실을 해당 소방용품의 제조자에게 알려야 한다.

③ 제품검사기관은 품질제품검사 중 정밀검사에 해당하는 부분이 부적합 판정을 받아 품질제품검사 적용을 해지한 경우에는 소방청장에게 법 제40조의3에 따른 수집검사를 요청할 수 있다.

④ 품질제품검사 적용의 해지를 통보받은 제조자는 품질제품검사 적용이 해지된 소방용품에 부착하기 위하여 발급받은 소방용품 합격표시를 제품검사기관에 반환하여야 한다.

### 8) 제품검사의 합격표시 [시행규칙 제24조(제품검사의 합격표시 등)]

① 제품검사기관은 생산제품검사에 합격한 소방용품 및 품질제품검사 적용 대상 소방용품에는 제품검사 합격표시를 하도록 하여야 한다. 다만, 수출용 소방용품 및 우수품질인증 소방용품의 경우에는 소방청장이 정하는 바에 따라 달리 표시할 수 있다.

② 제품검사 합격표시는 소방용품에 붙이거나 직접 표시하는 방법으로 하되, 제품검사 합격표시를 소방용품에 붙일 때에는 제품검사 합격표시가 쉽게 닳아 없어지거나 떨어지지 않도록 붙여야 한다.

③ 제품검사기관은 소방용품을 생산하는 과정에서 제품검사 합격표시를 하여야 하는 등 필요한 경우에는 소방청장이 정하는 바에 따라 생산제품검사 전에 미리 제품검사 합격표시를 하도록 할 수 있다.

④ 생산제품검사 대상 소방용품에 미리 제품검사 합격표시를 하려는 자는 소방용품의 생산제품검사 합격표시 발급 신청서를 제품검사기관에 제출하여야 한다. 이 경우 소방용품에 직접 합격표시를 하려는 경우에는 합격표시 방법과 설계구조 및 규격을 설명하는 서류를 함께 제출하여야 한다.

⑤ 품질제품검사 적용 대상 소방용품에 제품검사 합격표시를 하려는 자는 품질제품검사 합격표시 발급 신청서를 제품검사기관에 제출하여야 한다.

⑥ 신청을 받은 제품검사기관은 품질제품검사 합격표시를 발급할 때에는 품질제품검사 합격표시 발급 확인서를 함께 발급하고, 소방용품에 직접 합격표시를 하여야 하는 경우에는 제품검사 합격표시 사용 승인서를 발급한다.

### 9) 수수료 [시행규칙 제43조(수수료)]

① 방염성능검사 등을 받으려는 자가 납부하여야 하는 수수료는 다음의 구분에 따른다.

ㄱ 방염성능검사를 받으려는 경우 : 별표 15에 따른 수수료

ㄴ 소방용품의 형식승인, 시험시설의 심사 및 제품검사, 형식승인의 변경승인을 받으려는 경우 : 별표 16에 따른 수수료

ㄷ 소방용품의 성능인증 및 제품검사, 성능인증의 변경인증을 받으려는 경우 : 별표 16에 따른 수수료

ㄹ 소방용품의 우수품질인증을 받으려는 경우 : 별표 17에 따른 수수료

ㅁ 전문기관으로 지정 또는 변경지정을 받으려는 경우 : 별표 18에 따른 수수료

[별표 15]

방염성능검사 수수료(제43조제1항제1호 관련)

(단위 : 원)

| 방염물품의 품명 | | | 수 수 료 |
|---|---|---|---|
| 선처리물품 | 카펫 | 포장단위가 두루마리인 것 | 3m당 210 |
| | | 그 밖의 물품 | 1개 50 |
| | 합판 및 목재 | | 1매 50 |
| | 섬유판 | | 1장 120 |
| | 합성수지판 | 폭 40cm 초과 | 1장 120 |
| | | 그 밖의 물품 | 1장 100 |
| | 커튼 등 막류 | 포장단위가 두루마리인 것 | 3m당 107 |
| | | 그 밖의 물품 | 1개 50 |
| | 벽지류 | 포장단위가 두루마리인 것 | 3m당 80 |
| | | 그 밖의 물품 | 1개 50 |
| | 블라인드류 | 포장단위가 두루마리인 것 | 3m당 80 |
| | | 그 밖의 물품 | 1개 50 |
| | 소파 · 의자 | | 좌석폭 1cm당 40 |
| | 그 밖의 선처리물품 | 포장단위가 두루마리인 것 | 3m당 80 |
| | | 그 밖의 물품 | 1개 50 |
| 현장처리물품 | 합판 및 목재 | | 1건 20,000 |

[별표 16]

**형식승인, 성능인증, 제품검사 및 확인시험 등의 수수료**(제43조제1항제2호·제2호의2 및 제2항 관련)

1. 형식승인 및 변경승인, 성능인증 및 변경인증, 확인시험(방염대상물품에 대한 확인시험은 제외한다)의 수수료 : 다음 각 목의 직접인건비, 직접경비, 그 밖의 경비 및 기술료를 합한 금액으로 하고, 형식승인 결합소방용품의 수수료는 형식승인과 성능인증 부분을 합한 금액으로 하되, 수수료의 산출에 필요한 세부적인 사항은 소방청장이 정하여 고시한다.

   가. 직접인건비는 「엔지니어링산업 진흥법」 제31조에 따른 엔지니어링사업 대가의 기준 중 기타 부문 중급기술자의 노임단가에 소방청장이 정하여 고시한 표준공량을 곱하여 산출한다.

   나. 직접경비는 소방청장이 정하여 고시하는 기준에 따라 산출한다.

   다. 그 밖의 경비는 직접인건비의 110%로 한다.

   라. 기술료는 직접인건비와 그 밖의 경비를 합한 금액의 20%로 한다.

2. **제품검사 수수료** : 다음 각 목의 직접인건비, 직접경비, 그 밖의 경비 및 기술료를 합한 금액으로 하고, 형식승인결합소방용품과 성능인증결합소방용품의 수수료는 소방용품별 수수료를 합산하여 산정하되, 수수료의 산출에 필요한 세부적인 사항은 소방청장이 정하여 고시한다.

   가. 직접인건비는 「엔지니어링산업 진흥법」 제31조에 따른 엔지니어링사업 대가의 기준 중 기타 부문 중급기술자의 노임단가에 소방청장이 정하여 고시한 표준공량을 곱하여 산출한다.

   나. 직접경비는 직접인건비의 20%로 한다.

   다. 그 밖의 경비는 직접인건비의 110%로 한다.

   라. 기술료는 직접인건비와 그 밖의 경비를 합한 금액의 20%로 한다.

3. 방염대상물품의 확인시험 수수료

(단위 : 원)

| 품 명 | 수수료 |
|---|---|
| 카펫 | 19,499 |
| 합판·목재, 섬유판 및 합성수지판 | 19,913 |
| 커튼 등 섬유류 및 그 밖의 방염대상물품 | 10,457 |

[별표 17]

우수품질인증 수수료(제43조제1항제3호 관련)

| 구 분 | 금 액 |
|---|---|
| 1. 기본수수료 | • 직접인건비와 그 밖의 경비를 합한 금액으로 한다.<br>– 직접인건비 : 「엔지니어링산업 진흥법」 제31조에 따른 엔지니어링사업 대가의 기준 중 기타 부문 중급기술자의 노임단가에 5를 곱한 금액<br>– 그 밖의 경비 : 직접인건비의 110%에 해당하는 금액 |
| 2. 평가위원 수당 및 여비 | • 기술원이 소방청장의 승인을 받아 정한 금액 |
| 3. 시험수수료 | • 시험항목별 수수료는 소방청장이 정하여 고시하는 바에 따른다.<br>• 다른 기관에 시험을 의뢰하는 경우에는 실비용을 적용한다. |

※ 비고
1. 기본수수료 및 시험수수료는 우수품질인증을 신청할 때 납부한다.
2. 평가위원 수당 및 여비는 기술원의 납부 요청이 있을 때 납부한다.

**[별표 18]**

**제품검사 전문기관 지정 수수료**(제43조제1항제4호 관련)
1. 전문기관 지정 수수료 : 100,000원
2. 전문기관 지정사항 변경수수료 : 20,000원

② 확인시험을 받으려는 자는 별표 16에 따른 수수료를 납부하여야 한다.

③ 수수료 가운데 현장처리물품의 방염성능검사 수수료는 해당 지방자치단체의 수입증지로, 그 외의 수수료는 현금으로 내야 한다. 다만, 시·도지사 또는 해당 업무를 위탁받은 기관의 장은 정보통신망을 이용하여 전자화폐·전자결제 등의 방법으로 내게 할 수 있다.

④ 제품검사기관은 소방청장이 정하는 바에 따라 신청인에게 수수료 외에 다음에 해당하는 실비(實費) 등을 따로 부담하게 할 수 있다.

  ㉠ 다른 기관에 의뢰하여 시험을 하는 경우 그에 드는 비용

  ㉡ 현지에 출장하여 제품검사, 방염성능검사, 형식시험, 성능시험, 시험시설심사 또는 우수품질인증을 하는 경우에는 출장비(㉠에 따른 수수료가 실제 검사에 드는 비용에 미치지 못하는 경우만 해당한다)

  ㉢ 소화시험을 하는 경우에는 그 재료 또는 재료비

⑤ 소방청장 또는 제품검사기관은 다음에 해당하는 경우에는 받은 수수료 및 실비의 전부 또는 일부를 반환하여야 한다.

  ㉠ 과오납(過誤納)된 수수료, 정산 후 남는 수수료 및 실비

  ㉡ 생산제품검사 또는 선처리물품의 방염성능검사를 신청하고 희망 검사일 2일 전에 신청을 철회한 경우의 수수료 및 실비

  ㉢ 품질제품검사를 적용받는 소방용품에 부착할 목적으로 발급받은 합격표시를 반납한 경우의 수수료

  ㉣ 형식시험 또는 성능시험을 진행하는 중에 그 신청을 철회하는 경우에는 그 시험을 진행하지 아니한 부분에 해당하는 수수료 및 실비

⑥ 다음에 해당하는 경우에는 해당 수수료를 각 호의 구분에 따라 할인하여 적용할 수 있다.

  ㉠ 생산제품검사를 받는 소방용품에 대해서는 신청수량별로 별표 18의2의 수수료 할인 기준에 따라 따른 수수료를 할인하여 적용할 수 있다.

**[별표 18의2]**

**수수료 할인 기준(제43조제6항제1호 관련)**

| 신청수량 | 할인적용구간 | 수수료 할인 기준 |
|---|---|---|
| 1개 ~ 3,200개 | 1 ~ 1,200개 | 0% |
| | 1,201 ~ 3,200개 | 10% |
| 3,201개 ~ 10,000개 | 1 ~ 1,200개 | 0% |
| | 1,201 ~ 3,200개 | 10% |
| | 3,201 ~ 10,000개 | 20% |
| 10,001개 ~ 35,000개 | 1 ~ 1,200개 | 0% |
| | 1,201 ~ 3,200개 | 10% |
| | 3,201 ~ 10,000개 | 20% |
| | 10,001 ~ 35,000개 | 30% |
| 35,001개 ~ 500,000개 | 1 ~ 1,200개 | 0% |
| | 1,201 ~ 3,200개 | 10% |
| | 3,201 ~ 10,000개 | 20% |
| | 10,001 ~ 35,000개 | 30% |
| | 35,001 ~ 500,000개 | 40% |
| 500,001개 이상 | 1 ~ 1,200개 | 0% |
| | 1,201 ~ 3,200개 | 10% |
| | 3,201 ~ 10,000개 | 20% |
| | 10,001 ~ 35,000개 | 30% |
| | 35,001 ~ 500,000개 | 40% |
| | 500,001개 이상 | 50% |

※ 비고 : 수수료의 할인은 다음 예시와 같이 계산한다.

예 단위당 수수료가 100원인 제품을 3,300개 신청하는 경우 수수료 계산 :
{1200개×100원×(1-0)}+{(3,200-1,200)개×100원×(1-0.1)}+{(3,300-3,200)개×100원×(1-0.2)}=308,000원

ⓛ 생산제품검사에서 불합격한 소방용품을 다시 검사하는 경우에는 수수료에 별표 18의2의 수수료 할인 기준을 적용한 후 계산된 수수료에 대하여 20퍼센트를 추가 할인하여 적용할 수 있다.

ⓒ 품질제품검사를 적용받는 소방용품에 대해서는 검사주기별로 다음 각 목에서 정하는 범위에서 별표 16의 제품검사 수수료에 별표 18의2에 따른 수수료 할인 기준을 적용한 수수료를 적용할 수 있으며, 우수품질인증 소방용품인 경우에는 소방청장이 정하는 바에 따라 추가로 할인하여 적용할 수 있다.

ⓐ 검사주기 3개월 : 20퍼센트

ⓑ 검사주기 6개월 : 30퍼센트

ⓒ 검사주기 1년 : 40퍼센트

ⓓ 우수품질인증 소방용품은 소방청장이 정하여 고시하는 바에 따라 별표 16의 제품검사 수수료의 일부를 할인하여 적용할 수 있다.

      ⓜ 형식승인을 받은 소방용품에 법 제39조제1항에 따른 성능인증을 받은 제품을 부품으로 사용한 경우에는 20퍼센트 이내의 범위에서 생산제품검사 수수료를 할인하여 적용할 수 있다.

**(4)** 성능인증 및 제품검사의 기술기준 등에 관한 사항은 소방청장이 정하여 고시한다.

**(5)** 제품검사에 합격하지 아니한 소방용품에는 성능인증을 받았다는 표시를 하거나 제품검사에 합격하였다는 표시를 하여서는 아니 되며, 제품검사를 받지 아니하거나 합격표시를 하지 아니한 소방용품을 판매 또는 판매 목적으로 진열하거나 소방시설공사에 사용하여서는 아니 된다.

**(6)** 하나의 소방용품에 성능인증 사항이 두 가지 이상 결합된 경우에는 해당 성능인증 시험을 모두 실시하고 하나의 성능인증을 할 수 있다.

**(7)** 성능인증의 방법 및 절차 등에 관하여는 행정안전부령으로 정한다.

### 5. 성능인증의 변경 [제39조의2(성능인증의 변경)]

**(1)** 성능인증을 받은 자가 해당 소방용품에 대하여 형상등의 일부를 변경하려면 소방청장의 변경인증을 받아야 한다.

**(2)** 변경인증의 대상·구분·방법 및 절차 등에 필요한 사항은 행정안전부령으로 정한다.(성능인증의 변경 [시행규칙 제18조(성능인증의 변경)])

  1) 성능인증의 변경인증을 받아야 하는 대상 및 구분

① **중요한 변경 사항** … 소방용품의 성능에 영향을 미치는 중요한 부품 및 구조 등으로서 소방청장이 정하는 사항

② **경미한 변경 사항** … 소방용품의 성능에 영향을 미치지 아니하는 경미한 부품 및 외관 등으로서 소방청장이 정하는 사항

  2) 변경인증을 받으려는 자는 성능인증 변경 신청서에 다음의 서류를 첨부하여 소방청장이 정하여 고시하는 수량의 견본품과 함께 기술원에 제출하여야 한다. 다만, 경미한 변경 사항에 해당하고, 제출된 서류에 대한 검토만으로 변경된 형상등이 성능인증기준에 맞는지를 확인할 수 있는 경우에는 견본품 제출을 면제할 수 있다.

① 변경 부분의 설계도(변경 부분이 고정된 형태가 없는 경우는 제외한다)와 명세서 각 2부

② 견본품과 부품의 사진 각 2부

③ 변경된 형상등에 대하여 이미 성능시험을 한 경우 그 결과에 관한 자료(성능시험의 일부를 생략 받으려는 경우만 해당한다) 1부

3) 기술원은 성능인증의 변경인증을 신청한 소방용품이 성능인증기준에 맞는 경우에는 해당 소방용품의 인증번호를 변경하여 부여하고, 변경된 내용을 반영하여 성능인증서를 다시 발급하여야 한다. 다만, 경미한 변경 사항에 해당하는 경우에는 변경인증 여부만을 서면으로 통보한다.

4) 성능시험의 일부 생략 및 신청 내용의 보완에 관해서는 선능시험의 일부 생략 및 견본품 시험의 기준을 준용한다.

## 6. 성능인증의 취소 [제39조의3(성능인증의 취소 등)]

(1) 소방청장은 소방용품의 성능인증을 받았거나 제품검사를 받은 자가 다음 각 호의 어느 하나에 해당되는 때에는 행정안전부령으로 정하는 바에 따라 해당 소방용품의 성능인증을 취소하거나 6개월 이내의 기간을 정하여 해당 소방용품의 제품검사 중지를 명할 수 있다.

1) 거짓이나 그 밖의 부정한 방법으로 성능인증을 받은 경우(취소사유)

2) 거짓이나 그 밖의 부정한 방법으로 제품검사를 받은 경우(취소사유)

3) 제품검사 시 기술기준에 미달되는 경우

4) 제품검사에 합격하지 아니한 소방용품에는 성능인증을 받았다는 표시를 하거나 제품검사에 합격하였다는 표시를 하여서는 아니 되며, 제품검사를 받지 아니하거나 합격표시를 하지 아니한 소방용품을 판매 또는 판매 목적으로 진열하거나 소방시설공사에 사용하여서는 아니 된다는 규정을 위반한 경우

5) 변경인증을 받지 아니하고 해당 소방용품에 대하여 형상 등의 일부를 변경하거나 거짓이나 그 밖의 부정한 방법으로 변경인증을 받은 경우(취소사유)

(2) 방용품의 성능인증이 취소된 자는 그 취소된 날부터 2년 이내에 성능인증이 취소된 소방용품과 동일한 품목에 대하여는 성능인증을 받을 수 없다.

(3) 성능인증의 취소 [시행규칙 제20조(성능인증의 취소 등)]

1) 성능인증의 취소와 제품검사의 중지에 관한 처분기준[성능인증 취소 등에 관한 처분기준(제20조제1항 관련)]

① 일반기준
　　가. 위반행위가 둘 이상 발생한 경우에는 그 중 무거운 처분기준(처분기준이 같은 경우에는 그 중 하나의 처분기준을 말한다)에 따르되, 둘 이상의 위반행위에 대한 처분기준이 검사중지인 경우에는 무거운 처분의 2분의 1까지 가중처분할 수 있다. 이 경우 가중된 검사중지 기간은 6개월을 초과할 수 없다.

나. 위반행위의 횟수에 따른 행정처분의 부과기준은 최근 1년간 같은 위반행위로 행정처분을 받은 경우에 적용한다. 이 경우 기간의 계산은 위반행위에 대하여 행정처분을 받은 날과 그 처분 후 다시 같은 위반행위를 하여 적발된 날을 기준으로 한다.

다. 나목에 따라 가중된 부과처분을 하는 경우 가중처분의 적용 차수는 그 위반행위 전 부과처분 차수(나목에 따른 기간 내에 행정처분이 둘 이상 있었던 경우에는 높은 차수를 말한다)의 다음 차수로 한다.

라. 검사중지 처분을 하는 경우 위반행위의 동기 · 내용 · 횟수 또는 그 결과를 고려할 때 제2호 각 목의 기준을 적용하는 것이 현저하게 불합리하다고 인정되는 경우에는 그 처분기준의 2분의 1 까지 경감하여 처분할 수 있다.

② 개별기준

| 위반행위 | 근거 법조문 | 처분기준 | | |
|---|---|---|---|---|
| | | 1회 | 2회 | 3회 |
| 가. 거짓이나 그 밖의 부정한 방법으로 성능 인증을 받은 경우 | 법 제39조의3제1항제1호 | 성능인증 취소 | | |
| 나. 거짓이나 그 밖의 부정한 방법으로 제품 검사를 받은 경우 | 법 제39조의3제1항제2호 | 성능인증 취소 | | |
| 다. 제품검사 시 기술기준에 미달되는 경우<br>1) 품질제품검사 검사주기 간격 내에 생산된 소방용품을 대상으로 한 정밀검사에서 소방용품의 주된 기능을 발휘할 수 없는 결점(치명적 결점)이 2개 이상의 제품에서 발생한 경우 | 법 제39조의3제1항제3호 | 검사중지 3개월 | 검사중지 6개월 | 성능인증 취소 |
| 2) 품질제품검사 검사주기 간격 내에 생산된 소방용품을 대상으로 한 정밀검사에서 소방용품의 주된 기능을 떨어뜨리는 결점(중결점)이 2개 이상의 제품에서 발생한 경우 | | 검사중지 1개월 | 검사중지 4개월 | 성능인증 취소 |
| 라. 합격하지 않은 제품 등의 규정을 위반한 경우 | 법 제39조의3제1항제4호 | 검사중지 6개월 | 성능인증 취소 | |
| 마. 변경인증을 받지 아니하고 해당 소방용품에 대하여 형상 등의 일부를 변경하거나 거짓이나 그 밖의 부정한 방법으로 변경 인증을 받은 경우 | 법 제39조의3제1항제5호 | 성능인증 취소 | | |

※ 비고 : 품질제품검사의 경우 "검사중지"란 품질제품검사를 생산제품검사로 변경하고, 생산제품검사를 함께 중지하는 것을 말한다.

2) 소방용품에 대하여 성능인증을 받은 자는 성능인증의 취소를 요청할 수 있다. 다만, 성능인증 취소 등의 절차가 진행 중인 경우에는 성능인증의 취소를 요청할 수 없다.

3) 성능인증의 취소를 요청하려는 자는 성능인증 취소요청서와 이전에 발급받았던 성능인증서를 기술원에 제출하여야 한다.

## 7. 우수품질 제품에 대한 인증 [제40조(우수품질 제품에 대한 인증)]

**(1)** 소방청장은 형식승인의 대상이 되는 소방용품 중 품질이 우수하다고 인정하는 소방용품에 대하여 인증(우수품질인증)을 할 수 있다.

**(2)** 우수품질인증을 받으려는 자는 행정안전부령으로 정하는 바에 따라 소방청장에게 신청하여야 한다.

　　우수품질인증을 받으려는 자는 우수품질인증 신청서에 다음의 서류를 첨부하여 소방청장이 정하여 고시하는 수량의 견본품과 함께 기술원에 제출하여야 한다. [시행규칙 제26조(우수품질인증 신청)]

　1) 제품의 구조·성능 및 특성에 관한 설명서 및 사진

　2) 품질관리매뉴얼(표준·공정·제품 및 설비 관리 등의 품질관리체계를 설명한 자료를 말한다). 다만,
　　품질제품검사 적용대상으로 통보를 받은 소방용품의 경우에는 통보받은 서면으로 대신할 수 있다.

　3) KS 또는 ISO 등의 인증을 받은 경우 그 인증서

　4) 그 밖에 특허 등 산업재산권 관련 자료, 국내외 공인기관에서 인증받은 실적 자료 등 제품의 우
　　수성을 평가할 수 있는 자료

**(3)** 우수품질인증을 받은 소방용품에는 우수품질인증 표시를 할 수 있다.

**(4)** 우수품질인증의 유효기간은 5년의 범위에서 행정안전부령으로 정한다.

　1) 기술원은 소방용품의 인증시험과 품질관리체계평가를 실시하여 우수품질인증기준과 품질관리체
　　계 평가기준에 적합하다고 인정되는 경우에는 우수품질인증서를 발급하여야 한다. [시행규칙 제
　　28조(우수품질인증)]

　2) 우수품질인증서의 유효기간은 발급한 날부터 3년으로 한다.

**(5)** 소방청장은 다음에 해당하는 경우에는 우수품질인증을 취소할 수 있다.

　1) 거짓이나 그 밖의 부정한 방법으로 우수품질인증을 받은 경우(취소사유)

　2) 우수품질인증을 받은 제품이 「발명진흥법」에 따른 산업재산권 등 타인의 권리를 침해하였다고
　　판단되는 경우

**(6)** (1)부터 (5)까지에서 규정한 사항 외에 우수품질인증을 위한 기술기준, 제품의 품질관리 평가, 우수품질
　　인증의 갱신, 수수료, 인증표시 등 우수품질인증에 관하여 필요한 사항은 행정안전부령으로 정한다.

1) 우수품질인증 대상 소방용품 [시행규칙 제25조(우수품질인증 대상 소방용품)]

우수품질인증을 할 수 있는 소방용품은 형식승인 대상 소방용품으로 한다.

2) 우수품질인증을 위한 품질관리 평가 [시행규칙 제27조(우수품질인증을 위한 품질관리 평가 등)]
　① 우수품질인증은 소방용품의 형상등이 소방청장이 정하여 고시하는 우수품질인증제품의 기술기준(우수품질인증기준)에 맞는지를 평가하는 인증시험과 소방용품에 대한 우수품질관리체계의 평가기준에 맞는지를 평가하는 품질관리체계평가로 구분하여 실시한다. 다만, 신청된 소방용품에 대하여 품질제품검사를 하고 있는 경우에는 품질관리체계 운영에 대한 평가를 생략할 수 있다.

① 인증시험은 신청 시 제출된 견본품에 대하여 실시한다. 이 경우 인증시험을 할 소방용품의 일부 형상등에 대하여 이미 형식승인을 하여 우수품질인증기준에 맞다고 인정된 경우에는 그 형상등의 항목에 대한 시험을 생략할 수 있다.

② 기술원은 우수품질평가를 위하여 필요한 기술적 검토를 위하여 관련 전문가로 구성된 평가위원회를 운영할 수 있다.

③ ①터 ②까지에서 정한 사항 외에 우수품질인증을 위한 품질관리 평가 등을 위하여 필요한 세부적인 사항은 소방청장이 정한다.

3) 우수품질인증 [시행규칙 제28조(우수품질인증)]

① 기술원은 소방용품의 인증시험과 품질관리체계평가를 실시하여 우수품질인증기준과 품질관리체계 평가기준에 적합하다고 인정되는 경우에는 우수품질인증서를 발급하여야 한다.

② 우수품질인증서의 유효기간은 발급한 날부터 3년으로 한다.

4) 우수품질인증의 재평가 [시행규칙 제28조의2(우수품질인증의 재평가)]

① 우수품질인증을 받은 자는 다음에 해당하는 경우 해당 신청기간에 우수품질인증의 재평가를 기술원에 신청할 수 있다.
　㉠ 우수품질인증의 유효기간을 연장하려는 경우 : 유효기간 만료 3개월 이내
　㉡ 형식승인의 변경 승인을 받은 경우 : 해당 사유 발생일부터 3개월 이내
　㉢ 사업장주소지를 이전하는 경우 : 해당 사유 발생일부터 3개월 이내
　㉣ 제조업체의 양도 · 양수, 상속 또는 합병이 있는 경우 : 해당 사유 발생일부터 3개월 이내
　㉤ 우수품질인증기준이 개정되어 형상등의 변경이 필요한 경우 : 개정된 우수품질인증기준의 시행일부터 3개월 이내

② 기술원은 재평가의 신청을 받은 경우에는 소방용품의 인증시험과 품질관리체계평가를 실시하고 우수품질인증기준과 품질관리체계 평가기준에 적합하다고 인정되는 경우에는 우수품질인증서를 재교부하여야 한다.

③ 우수품질인증 재평가 시 해당 소방용품의 형상등이 종전의 인증 내용과 동일하다고 인정되는 경우에는 인증시험 및 품질관리체계평가를 생략할 수 있다. 다만, 우수품질인증의 유효기간의 연장에 따라 재평가를 하는 경우에는 그러하지 아니하다.

④ ①부터 ③까지에서 규정한 사항 외에 우수품질인증 재평가에 필요한 세부적인 사항은 소방청장이 정한다.

### 5) 우수품질인증의 표시 및 사용 [시행규칙 제30조(우수품질인증의 표시 및 사용)]

우수품질인증서를 발급받은 자는 우수품질인증 표시를 우수품질인증을 받은 제품 및 그 포장 등에 표시할 수 있고, 우수품질인증을 받은 제품으로 홍보할 수 있다.

## 8. 우수품질인증 소방용품에 대한 지원 [제40조의2(우수품질인증 소방용품에 대한 지원 등)]

다음에 해당하는 기관 및 단체는 건축물의 신축·증축 및 개축 등으로 소방용품을 변경 또는 신규 비치하여야 하는 경우 우수품질인증 소방용품을 우선 구매·사용하도록 노력하여야 한다.

### 1) 중앙행정기관

### 2) 지방자치단체

### 3) 「공공기관의 운영에 관한 법률」에 따른 공공기관

### 4) 그 밖에 대통령령으로 정하는 기관

① 「지방공기업법」에 따라 설립된 지방공사 및 지방공단

② 「지방자치단체 출자·출연 기관의 운영에 관한 법률」에 따른 출자·출연기관

## 9. 소방용품의 수집검사 [제40조의3(소방용품의 수집검사 등)]

(1) 소방청장은 소방용품의 품질관리를 위하여 필요하다고 인정할 때에는 유통 중인 소방용품을 수집하여 검사할 수 있다.

(2) 소방청장은 수집검사 결과 행정안전부령으로 정하는 중대한 결함이 있다고 인정되는 소방용품에 대하여는 그 제조자 및 수입자에게 행정안전부령으로 정하는 바에 따라 회수·교환·폐기 또는 판매중지를 명하고, 형식승인 또는 성능인증을 취소할 수 있다.

1) 소방청장은 다음에 해당하는 경우에는 유통 중인 소방용품을 수집하여 검사(수집검사)할 수 있다. [시행규칙 제40조(수집검사 등)]

① 소방용품에 대한 형식승인을 취소하거나 제품검사의 중지를 명한 경우

② 성능인증을 취소하거나 제품검사의 중지를 명한 경우

③ 제품검사기관이 수집검사를 요청한 경우

④ 그 밖에 품질관리 등을 위하여 소방청장이 필요하다고 인정하는 경우

### 2) 행정안전부령으로 정하는 중대한 결함

① 소방용품의 구조적인 결함이 기술기준의 세부내용으로서 소방청장이 정하는 결함구분에 따른 치명적 결함에 해당하는 경우

③ 소방용품의 비구조적인 결함이 결함구분에 따른 치명적 결함에 2가지 이상 해당하는 경우

  3) 소방청장은 수집검사 결과 중대한 결함이 있다고 인정된 소방용품과 로트번호가 동일한 소방용품(로트번호가 없는 경우에는 해당 소방용품과 동시에 제품검사를 받은 소방용품을 말한다)에 대하여 지체없이 판매중지를 명하고, 2개월 이내의 기간을 정하여 해당 소방용품을 회수 · 교환 · 폐기하도록 그 제조자 또는 수입자에게 명하여야 한다.

  4) 소방청장은 소방용품의 판매중지 또는 회수 · 교환 · 폐기를 명하는 경우에는 다음의 사항을 포함하는 문서(전자문서를 포함한다)로 하여야 한다.

① 품목, 형식명, 형식승인(성능인증)번호 및 해당 로트번호(또는 제조번호)

② 제조 또는 수입일자

③ 상호 및 소재지

④ 명령의 사유

⑤ 회수 · 교환 · 폐기 또는 판매중지 명령일시

⑥ 그 밖에 소방청장이 필요하다고 인정하는 사항

**(3)** 소방청장은 회수 · 교환 · 폐기 또는 판매중지를 명하거나 형식승인 또는 성능인증을 취소한 때에는 행정안전부령으로 정하는 바에 따라 그 사실을 소방청 홈페이지 등에 공표할 수 있다.

  소방청장은 소방용품에 대하여 회수 · 교환 · 폐기 또는 판매중지를 명하거나 형식승인 또는 성능인증을 취소하였을 때에는 다음의 사실을 소방청 홈페이지에 공표하여야 한다.

① 해당 소방용품의 형식승인 및 성능인증에 관한 사항

② 해당 소방용품의 중대한 결함 사실

③ 제조자 또는 수입자의 명칭, 대표자 및 소재지

④ 그 밖에 소방청장이 필요하다고 인정하는 사항

# 보칙

## 1. 소방안전관리자에 대한 교육 [제41조(소방안전관리자 등에 대한 교육)]

**(1)** 다음에 해당하는 자는 화재 예방 및 안전관리의 효율화, 새로운 기술의 보급과 안전의식의 향상을 위하여 행정안전부령으로 정하는 바에 따라 소방청장이 실시하는 강습 또는 실무 교육을 받아야 한다.

### 1) 강습교육 대상

① 소방안전관리자 및 소방안전관리보조자

② 소방안전관리자

③ 소방안전관리자의 자격을 인정받으려는 자로서 대통령령으로 정하는 자 … 대통령령으로 정하는 자 [시행령 제38조(소방안전관리자의 자격을 인정받으려는 사람)]

ㄱ 특급 소방안전관리대상물의 소방안전관리자가 되려는 사람

ㄴ 1급 소방안전관리대상물의 소방안전관리자가 되려는 사람

ㄷ 2급 소방안전관리대상물의 소방안전관리자가 되려는 사람

ㄹ 3급 소방안전관리대상물 또는 「공공기관의 소방안전관리에 관한 규정」에 따른 공공기관의 소방 안전관리자가 되려는 사람

### 2) 강습교육의 실시 [시행규칙 제29조(소방안전관리자에 대한 강습교육의 실시)]

① 소방안전관리자의 강습교육의 일정·횟수 등에 관하여 필요한 사항은 한국소방안전원의 장이 연간 계획을 수립하여 실시하여야 한다.

② 협회장은 강습교육을 실시하고자 하는 때에는 강습교육실시 20일전까지 일시·장소 그 밖의 강습교 육실시에 관하여 필요한 사항을 한국소방안전원의 인터넷 홈페이지 및 게시판에 공고하여야 한다.

③ 협회장은 강습교육을 실시한 때에는 수료자에게 수료증을 교부하고 강습교육수료자 명부대장을 강 습교육의 종류별로 작성·보관하여야 한다.

④ 강습교육을 받는 자가 3시간 이상 결강한 때에는 수료증을 교부하지 아니한다.

**(2)** 소방본부장이나 소방서장은 소방안전관리자나 소방안전관리 업무 대행자가 정하여진 교육을 받지 아니하면 교육을 받을 때까지 행정안전부령으로 정하는 바에 따라 그 소방안전관리자나 소방안전 관리 업무 대행자에 대하여 소방안전관리 업무를 제한할 수 있다.

1) 소방본부장 또는 소방서장은 소방안전관리자가 실무교육을 받지 아니하면 실무교육을 받을 때까지 그 업무의 정지 및 소방안전관리자수첩의 반납을 명할 수 있다. [시행규칙 제40조(소방안전관리자의 업무정지)]

2) 소방본부장 또는 소방서장은 소방안전관리자 업무의 정지를 명하였을 때에는 그 사실을 시·도의 공보에 공고하고, 협회장에게 통보하며, 소방안전관리자수첩에 적어 소방안전관리자에게 내주어야 한다.

## 2. 제품검사 전문기관의 지정 [제42조(제품검사 전문기관의 지정 등)]

**(1)** 소방청장은 제품검사를 전문적·효율적으로 실시하기 위하여 다음의 요건을 모두 갖춘 기관을 제품검사 전문기관으로 지정할 수 있다.

1) 다음의 어느 하나에 해당하는 기관일 것

① 「과학기술분야 정부출연연구기관 등의 설립·운영 및 육성에 관한 법률」에 따라 설립된 연구기관

② 「공공기관의 운영에 관한 법률」에 따라 지정된 공공기관

③ 소방용품의 시험·검사 및 연구를 주된 업무로 하는 비영리 법인

2) 「국가표준기본법」에 따라 인정을 받은 시험·검사기관일 것

3) 행정안전부령으로 정하는 검사인력 및 검사설비를 갖추고 있을 것

4) 기관의 대표자가 관리사의 결격사유의 어느 하나에 해당하지 아니할 것

5) 전문기관의 지정이 취소된 경우에는 지정이 취소된 날부터 2년이 경과하였을 것

**(2) 전문기관 지정의 방법 및 절차 등에 관하여 필요한 사항은 행정안전부령으로 정한다.**

1) 제품검사 전문기관의 지정 신청 [시행규칙 제31조(제품검사 전문기관의 지정 신청)]

① 전문기관으로 지정을 받으려는 자는 제품검사 전문기관 지정 신청서에 다음의 서류를 첨부하여 소방청장에게 제출하여야 한다.
  ㉠ 정관 사본 1부
  ㉡ 대표자, 제품검사 전담조직의 책임 임원과 전문인력의 명단 및 이력서 각 1부
  ㉢ 시험시설의 명칭·수량·규격·성능 및 소재지를 기재한 서류 1부
  ㉣ 제품검사 업무규정 1부

ⓐ 「국가표준기본법」에 따른 시험·검사기관 인증서 사본 1부

ⓑ 제품검사 외의 업무를 수행하고 있는 경우에는 그 업무의 종류 및 개요를 적은 서류 1부

ⓒ 제품검사 합격표시 인쇄 및 관리에 관한 규정 1부

② 신청서를 받은 담당 공무원은 「전자정부법」에 따른 행정정보의 공동이용을 통하여 법인 등기부등본을 확인하여야 한다.

2) 전문기관의 심사 및 지정 [시행규칙 제33조(전문기관의 심사 및 지정)]

① 전문기관의 지정 신청을 받은 소방청장은 제출된 서류에 대한 심사와 현장심사를 하여야 한다. 이 경우 전문적인 심사를 위하여 필요한 경우에는 기술원 직원과 관련 전문가를 참여시킬 수 있다.

② 소방청장은 제출한 신청서 또는 첨부 서류 등이 미비된 경우에는 30일 이내의 기간을 정하여 보완을 요청할 수 있다.

③ 소방청장은 전문기관을 지정한 경우에는 별지 제24호서식의 제품검사 전문기관 지정서를 발급하고 지정기관의 명칭, 소재지, 연락처, 업무개시일 등을 관보에 공고하여야 한다.

④ 소방청장은 전문기관을 지정하는 경우 제품검사 수수료 일부를 소방용품의 품질향상, 제품검사의 기술개발 및 「소방산업의 진흥에 관한 법률」에 따라 수립·시행되는 소방산업 진흥을 위한 사업에 드는 비용으로 납부하게 할 수 있다.

⑤ ①부터 ④까지에서 규정한 사항 외에 전문기관 지정을 위한 심사 및 지정 공고 등에 관하여 필요한 세부적인 사항은 소방청장이 정하여 고시한다.

(3) 소방청장은 전문기관을 지정하는 경우에는 소방용품의 품질 향상, 제품검사의 기술개발 등에 드는 비용을 부담하게 하는 등 필요한 조건을 붙일 수 있다. 이 경우 그 조건은 공공의 이익을 증진하기 위하여 필요한 최소한도에 한정하여야 하며, 부당한 의무를 부과하여서는 아니 된다.

(4) 전문기관은 행정안전부령으로 정하는 바에 따라 제품검사 실시 현황을 소방청장에게 보고하여야 한다.

1) 전문기관은 천재지변 등 불가피한 사유가 있는 경우를 제외하고는 신청받은 제품검사를 차별 없이 처리하여야 한다. [시행규칙 제35조(전문기관의 의무)]

2) 전문기관은 소방용품에 대하여 이 법령에 따른 제품검사로 오해할 수 있는 유사한 검사나 인증 등을 해서는 아니 된다.

3) 전문기관은 매분기 제품검사 실적을 분기종료일부터 10일 이내에, 연간 제품검사실적을 다음 해 1월 31일까지 소방청장에게 제출하여야 한다.

**(5)** 소방청장은 전문기관을 지정한 경우에는 행정안전부령으로 정하는 바에 따라 전문기관의 제품검사 업무에 대한 평가를 실시할 수 있으며, 제품검사를 받은 소방용품에 대하여 확인검사를 할 수 있다.

① 소방청장은 전문기관이 실시하는 제품검사 업무에 대한 평가(제품검사업무평가")와 전문기관이 제품검사를 한 소방용품에 대한 확인검사를 연 1회 이상 하여야 한다. 이 경우 전문적·기술적 부분에 대한 평가 및 검사를 위하여 필요한 경우에는 제품검사업무평가에 기술원 직원을 참여시킬 수 있고, 확인검사의 일부를 기술원에 의뢰하여 처리할 수 있다. [시행규칙 제37조(전문기관의 제품검사 업무에 대한 평가 등)]

② 전문기관과 소방용품 제조자는 실시되는 확인검사에 필요한 협조를 하여야 한다.

③ 제품검사업무평가는 지정 요건과 시설기준의 준수 여부 및 제품검사의 서류 확인, 현장점검 등의 방법으로 실시하고, 확인검사는 해당 전문기관이 제품검사를 실시한 소방용품을 수거하여 해당 소방용품이 형식승인 또는 성능인증을 한 것과 같은지와 기술기준에 맞는지를 검사하는 방법으로 실시한다.

**(6)** 소방청장은 전문기관에 대한 평가를 실시하거나 확인검사를 실시한 때에는 그 평가결과 또는 확인검사결과를 행정안전부령으로 정하는 바에 따라 공표할 수 있다.

① 기술원이 확인검사의 일부를 의뢰받은 경우에는 그 결과를 소방청장에게 보고하여야 한다.

② 소방청장은 제품검사업무평가 및 확인검사 결과를 소방청과 기술원 홈페이지 등을 통하여 공표하여야 한다.

**(7)** 소방청장은 확인검사를 실시하는 때에는 행정안전부령으로 정하는 바에 따라 전문기관에 대하여 확인검사에 드는 비용을 부담하게 할 수 있다.

소방청장은 확인검사에 필요한 시료(試料) 구입 비용 및 분석 비용 등을 해당 전문기관에 청구할 수 있다.

### 3. 전문기관의 지정 중지취소 [제43조(전문기관의 지정취소 등)]

소방청장은 전문기관이 다음에 해당할 때에는 그 지정을 취소하거나 6개월 이내의 기간을 정하여 그 업무의 정지를 명할 수 있다.

1) 거짓이나 그 밖의 부정한 방법으로 지정을 받은 경우(취소사유)

2) 정당한 사유 없이 1년 이상 계속하여 제품검사 또는 실무교육 등 지정받은 업무를 수행하지 아니한 경우

3) 제품검사 전문기관의 지정의 요건을 갖추지 못하거나 소방용품의 품질 향상, 제품검사의 기술개발 등에 드는 비용의 부담에 따른 조건을 위반한 때

4) 감독 결과 이 법이나 다른 법령을 위반하여 전문기관으로서의 업무를 수행하는 것이 부적당하다고 인정되는 경우

## 4. 청문 [제44조(청문)]

소방청장 또는 시·도지사는 다음에 해당하는 처분을 하려면 청문을 하여야 한다.

1) 관리사 자격의 취소 및 정지

2) 관리업의 등록취소 및 영업정지

3) 소방용품의 형식승인 취소 및 제품검사 중지

4) 성능인증의 취소

5) 우수품질인증의 취소

6) 전문기관의 지정취소 및 업무정지

## 5. 권한의 위임·위탁 [제45조(권한의 위임·위탁 등)]

(1) 이 법에 따른 소방청장 또는 시·도지사의 권한은 그 일부를 대통령령으로 정하는 바에 따라 시·도지사, 소방본부장 또는 소방서장에게 위임할 수 있다.

1) 소방청장은 소방용품에 대한 수거·폐기 또는 교체 등의 명령에 대한 권한을 시·도지사에게 위임한다. [시행령 제39조(권한의 위임·위탁 등)]

2) 소방청장은 다음의 업무를 기술원에 위탁한다.

① 방염성능검사 업무(합판·목재를 설치하는 현장에서 방염처리한 경우의 방염성능검사는 제외)
② 형식승인(시험시설의 심사를 포함)
③ 형식승인의 변경승인
④ 형식승인의 취소(청문을 포함)
⑤ 성능인증
⑥ 변경인증
⑦ 성능인증의 취소(청문을 포함)

⑧ 우수품질인증 및 그 취소(청문을 포함)

3) 소방청장은 소방안전관리에 대한 교육 업무를 「소방기본법」에 따른 한국소방안전원에 위탁한다.

4) 소방청장은 제품검사 업무를 기술원 또는 전문기관에 위탁한다.

5) 소방청장은 다음의 업무를 소방청장의 허가를 받아 설립한 소방기술과 관련된 법인 또는 단체 중에서 해당 업무를 처리하는 데 필요한 관련 인력과 장비를 갖춘 법인 또는 단체에 위탁한다. 이 경우 소방청장은 위탁받는 기관의 명칭·주소·대표자 및 위탁 업무의 내용을 고시하여야 한다.

① 소방시설관리사증의 발급·재발급에 관한 업무

② 점검능력 평가 및 공시에 관한 업무

③ 데이터베이스 구축에 관한 업무

**(2)** 소방청장은 다음의 업무를 「소방산업의 진흥에 관한 법률」에 따른 한국소방산업기술원(기술원)에 위탁할 수 있다. 이 경우 소방청장은 기술원에 소방시설 및 소방용품에 관한 기술개발·연구 등에 필요한 경비의 일부를 보조할 수 있다.

1) 방염성능검사 중 대통령령으로 정하는 검사

2) 소방용품의 형식승인

3) 형식승인의 변경승인

4) 형식승인의 취소

5) 성능인증 및 성능인증의 취소

6) 성능인증의 변경인증

7) 우수품질인증 및 그 취소

**(3)** 소방청장은 소방안전관리자 등에 대한 교육 업무를 「소방기본법」에 따른 한국소방안전원에 위탁할 수 있다.

**(4)** 소방청장은 제품검사 업무를 기술원 또는 전문기관에 위탁할 수 있다.

**(5)** 위탁받은 업무를 수행하는 협회, 기술원 및 전문기관이 갖추어야 하는 시설기준 등에 관하여 필요한 사항은 행정안전부령으로 정한다.

① 한국소방안전원이 갖추어야 하는 시설기준(시행규칙 제41조관련)

　　㉠ **사무실** : 바닥면적 60제곱미터 이상일 것

　　㉡ **강의실** : 바닥면적 100제곱미터 이상이고 책상·의자, 음향시설, 컴퓨터 및 빔프로젝터 등 교육에 필요한 비품을 갖출 것

　　㉢ **실습, 실험실** : 바닥면적 100제곱미터 이상이고, 교육과정별 실습·평가를 위한 교육기자재 등을 갖출 것

　　㉣ **교육용기자재**

| 교육 대상 | 교육용기자재 | 수량 |
|---|---|---|
| 공 통<br>(특급·1급·2급·3급<br>소방안전관리자,<br>소방안전관리보조자) | 1. 소화기(분말, 이산화탄소, 할로겐화합물 및 불활성기체)<br>2. 소화기 실습·평가설비<br>3. 자동화재탐지설비(P형) 실습·평가설비<br>4. 응급처치 실습·평가장비(마네킹, 심장충격기)<br>5. 피난설비(유도등, 완강기)<br>6. 별표 2의2에 따른 소방시설별 점검 장비<br>7. 사이버교육을 위한 전산장비 및 콘텐츠 | 각 1개<br>1식<br>3식<br>각 1개<br>각 1식<br>각 1개<br>1식 |
| 특급 소방안전관리자 | 1. 옥내소화전설비 실습·평가설비<br>2. 스프링클러설비 실습·평가설비<br>3. 가스계소화설비 실습·평가설비<br>4. 자동화재탐지설비(R형) 실습·평가설비<br>5. 제연설비 실습·평가설비 | 1식<br>1식<br>1식<br>1식<br>1식 |
| 1급 소방안전관리자 | 1. 옥내소화전설비 실습·평가설비<br>2. 스프링클러설비 실습·평가설비<br>3. 자동화재탐지설비(R형) 실습·평가설비 | 1식<br>1식<br>1식 |
| 2급 소방안전관리자,<br>「공공기관의 소방안전관리에<br>관한 규정」 제2조에 따른<br>공공기관의 소방안전관리자 | 1. 옥내소화전설비 실습·평가설비<br>2. 스프링클러설비 실습·평가설비 | 1식<br>1식 |

**(6)** 소방청장은 다음의 업무를 대통령령으로 정하는 바에 따라 소방기술과 관련된 법인 또는 단체에 위탁할 수 있다.

**1) 위탁업무**

① 소방시설관리사증의 발급·재발급에 관한 업무

② 점검능력 평가 및 공시에 관한 업무

③ 데이터베이스 구축에 관한 업무

### 2) 권한의 위임·위탁 [시행규칙 제39조(권한의 위임·위탁 등)]

① 소방청장은 소방용품에 대한 수거·폐기 또는 교체 등의 명령에 대한 권한을 시·도지사에게 위임한다.

② 소방청장은 다음의 업무를 기술원에 위탁한다.
  ㉠ 방염성능검사 업무(합판·목재를 설치하는 현장에서 방염처리한 경우의 방염성능검사는 제외)
  ㉡ 형식승인(시험시설의 심사를 포함한다)
  ㉢ 형식승인의 변경승인
  ㉣ 형식승인의 취소(청문을 포함한다)
  ㉤ 성능인증
  ㉥ 성능인증의 변경인증
  ㉦ 성능인증의 취소(청문을 포함한다)
  ㉧ 우수품질인증 및 그 취소(청문을 포함한다)

③ 소방청장은 소방안전관리에 대한 교육 업무를 「소방기본법」에 따른 한국소방안전원에 위탁한다.

④ 소방청장은 제품검사 업무를 기술원 또는 전문기관에 위탁한다.

⑤ 소방청장은 다음의 업무를 소방청장의 허가를 받아 설립한 소방기술과 관련된 법인 또는 단체 중에서 해당 업무를 처리하는 데 필요한 관련 인력과 장비를 갖춘 법인 또는 단체에 위탁한다. 이 경우 소방청장은 위탁받는 기관의 명칭·주소·대표자 및 위탁 업무의 내용을 고시하여야 한다.
  ㉠ 소방시설관리사증의 발급·재발급에 관한 업무
  ㉡ 점검능력 평가 및 공시에 관한 업무
  ㉢ 데이터베이스 구축에 관한 업무

**(7)** 소방청장은 건축 환경 및 화재위험특성 변화 추세 연구에 관한 업무를 대통령령이 정하는 바에 따라 화재안전 관련 전문 연구기관에 위탁할 수 있다. 이 경우 소방청장은 연구에 필요한 경비를 지원할 수 있다.

**(8)** 위탁받은 업무에 종사하고 있거나 종사하였던 사람은 업무를 수행하면서 알게 된 비밀을 이 법에서 정한 목적 외의 용도로 사용하거나 다른 사람 또는 기관에 제공하거나 누설하여서는 아니 된다.

## 6. 벌칙 적용 시의 공무원 의제 [제45조의2(벌칙 적용 시의 공무원 의제)]

소방특별조사위원회의 위원 중 공무원이 아닌 사람, 소방특별조사에 참여하는 전문가, 위탁 받은 업무를 수행하는 협회·기술원 및 전문기관, 법인 또는 단체의 담당 임직원은 「형법」 [제129조(수뢰, 사전수뢰), 제130조(제삼자뇌물제공), 제131조(수뢰후부정처사, 사후수뢰), 제132조(알선수뢰)] 규정을 적용할 때에는 공무원으로 본다.

## 7. 감독 [제46조(감독)]

(1) 소방청장, 시·도지사, 소방본부장 또는 소방서장은 다음에 해당하는 자, 사업체 또는 소방대상물 등의 감독을 위하여 필요하면 관계인에게 필요한 보고 또는 자료제출을 명할 수 있으며, 관계 공무원으로 하여금 소방대상물·사업소·사무소 또는 사업장에 출입하여 관계 서류·시설 및 제품 등을 검사하거나 관계인에게 질문하게 할 수 있다.

1) 관리업자

2) 관리업자가 점검한 특정소방대상물

3) 관리사

4) 소방용품의 형식승인, 제품검사 및 시험시설의 심사를 받은 자

5) 변경승인을 받은 자

6) 성능인증 및 제품검사를 받은 자

7) 지정을 받은 전문기관

8) 소방용품을 판매하는 자

(2) 출입·검사 업무를 수행하는 관계 공무원은 그 권한을 표시하는 증표를 지니고 이를 관계인에게 내보여야 한다.

(3) 출입·검사 업무를 수행하는 관계 공무원은 관계인의 정당한 업무를 방해하거나 출입·검사 업무를 수행하면서 알게 된 비밀을 다른 사람에게 누설하여서는 아니 된다.

## 8. 수수료 [제47조(수수료 등)]

다음에 해당하는 자는 행정안전부령으로 정하는 수수료 또는 교육비를 내야 한다.

1) 방염성능검사를 받으려는 자

2) 관리사시험에 응시하려는 사람

3) 소방시설관리사증을 발급받거나 재발급받으려는 자

4) 관리업의 등록을 하려는 자

5) 관리업의 등록증이나 등록수첩을 재발급받으려는 자

6) 관리업자의 지위승계를 신고하는 자

7) 소방용품의 형식승인을 받으려는 자

8) 시험시설의 심사를 받으려는 자

9) 형식승인을 받은 소방용품의 제품검사를 받으려는 자

10) 형식승인의 변경승인을 받으려는 자

11) 소방용품의 성능인증을 받으려는 자

12) 성능인증을 받은 소방용품의 제품검사를 받으려는 자

13) 성능인증의 변경인증을 받으려는 자

14) 우수품질인증을 받으려는 자

15) 강습교육이나 실무교육을 받으려는 자

16) 전문기관으로 지정을 받으려는 자

## 9. 조치명령 등의 기간연장 [제47조의2(조치명령 등의 기간연장)]

**(1)** 조치명령 · 선임명령 또는 이행명령(조치명령 등)을 받은 관계인 등은 천재지변이나 그 밖에 대통령령으로 정하는 사유로 조치명령 등을 그 기간 내에 이행할 수 없는 경우에는 조치명령 등을 명령한 소방청장, 소방본부장 또는 소방서장에게 대통령령으로 정하는 바에 따라 조치명령 등을 연기하여 줄 것을 신청할 수 있다.

  1) 소방대상물의 개수 · 이전 · 제거, 사용의 금지 또는 제한, 사용폐쇄, 공사의 정지 또는 중지, 그 밖의 필요한 조치명령

  2) 소방시설에 대한 조치명령

  3) 피난시설, 방화구획 및 방화시설에 대한 조치명령

  4) 방염성대상물품의 제거 또는 방염성능검사 조치명령

  5) 소방안전관리자 선임명령

  6) 소방안전관리업무 이행명령

  7) 형식승인을 받지 아니한 소방용품의 수거 · 폐기 또는 교체 등의 조치명령

  8) 중대한 결함이 있는 소방용품의 회수 · 교환 · 폐기 조치명령

**(2) 그 밖에 대통령령으로 정하는 사유 [시행규칙 제38조의2(조치명령 등의 연기)]**

  1) 태풍, 홍수 등 재난(「재난 및 안전관리 기본법」에 해당하는 재난을 말한다)이 발생하여 · 선임명령 또는 이행명령(조치명령 등)을 이행할 수 없는 경우

  2) 관계인이 질병, 장기출장 등으로 조치명령 등을 이행할 수 없는 경우

  3) 경매 또는 양도 · 양수 등의 사유로 소유권이 변동되어 조치명령기간에 시정이 불가능 한 경우

  4) 시장 · 상가 · 복합건축물 등 다수의 관계인으로 구성되어 조치명령기간 내에 의견조정과 시정이 불가능하다고 인정할 만한 상당한 이유가 있는 경우

**(3)** 연기신청을 받은 소방청장, 소방본부장 또는 소방서장은 연기신청 승인 여부를 결정하고 그 결과를 조치명령 등의 이행 기간 내에 관계인 등에게 알려주어야 한다.

1) 조치명령 등의 연기를 신청하려는 관계인 등은 행정안전부령으로 정하는 연기신청서에 연기의 사유 및 기간 등을 적어 소방청장, 소방본부장 또는 소방서장에게 제출하여야 한다. [시행규칙 제38조의2(조치명령 등의 연기)]

2) 연기신청 및 연기신청서의 처리절차에 관하여 필요한 사항은 행정안전부령으로 정한다.

### 3) 조치명령 등의 연기 신청 [시행규칙 제44조의2(조치명령 등의 연기 신청 등)]

① 조치명령 · 선임명령 또는 이행명령(조치명령 등)의 연기를 신청하려는 관계인 등은 조치명령 등의 이행기간 만료 5일 전까지 조치명령 등의 연기신청서에 조치명령 등을 이행할 수 없음을 증명할 수 있는 서류를 첨부하여 소방청장, 소방본부장 또는 소방서장에게 제출하여야 한다.

② 신청서를 제출받은 소방청장, 소방본부장 또는 소방서장은 신청받은 날부터 3일 이내에 조치명령 등의 연기 여부를 결정하여 조치명령 등의 연기 통지서를 관계인 등에게 통지하여야 한다.

## 10. 신고포상금의 지급 [제47조의3(신고포상금의 지급)]

### (1) 누구든지 소방본부장 또는 소방서장에게 다음에 해당하는 행위를 한 자를 신고할 수 있다.

① 특정소방대상물의 관계인은 화재안전기준에 따라 설치 또는 유지 · 관리하여야 하며, 이 경우 「장애인 · 노인 · 임산부 등의 편의증진 보장에 관한 법률」에 따른 장애인등이 사용하는 소방시설은 장애인 등에 적합하게 설치 또는 유지 · 관리하여야 한다는 규정을 위반하여 소방시설을 설치 또는 유지 · 관리한 자

② 특정소방대상물의 관계인은 소방시설을 유지 · 관리할 때 소방시설의 기능과 성능에 지장을 줄 수 있는 폐쇄(잠금) · 차단 등의 행위를 하여서는 아니 된다는 규정을 위반하여 폐쇄 · 차단 등의 행위를 한 자

③ 피난시설, 방화구획 및 방화시설을 폐쇄하거나 훼손하는 등의 행위, 피난시설, 방화구획 및 방화시설의 주위에 물건을 쌓아두거나 장애물을 설치하는 행위, 피난시설, 방화구획 및 방화시설의 용도에 장애를 주거나 「소방기본법에 따른 소방활동에 지장을 주는 행위, 그 밖에 피난시설, 방화구획 및 방화시설을 변경하는 행위 해당하는 행위를 한 자

(2) 소방본부장 또는 소방서장은 포상금지급 사유에 해당하는 신고를 받은 경우 신고 내용을 확인하여 이를 신속하게 처리하고, 그 처리결과를 행정안전부령으로 정하는 방법 및 절차에 따라 신고자에게 통지하여야 한다.

(3) 소방본부장 또는 소방서장은 신고를 한 사람에게 예산의 범위에서 포상금을 지급할 수 있다.

(4) 신고포상금의 지급대상, 지급기준, 지급절차 등에 필요한 사항은 특별시 · 광역시 · 특별자치시 · 도 또는 특별자치도의 조례로 정한다.

# 벌칙

## 1. 벌칙 제48조~제50조(벌칙)

**(1)** 특정소방대상물의 관계인은 소방시설을 유지·관리할 때 소방시설의 기능과 성능에 지장을 줄 수 있는 폐쇄(잠금)·차단 등의 행위를 하여서는 아니 된다는 규정을 위반하여 소방시설에 폐쇄·차단 등의 행위를 한 자는 5년 이하의 징역 또는 5천만원 이하의 벌금에 처한다. [제48조(벌칙)]

**(2)** (1)의 죄를 범하여 사람을 상해에 이르게 한 때에는 7년 이하의 징역 또는 7천만원 이하의 벌금에 처하며, 사망에 이르게 한 때에는 10년 이하의 징역 또는 1억원 이하의 벌금에 처한다.

**(3) 3년 이하의 징역 또는 3천만원 이하의 벌금 [제48조의2(벌칙)]**

1) 소방특별조사 결과에 따른 조치명령, 특정소방대상물에 설치하는 소방시설의 유지·관리 등, 피난시설, 방화구획 및 방화시설의 유지·관리, 소방대상물의 방염 등, 특정소방대상물의 소방안전관리, 소방용품의 형식승인 등, 우수품질 제품에 대한 인증 등에 따른 명령을 정당한 사유 없이 위반한 자

2) 소방시설관리업을 위반하여 관리업의 등록을 하지 아니하고 영업을 한 자

3) 소방용품의 형식승인을 받지 아니하고 소방용품을 제조하거나 수입한 자

4) 제품검사를 받지 아니한 자

5) 형식승인을 받지 아니한 것, 형상등을 임의로 변경한 것, 제품검사를 받지 아니하거나 합격표시를 하지 아니한 것 판매하거나 진열하지 아니할것을 위반하여 소방용품을 판매·진열하거나 소방시설공사에 사용한 자

6) 제품검사를 받지 아니하거나 합격표시를 하지 아니한 소방용품을 판매·진열하거나 소방시설공사에 사용한 자

7) 거짓이나 그 밖의 부정한 방법으로 전문기관으로 지정을 받은 자

**(4) 1년 이하의 징역 또는 1천만원 이하의 벌금 [제49조(벌칙)]**

1) 소방특별조사 시 증표의 제시 및 비밀유지 의무 또는 소방시설관리업의 감독 시의 규정을 위반하여 관계인의 정당한 업무를 방해한 자, 조사 · 검사 업무를 수행하면서 알게 된 비밀을 제공 또는 누설하거나 목적 외의 용도로 사용한 자

2) 소방시설 관리업의 등록증이나 등록수첩을 다른 자에게 빌려준 자

3) 소방시설관리업의 영업정지처분을 받고 그 영업정지기간 중에 관리업의 업무를 한 자

4) 소방시설등의 자체점검 등을 위반하여 소방시설등에 대한 자체점검을 하지 아니하거나 관리업자 등으로 하여금 정기적으로 점검하게 하지 아니한 자

5) 소방시설관리사증을 다른 자에게 빌려주거나 소방시설관리사의 이중 취업 금지 규정을 위반하여 동시에 둘 이상의 업체에 취업한 사람

6) 소방용품 형식규정에 따른 제품검사에 합격하지 아니한 제품에 합격표시를 하거나 합격표시를 위조 또는 변조하여 사용한 자

7) 소방용품 형식 승인 변경의 규정을 위반하여 형식승인의 변경승인을 받지 아니한 자

8) 소방용품의 성능인증 등을 위반하여 제품검사에 합격하지 아니한 소방용품에 성능인증을 받았다는 표시 또는 제품검사에 합격하였다는 표시를 하거나 성능인증을 받았다는 표시 또는 제품검사에 합격하였다는 표시를 위조 또는 변조하여 사용한 자

9) 성능인증 변경 규정을 위반하여 성능인증의 변경인증을 받지 아니한 자

10) 우수품질 제품에 대한 인증에 따른 우수품질인증을 받지 아니한 제품에 우수품질인증 표시를 하거나 우수품질인증 표시를 위조하거나 변조하여 사용한 자

**(5) 300만원 이하의 벌금 [제50조(벌칙)]**

1) 소방특별조사를 정당한 사유 없이 거부 · 방해 또는 기피한 자

2) 방염성능검사에 합격하지 아니한 물품에 합격표시를 하거나 합격표시를 위조하거나 변조하여 사용한 자

3) 방염성능검사 규정을 위반하여 거짓 시료를 제출한 자

4) 특정소방대상물의 소방안전관리 규정 위반하여 소방안전관리자 또는 소방안전관리보조자를 선임하지 아니한 자

5) 공동 소방안전관리 규정을 위반하여 공동 소방안전관리자를 선임하지 아니한 자

6) 특정소방대상물의 소방안전관리 규정을 위반하여 소방시설 · 피난시설 · 방화시설 및 방화구획 등이 법령에 위반된 것을 발견하였음에도 필요한 조치를 할 것을 요구하지 아니한 소방안전관리자

7) 특정소방대상물의 소방안전관리자의 안전 조치 명령으로 인한 불이익 금지 규정을 위반하여 소방안전관리자에게 불이익한 처우를 한 관계인

8) 점검 실명제 규정을 위반하여 점검기록표를 거짓으로 작성하거나 해당 특정소방대상물에 부착하지 아니한 자

9) 소방청의 위탁업무 수행 시 업무를 수행하면서 알게 된 비밀을 이 법에서 정한 목적 외의 용도로 사용하거나 다른 사람 또는 기관에 제공하거나 누설한 사람

## 2. 양벌규정 [제52조(양벌규정)]

법인의 대표자나 법인 또는 개인의 대리인, 사용인, 그 밖의 종업원이 그 법인 또는 개인의 업무에 관하여 벌칙의 어느 하나에 해당하는 위반행위를 하면 그 행위자를 벌하는 외에 그 법인 또는 개인에게도 해당 조문의 벌금형을 과(科)한다. 다만, 법인 또는 개인이 그 위반행위를 방지하기 위하여 해당 업무에 관하여 상당한 주의와 감독을 게을리하지 아니한 경우에는 그러하지 아니하다.

## 3. 과태료 [제53조(과태료)]

### (1) 300만원 이하의 과태료

1) 화재안전기준을 위반하여 소방시설을 설치 또는 유지 · 관리한 자

2) 피난시설, 방화구획 또는 방화시설의 폐쇄 · 훼손 · 변경 등의 행위를 한 자

### (2) 200만원 이하의 과태료

1) 방염대상물품은 방염성능기준 이상의 것으로 설치하여야 한다는 규정을 위반한 자

2) 특정소방대상물의 소방안전관리자의 신고 및 변경에 따른 신고를 하지 아니한 자 또는 거짓으로 신고한 자

3) 소방안전관리 업무를 수행하지 아니한 자

4) 소방안전관리 업무를 하지 아니한 특정소방대상물의 관계인 또는 소방안전관리대상물의 소방안전 관리자

5) 소방안전관리자의 성실하게 업무 수행을 할 수 있도록 관리해야하는 업무를 위반하여 지도와 감 독을 하지 아니한 자

6) 피난유도 안내정보를 제공하지 아니한 자

7) 소방훈련 및 교육을 하지 아니한 자

8) 소방안전관리 업무를 하지 아니한 자

9) 소방시설등의 점검결과를 보고하지 아니한 자 또는 거짓으로 보고한 자

10) 지위승계, 행정처분 또는 휴업·폐업의 사실을 특정소방대상물의 관계인에게 알리지 아니하거 나 거짓으로 알린 관리업자

11) 기술인력의 참여 없이 자체점검을 한 자

12) 점검능력 평가 및 공시에 따른 서류를 거짓으로 제출한 자

13) 명령을 위반하여 보고 또는 자료제출을 하지 아니하거나 거짓으로 보고 또는 자료제출을 한 자 또는 정당한 사유 없이 관계 공무원의 출입 또는 조사·검사를 거부·방해 또는 기피한 자

### (3) 대통령령으로 정하는 과태료 부과 기준

**과태료의 부과기준**

- 일반기준

  가. 과태료 부과권자는 다음의 어느 하나에 해당하는 경우에는 제2호의 개별기준에 따른 과태료 금액의 2분의 1까지 그 금액을 줄여 부과할 수 있다. 다만, 과태료를 체납하고 있는 위반행위자에 대해서는 그러하지 아니하다.

    1) 위반행위자가 「질서위반행위규제법 시행령」에 따라 수급자, 보호대상자, 장애인, 1급부터 3급까지 의 상이등급 판정을 받은 사람, 미성년자에 해당하는 경우

2) 위반행위자가 처음 위반행위를 하는 경우로서 3년 이상 해당 업종을 모범적으로 영위한 사실이 인정되는 경우

3) 위반행위자가 화재 등 재난으로 재산에 현저한 손실을 입거나 사업 여건의 악화로 그 사업이 중대한 위기에 처하는 등 사정이 있는 경우

4) 위반행위가 사소한 부주의나 오류 등 과실로 인한 것으로 인정되는 경우

5) 위반행위자가 같은 위반행위로 다른 법률에 따라 과태료 · 벌금 · 영업정지 등의 처분을 받은 경우

6) 위반행위자가 위법행위로 인한 결과를 시정하거나 해소한 경우

7) 그 밖에 위반행위의 정도, 위반행위의 동기와 그 결과 등을 고려하여 과태료를 줄일 필요가 있다고 인정되는 경우

나. 위반행위의 횟수에 따른 과태료의 가중된 부과기준은 최근 1년간 같은 위반행위로 과태료 부과처분을 받은 경우에 적용한다. 이 경우 기간의 계산은 위반행위에 대하여 과태료 부과처분을 받은 날과 그 처분 후 다시 같은 위반행위를 하여 적발된 날을 기준으로 한다.

다. 나목에 따라 가중된 부과처분을 하는 경우 가중처분의 적용 차수는 그 위반행위 전 부과처분 차수(나목에 따른 기간 내에 과태료 부과처분이 둘 이상 있었던 경우에는 높은 차수를 말한다)의 다음 차수로 한다.

- 개별기준

| 위반행위 | 근거 법조문 | 과태료 금액 (단위 : 만원) | | |
|---|---|---|---|---|
| | | 1차 위반 | 2차 위반 | 3차 이상 위반 |
| 가. 법 제9조제1항(특정소방대상물의 관계인은 소방시설을 소방청장이 정하여 고시하는 화재안전기준에 따라 설치 또는 유지 · 관리하여야 한다)을 위반한 경우 | 법 제53조제1항제1호 | | | |
| 1) 2) 및 3)의 규정을 제외하고 소방시설을 최근 1년 이내에 2회 이상 화재안전기준에 따라 관리 · 유지하지 않은 경우 | | | 100 | |
| 2) 소방시설을 다음에 해당하는 고장 상태 등으로 방치한 경우 | | | 200 | |
| 가) 소화펌프를 고장 상태로 방치한 경우 | | | | |
| 나) 수신반 전원, 동력(감시)제어반 또는 소방시설용 비상전원을 차단하거나, 고장난 상태로 방치하거나, 임의로 조작하여 자동으로 작동이 되지 않도록 한 경우 | | | | |
| 다) 소방시설이 작동하는 경우 소화배관을 통하여 소화수가 방수되지 않는 상태 또는 소화약제가 방출되지 않는 상태로 방치한 경우 | | | | |
| 3) 소방시설을 설치하지 않은 경우 | | | 300 | |

| 위반행위 | 근거법조문 | 1차 | 2차 | 3차 |
|---|---|---|---|---|
| 나. 법 제10조제1항을 위반하여 피난시설, 방화구획 또는 방화시설을 폐쇄·훼손·변경하는 등의 행위를 한 경우 | 법 제53조제1항제2호 | 100 | 200 | 300 |
| 다. 법 제12조제1항을 위반한 경우 | 법 제53조제1항제1호 | | 200 | |
| 라. 법 제20조제4항·제31조 또는 제32조제3항에 따른 신고를 하지 않거나 거짓으로 신고한 경우 | 법 제53조제1항제3호 | | | |
|   1) 지연신고기간이 1개월 미만인 경우 | | | 30 | |
|   2) 지연신고기간이 1개월 이상 3개월 미만인 경우 | | | 50 | |
|   3) 지연신고기간이 3개월 이상이거나 신고를 하지 않은 경우 | | | 100 | |
|   4) 거짓으로 신고한 경우 | | | 200 | |
| 마. 삭제 〈2015.6.30.〉 | | | | |
| 바. 삭제 〈2015.6.30.〉 | | | | |
| 사. 법 제20조제1항을 위반하여 소방안전관리 업무를 수행하지 않은 경우 | 법 제53조제1항제5호 | 50 | 100 | 200 |
| 아. 특정소방대상물의 관계인 또는 소방안전관리대상물의 소방안전관리자가 법 제20조제6항에 따른 소방안전관리 업무를 하지 않은 경우 | 법 제53조제1항제6호 | 50 | 100 | 200 |
| 자. 법 제20조제7항을 위반하여 소방안전관리대상물의 관계인이 소방안전관리자에 대한 지도와 감독을 하지 않은 경우 | 법 제53조제1항제7호 | | 200 | |
| 차. 법 제21조의2제3항을 위반하여 피난유도 안내정보를 제공하지 아니한 경우 | 법 제53조제1항제7호의2 | 50 | 100 | 200 |
| 카. 법 제22조제1항을 위반하여 소방훈련 및 교육을 하지 않은 경우 | 법 제53조제1항제8호 | 50 | 100 | 200 |
| 타. 법 제24조제1항을 위반하여 소방안전관리 업무를 하지 않은 경우 | 법 제53조제1항제9호 | 50 | 100 | 200 |
| 파. 법 제25조제2항을 위반하여 소방시설 등의 점검결과를 보고하지 않거나 거짓으로 보고한 경우 | 법 제53조제1항제10호 | | | |
| 1) 지연보고기간이 1개월 미만인 경우 | | | 30 | |
| 2) 지연보고기간이 1개월 이상 3개월 미만인 경우 | | | 50 | |
| 3) 지연보고기간이 3개월 이상 또는 보고하지 않은 경우 | | | 100 | |
| 4) 거짓으로 보고한 경우 | | | 200 | |
| 하. 관리업자가 법 제33조제2항을 위반하여 지위승계, 행정처분 또는 휴업·폐업의 사실을 특정소방대상물의 관계인에게 알리지 않거나 거짓으로 알린 경우 | 법 제53조제1항제11호 | | 200 | |

| 거. 관리업자가 법 제33조제3항을 위반하여 기술<br>인력의 참여 없이 자체점검을 실시한 경우 | 법 제53조제1항제12호 | 200 | | |
|---|---|---|---|---|
| 너. 관리업자가 법 제33조의2제2항에 따른 서류를<br>거짓으로 제출한 경우 | 법 제53조제1항제12호<br>의2 | 200 | | |
| 더. 법 제46조제1항에 따른 명령을 위반하여 보고<br>또는 자료제출을 하지 않거나 거짓으로 보고<br>또는 자료제출을 한 경우 또는 정당한 사유<br>없이 관계 공무원의 출입 또는 조사·검사를<br>거부·방해 또는 기피한 경우 | 법 제53조제1항제13호 | 50 | 100 | 200 |

**1** 화재예방, 소방시설설치 · 유지 및 안전관리에 관한 법률의 목적으로 바르지 않은 것은?

① 위급한 상황으로부터 국민의 생명 · 신체 및 재산을 보호
② 화재의 예방 및 안전관리
③ 소방시설 등의 설치 · 유지
④ 소방활동의 정보제공

> **TIPS!**
>
> [법 제1조]
> 이 법은 화재와 재난 · 재해, 그 밖의 위급한 상황으로부터 국민의 생명 · 신체 및 재산을 보호하기 위하여
> 화재의 예방 및 안전관리에 관한 국가와 지방자치단체의 책무와 소방시설 등의 설치 · 유지 및 소방대상물의
> 안전관리에 관하여 필요한 사항을 정함으로써 공공의 안전과 복리 증진에 이바지함을 목적으로 한다.

**2** 화재예방, 소방시설설치 · 유지 및 안전관리에 관한 법률에서 사용되는 용어로 바르지 않은 것은?

① 소방시설이란 소화설비, 경보설비, 피난설비, 소화용수설비, 그 밖에 소화활동설비로서 대통령령으
로 정하는 것을 말한다.
② 화재예방이란 소방시설과 비상구(非常口), 그 밖에 소방 관련 시설로서 대통령령으로 정하는 것으
로서 방화문 및 방화셔터를 말한다.
③ 특정소방대상물이란 소방시설을 설치하여야 하는 소방대상물로서 대통령령으로 정하는 것을 말한다.
④ 소방용품이란 소방시설등을 구성하거나 소방용으로 사용되는 제품 또는 기기로서 대통령령으로 정
하는 것을 말한다.

> **TIPS!**
>
> [법 제2조]
> - "소방시설"이란 소화설비, 경보설비, 피난설비, 소화용수설비, 그 밖에 소화활동설비로서 대통령령으로 정
> 하는 것을 말한다.
> - "소방시설등"이란 소방시설과 비상구(非常口), 그 밖에 소방 관련 시설로서 대통령령으로 정하는 것으로서
> 방화문 및 방화셔터를 말한다.
> - "특정소방대상물"이란 소방시설을 설치하여야 하는 소방대상물로서 대통령령으로 정하는 것을 말한다.
> - "소방용품"이란 소방시설등을 구성하거나 소방용으로 사용되는 제품 또는 기기로서 대통령령으로 정하는
> 것을 말한다.

**Answer** 1.④ 2.②

**3** 다음 중 화재예방, 소방시설설치·유지 및 안전관리에 관한 법률을 제외하고 용어의 정의에 준용의 대상이 아닌 법률은?

① 소방기본법
② 위험물관리법
③ 건축법
④ 소방공무원법

 TIPS! ····································································································································································○

[법 제2조 제2항]
화재예방, 소방시설설치·유지 및 안전관리에 관한 법에서 사용하는 용어의 규정을 제외하고는 「소방기본법」, 「소방시설공사업법」, 「위험물 안전관리법」 및 「건축법」에서 정하는 바에 따른다.

**4** 다음 중 소방시설이라 보기 어려운 것은?

① 소화설비
② 경보설비
③ 피난시설
④ 노유자시설

TIPS! ····································································································································································○

노유자시설은 특정소방대상물이다
[법 제2조 제1항 1호]
"소방시설"이란 소화설비, 경보설비, 피난설비, 소화용수설비, 그 밖에 소화활동설비로서 대통령령으로 정하는 것을 말한다.

**5** **화재안전정책에 대한 국가 및 지방자치단체의 책무라 보기 어려운 것은?**

① 국가는 화재로부터 국민의 생명과 재산을 보호할 수 있도록 종합적인 화재안전정책을 수립 · 시행하여야 한다.

② 지방자치단체는 국가의 화재안전정책에 맞추어 지역의 실정에 부합하는 화재안전정책을 수립 · 시행하여야 한다.

③ 화재안전정책을 수립 · 시행할 때에는 과학적 합리성, 일관성, 사전 예방의 원칙이 유지되도록 한다.

④ 화재안전정책을 수립 · 시행할 때에는 국가는 국민의 공공복리를 최우선적으로 고려하여야 한다.

> **TIPS!**
>
> [법 제2조의2]
> ㉠ 국가는 화재로부터 국민의 생명과 재산을 보호할 수 있도록 종합적인 화재안전정책을 수립 · 시행하여야 한다.
> ㉡ 지방자치단체는 국가의 화재안전정책에 맞추어 지역의 실정에 부합하는 화재안전정책을 수립 · 시행하여야 한다.
> ㉢ 국가와 지방자치단체가 ㉠및 ㉡에 따른 화재안전정책을 수립 · 시행할 때에는 과학적 합리성, 일관성, 사전 예방의 원칙이 유지되도록 하되, 국민의 생명 · 신체 및 재산보호를 최우선적으로 고려하여야 한다.

**6** **소방특별조사에 해당되지 않는 경우는?**

① 위험물관리법에 따른 화재경계지구에 대한 소방특별조사 등 다른 법률에서 소방특별조사를 실시하도록 한 경우

② 관계인이 이 법 또는 다른 법령에 따라 실시하는 소방시설 등, 방화시설, 피난시설 등에 대한 자체점검 등이 불성실하거나 불완전하다고 인정되는 경우

③ 국가적 행사 등 주요 행사가 개최되는 장소 및 그 주변의 관계 지역에 대하여 소방안전관리 실태를 점검할 필요가 있는 경우

④ 화재가 자주 발생하였거나 발생할 우려가 뚜렷한 곳에 대한 점검이 필요한 경우

> **TIPS!**
>
> [법 제4조 제2항]
> ㉠ 관계인이 이 법 또는 다른 법령에 따라 실시하는 소방시설 등, 방화시설, 피난시설 등에 대한 자체점검 등이 불성실하거나 불완전하다고 인정되는 경우
> ㉡ 「소방기본법」에 따른 화재경계지구에 대한 소방특별조사 등 다른 법률에서 소방특별조사를 실시하도록 한 경우
> ㉢ 국가적 행사 등 주요 행사가 개최되는 장소 및 그 주변의 관계 지역에 대하여 소방안전관리 실태를 점검할 필요가 있는 경우
> ㉣ 화재가 자주 발생하였거나 발생할 우려가 뚜렷한 곳에 대한 점검이 필요한 경우
> ㉤ 재난예측정보, 기상예보 등을 분석한 결과 소방대상물에 화재, 재난 · 재해의 발생 위험이 높다고 판단되는 경우
> ㉥ ㉠부터 ㉤까지에서 규정한 경우 외에 화재, 재난 · 재해, 그 밖의 긴급한 상황이 발생할 경우 인명 또는 재산 피해의 우려가 현저하다고 판단되는 경우

**Answer** 5.④ 6.①

**7** 다음 중 소방특별조사의 세부 항목이라 보기 어려운 것은?

① 소방안전관리 업무 수행에 관한 사항
② 「다중이용업소의 안전관리에 관한 특별법」에 따른 안전관리에 관한 사항
③ 「위험물안전관리법」에 따른 안전관리에 관한 사항
④ 화재의 예방조직의 운영에 관한 사항

> 🌀 **TIPS!** ....................................................................................
>
> [시행규칙 제7조]
> ㉠ 소방안전관리 업무 수행에 관한 사항
> ㉡ 작성한 소방계획서의 이행에 관한 사항
> ㉢ 자체점검 및 정기적 점검 등에 관한 사항
> ㉣ 화재의 예방조치 등에 관한 사항
> ㉤ 불을 사용하는 설비 등의 관리와 특수가연물의 저장 · 취급에 관한 사항
> ㉥ 「다중이용업소의 안전관리에 관한 특별법」에 따른 안전관리에 관한 사항
> ㉦ 「위험물안전관리법」에 따른 안전관리에 관한 사항

**8** 다음 중 소방특별조사의 설명으로 바르지 않은 것은?

① 소방청장, 소방본부장 또는 소방서장은 소방특별조사를 하려면 15일 전에 관계인에게 조사대상, 조사기간 및 조사사유 등을 서면으로 알려야 한다.
② 소방특별조사는 관계인의 승낙 없이 해가 뜨기 전이나 해가 진 뒤에 할 수 없다.
③ 통지를 받은 관계인은 천재지변의 경우 소방특별조사를 연기하여 줄 것을 신청할 수 있다.
④ 소방청장, 소방본부장 또는 소방서장은 소방특별조사를 마친 때에는 그 조사결과를 관계인에게 서면으로 통지하여야 한다.

> 🌀 **TIPS!** ....................................................................................
>
> [법 제4조의 3]
> 소방청장, 소방본부장 또는 소방서장은 소방특별조사를 하려면 7일 전에 관계인에게 조사대상, 조사기간 및 조사사유 등을 서면으로 알려야 한다.

**9** 다음 중 소방특별조사에서 7일전 서면 통보의 예외 대상인 경우는?

① 태풍, 홍수 등 재난이 발생하여 소방대상물을 관리하기가 매우 어려운 경우

② 화재, 재난·재해가 발생할 우려가 뚜렷하여 긴급하게 조사할 필요가 있는 경우

③ 계인이 질병, 장기출장 등으로 소방특별조사에 참여할 수 없는 경우

④ 권한 있는 기관에 자체점검기록부, 교육·훈련일지 등 소방특별조사에 필요한 장부·서류 등이 압수되거나 영치되어 있는 경우

> **TIPS!**
>
> • [법 제4조의 3]
>   소방청장, 소방본부장 또는 소방서장은 소방특별조사를 하려면 7일 전에 관계인에게 조사대상, 조사기간 및 조사사유 등을 서면으로 알려야 한다. 다만, 다음의 경우에는 그러하지 아니하다.
>   – 화재, 재난·재해가 발생할 우려가 뚜렷하여 긴급하게 조사할 필요가 있는 경우
>   – 소방특별조사의 실시를 사전에 통지하면 조사목적을 달성할 수 없다고 인정되는 경우
> • [시행령 제8조]
>   – 소방특별조사의 연기 사유
>   ㉠ 태풍, 홍수 등 재난(「재난 및 안전관리 기본법」에 해당하는 재난을 말한다)이 발생하여 소방대상물을 관리하기가 매우 어려운 경우
>   ㉡ 관계인이 질병, 장기출장 등으로 소방특별조사에 참여할 수 없는 경우
>   ㉢ 권한 있는 기관에 자체점검기록부, 교육·훈련일지 등 소방특별조사에 필요한 장부·서류 등이 압수되거나 영치(領置)되어 있는 경우

**10** 다음 중 소화용으로 사용되는 제품으로 보기 어려운 것은?

① 누전경보기

② 방염액

③ 방염도료

④ 방염성물질

> **TIPS!**
>
> [법 제2조 용어의 정의에 따른 시행령]
> 소화용으로 사용하는 제품 또는 기기
> 가. 소화약제와 자동소화장치와 같은 소화설비용만 해당한다.
> 나. 방염제(방염액·방염도료 및 방염성물질을 말한다)

**Answer** 9.② 10.①

**11** 다음 중 소방특별조사의 연기 사유로 바르지 않은 것은?

① 태풍, 홍수 등 재난이 발생하여 소방대상물을 관리하기가 매우 어려운 경우
② 관계인이 질병, 장기출장 등으로 소방특별조사에 참여할 수 없는 경우
③ 권한 있는 기관에 소방특별조사에 필요한 서류가 압수되거나 있는 경우
④ 화재, 재난·재해가 발생할 우려가 뚜렷하여 긴급하게 조사할 필요가 있는 경우

> **TIPS!**
>
> 소방특별조사 사전 통보의 예외 사유이다.
>
> [시행령 제8조]
>
> ─ 소방특별조사의 연기 사유
>
>     ㉠ 태풍, 홍수 등 재난(「재난 및 안전관리 기본법」에 해당하는 재난을 말한다)이 발생하여 소방대상물을 관리하기가 매우 어려운 경우
>
>     ㉡ 관계인이 질병, 장기출장 등으로 소방특별조사에 참여할 수 없는 경우
>
>     ㉢ 권한 있는 기관에 자체점검기록부, 교육·훈련일지 등 소방특별조사에 필요한 장부·서류 등이 압수되거나 영치(領置)되어 있는 경우

**12** 다음 중 소방특별조사 조치명령의 발동 요건은?

① 소방사용물의 사용승인
② 소방사용물의 개수
③ 소방사용물의 이전
④ 소방사용물의 제거

> **TIPS!**
>
> [시행규칙 제2조(소방특별조사에 따른 조치명령 등의 절차)]
>
> 소방청장, 소방본부장 또는 소방서장은 소방대상물의 개수(改修)·이전·제거, 사용의 금지 또는 제한, 사용 폐쇄, 공사의 정지 또는 중지, 그 밖의 필요한 조치를 명할 때에는 소방특별조사 조치명령서를 해당 소방대상물의 관계인에게 발급하고, 소방특별조사 조치명령대장에 이를 기록하여 관리하여야 한다.

**Answer** 11.④ 12.①

**13** 다음 중 소방청장, 시·도지사의 명령으로 인한 손실보상의 내용으로 바르지 않은 것은?

① 시·도지사가 손실을 보상하는 경우에는 시가로 보상하여야 한다.

② 손실 보상에 관하여는 시·도지사의 조례에 의한 규정을 따른다.

③ 보상금액에 관한 협의가 성립되지 아니한 경우에는 시·도지사는 그 보상금액을 지급하거나 공탁하고 이를 상대방에게 알려야 한다.

④ 보상금의 지급 또는 공탁의 통지에 불복하는 자는 지급 또는 공탁의 통지를 받은 날부터 30일 이내에 관할 토지수용위원회에 재결을 신청할 수 있다.

> **TIPS!**
>
> [시행령 제11조(손실 보상)]
> ① 시·도지사가 손실을 보상하는 경우에는 시가(時價)로 보상하여야 한다.
> ② 손실 보상에 관하여는 시·도지사와 손실을 입은 자가 협의하여야 한다.
> ③ 보상금액에 관한 협의가 성립되지 아니한 경우에는 시·도지사는 그 보상금액을 지급하거나 공탁하고 이를 상대방에게 알려야 한다.
> ④ 보상금의 지급 또는 공탁의 통지에 불복하는 자는 지급 또는 공탁의 통지를 받은 날부터 30일 이내에 관할 토지수용위원회에 재결(裁決)을 신청할 수 있다.

**14** 건축물 등의 신축에 관한 건축허가 시 당해 행정기관은 누구의 동의를 받아야 하는가?

① 시공지 또는 소재지를 관할하는 ·시도지사

② 시공지 또는 소재지를 관할하는 구청의 건축국장

③ 시공지 또는 소재지를 관할하는 경찰서장

④ 시공지 또는 소재지를 관할하는 소방서장

> **TIPS!**
>
> [법 제7조 제1항]
> 건축물 등의 신축·증축·개축·재축(再築)·이전·용도변경 또는 대수선(大修繕)의 허가·협의 및 사용승인(「주택법」에 따른 승인 및 사용검사, 「학교시설사업 촉진법」에 따른 승인 및 사용승인을 포함하며, 이하 "건축허가등"이라 한다)의 권한이 있는 행정기관은 건축허가등을 할 때 미리 그 건축물 등의 시공지(施工地) 또는 소재지를 관할하는 소방본부장이나 소방서장의 동의를 받아야 한다.

**Answer** 13.② 14.④

**15** **건축허가 등을 할 때 미리 소방본부장 또는 소방서장의 동의를 받아야 하는 건축물 등의 범위에 대한 설명 중 바르지 않은 것은?**

① 「학교시설사업 촉진법」에 따라 건축 등을 하려는 학교시설 : 100제곱 미터 이상
② 노유자시설 및 수련시설 : 200제곱 미터 이상
③ 「장애인복지법」에 따른 장애인 의료재활시설 : 300제곱 미터 이상
④ 「정신건강증진 및 정신질환자 복지서비스 지원에 관한 법률」에 따른 정신의료기관(입원실이 없는 정신건강의학과 의원은 제외) : 400제곱 미터 이상

> **TIPS!** ..........................................................................................................................

> [시행령 제12조(건축허가등의 동의대상물의 범위 등)]
> – 연면적(「건축법 시행령」에 따라 산정된 면적을 말한다.)이 400제곱미터 이상인 건축물. 다만, 다음의 어느 하나에 해당하는 시설은 해당 목에서 정한 기준 이상인 건축물로 한다.
>   ㉠ 「학교시설사업 촉진법」에 따라 건축등을 하려는 학교시설 : 100제곱미터
>   ㉡ 노유자시설(老幼者施設) 및 수련시설 : 200제곱미터
>   ㉢ 「정신건강증진 및 정신질환자 복지서비스 지원에 관한 법률」에 따른 정신의료기관(입원실이 없는 정신건강의학과 의원은 제외) : 300제곱미터
>   ㉣ 「장애인복지법」에 따른 장애인 의료재활시설 : 300제곱미터
> – 차고 · 주차장 또는 주차용도로 사용되는 시설로서 다음의 어느 하나에 해당하는 것
>   ㉠ 차고 · 주차장으로 사용되는 바닥면적이 200제곱미터 이상인 층이 있는 건축물이나 주차시설
>   ㉡ 승강기 등 기계장치에 의한 주차시설로서 자동차 20대 이상을 주차할 수 있는 시설
> – 항공기격납고, 관망탑, 항공관제탑, 방송용 송수신탑
> – 지하층 또는 무창층이 있는 건축물로서 바닥면적이 150제곱미터(공연장의 경우에는 100제곱미터) 이상인 층이 있는 것
> – 특정소방대상물 중 위험물 저장 및 처리 시설, 지하구
> – 노유자시설 중 다음의 어느 하나에 해당하는 시설. 다만, 「건축법 시행령」단독주택 또는 공동주택에 설치되는 시설은 제외한다.
>   ㉠ 노인 관련 시설(「노인복지법」에 따른 노인여가복지시설 및 노인보호전문기관은 제외)
>   ㉡ 「아동복지법」에 따른 아동복지시설(아동상담소, 아동전용시설 및 지역아동센터는 제외)
>   ㉢ 「장애인복지법」에 따른 장애인 거주시설
>   ㉣ 정신질환자 관련 시설(「정신건강증진 및 정신질환자 복지서비스 지원에 관한 법률」에 따른 공동생활가정을 제외한 재활훈련시설과 같은 법 시행령 제16조제3호에 따른 종합시설 중 24시간 주거를 제공하지 아니하는 시설은 제외한다)
>   ㉤ 노숙인 관련 시설 중 노숙인자활시설, 노숙인재활시설 및 노숙인요양시설
>   ㉥ 결핵환자나 한센인이 24시간 생활하는 노유자시설
> – 「의료법」에 따른 요양병원. 다만, 정신의료기관 중 정신병원과 의료재활시설은 제외한다.

**16** 특정소방대상물 중 객석유도 등을 설치해야 하는 시설은이 아닌 곳은?

① 문화 및 집회시설

② 무대가 없는 유흥주점영업시설

③ 종교시설

④ 운동시설

> 🌟 TIPS!
>
> [시행령 제12조의 근거]
> – 객석유도 등은 다음의 어느 하나에 해당하는 특정소방대상물에 설치한다.
>   가) 유흥주점영업시설(「식품위생법 시행령」의 유흥주점영업 중 손님이 춤을 출 수 있는 무대가 설치된 카바레, 나이트클럽 또는 그 밖에 이와 비슷한 영업시설만 해당한다)
>   나) 문화 및 집회시설
>   다) 종교시설
>   라) 운동시설

**17** 주택에 설치하는 소방시설에 관한 내용으로 바르지 않은 것은?

① 아파트의 경우 소화기 및 단독경보형감지기 설치하여야 한다

② 단독주택의 소유자는 소화기 및 단독경보형감지기 설치하여야 한다

③ 국가는 주택에 설치하여야 하는 주택용 소방시설의 설치 및 국민의 자율적인 안전관리를 촉진하기 위하여 필요한 시책을 마련하여야 한다.

④ 주택용 소방시설의 설치기준 관한 사항은 조례로 정한다.

> 🌟 TIPS!
>
> [제8조(주택에 설치하는 소방시설)]
> – 주택의 소유자는 소화기 및 단독경보형감지기 설치하여야 한다
>   ㉠ 「건축법」의 단독주택
>   ㉡ 「건축법」의 공동주택(아파트 및 기숙사는 제외한다)
> – 국가 및 지방자치단체는 주택에 설치하여야 하는 주택용 소방시설의 설치 및 국민의 자율적인 안전관리를 촉진하기 위하여 필요한 시책을 마련하여야 한다.
> – 주택용 소방시설의 설치기준 및 자율적인 안전관리 등에 관한 사항은 특별시 · 광역시 · 특별자치시 · 도 또는 특별자치도의 조례로 정한다.

Answer 16.② 17.①

**18** 다음 중 방염대상 물품이라 보기 어려운 것은?

① 블라인드

② 종이벽지

③ 카펫

④ 섬유류

 TIPS!

[시행령 제20조(방염대상물품 및 방염성능기준)]

– 제조 또는 가공 공정에서 방염처리를 한 물품(합판·목재류의 경우에는 설치 현장에서 방염처리를 한 것을 포함한다)으로서 다음에 해당하는 것

㉠ 창문에 설치하는 커튼류(블라인드를 포함한다)

㉡ 카펫, 두께가 2밀리미터 미만인 벽지류(종이벽지는 제외한다)

㉢ 전시용 합판 또는 섬유판, 무대용 합판 또는 섬유판

㉣ 암막·무대막(「영화 및 비디오물의 진흥에 관한 법률」에 따른 영화상영관에 설치하는 스크린과 「다중이용업소의 안전관리에 관한 특별법 시행령」에 따른 골프 연습장업에 설치하는 스크린을 포함한다)

㉤ 섬유류 또는 합성수지류 등을 원료로 하여 제작된 소파·의자(「다중이용업소의 안전관리에 관한 특별법 시행령」에 따른 단란주점영업, 유흥주점영업 및 노래연습장업의 영업장에 설치하는 것만 해당한다)

**19** 다음 중 방염성능검사를 실시하는 권한이 있는 자는?

① 소방서장

② 소방본부장

③ 소방청장

④ 행정안전부장관

TIPS!

[제13조 제1항 (방염성능의 검사)]

특정소방대상물에서 사용하는 방염대상물품은 소방청장(대통령령으로 정하는 방염대상물품의 경우에는 시·도지사를 말한다)이 실시하는 방염성능검사를 받은 것이어야 한다.

**Answer** 18.② 19.②

**20** 다음 중 방염처리에 관한 설명 중 바르지 않은 것은?

① 방염성능기준은 대통령령으로 정한다.
② 소방서장은 방염대상물품이 방염성능기준에 미치지 못하거나 방염성능검사를 받지 아니한 것이다.
③ 방염대상물은 방열검사를 받은 것이어야 한다.
④ 건축법에 따른 내부마감재료는 방염 대상물품이다.

> **TIPS!**
>
> [시행령 제20조(방염대상물품 및 방염성능기준)]
> 건축물 내부의 천장이나 벽에 부착하거나 설치하는 것으로서 다음 각 목의 어느 하나에 해당하는 것을 말한다. 다만, 가구류(옷장, 찬장, 식탁, 식탁용 의자, 사무용 책상, 사무용 의자 및 계산대, 그 밖에 이와 비슷한 것을 말한다)와 너비 10센티미터 이하인 반자돌림대 등과 「건축법」에 따른 내부마감재료는 제외한다.

**21** 침대가 있는 숙박시설의 수용인원 산정방법으로 바른 것은?

① 해당 특정소방물의 종사자 수에 침대 수
② 해당 특정소방대상물의 종사자 수에 숙박시설 바닥면적의 합계를 3㎡로 나누어 얻은 수를 합한 수
③ 해당 용도로 사용하는 바닥면적의 합계를 1.9㎡로 나누어 얻은 수
④ 해당 용도로 사용하는 바닥면적의 합계를 4.6㎡로 나누어 얻은 수

> **TIPS!**
>
> ㉠ 숙박시설이 있는 특정소방대상물
> – 침대가 있는 숙박시설 : 해당 특정소방대상물의 종사자 수에 침대 수(2인용 침대는 2개로 산정한다)를 합한 수
> – 침대가 없는 숙박시설 : 해당 특정소방대상물의 종사자 수에 숙박시설 바닥면적의 합계를 3㎡로 나누어 얻은 수를 합한 수
> ㉡ ㉠외의 특정소방대상물
> – 강의실 · 교무실 · 상담실 · 실습실 · 휴게실 용도로 쓰이는 특정소방대상물 : 해당 용도로 사용하는 바닥면적의 합계를 1.9㎡로 나누어 얻은 수
> – 강당, 문화 및 집회시설, 운동시설, 종교시설 : 해당 용도로 사용하는 바닥면적의 합계를 4.6㎡로 나누어 얻은 수(관람석이 있는 경우 고정식 의자를 설치한 부분은 그 부분의 의자 수로 하고, 긴 의자의 경우에는 의자의 정면너비를 0.45m로 나누어 얻은 수로 한다)
> – 그 밖의 특정소방대상물 : 해당 용도로 사용하는 바닥면적의 합계를 3㎡로 나누어 얻은 수

**Answer** 20.④ 21.①

**22** 특정소방대상물의 관계인과 소방안전관리대상물의 소방안전관리자의 업무가 소방안전관리대상물의 경우에만 해당하는 경우가 아닌 것은?

① 피난계획에 관한 사항과 대통령령으로 정하는 사항이 포함된 소방계획서의 작성 및 시행
② 자위소방대(自衛消防隊) 및 초기대응체계의 구성·운영·교육
③ 소방훈련 및 교육
④ 피난시설, 방화구획 및 방화시설의 유지·관리

 **TIPS!**

[법 제20조 제6항]
특정소방대상물(소방안전관리대상물은 제외)의 관계인과 소방안전관리대상물의 소방안전관리자의 업무는 다음과 같다. 다만, ㉠·㉡ 및 ㉣의 업무는 소방안전관리대상물의 경우에만 해당한다.
㉠ 피난계획에 관한 사항과 대통령령으로 정하는 사항이 포함된 소방계획서의 작성 및 시행(소방안전관리대상물의 경우에만 해당)
㉡ 자위소방대(自衛消防隊) 및 초기대응체계의 구성·운영·교육(소방안전관리대상물의 경우에만 해당)
㉢ 피난시설, 방화구획 및 방화시설의 유지·관리
㉣ 소방훈련 및 교육(소방안전관리대상물의 경우에만 해당)
㉤ 소방시설이나 그 밖의 소방 관련 시설의 유지·관리
㉥ 화기(火氣) 취급의 감독
㉦ 그 밖에 소방안전관리에 필요한 업무

**23** 다음 중 특정소방대상물의 관계인이 공동 소방안전관리자로 선임해야 하는 곳에 해당하지 않는 것은?

① 지상 11층 건물 ② 소매시장
③ 지하가 ④ 지하2층 지상10층 건물

 **TIPS!**

[제21조(공동 소방안전관리)]
특정소방대상물로서 그 관리의 권원(權原)이 분리되어 있는 것 가운데 소방본부장이나 소방서장이 지정하는 특정소방대상물의 관계인은 행정안전부령으로 정하는 바에 따라 대통령령으로 정하는 자를 공동 소방안전관리자로 선임하여야 한다.
– 고층 건축물(지하층을 제외한 층수가 11층 이상인 건축물만 해당한다)
– 지하가(지하의 인공구조물 안에 설치된 상점 및 사무실, 그 밖에 이와 비슷한 시설이 연속하여 지하도에 접하여 설치된 것과 그 지하도를 합한 것을 말한다)
– 그 밖에 대통령령으로 정하는 특정소방대상물
　㉠ 복합건축물로서 연면적이 5천제곱미터 이상인 것 또는 층수가 5층 이상인 것[시행령 제25조(공동 소방안전관리자 선임대상 특정소방대상물)]
　㉡ 판매시설 중 도매시장 및 소매시장
　㉢ 특정소방대상물 중 소방본부장 또는 소방서장이 지정하는 것

**Answer** 22.④ 23.④

**24** 다음 중 특정소방대상물의 관계인이 소방안전관리자를 30일 이내에 선임 사유와 일자가 바르지 않은 것은?

① 신축 · 증축 · 개축 · 재축 · 대수선 또는 용도변경으로 해당 특정소방대상물의 소방안전관리자를 신규로 선임하여야 하는 경우 : 해당 특정소방대상물의 완공일

② 증축 또는 용도변경으로 인하여 특정소방대상물이 소방안전관리대상물로 된 경우 : 증축공사의 완공일 또는 용도변경 사실을 건축물관리대장에 기재한 날

③ 특정소방대상물의 경우 : 소방본부장 또는 시 · 도지사가 공동 소방안전관리 대상으로 지정한 날

④ 소방안전관리자를 해임한 경우 : 소방안전관리자를 해임한 날

> **TIPS!**
>
> [시행규칙 제14조(소방안전관리자의 선임신고 등)]
> 특정소방대상물의 관계인은 소방안전관리자를 다음에 해당하는 날부터 30일 이내에 선임하여야 한다.
> ⊙ 신축 · 증축 · 개축 · 재축 · 대수선 또는 용도변경으로 해당 특정소방대상물의 소방안전관리자를 신규로 선임하여야 하는 경우 : 해당 특정소방대상물의 완공일(건축물의 경우에는 「건축법」에 따라 건축물을 사용할 수 있게 된 날을 말한다)
> ⓛ 증축 또는 용도변경으로 인하여 특정소방대상물이 소방안전관리대상물로 된 경우 : 증축공사의 완공일 또는 용도변경 사실을 건축물관리대장에 기재한 날
> ⓒ 특정소방대상물을 양수하거나 「민사집행법」에 의한 경매, 「채무자 회생 및 파산에 관한 법률」에 의한 환가, 「국세징수법」 · 「관세법」 또는 「지방세기본법」에 의한 압류재산의 매각 그 밖에 이에 준하는 절차에 의하여 관계인의 권리를 취득한 경우 : 해당 권리를 취득한 날 또는 관할 소방서장으로부터 소방안전관리자 선임 안내를 받은 날. 다만, 새로 권리를 취득한 관계인이 종전의 특정소방대상물의 관계인이 선임신고한 소방안전관리자를 해임하지 아니하는 경우를 제외한다.
> ⓔ 특정소방대상물의 경우 : 소방본부장 또는 소방서장이 공동 소방안전관리 대상으로 지정한 날
> ⓜ 소방안전관리자를 해임한 경우 : 소방안전관리자를 해임한 날
> ⓑ 소방안전관리업무를 대행하는 자를 감독하는 자를 소방안전관리자로 선임한 경우로서 그 업무대행 계약이 해지 또는 종료된 경우 : 소방안전관리업무 대행이 끝난 날

**25** 특정소방대상물의 근무자 및 거주자에 대한 소방훈련과 교육의 횟수는?

① 연1회                ② 연2회

③ 연3회                ④ 연4회

> **TIPS!**
>
> [시행규칙 제15조(특정소방대상물의 근무자 및 거주자에 대한 소방훈련과 교육)]
> 특정소방대상물의 관계인은 소방훈련과 교육을 연 1회 이상 실시하여야 한다. 다만, 소방서장이 화재예방을 위하여 필요하다고 인정하여 2회의 범위 안에서 추가로 실시할 것을 요청하는 경우에는 소방훈련과 교육을 실시하여야 한다.

**Answer** 24.③ 25.①

**26** 특정소방대상물의 근무자 및 거주자에 대한 소방훈련과 교육의 횟수 및 방법에 관한 설명으로 바르지 않은 것은?

① 특정소방대상물의 관계인은 소방훈련과 교육을 연 1회 이상 실시하여야 한다.
② 소방서장은 특급 및 1급 소방안전관리대상물의 관계인으로 하여금 소방훈련을 소방기관과 합동으로 실시하게 할 수 있다.
③ 소방훈련·교육 실시 결과 기록부에 기록하고, 이를 2년간 보관하여야 한다.
④ 교육대상자 및 특정소방대상물의 범위 등에 관하여 필요한 사항은 시·도지사 조례로 정한다.

 **TIPS!**

[제23조 제2호 (특정소방대상물의 관계인에 대한 소방안전교육)]
교육대상자 및 특정소방대상물의 범위 등에 관하여 필요한 사항은 행정안전부령으로 정한다

**27** 소방본부장 또는 소방서장은 소방안전교육을 실시하고자 하는 때에는 교육일시·장소 등 교육에 필요한 사항을 명시하여 통보하여야 한다. 그 통보기일은?

① 교육일 10일전까지 교육대상자에게 통보하여야 한다.
② 교육일 20일전까지 교육대상자에게 통보하여야 한다.
③ 교육일 10일전까지 교육대상기관에게 통보하여야 한다.
④ 교육일 20일전까지 교육대상기관에게 통보하여야 한다.

 **TIPS!**

[시행규칙 제16조(소방안전교육 대상자 등)]
소방본부장 또는 소방서장은 소방안전교육을 실시하고자 하는 때에는 교육일시·장소 등 교육에 필요한 사항을 명시하여 교육일 10일전까지 교육대상자에게 통보하여야 한다.

Answer 26.④ 27.①

**28** 공공기관의 소방안전관리 대상이라 보기 어려운 곳은?

① 지방자치단체

② 국공립학교

③ 사립학교법에 따라 사립학교

④ 지방공기업법에 따라 설립된 지방공사

 TIPS!

[제24조(공공기관의 소방안전관리)]

– 국가, 지방자치단체, 국공립학교 등 대통령령으로 정하는 공공기관의 장은 소관 기관의 근무자 등의 생명·신체와 건축물·인공구조물 및 물품 등을 화재로부터 보호하기 위하여 화재 예방, 자위소방대의 조직 및 편성, 소방시설의 자체점검과 소방훈련 등의 소방안전관리를 하여야 한다.
  ㉠ 국가 및 지방자치단체
  ㉡ 국공립학교
  ㉢ 「공공기관의 운영에 관한 법률」에 따른 공공기관
  ㉣ 「지방공기업법」에 따라 설립된 지방공사 또는 지방공단

**29** 소방안전관리대상물의 관계인은 종합정밀점검을 실시한 경우 그 결과를 적은 조합정밀점검 실시 보고서를 소방본부장 또는 소방서장에게 해야 한다. 그 보고서의 제출 기간은?

① 10일

② 20일

③ 30일

④ 60일

TIPS!

[시행규칙 제19조(점검결과보고서의 제출)]

소방안전관리대상물의 관계인 및 「공공기관의 소방안전관리에 관한 규정」에 따라 소방안전관리자를 선임하여야 하는 공공기관의 장은 종합정밀점검을 실시한 경우 30일 이내에 그 결과를 적은 소방시설등 종합정밀점검 실시 결과 보고서에 소방청장이 정하여 고시하는 소방시설등점검표를 첨부하여 소방본부장 또는 소방서장에게 제출하여야 한다.

Answer 28.③ 29.③

**30** 다음 중 소방시설관리사에 대한 설명으로 바르지 않은 것은?

① 소방시설관리사가 되려는 사람은 소방청장이 실시하는 관리사시험에 합격하여야 한다.

② 관리사는 소방시설관리사증을 다른 자에게 빌려주어서는 아니 된다.

③ 관리사는 동시에 둘 이상의 업체에 취업하여서는 아니 된다.

④ 기술자격자 인력으로 등록된 관리사는 성실하게 외부점검 업무를 수행하여야 한다.

> **TIPS!**
>
> [제26조(소방시설관리사)]
> - 소방시설관리사(관리사)가 되려는 사람은 소방청장이 실시하는 관리사시험에 합격하여야 한다.
> - 관리사시험의 응시자격, 시험 방법, 시험 과목, 시험 위원, 그 밖에 관리사시험에 필요한 사항은 대통령령으로 정한다.
> - 소방기술사 등 대통령령으로 정하는 사람에 대하여는 관리사시험 과목 가운데 일부를 면제할 수 있다.
> - 소방청장은 관리사시험에 합격한 사람에게는 행정안전부령으로 정하는 바에 따라 소방시설관리사증을 발급하여야 한다.
> - 소방시설관리사증을 발급받은 사람은 소방시설관리사증을 잃어버렸거나 못 쓰게 된 경우에는 행정안전부령으로 정하는 바에 따라 소방시설관리사증을 재발급받을 수 있다.
> - 관리사는 소방시설관리사증을 다른 자에게 빌려주어서는 아니 된다.
> - 관리사는 동시에 둘 이상의 업체에 취업하여서는 아니 된다.
> - 기술자격자 및 관리업의 기술 인력으로 등록된 관리사는 성실하게 자체점검 업무를 수행하여야 한다.

**31** 다음 중 소방시설관리사의 자격 취소 사유인 것은?

① 소방시설관리사증을 다른 자에게 빌려준 경우

② 소방안전관리 업무를 하지 아니하거나 거짓으로 한 경우

③ 성실하게 자체점검 업무를 수행하지 아니한 경우

④ 점검을 하지 아니하거나 거짓으로 한 경우

> **TIPS!**
>
> [제28조(자격의 취소·정지)]
> 소방청장은 관리사가 다음에 해당할 때에는 행정안전부령으로 정하는 바에 따라 그 자격을 취소하거나 2년 이내의 기간을 정하여 그 자격의 정지를 명할 수 있다.
> ㉠ 거짓이나 그 밖의 부정한 방법으로 시험에 합격한 경우(취소사유)
> ㉡ 소방안전관리 업무를 하지 아니하거나 거짓으로 한 경우
> ㉢ 점검을 하지 아니하거나 거짓으로 한 경우
> ㉣ 소방시설관리사증을 다른 자에게 빌려준 경우(취소사유)
> ㉤ 동시에 둘 이상의 업체에 취업한 경우(취소사유)
> ㉥ 성실하게 자체점검 업무를 수행하지 아니한 경우
> ㉦ 피성년후견인, 소방관계법률 등의 위반으로 금고이상의 형을 받고 집행이 완료되거나 면제 된지 2년이 지나지 않았거나 집행유예의 기간중의 어느 하나에 따른 결격사유에 해당하게 된 경우(취소사유)

**Answer** 30.④ 31.①

**32** 소방시설관리업의 등록은 누구에게 하는가?

① 소방서장

② 소방청장

③ 시·도지사

④ 행정안전부장관

> **TIPS!**
>
> [제29조(소방시설관리업의 등록 등)]
> 소방안전관리 업무의 대행 또는 소방시설등의 점검 및 유지·관리의 업을 하려는 자는 시·도지사에게 소방시설관리업의 등록을 하여야 한다.

Answer 32.③

**33** 다음 중 시·도지사가 소방시설관리업의 등록 대상에서 제외해야 하는 사유로 바르지 않은 것은?

① 소방시설관리업을 등록하려는 자가 피성년후견인인 경우
② 소방시설관리업을 등록하려는 자가 소방관계법률 등의 위반으로 금고 이상의 형을 받고 집행유예 기간 중인 경우
③ 소방시설관리업을 등록하려는 자가 소방관계법률 등의 위반으로 금고 이상의 형을 받고 집행을 마치고 2년 이상 경과된 경우
④ 소방시설관리업을 등록하려는 자가 소방관계법률 등의 위반으로 금고 이상의 형을 받고 집행의 면제를 받은 날로부터 2년 미만인 경우

> **TIPS!**
>
> [시행령 제36조(소방시설관리업의 등록기준)]
> ㉠ 등록기준에 적합하지 아니한 경우
> ㉡ 등록을 신청한 자가 피성년후견인, 소방관계법률 등의 위반으로 금고이상의 형을 받고 집행이 완료되거나 면제 된지 2년이 지나지 않았거나 집행유예의 기간중의 어느 하나에 따른 결격사유 중 어느 하나에 해당하는 경우
> ㉢ 그 밖에 이 법 또는 다른 법령에 따른 제한에 위배되는 경우

**Answer** 33.④

PART

# 03

# 소방시설공사업법

# 01 총칙

## 1. 소방시설공사업법의 목적 [제1조(목적)]

소방시설공사업법은 소방시설공사 및 소방기술의 관리에 필요한 사항을 규정함으로써 소방시설업을 건전하게 발전시키고 소방기술을 진흥시켜 화재로부터 공공의 안전을 확보하고 국민경제에 이바지함을 목적으로 한다.

## 2. 용어의 정의 [제2조(정의)]

### (1) 용어의 뜻

1) 소방시설업이란 다음의 영업을 말한다.

① **소방시설설계업** … 소방시설공사에 기본이 되는 공사계획, 설계도면, 설계 설명서, 기술계산서 및 이와 관련된 서류(설계도)를 작성(설계)하는 영업

② **소방시설공사업** … 설계도서에 따라 소방시설을 신설, 증설, 개설, 이전 및 정비(시공)하는 영업

③ **소방공사감리업** … 소방시설공사에 관한 발주자의 권한을 대행하여 소방시설공사가 설계도서와 관계 법령에 따라 적법하게 시공되는지를 확인하고, 품질·시공 관리에 대한 기술지도를 하는(감리) 영업

④ **방염처리업** … 「소방시설 설치·유지 및 안전관리에 관한 법률」에 따른 방염대상물품에 대하여 방염 처리하는 영업

2) 소방시설업자란 소방시설업을 경영하기 위하여 소방시설업을 등록한 자를 말한다.

3) 감리원이란 소방공사감리업자에 소속된 소방기술자로서 해당 소방시설공사를 감리하는 사람을 말한다.

4) 소방기술자란 소방기술 경력 등을 인정받은 사람과 다음의 어느 하나에 해당하는 사람으로서 소방시설업과 「소방시설설치유지 및 안전관리에 관한 법률」에 따른 소방시설관리업의 기술인력으로 등록된 사람을 말한다.

① 「소방시설설치유지 및 안전관리에 관한 법률」에 따른 소방시설관리사

② 국가기술자격 법령에 따른 소방기술사, 소방설비기사, 소방설비산업기사, 위험물기능장, 위험물산업기사, 위험물기능사

5) 발주자란 소방시설의 설계, 시공, 감리 및 방염(소방시설공사등)을 소방시설업자에게 도급하는 자를 말한다. 다만, 수급인으로서 도급받은 공사를 하도급하는 자는 제외한다.

(2) 소방시설공사업법에서 사용하는 용어의 뜻은 소방시설업에 관해서 규정하는 것을 제외하고는 「소방기본법」, 「소방시설설치유지 및 안전관리에 관한 법률」, 「위험물안전관리법」 및 「건설산업기본법」에서 정하는 바에 따른다.

### 3. 공사 관련 주체의 의무 [법 제2조의2(소방시설공사등 관련 주체의 책무)]

(1) 소방청장은 소방시설공사등의 품질과 안전이 확보되도록 소방시설공사등에 관한 기준 등을 정하여 보급하여야 한다.

(2) 발주자는 소방시설이 공공의 안전과 복리에 적합하게 시공되도록 공정한 기준과 절차에 따라 능력 있는 소방시설업자를 선정하여야 하고, 소방시설공사등이 적정하게 수행되도록 노력하여야 한다.

(3) 소방시설업자는 소방시설공사등의 품질과 안전이 확보되도록 소방시설공사등에 관한 법령을 준수하고, 설계도서·시방서(示方書) 및 도급계약의 내용 등에 따라 성실하게 소방시설공사등을 수행하여야 한다.

### 4. 다른 법률과의 관계 [제3조(다른 법률과의 관계)]

소방시설공사 및 소방기술의 관리에 관하여 이 법에서 규정하지 아니한 사항에 대하여는 「소방시설설치유지 및 안전관리에 관한 법률」과 「위험물안전관리법」을 적용한다.

# 소방시설업

## 1. 소방시설업의 등록 [제4조(소방시설업의 등록)]

**(1)** 특정소방대상물의 소방시설공사등을 하려는 자는 업종별로 자본금(개인인 경우에는 자산 평가액을 말한다), 기술인력 등 대통령령으로 정하는 요건을 갖추어 특별시장·광역시장·특별자치시장·도지사 또는 특별자치도지사에게 소방시설업을 등록하여야 한다.(소방시설업의 등록기준 및 영업범위 [시행령 제2조(소방시설업의 등록기준 및 영업범위)])

1) 「소방시설공사업법」에 따른 소방시설업의 업종별 등록기준 및 영업범위

2) 소방시설공사업의 등록을 하려는 자는 별표 1의 기준을 갖추어 소방청장이 지정하는 금융회사 또는 「소방산업의 진흥에 관한 법률」에 따른 소방산업공제조합이 자본금 기준금액의 100분의 20 이상에 해당하는 금액의 담보를 제공받거나 현금의 예치 또는 출자를 받은 사실을 증명하여 발행하는 확인서를 특별시장·광역시장·특별자치시장·도지사 또는 특별자치도지사에게 제출하여야 한다.

3) 시·도지사는 소방시설업의 등록요건에 따른 등록신청이 다음의 어느 하나에 해당되는 경우를 제외하고는 등록을 해주어야 한다.

① 등록기준을 갖추지 못한 경우

② 확인서를 제출하지 아니한 경우

③ 등록을 신청한 자가 등록의 결격사유에 해당하는 경우

③ 그 밖에 법, 이 영 또는 다른 법령에 따른 제한에 위반되는 경우

**(2)** 소방시설업의 업종별 영업범위는 대통령령으로 정한다.(소방시설업의 등록 및 영업 [시행규칙 제2조(소방시설업의 등록기준 및 영업범위)])

1) 「소방시설공사업법」에 따른 소방시설업의 업종별 등록기준 및 영업범위는 별표 1과 같다.

[별표 1]

소방시설업의 업종별 등록기준 및 영업범위(시행규칙 제2조제1항 관련)

- 소방시설 설계업

| | | 기술인력 | 영업범위 |
|---|---|---|---|
| 전문소방시설<br>설계업 | | 가. 주된 기술인력 : 소방기술사 1명 이상<br>나. 보조기술인력 : 1명 이상 | 모든 특정소방대상물에 설치되는 소방시설의 설계 |
| 일반<br>소방<br>시설<br>설계업 | 기계<br>분야 | 가. 주된 기술인력 : 소방기술사 또는 기계분야 소방설비기사 1명 이상<br>나. 보조기술인력 : 1명 이상 | 가. 아파트에 설치되는 기계분야 소방시설(제연설비는 제외한다)의 설계<br>나. 연면적 3만제곱미터(공장의 경우에는 1만제곱미터) 미만의 특정소방대상물(제연설비가 설치되는 특정소방대상물은 제외한다)에 설치되는 기계분야 소방시설의 설계<br>다. 위험물제조소등에 설치되는 기계분야 소방시설의 설계 |
| | 전기<br>분야 | 가. 주된 기술인력 : 소방기술사 또는 전기분야 소방설비기사 1명 이상<br>나. 보조기술인력: 1명 이상 | 가. 아파트에 설치되는 전기분야 소방시설의 설계<br>나. 연면적 3만제곱미터(공장의 경우에는 1만제곱미터) 미만의 특정소방대상물에 설치되는 전기분야 소방시설의 설계<br>다. 위험물제조소등에 설치되는 전기분야 소방시설의 설계 |

※ 비고

1. 위 표의 일반 소방시설설계업에서 기계분야 및 전기분야의 대상이 되는 소방시설의 범위는 다음과 같다.
   가. 기계분야
      1) 소화기구, 옥내소화전설비, 스프링클러설비, 간이스프링클러설비, 물분무등소화설비, 옥외소화전설비, 피난기구, 상수도소화용수설비, 소화수조, 저수조, 제연설비, 연결송수관설비, 연결살수설비 및 연소방지설비
      2) 기계분야 소방시설에 부설되는 전기시설. 다만, 비상전원, 동력회로, 제어회로, 기계분야 소방시설을 작동하기 위하여 설치하는 화재감지기에 의한 화재감지장치 및 전기신호에 의한 소방시설의 작동장치는 제외한다.
   나. 전기분야
      1) 비상경보설비, 비상방송설비, 누전경보기, 자동화재탐지설비, 시각경보기, 자동화재속보설비, 가스누설경보기, 통합감시시설, 유도등, 유도표지, 비상조명등, 휴대용비상조명등, 비상콘센트설비 및 무선통신보조설비
      2) 기계분야 소방시설에 부설되는 전기시설 중 가목2) 단서의 전기시설
2. 일반 소방시설설계업의 기계분야 및 전기분야를 함께 하는 경우 주된 기술인력은 소방기술사 1명 또는 기계분야 소방설비기사와 전기분야 소방설비기사 자격을 함께 취득한 사람 1명 이상으로 할 수 있다.

3. 소방시설설계업을 하려는 자가 소방시설공사업, 「소방시설 설치·유지 및 안전관리에 관한 법률」 제29조에 따른 소방시설관리업(이하 "소방시설관리업"이라 한다) 또는 「다중이용업소의 안전관리에 관한 특별법」 제16조에 따른 화재위험평가 대행 업무(이하 "화재위험평가 대행업"이라 한다) 중 어느 하나를 함께 하려는 경우 소방시설공사업, 소방시설관리업 또는 화재위험평가 대행업 기술인력으로 등록된 기술인력은 다음 각 목의 기준에 따라 소방시설설계업 등록 시 갖추어야 하는 해당 자격을 가진 기술인력으로 볼 수 있다.

가. 전문 소방시설설계업과 소방시설관리업을 함께 하는 경우 : 소방기술사 자격과 소방시설관리사 자격을 함께 취득한 사람

나. 전문 소방시설설계업과 전문 소방시설공사업을 함께 하는 경우 : 소방기술사 자격을 취득한 사람

다. 전문 소방시설설계업과 화재위험평가 대행업을 함께 하는 경우 : 소방기술사 자격을 취득한 사람

라. 일반 소방시설설계업과 소방시설관리업을 함께 하는 경우 다음의 어느 하나에 해당하는 사람

  1) 소방기술사 자격과 소방시설관리사 자격을 함께 취득한 사람

  2) 기계분야 소방설비기사 또는 전기분야 소방설비기사 자격을 취득한 사람 중 소방시설관리사 자격을 취득한 사람

마. 일반 소방시설설계업과 일반 소방시설공사업을 함께 하는 경우 : 소방기술사 자격을 취득하거나 기계분야 또는 전기분야 소방설비기사 자격을 취득한 사람

바. 일반 소방시설설계업과 전문 소방시설공사업을 함께 하는 경우 : 소방기술사 자격을 취득하거나 기계분야 및 전기분야 소방설비기사 자격을 함께 취득한 사람

사. 전문 소방시설설계업과 일반 소방시설공사업을 함께하는 경우 : 소방기술사 자격을 취득한 사람

4. "보조기술인력"이란 다음 각 목의 어느 하나에 해당하는 사람을 말한다.

가. 소방기술사, 소방설비기사 또는 소방설비산업기사 자격을 취득한 사람

나. 소방공무원으로 재직한 경력이 3년 이상인 사람으로서 자격수첩을 발급받은 사람

다. 행정안전부령으로 정하는 소방기술과 관련된 자격·경력 및 학력을 갖춘 사람으로서 자격수첩을 발급받은 사람

5. 다음의 어느 하나에 해당하는 자가 소방시설설계업을 등록하는 경우 「엔지니어링산업 진흥법」, 「건축사법」, 「기술사법」 및 「전력기술관리법」에 따른 신고 또는 등록기준을 충족하는 기술인력을 확보한 경우로서 해당 기술인력이 위 표의 기술인력(주된 기술인력만 해당한다)의 기준을 충족하는 경우에는 위 표의 등록기준을 충족한 것으로 본다.

가. 「엔지니어링산업 진흥법」에 따라 엔지니어링사업자 신고를 한 자

나. 「건축사법」에 따른 건축사업무신고를 한 자

다. 「기술사법」에 따른 기술사사무소 등록을 한 자

라. 「전력기술관리법」에 따른 설계업 등록을 한 자

6. 가스계소화설비의 경우에는 해당 설비의 설계프로그램 제조사가 참여하여 설계(변경을 포함)할 수 있다.

2) 소방시설공사업의 등록을 하려는 자는 별표 1의 기준을 갖추어 소방청장이 지정하는 금융회사 또는 「소방산업의 진흥에 관한 법률」에 따른 소방산업공제조합이 자본금 기준금액의 100분의 20 이상에 해당하는 금액의 담보를 제공받거나 현금의 예치 또는 출자를 받은 사실을 증명하여 발행하는 확인서를 특별시장·광역시장·특별자치시장·도지사 또는 특별자치도지사에게 제출하여야 한다.

- 소방시설공사업

| | | 기술인력 | 자본금(자산평가액) | 영업범위 |
|---|---|---|---|---|
| 전문 소방시설 공사업 | | 가. 주된 기술인력 : 소방기술사 또는 기계분야와 전기분야의 소방설비기사 각 1명(기계분야 및 전기분야의 자격을 함께 취득한 사람 1명) 이상<br>나. 보조기술인력 : 2명 이상 | 가. 법인 : 1억원 이상<br>나. 개인 : 자산평가액 1억원 이상 | 특정소방대상물에 설치되는 기계분야 및 전기분야 소방시설의 공사 · 개설 · 이전 및 정비 |
| 일반 소방 시설 공사업 | 기계 분야 | 가. 주된 기술인력 : 소방기술사 또는 기계분야 소방설비기사 1명 이상<br>나. 보조기술인력 : 1명 이상 | 가. 법인 : 1억원 이상<br>나. 개인 : 자산평가액 1억원 이상 | 가. 연면적 1만제곱미터 미만의 특정소방대상물에 설치되는 기계분야 소방시설의 공사 · 개설 · 이전 및 정비<br>나. 위험물제조소등에 설치되는 기계분야 소방시설의 공사 · 개설 · 이전 및 정비 |
| 일반 소방 시설 공사업 | 전기 분야 | 가. 주된 기술인력 : 소방기술사 또는 전기분야 소방설비 기사 1명 이상<br>나. 보조기술인력 : 1명 이상 | 가. 법인 : 1억원 이상<br>나. 개인 : 자산평가액 1억원 이상 | 가. 연면적 1만제곱미터 미만의 특정소방대상물에 설치되는 전기분야 소방시설의 공사 · 개설 · 이전 · 정비<br>나. 위험물제조소등에 설치되는 전기분야 소방시설의 공사 · 개설 · 이전 · 정비 |

※ 비고
1. 위 표의 일반 소방시설공사업에서 기계분야 및 전기분야의 대상이 되는 소방시설의 범위는 소방시설설계업의 등록기준 및 영업범위의 비고란 제1호 각 목과 같다.
2. 기계분야 및 전기분야의 일반 소방시설공사업을 함께 하는 경우 주된 기술인력은 소방기술사 1명 또는 기계분야 및 전기분야의 자격을 함께 취득한 소방설비기사 1명으로 한다.
3. 자본금(자산평가액)은 해당 소방시설공사업의 최근 결산일 현재(새로 등록한 자는 등록을 위한 기업진단기준일 현재)의 총자산에서 총부채를 뺀 금액을 말하고, 소방시설공사업 외의 다른 업(業)을 함께 하는 경우에는 자본금에서 겸업 비율에 해당하는 금액을 뺀 금액을 말한다.

4. "보조기술인력"이란 소방시설설계업의 등록기준 및 영업범위의 비고란 제4호 각 목의 어느 하나에 해당하는 사람을 말한다.

5. 소방시설공사업을 하려는 자가 소방시설설계업 또는 소방시설관리업 중 어느 하나를 함께 하려는 경우 소방시설설계업 또는 소방시설관리업 기술인력으로 등록된 기술인력은 다음 각 목의 기준에 따라 소방시설공사업 등록 시 갖추어야 하는 해당 자격을 가진 기술인력으로 볼 수 있다.

가. 전문 소방시설공사업과 전문 소방시설설계업을 함께 하는 경우: 소방기술사 자격을 취득한 사람

나. 전문 소방시설공사업과 일반 소방시설설계업을 함께 하는 경우: 소방기술사 자격을 취득하거나 기분야 및 전기분야 소방설비기사 자격을 함께 취득한 사람

다. 일반 소방시설공사업과 전문 소방시설설계업을 함께 하는 경우: 소방기술사 자격을 취득한 사람

라. 일반 소방시설공사업과 일반 소방시설설계업을 함께 하는 경우: 소방기술사 자격을 취득하거나 기계분야 또는 전기분야 소방설비기사 자격을 취득한 사람

마. 전문 소방시설공사업과 소방시설관리업을 함께 하는 경우: 소방시설관리사와 소방설비기사(기계분야 및 전기분야의 자격을 함께 취득한 사람) 또는 소방기술사 자격을 함께 취득한 사람

바. 일반 소방시설공사업 기계분야와 소방시설관리업을 함께 하는 경우: 소방기술사 또는 기계분야 소방설비기사와 소방시설관리사 자격을 함께 취득한 사람

사. 일반 소방시설공사업 전기분야와 소방시설관리업을 함께 하는 경우: 소방기술사 또는 전기분야 소방설비기사와 소방시설관리사 자격을 함께 취득한 사람

6. "개설"이란 이미 특정소방대상물에 설치된 소방시설 등의 전부 또는 일부를 철거하고 새로 설치하는 것을 말한다.

7. "이전"이란 이미 설치된 소방시설 등을 현재 설치된 장소에서 다른 장소로 옮겨 설치하는 것을 말한다.

8. "정비"란 이미 설치된 소방시설 등을 구성하고 있는 기계·기구를 교체하거나 보수하는 것을 말한다.

- 소방공사감리업

| | 기술인력 | 영업범위 |
|---|---|---|
| 전문 소방공사 감리업 | 가. 소방기술사 1명 이상<br>나. 기계분야 및 전기분야의 특급 감리원 각 1명(기계분야 및 전기분야의 자격을 함께 가지고 있는 사람이 있는 경우에는 그에 해당하는 사람 1명. 이하 다목부터 마목까지에서 같다) 이상<br>다. 기계분야 및 전기분야의 고급 감리원 이상의 감리원 각 1명 이상<br>라. 기계분야 및 전기분야의 중급 감리원 이상의 감리원 각 1명 이상<br>마. 기계분야 및 전기분야의 초급 감리원 이상의 감리원 각 1명 이상 | 모든 특정소방대상물에 설치되는 소방시설 공사 감리 |

| | | | |
|---|---|---|---|
| 일반 소방 공사 감리업 | 기계 분야 | 가. 기계분야 특급 감리원 1명 이상<br>나. 기계분야 고급 감리원 또는 중급 감리원 이상의 감리원 1명 이상<br>다. 기계분야 초급 감리원 이상의 감리원 1명 이상 | 가. 연면적 3만제곱미터(공장의 경우에는 1만제곱미터) 미만의 특정소방대상물(제연설비가 설치되는 특정소방대상물은 제외한다)에 설치되는 기계분야 소방시설의 감리<br>나. 아파트에 설치되는 기계분야 소방시설(제연설비는 제외한다)의 감리<br>다. 위험물제조소등에 설치되는 기계분야 소방시설의 감리 |
| | 전기 분야 | 가. 전기분야 특급 감리원 1명 이상<br>나. 전기분야 고급 감리원 또는 중급 감리원 이상의 감리원 1명 이상<br>다. 전기분야 초급 감리원 이상의 감리원 1명 이상 | 가. 연면적 3만제곱미터(공장의 경우에는 1만제곱미터) 미만의 특정소방대상물에 설치되는 전기분야 소방시설의 감리<br>나. 아파트에 설치되는 전기분야 소방시설의 감리<br>다. 위험물제조소등에 설치되는 전기분야 소방시설의 감리 |

※ 비고

1. 위 표의 일반 소방공사감리업에서 기계분야 및 전기분야의 대상이 되는 소방시설의 범위는 다음과 같다.

　가. 기계분야

　　1) 소화기구, 옥내소화전설비, 스프링클러설비, 간이스프링클러설비, 물분무등소화설비, 옥외소화전설비, 피난기구, 상수도소화용수설비, 소화수조, 저수조, 제연설비, 연결송수관설비, 연결살수설비 및 연소방지설비

　　2) 기계분야 소방시설에 부설되는 전기시설. 다만, 비상전원, 동력회로, 제어회로, 기계분야 소방시설을 작동하기 위하여 설치하는 화재감지기에 의한 화재감지장치 및 전기신호에 의한 소방시설의 작동장치는 제외한다.

　　3) 실내장식물 및 방염대상물품

　나. 전기분야

　　1) 비상경보설비, 비상방송설비, 누전경보기, 자동화재탐지설비, 시각경보기, 자동화재속보설비, 가스누설경보기, 통합감시시설, 유도등, 유도표지, 비상조명등, 휴대용비상조명등, 비상콘센트설비 및 무선통신보조설비

　　2) 기계분야 소방시설에 부설되는 전기시설 중 가목2) 단서의 전기시설

2. 위 표에서 "특급 감리원", "고급 감리원", "중급 감리원" 및 "초급 감리원"은 행정안전부령으로 정하는 소방기술과 관련된 자격·경력 및 학력을 갖춘 사람으로서 소방공사감리원의 기술등급 자격에 따른 경력수첩을 발급받은 사람을 말한다.

3. 일반 소방공사감리업의 기계분야 및 전기분야를 함께 하는 경우 기계분야 및 전기분야의 자격을 함께 취득한 감리원 각 1명 이상 또는 기계분야 및 전기분야 일반 소방공사감리업의 등록기준 중 각각의 분야에 해당하는 기술인력을 두어야 한다.

4. 소방공사감리업을 하려는 자가 「엔지니어링산업 진흥법」에 따른 엔지니어링사업, 「건축사법」에 따른 건축사사무소 운영, 「건설기술 진흥법」에 따른 건설기술용역업, 「전력기술관리법」에 따른 전력시설물공사감리업, 「기술사법」에 따른 기술사사무소 운영 또는 화재위험평가 대행업(이하 "엔지니어링사업등"이라 한다) 중 어느 하나를 함께 하려는 경우 엔지니어링사업 등의 보유 기술인력으로 신고나 등록된 소방기술사는 전문 소방공사감리업 등록 시 갖추어야 하는 기술인력으로 볼 수 있고, 특급 감리원은 일반 소방공사감리업의 등록 시 갖추어야 하는 기술인력으로 볼 수 있다.

5. 기술인력 등록기준에서 기준등급보다 초과하여 상위등급의 기술인력을 보유하고 있는 경우 기준등급을 보유한 것으로 간주한다.

- 방염처리업

| | 실험실 | 방염처리시설 및 시험기기 | 영업범위 |
|---|---|---|---|
| 섬유류 방염업 | 1개 이상 갖출 것 | 부표에 따른 섬유류 방염업의 방염처리시설 및 시험기기를 모두 갖추어야 한다. | 커튼·카펫 등 섬유류를 주된 원료로 하는 방염대상물품을 제조 또는 가공 공정에서 방염처리 |
| 합성수지류 방염업 | | 부표에 따른 합성수지류 방염업의 방염처리시설 및 시험기기를 모두 갖추어야 한다. | 합성수지류를 주된 원료로 하는 방염대상물품을 제조 또는 가공 공정에서 방염처리 |
| 합판·목재류 방염업 | | 부표에 따른 합판·목재류 방염업의 방염처리시설 및 시험기기를 모두 갖추어야 한다. | 합판 또는 목재류를 제조·가공 공정 또는 설치 현장에서 방염처리 |

- 방염처리업의 방염처리시설 및 시험기기 기준

| | 방염처리시설 | 시험기기 |
|---|---|---|
| 섬유류 방염업 | 1. 커튼 등 섬유류(벽포지를 포함한다)를 방염처리하는 시설: 200℃ 이상의 온도로 1분 이상 열처리가 가능한 가공기를 갖출 것<br>2. 카펫을 방염처리하는 시설: 다음 중 하나 이상의 설비를 갖출 것<br>가. 카펫의 라텍스 코팅설비<br>나. 카펫 직조설비<br>다. 타일카펫 가공설비 | 1. 다음의 어느 하나에 해당하는 연소시험기 1개 이상<br>가. 카펫 방염처리업: 연소시험함, 에어믹스버너, 가열시간계, 잔염시간계, 가스압력계, 전기불꽃발생장치가 부착된 연소시험기<br>나. 그 밖의 방염처리업: 연소시험함, 마이크로버너, 맥켈버너, 가열시간계, 잔염시간계, 잔신시간계, 착염후초가열시간계, 전기불꽃발생장치가 부착된 연소시험기<br>2. 항온기 1개 이상: 열풍순환식으로서 상온부터 107℃ 이상으로 온도조절이 가능하고, 최소눈금이 1℃ 이하일 것<br>3. 데시케이터 1개 이상: 지름이 36cm 이상일 것<br>4. 세탁기 1대 이상(커튼만 해당한다): 커튼의 방염성능시험에 적합할 것<br>5. 건조기 1대 이상(커튼만 해당한다): 커튼의 방염성능시험에 적합할 것<br>6. 카펫세탁기 1대 이상(카펫만 해당한다): 카펫의 방염성능시험에 적합할 것 |

| 합성수지류<br>방염업 | 다음 중 하나 이상의 설비를 갖출 것<br>1. 제조설비<br>2. 가공설비<br>3. 성형설비 | 섬유류 방염업과 같음 |
|---|---|---|
| 합판·목재<br>류<br>방염업 | 1. 섬유판 외의 합판·목재류를 방염<br>처리하는 경우: 다음 중 하나 이상<br>의 설비를 갖출 것<br>가. 합판의 제조설비<br>나. 감압설비(300mmHg 이하) 및<br>가압설비(7kg/㎠ 이상)<br>다. 합판·목재 도장설비<br>2. 섬유판을 방염처리하는 경우: 제조<br>설비 또는 가공설비를 갖출 것 | 1. 연소시험기: 방염성능시험에 적합하도록<br>연소시험함, 마이크로버너, 맥켈버너, 가<br>열시간계, 잔염시간계, 잔신시간계, 착염<br>후초가열시간계, 전기불꽃발생장치가 부<br>착되어 있는 것<br>2. 항온기: 열풍순환식이며 상온부터 42℃<br>이상으로 온도조절이 가능하고, 최소눈금<br>이 1℃ 이하일 것<br>3. 데시케이터: 지름이 36cm 이상일 것 |

※ 비고
1. 둘 이상의 방염업을 함께 하는 경우 갖추어야 하는 실험실은 1개 이상으로 한다.
2. 둘 이상의 방염업을 함께 하는 경우 같은 업종 간에 중복되는 방염처리시설 및 시험기기는 중복하여 갖추지 아니할 수 있다.

3) 시·도지사는 소방시설공사업법에 따른 등록신청이 다음의 어느 하나에 해당되는 경우를 제외하고는 등록을 해주어야 한다.

① 등록기준을 갖추지 못한 경우

② 등록기준에 따른 확인서를 제출하지 아니한 경우

③ 등록을 신청한 자가 소방시설공사업법 상 등록의 결격사유의 어느 하나에 해당하는 경우

④ 그 밖에 법, 이 영 또는 다른 법령에 따른 제한에 위반되는 경우

(3) 소방시설업의 등록신청과 등록증·등록수첩의 발급·재발급 신청, 그 밖에 소방시설업 등록에 필요한 사항은 행정안전부령으로 정한다.(소방시설업의 등록 신청 [시행규칙 제2조(소방시설업의 등록신청)])

1) 「소방시설공사업법」에 따라 소방시설업을 등록하려는 자는 소방시설업 등록신청서(전자문서로 된 소방시설업 등록신청서를 포함)에 다음의 서류(전자문서를 포함)를 첨부하여 「소방시설공사업법 시행령」에 따라 소방시설업자협회에 제출하여야 한다. 다만, 「전자정부법」에 따른 행정정보의 공동이용을 통하여 첨부서류에 대한 정보를 확인할 수 있는 경우에는 그 확인으로 첨부서류를 갈음할 수 있다.

① 신청인(외국인을 포함하되, 법인의 경우에는 대표자를 포함한 임원을 말한다)의 성명, 주민등록번호 및 주소지 등의 인적사항이 적힌 서류

② 등록기준 중 기술인력에 관한 사항을 확인할 수 있는 기술인력 증빙서류

　　㉠ 국가기술자격증

　　㉡ 소방기술 인정 자격수첩 또는 소방기술자 경력수첩

③ 소방청장이 지정하는 금융회사 또는 소방산업공제조합에 출자·예치·담보한 금액 확인서 1부(소방시설공사업만 해당). 다만, 소방청장이 지정하는 금융회사 또는 소방산업공제조합에 해당 금액을 확인할 수 있는 경우에는 그 확인으로 갈음할 수 있다.

④ 다음의 어느 하나에 해당하는 자가 신청일 전 최근 90일 이내에 작성한 자산평가액 또는 소방청장이 정하여 고시하는 바에 따라 작성된 기업진단 보고서(소방시설공사업만 해당한다)

　　㉠ 「공인회계사법」에 따라 금융위원회에 등록한 공인회계사

　　㉡ 「세무사법」에 따라 기획재정부에 등록한 세무사

　　㉢ 「건설산업기본법」에 따른 전문경영진단기관

⑤ 신청인(법인인 경우에는 대표자)이 외국인인 경우에는 등록결격사유의 어느 하나에 해당하는 사유와 같거나 비슷한 사유에 해당하지 아니함을 확인할 수 있는 서류로서 다음의 어느 하나에 해당하는 서류

　　㉠ 해당 국가의 정부나 공증인(법률에 따른 공증인의 자격을 가진 자만 해당한다), 그 밖의 권한이 있는 기관이 발행한 서류로서 해당 국가에 주재하는 우리나라 영사가 확인한 서류

　　㉡ 「외국공문서에 대한 인증의 요구를 폐지하는 협약」을 체결한 국가의 경우에는 해당 국가의 정부나 공증인(법률에 따른 공증인의 자격을 가진 자만 해당한다), 그 밖의 권한이 있는 기관이 발행한 서류로서 해당 국가의 아포스티유(Apostille) 확인서 발급 권한이 있는 기관이 그 확인서를 발급한 서류

> **◆POINT** 아포스티유(Apostille)
> 협약에 따라 문서의 관인이나 서명을 대조하여 진위를 확인하고 발급하는 것을 가리켜 아포스티유라고 한다. 외국에서 발행한 문서를 인정받기 위해, 문서를 국외에서 사용하기 위해 확인을 받는 것을 아포스티유 확인이라 한다. 아포스티유가 부착된 공문서는 아포스티유 협약 가입국에서 공문서로서 효력을 갖게 된다.

2) 신청서류는 업종별로 제출하여야 한다.

3) 등록신청을 받은 협회는 「전자정부법」에 따른 행정정보의 공동이용을 통하여 다음의 서류를 확인하여야 한다. 다만, 신청인이 서류의 확인에 동의하지 아니하는 경우에는 해당 서류를 제출하도록 하여야 한다.

① 법인등기사항 전부증명서(법인인 경우만 해당한다)

② 사업자등록증(개인인 경우만 해당한다)

③ 「출입국관리법」에 따른 외국인등록 사실증명(외국인인 경우만 해당한다)

④ 「국민연금법」에 따른 국민연금가입자 증명서 또는 「국민건강보험법」에 따라 건강보험의 가입자로서 자격을 취득하고 있다는 사실을 확인할 수 있는 증명서(건강보험자격취득 확인서)

**(4)** 「공공기관의 운영에 관한 법률」에 따른 공기업·준정부기관 및 「지방공기업법」에 따라 설립된 지방공사나 지방공단이 다음의 요건을 모두 갖춘 경우에는 시·도지사에게 등록을 하지 아니하고 자체 기술인력을 활용하여 설계·감리를 할 수 있다. 이 경우 대통령령으로 정하는 기술인력을 보유하여야 한다.

1) 주택의 건설·공급을 목적으로 설립되었을 것

2) 설계·감리 업무를 주요 업무로 규정하고 있을 것

3) 소방기술자의 배치기준(시행규칙 제3조 관련)

[배치기준 표]

| 소방기술자의 배치기준 | 소방시설공사 현장의 기준 |
|---|---|
| 1. 행정안전부령으로 정하는 특급기술자인 소방기술자(기계분야 및 전기분야) | 가. 연면적 20만제곱미터 이상인 특정소방대상물의 공사 현장<br>나. 지하층을 포함한 층수가 40층 이상인 특정소방대상물의 공사 현장 |
| 2. 행정안전부령으로 정하는 고급기술자 이상의 소방기술자(기계분야 및 전기분야) | 가. 연면적 3만제곱미터 이상 20만제곱미터 미만인 특정소방대상물(아파트는 제외한다)의 공사 현장<br>나. 지하층을 포함한 층수가 16층 이상 40층 미만인 특정소방대상물의 공사 현장 |
| 3. 행정안전부령으로 정하는 중급기술자 이상의 소방기술자(기계분야 및 전기분야) | 가. 물분무등소화설비(호스릴 방식의 소화설비는 제외한다) 또는 제연설비가 설치되는 특정소방대상물의 공사 현장<br>나. 연면적 5천제곱미터 이상 3만제곱미터 미만인 특정소방대상물(아파트는 제외한다)의 공사 현장<br>다. 연면적 1만제곱미터 이상 20만제곱미터 미만인 아파트의 공사 현장 |
| 4. 행정안전부령으로 정하는 초급기술자 이상의 소방기술자(기계분야 및 전기분야) | 가. 연면적 1천제곱미터 이상 5천제곱미터 미만인 특정소방대상물(아파트는 제외한다)의 공사 현장<br>나. 연면적 1천제곱미터 이상 1만제곱미터 미만인 아파트의 공사 현장<br>다. 지하구(地下溝)의 공사 현장 |
| 5. 자격수첩을 발급받은 소방기술자 | 연면적 1천제곱미터 미만인 특정소방대상물의 공사 현장 |

※ 비고
1. 다음 각 목의 어느 하나에 해당하는 기계분야 소방시설공사의 경우에는 소방기술자의 배치기준에 따른 기계분야의 소방기술자를 공사 현장에 배치하여야 한다.
    가. 옥내소화전설비, 옥외소화전설비, 스프링클러설비등, 물분무등소화설비의 공사
    나. 소화용수설비의 공사
    다. 제연설비, 연결송수관설비, 연결살수설비, 연소방지설비의 공사
    라. 기계분야 소방시설에 부설되는 전기시설의 공사. 다만, 비상전원, 동력회로, 제어회로, 기계분야의 소방시설을 작동하기 위하여 설치하는 화재감지기에 의한 화재감지장치 및 전기신호에 의한 소방시설의 작동장치의 공사는 제외한다.
2. 다음의 어느 하나에 해당하는 전기분야 소방시설공사의 경우에는 소방기술자의 배치기준에 따른 전기분야의 소방기술자를 공사 현장에 배치하여야 한다.
    가. 비상경보설비, 시각경보기, 자동화재탐지설비, 비상방송설비, 자동화재속보설비 또는 통합감시시설의 공사
    나. 비상콘센트설비 또는 무선통신보조설비의 공사
    다. 기계분야 소방시설에 부설되는 비상전원, 동력회로 또는 제어회로의 공사
    라. 기계분야 소방시설에 부설되는 전기시설 중 제1호라목 단서의 전기시설의 공사
3. 기계분야 및 전기분야의 자격을 모두 갖춘 소방기술자가 있는 경우에는 소방시설공사를 분야별로 구분하지 않고 그 소방기술자를 배치할 수 있다.
4. 소방공사감리업자가 감리하는 소방시설공사가 다음의 어느 하나에 해당하는 경우에는 소방기술자를 소방시설공사 현장에 배치하지 않을 수 있다.
    가. 소방시설의 비상전원을 「전기공사업법」에 따른 전기공사업자가 공사하는 경우
    나. 소화용수설비를 「건설산업기본법 시행령」에 따른 기계설비공사업자 또는 상·하수도설비공사업자가 공사하는 경우
    다. 소방 외의 용도와 겸용되는 제연설비를 「건설산업기본법 시행령」에 따른 기계설비공사업자가 공사하는 경우
    라. 소방 외의 용도와 겸용되는 비상방송설비 또는 무선통신보조설비를 「정보통신공사업법」에 따른 정보통신공사업자가 공사하는 경우
5. 공사업자는 다음 각 목의 경우를 제외하고는 1명의 소방기술자를 2개의 공사 현장을 초과하여 배치해서는 안 된다. 다만, 연면적 3만제곱미터 이상의 특정소방대상물(아파트는 제외)이거나 지하층을 포함한 층수가 16층 이상으로서 500세대 이상인 아파트에 대한 소방시설 공사의 경우에는 1개의 공사 현장에만 배치해야 한다.
    가. 건축물의 연면적이 5천 제곱미터 미만인 공사 현장에만 배치하는 경우. 다만, 그 연면적의 합계는 2만 제곱미터를 초과해서는 안 된다.
    나. 건축물의 연면적이 5천 제곱미터 이상인 공사 현장 2개 이하와 5천제곱미터 미만인 공사 현장에 같이 배치하는 경우. 다만, 5천 제곱미터 미만의 공사 현장의 연면적의 합계는 1만제곱미터를 초과해서는 안 된다.

## 2. 등록의 결격사유 [제5조(등록의 결격사유)]

다음에 해당하는 자는 소방시설업을 등록할 수 없다.

**(1)** 피성년후견인

**(2)** 「소방시설공사업법」, 「소방기본법」, 「소방시설설치유지 및 안전관리에 관한 법률」 또는 「위험물안전관리법」에 따른 금고 이상의 실형을 선고받고 그 집행이 끝나거나(집행이 끝난 것으로 보는 경우를 포함한다) 면제된 날부터 2년이 지나지 아니한 사람

**(3)** 「소방시설공사업법」, 「소방기본법」, 「소방시설설치유지 및 안전관리에 관한 법률」 또는 「위험물안전관리법」에 따른 금고 이상의 형의 집행유예를 선고받고 그 유예기간 중에 있는 사람

**(4)** 등록하려는 소방시설업 등록이 취소(피성년후견인에 해당하여 등록이 취소된 경우는 제외한다)된 날부터 2년이 지나지 아니한 자

**(5)** 법인의 대표자가 (1)부터 (4)까지의 규정에 해당하는 경우 그 법인

**(6)** 법인의 임원이 (2)부터 (4)까지의 규정에 해당하는 경우 그 법인

## 3. 등록사항의 변경 [제6조(등록사항의 변경신고 등)]

**(1)** 소방시설업자는 등록한 사항 중 행정안전부령으로 정하는 중요 사항을 변경할 때에는 행정안전부령으로 정하는 바에 따라 시·도지사에게 신고하여야 한다.(변경신고사항 [시행규칙 제5조(등록사항의 변경신고사항)])

　1) 상호(명칭) 또는 영업소 소재지

　2) 대표자

　3) 기술인력

**(2) 변경신고 방법 [시행규칙 제6조(등록사항의 변경신고 등)]**

　1) 소방시설업자는 다음의 어느 하나에 해당하는 등록사항이 변경된 경우에는 변경일부터 30일 이내에 소방시설업 등록사항 변경신고서(전자문서로 된 소방시설업 등록사항 변경신고서를 포함)에 변경사항별로 다음의 구분에 따른 서류(전자문서를 포함)를 첨부하여 협회에 제출하여야 한다. 다만, 「전자정부법」에 따른 행정정보의 공동이용을 통하여 첨부서류에 대한 정보를 확인할 수 있는 경우에는 그 확인으로 첨부서류를 갈음할 수 있다.

① 상호(명칭) 또는 영업소 소재지가 변경된 경우 … 소방시설업 등록증 및 등록수첩

② 대표자가 변경된 경우 … 다음의 서류

   ㉠ 소방시설업 등록증 및 등록수첩

   ㉡ 변경된 대표자의 성명, 주민등록번호 및 주소지 등의 인적사항이 적힌 서류

   ㉢ 외국인인 경우에는 해당 국가의 정부나 공증인(법률에 따른 공증인의 자격을 가진 자만 해당한다), 그 밖의 권한이 있는 기관이 발행한 서류로서 해당 국가에 주재하는 우리나라 영사가 확인한 서류 또는 「외국공문서에 대한 인증의 요구를 폐지하는 협약」을 체결한 국가의 경우에는 해당 국가의 정부나 공증인(법률에 따른 공증인의 자격을 가진 자만 해당한다), 그 밖의 권한이 있는 기관이 발행한 서류로서 해당 국가의 아포스티유(Apostille) 확인서 발급 권한이 있는 기관이 그 확인서를 발급한 서류 해당하는 서류

③ 기술인력이 변경된 경우 … 다음의 서류

   ㉠ 소방시설업 등록수첩

   ㉡ 기술인력 증빙서류

  2) 신고서를 제출받은 협회는 「전자정부법」에 따라 행정정보의 공동이용을 통하여 다음의 서류를 확인하여야 한다. 다만, 신청인이 서류의 확인에 동의하지 아니하는 경우에는 해당 서류를 제출하도록 하여야 한다.

① 법인등기사항 전부증명서(법인인 경우만 해당한다)

② 사업자등록증(개인인 경우만 해당한다)

③ 「출입국관리법」에 따른 외국인등록 사실증명(외국인인 경우만 해당한다)

④ 국민연금가입자 증명서 또는 건강보험자격취득 확인서(기술인력을 변경하는 경우에만 해당)

  3) 변경신고 서류를 제출 받은 협회는 등록사항의 변경신고 내용을 확인하고 5일 이내에 제출된 소방시설업 등록증·등록수첩 및 기술인력 증빙서류에 그 변경된 사항을 기재하여 발급하여야 한다.

  4) 영업소 소재지가 등록된 특별시·광역시·특별자치시·도 및 특별자치도에서 다른 시·도로 변경된 경우에는 제출받은 변경신고 서류를 접수일로부터 7일 이내에 해당 시·도지사에게 보내야 한다. 이 경우 해당 시·도지사는 소방시설업 등록증 및 등록수첩을 협회를 경유하여 신고인에게 새로 발급하여야 한다.

  5) 변경신고 서류를 제출받은 협회는 소방시설업 등록대장에 변경사항을 작성하여 관리(전자문서를 포함)하여야 한다.

  6) 협회는 등록사항의 변경신고 접수현황을 매월 말일을 기준으로 작성하여 다음 달 10일까지 시·도지사에게 알려야 한다.

7) 변경신고 서류의 보완에 관하여는 등록신청 서류의 보완을 준용한다. 이 경우 소방시설업의 등록신청 서류는 소방시설업의 등록사항 변경신고 서류로 본다.

## 4. 휴업·폐업의 신고 [제6조의2(휴업·폐업 등의 신고)]

(1) 소방시설업자는 소방시설업을 휴업·폐업 또는 재개업하는 때에는 행정안전부령으로 정하는 바에 따라 시·도지사에게 신고하여야 한다.

1) 소방시설업의 휴업·폐업의 신고 [시행규칙 제6조의2(소방시설업의 휴업·폐업 등의 신고)]

소방시설업자는 휴업·폐업 또는 재개업 신고를 하려면 휴업·폐업 또는 재개업일부터 30일 이내에 휴업·폐업·재개업 신고서(전자문서로 된 신고서를 포함)에 다음 의 구분에 따른 서류(전자문서를 포함)를 첨부하여 협회를 경유하여 시·도지사에게 제출하여야 한다. 다만, 「전자정부법」에 따른 행정정보의 공동이용을 통하여 첨부서류에 대한 정보를 확인할 수 있는 경우에는 그 확인으로 첨부서류를 갈음할 수 있다.

① 휴업·폐업의 경우 … 등록증 및 등록수첩

② 재개업의 경우 … 기술인력 증빙서류, 출자·예치·담보 금액 확인서, 최근 90일 이내에 작성한 자산평가액 또는 소방청장이 정하여 고시하는 바에 따라 작성된 기업진단 보고서에 해당되는 서류

2) 신고서를 제출받은 협회는 「전자정부법」에 따라 행정정보의 공동이용을 통하여 국민연금가입자 증명서 또는 건강보험자격취득 확인서를 확인하여야 한다. 다만, 신고인이 서류의 확인에 동의하지 아니하는 경우에는 해당 서류를 제출하도록 하여야 한다.

3) 신고서를 제출받은 협회는 다음의 사항을 협회 인터넷 홈페이지에 공고하여야 한다.

① 등록업종 및 등록번호

② 휴업·폐업 또는 재개업 연월일

③ 상호(명칭) 및 성명(법인의 경우에는 대표자의 성명을 말한다)

④ 영업소 소재지

(2) 폐업신고를 받은 시·도지사는 소방시설업 등록을 말소하고 그 사실을 행정안전부령으로 정하는 바에 따라 공고하여야 한다.(휴업·재개업 및 폐업 신고 [제34조(휴업·재개업 및 폐업 신고 등)])

① 휴업·재개업 또는 폐업 보고서의 지정을 받은 실무교육기관은 휴업·재개업 또는 폐업을 하려면 그 휴업 또는 재개업을 하려는 날의 14일 전까지 별지 제43호서식의 휴업·재개업·폐업 보고서에 실무교육기관 지정서 1부를 첨부(폐업하는 경우에만 첨부한다)하여 소방청장에게 보고하여야 한다.

② 보고는 방문·전화·팩스 또는 컴퓨터통신으로 할 수 있다.

③ 소방청장은 휴업보고를 받은 경우에는 실무교육기관 지정서에 휴업기간을 기재하여 발급하고, 폐업 보고를 받은 경우에는 실무교육기관 지정서를 회수하여야 한다. 이 경우 소방청장은 휴업·재개업·폐업 사실을 인터넷 등을 통하여 널리 알려야 한다.

### 5. 소방시설업자의 지위승계 [제7조(소방시설업자의 지위승계)]

**(1) 다음의 어느 하나에 해당하는 자는 소방시설업자의 지위를 승계한다.**

1) 소방시설업자가 사망한 경우 그 상속인

2) 소방시설업자가 그 영업을 양도한 경우 그 양수인

3) 법인인 소방시설업자가 다른 법인과 합병한 경우 합병 후 존속하는 법인이나 합병으로 설립되는 법인

4) 폐업신고로 소방시설업 등록이 말소된 후 6개월 이내에 다시 소방시설업을 등록한 자

**(2) 다음의 절차에 따라 소방시설 전부를 인수한 자는 그 소방시설업자의 지위를 승계한다.**

1) 「민사집행법」에 따른 경매

2) 「채무자 회생 및 파산에 관한 법률」에 따른 환가(換價)

3) 「국세징수법」, 「관세법」 또는 「지방세징수법」에 따른 압류재산의 매각

4) 그 밖에 1)부터 3)까지의 규정에 준하는 절차

**(3) 소방시설업자의 지위를 승계한 자는 행정안전부령으로 정하는 바에 따라 시·도지사에게 신고하여야 한다.**

1) 지위승계 신고 [시행규칙 제7조(지위승계 신고 등)]

① 소방시설업자 지위 승계를 신고하려는 자는 그 지위를 승계한 날부터 30일 이내에 다음의 구분에 따른 서류(전자문서를 포함)를 협회에 제출하여야 한다.
   ㉠ 양도·양수의 경우(분할 또는 분할합병에 따른 양도·양수의 경우를 포함) : 다음의 서류
      ⓐ 소방시설업 지위승계신고서
      ⓑ 양도인 또는 합병 전 법인의 소방시설업 등록증 및 등록수첩
      ⓒ 양도·양수 계약서 사본, 분할계획서 사본 또는 분할합병계약서 사본(법인의 경우 양도·양수에 관한 사항을 의결한 주주총회 등의 결의서 사본을 포함한다)

ⓓ 소방시설공사업 등록에 해당하는 서류. 이 경우 "신청인"을 "신고인"으로 본다.

ⓔ 양도·양수 공고문 사본

ⓛ **상속의 경우** : 다음의 서류

ⓐ 소방시설업 지위승계신고서

ⓑ 피상속인의 소방시설업 등록증 및 등록수첩

ⓒ 소방시설공사업 등록에 해당하는 서류. 이 경우 "신청인"을 "신고인"으로 본다.

ⓓ 상속인임을 증명하는 서류

ⓒ **합병의 경우** : 다음의 서류

㉠ 소방시설업 합병신고서

㉡ 합병 전 법인의 소방시설업 등록증 및 등록수첩

㉢ 합병계약서 사본(합병에 관한 사항을 의결한 총회 또는 창립총회 결의서 사본을 포함한다)

㉣ 소방시설공사업 등록에 해당하는 서류. "신청인"을 "신고인"으로 본다.

㉤ 합병공고문 사본

② 신고서를 제출받은 협회는 「전자정부법」에 따라 행정정보의 공동이용을 통하여 다음의 서류를 확인 하여야 하며, 신고인이 서류의 확인에 동의하지 아니하는 경우에는 해당 서류를 첨부하게 하여야 한다.

㉠ 법인등기사항 전부증명서(지위승계인이 법인인 경우에만 해당한다)

㉡ 사업자등록증(지위승계인이 개인인 경우에만 해당한다)

㉢ 「출입국관리법」에 따른 외국인등록 사실증명(지위승계인이 외국인인 경우에만 해당한다)

㉣ 국민연금가입자 증명서 또는 건강보험자격취득 확인서

③ 지위승계 신고 서류를 제출 받은 협회는 접수일부터 7일 이내에 지위를 승계한 사실을 확인한 후 그 결과를 시·도지사에게 보고하여야 한다.

④ 시·도지사는 소방시설업의 지위승계 신고의 확인 사실을 보고받은 날부터 3일 이내에 협회를 경 유하여 지위승계인에게 등록증 및 등록수첩을 발급하여야 한다.

⑤ 지위승계 신고 서류를 제출받은 협회는 소방시설업 등록대장에 지위승계에 관한 사항을 작성하여 관리(전자문서를 포함)하여야 한다.

⑥ 지위승계 신고 서류의 보완에 관하여는 등록신청보완의 규정을 준용한다. 이 경우 소방시설업의 등 록신청 서류는 소방시설업의 지위승계 신고 서류로 본다.

> **POINT 등록신청보완규정** [시행규칙 제2조의2(등록신청 서류의 보완)]
> 협회는 소방시설업의 등록신청 서류가 다음의 어느 하나에 해당되는 경우에는 10일 이내의 기간을 정하 여 이를 보완하게 할 수 있다.

㉠ 첨부서류(전자문서를 포함)가 첨부되지 아니한 경우

㉡ 신청서(전자문서로 된 소방시설업 등록신청서를 포함) 및 첨부서류(전자문서를 포함)에 기재 되 어야 할 내용이 기재되어 있지 아니하거나 명확하지 아니한 경우

**(4)** 지위승계에 관하여는 등록의 결격사유의 조항을 준용한다. 다만, 상속인이 등록의 결격사유의 어느 하나에 해당하는 경우 상속받은 날부터 3개월 동안은 그러하지 아니하다.

**(5)** 소방시설업자의 지위를 승계한 자에게는 폐업신고 전의 소방시설업자에 대한 행정처분의 효과가 승계된다.

### 6. 소방시설의 운영 [제8조(소방시설업의 운영)]

**(1)** 소방시설업자는 소방시설업의 등록증 또는 등록수첩을 다른 자에게 빌려 주어서는 아니 된다.

**(2)** 영업정지처분이나 등록취소처분을 받은 소방시설업자는 그 날부터 소방시설공사등을 하여서는 아니 된다. 다만, 소방시설의 착공신고가 수리(受理)되어 공사를 하고 있는 자로서 도급계약이 해지되지 아니한 소방시설공사업자 또는 소방공사감리업자가 그 공사를 하는 동안이나 소방시설공사업 등록 규정에 따라 방염처리업을 등록한 자(이하 "방염처리업자"라 한다)가 도급을 받아 방염 중인 것으로서 도급계약이 해지되지 아니한 상태에서 그 방염을 하는 동안에는 그러하지 아니하다.

**(3)** 소방시설업자는 다음의 어느 하나에 해당하는 경우에는 소방시설공사 등을 맡긴 특정소방대상물의 관계인에게 지체 없이 그 사실을 알려야 한다.

  1) 소방시설업자의 지위를 승계한 경우

  2) 소방시설업의 등록취소처분 또는 영업정지처분을 받은 경우

  3) 휴업하거나 폐업한 경우

**(4)** 소방시설업자는 행정안전부령으로 정하는 관계 서류를 소방공사업법의 공사의 하자보수 등에관한 법률에 따라 하자보수 보증기간 동안 보관하여야 한다. (전자문서 포함)

  1) 소방시설설계업 : 소방시설 설계기록부 및 소방시설 설계도서

  2) 소방시설공사업 : 소방시설공사 기록부

  3) 소방공사감리업 : 소방공사 감리기록부, 소방공사 감리일지 및 소방시설의 완공 당시 설계도서

## 7. 등록취소와 영업정지 [제9조(등록취소와 영업정지 등)]

(1) 시ㆍ도지사는 소방시설업자가 다음의 어느 하나에 해당하면 행정안전부령으로 정하는 바에 따라 그 등록을 취소하거나 6개월 이내의 기간을 정하여 시정이나 그 영업의 정지를 명할 수 있다. 다만, 1)ㆍ3) 또는 6)에 해당하는 경우에는 그 등록을 취소하여야 한다.

1) 거짓이나 그 밖의 부정한 방법으로 등록한 경우(취소사유)

2) 소방시설업의 등록기준에 미달하게 된 후 30일이 경과한 경우. 다만, 자본금기준에 미달한 경우 중 「채무자 회생 및 파산에 관한 법률」에 따라 법원이 회생절차의 개시의 결정을 하고 그 절차가 진행 중인 경우 등 대통령령으로 정하는 경우는 30일이 경과한 경우에도 예외로 한다.

3) 소방시설업 등록업자가 피성년후견인, 소방공사업법ㆍ소방기본법 등의 위반으로 실형ㆍ금고의 형을 받고 집행을 마치지 않거나 집행유예의 기준 중인 사람, 소방시설업 등록이 취소된 날 로부터 2년이 지나지 않은 경우 등 등록 결격사유에 해당하게 된 경우(취소사유)

4) 등록을 한 후 정당한 사유 없이 1년이 지날 때까지 영업을 시작하지 아니하거나 계속하여 1년 이상 휴업한 때

5) 다른 자에게 등록증 또는 등록수첩을 빌려준 경우

6) 영업정지 기간 중에 소방시설공사등을 한 경우(취소사유)

7) 소방시설업의 지위 승계, 등록취소, 영업정지, 휴업하거나 폐업한 경우 또는 하자보수기간을 위반하여 통지를 하지 아니하거나 관계서류를 보관하지 아니한 경우

8) 「소방시설설치유지 및 안전관리에 관한 법률」에 따른 화재안전기준에 적합하게 설계ㆍ시공을 하지 아니하거나, 적합하게 감리를 하지 아니한 경우

9) 소방시설공사등의 업무수행의무 등을 고의 또는 과실로 위반하여 다른 자에게 상해를 입히거나 재산피해를 입힌 경우

10) 소속 소방기술자를 공사현장에 배치하지 아니하거나 거짓으로 한 경우

11) 착공신고(변경신고를 포함)를 하지 아니하거나 거짓으로 한 때 또는 완공검사(부분완공검사를 포함)를 받지 아니한 경우

12) 착공신고사항 중 중요한 사항에 해당하지 아니하는 변경사항을 공사감리 결과보고서에 포함하여 보고하지 아니한 경우

13) 하자보수 기간 내에 하자보수를 하지 아니하거나 하자보수계획을 통보하지 아니한 경우

14) 공사감리자의 변경시 인수·인계 의무를 위반하여 인수·인계를 거부·방해·기피한 경우

15) 소속 감리원을 공사현장에 배치하지 아니하거나 거짓으로 한 경우

16) 감리원 배치기준을 위반한 경우

17) 위반사항에 대한 조치 요구에 따르지 아니한 경우

18) 위반사항에 대한 보고하지 아니한 경우

19) 감리 결과를 알리지 아니하거나 거짓으로 알린 경우 또는 공사감리 결과보고서를 제출하지 아니하거나 거짓으로 제출한 경우

20) 방염을 한 경우

21) 하도급의 제한을 위반하여 하도급한 경우

22) 하도급 등에 관한 사항을 관계인과 발주자에게 알리지 아니하거나 거짓으로 알린 경우

23) 정당한 사유 없이 하수급인 또는 하도급 계약내용의 변경요구에 따르지 아니한 경우

24) 하수급인에게 대금을 지급하지 아니한 경우

24) 시공과 감리를 함께 한 경우

25) 사업수행능력 평가에 관한 서류를 위조하거나 변조하는 등 거짓이나 그 밖의 부정한 방법으로 입찰에 참여한 경우

26) 명령을 위반하여 보고 또는 자료 제출을 하지 아니하거나 거짓으로 보고 또는 자료 제출을 한 경우

27) 정당한 사유 없이 관계 공무원의 출입 또는 검사 · 조사를 거부 · 방해 또는 기피한 경우

**(2)** 소방시설업자의 지위를 승계한 상속인이 등록결격사유의 어느 하나에 해당할 때에는 상속을 개시한 날부터 6개월 동안은 결격사유에 의한 취소를 적용하지 아니한다.

**(3)** 발주자는 소방시설업자가 1)~27)의 하나에 해당하는 경우 그 사실을 시 · 도지사에게 통보하여야 한다.

**(4)** 시 · 도지사는 1)~27) 또는 과징금처분에 따라 등록취소, 영업정지 또는 과징금 부과 등의 처분을 하는 경우 해당 발주자에게 그 내용을 통보하여야 한다.

**소방시설업에 대한 행정처분기준(시행 규칙 제9조 관련)**

1. 일반기준
   가. 위반행위가 동시에 둘 이상 발생한 경우에는 그 중 중한 처분기준(중한 처분기준이 동일한 경우에는 그 중 하나의 처분기준을 말한다. 이하 같다)에 따르되, 둘 이상의 처분기준이 동일한 영업정지인 경우에는 중한 처분의 2분의 1까지 가중하여 처분할 수 있다.
   나. 영업정지 처분기간 중 영업정지에 해당하는 위반사항이 있는 경우에는 종전의 처분기간 만료일의 다음날부터 새로운 위반사항에 대한 영업정지의 행정처분을 한다.
   다. 위반행위의 차수에 따른 행정처분기준은 최근 1년간 같은 위반행위로 행정처분을 받은 경우에 적용한다. 이 경우 기준 적용일은 위반사항에 대한 행정처분일과 그 처분 후 다시 적발한 날을 기준으로 한다.
   라. 영업정지 등에 해당하는 위반사항으로서 위반행위의 동기 · 내용 · 횟수 · 사유 또는 그 결과를 고려하여 다음 각 목에 해당하는 경우 그 처분을 가중하거나 감경할 수 있다. 이 경우 그 처분이 영업정지일 때에는 그 처분기준의 2분의 1의 범위에서 가중하거나 감경할 수 있고, 등록취소일 때에는 등록취소 전 차수의 행정처분이 영업정지일 경우 처분기준의 2배 이상의 영업정지처분으로 감경(법 제9조제1항제6호를 위반하여 등록취소가 된 경우는 제외한다)할 수 있다.
      1) 가중사유
         가) 위반행위가 사소한 부주의나 오류가 아닌 고의나 중대한 과실에 의한 것으로 인정되는 경우
         나) 위반의 내용 · 정도가 중대하여 관계인에게 미치는 피해가 크다고 인정되는 경우
      2) 감경 사유
         가) 위반행위가 고의나 중대한 과실이 아닌 사소한 부주의나 오류로 인한 것으로 인정되는 경우
         나) 위반의 내용 · 정도가 경미하여 관계인에게 미치는 피해가 적다고 인정되는 경우
         다) 위반행위자의 위반행위가 처음이며 5년 이상 소방시설업을 모범적으로 해 온 사실이 인정되는 경우
         라) 위반행위자가 그 위반행위로 인하여 검사로부터 기소유예 처분을 받거나 법원으로부터 선고유예 판결을 받은 경우

2. 개별기준

| 위반사항 | 근거법령 | 행정처분 기준 | | |
|---|---|---|---|---|
| | | 1차 | 2차 | 3차 |
| 가. 거짓이나 그 밖의 부정한 방법으로 등록한 경우 | 법 제9조 | 등록취소 | | |
| 나. 법 제4조제1항(특정소방대상물의 소방시설공사등을 하려는 자는 업종별로 자본금, 기술인력 등의 요건을 갖추어 시·도지사에게 소방시설업을 등록하여야 한다.)에 따른 등록기준에 미달하게 된 후 30일이 경과한 경우(다만, 자본금기준에 미달한 경우 중「채무자 회생 및 파산에 관한 법률」에 따라 법원이 회생절차의 개시의 결정을 하고 그 절차가 진행 중인 경우 등 대통령령으로 정하는 경우는 30일이 경과한 경우에도 예외로 한다는 단서에 해당하는 경우는 제외한다) | 법 제9조 | 경고 (시정명령) | 영업정지 3개월 | 등록취소 |
| 다. 법 제5조 각 호(①피성년후견인 ②「소방시설공사업법」, 「소방기본법」, 「소방시설설치유지 및 안전관리에 관한 법률」 또는 「위험물안전관리법」에 따른 금고 이상의 실형을 선고받고 그 집행이 끝나거나(집행이 끝난 것으로 보는 경우를 포함한다) 면제된 날부터 2년이 지나지 아니한 사람 ②이 법, 「소방기본법」, 「소방시설설치유지 및 안전관리에 관한 법률」 또는 「위험물안전관리법」에 따른 금고 이상의 형의 집행유예를 선고받고 그 유예기간 중에 있는 사람 ④등록하려는 소방시설업 등록이 취소(①에 해당하여 등록이 취소된 경우는 제외한다)된 날부터 2년이 지나지 아니한 자 ⑤법인의 대표자가 ①부터 ④까지의 규정에 해당하는 경우 그 법인 ⑤법인의 임원이 ③부터 ④까지의 규정에 해당하는 경우 그 법인)의 등록 결격사유에 해당하게 된 경우 | 법 제9조 | 등록취소 | | |
| 라. 등록을 한 후 정당한 사유 없이 1년이 지날 때까지 영업을 시작하지 아니하거나 계속하여 1년 이상 휴업한 때 | 법 제9조 | 경고 (시정명령) | 등록취소 | |
| 마. 삭제 〈2013.11.22〉 | | | | |
| 바. 법 제8조제1항을 위반하여 다른 자에게 등록증 또는 등록수첩을 빌려준 경우 | 법 제9조 | 영업정지 6개월 | 등록취소 | |

| | | | | |
|---|---|---|---|---|
| 사. 법 제8조제2항을 위반하여 영업정지 기간 중에 소방시설공사등을 한 경우 | 법 제9조 | 등록취소 | | |
| 아. 법 제8조제3항 또는 제4항(소방시설업자의 지위를 승계한 경우, 소방시설업의 등록취소처분 또는 영업정지처분을 받은 경우, 휴업하거나 폐업한 경우의 통지나 공사의 하자보수 관련하여 보증기간 동안 보관하여야 하는 서류)을 위반하여 통지를 하지 아니하거나 관계서류를 보관하지 아니한 경우 | 법 제9조 | 경고 (시정명령) | 영업정지 1개월 | 등록취소 |
| 자. 화재안전기준 등에 적합하게 설계·시공을 하지 아니하거나, 적합하게 감리를 하지 아니한 경우 | 법 제9조 | 영업정지 1개월 | 영업정지 3개월 | 등록취소 |
| 차. 소방시설업의 설계, 시공, 감리 또는 공사 감리의 결과 통보의 소방시설공사등의 업무수행 의무 등을 고의 또는 과실로 위반하여 다른 자에게 상해를 입히거나 재산피해를 입힌 경우 | 법 제9조 | 영업정지 6개월 | 등록취소 | |
| 카. 법 제12조 제2항(소방시설공사의 책임시공 및 기술관리를 위하여 소방 기술자를 배치하여야 하는 규정)을 위반하여 소속 소방기술자를 공사현장에 배치하지 아니하거나 거짓으로 한 경우 | 법 제9조 | 경고 (시정명령) | 영업정지 1개월 | 등록취소 |
| 타. 법 제13조 또는 제14조(착공신고 및 완공검사의 규정)를 위반하여 착공신고(변경신고를 포함한다)를 하지 아니하거나 거짓으로 한 때 또는 완공검사(부분완공검사를 포함한다)를 받지 아니한 경우 | 법 제9조 | 경고 (시정명령) | 영업정지 3개월 | 등록취소 |
| 파. 법 제13조제2항을 위반하여 착공신고사항 중 중요한 사항에 해당하지 아니하는 변경사항을 공사감리 결과보고서에 포함하여 보고하지 아니한 경우 | 법 제9조 | 경고 (시정명령) | 영업정지 1개월 | 등록취소 |
| 하. 법 제15조제3항(3일이내에 하자 보수를 하거나 보수일정의 서면 통보)을 위반하여 하자보수 기간 내에 하자보수를 하지 아니하거나 하자보수계획을 통보하지 아니한 경우 | 법 제9조 | 경고 (시정명령) | 영업정지 1개월 | 등록취소 |
| 거. 법 제17조제3항(공사감리자의 지정변경의 경우)을 위반하여 인수·인계를 거부·방해·기피한 경우 | 법 제9조 | 영업정지 1개월 | 영업정지 3개월 | 등록취소 |
| 너. 법 제18조제1항을 위반하여 소속 감리원을 공사현장에 배치하지 아니하거나 거짓으로 한 경우 | 법 제9조 | 영업정지 1개월 | 영업정지 3개월 | 등록취소 |
| 더. 법 제18조제3항의 감리원 배치기준을 위반한 경우 | 법 제9조 | 경고 (시정명령) | 영업정지 1개월 | 등록취소 |

| | | | | |
|---|---|---|---|---|
| 러. 법 제19조제1항(위반사항의 조치)에 따른 요구에 따르지 아니한 경우 | 법 제9조 | 영업정지 1개월 | 영업정지 3개월 | 등록취소 |
| 머. 법 제19조제3항(감리업자의 위반사항 조치명령 미이행에 따른 보고)을 위반하여 보고하지 아니한 경우 | 법 제9조 | 경고 (시정명령) | 영업정지 1개월 | 등록취소 |
| 버. 법 제20조를 위반하여 감리 결과를 알리지 아니하거나 거짓으로 알린 경우 또는 공사감리 결과보고서를 제출하지 아니하거나 거짓으로 제출한 경우 | 법 제9조 | 경고 (시정명령) | 영업정지 3개월 | 등록취소 |
| 서. 법 제20조의2(방염 성능기준)를 위반하여 방염을 한 경우 | 법 제9조 | 영업정지 3개월 | 영업정지 6개월 | 등록취소 |
| 어. 법 제22조제1항(특정소방대상물의 관계인 또는 발주자는 소방시설공사등을 도급할 때에는 해당 소방시설업자에게 도급하여야 한다는 규정)을 위반하여 하도급한 경우 | 법 제9조 | 영업정지 3개월 | 영업정지 6개월 | 등록취소 |
| 저. 법 제21조의3제4항(도급을 받은 자가 해당 소방시설공사등을 하도급할 때에는 미리 관계인과 발주자에게 알려야 한다. 하수급인을 변경하거나 하도급 계약을 해지할 때에도 또한 같다는 규정)을 위반하여 하도급 등에 관한 사항을 관계인과 발주자에게 알리지 아니하거나 거짓으로 알린 경우 | 법 제9조 | 경고 (시정명령) | 영업정지 1개월 | 등록취소 |
| 처. 법 제22조의2제2항(하도급인의 적정한 심사 규정을)을 위반하여 정당한 사유 없이 하수급인 또는 하도급 계약내용의 변경요구에 따르지 아니한 경우 | 법 제9조 | 경고 (시정명령) | 영업정지 1개월 | 등록취소 |
| 커. 법 제22조의3을 위반하여 하수급인에게 대금을 지급하지 아니한 경우 | 법 제9조 | 영업정지 1개월 | 영업정지 3개월 | 등록취소 |
| 터. 법 제24조(공사업자의 감리제한 규정)를 위반하여 시공과 감리를 함께 한 경우 | 법 제9조 | 영업정지 3개월 | 등록취소 | |
| 퍼. 법 제26조의2에 따른 사업수행능력 평가에 관한 서류를 위조하거나 변조하는 등 거짓이나 그 밖의 부정한 방법으로 입찰에 참여한 경우 | 법 제9조 | 영업정지 3개월 | 영업정지 6개월 | 등록취소 |
| 허. 법 제31조(감독 규정)에 따른 명령을 위반하여 보고 또는 자료 제출을 하지 아니하거나 거짓으로 보고 또는 자료 제출을 한 경우 | 법 제9조 | 영업정지 3개월 | 영업정지 6개월 | 등록취소 |
| 고. 정당한 사유 없이 법 제31조(감독 규정)에 따른 관계 공무원의 출입 또는 검사·조사를 거부·방해 또는 기피한 경우 | 법 제9조 | 영업정지 3개월 | 영업정지 6개월 | 등록취소 |

## 8. 과징금 처분 [제10조(과징금처분)]

**(1)** 시·도지사는 등록취소와 영업정지의 어느 하나에 해당하는 경우로서 영업정지가 그 이용자에게 불편을 주거나 그 밖에 공익을 해칠 우려가 있을 때에는 영업정지처분을 갈음하여 3천만원 이하의 과징금을 부과할 수 있다.

**(2)** 과징금을 부과하는 위반행위의 종류와 위반 정도 등에 따른 과징금과 그 밖에 필요한 사항은 행정안전부령으로 정한다.

### 1) 과징금을 부과하는 위반행위의 종류와 과징금의 부과기준 [시행규칙 제10조]

과징금의 부과기준(시행규칙 제10조 관련)

1. 일반기준
   가. 영업정지 1개월은 30일로 계산한다.
   나. 과징금 산정은 영업정기기간(일)에 제2호가목부터 다목까지의 영업정지 1일에 해당하는 금액란의 금액을 곱한 금액으로 한다.
   다. 위반행위가 둘 이상 발생한 경우 과징금 부과에 따른 영업정지기간(일) 산정은 개별기준에 따른 각각의 영업정지처분기간을 합산한 기간으로 한다.
   라. 영업정지에 해당하는 위반사항으로서 위반행위의 동기·내용·횟수 또는 그 결과를 고려하여 그 처분기준의 2분의 1까지 감경한 경우 과징금 부과에 따른 영업정지기간(일) 산정은 감경한 영업정지기간으로 한다.
   마. 도급(계약)금액은 위반사항이 적발된 소방시설공사현장의 해당 공사 도급금액(법 제22조에 적합한 하도급인 경우 그 하도급금액은 제외) 또는 소방시설 설계·공사감리 기술용역대가를 말하며, 연간 매출액은 위반사업자에 대한 처분일이 속한 연도의 전년도의 1년간 위반사항이 적발된 방염처리업의 매출금액을 기준으로 한다. 다만, 신규사업·휴업 등에 따라 1년간의 위반사항이 적발된 방염처리업의 매출금액을 기준으로 하는 것이 불합리하다고 인정되는 경우에는 분기별·월별 또는 일별 매출금액을 기준으로 산출 또는 조정한다.
   바. 행정처분 개별기준 중 나목·바목·거목·퍼목·허목 및 고목의 위반사항에는 영업정지를 갈음하여 과징금을 부과할 수 없다.

2. 개별기준

가. 소방시설설계업 및 소방공사감리업 과징금 금액 산정기준

| 등급 | 도급(계약)금액(단위 : 백만원) | | | 영업정지 1일에 해당하는 금액(단위 : 원) |
|---|---|---|---|---|
| 1 | | 50 이하 | | 23,000 |
| 2 | 50 초과 | ~ | 250 이하 | 70,000 |
| 3 | 250 초과 | ~ | 300 이하 | 80,000 |
| 4 | 300 초과 | ~ | 350 이하 | 95,000 |
| 5 | 350 초과 | ~ | 400 이하 | 110,00 |
| 6 | 400 초과 | ~ | 450 이하 | 125,00 |
| 7 | 450 초과 | ~ | 500 이하 | 140,00 |
| 8 | 500 초과 | ~ | 750 이하 | 160,00 |
| 9 | 750 초과 | ~ | 1,000 이하 | 180,00 |
| 10 | 1,000 초과 | ~ | 2,500 이하 | 210,00 |
| 11 | 2,500 초과 | ~ | 5,000 이하 | 240,00 |
| 12 | 5,000 초과 | ~ | 7,500 이하 | 270,00 |
| 13 | 7,500 초과 | ~ | 10,000 이하 | 300,00 |
| 14 | 10,000 초과 | | | 330,00 |

나. 소방시설공사업 과징금 금액 산정기준

| 등급 | 도급(계약)금액(단위 : 백만원) | | | 영업정지 1일에 해당하는 금액(단위 : 원) |
|---|---|---|---|---|
| 1 | | 50 이하 | | 10,000 |
| 2 | 50 초과 | ~ | 100 이하 | 29,000 |
| 3 | 100 초과 | ~ | 150 이하 | 48,000 |
| 4 | 150 초과 | ~ | 200 이하 | 67,000 |
| 5 | 200 초과 | ~ | 250 이하 | 70,000 |
| 6 | 250 초과 | ~ | 300 이하 | 80,000 |
| 7 | 300 초과 | ~ | 350 이하 | 95,000 |
| 8 | 350 초과 | ~ | 400 이하 | 110,00 |
| 9 | 400 초과 | ~ | 450 이하 | 125,00 |
| 10 | 450 초과 | ~ | 500 이하 | 140,00 |
| 11 | 500 초과 | ~ | 750 이하 | 160,00 |
| 12 | 750 초과 | ~ | 1,000 이하 | 180,00 |
| 13 | 1,000 초과 | ~ | 2,500 이하 | 210,00 |
| 14 | 2,500 초과 | ~ | 5,000 이하 | 240,00 |
| 15 | 5,000 초과 | ~ | 7,500 이하 | 270,00 |
| 16 | 7,500 초과 | ~ | 10,000 이하 | 300,00 |
| 17 | 10,000 초과 | | | 330,00 |

다. 방염처리업 과징금 금액 산정기준

| 등급 | 연간매출액(단위 : 백만원) | | | 영업정지 1일에 해당하는 금액(단위 : 원) |
|---|---|---|---|---|
| 1 | | | 30 이하 | 6,000 |
| 2 | 30 초과 | ~ | 50 이하 | 15,000 |
| 3 | 50 초과 | ~ | 100 이하 | 29,000 |
| 4 | 100 초과 | ~ | 150 이하 | 48,000 |
| 5 | 150 초과 | ~ | 200 이하 | 55,000 |
| 6 | 200 초과 | ~ | 250 이하 | 65,000 |
| 7 | 250 초과 | ~ | 300 이하 | 80,000 |
| 8 | 300 초과 | ~ | 350 이하 | 95,000 |
| 9 | 350 초과 | ~ | 400 이하 | 110,00 |
| 10 | 400 초과 | ~ | 450 이하 | 125,00 |
| 11 | 450 초과 | ~ | 500 이하 | 140,00 |
| 12 | 500 초과 | ~ | 750 이하 | 160,00 |
| 13 | 750 초과 | ~ | 1,000 이하 | 180,00 |
| 14 | 1,000 초과 | ~ | 2,500 이하 | 210,00 |
| 15 | 2,500 초과 | ~ | 5,000 이하 | 240,00 |
| 16 | 5,000 초과 | ~ | 7,500 이하 | 270,00 |
| 17 | 7,500 초과 | ~ | 10,000 이하 | 300,00 |
| 18 | 10,000 초과 | | | 330,00 |

2) 과징금의 징수절차 [시행규칙 제11조(과징금 징수절차)]

과징금의 징수절차는 「국고금관리법 시행규칙」을 준용한다.

3) 시·도지사는 과징금을 내야 할 자가 납부기한까지 과징금을 내지 아니하면 「지방세외수입금의 징수 등에 관한 법률」에 따라 징수한다.

# 03 소방시설공사

## 1. 설계 [제11조(설계)]

**(1)** 소방시설설계업을 등록한 자(설계업자)는 이 법이나 이 법에 따른 명령과 화재안전기준에 맞게 소방시설을 설계하여야 한다. 다만, 「소방시설 설치 · 유지 및 안전관리에 관한 법률」에 따른 중앙소방기술심의위원회의 심의를 거쳐 소방시설의 구조와 원리 등에서 특수한 설계로 인정된 경우는 화재안전기준을 따르지 아니할 수 있다.

**(2)** 「소방시설 설치 · 유지 및 안전관리에 관한 법률」에 따른 특정소방대상물(신축하는 것만 해당)에 대해서는 그 용도, 위치, 구조, 수용 인원, 가연물(可燃物)의 종류 및 양 등을 고려하여 성능위주설계하여야 한다.

**(3)** 성능위주설계를 할 수 있는 자의 자격, 기술인력 및 자격에 따른 설계의 범위와 그 밖에 필요한 사항은 대통령령으로 정한다.(성능위주설계를 할 수 있는 자의 자격 등 [시행규칙 제2조의3])

### 성능위주설계를 할 수 있는 자의 자격 · 기술인력 및 자격에 따른 설계범위

| 성능위주설계자의 자격 | 기술인력 | 설계범위 |
|---|---|---|
| 1. 전문 소방시설설계업을 등록한 자<br>2. 전문 소방시설설계업 등록기준에 따른 기술인력을 갖춘 자로서 소방청장이 정하여 고시하는 연구기관 또는 단체 | 소방기술사 2명 이상 | 「화재예방, 소방시설 설치 · 유지 및 안전관리에 관한 법률 시행령」에 따라 성능위주설계를 하여야 하는 특정소방대상물 |

## 1. 시공 [제12조(시공)]

**(1)** 소방시설공사업을 등록한 자(공사업자)는 이 법이나 이 법에 따른 명령과 화재안전기준에 맞게 시공하여야 한다. 이 경우 소방시설의 구조와 원리 등에서 그 공법이 특수한 시공에 관하여는 중앙소방기술심의위원회의 심의를 거쳐 소방시설의 구조와 원리 등에서 특수한 설계로 인정된 경우는 화재안전기준을 따르지 아니할 수 있다.

**(2)** 공사업자는 소방시설공사의 책임시공 및 기술관리를 위하여 대통령령으로 정하는 바에 따라 소속 소방기술자를 공사 현장에 배치하여야 한다.

소방 기술자의 배치 기준[시행령 제3조 관련]

| 소방기술자의 배치기준 | 소방시설공사 현장의 기준 |
|---|---|
| 1. 행정안전부령으로 정하는 특급기술자인 소방기술자(기계분야 및 전기분야) | 가. 연면적 20만 제곱미터 이상인 특정소방대상물의 공사 현장<br>나. 지하층을 포함한 층수가 40층 이상인 특정소방대상물의 공사 현장 |
| 2. 행정안전부령으로 정하는 고급기술자 이상의 소방기술자(기계분야 및 전기분야) | 가. 연면적 3만 제곱미터 이상 20만 제곱미터 미만인 특정소방대상물(아파트는 제외한다)의 공사 현장<br>나. 지하층을 포함한 층수가 16층 이상 40층 미만인 특정소방대상물의 공사 현장 |
| 3. 행정안전부령으로 정하는 중급기술자 이상의 소방기술자(기계분야 및 전기분야) | 가. 물분무등소화설비(호스릴 방식의 소화설비는 제외한다) 또는 제연설비가 설치되는 특정소방대상물의 공사 현장<br>나. 연면적 5천 제곱미터 이상 3만 제곱미터 미만인 특정소방대상물(아파트는 제외한다)의 공사 현장<br>다. 연면적 1만 제곱미터 이상 20만 제곱미터 미만인 아파트의 공사 현장 |
| 4. 행정안전부령으로 정하는 초급기술자 이상의 소방기술자(기계분야 및 전기분야) | 가. 연면적 1천 제곱미터 이상 5천 제곱미터 미만인 특정소방대상물(아파트는 제외한다)의 공사 현장<br>나. 연면적 1천 제곱미터 이상 1만 제곱미터 미만인 아파트의 공사 현장<br>다. 지하구(地下溝)의 공사 현장 |
| 5. 자격수첩을 발급받은 소방기술자 | 연면적 1천 제곱미터 미만인 특정소방대상물의 공사 현장 |

※ 비고

1. 다음의 어느 하나에 해당하는 기계분야 소방시설공사의 경우에는 소방기술자의 배치기준에 따른 기계분야의 소방기술자를 공사 현장에 배치하여야 한다.

   가. 옥내소화전설비, 옥외소화전설비, 스프링클러설비등, 물분무등소화설비의 공사

   나. 소화용수설비의 공사

   다. 제연설비, 연결송수관설비, 연결살수설비, 연소방지설비의 공사

   라. 기계분야 소방시설에 부설되는 전기시설의 공사. 다만, 비상전원, 동력회로, 제어회로, 기계분야의 소방시설을 작동하기 위하여 설치하는 화재감지기에 의한 화재감지장치 및 전기신호에 의한 소방시설의 작동장치의 공사는 제외한다.

2. 다음의 어느 하나에 해당하는 전기분야 소방시설공사의 경우에는 소방기술자의 배치기준에 따른 전기분야의 소방기술자를 공사 현장에 배치하여야 한다.

   가. 비상경보설비, 시각경보기, 자동화재탐지설비, 비상방송설비, 자동화재속보설비 또는 통합감시시설의 공사

   나. 비상콘센트설비 또는 무선통신보조설비의 공사

   다. 기계분야 소방시설에 부설되는 비상전원, 동력회로 또는 제어회로의 공사

   라. 기계분야 소방시설에 부설되는 전기시설 중 제1호라목 단서의 전기시설의 공사

3. 기계분야 및 전기분야의 자격을 모두 갖춘 소방기술자가 있는 경우에는 소방시설공사를 분야별로 구분하지 않고 그 소방기술자를 배치할 수 있다.

4. 소방공사감리업자가 감리하는 소방시설공사가 다음의 어느 하나에 해당하는 경우에는 소방기술자를 소방시설공사 현장에 배치하지 않을 수 있다.

   가. 소방시설의 비상전원을 「전기공사업법」에 따른 전기공사업자가 공사하는 경우

   나. 소화용수설비를 「건설산업기본법 시행령」에 따른 기계설비공사업자 또는 상·하수도설비공사업자가 공사하는 경우

   다. 소방 외의 용도와 겸용되는 제연설비를 「건설산업기본법 시행령」에 따른 기계설비공사업자가 공사하는 경우

   라. 소방 외의 용도와 겸용되는 비상방송설비 또는 무선통신보조설비를 「정보통신공사업법」에 따른 정보통신공사업자가 공사하는 경우

5. 공사업자는 다음의 경우를 제외하고는 1명의 소방기술자를 2개의 공사 현장을 초과하여 배치해서는 안 된다. 다만, 연면적 3만 제곱미터 이상의 특정소방대상물(아파트는 제외)이거나 지하층을 포함한 층수가 16층 이상으로서 500세대 이상인 아파트에 대한 소방시설 공사의 경우에는 1개의 공사 현장에만 배치해야 한다.

   가. 건축물의 연면적이 5천 제곱미터 미만인 공사 현장에만 배치하는 경우. 다만, 그 연면적의 합계는 2만 제곱미터를 초과해서는 안 된다.

   나. 건축물의 연면적이 5천 제곱미터 이상인 공사 현장 2개 이하와 5천 제곱미터 미만인 공사 현장에 같이 배치하는 경우. 다만, 5천 제곱미터 미만의 공사 현장의 연면적의 합계는 1만 제곱미터를 초과해서는 안 된다.

## 2. 착공 [제13조(착공신고)]

(1) 공사업자는 대통령령으로 정하는 소방시설공사를 하려면 행정안전부령으로 정하는 바에 따라 그 공사의 내용, 시공 장소, 그 밖에 필요한 사항을 소방본부장이나 소방서장에게 신고하여야 한다.

### 1) 대상 [시행령제4조(소방시설공사의 착공신고 대상)]

① 특정소방대상물(「위험물 안전관리법」 제2조제1항제6호에 따른 제조소등은 제외한다. 이하 제2호 및 제3호에서 같다)에 다음 각 목의 어느 하나에 해당하는 설비를 신설하는 공사

   ㉠ 옥내소화전설비(호스릴옥내소화전설비를 포함한다. 이하 같다), 옥외소화전설비, 스프링클러설비·간이스프링클러설비(캐비닛형 간이스프링클러설비를 포함한다. 이하 같다) 및 화재조기진압용 스프링클러설비(이하 "스프링클러설비등"이라 한다), 물분무소화설비·포소화설비·이산화탄소소화설비·할론소화설비·할로겐화합물 및 불활성기체 소화설비·미분무소화설비·강화액소화설비 및 분말소화설비(이하 "물분무등소화설비"라 한다), 연결송수관설비, 연결살수설비, 제연설비(소방용 외의 용도와 겸용되는 제연설비를 「건설산업기본법 시행령」에 따른 기계설비공사업자가 공사하는 경우는 제외한다), 소화용수설비(소화용수설비를 「건설산업기본법 시행령」에 따른 기계설비공사업자 또는 상·하수도설비공사업자가 공사하는 경우는 제외한다) 또는 연소방지설비

   ㉡ 자동화재탐지설비, 비상경보설비, 비상방송설비(소방용 외의 용도와 겸용되는 비상방송설비를 「정보통신공사업법」에 따른 정보통신공사업자가 공사하는 경우는 제외한다), 비상콘센트설비(비상콘센트설비를 「전기공사업법」에 따른 전기공사업자가 공사하는 경우는 제외한다) 또는 무선통신보조설비(소방용 외의 용도와 겸용되는 무선통신보조설비를 「정보통신공사업법」에 따른 정보통신공사업자가 공사하는 경우는 제외한다)

② 특정소방대상물에 다음 각 목의 어느 하나에 해당하는 설비 또는 구역 등을 증설하는 공사

　㉠ 옥내·옥외소화전설비

　㉡ 스프링클러설비·간이스프링클러설비 또는 물분무등소화설비의 방호구역, 자동화재탐지설비의 경계구역, 제연설비의 제연구역(소방용 외의 용도와 겸용되는 제연설비를 「건설산업기본법 시행령」 별표 1에 따른 기계설비공사업자가 공사하는 경우는 제외한다), 연결살수설비의 살수구역, 연결송수관설비의 송수구역, 비상콘센트설비의 전용회로, 연소방지설비의 살수구역

③ 특정소방대상물에 설치된 소방시설등을 구성하는 다음 각 목의 어느 하나에 해당하는 것의 전부 또는 일부를 개설(改設), 이전(移轉) 또는 정비(整備)하는 공사. 다만, 고장 또는 파손 등으로 인하여 작동시킬 수 없는 소방시설을 긴급히 교체하거나 보수하여야 하는 경우에는 신고하지 않을 수 있다.

　㉠ 수신반(受信盤)

　㉡ 소화펌프

　㉢ 동력(감시)제어반

## 2) 착공신고 [시행규칙 제12조(착공신고 등)]

① 소방시설공사업자는 소방시설공사를 하려면 해당 소방시설공사의 착공 전까지 별지 제14호 서식의 소방시설공사 착공(변경)신고서[전자문서로 된 소방시설공사 착공(변경)신고서를 포함]에 다음 의 서류(전자문서를 포함)를 첨부하여 소방본부장 또는 소방서장에게 신고하여야 한다. 다만, 「전자정부법」에 따른 행정정보의 공동이용을 통하여 첨부서류에 대한 정보를 확인할 수 있는 경우에는 그 확인으로 첨부서류를 갈음할 수 있다.

　㉠ 공사업자의 소방시설공사업 등록증 사본 1부 및 등록수첩 사본 1부

　㉡ 해당 소방시설공사의 책임시공 및 기술관리를 하는 기술인력의 기술등급을 증명하는 서류 사본 1부

　㉢ 체결한 소방시설공사 계약서 사본 1부

　㉣ 설계도서(설계설명서를 포함하되, 「소방시설 설치·유지 및 안전관리에 관한 법률」에 따른 건축 허가 동의 시 제출된 설계도서가 변경된 경우에만 첨부) 1부

　㉤ 소방시설공사를 하도급하는 경우 다음 각 목의 서류

② 소방시설공사등의 하도급통지서 사본 1부

③ 하도급대금 지급에 관한 다음에 해당하는 서류

　㉠ 「하도급거래 공정화에 관한 법률」에 따라 공사대금 지급을 보증한 경우에는 하도급대금 지급보증서 사본 1부

　㉡ 「하도급거래 공정화에 관한 법률」 제13조의2제1항 각 호 외의 부분 단서 및 같은 법 시행령에 따라 보증이 필요하지 않거나 보증이 적합하지 않다고 인정되는 경우에는 이를 증빙하는 서류 사본 1부

② 행정안전부령으로 정하는 중요한 사항이란 다음의 어느 하나에 해당하는 사항을 말한다.
　　㉠ 시공자
　　㉡ 설치되는 소방시설의 종류
　　㉢ 책임시공 및 기술관리 소방기술자

③ 공사업자는 중요사항의 어느 하나에 해당하는 사항이 변경된 경우에는 변경일부터 30일 이내에 소방시설공사 착공(변경)신고서[전자문서로 된 소방시설공사 착공(변경)신고서를 포함]에 착공신고 관련의 서류(전자문서를 포함) 중 변경된 해당 서류를 첨부하여 소방본부장 또는 소방서장에게 신고하여야 한다.

④ 소방본부장 또는 소방서장은 소방시설공사 착공신고 또는 변경신고를 받은 경우에는 2일 이내에 처리하고 그 결과를 신고인에게 통보하며, 소방시설공사현장에 배치되는 소방기술자의 성명, 자격증 번호·등급, 시공현장의 명칭·소재지·면적 및 현장 배치기간을 소방시설업 종합정보시스템에 입력해야 한다. 이 경우 소방본부장 또는 소방서장은 소방시설 착공 및 완공대장에 필요한 사항을 기록하여 관리하여야 한다.

⑤ 소방본부장 또는 소방서장은 소방시설공사 착공신고 또는 변경신고를 받은 경우에는 공사업자에게 소방시설공사현황 표지에 따른 소방시설공사현황의 게시를 요청할 수 있다.

**(2)** 공사업자가 신고한 사항 가운데 행정안전부령으로 정하는 중요한 사항(㉠시공자 ㉡설치되는 소방시설의 종류 ㉢책임시공 및 기술관리 소방기술자)을 변경하였을 때에는 행정안전부령으로(착공신고) 정하는 바에 따라 변경신고를 하여야 한다. 이 경우 중요한 사항에 해당하지 아니하는 변경사항은 공사감리 결과보고서에 포함하여 소방본부장이나 소방서장에게 보고하여야 한다.

### 3. 완공검사 [제14조(완공검사)]

**(1)** 공사업자는 소방시설공사를 완공하면 소방본부장 또는 소방서장의 완공검사를 받아야 한다. 다만, 공사감리자가 지정되어 있는 경우에는 공사감리 결과보고서로 완공검사를 갈음하되, 대통령령으로 정하는 특정소방대상물의 경우에는 소방본부장이나 소방서장이 소방시설공사가 공사감리 결과보고서대로 완공되었는지를 현장에서 확인할 수 있다.(완공검사를 위한 현장확인 대상 특정소방대상물의 범위 [시행령 제5조])

① 문화 및 집회시설, 종교시설, 판매시설, 노유자(老幼者)시설, 수련시설, 운동시설, 숙박시설, 창고시설, 지하상가 및 「다중이용업소의 안전관리에 관한 특별법」에 따른 다중이용업소

② 다음에 해당하는 설비가 설치되는 특정소방대상물
　　㉠ 스프링클러설비등
　　㉡ 물분무등소화설비(호스릴 방식의 소화설비는 제외한다)

③ 연면적 1만 제곱미터 이상이거나 11층 이상인 특정소방대상물(아파트는 제외)

④ 가연성가스를 제조·저장 또는 취급하는 시설 중 지상에 노출된 가연성가스탱크의 저장용량 합계가 1천톤 이상인 시설

**(2)** 공사업자가 소방대상물 일부분의 소방시설공사를 마친 경우로서 전체 시설이 준공되기 전에 부분적으로 사용할 필요가 있는 경우에는 그 일부분에 대하여 소방본부장이나 소방서장에게 부분완공검사를 신청할 수 있다. 이 경우 소방본부장이나 소방서장은 그 일부분의 공사가 완공되었는지를 확인하여야 한다.

**(3)** 소방본부장이나 소방서장은 완공검사나 부분완공검사를 하였을 때에는 완공검사증명서나 부분완공검사증명서를 발급하여야 한다.

**(4)** 완공검사 및 부분완공검사의 신청과 검사증명서의 발급, 그 밖에 완공검사 및 부분완공검사에 필요한 사항은 행정안전부령으로 정한다.(소방시설의 완공검사 신청 [시행규칙제13조])

① 공사업자는 소방시설공사의 완공검사 또는 부분완공검사를 받으려면 별지 제17호서 식의 소방시설공사 완공검사신청서(전자문서로 된 소방시설공사 완공검사신청서를 포함) 또는 별지 제18호 서식의 소방시설 부분완공검사신청서(전자문서로 된 소방시설 부분완공검사신청서를 포함)를 소방본부장 또는 소방서장에게 제출하여야 한다. 다만, 「전자정부법」에 따른 행정정보의 공동이용을 통하여 첨부서류에 대한 정보를 확인할 수 있는 경우에는 그 확인으로 첨부서류를 갈음할 수 있다.

② 소방시설 완공검사신청 또는 부분완공검사신청을 받은 소방본부장 또는 소방서장은 현장 확인 결과 또는 감리 결과보고서를 검토한 결과 해당 소방시설공사가 법령과 화재안전기준에 적합하다고 인정하면 소방시설 완공검사증명서 또는 소방시설 부분완공검사증명서를 공사업자에게 발급하여야 한다.

## 4. 공사의 하자보수 [제15조(공사의 하자보수 등)]

**(1)** 공사업자는 소방시설공사 결과 자동화재탐지설비 등 대통령령으로 정하는 소방시설에 하자가 있을 때에는 대통령령으로 정하는 기간 동안 그 하자를 보수하여야 한다.(하자보수 대상 소방시설과 하자보수 보증기간 [시행령 제6조])

1) 피난기구, 유도등, 유도표지, 비상경보설비, 비상조명등, 비상방송설비 및 무선통신보조설비 : 2년

2) 자동소화장치, 옥내소화전설비, 스프링클러설비, 간이스프링클러설비, 물분무등소화설비, 옥외소화전설비, 자동화재탐지설비, 상수도소화용수설비 및 소화활동설비(무선통신보조설비는 제외) : 3년

**(2)** 관계인은 하자보수 기간에 소방시설의 하자가 발생하였을 때에는 공사업자에게 그 사실을 알려야 하며, 통보를 받은 공사업자는 3일 이내에 하자를 보수하거나 보수 일정을 기록한 하자보수계획을 관계인에게 서면으로 알려야 한다.

**(3)** 관계인은 공사업자가 다음의 어느 하나에 해당하는 경우에는 소방본부장이나 소방서장에게 그 사실을 알릴 수 있다.

1) 하자보수를 이행하지 아니한 경우

2) 하자보수 기간에 하자보수계획을 서면으로 알리지 아니한 경우

3) 하자보수계획이 불합리하다고 인정되는 경우

**(4)** 소방본부장이나 소방서장은 하자보수 불이행·계획보고 불이행·불합리한 계획의 통보를 받았을 때에는 「소방시설 설치·유지 및 안전관리에 관한 법률」에 따른 지방소방기술심의위원회에 심의를 요청하여야 하며, 그 심의 결과 하자보수 불이행·하자보수 계획보고 불이행·불합리한 계획에 해당하는 것으로 인정할 때에는 시공자에게 기간을 정하여 하자보수를 명하여야 한다.

section **3** 감리

### 1. 감리 [제16조(감리)]

**(1) 소방공사감리업을 등록한 감리업자는 소방공사를 감리할 때 다음의 업무를 수행하여야 한다.**

1) 소방시설등의 설치계획표의 적법성 검토

2) 소방시설등 설계도서의 적합성(적법성과 기술상의 합리성을 말한다) 검토

3) 소방시설등 설계 변경 사항의 적합성 검토

4) 「소방시설 설치·유지 및 안전관리에 관한 법률」의 소방용품의 위치·규격 및 사용 자재의 적합성 검토

5) 공사업자가 한 소방시설등의 시공이 설계도서와 화재안전기준에 맞는지에 대한 지도·감독

6) 완공된 소방시설등의 성능시험

7) 공사업자가 작성한 시공 상세 도면의 적합성 검토

8) 피난시설 및 방화시설의 적법성 검토

9) 실내장식물의 불연화(不燃化)와 방염 물품의 적법성 검토

(2) 용도와 구조에서 특별히 안전성과 보안성이 요구되는 소방대상물로서 대통령령으로 정하는 장소에서 시공되는 소방시설물에 대한 감리는 감리업자가 아닌 자도 할 수 있다.

> **POINT** 감리업자가 아닌 자가 감리할 수 있는 보안성 등이 요구되는 소방대상물의 시공 장소란 「원자력안전법」에 따른 관계시설이 설치되는 장소를 말한다. [시행령 제8조]

## (3) 감리의 종류, 방법 및 대상

| 종류 | 대상 | 방법 |
|---|---|---|
| 상주 공사감리 | 1. 연면적 3만제곱미터 이상의 특정소방대상물(아파트는 제외)에 대한 소방시설의 공사<br>2. 지하층을 포함한 층수가 16층 이상으로서 500세대 이상인 아파트에 대한 소방시설의 공사 | 1. 감리원은 행정안전부령으로 정하는 기간 동안 공사 현장에 상주하여 업무를 수행하고 감리일지에 기록해야 한다. 다만, 업무는 행정안전부령으로 정하는 기간 동안 공사가 이루어지는 경우만 해당한다.<br>2. 감리원이 행정안전부령으로 정하는 기간 중 부득이한 사유로 1일 이상 현장을 이탈하는 경우에는 감리일지 등에 기록하여 발주청 또는 발주자의 확인을 받아야 한다. 이 경우 감리업자는 감리원의 업무를 대행할 사람을 감리현장에 배치하여 감리업무에 지장이 없도록 해야 한다.<br>3. 감리업자는 감리원이 행정안전부령으로 정하는 기간 중 법에 따른 교육이나 「민방위기본법」 또는 「향토예비군 설치법」에 따른 교육을 받는 경우나 「근로기준법」에 따른 유급휴가로 현장을 이탈하게 되는 경우에는 감리업무에 지장이 없도록 감리원의 업무를 대행할 사람을 감리현장에 배치해야 한다. 이 경우 감리원은 새로 배치되는 업무대행자에게 업무 인수·인계 등의 필요한 조치를 해야 한다. |
| 일반 공사감리 | 상주 공사감리에 해당하지 않는 소방시설의 공사 | 1. 감리원은 공사 현장에 배치되어 업무를 수행한다. 다만, 업무는 행정안전부령으로 정하는 기간 동안 공사가 이루어지는 경우만 해당한다.<br>2. 감리원은 행정안전부령으로 정하는 기간 중에는 주 1회 이상 공사 현장에 배치되어 제1호의 업무를 수행하고 감리일지에 기록해야 한다.<br>3. 감리업자는 감리원이 부득이한 사유로 14일 이내의 범위에서 업무를 수행할 수 없는 경우에는 업무대행자를 지정하여 그 업무를 수행하게 해야 한다.<br>4. 지정된 업무대행자는 주 2회 이상 공사 현장에 배치되어 제1호의 업무를 수행하며, 그 업무수행 내용을 감리원에게 통보하고 감리일지에 기록해야 한다. |

## 2. 공사감리자의 지정 [제17조(공사감리자의 지정 등)]

**(1)** 대통령령으로 정하는 특정소방대상물의 관계인이 특정소방대상물에 대하여 자동화재탐지설비, 옥내소화전설비 등 대통령령으로 정하는 소방시설을 시공할 때에는 소방시설공사의 감리를 위하여 감리업자를 공사감리자로 지정하여야 한다. 다만, 설계·시공하는 소방시설공사의 경우에는 그 설계업자를 공사감리자로 지정할 수 있다.(공사감리자 지정대상 특정소방대상물의 범위 [시행규칙 제10조])

  1) 대통령령으로 정하는 특정소방대상물이란 「화재예방, 소방시설 설치·유지 및 안전관리에 관한 법률」의 특정소방대상물을 말한다.

  2) 자동화재탐지설비, 옥내소화전설비 등 대통령령으로 정하는 소방시설을 시공할 때란 다음의 어느 하나에 해당하는 소방시설을 시공할 때를 말한다.

① 옥내소화전설비를 신설·개설 또는 증설할 때

② 스프링클러설비등(캐비닛형 간이스프링클러설비는 제외)을 신설·개설하거나 방호·방수 구역을 증설할 때

③ 물분무등소화설비(호스릴 방식의 소화설비는 제외)를 신설·개설하거나 방호·방수 구역을 증설할 때

④ 옥외소화전설비를 신설·개설 또는 증설할 때

⑤ 자동화재탐지설비를 신설·개설하거나 경계구역을 증설할 때

⑥ 통합감시시설을 신설 또는 개설할 때

⑦ 소화용수설비를 신설 또는 개설할 때

⑧ 다음에 따른 소화활동설비에 대하여 시공을 할 때
    ㉠ 제연설비를 신설·개설하거나 제연구역을 증설할 때
    ㉡ 연결송수관설비를 신설 또는 개설할 때
    ㉢ 연결살수설비를 신설·개설하거나 송수구역을 증설할 때
    ㉣ 비상콘센트설비를 신설·개설하거나 전용회로를 증설할 때
    ㉤ 무선통신보조설비를 신설 또는 개설할 때
    ㉥ 연소방지설비를 신설·개설하거나 살수구역을 증설할 때

⑨ 소방시설공사의 착공신고 대상의 어느 하나에 해당하는 설비의 전부 또는 일부를 개설·이전하거나 정비할 때

**(2)** 관계인은 공사감리자를 지정하였을 때에는 행정안전부령으로 정하는 바에 따라 소방본부장이나 소방서장에게 신고하여야 한다. 공사감리자를 변경하였을 때에도 또한 같다.(소방공사감리자의 지정신고 [시행규칙 제15조])

1) 특정소방대상물의 관계인은 공사감리자를 지정한 경우에는 착공신고일까지 소방공사감리자 지정 신고서에 다음의 서류(전자문서를 포함)를 첨부하여 소방본부장 또는 소방서장에게 제출하여야 한다. 다만, 「전자정부법」에 따른 행정정보의 공동이용을 통하여 첨부서류에 대한 정보를 확인할 수 있는 경우에는 그 확인으로 첨부서류를 갈음할 수 있다.

① 소방공사감리업 등록증 사본 1부 및 등록수첩 사본 1부

② 해당 소방시설공사를 감리하는 소속 감리원의 감리원 등급을 증명하는 서류(전자문서를 포함) 각 1부

③ 소방공사감리계획서 1부

④ 체결한 소방시설설계 계약서 사본 1부 및 소방공사감리 계약서 사본 1부

2) 특정소방대상물의 관계인은 공사감리자가 변경된 경우에는 변경일부터 30일 이내에 별지 제23호 서식의 소방공사감리자 변경신고서(전자문서로 된 소방공사감리자 변경신고서를 포함)에 서류(전자문서를 포함)를 첨부하여 소방본부장 또는 소방서장에게 제출하여야 한다. 다만, 「전자정부법」에 따른 행정정보의 공동이용을 통하여 첨부서류에 대한 정보를 확인할 수 있는 경우에는 그 확인으로 첨부서류를 갈음할 수 있다.

3) 소방본부장 또는 소방서장은 공사감리자의 지정신고 또는 변경신고를 받은 경우에는 2일 이내에 처리하고 공사감리자의 등록수첩에 배치되는 감리원의 등급, 감리현장의 명칭·소재지 및 현장 배치기간을 기재하여 발급하여야 한다.

(3) 관계인이 공사감리자를 변경하였을 때에는 새로 지정된 공사감리자와 종전의 공사감리자는 감리 업무 수행에 관한 사항과 관계 서류를 인수·인계하여야 한다.

### 3. 감리원의 배치 [제18조(감리원의 배치 등)]

(1) 감리업자는 소방시설공사의 감리를 위하여 소속 감리원을 대통령령으로 정하는 바에 따라 소방시 설공사 현장에 배치하여야 한다.

소방공사 감리원의 배치기준(시행령 제11조)

| 감리원의 배치기준 | | 소방시설공사 현장의 기준 |
|---|---|---|
| 책임감리원 | 보조감리원 | |
| 1. 행정안전부령으로 정하는 특급감리원 중 소방기술사 | 행정안전부령으로 정하는 초급감리원 이상의 소방공사 감리원(기계분야 및 전기분야) | 가. 연면적 20만제곱미터 이상인 특정소방대상물의 공사 현장<br>나. 지하층을 포함한 층수가 40층 이상인 특정소방대상물의 공사 현장 |
| 2. 행정안전부령으로 정하는 특급감리원 이상의 소방공사 감리원(기계분야 및 전기분야) | 행정안전부령으로 정하는 초급감리원 이상의 소방공사 감리원(기계분야 및 전기분야) | 가. 연면적 3만제곱미터 이상 20만제곱미터 미만인 특정소방대상물(아파트는 제외한다)의 공사 현장<br>나. 지하층을 포함한 층수가 16층 이상 40층 미만인 특정소방대상물의 공사 현장 |
| 3. 행정안전부령으로 정하는 고급감리원 이상의 소방공사 감리원(기계분야 및 전기분야) | 행정안전부령으로 정하는 초급감리원 이상의 소방공사 감리원(기계분야 및 전기분야) | 가. 물분무등소화설비(호스릴 방식의 소화설비는 제외한다) 또는 제연설비가 설치되는 특정소방대상물의 공사 현장<br>나. 연면적 3만제곱미터 이상 20만제곱미터 미만인 아파트의 공사 현장 |
| 4. 행정안전부령으로 정하는 중급감리원 이상의 소방공사 감리원(기계분야 및 전기분야) | | 연면적 5천제곱미터 이상 3만제곱미터미만인 특정소방대상물의 공사 현장 |
| 5. 행정안전부령으로 정하는 초급감리원 이상의 소방공사 감리원(기계분야 및 전기분야) | | 가. 연면적 5천제곱미터 미만인 특정소방대상물의 공사 현장<br>나. 지하구의 공사 현장 |

※ 비고

① "책임감리원"이란 해당 공사 전반에 관한 감리업무를 총괄하는 사람을 말한다.

② "보조감리원"이란 책임감리원을 보좌하고 책임감리원의 지시를 받아 감리업무를 수행하는 사람을 말한다.

③ 소방시설공사 현장의 연면적 합계가 20만제곱미터 이상인 경우에는 20만제곱미터를 초과하는 연면적에 대하여 10만제곱미터(연면적이 10만제곱미터에 미달하는 경우에는 10만제곱미터로 본다)마다 보조감리원 1명 이상을 추가로 배치해야 한다.

④ 위 표에도 불구하고 상주 공사감리에 해당하지 않는 소방시설의 공사에는 보조감리원을 배치하지 않을 수 있다.

(2) 감리업자는 소속 감리원을 배치하였을 때에는 행정안전부령으로 정하는 바에 따라 소방본부장이나 소방서장에게 통보하여야 한다. 감리원의 배치를 변경하였을 때에도 또한 같다.(감리원 배치통보 [시행규칙 제17조])

1) 소방공사감리업자는 감리원을 소방공사감리현장에 배치하는 경우에는 별지 제24호 서식의 소방공사감리원 배치통보서(전자문서로 된 소방공사감리원 배치통보서를 포함)에, 배치한 감리원이 변경된 경우에는 소방공사감리원 배치변경통보서(전자문서로 된 소방공사감리원 배치변경통보서를 포함)에 다음의 구분에 따른 해당 서류(전자문서를 포함)를 첨부하여 감리원 배치일부터 7일 이내에 소방본부장 또는 소방서장에게 알려야 한다. 이 경우 소방본부장 또는 소방서장은 통보된 내용을 7일 이내에 소방기술자 인정자에게 통보하여야 한다.

① 소방공사감리원 배치통보서에 첨부하는 서류(전자문서를 포함한다)
   ㉠ 감리원의 등급을 증명하는 서류
   ㉡ 체결한 소방공사 감리계약서 사본 1부
② 소방공사감리원 배치변경통보서에 첨부하는 서류(전자문서를 포함)
   ㉠ 변경된 감리원의 등급을 증명하는 서류(감리원을 배치하는 경우에만 첨부)
   ㉡ 변경 전 감리원의 등급을 증명하는 서류

### 소방공사감리원의 기술등급 자격

| 구 분 | 기술자격기준 |
|---|---|
| 특 급<br>감리원 | 1. 소방기술사 자격을 취득한 사람<br>2. 소방설비기사 자격을 취득한 후 8년 이상 소방 관련 업무를 수행한 사람<br>3. 소방설비산업기사 자격을 취득한 후 12년 이상 소방 관련 업무를 수행한 사람 |
| 고 급<br>감리원 | 1. 소방설비기사 자격을 취득한 후 5년 이상 소방 관련 업무를 수행한 사람<br>2. 소방설비산업기사 자격을 취득한 후 8년 이상 소방 관련 업무를 수행한 사람 |
| 중 급<br>감리원 | 1. 소방설비기사 자격을 취득한 후 3년 이상 소방 관련 업무를 수행한 사람<br>2. 소방설비산업기사 자격을 취득한 후 6년 이상 소방 관련 업무를 수행한 사람 |
| 초 급<br>감리원 | 1. 소방설비기사 자격을 취득한 후 1년 이상 소방 관련 업무를 수행한 사람<br>2. 소방설비산업기사 자격을 취득한 후 2년 이상 소방 관련 업무를 수행한 사람<br>3. 제1호나목에 해당하는 학과 학사학위를 취득한 후 1년 이상 소방 관련 업무를 수행한 사람<br>4. 「고등교육법」 제2조제1호부터 제6호까지의 규정 중 어느 하나에 해당하는 학교에서 제1호나목에 해당하는 학과 전문학사학위를 취득한 후 3년 이상 소방 관련 업무를 수행한 사람<br>5. 소방공무원으로서 3년 이상 근무한 경력이 있는 사람<br>6. 제1호부터 제5호까지의 규정에 해당하지 않는 사람으로서 5년 이상 소방 관련 업무를 수행한 사람 |

**(3)** 감리원의 세부적인 배치 기준은 행정안전부령으로 정한다.(감리원의 세부배치 기준 [시행규칙 제16조])

1) 감리원의 세부적인 배치 기준은 다음의 구분에 따른다.

① 상주 공사감리 대상인 경우
   ㉠ 기계분야의 감리원 자격을 취득한 사람과 전기분야의 감리원 자격을 취득한 사람 각 1명 이상을 감리원으로 배치할 것. 다만, 기계분야 및 전기분야의 감리원 자격을 함께 취득한 사람이 있는 경우에는 그에 해당하는 사람 1명 이상을 배치할 수 있다.
   ㉡ 소방시설용 배관(전선관을 포함)을 설치하거나 매립하는 때부터 소방시설 완공검사증명서를 발급받을 때까지 소방공사감리현장에 감리원을 배치할 것

② 일반 공사감리 대상인 경우

　㉠ 기계분야의 감리원 자격을 취득한 사람과 전기분야의 감리원 자격을 취득한 사람 각 1명 이상을 감리원으로 배치할 것. 다만, 기계분야 및 전기분야의 감리원 자격을 함께 취득한 사람이 있는 경우에는 그에 해당하는 사람 1명 이상을 배치할 수 있다.

　㉡ 일반 공사감리 기간 동안 감리원을 배치할 것

　㉢ 감리원은 주 1회 이상 소방공사감리현장에 배치되어 감리할 것

　㉣ 1명의 감리원이 담당하는 소방공사감리현장은 5개 이하(자동화재탐지설비 또는 옥내소화전설비 중 어느 하나만 설치하는 2개의 소방공사감리현장이 최단 차량주행거리로 30킬로미터 이내에 있는 경우에는 1개의 소방공사감리현장으로 본다)로서 감리현장 연면적의 총 합계가 10만제곱미터 이하일 것. 다만, 일반 공사감리 대상인 아파트의 경우에는 연면적의 합계에 관계없이 1명의 감리원이 5개 이내의 공사현장을 감리할 수 있다.

2) 상주 공사감리의 방법에서 행정안전부령으로 정하는 기간이란 소방시설용 배관을 설치하거나 매립하는 때부터 소방시설 완공검사증명서를 발급받을 때까지를 말한다.

3) 일반공사감리의 방법에서 행정안전부령으로 정하는 기간이란 다음의 기간을 말한다.

① 옥내소화전설비 · 스프링클러설비 · 포소화설비 · 물분무소화설비 · 연결살수설비 및 연소방지설비의 경우 … 가압송수장치의 설치, 가지배관의 설치, 개폐밸브 · 유수검지장치 · 체크밸브 · 템퍼스위치의 설치, 앵글밸브 · 소화전함의 매립, 스프링클러헤드 · 포헤드 · 포방출구 · 포노즐 · 포호스릴 · 물분무헤드 · 연결살수헤드 · 방수구의 설치, 포소화약제 탱크 및 포혼합기의 설치, 포소화약제의 충전, 입상배관과 옥상탱크의 접속, 옥외 연결송수구의 설치, 제어반의 설치, 동력전원 및 각종 제어회로의 접속, 음향장치의 설치 및 수동조작함의 설치를 하는 기간

② 이산화탄소소화설비 · 할로겐화합물소화설비 · 청정소화약제소화설비 및 분말소화설비의 경우 … 소화약제 저장용기와 집합관의 접속, 기동용기 등 작동장치의 설치, 제어반 · 화재표시반의 설치, 동력전원 및 각종 제어회로의 접속, 가지배관의 설치, 선택밸브의 설치, 분사헤드의 설치, 수동기동장치의 설치 및 음향경보장치의 설치를 하는 기간

③ 자동화재탐지설비 · 시각경보기 · 비상경보설비 · 비상방송설비 · 통합감시시설 · 유도등 · 비상콘센트설비 및 무선통신보조설비의 경우 … 전선관의 매립, 감지기 · 유도등 · 조명등 및 비상콘센트의 설치, 증폭기의 접속, 누설동축케이블 등의 부설, 무선기기의 접속단자 · 분배기 · 증폭기의 설치 및 동력전원의 접속공사를 하는 기간

④ 피난기구의 경우 … 고정금속구를 설치하는 기간

⑤ 제연설비의 경우 … 가동식 제연경계벽 · 배출구 · 공기유입구의 설치, 각종 댐퍼 및 유입구 폐쇄장치의 설치, 배출기 및 공기유입기의 설치 및 풍도와의 접속, 배출풍도 및 유입풍도의 설치 · 단열조치, 동력전원 및 제어회로의 접속, 제어반의 설치를 하는 기간

⑥ 비상전원이 설치되는 소방시설의 경우 ··· 비상전원의 설치 및 소방시설과의 접속을 하는 기간

※ 비고

소방시설의 일반공사 감리기간은 소방시설의 성능시험, 소방시설 완공검사증명서의 발급·인수인계 및 소방공사의 정산을 하는 기간을 포함한다.

### 4. 위반사항에 대한조치 [제19조(위반사항에 대한 조치)]

(1) 감리업자는 감리를 할 때 소방시설공사가 설계도서나 화재안전기준에 맞지 아니할 때에는 관계인에게 알리고, 공사업자에게 그 공사의 시정 또는 보완 등을 요구하여야 한다.

(2) 공사업자가 그 공사의 시정 또는 보완 등의 요구를 받았을 때에는 그 요구에 따라야 한다.

(3) 감리업자는 공사업자가 그 공사의 시정 또는 보완 등의 요구를 이행하지 아니하고 그 공사를 계속할 때에는 행정안전부령으로 정하는 바에 따라 소방본부장이나 소방서장에게 그 사실을 보고하여야 한다.

#### (4) 위반사항의 보고 방법 [시행규칙 제18조(위반사항의 보고 등)]

소방공사감리업자는 공사업자에게 해당 공사의 시정 또는 보완을 요구하였으나 이행하지 아니하고 그 공사를 계속할 때에는 시정 또는 보완을 이행하지 아니하고 공사를 계속하는 날부터 3일 이내에 소방시설공사 위반사항보고서(전자문서로 된 소방시설공사 위반사항보고서를 포함)를 소방본부장 또는 소방서장에게 제출하여야 한다. 이 경우 공사업자의 위반사항을 확인할 수 있는 사진 등 증명서류(전자문서를 포함)가 있으면 이를 소방시설공사 위반사항보고서(전자문서로 된 소방시설공사 위반사항보고서를 포함)에 첨부하여 제출하여야 한다. 다만, 「전자정부법」에 따른 행정정보의 공동이용을 통하여 첨부서류에 대한 정보를 확인할 수 있는 경우에는 그 확인으로 첨부서류를 갈음할 수 있다.

(5) 관계인은 감리업자가 소방본부장이나 소방서장에게 보고한 것을 이유로 감리계약을 해지하거나 감리의 대가 지급을 거부하거나 지연시키거나 그 밖의 불이익을 주어서는 아니 된다.

### 5. 공사감리 결과의 통보 [제20조(공사감리 결과의 통보 등)]

감리업자는 소방공사의 감리를 마쳤을 때에는 행정안전부령으로 정하는 바에 따라 그 감리 결과를 그 특정소방대상물의 관계인, 소방시설공사의 도급인, 그 특정소방대상물의 공사를 감리한 건축사에게 서면으로 알리고, 소방본부장이나 소방서장에게 공사감리 결과보고서를 제출하여야 한다.

## section 4 방염 [제20조의2(방염)]

**(1)** 방염처리업을 등록한 자는 「소방시설 설치 · 유지 및 안전관리에 관한 법률」에 따른 방염성능기준 이상이 되도록 방염을 하여야 한다.

### (2) 평가 및 공시 [법 제20조의3(방염처리능력 평가 및 공시)]

① 소방청장은 방염처리업자의 방염처리능력 평가 요청이 있는 경우 해당 방염처리업자의 방염처리 실적 등에 따라 방염처리능력을 평가하여 공시할 수 있다.

② 방염처리 실적에 따른 평가를 받으려는 방염처리업자는 전년도 방염처리 실적이나 그 밖에 행정안전부령으로 정하는 서류를 소방청장에게 제출하여야 한다.

③ ①항 및 ②항에 따른 방염처리능력 평가신청 절차, 평가방법 및 공시방법 등에 필요한 사항은 행정안전부령으로 정한다.

## section 5 도급

### 1. 공사의 도급 [제21조(공사의 도급)]

특정소방대상물의 관계인 또는 발주자는 소방시설공사등을 도급할 때에는 해당 소방시설업자에게 도급하여야 한다.

### 2. 노임에 대한 압류의 금지 [제21조의2(노임에 대한 압류의 금지)]

**(1)** 공사업자가 도급받은 소방시설공사의 도급금액 중 그 공사(하도급한 공사를 포함)의 근로자에게 지급하여야 할 노임(勞賃)에 해당하는 금액은 압류할 수 없다.

**(2)** 노임에 해당하는 금액의 범위와 산정방법은 대통령령으로 정한다.(압류대상에서 제외되는 노임 [시행규칙 제11조의2])

압류할 수 없는 노임(勞賃)에 해당하는 금액은 해당 소방시설공사의 도급 또는 하도급 금액 중 설계도서에 기재된 노임을 합산하여 산정한다.

### 3. 도급의 원칙 [제21조의3(도급의 원칙 등)]

**(1)** 소방시설공사등의 도급 또는 하도급의 계약당사자는 서로 대등한 입장에서 합의에 따라 공정하게 계약을 체결하고, 신의에 따라 성실하게 계약을 이행하여야 한다.

**(2)** 소방시설공사등의 도급 또는 하도급의 계약당사자는 그 계약을 체결할 때 도급 또는 하도급 금액, 공사기간, 그 밖에 대통령령으로 정하는 사항을 계약서에 분명히 밝혀야 하며, 서명날인한 계약서를 서로 내주고 보관하여야 한다.

**(3)** 수급인은 하수급인에게 하도급과 관련하여 자재구입처의 지정 등 하수급인에게 불리하다고 인정되는 행위를 강요하여서는 아니 된다.

**(4)** 도급을 받은 자가 해당 소방시설공사등을 하도급할 때에는 행정안전부령으로 정하는 바에 따라 미리 관계인과 발주자에게 알려야 한다. 하수급인을 변경하거나 하도급 계약을 해지할 때에도 또한 같다.

**(5) 하도급의 통지 [시행규칙 제20조(하도급의 통지)]**

1) 소방시설업자는 소방시설의 설계, 시공, 감리 및 방염을 하도급하려고 하거나 하수급인을 변경하는 경우에는 소방시설공사등의 하도급통지서(전자문서로 된 소방시설공사등의 하도급통지서를 포함)에 다음의 서류(전자문서를 포함)를 첨부하여 미리 관계인 및 발주자에게 알려야 한다.

① 하도급계약서 1부

② 예정공정표 1부

③ 하도급내역서 1부

④ 하수급인의 소방시설업 등록증 사본 1부

2) 하도급을 하려는 소방시설업자는 관계인 및 발주자에게 통지한 소방시설공사등의 하도급통지서(전자문서로 된 소방시설공사등의 하도급통지서를 포함) 사본을 하수급자에게 주어야 한다.

3) 소방시설업자는 하도급계약을 해지하는 경우에는 하도급계약 해지사실을 증명할 수 있는 서류(전자문서를 포함)를 관계인 및 발주자에게 알려야 한다.

**(6)** 하도급에 관하여 이 법에서 규정하는 것을 제외하고는 그 성질에 반하지 아니하는 범위에서 「하도급거래 공정화에 관한 법률」의 해당 규정을 준용한다.

**4. 하도급의 제한 [제22조(하도급의 제한)]**

**(1)** 도급을 받은 자는 소방시설공사의 시공을 제3자에게 하도급할 수 없다. 다만, 대통령령으로 정하는 경우에는 도급받은 소방시설공사의 일부를 한 번만 제3자에게 하도급할 수 있다.

## (2) 소방시설공사의 시공을 하도급할 수 있는 경우 [시행령 제12조]

### 1) 대통령령으로 정하는 경우

① 「주택법」에 따른 주택건설사업

② 「건설산업기본법」에 따른 건설업

③ 「전기공사업법」에 따른 전기공사업

④ 「정보통신공사업법」에 따른 정보통신공사업

### 2) 도급받은 소방시설공사의 일부에 해당하는 소방설비 중 하나 이상의 소방설비를 설치하는 공사의 경우

① 옥내소화전설비(호스릴옥내소화전설비를 포함), 옥외소화전설비, 스프링클러설비·간이스프링클러설비(캐비닛형 간이스프링클러설비를 포함) 및 화재조기진압용 스프링클러설비, 물분무소화설비·포소화설비·이산화탄소소화설비·할로겐화합물소화설비·청정소화약제소화설비·미분무소화설비·강화액소화설비 및 물분무등소화설비, 연결송수관설비, 연결살수설비, 제연설비(소방용 외의 용도와 겸용되는 제연설비를 「건설산업기본법 시행령」에 따른 기계설비공사업자가 공사하는 경우 제외), 소화용수설비(소화용수설비를 「건설산업기본법 시행령」에 따른 기계설비공사업자 또는 상·하수도설비공사업자가 공사하는 경우 제외) 또는 연소방지설비

② 자동화재탐지설비, 비상경보설비, 비상방송설비(소방용 외의 용도와 겸용되는 비상방송설비를 「정보통신공사업법」에 따른 정보통신공사업자가 공사하는 경우는 제외), 비상콘센트설비(비상콘센트설비를 「전기공사업법」에 따른 전기공사업자가 공사하는 경우는 제외) 또는 무선통신보조설비(소방용 외의 용도와 겸용되는 무선통신보조설비를 「정보통신공사업법」에 따른 정보통신공사업자가 공사하는 경우 제외)

## 5. 하도급 계약의 적정성 [제22조의2(하도급계약의 적정성 심사 등)]

**(1)** 발주자는 하수급인이 계약내용을 수행하기에 현저하게 부적당하다고 인정되거나 하도급계약금액이 대통령령으로 정하는 비율에 따른 금액에 미달하는 경우에는 하수급인의 시공 및 수행능력, 하도급계약 내용의 적정성 등을 심사할 수 있다. 이 경우, 국가, 지방자치단체 또는 대통령령으로 정하는 공공기관이 발주자인 때에는 적정성 심사를 실시하여야 한다.

### 1) 적정 하도급계약금액 [시행령 제12조의2(하도급계약의 적정성 심사 등)]

① 하도급계약금액이 도급금액 중 하도급부분에 상당하는 금액[하도급하려는 소방시설공사등에 대하여 수급인의 도급금액 산출내역서의 계약단가(직접·간접 노무비, 재료비 및 경비를 포함)를 기준으로 산출한 금액에 일반관리비, 이윤 및 부가가치세를 포함한 금액을 말하며, 수급인이 하수급인에게 직접 지급하는 자재의 비용 등 관계 법령에 따라 수급인이 부담하는 금액은 제외한다]의 100분의 82에 해당하는 금액에 미달하는 경우

② 하도급계약금액이 소방시설공사등에 대한 발주자의 예정가격의 100분의 60에 해당하는 금액에 미달하는 경우

### 2) 공공기관의 발주 [시행령 제12조의2(하도급계약의 적정성 심사 등)]

① 「공공기관의 운영에 관한 법률」에 따른 공기업 및 준정부기관
② 「지방공기업법」에 따른 지방공사 및 지방공단

### 3) 소방청장의 하도급 기준 고시 [시행령 제12조의2(하도급계약의 적정성 심사 등)]

소방청장은 하수급인의 시공 및 수행능력, 하도급계약 내용의 적정성 등을 심사하는 경우에 활용할 수 있는 기준을 정하여 고시하여야 한다.

### 4) 하도급 계약의 변경 [시행령 제12조의2(하도급계약의 적정성 심사 등)]

발주자는 하수급인 또는 하도급계약 내용의 변경을 요구하려는 경우에는 하도급에 관한 사항을 통보받은 날 또는 그 사유가 있음을 안 날부터 30일 이내에 서면으로 하여야 한다.

(2) 발주자는 심사한 결과 하수급인의 시공 및 수행능력 또는 하도급계약 내용이 적정하지 아니한 경우에는 그 사유를 분명하게 밝혀 수급인에게 하수급인 또는 하도급계약 내용의 변경을 요구할 수 있다. 이 경우 적정성 심사를 하였을 때에는 하수급인 또는 하도급계약 내용의 변경을 요구하여야 한다.

(3) 발주자는 수급인이 정당한 사유 없이 하수급인 또는 하도급계약 내용의 변경 요구에 따르지 아니하여 공사 등의 결과에 중대한 영향을 끼칠 우려가 있는 경우에는 해당 소방시설공사등의 도급계약을 해지할 수 있다.

(4) 발주자는 하수급인의 시공 및 수행능력, 하도급계약 내용의 적정성 등을 심사하기 위하여 하도급계약심사위원회를 두어야 한다.

(5) 하도급계약의 적정성 심사기준, 하수급인 또는 하도급계약 내용의 변경 요구 절차, 그 밖에 필요한 사항 및 하도급계약심사위원회의 설치·구성 및 심사방법 등에 관하여 필요한 사항은 대통령령으로 정한다.

1) 하도급계약심사위원회는 위원장 1명과 부위원장 1명을 포함하여 10명 이내의 위원으로 구성한다. [시행령 제12조의3(하도급계약심사위원회의 구성 및 운영)]

2) 위원회의 위원장은 발주기관의 장(발주기관이 특별시·광역시·특별자치시·도 및 특별자치도인 경우에는 해당 기관 소속 2급 또는 3급 공무원 중에서, 발주기관이 공공기관인 경우에는 1급 이상 임직원 중에서 발주기관의 장이 지명하는 사람을 각각 말한다)이 되고, 부위원장과 위원은 다음 각 호의 어느 하나에 해당하는 사람 중에서 위원장이 임명하거나 성별을 고려하여 위촉한다.

① 해당 발주기관의 과장급 이상 공무원(제12조의2제2항에 따른 공공기관의 경우에는 2급 이상의 임직원을 말한다)

② 소방 분야 연구기관의 연구위원급 이상인 사람

③ 소방 분야의 박사학위를 취득하고 그 분야에서 3년 이상 연구 또는 실무경험이 있는 사람

④ 대학(소방 분야로 한정한다)의 조교수 이상인 사람

⑤ 「국가기술자격법」에 따른 소방기술사 자격을 취득한 사람

　3) 위원의 임기는 3년으로 하며, 한 차례만 연임할 수 있다.

　4) 위원회의 회의는 재적위원 과반수의 출석으로 개의(開議)하고, 출석위원 과반수의 찬성으로 의결한다.

　5) 1)부터 4)까지에서 규정한 사항 외에 위원회의 운영에 필요한 사항은 위원회의 의결을 거쳐 위원장이 정한다.

### 6. 하도급대금의 지급 [제22조의3(하도급대금의 지급 등)]

**(1)** 수급인은 발주자로부터 도급받은 소방시설공사등에 대한 준공금(竣工金)을 받은 경우에는 하도급대금의 전부를, 기성금(旣成金)을 받은 경우에는 하수급인이 시공하거나 수행한 부분에 상당한 금액을 각각 지급받은 날(수급인이 발주자로부터 대금을 어음으로 받은 경우에는 그 어음만기일을 말한다)부터 15일 이내에 하수급인에게 현금으로 지급하여야 한다.

**(2)** 수급인은 발주자로부터 선급금을 받은 경우에는 하수급인이 자재의 구입, 현장근로자의 고용, 그 밖에 하도급 공사 등을 시작할 수 있도록 그가 받은 선급금의 내용과 비율에 따라 하수급인에게 선금을 받은 날(하도급 계약을 체결하기 전에 선급금을 받은 경우에는 하도급 계약을 체결한 날을 말한다)부터 15일 이내에 선급금을 지급하여야 한다. 이 경우 수급인은 하수급인이 선급금을 반환하여야 할 경우에 대비하여 하수급인에게 보증을 요구할 수 있다.

**(3)** 수급인은 하도급을 한 후 설계변경 또는 물가변동 등의 사정으로 도급금액이 조정되는 경우에는 조정된 금액과 비율에 따라 하수급인에게 하도급 금액을 증액하거나 감액하여 지급할 수 있다.

### 7. 하도급계약 자료공개 [제22조의4(하도급계약 자료의 공개)]

**(1)** 국가·지방자치단체 또는 대통령령으로 정하는 공공기관이 발주하는 소방시설공사등을 하도급한 경우 해당 발주자는 다음의 사항을 누구나 볼 수 있는 방법으로 공개하여야 한다.

　1) 공사명

2) 예정가격 및 수급인의 도급금액 및 낙찰률

3) 수급인(상호 및 대표자, 영업소 소재지, 하도급 사유)

4) 하수급인(상호 및 대표자, 업종 및 등록번호, 영업소 소재지)

5) 하도급 공사업종

6) 하도급 내용(도급금액 대비 하도급 금액 비교명세, 하도급률)

7) 선급금 지급 방법 및 비율

8) 기성금 지급 방법(지급 주기, 현금지급 비율)

9) 설계변경 및 물가변동에 따른 대금 조정 여부

10) 하자담보 책임기간

11) 하도급대금 지급보증서 발급 여부(발급하지 아니한 경우에는 그 사유를 말한다)

12) 표준하도급계약서 사용 유무

13) 하도급계약 적정성 심사 결과

**(2)** 하도급계약 자료의 공개와 관련된 절차 및 방법, 공개대상 계약규모 등에 관하여 필요한 사항은 대통령령으로 정한다.

**(3) 하도급계약 자료의 공개 방법 [시행규칙 제12조의5(하도급계약 자료의 공개)]**

　소방시설공사등의 하도급계약 자료의 공개는 하도급에 관한 사항을 통보받은 날부터 30일 이내에 해당 소방시설공사등을 발주한 기관의 인터넷 홈페이지에 게재하는 방법으로 하여야 한다.

### 8. 도급계약의 해지 [제23조(도급계약의 해지)]

　특정소방대상물의 관계인 또는 발주자는 해당 도급계약의 수급인이 다음의 어느 하나에 해당하는 경우에는 도급계약을 해지할 수 있다.

① 소방시설업이 등록취소되거나 영업정지된 경우

② 소방시설업을 휴업하거나 폐업한 경우

③ 정당한 사유 없이 30일 이상 소방시설공사를 계속하지 아니하는 경우

④ 하도급계약의 적정성 심사에 따른 요구에 정당한 사유 없이 따르지 아니하는 경우

### 9. 공사업자의 감리 제한 [제24조(공사업자의 감리 제한)]

다음의 어느 하나에 해당되면 동일한 특정소방대상물의 소방시설에 대한 시공과 감리를 함께 할 수 없다.

① 공사업자와 감리업자가 같은 자인 경우

② 「독점규제 및 공정거래에 관한 법률」에 따른 기업집단의 관계인 경우

③ 법인과 그 법인의 임직원의 관계인 경우

④ 「민법」에 따른 친족관계인 경우

### 10. 소방 기술용역 대가 [제25조(소방 기술용역의 대가 기준)]

소방시설공사의 설계와 감리에 관한 약정을 할 때 그 대가는 「엔지니어링산업 진흥법」에 따른 엔지니어링사업의 대가 기준 가운데 행정안전부령으로 정하는 방식에 따라 산정할 수 있다.

> **소방기술용역의 대가 기준 산정방식** [시행규칙 제21조]
> ① 소방시설설계의 대가 … 통신부문에 적용하는 공사비 요율에 따른 방식
> ② 소방공사감리의 대가 … 실비정액 가산방식

### 11. 시공능력 평가 및 공시 [제26조(시공능력 평가 및 공시)]

(1) 소방청장은 관계인 또는 발주자가 적절한 공사업자를 선정할 수 있도록 하기 위하여 공사업자의 신청이 있으면 그 공사업자의 소방시설공사 실적, 자본금 등에 따라 시공능력을 평가하여 공시할 수 있다.

(2) 평가를 받으려는 공사업자는 전년도 소방시설공사 실적, 자본금, 그 밖에 행정안전부령으로 정하는 사항을 소방청장에게 제출하여야 한다.

(3) 시공능력 평가신청 절차, 평가방법, 공시방법 및 수수료 등에 관하여 필요한 사항은 행정안전부령으로 정한다.

## 1) 평가의 신청 [시행규칙 제22조(소방시설공사 시공능력 평가의 신청)]

① 소방시설공사의 시공능력을 평가받으려는 공사업자는 소방시설공사 시공능력평가신청서(전자문서로 된 소방시설공사 시공능력평가신청서를 포함)에 다음의 서류(전자문서를 포함)를 첨부하여 협회에 매년 2월 15일(법인의 경우에는 매년 4월 15일, 개인의 경우에는 매년 6월 10일)까지 제출하여야 하며, 이 경우 협회는 공사업자가 첨부하여야 할 서류를 갖추지 못하였을 때에는 15일의 보완기간을 부여하여 보완하게 하여야 한다. 다만, 「전자정부법」에 따른 행정정보의 공동이용을 통하여 첨부서류에 대한 정보를 확인할 수 있는 경우에는 그 확인으로 첨부서류를 갈음할 수 있다.

ⓖ 소방공사실적을 증명하는 다음의 구분에 따른 해당 서류(전자문서를 포함한다)

ⓐ 국가, 지방자치단체, 「공공기관의 운영에 관한 법률」에 따른 공기업·준정부기관 또는 「지방공기업법」에 따라 설립된 지방공사나 같은 법에 따라 설립된 지방공단이 발주한 국내 소방시설공사의 경우: 해당 발주자가 발행한 서식의 소방시설공사 실적증명서

ⓑ ⓖ, ⓔ 또는 ⓜ 외의 국내 소방시설공사의 경우: 해당 발주자가 발행한 서식의 소방시설공사 실적증명서 및 부가가치세법령에 따른 세금계산서(공급자 보관용) 사본이나 소득세법령에 따른 계산서(공급자 보관용) 사본. 다만, 유지·보수공사는 공사시공명세서로 갈음할 수 있다.

ⓒ 해외 소방시설공사의 경우: 재외공관장이 발행한 해외공사 실적증명서 또는 공사계약서 사본이 첨부된 외국환은행이 발행한 외화입금증명서

ⓓ 주한국제연합군 또는 그 밖의 외국군의 기관으로부터 도급받은 소방시설공사의 경우: 거래하는 외국환은행이 발행한 외화입금증명서 및 도급계약서 사본

ⓔ 공사업자의 자기수요에 따른 소방시설공사의 경우: 그 공사의 감리자가 확인한 소방시설공사 실적증명서

ⓛ 평가를 받는 해의 전년도 말일 현재의 소방시설업 등록수첩 사본

ⓒ 소방기술자보유현황

ⓔ 신인도평가신고서(다음의 어느 하나에 해당하는 사실이 있는 경우에만 해당된다)

ⓐ 품질경영인증(ISO 9000) 취득

ⓑ 우수소방시설공사업자 지정

ⓒ 소방시설공사 표창 수상

ⓜ 다음 각 목의 어느 하나에 해당하는 서류

ⓐ 「법인세법」 및 「소득세법」에 따라 관할 세무서장에게 제출한 조세에 관한 신고서(「세무사법」에 따라 등록한 세무사가 확인한 것으로서 대차대조표 및 손익계산서가 포함된 것을 말한다)

ⓑ 「주식회사의 외부감사에 관한 법률」에 따라 외부감사인의 회계감사를 받은 재무제표

ⓒ 「공인회계사법」에 따라 등록한 공인회계사 또는 등록한 회계법인이 감사한 회계서류

ⓓ 출자·예치·담보 금액 확인서(다만, 소방청장이 지정하는 금융회사 또는 소방산업공제조합에서 통보하는 경우에는 생략할 수 있다)

② ①에서 규정한 사항 외에 시공능력 평가 및 수수료 등 업무수행에 필요한 세부규정은 협회가 정하되, 소방청장의 승인을 받아야 한다. 이 경우 수수료의 승인에 관한 사항은 소방청장이 고시하여야 한다.

**2) 시공능력의 평가 [시행규칙 제23조(시공능력의 평가)]**

① 시공능력 평가의 방법 표

소방시설공사업자의 시공능력 평가는 다음 계산식으로 산정하되, 10만원 미만의 숫자는 버린다. 이 경우 산정기준일은 평가를 하는 해의 전년도 말일로 한다.

시공능력평가액 = 실적평가액 + 자본금평가액 + 기술력평가액 + 경력평가액 ± 신인도평가액

1. 실적평가액은 다음 계산식으로 산정한다.

   실적평가액 = 연평균공사실적액

   가. 공사실적액(발주자가 공급하는 자재비를 제외한다)은 해당 업체의 수급금액중 하수급금액은 포함하고 하도급금액은 제외한다.

   나. 공사업을 한 기간이 산정일을 기준으로 3년 이상인 경우에는 최근 3년간의 공사실적을 합산하여 3으로 나눈 금액을 연평균공사실적액으로 한다.

   다. 공사업을 한 기간이 산정일을 기준으로 1년 이상 3년 미만인 경우에는 그 기간의 공사실적을 합산한 금액을 그 기간의 개월수로 나눈 금액에 12를 곱한 금액을 연평균공사실적액으로 한다.

   라. 공사업을 한 기간이 산정일을 기준으로 1년 미만인 경우에는 그 기간의 공사실적액을 연평균공사실적액으로 한다.

   마. 다음의 어느 하나에 해당하는 경우에 실적은 종전 공사업자의 실적과 공사업을 승계한 자의 실적을 합산한다.

   1) 공사업자인 법인이 분할에 의하여 설립되거나 분할합병한 회사에 그가 경영하는 소방시설공사업 전부를 양도하는 경우

   2) 개인이 경영하던 소방시설공사업을 법인사업으로 전환하기 위하여 소방시설공사업을 양도하는 경우(소방시설공사업의 등록을 한 개인이 당해 법인의 대표자가 되는 경우에만 해당한다)

   3) 합명회사와 합자회사 간, 주식회사와 유한회사 간의 전환을 위하여 소방시설공사업을 양도하는 경우

   4) 공사업자는 법인 간에 합병을 하는 경우 또는 공사업자인 법인과 공사업자가 아닌 법인이 합병을 하는 경우

   5) 공사업자가 소방시설공사업의 업종 중 일반 소방시설공사업에서 전문 소방시설공사업으로 전환하거나 전문 소방시설공사업에서 일반 소방시설공사업으로 전환하는 경우

   6) 폐업신고로 소방시설공사업의 등록이 말소된 후 6개월 이내에 다시 소방시설공사업을 등록하는 경우

2. 자본금평가액은 다음 계산식으로 산정한다.

   자본금평가액 = (실질자본금 × 실질자본금의 평점 + 소방청장이 지정한 금융회사 또는 소방산업공제조합에 출자·예치·담보한 금액) × 70/100

   가. 실질자본금은 해당 공사업체 최근 결산일 현재(새로 등록한 자는 등록을 위한 기업진단기준일 현재)의 총자산에서 총부채를 뺀 금액을 말하며, 소방시설공사업 외의 다른 업을 겸업하는 경우에는 실질자본금에서 겸업비율에 해당하는 금액을 공제한다.

   나. 실질자본금의 평점은 다음 표에 따른다.

| 실질 자본금의 규모 | 등록기준 자본금의 2배 미만 | 등록기준 자본금의 2배 이상 3배 미만 | 등록기준 자본금의 3배 이상 4배 미만 | 등록기준 자본금의 4배 이상 5배 미만 | 등록기준 자본금의 5배 이상 |
|---|---|---|---|---|---|
| 평점 | 1.2 | 1.5 | 1.8 | 2.1 | 2.4 |

다. 출자금액은 평가연도의 직전연도 말 현재 출자한 좌수에 소방청장이 지정한 금융회사 또는 소방산
업공제조합이 평가한 지분액을 곱한 금액으로 한다. 다만, 제23조제2항 각 호의 어느 하나의 사유
로 시공능력을 평가하는 경우에는 시공능력 평가의 신청일을 기준으로 한다.

3. 기술력평가액은 다음 계산식으로 산정한다.

기술력평가액 = 전년도 공사업계의 기술자1인당 평균생산액 × 보유기술인력 가중치합계 × 30/100
+ 전년도 기술개발투자액

가. 전년도 공사업계의 기술자 1인당 평균생산액은 공사업계의 국내 총기성액을 공사업계에 종사하는
기술자의 총수로 나눈 금액으로 하되, 이 경우 국내 총기성액 및 기술자 총수는 협회가 관리하고
있는 정보를 기준으로 한다(전년도 공사업계 기술자 1인당 평균생산액이 산출되지 아니하는 경우
에는 전전년도 공사업계의 기술자 1인당 평균생산액을 적용한다)

나. 보유기술인력 가중치의 계산은 다음의 방법에 따른다.

1) 보유기술인력은 해당 공사업체에 소속되어 6개월 이상 근무한 사람(신규등록 · 신규양도 · 합병 후
공사업을 한 기간이 6개월 미만인 경우에는 등록신청서 · 양도신고서 · 합병신고서에 적혀 있는
기술인력자로 한다)만 해당한다.

2) 보유기술인력의 등급은 특급기술자, 고급기술자, 중급기술자 및 초급기술자로 구분하되, 등급구
분의 기준은 부표와 같다.

3) 보유기술인력의 등급별 가중치는 다음 표와 같다.

| 보유기술인력 | 특급기술자 | 고급기술자 | 중급기술자 | 초급기술자 |
|---|---|---|---|---|
| 가중치 | 2.5 | 2 | 1.5 | 1 |

4) 보유기술인력 1명이 기계분야 기술과 전기분야 기술을 함께 보유한 경우에는 3)의 가중치에 0.5
를 가산한다.

다. 전년도 기술개발투자액은 「조세특례제한법 시행령」에 규정된 비용 중 소방시설공사업 분야에 실
제로 사용된 금액으로 한다.

4. 경력평가액은 다음 계산식으로 산정한다.

경력평가액 = 실적평가액 × 공사업 경영기간 평점 × 20/100

가. 공사업경영기간은 등록일 · 양도신고일 또는 합병신고일부터 산정기준일까지로 한다.

나. 종전 공사업자의 공사업 경영기간과 공사업을 승계한 자의 공사업 경영기간의 합산에 관해서는 제
1호마목을 준용한다.

다. 공사업경영기간 평점은 다음 표에 따른다.

| 공사업 경영기간 | 2년 미만 | 2년 이상<br>4년 미만 | 4년 이상<br>6년 미만 | 6년 이상<br>8년 미만 | 8년 이상<br>10년 미만 |
|---|---|---|---|---|---|
| 평점 | 1.0 | 1.1 | 1.2 | 1.3 | 1.4 |

| 10년 이상<br>12년 미만 | 12년 이상<br>14년 미만 | 14년 이상<br>16년 미만 | 16년 이상<br>18년 미만 | 18년 이상<br>20년 미만 | 20년 이상 |
|---|---|---|---|---|---|
| 1.5 | 1.6 | 1.7 | 1.8 | 1.9 | 2.0 |

5. 신인도평가액은 다음 계산식으로 산정하되, 신인도평가액은 실적평가액 · 자본금평가액 · 기술력평가액 · 경력평가액을 합친 금액의 ±10%의 범위를 초과할 수 없으며, 가점요소와 감점요소가 있는 경우에는 이를 상계한다.

신인도평가액 = (실적평가액 + 자본금평가액 + 기술력평가액 + 경력평가액) × 신인도 반영비율 합계

가. 신인도 반영비율 가점요소는 다음과 같다.
  1) 최근 1년간 국가기관 · 지방자치단체 · 공공기관으로부터 우수시공업자로 선정된 경우(+3%)
  2) 최근 1년간 국가기관 · 지방자치단체 및 공공기관으로부터 공사업과 관련한 표창을 받은 경우
   – 대통령 표창(+3%)
   – 그 밖의 표창(+2%)
  3) 공사업자의 공사 시공 상 환경관리 및 공사폐기물의 처리실태가 우수하여 환경부장관으로부터 시공능력의 증액 요청이 있는 경우(+2%)
  4) 소방시설공사업에 관한 국제품질경영인증(ISO)을 받은 경우(+2%)

나. 신인도 반영비율 감점요소는 아래와 같다.
  1) 최근 1년간 국가기관 · 지방자치단체 · 공공기관으로부터 부정당업자로 제재처분을 받은 사실이 있는 경우(-3%)
  2) 최근 1년간 부도가 발생한 사실이 있는 경우(-2%)
  3) 최근 1년간 법 제9조 또는 제10조에 따라 영업정지처분 및 과징금처분을 받은 사실이 있는 경우
   – 1개월 이상 3개월 이하(-2%)
   – 3개월 초과(-3%)
  4) 최근 1년간 과태료처분을 받은 사실이 있는 경우(-2%)
  5) 최근 1년간 환경관리법령에 따른 과태료 이상의 처분을 받은 사실이 있는 경우(-2%)

② 평가된 시공능력은 공사업자가 도급받을 수 있는 1건의 공사도급금액으로 하고, 시공능력 평가의 유효기간은 공시일부터 1년간으로 한다. 다만, 다음의 어느 하나에 해당하는 사유로 평가된 시공능력의 유효기간은 그 시공능력 평가 결과의 공시일부터 다음 해의 정기 공시일의 전날까지로 한다.
  ㉠ 소방시설공사업을 등록한 경우
  ㉡ 소방시설공사업을 상속 · 양수 · 합병하거나 소방시설 전부를 인수한 경우
  ㉢ 서류가 거짓으로 확인되어 새로 평가한 경우

③ 협회는 시공능력을 평가한 경우에는 그 사실을 해당 공사업자의 등록수첩에 기재하여 발급하고, 매년 7월 31일까지 각 공사업자의 시공능력을 일간신문(「신문 등의 진흥에 관한 법률」에 해당하는 일간신문으로서 전국을 보급지역으로 등록한 일간신문을 말한다) 또는 인터넷 홈페이지를 통하여 공시하여야 한다. 다만, ②의 어느 하나에 해당하는 사유로 시공능력을 평가한 경우에는 인터넷 홈페이지를 통하여 공시하여야 한다.

④ 협회는 시공능력평가 및 공시를 위하여 제출된 자료가 거짓으로 확인된 경우에는 그 확인된 날부터 10일 이내에 ③에 따라 공시된 해당 공사업자의 시공능력을 새로 평가하고 해당 공사업자의 등록수첩에 그 사실을 기재하여 발급하여야 한다.

## 12. 설계 · 감리업자의 선정 [제26조의2(설계 · 감리업자의 선정)]

**(1)** 국가, 지방자치단체 또는 대통령령으로 정하는 공공기관은 그가 발주하는 소방시설의 설계 · 공사 감리 용역 중 소방청장이 정하여 고시하는 금액 이상의 사업에 대하여는 대통령령으로 정하는 바에 따라 집행 계획을 작성하여 공고하여야 한다.

### 1) 설계 및 공사 감리 용역사업의 집행 계획 작성 · 공고 대상자 [시행령 제12조의6]

「지방공기업법」에 따른 지방공사 및 지방공단

### 2) 설계 및 공사 감리 용역사업의 집행 계획의 내용 [시행규칙 제12조의7]

① 설계 · 공사 감리 용역명

② 설계 · 공사 감리 용역사업 시행 기관명

③ 설계 · 공사 감리 용역사업의 주요 내용

④ 총사업비 및 해당 연도 예산 규모

⑤ 입찰 예정시기

⑥ 그 밖에 입찰 참가에 필요한 사항

※ 집행 계획의 공고는 입찰공고와 함께 할 수 있다.

**(2)** 공고된 사업을 하려면 기술능력, 경영능력, 그 밖에 대통령령으로 정하는 사업수행능력 평가기준에 적합한 설계 · 감리업자를 선정하여야 한다.

### 1) 대통령령으로 정하는 사업수행능력 평가기준 [시행령 제12조의8(설계 · 감리업자의 선정 절차 등)]

① 참여하는 소방기술자의 실적 및 경력

② 입찰참가 제한, 영업정지 등의 처분 유무 또는 재정상태 건실도 등에 따라 평가한 신용도

③ 기술개발 및 투자 실적

④ 참여하는 소방기술자의 업무 중첩도

⑤ 그 밖에 행정안전부령으로 정하는 사항

### 2) 국가, 지방자치단체 또는 공공기관은 공고된 소방시설의 설계 · 공사감리 용역을 발주할 때에는 입찰에 참가하려는 자를 사업수행능력 평가기준에 따라 평가하여 입찰에 참가할 자를 선정하여야 한다.

3) 국가등이 소방시설의 설계·공사감리 용역을 발주할 때 특별히 기술이 뛰어난 자를 낙찰자로 선정하려는 경우에는 선정된 입찰에 참가할 자에게 기술과 가격을 분리하여 입찰하게 하여 기술능력을 우선적으로 평가한 후 기술능력 평가점수가 높은 업체의 순서로 협상하여 낙찰자를 선정할 수 있다.

**(3) 설계·감리업자의 선정 절차 등에 필요한 사항은 대통령령으로 정한다.**

사업수행능력 평가의 세부 기준 및 방법, 기술능력 평가 기준 및 방법, 협상 방법 등 설계·감리업자의 선정에 필요한 세부적인 사항은 행정안전부령으로 정한다. [시행령 제12조의8]

1) 설계업자 또는 감리업자의 선정 [시행규칙 제23조의2(설계업자 또는 감리업자의 선정 등)]

① 사업수행능력 평가의 세부기준은 다음의 평가기준을 말한다.

㉠ 설계용역의 경우 : 사업수행능력 평가기준

| 평가항목 | 배점범위 | 평가방법 |
|---|---|---|
| 1. 참여소방기술자 | 50 | 참여한 소방기술자의 등급·실적 및 경력 등에 따라 평가 |
| 2. 유사용역 수행 실적 | 15 | 업체의 수행 실적에 따라 평가 |
| 3. 신용도 | 10 | 관계 법령에 따른 입찰참가 제한, 영업정지 등의 처분내용에 따라 평가 및 재정상태 건실도(健實度)에 따라 평가 |
| 4. 기술개발 및 투자 실적 등 | 15 | 기술개발 실적, 투자 실적 및 교육 실적에 따라 평가 |
| 5. 업무 중첩도 | 10 | 참여소방기술자의 업무 중첩 정도에 따라 평가 |

㉡ 공사감리용역의 경우 : 사업수행능력 평가기준

| 평가항목 | 배점범위 | 평가방법 |
|---|---|---|
| 1. 참여소방기술자 | 50 | 참여한 소방기술자의 등급·실적 및 경력 등에 따라 평가 |
| 2. 유사용역 수행 실적 | 15 | 업체의 수행 실적에 따라 평가 |
| 3. 신용도 | 10 | 관계 법령에 따른 입찰참가 제한, 영업정지 등의 처분내용에 따라 평가 및 재정상태 건실도(健實度)에 따라 평가 |
| 4. 기술개발 및 투자 실적 등 | 15 | 기술개발 실적, 투자 실적 및 교육 실적에 따라 평가 |
| 5. 업무 중첩도 | 10 | 참여소방기술자의 업무 중첩 정도에 따라 평가 |

② 소방청장은 설계업자 또는 감리업자가 사업수행능력을 평가받을 때 제출하는 서류 등의 표준서식을 정하여 국가등이 이를 이용하게 할 수 있다.

③ 설계업자 및 감리업자는 그가 수행하거나 수행한 설계용역 또는 공사감리용역의 실적관리를 위하여 협회에 설계용역 또는 공사감리용역의 실적 현황을 제출할 수 있다.

④ 협회는 설계용역 또는 공사감리용역의 현황을 접수받았을 때에는 그 내용을 기록·관리하여야 하며, 설계업자 또는 감리업자가 요청하면 설계용역 수행현황확인서 또는 공사감리용역 수행현황확인서를 발급하여야 한다.

⑤ 협회는 설계용역 또는 공사감리용역의 기록·관리를 하는 경우나 설계용역 수행현황확인서, 공사감리용역 수행현황확인서를 발급할 때에는 그 신청인으로부터 실비(實費)의 범위에서 소방청장의 승인을 받아 정한 수수료를 받을 수 있다.

### 2) 기술능력 평가기준·방법 [시행규칙 제23조의3(기술능력 평가기준·방법)]

① 국가등은 기술과 가격을 분리하여 낙찰자를 선정하려는 경우에는 다음의 기준에 따라야 한다.

 ㉠ **설계용역의 경우** : 평가기준에 따른 평가 결과 국가등이 정하는 일정 점수 이상을 얻은 자를 입찰참가자로 선정한 후 기술제안서(입찰금액이 적힌 것을 말한다. 이하 이 조에서 같다)를 제출하게 하고, 기술제안서를 제출한 자를 평가기준에 따라 평가한 결과 그 점수가 가장 높은 업체부터 순서대로 기술제안서에 기재된 입찰금액이 예정가격 이내인 경우 그 업체와 협상하여 낙찰자를 선정한다.

 ㉡ **공사감리용역의 경우** : 평가기준에 따른 평가 결과 국가등이 정하는 일정 점수 이상을 얻은 자를 입찰참가자로 선정한 후 기술제안서를 제출하게 하고, 기술제안서를 제출한 자를 평가기준에 따라 평가한 결과 그 점수가 가장 높은 업체부터 순서대로 기술제안서에 기재된 입찰금액이 예정가격 이내인 경우 그 업체와 협상하여 낙찰자를 선정한다.

② 국가등은 낙찰된 업체의 기술제안서를 설계용역 또는 감리용역 계약문서에 포함시켜야 한다.

## 13. 종합정보시스템의 구축 [법 제26조의3(소방시설업 종합정보시스템의 구축 등)]

**(1)** 소방청장은 다음의 정보를 종합적이고 체계적으로 관리·제공하기 위하여 소방시설업 종합정보시스템을 구축·운영할 수 있다.

① 소방시설업자의 자본금·기술인력 보유 현황, 소방시설공사등 수행상황, 행정처분 사항 등 소방시설업자에 관한 정보

② 소방시설공사등의 착공 및 완공에 관한 사항, 소방기술자 및 감리원의 배치 현황 등 소방시설공사등과 관련된 정보

**(2)** 소방청장은 제1항에 따른 정보의 종합관리를 위하여 소방시설업자, 발주자, 관련 기관 및 단체 등에게 필요한 자료의 제출을 요청할 수 있다. 이 경우 요청을 받은 자는 특별한 사유가 없으면 이에 따라야 한다.

**(3)** 소방청장은 제1항에 따른 정보를 필요로 하는 관련 기관 또는 단체에 해당 정보를 제공할 수 있다.

**(4)** 소방시설업 종합정보시스템의 구축 및 운영 등에 필요한 사항은 행정안전부령으로 정한다.

# 소방기술자

## 1. 소방기술자의 의무 [제27조(소방기술자의 의무)]

**(1)** 소방기술자는 소방시설공사업법과 이 법에 따른 명령과 「소방시설설치유지 및 안전관리에 관한 법률」 및 같은 법에 따른 명령에 따라 업무를 수행하여야 한다.

**(2)** 소방기술자는 다른 사람에게 자격증(소방기술 경력 등을 인정받은 사람의 경우에는 소방기술 인정 자격수첩과 소방기술자 경력수첩)을 빌려 주어서는 아니 된다.

**(3)** 소방기술자는 동시에 둘 이상의 업체에 취업하여서는 아니 된다. 다만, 소방기술자 업무에 영향을 미치지 아니하는 범위에서 근무시간 외에 소방시설업이 아닌 다른 업종에 종사하는 경우는 제외한다.

## 2. 소방기술 경력 등의 인정 [제28조(소방기술 경력 등의 인정 등)]

**(1)** 소방청장은 소방기술의 효율적인 활용과 소방기술의 향상을 위하여 소방기술과 관련된 자격·학력 및 경력을 가진 사람을 소방기술자로 인정할 수 있다.

**(2)** 소방청장은 자격·학력 및 경력을 인정받은 사람에게 소방기술 인정 자격수첩과 경력수첩을 발급할 수 있다.

**(3)** 소방기술과 관련된 자격·학력 및 경력의 인정 범위와 자격수첩 및 경력수첩의 발급 절차 등에 관하여 필요한 사항은 행정안전부령으로 정한다.

　1) 소방기술자 인정범위 [시행규칙 제24조 소방기술과 관련된 자격·학력 및 경력의 인정 범위 등]

① 공통기준

　㉠ 화재예방, 소방시설 설치·유지 및 안전관리에 관한 법률 시행령」 및 「소방시설공사업법시행령」에서 "소방기술과 관련된 자격"이란 다음의 어느 하나에 해당하는 자격을 말한다.

　　ⓐ 소방기술사, 소방시설관리사, 소방설비기사, 소방설비산업기사

　　ⓑ 건축사, 건축기사, 건축산업기사

　　ⓒ 건축기계설비기술사, 건축설비기사, 건축설비산업기사

　　ⓓ 건설기계기술사, 건설기계설비기사, 건설기계설비산업기사, 일반기계기사

　　ⓔ 공조냉동기계기술사, 공조냉동기계기사, 공조냉동기계산업기사

　　ⓕ 화공기술사, 화공기사, 화공산업기사

　　ⓖ 가스기술사, 가스기능장, 가스기사, 가스산업기사

ⓗ 건축전기설비기술사, 전기기능장, 전기기사, 전기산업기사, 전기공사기사, 전기공사산업기사
　　ⓘ 산업안전기사, 산업안전산업기사
　　ⓙ 위험물기능장, 위험물산업기사, 위험물기능사
　ⓛ 화재예방, 소방시설 설치·유지 및 안전관리에 관한 법률 시행령」 및 「소방시설공사업법시행령」
　　에서 "소방기술과 관련된 학력"이란 다음의 어느 하나에 해당하는 학과를 졸업한 사람을 말한다.
　　　ⓐ 소방안전관리학과(소방안전관리과, 소방시스템과, 소방학과, 소방환경관리과, 소방공학과 및
　　　　소방행정학과를 포함한다)
　　　ⓑ 전기공학과(전기과, 전기설비과, 전자공학과, 전기전자과, 전기전자공학과, 전기제어공학과를
　　　　포함한다)
　　　ⓒ 산업안전공학과(산업안전과, 산업공학과, 안전공학과, 안전시스템공학과를 포함한다)
　　　ⓓ 기계공학과(기계과, 기계학과, 기계설계학과, 기계설계공학과, 정밀기계공학과를 포함)
　　　ⓔ 건축공학과(건축과, 건축학과, 건축설비학과, 건축설계학과를 포함한다)
　　　ⓕ 화학공학과(공업화학과, 화학공업과를 포함한다)
　　　ⓖ 학군 또는 학부제로 운영되는 대학의 경우에는 1)부터 6)까지 학과에 해당하는 학과
　ⓒ 「화재예방, 소방시설 설치·유지 및 안전관리에 관한 법률 시행령」 및 「소방시설공사업법시행령」
　　에서 "소방기술과 관련된 경력"이란 다음 어느 하나에 해당하는 경력을 말한다.
　　　ⓐ 소방시설공사업, 소방시설설계업, 소방공사감리업, 소방시설관리업, 국가, 지방자치단체, 「
　　　　공공기관의 운영에 관한 법률」 제4조에 따른 공공기관, 「공기업의 경영구조 개선 및 민영화
　　　　에 관한 법률」 제2조에 따른 정부출자기관, 「지방공기업법」에 따른 지방공사 또는 지방공단
　　　　에서 소방시설의 설계·시공·감리 또는 소방시설의 점검 및 유지관리업무를 수행한 경력
　　　ⓑ 한국소방안전원, 한국소방산업기술원, 「화재로 인한 재해보상과 보험가입에 관한 법률」에 따
　　　　른 한국화재보험협회 또는 협회에서 소방 관련 법령에 따라 소방과 관련된 정부 위탁 업무
　　　　를 수행한 경력
　　　ⓒ 소방기술사, 소방시설관리사, 소방설비기사, 소방설비산업기사 자격을 취득한 사람이 소방안
　　　　전관리자로 선임되어 소방안전관리 업무를 수행한 경력
　　　ⓓ 위험물안전관리업무대행기관에서 위험물안전관리 업무를 수행하거나 위험물기능장, 위험물
　　　　산업기사, 위험물기능사 자격을 취득한 사람이 「위험물 안전관리법」 제15조제1항에 따른 위
　　　　험물안전관리자로 선임되어 위험물안전관리 업무를 수행한 경력
　ⓔ ⓛ및 ⓒ의 소방기술분야는 다음 표에 따르되, 해당 학과를 포함하는 학군 또는 학부제로 운영되
　　는 대학의 경우에는 해당 학과의 학력·경력을 인정하고, 해당 학과가 두 가지 이상의 소방기술
　　분야에 해당하는 경우에는 다음 표의 소방기술분야(기계, 전기)를 모두 인정한다.

2) 소방기술자 인정자는 소방기술과 관련된 자격·학력 및 경력을 가진 사람을 소방기술자로 인정
　하는 경우에는 소방기술 인정 자격수첩과 소방기술자 경력수첩을 발급하여야 한다.

3) 1) 및 2)에서 규정한 사항 외에 자격수첩과 경력수첩의 발급절차 수수료 등에 관하여 필요한 사
　항은 소방청장이 정하여 고시한다.

**(4)** 소방청장은 자격수첩 또는 경력수첩을 발급받은 사람이 다음의 어느 하나에 해당하는 경우에는 행정안전부령으로 정하는 바에 따라 그 자격을 취소하거나 6개월 이상 2년 이하의 기간을 정하여 그 자격을 정지시킬 수 있다. 다만, 1)와 2)에 해당하는 경우에는 그 자격을 취소하여야 한다.

　1) 거짓이나 그 밖의 부정한 방법으로 자격수첩 또는 경력수첩을 발급받은 경우(취소사유)

　2) 자격수첩 또는 경력수첩을 다른 사람에게 빌려준 경우(취소사유)

　3) 동시에 둘 이상의 업체에 취업한 경우

　4) 소방시설공사업법 또는 이 법에 따른 명령을 위반한 경우

**(5)** 자격이 취소된 사람은 취소된 날부터 2년간 자격수첩 또는 경력수첩을 발급받을 수 없다.

### 3. 소방기술자의 실무교육 [제29조(소방기술자의 실무교육)]

**(1)** 화재 예방, 안전관리의 효율화, 새로운 기술 등 소방에 관한 지식의 보급을 위하여 소방시설업 또는 「소방시설설치유지 및 안전관리에 관한 법률」에 따른 소방시설관리업의 기술인력으로 등록된 소방기술자는 행정안전부령으로 정하는 바에 따라 실무교육을 받아야 한다.

　1) 소방기술자는 실무교육을 2년마다 1회 이상 받아야 한다. [시행규칙 제26조(소방기술자의 실무교육)]

　2) 소방기술자 실무교육에 관한 업무를 위탁받은 실무교육기관 또는 한국소방안전원의 장(실무교육기관등)은 소방기술자에 대한 실무교육을 실시하려면 교육일정 등 교육에 필요한 계획을 수립하여 소방청장에게 보고한 후 교육 10일 전까지 교육대상자에게 알려야 한다.

　3) 실무교육의 시간, 교육과목, 수수료, 그 밖에 실무교육에 관하여 필요한 사항은 소방청장이 정하여 고시한다.

**(2)** 소방기술자가 정하여진 교육을 받지 아니하면 그 교육을 이수할 때까지 그 소방기술자는 소방시설업 또는 「소방시설 설치유지 및 안전관리에 관한 법률」에 따른 소방시설관리업의 기술인력으로 등록된 사람으로 보지 아니한다.

**(3)** 소방청장은 소방기술자에 대한 실무교육을 효율적으로 하기 위하여 실무교육기관을 지정할 수 있다.

**(4)** 실무교육기관의 지정방법 · 절차 · 기준 등에 관하여 필요한 사항은 행정안전부령으로 정한다.

1) 실무교육기관의 지정기준 [시행규칙 제29조(소방기술자 실무교육기관의 지정기준)]

① 소방기술자에 대한 실무교육기관의 지정을 받으려는 자가 갖추어야 하는 실무교육에 필요한 기술인력 및 시설장비는 행정안전부 령으로 정한다.

② 실무교육기관의 지정을 받으려는 자는 비영리법인이어야 한다.

2) 실무교육 지정기관 신청 및 취소 [시행규칙 제30조(지정신청)]

① 실무교육기관의 지정을 받으려는 자는 별지 제41호서식의 실무교육기관 지정신청서(전자문서로 된 실무교육기관 지정신청서를 포함)에 다음의 서류(전자문서를 포함)를 첨부하여 소방청장에게 제출하여야 한다. 다만, 「전자정부법」에 따른 행정정보의 공동이용을 통하여 첨부서류에 대한 정보를 확인할 수 있는 경우에는 그 확인으로 첨부서류를 갈음할 수 있다.

    ㉠ 정관 사본 1부

    ㉡ 대표자, 각 지부의 책임임원 및 기술인력의 자격을 증명할 수 있는 서류(전자문서를 포함한다)와 기술인력의 명단 및 이력서 각 1부

    ㉢ 건물의 소유자가 아닌 경우 건물임대차계약서 사본 및 그 밖에 사무실 보유를 증명할 수 있는 서류(전자문서를 포함한다) 각 1부

    ㉣ 교육장 도면 1부

    ㉤ 시설 및 장비명세서 1부

② 신청서를 제출받은 담당 공무원은 「전자정부법」에 따라 행정정보의 공동이용을 통하여 다음 의 서류를 확인하여야 한다.

    ㉠ 법인등기사항 전부증명서 1부

    ㉡ 건물등기사항 전부증명서(건물의 소유자인 경우에만 첨부한다)

(5) 지정된 실무교육기관의 지정취소, 업무정지 및 청문에 관하여는 「소방시설설치유지 및 안전관리에 관한 법률」의 전문기관의 지정취소 등과 청문의 절차를 준용한다.

# 소방시설업자협회

## 1. 협회의 설립 [제30조의2(소방시설업자협회의 설립)]

**(1)** 소방시설업자는 소방시설업자의 권익보호와 소방기술의 개발 등 소방시설업의 건전한 발전을 위하여 소방시설업자협회를 설립할 수 있다.

**(2)** 협회는 법인으로 한다.

**(3)** 협회는 소방청장의 인가를 받아 주된 사무소의 소재지에 설립등기를 함으로써 성립한다.

**(4)** 협회의 설립인가 절차, 정관의 기재사항 및 협회에 대한 감독에 관하여 필요한 사항은 대통령령으로 정한다.(설립절차 [시행규칙 제19조의2(소방시설업자협회의 설립인가 절차 등)])

① 소방시설업자협회를 설립하려면 소방시설업자 10명 이상이 발기하고 창립총회에서 정관을 의결한 후 소방청장에게 인가를 신청하여야 한다.

② 소방청장은 인가를 하였을 때에는 그 사실을 공고하여야 한다.

## 2. 업무 [제30조의3(협회의 업무)]

**(1) 소방시설업의 기술발전과 소방기술의 진흥을 위한 조사 · 연구 · 분석 및 평가**

**(2) 소방산업의 발전 및 소방기술의 향상을 위한 지원**

**(3) 소방시설업의 기술발전과 관련된 국제교류 · 활동 및 행사의 유치**

**(4) 소방시설공시업법에 따른 위탁 업무의 수행**

## 3. 타법과의 관계 [제30조의4(「민법」의 준용)]

협회에 관하여 이 법에 규정되지 아니한 사항은 「민법」 중 사단법인에 관한 규정을 준용한다.

## 06 보칙

### 1. 감독 [제31조(감독)]

**(1)** 시·도지사, 소방본부장 또는 소방서장은 소방시설업의 감독을 위하여 필요할 때에는 소방시설업자나 관계인에게 필요한 보고나 자료 제출을 명할 수 있고, 관계 공무원으로 하여금 소방시설업체나 특정소방대상물에 출입하여 관계 서류와 시설 등을 검사하거나 소방시설업자 및 관계인에게 질문하게 할 수 있다.

– 소방청장은 협회에 대하여 다음의 사항을 보고하게 할 수 있다. [시행규칙 제19조의4(감독)]

① 총회 또는 이사회의 중요 의결사항

② 회원의 가입·탈퇴와 회비에 관한 사항

③ 그 밖에 협회 및 회원에 관계되는 중요한 사항

**(2)** 소방청장은 규정에 따라 소방청장의 업무를 위탁받은 실무교육기관 또는 「소방기본법」에 따른 한국소방안전원, 협회, 법인 또는 단체에 필요한 보고나 자료 제출을 명할 수 있고, 관계 공무원으로 하여금 실무교육기관, 한국소방안전원, 협회, 법인 또는 단체의 사무실에 출입하여 관계 서류 등을 검사하거나 관계인에게 질문하게 할 수 있다.

**(3)** 출입·검사를 하는 관계 공무원은 그 권한을 표시하는 증표를 지니고 이를 관계인에게 보여주어야 한다.

**(4)** 출입·검사업무를 수행하는 관계 공무원은 관계인의 정당한 업무를 방해하거나 출입·검사업무를 수행하면서 알게 된 비밀을 다른 자에게 누설하여서는 아니 된다.

### 2. 청문 [제32조(청문)]

소방시설업 등록취소처분이나 영업정지처분 또는 소방기술 인정 자격취소처분을 하려면 청문을 하여야 한다.

### 3. 권한의 위임 [제33조(권한의 위임·위탁 등)]

**(1)** 소방청장은 이 법에 따른 권한의 일부를 대통령령으로 정하는 바에 따라 시·도지사에게 위임할 수 있다.

**(2)** 소방청장은 실무교육에 관한 업무를 대통령령으로 정하는 바에 따라 실무교육기관 또는 한국소방 안전원에 위탁할 수 있다.

**(3)** 소방청장 또는 시·도지사는 다음의 업무를 대통령령으로 정하는 바에 따라 협회에 위탁할 수 있다.

① 소방시설업 등록신청의 접수 및 신청내용의 확인

② 소방시설업 등록사항 변경신고의 접수 및 신고내용의 확인

③ 소방시설업 휴업·폐업 등 신고의 접수 및 신고내용의 확인

④ 소방시설업자의 지위승계 신고의 접수 및 신고내용의 확인

⑤ 시공능력 평가 및 공시

**(4)** 소방청장은 소방기술과 관련된 자격·학력·경력의 인정 업무를 대통령령으로 정하는 바에 따라 협회, 소방기술과 관련된 법인 또는 단체에 위탁할 수 있다.

1) 소방청장은 소방기술자 실무교육에 관한 업무를 소방청장이 지정하는 실무교육기관 또는 「소방 기본법」에 따른 한국소방안전원에 위탁한다. [시행규칙 제20조(업무의 위탁)]

2) 소방청장은 시공능력 평가 및 공시에 관한 업무를 협회에 위탁한다.

3) 시·도지사는 다음의 업무를 협회에 위탁한다.

① 소방시설업 등록신청의 접수 및 신청내용의 확인

② 소방시설업 등록사항 변경신고의 접수 및 신고내용의 확인

③ 소방시설업 휴업·폐업 또는 재개업 신고의 접수 및 신고내용의 확인

④ 소방시설업자의 지위승계 신고의 접수 및 신고내용의 확인

4) 소방청장은 소방기술과 관련된 자격·학력·경력의 인정 업무를 협회, 소방기술과 관련된 법인 또는 단체에 위탁한다. 이 경우 소방청장은 수탁기관을 지정하여 관보에 고시하여야 한다.

### 4. 수수료 [제34조(수수료 등)]

**(1) 수수료나 교육비를 내야 하는 자(행정안전부령 근거)**

1) 소방시설업을 등록하려는 자

2) 소방시설업 등록증 또는 등록수첩을 재발급 받으려는 자

3) 소방시설업자의 지위승계 신고를 하려는 자

4) 방염처리능력 평가를 받으려는 자

5) 시공능력 평가를 받으려는 자

6) 자격수첩 또는 경력수첩을 발급받으려는 사람

7) 실무교육을 받으려는 사람

## (2) 수수료 기준 [시행규칙 제37조(수수료 기준)]

1) 수수료 또는 교육비 표

| 수수료 및 교육비 |
| --- |
| 1. 소방시설업을 등록하려는 자 |
|   가. 전문 소방시설설계업 : 4만원 |
|   나. 일반 소방시설설계업 : 분야별 2만원 |
|   다. 전문 소방시설공사업 : 4만원 |
|   라. 일반 소방시설공사업 : 분야별 2만원 |
|   마. 전문 소방공사감리업 : 4만원 |
|   바. 일반 소방공사감리업 : 분야별 2만원 |
|   사. 방염처리업 : 업종별 4만원 |
| 2. 소방시설업 등록증 또는 등록수첩을 재발급 받으려는 자 : 소방시설업 등록증 또는 등록수첩별 각각 1만원 |
| 3. 소방시설업자의 지위승계 신고를 하려는 자 : 2만원 |
| 4. 자격수첩 또는 경력수첩을 발급받으려는 자 : 소방청장이 정하여 고시하는 금액 |
| 5. 실무교육을 받으려는 사람 : 소방청장이 정하여 고시하는 금액 |

2) 수수료는 다음 의 어느 하나에 해당하는 방법으로 납부하여야 한다. 다만, 소방청장 또는 시·도지사는 「전자정부법」에 따라 정보통신망을 이용하여 전자화폐·전자결재 등의 방법으로 이를 납부하게 할 수 있다.

① 소방시설업을 등록하려는 자, 소방시설업 등록증 또는 등록수첩을 재발급 받으려는 자, 소방시설업자의 지위승계 신고를 하려는 자의 수수료: 해당 지방자치단체의 수입증지

② 자격수첩 또는 경력수첩을 발급받으려는 사람, 실무교육을 받으려는 사람의 수수료: 현금

## 5. 벌칙의 적용 [제34조의2(벌칙 적용 시의 공무원 의제)]

다음의 어느 하나에 해당하는 사람은 「형법」상의 수뢰, 사전수뢰, 삼자뇌물제공, 수뢰후부정처사, 사후수뢰 규정을 적용할 때에는 공무원으로 본다.

(1) 감리업을 등록한 감리업자 등의 그 감리업무를 수행하는 감리원

(2) 위탁받은 업무를 수행하는 실무교육기관, 한국소방안전원, 협회 및 소방기술과 관련된 법인 또는 단체의 담당 임원 및 직원

# 벌칙

### 1. 벌칙 [제35조(벌칙)]

소방시설업 등록을 하지 아니하고 영업을 한 자는 3년 이하의 징역 또는 1천500만원 이하의 벌금에 처한다.

### 2. 1년 이하의 징역 또는 1천만원 이하의 벌금 [제36조(벌칙)]

① 영업정지처분을 받고 그 영업정지 기간에 영업을 한 자

② 설계나 시공을 위반하여 설계나 시공을 한 자

③ 적법성 검토 등을 위반하여 감리를 하거나 거짓으로 감리한 자

④ 공사감리자의 지정 등을 위반하여 공사감리자를 지정하지 아니한 자

⑤ 위반사항에 대한 조치 보고를 거짓으로 한 자

⑥ 공사감리 결과의 통보 또는 공사감리 결과보고서의 제출을 거짓으로 한 자

⑦ 공사의 도급 규정을 위반하여 해당 소방시설업자가 아닌 자에게 소방시설공사등을 도급한 자

⑧ 하도급의 제한을 위반하여 제3자에게 소방시설공사 시공을 하도급한 자

⑨ 소방기술자의 의무를 위반하여 같은 항에 따른 법 또는 명령을 따르지 아니하고 업무를 수행한 자

### 3. 300만원 이하의 벌금 [제37조(벌칙)]

① 등록증이나 등록수첩을 다른 자에게 빌려준 자

② 소방시설공사 현장에 감리원을 배치하지 아니한 자

③ 감리업자의 보완 요구에 따르지 아니한 자

④ 위반사항에 대한 조차를 위반하여 공사감리 계약을 해지하거나 대가 지급을 거부하거나 지연시키거나 불이익을 준 자

⑤ 자격수첩 또는 경력수첩을 빌려 준 사람

⑥ 소방기술자의 동시 취업제한을 위반하여 동시에 둘 이상의 업체에 취업한 사람

⑦ 출입·검사업무를 수행하는 관계 공무원은의 비밀누설 금지를 위반하여 관계인의 정당한 업무를 방해하거나 업무상 알게 된 비밀을 누설한 사람

### 4. 100만원 이하의 벌금 [제38조(벌칙)]

① 소방청의 감독 업무에 따른 명령을 위반하여 보고 또는 자료 제출을 하지 아니하거나 거짓으로 한 자

② 소방청의 자료제출 명령 또는 질문 및 감독 업무를 위반하여 정당한 사유 없이 관계 공무원의 출입 또는 검사 · 조사를 거부 · 방해 또는 기피한 자

### 5. 양벌규정 [제39조(양벌규정)]

법인의 대표자나 법인 또는 개인의 대리인, 사용인, 그 밖의 종업원이 그 법인 또는 개인의 업무에 관하여 제35조부터 제38조까지의 어느 하나에 해당하는 위반행위를 하면 그 행위자를 벌하는 외에 그 법인 또는 개인에게도 해당 조문의 벌금형을 과(科)한다. 다만, 법인 또는 개인이 그 위반행위를 방지하기 위하여 해당 업무에 관하여 상당한 주의와 감독을 게을리하지 아니한 경우에는 그러하지 아니하다.

### 6. 과태료 [제40조(과태료)]

#### (1) 200만원 이하의 과태료

1) 등록사항의 변경, 착공신고 등 및 공사 감리자의 지정 등을 위반하여 신고를 하지 아니하거나 거짓으로 신고한 자

2) 소방시설업의 운영 등의 규정을 위반하여 관계인에게 지위승계, 행정처분 또는 휴업 · 폐업의 사실을 거짓으로 알린 자

3) 소방시설업의 운영 등의 규정을 위반하여 관계 서류를 보관하지 아니한 자

4) 소방기술자를 공사 현장에 배치하지 아니한 자

5) 완공검사를 받지 아니한 자

6) 공사의 하자보수 등의 구정을 위반하여 3일 이내에 하자를 보수하지 아니하거나 하자보수계획을 관계인에게 거짓으로 알린 자

7) 감리 관계 서류를 인수 · 인계하지 아니한 자

8) 감리원의 배치 규정에 따른 배치통보 및 변경통보를 하지 아니하거나 거짓으로 통보한 자

9) 방염성능기준 미만으로 방염을 한 자

10) 방염처리 능력 기준 및 고시에 따른 자료 제출을 거짓으로 한 자

11) 도급계약 체결 시 의무를 이행하지 아니한 자(하도급 계약의 경우에는 하도급 받은 소방시설업자는 제외한다)

12) 하도급 등의 통지를 하지 아니한 자

13) 시공능력 평가 및 공시에 따른 자료제출을 거짓으로 한 자

14) 소방청의 감독에 따른 명령을 위반하여 보고 또는 자료 제출을 하지 아니하거나 거짓으로 보고 또는 는 자료 제출을 한 자

**(2)** 과태료는 대통령령으로 정하는 바에 따라 관할 시·도지사, 소방본부장 또는 소방서장이 부과·징수한다.

---

### 과태료의 부과기준[시행령 (제21조 관련)]

1. 일반기준

  가. 위반행위의 횟수에 따른 과태료의 부과기준은 최근 1년간 같은 위반행위로 과태료를 부과받은 경우에 적용한다. 이 경우 위반행위에 대하여 과태료 부과처분을 한 날과 다시 같은 위반행위를 적발한 날을 기준으로 하여 위반횟수를 계산한다.

  나. 과태료 부과권자는 위반행위자가 다음의 어느 하나에 해당하는 경우에는 과태료 금액의 2분의 1의 범위에서 그 금액을 줄여 부과할 수 있다. 다만, 과태료를 체납하고 있는 위반행위자에 대해서는 그러하지 아니하다.

    1) 위반행위자가 「질서위반행위규제법 시행령」에 해당하는 경우

    2) 위반행위자가 처음 위반행위를 하는 경우로서 3년 이상 해당 업종을 모범적으로 영위한 사실이 인정되는 경우

    3) 위반행위자가 화재 등 재난으로 재산에 현저한 손실이 발생하거나 사업여건의 악화로 사업이 중대한 위기에 처하는 등의 사정이 있는 경우

    4) 위반행위가 사소한 부주의나 오류 등 과실로 인한 것으로 인정되는 경우

    5) 위반행위자가 같은 위반행위로 다른 법률에 따라 과태료·벌금·영업정지 등의 처분을 받은 경우

    6) 위반행위자가 위법행위로 인한 결과를 시정하거나 해소한 경우

    7) 그 밖에 위반행위의 정도, 위반행위의 동기와 그 결과 등을 고려하여 감경할 필요가 있다고 인정되는 경우

2. 개별기준

　가. 신고를 하지 않거나 거짓으로 신고한 경우 : 1차위반시 10만 원, 2차위반시 50만 원, 3차위반시 100만 원

　나. 관계인에게 지위승계, 행정처분 또는 휴업·폐업의 사실을 거짓으로 알린 경우 : 1차위반시 10만 원, 2차위반시 50만 원, 3차위반시 100만 원

　다. 관계 서류를 보관하지 않은 경우 : 200만 원

　라. 소방기술자를 공사 현장에 배치하지 않은 경우 : 200만 원

　마. 완공검사를 받지 않은 경우 : 200만 원

　바. 3일 이내에 하자를 보수하지 않거나 하자보수계획을 관계인에게 거짓으로 알린 경우

　　1) 4일 이상 30일 이내에 보수하지 않은 경우 : 50만 원

　　2) 30일을 초과하도록 보수하지 않은 경우 : 100만 원

　　3) 거짓으로 알린 경우 : 200만 원

　사. 감리 관계 서류를 인수·인계하지 않은 경우 : 200만 원

　아. 배치통보 및 변경통보를 하지 아니하거나 거짓으로 통보한 경우 : 1차위반시 50만 원, 2차위반시 100만 원, 3차위반시 200만 원

　자. 방염성능기준 미만으로 방염을 한 경우 : 200만 원

　차. 도급계약 체결 시 의무를 이행하지 아니한 경우(하도급 계약의 경우에는 하도급 받은 소방시설업자는 제외한다) : 200만 원

　카. 하도급 등의 통지를 하지 아니한 경우 : 1차위반시 50만 원, 2차위반시 100만 원, 3차위반시 200만 원

　타. 자료제출을 거짓으로 한 경우 : 200만 원

　파. 보고 또는 자료 제출을 하지 않거나 거짓으로 보고 또는 자료 제출을 한 경우 : 1차위반시 50만 원, 2차위반시 100만 원, 3차위반시 200만 원

**1** 소방시설공사업법의 목적으로 보기 어려운 것은?

① 소방시설업의 건전한발전
② 소방기술의 진흥
③ 공공의 안전 확보
④ 국민의 생명과 재산의 보호

> **TIPS!**
>
> 소방시설공사업법의 목적 [제1조(목적)]
> 소방시설공사업법은 소방시설공사 및 소방기술의 관리에 필요한 사항을 규정함으로써 소방시설업을 건전하게 발전시키고 소방기술을 진흥시켜 화재로부터 공공의 안전을 확보하고 국민경제에 이바지함을 목적으로 한다.

**2** 소방시설업에서 사용하는 용어의 정의가 바르지 않은 것은?

① 소방시설설계업 : 소방시설공사에 기본이 되는 공사계획, 설계도면, 설계 설명서, 기술계산서 및 이와 관련된 서류(설계도)를 작성(설계)하는 영업
② 소방시설공사업 : 설계도서에 따라 소방시설을 신설, 증설, 개설, 이전 및 정비(시공)하는 영업
③ 소방공사감리업 : 소방시설공사에 관한 발주자의 권한을 대행하여 소방시설공사가 설계도서와 관계 법령에 따라 적법하게 시공되는지를 확인하고, 품질·시공 관리에 대한 기술지도를 하는(감리) 영업
④ 방염처리업 : 「소방시설업법」에 따른 방염대상물품에 대하여 방염처리하는 영업

> **TIPS!**
>
> ㉠ **소방시설설계업** : 소방시설공사에 기본이 되는 공사계획, 설계도면, 설계 설명서, 기술계산서 및 이와 관련된 서류(설계도)를 작성(설계)하는 영업
> ㉡ **소방시설공사업** : 설계도서에 따라 소방시설을 신설, 증설, 개설, 이전 및 정비(시공)하는 영업
> ㉢ **소방공사감리업** : 소방시설공사에 관한 발주자의 권한을 대행하여 소방시설공사가 설계도서와 관계 법령에 따라 적법하게 시공되는지를 확인하고, 품질·시공 관리에 대한 기술지도를 하는(감리) 영업
> ㉣ **방염처리업** : 「소방시설 설치·유지 및 안전관리에 관한 법률」에 따른 방염대상물품에 대하여 방염처리하는 영업

**Answer** 1.④ 2.④

**3** 다음 중 소방시설업과 「소방시설설치유지 및 안전관리에 관한 법률」에 따른 소방시설관리업의 기술인력으로 보기 어려운 사람은?

① 소방시설관리사      ② 소방안전관리사

③ 소방기술사      ④ 소방설비기사

> **TIPS!**
> ㉠ 「소방시설설치유지 및 안전관리에 관한 법률」에 따른 소방시설관리사
> ㉡ 국가기술자격 법령에 따른 소방기술사, 소방설비기사, 소방설비산업기사, 위험물기능장, 위험물산업기사, 위험물기능사

**4** 다음 중 소방시설공사 및 소방기술의 관리에 관한 규정의 준용과 거리가 먼 법률은?

① 소방시설공사업법
② 위험물안전관리법
③ 소방시설설치유지 및 안전관리에 관한 법률
④ 건설산업기본법

> **TIPS!**
> 소방시설공사 및 소방기술의 관리에 관하여 소방시설공사업법에서 규정하지 아니한 사항에 대하여는 「소방시설설치유지 및 안전관리에 관한 법률」과 「위험물안전관리법」을 적용한다.

**5** 다음 중 소방시설업의 등록요건에 따른 등록 제외 대상과 거리가 먼 것은?

① 등록기준을 갖춘 경우
② 확인서를 제출하지 아니한 경우
③ 등록을 신청한 자가 등록의 결격사유에 해당하는 경우
④ 관계된 다른 법령에 따른 제한에 위반되는 경우

> **TIPS!**
> • 등록기준을 갖추지 못한 경우
> • 확인서를 제출하지 아니한 경우
> • 등록을 신청한 자가 등록의 결격사유에 해당하는 경우
> • 그 밖에 법, 이 영 또는 다른 법령에 따른 제한에 위반되는 경우

**Answer** 3.② 4.④ 5.①

**6** 일반 소방시설설계업에서 기계분야 대상이 되는 소방시설의 범위가 아닌 것은?

① 비상경보설비
② 소화기구
③ 옥내소화전 설비
④ 제연설비

> **TIPS!**
>
> 가. 기계분야
> ㉠ 소화기구, 옥내소화전설비, 스프링클러설비, 간이스프링클러설비, 물분무등소화설비, 옥외소화설비, 피난기구, 상수도소화용수설비, 소화수조, 저수조, 제연설비, 연결송수관설비, 연결살수설비 및 연소방지설비
> ㉡ 기계분야 소방시설에 부설되는 전기시설. 다만, 비상전원, 동력회로, 제어회로, 기계분야 소방시설을 작동하기 위하여 설치하는 화재감지기에 의한 화재감지장치 및 전기신호에 의한 소방시설의 작동장치는 제외한다.
> 나. 전기분야
> ㉠ 비상경보설비, 비상방송설비, 누전경보기, 자동화재탐지설비, 시각경보기, 자동화재속보설비, 가스누설경보기, 통합감시시설, 유도등, 유도표지, 비상조명등, 휴대용비상조명등, 비상콘센트설비 및 무선통신보조설비
> ㉡ 기계분야 소방시설에 부설되는 전기시설 중 전기시설

**7** 다음 중 소방시설공사업을 하려는 자의 자산평가액 또는 기업진단 보고서의 작성 가능한 자와 거리가 먼 것은?

① 변리사
② 공인회계사
③ 세무사
④ 전문경영진단기관

> **TIPS!**
>
> 소방시설공사업을 하려는 자는 신청일 전 최근 90일 이내에 작성한 자산평가액 또는 소방청장이 정하여 고시하는 바에 따라 작성된 기업진단 보고서를 제출해야 한다
> ㉠ 「공인회계사법」에 따라 금융위원회에 등록한 공인회계사
> ㉡ 「세무사법」에 따라 기획재정부에 등록한 세무사
> ㉢ 「건설산업기본법」에 따른 전문경영진단기관

**Answer** 6.① 7.①

**8** 다음 보기가 설명하는 것은 무엇 인가?

〈보기〉

협약에 따라 문서의 관인이나 서명을 대조하여 진위를 확인하고 발급하는 것을 일컫는다. 외국에서 발행한 문서를 인정받기 위해, 문서를 국외에서 사용하기 위해 확인을 받는 것으로 이것이 부착된 공문서는 협약 가입국에서 공문서로서 효력을 갖게 된다.

① 아포스티유                    ② MOU
③ 다자간 협정                    ④ 공문서

 **TIPS!**

협약에 따라 문서의 관인이나 서명을 대조하여 진위를 확인하고 발급하는 것을 가리켜 아포스티유라고 한다

**9** 다음 중 소방시설업의 등록 결격 사유와 거리가 먼 것은?

① 피성년후견인
② 소방기본법 위반으로 금고이상의 형의 집행유예를 받고 집행 유예기간 중 인자
③ 위험물안전관리법의 위반으로 실형을 선고 받고 그 집행이 끝난지 2년 미만인자
④ 법인의 직원이 금고형을 받고 그 집행의 유예기간 중인 경우 그 법인

**TIPS!**

[법 제5조]
㉠ 피성년후견인
㉡ 「소방시설공사업법」, 「소방기본법」, 「소방시설설치유지 및 안전관리에 관한 법률」 또는 「위험물안전관리법」에 따른 금고 이상의 실형을 선고받고 그 집행이 끝나거나(집행이 끝난 것으로 보는 경우를 포함한다) 면제된 날부터 2년이 지나지 아니한 사람
㉢ 「소방시설공사업법」, 「소방기본법」, 「소방시설설치유지 및 안전관리에 관한 법률」 또는 「위험물안전관리법」에 따른 금고 이상의 형의 집행유예를 선고받고 그 유예기간 중에 있는 사람
㉣ 등록하려는 소방시설업 등록이 취소(피성년후견인에 해당하여 등록이 취소된 경우는 제외한다)된 날부터 2년이 지나지 아니한 자
㉤ 법인의 대표자가 ㉠부터 ㉣까지의 규정에 해당하는 경우 그 법인
㉥ 법인의 임원이 ㉡부터 ㉣까지의 규정에 해당하는 경우 그 법인

**Answer** 8.① 9.④

**10** 소방시설업자의 지위승계에 대한 내용으로 바른 것은?

① 소방시설업자가 사망한 경우 그 회사 임원

② 소방시설업자가 그 영업을 양도한 경우 그 양도인

③ 법인인 소방시설업자가 다른 법인과 합병한 경우 합병 후 존속하는 법인이나 합병으로 설립되는 법인

④ 폐업신고로 소방시설업 등록이 말소된 후 3개월 이내에 다시 소방시설업을 등록한 자

> **TIPS!**
>
> ① 소방시설업자가 사망한 경우 그 상속인
> ② 소방시설업자가 그 영업을 양도한 경우 그 양수인
> ④ 폐업신고로 소방시설업 등록이 말소된 후 6개월 이내에 다시 소방시설업을 등록한 자
> * 민사집행법에 따른 경매를 통해 소방시설의 전부를 인수한자는 그 소방시설업자의 지위를 승계한다.(일부 승계는 인정 안됨)

**11** 소방시설공사의 시공을 하도급할 수 있는 경우가 아닌 것은?

① 「소방기본법」에 따른 소방시설설치업

② 「건설산업기본법」에 따른 건설업

③ 「전기공사업법」에 따른 전기공사업

④ 「정보통신공사업법」에 따른 정보통신공사업

> **TIPS!**
>
> 대통령령으로 정하는 소방시설공사의 시공을 하도급할 수 있는 경우 [시행령 제12조]
> • 「주택법」에 따른 주택건설사업
> • 「건설산업기본법」에 따른 건설업
> • 「전기공사업법」에 따른 전기공사업
> • 「정보통신공사업법」에 따른 정보통신공사업

**Answer** 10.③ 11.①

**12** 소방시설업자협회의 업무로 바르지 않은 것은?

① 소방시설업의 기술발전과 소방기술의 진흥을 위한 투자조성
② 소방산업의 발전 및 소방기술의 향상을 위한 지원
③ 소방시설업의 기술발전과 관련된 국제교류·활동 및 행사의 유치
④ 소방시설공사업법에 따른 위탁 업무의 수행

> **TIPS!**
> • 소방시설업의 기술발전과 소방기술의 진흥을 위한 조사·연구·분석 및 평가
> • 소방산업의 발전 및 소방기술의 향상을 위한 지원
> • 소방시설업의 기술발전과 관련된 국제교류·활동 및 행사의 유치
> • 소방시설공사업법에 따른 위탁 업무의 수행

**13** 소방시설업의 감독에 관한 설명으로 가장 바르지 않은 것은?

① 시·도지사는 소방시설업의 감독을 위하여 필요할 때에는 소방시설업자나 관계인에게 필요한 보고나 자료 제출을 명할 수 있다
② 시·도지사는 관계 공무원으로 하여금 실무교육기관, 한국소방안전원, 협회, 법인 또는 단체의 사무실에 출입하여 관계 서류 등을 검사하거나 관계인에게 질문하게 할 수 있다.
③ 출입·검사를 하는 관계 공무원은 그 권한을 표시하는 증표를 지니고 이를 관계인에게 보여주어야 한다.
④ 출입·검사업무를 수행하는 관계 공무원은 관계인의 정당한 업무를 방해하거나 출입·검사업무를 수행하면서 알게 된 비밀을 다른 자에게 누설하여서는 아니 된다.

> **TIPS!**
> **소방시설공사업법** [제31조(감독)]
> • 시·도지사, 소방본부장 또는 소방서장은 소방시설업의 감독을 위하여 필요할 때에는 소방시설업자나 관계인에게 필요한 보고나 자료 제출을 명할 수 있고, 관계 공무원으로 하여금 소방시설업체나 특정소방대상물에 출입하여 관계 서류와 시설 등을 검사하거나 소방시설업자 및 관계인에게 질문하게 할 수 있다.
> • 소방청장은 규정에 따라 소방청장의 업무를 위탁 받은 실무교육기관 또는 「소방기본법」에 따른 한국소방안전원, 협회, 법인 또는 단체에 필요한 보고나 자료 제출을 명할 수 있고, 관계 공무원으로 하여금 실무교육기관, 한국소방안전원, 협회, 법인 또는 단체의 사무실에 출입하여 관계 서류 등을 검사하거나 관계인에게 질문하게 할 수 있다.
> • 출입·검사를 하는 관계 공무원은 그 권한을 표시하는 증표를 지니고 이를 관계인에게 보여주어야 한다.
> • 출입·검사업무를 수행하는 관계 공무원은 관계인의 정당한 업무를 방해하거나 출입·검사업무를 수행하면서 알게 된 비밀을 다른 자에게 누설하여서는 아니 된다.

**Answer** 12.① 13.②

**14** 다음 중 3년 이하의 징역 또는 3,000만원 이하의 벌금에 해당하는 위반사항은?

① 소방시설업 등록을 하지 아니하고 영업을 한 자
② 영업정지처분을 받고 그 영업정지 기간에 영업을 한 자
③ 설계나 시공을 위반하여 설계나 시공을 한 자
④ 적법성 검토 등을 위반하여 감리를 하거나 거짓으로 감리한 자

> **TIPS!**
> • [제35조(벌칙)]
>   −소방시설업 등록을 하지 아니하고 영업을 한 자는 3년 이하의 징역 또는 3,000만원 이하의 벌금에 처한다.
> • [제36조(벌칙)] 1년 이하의 징역 또는 1천만원 이하의 벌금
>   −영업정지처분을 받고 그 영업정지 기간에 영업을 한 자
>   −설계나 시공을 위반하여 설계나 시공을 한 자
>   −적법성 검토 등을 위반하여 감리를 하거나 거짓으로 감리한 자
>   −공사감리자의 지정 등을 위반하여 공사감리자를 지정하지 아니한 자
>   −위반사항에 대한 조치 보고를 거짓으로 한 자
>   −공사감리 결과의 통보 또는 공사감리 결과보고서의 제출을 거짓으로 한 자
>   −공사의 도급 규정을 위반하여 해당 소방시설업자가 아닌 자에게 소방시설공사등을 도급한 자
>   −하도급의 제한을 위반하여 제3자에게 소방시설공사 시공을 하도급한 자
>   −소방기술자의 의무를 위반하여 같은 항에 따른 법 또는 명령을 따르지 아니하고 업무를 수행한 자

**15** 다음 중 100만원 이하의 벌금에 해당하는 위반사항은?

① 등록증이나 등록수첩을 다른 자에게 빌려준 자
② 소방청의 감독 업무에 따른 명령을 위반하여 보고 또는 자료 제출을 하지 아니하거나 거짓으로 한 자
③ 소방시설공사 현장에 감리원을 배치하지 아니한 자
④ 위반사항에 대한 조차를 위반하여 공사감리 계약을 해지하거나 대가 지급을 거부하거나 지연시키거나 불이익을 준 자

> **TIPS!**
> • [제37조(벌칙)]300만원 이하의 벌금 [제37조(벌칙)]
>   ① 등록증이나 등록수첩을 다른 자에게 빌려준 자
>   ② 소방시설공사 현장에 감리원을 배치하지 아니한 자
>   ③ 감리업자의 보완 요구에 따르지 아니한 자
>   ④ 위반사항에 대한 조차를 위반하여 공사감리 계약을 해지하거나 대가 지급을 거부하거나 지연시키거나 불이익을 준 자
>   ⑤ 자격수첩 또는 경력수첩을 빌려 준 사람
>   ⑥ 소방기술자의 동시 취업제한을 위반하여 동시에 둘 이상의 업체에 취업한 사람
>   ⑦ 출입·검사업무를 수행하는 관계 공무원은의 비밀누설 금지를 위반하여 관계인의 정당한 업무를 방해하거나 업무상 알게 된 비밀을 누설한 사람

**Answer** 14.① 15.②

• [제38조(벌칙)]100만원 이하의 벌금 [제38조(벌칙)]
① 소방청의 감독 업무에 따른 명령을 위반하여 보고 또는 자료 제출을 하지 아니하거나 거짓으로 한 자
② 소방청의 자료제출 명령 또는 질문 및 감독 업무를 위반하여 정당한 사유 없이 관계 공무원의 출입 또는 검사·조사를 거부·방해 또는 기피한 자

**16** 양벌규정에 대한 설명으로 바른 것은?

① 소방시설업법의 벌칙에 관한 규정을 위반한 경우 행위자 외에 그 법인 또는 개인에게도 해당 조문의 벌금형을 과하는 것이다.
② 소방시설업법의 벌칙에 관한 규정을 위반한 경우 행위자 외에 상당한 주의 의무를 다한 법인에게도 해당 조문의 벌금형을 과하는 것이다.
③ 소방시설업법의 벌칙에 관한 규정을 위반한 경우 행위자 외에 감독을 게을리 하지 않은 그 감독의무자(개인)에게도 해당 조문의 벌금형을 과하는 것이다.
④ 소방시설업법의 벌칙에 관한 규정을 위반한 경우 행위자 외에 그 대리인에게도 해당 조문의 벌금형을 과하는 것이다.

> **TIPS!**
>
> [제39조(양벌규정)]
> 법인의 대표자나 법인 또는 개인의 대리인, 사용인, 그 밖의 종업원이 그 법인 또는 개인의 업무에 관하여 벌칙에 관한 규정 제35조부터 제38조까지의 어느 하나에 해당하는 위반행위를 하면 그 행위자를 벌하는 외에 그 법인 또는 개인에게도 해당 조문의 벌금형을 과(科)한다. 다만, 법인 또는 개인이 그 위반행위를 방지하기 위하여 해당 업무에 관하여 상당한 주의와 감독을 게을리하지 아니한 경우에는 그러하지 아니하다.

**17** 소방시설업의 감리업 등록시 특급감리자의 기술격으로 바르지 않은 것은?

① 소방기술사 자격을 취득한 사람
② 소방설비기사 자격을 취득한 후 8년 이상 소방 관련 업무를 수행한 사람
③ 소방설비산업기사 자격을 취득한 후 8년 이상 소방 관련 업무를 수행한 사람
④ 소방설비산업기사 자격을 취득한 후 12년 이상 소방 관련 업무를 수행한 사람

> **TIPS!**
>
> ③ 소방설비산업기사 자격을 취득한 후 8년 이상 소방 관련 업무를 수행한 사람은 고급 감리원에 대한 설명이다
> ※ **특급감리원의 자격[시행규칙 제17조]**
>   ⊙ 소방기술사 자격을 취득한 사람
>   ⓒ 소방설비기사 자격을 취득한 후 8년 이상 소방 관련 업무를 수행한 사람
>   ⓒ 소방설비산업기사 자격을 취득한 후 12년 이상 소방 관련 업무를 수행한 사람

**Answer** 16.① 17.③

**18** 다음 중 초급기술자 이상의 소방기술자(기계분야 및 전기분야)를 배치해야 하는 곳은?

① 지하구(地下溝)의 공사 현장

② 연면적 1만 제곱미터 이상 20만 제곱미터 미만인 아파트의 공사 현장

③ 물분무등소화설비(호스릴 방식의 소화설비는 제외한다) 또는 제연설비가 설치되는 특정소방대상물의 공사 현장

④ 연면적 5천 제곱미터 이상 3만 제곱미터 미만인 특정소방대상물(아파트는 제외한다)의 공사 현장

> **TIPS!**
>
> • 초급기술자를 배치해야 하는 장소[시행규칙 제3조]
>  가. 연면적 1천 제곱미터 이상 5천 제곱미터 미만인 특정소방대상물(아파트는 제외한다)의 공사 현장
>  나. 연면적 1천 제곱미터 이상 1만 제곱미터 미만인 아파트의 공사 현장
>  다. 지하구(地下溝)의 공사 현장
> • 중급기술자를 배치하야 하는 장소
>  가. 물분무등소화설비(호스릴 방식의 소화설비는 제외한다) 또는 제연설비가 설치되는 특정소방대상물의 공사 현장
>  나. 연면적 5천 제곱미터 이상 3만 제곱미터 미만인 특정소방대상물(아파트는 제외한다)의 공사 현장
>  다. 연면적 1만 제곱미터 이상 20만 제곱미터 미만인 아파트의 공사 현장

**19** 소방시설설계업에 해당 하지 않는 것은?

① 공사계획

② 설계도면

③ 기술계산서

④ 보안설비

> **TIPS!**
>
> [법제2조 제1항 1호]
> 소방시설공사에 기본이 되는 공사계획, 설계도면, 설계 설명서, 기술계산서 및 이와 관련된 서류(설계도)를 작성(설계)하는 영업

**Answer** 18.① 19.④

**20** 다음 중 소방시설업의 등록에 관한 내용 중 바르지 않은 것은?

① 소방시설업의 업종별 영업범위는 대통령령으로 정한다.

② 소방시설업의 등록신청과 등록증·등록수첩의 발급·재발급 신청은 행정안전부령으로 정한다.

③ 시·도지사는 등록기준을 갖추지 못한 경우를 제외하고 소방공사업법에 따른 등록을 해 주어야한다.

④ 시공업무를 주요 업무로 규정되어 있는 경우 시·도지사에게 등록을 하지 아니하고 자체 기술인력을 활용하여 설계·감리를 할 수 있다.

 TIPS!

[법 제4조 제4항]
다음의 요건을 모두 갖춘 경우에는 시·도지사에게 등록을 하지 아니하고 자체 기술인력을 활용하여 설계·감리를 할 수 있다. 이 경우 대통령령으로 정하는 기술인력을 보유하여야 한다.
㉠ 주택의 건설·공급을 목적으로 설립되었을 것
㉡ 설계·감리 업무를 주요 업무로 규정하고 있을 것

**21** 소방시설업자가 행정안전부령으로 정하는 중요 등록사항을 변경할 때 신고 관청으로 바른 것은?

① 시·도지사

② 행정안전부장관

③ 소방청장

④ 소방본부장

 TIPS!

[법 제6조]
소방시설업자는 등록한 사항 중 행정안전부령으로 정하는 중요 사항을 변경할 때에는 행정안전부령으로 정하는 바에 따라 시·도지사에게 신고하여야 한다.

**22** 다음 중 소방시설의 운영에 관한 내용 중 바르지 않은 것은?

① 소방시설업자는 소방시설업의 등록증 또는 등록수첩을 다른 자에게 빌려 주어서는 아니 된다.

② 영업정지처분이나 등록취소처분을 받은 소방시설업자는 그 다음 날부터 소방시설공사 등을 하여서는 아니 된다.

③ 소방시설업자의 지위를 승계한 경우 소방시설공사 등을 맡긴 특정소방대상물의 관계인에게 지체 없이 그 사실을 알려야 한다

④ 소방시설업자는 행정안전부령으로 정하는 관계 서류를 소방공사업법의 공사의 하자보수 등에관한 법률에 따라 하자보수 보증기간 동안 보관하여야 한다.

Answer 20.④ 21.① 22.②

**23** 다음 중 소방시설업의 등록취소 사유에 해당하지 않는 것은?

① 영업정지 기간 중에 소방시설공사등을 한 경우
② 거짓이나 그 밖의 부정한 방법으로 등록한 경우
③ 소방시설등록업자가 피성년후견인에 해당하게 된 경우
④ 다른 자에게 등록증 또는 등록수첩을 빌려준 경우

> **TIPS!**

[법 제9조 제1항]
• 다른 자에게 등록증 또는 등록수첩을 빌려준 경우(영업 정지 사유 이다)
• 취소사유
  ㉠ 거짓이나 그 밖의 부정한 방법으로 등록한 경우
  ㉡ 소방시설업 등록업자가 피성년후견인, 소방공사업법·소방기본법 등의 위반으로 실형·금고의 형을 받고 집행을 마치지 않거나 집행유예의 기준 중인 사람, 소방시설업 등록이 취소된 날로부터 2년이 지나지 않은 경우 등 등록 결격사유에 해당하게 된 경우
  ㉢ 영업정지 기간 중에 소방시설공사등을 한 경우

**24** 시·도지사는 영업정지에 해당하는 경우로서 영업정지가 그 이용자에게 불편을 주거나 그 밖에 공익을 해칠 우려가 있을 때에는 영업정지처분을 갈음하여 (    ) 이하의 과징금을 부과할 수 있다. 그 금액으로 바른 것은?

① 500만 원
② 1,000만 원
③ 2,000만 원
④ 3,000만 원

> **TIPS!**

[법 제10조]
시·도지사는 등록취소와 영업정지의 어느 하나에 해당하는 경우로서 영업정지가 그 이용자에게 불편을 주거나 그 밖에 공익을 해칠 우려가 있을 때에는 영업정지처분을 갈음하여 3천 만원 이하의 과징금을 부과할 수 있다.

**Answer** 23.④ 24.④

**25**　다음 중 소방시설을 설계할 권한이 있는 자는?

① 소방시설업을 등록한 자
② 소방시설설계업을 등록한 자
③ 소방시설감리업을 등록한 자
④ 소방시설시공업을 등록한 자

> **TIPS!**
>
> [법 제11조 1항]
> 소방시설설계업을 등록한 자(설계업자)는 이 법이나 이 법에 따른 명령과 화재안전기준에 맞게 소방시설을 설계하여야 한다. 다만, 「소방시설 설치·유지 및 안전관리에 관한 법률」에 따른 중앙소방기술심의위원회의 심의를 거쳐 소방시설의 구조와 원리 등에서 특수한 설계로 인정된 경우는 화재안전기준을 따르지 아니할 수 있다.

**26**　다음 중 특정소방대상물의 성능위주 설계할 때 고려 대상이 아닌 것은?

① 용도　　　　　　　　　　　　② 사용빈도
③ 수용인원　　　　　　　　　　④ 가연물의 양

> **TIPS!**
>
> [법 제11조 제2항]
> 「소방시설 설치·유지 및 안전관리에 관한 법률」에 따른 특정소방대상물(신축하는 것만 해당)에 대해서는 그 용도, 위치, 구조, 수용 인원, 가연물(可燃物)의 종류 및 양 등을 고려하여 성능위주설계하여야 한다.

**27**　다음 중 성능위주설계를 할 수 있는 자격이 있는 자는?

① 전문 소방시설설계업을 등록한자
② 전문 소방시설등록업을 등록한자
③ 전문 소방시공업을 등록한자
④ 전문 소방감리업을 등록한자

> **TIPS!**
>
> [시행규칙 제2조의 3]
> ㉠ 전문 소방시설설계업을 등록한 자
> ㉡ 전문 소방시설설계업 등록기준에 따른 기술인력을 갖춘 자로서 소방청장이 정하여 고시하는 연구기관 또는 단체

**Answer**　25.②　26.②　27.①

**28** 다음 중 화재안전기준에 맞지 않게 시공할 수 있는 경우는?

① 공법이 특수한 시공에 관하여는 중앙소방기술심의위원회의 심의를 거쳐 소방시설의 구조와 원리 등에서 특수한 설계로 인정된 경우는 화재안전기준을 따르지 아니할 수 있다.

② 설계 및 시공이 화재안전에 관한 감리의 기준에 따르는 경우 화재안전기준을 따르지 아니 할 수 있다.

③ 공법이 일반적인 시공에 관하여는 중앙소방기술심의위원회의 심의를 거쳐 소방시설의 구조와 원리 등에서 특수한 설계로 인정된 경우는 화재안전기준을 따르지 아니할 수 있다.

④ 소방시설공사의 책임시공 및 기술관리를 위하여 대통령령으로 화재안전기준의 적용을 면제한 경우

 TIPS!

[법 제12조]
소방시설공사업을 등록한 자(공사업자)는 이 법이나 이 법에 따른 명령과 화재안전기준에 맞게 시공하여야 한다. 이 경우 소방시설의 구조와 원리 등에서 그 공법이 특수한 시공에 관하여는 중앙소방기술심의위원회의 심의를 거쳐 소방시설의 구조와 원리 등에서 특수한 설계로 인정된 경우는 화재안전기준을 따르지 아니할 수 있다.

**29** 다음 중 완공검사증명서는 누가 발급하여 주는 가?

① 시·도지사                    ② 소방본부장
③ 소방청장                     ④ 공사감리자

 TIPS!

[법 제14조 제3항]
소방본부장이나 소방서장은 완공검사나 부분완공검사를 하였을 때에는 완공검사증명서나 부분완공검사증명서를 발급하여야 한다.

**30** 완공검사를 위한 현장확인 대상 특정소방대상물의 범위에 해당 하지 않는 것은?

① 아파트

② 노유자시설

③ 종교시설

④ 운동시설

> **TIPS!**
>
> [시행령 제5조]
> 완공검사를 위한 현장확인 대상 특정소방대상물의 범위
> ⊙ 문화 및 집회시설, 종교시설, 판매시설, 노유자(老幼者)시설, 수련시설, 운동시설, 숙박시설, 창고시설, 지하상가 및 「다중이용업소의 안전관리에 관한 특별법」에 따른 다중이용업소
> ⊙ 가스계(이산화탄소·할로겐화합물·청정소화약제)소화설비(호스릴소화설비는 제외)가 설치되는 것
> ⊙ 연면적 1만제곱미터 이상이거나 11층 이상인 특정소방대상물(아파트는 제외)
> ⊙ 가연성가스를 제조·저장 또는 취급하는 시설 중 지상에 노출된 가연성가스탱크의 저장용량 합계가 1천 톤 이상인 시설

**31** 다음 중 하자 보수의 기간이 다른 것은?

① 피난기구

② 유도등

③ 비상경보설비

④ 자동소화장치

> **TIPS!**
>
> [시행령 제6조]
> ⊙ 피난기구, 유도등, 유도표지, 비상경보설비, 비상조명등, 비상방송설비 및 무선통신보조설비 : 2년
> ⊙ 자동소화장치, 옥내소화전설비, 스프링클러설비, 간이스프링클러설비, 물분무등소화설비, 옥외소화전설비, 자동화재탐지설비, 상수도소화용수설비 및 소화활동설비(무선통신보조설비는 제외) : 3년

**32** 소방시설업의 행정처분기준 중 가중사유로 적절한 것은?

① 위반행위가 고의나 중대한 과실이 아닌 사소한 부주의나 오류로 인한 것으로 인정되는 경우

② 위반의 내용·정도가 경미하여 관계인에게 미치는 피해가 적다고 인정되는 경우

③ 위반행위자의 위반행위가 처음이며 5년 이상 소방시설업을 모범적으로 해 온 사실이 인정되는 경우

④ 위반의 내용·정도가 중대하여 관계인에게 미치는 피해가 크다고 인정되는 경우

**Answer** 30.① 31.④ 32.④

**33** 다음 중 소방설비공사의 하자 보수에 관한 내용 중 바르지 않은 것은?

① 소방시설에 하자가 있을 때에는 대통령령으로 정하는 기간 동안 그 하자를 보수하여야 한다.

② 하자가 발생하였을 때에는 통보를 받은 공사업자는 3일 이내에 하자를 보수하거나 보수 일정을 기록한 하자보수계획을 관계인에게 서면으로 알려야 한다.

③ 하자보수를 이행하지 아니한 경우 관계인은 소방본부장이나 소방서장에게 그 사실을 알릴 수 있다.

④ 하자보수 불이행·계획보고 불이행·불합리한 계획의 통보를 받았을 때에는 「소방시설공사업법」에 따른 중앙소방기술심의위원회에 심의를 요청하여야 한다.

**TIPS!**

소방본부장이나 소방서장은 하자보수 불이행·계획보고 불이행·불합리한 계획의 통보를 받았을 때에는 「소방시설 설치·유지 및 안전관리에 관한 법률」에 따른 지방소방기술심의위원회에 심의를 요청하여야 하며, 그 심의 결과 하자보수 불이행·하자보수 계획보고 불이행·불합리한 계획에 해당하는 것으로 인정할 때에는 시공자에게 기간을 정하여 하자보수를 명하여야 한다

[법 제15조]

• 공사업자는 소방시설공사 결과 자동화재탐지설비 등 대통령령으로 정하는 소방시설에 하자가 있을 때에는 대통령령으로 정하는 기간 동안 그 하자를 보수하여야 한다.

• 관계인은 하자보수 기간에 소방시설의 하자가 발생하였을 때에는 공사업자에게 그 사실을 알려야 하며, 통보를 받은 공사업자는 3일 이내에 하자를 보수하거나 보수 일정을 기록한 하자보수계획을 관계인에게 서면으로 알려야 한다.

• 관계인은 공사업자가 다음의 어느 하나에 해당하는 경우에는 소방본부장이나 소방서장에게 그 사실을 알릴 수 있다.

㉠ 하자보수를 이행하지 아니한 경우

㉡ 하자보수 기간에 하자보수계획을 서면으로 알리지 아니한 경우

㉢ 하자보수계획이 불합리하다고 인정되는 경우

**Answer** 33.④

**34** 소방공사감리업을 등록한 감리업자는 소방공사를 감리할 때의 업무가 아닌 것은?

① 소방시설 등의 설치계획표의 적법성 검토
② 소방시설 등 설계도서의 적합성검토
③ 소방시설 등 설계 변경 사항의 적합성 검토
④ 실외장식물의 불연화(不燃化)와 방염 물품의 적법성 검토

> **TIPS!**
>
> [법 제16조 제1항]
> 소방공사감리업을 등록한 감리업자는 소방공사를 감리할 때 다음의 업무를 수행하여야 한다.
> −소방시설 등의 설치계획표의 적법성 검토
> −소방시설 등 설계도서의 적합성(적법성과 기술상의 합리성을 말한다) 검토
> −소방시설 등 설계 변경 사항의 적합성 검토
> −「소방시설 설치 · 유지 및 안전관리에 관한 법률」의 소방용품의 위치 · 규격 및 사용 자재의 적합성 검토
> −공사업자가 한 소방시설 등의 시공이 설계도서와 화재안전기준에 맞는지에 대한 지도 · 감독
> −완공된 소방시설 등의 성능시험
> −공사업자가 작성한 시공 상세 도면의 적합성 검토
> −피난시설 및 방화시설의 적법성 검토
> −실내장식물의 불연화(不燃化)와 방염 물품의 적법성 검토

**35** 감리업자는 소속 감리원을 배치하였을 때에는 누구에게 통보하여야 하는가?

① 행정안전부장관
② 시 · 도지사
③ 소방청장
④ 소방본부장

> **TIPS!**
>
> [법 제18조]
> 감리업자는 소속 감리원을 배치하였을 때에는 행정안전부령으로 정하는 바에 따라 소방본부장이나 소방서장에게 통보하여야 한다. 감리원의 배치를 변경하였을 때에도 또한 같다.

**Answer** 34.④ 35.④

**36** 다음 중 위반사항에 대한 조치 중 바르지 않은 것은?

① 소방공사감리업자는 공사업자에게 해당 공사의 시정 또는 보완을 요구하였으나 이행하지 아니하고 그 공사를 계속할 때에는 시정 또는 보완을 이행하지 아니하고 공사를 계속하는 날부터 7일 이내에 소방시설공사 위반사항보고서를 소방본부장 또는 소방서장에게 제출하여야 한다

② 감리업자는 감리를 할 때 소방시설공사가 설계도서나 화재안전기준에 맞지 아니할 때에는 관계인에게 알리고, 공사업자에게 그 공사의 시정 또는 보완 등을 요구하여야 한다.

③ 공사업자가 그 공사의 시정 또는 보완 등의 요구를 받았을 때에는 그 요구에 따라야 한다.

④ 감리업자는 공사업자가 그 공사의 시정 또는 보완 등의 요구를 이행하지 아니하고 그 공사를 계속할 때에는 소방서장에게 그 사실을 보고하여야 한다.

> **TIPS!**
>
> • [시행규칙 제18조]
>   소방공사감리업자는 공사업자에게 해당 공사의 시정 또는 보완을 요구하였으나 이행하지 아니하고 그 공사를 계속할 때에는 시정 또는 보완을 이행하지 아니하고 공사를 계속하는 날부터 3일 이내에 소방시설공사 위반사항보고서(전자문서로 된 소방시설공사 위반사항보고서를 포함)를 소방본부장 또는 소방서장에게 제출하여야 한다.
> • [법 제19조]
>   -감리업자는 감리를 할 때 소방시설공사가 설계도서나 화재안전기준에 맞지 아니할 때에는 관계인에게 알리고, 공사업자에게 그 공사의 시정 또는 보완 등을 요구하여야 한다.
>   -공사업자가 그 공사의 시정 또는 보완 등의 요구를 받았을 때에는 그 요구에 따라야 한다.
>   -감리업자는 공사업자가 그 공사의 시정 또는 보완 등의 요구를 이행하지 아니하고 그 공사를 계속할 때에는 행정안전부령으로 정하는 바에 따라 소방본부장이나 소방서장에게 그 사실을 보고하여야 한다.

**37** 다음 중 누구에게 공사감리의 결과 보고서를 제출 하는 가?

① 행정안전부장관
② 시도지사
③ 소방서장
④ 관계인

> **TIPS!**
>
> [법 제20조]
> 감리업자는 소방공사의 감리를 마쳤을 때에는 행정안전부령으로 정하는 바에 따라 그 감리 결과를 그 특정소방대상물의 관계인, 소방시설공사의 도급인, 그 특정소방대상물의 공사를 감리한 건축사에게 서면으로 알리고, 소방본부장이나 소방서장에게 공사감리 결과보고서를 제출하여야 한다.

**Answer** 36.① 37.③

**38** 다음 중 도급에 관한 내용으로 바르지 않은 것은?

① 특정소방대상물의 관계인은 소방시설공사 등을 도급할 때에는 해당 소방시설업자에게 도급하여야 한다.

② 소방시설업자는 소방시설의 설계, 시공, 감리 및 방염을 하도급하려고 하거나 하수급인을 변경하는 경우에는 소방시설공사 등의 하도급통지서를 미리 발주자에게 알려야 한다.

③ 하도급을 하려는 소방시설업자는 관계인 및 발주자에게 통지한 소방시설공사 등의 하도급통지서사 본을 하수급자에게 주어야 한다.

④ 도급을 받은 자는 소방시설공사의 시공을 제3자에게 하도급할 수 있다.

> **TIPS!**
> [법 제21조 ~ 제22조] 내용 참조
> **[법 제22조]**
> 도급을 받은 자는 소방시설공사의 시공을 제3자에게 하도급할 수 없다. 다만, 대통령령으로 정하는 경우에는 도급 받은 소방시설공사의 일부를 한 번만 제3자에게 하도급할 수 있다.

**39** 다음 중 도급계약의 해지 사유가 아닌 것은?

① 소방시설업이 등록취소된 경우

② 소방시설업을 휴업하거나 폐업한 경우

③ 정당한 사유 없이 60일 이상 소방시설공사를 계속하지 아니하는 경우

④ 소방시설업이 영업정지된 경우

> **TIPS!**
> [제23조(도급계약의 해지)]
> 특정소방대상물의 관계인 또는 발주자는 해당 도급계약의 수급인이 다음의 어느 하나에 해당하는 경우에는 도급계약을 해지할 수 있다.
> -소방시설업이 등록취소되거나 영업정지된 경우
> -소방시설업을 휴업하거나 폐업한 경우
> -정당한 사유 없이 30일 이상 소방시설공사를 계속하지 아니하는 경우
> -하도급계약의 적정성 심사에 따른 요구에 정당한 사유 없이 따르지 아니하는 경우

**Answer** 38.④ 39.③

**40** 일반소방시설 설계업 중 기계 분야의 주된 기술인력으로 바른 것은?

① 소방기술사 1명 이상
② 소방기술사 1명 이상과 기계분야 소방설비기사 1명 이상
③ 소방기술사 1명 이상과 보조 기술인력 2명 이상
④ 소방기술사 1명 이상과 전기분야 소방설비기사 1명 이상

> **TIPS!**

| 항목 업종별 | | 기술인력 | 영업범위 |
|---|---|---|---|
| 전문 소방시설 설계업 | | 가. 주된 기술인력: 소방기술사 1명 이상<br>나. 보조기술인력: 1명 이상 | 모든 특정소방대상물에 설치되는 소방시설의 설계 |
| 일반 소방 시설 설계업 | 기계 분야 | 가. 주된 기술인력: 소방기술사 또는 기계분야 소방설비기사 1명 이상<br>나. 보조기술인력: 1명 이상 | 가. 아파트에 설치되는 기계분야 소방시설(제연설비는 제외한다)의 설계<br>나. 연면적 3만제곱미터(공장의 경우에는 1만제곱미터) 미만의 특정소방대상물(제연설비가 설치되는 특정소방대상물은 제외한다)에 설치되는 기계분야 소방시설의 설계<br>다. 위험물제조소등에 설치되는 기계분야 소방시설의 설계 |
| | 전기 분야 | 가. 주된 기술인력: 소방기술사 또는 전기분야 소방설비기사 1명 이상<br>나. 보조기술인력: 1명 이상 | 가. 아파트에 설치되는 전기분야 소방시설의 설계<br>나. 연면적 3만제곱미터(공장의 경우에는 1만제곱미터) 미만의 특정소방대상물에 설치되는 전기분야 소방시설의 설계<br>다. 위험물제조소등에 설치되는 전기분야 소방시설의 설계 |

**41** 다음 중 청문의 대상이 아닌 것은?

① 소방시설업의 등록취소처분
② 소방시설업의 영업정지처분
③ 소방기술 인정 자격취소처분
④ 소방기술 인정 자격정지

> **TIPS!**

[법 제32조]
소방시설업 등록취소처분이나 영업정지처분 또는 소방기술 인정 자격취소처분을 하려면 청문을 하여야 한다.

**Answer** 40.① 41.④

**42** 다음 중 수수료가 발생 하는 경우가 아닌 것은?

① 소방시설업 등록을 취소하려는 자
② 소방시설업 등록증 또는 등록수첩을 재발급 받으려는 자
③ 소방시설업자의 지위승계 신고를 하려는 자
④ 실무교육을 받으려는 사람

> **TIPS!** ········································································································○

[제34조(수수료 등)]
다음의 어느 하나에 해당하는 자는 행정안전부령으로 정하는 바에 따라 수수료나 교육비를 내야 한다.
－소방시설업을 등록하려는 자
－소방시설업 등록증 또는 등록수첩을 재발급 받으려는 자
－소방시설업자의 지위승계 신고를 하려는 자
－자격수첩 또는 경력수첩을 발급받으려는 사람
－실무교육을 받으려는 사람

**Answer** 42.①

**43** 합성수지류의 방염업을 하기 위하여 갖추어야 하는 장비라 보기 어려운 것은?

① 제조설비

② 가공설비

③ 성형설비

④ 감압설비

> **TIPS!**
>
> • 합판 · 목재류 방염업의 설비
>
>    (가) 섬유판 외의 합판 · 목재류를 방염처리하는 경우: 다음 중 하나 이상의 설비를 갖출 것
>
>      가. 합판의 제조설비
>
>      나. 감압설비(300mmHg 이하) 및 가압설비(7kg/㎠ 이상)
>
>      다. 합판 · 목재 도장설비
>
>    (나) 섬유판을 방염처리하는 경우: 제조설비 또는 가공설비를 갖출 것
>
> • 합성수지류 방염업의 설비
>
>    ㉠ 제조설비
>
>    ㉡ 가공설비
>
>    ㉢ 성형설비

# 위험물안전관리법

# 01 총칙

## 1. 목적 [제1조(목적)]

위험물안전관리법은 위험물의 저장·취급 및 운반과 이에 따른 안전관리에 관한 사항을 규정함으로써 위험물로 인한 위해를 방지하여 공공의 안전을 확보함을 목적으로 한다.

## 2. 정의 [제2조(정의)]

**(1) 이 법에서 사용하는 용어의 정의는 다음과 같다.**

1) "위험물"이라 함은 인화성 또는 발화성 등의 성질을 가지는 것으로서 대통령령이 정하는 물품[별표 1]을 말한다.

2) "지정수량"이라 함은 위험물의 종류별로 위험성을 고려하여 대통령령이 정하는 수량으로서 제조소등의 설치허가 등에 있어서 최저의 기준이 되는 수량[별표 1]을 말한다.

3) "제조소"라 함은 위험물을 제조할 목적으로 지정수량 이상의 위험물을 취급하기 위하여 허가(허가가 면제된 경우 및 협의로써 허가를 받은 것으로 보는 경우를 포함)를 받은 장소를 말한다.

4) "저장소"라 함은 지정수량 이상의 위험물을 저장하기 위한 대통령령이 정하는 장소로서 허가를 받은 장소[별표 2]를 말한다.

5) "취급소"라 함은 지정수량 이상의 위험물을 제조외의 목적으로 취급하기 위한 대통령령이 정하는 장소로서 허가를 받은 장소[별표 3]를 말한다.

6) "제조소등"이라 함은 제조소·저장소 및 취급소를 말한다.

**(2)** 이 법에서 사용하는 용어의 정의는 (1)에서 규정하는 것을 제외하고는 「소방기본법」, 「화재예방, 소방시설 설치·유지 및 안전관리에 관한 법률」 및 「소방시설공사업법」에서 정하는 바에 따른다.

[별표 1]

위험물 및 지정수량(제2조 및 제3조관련)

| 위험물 | | | 지정수량 |
|---|---|---|---|
| 유별 | 성질 | 품명 | |
| 제1류 | 산화성고체 | 1. 아염소산염류 | 50킬로그램 |
| | | 2. 염소산염류 | 50킬로그램 |
| | | 3. 과염소산염류 | 50킬로그램 |
| | | 4. 무기과산화물 | 50킬로그램 |
| | | 5. 브롬산염류 | 300킬로그램 |
| | | 6. 질산염류 | 300킬로그램 |
| | | 7. 요오드산염류 | 300킬로그램 |
| | | 8. 과망간산염류 | 1,000킬로그램 |
| | | 9. 중크롬산염류 | 1,000킬로그램 |
| | | 10. 그 밖에 행정안전부령으로 정하는 것<br>11. 제1호 내지 제10호의 1에 해당하는 어느 하나 이<br>상을 함유한 것 | 50킬로그램, 300킬로<br>그램 또는 1,000킬로그<br>램 |
| 제2류 | 가연성고체 | 1. 황화린 | 100킬로그램 |
| | | 2. 적린 | 100킬로그램 |
| | | 3. 유황 | 100킬로그램 |
| | | 4. 철분 | 500킬로그램 |
| | | 5. 금속분 | 500킬로그램 |
| | | 6. 마그네슘 | 500킬로그램 |
| | | 7. 그 밖에 행정안전부령으로 정하는 것<br>8. 제1호 내지 제7호의 1에 해당하는 어느 하나 이상<br>을 함유한 것 | 100킬로그램 또는 500<br>킬로그램 |
| | | 9. 인화성고체 | 1,000킬로그램 |
| 제3류 | 자연발화성<br>물질 및<br>금수성물질 | 1. 칼륨 | 10킬로그램 |
| | | 2. 나트륨 | 10킬로그램 |
| | | 3. 알킬알루미늄 | 10킬로그램 |
| | | 4. 알킬리튬 | 10킬로그램 |
| | | 5. 황린 | 20킬로그램 |
| | | 6. 알칼리금속(칼륨 및 나트륨 제외) 및 알칼리토금속 | 50킬로그램 |
| | | 7. 유기금속화합물(알킬알루미늄 및 알킬리튬을 제외) | 50킬로그램 |
| | | 8. 금속의 수소화물 | 300킬로그램 |
| | | 9. 금속의 인화물 | 300킬로그램 |
| | | 10. 칼슘 또는 알루미늄의 탄화물 | 300킬로그램 |
| | | 11. 그 밖에 행정안전부령으로 정하는 것<br>12. 제1호 내지 제11호의 1에 해당하는 어느 하나 이<br>상을 함유한 것 | 10킬로그램, 20킬로그<br>램, 50킬로그램 또는<br>300킬로그램 |

| | | | | |
|---|---|---|---|---|
| 제4류 | 인화성액체 | 1. 특수인화물 | | 50리터 |
| | | 2. 제1석유류 | 비수용성액체 | 200리터 |
| | | | 수용성액체 | 400리터 |
| | | 3. 알코올류 | | 400리터 |
| | | 4. 제2석유류 | 비수용성액체 | 1,000리터 |
| | | | 수용성액체 | 2,000리터 |
| | | 5. 제3석유류 | 비수용성액체 | 2,000리터 |
| | | | 수용성액체 | 4,000리터 |
| | | 6. 제4석유류 | | 6,000리터 |
| | | 7. 동식물유류 | | 10,000리터 |
| 제5류 | 자기반응성 물질 | 1. 유기과산화물 | | 10킬로그램 |
| | | 2. 질산에스테르류 | | 10킬로그램 |
| | | 3. 니트로화합물 | | 200킬로그램 |
| | | 4. 니트로소화합물 | | 200킬로그램 |
| | | 5. 아조화합물 | | 200킬로그램 |
| | | 6. 디아조화합물 | | 200킬로그램 |
| | | 7. 히드라진 유도체 | | 200킬로그램 |
| | | 8. 히드록실아민 | | 100킬로그램 |
| | | 9. 히드록실아민염류 | | 100킬로그램 |
| | | 10. 그 밖에 행정안전부령으로 정하는 것<br>11. 제1호 내지 제10호의 1에 해당하는 어느 하나 이상을 함유한 것 | | 10킬로그램, 100킬로그램 또는 200킬로그램 |
| 제6류 | 산화성액체 | 1. 과염소산 | | 300킬로그램 |
| | | 2. 과산화수소 | | 300킬로그램 |
| | | 3. 질산 | | 300킬로그램 |
| | | 4. 그 밖에 행정안전부령으로 정하는 것 | | 300킬로그램 |
| | | 5. 제1호 내지 제4호의 1에 해당하는 어느 하나 이상을 함유한 것 | | 300킬로그램 |

※ 비고

1. "산화성고체"라 함은 고체[액체(1기압 및 섭씨 20도에서 액상인 것 또는 섭씨 20도 초과 섭씨 40도 이하에서 액상인 것을 말한다. 이하 같다)또는 기체(1기압 및 섭씨 20도에서 기상인 것을 말한다)외의 것을 말한다. 이하 같다]로서 산화력의 잠재적인 위험성 또는 충격에 대한 민감성을 판단하기 위하여 소방청장이 정하여 고시(이하"고시"라 한다)하는 시험에서 고시로 정하는 성질과 상태를 나타내는 것을 말한다. 이 경우 "액상"이라 함은 수직으로 된 시험관(안지름 30밀리미터, 높이 120밀리미터의 원통형유리관을 말한다)에 시료를 55밀리미터까지 채운 다음 당해 시험관을 수평으로 하였을 때 시료액면의 선단이 30밀리미터를 이동하는데 걸리는 시간이 90초 이내에 있는 것을 말한다.

2. "가연성고체"라 함은 고체로서 화염에 의한 발화의 위험성 또는 인화의 위험성을 판단하기 위하여 고시로 정하는 시험에서 고시로 정하는 성질과 상태를 나타내는 것을 말한다.

3. 유황은 순도가 60중량퍼센트 이상인 것을 말한다. 이 경우 순도측정에 있어서 불순물은 활석 등 불연성물질과 수분에 한한다.

4. "철분"이라 함은 철의 분말로서 53마이크로미터의 표준체를 통과하는 것이 50중량퍼센트 미만인 것은 제외한다.

5. "금속분"이라 함은 알칼리금속·알칼리토류금속·철 및 마그네슘외의 금속의 분말을 말하고, 구리분·니켈분 및 150마이크로미터의 체를 통과하는 것이 50중량퍼센트 미만인 것은 제외한다.

6. 마그네슘 및 제2류제8호의 물품중 마그네슘을 함유한 것에 있어서는 다음 각목의 1에 해당하는 것은 제외한다.

　가. 2밀리미터의 체를 통과하지 아니하는 덩어리 상태의 것

　나. 직경 2밀리미터 이상의 막대 모양의 것

7. 황화린·적린·유황 및 철분은 제2호의 규정에 의한 성상이 있는 것으로 본다.

8. "인화성고체"라 함은 고형알코올 그 밖에 1기압에서 인화점이 섭씨 40도 미만인 고체를 말한다.

9. "자연발화성물질 및 금수성물질"이라 함은 고체 또는 액체로서 공기 중에서 발화의 위험성이 있거나 물과 접촉하여 발화하거나 가연성가스를 발생하는 위험성이 있는 것을 말한다.

10. 칼륨·나트륨·알킬알루미늄·알킬리튬 및 황린은 제9호의 규정에 의한 성상이 있는 것으로 본다.

11. "인화성액체"라 함은 액체(제3석유류, 제4석유류 및 동식물유류에 있어서는 1기압과 섭씨 20도에서 액상인 것에 한한다)로서 인화의 위험성이 있는 것을 말한다.

12. "특수인화물"이라 함은 이황화탄소, 디에틸에테르 그 밖에 1기압에서 발화점이 섭씨 100도 이하인 것 또는 인화점이 섭씨 영하 20도 이하이고 비점이 섭씨 40도 이하인 것을 말한다.

13. "제1석유류"라 함은 아세톤, 휘발유 그 밖에 1기압에서 인화점이 섭씨 21도 미만인 것을 말한다.

14. "알코올류"라 함은 1분자를 구성하는 탄소원자의 수가 1개부터 3개까지인 포화1가 알코올(변성알코올을 포함한다)을 말한다. 다만, 다음 각목의 1에 해당하는 것은 제외한다.

　가. 1분자를 구성하는 탄소원자의 수가 1개 내지 3개의 포화1가 알코올의 함유량이 60중량퍼센트 미만인 수용액

　나. 가연성액체량이 60중량퍼센트 미만이고 인화점 및 연소점(태그개방식인화점측정기에 의한 연소점을 말한다. 이하 같다)이 에틸알코올 60중량퍼센트 수용액의 인화점 및 연소점을 초과하는 것

15. "제2석유류"라 함은 등유, 경유 그 밖에 1기압에서 인화점이 섭씨 21도 이상 70도 미만인 것을 말한다. 다만, 도료류 그 밖의 물품에 있어서 가연성 액체량이 40중량퍼센트 이하이면서 인화점이 섭씨 40도 이상인 동시에 연소점이 섭씨 60도 이상인 것은 제외한다.

16. "제3석유류"라 함은 중유, 클레오소트유 그 밖에 1기압에서 인화점이 섭씨 70도 이상 섭씨 200도 미만인 것을 말한다. 다만, 도료류 그 밖의 물품은 가연성 액체량이 40중량퍼센트 이하인 것은 제외한다.

17. "제4석유류"라 함은 기어유, 실린더유 그 밖에 1기압에서 인화점이 섭씨 200도 이상 섭씨 250도 미만의 것을 말한다. 다만 도료류 그 밖의 물품은 가연성 액체량이 40중량퍼센트 이하인 것은 제외한다.

18. "동식물유류"라 함은 동물의 지육 등 또는 식물의 종자나 과육으로부터 추출한 것으로서 1기압에서 인화점이 섭씨 250도 미만인 것을 말한다. 다만, 법 제20조제1항의 규정에 의하여 행정안전부령으로 정하는 용기기준과 수납·저장기준에 따라 수납되어 저장·보관되고 용기의 외부에 물품의 통칭명, 수량 및 화기엄금(화기엄금과 동일한 의미를 갖는 표시를 포함한다)의 표시가 있는 경우를 제외한다.

19. "자기반응성물질"이라 함은 고체 또는 액체로서 폭발의 위험성 또는 가열분해의 격렬함을 판단하기 위하여 고시로 정하는 시험에서 고시로 정하는 성질과 상태를 나타내는 것을 말한다.

20. 제5류제11호의 물품에 있어서는 유기과산화물을 함유하는 것 중에서 불활성고체를 함유하는 것으로서 다음 각목의 1에 해당하는 것은 제외한다.

　가. 과산화벤조일의 함유량이 35.5중량퍼센트 미만인 것으로서 전분가루, 황산칼슘2수화물 또는 인산1수소칼슘2수화물과의 혼합물

　나. 비스(4클로로벤조일)퍼옥사이드의 함유량이 30중량퍼센트 미만인 것으로서 불활성고체와의 혼합물

　다. 과산화지크밀의 함유량이 40중량퍼센트 미만인 것으로서 불활성고체와의 혼합물

라. 1·4비스(2-터셔리부틸퍼옥시이소프로필)벤젠의 함유량이 40중량퍼센트 미만인 것으로서 불활성고체와의 혼합물

마. 시크로헥사놀퍼옥사이드의 함유량이 30중량퍼센트 미만인 것으로서 불활성고체와의 혼합물

21. "산화성액체"라 함은 액체로서 산화력의 잠재적인 위험성을 판단하기 위하여 고시로 정하는 시험에서 고시로 정하는 성질과 상태를 나타내는 것을 말한다.

22. 과산화수소는 그 농도가 36중량퍼센트 이상인 것에 한하며, 제21호의 성상이 있는 것으로 본다.

23. 질산은 그 비중이 1.49 이상인 것에 한하며, 제21호의 성상이 있는 것으로 본다.

24. 위 표의 성질란에 규정된 성상을 2가지 이상 포함하는 물품(이하 이 호에서 "복수성상물품"이라 한다)이 속하는 품명은 다음 각목의 1에 의한다.

    가. 복수성상물품이 산화성고체의 성상 및 가연성고체의 성상을 가지는 경우 : 제2류제8호의 규정에 의한 품명

    나. 복수성상물품이 산화성고체의 성상 및 자기반응성물질의 성상을 가지는 경우 : 제5류제11호의 규정에 의한 품명

    다. 복수성상물품이 가연성고체의 성상과 자연발화성물질의 성상 및 금수성물질의 성상을 가지는 경우 : 제3류제12호의 규정에 의한 품명

    라. 복수성상물품이 자연발화성물질의 성상, 금수성물질의 성상 및 인화성액체의 성상을 가지는 경우 : 제3류제12호의 규정에 의한 품명

    마. 복수성상물품이 인화성액체의 성상 및 자기반응성물질의 성상을 가지는 경우 : 제5류제11호의 규정에 의한 품명

25. 위 표의 지정수량란에 정하는 수량이 복수로 있는 품명에 있어서는 당해 품명이 속하는 유(類)의 품명 가운데 위험성의 정도가 가장 유사한 품명의 지정수량란에 정하는 수량과 같은 수량을 당해 품명의 지정수량으로 한다. 이 경우 위험물의 위험성을 실험·비교하기 위한 기준은 고시로 정할 수 있다.

26. 동 표에 의한 위험물의 판정 또는 지정수량의 결정에 필요한 실험은 「국가표준기본법」에 의한 공인시험기관, 한국소방산업기술원, 중앙소방학교 또는 소방청장이 지정하는 기관에서 실시할 수 있다.

[별표 2]

지정수량 이상의 위험물을 저장하기 위한 장소와 그에 따른 저장소의 구분(제4조관련)

| 지정수량 이상의 위험물을 저장하기 위한 장소 | 저장소의 구분 |
|---|---|
| 1. 옥내(지붕과 기둥 또는 벽 등에 의하여 둘러싸인 곳을 말한다. 이하 같다)에 저장(위험물을 저장하는데 따르는 취급을 포함한다. 이하 이 표에서 같다)하는 장소. 다만, 제3호의 장소를 제외한다. | 옥내저장소 |
| 2. 옥외에 있는 탱크(제4호 내지 제6호 및 제8호에 규정된 탱크를 제외한다. 이하 제3호에서 같다)에 위험물을 저장하는 장소 | 옥외탱크저장소 |
| 3. 옥내에 있는 탱크에 위험물을 저장하는 장소 | 옥내탱크저장소 |
| 4. 지하에 매설한 탱크에 위험물을 저장하는 장소 | 지하탱크저장소 |
| 5. 간이탱크에 위험물을 저장하는 장소 | 간이탱크저장소 |
| 6. 차량(피견인자동차에 있어서는 앞차축을 갖지 아니하는 것으로서 당해 피견인자동차의 일부가 견인자동차에 적재되고 당해 피견인자동차와 그 적재물의 중량의 상당부분이 견인자동차에 의하여 지탱되는 구조의 것에 한한다)에 고정된 탱크에 위험물을 저장하는 장소 | 이동탱크저장소 |
| 7. 옥외에 다음 각목의 1에 해당하는 위험물을 저장하는 장소. 다만, 제2호의 장소를 제외한다.<br>가. 제2류 위험물중 유황 또는 인화성고체(인화점이 섭씨 0도 이상인 것에 한한다)<br>나. 제4류 위험물중 제1석유류(인화점이 섭씨 0도 이상인 것에 한한다) · 알코올류 · 제2석유류 · 제3석유류 · 제4석유류 및 동식물유류<br>다. 제6류 위험물<br>라. 제2류 위험물 및 제4류 위험물중 특별시 · 광역시 또는 도의 조례에서 정하는 위험물(「관세법」제154조의 규정에 의한 보세구역안에 저장하는 경우에 한한다)<br>마. 「국제해사기구에 관한 협약」에 의하여 설치된 국제해사기구가 채택한 「국제해상위험물규칙」(IMDG Code)에 적합한 용기에 수납된 위험물 | 옥외저장소 |
| 8. 암반내의 공간을 이용한 탱크에 액체의 위험물을 저장하는 장소 | 암반탱크저장소 |

**[별표 3]**

위험물을 제조외의 목적으로 취급하기 위한 장소와 그에 따른 취급소의 구분(제5조관련)

| 위험물을 제조외의 목적으로 취급하기 위한 장소 | 취급소의 구분 |
|---|---|
| 1. 고정된 주유설비(항공기에 주유하는 경우에는 차량에 설치된 주유설비를 포함한다)에 의하여 자동차·항공기 또는 선박 등의 연료탱크에 직접 주유하기 위하여 위험물(「석유 및 석유대체연료 사업법」제29조의 규정에 의한 가짜석유제품에 해당하는 물품을 제외한다. 이하 제2호에서 같다)을 취급하는 장소(위험물을 용기에 옮겨 담거나 차량에 고정된 3천리터 이하의 탱크에 주입하기 위하여 고정된 급유설비를 병설한 장소를 포함한다) | 주유취급소 |
| 2. 점포에서 위험물을 용기에 담아 판매하기 위하여 지정수량의 40배 이하의 위험물을 취급하는 장소 | 판매취급소 |
| 3. 배관 및 이에 부속된 설비에 의하여 위험물을 이송하는 장소. 다만, 다음 각목의 1에 해당하는 경우의 장소를 제외한다.<br>가. 「송유관 안전관리법」에 의한 송유관에 의하여 위험물을 이송하는 경우<br>나. 제조소등에 관계된 시설(배관을 제외한다) 및 그 부지가 같은 사업소안에 있고 당해 사업소안에서만 위험물을 이송하는 경우<br>다. 사업소와 사업소의 사이에 도로(폭 2미터 이상의 일반교통에 이용되는 도로로서 자동차의 통행이 가능한 것을 말한다)만 있고 사업소와 사업소 사이의 이송배관이 그 도로를 횡단하는 경우<br>라. 사업소와 사업소 사이의 이송배관이 제3자(당해 사업소와 관련이 있거나 유사한 사업을 하는 자에 한한다)의 토지만을 통과하는 경우로서 당해 배관의 길이가 100미터 이하인 경우<br>마. 해상구조물에 설치된 배관(이송되는 위험물이 별표 1의 제4류 위험물중 제1석유류인 경우에는 배관의 내경이 30센티미터 미만인 것에 한한다)으로서 당해 해상구조물에 설치된 배관이 길이가 30미터 이하인 경우<br>바. 사업소와 사업소 사이의 이송배관이 다목 내지 마목의 규정에 의한 경우중 2이상에 해당하는 경우<br>사. 「농어촌 전기공급사업 촉진법」에 따라 설치된 자가발전시설에 사용되는 위험물을 이송하는 경우 | 이송취급소 |
| 4. 제1호 내지 제3호외의 장소(「석유 및 석유대체연료 사업법」제29조의 규정에 의한 가짜석유제품에 해당하는 위험물을 취급하는 경우의 장소를 제외한다) | 일반취급소 |

## 3. 적용제외 [제3조(적용제외)]

이 법은 항공기·선박(선박법에 따른 선박을 말한다)·철도 및 궤도에 의한 위험물의 저장·취급 및 운반에 있어서는 이를 적용하지 아니한다.

## 4. 국가의 책무 [제3조의2(국가의 책무)]

(1) 국가는 위험물에 의한 사고를 예방하기 위하여 다음의 사항을 포함하는 시책을 수립·시행하여야 한다.

1) 위험물의 유통실태 분석

2) 위험물에 의한 사고 유형의 분석

3) 사고 예방을 위한 안전기술 개발

4) 전문인력 양성

5) 그 밖에 사고 예방을 위하여 필요한 사항

(2) 국가는 지방자치단체가 위험물에 의한 사고의 예방·대비 및 대응을 위한 시책을 추진하는 데에 필요한 행정적·재정적 지원을 하여야 한다.

## 5. 지정수량 미만인 위험물의 저장·취급 [제4조(지정수량 미만인 위험물의 저장·취급)]

지정수량 미만인 위험물의 저장 또는 취급에 관한 기술상의 기준은 특별시·광역시·특별자치시·도 및 특별자치도의 조례로 정한다.

## 6. 위험물의 저장 및 취급의 제한 [제5조(위험물의 저장 및 취급의 제한)]

(1) 지정수량 이상의 위험물을 저장소가 아닌 장소에서 저장하거나 제조소등이 아닌 장소에서 취급하여서는 아니된다.

(2) 다음에 해당하는 경우에는 제조소등이 아닌 장소에서 지정수량 이상의 위험물을 취급할 수 있다. 이 경우 임시로 저장 또는 취급하는 장소에서의 저장 또는 취급의 기준과 임시로 저장 또는 취급하는 장소의 위치·구조 및 설비의 기준은 시·도의 조례로 정한다.

1) 시·도의 조례가 정하는 바에 따라 관할소방서장의 승인을 받아 지정수량 이상의 위험물을 90일 이내의 기간동안 임시로 저장 또는 취급하는 경우

2) 군부대가 지정수량 이상의 위험물을 군사목적으로 임시로 저장 또는 취급하는 경우

(3) 제조소등에서의 위험물의 저장 또는 취급에 관하여는 다음의 중요기준 및 세부기준에 따라야 한다.

1) **중요기준** : 화재 등 위해의 예방과 응급조치에 있어서 큰 영향을 미치거나 그 기준을 위반하는 경우 직접적으로 화재를 일으킬 가능성이 큰 기준으로서 행정안전부령이 정하는 기준[별표18]

2) **세부기준** : 화재 등 위해의 예방과 응급조치에 있어서 중요기준보다 상대적으로 적은 영향을 미치거나 그 기준을 위반하는 경우 간접적으로 화재를 일으킬 수 있는 기준 및 위험물의 안전관리에 필요한 표시와 서류·기구 등의 비치에 관한 기준으로서 행정안전부령이 정하는 기준[별표18]

---

**[별표 18]**

**제조소등에서의 위험물의 저장 및 취급에 관한 기준(제49조관련)**

Ⅰ. 저장·취급의 공통기준

1. 제조소등에서 법 제6조제1항의 규정에 의한 허가 및 법 제6조제2항의 규정에 의한 신고와 관련되는 품명 외의 위험물 또는 이러한 허가 및 신고와 관련되는 수량 또는 지정수량의 배수를 초과하는 위험물을 저장 또는 취급하지 아니하여야 한다(중요기준).
2. 위험물을 저장 또는 취급하는 건축물 그 밖의 공작물 또는 설비는 당해 위험물의 성질에 따라 차광 또는 환기를 실시하여야 한다.
3. 위험물은 온도계, 습도계, 압력계 그 밖의 계기를 감시하여 당해 위험물의 성질에 맞는 적정한 온도, 습도 또는 압력을 유지하도록 저장 또는 취급하여야 한다.
4. 위험물을 저장 또는 취급하는 경우에는 위험물의 변질, 이물의 혼입 등에 의하여 당해 위험물의 위험성이 증대되지 아니하도록 필요한 조치를 강구하여야 한다.
5. 위험물이 남아 있거나 남아 있을 우려가 있는 설비, 기계·기구, 용기 등을 수리하는 경우에는 안전한 장소에서 위험물을 완전하게 제거한 후에 실시하여야 한다.
6. 위험물을 용기에 수납하여 저장 또는 취급할 때에는 그 용기는 당해 위험물의 성질에 적응하고 파손·부식·균열 등이 없는 것으로 하여야 한다.
7. 가연성의 액체·증기 또는 가스가 새거나 체류할 우려가 있는 장소 또는 가연성의 미분이 현저하게 부유할 우려가 있는 장소에서는 전선과 전기기구를 완전히 접속하고 불꽃을 발하는 기계·기구·공구·신발 등을 사용하지 아니하여야 한다.
8. 위험물을 보호액중에 보존하는 경우에는 당해 위험물이 보호액으로부터 노출되지 아니하도록 하여야 한다.

## II. 위험물의 유별 저장·취급의 공통기준(중요기준)

1. 제1류 위험물은 가연물과의 접촉·혼합이나 분해를 촉진하는 물품과의 접근 또는 과열·충격·마찰 등을 피하는 한편, 알카리금속의 과산화물 및 이를 함유한 것에 있어서는 물과의 접촉을 피하여야 한다.
2. 제2류 위험물은 산화제와의 접촉·혼합이나 불티·불꽃·고온체와의 접근 또는 과열을 피하는 한편, 철분·금속분·마그네슘 및 이를 함유한 것에 있어서는 물이나 산과의 접촉을 피하고 인화성 고체에 있어서는 함부로 증기를 발생시키지 아니하여야 한다.
3. 제3류 위험물 중 자연발화성물질에 있어서는 불티·불꽃 또는 고온체와의 접근·과열 또는 공기와의 접촉을 피하고, 금수성물질에 있어서는 물과의 접촉을 피하여야 한다.
4. 제4류 위험물은 불티·불꽃·고온체와의 접근 또는 과열을 피하고, 함부로 증기를 발생시키지 아니하여야 한다.
5. 제5류 위험물은 불티·불꽃·고온체와의 접근이나 과열·충격 또는 마찰을 피하여야 한다.
6. 제6류 위험물은 가연물과의 접촉·혼합이나 분해를 촉진하는 물품과의 접근 또는 과열을 피하여야 한다.
7. 제1호 내지 제6호의 기준은 위험물을 저장 또는 취급함에 있어서 당해 각호의 기준에 의하지 아니하는 것이 통상인 경우는 당해 각호를 적용하지 아니한다. 이 경우 당해 저장 또는 취급에 대하여는 재해의 발생을 방지하기 위한 충분한 조치를 강구하여야 한다.

## III. 저장의 기준

1. 저장소에는 위험물 외의 물품을 저장하지 아니하여야 한다. 다만, 다음 각목의 1에 해당하는 경우에는 그러하지 아니하다(중요기준).
   가. 옥내저장소 또는 옥외저장소에서 다음의 규정에 의한 위험물과 위험물이 아닌 물품을 함께 저장하는 경우. 이 경우 위험물과 위험물이 아닌 물품은 각각 모아서 저장하고 상호간에는 1m 이상의 간격을 두어야 한다.
      1) 위험물(제2류 위험물 중 인화성고체와 제4류 위험물을 제외한다)과 영 별표 1에서 당해 위험물이 속하는 품명란에 정한 물품(동표 제1류의 품명란 제11호, 제2류의 품명란 제8호, 제3류의 품명란 제12호, 제5류의 품명란 제11호 및 제6류의 품명란 제5호의 규정에 의한 물품을 제외한다)을 주성분으로 함유한 것으로서 위험물에 해당하지 아니하는 물품
      2) 제2류 위험물 중 인화성고체와 위험물에 해당하지 아니하는 고체 또는 액체로서 인화점을 갖는 것 또는 합성 수지류(「소방기본법 시행령」 별표 2 비고 제8호의 합성수지류를 말한다)(이하 III에서 "합성수지류등"이라한다) 또는 이들중 어느 하나 이상을 주성분으로 함유한 것으로서 위험물에 해당하지 아니하는 물품
      3) 제4류 위험물과 합성수지류등 또는 영 별표 1의 제4류의 품명란에 정한 물품을 주성분으로 함유한 것으로서 위험물에 해당하지 아니하는 물품
      4) 제4류 위험물 중 유기과산화물 또는 이를 함유한 것과 유기과산화물 또는 유기과산화물만을 함유한 것으로서 위험물에 해당하지 아니하는 물품
      5) 제48조의 규정에 의한 위험물과 위험물에 해당하지 아니하는 화약류(「총포·도검·화약류 등 단속법」에 의한 화약류에 해당하는 것을 말한다)
      6) 위험물과 위험물에 해당하지 아니하는 불연성의 물품(저장하는 위험물 및 위험물외의 물품과 위험한 반응을 일으키지 아니하는 것에 한한다)

나. 옥외탱크저장소·옥내탱크저장소·지하탱크저장소 또는 이동탱크저장소(이하 이 목에서 "옥외탱크 저장소등"이라 한다)에서 당해 옥외탱크저장소등의 구조 및 설비에 나쁜 영향을 주지 아니하면서 다음에서 정하는 위험물이 아닌 물품을 저장하는 경우

  1) 제4류 위험물을 저장 또는 취급하는 옥외탱크저장소등: 합성수지류등 또는 영 별표 1의 제4류의 품명란에 정한 물품을 주성분으로 함유한 것으로서 위험물에 해당하지 아니하는 물품 또는 위험물에 해당하지 아니하는 불연성 물품(저장 또는 취급하는 위험물 및 위험물외의 물품과 위험한 반응을 일으키지 아니하는 것에 한한다)

  2) 제6류 위험물을 저장 또는 취급하는 옥외탱크저장소 등: 영 별표 1의 제6류의 품명란에 정한 물품(동표 제6류의 품명란 제5호의 규정에 의한 물품을 제외한다)을 주성분으로 함유한 것으로서 위험물에 해당하지 아니하는 물품 또는 위험물에 해당하지 아니하는 불연성 물품(저장 또는 취급하는 위험물 및 위험물 외의 물품과 위험한 반응을 일으키지 아니하는 것에 한한다)

2. 영 별표 1의 유별을 달리하는 위험물은 동일한 저장소(내화구조의 격벽으로 완전히 구획된 실이 2 이상 있는 저장소에 있어서는 동일한 실. 이하 제3호에서 같다)에 저장하지 아니하여야 한다. 다만, 옥내 저장소 또는 옥외저장소에 있어서 다음의 각목의 규정에 의한 위험물을 저장하는 경우로서 위험물을 유별로 정리하여 저장하는 한편, 서로 1m 이상의 간격을 두는 경우에는 그러하지 아니하다(중요기준).

가. 제1류 위험물(알칼리금속의 과산화물 또는 이를 함유한 것을 제외한다)과 제5류 위험물을 저장하는 경우

나. 제1류 위험물과 제6류 위험물을 저장하는 경우

다. 제1류 위험물과 제3류 위험물 중 자연발화성물질(황린 또는 이를 함유한 것에 한한다)을 저장하는 경우

라. 제2류 위험물 중 인화성고체와 제4류 위험물을 저장하는 경우

마. 제3류 위험물 중 알킬알루미늄등과 제4류 위험물(알킬알루미늄 또는 알킬리튬을 함유한 것에 한한다)을 저장하는 경우

바. 제4류 위험물 중 유기과산화물 또는 이를 함유하는 것과 제5류 위험물 중 유기과산화물 또는 이를 함유한 것을 저장하는 경우

3. 제3류 위험물 중 황린 그 밖에 물속에 저장하는 물품과 금수성물질은 동일한 저장소에서 저장하지 아니하여야 한다(중요기준).

4. 옥내저장소에 있어서 위험물은 V의 규정에 의한 바에 따라 용기에 수납하여 저장하여야 한다. 다만, 덩어리상태의 유황과 제48조의 규정에 의한 위험물에 있어서는 그러하지 아니하다.

5. 옥내저장소에서 동일 품명의 위험물이더라도 자연발화할 우려가 있는 위험물 또는 재해가 현저하게 증대할 우려가 있는 위험물을 다량 저장하는 경우에는 지정수량의 10배 이하마다 구분하여 상호간 0.3m 이상의 간격을 두어 저장하여야 한다. 다만, 제48조의 규정에 의한 위험물 또는 기계에 의하여 하역하는 구조로 된 용기에 수납한 위험물에 있어서는 그러하지 아니하다(중요기준).

6. 옥내저장소에서 위험물을 저장하는 경우에는 다음 각목의 규정에 의한 높이를 초과하여 용기를 겹쳐 쌓지 아니하여야 한다.

가. 기계에 의하여 하역하는 구조로 된 용기만을 겹쳐 쌓는 경우에 있어서는 6m

나. 제4류 위험물 중 제3석유류, 제4석유류 및 동식물유류를 수납하는 용기만을 겹쳐 쌓는 경우에 있어서는 4m

다. 그 밖의 경우에 있어서는 3m

7. 옥내저장소에서는 용기에 수납하여 저장하는 위험물의 온도가 55℃를 넘지 아니하도록 필요한 조치를 강구하여야 한다(중요기준).
8. 삭제 〈2009.3.17〉
9. 옥외저장탱크·옥내저장탱크 또는 지하저장탱크의 주된 밸브(액체의 위험물을 이송하기 위한 배관에 설치된 밸브중 탱크의 바로 옆에 있는 것을 말한다) 및 주입구의 밸브 또는 뚜껑은 위험물을 넣거나 빼낼 때 외에는 폐쇄하여야 한다.
10. 옥외저장탱크의 주위에 방유제가 있는 경우에는 그 배수구를 평상시 폐쇄하여 두고, 당해 방유제의 내부에 유류 또는 물이 괴었을 때에는 지체없이 이를 배출하여야 한다.
11. 이동저장탱크에는 당해 탱크에 저장 또는 취급하는 위험물의 위험성을 알리는 표지를 부착하고 잘 보일 수 있도록 관리하여야 한다.
12. 이동저장탱크 및 그 안전장치와 그 밖의 부속배관은 균열, 결합불량, 극단적인 변형, 주입호스의 손상 등에 의한 위험물의 누설이 일어나지 아니하도록 하고, 당해 탱크의 배출밸브는 사용시 외에는 완전하게 폐쇄하여야 한다.
13. 피견인자동차에 고정된 이동저장탱크에 위험물을 저장할 때에는 당해 피견인자동차에 견인자동차를 결합한 상태로 두어야 한다. 다만, 다음 각목의 기준에 따라 피견인자동차를 철도·궤도상의 차량(이하 이 호에서 "차량"이라 한다)에 싣거나 차량으로부터 내리는 경우에는 그러하지 아니하다.
   가. 피견인자동차를 싣는 작업은 화재예방상 안전한 장소에서 실시하고, 화재가 발생하였을 경우에 그 피해의 확대를 방지할 수 있도록 필요한 조치를 강구할 것
   나. 피견인자동차를 실을 때에는 이동저장탱크에 변형 또는 손상을 주지 아니하도록 필요한 조치를 강구할 것
   다. 피견인자동차를 차량에 싣는 것은 견인자동차를 분리한 즉시 실시하고, 피견인자동차를 차량으로부터 내렸을 때에는 즉시 당해 피견인자동차를 견인자동차에 결합할 것
14. 컨테이너식 이동탱크저장소외의 이동탱크저장소에 있어서는 위험물을 저장한 상태로 이동저장탱크를 옮겨 싣지 아니하여야 한다(중요기준).
15. 이동탱크저장소에는 당해 이동탱크저장소의 완공검사필증 및 정기점검기록을 비치하여야 한다.
16. 알킬알루미늄등을 저장 또는 취급하는 이동탱크저장소에는 긴급시의 연락처, 응급조치에 관하여 필요한 사항을 기재한 서류, 방호복, 고무장갑, 밸브 등을 죄는 결합공구 및 휴대용 확성기를 비치하여야 한다.
17. 옥외저장소(제20호의 규정에 의한 경우를 제외한다)에 있어서 위험물은 Ⅴ에 정하는 바에 따라 용기에 수납하여 저장하여야 한다.
18. 옥외저장소에서 위험물을 저장하는 경우에 있어서는 제6호 각목의 규정에 의한 높이를 초과하여 용기를 겹쳐 쌓지 아니하여야 한다.
19. 옥외저장소에서 위험물을 수납한 용기를 선반에 저장하는 경우에는 6m를 초과하여 저장하지 아니하여야 한다.
20. 유황을 용기에 수납하지 아니하고 저장하는 옥외저장소에서는 유황을 경계표시의 높이 이하로 저장하고, 유황이 넘치거나 비산하는 것을 방지할 수 있도록 경계표시 내부의 전체를 난연성 또는 불연성의 천막 등으로 덮고 당해 천막 등을 경계표시에 고정하여야 한다.

21. 알킬알루미늄등, 아세트알데히드등 및 디에틸에테르등(디에틸에테르 또는 이를 함유한 것을 말한다. 이하 같다)의 저장기준은 제1호 내지 제20호의 규정에 의하는 외에 다음 각목과 같다(중요기준).

　가. 옥외저장탱크 또는 옥내저장탱크 중 압력탱크(최대상용압력이 대기압을 초과하는 탱크를 말한다. 이하 이 호에서 같다)에 있어서는 알킬알루미늄등의 취출에 의하여 당해 탱크내의 압력이 상용압력 이하로 저하하지 아니하도록, 압력탱크 외의 탱크에 있어서는 알킬알루미늄등의 취출이나 온도의 저하에 의한 공기의 혼입을 방지할 수 있도록 불활성의 기체를 봉입할 것

　나. 옥외저장탱크·옥내저장탱크 또는 이동저장탱크에 새롭게 알킬알루미늄등을 주입하는 때에는 미리 당해 탱크안의 공기를 불활성기체와 치환하여 둘 것

　다. 이동저장탱크에 알킬알루미늄등을 저장하는 경우에는 20㎪ 이하의 압력으로 불활성의 기체를 봉입하여 둘 것

　라. 옥외저장탱크·옥내저장탱크 또는 지하저장탱크 중 압력탱크에 있어서는 아세트알데히드등의 취출에 의하여 당해 탱크내의 압력이 상용압력 이하로 저하하지 아니하도록, 압력탱크 외의 탱크에 있어서는 아세트알데히드등의 취출이나 온도의 저하에 의한 공기의 혼입을 방지할 수 있도록 불활성 기체를 봉입할 것

　마. 옥외저장탱크·옥내저장탱크·지하저장탱크 또는 이동저장탱크에 새롭게 아세트알데히드등을 주입하는 때에는 미리 당해 탱크안의 공기를 불활성 기체와 치환하여 둘 것

　바. 이동저장탱크에 아세트알데히드등을 저장하는 경우에는 항상 불활성의 기체를 봉입하여 둘 것

　사. 옥외저장탱크·옥내저장탱크 또는 지하저장탱크 중 압력탱크 외의 탱크에 저장하는 디에틸에테르등 또는 아세트알데히드등의 온도는 산화프로필렌과 이를 함유한 것 또는 디에틸에테르등에 있어서는 30℃ 이하로, 아세트알데히드 또는 이를 함유한 것에 있어서는 15℃ 이하로 각각 유지할 것

　아. 옥외저장탱크·옥내저장탱크 또는 지하저장탱크 중 압력탱크에 저장하는 아세트알데히드등 또는 디에틸에테르등의 온도는 40℃ 이하로 유지할 것

　자. 보냉장치가 있는 이동저장탱크에 저장하는 아세트알데히드등 또는 디에틸에테르등의 온도는 당해 위험물의 비점 이하로 유지할 것

　차. 보냉장치가 없는 이동저장탱크에 저장하는 아세트알데히드등 또는 디에틸에 테르등의 온도는 40℃ 이하로 유지할 것

## Ⅳ. 취급의 기준

1. 위험물의 취급 중 제조에 관한 기준은 다음 각목과 같다(중요기준).

　가. 증류공정에 있어서는 위험물을 취급하는 설비의 내부압력의 변동 등에 의하여 액체 또는 증기가 새지 아니하도록 할 것

　나. 추출공정에 있어서는 추출관의 내부압력이 비정상으로 상승하지 아니하도록 할 것

　다. 건조공정에 있어서는 위험물의 온도가 국부적으로 상승하지 아니하는 방법으로 가열 또는 건조할 것

　라. 분쇄공정에 있어서는 위험물의 분말이 현저하게 부유하고 있거나 위험물의 분말이 현저하게 기계·기구 등에 부착하고 있는 상태로 그 기계·기구를 취급하지 아니할 것

2. 위험물의 취급중 용기에 옮겨 담는데 대한 기준은 다음 각목과 같다.

　가. 위험물을 용기에 옮겨 담는 경우에는 Ⅴ에 정하는 바에 따라 수납할 것

3. 위험물의 취급 중 소비에 관한 기준은 다음 각목과 같다(중요기준).

　가. 분사도장작업은 방화상 유효한 격벽 등으로 구획된 안전한 장소에서 실시할 것

나. 담금질 또는 열처리작업은 위험물이 위험한 온도에 이르지 아니하도록 하여 실시할 것

다. 버너를 사용하는 경우에는 버너의 역화를 방지하고 위험물이 넘치지 아니하도록 할 것

4. 주유취급소 · 판매취급소 · 이송취급소 또는 이동탱크저장소에서의 위험물의 취급기준은 다음 각목과 같다.

가. 주유취급소(항공기주유취급소 · 선박주유취급소 및 철도주유취급소를 제외한다)에서의 취급기준

1) 자동차 등에 주유할 때에는 고정주유설비를 사용하여 직접 주유할 것(중요기준)

2) 자동차 등에 인화점 40℃ 미만의 위험물을 주유할 때에는 자동차 등의 원동기를 정지시킬 것. 다만, 연료탱크에 위험물을 주유하는 동안 방출되는 가연성 증기를 회수하는 설비가 부착된 고정주유설비에 의하여 주유하는 경우에는 그러하지 아니하다.

3) 이동저장탱크에 급유할 때에는 고정급유설비를 사용하여 직접 급유할 것

4) 고정주유설비 또는 고정급유설비에 접속하는 탱크에 위험물을 주입할 때에는 당해 탱크에 접속된 고정주유설비 또는 고정급유설비의 사용을 중지하고, 자동차 등을 당해 탱크의 주입구에 접근시키지 아니할 것

5) 고정주유설비 또는 고정급유설비에는 해당 설비에 접속한 전용탱크 또는 간이탱크의 배관외의 것을 통하여서는 위험물을 공급하지 아니할 것

6) 자동차 등에 주유할 때에는 고정주유설비 또는 고정주유설비에 접속된 탱크의 주입구로부터 4m 이내의 부분(별표 13 Ⅴ 제1호다목 및 라목의 용도에 제공하는 부분 중 바닥 및 벽에서 구획된 것의 내부를 제외한다)에, 이동저장탱크로부터 전용탱크에 위험물을 주입할 때에는 전용탱크의 주입구로부터 3m 이내의 부분 및 전용탱크 통기관의 선단으로부터 수평거리 1.5m 이내의 부분에 있어서는 다른 자동차 등의 주차를 금지하고 자동차 등의 점검 · 정비 또는 세정을 하지 아니할 것

7) 주유원간이대기실 내에서는 화기를 사용하지 아니할 것

8) 전기자동차 충전설비를 사용하는 때에는 다음의 기준을 준수할 것

가) 충전기기와 전기자동차를 연결할 때에는 연장코드를 사용하지 아니할 것

나) 전기자동차의 전지 · 인터페이스 등이 충전기기의 규격에 적합한지 확인한 후 충전을 시작할 것

다) 충전 중에는 자동차 등을 작동시키지 아니할 것

나. 항공기주유취급소에서의 취급기준은 가목[1) 및 7)은 제외한다]의 규정을 준용하는 외에 다음의 기준에 의할 것

1) 항공기에 주유하는 때에는 고정주유설비, 주유배관의 선단부에 접속한 호스기기, 주유호스차 또는 주유탱크차를 사용하여 직접 주유할 것(중요기준)

2) 고정주유설비에는 당해 주유설비에 접속한 전용탱크 또는 위험물을 저장 또는 취급하는 탱크의 배관외의 것을 통하여서는 위험물을 주입하지 아니할 것

3) 주유호스차 또는 주유탱크차에 의하여 주유하는 때에는 주유호스의 선단을 항공기의 연료탱크의 급유구에 긴밀히 결합할 것. 다만, 주유탱크차에서 주유호스 선단부에 수동개폐장치를 설치한 주유노즐에 의하여 주유하는 때에는 그러하지 아니하다.

4) 주유호스차 또는 주유탱크차에서 주유하는 때에는 주유호스차의 호스기기 또는 주유탱크차의 주유설비를 접지하고 항공기와 전기적인 접속을 할 것

다. 철도주유취급소에서의 취급기준은 가목[1) 및 7)은 제외한다]의 규정 및 나목3)의 규정을 준용하는 외에 다음의 기준에 의할 것

1) 철도 또는 궤도에 의하여 운행하는 차량에 주유하는 때에는 고정주유설비 또는 주유배관의 선단부에 접속한 호스기기를 사용하여 직접 주유할 것(중요기준)

2) 철도 또는 궤도에 의하여 운행하는 차량에 주유하는 때에는 콘크리트 등으로 포장된 부분에서 주유할 것

라. 선박주유취급소에서의 취급기준은 가목[(1) 및 7)은 제외한다]의 규정 및 나목3)의 규정을 준용하는 외에 다음의 기준에 의할 것

1) 선박에 주유하는 때에는 고정주유설비 또는 주유배관의 선단부에 접속한 호스기기를 사용하여 직접 주유할 것(중요기준)

2) 선박에 주유하는 때에는 선박이 이동하지 아니하도록 계류시킬 것

3) 수상구조물에 설치하는 고정주유설비를 이용하여 주유작업을 할 때에는 5m 이내에 다른 선박의 정박 또는 계류를 금지할 것

4) 수상구조물에 설치하는 고정주유설비의 주위에 설치하는 집유설비 내에 고인 빗물 또는 위험물은 넘치지 않도록 수시로 수거하고, 수거물은 유분리장치를 이용하거나 폐기물 처리 방법에 따라 처리할 것

5) 수상구조물에 설치하는 고정주유설비를 이용한 주유작업은 위험물을 공급하는 배관·펌프 및 그 부속 설비의 안전을 확인한 후에 시작할 것(중요기준)

6) 수상구조물에 설치하는 고정주유설비를 이용한 주유작업이 종료된 후에는 별표 13 XIV제3호마목에 따른 차단밸브를 모두 잠글 것(중요기준)

7) 수상구조물에 설치하는 고정주유설비를 이용한 주유작업은 총 톤수가 300미만인 선박에 대해서만 실시할 것(중요기준)

마. 고객이 직접 주유하는 주유취급소에서의 기준

1) 셀프용고정주유설비 및 셀프용고정급유설비 외의 고정주유설비 또는 고정급유설비를 사용하여 고객에 의한 주유 또는 용기에 옮겨 담는 작업을 행하지 아니할 것(중요기준)

2) 삭제 〈2009.3.17〉

3) 감시대에서 고객이 주유하거나 용기에 옮겨 담는 작업을 직시하는 등 적절한 감시를 할 것

4) 고객에 의한 주유 또는 용기에 옮겨 담는 작업을 개시할 때에는 안전상 지장이 없음을 확인 한 후 제어장치에 의하여 호스기기에 대한 위험물의 공급을 개시할 것

5) 고객에 의한 주유 또는 용기에 옮겨 담는 작업을 종료한 때에는 제어장치에 의하여 호스기기에 대한 위험물의 공급을 정지할 것

6) 비상시 그 밖에 안전상 지장이 발생한 경우에는 제어장치에 의하여 호스기기에 위험물의 공급을 일제히 정지하고, 주유취급소 내의 모든 고정주유설비 및 고정급유설비에 의한 위험물 취급을 중단할 것

7) 감시대의 방송설비를 이용하여 고객에 의한 주유 또는 용기에 옮겨 담는 작업에 대한 필요한 지시를 할 것

8) 감시대에서 근무하는 감시원은 안전관리자 또는 위험물안전관리에 관한 전문지식이 있는 자일 것

바. 판매취급소에서의 취급기준

1) 판매취급소에서는 도료류, 제1류 위험물 중 염소산염류 및 염소산염류만을 함유한 것, 유황 또는 인화점이 38℃ 이상인 제4류 위험물을 배합실에서 배합하는 경우 외에는 위험물을 배합하거나 옮겨 담는 작업을 하지 아니할 것

2) 위험물은 별표 19 I의 규정에 의한 운반용기에 수납한 채로 판매할 것

3) 판매취급소에서 위험물을 판매할 때에는 위험물이 넘치거나 비산하는 계량기(액용되를 포함한다)를 사용하지 아니할 것

사. 이송취급소에서의 취급기준
1) 위험물의 이송은 위험물을 이송하기 위한 배관·펌프 및 그에 부속한 설비(위험물을 운반하는 선박으로부터 육상으로 위험물의 이송취급을 하는 이송취급소에 있어서는 위험물을 이송하기 위한 배관 및 그에 부속된 설비를 말한다. 이하 나목에서 같다)의 안전을 확인한 후에 개시할 것(중요기준)
2) 위험물을 이송하기 위한 배관·펌프 및 이에 부속한 설비의 안전을 확인하기 위한 순찰을 행하고, 위험물을 이송하는 중에는 이송하는 위험물의 압력 및 유량을 항상 감시할 것(중요기준)
3) 이송취급소를 설치한 지역의 지진을 감지하거나 지진의 정보를 얻은 경우에는 소방청장이 정하여 고시하는 바에 따라 재해의 발생 또는 확대를 방지하기 위한 조치를 강구할 것
아. 이동탱크저장소(컨테이너식 이동탱크저장소를 제외한다)에서의 취급기준
1) 이동저장탱크로부터 위험물을 저장 또는 취급하는 탱크에 액체의 위험물을 주입할 경우에는 그 탱크의 주입구에 이동저장탱크의 주입호스를 견고하게 결합할 것. 다만, 주입호스의 선단부에 수동개폐장치를 한 주입노즐(수동개폐장치를 개방상태로 고정하는 장치를 한 것을 제외한다)을 사용하여 지정수량 미만의 양의 위험물을 저장 또는 취급하는 탱크에 인화점이 40℃ 이상인 위험물을 주입하는 경우에는 그러하지 아니하다.
2) 이동저장탱크로부터 액체위험물을 용기에 옮겨 담지 아니할 것. 다만, 주입호스의 선단부에 수동개폐장치를 한 주입노즐(수동개폐장치를 개방상태로 고정하는 장치를 한 것을 제외한다)을 사용하여 별표 19 Ⅰ의 기준에 적합한 운반용기에 인화점 40℃ 이상의 제4류 위험물을 옮겨 담는 경우에는 그러하지 아니하다.
3) 이동저장탱크로부터 위험물을 저장 또는 취급하는 탱크에 인화점이 40℃ 미만인 위험물을 주입할 때에는 이동탱크저장소의 원동기를 정지시킬 것
4) 이동저장탱크로부터 직접 위험물을 자동차(자동차관리법 제2조제1호의 규정에 의한 자동차와 「건설기계관리법」 제2조제1항제1호의 규정에 의한 건설기계중 덤프트럭 및 콘크리트믹서트럭을 말한다)의 연료탱크에 주입하지 말 것. 다만, 「건설산업기본법」 제2조제4호에 따른 건설공사를 하는 장소에서 별표 10 Ⅳ제3호에 따른 주입설비를 부착한 이동탱크저장소로부터 해당 건설공사와 관련된 자동차(「건설기계관리법」 제2조제1항제1호에 따른 건설기계 중 덤프트럭과 콘크리트믹서트럭으로 한정한다)의 연료탱크에 인화점 40℃ 이상의 위험물을 주입하는 경우에는 그러하지 아니하다.
5) 휘발유·벤젠 그 밖에 정전기에 의한 재해발생의 우려가 있는 액체의 위험물을 이동저장탱크에 주입하거나 이동저장탱크로부터 배출하는 때에는 도선으로 이동저장탱크와 접지전극 등과의 사이를 긴밀히 연결하여 당해 이동저장탱크를 접지할 것
6) 휘발유·벤젠·그 밖에 정전기에 의한 재해발생의 우려가 있는 액체의 위험물을 이동저장탱크의 상부로 주입하는 때에는 주입관을 사용하되, 당해 주입관의 선단을 이동저장탱크의 밑바닥에 밀착할 것
7) 휘발유를 저장하던 이동저장탱크에 등유나 경유를 주입할 때 또는 등유나 경유를 저장하던 이동저장탱크에 휘발유를 주입할 때에는 다음의 기준에 따라 정전기등에 의한 재해를 방지하기 위한 조치를 할 것
가) 이동저장탱크의 상부로부터 위험물을 주입할 때에는 위험물의 액표면이 주입관의 선단을 넘는 높이가 될 때까지 그 주입관내의 유속을 초당 1m 이하로 할 것
나) 이동저장탱크의 밑부분으로부터 위험물을 주입할 때에는 위험물의 액표면이 주입관의 정상부분을 넘는 높이가 될 때까지 그 주입배관내의 유속을 초당 1m 이하로 할 것

다) 그 밖의 방법에 의한 위험물의 주입은 이동저장탱크에 가연성증기가 잔류하지 아니하도록 조치하고 안전한 상태로 있음을 확인한 후에 할 것

8) 이동탱크저장소는 별표 10 Ⅰ의 규정에 의한 상치장소에 주차할 것. 다만, 원거리 운행 등으로 상치장소에 주차할 수 없는 경우에는 다음의 장소에도 주차할 수 있다.

가) 다른 이동탱크저장소의 상치장소

나) 「화물자동차 운수사업법」에 의한 일반화물자동차운송사업을 위한 차고로서 별표 10 Ⅰ의 규정에 적합한 장소

다) 「물류시설의 개발 및 운영에 관한 법률」에 따른 물류터미널의 주차장으로서 별표 10 Ⅰ의 규정에 적합한 장소

라) 「주차장법」에 의한 주차장중 노외의 옥외주차장으로서 별표 10 Ⅰ의 규정에 적합한 장소

마) 제조소등이 설치된 사업장 내의 안전한 장소

바) 도로(길어깨 및 노상주차장을 포함한다) 외의 장소로서 화기취급장소 또는 건축물로부터 10m 이상 이격된 장소

사) 벽·기둥·바닥·보·서까래 및 지붕이 내화구조로 된 건축물의 1층으로서 개구부가 없는 내화구조의 격벽 등으로 당해 건축물의 다른 용도의 부분과 구획된 장소

아) 소방본부장 또는 소방서장으로부터 승인을 받은 장소

9) 이동저장탱크를 8)의 규정에 의한 상치장소 등에 주차시킬 때에는 완전히 빈 상태로 할 것. 다만, 당해 장소가 별표 6 Ⅰ·Ⅱ 및 Ⅸ의 규정에 적합한 경우에는 그러하지 아니하다.

10) 이동저장탱크로부터 직접 위험물을 선박의 연료탱크에 주입하는 경우에는 다음의 기준에 따를 것

가) 선박이 이동하지 아니하도록 계류(繫留)시킬 것

나) 이동탱크저장소가 움직이지 않도록 조치를 강구할 것

다) 이동탱크저장소의 주입호스의 선단을 선박의 연료탱크의 급유구에 긴밀히 결합할 것. 다만, 주입호스 선단부에 수동개폐장치를 설치한 주유노즐로 주입하는 때에는 그러하지 아니하다.

라) 이동탱크저장소의 주입설비를 접지할 것. 다만, 인화점 40℃ 이상의 위험물을 주입하는 경우에는 그러하지 아니하다.

자. 컨테이너식 이동탱크저장소에서의 위험물취급은 아목[1]을 제외한다]의 규정을 준용하는 외에 다음의 기준에 의할 것

1) 이동저장탱크에서 위험물을 저장 또는 취급하는 탱크에 액체위험물을 주입하는 때에는 주입구에 주입호스를 긴밀히 연결할 것. 다만, 주입호스의 선단부에 수동개폐장치를 설비한 주입노즐(수동개폐장치를 개방상태로 고정하는 장치를 한 것을 제외한다)에 의하여 지정수량 미만의 탱크에 인화점이 40℃ 이상인 제4류 위험물을 주입하는 때에는 그러하지 아니하다.

2) 이동저장탱크를 체결금속구, 변형금속구 또는 샤시프레임에 긴밀히 결합한 구조의 유(U)볼트를 이용하여 차량에 긴밀히 연결할 것

6. 알킬알루미늄등 및 아세트알데히드등의 취급기준은 제1호 내지 제5호에 정하는 것 외에 당해 위험물의 성질에 따라 다음 각목에 정하는 바에 의한다(중요기준).

가. 알킬알루미늄등의 제조소 또는 일반취급소에 있어서 알킬알루미늄등을 취급하는 설비에는 불활성의 기체를 봉입할 것

나. 알킬알루미늄등의 이동탱크저장소에 있어서 이동저장탱크로부터 알킬알루미늄등을 꺼낼 때에는 동시에 200㎪ 이하의 압력으로 불활성의 기체를 봉입할 것

다. 아세트알데히드등의 제조소 또는 일반취급소에 있어서 아세트알데히드등을 취급하는 설비에는 연소성 혼합기체의 생성에 의한 폭발의 위험이 생겼을 경우에 불활성의 기체 또는 수증기[아세트알데히드등을 취급하는 탱크(옥외에 있는 탱크 또는 옥내에 있는 탱크로서 그 용량이 지정수량의 5분의 1 미만의 것을 제외한다)에 있어서는 불활성의 기체]를 봉입할 것

라. 아세트알데히드등의 이동탱크저장소에 있어서 이동저장탱크로부터 아세트알데히드등을 꺼낼 때에는 동시에 100㎪ 이하의 압력으로 불활성의 기체를 봉입할 것

Ⅴ. 위험물의 용기 및 수납

1. Ⅲ제4호 및 제17호의 규정에 의하여 위험물을 용기에 수납할 때 또는 Ⅳ제2호가목의 규정에 의하여 위험물을 용기에 옮겨 담을 때에는 다음 각목에 정하는 용기의 구분에 따라 당해 각목에 정하는 바에 의한다. 다만, 제조소등이 설치된 부지와 동일한 부지내에서 위험물을 저장 또는 취급하기 위하여 다음 각목에 정하는 용기 외의 용기에 수납하거나 옮겨 담는 경우에 있어서 당해 용기의 저장 또는 취급이 화재의 예방상 안전하다고 인정될 때에는 그러하지 아니하다.

가. 나목에 정하는 용기 외의 용기 : 고체의 위험물에 있어서는 부표 제1호, 액체의 위험물에 있어서는 부표 제2호에 정하는 기준에 적합한 내장용기(내장용기의 용기의 종류란이 공란인 것에 있어서는 외장용기) 또는 저장 또는 취급의 안전상 이러한 기준에 적합한 용기와 동등 이상이라고 인정하여 소방청장이 정하여 고시하는 것(이하 Ⅴ에서 "내장용기등"이라고 한다)으로서 별표 19 Ⅱ 제1호에 정하는 수납의 기준에 적합할 것

나. 기계에 의하여 하역하는 구조로 된 용기(기계에 의하여 들어 올리기 위한 고리·기구·포크리프트 포켓 등이 있는 용기를 말한다. 이하 같다): 별표 19 Ⅰ제3호나목에 규정하는 운반용기로서 별표 19 Ⅱ제2호에 정하는 수납의 기준에 적합할 것

2. 제1호 가목의 내장용기등(내장용기등을 다른 용기에 수납하는 경우에 있어서는 당해 용기를 포함한다. 이하 Ⅴ에서 같다)에 있어서는 별표 19 Ⅱ제8호에 정하는 표시를, 제1호나목의 용기에 있어서는 별표 19 Ⅱ제8호 및 별표 19 Ⅱ제13호에 정하는 표시를 각각 보기 쉬운 위치에 하여야 한다.

3. 제2호의 규정에 불구하고 제1류·제2류 또는 제4류의 위험물(별표 19 Ⅴ제1호의 규정에 의한 위험등급 Ⅰ의 위험물을 제외한다)의 내장용기등으로서 최대용적이 1ℓ 이하의 것에 있어서는 별표 19 Ⅱ제8호 가목 및 다목의 표시를 각각 위험물의 통칭명 및 동호의 규정에 의한 표시와 동일한 의미가 있는 다른 표시로 대신할 수 있다.

4. 제2호 및 제3호의 규정에 불구하고 제4류 위험물에 해당하는 화장품(에어졸을 제외한다)의 내장용기등으로서 최대용적이 150㎖ 이하의 것에 있어서는 별표 19 Ⅱ제8호가목 및 다목에 정하는 표시를 아니할 수 있고 최대용적이 150㎖ 초과 300㎖ 이하의 것에 있어서는 별표 19 Ⅱ제8호가목에 정하는 표시를 하지 아니할 수 있으며, 별표 19 Ⅱ제8호다목의 주의사항은 동목의 규정에 의한 표시와 동일한 의미가 있는 다른 표시로 대신할 수 있다.

5. 제2호 및 제3호의 규정에 불구하고 제4류 위험물에 해당하는 에어졸의 내장용기등으로서 최대 용적이 300㎖ 이하의 것에 있어서는 별표 19 Ⅱ제8호가목의 규정에 의한 표시를 하지 아니할 수 있고, 별표 19 Ⅱ제8호다목의 주의사항을 동목의 규정에 의한 표시와 동일한 의미가 있는 다른 표시로 대신할 수 있다.

6. 제2호 및 제3호의 규정에 불구하고 제4류 위험물 중 동식물유류의 내장용기등으로서 최대용적이 3ℓ 이하의 것에 있어서는 별표 19 Ⅱ제8호가목 및 다목의 표시를 각각 당해 위험물의 통칭명 및 동호의 규정에 의한 표시와 동일한 의미가 있는 다른 표시로 대신할 수 있다.

Ⅵ. 법 제5조제3항의 규정에 의한 중요기준 및 세부기준은 다음 각호의 구분에 의한다.

1. 중요기준 : Ⅰ 내지 Ⅴ의 저장 또는 취급기준 중 "중요기준"이라 표기한 것
2. 세부기준 : 중요기준 외의 것

## (4) 제조소등의 위치 · 구조 및 설비의 기술기준은 행정안전부령으로 정한다.

※ 위험물 안전 관리법 시행규칙 세부표 상 공통 부분
1. 안전거리 : 위험물 시설과 방호 대상물 사이 외벽 간 수평거리
2. 보유 공지 : 위험물 시설 또는 그 구성 부분에 확보해야 할 절대공간
3. 안전 거리 및 보유 공지 규제 대상 제조소 등
　① 제조소
　② 저장소 : 옥내저장소, 옥외저장소, 옥외탱크저장소
　③ 일반취급소
* 주유 취급소의 경우 주유공지 및 급유공지로 규정하며, 판매취급소는 적용 제외 대상이다.

1) 제조소의 위치 · 구조 및 설비의 기준 [시행규칙 제28조(제조소의 기준) 관련]

[별표 4]

Ⅰ. 안전거리

1. 제조소(제6류 위험물을 취급하는 제조소를 제외한다)는 다음 각목의 규정에 의한 건축물의 외벽 또는 이에 상당하는 공작물의 외측으로부터 당해 제조소의 외벽 또는 이에 상당하는 공작물의 외측까지의 사이에 다음 각목의 규정에 의한 수평거리(이하 "안전거리"라 한다)를 두어야 한다.
　가. 나목 내지 라목의 규정에 의한 것 외의 건축물 그 밖의 공작물로서 주거용으로 사용되는 것(제조소가 설치된 부지내에 있는 것을 제외한다)에 있어서는 10m 이상
　나. 학교 · 병원 · 극장 그 밖에 다수인을 수용하는 시설로서 다음의 1에 해당하는 것에 있어서는 30m 이상
　　1)「초 · 중등교육법」제2조 및 「고등교육법」제2조에 정하는 학교
　　2)「의료법」제3조제2항제3호에 따른 병원급 의료기관
　　3)「공연법」제2조제4호에 따른 공연장, 「영화 및 비디오물의 진흥에 관한 법률」제2조제10호에 따른 영화상영관 및 그 밖에 이와 유사한 시설로서 3백명 이상의 인원을 수용할 수 있는 것
　　4)「아동복지법」제3조제10호에 따른 아동복지시설, 「노인복지법」제31조제1호부터 제3호까지에 해당하는 노인복지시설, 「장애인복지법」제58조제1항에 따른 장애인복지시설, 「한부모가족지원법」제19조제1항에 따른 한부모가족복지시설, 「영유아보육법」제2조제3호에 따른 어린이집, 「성매매방지 및 피해자보호 등에 관한 법률」제5조제1항에 따른 성매매피해자등을 위한 지원시설, 「정신보건법」제3조제2호에 따른 정신보건시설, 「가정폭력방지 및 피해자보호 등에 관한 법률」제7조의2제1항에 따른 보호시설 및 그 밖에 이와 유사한 시설로서 20명 이상의 인원을 수용할 수 있는 것
　다. 「문화재보호법」의 규정에 의한 유형문화재와 기념물 중 지정문화재에 있어서는 50m 이상

라. 고압가스, 액화석유가스 또는 도시가스를 저장 또는 취급하는 시설로서 다음의 1에 해당하는 것에 있어서는 20m 이상. 다만, 당해 시설의 배관 중 제조소가 설치된 부지 내에 있는 것은 제외한다.
　　1) 「고압가스 안전관리법」의 규정에 의하여 허가를 받거나 신고를 하여야 하는 고압가스제조시설(용기에 충전하는 것을 포함한다) 또는 고압가스 사용시설로서 1일 30㎥ 이상의 용적을 취급하는 시설이 있는 것
　　2) 「고압가스 안전관리법」의 규정에 의하여 허가를 받거나 신고를 하여야 하는 고압가스저장시설
　　3) 「고압가스 안전관리법」의 규정에 의하여 허가를 받거나 신고를 하여야 하는 액화산소를 소비하는 시설
　　4) 「액화석유가스의 안전관리 및 사업법」의 규정에 의하여 허가를 받아야 하는 액화석유가스제조시설 및 액화석유가스저장시설
　　5) 「도시가스사업법」제2조제5호의 규정에 의한 가스공급시설
　마. 사용전압이 7,000V 초과 35,000V 이하의 특고압가공전선에 있어서는 3m 이상
　바. 사용전압이 35,000V를 초과하는 특고압가공전선에 있어서는 5m 이상
2. 제1호가목 내지 다목의 규정에 의한 건축물 등은 부표의 기준에 의하여 불연재료로 된 방화상 유효한 담 또는 벽을 설치하는 경우에는 동표의 기준에 의하여 안전거리를 단축할 수 있다.

Ⅱ. 보유공지

1. 위험물을 취급하는 건축물 그 밖의 시설(위험물을 이송하기 위한 배관 그 밖에 이와 유사한 시설을 제외한다)의 주위에는 그 취급하는 위험물의 최대수량에 따라 다음 표에 의한 너비의 공지를 보유하여야 한다.

| 취급하는 위험물의 최대수량 | 공지의 너비 |
| --- | --- |
| 지정수량의 10배 이하 | 3m 이상 |
| 지정수량의 10배 초과 | 5m 이상 |

2. 제조소의 작업공정이 다른 작업장의 작업공정과 연속되어 있어, 제조소의 건축물 그 밖의 공작물의 주위에 공지를 두게 되면 그 제조소의 작업에 현저한 지장이 생길 우려가 있는 경우 당해 제조소와 다른 작업장 사이에 다음 각목의 기준에 따라 방화상 유효한 격벽을 설치한 때에는 당해 제조소와 다른 작업장 사이에 제1호의 규정에 의한 공지를 보유하지 아니할 수 있다.
　가. 방화벽은 내화구조로 할 것, 다만 취급하는 위험물이 제6류 위험물인 경우에는 불연재료로 할 수 있다.
　나. 방화벽에 설치하는 출입구 및 창 등의 개구부는 가능한 한 최소로 하고, 출입구 및 창에는 자동폐쇄식의 갑종방화문을 설치할 것
　다. 방화벽의 양단 및 상단이 외벽 또는 지붕으로부터 50cm 이상 돌출하도록 할 것

Ⅲ. 표지 및 게시판

1. 제조소에는 보기 쉬운 곳에 다음 각목의 기준에 따라 "위험물 제조소"라는 표시를 한 표지를 설치하여야 한다.
　가. 표지는 한변의 길이가 0.3m 이상, 다른 한변의 길이가 0.6m 이상인 직사각형으로 할 것
　나. 표지의 바탕은 백색으로, 문자는 흑색으로 할 것

2. 제조소에는 보기 쉬운 곳에 다음 각목의 기준에 따라 방화에 관하여 필요한 사항을 게시한 게시판을 설치하여야 한다.

　가. 게시판은 한변의 길이가 0.3m 이상, 다른 한변의 길이가 0.6m 이상인 직사각형으로 할 것

　나. 게시판에는 저장 또는 취급하는 위험물의 유별·품명 및 저장최대수량 또는 취급최대수량, 지정수량의 배수 및 안전관리자의 성명 또는 직명을 기재할 것

　다. 나목의 게시판의 바탕은 백색으로, 문자는 흑색으로 할 것

　라. 나목의 게시판 외에 저장 또는 취급하는 위험물에 따라 다음의 규정에 의한 주의사항을 표시한 게시판을 설치할 것

　　1) 제1류 위험물 중 알칼리금속의 과산화물과 이를 함유한 것 또는 제3류 위험물 중 금수성물질에 있어서는 "물기엄금"

　　2) 제2류 위험물(인화성고체를 제외한다)에 있어서는 "화기주의"

　　3) 제2류 위험물 중 인화성고체, 제3류 위험물 중 자연발화성물질, 제4류 위험물 또는 제5류 위험물에 있어서는 "화기엄금"

　마. 라목의 게시판의 색은 "물기엄금"을 표시하는 것에 있어서는 청색바탕에 백색문자로, "화기주의" 또는 "화기엄금"을 표시하는 것에 있어서는 적색바탕에 백색문자로 할 것

## Ⅳ. 건축물의 구조

위험물을 취급하는 건축물의 구조는 다음 각호의 기준에 의하여야 한다.

1. 지하층이 없도록 하여야 한다. 다만, 위험물을 취급하지 아니하는 지하층으로서 위험물의 취급장소에서 새어나온 위험물 또는 가연성의 증기가 흘러 들어갈 우려가 없는 구조로 된 경우에는 그러하지 아니하다.

2. 벽·기둥·바닥·보·서까래 및 계단을 불연재료로 하고, 연소(延燒)의 우려가 있는 외벽(소방청장이 정하여 고시하는 것에 한한다. 이하 같다)은 출입구 외의 개구부가 없는 내화구조의 벽으로 하여야 한다. 이 경우 제6류 위험물을 취급하는 건축물에 있어서 위험물이 스며들 우려가 있는 부분에 대하여는 아스팔트 그 밖에 부식되지 아니하는 재료로 피복하여야 한다.

3. 지붕(작업공정상 제조기계시설 등이 2층 이상에 연결되어 설치된 경우에는 최상층의 지붕을 말한다)은 폭발력이 위로 방출될 정도의 가벼운 불연재료로 덮어야 한다. 다만, 위험물을 취급하는 건축물이 다음 각목의 1에 해당하는 경우에는 그 지붕을 내화구조로 할 수 있다.

　가. 제2류 위험물(분상의 것과 인화성고체를 제외한다), 제4류 위험물 중 제4석유류·동식물유류 또는 제6류 위험물을 취급하는 건축물인 경우

　나. 다음의 기준에 적합한 밀폐형 구조의 건축물인 경우

　　1) 발생할 수 있는 내부의 과압(過壓) 또는 부압(負壓)에 견딜 수 있는 철근콘크리트조일 것

　　2) 외부화재에 90분 이상 견딜 수 있는 구조일 것

4. 출입구와 「산업안전보건기준에 관한 규칙」 제17조에 따라 설치하여야 하는 비상구에는 갑종방화문 또는 을종방화문을 설치하되, 연소의 우려가 있는 외벽에 설치하는 출입구에는 수시로 열 수 있는 자동폐쇄식의 갑종방화문을 설치하여야 한다.

5. 위험물을 취급하는 건축물의 창 및 출입구에 유리를 이용하는 경우에는 망입유리로 하여야 한다.

6. 액체의 위험물을 취급하는 건축물의 바닥은 위험물이 스며들지 못하는 재료를 사용하고, 적당한 경사를 두어 그 최저부에 집유설비를 하여야 한다.

Ⅴ. 채광·조명 및 환기설비

1. 위험물을 취급하는 건축물에는 다음 각목의 기준에 의하여 위험물을 취급하는데 필요한 채광·조명 및 환기의 설비를 설치하여야 한다.

　가. 채광설비는 불연재료로 하고, 연소의 우려가 없는 장소에 설치하되 채광면적을 최소로 할 것

　나. 조명설비는 다음의 기준에 적합하게 설치할 것

　　1) 가연성가스 등이 체류할 우려가 잇는 장소의 조명등은 방폭등으로 할 것

　　2) 전선은 내화·내열전선으로 할 것

　　3) 점멸스위치는 출입구 바깥부분에 설치할 것. 다만, 스위치의 스파크로 인한 화재·폭발의 우려가 없을 경우에는 그러하지 아니하다.

　다. 환기설비는 다음의 기준에 의할 것

　　1) 환기는 자연배기방식으로 할 것

　　2) 급기구는 당해 급기구가 설치된 실의 바닥면적 150㎡마다 1개 이상으로 하되, 급기구의 크기는 800㎠ 이상으로 할 것. 다만 바닥면적이 150㎡ 미만인 경우에는 다음의 크기로 하여야 한다.

| 바닥면적 | 급기구의 면적 |
|---|---|
| 60㎡ 미만 | 150㎠ 이상 |
| 60㎡ 이상 90㎡ 미만 | 300㎠ 이상 |
| 90㎡ 이상 120㎡ 미만 | 450㎠ 이상 |
| 120㎡ 이상 150㎡ 미만 | 600㎠ 이상 |

　　3) 급기구는 낮은 곳에 설치하고 가는 눈의 구리망 등으로 인화방지망을 설치할 것

　　4) 환기구는 지붕위 또는 지상 2m 이상의 높이에 회전식 고정벤티레이터 또는 루푸팬방식으로 설치할 것

2. 배출설비가 설치되어 유효하게 환기가 되는 건축물에는 환기설비를 하지 아니 할 수 있고, 조명설비가 설치되어 유효하게 조도가 확보되는 건축물에는 채광설비를 하지 아니할 수 있다.

Ⅵ. 배출설비

가연성의 증기 또는 미분이 체류할 우려가 있는 건축물에는 그 증기 또는 미분을 옥외의 높은 곳으로 배출할 수 있도록 다음 각호의 기준에 의하여 배출설비를 설치하여야 한다.

1. 배출설비는 국소방식으로 하여야 한다. 다만, 다음 각목의 1에 해당하는 경우에는 전역방식으로 할 수 있다.

　가. 위험물취급설비가 배관이음 등으로만 된 경우

　나. 건축물의 구조·작업장소의 분포 등의 조건에 의하여 전역방식이 유효한 경우

2. 배출설비는 배풍기·배출닥트·후드 등을 이용하여 강제적으로 배출하는 것으로 하여야 한다.

3. 배출능력은 1시간당 배출장소 용적의 20배 이상인 것으로 하여야 한다. 다만, 전역방식의 경우에는 바닥면적 1㎡당 18㎥ 이상으로 할 수 있다.

4. 배출설비의 급기구 및 배출구는 다음 각목의 기준에 의하여야 한다.

　가. 급기구는 높은 곳에 설치하고, 가는 눈의 구리망 등으로 인화방지망을 설치할 것

　나. 배출구는 지상 2m 이상으로서 연소의 우려가 없는 장소에 설치하고, 배출닥트가 관통하는 벽부분의 바로 가까이에 화재시 자동으로 폐쇄되는 방화댐퍼를 설치할 것

5. 배풍기는 강제배기방식으로 하고, 옥내닥트의 내압이 대기압 이상이 되지 아니하는 위치에 설치하여야 한다.

## Ⅶ. 옥외설비의 바닥

옥외에서 액체위험물을 취급하는 설비의 바닥은 다음 각호의 기준에 의하여야 한다.

1. 바닥의 둘레에 높이 0.15m 이상의 턱을 설치하는 등 위험물이 외부로 흘러나가지 아니하도록 하여야 한다.
2. 바닥은 콘크리트 등 위험물이 스며들지 아니하는 재료로 하고, 제1호의 턱이 있는 쪽이 낮게 경사지게 하여야 한다.
3. 바닥의 최저부에 집유설비를 하여야 한다.
4. 위험물(온도 20℃의 물 100g에 용해되는 양이 1g 미만인 것에 한한다)을 취급하는 설비에 있어서는 당해 위험물이 직접 배수구에 흘러들어가지 아니하도록 집유설비에 유분리장치를 설치하여야 한다.

## Ⅷ. 기타설비

1. 위험물의 누출·비산방지
   위험물을 취급하는 기계·기구 그 밖의 설비는 위험물이 새거나 넘치거나 비산하는 것을 방지할 수 있는 구조로 하여야 한다. 다만, 당해 설비에 위험물의 누출 등으로 인한 재해를 방지할 수 있는 부대설비(되돌림관·수막 등)를 한 때에는 그러하지 아니하다.
2. 가열·냉각설비 등의 온도측정장치
   위험물을 가열하거나 냉각하는 설비 또는 위험물의 취급에 수반하여 온도변화가 생기는 설비에는 온도측정장치를 설치하여야 한다.
3. 가열건조설비
   위험물을 가열 또는 건조하는 설비는 직접 불을 사용하지 아니하는 구조로 하여야 한다. 다만, 당해 설비가 방화상 안전한 장소에 설치되어 있거나 화재를 방지할 수 있는 부대설비를 한 때에는 그러하지 아니하다.
4. 압력계 및 안전장치
   위험물을 가압하는 설비 또는 그 취급하는 위험물의 압력이 상승할 우려가 있는 설비에는 압력계 및 다음 각목의 1에 해당하는 안전장치를 설치하여야 한다. 다만, 라목의 파괴판은 위험물의 성질에 따라 안전밸브의 작동이 곤란한 가압설비에 한한다.
   가. 자동적으로 압력의 상승을 정지시키는 장치
   나. 감압측에 안전밸브를 부착한 감압밸브
   다. 안전밸브를 병용하는 경보장치
   라. 파괴판
5. 전기설비
   제조소에 설치하는 전기설비는 「전기사업법」에 의한 전기설비기술기준에 의하여야 한다.
6. 정전기 제거설비
   위험물을 취급함에 있어서 정전기가 발생할 우려가 있는 설비에는 다음 각목의 1에 해당하는 방법으로 정전기를 유효하게 제거할 수 있는 설비를 설치하여야 한다.
   가. 접지에 의한 방법

나. 공기 중의 상대습도를 70% 이상으로 하는 방법

다. 공기를 이온화하는 방법

7. 피뢰설비

지정수량의 10배 이상의 위험물을 취급하는 제조소(제6류 위험물을 취급하는 위험물제조소를 제외한다)에는 피뢰침(「산업표준화법」 제12조에 따른 한국산업표준 중 피뢰설비 표준에 적합한 것을 말한다. 이하 같다)을 설치하여야 한다. 다만, 제조소의 주위의 상황에 따라 안전상 지장이 없는 경우에는 피뢰침을 설치하지 아니할 수 있다.

8. 전동기 등

전동기 및 위험물을 취급하는 설비의 펌프·밸브·스위치 등은 화재예방상 지장이 없는 위치에 부착하여야 한다.

## Ⅸ. 위험물 취급탱크

1. 위험물제조소의 옥외에 있는 위험물취급탱크(용량이 지정수량의 5분의 1 미만인 것을 제외한다)는 다음 각목의 기준에 의하여 설치하여야 한다.

가. 옥외에 있는 위험물취급탱크의 구조 및 설비는 별표 6 Ⅵ제1호(특정옥외저장탱크 및 준특정옥외저장탱크와 관련되는 부분을 제외한다)·제3호 내지 제9호·제11호 내지 제14호 및 ⅩⅣ의 규정에 의한 옥외탱크저장소의 탱크의 구조 및 설비의 기준을 준용할 것

나. 옥외에 있는 위험물취급탱크로서 액체위험물(이황화탄소를 제외한다)을 취급하는 것의 주위에는 다음의 기준에 의하여 방유제를 설치할 것

1) 하나의 취급탱크 주위에 설치하는 방유제의 용량은 당해 탱크용량의 50% 이상으로 하고, 2 이상의 취급탱크 주위에 하나의 방유제를 설치하는 경우 그 방유제의 용량은 당해 탱크 중 용량이 최대인 것의 50%에 나머지 탱크용량 합계의 10%를 가산한 양 이상이 되게 할 것. 이 경우 방유제의 용량은 당해 방유제의 내용적에서 용량이 최대인 탱크 외의 탱크의 방유제 높이 이하 부분의 용적, 당해 방유제 내에 있는 모든 탱크의 지반면 이상 부분의 기초의 체적, 간막이 둑의 체적 및 당해 방유제 내에 있는 배관 등의 체적을 뺀 것으로 한다.

2) 방유제의 구조 및 설비는 별표 6 Ⅸ제1호 나목·사목·차목·카목 및 파목의 규정에 의한 옥외저장탱크의 방유제의 기준에 적합하게 할 것

2. 위험물제조소의 옥내에 있는 위험물취급탱크(용량이 지정수량의 5분의 1 미만인 것을 제외한다)는 다음 각목의 기준에 의하여 설치하여야 한다.

가. 탱크의 구조 및 설비는 별표 7 Ⅰ제1호 마목 내지 자목 및 카목 내지 파목의 규정에 의한옥내탱크저장소의 위험물을 저장 또는 취급하는 탱크의 구조 및 설비의 기준을 준용할 것

나. 위험물취급탱크의 주위에는 턱(이하 "방유턱"이라고 한다)을 설치하는 등 위험물이 누설된 경우에 그 유출을 방지하기 위한 조치를 할 것. 이 경우 당해조치는 탱크에 수납하는 위험물의 양(하나의 방유턱안에 2 이상의 탱크가 있는 경우는 당해 탱크 중 실제로 수납하는 위험물의 양이 최대인 탱크의 양)을 전부 수용할 수 있도록 하여야 한다.

3. 위험물제조소의 지하에 있는 위험물취급탱크의 위치·구조 및 설비는 별표 8 Ⅰ(제5호·제11호 및 제14호를 제외한다), Ⅱ(Ⅰ제5호·제11호 및 제14호의 규정을 적용하도록 하는 부분을 제외한다) 또는 Ⅲ(Ⅰ제5호·제11호 및 제14호의 규정을 적용하도록 하는 부분을 제외한다)의 규정에 의한 지하탱크저장소의 위험물을 저장 또는 취급하는 탱크의 위치·구조 및 설비의 기준에 준하여 설치하여야 한다.

Ⅹ. 배관

위험물제조소내의 위험물을 취급하는 배관은 다음 각호의 기준에 의하여 설치하여야 한다.

1. 배관의 재질은 강관 그 밖에 이와 유사한 금속성으로 하여야 한다. 다만, 다음 각 목의 기준에 적합한 경우에는 그러하지 아니하다.
   가. 배관의 재질은 한국산업규격의 유리섬유강화플라스틱·고밀도폴리에틸렌 또는 폴리우레탄으로 할 것
   나. 배관의 구조는 내관 및 외관의 이중으로 하고, 내관과 외관의 사이에는 틈새공간을 두어 누설여부를 외부에서 쉽게 확인할 수 있도록 할 것. 다만, 배관의 재질이 취급하는 위험물에 의해 쉽게 열화될 우려가 없는 경우에는 그러하지 아니하다.
   다. 국내 또는 국외의 관련공인시험기관으로부터 안전성에 대한 시험 또는 인증을 받을 것
   라. 배관은 지하에 매설할 것. 다만, 화재 등 열에 의하여 쉽게 변형될 우려가 없는 재질이거나 화재 등 열에 의한 악영향을 받을 우려가 없는 장소에 설치되는 경우에는 그러하지 아니하다.
2. 배관에 걸리는 최대상용압력의 1.5배 이상의 압력으로 수압시험(불연성의 액체 또는 기체를 이용하여 실시하는 시험을 포함한다)을 실시하여 누설 그 밖의 이상이 없는 것으로 하여야 한다.
3. 배관을 지상에 설치하는 경우에는 지진·풍압·지반침하 및 온도변화에 안전한 구조의 지지물에 설치하되, 지면에 닿지 아니하도록 하고 배관의 외면에 부식방지를 위한 도장을 하여야 한다. 다만, 불변강관 또는 부식의 우려가 없는 재질의 배관의 경우에는 부식방지를 위한 도장을 아니할 수 있다.
4. 배관을 지하에 매설하는 경우에는 다음 각목의 기준에 적합하게 하여야 한다.
   가. 금속성 배관의 외면에는 부식방지를 위하여 도복장·코팅 또는 전기방식등의 필요한 조치를 할 것
   나. 배관의 접합부분(용접에 의한 접합부 또는 위험물의 누설의 우려가 없다고 인정되는 방법에 의하여 접합된 부분을 제외한다)에는 위험물의 누설여부를 점검할 수 있는 점검구를 설치할 것
   다. 지면에 미치는 중량이 당해 배관에 미치지 아니하도록 보호할 것
5. 배관에 가열 또는 보온을 위한 설비를 설치하는 경우에는 화재예방상 안전한 구조로 하여야 한다.

ⅩⅠ. 고인화점 위험물의 제조소의 특례

인화점이 100℃ 이상인 제4류 위험물(이하 "고인화점위험물"이라 한다)만을 100℃ 미만의 온도에서 취급하는 제조소로서 그 위치 및 구조가 다음 각호의 기준에 모두 적합한 제조소에 대하여는 Ⅰ, Ⅱ, Ⅳ제1호, Ⅳ제3호 내지 제5호, Ⅷ제6호·제7호 및 Ⅸ제1호나목2)에 의하여 준용되는 별표 6 Ⅸ제1호 나목의 규정을 적용하지 아니한다.

1. 다음 각목의 규정에 의한 건축물의 외벽 또는 이에 상당하는 공작물의 외측으로부터 당해 제조소의 외벽 또는 이에 상당하는 공작물의 외측까지의 사이에 다음 각목의 규정에 의한 안전거리를 두어야 한다. 다만, 가목 내지 다목의 규정에 의한 건축물 등에 부표의 기준에 의하여 불연재료로 된 방화상 유효한 담 또는 벽을 설치하여 소방본부장 또는 소방서장이 안전하다고 인정하는 거리로 할 수 있다.
   가. 나목 내지 라목 외의 건축물 그 밖의 공작물로서 주거용으로 제공하는 것(제조소가 있는 부지와 동일한 부지내에 있는 것을 제외한다)에 있어서는 10m 이상
   나. Ⅰ제1호 나목1) 내지 4)의 규정에 의한 시설에 있어서는 30m 이상
   다. 「문화재보호법」의 규정에 의한 유형문화재와 기념물 중 지정문화재에 있어서는 50m 이상
   라. Ⅰ제1호 라목1) 내지 5)의 규정에 의한 시설(불활성 가스만을 저장 또는 취급하는 것을 제외한다)에 있어서는 20m 이상

2. 위험물을 취급하는 건축물 그 밖의 공작물(위험물을 이송하기 위한 배관 그 밖에 이에 준하는 공작물을 제외한다)의 주위에 3m 이상의 너비의 공지를 보유하여야 한다. 다만, Ⅱ제2호 각목의 규정에 의하여 방화상 유효한 격벽을 설치하는 경우에는 그러하지 아니하다.

3. 위험물을 취급하는 건축물은 그 지붕을 불연재료로 하여야 한다.

4. 위험물을 취급하는 건축물의 창 및 출입구에는 을종방화문·갑종방화문 또는 불연재료나 유리로 만든 문을 달고, 연소의 우려가 있는 외벽에 두는 출입구에는 수시로 열 수 있는 자동폐쇄식의 갑종방화문을 설치하여야 한다.

5. 위험물을 취급하는 건축물의 연소의 우려가 있는 외벽에 두는 출입구에 유리를 이용하는 경우에는 망입유리로 하여야 한다.

## XII. 위험물의 성질에 따른 제조소의 특례

1. 다음 각목의 1에 해당하는 위험물을 취급하는 제조소에 있어서는 Ⅰ 내지 Ⅷ의 규정에 의한 기준에 의하는 외에 당해 위험물의 성질에 따라 제2호 내지 제4조의 기준에 의하여야 한다.
   가. 제3류 위험물 중 알킬알루미늄·알킬리튬 또는 이중 어느 하나 이상을 함유하는 것(이하 "알킬알루미늄등"이라 한다)
   나. 제4류 위험물중 특수인화물의 아세트알데히드·산화프로필렌 또는 이중 어느 하나 이상을 함유하는 것(이하 "아세트알데히드등"이라 한다)
   다. 제5류 위험물 중 히드록실아민·히드록실아민염류 또는 이중 어느 하나 이상을 함유하는 것(이하 "히드록실아민등"이라 한다)

2. 알킬알루미늄등을 취급하는 제조소의 특례는 다음 각목과 같다.
   가. 알킬알루미늄등을 취급하는 설비의 주위에는 누설범위를 국한하기 위한 설비와 누설된 알킬알루미늄등을 안전한 장소에 설치된 저장실에 유입시킬수 있는 설비를 갖출 것
   나. 알킬알루미늄등을 취급하는 설비에는 불활성기체를 봉입하는 장치를 갖출 것

3. 아세트알데히드등을 취급하는 제조소의 특례는 다음 각목과 같다.
   가. 아세트알데히드등을 취급하는 설비는 은·수은·동·마그네슘 또는 이들을 성분으로 하는 합금으로 만들지 아니할 것
   나. 아세트알데히드등을 취급하는 설비에는 연소성 혼합기체의 생성에 의한 폭발을 방지하기 위한 불활성기체 또는 수증기를 봉입하는 장치를 갖출 것
   다. 아세트알데히드등을 취급하는 탱크(옥외에 있는 탱크 또는 옥내에 있는 탱크로서 그 용량이 지정수량의 5분의 1 미만의 것을 제외한다)에는 냉각장치 또는 저온을 유지하기 위한 장치(이하 "보냉장치'라 한다) 및 연소성 혼합기체의 생성에 의한 폭발을 방지하기 위한 불활성기체를 봉입하는 장치를 갖출 것. 다만, 지하에 있는 탱크가 아세트알데히드등의 온도를 저온으로 유지할 수 있는 구조인 경우에는 냉각장치 및 보냉장치를 갖추지 아니할 수 있다.
   라. 다목의 규정에 의한 냉각장치 또는 보냉장치는 2 이상 설치하여 하나의 냉각장치 도는 보냉장치가 고장난 때에도 일정 온도를 유지할 수 있도록 하고, 다음의 기준에 적합한 비상전원을 갖출 것
      1) 상용전력원이 고장인 경우에 자동으로 비상전원으로 전환되어 가동되도록 할 것
      2) 비상전원의 용량은 냉각장치 또는 보냉장치를 유효하게 작동할 수 있는 정도일 것
   마. 아세트알데히드등을 취급하는 탱크를 지하에 매설하는 경우에는 Ⅸ제3호의 규정에 의하여 적용되는 별표 8 Ⅰ제1호 단서의 규정에 불구하고 당해 탱크를 탱크전용실에 설치할 것

4. 히드록실아민등을 취급하는 제조소의 특례는 다음 각목과 같다.

가. Ⅰ제1호가목부터 라목까지의 규정에도 불구하고 지정수량 이상의 히드록실아민등을 취급하는 제조소의 위치는 Ⅰ제1호가목부터 라목까지의 규정에 의한 건축물의 벽 또는 이에 상당하는 공작물의 외측으로부터 해당 제조소의 외벽 또는 이에 상당하는 공작물의 외측까지의 사이에 다음 식에 의하여 요구되는 거리 이상의 안전거리를 둘 것

$$D = 51.1\sqrt[3]{N}$$

D : 거리(m)

N : 해당 제조소에서 취급하는 히드록실아민등의 지정수량의 배수

나. 가목의 제조소의 주위에는 다음에 정하는 기준에 적합한 담 도는 토제(土堤)를 설치할 것

　　1) 담 또는 토제는 당해 제조소의 외벽 또는 이에 상당하는 공작물의 외측으로부터 2m 이상 떨어진 장소에 설치할 것

　　2) 담 또는 토제의 높이는 당해 제조소에 있어서 히드록실아민등을 취급하는 부분의 높이 이상으로 할 것

　　3) 담은 두께 15㎝ 이상의 철근콘크리트조 · 철골철근콘크리트조 또는 두께 20㎝ 이상의 보강콘크리트블록조로 할 것

　　4) 토제의 경사면의 경사도는 60도 미만으로 할 것

다. 히드록실아민등을 취급하는 설비에는 히드록실아민등의 온도 및 농도의 상승에 의한 위험한 반응을 방지하기 위한 조치를 강구할 것

라. 히드록실아민등을 취급하는 설비에는 철이온 등의 혼입에 의한 위험한 반응을 방지하기 위한 조치를 강구할 것

※ 제조소등의 안전거리의 단축기준(별표4관련)

1. 방화상 유효한 담을 설치한 경우의 안전거리는 다음 표와 같다.

(단위 : m)

| 구분 | 취급하는 위험물의 최대수량(지정수량의 배수) | 안전거리(이상) | | |
|---|---|---|---|---|
| | | 주거용건축물 | 학교 · 유치원등 | 문화재 |
| 제조소 · 일반취급소(취급하는 위험물의 양이 주거지역에 있어서는 30배, 상업지역에 있어서는 35배, 공업지역에 있어서는 50배 이상인 것을 제외한다) | 10배 미만 | 6.5 | 20 | 35 |
| | 10배 이상 | 7.0 | 22 | 38 |
| 옥내저장소(취급하는 위험물의 양이 주거지역에 있어서는 지정수량의 120배, 상업지역에 있어서는 150배, 공업지역에 있어서는 200배 이상인 것을 제외한다) | 5배 미만 | 4.0 | 12.0 | 23.0 |
| | 5배 이상 10배 미만 | 4.5 | 12.0 | 23.0 |
| | 10배 이상 20배 미만 | 5.0 | 14.0 | 26.0 |
| | 20배 이상 50배 미만 | 6.0 | 18.0 | 32.0 |
| | 50배 이상 200배 미만 | 7.0 | 22.0 | 38.0 |
| 옥외탱크저장소(취급하는 위험물의 양이 주거지역에 있어서는 지정수량의 600배, 상업지역에 있어서는 700배, 공업지역에 있어서는 1,000배 이상인 것을 제외한다) | 500배 미만 | 6.0 | 18.0 | 32.0 |
| | 500배 이상 1,000배 미만 | 7.0 | 22.0 | 38.0 |

| 옥외저장소(취급하는 위험물의 양이 주거지역에 있어서는 지정수량의 10배, 상업지역에 있어서는 15배, 공업지역에 있어서는 20배 이상인 것을 제외한다) | 10배 미만 | 6.0 | 18.0 | 32.0 |
| | 10배 이상 20배 미만 | 8.5 | 25.0 | 44.0 |

2. 방화상 유효한 담의 높이는 다음에 의하여 산정한 높이 이상으로 한다.

    가. $H \leqq pD^2 + \alpha$ 인 경우

        h=2

    나. $H \rangle pD^2 + \alpha$ 인 경우

        $h = H - p(D^2 - d^2)$

    다. 가목 및 나목에서 D, H, a, d, h 및 p는 다음과 같다.

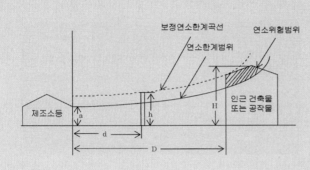

D : 제조소등과 인근 건축물 또는 공작물과의 거리(m)

H : 인근 건축물 또는 공작물의 높이(m)

a : 제조소등의 외벽의 높이(m)

d : 제조소등과 방화상 유효한 담과의 거리(m)

h : 방화상 유효한 담의 높이(m)

p : 상수

| 구분 | 제조소등의 높이(a) | 비고 |
| --- | --- | --- |
| 제조소 · 일반취급소 · 옥내저장소 | | 벽체가 내화구조로 되어 있고, 인접축에 면한 개구부가 없거나, 개구부에 갑종방화문이 있는 경우 |
| | | 벽체가 내화구조이고, 개구부에 갑종방화문이 없는 경우 |
| | a=0 | 벽체가 내화구조외의 것으로 된 경우 |
| | | 옮겨 담는 작업장 그 밖의 공작물 |
| 옥외탱크저장소 | | 옥외에 있는 종형탱크 |
| | | 옥외에 있는 횡형탱크. 다만, 탱크내의 증기를 상부로 방출하는 구조로 된 것은 탱크의 최상단까지의 높이로 한다. |
| 옥외저장소 | a=0 | |

| 인근 건축물 또는 공작물의 구분 | P의 값 |
|---|---|
| • 학교 · 주택 · 문화재 등의 건축물 또는 공작물이 목조인 경우<br>• 학교 · 주택 · 문화재 등의 건축물 또는 공작물이 방화구조 또는 내화구조이고, 제조소등에 면한 부분의 개구부에 방화문이 설치되지 아니한 경우 | 0.04 |
| • 학교 · 주택 · 문화재 등의 건축물 또는 공작물이 방화구조인 경우<br>• 학교 · 주택 · 문화재 등의 건축물 또는 공작물이 방화구조 또는 내화구조이고, 제조소등에 면한 부분의 개구부에 을종방화문이 설치된 경우 | 0.15 |
| • 학교 · 주택 · 문화재 등의 건축물 또는 공작물이 내화구조이고, 제조소등에 면한 개구부에 갑종방화문이 설치된 경우 | ∞ |

라. 가목 내지 다목에 의하여 산출된 수치가 2 미만일 때에는 담의 높이를 2m로, 4 이상일 때에는 담의 높이를 4m로 하되, 다음의 소화설비를 보강하여야 한다.

  1) 당해 제조소등의 소형소화기 설치대상인 것에 있어서는 대형소화기를 1개 이상 증설을 할 것

  2) 해당 제조소등이 대형소화기 설치대상인 것에 있어서는 대형소화기 대신 옥내소화전설비 · 옥외소화전설비 · 스프링클러설비 · 물분무소화설비 · 포소화설비 · 불활성가스소화설비 · 할로겐화합물소화설비 · 분말소화설비 중 적응소화설비를 설치할 것

  3) 해당 제조소등이 옥내소화전설비 · 옥외소화전설비 · 스프링클러설비 · 물분무소화설비 · 포소화설비 · 불활성가스소화설비 · 할로겐화합물소화설비 또는 분말소화설비 설치대상인 것에 있어서는 반경 30m마다 대형소화기 1개 이상을 증설할 것

3. 방화상 유효한 담의 길이는 제조소등의 외벽의 양단(a1, a2)을 중심으로 Ⅰ제1호 각목에 정한 인근 건축물 또는 공작물(이 호에서 "인근 건축물등"이라 한다)에 따른 안전거리를 반지름으로 한 원을 그려서 당해 원의 내부에 들어오는 인근 건축물등의 부분중 최외측 양단(p1, p2)을 구한 다음, a1과 p1을 연결한 선분(ℓ1)과 a2와 p2을 연결한 선분(ℓ2) 상호간의 간격(L)으로 한다.

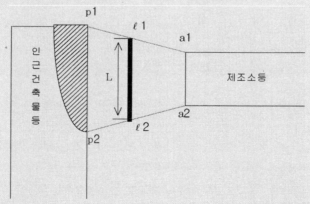

4. 방화상 유효한 담은 제조소등으로부터 5m 미만의 거리에 설치하는 경우에는 내화구조로, 5m 이상의 거리에 설치하는 경우에는 불연재료로 하고, 제조소등의 벽을 높게 하여 방화상 유효한 담을 갈음하는 경우에는 그 벽을 내화구조로 하고 개구부를 설치하여서는 아니된다.

## 2) 옥내저장소의 위치 · 구조 및 설비의 기준 [시행규칙 제29조(옥내저장소의 기준) 관련]

### [별표 5]

#### Ⅰ. 옥내저장소의 기준(Ⅱ 및 Ⅲ의 규정에 의한 것을 제외한다)

1. 옥내저장소는 별표 4 Ⅰ의 규정에 준하여 안전거리를 두어야 한다. 다만, 다음 각목의 1에 해당하는 옥내저장소는 안전거리를 두지 아니할 수 있다.
   - 가. 제4석유류 또는 동식물유류의 위험물을 저장 또는 취급하는 옥내저장소로서 그 최대수량이 지정수량의 20배 미만인 것
   - 나. 제6류 위험물을 저장 또는 취급하는 옥내저장소
   - 다. 지정수량의 20배(하나의 저장창고의 바닥면적이 150㎡ 이하인 경우에는 50배) 이하의 위험물을 저장 또는 취급하는 옥내저장소로서 다음의 기준에 적합한 것
     1) 저장창고의 벽 · 기둥 · 바닥 · 보 및 지붕이 내화구조인 것
     2) 저장창고의 출입구에 수시로 열 수 있는 자동폐쇄방식의 갑종방화문이 설치되어 있을 것
     3) 저장창고에 창을 설치하지 아니할 것
2. 옥내저장소의 주위에는 그 저장 또는 취급하는 위험물의 최대수량에 따라 다음 표에 의한 너비의 공지를 보유하여야 한다. 다만, 지정수량의 20배를 초과하는 옥내저장소와 동일한 부지내에 있는 다른 옥내저장소와의 사이에는 동표에 정하는 공지의 너비의 3분의 1(당해 수치가 3m 미만인 경우에는 3m)의 공지를 보유할 수 있다.

| 저장 또는 취급하는 위험물의 최대수량 | 공지의 너비 | |
|---|---|---|
| | 벽 · 기둥 및 바닥이 내화구조로 된 건축물 | 그 밖의 건축물 |
| 지정수량의 5배 이하 | | 0.5m 이상 |
| 지정수량의 5배 초과 10배 이하 | 1m 이상 | 1.5m 이상 |
| 지정수량의 10배 초과 20배 이하 | 2m 이상 | 3m 이상 |
| 지정수량의 20배 초과 50배 이하 | 3m 이상 | 5m 이상 |
| 지정수량의 50배 초과 200배 이하 | 5m 이상 | 10m 이상 |
| 지정수량의 200배 초과 | 10m 이상 | 15m 이상 |

3. 옥내저장소에는 별표 4 Ⅲ제1호의 기준에 따라 보기 쉬운 곳에 "위험물 옥내저장소"라는 표시를 한 표지와 동표 Ⅲ제2호의 기준에 따라 방화에 관하여 필요한 사항을 게시한 게시판을 설치하여야 한다.
4. 저장창고는 위험물의 저장을 전용으로 하는 독립된 건축물로 하여야 한다.
5. 저장창고는 지면에서 처마까지의 높이(이하 "처마높이"라 한다)가 6m 미만인 단층건물로 하고 그 바닥을 지반면보다 높게 하여야 한다. 다만, 제2류 또는 제4류의 위험물만을 저장하는 창고로서 다음 각목의 기준에 적합한 창고의 경우에는 20m 이하로 할 수 있다.
   - 가. 벽 · 기둥 · 보 및 바닥을 내화구조로 할 것
   - 나. 출입구에 갑종방화문을 설치할 것
   - 다. 피뢰침을 설치할 것. 다만, 주위상황에 의하여 안전상 지장이 없는 경우에는 그러하지 아니하다.
6. 하나의 저장창고의 바닥면적(2 이상의 구획된 실이 있는 경우에는 각 실의 바닥면적의 합계)은 다음 각목의 구분에 의한 면적 이하로 하여야 한다. 이 경우 가목의 위험물과 나목의 위험물을 같은 저장창고에 저장하는 때에는 가목의 위험물을 저장하는 것으로 보아 그에 따른 바닥면적을 적용한다.

가. 다음의 위험물을 저장하는 창고 : 1,000㎡
  1) 제1류 위험물 중 아염소산염류, 염소산염류, 과염소산염류, 무기과산화물 그 밖에 지정수량이 50
    kg인 위험물
  2) 제3류 위험물 중 칼륨, 나트륨, 알킬알루미늄, 알킬리튬 그 밖에 지정수량이 10kg인 위험물 및 황
    린
  3) 제4류 위험물 중 특수인화물, 제1석유류 및 알코올류
  4) 제5류 위험물 중 유기과산화물, 질산에스테르류 그 밖에 지정수량이 10kg인 위험물
5) 제6류 위험물
나. 가목의 위험물 외의 위험물을 저장하는 창고 : 2,000㎡
다. 가목의 위험물과 나목의 위험물을 내화구조의 격벽으로 완전히 구획된 실에 각각 저장하는 창고 :
  1,500㎡(가목의 위험물을 저장하는 실의 면적은 500㎡를 초과할 수 없다)

7. 저장창고의 벽·기둥 및 바닥은 내화구조로 하고, 보와 서까래는 불연재료로 하여야 한다. 다만, 지정
수량의 10배 이하의 위험물의 저장창고 또는 제2류와 제4류의 위험물(인화성고체 및 인화점이 70℃ 미
만인 제4류 위험물을 제외한다)만의 저장창고에 있어서는 연소의 우려가 없는 벽·기둥 및 바닥은 불
연재료로 할 수 있다.

8. 저장창고는 지붕을 폭발력이 위로 방출될 정도의 가벼운 불연재료로 하고, 천장을 만들지 아니하여야
한다. 다만, 제2류 위험물(분상의 것과 인화성고체를 제외한다)과 제6류 위험물만의 저장창고에 있어
서는 지붕을 내화구조로 할 수 있고, 제5류 위험물만의 저장창고에 있어서는 당해 저장창고내의 온도
를 저온으로 유지하기 위하여 난연재료 또는 불연재료로 된 천장을 설치할 수 있다.

9. 저장창고의 출입구에는 갑종방화문 또는 을종방화문을 설치하되, 연소의 우려가 있는 외벽에 있는 출
입구에는 수시로 열 수 있는 자동폐쇄식의 갑종방화문을 설치하여야 한다.

10. 저장창고의 창 또는 출입구에 유리를 이용하는 경우에는 망입유리로 하여야 한다.

11. 제1류 위험물 중 알칼리금속의 과산화물 또는 이를 함유하는 것, 제2류 위험물 중 철분·금속분·마
그네슘 또는 이중 어느 하나 이상을 함유하는 것, 제3류 위험물 중 금수성물질 또는 제4류 위험물의
저장창고의 바닥은 물이 스며 나오거나 스며들지 아니하는 구조로 하여야 한다.

12. 액상의 위험물의 저장창고의 바닥은 위험물이 스며들지 아니하는 구조로 하고, 적당하게 경사지게 하
여 그 최저부에 집유설비를 하여야 한다.

13. 저장창고에 선반 등의 수납장을 설치하는 경우에는 다음 각목의 기준에 적합하게 하여야 한다.
가. 수납장은 불연재료로 만들어 견고한 기초 위에 고정할 것
나. 수납장은 당해 수납장 및 그 부속설비의 자중, 저장하는 위험물의 중량 등의 하중에 의하여 생기는
  응력에 대하여 안전한 것으로 할 것
다. 수납장에는 위험물을 수납한 용기가 쉽게 떨어지지 아니하게 하는 조치를 할 것

14. 저장창고에는 별표 4 Ⅴ 및 Ⅵ의 규정에 준하여 채광·조명 및 환기의 설비를 갖추어야 하고, 인화점
이 70℃ 미만인 위험물의 저장창고에 있어서는 내부에 체류한 가연성의 증기를 지붕 위로 배출하는
설비를 갖추어야 한다.

15. 저장창고에 설치하는 전기설비는 「전기사업법」에 의한 전기설비기술기준에 의하여야 한다.

16. 지정수량의 10배 이상의 저장창고(제6류 위험물의 저장창고를 제외한다)에는 피뢰침을 설치하여야 한
다. 다만, 저장창고의 주위의 상황에 따라 안전상 지장이 없는 경우에는 피뢰침을 설치하지 아니할 수
있다.

17. 제5류 위험물 중 셀룰로이드 그 밖에 온도의 상승에 의하여 분해·발화할 우려가 있는 것의 저장창고
    는 당해 위험물이 발화하는 온도에 달하지 아니하는 온도를 유지하는 구조로 하거나 다음 각목의 기
    준에 적합한 비상전원을 갖춘 통풍장치 또는 냉방장치 등의 설비를 2 이상 설치하여야 한다.
    가. 상용전력원이 고장인 경우에 자동으로 비상전원으로 전환되어 가동되도록 할 것
    나. 비상전원의 용량은 통풍장치 또는 냉방장치 등의 설비를 유효하게 작동할 수 있는 정도일 것

Ⅱ. 다층건물의 옥내저장소의 기준

옥내저장소중 제2류 또는 제4류의 위험물(인화성고체 및 인화점이 70℃ 미만인 제4류 위험물을 제외한
다)만을 저장 또는 취급하는 저장창고가 다층건물인 옥내저장소의 위치·구조 및 설비의 기술기준은 Ⅰ제
1호 내지 제4호 및 제8호 내지 제16호의 규정에 의하는 외에 다음 각호의 기준에 의하여야 한다.
1. 저장창고는 각층의 바닥을 지면보다 높게 하고, 바닥면으로부터 상층의 바닥(상층이 없는 경우에는 처
   마)까지의 높이(이하 "층고"라 한다)를 6m 미만으로 하여야 한다.
2. 하나의 저장창고의 바닥면적 합계는 1,000㎡ 이하로 하여야 한다.
3. 저장창고의 벽·기둥·바닥 및 보를 내화구조로 하고, 계단을 불연재료로 하며, 연소의 우려가 있는
   외벽은 출입구외의 개구부를 갖지 아니하는 벽으로 하여야 한다.
4. 2층 이상의 층의 바닥에는 개구부를 두지 아니하여야 한다. 다만, 내화구조의 벽과 갑종방화문 또는
   을종방화문으로 구획된 계단실에 있어서는 그러하지 아니하다.

Ⅲ. 복합용도 건축물의 옥내저장소의 기준

옥내저장소중 지정수량의 20배 이하의 것(옥내저장소외의 용도로 사용하는 부분이 있는 건축물에 설치하
는 것에 한한다)의 위치·구조 및 설비의 기술기준은 Ⅰ제3호, 제11호 내지 제17호의 규정에 의하는 외에
다음 각호의 기준에 의하여야 한다.
1. 옥내저장소는 벽·기둥·바닥 및 보가 내화구조인 건축물의 1층 또는 2층의 어느 하나의 층에 설치하
   여야 한다.
2. 옥내저장소의 용도에 사용되는 부분의 바닥은 지면보다 높게 설치하고 그 층고를 6m 미만으로 하여야
   한다.
3. 옥내저장소의 용도에 사용되는 부분의 바닥면적은 75㎡ 이하로 하여야 한다.
4. 옥내저장소의 용도에 사용되는 부분은 벽·기둥·바닥·보 및 지붕(상층이 있는 경우에는 상층의 바
   닥)을 내화구조로 하고, 출입구외의 개구부가 없는 두께 70㎜ 이상의 철근콘크리트조 또는 이와 동등
   이상의 강도가 있는 구조의 바닥 또는 벽으로 당해 건축물의 다른 부분과 구획되도록 하여야 한다.
5. 옥내저장소의 용도에 사용되는 부분의 출입구에는 수시로 열 수 있는 자동폐쇄방식의 갑종방화문을 설
   치하여야 한다.
6. 옥내저장소의 용도에 사용되는 부분에는 창을 설치하지 아니하여야 한다.
7. 옥내저장소의 용도에 사용되는 부분의 환기설비 및 배출설비에는 방화상 유효한 댐퍼 등을 설치하여야
   한다.

## Ⅳ. 소규모 옥내저장소의 특례

1. 지정수량의 50배 이하인 소규모의 옥내저장소중 저장창고의 처마높이가 6m 미만인 것으로서 저장창고가 다음 각목에 정하는 기준에 적합한 것에 대하여는 Ⅰ제1호 · 제2호 및 제6호 내지 제9호의 규정은 적용하지 아니한다.

　가. 저장창고의 주위에는 다음 표에 정하는 너비의 공지를 보유할 것

| 저장 또는 취급하는 위험물의 최대수량 | 공지의 너비 |
|---|---|
| 지정수량의 5배 이하 | |
| 지정수량의 5배 초과 20배 이하 | 1m 이상 |
| 지정수량의 20배 초과 50배 이하 | 2m 이상 |

　나. 하나의 저장창고 바닥면적은 150㎡ 이하로 할 것
　다. 저장창고는 벽 · 기둥 · 바닥 · 보 및 지붕을 내화구조로 할 것
　라. 저장창고의 출입구에는 수시로 개방할 수 있는 자동폐쇄방식의 갑종방화문을 설치할 것
　마. 저장창고에는 창을 설치하지 아니할 것

2. 지정수량의 50배 이하인 소규모의 옥내저장소중 저장창고의 처마높이가 6m 이상인 것으로서 저장창고가 제1호 나목 내지 마목의 규정에 의한 기준에 적합한 것에 대하여는 Ⅰ제1호 및 제6호 내지 제9호의 규정은 적용하지 아니한다.

## Ⅴ. 고인화점 위험물의 단층건물 옥내저장소의 특례

1. 고인화점 위험물만을 저장 또는 취급하는 단층건물의 옥내저장소중 저장창고의 처마높이가 6m 미만인 것으로서 위치 및 구조가 다음 각목의 규정에 적합한 것은 Ⅰ제1호 · 제2호 · 제8호 내지 제10호 및 제16호의 규정은 적용하지 아니한다.

　가. 지정수량의 20배를 초과하는 옥내저장소에 있어서는 별표 4 XI제1호의 규정에 준하여 안전거리를 둘 것
　나. 저장창고의 주위에는 다음 표에 정하는 너비의 공지를 보유할 것

| 저장 또는 취급하는 위험물의 최대수량 | 공지의 너비 | |
|---|---|---|
| | 당해 건축물의 벽 · 기둥 및 바닥이 내화구조로 된 경우 | 왼쪽란에 정하는 경우외의 경우 |
| 20배 이하 | | 0.5m 이상 |
| 20배 초과 50배 이하 | 1m 이상 | 1.5m 이상 |
| 50배 초과 200배 이하 | 2m 이상 | 3m 이상 |
| 200배 초과 | 3m 이상 | 5m 이상 |

　다. 저장창고는 지붕을 불연재료로 할 것
　라. 저장창고의 창 및 출입구에는 방화문 또는 불연재료나 유리로 된 문을 달고, 연소의 우려가 있는 외벽에 두는 출입구에는 수시로 열 수 있는 자동폐쇄방식의 갑종방화문을 설치할 것
　마. 저장창고의 연소의 우려가 있는 외벽에 설치하는 출입구에 유리를 이용하는 경우에는 망입유리로 할 것

2. 고인화점 위험물만을 저장 또는 취급하는 단층건물의 옥내저장소중 저장창고의 처마높이가 6m 이상인 것으로서 위치가 제1호가목의 규정에 의한 기준에 적합한 것은 Ⅰ제1호의 규정은 적용하지 아니한다.

## Ⅵ. 고인화점 위험물의 다층건물 옥내저장소의 특례

1. 고인화점 위험물만을 저장 또는 취급하는 다층건물의 옥내저장소중 그 위치 및 구조가 다음 각목의 규정에 의한 기준에 적합한 것에 대하여는 Ⅰ제1호·제2호·제8호 내지 제10호 및 제16호와 Ⅱ제3호의 규정은 적용하지 아니한다.
   가. Ⅴ제1호 각목의 기준에 적합할 것
   나. 저장창고는 벽·기둥·바닥·보 및 계단을 불연재료로 만들고, 연소의 우려가 있는 외벽은 출입구 외의 개구부가 없는 내화구조의 벽으로 할 것

## Ⅶ. 고인화점 위험물의 소규모 옥내저장소의 특례

1. 고인화점 위험물만을 지정수량의 50배 이하로 저장 또는 취급하는 옥내저장소중 저장창고의 처마높이가 6m 미만인 것으로서 Ⅳ제1호 나목 내지 마목의 규정에 의한 기준에 적합한 것에 대하여는 Ⅰ제1호·제2호 및 제6호 내지 제9호 및 제16호의 규정은 적용하지 아니한다.

2. 고인화점 위험물만을 지정수량의 50배 이하로 저장 또는 취급하는 옥내저장소중 처마높이가 6m 이상인 것으로서 저장창고가 Ⅳ제1호 각목의 규정에 의한 기준에 적합한 것에 대하여는 Ⅰ제1호·제2호·제6호 내지 제9호의 규정은 적용하지 아니한다.

## Ⅷ. 위험물의 성질에 따른 옥내저장소의 특례

1. 다음 각목의 1에 해당하는 위험물을 저장 또는 취급하는 옥내저장소에 있어서는 Ⅰ 내지 Ⅳ의 규정에 의하되, 당해 위험물의 성질에 따라 강화되는 기준은 제2호 내지 제4호에 의하여야 한다.
   가. 제5류 위험물중 유기과산화물 또는 이를 함유하는 것으로서 지정수량이 10kg인 것(이하 "지정과산화물"이라 한다)
   나. 알킬알루미늄등
   다. 히드록실아민등

2. 지정과산화물을 저장 또는 취급하는 옥내저장소에 대하여 강화되는 기준은 다음 각목과 같다.
   가. 옥내저장소는 당해 옥내저장소의 외벽으로부터 별표 4 Ⅰ제1호 가목 내지 다목의 규정에 의한 건축물의 외벽 또는 이에 상당하는 공작물의 외측까지의 사이에 부표 1에 정하는 안전거리를 두어야 한다.
   나. 옥내저장소의 저장창고 주위에는 부표 2에 정하는 너비의 공지를 보유하여야 한다. 다만, 2 이상의 옥내저장소를 동일한 부지내에 인접하여 설치하는 때에는 당해 옥내저장소의 상호간 공지의 너비를 동표에 정하는 공지 너비의 3분의 2로 할 수 있다.
   다. 옥내저장소의 저장창고의 기준은 다음과 같다.
      1) 저장창고는 150㎡ 이내마다 격벽으로 완전하게 구획할 것. 이 경우 당해 격벽은 두께 30㎝ 이상의 철근콘크리트조 또는 철골철근콘크리트조로 하거나 두께 40㎝ 이상의 보강콘크리트블록조로 하고, 당해 저장창고의 양측의 외벽으로부터 1m 이상, 상부의 지붕으로부터 50㎝ 이상 돌출하게 하여야 한다.
      2) 저장창고의 외벽은 두께 20㎝ 이상의 철근콘크리트조나 철골철근콘크리트조 또는 두께 30㎝ 이상의 보강콘크리트블록조로 할 것
      3) 저장창고의 지붕은 다음 각목의 1에 적합할 것
         가) 중도리 또는 서까래의 간격은 30㎝ 이하로 할 것

　　나) 지붕의 아래쪽 면에는 한 변의 길이가 45㎝ 이하의 환강(丸鋼)·경량형강(輕量形鋼) 등으로 된 강제(鋼製)의 격자를 설치할 것

　　다) 지붕의 아래쪽 면에 철망을 쳐서 불연재료의 도리·보 또는 서까래에 단단히 결합할 것

　　라) 두께 5㎝ 이상, 너비 30㎝ 이상의 목재로 만든 받침대를 설치할 것

　4) 저장창고의 출입구에는 갑종방화문을 설치할 것

　5) 저장창고의 창은 바닥면으로부터 2m 이상의 높이에 두되, 하나의 벽면에 두는 창의 면적의 합계를 당해 벽면의 면적의 80분의 1 이내로 하고, 하나의 창의 면적을 0.4㎡ 이내로 할 것

라. Ⅱ 내지 Ⅳ의 규정은 적용하지 아니한다.

3. 알킬알루미늄등을 저장 또는 취급하는 옥내저장소에 대하여 강화되는 기준은 다음 각목과 같다.

　가. 옥내저장소에는 누설범위를 국한하기 위한 설비 및 누설한 알킬알루미늄등을 안전한 장소에 설치된 조(槽)로 끌어들일 수 있는 설비를 설치하여야 한다.

　나. Ⅱ 내지 Ⅳ의 규정은 적용하지 아니한다.

4. 히드록실아민등을 저장 또는 취급하는 옥내저장소에 대하여 강화되는 기준은 히드록실아민등의 온도의 상승에 의한 위험한 반응을 방지하기 위한 조치를 강구하는 것으로 한다.

## Ⅸ. 수출입 하역장소의 옥내저장소의 특례

「관세법」 제154조에 따른 보세구역, 「항만법」 제2조제1호에 따른 항만 또는 같은 조 제7호에 따른 항만배후단지 내에서 수출입을 위한 위험물을 저장 또는 취급하는 옥내저장소 중 Ⅰ(제2호는 제외한다)의 규정에 적합한 것은 다음 표에 정하는 너비의 공지(空地)를 보유할 수 있다.

| 저장 또는 취급하는 위험물의 최대수량 | 공지의 너비 | |
|---|---|---|
| | 벽·기둥 및 바닥이 내화구조로 된 건축물 | 그 밖의 건축물 |
| 지정수량의 5배 이하 | | 0.5m 이상 |
| 지정수량의 5배 초과 10배 이하 | 1m 이상 | 1.5m 이상 |
| 지정수량의 10배 초과 20배 이하 | 2m 이상 | 3m 이상 |
| 지정수량의 20배 초과 50배 이하 | 3m 이상 | 3.3m 이상 |
| 지정수량의 50배 초과 200배 이하 | 3.3m 이상 | 3.5m 이상 |
| 지정수량의 200배 초과 | 3.5m 이상 | 5m 이상 |

※ 지정과산화물의 옥내저장소의 안전거리(별표 5관련)

| 저장 또는 취급하는 위험물의 최대수량 | 안전거리 | | | | | |
|---|---|---|---|---|---|---|
| | 별표 4 Ⅰ제1호 가목에 정하는 것 | | 별표 4 Ⅰ제1호 나목에 정하는 것 | | 별표 4 Ⅰ제1호 다목에 정하는 것 | |
| | 저장창고의 주위에 비고 제1호에 정하는 담 또는 토제를 설치한 경우 | 왼쪽란에 정하는 경우 외의 경우 | 저장창고의 주위에 비고 제1호에 정하는 담 또는 토제를 설치한 경우 | 왼쪽란에 정하는 경우 외의 경우 | 저장창고의 주위에 비고 제1호에 정하는 담 또는 토제를 설치한 경우 | 왼쪽란에 정하는 경우 외의 경우 |
| 10배 이하 | 20m 이상 | 40m 이상 | 30m 이상 | 50m 이상 | 50m 이상 | 60m 이상 |
| 10배 초과 20배 이하 | 22m 이상 | 45m 이상 | 33m 이상 | 55m 이상 | 54m 이상 | 65m 이상 |
| 20배 초과 40배 이하 | 24m 이상 | 50m 이상 | 36m 이상 | 60m 이상 | 58m 이상 | 70m 이상 |
| 40배 초과 60배 이하 | 27m 이상 | 55m 이상 | 39m 이상 | 65m 이상 | 62m 이상 | 75m 이상 |
| 60배 초과 90배 이하 | 32m 이상 | 65m 이상 | 45m 이상 | 75m 이상 | 70m 이상 | 85m 이상 |
| 90배 초과 150배 이하 | 37m 이상 | 75m 이상 | 51m 이상 | 85m 이상 | 79m 이상 | 95m 이상 |
| 150배 초과 300배 이하 | 42m 이상 | 85m 이상 | 57m 이상 | 95m 이상 | 87m 이상 | 105m 이상 |
| 300배 초과 | 47m 이상 | 95m 이상 | 66m 이상 | 110m 이상 | 100m 이상 | 120m 이상 |

※ 비고

1. 담 또는 토제는 다음 각목에 적합한 것으로 하여야 한다. 다만, 지정수량의 5배이하인 지정과산화물의 옥내저장소에 대하여는 당해 옥내저장소의 저장창고의 외벽을 두께 30㎝ 이상의 철근콘크리트조 또는 철골철근콘크리트조로 만드는 것으로서 담 또는 토제에 대신할 수 있다.

   가. 담 또는 토제는 저장창고의 외벽으로부터 2m 이상 떨어진 장소에 설치할 것. 다만, 담 또는 토제와 당해 저장창고와의 간격은 당해 옥내저장소의 공지의 너비의 5분의 1을 초과할 수 없다.

   나. 담 또는 토제의 높이는 저장창고의 처마높이 이상으로 할 것

   다. 담은 두께 15㎝ 이상의 철근콘크리트조나 철골철근콘크리트조 또는 두께 20㎝ 이상의 보강콘크리트블록조로 할 것

   라. 토제의 경사면의 경사도는 60도 미만으로 할 것

2. 지정수량의 5배 이하인 지정과산화물의 옥내저장소에 당해 옥내저장소의 저장창고의 외벽을 제1호 단서의 규정에 의한 구조로 하고 주위에 제1호 각목의 규정에 의한 담 또는 토제를 설치하는 때에는 별표 4 Ⅰ제1호 가목에 정하는 건축물 등까지의 사이의 거리를 10m 이상으로 할 수 있다.

3) 옥외탱크저장소의 위치·구조 및 설비의 기준 [시행규칙 제30조(옥외탱크저장소의 기준)]

[별표 6]

Ⅰ. 안전거리

위험물을 저장 또는 취급하는 옥외탱크(이하 "옥외저장탱크"라 한다)는 별표 4 Ⅰ의 규정에 준하여 안전거리를 두어야 한다.

Ⅱ. 보유공지

1. 옥외저장탱크(위험물을 이송하기 위한 배관 그 밖에 이에 준하는 공작물을 제외한다)의 주위에는 그 저장 또는 취급하는 위험물의 최대수량에 따라 옥외저장탱크의 측면으로부터 다음 표에 의한 너비의 공지를 보유하여야 한다.

| 저장 또는 취급하는 위험물의 최대수량 | 공지의 너비 |
| --- | --- |
| 지정수량의 500배 이하 | 3m 이상 |
| 지정수량의 500배 초과 1,000배 이하 | 5m 이상 |
| 지정수량의 1,000배 초과 2,000배 이하 | 9m 이상 |
| 지정수량의 2,000배 초과 3,000배 이하 | 12m 이상 |
| 지정수량의 3,000배 초과 4,000배 이하 | 15m 이상 |
| 지정수량의 4,000배 초과 | 당해 탱크의 수평단면의 최대지름(횡형인 경우에는 긴 변)과 높이 중 큰 것과 같은 거리 이상. 다만, 30m 초과의 경우에는 30m 이상으로 할 수 있고, 15m 미만의 경우에는 15m 이상으로 하여야 한다. |

2. 제6류 위험물 외의 위험물을 저장 또는 취급하는 옥외저장탱크(지정수량의 4,000배를 초과하여 저장 또는 취급하는 옥외저장탱크를 제외한다)를 동일한 방유제안에 2개 이상 인접하여 설치하는 경우 그 인접하는 방향의 보유공지는 제1호의 규정에 의한 보유공지의 3분의 1 이상의 너비로 할 수 있다. 이 경우 보유공지의 너비는 3m 이상이 되어야 한다.
3. 제6류 위험물을 저장 또는 취급하는 옥외저장탱크는 제1호의 규정에 의한 보유공지의 3분의 1 이상의 너비로 할 수 있다. 이 경우 보유공지의 너비는 1.5m 이상이 되어야 한다.
4. 제6류 위험물을 저장 또는 취급하는 옥외저장탱크를 동일구내에 2개 이상 인접하여 설치하는 경우 그 인접하는 방향의 보유공지는 제3호의 규정에 의하여 산출된 너비의 3분의 1 이상의 너비로 할 수 있다. 이 경우 보유공지의 너비는 1.5m 이상이 되어야 한다.
5. 제1호의 규정에도 불구하고 옥외저장탱크(이하 이호에서 "공지단축 옥외저장탱크"라 한다)에 다음 각목의 기준에 적합한 물분무설비로 방호조치를 하는 경우에는 그 보유공지를 제1호의 규정에 의한 보유공지의 2분의 1 이상의 너비(최소 3m 이상)로 할 수 있다. 이 경우 공지단축 옥외저장탱크의 화재시 1m²당 20kW 이상의 복사열에 노출되는 표면을 갖는 인접한 옥외저장탱크가 있으면 당해 표면에도 다음 각목의 기준에 적합한 물분무설비로 방호조치를 함께하여야 한다.
   가. 탱크의 표면에 방사하는 물의 양은 탱크의 원주길이 1m에 대하여 분당 37ℓ 이상으로 할 것
   나. 수원의 양은 가목의 규정에 의한 수량으로 20분 이상 방사할 수 있는 수량으로 할 것

다. 탱크에 보강링이 설치된 경우에는 보강링의 아래에 분무헤드를 설치하되, 분무헤드는 탱크의 높이 및 구조를 고려하여 분무가 적정하게 이루어 질 수 있도록 배치할 것

라. 물분무소화설비의 설치기준에 준할 것

## Ⅲ. 표지 및 게시판

1. 옥외탱크저장소에는 별표 4 Ⅲ제1호의 기준에 따라 보기 쉬운 곳에 "위험물 옥외탱크저장소"라는 표시를 한 표지와 동표 Ⅲ제2호의 기준에 따라 방화에 관하여 필요한 사항을 게시한 게시판을 설치하여야 한다.
2. 탱크의 군(群)에 있어서는 제1호의 표지 및 게시판을 그 의미 전달에 지장이 없는 범위 안에서 보기 쉬운 곳에 일괄하여 설치할 수 있다. 이 경우 게시판과 각 탱크가 대응될 수 있도록 하는 조치를 강구하여야 한다.

## Ⅳ. 특정옥외저장탱크의 기초 및 지반

1. 옥외탱크저장소 중 그 저장 또는 취급하는 액체위험물의 최대수량이 100만ℓ 이상의 것(이하 "특정옥외탱크저장소"라 한다)의 옥외저장탱크(이하 "특정옥외저장탱크"라 한다)의 기초 및 지반은 당해 기초 및 지반상에 설치하는 특정옥외저장탱크 및 그 부속설비의 자중, 저장하는 위험물의 중량 등의 하중(이하 "탱크하중"이라 한다)에 의하여 발생하는 응력에 대하여 안전한 것으로 하여야 한다.
2. 기초 및 지반은 다음 각목에 정하는 기준에 적합하여야 한다.
   가. 지반은 암반의 단층, 절토 및 성토에 걸쳐 있는 등 활동(滑動)을 일으킬 우려가 있는 경우가 아닐 것
   나. 지반은 다음 1에 적합할 것
   1) 소방청장이 정하여 고시하는 범위내에 있는 지반이 표준관입시험(標準貫入試驗) 및 평판재하시험(平板載荷試驗)에 의하여 각각 표준관입시험치가 20 이상 및 평판재하시험치[5㎜ 침하시에 있어서의 시험치(K30치)로 한다. 제4호에서 같다]가 1㎡당 100MN 이상의 값일 것
   2) 소방청장이 정하여 고시하는 범위내에 있는 지반이 다음의 기준에 적합할 것
      가) 탱크하중에 대한 지지력 계산에 있어서의 지지력안전율 및 침하량 계산에 있어서의 계산침하량이 소방청장이 정하여 고시하는 값일 것
      나) 기초(소방청장이 정하여 고시하는 것에 한한다. 이하 이 호에서 같다)의 표면으로부터 3m 이내의 기초직하의 지반부분이 기초와 동등 이상의 견고성이 있고, 지표면으로부터의 깊이가 15m 까지의 지질(기초의 표면으로부터 3m 이내의 기초직하의 지반부분을 제외한다)이 소방청장이 정하여 고시하는 것외의 것일 것
      다) 점성토 지반은 압밀도시험에서, 사질토 지반은 표준관입시험에서 각각 압밀하중에 대하여 압밀도가 90%[미소한 침하가 장기간 계속되는 경우에는 10일간(이하 이 호에서 "미소침하측정기간"이라 한다) 계속하여 측정한 침하량의 합의 1일당 평균침하량이 침하의 측정을 개시한 날부터 미소침하측정기간의 최종일까지의 총침하량의 0.3% 이하인 때에는 당해 지반에서의 압밀도가 90%인 것으로 본다] 이상 또는 표준관입시험치가 평균 15 이상의 값일 것
   3) 1) 또는 2)와 동등 이상의 견고함이 있을 것
   다. 지반이 바다, 하천, 호수와 늪 등에 접하고 있는 경우에는 활동에 관하여 소방청장이 정하여 고시하는 안전율이 있을 것

라. 기초는 사질토 또는 이와 동등 이상의 견고성이 있는 것을 이용하여 소방청장이 정하여 고시하는 바에 따라 만드는 것으로서 평판재하시험의 평판재하시험치가 1㎡당 100MN 이상의 값을 나타내는 것(이하 "성토"라 한다) 또는 이와 동등 이상의 견고함이 있는 것으로 할 것

마. 기초(성토인 것에 한한다. 이하 바목에서 같다)는 그 윗면이 특정옥외저장탱크를 설치하는 장소의 지하수위와 2m 이상의 간격을 확보할 것

바. 기초 또는 기초의 주위에는 소방청장이 정하여 고시하는 바에 따라 당해 기초를 보강하기 위한 조치를 강구할 것

3. 제1호 및 제2호에 규정하는 것외에 기초 및 지반에 관하여 필요한 사항은 소방청장이 정하여 고시한다.

4. 특정옥외저장탱크의 기초 및 지반은 제2호 나목1)의 규정에 의한 표준관입시험 및 평판재하시험, 동목 2)다)의 규정에 의한 압밀도시험 또는 표준관입시험, 동호 라목의 규정에 의한 평판재하시험 및 그 밖에 소방청장이 정하여 고시하는 시험을 실시하였을 때 당해 시험과 관련되는 규정에 의한 기준에 적합하여야 한다.

## V. 준특정옥외저장탱크의 기초 및 지반

1. 옥외탱크저장소중 그 저장 또는 취급하는 액체위험물의 최대수량이 50만ℓ 이상 100만ℓ 미만의 것(이하 "준특정옥외탱크저장소"라 한다)의 옥외저장탱크(이하 "준특정옥외저장탱크"라 한다)의 기초 및 지반은 제2호 및 제3호에서 정하는 바에 따라 견고하게 하여야 한다.

2. 기초 및 지반은 탱크하중에 의하여 발생하는 응력에 대하여 안전한 것으로 하여야 한다.

3. 기초 및 지반은 다음의 각목에 정하는 기준에 적합하여야 한다.

가. 지반은 암반의 단층, 절토 및 성토에 걸쳐 있는 등 활동을 일으킬 우려가 없을 것

나. 지반은 다음의 1에 적합할 것

  1) 소방청장이 정하여 고시하는 범위내에 있는 지반이 암반 그 밖의 견고한 것일 것

  2) 소방청장이 정하여 고시하는 범위내에 있는 지반이 다음의 기준에 적합할 것

   가) 당해 지반에 설치하는 준특정옥외저장탱크의 탱크하중에 대한 지지력 계산에 있어서의 지지력 안전율 및 침하량 계산에 있어서의 계산침하량이 소방청장이 정하여 고시하는 값일 것

   나) 소방청장이 정하여 고시하는 지질 외의 것일 것(기초가 소방청장이 정하여 고시하는 구조인 경우를 제외한다)

  3) 2)와 동등 이상의 견고함이 있을 것

다. 지반이 바다, 하천, 호수와 늪 등에 접하고 있는 경우에는 활동에 관하여 소방청장이 정하여 고시하는 안전율이 있을 것

라. 기초는 사질토 또는 이와 동등 이상의 견고성이 있는 것을 이용하여 소방청장이 정하여 고시하는 바에 따라 만들거나 이와 동등 이상의 견고함이 있는 것으로 할 것

마. 기초(사질토 또는 이와 동등 이상의 견고성이 있는 것을 이용하여 소방청장이 정하여 고시하는 바에 따라 만드는 것에 한한다)는 그 윗면이 준특정옥외저장탱크를 설치하는 장소의 지하수위와 2m 이상의 간격을 확보할 것

4. 제2호 및 제3호에 규정하는 것 외에 기초 및 지반에 관하여 필요한 사항은 소방청장이 정하여 고시한다.

## Ⅵ. 옥외저장탱크의 외부구조 및 설비

1. 옥외저장탱크는 특정옥외저장탱크 및 준특정옥외저장탱크 외에는 두께 3.2㎜ 이상의 강철판 또는 소방청장이 정하여 고시하는 규격에 적합한 재료로, 특정옥외저장탱크 및 준특정옥외저장탱크는 Ⅶ 및 Ⅷ에 의하여 소방청장이 정하여 고시하는 규격에 적합한 강철판 또는 이와 동등 이상의 기계적 성질 및 용접성이 있는 재료로 틈이 없도록 제작하여야 하고, 압력탱크(최대상용압력이 대기압을 초과하는 탱크를 말한다)외의 탱크는 충수시험, 압력탱크는 최대상용압력의 1.5배의 압력으로 10분간 실시하는 수압시험에서 각각 새거나 변형되지 아니하여야 한다.
2. 특정옥외저장탱크의 용접부는 소방청장이 정하여 고시하는 바에 따라 실시하는 방사선투과시험, 진공시험 등의 비파괴시험에 있어서 소방청장이 정하여 고시하는 기준에 적합한 것이어야 한다.
3. 특정옥외저장탱크 및 준특정옥외저장탱크외의 탱크는 다음 각목에 정하는 바에 따라, 특정옥외저장탱크 및 준특정옥외저장탱크는 Ⅶ 및 Ⅷ의 규정에 의한 바에 따라 지진 및 풍압에 견딜 수 있는 구조로 하고 그 지주는 철근콘크리트조, 철골콘크리트조 그 밖에 이와 동등 이상의 내화성능이 있는 것이어야 한다.
   가. 지진동에 의한 관성력 또는 풍하중에 대한 응력이 옥외저장탱크의 옆판 또는 지주의 특정한 점에 집중하지 아니하도록 당해 탱크를 견고한 기초 및 지반 위에 고정할 것
   나. 가목의 지진동에 의한 관성력 및 풍하중의 계산방법은 소방청장이 정하여 고시하는 바에 의할 것
4. 옥외저장탱크는 위험물의 폭발 등에 의하여 탱크내의 압력이 비정상적으로 상승하는 경우에 내부의 가스 또는 증기를 상부로 방출할 수 있는 구조로 하여야 한다.
5. 옥외저장탱크의 외면에는 녹을 방지하기 위한 도장을 하여야 한다. 다만, 탱크의 재질이 부식의 우려가 없는 스테인레스 강판 등인 경우에는 그러하지 아니하다.
6. 옥외저장탱크의 밑판[에뉼러판(특정옥외저장탱크의 옆판의 최하단 두께가 15㎜를 초과하는 경우, 내경이 30m를 초과하는 경우 또는 옆판을 고장력강으로 사용하는 경우에 옆판의 직하에 설치하여야 하는 판을 말한다. 이하 같다)을 설치하는 특정옥외저장탱크에 있어서는 에뉼러판을 포함한다. 이하 이 호에서 같다]을 지반면에 접하게 설치하는 경우에는 다음 각목의 1의 기준에 따라 밑판 외면의 부식을 방지하기 위한 조치를 강구하여야 한다.
   가. 탱크의 밑판 아래에 밑판의 부식을 유효하게 방지할 수 있도록 아스팔트샌드 등의 방식재료를 댈 것
   나. 탱크의 밑판에 전기방식의 조치를 강구할 것
   다. 가목 또는 나목의 규정에 의한 것과 동등 이상으로 밑판의 부식을 방지할 수 있는 조치를 강구할 것
7. 옥외저장탱크중 압력탱크(최대상용압력이 부압 또는 정압 5㎪을 초과하는 탱크를 말한다)외의 탱크(제4류 위험물의 옥외저장탱크에 한한다)에 있어서는 밸브없는 통기관 또는 대기밸브부착 통기관을 다음 각목에 정하는 바에 의하여 설치하여야 하고, 압력탱크에 있어서는 별표 4 Ⅷ제4호의 규정에 의한 안전장치를 설치하여야 한다.
   가. 밸브없는 통기관
      1) 직경은 30㎜ 이상일 것
      2) 선단은 수평면보다 45도 이상 구부려 빗물 등의 침투를 막는 구조로 할 것
      3) 가는 눈의 구리망 등으로 인화방지장치를 할 것. 다만, 인화점 70℃ 이상의 위험물만을 해당 위험물의 인화점 미만의 온도로 저장 또는 취급하는 탱크에 설치하는 통기관에 있어서는 그러하지 아니하다.

4) 가연성의 증기를 회수하기 위한 밸브를 통기관에 설치하는 경우에 있어서는 당해 통기관의 밸브는 저장탱크에 위험물을 주입하는 경우를 제외하고는 항상 개방되어 있는 구조로 하는 한편, 폐쇄하였을 경우에 있어서는 10㎪ 이하의 압력에서 개방되는 구조로 할 것. 이 경우 개방된 부분의 유효단면적은 777.15㎟ 이상이어야 한다.

나. 대기밸브부착 통기관

1) 5㎪ 이하의 압력차이로 작동할 수 있을 것
2) 가목3)의 기준에 적합할 것

8. 액체위험물의 옥외저장탱크에는 위험물의 양을 자동적으로 표시할 수 있도록 기밀부유식 계량장치, 증기가 비산하지 아니하는 구조의 부유식 계량장치, 전기압력자동방식이나 방사성동위원소를 이용한 방식에 의한 자동계량장치 또는 유리게이지(금속관으로 보호된 경질유리 등으로 되어 있고 게이지가 파손되었을 때 위험물의 유출을 자동적으로 정지할 수 있는 장치가 되어 있는 것에 한한다)를 설치하여야 한다.

9. 액체위험물의 옥외저장탱크의 주입구는 다음 각목의 기준에 의하여야 한다.

가. 화재예방상 지장이 없는 장소에 설치할 것
나. 주입호스 또는 주입관과 결합할 수 있고, 결합하였을 때 위험물이 새지 아니할 것
다. 주입구에는 밸브 또는 뚜껑을 설치할 것
라. 휘발유, 벤젠 그 밖에 정전기에 의한 재해가 발생할 우려가 있는 액체위험물의 옥외저장탱크의 주입구 부근에는 정전기를 유효하게 제거하기 위한 접지전극을 설치할 것
마. 인화점이 21℃ 미만인 위험물의 옥외저장탱크의 주입구에는 보기 쉬운 곳에 다음의 기준에 의한 게시판을 설치할 것. 다만, 소방본부장 또는 소방서장이 화재예방상 당해 게시판을 설치할 필요가 없다고 인정하는 경우에는 그러하지 아니하다.

1) 게시판은 한변이 0.3m 이상, 다른 한변이 0.6m 이상인 직사각형으로 할 것
2) 게시판에는 "옥외저장탱크 주입구"라고 표시하는 것외에 취급하는 위험물의 유별, 품명 및 별표 4 Ⅲ제2호 라목의 규정에 준하여 주의사항을 표시할 것
3) 게시판은 백색바탕에 흑색문자(별표 4 Ⅲ제2호 라목의 주의사항은 적색문자)로 할 것

바. 주입구 주위에는 새어나온 기름 등 액체가 외부로 유출되지 아니하도록 방유턱을 설치하거나 집유설비 등의 장치를 설치할 것

10. 옥외저장탱크의 펌프설비(펌프 및 이에 부속하는 전동기를 말하며, 당해 펌프 및 전동기를 위한 건축물 그 밖의 공작물을 설치하는 경우에는 당해 공작물을 포함한다. 이하 같다)는 다음 각목에 의하여야 한다.

가. 펌프설비의 주위에는 너비 3m 이상의 공지를 보유할 것. 다만, 방화상 유효한 격벽을 설치하는 경우와 제6류 위험물 또는 지정수량의 10배 이하 위험물의 옥외저장탱크의 펌프설비에 있어서는 그러하지 아니하다.
나. 펌프설비로부터 옥외저장탱크까지의 사이에는 당해 옥외저장탱크의 보유공지 너비의 3분의 1 이상의 거리를 유지할 것
다. 펌프설비는 견고한 기초 위에 고정할 것
라. 펌프 및 이에 부속하는 전동기를 위한 건축물 그 밖의 공작물(이하 "펌프실"이라 한다)의 벽·기둥·바닥 및 보는 불연재료로 할 것
마. 펌프실의 지붕을 폭발력이 위로 방출될 정도의 가벼운 불연재료로 할 것

바. 펌프실의 창 및 출입구에는 갑종방화문 또는 을종방화문을 설치할 것

사. 펌프실의 창 및 출입구에 유리를 이용하는 경우에는 망입유리로 할 것

아. 펌프실의 바닥의 주위에는 높이 0.2m 이상의 턱을 만들고 바닥은 콘크리트 등 위험물이 스며들지 아니하는 재료로 적당히 경사지게 하여 그 최저부에는 집유설비를 설치할 것

자. 펌프실에는 위험물을 취급하는데 필요한 채광, 조명 및 환기의 설비를 설치할 것

차. 가연성 증기가 체류할 우려가 있는 펌프실에는 그 증기를 옥외의 높은 곳으로 배출하는 설비를 설치할 것

카. 펌프실외의 장소에 설치하는 펌프설비에는 그 직하의 지반면의 주위에 높이 0.15m 이상의 턱을 만들고 당해 지반면은 콘크리트 등 위험물이 스며들지 아니하는 재료로 적당히 경사지게 하여 그 최저부에는 집유설비를 할 것. 이 경우 제4류 위험물(온도 20℃의 물 100g에 용해되는 양이 1g 미만인 것에 한한다)을 취급하는 펌프설비에 있어서는 당해 위험물이 직접 배수구에 유입하지 아니하도록 집유설비에 유분리장치를 설치하여야 한다.

타. 인화점이 21℃ 미만인 위험물을 취급하는 펌프설비에는 보기 쉬운 곳에 제9호 마목의 규정에 준하여 "옥외저장탱크 펌프설비"라는 표시를 한 게시판과 방화에 관하여 필요한 사항을 게시한 게시판을 설치할 것. 다만, 소방본부장 또는 소방서장이 화재예방상 당해 게시판을 설치할 필요가 없다고 인정하는 경우에는 그러하지 아니하다.

11. 옥외저장탱크의 밸브는 주강 또는 이와 동등 이상의 기계적 성질이 있는 재료로 되어 있고, 위험물이 새지 아니하여야 한다.

12. 옥외저장탱크의 배수관은 탱크의 옆판에 설치하여야 한다. 다만, 탱크와 배수관과의 결합부분이 지진 등에 의하여 손상을 받을 우려가 없는 방법으로 배수관을 설치하는 경우에는 탱크의 밑판에 설치할 수 있다.

13. 부상지붕이 있는 옥외저장탱크의 옆판 또는 부상지붕에 설치하는 설비는 지진 등에 의하여 부상지붕 또는 옆판에 손상을 주지 아니하게 설치하여야 한다. 다만, 당해 옥외저장탱크에 저장하는 위험물의 안전관리에 필요한 가동(可動)사다리, 회전방지기구, 검척관(檢尺管), 샘플링(sampling)설비 및 이에 부속하는 설비에 있어서는 그러하지 아니하다.

14. 옥외저장탱크의 배관의 위치·구조 및 설비는 제15호의 규정에 의한 것 외에 별표 4 Ⅹ의 규정에 의한 제조소의 배관의 기준을 준용하여야 한다.

15. 액체위험물을 이송하기 위한 옥외저장탱크의 배관은 지진 등에 의하여 당해 배관과 탱크와의 결합부분에 손상을 주지 아니하게 설치하여야 한다.

16. 옥외저장탱크에 설치하는 전기설비는 전기사업법에 의한 전기설비기술기준에 의하여야 한다.

17. 지정수량의 10배 이상인 옥외탱크저장소(제6류 위험물의 옥외탱크저장소를 제외한다)에는 별표 4 Ⅷ 제7호의 규정에 준하여 피뢰침을 설치하여야 한다. 다만, 탱크에 저항이 5Ω 이하인 접지시설을 설치하거나 인근 피뢰설비의 보호범위 내에 들어가는 등 주위의 상황에 따라 안전상 지장이 없는 경우에는 피뢰침을 설치하지 아니할 수 있다.

18. 액체위험물의 옥외저장탱크의 주위에는 Ⅸ의 기준에 따라 위험물이 새었을 경우에 그 유출을 방지하기 위한 방유제를 설치하여야 한다.

19. 제3류 위험물 중 금수성물질(고체에 한한다)의 옥외저장탱크에는 방수성의 불연재료로 만든 피복설비를 설치하여야 한다.

20. 이황화탄소의 옥외저장탱크는 벽 및 바닥의 두께가 0.2m 이상이고 누수가 되지 아니하는 철근콘크리트의 수조에 넣어 보관하여야 한다. 이 경우 보유공지·통기관 및 자동계량장치는 생략할 수 있다.

21. 옥외저장탱크에 부착되는 부속설비(교반기, 밸브, 폼챔버, 화염방지장치, 통기관대기밸브, 비상압력 배출장치를 말한다)는 기술원 또는 소방청장이 정하여 고시하는 국내·외 공인시험기관에서 시험 또는 인증 받은 제품을 사용하여야 한다.

## Ⅶ. 특정옥외저장탱크의 구조

1. 특정옥외저장탱크는 주하중(탱크하중, 탱크와 관련되는 내압, 온도변화의 영향 등에 의한 것을 말한다. 이하 같다) 및 종하중(적설하중, 풍하중, 지진의 영향 등에 의한 것을 말한다. 이하 같다)에 의하여 발생하는 응력 및 변형에 대하여 안전한 것으로 하여야 한다.

2. 특정옥외저장탱크의 구조는 다음 각목에 정하는 기준에 적합하여야 한다.

   가. 주하중과 주하중 및 종하중의 조합에 의하여 특정옥외저장탱크의 본체에 발생하는 응력은 소방청장이 정하여 고시하는 허용응력 이하일 것

   나. 특정옥외저장탱크의 보유수평내력(保有水平耐力)은 지진의 영향에 의한 필요보유수평내력(必要保有水平耐力) 이상일 것. 이 경우에 있어서의 보유수평내력 및 필요보수수평내력의 계산방법은 소방청장이 정하여 고시한다.

   다. 옆판, 밑판 및 지붕의 최소두께와 에뉼러판의 너비(옆판외면에서 바깥으로 연장하는 최소길이, 옆판내면에서 탱크중심부로 연장하는 최소길이를 말한다) 및 최소두께는 소방청장이 정하여 고시하는 기준에 적합할 것

3. 특정옥외저장탱크의 용접(겹침보수 및 육성보수와 관련되는 것을 제외한다)방법은 다음 각목에 정하는 바에 의한다. 이러한 용접방법은 소방청장이 정하여 고시하는 용접시공방법확인시험의 방법 및 기준에 적합한 것이거나 이와 동등 이상의 것임이 미리 확인되어 있어야 한다.

   가. 옆판의 용접은 다음에 의할 것

   　1) 세로이음 및 가로이음은 완전용입 맞대기용접으로 할 것

   　2) 옆판의 세로이음은 단을 달리하는 옆판의 각각의 세로이음과 동일선상에 위치하지 아니하도록 할 것. 이 경우 당해 세로이음간의 간격은 서로 접하는 옆판중 두꺼운 쪽 옆판의 5배 이상으로 하여야 한다.

   나. 옆판과 에뉼러판(에뉼러판이 없는 경우에는 밑판)과의 용접은 부분용입그룹용접 또는 이와 동등 이상의 용접강도가 있는 용접방법으로 용접할 것. 이 경우에 있어서 용접 비드(bead)는 매끄러운 형상을 가져야 한다.

   다. 에뉼러판과 에뉼러판은 뒷면에 재료를 댄 맞대기용접으로 하고, 에뉼러판과 밑판 및 밑판과 밑판의 용접은 뒷면에 재료를 댄 맞대기용접 또는 겹치기용접으로 용접할 것. 이 경우에 에뉼러판과 밑판의 용접부의 강도 및 밑판과 밑판의 용접부의 강도에 유해한 영향을 주는 흠이 있어서는 아니된다.

   라. 필렛용접의 사이즈(부등사이즈가 되는 경우에는 작은 쪽의 사이즈를 말한다)는 다음 식에 의하여 구한 값으로 할 것

$$t_1 \geqq S \geqq \sqrt{st_2} \quad (단, S \geqq 4.5)$$

$t_1$ : 얇은 쪽의 강판의 두께(mm)
$t_2$ : 두꺼운 쪽의 강판의 두께(mm)
S : 사이즈(mm)

4. 제1호 내지 제3호의 규정하는 것 외의 특정옥외저장탱크의 구조에 관하여 필요한 사항은 소방청장이 정하여 고시한다.

## Ⅷ. 준특정옥외저장탱크의 구조

1. 준특정옥외저장탱크는 주하중 및 종하중에 의하여 발생하는 응력 및 변형에 대하여 안전한 것으로 하여야 한다.
2. 준특정옥외저장탱크의 구조는 다음 각목에 정하는 기준에 적합하여야 한다.
   가. 두께가 3.2mm 이상일 것
   나. 준특정옥외저장탱크의 옆판에 발생하는 상시의 원주방향인장응력은 소방청장이 정하여 고시하는 허용응력 이하일 것
   다. 준특정옥외저장탱크의 옆판에 발생하는 지진시의 축방향압축응력은 소방청장이 정하여 고시하는 허용응력 이하일 것
3. 준특정옥외저장탱크의 보유수평내력은 지진의 영향에 의한 필요보유수평내력 이상이어야 한다. 이 경우에 있어서의 보유수평내력 및 필요보수수평내력의 계산방법은 소방청장이 정하여 고시한다.
4. 제2호 및 제3호에 규정하는 것 외의 준특정옥외저장탱크의 구조에 관하여 필요한 사항은 소방청장이 정하여 고시한다.

## Ⅸ. 방유제

1. 인화성액체위험물(이황화탄소를 제외한다)의 옥외탱크저장소의 탱크 주위에는 다음 각목의 기준에 의하여 방유제를 설치하여야 한다.
   가. 방유제의 용량은 방유제안에 설치된 탱크가 하나인 때에는 그 탱크 용량의 110% 이상, 2기 이상인 때에는 그 탱크 중 용량이 최대인 것의 용량의 110% 이상으로 할 것. 이 경우 방유제의 용량은 당해 방유제의 내용적에서 용량이 최대인 탱크 외의 탱크의 방유제 높이 이하 부분의 용적, 당해 방유제 내에 있는 모든 탱크의 지반면 이상 부분의 기초의 체적, 간막이 둑의 체적 및 당해 방유제 내에 있는 배관 등의 체적을 뺀 것으로 한다.
   나. 방유제는 높이 0.5m 이상 3m 이하, 두께 0.2m 이상, 지하매설깊이 1m 이상으로 할 것. 다만, 방유제와 옥외저장탱크 사이의 지반면 아래에 불침윤성(不浸潤性) 구조물을 설치하는 경우에는 지하매설깊이를 해당 불침윤성 구조물까지로 할 수 있다.
   다. 방유제내의 면적은 8만㎡ 이하로 할 것
   라. 방유제내의 설치하는 옥외저장탱크의 수는 10(방유제내에 설치하는 모든 옥외저장탱크의 용량이 20만ℓ 이하이고, 당해 옥외저장탱크에 저장 또는 취급하는 위험물의 인화점이 70℃ 이상 200℃ 미만인 경우에는 20) 이하로 할 것. 다만, 인화점이 200℃ 이상인 위험물을 저장 또는 취급하는 옥외저장탱크에 있어서는 그러하지 아니하다.
   마. 방유제 외면의 2분의 1 이상은 자동차 등이 통행할 수 있는 3m 이상의 노면폭을 확보한 구내도로(옥외저장탱크가 있는 부지내의 도로를 말한다. 이하 같다)에 직접 접하도록 할 것. 다만, 방유제내에 설치하는 옥외저장탱크의 용량합계가 20만ℓ 이하인 경우에는 소화활동에 지장이 없다고 인정되는 3m 이상의 노면폭을 확보한 도로 또는 공지에 접하는 것으로 할 수 있다.

바. 방유제는 옥외저장탱크의 지름에 따라 그 탱크의 옆판으로부터 다음에 정하는 거리를 유지할 것. 다만, 인화점이 200℃ 이상인 위험물을 저장 또는 취급하는 것에 있어서는 그러하지 아니하다.
　1) 지름이 15m 미만인 경우에는 탱크 높이의 3분의 1 이상
　2) 지름이 15m 이상인 경우에는 탱크 높이의 2분의 1 이상

사. 방유제는 철근콘크리트로 하고, 방유제와 옥외저장탱크 사이의 지표면은 불연성과 불침윤성이 있는 구조(철근콘크리트 등)로 할 것. 다만, 누출된 위험물을 수용할 수 있는 전용유조(專用油槽) 및 펌프 등의 설비를 갖춘 경우에는 방유제와 옥외저장탱크 사이의 지표면을 흙으로 할 수 있다.

아. 용량이 1,000만ℓ 이상인 옥외저장탱크의 주위에 설치하는 방유제에는 다음의 규정에 따라 당해 탱크마다 간막이 둑을 설치할 것
　1) 간막이 둑의 높이는 0.3m(방유제내에 설치되는 옥외저장탱크의 용량의 합계가 2억ℓ 를 넘는 방유제에 있어서는 1m)이상으로 하되, 방유제의 높이보다 0.2m 이상 낮게 할 것
　2) 간막이 둑은 흙 또는 철근콘크리트로 할 것
　3) 간막이 둑의 용량은 간막이 둑안에 설치된 탱크이 용량의 10% 이상일 것

자. 방유제내에는 당해 방유제내에 설치하는 옥외저장탱크를 위한 배관(당해 옥외저장탱크의 소화설비를 위한 배관을 포함한다), 조명설비 및 계기시스템과 이들에 부속하는 설비 그 밖의 안전확보에 지장이 없는 부속설비 외에는 다른 설비를 설치하지 아니할 것

차. 방유제 또는 간막이 둑에는 해당 방유제를 관통하는 배관을 설치하지 아니할 것. 다만, 위험물을 이송하는 배관의 경우에는 배관이 관통하는 지점의 좌우방향으로 각 1m 이상까지의 방유제 또는 간막이 둑의 외면에 두께 0.1m 이상, 지하매설깊이 0.1m 이상의 구조물을 설치하여 방유제 또는 간막이 둑을 이중구조로 하고, 그 사이에 토사를 채운 후, 관통하는 부분을 완충재 등으로 마감하는 방식으로 설치할 수 있다.

카. 방유제에는 그 내부에 고인 물을 외부로 배출하기 위한 배수구를 설치하고 이를 개폐하는 밸브 등을 방유제의 외부에 설치할 것

타. 용량이 100만ℓ 이상인 위험물을 저장하는 옥외저장탱크에 있어서는 카목의 밸브 등에 그 개폐상황을 쉽게 확인할 수 있는 장치를 설치할 것

파. 높이가 1m를 넘는 방유제 및 간막이 둑의 안팎에는 방유제내에 출입하기 위한 계단 또는 경사로를 약 50m마다 설치할 것

하. 용량이 50만리터 이상인 옥외탱크저장소가 해안 또는 강변에 설치되어 방유제 외부로 누출된 위험물이 바다 또는 강으로 유입될 우려가 있는 경우에는 해당 옥외탱크저장소가 설치된 부지 내에 전용유조(專用油槽) 등 누출위험물 수용설비를 설치할 것

2. 제1호 가목·나목·사목 내지 파목의 규정은 인화성이 없는 액체위험물의 옥외저장탱크의 주위에 설치하는 방유제의 기술기준에 대하여 준용한다. 이 경우에 있어서 제1호 가목 중 "110%"는 "100%"로 본다.

3. 그 밖에 방유제의 기술기준에 관하여 필요한 사항은 소방청장이 정하여 고시한다.

Ⅹ. 고인화점 위험물의 옥외탱크저장소의 특례

고인화점 위험물만을 100℃ 미만의 온도로 저장 또는 취급하는 옥외탱크저장소중 그 위치·구조 및 설비가 다음 각목에 정하는 기준에 적합한 경우에는 Ⅰ·Ⅱ·Ⅵ제3호(지주와 관련되는 부분에 한한다)·제10호·제17호 및 제18호의 규정은 적용하지 아니한다.

　가. 옥외탱크저장소는 별표 4 ⅩⅠ제1호의 규정에 준하여 안전거리를 둘 것

나. 옥외저장탱크(위험물을 이송하기 위한 배관 그 밖에 이에 준하는 공작물을 제외한다)의 주위에 다음의 표에 정하는 너비의 공지를 보유할 것

| 저장 또는 취급하는 위험물의 최대수량 | 공지의 너비 |
| --- | --- |
| 지정수량의 2,000배 이하 | 3m 이상 |
| 지정수량의 2,000배 초과 4,000배 이하 | 5m 이상 |
| 지정수량의 4,000배 초과 | 당해 탱크의 수평단면의 최대지름(횡형인 경우에는 긴 변)과 높이중 큰 것의 3분의 1과 같은 거리 이상. 다만, 5m 미만으로 하여서는 아니된다. |

다. 옥외저장탱크의 지주는 철근콘크리트조, 철골콘크리트구조 그 밖에 이들과 동등 이상의 내화성능이 있을 것. 다만, 하나의 방유제안에 설치하는 모든 옥외저장탱크가 고인화점 위험물만을 100℃ 미만의 온도로 저장 또는 취급하는 경우에는 지주를 불연재료로 할 수 있다.

라. 옥외저장탱크의 펌프설비는 Ⅵ제10호(가목·바목 및 사목을 제외한다)의 규정에 준하는 것외에 다음의 기준에 의할 것
   1) 펌프설비의 주위에 1m 이상의 너비의 공지를 보유할 것. 다만, 내화구조로 된 방화상 유효한 격벽을 설치하는 경우 또는 지정수량의 10배 이하의 위험물을 저장하는 옥외저장탱크의 펌프설비에 있어서는 그러하지 아니하다.
   2) 펌프실의 창 및 출입구에는 갑종방화문 또는 을종방화문을 설치할 것. 다만, 연소의 우려가 없는 외벽에 설치하는 창 및 출입구에는 불연재료 또는 유리로 만든 문을 달 수 있다.
   3) 펌프실의 연소의 우려가 있는 외벽에 설치하는 창 및 출입구에 유리를 이용하는 경우는 망입유리를 이용할 것

마. 옥외저장탱크의 주위에는 위험물이 새었을 경우에 그 유출을 방지하기 위한 방유제를 설치할 것

바. Ⅸ제1호 가목 내지 다목 및 사목 내지 파목의 규정은 마목의 방유제의 기준에 대하여 준용한다. 이 경우에 있어서 동호 가목중 "110%"는 "100%"로 본다.

## XI. 위험물의 성질에 따른 옥외탱크저장소의 특례

알킬알루미늄등, 아세트알데히드등 및 히드록실아민등을 저장 또는 취급하는 옥외탱크저장소는 Ⅰ 내지 Ⅸ에 의하는 외에 당해 위험물의 성질에 따라 다음 각호에 정하는 기준에 의하여야 한다.

1. 알킬알루미늄등의 옥외탱크저장소
   가. 옥외저장탱크의 주위에는 누설범위를 국한하기 위한 설비 및 누설된 알킬알루미늄등을 안전한 장소에 설치된 조에 이끌어 들일 수 있는 설비를 설치할 것
   나. 옥외저장탱크에는 불활성의 기체를 봉입하는 장치를 설치할 것

2. 아세트알데히드등의 옥외탱크저장소
   가. 옥외저장탱크의 설비는 동·마그네슘·은·수은 또는 이들을 성분으로 하는 합금으로 만들지 아니할 것
   나. 옥외저장탱크에는 냉각장치 또는 보냉장치, 그리고 연소성 혼합기체의 생성에 의한 폭발을 방지하기 위한 불활성의 기체를 봉입하는 장치를 설치할 것

3. 히드록실아민등의 옥외탱크저장소
   가. 옥외탱크저장소에는 히드록실아민등의 온도의 상승에 의한 위험한 반응을 방지하기 위한 조치를 강구할 것

　　나. 옥외탱크저장소에는 철이온 등의 혼입에 의한 위험한 반응을 방지하기 위한 조치를 강구할 것

## XII. 지중탱크에 관계된 옥외탱크저장소의 특례

1. 제4류 위험물을 지중탱크에 저장 또는 취급하는 옥외탱크저장소는 Ⅰ 내지 Ⅸ의 기준중 Ⅰ・Ⅱ・Ⅳ・Ⅴ・Ⅵ제1호(충수시험 또는 수압시험에 관한 부분을 제외한다)・제2호・제3호・제5호・제6호・제10호・제12호・제16호 및 제18호의 규정은 적용하지 아니한다.
2. 제1호에 정하는 것외에 다음 각목에 정하는 기준에 적합하여야 한다.
　가. 지중탱크의 옥외탱크저장소는 다음에 정하는 장소와 그 밖에 소방청장이 정하여 고시하는 장소에 설치하지 아니할 것
　　1) 급경사지 등으로서 지반붕괴, 산사태 등의 위험이 있는 장소
　　2) 융기, 침강 등의 지반변동이 생기고 있거나 지중탱크의 구조에 지장을 미치는 지반변동이 발생할 우려가 있는 장소
　나. 지중탱크의 옥외탱크저장소의 위치는 Ⅰ의 규정에 의하는 것외에 당해 옥외탱크저장소가 보유하는 부지의 경계선에서 지중탱크의 지반면의 옆판까지의 사이에, 당해 지중탱크 수평단면의 내경의 수치에 0.5를 곱하여 얻은 수치(당해 수치가 지중탱크의 밑판표면에서 지반면까지 높이의 수치보다 작은 경우에는 당해 높이의 수치)또는 50m(당해 지중탱크에 저장 또는 취급하는 위험물의 인화점이 21℃ 이상 70℃ 미만의 경우에 있어서는 40m, 70℃ 이상의 경우에 있어서는 30m)중 큰 것과 동일한 거리 이상의 거리를 유지할 것
　다. 지중탱크(위험물을 이송하기 위한 배관 그 밖의 이에 준하는 공작물을 제외한다)의 주위에는 당해 지중탱크 수평단면의 내경의 수치에 0.5를 곱하여 얻은 수치 또는 지중탱크의 밑판표면에서 지반면까지 높이의 수치중 큰 것과 동일한 거리 이상의 너비의 공지를 보유할 것
　라. 지중탱크의 지반은 다음에 의할 것
　　1) 지반은 당해 지반에 설치하는 지중탱크 및 그 부속설비의 자중, 저장하는 위험물의 중량 등의 하중(이하 "지중탱크하중"이라 한다)에 의하여 발생하는 응력에 대하여 안전할 것
　　2) 지반은 다음에 정하는 기준에 적합할 것
　　가) 지반은 Ⅳ제2호 가목의 기준에 적합할 것
　　나) 소방청장이 정하여 고시하는 범위내의 지반은 지중탱크하중에 대한 지지력계산에서의 지지력 안전율 및 침하량계산에서의 계산침하량이 소방청장이 정하여 고시하는 수치에 적합하고, Ⅳ제2호 나목2)다)의 기준에 적합할 것
　　다) 지중탱크 하부의 지반[마목3]에 정하는 양수설비를 설치하는 경우에는 당해 양수설비의 배수층 하의 지반]의 표면의 평판재하시험에 있어서 평판재하시험치(극한 지지력의 값으로 한다)가 지중탱크하중에 나)의 안전율을 곱하여 얻은 값 이상의 값일 것
　　라) 소방청장이 정하여 고시하는 범위내의 지반의 지질이 소방청장이 정하여 고시하는 것외의 것일 것
　　마) 지반이 바다・하천・호소(湖沼)・늪 등에 접하고 있는 경우 또는 인공지반을 조성하는 경우에는 활동과 관련하여 소방청장이 정하여 고시하는 기준에 적합할 것
　　바) 인공지반에 있어서는 가) 내지 마)에 정하는 것외에 소방청장이 정하여 고시하는 기준에 적합할 것
　마. 지중탱크의 구조는 다음에 의할 것

1) 지중탱크는 옆판 및 밑판을 철근콘크리트 또는 프리스트레스트콘크리트로 만들고 지붕을 강철판으로 만들며, 옆판 및 밑판의 안쪽에는 누액방지판을 설치하여 틈이 없도록 할 것
2) 지중탱크의 재료는 소방청장이 정하여 고시하는 규격에 적합한 것 또는 이와 동등 이상의 강도 등이 있을 것
3) 지중탱크는 당해 지중탱크 및 그 부속설비의 자중, 저장하는 위험물의 중량, 토압, 지하수압, 양압력(揚壓力), 콘크리트의 건조수축 및 크립(creep)의 영향, 온도변화의 영향, 지진의 영향 등의 하중에 의하여 발생하는 응력 및 변형에 대해서 안전하게 하고, 유해한 침하 및 부상(浮上)을 일으키지 아니하도록 할 것. 다만, 소방청장이 정하여 고시하는 기준에 적합한 양수설비를 설치하는 경우는 양압력을 고려하지 아니할 수 있다.
4) 지중탱크의 구조는 1) 내지 3)에 의하는 외에 다음에 정하는 기준에 적합할 것
가) 하중에 의하여 지중탱크본체(지붕 및 누액방지판을 포함한다)에 발생하는 응력은 소방청장이 정하여 고시하는 허용응력 이하일 것
나) 옆판 및 밑판의 최소두께는 소방청장이 정하여 고시하는 기준에 적합한 것으로 할 것
다) 지붕은 2매판 구조의 부상지붕으로 하고, 그 외면에는 녹 방지를 위한 도장을 하는 동시에 소방청장이 정하여 고시하는 기준에 적합하게 할 것
라) 누액방지판은 소방청장이 정하여 고시하는 바에 따라 강철판으로 만들고, 그 용접부는 소방청장이 정하여 고시하는 바에 따라 실시한 자분탐상시험 등의 시험에 있어서 소방청장이 정하여 고시하는 기준에 적합하도록 한 것
바. 지중탱크의 펌프설비는 다음의 기준에 적합한 것으로 할 것
1) 위험물 중에 설치하는 펌프설비는 그 전동기의 내부에 냉각수를 순환시키는 동시에 금속제의 보호관내에 설치할 것
2) 1)에 해당하지 아니하는 펌프설비는 Ⅵ제10호(갱도에 설치하는 것에 있어서는 가목·나목·마목 및 카목을 제외한다)의 규정에 의한 옥외저장탱크의 펌프설비의 기준을 준용할 것
사. 지중탱크에는 당해 지중탱크내의 물을 적절히 배수할 수 있는 설비를 설치할 것
아. 지중탱크의 옥외탱크저장소에 갱도를 설치하는 경우에 있어서는 다음에 의할 것
1) 갱도의 출입구는 지중탱크내의 위험물의 최고액면보다 높은 위치에 설치할 것. 다만, 최고액면을 넘는 위치를 경유하는 경우에 있어서는 그러하지 아니하다.
2) 가연성의 증기가 체류할 우려가 있는 갱도에는 가연성의 증기를 외부에 배출할 수 있는 설비를 설치할 것
자. 지중탱크는 그 주위가 소방청장이 정하여 고시하는 구내도로에 직접 면하도록 설치할 것. 다만, 2기 이상의 지중탱크를 인접하여 설치하는 경우에는 당해 지중탱크 전체가 포위될 수 있도록 하되, 각 탱크의 2 방향 이상이 구내도로에 직접 면하도록 하는 것으로 할 수 있다.
차. 지중탱크의 옥외탱크저장소에는 소방청장이 정하여 고시하는 바에 따라 위험물 또는 가연성 증기의 누설을 자동적으로 검지하는 설비 및 지하수위의 변동을 감시하는 설비를 설치할 것
카. 지중탱크의 옥외탱크저장소에는 소방청장이 정하여 고시하는 바에 따라 지중벽을 설치할 것. 다만, 주위의 지반상황 등에 의하여 누설된 위험물이 확산할 우려가 없는 경우에는 그러하지 아니하다.
3. 제1호 및 제2호에 규정하는 것외에 지중탱크의 옥외탱크저장소에 관한 세부기준은 소방청장이 정하여 고시한다.

**XⅢ 해상탱크에 관계된 옥외탱크저장소의 특례**

1. 원유·등유·경유 또는 중유를 해상탱크에 저장 또는 취급하는 옥외탱크저장소중 해상탱크를 용량 10만ℓ 이하마다 물로 채운 이중의 격벽으로 완전하게 구분하고, 해상탱크의 옆부분 및 밑부분을 물로 채운 이중벽의 구조로 한 것은 Ⅰ 내지 Ⅸ의 규정에 불구하고 제2호 및 제3호의 규정에 의할 수 있다.

2. 제1호의 옥외탱크저장소에 대하여는 Ⅱ·Ⅳ·Ⅴ·Ⅵ제1호 내지 제7호 및 제10호 내지 제18호의 규정은 적용하지 아니한다.

3. 제2호에 정하는 것외에 해상탱크에 관계된 옥외탱크저장소의 특례는 다음 각목과 같다.
   - 가. 해상탱크의 위치는 다음에 의할 것
     - 1) 해상탱크는 자연적 또는 인공적으로 거의 폐쇄된 평온한 해역에 설치할 것
     - 2) 해상탱크의 위치는 육지, 해저 또는 당해 해상탱크에 관계된 옥외탱크저장소와 관련되는 공작물외의 해양 공작물로부터 당해 해상탱크의 외면까지의 사이에 안전을 확보하는데 필요하다고 인정되는 거리를 유지할 것
   - 나. 해상탱크의 구조는 선박안전법에 정하는 바에 의할 것
   - 다. 해상탱크의 정치(定置)설비는 다음에 의할 것
     - 1) 정치설비는 해상탱크를 안전하게 보존·유지할 수 있도록 배치할 것
     - 2) 정치설비는 당해 정치설비에 작용하는 하중에 의하여 발생하는 응력 및 변형에 대하여 안전한 구조로 할 것
   - 라. 정치설비의 직하의 해저면으로부터 정치설비의 자중 및 정치설비에 작용하는 하중에 의한 응력에 대하여 정치설비를 안전하게 지지하는데 필요한 깊이까지의 지반은 표준관입시험에서의 표준관입 시험치가 평균적으로 15 이상의 값을 나타내는 동시에 정치설비의 자중 및 정치설비에 작용하는 하중에 의한 응력에 대하여 안전할 것
   - 마. 해상탱크의 펌프설비는 Ⅵ제10호의 규정에 의한 옥외저장탱크의 펌프설비의 기준을 준용하되, 현장상황에 따라 동 규정의 기준에 의하는 것이 곤란한 경우에는 안전조치를 강구하여 동 규정의 기준 중 일부를 적용하지 아니 할 수 있다.
   - 바. 위험물을 취급하는 배관은 다음의 기준에 의할 것
     - 1) 해상탱크의 배관의 위치·구조 및 설비는 Ⅵ제14호의 규정에 의한 옥외저장탱크의 배관의 기준을 준용할 것. 다만, 현장상황에 따라 동 규정의 기준에 의하는 것이 곤란한 경우에는 안전조치를 강구하여 동 규정의 기준 중 일부를 적용하지 아니할 수 있다.
     - 2) 해상탱크에 설치하는 배관과 그 밖의 배관과의 결합부분은 파도 등에 의하여 당해 부분에 손상을 주지 아니하도록 조치할 것
   - 사. 전기설비는 「전기사업법」에 의한 전기설비기술기준의 규정에 의하는 외에, 열 및 부식에 대하여 내구성이 있는 동시에 기후의 변화에 내성이 있을 것
   - 아. 마목 내지 사목의 규정에 불구하고 해상탱크에 설치하는 펌프설비, 배관 및 전기설비(차목에 정하는 설비와 관련되는 전기설비 및 소화설비와 관련되는 전기설비를 제외한다)에 있어서는 「선박안전법」에 정하는 바에 의할 것
   - 자. 해상탱크의 주위에는 위험물이 새었을 경우에 그 유출을 방지하기 위한 방유제(부유식의 것을 포함한다)를 설치할 것
   - 차. 해상탱크에 관계된 옥외탱크저장소에는 위험물 또는 가연성 증기의 누설 또는 위험물의 폭발 등의 재해의 발생 또는 확대를 방지하는 설비를 설치할 것

## XIV. 옥외탱크저장소의 충수시험의 특례

옥외탱크저장소의 구조 또는 설비에 관한 변경공사(탱크의 옆판 또는 밑판의 교체공사를 제외한다) 중 탱크본체에 관한 공사를 포함하는 변경공사로서 당해 탱크본체에 관한 공사가 다음 각호(특정옥외탱크저장소 외의 옥외탱크저장소에 있어서는 제1호·제2호·제3호·제5호·제6호 및 제8호)에 정하는 변경공사에 해당하는 경우에는 당해 변경공사에 관계된 옥외탱크저장소에 대하여 Ⅵ제1호의 규정(충수시험에 관한 기준과 관련되는 부분에 한한다)은 적용하지 아니한다.

1. 노즐·맨홀 등의 설치공사
2. 노즐·맨홀 등과 관련되는 용접부의 보수공사
3. 지붕에 관련되는 공사(고정지붕식으로 된 옥외탱크저장소에 내부부상지붕을 설치하는 공사를 포함한다)
4. 옆판과 관련되는 겹침보수공사
5. 옆판과 관련되는 육성보수공사(용접부에 대한 열영향이 경미한 것에 한한다)
6. 최대저장높이 이상의 옆판에 관련되는 용접부의 보수공사
7. 에뉼러판 또는 밑판의 겹침보수공사 중 옆판으로부터 600㎜ 범위 외의 부분에 관련된 것으로서 당해 겹침보수부분이 저부면적(에뉼러판 및 밑판의 면적을 말한다)의 2분의 1 미만인 것
8. 에뉼러판 또는 밑판에 관한 육성보수공사(용접부에 대한 열영향이 경미한 것에 한한다)
9. 밑판 또는 에뉼러판이 옆판과 접하는 용접이음부의 겹침보수공사 또는 육성보수공사(용접부에 대한 열영향이 경미한 것에 한한다)

## 4) 옥내탱크저장소의 위치·구조 및 설비의 기준[시행규칙 제31조(옥내탱크저장소의 기준)]

[별표 7]

### Ⅰ. 옥내탱크저장소의 기준

1. 옥내탱크저장소(제2호에 정하는 것을 제외한다)의 위치·구조 및 설비의 기술기준은 다음 각목과 같다.

   가. 위험물을 저장 또는 취급하는 옥내탱크(이하 "옥내저장탱크"라 한다)는 단층건축물에 설치된 탱크전용실에 설치할 것

   나. 옥내저장탱크와 탱크전용실의 벽과의 사이 및 옥내저장탱크의 상호간에는 0.5m 이상의 간격을 유지할 것. 다만, 탱크의 점검 및 보수에 지장이 없는 경우에는 그러하지 아니하다.

   다. 옥내탱크저장소에는 별표 4 Ⅲ제1호의 기준에 따라 보기 쉬운 곳에 "위험물 옥내탱크저장소"라는 표시를 한 표지와 동표 Ⅲ제2호의 기준에 따라 방화에 관하여 필요한 사항을 게시한 게시판을 설치하여야 한다.

   라. 옥내저장탱크의 용량(동일한 탱크전용실에 옥내저장탱크를 2 이상 설치하는 경우에는 각 탱크의 용량의 합계를 말한다)은 지정수량의 40배(제4석유류 및 동식물유류 외의 제4류 위험물에 있어서 당해 수량이 20,000ℓ 를 초과할 때에는 20,000ℓ ) 이하일 것

   마. 옥내저장탱크의 구조는 별표 6 Ⅵ제1호 및 ⅩⅣ의 규정에 의한 옥외저장탱크의 구조의 기준을 준용할 것

   바. 옥내저장탱크의 외면에는 녹을 방지하기 위한 도장을 할 것. 다만, 탱크의 재질이 부식의 우려가 없는 스테인레스 강판 등인 경우에는 그러하지 아니하다.

   사. 옥내저장탱크 중 압력탱크(최대상용압력이 부압 또는 정압 5KPa을 초과하는 탱크를 말한다)외의

탱크(제4류 위험물의 옥내저장탱크로 한정한다)에 있어서는 밸브 없는 통기관 또는 대기밸브 부착 통기관을 다음의 기준에 따라 설치하고, 압력탱크에 있어서는 별표 4 Ⅷ제4호에 따른 안전장치를 설치할 것

  1) 밸브 없는 통기관

    가) 통기관의 선단은 건축물의 창·출입구 등의 개구부로부터 1m 이상 떨어진 옥외의 장소에 지면으로부터 4m 이상의 높이로 설치하되, 인화점이 40℃ 미만인 위험물의 탱크에 설치하는 통기관에 있어서는 부지경계선으로부터 1.5m 이상 이격할 것. 다만, 고인화점 위험물만을 100℃ 미만의 온도로 저장 또는 취급하는 탱크에 설치하는 통기관은 그 선단을 탱크전용실 내에 설치할 수 있다.

    나) 통기관은 가스 등이 체류할 우려가 있는 굴곡이 없도록 할 것

    다) 별표 6 Ⅵ제7호가목의 기준에 적합할 것

  2) 대기밸브 부착 통기관

    가) 1)가) 및 나)의 기준에 적합할 것

    나) 별표 6 Ⅵ제7호나목의 기준에 적합할 것

아. 액체위험물의 옥내저장탱크에는 위험물의 양을 자동적으로 표시하는 장치를 설치할 것

자. 액체위험물의 옥내저장탱크의 주입구는 별표 6 Ⅵ 제9호의 규정에 의한 옥외저장탱크의 주입구의 기준을 준용할 것

차. 옥내저장탱크의 펌프설비 중 탱크전용실이 있는 건축물 외의 장소에 설치하는 펌프설비에 있어서는 별표 6 Ⅵ제10호(가목 및 나목을 제외한다)의 규정에 의한 옥외저장탱크의 펌프설비의 기준을 준용하고, 탱크전용실이 있는 건축물에 설치하는 펌프설비에 있어서는 다음의 1에 정하는 바에 의할 것

  1) 탱크전용실외의 장소에 설치하는 경우에는 별표 6 Ⅵ제10호 다목 내지 차목 및 타목의 규정에 의할 것. 다만 펌프실의 지붕은 내화구조 또는 불연재료로 할 수 있다.

  2) 탱크전용실에 설치하는 경우에는 펌프설비를 견고한 기초 위에 고정시킨다음 그 주위에 불연재료로 된 턱을 탱크전용실의 문턱높이 이상으로 설치할 것. 다만, 펌프설비의 기초를 탱크전용실의 문턱높이 이상으로 하는 경우를 제외한다.

카. 옥내저장탱크의 밸브는 별표 6 Ⅵ제11호 규정에 의한 옥외저장탱크의 밸브의 기준을 준용할 것

타. 옥내저장탱크의 배수관은 별표 6 Ⅵ제12호의 규정에 의한 옥외저장탱크의 배수관의 기준을 준용할 것

파. 옥내저장탱크의 배관의 위치·구조 및 설비는 하목의 규정에 의하는 외에 별표 4 Ⅹ의 규정에 의한 제조소의 위험물을 취급하는 배관의 기준을 준용할 것

하. 액체위험물을 이송하기 위한 옥내저장탱크의 배관은 별표 6 Ⅵ제15호의 규정에 의한 옥외저장탱크의 배관의 기준을 준용할 것

거. 탱크전용실은 벽·기둥 및 바닥을 내화구조로 하고, 보를 불연재료로 하며, 연소의 우려가 있는 외벽은 출입구외에는 개구부가 없도록 할 것. 다만, 인화점이 70℃ 이상인 제4류 위험물만의 옥내저장탱크를 설치하는 탱크전용실에 있어서는 연소의 우려가 없는 외벽·기둥 및 바닥을 불연재료로 할 수 있다.

너. 탱크전용실은 지붕을 불연재료로 하고, 천장을 설치하지 아니할 것

더. 탱크전용실의 창 및 출입구에는 갑종방화문 또는 을종방화문을 설치하는 동시에, 연소의 우려가 있는 외벽에 두는 출입구에는 수시로 열 수 있는 자동폐쇄식의 갑종방화문을 설치할 것

러. 탱크전용실의 창 또는 출입구에 유리를 이용하는 경우에는 망입유리로 할 것

머. 액상의 위험물의 옥내저장탱크를 설치하는 탱크전용실의 바닥은 위험물이 침투하지 아니하는 구조로 하고, 적당한 경사를 두는 한편, 집유설비를 설치할 것

버. 탱크전용실의 출입구의 턱의 높이를 당해 탱크전용실내의 옥내저장탱크(옥내저장탱크가 2 이상인 경우에는 최대용량의 탱크)의 용량을 수용할 수 있는 높이 이상으로 하거나 옥내저장탱크로부터 누설된 위험물이 탱크전용실외의 부분으로 유출하지 아니하는 구조로 할 것

서. 탱크전용실의 채광·조명·환기 및 배출의 설비는 별표 5 Ⅰ제14조의 규정에 의한 옥내저장소의 채광·조명·환기 및 배출의 설비의 기준을 준용할 것

어. 전기설비는 「전기사업법」에 의한 전기설비기술기준에 의하여야 한다.

2. 옥내탱크저장소 중 탱크전용실을 단층건물 외의 건축물에 설치하는 것(제2류 위험물 중 황화린·적린 및 덩어리 유황, 제3류 위험물 중 황린, 제6류 위험물 중 질산 및 제4류 위험물 중 인화점이 38℃ 이상인 위험물만을 저장 또는 취급하는 것에 한한다)의 위치·구조 및 설비의 기술기준은 제1호나목·다목·마목· 내지 자목·차목(탱크전용실이 있는 건축물 외의 장소에 설치하는 펌프설비에 관한 기준과 관련되는 부분에 한한다)·카목 내지 하목·머목·서목 및 어목의 규정을 준용하는 외에 다음 각목의 기준에 의하여야 한다.

가. 옥내저장탱크는 탱크전용실에 설치할 것. 이 경우 제2류 위험물 중 황화린·적린 및 덩어리 유황, 제3류 위험물 중 황린, 제6류 위험물 중 질산의 탱크전용실은 건축물의 1층 또는 지하층에 설치하여야 한다.

나. 옥내저장탱크의 주입구 부근에는 당해 옥내저장탱크의 위험물의 양을 표시하는 장치를 설치할 것. 다만, 당해 위험물의 양을 쉽게 확인할 수 있는 경우에는 그러하지 아니하다.

다. 탱크전용실이 있는 건축물에 설치하는 옥내저장탱크의 펌프설비는 다음의 1에 정하는 바에 의할 것

　1) 탱크전용실외의 장소에 설치하는 경우에는 다음의 기준에 의할 것

　　가) 이 펌프실은 벽·기둥·바닥 및 보를 내화구조로 할 것

　　나) 펌프실은 상층이 있는 경우에 있어서는 상층의 바닥을 내화구조로 하고, 상층이 없는 경우에 있어서는 지붕을 불연재료로 하며, 천장을 설치하지 아니할 것

　　다) 펌프실에는 창을 설치하지 아니할 것. 다만, 제6류 위험물의 탱크전용실에 있어서는 갑종방화문 또는 을종방화문이 있는 창을 설치할 수 있다.

　　라) 펌프실의 출입구에는 갑종방화문을 설치할 것. 다만, 제6류 위험물의 탱크전용실에 있어서는 을종방화문을 설치할 수 있다.

　　마) 펌프실의 환기 및 배출의 설비에는 방화상 유효한 댐퍼 등을 설치할 것

　　바) 그 밖의 기준은 별표 6 Ⅵ제10호다목·아목 내지 차목 및 타목의 규정을 준용할 것

　2) 탱크전용실에 펌프설비를 설치하는 경우에는 견고한 기초 위에 고정한 다음 그 주위에는 불연재료로 된 턱을 0.2m 이상의 높이로 설치하는 등 누설된 위험물이 유출되거나 유입되지 아니하도록 하는 조치를 할 것

라. 탱크전용실은 벽·기둥·바닥 및 보를 내화구조로 할 것

마. 탱크전용실은 상층이 있는 경우에 있어서는 상층의 바닥을 내화구조로 하고, 상층이 없는 경우에 있어서는 지붕을 불연재료로 하며, 천장을 설치하지 아니할 것

바. 탱크전용실에는 창을 설치하지 아니할 것

사. 탱크전용실의 출입구에는 수시로 열 수 있는 자동폐쇄식의 갑종방화문을 설치할 것

아. 탱크전용실의 환기 및 배출의 설비에는 방화상 유효한 댐퍼 등을 설치할 것

자. 탱크전용실의 출입구의 턱의 높이를 당해 탱크전용실내의 옥내저장탱크(옥내저장탱크가 2 이상인 경우에는 모든 탱크)의 용량을 수용할 수 있는 높이 이상으로 하거나 옥내저장탱크로부터 누설된 위험물이 탱크전용실 외의 부분으로 유출하지 아니하는 구조로 할 것

차. 옥내저장탱크의 용량(동일한 탱크전용실에 옥내저장탱크를 2 이상 설치하는 경우에는 각 탱크의 용량의 합계를 말한다)은 1층 이하의 층에 있어서는 지정수량의 40배(제4석유류 및 동식물유류 외의 제4류 위험물에 있어서 당해 수량이 2만ℓ 를 초과할 때에는 2만ℓ ) 이하, 2층 이상의 층에 있어서는 지정수량의 10배(제4석유류 및 동식물유류 외의 제4류 위험물에 있어서 당해 수량이 5천ℓ 를 초과할 때에는 5천ℓ ) 이하일 것

## Ⅱ. 위험물의 성질에 따른 옥내탱크저장소의 특례

알킬알루미늄등, 아세트알데히드등 및 히드록실아민등을 저장 또는 취급하는 옥내탱크저장소에 있어서는 Ⅰ제1호의 규정에 의하는 외에 별표 6 ⅩⅠ 각호의 규정에 의한 알킬알루미늄등의 옥외탱크저장소, 아세트알데히드등의 옥외탱크저장소 및 히드록실아민등의 옥외탱크저장소의 규정을 준용하여야 한다.

## 5) 지하탱크저장소의 위치 · 구조 및 설비의 기준 [시행규칙 제32조(지하탱크저장소의 기준)]

[별표 8]

### Ⅰ. 지하탱크저장소의 기준(Ⅱ 및 Ⅲ에 정하는 것을 제외한다)

1. 위험물을 저장 또는 취급하는 지하탱크(이하 Ⅰ, 별표 13 Ⅲ 및 별표 18 Ⅲ에서 "지하저장탱크"라 한다)는 지면하에 설치된 탱크전용실에 설치하여야 한다. 다만, 제4류 위험물의 지하저장탱크가 다음 가목 내지 마목의 기준에 적합한 때에는 그러하지 아니하다.

가. 당해 탱크를 지하철 · 지하가 또는 지하터널로부터 수평거리 10m 이내의 장소 또는 지하건축물내의 장소에 설치하지 아니할 것

나. 당해 탱크를 그 수평투영의 세로 및 가로보다 각각 0.6m 이상 크고 두께가 0.3m 이상인 철근콘크리트조의 뚜껑으로 덮을 것

다. 뚜껑에 걸리는 중량이 직접 당해 탱크에 걸리지 아니하는 구조일 것

라. 당해 탱크를 견고한 기초 위에 고정할 것

마. 당해 탱크를 지하의 가장 가까운 벽 · 피트 · 가스관 등의 시설물 및 대지경계선으로부터 0.6m 이상 떨어진 곳에 매설할 것

2. 탱크전용실은 지하의 가장 가까운 벽 · 피트 · 가스관 등의 시설물 및 대지경계선으로부터 0.1m 이상 떨어진 곳에 설치하고, 지하저장탱크와 탱크전용실의 안쪽과의 사이는 0.1m 이상의 간격을 유지하도록 하며, 당해 탱크의 주위에 마른 모래 또는 습기 등에 의하여 응고되지 아니하는 입자지름 5mm 이하의 마른 자갈분을 채워야 한다.

3. 지하저장탱크의 윗부분은 지면으로부터 0.6m 이상 아래에 있어야 한다.

4. 지하저장탱크를 2 이상 인접해 설치하는 경우에는 그 상호간에 1m(당해 2 이상의 지하저장탱크의 용량의 합계가 지정수량의 100배 이하인 때에는 0.5m) 이상의 간격을 유지하여야 한다. 다만, 그 사이에 탱크전용실의 벽이나 두께 20㎝ 이상의 콘크리트 구조물이 있는 경우에는 그러하지 아니하다.

5. 지하탱크저장소에는 별표 4 Ⅲ제1호의 기준에 따라 보기 쉬운 곳에 "위험물 지하탱크저장소"라는 표시를 한 표지와 동표 Ⅲ제2호의 기준에 따라 방화에 관하여 필요한 사항을 게시한 게시판을 설치하여야 한다.

6. 지하저장탱크는 용량에 따라 다음 표에 정하는 기준에 적합하게 강철판 또는 동등 이상의 성능이 있는 금속재질로 완전용입용접 또는 양면겹침이음용접으로 틈이 없도록 만드는 동시에, 압력탱크(최대상용압력이 46.7kPa 이상인 탱크를 말한다) 외의 탱크에 있어서는 70kPa의 압력으로, 압력탱크에 있어서는 최대상용압력의 1.5배의 압력으로 각각 10분간 수압시험을 실시하여 새거나 변형되지 아니하여야 한다. 이 경우 수압시험은 소방청장이 정하여 고시하는 기밀시험과 비파괴시험을 동시에 실시하는 방법으로 대신할 수 있다.

| 탱크용량(단위 ℓ) | 탱크의 최대직경(단위 ㎜) | 강철판의 최소두께(단위 ㎜) |
|---|---|---|
| 1,000 이하 | 1,067 | 3.20 |
| 1,000 초과 2,000 이하 | 1,219 | 3.20 |
| 2,000 초과 4,000 이하 | 1,625 | 3.20 |
| 4,000 초과 15,000 이하 | 2,450 | 4.24 |
| 15,000 초과 45,000 이하 | 3,200 | 6.10 |
| 45,000 초과 75,000 이하 | 3,657 | 7.67 |
| 75,000 초과 189,000 이하 | 3,657 | 9.27 |
| 189,000 초과 | – | 10.00 |

7. 지하저장탱크의 외면은 다음 각목에 정하는 바에 따라 보호하여야 한다. 다만, 지하저장탱크의 재질이 부식의 우려가 없는 스테인레스 강판 등인 경우에는 방청도장을 하지 않을 수 있다.
   가. 탱크전용실에 설치하는 지하저장탱크의 외면은 다음의 1에 해당하는 방법으로 보호할 것
   1) 탱크의 외면에 방청도장을 할 것
   2) 탱크의 외면에 방청제 및 아스팔트프라이머의 순으로 도장을 한 후 아스팔트 루핑 및 철망의 순으로 탱크를 피복하고, 그 표면에 두께가 2㎝ 이상에 이를 때까지 모르타르를 도장할 것. 이 경우에 있어서 다음에 정하는 기준에 적합하여야 한다.
      가) 아스팔트루핑은 아스팔트루핑(KS F 4902)(35㎏)의 규격에 의한 것 이상의 성능이 있을 것
      나) 철망은 와이어라스(KS F 4551)의 규격에 의한 것 이상의 성능이 있을 것
      다) 모르타르에는 방수제를 혼합할 것. 다만, 모르타르를 도장한 표면에 방수제를 도장하는 경우에는 그러하지 아니하다.
   3) 탱크의 외면에 방청도장을 실시하고, 그 표면에 아스팔트 및 아스팔트루핑에 의한 피복을 두께 1㎝에 이를때 까지 교대로 실시할 것. 이 경우 아스팔트루핑은 2)가)의 기준에 적합하여야 한다.
   4) 탱크의 외면에 프라이머를 도장하고, 그 표면에 복장재를 휘감은 후 에폭시수지 또는 타르에폭시수지에 의한 피복을 탱크의 외면으로부터 두께 2㎜ 이상에 이를 때까지 실시할 것. 이 경우에 있어서 복장재는 수도용 강관아스팔트도복장방법(KS D 8306)으로 정하는 비닐론클로스 또는 헤시안클래스에 적합하여야 한다.
   5) 탱크의 외면에 프라이머를 도장하고, 그 표면에 유리섬유 등을 강화재로한 강화플라스틱에 의한 피복을 두께 3㎜ 이상에 이를 때까지 실시할 것
   나. 탱크전용실 외의 장소에 설치하는 지하저장탱크의 외면은 가목2) 내지 4)의 1에 해당하는 방법으로 보호할 것

8. 지하저장탱크 중 압력탱크(최대상용압력이 부압 또는 정압 5KPa을 초과하는 탱크를 말한다)외의 제4류 위험물의 탱크에 있어서는 밸브 없는 통기관 또는 대기밸브 부착 통기관을 다음 각 목의 구분에 따른 기준에 적합하게 설치하고, 압력탱크에 있어서는 별표 4 Ⅷ제4호에 따른 제조소의 안전장치의 기준을 준용하여야 한다.

　가. 밸브 없는 통기관

　　1) 통기관은 지하저장탱크의 윗부분에 연결할 것

　　2) 통기관 중 지하의 부분은 그 상부의 지면에 걸리는 중량이 직접 해당 부분에 미치지 아니하도록 보호하고, 해당 통기관의 접합부분(용접, 그 밖의 위험물 누설의 우려가 없다고 인정되는 방법에 의하여 접합된 것은 제외한다)에 대하여는 해당 접합부분의 손상유무를 점검할 수 있는 조치를 할 것

　　3) 별표 7 Ⅰ제1호사목1)의 기준에 적합할 것

　나. 대기밸브 부착 통기관

　　1) 가목1) 및 2)의 기준에 적합할 것

　　2) 별표 6 Ⅵ제7호나목의 기준에 적합할 것. 다만, 제4류제1석유류를 저장하는 탱크는 다음의 압력 차이에서 작동하여야 한다.

　　　가) 정압: 0.6kPa 이상 1.5kPa 이하

　　　나) 부압: 1.5kPa 이상 3kPa 이하

　　3) 별표 7 Ⅰ제1호사목1)가) 및 나)의 기준에 적합할 것

9. 액체위험물의 지하저장탱크에는 위험물의 양을 자동적으로 표시하는 장치 및 계량구를 설치하고, 계량구 직하에 있는 탱크의 밑판에 그 손상을 방지하기 위한 조치를 하여야 한다.

10. 액체위험물의 지하저장탱크의 주입구는 별표 6 Ⅵ제9호의 규정에 의한 옥외저장탱크의 주입구의 기준을 준용하여 옥외에 설치하여야 한다.

11. 지하저장탱크의 펌프설비는 펌프 및 전동기를 지하저장탱크밖에 설치하는 펌프설비에 있어서는 별표 6 Ⅵ제10호(가목 및 나목을 제외한다)의 규정에 의한 옥외저장탱크의 펌프설비의 기준에 준하여 설치하고, 펌프 또는 전동기를 지하저장탱크안에 설치하는 펌프설비(이하 "액중펌프설비"라 한다)에 있어서는 다음 각목의 기준에 따라 설치하여야 한다.

　가. 액중펌프설비의 전동기의 구조는 다음에 정하는 기준에 의할 것

　　1) 고정자는 위험물에 침투되지 아니하는 수지가 충전된 금속제의 용기에 수납되어 있을 것

　　2) 운전 중에 고정자가 냉각되는 구조로 할 것

　　3) 전동기의 내부에 공기가 체류하지 아니하는 구조로 할 것

　나. 전동기에 접속되는 전선은 위험물이 침투되지 아니하는 것으로 하고, 직접 위험물에 접하지 아니하도록 보호할 것

　다. 액중펌프설비는 체절운전에 의한 전동기의 온도상승을 방지하기 위한 조치가 강구될 것

　라. 액중펌프설비는 다음의 경우에 있어서 전동기를 정지하는 조치가 강구될 것

　　1) 전동기의 온도가 현저하게 상승한 경우

　　2) 펌프의 흡입구가 노출된 경우

　마. 액중펌프설비는 다음에 의하여 설치할 것

　　1) 액중펌프설비는 지하저장탱크와 플랜지접합으로 할 것

　　2) 액중펌프설비중 지하저장탱크내에 설치되는 부분은 보호관내에 설치할 것. 다만, 당해 부분이 충분한 강도가 잇는 외장에 의하여 보호되어 있는 경우에 있어서는 그러하지 아니하다.

3) 액중펌프설비중 지하저장탱크의 상부에 설치되는 부분은 위험물의 누설을 점검할 수 있는 조치가 강구된 안전상 필요한 강도가 있는 피트내에 설치할 것

12. 지하저장탱크의 배관은 제13호의 규정에 의한 것외에 별표 4 Ⅹ의 규정에 의한 제조소의 배관의 기준을 준용하여야 한다.

13. 지하저장탱크의 배관은 당해 탱크의 윗부분에 설치하여야 한다. 다만, 제4류 위험물 중 제2석유류(인화점이 40℃ 이상인 것에 한한다), 제3석유류, 제4석유류 및 동식물유류의 탱크에 있어서 그 직근에 유효한 제어밸브를 설치한 경우에는 그러하지 아니하다.

14. 지하저장탱크에 설치하는 전기설비는 「전기사업법」에 의한 전기설비기술기준에 의하여야 한다.

15. 지하저장탱크의 주위에는 당해 탱크로부터의 액체위험물의 누설을 검사하기 위한 관을 다음의 각목의 기준에 따라 4개소 이상 적당한 위치에 설치하여야 한다.

가. 이중관으로 할 것. 다만, 소공이 없는 상부는 단관으로 할 수 있다.

나. 재료는 금속관 또는 경질합성수지관으로 할 것

다. 관은 탱크전용실의 바닥 또는 탱크의 기초까지 닿게 할 것

라. 관의 밑부분으로부터 탱크의 중심 높이까지의 부분에는 소공이 뚫려 있을 것. 다만, 지하수위가 높은 장소에 있어서는 지하수위 높이까지의 부분에 소공이 뚫려 있어야 한다.

마. 상부는 물이 침투하지 아니하는 구조로 하고, 뚜껑은 검사시에 쉽게 열 수 있도록 할 것

16. 탱크전용실은 벽·바닥 및 뚜껑을 다음 각 목에 정한 기준에 적합한 철근콘크리트구조 또는 이와 동등 이상의 강도가 있는 구조로 설치하여야 한다.

가. 벽·바닥 및 뚜껑의 두께는 0.3m 이상일 것

나. 벽·바닥 및 뚜껑의 내부에는 직경 9mm부터 13mm까지의 철근을 가로 및 세로로 5cm부터 20cm까지의 간격으로 배치할 것

다. 벽·바닥 및 뚜껑의 재료에 수밀콘크리트를 혼입하거나 벽·바닥 및 뚜껑의 중간에 아스팔트층을 만드는 방법으로 적정한 방수조치를 할 것

17. 지하저장탱크에는 다음 각목의 1에 해당하는 방법으로 과충전을 방지하는 장치를 설치하여야 한다.

가. 탱크용량을 초과하는 위험물이 주입될 때 자동으로 그 주입구를 폐쇄하거나 위험물의 공급을 자동으로 차단하는 방법

나. 탱크용량의 90%가 찰 때 경보음을 울리는 방법

18. 지하탱크저장소에는 다음 각목의 기준에 의하여 맨홀을 설치하여야 한다.

가. 맨홀은 지면까지 올라오지 아니하도록 하되, 가급적 낮게 할 것

나. 보호틀을 다음 각목에 정하는 기준에 따라 설치할 것

1) 보호틀을 탱크에 완전히 용접하는 등 보호틀과 탱크를 기밀하게 접합할 것

2) 보호틀의 뚜껑에 걸리는 하중이 직접 보호틀에 미치지 아니하도록 설치하고, 빗물 등이 침투하지 아니하도록 할 것

다. 배관이 보호틀을 관통하는 경우에는 당해 부분을 용접하는 등 침수를 방지하는 조치를 할 것

Ⅱ. 이중벽탱크의 지하탱크저장소의 기준

1. 지하탱크저장소[지하탱크저장소의 외면에 누설을 감지할 수 있는 틈(이하 "감지층"이라 한다)이 생기도록 강판 또는 강화플라스틱 등으로 피복한 것을 설치하는 지하탱크저장소에 한한다]의 위치·구조 및 설비의 기술기준은 Ⅰ제3호 내지 제5호·제6호(수압시험과 관련되는 부분에 한한다)·제8호 내지 제14호·제17호·제18호 및 다음 각목의 1의 규정에 의한 기준을 준용하는 외에 Ⅱ에 정하는 바에 의한다.

　　가. Ⅰ제1호 나목 내지 마목(당해 지하저장탱크를 탱크전용실외의 장소에 설치하는 경우에 한한다)

　　나. Ⅰ제2호 및 제16호(당해 지하저장탱크를 지반면하에 설치된 탱크전용실에 설치하는 경우에 한한다)

2. 지하저장탱크는 다음 각목의 1 이상의 조치를 하여 지반면하에 설치하여야 한다.

　　가. 지하저장탱크(제3호 가목의 규정에 의한 재료로 만든 것에 한한다)에 다음에 정하는 바에 따라 강판을 피복하고, 위험물의 누설을 상시 감지하기 위한 설비를 갖출 것

　　　1) 지하저장탱크에 당해 탱크의 저부로부터 위험물의 최고액면을 넘는 부분까지의 외측에 감지층이 생기도록 두께 3.2㎜ 이상의 강판을 피복할 것

　　　2) 1)의 규정에 따라 피복된 강판과 지하저장탱크 사이의 감지층에는 적당한 액체를 채우고 채워진 액체의 누설을 감지할 수 있는 설비를 갖출 것. 이 경우 감지층에 채워진 액체는 강판의 부식을 방지하는 조치를 강구한 것이어야 한다.

　　나. 지하저장탱크에 다음에 정하는 바에 따라 강화플라스틱 또는 고밀도폴리에틸렌을 피복하고, 위험물의 누설을 상시 감지하기 위한 설비를 갖출 것

　　　1) 지하저장탱크는 다음에 정하는 바에 따라 피복할 것

　　　　가) 제3호 가목에 정하는 재료로 만든 지하저장탱크 : 당해 탱크의 저부로부터 위험물의 최고액면을 넘는 부분까지의 외측에 감지층이 생기도록 두께 3㎜ 이상의 유리섬유강화플라스틱 또는 고밀도폴리에틸렌을 피복할 것. 이 경우 유리섬유강화플라스틱 또는 고밀도폴리에틸렌의 휨강도, 인장강도 등은 소방청장이 정하여 고시하는 성능이 있어야 한다.

　　　　나) 제3호나목에 정하는 재료로 만든 지하저장탱크 : 당해 탱크의 외측에 감지층이 생기도록 유리섬유강화플라스틱을 피복할 것

　　　2) 1)의 규정에 따라 피복된 강화플라스틱 또는 고밀도폴리에틸렌과 지하저장탱크의 사이의 감지층에는 누설한 위험물을 감지할 수 있는 설비를 갖출 것

3. 지하저장탱크는 다음 각목의 1의 재료로 기밀하게 만들어야 한다.

　　가. 두께 3.2㎜ 이상의 강판

　　나. 저장 또는 취급하는 위험물의 종류에 대응하여 다음 표에 정하는 수지 및 강화재로 만들어진 강화플라스틱

| 저장 또는 취급하는 위험물의 종류 | 수지 | | 강화재 |
|---|---|---|---|
| | 위험물과 접하는 부분 | 그 밖의 부분 | |
| 휘발유(KS M 2612에 규정한 자동차용가솔린), 등유, 경유 또는 중유(KS M 2614에 규정한 것중 1종에 한한다) | KS M 3305(섬유강화프라스틱용액상불포화폴리에스테르수지)(UP-CM, UP-CE 또는 UP-CEE에 관한 규격에 한한다)에 적합한 수지 또는 이와 동등 이상의 내약품성이 있는 비닐에스테르수지 | 제2호 나목1)가)에 정하는 수지 | 제2호 나목1)나)에 정하는 강화재 |

4. 제3호 나목에 정하는 재료로 만든 지하저장탱크에 제2호 나목에 정하는 조치를 강구한 것(이하 이 호에서 "강화플라스틱제 이중벽탱크"라 한다)은 다음 각목에 정하는 하중이 작용하는 경우에 있어서 변형이 당해 지하저장탱크의 직경의 3% 이하이고, 휨응력도비(휨응력을 허용휨응력으로 나눈 것을 말한다)의 절대치와 축방향 응력도비(인장응력 또는 압축응력을 허용축방향응력으로 나눈 것을 말한다)의 절대치의 합이 1 이하인 구조이어야 한다. 이 경우 허용응력을 산정하는 때의 안전율은 4 이상의 값으로 한다.

가. 강화플라스틱제 이중벽탱크의 윗부분이 수면으로부터 0.5m 아래에 있는 경우에 당해 탱크에 작용하는 압력
나. 탱크의 종류에 대응하여 다음에 정하는 압력의 내수압
  1) 압력탱크(최대상용압력이 46.7㎪ 이상인 탱크를 말한다)외의 탱크 : 70㎪
  2) 압력탱크 : 최대상용압력의 1.5배의 압력
5. 제3호 가목의 규정에 의한 재료로 만든 지하저장탱크 또는 동목의 규정에 의한 재료로 만든 지하저장탱크에 제2호 가목의 규정에 의한 조치를 강구한 것(이하 나목 및 다목에서 "강제이중벽탱크"라 한다)의 외면은 다음 각목에 정하는 바에 따라 보호하여야 한다.
  가. 제3호 가목에 정하는 재료로 만든 지하저장탱크에 제2호 나목에 정하는 조치를 강구한 것의 지하저장탱크의 외면은 제2호 나목1)가)의 규정에 따라 강화플라스틱을 피복한 부분에 있어서는 Ⅰ제7호 가목1)에 정하는 방법에 따라, 그 밖의 부분에 있어서는 동목5)에 정하는 방법에 따라 보호할 것
  나. 탱크전용실외의 장소에 설치된 강제이중벽탱크의 외면은 Ⅰ제7호 가목2) 내지 5)에 정하는 어느 하나 이상의 방법에 따라 보호할 것
  다. 탱크전용실에 설치된 강제이중벽탱크의 외면은 Ⅰ제7호 가목1) 내지 5)에 정하는 어느 하나의 방법에 따라 보호할 것
6. 제1호 내지 제5호의 규정에 의한 기준 외에 이중벽탱크의 구조(재질 및 강도를 포함한다)·성능시험·표시사항·운반 및 설치 등에 관한 기준은 소방청장이 정하여 고시한다.

Ⅲ. 특수누설방지구조의 지하탱크저장소의 기준

지하탱크저장소[지하저장탱크를 위험물의 누설을 방지할 수 있도록 두께 15㎝(측방 및 하부에 있어서는 30㎝) 이상의 콘크리트로 피복하는 구조로 하여 지면하에 설치하는 것에 한한다]의 위치·구조 및 설비의 기술기준은 Ⅰ제1호나목 내지 마목·제3호·제5호·제6호·제8호 내지 제15호·제17호 및 제18호의 규정을 준용하는 외에 지하저장탱크의 외면을 Ⅰ제7호 가목2) 내지 5)의 어느 하나에 해당하는 방법으로 보호하여야 한다.

Ⅳ. 위험물의 성질에 따른 지하탱크저장소의 특례

1. 아세트알데히드등 및 히드록실아민등을 저장 또는 취급하는 지하탱크저장소는 당해 위험물의 성질에 따라 Ⅰ 내지 Ⅲ의 규정에 의한 기준에 의하되, 강화되는 기준은 제2호 및 제3호의 규정에 의하여야 한다.
2. 아세트알데히드등을 저장 또는 취급하는 지하탱크저장소에 대하여 강화되는 기준은 다음 각목과 같다.
  가. Ⅰ제1호 단서의 규정에 불구하고 지하저장탱크는 지반면하에 설치된 탱크전용실에 설치할 것
  나. 지하저장탱크의 설비는 별표 6 ⅩⅠ의 규정에 의한 아세트알데히드등의 옥외저장탱크의 설비의 기준을 준용할 것. 다만, 지하저장탱크가 아세트알데히드등의 온도를 적당한 온도로 유지할 수 있는 구조인 경우에는 냉각장치 또는 보냉장치를 설치하지 아니할 수 있다.
3. 히드록실아민등을 저장 또는 취급하는 지하탱크저장소에 대하여 강화되는 기준은 별표 6 ⅩⅠ의 규정에 의한 히드록실아민등을 저장 또는 취급하는 옥외탱크저장소의 규정을 준용한다.

6) 간이탱크저장소의 위치·구조 및 설비의 기준[시행규칙 제33조(간이탱크저장소의 기준)]

**[별표 9]**

1. 위험물을 저장 또는 취급하는 간이탱크(이하 Ⅰ, 별표 13 Ⅲ 및 별표 18 Ⅲ에서 "간이저장탱크"라 한다)는 옥외에 설치하여야 한다. 다만, 다음 각목의 기준에 적합한 전용실안에 설치하는 경우에는 그러하지 아니하다.
   가. 전용실의 구조는 별표 7 Ⅰ제1호 거목 및 너목의 규정에 의한 옥내탱크저장소의 탱크전용실의 구조의 기준에 적합할 것
   나. 전용실의 창 및 출입구는 별표 7 Ⅰ제1호 더목 및 러목의 규정에 의한 옥내탱크저장소의 창 및 출입구의 기준에 적합할 것
   다. 전용실의 바닥은 별표 7 Ⅰ제1호 머목의 규정에 의한 옥내탱크저장소의 탱크전용실의 바닥의 구조의 기준에 적합할 것
   라. 전용실의 채광·조명·환기 및 배출의 설비는 별표 5 Ⅰ제14호의 규정에 의한 옥내저장소의 채광·조명·환기 및 배출의 설비의 기준에 적합할 것
2. 하나의 간이탱크저장소에 설치하는 간이저장탱크는 그 수를 3 이하로 하고, 동일한 품질의 위험물의 간이저장탱크를 2 이상 설치하지 아니하여야 한다.
3. 간이탱크저장소에는 별표 4 Ⅲ제1호의 기준에 따라 보기 쉬운 곳에 "위험물 간이탱크저장소"라는 표시를 한 표지와 동표 Ⅲ제2호의 기준에 따라 방화에 관하여 필요한 사항을 게시한 게시판을 설치하여야 한다.
4. 간이저장탱크는 움직이거나 넘어지지 아니하도록 지면 또는 가설대에 고정시키되, 옥외에 설치하는 경우에는 그 탱크의 주위에 너비 1m 이상의 공지를 두고, 전용실안에 설치하는 경우에는 탱크와 전용실의 벽과의 사이에 0.5m 이상의 간격을 유지하여야 한다.
5. 간이저장탱크의 용량은 600ℓ 이하이어야 한다.
6. 간이저장탱크는 두께 3.2mm 이상의 강판으로 흠이 없도록 제작하여야 하며, 70㎪의 압력으로 10분간의 수압시험을 실시하여 새거나 변형되지 아니하여야 한다.
7. 간이저장탱크의 외면에는 녹을 방지하기 위한 도장을 하여야 한다. 다만, 탱크의 재질이 부식의 우려가 없는 스테인레스 강판 등인 경우에는 그러하지 아니하다.
8. 간이저장탱크에는 다음 각 목의 구분에 따른 기준에 적합한 밸브 없는 통기관 또는 대기밸브부착 통기관을 설치하여야 한다.
   가. 밸브 없는 통기관
   1) 통기관의 지름은 25mm 이상으로 할 것
   2) 통기관은 옥외에 설치하되, 그 선단의 높이는 지상 1.5m 이상으로 할 것
   3) 통기관의 선단은 수평면에 대하여 아래로 45° 이상 구부려 빗물 등이 침투하지 아니하도록 할 것
   4) 가는 눈의 구리망 등으로 인화방지장치를 할 것. 다만, 인화점 70℃ 이상의 위험물만을 해당 위험물의 인화점 미만의 온도로 저장 또는 취급하는 탱크에 설치하는 통기관에 있어서는 그러하지 아니하다.
   나. 대기밸브 부착 통기관
   1) 가목2) 및 4)의 기준에 적합할 것
   2) 별표 6 Ⅵ제7호나목1)의 기준에 적합할 것

9. 간이저장탱크에 고정주유설비 또는 고정급유설비를 설치하는 경우에는 별표 13Ⅳ의 규정에 의한 고정 주유설비 또는 고정급유설비의 기준에 적합하여야 한다.

## 7) 이동탱크저장소의 위치·구조 및 설비의 기준[시행규칙 제34조(이동탱크저장소의 기준)]

### [별표 10]

### Ⅰ. 상치장소

이동탱크저장소의 상치장소는 다음 각호의 기준에 적합하여야 한다.

1. 옥외에 있는 상치장소는 화기를 취급하는 장소 또는 인근의 건축물로부터 5m 이상(인근의 건축물이 1 층인 경우에는 3m 이상)의 거리를 확보하여야 한다. 다만, 하천의 공지나 수면, 내화구조 또는 불연재 료의 담 또는 벽 그 밖에 이와 유사한 것에 접하는 경우를 제외한다.
2. 옥내에 있는 상치장소는 벽·바닥·보·서까래 및 지붕이 내화구조 또는 불연재료로 된 건축물의 1층 에 설치하여야 한다.

### Ⅱ. 이동저장탱크의 구조

1. 이동저장탱크의 구조는 다음 각목의 기준에 의하여야 한다.
   가. 탱크(맨홀 및 주입관의 뚜껑을 포함한다)는 두께 3.2mm 이상의 강철판 또는 이와 동등 이상의 강 도·내식성 및 내열성이 있다고 인정하여 소방청장이 정하여 고시하는 재료 및 구조로 위험물이 새 지 아니하게 제작할 것
   나. 압력탱크(최대상용압력이 46.7㎪ 이상인 탱크를 말한다) 외의 탱크는 70㎪의 압력으로, 압력탱크는 최대상용압력의 1.5배의 압력으로 각각 10분간의 수압시험을 실시하여 새거나 변형되지 아니할 것. 이 경우 수압시험은 용접부에 대한 비파괴시험과 기밀시험으로 대신할 수 있다.
2. 이동저장탱크는 그 내부에 4,000ℓ 이하마다 3.2mm 이상의 강철판 또는 이와 동등 이상의 강도·내열 성 및 내식성이 있는 금속성의 것으로 칸막이를 설치하여야 한다. 다만, 고체인 위험물을 저장하거나 고체인 위험물을 가열하여 액체 상태로 저장하는 경우에는 그러하지 아니하다.
3. 제2호의 규정에 의한 칸막이로 구획된 각 부분마다 맨홀과 다음 각목의 기준에 의한 안전장치 및 방파 판을 설치하여야 한다. 다만, 칸막이로 구획된 부분의 용량이 2,000ℓ 미만인 부분에는 방파판을 설치 하지 아니할 수 있다.
   가. 안전장치
   상용압력이 20㎪ 이하인 탱크에 있어서는 20㎪ 이상 24㎪ 이하의 압력에서, 상용압력이 20㎪를 초 과하는 탱크에 있어서는 상용압력의 1.1배 이하의 압력에서 작동하는 것으로 할 것
   나. 방파판
   1) 두께 1.6mm 이상의 강철판 또는 이와 동등 이상의 강도·내열성 및 내식성이 있는 금속성의 것으로 할 것
   2) 하나의 구획부분에 2개 이상의 방파판을 이동탱크저장소의 진행방향과 평행으로 설치하되, 각 방 파판은 그 높이 및 칸막이로부터의 거리를 다르게 할 것
   3) 하나의 구획부분에 설치하는 각 방파판의 면적의 합계는 당해 구획부분의 최대 수직단면적의 50% 이상으로 할 것. 다만, 수직단면이 원형이거나 짧은 지름이 1m 이하의 타원형일 경우에는 40% 이 상으로 할 수 있다.

4. 맨홀·주입구 및 안전장치 등이 탱크의 상부에 돌출되어 있는 탱크에 있어서는 다음 각목의 기준에 의하여 부속장치의 손상을 방지하기 위한 측면틀 및 방호틀을 설치하여야 한다. 다만, 피견인자동차에 고정된 탱크에는 측면틀을 설치하지 아니할 수 있다.

  가. 측면틀

    1) 탱크 뒷부분의 입면도에 있어서 측면틀의 최외측과 탱크의 최외측을 연결하는 직선(이하 Ⅱ에서 "최외측선"이라 한다)의 수평면에 대한 내각이 75도 이상이 되도록 하고, 최대수량의 위험물을 저장한 상태에 있을 때의 당해 탱크중량의 중심점과 측면틀의 최외측을 연결하는 직선과 그 중심점을 지나는 직선중 최외측선과 직각을 이루는 직선과의 내각이 35도 이상이 되도록 할 것

    2) 외부로부터 하중에 견딜 수 있는 구조로 할 것

    3) 탱크상부의 네 모퉁이에 당해 탱크의 전단 또는 후단으로부터 각각 1m 이내의 위치에 설치할 것

    4) 측면틀에 걸리는 하중에 의하여 탱크가 손상되지 아니하도록 측면틀의 부착부분에 받침판을 설치할 것

  나. 방호틀

    1) 두께 2.3mm 이상의 강철판 또는 이와 동등 이상의 기계적 성질이 있는 재료로써 산모양의 형상으로 하거나 이와 동등 이상의 강도가 있는 형상으로 할 것

    2) 정상부분은 부속장치보다 50mm 이상 높게 하거나 이와 동등 이상의 성능이 있는 것으로 할 것

5. 탱크의 외면에는 방청도장을 하여야 한다. 다만, 탱크의 재질이 부식의 우려가 없는 스테인레스 강판 등인 경우에는 그러하지 아니하다.

## Ⅲ. 배출밸브 및 폐쇄장치

1. 이동저장탱크의 아랫부분에 배출구를 설치하는 경우에는 당해 탱크의 배출구에 밸브(이하 Ⅲ에서 "배출밸브"라 한다)를 설치하고 비상시에 직접 당해 배출밸브를 폐쇄할 수 있는 수동폐쇄장치 또는 자동폐쇄장치를 설치하여야 한다.

2. 제1호에 따른 수동폐쇄장치를 설치하는 경우에는 수동폐쇄장치를 작동시킬 수 있는 레버 또는 이와 유사한 기능을 하는 것을 설치하고, 그 바로 옆에 해당 장치의 작동방식을 표시하여야 한다. 이 경우 레버를 설치하는 경우에는 다음 각 목의 기준에 따라 설치하여야 한다.

  가. 손으로 잡아당겨 수동폐쇄장치를 작동시킬 수 있도록 할 것

  나. 길이는 15cm 이상으로 할 것

3. 제1호의 규정에 의하여 배출밸브를 설치하는 경우, 그 배출밸브에 대하여 외부로부터의 충격으로 인한 손상을 방지하기 위하여 필요한 장치를 하여야 한다.

4. 탱크의 배관이 선단부에는 개폐밸브를 설치하여야 한다.

## Ⅳ. 결합금속구 등

1. 액체위험물의 이동탱크저장소의 주입호스(이동저장탱크로부터 위험물을 저장 또는 취급하는 다른 탱크로 위험물을 공급하는 호스를 말한다. 제2호 및 제3호에서 같다)는 위험물을 저장 또는 취급하는 탱크의 주입구와 결합할 수 있는 금속구를 사용하되, 그 결합금속구(제6류 위험물의 탱크의 것을 제외한다)는 놋쇠 그 밖에 마찰 등에 의하여 불꽃이 생기지 아니하는 재료로 하여야 한다.

2. 제1호의 규정에 의한 주입호스의 재질과 규격 및 결합금속구의 규격은 소방청장이 정하여 고시한다.

3. 이동탱크저장소에 주입설비(주입호스의 선단에 개폐밸브를 설치한 것을 말한다)를 설치하는 경우에는 다음 각목의 기준에 의하여야 한다.
　가. 위험물이 샐 우려가 없고 화재예방상 안전한 구조로 할 것
　나. 주입설비의 길이는 50m 이내로 하고, 그 선단에 축적되는 정전기를 유효하게 제거할 수 있는 장치를 할 것
　다. 분당 토출량은 200ℓ 이하로 할 것

## Ⅴ. 표지 및 상치장소 표시

1. 이동탱크저장소에는 소방청장이 정하여 고시하는 바에 따라 저장하는 위험물의 위험성을 알리는 표지를 설치하여야 한다.
2. 이동탱크저장소의 탱크외부에는 소방청장이 정하여 고시하는 바에 따라 도장 등을 하여 쉽게 식별할 수 있도록 하고, 보기 쉬운 곳에 Ⅰ의 규정에 의한 상치장소의 위치를 표시하여야 한다.

## Ⅵ. 펌프설비

1. 이동탱크저장소에 설치하는 펌프설비는 당해 이동탱크저장소의 차량구동용엔진(피견인식 이동탱크저장소의 견인부분에 설치된 것은 제외한다)의 동력원을 이용하여 위험물을 이송하여야 한다. 다만, 다음 각목의 기준에 의하여 외부로부터 전원을 공급받는 방식의 모터펌프를 설치할 수 있다.
　가. 저장 또는 취급가능한 위험물은 인화점 40℃ 이상의 것 또는 비인화성의 것에 한할 것
　나. 화재예방상 지장이 없는 위치에 고정하여 설치할 것
2. 피견인식 이동탱크저장소의 견인부분에 설치된 차량구동용 엔진의 동력원을 이용하여 위험물을 이송하는 경우에는 다음 각목의 기준에 적합하여야 한다.
　가. 견인부분에 작동유탱크 및 유압펌프를 설치하고, 피견인부분에 오일모터 및 펌프를 설치할 것
　나. 트랜스미션(Transmission)으로부터 동력전동축을 경유하여 견인부분의 유압펌프를 작동시키고 그 유압에 의하여 피견인부분의 오일모터를 경유하여 펌프를 작동시키는 구조일 것
3. 이동탱크저장소에 설치하는 펌프설비는 당해 이동저장탱크로부터 위험물을 토출하는 용도에 한한다. 다만, 폐유의 회수 등의 용도에 사용되는 이동탱크저장소에는 다음의 각목의 기준에 의하여 진공흡입 방식의 펌프를 설치할 수 있다.
　가. 저장 또는 취급가능한 위험물은 인화점이 70℃ 이상인 폐유 또는 비인화성의 것에 한할 것
　나. 감압장치의 배관 및 배관의 이음은 금속제일 것. 다만, 완충용이음은 내압 및 내유성이 있는 고무제품을, 배기통의 최상부는 합성수지제품을 사용할 수 있다.
　다. 호스 선단에는 돌 등의 고형물이 혼입되지 아니하도록 망 등을 설치할 것
　라. 이동저장탱크로부터 위험물을 다른 저장소로 옮겨 담는 경우에는 당해 저장소의 펌프 또는 자연하류의 방식에 의하는 구조일 것

## Ⅶ. 접지도선

제4류 위험물중 특수인화물, 제1석유류 또는 제2석유류의 이동탱크저장소에는 다음의 각호의 기준에 의하여 접지도선을 설치하여야 한다.
1. 양도체(良導體)의 도선에 비닐 등의 절연재료로 피복하여 선단에 접지전극등을 결착시킬 수 있는 클립 (clip) 등을 부착할 것

2. 도선이 손상되지 아니하도록 도선을 수납할 수 있는 장치를 부착할 것

### Ⅷ. 컨테이너식 이동탱크저장소의 특례

1. 이동저장탱크를 차량 등에 옮겨 싣는 구조로 된 이동탱크저장소(이하 "컨테이너식 이동탱크저장소"라 한다)에 대하여는 Ⅳ의 규정을 적용하지 아니하되, 다음 각목의 기준에 적합하여야 한다.
   가. 이동저장탱크는 옮겨 싣는 때에 이동저장탱크하중에 의하여 생기는 응력 및 변형에 대하여 안전한 구조로 할 것
   나. 컨테이너식 이동탱크저장소에는 이동저장탱크하중의 4배의 전단하중에 견디는 걸고리체결금속구 및 모서리체결금속구를 설치할 것. 다만, 용량이 6,000ℓ 이하인 이동저장탱크를 싣는 이동탱크저장소의 경우에는 이동저장탱크를 차량의 샤시프레임에 체결하도록 만든 구조의 유(U)자볼트를 설치할 수 있다.
   다. 컨테이너식 이동탱크저장소에 주입호스를 설치하는 경우에는 Ⅳ의 기준에 의할 것
2. 다음 각목의 기준에 적합한 이동저장탱크로 된 컨테이너식 이동탱크저장소에 대하여는 Ⅱ제2호 내지 제4호의 규정을 적용하지 아니한다.
   가. 이동저장탱크 및 부속장치(맨홀·주입구 및 안전장치 등을 말한다)는 강재로 된 상자형태의 틀(이하 "상자틀"이라 한다)에 수납할 것
   나. 상자틀의 구조물중 이동저장탱크의 이동방향과 평행한 것과 수직인 것은 당해 이동저장탱크·부속장치 및 상자틀의 자중과 저장하는 위험물의 무게를 합한 하중(이하 "이동저장탱크하중"이라 한다)의 2배 이상의 하중에, 그 외 이동저장탱크의 이동방향과 직각인 것은 이동저장탱크하중 이상의 하중에 각각 견딜 수 있는 강도가 있는 구조로 할 것
   다. 이동저장탱크·맨홀 및 주입구의 뚜껑은 두께 6㎜(당해 탱크의 직경 또는 장경이 1.8m 이하인 것은 5㎜) 이상의 강판 또는 이와 동등 이상의 기계적 성질이 있는 재료로 할 것
   라. 이동저장탱크에 칸막이를 설치하는 경우에는 당해 탱크의 내부를 완전히 구획하는 구조로 하고, 두께 3.2㎜ 이상의 강판 또는 이와 동등 이상의 기계적 성질이 있는 재료로 할 것
   마. 이동저장탱크에는 맨홀 및 안전장치를 할 것
   바. 부속장치는 상자틀의 최외측과 50㎜ 이상의 간격을 유지할 것
3. 컨테이너식 이동탱크저장소에 대하여는 Ⅴ제2호를 적용하지 아니하되, 이동저장탱크의 보기 쉬운 곳에 가로 0.4m 이상, 세로 0.15m 이상의 백색 바탕에 흑색 문자로 허가청의 명칭 및 완공검사번호를 표시하여야 한다.

### Ⅸ. 주유탱크차의 특례

1. 항공기주유취급소(별표 13 Ⅹ의 규정에 의한 항공기주유취급소를 말한다. 이하 같다)에 있어서 항공기의 연료탱크에 직접 주유하기 위한 주유설비를 갖춘 이동탱크저장소(이하 "주유탱크차"라 한다)에 대하여는 Ⅳ의 규정을 적용하지 아니하되, 다음 각목의 기준에 적합하여야 한다.
   가. 주유탱크차에는 엔진배기통의 선단부에 화염의 분출을 방지하는 장치를 설치할 것
   나. 주유탱크차에는 주유호스 등이 적정하게 격납되지 아니하면 발진되지 아니하는 장치를 설치할 것
   다. 주유설비는 다음의 기준에 적합한 구조로 할 것
     1) 배관은 금속제로서 최대상용압력의 1.5배 이상의 압력으로 10분간 수압시험을 실시하였을 때 누설 그 밖의 이상이 없는 것으로 할 것

2) 주유호스의 선단에 설치하는 밸브는 위험물의 누설을 방지할 수 있는 구조로 할 것

3) 외장은 난연성이 있는 재료로 할 것

라. 주유설비에는 당해 주유설비의 펌프기기를 정지하는 등의 방법에 의하여 이동저장탱크로부터의 위험물 이송을 긴급히 정지할 수 있는 장치를 설치할 것

마. 주유설비에는 개방조작시에만 개방하는 자동폐쇄식의 개폐장치를 설치하고, 주유호스의 선단부에는 연료탱크의 주입구에 연결하는 결합금속구를 설치할 것. 다만, 주유호스의 선단부에 수동개폐장치를 설치한 주유노즐(수동개폐장치를 개방상태에서 고정하는 장치를 설치한 것을 제외한다)을 설치한 경우에는 그러하지 아니하다.

바. 주유설비에는 주유호스의 선단에 축적된 정전기를 유효하게 제거하는 장치를 설치할 것

사. 주유호스는 최대상용압력의 2배 이상의 압력으로 수압시험을 실시하여 누설 그 밖의 이상이 없는 것으로 할 것

2. 공항에서 시속 40㎞ 이하로 운행하도록 된 주유탱크차에는 Ⅱ제2호와 제3호(방파판에 관한 부분으로 한정한다)의 규정을 적용하지 아니하되, 다음 각 목의 기준에 적합하여야 한다.

가. 이동저장탱크는 그 내부에 길이 1.5m 이하 또는 부피 4천ℓ 이하마다 3.2㎜ 이상의 강철판 또는 이와 같은 수준 이상의 강도·내열성 및 내식성이 있는 금속성의 것으로 칸막이를 설치할 것

나. 가목에 따른 칸막이에 구멍을 낼 수 있되, 그 직경이 40㎝ 이내 일 것

## Ⅹ. 위험물의 성질에 따른 이동탱크저장소의 특례

1. 알킬알루미늄등을 저장 또는 취급하는 이동탱크저장소는 Ⅰ 내지 Ⅷ의 규정에 의한 기준에 의하되, 당해 위험물의 성질에 따라 강화되는 기준은 다음 각 목에 의하여야 한다.

가. Ⅱ제1호의 규정에 불구하고 이동저장탱크는 두께 10㎜ 이상의 강판 또는 이와 동등 이상의 기계적 성질이 있는 재료로 기밀하게 제작되고 1㎫ 이상의 압력으로 10분간 실시하는 수압시험에서 새거나 변형하지 아니하는 것일 것

나. 이동저장탱크의 용량은 1,900ℓ 미만일 것

다. Ⅱ제3호 가목의 규정에 불구하고, 안전장치는 이동저장탱크의 수압시험의 압력의 3분의 2를 초과하고 5분의 4를 넘지 아니하는 범위의 압력으로 작동할 것

라. Ⅱ제1호 가목의 규정에 불구하고, 이동저장탱크의 맨홀 및 주입구의 뚜껑은 두께 10㎜ 이상의 강판 또는 이와 동등 이상의 기계적 성질이 있는 재료로 할 것

마. Ⅲ제1호의 규정에 불구하고, 이동저장탱크의 배관 및 밸브 등은 당해 탱크의 윗부분에 설치할 것

바. Ⅷ제1호 나목의 규정에 불구하고, 이동탱크저장소에는 이동저장탱크하중의 4배의 전단하중에 견딜 수 있는 걸고리체결금속구 및 모서리체결금속구를 설치할 것

사. 이동저장탱크는 불활성의 기체를 봉입할 수 있는 구조로 할 것

아. 이동저장탱크는 그 외면을 적색으로 도장하는 한편, 백색문자로서 동판(胴板)의 양측면 및 경판(鏡板)에 별표 4 Ⅲ제2호 라목의 규정에 의한 주의사항을 표시할 것

2. 아세트알데히드등을 저장 또는 취급하는 이동탱크저장소는 Ⅰ 내지 Ⅷ의 규정에 의하되, 당해 위험물의 성질에 따라 강화되는 기준은 다음 각목에 의하여야 한다.

가. 이동저장탱크는 불활성의 기체를 봉입할 수 있는 구조로 할 것

나. 이동저장탱크 및 그 설비는 은·수은·동·마그네슘 또는 이들을 성분으로 하는 합금으로 만들지 아니할 것

3. 히드록실아민등을 저장 또는 취급하는 이동탱크저장소는 Ⅰ 내지 Ⅷ의 규정에 의하되, 강화되는 기준은 별표 6 Ⅺ제3호의 규정에 의한 히드록실아민등을 저장 또는 취급하는 옥외탱크저장소의 규정을 준용하여야 한다.

8) 옥외저장소의 위치·구조 및 설비의 기준[시행규칙 제35조(옥외저장소의 기준)]

[별표 11]

Ⅰ. 옥외저장소의 기준

1. 옥외저장소 중 위험물을 용기에 수납하여 저장 또는 취급하는 것의 위치·구조 및 설비의 기술기준은 다음 각목과 같다.
  가. 옥외저장소는 별표 4 Ⅰ의 규정에 준하여 안전거리를 둘 것
  나. 옥외저장소는 습기가 없고 배수가 잘 되는 장소에 설치할 것
  다. 위험물을 저장 또는 취급하는 장소의 주위에는 경계표시(울타리의 기능이 있는 것에 한한다. 이와 같다)를 하여 명확하게 구분할 것
  라. 다목의 경계표시의 주위에는 그 저장 또는 취급하는 위험물의 최대수량에 따라 다음 표에 의한 너비의 공지를 보유할 것. 다만, 제4류 위험물 중 제4석유류와 제6류 위험물을 저장 또는 취급하는 옥외저장소의 보유공지는 다음 표에 의한 공지의 너비의 3분의 1 이상의 너비로 할 수 있다.

| 저장 또는 취급하는 위험물의 최대수량 | 공지의 너비 |
|---|---|
| 지정수량의 10배 이하 | 3m 이상 |
| 지정수량의 10배 초과 20배 이하 | 5m 이상 |
| 지정수량의 20배 초과 50배 이하 | 9m 이상 |
| 지정수량의 50배 초과 200배 이하 | 12m 이상 |
| 지정수량의 200배 초과 | 15m 이상 |

  마. 옥외저장소에는 별표 4 Ⅲ제1호의 기준에 따라 보기 쉬운 곳에 "위험물 옥외저장소"라는 표시를 한 표지와 동표 Ⅲ제2호의 기준에 따라 방화에 관하여 필요한 사항을 게시한 게시판을 설치하여야 한다.
  바. 옥외저장소에 선반을 설치하는 경우에는 다음의 기준에 의할 것
    1) 선반은 불연재료로 만들고 견고한 지반면에 고정할 것
    2) 선반은 당해 선반 및 그 부속설비의 자중·저장하는 위험물의 중량·풍하중·지진의 영향 등에 의하여 생기는 응력에 대하여 안전할 것
    3) 선반의 높이는 6m를 초과하지 아니할 것
    4) 선반에는 위험물을 수납한 용기가 쉽게 낙하하지 아니하는 조치를 강구할 것
  사. 과산화수소 또는 과염소산을 저장하는 옥외저장소에는 불연성 또는 난연성의 천막 등을 설치하여 햇빛을 가릴 것
  아. 눈·비 등을 피하거나 차광 등을 위하여 옥외저장소에 캐노피 또는 지붕을 설치하는 경우에는 환기 및 소화활동에 지장을 주지 아니하는 구조로 할 것. 이 경우 기둥은 내화구조로 하고, 캐노피 또는 지붕을 불연재료로 하며, 벽을 설치하지 아니하여야 한다.

2. 옥외저장소 중 덩어리 상태의 유황만을 지반면에 설치한 경계표시의 안쪽에서 저장 또는 취급하는 것 (제1호에 정하는 것을 제외한다)의 위치·구조 및 설비의 기술기준은 제1호 각목의 기준 및 다음 각목과 같다.

　가. 하나의 경계표시의 내부의 면적은 100㎡ 이하일 것

　나. 2 이상의 경계표시를 설치하는 경우에 있어서는 각각의 경계표시 내부의 면적을 합산한 면적은 1,000㎡ 이하로 하고, 인접하는 경계표시와 경계표시와의 간격을 제1호 라목의 규정에 의한 공지의 너비의 2분의 1 이상으로 할 것. 다만, 저장 또는 취급하는 위험물의 최대수량이 지정수량의 200배 이상인 경우에는 10m 이상으로 하여야 한다.

　다. 경계표시는 불연재료로 만드는 동시에 유황이 새지 아니하는 구조로 할 것

　라. 경계표시의 높이는 1.5m 이하로 할 것

　마. 경계표시에는 유황이 넘치거나 비산하는 것을 방지하기 위한 천막 등을 고정하는 장치를 설치하되, 천막 등을 고정하는 장치는 경계표시의 길이 2m마다 한 개 이상 설치할 것

　바. 유황을 저장 또는 취급하는 장소의 주위에는 배수구와 분리장치를 설치할 것

Ⅱ. 고인화점 위험물의 옥외저장소의 특례

1. 고인화점 위험물만을 저장 또는 취급하는 옥외저장소 중 그 위치가 다음 각목에 정하는 기준에 적합한 것에 대하여는 Ⅰ제1호 가목 및 라목의 규정을 적용하지 아니한다.

　가. 옥외저장소는 별표 4 ⅪⅠ제1호의 규정에 준하여 안전거리를 둘 것

　나. Ⅰ제1호 다목의 경계표시의 주위에는 다음 표에 정하는 너비의 공지를 보유할 것

| 저장 또는 취급하는 위험물의 최대수량 | 공지의 너비 |
|---|---|
| 지정수량의 50배 이하 | 3m 이상 |
| 지정수량의 50배 초과 200배 이하 | 6m 이상 |
| 지정수량의 200배 초과 | 10m 이상 |

Ⅲ. 인화성고체, 제1석유류 또는 알코올류의 옥외저장소의 특례

제2류 위험물 중 인화성고체(인화점이 21℃ 미만인 것에 한한다. 이하 Ⅲ에서 같다) 또는 제4류 위험물 중 제1석유류 또는 알코올류를 저장 또는 취급하는 옥외저장소에 있어서는 Ⅰ제1호의 규정에 의한 기준에 의하는 외에 당해 위험물의 성질에 따라 다음 각호에 정하는 기준에 의한다.

1. 인화성고체, 제1석유류 또는 알코올류를 저장 또는 취급하는 장소에는 당해 위험물을 적당한 온도로 유지하기 위한 살수설비 등을 설치하여야 한다.

2. 제1석유류 또는 알코올류를 저장 또는 취급하는 장소의 주위에는 배수구 및 집유설비를 설치하여야 한다. 이 경우 제1석유류(온도 20℃의 물 100g에 용해되는 양이 1g 미만인 것에 한한다)를 저장 또는 취급하는 장소에 있어서는 집유설비에 유분리장치를 설치하여야 한다.

Ⅳ. 수출입 하역장소의 옥외저장소의 특례

「관세법」 제154조에 따른 보세구역, 「항만법」 제2조제1호에 따른 항만 또는 같은 조 제7호에 따른 항만배후단지 내에서 수출입을 위한 위험물을 저장 또는 취급하는 옥외저장소 중 Ⅰ제1호(라목은 제외한다)의 규정에 적합한 것은 다음 표에 정하는 너비의 공지(空地)를 보유할 수 있다.

| 저장 또는 취급하는 위험물의 최대수량 | 공지의 너비 |
|---|---|
| 지정수량의 50배 이하 | 3m 이상 |
| 지정수량의 50배 초과 200배 이하 | 4m 이상 |
| 지정수량의 200배 초과 | 5m 이상 |

9) 암반탱크저장소의 위치·구조 및 설비의 기준[시행규칙 제36조(암반탱크저장소의 기준)]

[별표 12]

Ⅰ. 암반탱크

1. 암반탱크저장소의 암반탱크는 다음 각목의 기준에 의하여 설치하여야 한다.
    가. 암반탱크는 암반투수계수가 1초당 10만분의 1m 이하인 천연암반내에 설치할 것
    나. 암반탱크는 저장할 위험물의 증기압을 억제할 수 있는 지하수면하에 설치할 것
    다. 암반탱크의 내벽은 암반균열에 의한 낙반을 방지할 수 있도록 볼트·콘크리크 등으로 보강할 것
2. 암반탱크는 다음 각목의 기준에 적합한 수리조건을 갖추어야 한다.
    가. 암반탱크내로 유입되는 지하수의 양은 암반내의 지하수 충전량보다 적을 것
    나. 암반탱크의 상부로 물을 주입하여 수압을 유지할 필요가 있는 경우에는 수벽공을 설치할 것
    다. 암반탱크에 가해지는 지하수압은 저장소의 최대운영압보다 항상 크게 유지할 것

Ⅱ. 지하수위 관측공의 설치

암반탱크저장소 주위에는 지하수위 및 지하수의 흐름 등을 확인·통제할 수 있는 관측공을 설치하여야 한다

Ⅲ. 계량장치

암반탱크저장소에는 위험물의 양과 내부로 유입되는 지하수의 양을 측정할 수 있는 계량구와 자동측정이 가능한 계량장치를 설치하여야 한다.

Ⅳ. 배수시설

암반탱크저장소에는 주변 암반으로부터 유입되는 침출수를 자동으로 배출할 수 있는 시설을 설치하고 침출수에 섞인 위험물이 직접 배수구로 흘러 들어가지 아니하도록 유분리장치를 설치하여야 한다.

Ⅴ. 펌프설비

암반탱크저장소의 펌프설비는 점검 및 보수를 위하여 사람의 출입이 용이한 구조의 전용공동에 설치하여야 한다. 다만, 액중펌프(펌프 또는 전동기를 저장탱크 또는 암반탱크안에 설치하는 것을 말한다. 이하 같다)를 설치한 경우에는 그러하지 아니하다.

Ⅵ. 위험물제조소 및 옥외탱크저장소에 관한 기준의 준용

1. 암반탱크저장소에는 별표 4 Ⅲ제1호의 기준에 따라 보기 쉬운 곳에 "위험물 암반탱크저장소"라는 표시를 한 표지와 동표 Ⅲ제2호의 기준에 따라 방화에 관하여 필요한 사항을 게시한 게시판을 설치하여야 한다.

2. 별표 4 Ⅷ제4호·제6호, 동표 Ⅹ 및 별표 6 Ⅵ제9호의 규정은 암반탱크저장소의 압력계·안전장치, 정전기 제거설비, 배관 및 주입구의 설치에 관하여 이를 준용한다.

## 10) 주유취급소의 위치·구조 및 설비의 기준[시행규칙 제37조(주유취급소의 기준)]

[별표 13]

### Ⅰ. 주유공지 및 급유공지

1. <u>주유취급소의 고정주유설비(펌프기기 및 호스기기로 되어 위험물을 자동차등에 직접 주유하기 위한 설비로서 현수식의 것을 포함한다. 이하 같다)의 주위에는 주유를 받으려는 자동차 등이 출입할 수 있도록 너비 15m 이상, 길이 6m 이상의 콘크리트 등으로 포장한 공지(이하 "주유공지"라 한다)를 보유</u>하여야 하고, 고정급유설비(펌프기기 및 호스기기로 되어 위험물을 용기에 옮겨 담거나 이동저장탱크에 주입하기 위한 설비로서 현수식의 것을 포함한다. 이하 같다)를 설치하는 경우에는 고정급유설비의 호스기기의 주위에 필요한 공지(이하 "급유공지"라 한다)를 보유하여야 한다.
2. 제1호의 규정에 의한 공지의 바닥은 주위 지면보다 높게 하고, 그 표면을 적당하게 경사지게 하여 새어 나온 기름 그 밖의 액체가 공지의 외부로 유출되지 아니하도록 배수구·집유설비 및 유분리장치를 하여야 한다.

### Ⅱ. 표지 및 게시판

주유취급소에는 별표 4 Ⅲ제1호의 기준에 준하여 보기 쉬운 곳에 "위험물 주유취급소"라는 표시를 한 표지, 동표 Ⅲ제2호의 기준에 준하여 방화에 관하여 필요한 사항을 게시한 게시판 및 황색바탕에 흑색문자로 "주유중엔진정지"라는 표시를 한 게시판을 설치하여야 한다.

### Ⅲ. 탱크

1. 주유취급소에는 다음 각목의 탱크 외에는 위험물을 저장 또는 취급하는 탱크를 설치할 수 없다. 다만, 별표 10 Ⅰ의 규정에 의한 이동탱크저장소의 상치장소를 주유공지 또는 급유공지 외의 장소에 확보하여 이동탱크저장소(당해주유취급소의 위험물의 저장 또는 취급에 관계된 것에 한한다)를 설치하는 경우에는 그러하지 아니하다.
    가. 자동차 등에 주유하기 위한 고정주유설비에 직접 접속하는 전용탱크로서 50,000ℓ 이하의 것
    나. 고정급유설비에 직접 접속하는 전용탱크로서 50,000ℓ 이하의 것
    다. 보일러 등에 직접 접속하는 전용탱크로서 10,000ℓ 이하의 것
    라. 자동차 등을 점검·정비하는 작업장 등(주유취급소안에 설치된 것에 한한다)에서 사용하는 폐유·윤활유 등의 위험물을 저장하는 탱크로서 용량(2 이상 설치하는 경우에는 각 용량의 합계를 말한다)이 2,000ℓ 이하인 탱크(이하 "폐유탱크등"이라 한다)
    마. 고정주유설비 또는 고정급유설비에 직접 접속하는 3기 이하의 간이탱크. 다만, 「국토의 계획 및 이용에 관한 법률」에 의한 방화지구안에 위치하는 주유취급소의 경우를 제외한다.
2. 제1호가목 내지 라목의 규정에 의한 탱크(다목 및 라목의 규정에 의한 탱크는 용량이 1,000ℓ 를 초과하는 것에 한한다)는 옥외의 지하 또는 캐노피 아래의 지하(캐노피 기둥의 하부를 제외한다)에 매설하여야 한다.

3. 제Ⅰ호의 규정에 의하여 설치하는 전용탱크·폐유탱크등 또는 간이탱크의 위치·구조 및 설비의 기준은 다음 각목과 같다.
　가. 지하에 매설하는 전용탱크 또는 폐유탱크등의 위치·구조 및 설비는 별표 8 Ⅰ[제5호·제10호(게시판에 관한 부분에 한한다)·제11호(액중펌프설비에 관한 부분을 제외한다)·제14호 및 용량 10,000ℓ를 넘는 탱크를 설치하는 경우에 있어서는 제1호 단서를 제외한다]·별표 8 Ⅱ[별표 8 Ⅰ제5호·제10호(게시판에 관한 부분에 한한다)·제11호(액중펌프설비에 관한 부분을 제외한다)·제14호를 제외한다] 또는 별표 8 Ⅲ[별표 8 Ⅰ제5호·제10호(게시판에 관한 부분에 한한다)·제11호(액중펌프설비에 관한 부분을 제외한다)·제14호를 제외한다]의 규정에 의한 지하저장탱크의 위치·구조 및 설비의 기준을 준용할 것
　나. 지하에 매설하지 아니하는 폐유탱크등의 위치·구조 및 설비는 별표 7 Ⅰ(제1호 다목을 제외한다)의 규정에 의한 옥내저장탱크의 위치·구조·설비 또는 시·도의 조례에 정하는 지정수량 미만인 탱크의 위치·구조 및 설비의 기준을 준용할 것
　다. 간이탱크의 구조 및 설비는 별표 9 제4호 내지 제8호의 규정에 의한 간이저장탱크의 구조 및 설비의 기준을 준용하되, 자동차 등과 충돌할 우려가 없도록 설치할 것

Ⅳ. 고정주유설비 등
1. 주유취급소에는 자동차 등의 연료탱크에 직접 주유하기 위한 고정주유설비를 설치하여야 한다.
2. 주유취급소의 고정주유설비 또는 고정급유설비는 Ⅲ제1호 가목·나목 또는 마목의 규정에 의한 탱크중 하나의 탱크만으로부터 위험물을 공급받을 수 있도록 하고, 다음 각목의 기준에 적합한 구조로 하여야 한다.
　가. 펌프기기는 주유관 선단에서의 최대토출량이 제1석유류의 경우에는 분당 50ℓ 이하, 경유의 경우에는 분당 180ℓ 이하, 등유의 경우에는 분당 80ℓ 이하인 것으로 할 것. 다만, 이동저장탱크에 주입하기 위한 고정급유설비의 펌프기기는 최대토출량이 분당 300ℓ 이하인 것으로 할 수 있으며, 분당 토출량이 200ℓ 이상인 것의 경우에는 주유설비에 관계된 모든 배관의 안지름을 40㎜ 이상으로 하여야 한다.
　나. 이동저장탱크의 상부를 통하여 주입하는 고정급유설비의 주유관에는 당해 탱크의 밑부분에 달하는 주입관을 설치하고, 그 토출량이 분당 80ℓ를 초과하는 것은 이동저장탱크에 주입하는 용도로만 사용할 것
　다. 고정주유설비 또는 고정급유설비는 난연성 재료로 만들어진 외장을 설치할 것. 다만, Ⅸ의 규정에 의한 기준에 적합한 펌프실에 설치하는 펌프기기 또는 액중펌프에 있어서는 그러하지 아니하다.
　라. 고정주유설비 또는 고정급유설비의 본체 또는 노즐 손잡이에 주유작업자의 인체에 축적되는 정전기를 유효하게 제거할 수 있는 장치를 설치할 것
3. 고정주유설비 또는 고정급유설비의 주유관의 길이(선단의 개폐밸브를 포함한다)는 5m(현수식의 경우에는 지면위 0.5m의 수평면에 수직으로 내려 만나는 점을 중심으로 반경 3m) 이내로 하고 그 선단에는 축적된 정전기를 유효하게 제거할 수 있는 장치를 설치하여야 한다.
4. 고정주유설비 또는 고정급유설비는 다음 각목의 기준에 적합한 위치에 설치하여야 한다.
　가. 고정주유설비의 중심선을 기점으로 하여 도로경계선까지 4m 이상, 부지경계선·담 및 건축물의 벽까지 2m(개구부가 없는 벽까지는 1m) 이상의 거리를 유지하고, 고정급유설비의 중심선을 기점으로 하여 도로경계선까지 4m 이상, 부지경계선 및 담까지 1m 이상, 건축물의 벽까지 2m(개구부가 없는 벽까지는 1m) 이상의 거리를 유지할 것

나. 고정주유설비와 고정급유설비의 사이에는 4m 이상의 거리를 유지할 것

## Ⅴ. 건축물 등의 제한 등

1. 주유취급소에는 주유 또는 그에 부대하는 업무를 위하여 사용되는 다음 각목의 건축물 또는 시설 외에는 다른 건축물 그 밖의 공작물을 설치할 수 없다.

   가. 주유 또는 등유·경유를 옮겨 담기 위한 작업장

   나. 주유취급소의 업무를 행하기 위한 사무소

   다. 자동차 등의 점검 및 간이정비를 위한 작업장

   라. 자동차 등의 세정을 위한 작업장

   마. 주유취급소에 출입하는 사람을 대상으로 한 점포·휴게음식점 또는 전시장

   바. 주유취급소의 관계자가 거주하는 주거시설

   사. 전기자동차용 충전설비(전기를 동력원으로 하는 자동차에 직접 전기를 공급하는 설비를 말한다. 이하 같다)

   아. 그 밖의 소방청장이 정하여 고시하는 건축물 또는 시설

2. 제1호 각목의 건축물 중 주유취급소의 직원 외의 자가 출입하는 나목·다목 및 마목의 용도에 제공하는 부분의 면적의 합은 1,000㎡를 초과할 수 없다.

3. 다음 각목의 1에 해당하는 주유취급소(이하 "옥내주유취급소"라 한다)는 소방청장이 정하여 고시하는 용도로 사용하는 부분이 없는 건축물(옥내주유취급소에서 발생한 화재를 옥내주유취급소의 용도로 사용하는 부분 외의 부분에 자동적으로 유효하게 알릴 수 있는 자동화재탐지설비 등을 설치한 건축물에 한한다)에 설치할 수 있다.

   가. 건축물안에 설치하는 주유취급소

   나. 캐노피·처마·차양·부연·발코니 및 루버의 수평투영면적이 주유취급소의 공지면적(주유취급소의 부지면적에서 건축물 중 벽 및 바닥으로 구획된 부분의 수평투영면적을 뺀 면적을 말한다)의 3분의 1을 초과하는 주유취급소

## Ⅵ. 건축물 등의 구조

1. 주유취급소에 설치하는 건축물 등은 다음 각목의 규정에 의한 위치 및 구조의 기준에 적합하여야 한다.

   가. 건축물, 창 및 출입구의 구조는 다음의 기준에 적합하게 할 것

   1) 건축물의 벽·기둥·바닥·보 및 지붕을 내화구조 또는 불연재료로 할 것. 다만, Ⅴ제2호에 따른 면적의 합이 500㎡를 초과하는 경우에는 건축물의 벽을 내화구조로 하여야 한다.

   2) 창 및 출입구(Ⅴ제1호 다목 및 라목의 용도에 사용하는 부분에 설치한 자동차 등의 출입구를 제외한다)에는 방화문 또는 불연재료로 된 문을 설치할 것. 이 경우 Ⅴ제2호에 따른 면적의 합이 500㎡를 초과하는 주유취급소로서 하나의 구획실의 면적이 500㎡를 초과하거나 2층 이상의 층에 설치하는 경우에는 해당 구획실 또는 해당 층의 2면 이상의 벽에 각각 출입구를 설치하여야 한다.

   나. Ⅴ제1호 바목의 용도에 사용하는 부분은 개구부가 없는 내화구조의 바닥 또는 벽으로 당해 건축물의 다른 부분과 구획하고 주유를 위한 작업장 등 위험물취급장소에 면한 쪽의 벽에는 출입구를 설치하지 아니할 것

   다. 사무실 등의 창 및 출입구에 유리를 사용하는 경우에는 망입유리 또는 강화유리로 할 것. 이 경우 강화유리의 두께는 창에는 8㎜ 이상, 출입구에는 12㎜ 이상으로 하여야 한다.

라. 건축물 중 사무실 그 밖의 화기를 사용하는 곳(Ⅴ제1호 다목 및 라목의 용도에 사용하는 부분을 제외한다)은 누설한 가연성의 증기가 그 내부에 유입되지 아니하도록 다음의 기준에 적합한 구조로 할 것

　1) 출입구는 건축물의 안에서 밖으로 수시로 개방할 수 있는 자동폐쇄식의 것으로 할 것

　2) 출입구 또는 사이통로의 문턱의 높이를 15㎝ 이상으로 할 것

　3) 높이 1m 이하의 부분에 있는 창 등은 밀폐시킬 것

마. 자동차 등의 점검·정비를 행하는 설비는 다음의 기준에 적합하게 할 것

　1) 고정주유설비로부터 4m 이상, 도로경계선으로부터 2m 이상 떨어지게 할 것. 다만, Ⅴ제1호 다목의 규정에 의한 작업장 중 바닥 및 벽으로 구획된 옥내의 작업장에 설치하는 경우에는 그러하지 아니하다.

　2) 위험물을 취급하는 설비는 위험물의 누설·넘침 또는 비산을 방지할 수 있는 구조로 할 것

바. 자동차 등의 세정을 행하는 설비는 다음의 기준에 적합하게 할 것

　1) 증기세차기를 설치하는 경우에는 그 주위의 불연재료로 된 높이 1m 이상의 담을 설치하고 출입구가 고정주유설비에 면하지 아니하도록 할 것. 이 경우 담은 고정주유설비로부터 4m 이상 떨어지게 하여야 한다.

　2) 증기세차기 외의 세차기를 설치하는 경우에는 고정주유설비로부터 4m이상, 도로경계선으로부터 2m 이상 떨어지게 할 것. 다만, Ⅴ제1호 라목의 규정에 의한 작업장 중 바닥 및 벽으로 구획된 옥내의 작업장에 설치하는 경우에는 그러하지 아니하다.

사. 주유원간이대기실은 다음의 기준에 적합할 것

　1) 불연재료로 할 것

　2) 바퀴가 부착되지 아니한 고정식일 것

　3) 차량의 출입 및 주유작업에 장애를 주지 아니하는 위치에 설치할 것

　4) 바닥면적이 2.5㎡ 이하일 것. 다만, 주유공지 및 급유공지 외의 장소에 설치하는 것은 그러하지 아니하다.

아. 전기자동차용 충전설비는 다음의 기준에 적합할 것

　1) 충전기기(충전케이블로 전기자동차에 전기를 직접 공급하는 기기를 말한다. 이하 같다)의 주위에 전기자동차 충전을 위한 전용 공지(주유공지 또는 급유공지 외의 장소를 말하며, 이하 "충전공지"라 한다)를 확보하고, 충전공지 주위를 페인트 등으로 표시하여 그 범위를 알아보기 쉽게 할 것

　2) 전기자동차용 충전설비를 Ⅴ. 건축물 등의 제한 등의 제1호 각 목의 건축물 밖에 설치하는 경우 충전공지는 고정주유설비 및 고정급유설비의 주유관을 최대한 펼친 끝 부분에서 1m 이상 떨어지도록 할 것

　3) 전기자동차용 충전설비를 Ⅴ. 건축물 등의 제한 등의 제1호 각 목의 건축물 안에 설치하는 경우에는 다음의 기준에 적합할 것

　　가) 해당 건축물의 1층에 설치할 것

　　나) 해당 건축물에 가연성 증기가 남아 있을 우려가 없도록 별표 4 Ⅴ 제1호다목에 따른 환기설비 또는 별표 4 Ⅵ에 따른 배출설비를 설치할 것

　4) 전기자동차용 충전설비의 전력공급설비[전기자동차에 전원을 공급하기 위한 전기설비로서 전력량계, 인입구(引入口) 배선, 분전반 및 배선용 차단기 등을 말한다]는 다음의 기준에 적합할 것

가) 분전반은 방폭성능을 갖출 것. 다만, 분전반을 고정주유설비(제1석유류를 취급하는 고정주유설비만 해당한다. 이하 이 목에서 같다)의 중심선으로부터 6미터 이상, 전용탱크(제1석유류를 취급하는 전용탱크만 해당한다. 이하 이 목에서 같다) 주입구의 중심선으로부터 4미터 이상, 전용탱크 통기관 선단의 중심선으로부터 2미터 이상 이격하여 설치하는 경우에는 그러하지 아니하다.

나) 전력량계, 누전차단기 및 배선용 차단기는 분전반 내에 설치할 것

다) 인입구 배선은 지하에 설치할 것

라)「전기사업법」에 따른 전기설비의 기술기준에 적합할 것

5) 충전기기와 인터페이스[충전기기에서 전기자동차에 전기를 공급하기 위하여 연결하는 커플러(coupler), 인렛(inlet), 케이블 등을 말한다. 이하 같다]는 다음의 기준에 적합할 것

가) 충전기기는 방폭성능을 갖출 것. 다만, 충전설비의 전원공급을 긴급히 차단할 수 있는 장치를 사무소 내부 또는 충전기기 주변에 설치하고, 충전기기를 고정주유설비의 중심선으로부터 6미터 이상, 전용탱크 주입구의 중심선으로부터 4미터 이상, 전용탱크 통기관 선단의 중심선으로부터 2미터 이상 이격하여 설치하는 경우에는 그러하지 아니하다.

나) 인터페이스의 구성 부품은「전기용품안전 관리법」에 따른 기준에 적합할 것

6) 충전작업에 필요한 주차장을 설치하는 경우에는 다음의 기준에 적합할 것

가) 주유공지, 급유공지 및 충전공지 외의 장소로서 주유를 위한 자동차 등의 진입·출입에 지장을 주지 않는 장소에 설치할 것

나) 주차장의 주위를 페인트 등으로 표시하여 그 범위를 알아보기 쉽게 할 것

다) 지면에 직접 주차하는 구조로 할 것

2. Ⅴ제3호의 규정에 의한 옥내주유취급소는 제1호의 기준에 의하는 외에 다음 각목에 정하는 기준에 적합한 구조로 하여야 한다.

가. 건축물에서 옥내주유취급소의 용도에 사용하는 부분은 벽·기둥·바닥·보 및 지붕을 내화구조로 하고, 개구부가 없는 내화구조의 바닥 또는 벽으로 당해 건축물의 다른 부분과 구획할 것. 다만, 건축물의 옥내주유취급소의 용도에 사용하는 부분의 상부에 상층이 없는 경우에는 지붕을 불연재료로 할 수 있다.

나. 건축물에서 옥내주유취급소(건축물안에 설치하는 것에 한한다)의 용도에 사용하는 부분의 2 이상의 방면은 자동차 등이 출입하는 측 또는 통풍 및 피난상 필요한 공지에 접하도록 하고 벽을 설치하지 아니할 것

다. 건축물에서 옥내주유취급소의 용도에 사용하는 부분에는 가연성증기가 체류할 우려가 있는 구멍·구덩이 등이 없도록 할 것

라. 건축물에서 옥내주유취급소의 용도에 사용하는 부분에 상층이 있는 경우에는 상층으로의 연소를 방지하기 위하여 다음의 기준에 적합하게 내화구조로 된 캔틸레버를 설치할 것

1) 옥내주유취급소의 용도에 사용하는 부분(고정주유설비와 접하는 방향 및 나목의 규정에 의하여 벽이 개방된 부분에 한한다)의 바로 위층의 바닥에 이어서 1.5m 이상 내어 붙일 것. 다만, 바로 위층의 바닥으로부터 높이 7m 이내에 있는 위층의 외벽에 개구부가 없는 경우에는 그러하지 아니하다.

2) 캔틸레버 선단과 위층의 개구부(열지 못하게 만든 방화문과 연소방지상 필요한 조치를 한 것을 제외한다)까지의 사이에는 7m에서 당해 캔틸레버의 내어 붙인 거리를 뺀 길이 이상의 거리를 보유할 것

마. 건축물중 옥내주유취급소의 용도에 사용하는 부분외에는 주유를 위한 작업장 등 위험물취급장소와 접하는 외벽에 창(망입유리로 된 붙박이 창을 제외한다) 및 출입구를 설치하지 아니할 것

## Ⅶ. 담 또는 벽

1. 주유취급소의 주위에는 자동차 등이 출입하는 쪽외의 부분에 높이 2m 이상의 내화구조 또는 불연재료의 담 또는 벽을 설치하되, 주유취급소의 인근에 연소의 우려가 있는 건축물이 있는 경우에는 소방청장이 정하여 고시하는 바에 따라 방화상 유효한 높이로 하여야 한다.
2. 제1호에도 불구하고 다음 각 목의 기준에 모두 적합한 경우에는 담 또는 벽의 일부분에 방화상 유효한 구조의 유리를 부착할 수 있다.
   가. 유리를 부착하는 위치는 주입구, 고정주유설비 및 고정급유설비로부터 4m 이상 이격될 것
   나. 유리를 부착하는 방법은 다음의 기준에 모두 적합할 것
      1) 주유취급소 내의 지반면으로부터 70㎝를 초과하는 부분에 한하여 유리를 부착할 것
      2) 하나의 유리판의 가로의 길이는 2m 이내일 것
      3) 유리판의 테두리를 금속제의 구조물에 견고하게 고정하고 해당 구조물을 담 또는 벽에 견고하게 부착할 것
      4) 유리의 구조는 접합유리(두장의 유리를 두께 0.76㎜ 이상의 폴리비닐부티랄 필름으로 접합한 구조를 말한다)로 하되, 「유리구획 부분의 내화시험방법(KS F 2845)」에 따라 시험하여 비차열 30분 이상의 방화성능이 인정될 것
   다. 유리를 부착하는 범위는 전체의 담 또는 벽의 길이의 10분의 2를 초과하지 아니할 것

## Ⅷ. 캐노피

주유취급소에 캐노피를 설치하는 경우에는 다음 각목의 기준에 의하여야 한다.
   가. 배관이 캐노피 내부를 통과할 경우에는 1개 이상의 점검구를 설치할 것
   나. 캐노피 외부의 점검이 곤란한 장소에 배관을 설치하는 경우에는 용접이음으로 할 것
   다. 캐노피 외부의 배관이 일광열의 영향을 받을 우려가 있는 경우에는 단열재로 피복할 것

## Ⅸ. 펌프실 등의 구조

주유취급소 펌프실 그 밖에 위험물을 취급하는 실(이하 Ⅸ에서 "펌프실등"이라 한다)을 설치하는 경우에는 다음 각목의 기준에 적합하게 하여야 한다.
   가. 바닥은 위험물이 침투하지 아니하는 구조로 하고 적당한 경사를 두어 집유설비를 설치할 것
   나. 펌프실등에는 위험물을 취급하는데 필요한 채광·조명 및 환기의 설비를 할 것
   다. 가연성 증기가 체류할 우려가 있는 펌프실등에는 그 증기를 옥외에 배출하는 설비를 설치할 것
   라. 고정주유설비 또는 고정급유설비중 펌프기기를 호스기기와 분리하여 설치하는 경우에는 펌프실의 출입구를 주유공지 또는 급유공지에 접하도록 하고, 자동폐쇄식의 갑종방화문을 설치할 것
   마. 펌프실등에는 별표 4 Ⅲ제1호의 기준에 따라 보기 쉬운 곳에 "위험물 펌프실", "위험물 취급실" 등의 표시를 한 표지와 동표 Ⅲ제2호의 기준에 따라 방화에 관하여 필요한 사항을 게시한 게시판을 설치하여야 한다.
   바. 출입구에는 바닥으로부터 0.1m 이상의 턱을 설치할 것

## Ⅹ. 항공기주유취급소의 특례

1. 비행장에서 항공기, 비행장에 소속된 차량 등에 주유하는 주유취급소에 대하여는 Ⅰ, Ⅱ, Ⅲ제1호·제2호, Ⅳ제2호·제3호(주유관의 길이에 관한 규정에 한한다), Ⅶ 및 Ⅷ의 규정을 적용하지 아니한다.
2. 제1호에서 규정한 것외의 항공기주유취급소에 대한 특례는 다음 각목과 같다.
   가. 항공기주유취급소에는 항공기 등에 직접 주유하는데 필요한 공지를 보유할 것
   나. 제1호의 규정에 의한 공지는 그 지면을 콘크리트 등으로 포장할 것
   다. 제1호의 규정에 의한 공지에는 누설한 위험물 그 밖의 액체가 공지의 외부로 유출되지 아니하도록 배수구 및 유분리장치를 설치할 것. 다만, 누설한 위험물 등의 유출을 방지하기 위한 조치를 한 경우에는 그러하지 아니하다.
   라. 지하식(호스기기가 지하의 상자에 설치된 형식을 말한다. 이하 같다)의 고정주유설비를 사용하여 주유하는 항공기주유취급소의 경우에는 다음의 기준에 의할 것
      1) 호스기기를 설치한 상자에는 적당한 방수조치를 할 것
      2) 고정주유설비의 펌프기기와 호스기기를 분리하여 설치한 항공기주유취급소의 경우에는 당해 고정주유설비의 펌프기기를 정지하는 등의 방법에 의하여 위험물저장탱크로부터 위험물의 이송을 긴급히 정지할 수 있는 장치를 설치할 것
   마. 연료를 이송하기 위한 배관(이하 "주유배관"이란 한다) 및 당해 주유배관의 선단부에 접속하는 호스기기를 사용하여 주유하는 항공기주유취급소의 경우에는 다음의 기준에 의할 것
      1) 주유배관의 선단부에는 밸브를 설치할 것
      2) 주유배관의 선단부를 지면 아래의 상자에 설치한 경우에는 당해 상자에 대하여 적당한 방수조치를 할 것
      3) 주유배관의 선단부에 접속하는 호스기기는 누설우려가 없도록 하는 등 화재예방상 안전한 구조로 할 것
      4) 주유배관의 선단부에 접속하는 호스기기에는 주유호스의 선단에 축적되는 정전기를 유효하게 제거하는 장치를 설치할 것
      5) 항공기주유취급소에는 펌프기기를 정지하는 등의 방법에 의하여 위험물저장탱크로부터 위험물의 이송을 긴급히 정지할 수 있는 장치를 설치할 것
   바. 주유배관의 선단부에 접속하는 호스기기를 적재한 차량(이하 "주유호스차"라 한다)을 사용하여 주유하는 항공기주유취급소의 경우에는 마목1)·2) 및 5)의 규정에 의하는 외에 다음의 기준에 의할 것
      1) 주유호스차는 화재예방상 안전한 장소에 상치할 것
      2) 주유호스차에는 별표 10 Ⅸ제1호 가목 및 나목의 규정에 의한 장치를 설치할 것
      3) 주유호스차의 호스기기는 별표 10 Ⅸ제1호 다목, 마목 본문 및 사목의 규정에 의한 주유탱크차의 주유설비의 기준을 준용할 것
      4) 주유호스차의 호스기기에는 접지도선을 설치하고 주유호스의 선단에 축적되는 정전기를 유효하게 제거할 수 있는 장치를 설치할 것
      5) 항공기주유취급소에는 정전기를 유효하게 제거할 수 있는 접지전극을 설치할 것
   사. 주유탱크차를 사용하여 주유하는 항공기주유취급소에는 정전기를 유효하게 제거할 수 있는 접지전극을 설치할 것

## XI. 철도주유취급소의 특례

1. 철도 또는 궤도에 의하여 운행하는 차량에 주유하는 주유취급소에 대하여는 Ⅰ 내지 Ⅷ의 규정을 적용하지 아니한다.
2. 제1호에서 규정한 것외의 철도주유취급소에 대한 특례는 다음 각목과 같다.
   가. 철도 또는 궤도에 의하여 운행하는 차량에 직접 주유하는데 필요한 공지를 보유할 것
   나. 가목의 규정에 의한 공지중 위험물이 누설할 우려가 있는 부분과 고정주유설비 또는 주유배관의 선단부 주위에 있어서는 그 지면을 콘크리트 등으로 포장할 것
   다. 나목의 규정에 의하여 포장한 부분에는 누설한 위험물 그 밖의 액체가 외부로 유출되지 아니하도록 배수구 및 유분리장치를 설치할 것
   라. 지하식의 고정주유설비를 이용하여 주유하는 경우에는 Ⅹ제2호 라목의 규정을 준용할 것
   마. 주유배관의 선단부에 접속한 호스기기를 이용하여 주유하는 경우에는 Ⅹ제2호 마목의 규정을 준용할 것

## XII. 고속국도주유취급소의 특례

고속국도의 도로변에 설치된 주유취급소에 있어서는 Ⅲ제1호가목 및 나목의 규정에 의한 탱크의 용량을 60,000ℓ 까지 할 수 있다.

## XIII. 자가용주유취급소의 특례

주유취급소의 관계인이 소유·관리 또는 점유한 자동차 등에 대하여만 주유하기 위하여 설치하는 자가용주유취급소에 대하여는 Ⅰ제1호의 규정을 적용하지 아니한다.

## XIV. 선박주유취급소의 특례

1. 선박에 주유하는 주유취급소에 대하여는 Ⅰ제1호, Ⅲ제1호 및 제2호, Ⅳ제3호(주유관의 길이에 관한 규정에 한한다) 및 Ⅶ의 규정을 적용하지 아니한다.
2. 제1호에서 규정한 것외의 선박주유취급소(고정주유설비를 수상의 구조물에 설치하는 선박주유취급소는 제외한다)에 대한 특례는 다음 각목과 같다.
   가. 선박주유취급소에는 선박에 직접 주유하기 위한 공지와 계류시설을 보유할 것
   나. 가목의 규정에 의한 공지, 고정주유설비 및 주유배관의 선단부의 주위에는 그 지반면을 콘크리트 등으로 포장할 것
   다. 나목의 규정에 의하여 포장된 부분에는 누설한 위험물 그 밖의 액체가 공지의 외부로 유출되지 아니하도록 배수구 및 유분리장치를 설치할 것. 다만, 누설한 위험물 등의 유출을 방지하기 위한 조치를 한 경우에는 그러하지 아니하다.
   라. 지하식의 고정주유설비를 이용하여 주유하는 경우에는 Ⅹ제2호 라목의 규정을 준용할 것
   마. 주유배관의 선단부에 접속한 호스기기를 이용하여 주유하는 경우에는 Ⅹ제2호 마목의 규정을 준용할 것
   바. 선박주유취급소에서는 위험물이 유출될 경우 회수 등의 응급조치를 강구할 수 있는 설비를 설치할 것
3. 제1호에서 규정한 것 외의 고정주유설비를 수상의 구조물에 설치하는 선박주유취급소에 대한 특례는 다음 각 목과 같다.
   가. Ⅰ제2호 및 Ⅳ제4호를 적용하지 않을 것

나. 선박주유취급소에는 선박에 직접 주유하는 주유작업과 선박의 계류를 위한 수상구조물을 다음의 기준에 따라 설치할 것

　1) 수상구조물은 철재·목재 등의 견고한 재질이어야 하며, 그 기둥을 해저 또는 하저에 견고하게 고정시킬 것

　2) 선박의 충돌로부터 수상구조물의 손상을 방지할 수 있는 철재로 된 보호구조물을 해저 또는 하저에 견고하게 고정시킬 것

다. 수상구조물에 설치하는 고정주유설비의 주유작업 장소의 바닥은 불침윤성·불연성의 재료로 포장을 하고, 그 주위에 새어나온 위험물이 외부로 유출되지 않도록 집유설비를 다음의 기준에 따라 설치할 것

　1) 새어나온 위험물을 직접 또는 배수구를 통하여 집유설비로 수용할 수 있는 구조로 할 것

　2) 집유설비는 수시로 용이하게 개방하여 고여 있는 빗물과 위험물을 제거할 수 있는 구조로 할 것

라. 수상구조물에 설치하는 고정주유설비는 다음의 기준에 따라 설치할 것

　1) 주유호스의 선단부에 수동개폐장치를 부착한 주유노즐을 설치하고, 개방한 상태로 고정시키는 장치를 부착하지 않을 것

　2) 주유노즐은 선박의 연료탱크가 가득 찬 경우 자동적으로 정지시키는 구조일 것

　3) 주유호스는 200㎏중 이하의 하중에 의하여 파단(破斷) 또는 이탈되어야 하고, 파단 또는 이탈된 부분으로부터의 위험물 누출을 방지할 수 있는 구조일 것

마. 수상구조물에 설치하는 고정주유설비에 위험물을 공급하는 배관계에 위험물 차단밸브를 다음의 기준에 따라 설치할 것. 다만, 위험물을 공급하는 탱크의 최고 액표면의 높이가 해당 배관계의 높이보다 낮은 경우에는 그렇지 않다.

　1) 고정주유설비의 인근에서 주유작업자가 직접 위험물의 공급을 차단할 수 있는 수동식의 차단밸브를 설치할 것

　2) 배관 경로 중 육지 내의 지점에서 위험물의 공급을 차단할 수 있는 수동식의 차단밸브를 설치할 것

바. 긴급한 경우에 고정주유설비의 펌프를 정지시킬 수 있는 긴급제어장치를 설치할 것

사. 지하식의 고정주유설비를 이용하여 주유하는 경우에는 Ⅹ제2호라목을 준용할 것

아. 주유배관의 선단부에 접속하는 호스기기를 이용하여 주유하는 경우에는 Ⅹ제2호마목을 준용할 것

자. 선박주유취급소에는 위험물이 유출될 경우 회수 등의 응급조치를 강구할 수 있는 설비를 다음의 기준에 따라 준비하여 둘 것

　1) 오일펜스 : 수면 위로 20㎝ 이상 30㎝ 미만으로 노출되고, 수면 아래로 30㎝ 이상 40㎝ 미만으로 잠기는 것으로서, 60m 이상의 길이일 것

　2) 유처리제, 유흡착제 또는 유겔화제 : 다음의 계산식을 충족하는 양 이상일 것

　　20X + 50Y + 15Z = 10,000

　　　Ⅹ : 유처리제의 양(ℓ )

　　　Y : 유흡착제의 양(㎏)

　　　Z : 유겔화제의 양[액상(ℓ ), 분말(㎏)]

## XV. 고객이 직접 주유하는 주유취급소의 특례

1. 고객이 직접 자동차 등의 연료탱크 또는 용기에 위험물을 주입하는 고정주유설비 또는 고정급유설비 (이하 "셀프용고정주유설비" 또는 "셀프용고정급유설비"라 한다)를 설치하는 주유취급소의 특례는 제2 호 내지 제5호와 같다.

2. 셀프용고정주유설비의 기준은 다음의 각목과 같다.

   가. 주유호스의 선단부에 수동개폐장치를 부착한 주유노즐을 설치할 것. 다만, 수동개폐장치를 개방한 상태로 고정시키는 장치가 부착된 경우에는 다음의 기준에 적합하여야 한다.

   1) 주유작업을 개시함에 있어서 주유노즐의 수동개폐장치가 개방상태에 있는 때에는 당해 수동개폐장 치를 일단 폐쇄시켜야만 다시 주유를 개시할 수 있는 구조로 할 것

   2) 주유노즐이 자동차 등의 주유구로부터 이탈된 경우 주유를 자동적으로 정지시키는 구조일 것

   나. 주유노즐은 자동차 등의 연료탱크가 가득 찬 경우 자동적으로 정지시키는 구조일 것

   다. 주유호스는 200kg중 이하의 하중에 의하여 파단(破斷) 또는 이탈되어야 하고, 파단 또는 이탈된 부 분으로부터의 위험물 누출을 방지할 수 있는 구조일 것

   라. 휘발유와 경유 상호간의 오인에 의한 주유를 방지할 수 있는 구조일 것

   마. 1회의 연속주유량 및 주유시간의 상한을 미리 설정할 수 있는 구조일 것. 이 경우 주유량의 상한은 휘발유는 100ℓ 이하, 경유는 200ℓ 이하로 하며, 주유시간의 상한은 4분 이하로 한다.

3. 셀프용고정급유설비의 기준은 다음 각목과 같다.

   가. 급유호스의 선단부에 수동개폐장치를 부착한 급유노즐을 설치할 것

   나. 급유노즐은 용기가 가득찬 경우에 자동적으로 정지시키는 구조일 것

   다. 1회의 연속급유량 및 급유시간의 상한을 미리 설정할 수 있는 구조일 것 이 경우 급유량의 상한은 100ℓ 이하, 급유시간의 상한은 6분 이하로 한다.

4. 셀프용고정주유설비 또는 셀프용고정급유설비의 주위에는 다음 각목에 의하여 표시를 하여야 한다.

   가. 셀프용고정주유설비 또는 셀프용고정급유설비의 주위의 보기 쉬운 곳에 고객이 직접 주유할 수 있 다는 의미의 표시를 하고 자동차의 정차위치 또는 용기를 놓는 위치를 표시할 것

   나. 주유호스 등의 직근에 호스기기 등의 사용방법 및 위험물의 품목을 표시할 것

   다. 셀프용고정주유설비 또는 셀프용고정급유설비와 셀프용이 아닌 고정주유설비 또는 고정급유설비를 함께 설치하는 경우에는 셀프용이 아닌 것의 주위에 고객이 직접 사용할 수 없다는 의미의 표시를 할 것

5. 고객에 의한 주유작업을 감시·제어하고 고객에 대한 필요한 지시를 하기 위한 감시대와 필요한 설비 를 다음 각목의 기준에 의하여 설치하여야 한다.

   가. 감시대는 모든 셀프용고정주유설비 또는 셀프용고정급유설비에서의 고객의 취급작업을 직접 볼 수 있는 위치에 설치할 것

   나. 주유 중인 자동차 등에 의하여 고객의 취급작업을 직접 볼 수 없는 부분이 있는 경우에는 당해 부분 의 감시를 위한 카메라를 설치할 것

   다. 감시대에는 모든 셀프용고정주유설비 또는 셀프용고정급유설비로의 위험물 공급을 정지시킬 수 있 는 제어장치를 설치할 것

   라. 감시대에는 고객에게 필요한 지시를 할 수 있는 방송설비를 설치할 것

## XVI. 수소충전설비를 설치한 주유취급소의 특례

1. 전기를 원동력으로 하는 자동차등에 수소를 충전하기 위한 설비(압축수소를 충전하는 설비에 한정한다)를 설치하는 주유취급소(옥내주유취급소 외의 주유취급소에 한정하며, 이하 "압축수소충전설비 설치 주유취급소"라 한다)의 특례는 제2호부터 제5호까지와 같다.

2. 압축수소충전설비 설치 주유취급소에는 Ⅲ 제1호의 규정에 불구하고 인화성 액체를 원료로 하여 수소를 제조하기 위한 개질장치(改質裝置)(이하 "개질장치"라 한다)에 접속하는 원료탱크(50,000ℓ 이하의 것에 한정한다)를 설치할 수 있다. 이 경우 원료탱크는 지하에 매설하되, 그 위치, 구조 및 설비는 Ⅲ 제3호가목을 준용한다.

3. 압축수소충전설비 설치 주유취급소에 설치하는 설비의 기술기준은 다음의 각목과 같다.

   가. 개질장치의 위치, 구조 및 설비는 별표 4 Ⅶ, 같은 표 Ⅷ 제1호부터 제4호까지, 제6호 및 제8호와 같은 표 Ⅹ에서 정하는 사항 외에 다음의 기준에 적합하여야 한다.

   1) 개질장치는 자동차등이 충돌할 우려가 없는 옥외에 설치할 것
   2) 개질원료 및 수소가 누출된 경우에 개질장치의 운전을 자동으로 정지시키는 장치를 설치할 것
   3) 펌프설비에는 개질원료의 토출압력이 최대상용압력을 초과하여 상승하는 것을 방지하기 위한 장치를 설치할 것
   4) 개질장치의 위험물 취급량은 지정수량의 10배 미만일 것

   나. 압축기(壓縮機)는 다음의 기준에 적합하여야 한다.

   1) 가스의 토출압력이 최대상용압력을 초과하여 상승하는 경우에 압축기의 운전을 자동으로 정지시키는 장치를 설치할 것
   2) 토출측과 가장 가까운 배관에 역류방지밸브를 설치할 것
   3) 자동차등의 충돌을 방지하는 조치를 마련할 것

   다. 충전설비는 다음의 기준에 적합하여야 한다.

   1) 위치는 주유공지 또는 급유공지 외의 장소로 하되, 주유공지 또는 급유공지에서 압축수소를 충전하는 것이 불가능한 장소로 할 것
   2) 충전호스는 자동차등의 가스충전구와 정상적으로 접속하지 않는 경우에는 가스가 공급되지 않는 구조로 하고, 200kg중 이하의 하중에 의하여 파단 또는 이탈되어야 하며, 파단 또는 이탈된 부분으로부터 가스 누출을 방지할 수 있는 구조일 것
   3) 자동차등의 충돌을 방지하는 조치를 마련할 것
   4) 자동차등의 충돌을 감지하여 운전을 자동으로 정지시키는 구조일 것

   라. 가스배관은 다음의 기준에 적합하여야 한다.

   1) 위치는 주유공지 또는 급유공지 외의 장소로 하되, 자동차등이 충돌할 우려가 없는 장소로 하거나 자동차등의 충돌을 방지하는 조치를 마련할 것
   2) 가스배관으로부터 화재가 발생한 경우에 주유공지·급유공지 및 전용탱크·폐유탱크등·간이탱크의 주입구로의 연소확대를 방지하는 조치를 마련할 것
   3) 누출된 가스가 체류할 우려가 있는 장소에 설치하는 경우에는 접속부를 용접할 것. 다만, 당해 접속부의 주위에 가스누출 검지설비를 설치한 경우에는 그러하지 아니하다.
   4) 축압기(蓄壓器)로부터 충전설비로의 가스 공급을 긴급히 정지시킬 수 있는 장치를 설치할 것. 이 경우 당해 장치의 기동장치는 화재발생 시 신속히 조작할 수 있는 장소에 두어야 한다.

마. 압축수소의 수입설비(受入設備)는 다음의 기준에 적합하여야 한다.
　　1) 위치는 주유공지 또는 급유공지 외의 장소로 하되, 주유공지 또는 급유공지에서 가스를 수입하는 것이 불가능한 장소로 할 것
　　2) 자동차등의 충돌을 방지하는 조치를 마련할 것
4. 압축수소충전설비 설치 주유취급소의 기타 안전조치의 기술기준은 다음 각 목과 같다
　가. 압축기, 축압기 및 개질장치가 설치된 장소와 주유공지, 급유공지 및 전용탱크·폐유탱크등·간이탱크의 주입구가 설치된 장소 사이에는 화재가 발생한 경우에 상호 연소확대를 방지하기 위하여 높이 1.5m 정도의 불연재료의 담을 설치할 것
　나. 고정주유설비·고정급유설비 및 전용탱크·폐유탱크등·간이탱크의 주입구로부터 누출된 위험물이 충전설비·축압기·개질장치에 도달하지 않도록 깊이 30㎝, 폭 10㎝의 집유 구조물을 설치할 것
　다. 고정주유설비(현수식의 것을 제외한다)·고정급유설비(현수식의 것을 제외한다) 및 간이탱크의 주위에는 자동차등의 충돌을 방지하는 조치를 마련할 것
5. 압축수소충전설비와 관련된 설비의 기술기준은 제2호부터 제4호까지에서 규정한 사항 외에「고압가스 안전관리법 시행규칙」별표 5에서 정하는 바에 따른다.

11) 판매취급소의 위치·구조 및 설비의 기준[시행규칙 제38조(판매취급소의 기준)]

[별표 14]

Ⅰ. 판매취급소의 기준

1. 저장 또는 취급하는 위험물의 수량이 지정수량의 20배 이하인 판매취급소(이하 "제1종 판매취급소"라 한다)의 위치·구조 및 설비의 기준은 다음 각목과 같다.
　가. 제1종 판매취급소는 건축물의 1층에 설치할 것
　나. 제1종 판매취급소에는 별표 4 Ⅲ제1호의 기준에 따라 보기 쉬운 곳에 "위험물 판매취급소(제1종)"라는 표시를 한 표지와 동표 Ⅲ제2호의 기준에 따라 방화에 관하여 필요한 사항을 게시한 게시판을 설치하여야 한다.
　다. 제1종 판매취급소의 용도로 사용되는 건축물의 부분은 내화구조 또는 불연재료로 하고, 판매취급소로 사용되는 부분과 다른 부분과의 격벽은 내화구조로 할 것
　라. 제1종 판매취급소의 용도로 사용하는 건축물의 부분은 보를 불연재료로 하고, 천장을 설치하는 경우에는 천장을 불연재료로 할 것
　마. 제1종 판매취급소의 용도로 사용하는 부분에 상층이 있는 경우에 있어서는 그 상층의 바닥을 내화구조로 하고, 상층이 없는 경우에 있어서는 지붕을 내화구조 또는 불연재료로 할 것
　바. 제1종 판매취급소의 용도로 사용하는 부분의 창 및 출입구에는 갑종방화문 또는 을종방화문을 설치할 것
　사. 제1종 판매취급소의 용도로 사용하는 부분의 창 또는 출입구에 유리를 이용하는 경우에는 망입유리로 할 것
　아. 제1종 판매취급소의 용도로 사용하는 건축물에 설치하는 전기설비는 전기사업법에 의한 전기설비기술기준에 의할 것

자. 위험물을 배합하는 실은 다음에 의할 것
  1) 바닥면적은 6㎡ 이상 15㎡ 이하로 할 것
  2) 내화구조 또는 불연재료로 된 벽으로 구획할 것
  3) 바닥은 위험물이 침투하지 아니하는 구조로 하여 적당한 경사를 두고 집유설비를 할 것
  4) 출입구에는 수시로 열 수 있는 자동폐쇄식의 갑종방화문을 설치할 것
  5) 출입구 문턱의 높이는 바닥면으로부터 0.1m 이상으로 할 것
  6) 내부에 체류한 가연성의 증기 또는 가연성의 미분을 지붕 위로 방출하는 설비를 할 것
2. 저장 또는 취급하는 위험물의 수량이 지정수량의 40배 이하인 판매취급소(이하 "제2종 판매취급소"라한다)의 위치·구조 및 설비의 기준은 제1호가목·나목 및 사목 내지 자목의 규정을 준용하는 외에 다음 각목의 기준에 의한다.
  가. 제2종 판매취급소의 용도로 사용하는 부분은 벽·기둥·바닥 및 보를 내화구조로 하고, 천장이 있는 경우에는 이를 불연재료로 하며, 판매취급소로 사용되는 부분과 다른 부분과의 격벽은 내화구조로 할 것
  나. 제2종 판매취급소의 용도로 사용하는 부분에 상층이 있는 경우에 있어서는 상층의 바닥을 내화구조로 하는 동시에 상층으로의 연소를 방지하기 위한 조치를 강구하고, 상층이 없는 경우에는 지붕을 내화구조로 할 것
  다. 제2종 판매취급소의 용도로 사용하는 부분중 연소의 우려가 없는 부분에 한하여 창을 두되, 당해 창에는 갑종방화문 또는 을종방화문을 설치할 것
  라. 제2종 판매취급소의 용도로 사용하는 부분의 출입구에는 갑종방화문 또는 을종방화문을 설치할 것. 다만, 당해 부분중 연소의 우려가 있는 벽 또는 창의 부분에 설치하는 출입구에는 수시로 열 수 있는 자동폐쇄식의 갑종방화문을 설치하여야 한다.

## 12) 이송취급소의 위치·구조 및 설비의 기준[시행규칙 제39조(이송취급소의 기준)]

[별표 15]

Ⅰ. 설치장소

1. 이송취급소는 다음 각목의 장소 외의 장소에 설치하여야 한다.
  가. 철도 및 도로의 터널 안
  나. 고속국도 및 자동차전용도로(「도로법」 제48조제1항에 따라 지정된 도로를 말한다)의 차도·길어깨 및 중앙분리대
  다. 호수·저수지 등으로서 수리의 수원이 되는 곳
  라. 급경사지역으로서 붕괴의 위험이 있는 지역
2. 제1호의 규정에 불구하고 다음 각목의 1에 해당하는 경우에는 제1호 각목의 장소에 이송취급소를 설치할 수 있다.
  가. 지형상황 등 부득이한 사유가 있고 안전에 필요한 조치를 하는 경우
  나. 제1호 나목 또는 다목의 장소에 횡단하여 설치하는 경우

**Ⅱ. 배관 등의 재료 및 구조**

1. 배관·관이음쇠 및 밸브(이하 "배관등"이라 한다)의 재료는 다음 각목의 규격에 적합한 것으로 하거나 이와 동등 이상의 기계적 성질이 있는 것으로 하여야 한다.

  가. 배관 : 고압배관용 탄소강관(KS D 3564), 압력배관용 탄소강관(KS D 3562), 고온배관용 탄소강관(KS D 3570) 또는 배관용 스테인레스강관(KS D 3576)

  나. 관이음쇠 : 배관용강제 맞대기용접식 관이음쇠(KS B 1541), 철강재 관플랜지 압력단계(KS B 1501), 관플랜지의 치수허용자(KS B 1502), 강제 용접식 관플랜지(KS B 1503), 철강재 관플랜지의 기본치수(KS B 1511)또는 관플랜지의 개스킷자리치수(KS B 1519)

  다. 밸브 : 주강 플랜지형 밸브(KS B 2361)

2. 배관등의 구조는 다음 각목의 하중에 의하여 생기는 응력에 대한 안전성이 있어야 한다.

  가. 위험물의 중량, 배관등의 내압, 배관등과 그 부속설비의 자중, 토압, 수압, 열차하중, 자동차하중 및 부력 등의 주하중

  나. 풍하중, 설하중, 온도변화의 영향, 진동의 영향, 지진의 영향, 배의 닻에 의한 충격의 영향, 파도와 조류의 영향, 설치공정상의 영향 및 다른 공사에 의한 영향 등의 종하중

3. 교량에 설치하는 배관은 교량의 굴곡·신축·진동 등에 대하여 안전한 구조로 하여야 한다.

4. 배관의 두께는 배관의 외경에 따라 다음 표에 정한 것 이상으로 하여야 한다.

| 배관의 외경(단위 mm) | 배관의 두께(단위 mm) |
| --- | --- |
| 114.3 미만 | 4.5 |
| 114.3 이상 139.8 미만 | 4.9 |
| 139.8 이상 165.2 미만 | 5.1 |
| 165.2 이상 216.3 미만 | 5.5 |
| 216.3 이상 355.6 미만 | 6.4 |
| 356.6 이상 508.0 미만 | 7.9 |
| 508.0 이상 | 9.5 |

5. 제2호 내지 제4호의 규정한 것 외에 배관등의 구조에 관하여 필요한 사항은 소방청장이 정하여 고시한다.

6. 배관의 안전에 영향을 미칠 수 있는 신축이 생길 우려가 있는 부분에는 그 신축을 흡수하는 조치를 강구하여야 한다.

7. 배관등의 이음은 아크용접 또는 이와 동등 이상의 효과를 갖는 용접방법에 의하여야 한다. 다만, 용접에 의하는 것이 적당하지 아니한 경우는 안전상 필요한 강도가 있는 플랜지이음으로 할 수 있다.

8. 플랜지이음을 하는 경우에는 당해 이음부분의 점검을 하고 위험물의 누설확산을 방지하기 위한 조치를 하여야 한다. 다만, 해저 입하배관의 경우에는 누설확산방지조치를 아니할 수 있다.

9. 지하 또는 해저에 설치한 배관등에 다음의 각목의 기준에 내구성이 있고 전기절연저항이 큰 도복장재료를 사용하여 외면부식을 방지하기 위한 조치를 하여야 한다.

  가. 도장재(塗裝材) 및 복장재(覆裝材)는 다음의 기준 또는 이와 동등 이상의 방식효과를 갖는 것으로 할 것

    1) 도장재는 수도용강관아스팔트도복장방법(KS D 8306)에 정한 아스팔트 에나멜, 수도용강관콜타르에나멜도복장방법(KS D 8307)에 정한 콜타르 에나멜

2) 복장재는 수도용강관아스팔트도복장방법(KS D 8306)에 정한 비니론크로즈, 글라스크로즈, 글라스매트 또는 폴리에틸렌, 헤시안크로즈, 타르에폭시, 페트로라튬테이프, 경질염화비닐라이닝강관, 폴리에틸렌열수축튜브, 나이론12수지

나. 방식피복의 방법은 수도용강관아스팔트도복장방법(KS D 8306)에 정한 방법, 수도용강관콜타르에나멜도복장방법(KS D 8307)에 정한 방법 또는 이와 동등 이상의 부식방지효과가 있는 방법에 의할 것

10. 지상 또는 해상에 설치한 배관등에는 외면부식을 방지하기 위한 도장을 실시하여야 한다.

11. 지하 또는 해저에 설치한 배관등에는 다음의 각목의 기준에 의하여 전기방식조치를 하여야 한다. 이 경우 근접한 매설물 그 밖의 구조물에 대하여 영향을 미치지 아니하도록 필요한 조치를 하여야 한다.

가. 방식전위는 포화황산동전극 기준으로 마이너스 0.8V 이하로 할 것

나. 적절한 간격(200m 내지 500m)으로 전위측정단자를 설치할 것

다. 전기철로 부지 등 전류의 영향을 받는 장소에 배관등을 매설하는 경우에는 강제배류법 등에 의한 조치를 할 것

12. 배관등에 가열 또는 보온하기 위한 설비를 설치하는 경우에는 화재예방상 안전하고 다른 시설물에 영향을 주지 아니하는 구조로 하여야 한다.

Ⅲ. 배관설치의 기준

1. 지하매설

배관을 지하에 매설하는 경우에는 다음 각목의 기준에 의하여야 한다.

가. 배관은 그 외면으로부터 건축물·지하가·터널 또는 수도시설까지 각각 다음의 규정에 의한 안전거리를 둘 것. 다만, 2) 또는 3)의 공작물에 있어서는 적절한 누설확산방지조치를 하는 경우에 그 안전거리를 2분의 1의 범위 안에서 단축할 수 있다.

1) 건축물(지하가내의 건축물을 제외한다) : 1.5m 이상

2) 지하가 및 터널 : 10m 이상

3) 「수도법」에 의한 수도시설(위험물의 유입우려가 있는 것에 한한다) : 300m 이상

나. 배관은 그 외면으로부터 다른 공작물에 대하여 0.3m 이상의 거리를 보유 할 것. 다만, 0.3m 이상의 거리를 보유하기 곤란한 경우로서 당해 공작물의 보전을 위하여 필요한 조치를 하는 경우에는 그러하지 아니하다.

다. 배관의 외면과 지표면과의 거리는 산이나 들에 있어서는 0.9m 이상, 그 밖의 지역에 있어서는 1.2m 이상으로 할 것. 다만, 당해 배관을 각각의 깊이로 매설하는 경우와 동등 이상의 안전성이 확보되는 견고하고 내구성이 있는 구조물(이하 "방호구조물"이라 한다)안에 설치하는 경우에는 그러하지 아니하다.

라. 배관은 지반의 동결로 인한 손상을 받지 아니하는 적절한 깊이로 매설할 것

마. 성토 또는 절토를 한 경사면의 부근에 배관을 매설하는 경우에는 경사면의 붕괴에 의한 피해가 발생하지 아니하도록 매설할 것

바. 배관의 입상부, 지반의 급변부 등 지지조건이 급변하는 장소에 있어서는 굽은관을 사용하거나 지반개량 그 밖에 필요한 조치를 강구할 것

사. 배관의 하부에는 사질토 또는 모래로 20㎝(자동차 등의 하중이 없는 경우에는 10㎝) 이상, 배관의 상부에는 사질토 또는 모래로 30㎝(자동차 등의 하중에 없는 경우에는 20㎝) 이상 채울 것

2. 도로 밑 매설

배관을 도로 밑에 매설하는 경우에는 제1호(나목 및 다목을 제외한다)의 규정에 의하는 외에 다음 각목의 기준에 의하여야 한다.

가. 배관은 원칙적으로 자동차하중의 영향이 적은 장소에 매설할 것

나. 배관은 그 외면으로부터 도로의 경계에 대하여 1m 이상의 안전거리를 둘 것

다. 시가지(「국토의 계획 및 이용에 관한 법률」 제6조제1호의 규정에 의한 도시지역을 말한다. 다만, 동법 제36조제1항제1호 다목의 규정에 의한 공업지역을 제외한다. 이하 같다) 도로의 밑에 매설하는 경우에는 배관의 외경보다 10㎝ 이상 넓은 견고하고 내구성이 있는 재질의 판(이하 "보호판"이라 한다)을 배관의 상부로부터 30㎝ 이상 위에 설치할 것. 다만, 방호구조물 안에 설치하는 경우에는 그러하지 아니하다.

라. 배관(보호판 또는 방호구조물에 의하여 배관을 보호하는 경우에는 당해 보호판 또는 방호구조물을 말한다. 이하 바목 및 사목에서 같다)은 그 외면으로부터 다른 공작물에 대하여 0.3m 이상의 거리를 보유할 것. 다만, 배관의 외면에서 다른 공작물에 대하여 0.3m 이상의 거리를 보유하기 곤란한 경우로서 당해 공작물의 보전을 위하여 필요한 조치를 하는 경우에는 그러하지 아니하다.

마. 시가지 도로의 노면 아래에 매설하는 경우에는 배관(방호구조물의 안에 설치된 것을 제외한다)의 외면과 노면과의 거리는 1.5m 이상, 보호판 또는 방호구조물의 외면과 노면과의 거리는 1.2m 이상으로 할 것

바. 시가지 외의 도로의 노면 아래에 매설하는 경우에는 배관의 외면과 노면과의 거리는 1.2m 이상으로 할 것

사. 포장된 차도에 매설하는 경우에는 포장부분의 노반(차단층이 있는 경우는 당해 차단층을 말한다. 이하 같다)의 밑에 매설하고, 배관의 외면과 노반의 최하부와의 거리는 0.5m 이상으로 할 것

아. 노면 밑외의 도로 밑에 매설하는 경우에는 배관의 외면과 지표면과의 거리는 1.2m[보호판 또는 방호구조물에 의하여 보호된 배관에 있어서는 0.6m(시가지의 도로 밑에 매설하는 경우에는 0.9m)] 이상으로 할 것

자. 전선ㆍ수도관ㆍ하수도관ㆍ가스관 또는 이와 유사한 것이 매설되어 있거나 매설할 계획이 있는 도로에 매설하는 경우에는 이들의 상부에 매설하지 아니할 것. 다만, 다른 매설물의 깊이가 2m 이상인 때에는 그러하지 아니하다.

3. 철도부지 밑 매설

배관을 철도부지(철도차량을 운행하기 위한 궤도와 이를 받치는 노반 또는 공작물로 구성된 시설을 설치하거나 설치하기 위한 용지를 말한다. 이하 같다)에 인접하여 매설하는 경우에는 제1호(다목을 제외한다)의 규정에 의하는 외에 다음 각목의 기준에 의하여야 한다.

가. 배관은 그 외면으로부터 철도 중심선에 대하여는 4m 이상, 당해 철도부지(도로에 인접한 경우를 제외한다)의 용지경계에 대하여는 1m 이상의 거리를 유지할 것. 다만, 열차하중의 영향을 받지 아니하도록 매설하거나 배관의 구조가 열차하중에 견딜 수 있도록 된 경우에는 그러하지 아니하다.

나. 배관의 외면과 지표면과의 거리는 1.2m 이상으로 할 것

4. 하천 홍수관리구역 내 매설

배관을 「하천법」 제12조에 따라 지정된 홍수관리구역 내에 매설하는 경우에는 제1호의 규정을 준용하는 것 외에 제방 또는 호안이 하천 홍수관리구역의 지반면과 접하는 부분으로부터 하천관리상 필요한 거리를 유지하여야 한다.

5. 지상설치

배관을 지상에 설치하는 경우에는 다음 각목의 기준에 의하여야 한다.

가. 배관이 지표면에 접하지 아니하도록 할 것

나. 배관[이송기지(펌프에 의하여 위험물을 보내거나 받는 작업을 행하는 장소를 말한다. 이하 같다)의 구내에 설치되어진 것을 제외한다]은 다음의 기준에 의한 안전거리를 둘 것

1) 철도(화물수송용으로만 쓰이는 것을 제외한다) 또는 도로 (「국토의 계획 및 이용에 관한 법률」에 의한 공업지역 또는 전용공업지역에 있는 것을 제외한다)의 경계선으로부터 25m 이상

2) 별표 4 Ⅰ제1호 나목1)·2)·3) 또는 4)의 규정에 의한 시설로부터 45m 이상

3) 별표 4 Ⅰ제1호 다목의 규정에 의한 시설로부터 65m 이상

4) 별표 4 Ⅰ제1호 라목1)·2)·3)·4) 또는 5)의 규정에 의한 시설로부터 35m 이상

5) 「국토의 계획 및 이용에 관한 법률」에 의한 공공공지 또는 「도시공원법」에 의한 도시공원으로부터 45m 이상

6) 판매시설·숙박시설·위락시설 등 불특정다중을 수용하는 시설 중 연면적 1,000㎡ 이상인 것으로 부터 45m 이상

7) 1일 평균 20,000명 이상 이용하는 기차역 또는 버스터미널로부터 45m 이상

8) 「수도법」에 의한 수도시설 중 위험물이 유입될 가능성이 있는 것으로부터300m 이상

9) 주택 또는 1) 내지 8)과 유사한 시설 중 다수의 사람이 출입하거나 근무하는 것으로부터 25m 이상

다. 배관(이송기지의 구내에 설치된 것을 제외한다)의 양측면으로부터 당해 배관의 최대상용압력에 따라 다음 표에 의한 너비(「국토의 계획 및 이용에 관한 법률」에 의한 공업지역 또는 전용공업지역에 설치한 배관에 있어서는 그 너비의 3분의 1)의 공지를 보유할 것. 다만, 양단을 폐쇄한 밀폐구조의 방호구조물 안에 배관을 설치하거나 위험물의 유출확산을 방지할 수 있는 방화상 유효한 담을 설치 하는 등 안전상 필요한 조치를 하는 경우에는 그러하지 아니하다.

| 배관의 최대상용압력 | 공지의 너비 |
| --- | --- |
| 0.3㎫ 미만 | 5m 이상 |
| 0.3㎫ 이상 1㎫ 미만 | 9m 이상 |
| 1㎫ 이상 | 15m 이상 |

라. 배관은 지진·풍압·지반침하·온도변화에 의한 신축 등에 대하여 안전성이 있는 철근콘크리트조 또는 이와 동등 이상의 내화성이 있는 지지물에 의하여 지지되도록 할 것. 다만, 화재에 의하여 당 해 구조물이 변형될 우려가 없는 지지물에 의하여 지지되는 경우에는 그러하지 아니하다.

마. 자동차·선박 등의 충돌에 의하여 배관 또는 그 지지물이 손상을 받을 우려가 있는 경우에는 견고 하고 내구성이 있는 보호설비를 설치 할 것

바. 배관은 다른 공작물(당해 배관의 지지물을 제외한다)에 대하여 배관의 유지관리상 필요한 간격을 가 질 것

사. 단열재 등으로 배관을 감싸는 경우에는 일정구간마다 점검구를 두거나 단열재 등을 쉽게 떼고 붙일 수 있도록 하는 등 점검이 쉬운 구조로 할 것

6. 해저설치

배관을 해저에 설치하는 경우에는 다음 각목의 기준에 의하여야 한다.

가. 배관은 해저면 밑에 매설할 것. 다만, 선박의 닻 내림 등에 의하여 배관이 손상을 받을 우려가 없거 나 그 밖에 부득이한 경우에는 그러하지 아니하다.

나. 배관은 이미 설치된 배관과 교차하지 말 것. 다만, 교차가 불가피한 경우로서 배관의 손상을 방지하기 위한 방호조치를 하는 경우에는 그러하지 아니하다.

다. 배관은 원칙적으로 이미 설치된 배관에 대하여 30m 이상의 안전거리를 둘 것

라. 2본 이상의 배관을 동시에 설치하는 경우에는 배관이 상호 접촉하지 아니하도록 필요한 조치를 할 것

마. 배관의 입상부에는 방호시설물을 설치할 것. 다만, 계선부표(繫船浮標)에 도달하는 입상배관이 강제 외의 재질인 경우에는 그러하지 아니하다.

바. 배관을 매설하는 경우에는 배관외면과 해저면(당해 배관을 매설하는 해저에 대한 준설계획이 있는 경우에는 그 계획에 의한 준설 후 해저면의 0.6m 아래를 말한다)과의 거리는 닻 내림의 충격, 토질, 매설하는 재료, 선박교통사정 등을 감안하여 안전한 거리로 할 것

사. 패일 우려가 있는 해저면 아래에 매설하는 경우에는 배관의 노출을 방지하기 위한 조치를 할 것

아. 배관을 매설하지 아니하고 설치하는 경우에는 배관이 연속적으로 지지되도록 해저면을 고를 것

자. 배관이 부양 또는 이동할 우려가 있는 경우에는 이를 방지하기 위한 조치를 할 것

7. 해상설치

배관을 해상에 설치하는 경우에는 다음 각목의 기준에 의하여야 한다.

가. 배관은 지진·풍압·파도 등에 대하여 안전한 구조의 지지물에 의하여 지지할 것

나. 배관은 선박 등의 항행에 의하여 손상을 받지 아니하도록 해면과의 사이에 필요한 공간을 확보하여 설치할 것

다. 선박의 충돌 등에 의해서 배관 또는 그 지지물이 손상을 받을 우려가 있는 경우에는 견고하고 내구력이 있는 보호설비를 설치할 것

라. 배관은 다른 공작물(당해 배관의 지지물을 제외한다)에 대하여 배관의 유지관리상 필요한 간격을 보유할 것

8. 도로횡단설치

도로를 횡단하여 배관을 설치하는 경우에는 다음 각목의 기준에 의하여야 한다.

가. 배관을 도로 아래에 매설할 것. 다만, 지형의 상황 그 밖에 특별한 사유에 의하여 도로 상공 외의 적당한 장소가 없는 경우에는 안전상 적절한 조치를 강구하여 도로상공을 횡단하여 설치할 수 있다.

나. 배관을 매설하는 경우에는 제2호(가목 및 나목을 제외한다)의 규정을 준용하되, 배관을 금속관 또는 방호구조물 안에 설치할 것

다. 배관을 도로상공을 횡단하여 설치하는 경우에는 제5호(가목을 제외한다)의 규정을 준용하되, 배관 및 당해 배관에 관계된 부속설비는 그 아래의 노면과 5m 이상의 수직거리를 유지할 것

9. 철도 밑 횡단매설

철도부지를 횡단하여 배관을 매설하는 경우에는 제3호(가목을 제외한다) 및 제8호 나목의 규정을 준용한다.

10. 하천 등 횡단설치

하천 또는 수로를 횡단하여 배관을 설치하는 경우에는 다음 각목의 기준에 의하여야 한다.

가. 하천 또는 수로를 횡단하여 배관을 설치하는 경우에는 배관에 과대한 응력이 생기지 아니하도록 필요한 조치를 하여 교량에 설치할 것. 다만, 교량에 설치하는 것이 적당하지 아니한 경우에는 하천 또는 수로의 밑에 매설할 수 있다.

나. 하천 또는 수로를 횡단하여 배관을 매설하는 경우에는 배관을 금속관 또는 방호구조물 안에 설치하고, 당해 금속관 또는 방호구조물의 부양이나 선박의 닻 내림 등에 의한 손상을 방지하기 위한 조치를 할 것

다. 하천 또는 수로의 밑에 배관을 매설하는 경우에는 배관의 외면과 계획하상(계획하상이 최심하상보다 높은 경우에는 최심하상)과의 거리는 다음의 규정에 의한 거리 이상으로 하되, 호안 그 밖에 하천관리시설의 기초에 영향을 주지 아니하고 하천바닥의 변동·패임 등에 의한 영향을 받지 아니하는 깊이로 매설하여야 한다.

  1) 하천을 횡단하는 경우 : 4.0m

  2) 수로를 횡단하는 경우

    가) 「하수도법」 제2조제3호에 따른 하수도(상부가 개방되는 구조로 된 것에 한한다) 또는 운하 : 2.5m

    나) 가)의 규정에 의한 수로에 해당되지 아니하는 좁은 수로(용수로 그 밖에 유사한 것을 제외한다) : 1.2m

라. 하천 또는 수로를 횡단하여 배관을 설치하는 경우에는 가목 내지 다목의 규정에 의하는 외에 제2호(나목·다목 및 사목을 제외한다) 및 제5호(가목을 제외한다)의 규정을 준용할 것

## IV. 기타 설비 등

1. 누설확산방지조치

  배관을 시가지·하천·수로·터널·도로·철도 또는 투수성(透水性) 지반에 설치하는 경우에는 누설된 위험물의 확산을 방지할 수 있는 강철제의 관·철근콘크리트조의 방호구조물 등 견고하고 내구성이 있는 구조물의 안에 설치하여야 한다.

2. 가연성증기의 체류방지조치

  배관을 설치하기 위하여 설치하는 터널(높이 1.5m 이상인 것에 한한다)에는 가연성 증기의 체류를 방지하는 조치를 하여야 한다.

3. 부등침하 등의 우려가 있는 장소에 설치하는 배관

  부등침하 등 지반의 변동이 발생할 우려가 있는 장소에 배관을 설치하는 경우에는 배관이 손상을 받지 아니하도록 필요한 조치를 하여야 한다.

4. 굴착에 의하여 주위가 노출된 배관의 보호

  굴착에 의하여 주위가 일시 노출되는 배관은 손상되지 아니하도록 적절한 보호조치를 하여야 한다.

5. 비파괴시험

  가. 배관등의 용접부는 비파괴시험을 실시하여 합격할 것. 이 경우 이송기지내의 지상에 설치된 배관등은 전체 용접부의 20% 이상을 발췌하여 시험할 수 있다.

  나. 가목의 규정에 의한 비파괴시험의 방법, 판정기준 등은 소방청장이 정하여 고시하는 바에 의할 것

6. 내압시험

  가. 배관등은 최대상용압력의 1.25배 이상의 압력으로 4시간 이상 수압을 가하여 누설 그 밖의 이상이 없을 것. 다만, 수압시험을 실시한 배관등의 시험구간 상호간을 연결하는 부분 또는 수압시험을 위하여 배관등의 내부공기를 뽑아낸 후 폐쇄한 곳의 용접부는 제5호의 비파괴시험으로 갈음할 수 있다.

  나. 가목의 규정에 의한 내압시험의 방법, 판정기준 등은 소방청장이 정하여 고시하는 바에 의할 것

7. 운전상태의 감시장치

  가. 배관계(배관등 및 위험물 이송에 사용되는 일체의 부속설비를 말한다. 이하 같다)에는 펌프 및 밸브의 작동상황 등 배관계의 운전상태를 감시하는 장치를 설치할 것

　나. 배관계에는 압력 또는 유량의 이상변동 등 이상한 상태가 발생하는 경우에 그 상황을 경보하는 장치를 설치할 것

8. 안전제어장치

　배관계에는 다음 각목에 정한 제어기능이 있는 안전제어장치를 설치하여야 한다.

　가. 압력안전장치·누설검지장치·긴급차단밸브 그 밖의 안전설비의 제어회로가 정상으로 있지 아니하면 펌프가 작동하지 아니하도록 하는 제어기능

　나. 안전상 이상상태가 발생한 경우에 펌프·긴급차단밸브 등이 자동 또는 수동으로 연동하여 신속히 정지 또는 폐쇄되도록 하는 제어기능

9. 압력안전장치

　가. 배관계에는 배관내의 압력이 최대상용압력을 초과하거나 유격작용 등에 의하여 생긴 압력이 최대상용압력의 1.1배를 초과하지 아니하도록 제어하는 장치(이하 "압력안전장치"라 한다)를 설치할 것

　나. 압력안전장치의 재료 및 구조는 Ⅱ제1호 내지 제5호의 기준에 의할 것

　다. 압력안전장치는 배관계의 압력변동을 충분히 흡수할 수 있는 용량을 가질 것

10. 누설검지장치 등

　가. 배관계에는 다음의 기준에 적합한 누설검지장치를 설치할 것

　　1) 가연성증기를 발생하는 위험물을 이송하는 배관계의 점검상자에는 가연성증기를 검지하는 장치

　　2) 배관계내의 위험물의 양을 측정하는 방법에 의하여 자동적으로 위험물의 누설을 검지하는 장치 또는 이와 동등 이상의 성능이 있는 장치

　　3) 배관계내의 압력을 측정하는 방법에 의하여 위험물의 누설을 자동적으로 검지하는 장치 또는 이와 동등 이상의 성능이 있는 장치

　　4) 배관계내의 압력을 일정하게 정지시키고 당해 압력을 측정하는 방법에 의하여 위험물의 누설을 검지하는 장치 또는 이와 동등 이상의 성능이 있는 장치

　나. 배관을 지하에 매설한 경우에는 안전상 필요한 장소(하천 등의 아래에 매설한 경우에는 금속관 또는 방호구조물의 안을 말한다)에 누설검지구를 설치할 것. 다만, 배관을 따라 일정한 간격으로 누설을 검지할 수 있는 장치를 설치하는 경우에는 그러하지 아니하다.

11. 긴급차단밸브

　가. 배관에는 다음의 기준에 의하여 긴급차단밸브를 설치할 것. 다만, 2) 또는 3)에 해당하는 경우로서 당해 지역을 횡단하는 부분의 양단의 높이 차이로 인하여 하류측으로부터 상류측으로 역류될 우려가 없는 때에는 하류측에는 설치하지 아니할 수 있으며, 4) 또는 5)에 해당하는 경우로서 방호구조물을 설치하는 등 안전상 필요한 조치를 하는 경우에는 설치하지 아니할 수 있다.

　　1) 시가지에 설치하는 경우에는 약 4km의 간격

　　2) 하천·호소 등을 횡단하여 설치하는 경우에는 횡단하는 부분의 양 끝

　　3) 해상 또는 해저를 통과하여 설치하는 경우에는 통과하는 부분의 양 끝

　　4) 산림지역에 설치하는 경우에는 약 10km의 간격

　　5) 도로 또는 철도를 횡단하여 설치하는 경우에는 횡단하는 부분의 양 끝

　나. 긴급차단밸브는 다음의 기능이 있을 것

　　1) 원격조작 및 현지조작에 의하여 폐쇄되는 기능

　　2) 제10호의 규정에 의한 누설검지장치에 의하여 이상이 검지된 경우에 자동으로 폐쇄되는 기능

　다. 긴급차단밸브는 그 개폐상태가 당해 긴급차단밸브의 설치장소에서 용이하게 확인될 수 있을 것

라. 긴급차단밸브를 지하에 설치하는 경우에는 긴급차단밸브를 점검상자 안에 유지할 것. 다만, 긴급차
　　단밸브를 도로 외의 장소에 설치하고 당해 긴급차단밸브의 점검이 가능하도록 조치하는 경우에는
　　그러하지 아니하다.
마. 긴급차단밸브는 당해 긴급차단밸브의 관리에 관계하는 자외의 자가 수동으로 개폐할 수 없도록 할 것
12. 위험물 제거조치
　　배관에는 서로 인접하는 2개의 긴급차단밸브 사이의 구간마다 당해 배관안의 위험물을 안전하게 물
　　또는 불연성기체로 치환할 수 있는 조치를 하여야 한다.
13. 감진장치 등
　　배관의 경로에는 안전상 필요한 장소와 25km의 거리마다 감진장치 및 강진계를 설치하여야 한다.
14. 경보설비
　　이송취급소에는 다음 각목의 기준에 의하여 경보설비를 설치하여야 한다.
　가. 이송기지에는 비상벨장치 및 확성장치를 설치할 것
　나. 가연성증기를 발생하는 위험물을 취급하는 펌프실등에는 가연성증기 경보설비를 설치할 것
15. 순찰차 등
　　배관의 경로에는 다음 각목의 기준에 따라 순찰차를 배치하고 기자재창고를 설치하여야 한다.
　가. 순찰차
　　1) 배관계의 안전관리상 필요한 장소에 둘 것
　　2) 평면도·종횡단면도 그 밖에 배관등의 설치상황을 표시한 도면, 가스탐지기, 통신장비, 휴대용조
　　　명기구, 응급누설방지기구, 확성기, 방화복(또는 방열복), 소화기, 경계로프, 삽, 곡괭이 등 점
　　　검·정비에 필요한 기자재를 비치할 것
　나. 기자재창고
　　1) 이송기지, 배관경로(5km 이하인 것을 제외한다)의 5km 이내마다의 방재상 유효한 장소 및 주요한
　　　하천·호소·해상·해저를 횡단하는 장소의 근처에 각각 설치할 것. 다만, 특정이송취급소 외의
　　　이송취급소에 있어서는 배관경로에는 설치하지 아니할 수 있다.
　　2) 기자재창고에는 다음의 기자재를 비치할 것
　　　가) 3%로 희석하여 사용하는 포소화약제 400ℓ 이상, 방화복(또는 방열복) 5벌 이상, 삽 및 곡괭이
　　　　각 5개 이상
　　　나) 유출한 위험물을 처리하기 위한 기자재 및 응급조치를 위한 기자재
16. 비상전원
　　운전상태의 감시장치·안전제어장치·압력안전장치·누설검지장치·긴급차단밸브·소화설비 및 경
　　보설비에는 상용전원이 고장인 경우에 자동적으로 작동할 수 있는 비상전원을 설치하여야 한다.
17. 접지 등
　가. 배관계에는 안전상 필요에 따라 접지 등의 설비를 할 것
　나. 배관계는 안전상 필요에 따라 지지물 그 밖의 구조물로부터 절연할 것
　다. 배관계에는 안전상 필요에 따라 절연용접속을 할 것
　라. 피뢰설비의 접지장소에 근접하여 배관을 설치하는 경우에는 절연을 위하여 필요한 조치를 할 것
18. 피뢰설비
　　이송취급소(위험물을 이송하는 배관등의 부분을 제외한다)에는 피뢰설비를 설치하여야 한다. 다만,
　　주위의 상황에 의하여 안전상 지장이 없는 경우에는 그러하지 하지 아니하다.

19. 전기설비

　　이송취급소에 설치하는 전기설비는 「전기사업법」에 의한 전기설비기술기준에 의하여야 한다.

20. 표지 및 게시판

　가. 이송취급소(위험물을 이송하는 배관등의 부분을 제외한다)에는 별표 4 Ⅲ제1호의 기준에 따라 보기
　　　쉬운 곳에 "위험물 이송취급소"라는 표시를 한 표지와 동표 Ⅲ제2호의 기준에 따라 방화에 관하여
　　　필요한 사항을 게시한 게시판을 설치하여야 한다.

　나. 배관의 경로에는 소방청장이 정하여 고시하는 바에 따라 위치표지·주의표시 및 주의표지를 설치하
　　　여야 한다.

21. 안전설비의 작동시험

　　안전설비로서 소방청장이 정하여 고시하는 것은 소방청장이 정하여 고시하는 방법에 따라 시험을 실
　　시하여 정상으로 작동하는 것이어야 한다.

22. 선박에 관계된 배관계의 안전설비 등

　　위험물을 선박으로부터 이송하거나 선박에 이송하는 경우의 배관계의 안전설비 등에 있어서 제7호
　　내지 제21호의 규정에 의하는 것이 현저히 곤란한 경우에는 다른 안전조치를 강구할 수 있다.

23. 펌프 등

　　펌프 및 그 부속설비(이하 "펌프등"이라 한다)를 설치하는 경우에는 다음 각목의 기준에 의하여야 한다.

　가. 펌프등(펌프를 펌프실 내에 설치한 경우에는 당해 펌프실을 말한다. 이하나목에서 같다)은 그 주위
　　　에 다음 표에 의한 공지를 보유할 것. 다만, 벽·기둥 및 보를 내화구조로 하고 지붕을 폭발력이 위
　　　로 방출될 정도의 가벼운 불연재료로 한 펌프실에 펌프를 설치한 경우에는 다음 표에 의한 공지의
　　　너비의 3분의 1로 할 수 있다.

| 펌프등의 최대상용압력 | 공지의 너비 |
|---|---|
| 1MPa 미만 | 3m 이상 |
| 1MPa 이상 3MPa 미만 | 5m 이상 |
| 3MPa 이상 | 15m 이상 |

　나. 펌프등은 Ⅲ제5호나목의 규정에 준하여 그 주변에 안전거리를 둘 것. 다만, 위험물의 유출확산을
　　　방지할 수 있는 방화상 유효한 담 등의 공작물을 주위상황에 따라 설치하는 등 안전상 필요한 조치
　　　를 하는 경우에는 그러하지 아니하다.

　다. 펌프는 견고한 기초 위에 고정하여 설치할 것

　라. 펌프를 설치하는 펌프실은 다음의 기준에 적합하게 할 것

　　1) 불연재료의 구조로 할 것. 이 경우 지붕은 폭발력이 위로 방출될 정도의 가벼운 불연재료이어야 한다.

　　2) 창 또는 출입구를 설치하는 경우에는 갑종방화문 또는 을종방화문으로 할 것

　　3) 창 또는 출입구에 유리를 이용하는 경우에는 망입유리로 할 것

　　4) 바닥은 위험물이 침투하지 아니하는 구조로 하고 그 주변에 높이 20cm 이상의 턱을 설치할 것

　　5) 누설한 위험물이 외부로 유출되지 아니하도록 바닥은 적당한 경사를 두고 그 최저부에 집유설비를
　　　　할 것

　　6) 가연성증기가 체류할 우려가 있는 펌프실에는 배출설비를 할 것

　　7) 펌프실에는 위험물을 취급하는데 필요한 채광·조명 및 환기 설비를 할 것

　마. 펌프등을 옥외에 설치하는 경우에는 다음의 기준에 의할 것

1) 펌프등을 설치하는 부분의 지반은 위험물이 침투하지 아니하는 구조로 하고 그 주위에는 높이 15 cm 이상의 턱을 설치할 것

2) 누설한 위험물이 외부로 유출되지 아니하도록 배수구 및 집유설비를 설치할 것

24. 피그장치

피그장치를 설치하는 경우에는 다음 각목의 기준에 의하여야 한다.

가. 피그장치는 배관의 강도와 동등 이상의 강도를 가질 것

나. 피그장치는 당해 장치의 내부압력을 안전하게 방출할 수 있고 내부압력을 방출한 후가 아니면 피그를 삽입하거나 배출할 수 없는 구조로 할 것

다. 피그장치는 배관 내에 이상응력이 발생하지 아니하도록 설치할 것

라. 피그장치를 설치한 장소의 바닥은 위험물이 침투하지 아니하는 구조로 하고 누설한 위험물이 외부로 유출되지 아니하도록 배수구 및 집유설비를 설치할 것

마. 피그장치의 주변에는 너비 3m 이상의 공지를 보유할 것. 다만, 펌프실내에 설치하는 경우에는 그러하지 아니하다.

25. 밸브

교체밸브·제어밸브 등은 다음 각목의 기준에 의하여 설치하여야 한다.

가. 밸브는 원칙적으로 이송기지 또는 전용부지내에 설치할 것

나. 밸브는 그 개폐상태가 당해 밸브의 설치장소에서 쉽게 확인할 수 있도록 할 것

다. 밸브를 지하에 설치하는 경우에는 점검상자 안에 설치할 것

라. 밸브는 당해 밸브의 관리에 관계하는 자가 아니면 수동으로 개폐할 수 없도록 할 것

26. 위험물의 주입구 및 토출구

위험물의 주입구 및 토출구는 다음 각목의 기준에 의하여야 한다.

가. 위험물의 주입구 및 토출구는 화재예방상 지장이 없는 장소에 설치할 것

나. 위험물의 주입구 및 토출구는 위험물을 주입하거나 토출하는 호스 또는 배관과 결합이 가능하고 위험물의 유출이 없도록 할 것

다. 위험물의 주입구 및 토출구에는 위험물의 주입구 또는 토출구가 있다는 내용과 화재예방과 관련된 주의사항을 표시한 게시판을 설치할 것

라. 위험물의 주입구 및 토출구에는 개폐가 가능한 밸브를 설치할 것

27. 이송기지의 안전조치

가. 이송기지의 구내에는 관계자 외의 자가 함부로 출입할 수 없도록 경계표시를 할 것. 다만, 주위의 상황에 의하여 관계자 외의 자가 출입할 우려가 없는 경우에는 그러하지 아니하다.

나. 이송기지에는 다음의 기준에 의하여 당해 이송기지 밖으로 위험물이 유출되는 것을 방지할 수 있는 조치를 할 것

1) 위험물을 취급하는 시설(지하에 설치된 것을 제외한다)은 이송기지의 부지경계선으로부터 당해 배관의 최대상용압력에 따라 다음 표에 정한 거리(「국토의 계획 및 이용에 관한 법률」에 의한 전용공업지역 또는 공업지역에 설치하는 경우에는 당해 거리의 3분의 1의 거리)를 둘 것

| 배관의 최대상용압력 | 거리 |
| --- | --- |
| 0.3MPa 미만 | 5m 이상 |
| 0.3MPa 이상 1MPa 미만 | 9m 이상 |
| 1MPa 이상 | 15m 이상 |

2) 제4류 위험물(온도 20℃의 물 100g에 용해되는 양이 1g미만인 것에 한한다)을 취급하는 장소에는 누설한 위험물이 외부로 유출되지 아니하도록 유분리장치를 설치할 것

3) 이송기지의 부지경계선에 높이 50㎝ 이상의 방유제를 설치할 것

## Ⅴ. 이송취급소의 기준의 특례

1. 위험물을 이송하기 위한 배관의 연장(당해 배관의 기점 또는 종점이 2 이상인 경우에는 임의의 기점에서 임의의 종점까지의 당해 배관의 연장 중 최대의 것을 말한다. 이하 같다)이 15km를 초과하거나 위험물을 이송하기 위한 배관에 관계된 최대상용압력이 950㎪ 이상이고 위험물을 이송하기 위한 배관의 연장이 7km 이상인 것(이하 "특정이송취급소"라 한다)이 아닌 이송취급소에 대하여는 Ⅳ 제7호 가목, Ⅳ 제8호 가목, Ⅳ 제10호 가목2) 및 3)과 제13호의 규정은 적용하지 아니한다.

2. Ⅳ 제9호 가목의 규정은 유격작용등에 의하여 배관에 생긴 응력이 주하중에 대한 허용응력도를 초과하지 아니하는 배관계로서 특정이송취급소 외의 이송취급소에 관계된 것에는 적용하지 아니한다.

3. Ⅳ 제10호 나목의 규정은 위험물을 이송하기 위한 배관에 관계된 최대상용압력이 1㎫ 미만이고 내경이 100㎜ 이하인 배관으로서 특정이송취급소 외의 이송취급소에 관계된 것에는 적용하지 아니한다.

4. 특정이송취급소 외의 이송취급소에 설치된 배관의 긴급차단밸브는 Ⅳ제11호나목1)의 규정에 불구하고 현지조작에 의하여 폐쇄하는 기능이 있는 것으로 할 수 있다. 다만, 긴급차단밸브가 다음 각목의 1에 해당하는 배관에 설치된 경우에는 그러하지 아니하다.

   가. 「하천법」 제7조제2항에 따른 국가하천·하류부근에 「수도법」 제3조제17호에 따른 수도시설(취수시설에 한한다)이 있는 하천 또는 계획하폭이 50m 이상인 하천으로서 위험물이 유입될 우려가 있는 하천을 횡단하여 설치된 배관

   나. 해상·해저·호소등을 횡단하여 설치된 배관

   다. 산 등 경사가 있는 지역에 설치된 배관

   라. 철도 또는 도로 중 산이나 언덕을 절개하여 만든 부분을 횡단하여 설치된 배관

5. 제1호 내지 제4호에 규정하지 아니한 것으로서 특정이송취급소가 아닌 이송취급소의 기준의 특례에 관하여 필요한 사항은 소방청장이 정하여 고시 할 수 있다.

13) 일반취급소의 위치·구조 및 설비의 기준[시행규칙제40조(일반취급소의 기준)]

[별표 16]

## Ⅰ. 일반취급소의 기준

1. 별표 4 Ⅰ부터 Ⅹ까지의 규정은 일반취급소의 위치·구조 및 설비의 기술기준에 대하여 준용한다.

2. 제1호에도 불구하고 다음 각 목에 정하는 일반취급소에 대하여는 각각 Ⅱ부터 Ⅹ까지의 규정 및 Ⅹ의2에서 정한 특례에 의할 수 있다.

   가. 도장, 인쇄 또는 도포를 위하여 제2류 위험물 또는 제4류 위험물(특수인화물을 제외한다)을 취급하는 일반취급소로서 지정수량의 30배 미만의 것(위험물을 취급하는 설비를 건축물에 설치하는 것에 한하며, 이하 "분무도장작업등의 일반취급소"라 한다)

   나. 세정을 위하여 위험물(인화점이 40℃ 이상인 제4류 위험물에 한한다)을 취급하는 일반취급소로서 지정수량의 30배 미만의 것(위험물을 취급하는 설비를 건축물에 설치하는 것에 한하며, 이하 "세정작업의 일반취급소"라 한다)

다. 열처리작업 또는 방전가공을 위하여 위험물(인화점이 70℃ 이상인 제4류 위험물에 한한다)을 취급하는 일반취급소로서 지정수량의 30배 미만의 것(위험물을 취급하는 설비를 건축물에 설치하는 것에 한하며, 이하 "열처리작업 등의 일반취급소"라 한다)

라. 보일러, 버너 그 밖의 이와 유사한 장치로 위험물(인화점이 38℃ 이상인 제4류 위험물에 한한다)을 소비하는 일반취급소로서 지정수량의 30배 미만의 것(위험물을 취급하는 설비를 건축물에 설치하는 것에 한하며, 이하 "보일러등으로 위험물을 소비하는 일반취급소"라 한다)

마. 이동저장탱크에 액체위험물(알킬알루미늄등, 아세트알데히드등 및 히드록실아민등을 제외한다. 이하 이 호에서 같다)을 주입하는 일반취급소(액체위험물을 용기에 옮겨 담는 취급소를 포함하며, 이하 "충전하는 일반취급소"라 한다)

바. 고정급유설비에 의하여 위험물(인화점이 38℃ 이상인 제4류 위험물에 한한다)을 용기에 옮겨 담거나 4,000ℓ 이하의 이동저장탱크(용량이 2,000ℓ 를 넘는 탱크에 있어서는 그 내부를 2,000ℓ 이하마다 구획한 것에 한한다)에 주입하는 일반취급소로서 지정수량의 40배 미만인 것(이하 "옮겨 담는 일반취급소"라 한다)

사. 위험물을 이용한 유압장치 또는 윤활유 순환장치를 설치하는 일반취급소(고인화점 위험물만을 100℃ 미만의 온도로 취급하는 것에 한한다)로서 지정수량의 50배 미만의 것(위험물을 취급하는 설비를 건축물에 설치하는 것에 한하며, 이하 "유압장치등을 설치하는 일반취급소"라 한다)

아. 절삭유의 위험물을 이용한 절삭장치, 연삭장치 그 밖의 이와 유사한 장치를 설치하는 일반취급소(고인화점 위험물만을 100℃ 미만의 온도로 취급하는 것에 한한다)로서 지정수량의 30배 미만의 것(위험물을 취급하는 설비를 건축물에 설치하는 것에 한하며, 이하 "절삭장치등을 설치하는 일반취급소"라 한다)

자. 위험물 외의 물건을 가열하기 위하여 위험물(고인화점 위험물에 한한다)을 이용한 열매체유 순환장치를 설치하는 일반취급소로서 지정수량의 30배 미만의 것(위험물을 취급하는 설비를 건축물에 설치하는 것에 한하며, 이하 "열매체유 순환장치를 설치하는 일반취급소"라 한다)

차. 화학실험을 위하여 위험물을 취급하는 일반취급소로서 지정수량의 30배 미만의 것(위험물을 취급하는 설비를 건축물에 설치하는 것만 해당하며, 이하 "화학실험의 일반취급소"라 한다)

3. 제1호 및 제2호의 규정에 불구하고 고인화점 위험물만을 XI의 규정에 의한 바에 따라 취급하는 일반취급소에 있어서는 XI에 정하는 특례에 의할 수 있다.

4. 알킬알루미늄등, 아세트알데히드등 또는 히드록실아민등을 취급하는 일반취급소는 제1호의 규정에 의하되, 당해 위험물의 성질에 따라 강화되는 기준은 제XII의 규정에 의하여야 한다.

5. 제1호의 규정에 불구하고 발전소·변전소·개폐소 그 밖에 이에 준하는 장소(이하 이 호에서 "발전소등"이라 한다)에 설치되는 일반취급소에 대하여는 Ⅰ제1호의 규정에 의하여 준용되는 별표 4 Ⅰ·Ⅱ·Ⅳ 및 Ⅶ의 규정을 적용하지 아니하며, 발전소등에 설치되는 변압기·반응기·전압조정기·유입(油入)개폐기·차단기·유입콘덴서·유입케이블 및 이에 부속된 장치로서 기기의 냉각 또는 절연을 위한 유류를 내장하여 사용하는 것에 대하여는 Ⅰ제1호의 규정에 의하여 준용되는 별표 4의 규정을 적용하지 아니한다.

**Ⅱ. 분무도장작업등의 일반취급소의 특례**

Ⅰ 제2호 가목의 일반취급소 중 그 위치·구조 및 설비가 다음 각호의 규정에 의한 기준에 적합한 것에 대하여는 Ⅰ 제1호의 규정에 의하여 준용되는 별표 4 Ⅰ·Ⅱ·Ⅳ·Ⅴ 및 Ⅵ의 규정은 적용하지 아니한다.
1. 건축물 중 일반취급소의 용도로 사용하는 부분에 지하층이 없을 것
2. 건축물 중 일반취급소의 용도로 사용하는 부분은 벽·기둥·바닥·보 및 지붕(상층이 있는 경우에는 상층의 바닥)을 내화구조로 하고, 출입구 외의 개구부가 없는 두께 70㎜ 이상의 철근콘크리트조 또는 이와 동등 이상의 강도가 있는 구조의 바닥 또는 벽으로 당해 건축물의 다른 부분과 구획될 것
3. 건축물 중 일반취급소의 용도로 사용하는 부분에는 창을 설치하지 아니할 것
4. 건축물 중 일반취급소의 용도로 사용하는 부분의 출입구에는 갑종방화문을 설치하되, 연소의 우려가 있는 외벽 및 당해 부분 외의 부분과의 격벽에 있는 출입구에는 수시로 열 수 있는 자동폐쇄식의 것으로 할 것
5. 액상의 위험물을 취급하는 건축물 중 일반취급소의 용도로 사용하는 부분의 바닥은 위험물이 침투하지 아니하는 구조로 하고, 적당한 경사를 두어 집유설비를 설치할 것
6. 건축물 중 일반취급소의 용도로 사용하는 부분에는 위험물을 취급하는데 필요한 채광·조명 및 환기의 설비를 설치할 것
7. 가연성의 증기 또는 가연성의 미분이 체류할 우려가 있는 일반취급소의 용도로 사용하는 부분에는 그 증기 또는 미분을 옥외의 높은 곳으로 배출하는 설비를 설치할 것
8. 환기설비 및 배출설비에는 방화상 유효한 댐퍼 등을 설치할 것

**Ⅲ. 세정작업의 일반취급소의 특례**

1. Ⅰ 제2호 나목의 일반취급소 중 그 위치·구조 및 설비가 다음 각목에 정하는 기준에 적합한 것에 대하여는 Ⅰ 제1호의 규정에 의하여 준용되는 별표 4 Ⅰ·Ⅱ·Ⅳ·Ⅴ 및 Ⅵ의 규정은 적용하지 아니한다.
   가. 위험물을 취급하는 탱크(용량이 지정수량의 5분의 1 미만인 것을 제외한다)의 주위에는 별표 4 Ⅸ 제1호 나목1)의 규정을 준용하여 방유턱을 설치할 것
   나. 위험물을 가열하는 설비에는 위험물의 과열을 방지할 수 있는 장치를 설치 할 것
   다. Ⅱ 각호의 기준에 적합할 것
2. Ⅰ 제2호 나목의 일반취급소 중 지정수량의 10배 미만의 것으로서 그 위치·구조 및 설비가 다음 각목에 정하는 기준에 적합한 것에 대하여는 Ⅰ 제1호의 규정에 의하여 준용되는 별표 4 Ⅰ·Ⅱ·Ⅳ·Ⅴ 및 Ⅵ의 규정은 적용하지 아니한다.
   가. 일반취급소는 벽·기둥·바닥·보 및 지붕이 불연재료로 되어 있고, 천장이 없는 단층 건축물에 설치할 것
   나. 위험물을 취급하는 설비(위험물을 이송하기 위한 배관을 제외한다)는 바닥에 고정하고, 당해 설비의 주위에 너비 3m 이상의 공지를 보유할 것. 다만, 당해 설비로부터 3m 미만의 거리에 있는 건축물의 벽(수시로 열 수 있는 자동폐쇄식의 갑종방화문이 달려 있는 출입구 외의 개구부가 없는 것에 한한다) 및 기둥이 내화구조인 경우에는 당해 설비에서 당해 벽 및 기둥까지의 공지를 보유하는 것으로 할 수 있다.
   다. 건축물 중 일반취급소의 용도로 사용하는 부분(나목의 공지를 포함한다. 이하 바목에서 같다)의 바닥은 위험물이 침투하지 아니하는 구조로 하고 적당한 경사를 두어 집유설비를 설치하는 한편, 집유설비 및 당해 바닥의 주위에 배수구를 설치할 것

라. 위험물을 취급하는 설비는 당해 설비의 내부에서 발생한 가연성의 증기 또는 가연성의 미분이 당해 설비의 외부에 확산하지 아니하는 구조로 할 것. 다만, 그 증기 또는 미분을 직접 옥외의 높은 곳으로 유효하게 배출할 수 있는 설비를 설치하는 경우에는 그러하지 아니하다.

마. 라목 단서의 설비에는 방화상 유효한 댐퍼 등을 설치할 것

바. Ⅱ 제6호 내지 제8호, 제1호 가목 및 나목의 기준에 적합할 것

## Ⅳ. 열처리작업등의 일반취급소의 특례

1. Ⅰ제2호 다목의 일반취급소 중 그 위치·구조 및 설비가 다음 각목에 정하는 기준에 적합한 것에 대하여는 Ⅰ제1호의 규정에 의하여 준용되는 별표 4 Ⅰ·Ⅱ·Ⅳ·Ⅴ 및 Ⅵ의 규정은 적용하지 아니한다.

   가. 건축물 중 일반취급소의 용도로 사용하는 부분은 벽·기둥·바닥 및 보를 내화구조로 하고, 출입구 외의 개구부가 없는 두께 70㎜ 이상의 철근콘크리트조 또는 이와 동등 이상의 강도가 있는 구조의 바닥 또는 벽으로 당해 건축물의 다른 부분과 구획될 것

   나. 건축물 중 일반취급소의 용도로 사용하는 부분은 상층이 있는 경우에 있어서는 상층의 바닥을 내화구조로 하고, 상층이 없는 경우에 있어서는 지붕을 불연재료로 할 것

   다. 건축물 중 일반취급소의 용도로 사용하는 부분에는 위험물이 위험한 온도에 이르는 것을 경보할 수 있는 장치를 설치할 것

   라. Ⅱ(제2호를 제외한다)의 기준에 적합할 것

2. Ⅰ제2호 다목의 일반취급소 중 지정수량의 10배 미만의 것으로서 그 위치·구조 및 설비가 다음 각목에 정하는 기준에 적합한 것에 대하여는 Ⅰ 제1호의 규정에 의하여 준용되는 별표 4 Ⅰ·Ⅱ·Ⅳ·Ⅴ 및 Ⅵ의 규정은 적용하지 아니한다.

   가. 위험물을 취급하는 설비(위험물을 이송하기 위한 배관을 제외한다)는 바닥에 고정하고, 당해 설비의 주위에 너비 3m 이상의 공지를 보유할 것. 다만, 당해 설비로부터 3m 미만의 거리에 있는 건축물의 벽(수시로 열 수 있는 자동폐쇄식의 갑종방화문이 달려 있는 출입구 외의 개구부가 없는 것에 한한다) 및 기둥이 내화구조인 경우에는 당해 설비에서 당해 벽 및 기둥까지의 공지를 보유하는 것으로 할 수 있다.

   나. 건축물 중 일반취급소의 용도로 사용하는 부분(가목의 공지를 포함한다. 이하 다목에서 같다)의 바닥은 위험물이 침투하지 아니하는 구조로 하고 적당한 경사를 두어 집유설비를 설치하는 한편, 집유설비 및 당해 바닥의 주위에 배수구를 설치할 것

   다. Ⅱ 제6호 내지 제8호, Ⅲ 제2호 가목 및 제1호 다목의 기준에 적합할 것

## Ⅴ. 보일러등으로 위험물을 소비하는 일반취급소의 특례

1. Ⅰ 제2호 라목의 일반취급소 중 그 위치·구조 및 설비가 다음 각목에 정하는 기준에 적합한 것에 대하여는 Ⅰ 제1호의 규정에 의하여 준용되는 별표 4 Ⅰ·Ⅱ·Ⅳ·Ⅴ 및 Ⅵ의 규정은 적용하지 아니한다.

   가. Ⅱ 제3호 내지 제8호 및 Ⅳ 제1호 가목 및 나목의 규정에 의한 기준에 적합할 것

   나. 건축물 중 일반취급소의 용도로 제공하는 부분에는 지진시 및 정전시 등의 긴급시에 보일러, 버너 그 밖에 이와 유사한 장치(비상용전원과 관련되는 것을 제외한다)에 대한 위험물의 공급을 자동적으로 차단하는 장치를 설치할 것

다. 위험물을 취급하는 탱크는 그 용량의 총계를 지정수량 미만으로 하고, 당해 탱크(용량이 지정수량의 5분의 1 미만의 것을 제외한다)의 주위에 별표 4 Ⅸ 제1호 나목1)의 규정을 준용하여 방유턱을 설치할 것

2. Ⅰ 제2호 라목의 일반취급소 중 지정수량의 10배 미만의 것으로서 그 위치·구조 및 설비가 다음 각목에 정하는 기준에 적합한 것에 대하여는 Ⅰ 제1호의 규정에 의하여 준용되는 별표 4 Ⅰ·Ⅱ·Ⅳ·Ⅴ 및 Ⅵ의 규정은 적용하지 아니한다.

가. 위험물을 취급하는 설비(위험물을 이송하기 위한 배관을 제외한다)는 바닥에 고정하고, 당해 설비의 주위에 너비 3m 이상의 공지를 보유할 것. 다만, 당해 설비로부터 3m 미만의 거리에 있는 건축물의 벽(수시로 열 수 있는 자동폐쇄식의 갑종방화문이 달려 있는 출입구 외의 개구부가 없는 것에 한한다) 및 기둥이 내화구조인 경우에는 당해 설비에서 당해 벽 및 기둥까지의 공지를 보유하는 것으로 할 수 있다.

나. 건축물 중 일반취급소의 용도로 사용하는 부분(가목의 공지를 포함한다. 이하 다목에서 같다)의 바닥은 위험물이 침투하지 아니하는 구조로 하고 적당한 경사를 두는 한편, 집유설비 및 당해 바닥의 주위에 배수구를 설치할 것

다. Ⅱ 제6호 내지 제8호, Ⅲ 제2호 가목, 제1호 나목 및 다목의 기준에 적합할 것

3. Ⅰ 제2호 라목의 일반취급소 중 지정수량의 10배 미만의 것으로서 그 위치·구조 및 설비가 다음 각목의 규정에 의한 기준에 적합한 것에 대하여는 Ⅰ 제1호의 규정에 의하여 준용되는 별표 4 Ⅰ·Ⅱ·Ⅳ·Ⅴ·Ⅵ·Ⅶ 및 Ⅸ 제1호 나목의 규정은 적용하지 아니한다.

가. 일반취급소는 벽·기둥·바닥·보 및 지붕이 내화구조인 건축물의 옥상에 설치할 것

나. 위험물을 취급하는 설비(위험물을 이송하기 위한 배관을 제외한다)는 옥상에 고정할 것

다. 위험물을 취급하는 설비(위험물을 취급하는 탱크 및 위험물을 이송하기 위한 배관을 제외한다)는 큐비클식(강판으로 만들어진 보호상자에 수납되어 있는 방식을 말한다)의 것으로 하고, 당해 설비의 주위에 높이 0.15m 이상의 방유턱을 설치할 것

라. 다목의 설비의 내부에는 위험물을 취급하는데 필요한 채광·조명 및 환기의 설비를 설치할 것

마. 위험물을 취급하는 탱크는 그 용량의 총계를 지정수량 미만으로 할 것

바. 옥외에 있는 위험물을 취급하는 탱크의 주위에는 별표 4 Ⅸ 제1호 나목1)의 규정을 준용하여 높이 0.15m 이상의 방유턱을 설치할 것

사. 다목 및 바목의 방유턱의 주위에 너비 3m 이상의 공지를 보유할 것. 다만, 당해 설비로부터 3m 미만의 거리에 있는 건축물의 벽(수시로 열 수 있는 자동폐쇄식의 갑종방화문이 달려 있는 출입구 외의 개구부가 없는 것에 한한다) 및 기둥이 내화구조인 경우에는 당해 설비에서 당해 벽 및 기둥까지의 공지를 보유하는 것으로 할 수 있다.

아. 다목 및 바목의 방유턱의 내부는 위험물이 침투하지 아니하는 구조로 하고, 적당한 경사를 두어 집유설비를 설치할 것. 이 경우 위험물이 직접 배수구에 유입하지 아니하도록 집유설비에 유분리장치를 설치하여야 한다.

자. 옥내에 있는 위험물을 취급하는 탱크는 다음의 기준에 적합한 탱크전용실에 설치할 것
1) 별표 7 Ⅰ 제1호 너목 내지 머목의 기준을 준용할 것
2) 탱크전용실은 바닥을 내화구조로 하고, 벽·기둥 및 보를 불연재료로 할 것
3) 탱크전용실에는 위험물을 취급하는데 필요한 채광·조명 및 환기의 설비를 설치할 것

　　　　4) 가연성의 증기 또는 가연성의 미분이 체류할 우려가 있는 탱크전용실에는 그 증기 또는 미분을 옥외의 높은 곳으로 배출하는 설비를 설치할 것
　　　　5) 위험물을 취급하는 탱크의 주위에는 별표 4 Ⅸ 제1호 나목1)의 규정을 준용하여 방유턱을 설치하거나 탱크전용실의 출입구의 턱의 높이를 높게 할 것
　　차. 환기설비 및 배출설비에는 방화상 유효한 댐퍼 등을 설치할 것
　　카. 제1호 나목의 기준에 적합할 것

## Ⅵ. 충전하는 일반취급소의 특례

Ⅰ 제2호 마목의 일반취급소 중 그 위치·구조 및 설비가 다음 각호의 규정에 의한 기준에 적합한 것에 대하여는 Ⅰ 제1호의 규정에 의하여 준용되는 별표 4 Ⅳ 제2호 내지 제6호·Ⅴ·Ⅵ 및 Ⅶ의 규정은 적용하지 아니한다.

1. 건축물을 설치하는 경우에 있어서 당해 건축물은 벽·기둥·바닥·보 및 지붕을 내화구조 또는 불연재료로 하고, 창 및 출입구에 갑종방화문 또는 을종방화문을 설치하여야 한다.
2. 제1호의 건축물의 창 또는 출입구에 유리를 설치하는 경우에는 망입유리로 하여야 한다.
3. 제1호의 건축물의 2 방향 이상은 통풍을 위하여 벽을 설치하지 아니하여야 한다.
4. 위험물을 이동저장탱크에 주입하기 위한 설비(위험물을 이송하는 배관을 제외한다)의 주위에 필요한 공지를 보유하여야 한다.
5. 위험물을 용기에 옮겨 담기 위한 설비를 설치하는 경우에는 당해 설비(위험물을 이송하는 배관을 제외한다)의 주위에 필요한 공지를 제4호의 공지 외의 장소에 보유하여야 한다.
6. 제4호 및 제5호의 공지는 그 지반면을 주위의 지반면보다 높게 하고, 그 표면에 적당한 경사를 두며, 콘크리트 등으로 포장하여야 한다.
7. 제4호 및 제5호의 공지에는 누설한 위험물 그 밖의 액체가 당해 공지 외의 부분에 유출하지 아니 하도록 집유설비 및 주위에 배수구를 설치하여야 한다. 이 경우 제4류 위험물(온도 20℃의 물 100g에 용해되는 양이 1g미만인 것에 한한다)을 취급하는 공지에 있어서는 집유설비에 유분리장치를 설치하여야 한다.

## Ⅶ. 옮겨 담는 일반취급소의 특례

Ⅰ 제2호 바목의 일반취급소 중 그 위치·구조 및 설비가 다음 각호의 규정에 의한 기준에 적합한 것에 대하여는 Ⅰ 제1호의 규정에 의하여 준용되는 별표 4 Ⅰ·Ⅱ·Ⅳ·Ⅴ 내지 Ⅶ·Ⅷ(제5호를 제외한다) 및 Ⅸ의 규정은 적용하지 아니한다.

1. 일반취급소에는 고정급유설비 중 호스기기의 주위(현수식의 고정급유설비에 있어서는 호스기기의 아래)에 용기에 옮겨 담거나 탱크에 주입하는데 필요한 공지를 보유하여야 한다.
2. 제1호의 공지는 그 지반면을 주위의 지반면보다 높게 하고, 그 표면에 적당한 경사를 두며, 콘크리트등으로 포장하여야 한다.
3. 제1호의 공지에는 누설한 위험물 그 밖의 액체가 당해 공지 외의 부분에 유출하지 아니하도록 배수구 및 유분리장치를 설치하여야 한다.
4. 일반취급소에는 고정급유설비에 접속하는 용량 40,000ℓ 이하의 지하의 전용탱크(이하 "지하전용탱크'라 한다)를 지반면하에 매설하는 경우 외에는 위험물을 취급하는 탱크를 설치하지 아니하여야 한다.

5. 지하전용탱크의 위치·구조 및 설비는 별표 8 Ⅰ[제5호·제10호(게시판에 관한 부분에 한한다)·제11호·제14호를 제외한다]·별표 8 Ⅱ[별표 8 Ⅰ 제5호·제10호(게시판에 관한 부분에 한한다)·제11호·제14호를 제외한다] 또는 별표 8 Ⅲ[별표 8 Ⅰ 제5호·제10호(게시판에 관한 부분에 한한다)·제11호·제14호를 제외한다]의 규정에 의한 지하저장탱크의 위치·구조 및 설비의 기준을 준용하여야 한다.

6. 고정급유설비에 위험물을 주입하기 위한 배관은 당해 고정급유설비에 접속하는 지하전용탱크로부터의 배관만으로 하여야 한다.

7. 고정급유설비는 별표 13 Ⅳ(제4호를 제외한다)의 규정에 의한 주유취급소의 고정주유설비 또는 고정급유설비의 기준을 준용하여야 한다.

8. 고정급유설비는 도로경계선으로부터 다음 표에 정하는 거리 이상, 건축물의 벽으로부터 2m(일반취급소의 건축물의 벽에 개구부가 없는 경우에는 당해 벽으로부터 1m) 이상, 부지경계선으로부터 1m 이상의 간격을 유지하여야 한다. 다만, 호스기기와 분리하여 별표 13 Ⅸ의 기준에 적합하고 벽·기둥·바닥·보 및 지붕(상층이 있는 경우에는 상층의 바닥)이 내화구조인 펌프실에 설치하는 펌프기기 또는 액중펌프기기에 있어서는 그러하지 아니하다.

| 고정급유설비의 구분 | | 거리 |
|---|---|---|
| 현수식의 고정급유설비 | | 4m |
| 그 밖의 고정급유설비 | 고정급유설비에 접속되는 급유호스중 그 전체길이가 최대인 것의 전체길이(이하 이 표에서 "최대급유호스길이"라 한다)가 3m 이하의 것 | 4m |
| | 최대급유호스길이가 3m 초과 4m 이하의 것 | 5m |
| | 최대급유호스길이가 4m 초과 5m 이하의 것 | 6m |

9. 현수식의 고정급유설비를 설치하는 일반취급소에는 당해 고정급유설비의 펌프기기를 정지하는 등에 의하여 지하전용탱크로부터의 위험물의 이송을 긴급히 중단할 수 있는 장치를 설치하여야 한다.

10. 일반취급소의 주위에는 높이 2m이상의 내화구조 또는 불연재료로 된 담 또는 벽을 설치하여야 한다. 이 경우 당해 일반취급소에 인접하여 연소의 우려가 있는 건축물이 있을 때에는 담 또는 벽을 별표 13 Ⅶ. 담 또는 벽의 제1호의 규정에 준하여 방화상 안전한 높이로 하여야 한다.

11. 일반취급소의 출입구에는 갑종방화문 또는 을종방화문을 설치하여야 한다.

12. 펌프실 그 밖에 위험물을 취급하는 실은 별표 13 Ⅸ의 규정에 의한 주유취급소의 펌프실 그 밖에 위험물을 취급하는 실의 기준을 준용하여야 한다.

13. 일반취급소에 지붕, 캐노피 그 밖에 위험물을 옮겨 담는데 필요한 건축물(이하 이 호 및 제14호에서 "지붕등"이라 한다)을 설치하는 경우에는 지붕등은 불연재료로 하여야 한다.

14. 지붕등의 수평투영면적은 일반취급소의 부지면적의 3분의 1 이하이어야 한다.

Ⅷ. 유압장치등을 설치하는 일반취급소의 특례

1. Ⅰ제2호 사목의 일반취급소 중 그 위치·구조 및 설비가 다음 각목의 규정에 의한 기준에 적합한 것에 대하여는 Ⅰ제1호의 규정에 의하여 준용되는 별표 4 Ⅰ·Ⅱ·Ⅳ·Ⅴ·Ⅵ 및 Ⅷ 제6호·제7호의 규정은 적용하지 아니한다.

   가. 일반취급소는 벽·기둥·바닥·보 및 지붕이 불연재료로 만들어진 단층의 건축물에 설치할 것
   나. 건축물 중 일반취급소의 용도로 사용하는 부분은 벽·기둥·바닥·보 및 지붕을 불연재료로 하고, 연소의 우려가 있는 외벽은 출입구 외의 개구부가 없는 내화구조의 벽으로 할 것

다. 건축물 중 일반취급소의 용도로 사용하는 부분의 창 및 출입구에는 갑종방화문 또는 을종방화문을 설치하고, 연소의 우려가 있는 외벽에 있는 출입구에는 수시로 열 수 있는 자동폐쇄식의 갑종방화문을 설치할 것

라. 건축물 중 일반취급소의 용도로 사용하는 부분의 창 또는 출입구에 유리를 이용하는 경우에는 망입유리로 할 것

마. 위험물을 취급하는 설비(위험물을 이송하기 위한 배관을 제외한다. 이하 제3호에서 같다)는 건축물 중 일반취급소의 용도로 사용하는 부분의 바닥에 견고하게 고정할 것

바. 위험물을 취급하는 탱크(용량이 지정수량의 5분의 1 미만인 것을 제외한다)의 직하에는 별표 4 Ⅸ 제1호 나목1)의 규정을 준용하여 방유턱을 설치하거나 건축물 중 일반취급소의 용도로 사용하는 부분의 문턱의 높이를 높게 할 것

사. Ⅱ제5호 내지 제8호의 기준에 적합할 것

2. Ⅰ제2호 사목의 일반취급소 중 그 위치·구조 및 설비가 다음의 각목의 규정에 의한 기준에 적합한 것에 대하여는 Ⅰ 제1호의 규정에 의하여 준용되는 별표 4 Ⅰ·Ⅱ·Ⅳ·Ⅴ·Ⅵ 및 Ⅷ제6호·제7호의 규정은 적용하지 아니한다.

가. 건축물 중 일반취급소의 용도로 사용하는 부분은 벽·기둥·바닥 및 보를 내화구조로 할 것

나. Ⅱ 제3호 내지 제8호, Ⅳ 제1호 나목 및 제1호 바목의 기준에 적합할 것

3. Ⅰ 제2호 사목의 일반취급소 중 지정수량의 30배 미만의 것으로서 그 위치·구조 및 설비가 다음 각목의 규정에 의한 기준에 적합한 것에 대하여는 Ⅰ 제1호의 규정에 의하여 준용되는 별표 4 Ⅰ·Ⅱ·Ⅳ·Ⅴ·Ⅵ 및 Ⅷ 제6호·제7호의 규정은 적용하지 아니한다.

가. 위험물을 취급하는 설비는 바닥에 고정하고, 당해 설비의 주위에 너비 3m 이상의 공지를 보유할 것. 다만, 당해 설비로부터 3m 미만의 거리에 있는 건축물의 벽(수시로 열 수 있는 자동폐쇄식의 갑종방화문이 달려 있는 출입구 외의 개구부가 없는 것에 한한다) 및 기둥이 내화구조인 경우에는 당해 설비에서 당해 벽 및 기둥까지의 공지를 보유하는 것으로 할 수 있다.

나. 건축물 중 일반취급소의 용도로 사용하는 부분(가목의 공지를 포함한다. 이하 라목에서 같다)의 바닥은 위험물이 침투하지 아니하는 구조로 하고, 적당한 경사를 두어 집유설비 및 당해 바닥의 주위에 배수구를 설치할 것

다. 위험물을 취급하는 탱크(용량이 지정수량의 5분의 1 미만의 것을 제외한다)의 직하에는 별표 4 Ⅸ 제1호 나목1)의 규정을 준용하여 방유턱을 설치할 것

라. Ⅱ 제6호 내지 제8호 및 Ⅲ 제2호 가목의 기준에 적합할 것

Ⅸ. 절삭장치등을 설치하는 일반취급소의 특례

1. Ⅰ 제2호 아목의 일반취급소 중 그 위치·구조 및 설비가 Ⅱ제1호 및 제3호 내지 제8호, Ⅳ제1호나목 및 Ⅷ제1호 바목·제2호가목의 규정에 의한 기준에 적합한 것에 대하여는 Ⅰ제1호의 규정에 의하여 준용되는 별표 4 Ⅰ·Ⅱ·Ⅳ 및 Ⅷ제6호·제7호의 규정은 적용하지 아니한다.

2. Ⅰ제2호 아목의 일반취급소 중 지정수량의 10배 미만의 것으로서 그 위치·구조 및 설비가 다음 각목의 규정에 의한 기준에 적합한 것에 대하여는 Ⅰ제1호의 규정에 의하여 준용되는 별표 4 Ⅰ·Ⅱ·Ⅳ 및 Ⅷ제6호·제7호의 규정은 적용하지 아니한다.

가. 위험물을 취급하는 설비(위험물을 이송하기 위한 배관을 제외한다)는 바닥에 고정하고, 당해 설비의 주위에 너비 3m 이상의 공지를 보유할 것. 다만, 당해 설비로부터 3m 미만의 거리에 있는 건축물의 벽(수시로 열 수 있는 자동폐쇄식의 갑종방화문이 달려 있는 출입구 외의 개구부가 없는 것에 한한다) 및 기둥이 내화구조인 경우에는 당해 설비에서 당해 벽 및 기둥까지의 공지를 보유하는 것으로 할 수 있다.

나. 건축물 중 일반취급소의 용도로 사용하는 부분(가목의 공지를 포함한다. 이하 다목에서 같다)의 바닥은 위험물이 침투하지 아니하는 구조로 하고, 적당한 경사를 두어 집유설비 및 당해 바닥의 주위에 배수구를 설치할 것

다. Ⅱ 제6호 내지 제8호, Ⅲ 제2호 가목 및 Ⅷ 제3호 다목의 기준에 적합할 것

### Ⅹ. 열매체유 순환장치를 설치하는 일반취급소의 특례

Ⅰ제2호 자목의 일반취급소 중 그 위치·구조 및 설비가 다음 각호의 규정에 의한 기준에 적합한 것에 대하여는 Ⅰ제1호의 규정에 의하여 준용되는 별표 4 Ⅰ·Ⅱ·Ⅳ·Ⅴ 및 Ⅵ의 규정은 적용하지 아니한다.

1. 위험물을 취급하는 설비는 위험물의 체적팽창에 의한 위험물의 누설을 방지할 수 있는 구조의 것으로 하여야 한다.
2. Ⅱ제1호·제3호 내지 제8호, Ⅲ제1호가목·나목 및 Ⅳ제1호 가목·나목의 규정에 의한 기준에 적합하여야 한다.

### Ⅹ의2. 화학실험의 일반취급소의 특례

Ⅰ제2호차목의 화학실험의 일반취급소 중 그 위치·구조 및 설비가 다음 각 호에 정한 기준에 적합한 것에 대해서는 Ⅰ제1호에 따라 준용되는 규정 중 별표 4 Ⅰ·Ⅱ·Ⅳ·Ⅴ·Ⅵ·Ⅶ·Ⅷ(제5호는 제외한다)·Ⅸ 및 Ⅹ의 규정은 준용하지 아니한다.

1. 화학실험의 일반취급소는 벽·기둥·바닥 및 보가 내화구조인 건축물의 지하층 외의 층에 설치할 것
2. 건축물 중 화학실험의 일반취급소의 용도로 사용하는 부분은 벽·기둥·바닥·보 및 지붕(상층이 있는 경우에는 상층의 바닥)을 내화구조로 하고, 벽에 설치하는 창 또는 출입구에 관한 기준은 다음 각 목의 기준에 모두 적합할 것
   가. 해당 건축물의 다른 용도 부분(복도를 제외한다)과 구획하는 벽에는 창 또는 출입구를 설치하지 않을 것
   나. 해당 건축물의 복도 또는 외부와 구획하는 벽에 설치하는 창은 망입유리 또는 방화유리로 하고, 출입구에는 수시로 열 수 있는 자동폐쇄식의 갑종방화문을 설치할 것
3. 건축물 중 화학실험의 일반취급소의 용도로 사용하는 부분에는 위험물을 취급하는데 필요한 채광·조명 및 환기를 위한 설비를 설치할 것
4. 가연성의 증기 또는 가연성의 미분이 체류할 우려가 있는 화학실험의 일반취급소의 용도로 사용하는 부분에는 그 증기 또는 미분을 옥외의 높은 곳으로 배출하는 설비를 설치하고, 배출덕트가 관통하는 벽부분의 바로 가까이에 화재 시 자동으로 폐쇄되는 방화댐퍼를 설치할 것
5. 위험물을 보관하는 설비는 외장을 불연재료로 하되, 제3류 위험물 중 자연발화성물질 또는 제5류 위험물을 보관하는 설비는 다음 각 목의 기준에 모두 적합한 것으로 할 것
   가. 외장을 금속재질로 할 것
   나. 보냉장치를 갖출 것

다. 밀폐형 구조로 할 것

라. 문에 유리를 부착하는 경우에는 망입유리 또는 방화유리로 할 것

## XI. 고인화점 위험물의 일반취급소의 특례

1. Ⅰ제3호의 일반취급소 중 그 위치 및 구조가 별표 4 XI 각호의 규정에 의한 기준에 적합한 것에 대하여 는 Ⅰ제1호의 규정에 의하여 준용되는 별표 4 Ⅰ·Ⅱ·Ⅳ 제1호·제3호 내지 제5호·Ⅷ제6호·제7호 및 Ⅸ제1호나목2)에 의하여 준용하는 별표 6 Ⅸ 제1호 나목의 규정은 적용하지 아니한다.

2. Ⅰ 제3호의 일반취급소 중 충전하는 일반취급소로서 그 위치·구조 및 설비가 다음 각목의 규정에 의한 기준에 적합한 것에 대하여는 Ⅰ제1호의 규정에 의하여 준용되는 별표 4 Ⅰ·Ⅱ·Ⅳ·Ⅴ 내지 Ⅶ·Ⅷ제 6호·제7호 및 Ⅸ제1호나목2)에 의하여 준용하는 별표 6 Ⅸ제1호 나목의 규정은 적용하지 아니한다.

   가. 별표 4 XI제1호·제2호 및 Ⅵ제3호 내지 제7호의 규정에 의한 기준에 적합할것

   나. 건축물을 설치하는 경우에 있어서는 당해 건축물은 벽·기둥·바닥·보 및 지붕을 내화구조 또는 불연재료로 하고, 창 및 출입구에는 갑종방화문·을종방화문 또는 불연재료나 유리로 된 문을 설치 할 것

## XII. 위험물의 성질에 따른 일반취급소의 특례

1. 별표 4 XII제2호의 규정은 알킬알루미늄등을 취급하는 일반취급소에 대하여 강화되는 기준에 있어서 준 용한다.

2. 별표 4 XII 제3호의 규정은 아세트알데히드등을 취급하는 일반취급소에 대하여 강화되는 기준에 있어서 준용한다.

3. 별표 4 XII제4호의 규정은 히드록실아민등을 취급하는 일반취급소에 대하여 강화되는 기준에 있어서 준용한다.

## 14) 소화설비의 기준[시행규칙 제41조(소화설비의 기준)]

① 위험물안전관리법 제5조제4항의 규정에 의하여 제조소등에는 화재발생시 소화가 곤란한 정도에 따라 그 소화에 적응성이 있는 소화설비를 설치하여야 한다.

② ①의 규정에 의한 소화가 곤란한 정도에 따른 소화난이도는 소화난이도등급Ⅰ, 소화난이도등급Ⅱ 및 소화난이도등급Ⅲ으로 구분하되, 각 소화난이도등급에 해당하는 제조소등의 규모, 저장 또는 취급하는 위험물의 품명 및 최대수량 등과 그에 따라 제조소등별로 설치하여야 하는 소화설비의 종류, 각 소화설비의 적응성 및 소화설비의 설치기준은 별표 17과 같다.

소화설비, 경보설비 및 피난설비의 기준(시행규칙 제41조제2항·제42조제2항 및 제43조제2항관련) 별표17 중 소화설비 관련

Ⅰ. 소화설비

1. 소화난이도등급Ⅰ의 제조소등 및 소화설비

**가. 소화난이등급 Ⅰ에 해당하는 제조소등**

| 제조소등의 구분 | 제조소등의 규모, 저장 또는 취급하는 위험물의 품명 및 최대수량 등 |
|---|---|
| 제조소·일반취급소 | 연면적 1,000㎡ 이상인 것 |
| | 지정수량의 100배 이상인 것(고인화점위험물만을 100℃ 미만의 온도에서 취급하는 것 및 제48조의 위험물을 취급하는 것은 제외) |
| | 지반면으로부터 6m 이상의 높이에 위험물 취급설비가 있는 것(고인화점위험물만을 100℃ 미만의 온도에서 취급하는 것은 제외) |
| | 일반취급소로 사용되는 부분 외의 부분을 갖는 건축물에 설치된 것(내화구조로 개구부 없이 구획 된 것, 고인화점위험물만을 100℃ 미만의 온도에서 취급하는 것 및 별표 16 Ⅹ의2의 화학실험의 일반취급소는 제외) |
| 주유취급소 | 별표 13 Ⅴ제2호에 따른 면적의 합이 500㎡를 초과하는 것 |
| 옥내저장소 | 지정수량의 150배 이상인 것(고인화점위험물만을 저장하는 것 및 제48조의 위험물을 저장하는 것은 제외) |
| | 연면적 150㎡를 초과하는 것(150㎡ 이내마다 불연재료로 개구부없이 구획된 것 및 인화성고체 외의 제2류 위험물 또는 인화점 70℃ 이상의 제4류 위험물만을 저장하는 것은 제외) |
| | 처마높이가 6m 이상인 단층건물의 것 |
| | 옥내저장소로 사용되는 부분 외의 부분이 있는 건축물에 설치된 것(내화구조로 개구부없이 구획된 것 및 인화성고체 외의 제2류 위험물 또는 인화점 70℃ 이상의 제4류 위험물만을 저장하는 것은 제외) |
| 옥외탱크저장소 | 액표면적이 40㎡ 이상인 것(제6류 위험물을 저장하는 것 및 고인화점위험물만을 100℃ 미만의 온도에서 저장하는 것은 제외) |
| | 지반면으로부터 탱크 옆판의 상단까지 높이가 6m 이상인 것(제6류 위험물을 저장하는 것 및 고인화점위험물만을 100℃ 미만의 온도에서 저장하는 것은 제외) |
| | 지중탱크 또는 해상탱크로서 지정수량의 100배 이상인 것(제6류 위험물을 저장하는 것 및 고인화점위험물만을 100℃ 미만의 온도에서 저장하는 것은 제외) |
| | 고체위험물을 저장하는 것으로서 지정수량의 100배 이상인 것 |
| 옥내탱크저장소 | 액표면적이 40㎡ 이상인 것(제6류 위험물을 저장하는 것 및 고인화점위험물만을 100℃ 미만의 온도에서 저장하는 것은 제외) |
| | 바닥면으로부터 탱크 옆판의 상단까지 높이가 6m 이상인 것(제6류 위험물을 저장하는 것 및 고인화점위험물만을 100℃ 미만의 온도에서 저장하는 것은 제외) |
| | 탱크전용실이 단층건물 외의 건축물에 있는 것으로서 인화점 38℃ 이상 70℃ 미만의 위험물을 지정수량의 5배 이상 저장하는 것(내화구조로 개구부없이 구획된 것은 제외한다) |
| 옥외저장소 | 덩어리 상태의 유황을 저장하는 것으로서 경계표시 내부의 면적(2 이상의 경계표시가 있는 경우에는 각 경계표시의 내부의 면적을 합한 면적)이 100㎡ 이상인 것 |
| | 별표 11 Ⅲ의 위험물을 저장하는 것으로서 지정수량의 100배 이상인 것 |
| 암반탱크저장소 | 액표면적이 40㎡ 이상인 것(제6류 위험물을 저장하는 것 및 고인화점위험물만을 100℃ 미만의 온도에서 저장하는 것은 제외) |
| | 고체위험물만을 저장하는 것으로서 지정수량의 100배 이상인 것 |
| 이송취급소 | 모든 대상 |

※ 비고 : 제조소등의 구분별로 오른쪽란에 정한 제조소등의 규모, 저장 또는 취급하는 위험물의 수량 및 최대 수량 등의 어느 하나에 해당하는 제조소등은 소화난이도등급 I 에 해당하는 것으로 한다.

나. 소화난이도등급 I 의 제조소등에 설치하여야 하는 소화설비

| 제조소등의 구분 | | | 소화설비 |
|---|---|---|---|
| 제조소 및 일반취급소 | | | 옥내소화전설비, 옥외소화전설비, 스프링클러설비 또는 물분무등소화설비(화재발생시 연기가 충만할 우려가 있는 장소에는 스프링클러설비 또는 이동식 외의 물분무등소화설비에 한한다) |
| 주유취급소 | | | 스프링클러설비(건축물에 한정한다), 소형수동식소화기등(능력단위의 수치가 건축물 그 밖의 공작물 및 위험물의 소요단위의 수치에 이르도록 설치할 것) |
| 옥내저장소 | 처마높이가 6m 이상인 단층건물 또는 다른 용도의 부분이 있는 건축물에 설치한 옥내저장소 | | 스프링클러설비 또는 이동식 외의 물분무등소화설비 |
| | 그 밖의 것 | | 옥외소화전설비, 스프링클러설비, 이동식 외의 물분무등소화설비 또는 이동식 포소화설비(포소화전을 옥외에 설치하는 것에 한한다) |
| 옥외탱크저장소 | 지중탱크 또는 해상탱크 외의 것 | 유황만을 저장 취급하는 것 | 물분무소화설비 |
| | | 인화점 70℃ 이상의 제4류 위험물만을 저장·취급하는 것 | 물분무소화설비 또는 고정식 포소화설비 |
| | | 그 밖의 것 | 고정식 포소화설비(포소화설비가 적응성이 없는 경우에는 분말소화설비) |
| | 지중탱크 | | 고정식 포소화설비, 이동식 이외의 불활성가스소화설비 또는 이동식 이외이 할로겐화합물소화설비 |
| | 해상탱크 | | 고정식 포소화설비, 물분무소화설비, 이동식이외의 불활성가스소화설비 또는 이동식 이외의 할로겐화합물소화설비 |
| 옥내탱크저장소 | 유황만을 저장·취급하는 것 | | 물분무소화설비 |
| | 인화점 70℃ 이상의 제4류 위험물만을 저장·취급하는 것 | | 물분무소화설비, 고정식 포소화설비, 이동식 이외의 불활성가스소화설비, 이동식 이외의 할로겐화합물소화설비 또는 이동식 이외의 분말소화설비 |
| | 그 밖의 것 | | 고정식 포소화설비, 이동식 이외의 불활성가스소화설비, 이동식 이외의 할로겐화합물소화설비 또는 이동식 이외의 분말소화설비 |

| 옥외저장소 및 이송취급소 | | 옥내소화전설비, 옥외소화전설비, 스프링클러설비 또는 물분무등소화설비(화재발생시 연기가 충만할 우려가 있는 장소에는 스프링클러설비 또는 이동식 이외의 물분무등소화설비에 한한다) |
|---|---|---|
| 암반탱크 저장소 | 유황만을 저장·취급하는 것 | 물분무소화설비 |
| | 인화점 70℃ 이상의 제4류 위험물만을 저장취급하는 것 | 물분부소화설비 또는 고정식 포소화설비 |
| | 그 밖의 것 | 고정식 포소화설비(포소화설비가 적응성이 없는 경우에는 분말소화설비) |

※ 비고

1. 위 표 오른쪽란의 소화설비를 설치함에 있어서는 당해 소화설비의 방사범위가 당해 제조소, 일반취급소, 옥내저장소, 옥외탱크저장소, 옥내탱크저장소, 옥외저장소, 암반탱크저장소(암반탱크에 관계되는 부분을 제외한다) 또는 이송 취급소(이송기지 내에 한한다)의 건축물, 그 밖의 공작물 및 위험물을 포함하도록 하여야 한다. 다만, 고인화점위험물만을 100℃ 미만의 온도에서 취급하는 제조소 또는 일반취급소의 경우에는 당해 제조소 또는 일반취급소의 건축물 및 그 밖의 공작물만 포함하도록 할 수 있다.
2. 고인화점위험물만을 100℃ 미만의 온도에서 취급하는 제조소 또는 일반취급소의 위험물에 대해서는 대형수동식소화기 1개 이상과 당해 위험물의 소요단위에 해당하는 능력단위의 소형수동식소화기를 설치하여야 한다. 다만, 당해 제조소 또는 일반취급소에 옥내·외소화전설비, 스프링클러설비 또는 물분무등소화설비를 설치한 경우에는 당해 소화설비의 방사능력범위 내에는 대형수동식소화기를 설치하지 아니할 수 있다.
3. 가연성증기 또는 가연성미분이 체류할 우려가 있는 건축물 또는 실내에는 대형수동식소화기 1개 이상과 당해 건축물, 그 밖의 공작물 및 위험물의 소요단위에 해당하는 능력단위의 소형수동식소화기 등을 추가로 설치하여야 한다.
4. 제4류 위험물을 저장 또는 취급하는 옥외탱크저장소 또는 옥내탱크저장소에는 소형수동식소화기 등을 2개 이상 설치하여야 한다.
5. 제조소, 옥내탱크저장소, 이송취급소, 또는 일반취급소의 작업공정상 소화설비의 방사능력범위 내에 당해 제조소등에서 저장 또는 취급하는 위험물의 전부가 포함되지 아니하는 경우에는 당해 위험물에 대하여 대형수동식소화기 1개 이상과 당해 위험물의 소요단위에 해당하는 능력단위의 소형수동식소화기 등을 추가로 설치하여야 한다.

2. 소화난이도등급Ⅱ의 제조소등 및 소화설비

　가. 소화난이도등급Ⅱ에 해당하는 제조소등

| 제조소등의 구분 | 제조소등의 규모, 저장 또는 취급하는 위험물의 품명 및 최대수량 등 |
|---|---|
| 제조소 일반취급소 | 연면적 600㎡ 이상인 것 |
| | 지정수량의 10배 이상인 것(고인화점위험물만을 100℃ 미만의 온도에서 취급하는 것 및 제48조의 위험물을 취급하는 것은 제외) |
| | 별표 16 Ⅱ·Ⅲ·Ⅳ·Ⅴ·Ⅷ·Ⅸ·Ⅹ 또는 Ⅹ의2의 일반취급소로서 소화난이도등급Ⅰ의 제조소등에 해당하지 아니하는 것(고인화점위험물만을 100℃ 미만의 온도에서 취급하는 것은 제외) |

| | |
|---|---|
| 옥내저장소 | 단층건물 이외의 것 |
| | 별표 5 Ⅱ 또는 Ⅳ제1호의 옥내저장소 |
| | 지정수량의 10배 이상인 것(고인화점위험물만을 저장하는 것 및 제48조의 위험물을 저장하는 것은 제외) |
| | 연면적 150㎡ 초과인 것 |
| | 별표 5 Ⅲ의 옥내저장소로서 소화난이도등급Ⅰ의 제조소등에 해당하지 아니하는 것 |
| 옥외 탱크저장소 옥내 탱크저장소 | 소화난이도등급Ⅰ의 제조소등 외의 것(고인화점위험물만을 100℃ 미만의 온도로 저장하는 것 및 제6류 위험물만을 저장하는 것은 제외) |
| 옥외저장소 | 덩어리 상태의 유황을 저장하는 것으로서 경계표시 내부의 면적(2 이상의 경계표시가 있는 경우에는 각 경계표시의 내부의 면적을 합한 면적)이 5㎡ 이상 100㎡ 미만인 것 |
| | 별표 11 Ⅲ의 위험물을 저장하는 것으로서 지정수량의 10배 이상 100배 미만인 것 |
| | 지정수량의 100배 이상인 것(덩어리 상태의 유황 또는 고인화점위험물을 저장하는 것은 제외) |
| 주유취급소 | 옥내주유취급소로서 소화난이도등급 Ⅰ의 제조소등에 해당하지 아니하는 것 |
| 판매취급소 | 제2종 판매취급소 |

※ 비고 : 제조소등의 구분별로 오른쪽란에 정한 제조소등의 규모, 저장 또는 취급하는 위험물의 수량 및 최대수량 등의 어느 하나에 해당하는 제조소등은 소화난이도등급Ⅱ에 해당하는 것으로 한다.

나. 소화난이도등급Ⅱ의 제조소등에 설치하여야 하는 소화설비

| 제조소등의 구분 | 소화설비 |
|---|---|
| 제조소 옥내저장소 옥외저장소 주유취급소 판매취급소 일반취급소 | 방사능력범위 내에 당해 건축물, 그 밖의 공작물 및 위험물이 포함되도록 대형수동식소화기를 설치하고, 당해 위험물의 소요단위의 1/5 이상에 해당되는 능력단위의 소형수동식소화기등을 설치할 것 |
| 옥외탱크저장소 옥내탱크저장소 | 대형수동식소화기 및 소형수동식소화기등을 각각 1개 이상 설치할 것 |

※ 비고

1. 옥내소화전설비, 옥외소화전설비, 스프링클러설비 또는 물분무등소화설비를 설치한 경우에는 당해 소화설비의 방사능력범위 내의 부분에 대해서는 대형수동식소화기를 설치하지 아니할 수 있다.

2. 소형수동식소화기등이란 제4호의 규정에 의한 소형수동식소화기 또는 기타 소화설비를 말한다. 이하 같다.

3. 소화난이도등급Ⅲ의 제조소등 및 소화설비

가. 소화난이도등급Ⅲ에 해당하는 제조소등

| 제조소등의 구분 | 제조소등의 규모, 저장 또는 취급하는 위험물의 품명 및 최대수량등 |
|---|---|
| 제조소 일반취급소 | 제48조의 위험물을 취급하는 것 |
| | 제48조의 위험물외의 것을 취급하는 것으로서 소화난이도등급Ⅰ 또는 소화난이도등급Ⅱ의 제조소등에 해당하지 아니하는 것 |
| 옥내저장소 | 제48조의 위험물을 취급하는 것 |
| | 제48조의 위험물외의 것을 취급하는 것으로서 소화난이도등급Ⅰ 또는 소화난이도등급Ⅱ의 제조소등에 해당하지 아니하는 것 |
| 지하탱크저장소 간이탱크저장소 이동탱크저장소 | 모든 대상 |
| 옥외저장소 | 덩어리 상태의 유황을 저장하는 것으로서 경계표시 내부의 면적(2 이상의 경계표시가 있는 경우에는 각 경계표시의 내부의 면적을 합한 면적)이 5㎡ 미만인 것 |
| | 덩어리 상태의 유황외의 것을 저장하는 것으로서 소화난이도등급Ⅰ 또는 소화난이도등급Ⅱ의 제조소등에 해당하지 아니하는 것 |
| 주유취급소 | 옥내주유취급소 외의 것으로서 소화난이도등급Ⅰ의 제조소등에 해당하지 아니하는 것 |
| 제1종 판매취급소 | 모든 대상 |

※ 비고 : 제조소등의 구분별로 오른쪽란에 정한 제조소등의 규모, 저장 또는 취급하는 위험물의 수량 및 최대수량 등의 어느 하나에 해당하는 제조소등은 소화난이도등급Ⅲ에 해당하는 것으로 한다.

나. 소화난이도등급Ⅲ의 제조소등에 설치하여야 하는 소화설비

| 제조소등의 구분 | 소화설비 | 설치기준 | |
|---|---|---|---|
| 지하탱크 저장소 | 소형수동식소화기등 | 능력단위의 수치가 3 이상 | 2개 이상 |
| 이동탱크저장소 | 자동차용소화기 | 무상의 강화액 8ℓ 이상 | 2개 이상 |
| | | 이산화탄소 3.2킬로그램 이상 | |
| | | 일브롬화일염화이플루오르화메탄 (CF$_2$ ClBr) 2ℓ 이상 | |
| | | 일브롬화삼플루오르화메탄(CF$_3$ Br) 2ℓ 이상 | |
| | | 이브롬화사플루오르화에탄 (C$_2$ F$_4$ Br$_2$ ) 1ℓ 이상 | |
| | | 소화분말 3.3킬로그램 이상 | |
| | 마른 모래 및 팽창질석 또는 팽창진주암 | 마른모래 150ℓ 이상 | |
| | | 팽창질석 또는 팽창진주암 640ℓ 이상 | |
| 그 밖의 제조소등 | 소형수동식소화기등 | 능력단위의 수치가 건축물 그 밖의 공작물및 위험물의 소요단위의 수치에 이르도록 설치할 것. 다만, 옥내소화전설비, 옥외소화전설비, 스프링클러설비, 물분무등소화설비 또는 대형수동식소화기를 설치한 경우에는 당해 소화설비의 방사능력범위내의 부분에 대하여는 수동식소화기등을 그 능력단위의 수치가 당해 소요단위의 수치의 1/5이상이 되도록 하는 것으로 족하다 | |

※ 비고 : 알킬알루미늄등을 저장 또는 취급하는 이동탱크저장소에 있어서는 자동차용소화기를 설치하는 외에 마른모래나 팽창질석 또는 팽창진주암을 추가로 설치하여야 한다.

# 4. 소화설비의 적응성

| 소화설비의 구분 | | | 건축물·그 밖의 공작물 | 전기설비 | 제1류 위험물 | | 제2류 위험물 | | | 제3류 위험물 | | 제4류 위험물 | 제5류 위험물 | 제6류 위험물 |
|---|---|---|---|---|---|---|---|---|---|---|---|---|---|---|
| | | | | | 알칼리금속과산화물등 | 그밖의것 | 철분·금속분·마그네슘등 | 인화성고체 | 그밖의것 | 금수성물품 | 그밖의것 | | | |
| 옥내소화전 또는 옥외소화전설비 | | | O | | | O | | O | O | | O | | O | O |
| 스프링클러설비 | | | O | | | O | | O | O | | O | △ | O | O |
| 물분무등소화설비 | | 물분무소화설비 | O | O | | O | | O | O | | O | O | O | O |
| | | 포소화설비 | O | | | O | | O | O | | O | O | O | O |
| | | 불활성가스소화설비 | | O | | | | O | | | | O | | |
| | | 할로겐화합물소화설비 | | O | | | | O | | | | O | | |
| | 분말소화설비 | 인산염류등 | O | O | | O | | O | O | | | O | | O |
| | | 탄산수소염류등 | | O | O | | O | O | | O | | O | | |
| | | 그 밖의 것 | | | O | | O | | | O | | | | |
| 대형·소형수동식소화기 | | 봉상수(棒狀水)소화기 | O | | | O | | O | O | | O | | O | O |
| | | 무상수(霧狀水)소화기 | O | O | | O | | O | O | | O | | O | O |
| | | 봉상강화액소화기 | O | | | O | | O | O | | O | | O | O |
| | | 무상강화액소화기 | O | O | | O | | O | O | | O | O | O | O |
| | | 포소화기 | O | | | O | | O | O | | O | O | O | O |
| | | 이산화탄소소화기 | | O | | | | O | | | | O | | △ |
| | | 할로겐화합물소화기 | | O | | | | O | | | | O | | |
| | 분말소화기 | 인산염류소화기 | O | O | | O | | O | O | | | O | | O |
| | | 탄산수소염류소화기 | | O | O | | O | O | | O | | O | | |
| | | 그 밖의 것 | | | O | | O | | | O | | | | |
| 기타 | | 물통 또는 수조 | O | | | O | | O | O | | O | | O | O |
| | | 건조사 | | | O | O | O | O | O | O | O | O | O | O |
| | | 팽창질석 또는 팽창진주암 | | | O | O | O | O | O | O | O | O | O | O |

※ 비고

1. "O"표시는 당해 소방대상물 및 위험물에 대하여 소화설비가 적응성이 있음을 표시하고, "△"표시는 제4류 위험물을 저장 또는 취급하는 장소의 살수기준면적에 따라 스프링클러설비의 살수밀도가 다음 표에 정하는 기준 이상인 경우에는 당해 스프링클러설비가 제4류 위험물에 대하여 적응성이 있음을, 제6류 위험물을 저장 또는 취급하는 장소로서 폭발의 위험이 없는 장소에 한하여 이산화탄소소화기가 제6류 위험물에 대하여 적응성이 있음을 각각 표시한다.

| 살수기준면적(㎡) | 방사밀도(ℓ /㎡분) | | 비고 |
|---|---|---|---|
| | 인화점 38℃ 미만 | 인화점 38℃ 이상 | |
| 279 미만 | 16.3 이상 | 12.2 이상 | 살수기준면적은 내화구조의 벽 및 바닥으로 구획된 하나의 실의 바닥면적을 말하고, 하나의 실의 바닥 면적이 465㎡ 이상인 경우의 살수기준면적은 465㎡ 로 한다. 다만, 위험물의 취급을 주된 작업내용으로 하지 아니하고 소량의 위험물을 취급하는 설비 또는 부분이 넓게 분산되어 있는 경우에는 방사밀도는 8.2ℓ /㎡분 이상, 살수기준 면적은 279㎡ 이상으로 할 수 있다. |
| 279 이상 372 미만 | 15.5 이상 | 11.8 이상 | |
| 372 이상 465 미만 | 13.9 이상 | 9.8 이상 | |
| 465 이상 | 12.2 이상 | 8.1 이상 | |

2. 인산염류등은 인산염류, 황산염류 그 밖에 방염성이 있는 약제를 말한다.
3. 탄산수소염류등은 탄산수소염류 및 탄산수소염류와 요소의 반응생성물을 말한다.
4. 알칼리금속과산화물등은 알칼리금속의 과산화물 및 알칼리금속의 과산화물을 함유한 것을 말한다.
5. 철분·금속분·마그네슘등은 철분·금속분·마그네슘과 철분·금속분 또는 마그네슘을 함유한 것을 말한다.

5. 소화설비의 설치기준
  가. 전기설비의 소화설비
    제조소등에 전기설비(전기배선, 조명기구 등은 제외한다)가 설치된 경우에는 당해 장소의 면적 100㎡마다 소형수동식소화기를 1개 이상 설치할 것
  나. 소요단위 및 능력단위
    1) 소요단위 : 소화설비의 설치대상이 되는 건축물 그 밖의 공작물의 규모 또는 위험물의 양의 기준단위
    2) 능력단위 : 1)의 소요단위에 대응하는 소화설비의 소화능력의 기준단위
  다. 소요단위의 계산방법
    건축물 그 밖의 공작물 또는 위험물의 소요단위의 계산방법은 다음의 기준에 의할 것
    1) 제조소 또는 취급소의 건축물은 외벽이 내화구조인 것은 연면적(제조소등의 용도로 사용되는 부분 외의 부분이 있는 건축물에 설치된 제조소등에 있어서는 당해 건축물중 제조소등에 사용되는 부분의 바닥면적의 합계를 말한다. 이하 같다) 100㎡를 1소요단위로 하며, 외벽이 내화구조가 아닌 것은 연면적 50㎡를 1소요단위로 할 것
    2) 저장소의 건축물은 외벽이 내화구조인 것은 연면적 150㎡를 1소요단위로 하고, 외벽이 내화구조가 아닌 것은 연면적 75㎡를 1소요단위로 할 것
    3) 제조소등의 옥외에 설치된 공작물은 외벽이 내화구조인 것으로 간주하고 공작물의 최대수평투영 면적을 연면적으로 간주하여 1) 및 2)의 규정에 의하여 소요단위를 산정할 것
    4) 위험물은 지정수량의 10배를 1소요단위로 할 것
  라. 소화설비의 능력단위
    1) 수동식소화기의 능력단위는 수동식소화기의 형식승인 및 검정기술기준에 의하여 형식승인 받은 수치로 할 것

2) 기타 소화설비의 능력단위는 다음의 표에 의할 것

| 소화설비 | 용량 | 능력단위 |
|---|---|---|
| 소화전용(轉用)물통 | 8ℓ | 0.3 |
| 수조(소화전용물통 3개 포함) | 80ℓ | 1.5 |
| 수조(소화전용물통 6개 포함) | 190ℓ | 2.5 |
| 마른 모래(삽 1개 포함) | 50ℓ | 0.5 |
| 팽창질석 또는 팽창진주암(삽 1개 포함) | 160ℓ | 1.0 |

마. 옥내소화전설비의 설치기준은 다음의 기준에 의할 것

　1) 옥내소화전은 제조소등의 건축물의 층마다 당해 층의 각 부분에서 하나의 호스접속구까지의 수평거리가 25m 이하가 되도록 설치할 것. 이 경우 옥내소화전은 각층의 출입구 부근에 1개 이상 설치하여야 한다.

　2) 수원의 수량은 옥내소화전이 가장 많이 설치된 층의 옥내소화전 설치개수(설치개수가 5개 이상인 경우는 5개)에 7.8㎥를 곱한 양 이상이 되도록 설치할 것

　3) 옥내소화전설비는 각층을 기준으로 하여 당해 층의 모든 옥내소화전(설치개수가 5개 이상인 경우는 5개의 옥내소화전)을 동시에 사용할 경우에 각 노즐선단의 방수압력이 350㎪ 이상이고 방수량이 1분당 260ℓ 이상의 성능이 되도록 할 것

　4) 옥내소화전설비에는 비상전원을 설치할 것

바. 옥외소화전설비의 설치기준은 다음의 기준에 의할 것

　1) 옥외소화전은 방호대상물(당해 소화설비에 의하여 소화하여야 할 제조소등의 건축물, 그 밖의 공작물 및 위험물을 말한다. 이하 같다)의 각 부분(건축물의 경우에는 당해 건축물의 1층 및 2층의 부분에 한한다)에서 하나의 호스접속구까지의 수평거리가 40m 이하가 되도록 설치할 것. 이 경우 그 설치개수가 1개일 때는 2개로 하여야 한다.

　2) 수원의 수량은 옥외소화전의 설치개수(설치개수가 4개 이상인 경우는 4개의 옥외소화전)에 13.5㎥를 곱한 양 이상이 되도록 설치할 것

　3) 옥외소화전설비는 모든 옥외소화전(설치개수가 4개 이상인 경우는 4개의 옥외소화전)을 동시에 사용할 경우에 각 노즐선단의 방수압력이 350㎪ 이상이고, 방수량이 1분당 450ℓ 이상의 성능이 되도록 할 것

　4) 옥외소화전설비에는 비상전원을 설치할 것

사. 스프링클러설비의 설치기준은 다음의 기준에 의할 것

　1) 스프링클러헤드는 방호대상물의 천장 또는 건축물의 최상부 부근(천장이 설치되지 아니한 경우)에 설치하되, 방호대상물의 각 부분에서 하나의 스프링클러헤드까지의 수평거리가 1.7m(제4호 비고 제1호의 표에 정한 살수밀도의 기준을 충족하는 경우에는 2.6m) 이하가 되도록 설치할 것

　2) 개방형 스프링클러헤드를 이용한 스프링클러설비의 방사구역(하나의 일제개방밸브에 의하여 동시에 방사되는 구역을 말한다. 이하 같다)은 150㎡이상(방호대상물의 바닥면적이 150㎡ 미만인 경우에는 당해 바닥면적)으로 할 것

　3) 수원의 수량은 폐쇄형 스프링클러헤드를 사용하는 것은 30(헤드의 설치개수가 30 미만인 방호대상물인 경우에는 당해 설치개수), 개방형 스프링클러헤드를 사용하는 것은 스프링클러헤드가 가장 많이 설치된 방사구역의 스프링클러헤드 설치개수에 2.4㎥를 곱한 양 이상이 되도록 설치할 것

4) 스프링클러설비는 3)의 규정에 의한 개수의 스프링클러헤드를 동시에 사용할 경우에 각 선단의 방사압력이 100㎪(제4호 비고 제1호의 표에 정한 살수밀도의 기준을 충족하는 경우에는 50㎪) 이상이고, 방수량이 1분당 80ℓ (제4호 비고 제1호의 표에 정한 살수밀도의 기준을 충족하는 경우에는 56ℓ ) 이상의 성능이 되도록 할 것

5) 스프링클러설비에는 비상전원을 설치할 것

아. 물분무소화설비의 설치기준은 다음의 기준에 의할 것

1) 분무헤드의 개수 및 배치는 다음 각목에 의할 것

가) 분무헤드로부터 방사되는 물분무에 의하여 방호대상물의 모든 표면을 유효하게 소화할 수 있도록 설치할 것

나) 방호대상물의 표면적(건축물에 있어서는 바닥면적. 이하 이 목에서 같다) 1㎡당 3)의 규정에 의한 양의 비율로 계산한 수량을 표준방사량(당해 소화설비의 헤드의 설계압력에 의한 방사량을 말한다. 이하 같다)으로 방사할 수 있도록 설치할 것

2) 물분무소화설비의 방사구역은 150㎡ 이상(방호대상물의 표면적이 150㎡ 미만인 경우에는 당해 표면적)으로 할 것

3) 수원의 수량은 분무헤드가 가장 많이 설치된 방사구역의 모든 분무헤드를 동시에 사용할 경우에 당해 방사구역의 표면적 1㎡당 1분당 20ℓ 의 비율로 계산한 양으로 30분간 방사할 수 있는 양 이상이 되도록 설치할 것

4) 물분무소화설비는 3)의 규정에 의한 분무헤드를 동시에 사용할 경우에 각 선단의 방사압력이 350 ㎪ 이상으로 표준방사량을 방사할 수 있는 성능이 되도록 할 것

5) 물분무소화설비에는 비상전원을 설치할 것

자. 포소화설비의 설치기준은 다음의 기준에 의할 것

1) 고정식 포소화설비의 포방출구 등은 방호대상물의 형상, 구조, 성질, 수량 또는 취급방법에 따라 표준방사량으로 당해 방호대상물의 화재를 유효하게 소화할 수 있도록 필요한 개수를 적당한 위치에 설치할 것

2) 이동식 포소화설비(포소화전 등 고정된 포수용액 공급장치로부터 호스를 통하여 포수용액을 공급받아 이동식 노즐에 의하여 방사하도록 된 소화설비를 말한다. 이하 같다)의 포소화전은 옥내에 설치하는 것은 마목1), 옥외에 설치하는 것은 바목1)의 규정을 준용할 것

3) 수원의 수량 및 포소화약제의 저장량은 방호대상물의 화재를 유효하게 소화할 수 있는 양 이상이 되도록 할 것

4) 포소화설비에는 비상전원을 설치할 것

차. 불활성가스소화설비의 설치기준은 다음의 기준에 의할 것

1) 전역방출방식 불활성가스소화설비의 분사헤드는 불연재료의 벽 · 기둥 · 바닥 · 보 및 지붕(천장이 있는 경우에는 천장)으로 구획되고 개구부에 자동폐쇄장치(갑종방화문, 을종방화문 또는 불연재료의 문으로 이산화탄소소화약제가 방사되기 직전에 개구부를 자동적으로 폐쇄하는 장치를 말한다)가 설치되어 있는 부분(이하 "방호구역"이라 한다)에 당해 부분의 용적 및 방호대상물의 성질에 따라 표준방사량으로 방호대상물의 화재를 유효하게 소화할 수 있도록 필요한 개수를 적당한 위치에 설치할 것. 다만, 당해 부분에서 외부로 누설되는 양 이상의 불활성가스소화약제를 유효하게 추가하여 방출할 수 있는 설비가 있는 경우는 당해 개구부의 자동폐쇄장치를 설치하지 아니할 수 있다.

2) 국소방출방식 불활성가스소화설비의 분사헤드는 방호대상물의 형상, 구조, 성질, 수량 또는 취급 방법에 따라 방호대상물에 이산화탄소소화약제를 직접 방사하여 표준방사량으로 방호대상물의 화재를 유효하게 소화할 수 있도록 필요한 개수를 적당한 위치에 설치할 것

3) 이동식 불활성가스소화설비(고정된 이산화탄소소화약제 공급장치로부터 호스를 통하여 이산화탄소소화약제를 공급받아 이동식 노즐에 의하여 방사하도록 된 소화설비를 말한다. 이하 같다)의 호스접속구는 모든 방호대상물에 대하여 당해 방호 대상물의 각 부분으로부터 하나의 호스접속구까지의 수평거리가 15m 이하가 되도록 설치할 것

4) 불활성가스소화약제용기에 저장하는 불활성가스소화약제의 양은 방호대상물의 화재를 유효하게 소화할 수 있는 양 이상이 되도록 할 것

5) 전역방출방식 또는 국소방출방식의 불활성가스소화설비에는 비상전원을 설치할 것

카. 할로겐화합물소화설비의 설치기준은 차목의 불활성가스소화설비의 기준을 준용할 것

타. 분말소화설비의 설치기준은 차목의 불활성가스소화설비의 기준을 준용할 것

파. 대형수동식소화기의 설치기준은 방호대상물의 각 부분으로부터 하나의 대형수동식소화기까지의 보행거리가 30m 이하가 되도록 설치할 것. 다만, 옥내소화전설비, 옥외소화전설비, 스프링클러설비 또는 물분무등소화설비와 함께 설치하는 경우에는 그러하지 아니하다.

하. 소형수동식소화기등의 설치기준은 소형수동식소화기 또는 그 밖의 소화설비는 지하탱크저장소, 간이탱크저장소, 이동탱크저장소, 주유취급소 또는 판매취급소에서는 유효하게 소화할 수 있는 위치에 설치하여야 하며, 그 밖의 제조소등에서는 방호대상물의 각 부분으로부터 하나의 소형수동식소화기까지의 보행거리가 20m 이하가 되도록 설치할 것. 다만, 옥내소화전설비, 옥외소화전설비, 스프링클러설비, 물분무등소화설비 또는 대형수동식소화기와 함께 설치하는 경우에는 그러하지 아니하다.

## 15) 경보설비의 기준 [시행규칙 제42조(경보설비의 기준)]

① 위험물안전관리법 제5조제4항의 규정에 의하여 영 별표 1의 규정에 의한 지정수량의 10배 이상의 위험물을 저장 또는 취급하는 제조소등(이동탱크저장소를 제외한다)에는 화재발생시 이를 알릴 수 있는 경보설비를 설치하여야 한다.

② ①의 규정에 의한 경보설비는 자동화재탐지설비·비상경보설비(비상벨장치 또는 경종을 포함한다)·확성장치(휴대용확성기를 포함한다) 및 비상방송설비로 구분하되, 제조소등별로 설치하여야 하는 경보설비의 종류 및 자동화재탐지설비의 설치기준은 별표 17과 같다.

소화설비, 경보설비 및 피난설비의 기준(시행규칙 제41조제2항 · 제42조제2항 및 제43조제2항관련) 별표17 중 경보설비 관련

## Ⅱ. 경보설비

### 1. 제조소등별로 설치하여야 하는 경보설비의 종류

| 제조소등의 구분 | 제조소등의 규모, 저장 또는 취급하는 위험물의 종류 및 최대수량 등 | 경보설비 |
|---|---|---|
| 1. 제조소 및 일반취급소 | • 연면적 500㎡ 이상인 것<br>• 옥내에서 지정수량의 100배 이상을 취급하는 것(고인화점 위험물만을 100℃ 미만의 온도에서 취급하는 것을 제외한다)<br>• 일반취급소로 사용되는 부분 외의 부분이 있는건축물에 설치된 일반취급소(일반취급소와 일반취급소 외의 부분이 내화구조의 바닥 또는 벽으로 개구부 없이 구획된 것을 제외한다) | 자동화재탐지설비 |
| 2. 옥내저장소 | • 지정수수량의 100배 이상을 저장 또는 취급하는 것(고인화점위험물만을 저장 또는 취급하는 것을 제외한다)<br>• 저장창고의 연면적이 150㎡를 초과하는 것[당해저장창고가 연면적 150㎡ 이내마다 불연재료의 격벽으로 개구부 없이 완전히 구획된 것과 제2류 또는 제4류의 위험물(인화성고체 및 인화점이 70℃ 미만인 제4류 위험물을 제외한다)만을저장 또는 취급하는 것에 있어서는 저장창고의 연면적이 500㎡ 이상의 것에 한한다]<br>• 처마높이가 6m 이상인 단층건물의 것<br>• 옥내저장소로 사용되는 부분 외의 부분이 있는건축물에 설치된 옥내저장소[옥내저장소와 옥내저장소 외의 부분이 내화구조의 바닥 또는 벽으로 개구부 없이 구획된 것과 제2류 또는 제4류의 위험물(인화성고체 및 인화점이 70℃ 미만인제4류 위험물을 제외한다)만을 저장 또는 취급 하는 것을 제외한다] | |
| 3. 옥내탱크저장소 | 단층 건물 외의 건축물에 설치된 옥내탱크저장소로서 소화난이도등급 Ⅰ에 해당하는 것 | |
| 4. 주유취급소 | 옥내주유취급소 | |
| 5. 제1호 내지 제4호의 자동화재탐지설비 설치 대상에 해당하지 아니하는 제조소등 | 지정수량의 10배 이상을 저장 또는 취급하는 것 | 자동화재탐지설비, 비상경보설비, 확성장치 또는 비상방송설비 중 1종 이상 |

※ 비고 : 이송취급소의 경보설비는 별표 15 Ⅳ제14호의 규정에 의한다.

  2. 자동화재탐지설비의 설치기준
    가. 자동화재탐지설비의 경계구역(화재가 발생한 구역을 다른 구역과 구분하여 식별할 수 있는 최소단위의 구역을 말한다. 이하 이 호 및 제2호에서 같다)은 건축물 그 밖의 공작물의 2 이상의 층에 걸치지 아니하도록 할 것. 다만, 하나의 경계구역의 면적이 500㎡ 이하이면서 당해 경계구역이 두개의 층에 걸치는 경우이거나 계단·경사로·승강기의 승강로 그 밖에 이와 유사한 장소에 연기감지기를 설치하는 경우에는 그러하지 아니하다.
    나. 하나의 경계구역의 면적은 600㎡ 이하로 하고 그 한변의 길이는 50m(광전식분리형 감지기를 설치할 경우에는 100m)이하로 할 것. 다만, 당해 건축물 그 밖의 공작물의 주요한 출입구에서 그 내부의 전체를 볼 수 있는 경우에 있어서는 그 면적을 1,000㎡ 이하로 할 수 있다.
    다. 자동화재탐지설비의 감지기는 지붕(상층이 있는 경우에는 상층의 바닥) 또는 벽의 옥내에 면한 부분(천장이 있는 경우에는 천장 또는 벽의 옥내에 면한 부분 및 천장의 뒷 부분)에 유효하게 화재의 발생을 감지할 수 있도록 설치할 것
    라. 자동화재탐지설비에는 비상전원을 설치할 것
  3. 자동신호장치를 갖춘 스프링클러설비 또는 물분무등소화설비를 설치한 제조소등에 있어서는 2의 규정에 의한 자동화재탐지설비를 설치한 것으로 본다.

16) 피난설비의 기준[시행규칙 제43조(피난설비의 기준)]

① 위험물안전관리법 제5조제4항의 규정에 의하여 주유취급소 중 건축물의 2층 이상의 부분을 점포·휴게음식점 또는 전시장의 용도로 사용하는 것과 옥내주유취급소에는 피난설비를 설치하여야 한다.

② ①의 규정에 의한 피난설비의 설치기준은 별표 17과 같다.

소화설비, 경보설비 및 피난설비의 기준(시행규칙 제41조제2항·제42조제2항 및 제43조제2항관련) 별표17 중 피난시설 관련

Ⅲ. 피난설비

1. 주유취급소 중 건축물의 2층 이상의 부분을 점포·휴게음식점 또는 전시장의 용도로 사용하는 것에 있어서는 당해 건축물의 2층 이상으로부터 주유취급소의 부지 밖으로 통하는 출입구와 당해 출입구로 통하는 통로·계단 및 출입구에 유도등을 설치하여야 한다.
2. 옥내주유취급소에 있어서는 당해 사무소 등의 출입구 및 피난구와 당해 피난구로 통하는 통로·계단 및 출입구에 유도등을 설치하여야 한다.
3. 유도등에는 비상전원을 설치하여야 한다.

17) 소화설비 등의 설치에 관한 세부기준 [시행규칙 제44조(소화설비 등의 설치에 관한 세부기준)]

위험물안전관리법 시행규칙 제41조 내지 제43조의 규정에 의한 기준 외에 소화설비·경보설비 및 피난설비의 설치에 관하여 필요한 세부기준은 소방청장이 정하여 고시한다.

## 18) 소화설비의 형식[시행규칙 제45조(소화설비 등의 형식)]

소화설비·경보설비 및 피난설비는 「화재예방, 소방시설 설치·유지 및 안전관리에 관한 법률」 제36조에 따라 소방청장의 형식승인을 받은 것이어야 한다.

## 19) 화재안전기준의 적용[시행규칙 제46조(화재안전기준의 적용)]

제조소등에 설치하는 소화설비·경보설비 및 피난설비의 설치 기준 등에 관하여 위험물안전관리법 시행규칙 제41조부터 제44조까지에 규정된 기준 외에는 「화재예방, 소방시설 설치·유지 및 안전관리에 관한 법률」에 따른 화재안전기준에 따른다.

## 20) 제조소 등의 특례[시행규칙 제47조(제조소등의 기준의 특례)]

① 시·도지사 또는 소방서장은 다음에 해당하는 경우에는 이 장의 규정을 적용하지 아니한다.
  ㉠ 위험물의 품명 및 최대수량, 지정수량의 배수, 위험물의 저장 또는 취급의 방법 및 제조소등의 주위의 지형 그 밖의 상황 등에 비추어 볼 때 화재의 발생 및 연소의 정도나 화재 등의 재난에 의한 피해가 이 장의 규정에 의한 제조소등의 위치·구조 및 설비의 기준에 의한 경우와 동등 이하가 된다고 인정되는 경우
  ㉡ 예상하지 아니한 특수한 구조나 설비를 이용하는 것으로서 이 장의 규정에 의한 제조소등의 위치·구조 및 설비의 기준에 의한 경우와 동등 이상의 효력이 있다고 인정되는 경우
② 시·도지사 또는 소방서장은 제조소등의 기준의 특례 적용 여부를 심사함에 있어서 전문기술적인 판단이 필요하다고 인정하는 사항에 대해서는 기술원이 실시한 해당 제조소등의 안전성에 관한 평가(이하 이 조에서 "안전성 평가"라 한다)를 참작할 수 있다.
③ 안전성 평가를 받으려는 자는 규정에 따른 서류 중 해당 서류를 기술원에 제출하여 안전성 평가를 신청할 수 있다.
④ 안전성 평가의 신청을 받은 기술원은 소방기술사, 위험물기능장 등 해당분야의 전문가가 참여하는 위원회(이하 이 조에서 "안전성평가위원회"라 한다)의 심의를 거쳐 안전성 평가 결과를 30일 이내에 신청인에게 통보하여야 한다.
⑤ 그 밖에 안전성평가위원회의 구성 및 운영과 신청절차 등 안전성 평가에 관하여 필요한 사항은 기술원의 원장이 정한다.

## 21) 화약류에 해당하는 위험물의 특례 [시행규칙 제48조(화약류에 해당하는 위험물의 특례)]

염소산염류·과염소산염류·질산염류·유황·철분·금속분·마그네슘·질산에스테르류·니트로화합물 중 「총포·도검·화약류 등 단속법」에 따른 화약류에 해당하는 위험물을 저장 또는 취급하는 제조소 등에 대하여는 별표4 Ⅱ·Ⅳ·Ⅸ·Ⅹ 및 별표5 Ⅰ의 제1호·제2호·제4호부터 제8호까지·제14호·제16호·Ⅱ·Ⅲ을 적용하지 아니한다.

**(5)** 둘 이상의 위험물을 같은 장소에서 저장 또는 취급하는 경우에 있어서 당해 장소에서 저장 또는 취급하는 각 위험물의 수량을 그 위험물의 지정수량으로 각각 나누어 얻은 수의 합계가 1 이상인 경우 당해 위험물은 지정수량 이상의 위험물로 본다.

# 위험물시설의 설치 및 변경

## 1. 위험물시설의 설치 및 변경 [제6조(위험물시설의 설치 및 변경 등)]

**(1)** 제조소등을 설치하고자 하는 자는 대통령령이 정하는 바에 따라 그 설치장소를 관할하는 특별시장·광역시장·특별자치시장·도지사 또는 특별자치도지사의 허가를 받아야 한다. 제조소등의 위치·구조 또는 설비 가운데 행정안전부령이 정하는 사항을 변경하고자 하는 때에도 또한 같다.

1) 제조소등의 설치허가 또는 변경허가를 받으려는 자는 설치허가 또는 변경허가신청서에 행정안전부령으로 정하는 서류를 첨부하여 특별시장·광역시장·특별자치시장·도지사 또는 특별자치도지사에게 제출하여야 한다. [시행령 제6조(제조소등의 설치 및 변경의 허가)]

2) 시·도지사는 제조소등의 설치허가 또는 변경허가 신청 내용이 다음의 기준에 적합하다고 인정하는 경우에는 허가를 하여야 한다.

① 제조소등의 위치·구조 및 설비가 기술기준에 적합할 것

② 제조소등에서의 위험물의 저장 또는 취급이 공공의 안전유지 또는 재해의 발생방지에 지장을 줄 우려가 없다고 인정될 것

③ 다음의 제조소등은 해당 목에서 정한 사항에 대하여 「소방산업의 진흥에 관한 법률」에 따른 한국소방산업기술원(기술원)의 기술검토를 받고 그 결과가 행정안전부령으로 정하는 기준에 적합한 것으로 인정될 것. 다만, 보수 등을 위한 부분적인 변경으로서 소방청장이 정하여 고시하는 사항에 대해서는 기술원의 기술검토를 받지 아니할 수 있으나 행정안전부령으로 정하는 기준에는 적합하여야 한다.

㉠ 지정수량의 1천배 이상의 위험물을 취급하는 제조소 또는 일반취급소 : 구조·설비에 관한 사항

㉡ 옥외탱크저장소(저장용량이 50만 리터 이상인 것만 해당한다) 또는 암반탱크저장소 : 위험물탱크의 기초·지반, 탱크본체 및 소화설비에 관한 사항

3) 제조소등에 관한 설치허가 또는 변경허가를 신청하는 자는 그 시설의 설치계획에 관하여 미리 기술원의 기술검토를 받아 그 결과를 설치허가 또는 변경허가신청서류와 함께 제출할 수 있다.

**(2)** 제조소등의 위치·구조 또는 설비의 변경없이 당해 제조소등에서 저장하거나 취급하는 위험물의 품명·수량 또는 지정수량의 배수를 변경하고자 하는 자는 변경하고자 하는 날의 1일 전까지 행정안전부령이 정하는 바에 따라 시·도지사에게 신고하여야 한다.

**POINT** 제조소등의 완공검사필증을 첨부하여 시·도지사 또는 소방서장에게 제출하여야 한다. [시행규칙 제10조 (품명 등의 변경신고서)]

**(3)** 다음에 해당하는 제조소등의 경우에는 허가를 받지 아니하고 당해 제조소등을 설치하거나 그 위치·구조 또는 설비를 변경할 수 있으며, 신고를 하지 아니하고 위험물의 품명·수량 또는 지정수량의 배수를 변경할 수 있다.

　1) 주택의 난방시설(공동주택의 중앙난방시설을 제외한다)을 위한 저장소 또는 취급소

　2) 농예용·축산용 또는 수산용으로 필요한 난방시설 또는 건조시설을 위한 지정수량 20배 이하의 저장소

### 2. 군용위험물시설의 설치 및 변경에 대한 특례 [제7조(군용위험물시설의 설치 및 변경에 대한 특례)]

**(1)** 군사목적 또는 군부대시설을 위한 제조소등을 설치하거나 그 위치·구조 또는 설비를 변경하고자 하는 군부대의 장은 대통령령이 정하는 바에 따라 미리 제조소등의 소재지를 관할하는 시·도지사와 협의하여야 한다.

　1) 군부대의 장은 군사목적 또는 군부대시설을 위한 제조소등을 설치하거나 그 위치·구조 또는 설비를 변경하고자 하는 경우에는 당해 제조소등의 설치공사 또는 변경공사를 착수하기 전에 그 공사의 설계도서와 행정안전부령이 정하는 서류를 시·도지사에게 제출하여야 한다. 다만, 국가안보상 중요하거나 국가기밀에 속하는 제조소등을 설치 또는 변경하는 경우에는 당해 공사의 설계도서의 제출을 생략할 수 있다. [시행령 제7조(군용위험물시설의 설치 및 변경에 대한 특례)]

　2) 시·도지사는 제출받은 설계도서와 관계서류를 검토한 후 그 결과를 당해 군부대의 장에게 통지하여야 한다. 이 경우 시·도지사는 검토결과를 통지하기 전에 설계도서와 관계서류의 보완요청을 할 수 있고, 보완요청을 받은 군부대의 장은 특별한 사유가 없는 한 이에 응하여야 한다.

**(2)** 군부대의 장이 제조소등의 소재지를 관할하는 시·도지사와 협의한 경우에는 허가를 받은 것으로 본다.

**(3)** 군부대의 장은 협의한 제조소등에 대하여는 탱크안전성능검사와 완공검사를 자체적으로 실시할 수 있다. 이 경우 완공검사를 자체적으로 실시한 군부대의 장은 지체없이 행정안전부령이 정하는 사항을 시·도지사에게 통보하여야 한다.

1) 행정안전부령이 정하는 서류라 함은 군사목적 또는 군부대시설을 위한 제조소등의 설치공사 또는 변경공사에 관한 서류를 말한다. [시행규칙 제11조(군용위험물시설의 설치 등에 관한 서류 등)]

2) 행정안전부령이 정하는 사항

① 제조소등의 완공일 및 사용개시일

② 탱크안전성능검사의 결과(탱크안전성능검사의 대상이 되는 위험물탱크가 있는 경우에 한한다)

③ 완공검사의 결과

④ 안전관리자 선임계획

⑤ 예방규정(제조소등의 경우에 한한다)

### 3. 탱크안전성능검사 [제8조(탱크안전성능검사)]

(1) 위험물을 저장 또는 취급하는 탱크로서 대통령령이 정하는 위험물탱크가 있는 제조소등의 설치 또는 그 위치·구조 또는 설비의 변경에 관하여 허가를 받은 자가 위험물탱크의 설치 또는 그 위치·구조 또는 설비의 변경공사를 하는 때에는 완공검사를 받기 기술기준에 적합한지의 여부를 확인하기 위하여 시·도지사가 실시하는 탱크안전성능검사를 받아야 한다. 이 경우 시·도지사는 허가를 받은 자가 탱크안전성능시험자 또는 「소방산업의 진흥에 관한 법률」에 따른 한국소방산업기술원으로부터 탱크안전성능시험을 받은 경우에는 대통령령이 정하는 바에 따라 당해 탱크안전성능검사의 전부 또는 일부를 면제할 수 있다.

1) 탱크안전성능검사를 받아야 하는 위험물탱크는 탱크안전성능검사별로 다음에 해당하는 탱크로 한다. [시행령 제8조(탱크안전성능검사의 대상이 되는 탱크 등)]

① 기초·지반검사 … 옥외탱크저장소의 액체위험물탱크 중 그 용량이 100만리터 이상인 탱크

② 충수(充水)·수압검사 … 액체위험물을 저장 또는 취급하는 탱크. 다만, 다음에 해당하는 탱크는 제외한다.
  ㉠ 제조소 또는 일반취급소에 설치된 탱크로서 용량이 지정수량 미만인 것
  ㉡ 「고압가스 안전관리법」에 따른 특정설비에 관한 검사에 합격한 탱크
  ㉢ 「산업안전보건법」에 따른 안전인증을 받은 탱크

③ 용접부검사 … 옥외탱크저장소의 액체위험물탱크 중 그 용량이 100만리터 이상인 탱크의 규정에 의한 탱크. 다만, 탱크의 저부에 관계된 변경공사(탱크의 옆판과 관련되는 공사를 포함하는 것을 제외한다)시에 행하여진 정기검사에 의하여 용접부에 관한 사항이 행정안전부령으로 정하는 기준에 적합하다고 인정된 탱크를 제외한다.

④ 암반탱크검사 … 액체위험물을 저장 또는 취급하는 암반내의 공간을 이용한 탱크

2) 탱크안전성능검사는 기초ㆍ지반검사, 충수ㆍ수압검사, 용접부검사 및 암반탱크검사로 구분하되, 그 내용은 별표 4와 같다.

**탱크안전성능검사의 내용(제8조제2항관련) [별표 4]**

| 구분 | | 검사내용 |
|---|---|---|
| 1. 기초ㆍ지반검사 | 가. | 제8조제1항제1호(옥외탱크저장소의 액체위험물탱크 중 그 용량이 100만리터 이상인 탱크)의 규정에 의한 탱크중 나목외의 탱크 : 탱크의 기초 및 지반에 관한 공사에 있어서 당해 탱크의 기초 및 지반이 행정안전부령으로 정하는 기준에 적합한지 여부를 확인함 |
| | 나. | 제8조제1항제1호(옥외탱크저장소의 액체위험물탱크 중 그 용량이 100만리터 이상인 탱크)의 규정에 의한 탱크중 행정안전부령으로 정하는 탱크 : 탱크의 기초 및 지반에 관한 공사에 상당한 것으로서 행정안전부령으로 정하는 공사에 있어서 당해 탱크의 기초 및 지반에 상당하는 부분이 행정안전부령으로 정하는 기준에 적합한지 여부를 확인함 |
| 2. 충수ㆍ수압검사 | | 탱크에 배관 그 밖의 부속설비를 부착하기 전에 당해 탱크 본체의 누설 및 변형에 대한 안전성이 행정안전부령으로 정하는 기준에 적합한지 여부를 확인함 |
| 3. 용접부검사 | | 탱크의 배관 그 밖의 부속설비를 부착하기 전에 행하는 당해 탱크의 본체에 관한 공사에 있어서 탱크의 용접부가 행정안전부령으로 정하는 기준에 적합한지 여부를 확인함 |
| 4. 암반탱크검사 | | 탱크의 본체에 관한 공사에 있어서 탱크의 구조가 행정안전부령으로 정하는 기준에 적합한지 여부를 확인함 |

**(2)** 탱크안전성능검사의 내용은 대통령령으로 정하고, 탱크안전성능검사의 실시 등에 관하여 필요한 사항은 행정안전부령으로 정한다.

1) 탱크안전성능검사를 받아야 하는 자는 신청서(전자문서로 된 신청서를 포함한다)를 해당 위험물탱크의 설치장소를 관할하는 소방서장 또는 기술원에 제출하여야 한다. 다만, 설치장소에서 제작하지 아니하는 위험물탱크에 대한 탱크안전성능검사(충수ㆍ수압검사에 한한다)의 경우에는 신청서(전자문서로 된 신청서를 포함한다)에 해당 위험물탱크의 구조명세서 1부를 첨부하여 해당 위험물탱크의 제작지를 관할하는 소방서장에게 신청할 수 있다. [시행규칙 제18조(탱크안전성능검사의 신청 등)]

2) 탱크안전성능시험을 받고자 하는 자는 신청서에 해당 위험물탱크의 구조명세서 1부를 첨부하여 기술원 또는 탱크시험자에게 신청할 수 있다.

3) 충수ㆍ수압검사를 면제받고자 하는 자는 탱크시험필증에 탱크시험성적서를 첨부하여 소방서장에게 제출하여야 한다.

4) 탱크안전성능검사의 신청시기

① **기초·지반검사** … 위험물탱크의 기초 및 지반에 관한 공사의 개시 전

② **충수·수압검사** … 위험물을 저장 또는 취급하는 탱크에 배관 그 밖의 부속설비를 부착하기 전

③ **용접부검사** … 탱크본체에 관한 공사의 개시 전

④ **암반탱크검사** … 암반탱크의 본체에 관한 공사의 개시 전

  5) 소방서장 또는 기술원은 탱크안전성능검사를 실시한 결과 기준에 적합하다고 인정되는 때에는 당해 탱크안전성능검사를 신청한 자에게 탱크검사필증을 교부하고, 적합하지 아니하다고 인정되는 때에는 신청인에게 서면으로 그 사유를 통보하여야 한다.

  6) 행정안전부령이 정하는 액체위험물탱크라 함은 이중벽탱크를 말한다.

## 4. 완공검사 [제9조(완공검사)]

**(1)** 허가를 받은 자가 제조소등의 설치를 마쳤거나 그 위치·구조 또는 설비의 변경을 마친 때에는 당해 제조소등마다 시·도지사가 행하는 완공검사를 받아 기술기준에 적합하다고 인정받은 후가 아니면 이를 사용하여서는 아니된다. 다만, 제조소등의 위치·구조 또는 설비를 변경함에 있어서 변경허가를 신청하는 때에 화재예방에 관한 조치사항을 기재한 서류를 제출하는 경우에는 당해 변경공사와 관계가 없는 부분은 완공검사를 받기 전에 미리 사용할 수 있다.

**(2)** 완공검사를 받고자 하는 자가 제조소등의 일부에 대한 설치 또는 변경을 마친 후 그 일부를 미리 사용하고자 하는 경우에는 당해 제조소등의 일부에 대하여 완공검사를 받을 수 있다.

**(3) 완공검사의 신청 [시행규칙 제19조(완공검사의 신청 등)]**

  1) 법 제9조에 따라 제조소등에 대한 완공검사를 받고자 하는 자는 또는 신청서(전자문서로 된 신청서를 포함)에 다음의 서류(전자문서를 포함)를 첨부하여 시·도지사 또는 소방서장(기술원에 위탁하는 제조소등의 경우에는 기술원)에게 제출하여야 한다. 다만, 첨부서류는 완공검사를 실시할 때까지 제출할 수 있되, 「전자정부법」에 따른 행정정보의 공동이용을 통하여 첨부서류에 대한 정보를 확인할 수 있는 경우에는 그 확인으로 첨부서류를 갈음할 수 있다.

① 배관에 관한 내압시험, 비파괴시험 등에 합격하였음을 증명하는 서류(내압시험 등을 하여야 하는 배관이 있는 경우에 한한다)

② 소방서장, 기술원 또는 탱크시험자가 교부한 탱크검사필증 또는 탱크시험필증(해당 위험물탱크의 완공검사를 실시하는 소방서장 또는 기술원이 그 위험물탱크의 탱크안전성능검사를 실시한 경우는 제외한다)

③ 재료의 성능을 증명하는 서류(이중벽탱크에 한한다)

2) 기술원은 완공검사를 실시한 경우에는 완공검사결과서를 소방서장에게 송부하고, 검사대상명 · 접수일시 · 검사일 · 검사번호 · 검사자 · 검사결과 및 검사결과서 발송일 등을 기재한 완공검사업무대장을 작성하여 10년간 보관하여야 한다.

3) 완공검사필증은 서식에 의한다.

4) 완공검사필증의 재교부신청은 신청서에 의한다.

**⑷ 완공검사의 신청시기 [시행규칙 제20조(완공검사의 신청시기)]**

- 제조소등의 완공검사 신청시기

1) **지하탱크가 있는 제조소등의 경우** : 당해 지하탱크를 매설하기 전

2) **이동탱크저장소의 경우** : 이동저장탱크를 완공하고 상치장소를 확보한 후

3) **이송취급소의 경우** : 이송배관 공사의 전체 또는 일부를 완료한 후. 다만, 지하 · 하천 등에 매설하는 이송배관의 공사의 경우에는 이송배관을 매설하기 전

4) **전체 공사가 완료된 후에는 완공검사를 실시하기 곤란한 경우** : 다음 각목에서 정하는 시기

① 위험물설비 또는 배관의 설치가 완료되어 기밀시험 또는 내압시험을 실시하는 시기
② 배관을 지하에 설치하는 경우에는 시 · 도지사, 소방서장 또는 기술원이 지정하는 부분을 매몰하기 직전
③ 기술원이 지정하는 부분의 비파괴시험을 실시하는 시기

5) **1) 내지 4)에 해당하지 아니하는 제조소등의 경우** : 제조소등의 공사를 완료한 후

**5. 제조소등 설치자의 지위승계 [제10조(제조소등 설치자의 지위승계)]**

**(1)** 제조소등의 설치자(허가를 받아 제조소등을 설치한 자를 말한다.)가 사망하거나 그 제조소등을 양도 · 인도한 때 또는 법인인 제조소등의 설치자의 합병이 있는 때에는 그 상속인, 제조소등을 양수 · 인수한 자 또는 합병후 존속하는 법인이나 합병에 의하여 설립되는 법인은 그 설치자의 지위를 승계한다.

**(2)** 「민사집행법」에 의한 경매, 「채무자 회생 및 파산에 관한 법률」에 의한 환가, 국세징수법 · 관세법 또는 「지방세징수법」에 따른 압류재산의 매각과 그 밖에 이에 준하는 절차에 따라 제조소등의 시설의 전부를 인수한 자는 그 설치자의 지위를 승계한다.

**(3)** 제조소등의 설치자의 지위를 승계한 자는 행정안전부령이 정하는 바에 따라 승계한 날부터 30일 이내에 시·도지사에게 그 사실을 신고하여야 한다.

제조소등의 설치자의 지위승계를 신고하고자 하는 자는 신고서(전자문서로 된 신고서를 포함)에 제조소등의 완공검사필증과 지위승계를 증명하는 서류(전자문서를 포함)를 첨부하여 시·도지사 또는 소방서장에게 제출하여야 한다. [시행규칙 제22조(지위승계의 신고)]

### 6. 제조소등의 폐지 [제11조(제조소등의 폐지)]

제조소등의 관계인(소유자·점유자 또는 관리자)은 당해 제조소등의 용도를 폐지(장래에 대하여 위험물시설로서의 기능을 완전히 상실시키는 것을 말한다)한 때에는 행정안전부령이 정하는 바에 따라 제조소등의 용도를 폐지한 날부터 14일 이내에 시·도지사에게 신고하여야 한다.

1) 제조소등의 용도폐지신고를 하고자 하는 자는 신고서(전자문서로 된 신고서를 포함)에 제조소등의 완공검사필증을 첨부하여 시·도지사 또는 소방서장에게 제출하여야 한다. [시행규칙 제23조(용도폐지의 신고)]

2) 신고서를 접수한 시·도지사 또는 소방서장은 당해 제조소 등을 확인하여 위험물시설의 철거 등 용도폐지에 필요한 안전조치를 한 것으로 인정하는 경우에는 당해 신고서의 사본에 수리사실을 표시하여 용도폐지신고를 한 자에게 통보하여야 한다.

### 7. 제조소등 설치허가의 취소와 사용정지 [제12조(제조소등 설치허가의 취소와 사용정지 등)]

시·도지사는 제조소등의 관계인이 다음에 해당하는 때에는 행정안전부령이 정하는 바에 따라 허가를 취소하거나 6월 이내의 기간을 정하여 제조소등의 전부 또는 일부의 사용정지를 명할 수 있다.

① 변경허가를 받지 아니하고 제조소등의 위치·구조 또는 설비를 변경한 때

② 완공검사를 받지 아니하고 제조소등을 사용한 때

③ 수리·개조 또는 이전의 명령을 위반한 때

④ 위험물안전관리자를 선임하지 아니한 때

⑤ 대리자를 지정하지 아니한 때

⑥ 대통령령에 의한 기술기준적합에 관한 정기점검을 하지 아니한 때

⑦ 행정안전부령에 의한 기술기준적합에 관한 정기검사를 받지 아니한 때

⑧ 저장·취급기준 준수명령을 위반한 때

행정처분기준(시행령, 시행규칙 제25조, 제58조제1항 및 제62조제1항관련)

## 1. 일반기준

가. 위반행위가 2 이상인 때에는 그 중 중한 처분기준(중한 처분기준이 동일한 때에는 그 중 하나의 처분기준을 말한다. 이하 이 호에서 같다)에 의하되, 2 이상의 처분기준이 동일한 사용정지이거나 업무정지인 경우에는 중한 처분의 2분의 1까지 가중처분할 수 있다.

나. 사용정지 또는 업무정지의 처분기간 중에 사용정지 또는 업무정지에 해당하는 새로운 위반행위가 있는 때에는 종전의 처분기간 만료일의 다음 날부터 새로운 위반행위에 따른 사용정지 또는 업무정지의 행정처분을 한다.

다. 차수에 따른 행정처분기준은 최근 2년간 같은 위반행위로 행정처분을 받은 경우에 적용한다. 이 경우 기준적용일은 최근의 위반행위에 대한 행정처분일과 그 처분 후에 같은 위반행위를 한 날을 기준으로 한다.

라. 사용정지 또는 업무정지의 처분기간이 완료될 때까지 위반행위가 계속되는 경우에는 사용정지 또는 업무정지의 행정처분을 다시 한다.

마. 사용정지 또는 업무정지에 해당하는 위반행위로서 위반행위의 동기·내용·횟수 또는 그 결과 등을 고려할 때 제2호 각목의 기준을 적용하는 것이 불합리하다고 인정되는 경우에는 그 처분기준의 2분의 1기간까지 경감하여 처분할 수 있다.

## 2. 개별기준

가. 제조소등에 대한 행정처분기준

| 위반사항 | 근거법규 | 행정처분기준 | | |
|---|---|---|---|---|
| | | 1차 | 2차 | 3차 |
| (1) 법 제6조제1항의 후단(제조소등의 위치·구조 또는 설비 변경)의 규정에 의한 변경허가를 받지 아니하고, 제조소등의 위치·구조 또는 설비를 변경한 때 | 법 제12조 | 경고 또는 사용정지 15일 | 사용정지 60일 | 허가취소 |
| (2) 법 제9조의 규정(완공검사)에 의한 완공검사를 받지 아니하고 제조소등을 사용한 때 | 법 제12조 | 사용정지 15일 | 사용정지 60일 | 허가취소 |
| (3) 법 제14조제2항(시·도지사, 소방본부장 또는 소방서장은 유지·관리의 상황이 기술기준에 부적합하다고 인정하는 때에는 그 기술기준에 적합하도록 제조소등의 위치·구조 및 설비의 수리·개조 또는 이전을 명할 수 있다.)의 규정에 의한 수리·개조 또는 이전의 명령에 위반한 때 | 법 제12조 | 사용정지 30일 | 사용정지 90일 | 허가취소 |
| (4) 법 제15조제1항 및 제2항(제조소 등의 위험물 안전관리자의 자격있는 자를 선임하여야 하며, 해임퇴직 시 30일이내에 선임 해야 한다)의 규정에 의한 위험물안전관리자를 선임하지 아니한 때 | 법 제12조 | 사용정지 15일 | 사용정지 60일 | 허가취소 |

| 위반사항 | 근거법규 | 1차 | 2차 | 3차 |
|---|---|---|---|---|
| (5) 법 제15조제5항(안전관리자가 여행·질병 그 밖의 사유로 인하여 일시적으로 직무를 수행할 수 없거나 안전관리자의 해임 또는 퇴직과 동시에 다른 안전관리자를 선임하지 못하는 경우)을 위반하여 대리자를 지정하지 아니한 때 | 법 제12조 | 사용정지 10일 | 사용정지 30일 | 허가취소 |
| (6) 법 제18조제1항(제조소등에 대하여 기술기준에 적합한지의 여부를 정기적으로 점검하고 점검결과를 기록하여 보존하여야 한다. )의 규정에 의한 정기점검을 하지 아니한 때 | 법 제12조 | 사용정지 10일 | 사용정지 30일 | 허가취소 |
| (7) 법 제18조제2항(제조소등이 기술기준에 적합하게 유지되고 있는지의 여부에 대하여 정기적으로 검사를 받아야 한다.)의 규정에 의한 정기검사를 받지 아니한 때 | 법 제12조 | 사용정지 10일 | 사용정지 30일 | 허가취소 |
| (8) 법 제26조(저장·취급기준 준수명령 등)의 규정에 의한 저장·취급기준 준수명령을 위반한 때 | 법 제12조 | 사용정지 30일 | 사용정지 60일 | 허가취소 |

나. 안전관리대행기관에 대한 행정처분기준

| 위반사항 | 근거법규 | 행정처분기준 | | |
|---|---|---|---|---|
| | | 1차 | 2차 | 3차 |
| (1) 허위 그 밖의 부정한 방법으로 등록을 한 때 | 제58조 | 지정취소 | | |
| (2) 탱크시험자의 등록 또는 다른 법령에 의한 안전관리업무대행기관의 지정·승인 등이 취소된 때 | 제58조 | 지정취소 | | |
| (3) 다른 사람에게 지정서를 대여한 때 | 제58조 | 지정취소 | | |
| (4) 안전관리대행기관의 지정기준에 미달되는 때 | 제58조 | 업무정지 30일 | 업무정지 60일 | 지정취소 |
| (5) 소방청장의 지도·감독에 정당한 이유없이 따르지 아니한 때 | 제58조 | 업무정지 30일 | 업무정지 60일 | 지정취소 |
| (6) 변경 등의 신고를 연간 2회 이상 하지 아니한 때 | 제58조 | 경고 또는 업무정지 30일 | 업무정지 90일 | 지정취소 |
| (7) 안전관리대행기관의 기술인력이 안전관리업무를 성실하게 수행하지 아니한 때 | 제58조 | 경고 | 업무정지 90일 | 지정취소 |

다. 탱크시험자에 대한 행정처분기준

| 위반사항 | 근거법령 | 행정처분기준 | | |
|---|---|---|---|---|
| | | 1차 | 2차 | 3차 |
| (1) 허위 그 밖의 부정한 방법으로 등록을 한 경우 | 법 제16조제5항 | 등록취소 | | |
| (2) 피성년 후견인 등(제16조 제4항) 등록의 결격 사유에 해당하게 된 경우 | 법 제16조제5항 | 등록취소 | | |
| (3) 다른 자에게 등록증을 빌려준 경우 | 법 제16조제5항 | 등록취소 | | |
| (4) 법 제16조제2항(탱크시험자가 기술능력시설 및 장비)의 규정에 의한 등록기준에 미달하게 된 경우 | 법 제16조제5항 | 업무정지 30일 | 업무정지 60일 | 등록취소 |
| (5) 탱크안전성능시험 또는 점검을 허위로 하거나 이 법에 의한 기준에 맞지 아니하게 탱크안전 성능시험 또는 점검을 실시하는 경우 등 탱크시 험자로서 적합하지 아니하다고 인정되는 경우 | 법 제16조제5항 | 업무정지 30일 | 업무정지 90일 | 등록취소 |

## 8. 과징금처분 [제13조(과징금처분)]

**(1)** 시·도지사는 제조소등에 대한 사용의 정지가 그 이용자에게 심한 불편을 주거나 그 밖에 공익을 해칠 우려가 있는 때에는 사용정지처분에 갈음하여 2억원 이하의 과징금을 부과할 수 있다.

**(2)** 과징금을 부과하는 위반행위의 종별·정도 등에 따른 과징금의 금액 그 밖의 필요한 사항은 행정 안전부령으로 정한다.

**(3)** 시·도지사는 과징금을 납부하여야 하는 자가 납부기한까지 이를 납부하지 아니한 때에는 「지방세 외수입금의 징수 등에 관한 법률」에 따라 징수한다.

**(4) 과징금의 금액 [시행규칙 제26조(과징금의 금액)]**

과징금을 부과하는 위반행위의 종류와 위반 정도 등에 따른 과징금의 금액

1) 2016년 2월 1일부터 2018년 12월 31일까지의 기간 중에 위반행위를 한 경우: 별표 3

2) 2019년 1월 1일 이후에 위반행위를 한 경우: 별표 3의2

[별표 3]

과징금의 금액(시행규칙 제26조제1호 관련)

1. 일반기준

　가. 과징금을 부과하는 위반행위의 종별에 따른 과징금의 금액은 사용정지의 기간에 나목 또는 다목에 의하여 산정한 1일당 과징금의 금액을 곱하여 얻은 금액으로 한다.

　나. 1일당 과징금의 금액은 당해 제조소등의 연간 매출액을 기준으로 하여 제2호가목의 기준에 의하여 산정한다. 이 경우 연간 매출액은 전년도의 1년간의 총 매출액을 기준으로 하되, 신규사업·휴업 등으로 인하여 1년간의 총 매출액을 산출할 수 없는 경우에는 분기별·월별 또는 일별 매출액을 기준으로 하여 연간 매출액을 환산한다.

　다. 연간 매출액이 없거나 연간 매출액의 산출이 곤란한 제조소등의 경우에는 당해 제조소등에서 저장 또는 취급하는 위험물의 허가수량(지정수량의 배수)을 기준으로 하여 제2호 나목의 기준에 의하여 산정한다.

2. 과징금 산정기준

　가. 연간 매출액을 기준으로 한 과징금 산정기준

| 등급 | 연간 매출액 | 1일당 과징금의 금액(단위: 원) |
|---|---|---|
| 1 | 5천만원 이하 | 7,000 |
| 2 | 5천만원 초과 ~ 1억원 이하 | 20,000 |
| 3 | 1억원 초과 ~ 2억원 이하 | 41,000 |
| 4 | 2억원 초과 ~ 3억원 이하 | 68,000 |
| 5 | 3억원 초과 ~ 5억원 이하 | 110,000 |
| 6 | 5억원 초과 ~ 7억원 이하 | 160,000 |
| 7 | 7억원 초과 ~ 10억원 이하 | 200,000 |
| 8 | 10억원 초과 ~ 13억원 이하 | 240,000 |
| 9 | 13억원 초과 ~ 16억원 이하 | 280,000 |
| 10 | 16억원 초과 ~ 20억원 이하 | 320,000 |
| 11 | 20억원 초과 ~ 25억원 이하 | 360,000 |
| 12 | 25억원 초과 ~ 30억원 이하 | 400,000 |
| 13 | 30억원 초과 ~ 40억원 이하 | 440,000 |
| 14 | 40억원 초과 ~ 50억원 이하 | 480,000 |
| 15 | 50억원 초과 ~ 70억원 이하 | 520,000 |
| 16 | 70억원 초과 ~ 100억원 이하 | 560,000 |
| 17 | 100억원 초과 ~ 150억원 이하 | 737,000 |
| 18 | 150억원 초과 ~ 200억원 이하 | 1,031,000 |
| 19 | 200억원 초과 ~ 300억원 이하 | 1,473,000 |
| 20 | 300억원 초과 ~ 400억원 이하 | 2,062,000 |
| 21 | 400억원 초과 ~ 500억원 이하 | 2,115,000 |
| 22 | 500억원 초과 ~ 600억원 이하 | 2,168,000 |
| 23 | 600억원 초과 | 2,222,000 |

나. 저장 또는 취급하는 위험물의 허가수량을 기준으로 한 과징금 산정기준

| 등급 | 저장 또는 취급하는 위험물의 허가수량(지정수량의 배수) | | 1일당 과징금의 금액 (단위 : 천원) |
|---|---|---|---|
| | 저장량 | 취급량 | |
| 1 | 50배 이하 | 30배 이하 | 30 |
| 2 | 50배 초과 ~ 100배 이하 | 30배 초과 ~ 100배 이하 | 100 |
| 3 | 100배 초과 ~ 1,000배 이하 | 100배 초과 ~ 500배 이하 | 400 |
| 4 | 1,000배 초과 ~ 10,000배 이하 | 500배 초과 ~ 1,000배 이하 | 600 |
| 5 | 10,000배 초과 ~ 100,000배 이하 | 1,000배 초과 ~ 2,000배 이하 | 800 |
| 6 | 100,000배 초과 | 2,000배 초과 | 1000 |

※ 비고

1. 저장량과 취급량이 다른 경우에는 둘중 많은 수량을 기준으로 한다.
2. 자가발전, 자가난방 그 밖의 이와 유사한 목적의 제조소등에 있어서는 이표에 의한 금액의 2분의 1을 과징금의 금액으로 한다.

# 위험물시설의 안전관리

## 1. 위험물시설의 유지·관리 [제14조(위험물시설의 유지·관리)]

(1) 제조소등의 관계인은 당해 제조소등의 위치·구조 및 설비가 기술기준에 적합하도록 유지·관리하여야 한다.

(2) 시·도지사, 소방본부장 또는 소방서장은 유지·관리의 상황이 기술기준에 부적합하다고 인정하는 때에는 그 기술기준에 적합하도록 제조소등의 위치·구조 및 설비의 수리·개조 또는 이전을 명할 수 있다.

## 2. 위험물안전관리자 [제15조(위험물안전관리자)]

(1) 제조소등[허가를 받지 아니하는 제조소등과 이동탱크저장소(차량에 고정된 탱크에 위험물을 저장 또는 취급하는 저장소를 말한다)를 제외한다.]의 관계인은 위험물의 안전관리에 관한 직무를 수행하게 하기 위하여 제조소등마다 대통령령이 정하는 위험물의 취급에 관한 자격이 있는 자(위험물취급자격자)를 위험물안전관리자 선임하여야 한다. 다만, 제조소등에서 저장·취급하는 위험물이 「화학물질관리법」에 따른 유독물질에 해당하는 경우 등 대통령령이 정하는 경우에는 당해 제조소등을 설치한 자는 다른 법률에 의하여 안전관리업무를 하는 자로 선임된 자 가운데 대통령령이 정하는 자를 안전관리자로 선임할 수 있다.

1) 대통령령이 정하는 위험물의 취급에 관한 자격이 있는 자 [시행령 제11조(위험물안전관리자로 선임할 수 있는 위험물취급자격자 등)]

| 위험물취급자격자의 구분 | 취급할 수 있는 위험물 |
|---|---|
| 1. 「국가기술자격법」에 따라 위험물기능장, 위험물산업기사, 위험물기능사의 자격을 취득한 사람 | 산화성고체, 가연성고체, 자연발화성 물질 및 금수성 물질, 인화성 액체, 자기반응성 물질, 산화성액체 |
| 2. 안전관리자교육이수자(소방청장이 실시하는 안전관리자교육을 이수한 자를 말한다.) | 특수인화물, 제1석유류, 알코올류, 제2석유류, 제3석유류, 제4석유류, 동식물류 |
| 3. 소방공무원 경력자(소방공무원으로 근무한 경력이 3년 이상인 자를 말한다.) | 특수인화물, 제1석유류, 알코올류, 제2석유류, 제3석유류, 제4석유류, 동식물류 |

### 2) 대통령령이 정하는 경우

① 제조소등에서 저장·취급하는 위험물이 「화학물질관리법」에 따른 유독물질에 해당하는 경우

② 「화재예방, 소방시설 설치·유지 및 안전관리에 관한 법률」에 따른 특정소방대상물의 난방·비상발전 또는 자가발전에 필요한 위험물을 저장·취급하기 위하여 설치된 저장소 또는 일반취급소가 해당 특정소방대상물 안에 있거나 인접하여 있는 경우

### 3) 대통령령으로 선임가능한 안전관리자

① 제조소등에서 저장·취급하는 위험물이 「화학물질관리법」에 따른 유독물질에 해당하는 경우: 「화학물질관리법」에 따라 해당 제조소등의 유해화학물질관리자로 선임된 자로서 「화학물질관리법」에 따라 유해화학물질 안전교육을 받은 자

② 화재예방, 소방시설 설치·유지 및 안전관리에 관한 법률」에 따른 특정소방대상물의 난방·비상발전 또는 자가발전에 필요한 위험물을 저장·취급하기 위하여 설치된 저장소 또는 일반취급소가 해당 특정소방대상물 안에 있거나 인접하여 있는 경우: 「화재예방, 소방시설 설치·유지 및 안전관리에 관한 법률」 또는 「공공기관의 소방안전관리에 관한 규정」에 따라 소방안전관리자로 선임된 자로서 위험물안전관리자의 자격이 있는 자

**(2)** 안전관리자를 선임한 제조소등의 관계인은 그 안전관리자를 해임하거나 안전관리자가 퇴직한 때에는 해임하거나 퇴직한 날부터 30일 이내에 다시 안전관리자를 선임하여야 한다.

**(3)** 제조소등의 관계인은 안전관리자를 선임한 경우에는 선임한 날부터 14일 이내에 행정안전부령으로 정하는 바에 따라 소방본부장 또는 소방서장에게 신고하여야 한다.

### 1) 제조소 등의 관계인은 안전관리자(「기업활동 규제완화에 관한 특별조치법」안전관리자와 안전관리대행기관을 포함)의 선임을 신고하려는 경우에는 신고서(전자문서로 된 신고서를 포함)에 다음의 해당 서류(전자문서를 포함)를 첨부하여 소방본부장 또는 소방서장에게 제출하여야 한다. [시행규칙 제53조(안전관리자의 선임신고 등)]

① 위험물안전관리업무대행계약서(안전관리대행기관에 한한다)

② 위험물안전관리교육 수료증(안전관리자 강습교육을 받은 자에 한한다)

③ 위험물안전관리자를 겸직할 수 있는 관련 안전관리자로 선임된 사실을 증명할 수 있는 서류(「기업활동 규제완화에 관한 특별조치법」에 해당하는 안전관리자 또는 위험물의 취급에 관한 국가기술자격자가 아닌 사람으로 한정한다)

④ 소방공무원 경력증명서(소방공무원 경력자에 한한다)

2) 신고를 받은 담당 공무원은 「전자정부법」에 따른 행정정보의 공동이용을 통하여 다음의 행정정보를 확인하여야 한다. 다만, 신고인이 확인에 동의하지 아니하는 경우에는 그 서류(국가기술자격증의 경우에는 그 사본을 말한다)를 제출하도록 하여야한다.

① 국가기술자격증(위험물의 취급에 관한 국가기술자격자에 한한다)

② 국가기술자격증(「기업활동 규제완화에 관한 특별조치법」에 해당하는 자로서 국가기술자격자에 한한다)

**(4)** 제조소등의 관계인이 안전관리자를 해임하거나 안전관리자가 퇴직한 경우 그 관계인 또는 안전관리자는 소방본부장이나 소방서장에게 그 사실을 알려 해임되거나 퇴직한 사실을 확인받을 수 있다.

**(5)** 안전관리자를 선임한 제조소등의 관계인은 안전관리자가 여행·질병 그 밖의 사유로 인하여 일시적으로 직무를 수행할 수 없거나 안전관리자의 해임 또는 퇴직과 동시에 다른 안전관리자를 선임하지 못하는 경우에는 국가기술자격법에 따른 위험물의 취급에 관한 자격취득자 또는 위험물안전에 관한 기본지식과 경험이 있는 자로서 행정안전부령이 정하는 자를 대리자(代理者)로 지정하여 그 직무를 대행하게 하여야 한다. 이 경우 대리자가 안전관리자의 직무를 대행하는 기간은 30일을 초과할 수 없다.

> **POINT** 행정안전부령이 정하는 자 [시행규칙 54조(안전관리자의 대리자)]
> ① 안전교육을 받은 자
> ② 제조소등의 위험물 안전관리업무에 있어서 안전관리자를 지휘·감독하는 직위에 있는 자

**(6)** 안전관리자는 위험물을 취급하는 작업을 하는 때에는 작업자에게 안전관리에 관한 필요한 지시를 하는 등 행정안전부령이 정하는 바에 따라 위험물의 취급에 관한 안전관리와 감독을 하여야 하고, 제조소등의 관계인과 그 종사자는 안전관리자의 위험물 안전관리에 관한 의견을 존중하고 그 권고에 따라야 한다.

> **POINT** 안전관리자는 위험물의 취급에 관한 안전관리와 감독에 관한 다음의 업무를 성실하게 수행하여야 한다.
> [시행규칙 제55조(안전관리자의 책무)]

1) 위험물의 취급작업에 참여하여 당해 작업이 저장 또는 취급에 관한 기술기준과 예방규정에 적합하도록 해당 작업자(당해 작업에 참여하는 위험물취급자격자를 포함한다)에 대하여 지시 및 감독하는 업무

2) 화재 등의 재난이 발생한 경우 응급조치 및 소방관서 등에 대한 연락업무

3) 위험물시설의 안전을 담당하는 자를 따로 두는 제조소등의 경우에는 그 담당자에게 다음의 규정에 의한 업무의 지시, 그 밖의 제조소등의 경우에는 다음의 규정에 의한 업무

① 제조소등의 위치·구조 및 설비를 기술기준에 적합하도록 유지하기 위한 점검과 점검상황의 기록·보존

② 제조소등의 구조 또는 설비의 이상을 발견한 경우 관계자에 대한 연락 및 응급조치

③ 화재가 발생하거나 화재발생의 위험성이 현저한 경우 소방관서 등에 대한 연락 및 응급조치

④ 제조소등의 계측장치·제어장치 및 안전장치 등의 적정한 유지·관리

⑤ 제조소등의 위치·구조 및 설비에 관한 설계도서 등의 정비·보존 및 제조소등의 구조 및 설비의 안전에 관한 사무의 관리

4) 화재 등의 재해의 방지와 응급조치에 관하여 인접하는 제조소등과 그 밖의 관련되는 시설의 관계자와 협조체제의 유지

5) 위험물의 취급에 관한 일지의 작성·기록

6) 그 밖에 위험물을 수납한 용기를 차량에 적재하는 작업, 위험물설비를 보수하는 작업 등 위험물의 취급과 관련된 작업의 안전에 관하여 필요한 감독의 수행

**(7)** 제조소등에 있어서 위험물취급자격자가 아닌 자는 안전관리자 또는 대리자가 참여한 상태에서 위험물을 취급하여야 한다.

**(8)** 다수의 제조소등을 동일인이 설치한 경우에는 관계인은 대통령령이 정하는 바에 따라 1인의 안전관리자를 중복하여 선임할 수 있다. 이 경우 대통령령이 정하는 제조소등의 관계인은 대리자의 자격이 있는 자를 각 제조소등별로 지정하여 안전관리자를 보조하게 하여야 한다.

1) 다수의 제조소등을 설치한 자가 1인의 안전관리자를 중복하여 선임할 수 있는 경우는 다음과 같다. [시행령 제12조(1인의 안전관리자를 중복하여 선임할 수 있는 경우 등)]

① 보일러·버너 또는 이와 비슷한 것으로서 위험물을 소비하는 장치로 이루어진 7개 이하의 일반취급소와 그 일반취급소에 공급하기 위한 위험물을 저장하는 저장소[일반취급소 및 저장소가 모두 동일구내(같은 건물 안 또는 같은 울 안을 말한다.)에 있는 경우에 한한다.]를 동일인이 설치한 경우

② 위험물을 차량에 고정된 탱크 또는 운반용기에 옮겨 담기 위한 5개 이하의 일반취급소[일반취급소 간의 거리(보행거리를 말한다.)가 300미터 이내인 경우에 한한다]와 그 일반취급소에 공급하기 위한 위험물을 저장하는 저장소를 동일인이 설치한 경우

③ 동일구내에 있거나 상호 100미터 이내의 거리에 있는 저장소로서 저장소의 규모, 저장하는 위험물의 종류 등을 고려하여 행정안전부령이 정하는 저장소를 동일인이 설치한 경우

④ 다음의 기준에 모두 적합한 5개 이하의 제조소등을 동일인이 설치한 경우
  ㉠ 각 제조소등이 동일구내에 위치하거나 상호 100미터 이내의 거리에 있을 것
  ㉡ 각 제조소등에서 저장 또는 취급하는 위험물의 최대수량이 지정수량의 3천배 미만일 것. 다만, 저장소의 경우에는 그러하지 아니하다.

⑤ 그 밖에 ①또는 ②의 규정에 의한 제조소등과 비슷한 것으로서 행정안전부령이 정하는 제조소등을 동일인이 설치한 경우

### 2) 대통령령이 정하는 제조소등

① 제조소

② 이송취급소

③ 일반취급소. 다만, 인화점이 38도 이상인 제4류 위험물만을 지정수량의 30배 이하로 취급하는 일반취급소로서 다음에 해당하는 일반취급소를 제외한다.

   ㉠ 보일러 · 버너 또는 이와 비슷한 것으로서 위험물을 소비하는 장치로 이루어진 일반취급소

   ㉡ 위험물을 용기에 옮겨 담거나 차량에 고정된 탱크에 주입하는 일반취급소

## (9) 제조소등의 종류 및 규모에 따라 선임하여야 하는 안전관리자의 자격은 대통령령으로 정한다.

제조소등의 종류 및 규모에 따라 선임하여야 하는 안전관리자의 자격(시행령 제13조관련)

| 제조소등의 종류 및 규모 | | 안전관리자의 자격 |
|---|---|---|
| 제조소 | 1. 제4류 위험물만을 취급하는 것으로서 지정수량 5배 이하의 것 | 위험물기능장, 위험물산업기사, 위험물기능사, 안전관리자교육이수자 또는 소방공무원경력자 |
| | 2. 제1호에 해당하지 아니하는 것 | 위험물기능장, 위험물산업기사 또는 2년 이상의 실무경력이 있는 위험물기능사 |
| 저장소 | 1. 옥내저장소 | 제4류 위험물만을 저장하는 것으로서 지정수량 5배 이하의 것 |
| | | 제4류 위험물 중 알코올류 · 제2석유류 · 제3석유류 · 제4석유류 · 동식물유류만을 저장하는 것으로서 지정수량 40배 이하의 것 |
| | 2. 옥외탱크저장소 | 제4류 위험물만 저장하는 것으로서 지정수량 5배 이하의 것 |
| | | 제4류 위험물 중 제2석유류 · 제3석유류 · 제4석유류 · 동식물유류만을 저장하는 것으로서 지정수량 40배 이하의 것 |
| | 3. 옥내탱크저장소 | 제4류 위험물만을 저장하는 것으로서 지정수량 5배 이하의 것 |
| | | 제4류 위험물 중 제2석유류 · 제3석유류 · 제4석유류 · 동식물유류만을 저장하는 것 |

위험물기능장, 위험물산업기사, 위험물기능사, 안전관리자교육이수자 또는 소방공무원경력자

| | | |
|---|---|---|
| 4. 지하탱크저장소 | 제4류 위험물만을 저장하는 것으로서 지정수량 40배 이하의 것 | |
| | 제4류 위험물 중 제1석유류 · 알코올류 · 제2석유류 · 제3석유류 · 제4석유류 · 동식물유류만을 저장하는 것으로서 지정수량 250배 이하의 것 | |
| 5. 간이탱크저장소로서 제4류 위험물만을 저장하는 것 | | |
| 6. 옥외저장소 중 제4류 위험물만을 저장하는 것으로서 지정수량의 40배 이하의 것 | | |
| 7. 보일러, 버너 그 밖에 이와 유사한 장치에 공급하기 위한 위험물을 저장하는 탱크저장소 | | |
| 8. 선박주유취급소, 철도주유취급소 또는 항공기주유취급소의 고정주유설비에 공급하기 위한 위험물을 저장하는 탱크저장소로서 지정수량의 250배(제1석유류의 경우에는 지정수량의 100배)이하의 것 | | |
| 9. 제1호 내지 제8호에 해당하지 아니하는 저장소 | | 위험물기능장, 위험물산업기사 또는 2년 이상의 실무경력이 있는 위험물기능사 |

| | | |
|---|---|---|
| 취급소 | 1. 주유취급소 | |
| | 2. 판매취급소 | 제4류 위험물만을 취급하는 것으로서 지정수량 5배 이하의 것 |
| | | 제4류 위험물 중 제1석유류 · 알코올류 · 제2석유류 · 제3석유류 · 제4석유류 · 동식물유류만을 취급하는 것 |
| | 3. 제4류 위험물 중 제1류 석유류 · 알코올류 · 제2석유류 · 제3석유류 · 제4석유류 · 동식물유류만을 지정수량 50배 이하로 취급하는 일반취급소(제1석유류 · 알코올류의 취급량이 지정수량의 10배 이하인 경우에 한한다)로서 다음 각목의 어느 하나에 해당하는 것<br>가. 보일러, 버너 그 밖에 이와 유사한 장치에 의하여 위험물을 소비하는 것<br>나. 위험물을 용기 또는 차량에 고정된 탱크에 주입하는 것 | 위험물기능장, 위험물산업기사, 위험물기능사, 안전관리자교육이수자 또는 소방공무원경력자 |
| | 4. 제4류 위험물만을 취급하는 일반취급소로서 지정수량 10배 이하의 것 | |
| | 5. 제4류 위험물 중 제2석유류 · 제3석유류 · 제4석유류 · 동식물유류만을 취급하는 일반취급소로서 지정수량 20배 이하의 것 | |
| | 6. 「농어촌 전기공급사업 촉진법」에 따라 설치된 자가발전시설에 사용되는 위험물을 취급하는 일반취급소 | |
| | 7. 제1호 내지 제6호에 해당하지 아니하는 취급소 | 위험물기능장, 위험물산업기사 또는 2년 이상의 실무경력이 있는 위험물기능사 |

※ 비고

1. 왼쪽란의 제조소등의 종류 및 규모에 따라 오른쪽란에 규정된 안전관리자의 자격이 있는 위험물취급자격자는 제조소등에서 저장 또는 취급하는 위험물을 취급할 수 있는 자격이 있어야 한다.

2. 위험물기능사의 실무경력 기간은 위험물기능사 자격을 취득한 이후 「위험물안전관리법」에 따른 위험물안전관리자로 선임된 기간 또는 위험물안전관리자를 보조한 기간을 말한다.

## 3. 탱크시험자의 등록 [제16조(탱크시험자의 등록 등)]

**(1)** 시 · 도지사 또는 제조소등의 관계인은 안전관리업무를 전문적이고 효율적으로 수행하기 위하여 탱크안전성능시험자(이하 "탱크시험자"라 한다)로 하여금 이 법에 의한 검사 또는 점검의 일부를 실시하게 할 수 있다.

**(2)** 탱크시험자가 되고자 하는 자는 대통령령이 정하는 기술능력 · 시설 및 장비를 갖추어 시 · 도지사에게 등록하여야 한다.

1) 탱크시험자가 갖추어야 하는 기술능력 · 시설 및 장비 [시행령 제14조(탱크시험자의 등록기준 등)]

---

탱크시험자의 기술능력 · 시설 및 장비(제14조제1항 관련)

1. 기술능력
   가. 필수인력
      1) 위험물기능장 · 위험물산업기사 또는 위험물기능사 중 1명 이상
      2) 비파괴검사기술사 1명 이상 또는 초음파비파괴검사 · 자기비파괴검사 및 침투비파괴검사별로 기사 또는 산업기사 각 1명 이상
   나. 필요한 경우에 두는 인력
      1) 충 · 수압시험, 진공시험, 기밀시험 또는 내압시험의 경우: 누설비파괴검사 기사, 산업기사 또는 기능사
      2) 수직 · 수평도시험의 경우: 측량 및 지형공간정보 기술사, 기사, 산업기사 또는 측량기능사
      3) 방사선투과시험의 경우: 방사선비파괴검사 기사 또는 산업기사
      4) 필수 인력의 보조: 방사선비파괴검사 · 초음파비파괴검사 · 자기비파괴검사 또는 침투비파괴검사 기능사
2. 시설: 전용사무실
3. 장비
   가. 필수장비: 자기탐상시험기, 초음파두께측정기 및 다음 1) 또는 2) 중 어느 하나
      1) 영상초음파탐상시험기
      2) 방사선투과시험기 및 초음파탐상시험기
   나. 필요한 경우에 두는 장비
      1) 충 · 수압시험, 진공시험, 기밀시험 또는 내압시험의 경우
         가) 진공능력 53KPa 이상의 진공누설시험기
         나) 기밀시험장치(안전장치가 부착된 것으로서 가압능력 200KPa 이상, 감압의 경우에는 감압능력 10KPa 이상 · 감도 10Pa 이하의 것으로서 각각의 압력 변화를 스스로 기록할 수 있는 것)
      2) 수직 · 수평도 시험의 경우: 수직 · 수평도 측정기
   ※ 비고: 둘 이상의 기능을 함께 가지고 있는 장비를 갖춘 경우에는 각각의 장비를 갖춘 것으로 본다.

---

2) 탱크시험자로 등록하고자 하는 자는 등록신청서에 행정안전부령이 정하는 서류를 첨부하여 시·도지사에게 제출하여야 한다.

① 탱크시험자로 등록하려는 자는 신청서(전자문서로 된 신청서를 포함한다)에 다음의 서류(전자문서를 포함한다)를 첨부하여 시·도지사에게 제출하여야 한다. [시행규칙 제60조(탱크시험자의 등록신청 등)]

　　㉠ 기술능력자 연명부 및 기술자격증
　　㉡ 안전성능시험장비의 명세서
　　㉢ 보유장비 및 시험방법에 대한 기술검토를 기술원으로부터 받은 경우에는 그에 대한 자료
　　㉣ 「원자력안전법」에 따른 방사성동위원소이동사용허가증 또는 방사선발생장치이동사용허가증의 사본 1부
　　㉤ 사무실의 확보를 증명할 수 있는 서류

② 신청서를 제출받은 경우에 담당공무원은 법인 등기사항증명서를 제출받는 것에 갈음하여 그 내용을 「전자정부법」에 따른 행정정보의 공동이용을 통하여 확인하여야 한다.

③ 시·도지사는 신청서를 접수한 때에는 15일 이내에 그 신청이 등록기준에 적합하다고 인정하는 때에는 위험물탱크안전성능시험자등록증을 교부하고, 제출된 기술인력자의 기술자격증에 그 기술인력자가 당해 탱크시험기관의 기술인력자임을 기재하여 교부하여야 한다.

3) 시·도지사는 등록신청을 접수한 경우에 다음에 해당하는 경우를 제외하고는 등록을 해 주어야 한다.

① 기술능력·시설 및 장비 기준을 갖추지 못한 경우
② 등록을 신청한 자가 피성년후견인 또는 피한정후견인, 관련 법령에 의해서 금고이상의 형을 받고 형의 집행이나 면제를 받은지 2년이 지나지 아니한 경우와 집행유예기간 중인 경우
③ 그 밖에 법, 이 영 또는 다른 법령에 따른 제한에 위반되는 경우

(3) 등록한 사항 가운데 행정안전부령이 정하는 중요사항을 변경한 경우에는 그 날부터 30일 이내에 시·도지사에게 변경신고를 하여야 한다.

1) **영업소 소재지의 변경** : 사무소의 사용을 증명하는 서류와 위험물탱크안전성능시험자등록증

2) **기술능력의 변경** : 변경하는 기술인력의 자격증과 위험물탱크안전성능시험자등록증

3) **대표자의 변경** : 위험물탱크안전성능시험자등록증

4) **상호 또는 명칭의 변경** : 위험물탱크안전성능시험자등록증

**(4)** 다음에 해당하는 자는 탱크시험자로 등록하거나 탱크시험자의 업무에 종사할 수 없다.

　1) 피성년후견인 또는 피한정후견인

　2) 이 법, 「소방기본법」, 「화재예방, 소방시설 설치·유지 및 안전관리에 관한 법률」 또는 「소방시
　　설공사업법」에 따른 금고 이상의 실형의 선고를 받고 그 집행이 종료(집행이 종료된 것으로 보
　　는 경우를 포함한다)되거나 집행이 면제된 날부터 2년이 지나지 아니한 자

　3) 이 법, 「소방기본법」, 「화재예방, 소방시설 설치·유지 및 안전관리에 관한 법률」 또는 「소방시
　　설공사업법」에 따른 금고 이상의 형의 집행유예 선고를 받고 그 유예기간 중에 있는 자

　4) 탱크시험자의 등록이 취소(피성년후견인 또는 피한정후견인에 해당하여 자격이 취소된 경우는 제
　　외한다)된 날부터 2년이 지나지 아니한 자

　5) 법인으로서 그 대표자가 1) 내지 4)의 1에 해당하는 경우

**(5)** 시·도지사는 탱크시험자가 다음에 해당하는 경우에는 행정안전부령으로 정하는 바에 따라 그 등
　록을 취소하거나 6월 이내의 기간을 정하여 업무의 정지를 명할 수 있다.

　1) 허위 그 밖의 부정한 방법으로 등록을 한 경우(취소사유)

　2) 등록의 결격사유에 해당하게 된 경우

　3) 등록증을 다른 자에게 빌려준 경우(취소사유)

　4) 등록기준에 미달하게 된 경우

　5) 탱크안전성능시험 또는 점검을 허위로 하거나 이 법에 의한 기준에 맞지 아니하게 탱크안전성능
　　시험 또는 점검을 실시하는 경우 등 탱크시험자로서 적합하지 아니하다고 인정하는 경우

**(6)** 탱크시험자는 이 법 또는 이 법에 의한 명령에 따라 탱크안전성능시험 또는 점검에 관한 업무를
　성실히 수행하여야 한다.

### 4. 예방규정 [제17조(예방규정)]

**(1)** 대통령령이 정하는 제조소등의 관계인은 당해 제조소등의 화재예방과 화재 등 재해발생시의 비상조치를 위하여 행정안전부령이 정하는 바에 따라 예방규정을 정하여 당해 제조소등의 사용을 시작하기 전에 시·도지사에게 제출하여야 한다. 예방규정을 변경한 때에도 또한 같다.

**(2)** 시·도지사는 제출한 예방규정이 기준에 적합하지 아니하거나 화재예방이나 재해발생시의 비상조치를 위하여 필요하다고 인정하는 때에는 이를 반려하거나 그 변경을 명할 수 있다.

**(3)** 제조소등의 관계인과 그 종업원은 예방규정을 충분히 잘 익히고 준수하여야 한다.

**(4)** 대통령령이 정하는 제조소등 [시행령 제15조(관계인이 예방규정을 정하여야 하는 제조소등)]

1) 지정수량의 10배 이상의 위험물을 취급하는 제조소

2) 지정수량의 100배 이상의 위험물을 저장하는 옥외저장소

3) 지정수량의 150배 이상의 위험물을 저장하는 옥내저장소

4) 지정수량의 200배 이상의 위험물을 저장하는 옥외탱크저장소

5) 암반탱크저장소

6) 이송취급소

7) 지정수량의 10배 이상의 위험물을 취급하는 일반취급소. 다만, 제4류 위험물(특수인화물을 제외한다)만을 지정수량의 50배 이하로 취급하는 일반취급소(제1석유류·알코올류의 취급량이 지정수량의 10배 이하인 경우에 한한다)로서 다음 각목의 어느 하나에 해당하는 것을 제외한다.

① 보일러·버너 또는 이와 비슷한 것으로서 위험물을 소비하는 장치로 이루어진 일반취급소

② 위험물을 용기에 옮겨 담거나 차량에 고정된 탱크에 주입하는 일반취급소

**(5) 예방규정의 작성 [시행규칙 제63조(예방규정의 작성 등)]**

1) 제조소등의 관계인은 다음의 사항이 포함된 예방규정을 작성하여야 한다.

① 위험물의 안전관리업무를 담당하는 자의 직무 및 조직에 관한 사항

② 안전관리자가 여행·질병 등으로 인하여 그 직무를 수행할 수 없을 경우 그 직무의 대리자에 관한 사항

③ 자체소방대를 설치하여야 하는 경우에는 자체소방대의 편성과 화학소방자동차의 배치에 관한 사항

④ 위험물의 안전에 관계된 작업에 종사하는 자에 대한 안전교육 및 훈련에 관한 사항

⑤ 위험물시설 및 작업장에 대한 안전순찰에 관한 사항

⑥ 위험물시설·소방시설 그 밖의 관련시설에 대한 점검 및 정비에 관한 사항

⑦ 위험물시설의 운전 또는 조작에 관한 사항

⑧ 위험물 취급작업의 기준에 관한 사항

⑨ 이송취급소에 있어서는 배관공사 현장책임자의 조건 등 배관공사 현장에 대한 감독체제에 관한 사항과 배관주위에 있는 이송취급소 시설 외의 공사를 하는 경우 배관의 안전확보에 관한 사항

⑩ 재난 그 밖의 비상시의 경우에 취하여야 하는 조치에 관한 사항

⑪ 위험물의 안전에 관한 기록에 관한 사항

⑫ 제조소등의 위치·구조 및 설비를 명시한 서류와 도면의 정비에 관한 사항

⑬ 그 밖에 위험물의 안전관리에 관하여 필요한 사항

2) 예방규정은 「산업안전보건법」에 의한 안전보건관리규정과 통합하여 작성할 수 있다.

3) 제조소등의 관계인은 예방규정을 제정하거나 변경한 경우에는 예방규정제출서에 제정 또는 변경한 예방규정 1부를 첨부하여 시·도지사 또는 소방서장에게 제출하여야 한다.

### 5. 정기점검 및 정기검사 [제18조(정기점검 및 정기검사)]

(1) 대통령령이 정하는 제조소등의 관계인은 그 제조소등에 대하여 행정안전부령이 정하는 바에 따라 기술기준에 적합한지의 여부를 정기적으로 점검하고 점검결과를 기록하여 보존하여야 한다.

1) 대통령령이 정하는 정기점검 제조소등[시행령 제16조(정기점검의 대상인 제조소등)]

① 지정수량의 10배 이상의 위험물을 취급하는 제조소, 지정수량의 100배 이상의 위험물을 저장하는 옥외저장소, 지정수량의 150배 이상의 위험물을 저장하는 옥내저장소, 지정수량의 200배 이상의 위험물을 저장하는 옥외탱크저장소, 암반탱크저장소, 이송취급소, 지정수량의 10배 이상의 위험물을 취급하는 일반취급소의 제조소등

② 지하탱크저장소

③ 이동탱크저장소

④ 위험물을 취급하는 탱크로서 지하에 매설된 탱크가 있는 제조소·주유취급소 또는 일반취급소

## 2) 정기점검의 횟수 [시행규칙 제64조(정기점검의 횟수)]

제조소등의 관계인은 당해 제조소등에 대하여 연 1회 이상 정기점검을 실시하여야 한다.

## 3) 특정옥외탱크저장소의 정기점검 [시행규칙 제65조(특정옥외탱크저장소의 정기점검)]

① 옥외탱크저장소 중 저장 또는 취급하는 액체위험물의 최대수량이 100만리터 이상인 것(이하 "특정옥외탱크저장소"라 한다)에 대하여 실시하는 정기점검은 정기점검 외에 다음에 해당하는 기간 이내에 1회 이상 특정옥외저장탱크의 구조 등에 관한 안전점검(이하 "구조안전점검"이라 한다)을 하여야 한다. 다만, 당해 기간 이내에 특정옥외저장탱크의 사용중단 등으로 구조안전점검을 실시하기가 곤란한 경우에는 관할소방서장에게 구조안전점검의 실시기간 연장신청(전자문서에 의한 신청을 포함)을 할 수 있으며, 그 신청을 받은 소방서장은 1년(특정옥외저장탱크의 사용을 중지한 경우에는 사용중지기간)의 범위 내에서 당해 기간을 연장할 수 있다.

ㄱ 제조소등의 설치허가에 따른 완공검사필증을 교부받은 날부터 12년

ㄴ 최근의 정기검사를 받은 날부터 11년

ㄷ 특정옥외저장탱크에 안전조치를 한 후 기술원에 구조안전점검시기 연장신청을 하여 당해 안전조치가 적정한 것으로 인정받은 경우에는 최근의 정기검사를 받은 날부터 13년

② 특정옥외저장탱크의 안전조치는 특정옥외저장탱크의 부식 등에 대한 안전성을 확보하는 데 필요한 다음의 조치로 한다.

㉮ 특정옥외저장탱크의 부식방지 등을 위한 다음의 조치

ㄱ 특정옥외저장탱크의 내부의 부식을 방지하기 위한 코팅[유리입자(글래스플레이크)코팅 또는 유리섬유강화플라스틱 라이닝에 한한다] 또는 이와 동등 이상의 조치

ㄴ 특정옥외저장탱크의 에뉼러판 및 밑판 외면의 부식을 방지하는 조치

ㄷ 특정옥외저장탱크의 에뉼러판 및 밑판의 두께가 적정하도록 하는 조치

ㄹ 특정옥외저장탱크에 구조상의 영향을 줄 우려가 있는 보수를 하지 아니하거나 변형이 없도록 하는 조치

ㅁ 현저한 부등침하가 없도록 하는 조치

ㅂ 지반이 충분한 지지력을 확보하는 동시에 침하에 대하여 충분한 안전성을 확보하는 조치

ㅅ 특정옥외저장탱크의 유지관리체제의 적정 유지

㉯ 위험물의 저장관리 등에 관한 다음의 조치

ㄱ 부식의 발생에 영향을 주는 물 등의 성분의 적절한 관리

ㄴ 특정옥외저장탱크에 대하여 현저한 부식성이 있는 위험물을 저장하지 아니하도록 하는 조치

ㄷ 부식의 발생에 현저한 영향을 미치는 저장조건의 변경을 하지 아니하도록 하는 조치

ㄹ 특정옥외저장탱크의 에뉼러판 및 밑판의 부식율(에뉼러판 및 밑판이 부식에 의하여 감소한 값을 판의 경과연수로 나누어 얻은 값을 말한다)이 연간 0.05밀리미터 이하일 것

ㅁ 특정옥외저장탱크의 에뉼러판 및 밑판 외면의 부식을 방지하는 조치

ⓗ 특정옥외저장탱크의 에눌러판 및 밑판의 두께가 적정하도록 하는 조치

ⓐ 특정옥외저장탱크에 구조상의 영향을 줄 우려가 있는 보수를 하지 아니하거나 변형이 없도록 하는 조치

ⓞ 현저한 부등침하가 없도록 하는 조치

ⓩ 지반이 충분한 지지력을 확보하는 동시에 침하에 대하여 충분한 안전성을 확보하는 조치

ⓩ 특정옥외저장탱크의 유지관리체제의 적정 유지

③ 신청은 신청서에 의한다.

### 4) 정기점검의 실시자 [시행규칙 제67조(정기점검의 실시자)]

① 제조소등의 관계인은 당해 제조소등의 정기점검을 안전관리자(정기점검에 있어서는 소방청장이 정하여 고시하는 점검방법에 관한 지식 및 기능이 있는 자에 한한다) 또는 위험물운송자(이동탱크저장소의 경우에 한한다)로 하여금 실시하도록 하여야 한다. 이 경우 옥외탱크저장소에 대한 구조안전점검을 위험물안전관리자가 직접 실시하는 경우에는 점검에 필요한 인력 및 장비를 갖춘 후 이를 실시하여야 한다.

② 제조소등의 관계인은 안전관리대행기관(특정옥외탱크저장소의 정기점검은 제외) 또는 탱크시험자에게 정기점검을 의뢰하여 실시할 수 있다. 이 경우 당해 제조소등의 안전관리자는 안전관리대행기관 또는 탱크시험자의 점검현장에 입회하여야 한다.

### 5) 정기점검의 기록 · 유지 [시행규칙 제68조(정기점검의 기록 · 유지)]

① 제조소등의 관계인은 정기점검 후 다음의 사항을 기록하여야 한다.

ⓐ 점검을 실시한 제조소등의 명칭

ⓑ 점검의 방법 및 결과

ⓒ 점검연월일

ⓓ 점검을 한 안전관리자 또는 점검을 한 탱크시험자와 점검에 입회한 안전관리자의 성명

② 정기점검기록은 다음의 구분에 의한 기간 동안 이를 보존하여야 한다.

ⓐ 옥외저장탱크의 구조안전점검에 관한 기록 : 25년(구조안전검사시기 연장신청을 통한 정기검가의 경우에는 30년)

ⓑ ⓐ에 해당하지 않는 정기점검의 기록 : 3년

### 6) 정기점검의 의뢰 [시행규칙 제69조(정기점검의 의뢰 등)]

① 제조소등의 관계인은 정기점검을 탱크시험자에게 실시하게 하는 경우에는 정기점검의뢰서를 탱크시험자에게 제출하여야 한다.

② 탱크시험자는 정기점검을 실시한 결과 그 탱크 등의 유지관리상황이 적합하다고 인정되는 때에는 점검을 완료한 날부터 10일 이내에 정기점검결과서에 위험물탱크안전성능시험자등록증 사본 및 시험성적서를 첨부하여 제조소등의 관계인에게 교부하고, 적합하지 아니한 경우에는 개선하여야 하는 사항을 통보하여야 한다.

③ 개선하여야 하는 사항을 통보 받은 제조소등의 관계인은 이를 개선한 후 다시 점검을 의뢰하여야 한다. 이 경우 탱크시험자는 정기점검결과서에 개선하게 한 사항(탱크시험자가 직접 보수한 경우에는 그 보수한 사항을 포함)을 기재하여야 한다.

④ 탱크시험자는 정기점검결과서를 교부한 때에는 그 내용을 정기점검대장에 기록하고 이를 보존기간의 규정에 의한 기간동안 보관하여야 한다.

**(2)** 정기점검의 대상이 되는 제조소등의 관계인 가운데 대통령령이 정하는 제조소등의 관계인은 행정안전부령이 정하는 바에 따라 소방본부장 또는 소방서장으로부터 당해 제조소등이 기술기준에 적합하게 유지되고 있는지의 여부에 대하여 정기적으로 검사를 받아야 한다.

**1) 정기검사의 대상인 제조소 [시행령 제17조(정기검사의 대상인 제조소등)]**

액체위험물을 저장 또는 취급하는 100만리터 이상의 옥외탱크저장소를 말한다.

**2) 정기검사의 시기 [시행규칙 제70조(정기검사의 시기)]**

① 정기검사를 받아야 하는 특정옥외탱크저장소의 관계인은 다음에 규정한 기간 이내에 정기검사를 받아야 한다. 다만, 재난 그 밖의 비상사태의 발생, 안전유지상의 필요 또는 사용상황 등의 변경으로 해당 시기에 정기검사를 실시하는 것이 적당하지 아니하다고 인정되는 때에는 소방서장의 직권 또는 관계인의 신청에 따라 소방서장이 따로 지정하는 시기에 정기검사를 받을 수 있다.
  ㉠ 특정옥외탱크저장소의 설치허가에 따른 완공검사필증을 발급받은 날부터 12년
  ㉡ 최근의 정기검사를 받은 날부터 11년

② 정기검사를 받아야 하는 특정옥외탱크저장소의 관계인은 정기검사를 구조안전점검을 실시하는 때에 함께 받을 수 있다.

**3) 정기검사의 신청 [시행규칙 제71조(정기검사의 신청 등)]**

① 정기검사를 받아야 하는 특정옥외탱크저장소의 관계인은 신청서(전자문서로 된 신청서를 포함)에 다음의 서류(전자문서를 포함)를 첨부하여 기술원에 제출하고 수수료를 기술원에 납부하여야 한다. 다만, ㉡ 및 ㉣의 서류는 정기검사를 실시하는 때에 제출할 수 있다.
  ㉠ 구조설비명세표
  ㉡ 제조소등의 위치·구조 및 설비에 관한 도면
  ㉢ 완공검사필증
  ㉣ 밑판, 옆판, 지붕판 및 개구부의 보수이력에 관한 서류

② 기간 이내에 구조안전점검을 받고자 하는 자는 신청서(전자문서로 된 신청서를 포함)를 신청시에 함께 제출하여야 한다.

③ 정기검사 시기를 변경하고자 하는 자는 신청서(전자문서로 된 신청서를 포함)에 정기검사 시기의 변경을 필요로 하는 사유를 기재한 서류(전자문서를 포함)를 첨부하여 소방서장에게 제출하여야 한다.

④ 기술원은 정기검사를 실시한 결과 특정옥외저장탱크의 수직도·수평도에 관한 사항(지중탱크에 대한 것을 제외), 특정옥외저장탱크의 밑판(지중탱크에 있어서는 누액방지판)의 두께에 관한 사항, 특정옥외저장탱크의 용접부에 관한 사항 및 특정옥외저장탱크의 지붕·옆판·부속설비의 외관이 소방청장이 정하여 고시하는 기술상의 기준에 적합한 것으로 인정되는 때에는 검사종료일부터 10일 이내에 정기검사필증을 관계인에게 교부하고 그 결과보고서를 작성하여 소방서장에게 제출하여야 한다.

⑤ 기술원은 정기검사를 실시한 결과 부적합한 경우에는 개선하여야 하는 사항을 신청자에게 통보하고 개선할 사항을 통보받은 관계인은 개선을 완료한 후 정기검사신청서를 기술원에 다시 제출하여야 한다.

⑥ 정기검사를 받은 제조소등의 관계인과 정기검사를 실시한 기술원은 정기검사필증 등 정기검사에 관한 서류를 당해 제조소등에 대한 차기 정기검사시까지 보관하여야 한다.

### 4) 정기검사의 방법 [시행규칙 제72조(정기검사의 방법 등)]

① 정기검사는 특정옥외탱크저장소의 위치·구조 및 설비의 특성을 감안하여 안전성 확인에 적합한 검사방법으로 실시하여야 한다.

② 특정옥외탱크저장소의 관계인이 구조안전점검시에 사항을 미리 점검한 후에 정기검사를 신청하는 때에는 그 사항에 대한 정기검사는 전체의 검사범위중 임의의 부위를 발췌하여 검사하는 방법으로 실시한다.

③ 특정옥외탱크저장소의 변경허가에 따른 탱크안전성능검사의 기회에 정기검사를 같이 실시하는 경우에 있어서 검사범위가 중복되는 때에는 당해 검사범위에 대한 어느 하나의 검사를 생략한다.

④ 검사방법과 판정기준 그 밖의 정기검사의 실시에 관하여 필요한 사항은 소방청장이 정하여 고시한다.

## 6. 자체소방대 [제19조(자체소방대)]

다량의 위험물을 저장·취급하는 제조소등으로서 대통령령이 정하는 제조소등이 있는 동일한 사업소에서 대통령령이 정하는 수량 이상의 위험물을 저장 또는 취급하는 경우 당해 사업소의 관계인은 대통령령이 정하는 바에 따라 당해 사업소에 자체소방대를 설치하여야 한다.

- 자체소방대를 설치하여야 하는 사업소 [시행령 제18조(자체소방대를 설치하여야 하는 사업소)]

1) 대통령령이 정하는 제조소등이라 함은 제4류 위험물을 취급하는 제조소 또는 일반취급소를 말한다. 다만, 보일러로 위험물을 소비하는 일반취급소 등 행정안전부령이 정하는 일반취급소를 제외한다.

> **-일반취급소-**
> 1. 보일러, 버너 그 밖에 이와 유사한 장치로 위험물을 소비하는 일반취급소
> 2. 이동저장탱크 그 밖에 이와 유사한 것에 위험물을 주입하는 일반취급소
> 3. 용기에 위험물을 옮겨 담는 일반취급소
> 4. 유압장치, 윤활유순환장치 그 밖에 이와 유사한 장치로 위험물을 취급하는 일반취급소
> 5. 「광산보안법」의 적용을 받는 일반취급소

2) 대통령령이 정하는 지정수량은 다음 각 호와 같다.[시행령 제18조 제1항]

① 제조소 또는 일반취급소 … 지정수량의 3천배

② 옥외탱크저장소 … 지정수량의 50만배.

3) 자체소방대를 설치하는 사업소의 관계인은 규정에 의하여 자체소방대에 화학소방자동차 및 자체소방대원을 두어야 한다. 다만, 화재 그 밖의 재난발생시 다른 사업소 등과 상호응원에 관한 협정을 체결하고 있는 사업소에 있어서는 행정안전부령이 정하는 바에 따라 범위 안에서 화학소방자동차 및 인원의 수를 달리할 수 있다.

- 자체소방대에 두는 화학소방자동차 및 인원(제18조제3항관련)

| 사업소의 구분 | 화학소방자동차 | 자체소방대원의 수 |
|---|---|---|
| 1. 제조소 또는 일반취급소에서 취급하는 제4류 위험물의 최대수량의 합이 지정수량의 12만배 미만인 사업소 | 1대 | 5인 |
| 2. 제조소 또는 일반취급소에서 취급하는 제4류 위험물의 최대수량의 합이 지정수량의 12만배 이상 24만배 미만인 사업소 | 2대 | 10인 |
| 3. 제조소 또는 일반취급소에서 취급하는 제4류 위험물의 최대수량의 합이 지정수량의 24만배 이상 48만배 미만인 사업소 | 3대 | 15인 |
| 4. 제조소 또는 일반취급소에서 취급하는 제4류 위험물의 최대수량의 합이 지정수량의 48만배 이상인 사업소 | 4대 | 20인 |

※ 비고 : 화학소방자동차에는 행정안전부령으로 정하는 소화능력 및 설비를 갖추어야 하고, 소화활동에 필요한 소화약제 및 기구(방열복 등 개인장구를 포함한다)를 비치하여야 한다.

# 위험물의 운반 등

## 1. 위험물의 운반 [제20조(위험물의 운반)]

(1) 위험물의 운반은 그 용기·적재방법 및 운반방법에 관한 다음의 중요기준과 세부기준에 따라 행하여야 한다.

1) **중요기준** : 화재 등 위해의 예방과 응급조치에 있어서 큰 영향을 미치거나 그 기준을 위반하는 경우 직접적으로 화재를 일으킬 가능성이 큰 기준으로서 행정안전부령이 정하는 기준

2) **세부기준** : 화재 등 위해의 예방과 응급조치에 있어서 중요기준보다 상대적으로 적은 영향을 미치거나 그 기준을 위반하는 경우 간접적으로 화재를 일으킬 수 있는 기준 및 위험물의 안전관리에 필요한 표시와 서류·기구 등의 비치에 관한 기준으로서 행정안전부령이 정하는 기준

위험물의 운반에 관한 기준(제50조관련)

Ⅰ. 운반용기

1. 운반용기의 재질은 강판·알루미늄판·양철판·유리·금속판·종이·플라스틱·섬유판·고무류·합성섬유·삼·짚 또는 나무로 한다.
2. 운반용기는 견고하여 쉽게 파손될 우려가 없고, 그 입구로부터 수납된 위험물이 샐 우려가 없도록 하여야 한다.
3. 운반용기의 구조 및 최대용적은 다음 각호의 규정에 의한 용기의 구분에 따라 당해 각목에 정하는 바에 의한다.
   가. 나목의 규정에 의한 용기 외의 용기
      고체의 위험물을 수납하는 것에 있어서는 부표 1 제1호, 액체의 위험물을 수납하는 것에 있어서는 부표 1 제2호에 정하는 기준에 적합할 것. 다만, 운반의 안전상 이러한 기준에 적합한 운반용기와 동등 이상이라고 인정하여 소방청장이 정하여 고시하는 것에 있어서는 그러하지 아니하다.
   나. 기계에 의하여 하역하는 구조로 된 용기
      고체의 위험물을 수납하는 것에 있어서는 별표 20 제1호, 액체의 위험물을 수납하는 것에 있어서는 별표 20 제2호에 정하는 기준 및 1) 내지 6)에 정하는 기준에 적합할 것. 다만, 운반의 안전상 이러한 기준에 적합한 운반용기와 동등 이상이라고 인정하여 소방청장이 정하여 고시하는 것과 UN의 위험물 운송에 관한 권고(RTDG, Recommendations on the Transport of Dangerous Goods)에서 정한 기준에 적합한 것으로 인정된 용기에 있어서는 그러하지 아니하다.
      1) 운반용기는 부식 등의 열화에 대하여 적절히 보호될 것
      2) 운반용기는 수납하는 위험물의 내압 및 취급시와 운반시의 하중에 의하여 당해 용기에 생기는 응력에 대하여 안전할 것

3) 운반용기의 부속설비에는 수납하는 위험물이 당해 부속설비로부터 누설되지 아니하도록 하는 조치가 강구되어 있을 것

4) 용기본체가 틀로 둘러싸인 운반용기는 다음의 요건에 적합할 것

　가) 용기본체는 항상 틀내에 보호되어 있을 것

　나) 용기본체는 틀과의 접촉에 의하여 손상을 입을 우려가 없을 것

　다) 운반용기는 용기본체 또는 틀의 신축 등에 의하여 손상이 생기지 아니할 것

5) 하부에 배출구가 있는 운반용기는 다음의 요건에 적합할 것

　가) 배출구에는 개폐위치에 고정할 수 있는 밸브가 설치되어 있을 것

　나) 배출을 위한 배관 및 밸브에는 외부로부터의 충격에 의한 손상을 방지하기 위한 조치가 강구되어 있을 것

　다) 폐지판 등에 의하여 배출구를 이중으로 밀폐할 수 있는 구조일 것. 다만, 고체의 위험물을 수납하는 운반용기에 있어서는 그러하지 아니하다.

6) 1) 내지 5)에 규정하는 것 외의 운반용기의 구조에 관하여 필요한 사항은 소방청장이 정하여 고시한다.

4. 제3호의 규정에 불구하고 승용차량(승용으로 제공하는 차실내에 화물용으로 제공하는 부분이 있는 구조의 것을 포함한다)으로 인화점이 40℃ 미만인 위험물중 소방청장이 정하여 고시하는 것을 운반하는 경우의 운반용기의 구조 및 최대용적의 기준은 소방청장이 정하여 고시한다.

5. 제3호의 규정에 불구하고 운반의 안전상 제한이 필요하다고 인정되는 경우에는 위험물의 종류, 운반용기의 구조 및 최대용적의 기준을 소방청장이 정하여 고시할 수 있다.

6. 제3호 내지 제5호의 운반용기는 다음 각목의 규정에 의한 용기의 구분에 따라 당해 각목에 정하는 성능이 있어야 한다.

　가. 나목의 규정에 의한 용기 외의 용기

　　소방청장이 정하여 고시하는 낙하시험, 기밀시험, 내압시험 및 겹쳐쌓기시험에서 소방청장이 정하여 고시하는 기준에 적합할 것. 다만, 수납하는 위험물의 품명, 수량, 성질과 상태 등에 따라 소방청장이 정하여 고시하는 용기에 있어서는 그러하지 아니하다.

　나. 기계에 의하여 하역하는 구조로 된 용기

　　소방청장이 정하여 고시하는 낙하시험, 기밀시험, 내압시험, 겹쳐쌓기시험, 아랫부분 인상시험, 윗부분 인상시험, 파열전파시험, 넘어뜨리기시험 및 일으키기시험에서 소방청장이 정하여 고시하는 기준에 적합할 것. 다만, 수납하는 위험물의 품명, 수량, 성질과 상태 등에 따라 소방청장이 정하여 고시하는 용기에 있어서는 그러하지 아니하다.

## Ⅱ. 적재방법

1. 위험물은 Ⅰ의 규정에 의한 운반용기에 다음 각목의 기준에 따라 수납하여 적재하여야 한다. 다만, 덩어리 상태의 유황을 운반하기 위하여 적재하는 경우 또는 위험물을 동일구내에 있는 제조소등의 상호간에 운반하기 위하여 적재하는 경우에는 그러하지 아니하다(중요기준).

　가. 위험물이 온도변화 등에 의하여 누설되지 아니하도록 운반용기를 밀봉하여 수납할 것. 다만, 온도변화 등에 의한 위험물로부터의 가스의 발생으로 운반용기안의 압력이 상승할 우려가 있는 경우(발생한 가스가 독성 또는 인화성을 갖는 등 위험성이 있는 경우를 제외한다)에는 가스의 배출구(위험물의 누설 및 다른 물질의 침투를 방지하는 구조로 된 것에 한한다)를 설치한 운반용기에 수납할 수 있다.

나. 수납하는 위험물과 위험한 반응을 일으키지 아니하는 등 당해 위험물의 성질에 적합한 재질의 운반용기에 수납할 것

다. 고체위험물은 운반용기 내용적의 95% 이하의 수납율로 수납할 것

라. 액체위험물은 운반용기 내용적의 98% 이하의 수납율로 수납하되, 55도의 온도에서 누설되지 아니하도록 충분한 공간용적을 유지하도록 할 것

마. 하나의 외장용기에는 다른 종류의 위험물을 수납하지 아니할 것

바. 제3류 위험물은 다음의 기준에 따라 운반용기에 수납할 것

1) 자연발화성물질에 있어서는 불활성 기체를 봉입하여 밀봉하는 등 공기와 접하지 아니하도록 할 것

2) 자연발화성물질외의 물품에 있어서는 파라핀ㆍ경유ㆍ등유 등의 보호액으로 채워 밀봉하거나 불활성 기체를 봉입하여 밀봉하는 등 수분과 접하지 아니하도록 할 것

3) 라목의 규정에 불구하고 자연발화성물질중 알킬알루미늄등은 운반용기의 내용적의 90% 이하의 수납율로 수납하되, 50℃의 온도에서 5% 이상의 공간용적을 유지하도록 할 것

2. 기계에 의하여 하역하는 구조로 된 운반용기에 대한 수납은 제1호(다목을 제외한다)의 규정을 준용하는 외에 다음 각목의 기준에 따라야 한다(중요기준).

가. 다음의 규정에 의한 요건에 적합한 운반용기에 수납할 것

1) 부식, 손상 등 이상이 없을 것

2) 금속제의 운반용기, 경질플라스틱제의 운반용기 또는 플라스틱내용기 부착의 운반용기에 있어서는 다음에 정하는 시험 및 점검에서 누설 등 이상이 없을 것

가) 2년 6개월 이내에 실시한 기밀시험(액체의 위험물 또는 10㎪ 이상의 압력을 가하여 수납 또는 배출하는 고체의 위험물을 수납하는 운반용기에 한한다)

나) 2년 6개월 이내에 실시한 운반용기의 외부의 점검ㆍ부속설비의 기능점검 및 5년 이내의 사이에 실시한 운반용기의 내부의 점검

나. 복수의 폐쇄장치가 연속하여 설치되어 있는 운반용기에 위험물을 수납하는 경우에는 용기본체에 가까운 폐쇄장치를 먼저 폐쇄할 것

다. 휘발유, 벤젠 그 밖의 정전기에 의한 재해가 발생할 우려가 있는 액체의 위험물을 운반용기에 수납 또는 배출할 때에는 당해 재해의 발생을 방지하기 위한 조치를 강구할 것

라. 온도변화 등에 의하여 액상이 되는 고체의 위험물은 액상으로 되었을 때 당해 위험물이 새지 아니하는 운반용기에 수납할 것

마. 액체위험물을 수납하는 경우에는 55℃의 온도에서의 증기압이 130㎪ 이하가 되도록 수납할 것

바. 경질플라스틱제의 운반용기 또는 플라스틱내용기 부착의 운반용기에 액체위험물을 수납하는 경우에는 당해 운반용기는 제조된 때로부터 5년 이내의 것으로 할 것

사. 가목 내지 바목에 규정하는 것 외에 운반용기에의 수납에 관하여 필요한 사항은 소방청장이 정하여 고시한다.

3. 위험물은 당해 위험물이 전락(轉落)하거나 위험물을 수납한 운반용기가 전도ㆍ낙하 또는 파손되지 아니하도록 적재하여야 한다(중요기준).

4. 운반용기는 수납구를 위로 향하게 하여 적재하여야 한다(중요기준).

5. 적재하는 위험물의 성질에 따라 일광의 직사 또는 빗물의 침투를 방지하기 위하여 유효하게 피복하는 등 다음 각목에 정하는 기준에 따른 조치를 하여야 한다(중요기준).

가. 제1류 위험물, 제3류 위험물 중 자연발화성물질, 제4류 위험물 중 특수인화물, 제5류 위험물 또는 제6류 위험물은 차광성이 있는 피복으로 가릴 것

　　나. 제1류 위험물 중 알칼리금속의 과산화물 또는 이를 함유한 것, 제2류 위험물 중 철분·금속분·마그네슘 또는 이들중 어느 하나 이상을 함유한 것 또는 제3류 위험물 중 금수성물질은 방수성이 있는 피복으로 덮을 것

　　다. 제5류 위험물 중 55℃ 이하의 온도에서 분해될 우려가 있는 것은 보냉 컨테이너에 수납하는 등 적정한 온도관리를 할 것

　　라. 액체위험물 또는 위험등급Ⅱ의 고체위험물을 기계에 의하여 하역하는 구조로 된 운반용기에 수납하여 적재하는 경우에는 당해 용기에 대한 충격등을 방지하기 위한 조치를 강구할 것. 다만, 위험등급Ⅱ의 고체위험물을 플렉서블(flexible)의 운반용기, 파이버판제의 운반용기 및 목제의 운반용기 외의 운반용기에 수납하여 적재하는 경우에는 그러하지 아니하다.

6. 위험물은 다음 각목의 규정에 의한 바에 따라 종류를 달리하는 그 밖의 위험물 또는 재해를 발생시킬 우려가 있는 물품과 함께 적재하지 아니하여야 한다(중요기준).

　가. 부표 2의 규정에서 혼재가 금지되고 있는 위험물

　나. 「고압가스 안전관리법」에 의한 고압가스(소방청장이 정하여 고시하는 것을 제외한다)

7. 위험물을 수납한 운반용기를 겹쳐 쌓는 경우에는 그 높이를 3m 이하로 하고, 용기의 상부에 걸리는 하중은 당해 용기 위에 당해 용기와 동종의 용기를 겹쳐 쌓아 3m의 높이로 하였을 때에 걸리는 하중 이하로 하여야 한다(중요기준).

8. 위험물은 그 운반용기의 외부에 다음 각목에 정하는 바에 따라 위험물의 품명, 수량 등을 표시하여 적재하여야 한다. 다만, UN의 위험물 운송에 관한 권고(RTDG, Recommendations on the Transport of Dangerous Goods)에서 정한 기준 또는 소방청장이 정하여 고시하는 기준에 적합한 표시를 한 경우에는 그러하지 아니하다.

　가. 위험물의 품명·위험등급·화학명 및 수용성"수용성" 표시는 제4류 위험물로서 수용성인 것에 한한다)

　나. 위험물의 수량

　다. 수납하는 위험물에 따라 다음의 규정에 의한 주의사항

　　1) 제1류 위험물 중 알칼리금속의 과산화물 또는 이를 함유한 것에 있어서는 "화기·충격주의", "물기엄금" 및 "가연물접촉주의", 그 밖의 것에 있어서는 "화기·충격주의" 및 "가연물접촉주의"

　　2) 제2류 위험물 중 철분·금속분·마그네슘 또는 이들중 어느 하나 이상을 함유한 것에 있어서는 "화기주의" 및 "물기엄금", 인화성고체에 있어서는 "화기엄금", 그 밖의 것에 있어서는 "화기주의"

　　3) 제3류 위험물 중 자연발화성물질에 있어서는 "화기엄금" 및 "공기접촉엄금", 금수성물질에 있어서는 "물기엄금"

　　4) 제4류 위험물에 있어서는 "화기엄금"

　　5) 제5류 위험물에 있어서는 "화기엄금" 및 "충격주의"

　　6) 제6류 위험물에 있어서는 "가연물접촉주의"

9. 제8호의 규정에 불구하고 제1류·제2류 또는 제4류 위험물(위험등급Ⅰ의 위험물을 제외한다)의 운반용기로서 최대용적이 1ℓ 이하인 운반용기의 품명 및 주의사항은 위험물의 통칭명 및 당해 주의사항과 동일한 의미가 있는 다른 표시로 대신할 수 있다.

10. 제8호 및 제9호의 규정에 불구하고 제4류 위험물에 해당하는 화장품(에어졸을 제외한다)의 운반용기 중 최대용적이 150㎖ 이하인 것에 대하여는 제8호 가목 및 다목의 규정에 의한 표시를 하지 아니할 수 있고, 최대용적이 150㎖ 초과 300㎖ 이하의 것에 대하여는 제8호 가목의 규정에 의한 표시를 하지 아니할 수 있으며, 동호 다목의 규정에 의한 주의사항을 당해 주의사항과 동일한 의미가 있는 다른 표시로 대신할 수 있다.

11. 제8호 및 제9호의 규정에 불구하고 제4류 위험물에 해당하는 에어졸의 운반용기로서 최대용적이 300 ㎖ 이하의 것에 대하여는 제8호 가목의 규정에 의한 표시를 하지 아니할 수 있으며, 동호 다목의 규정에 의한 주의사항을 당해 주의사항과 동일한 의미가 있는 다른 표시로 대신할 수 있다.

12. 제8호 및 제9호의 규정에 불구하고 제4류 위험물 중 동식물유류의 운반용기로서 최대용적이 3ℓ 이하인 것에 대하여는 제8호 가목 및 다목의 표시에 대하여 각각 위험물의 통칭명 및 동호의 규정에 의한 표시와 동일한 의미가 있는 다른 표시로 대신할 수 있다.

13. 기계에 의하여 하역하는 구조로 된 운반용기의 외부에 행하는 표시는 제8호 각목의 규정에 의하는 외에 다음 각목의 사항을 포함하여야 한다. 다만, UN의 위험물 운송에 관한 권고(RTDG, Recommendations on the Transport of Dangerous Goods)에서 정한 기준 또는 소방청장이 정하여 고시하는 기준에 적합한 표시를 한 경우에는 그러하지 아니하다.
   가. 운반용기의 제조년월 및 제조자의 명칭
   나. 겹쳐쌓기시험하중
   다. 운반용기의 종류에 따라 다음의 규정에 의한 중량
      1) 플렉서블 외의 운반용기 : 최대총중량(최대수용중량의 위험물을 수납하였을 경우의 운반용기의 전중량을 말한다)
      2) 플렉서블 운반용기 : 최대수용중량
   라. 가목 내지 다목에 규정하는 것 외에 운반용기의 외부에 행하는 표시에 관하여 필요한 사항으로서 소방청장이 정하여 고시하는 것

Ⅲ. 운반방법

1. 위험물 또는 위험물을 수납한 운반용기가 현저하게 마찰 또는 동요를 일으키지 아니하도록 운반하여야 한다(중요기준).

2. 지정수량 이상의 위험물을 차량으로 운반하는 경우에는 해당 차량에 국민안전처장관이 정하여 고시하는 바에 따라 운반하는 위험물의 위험성을 알리는 표지를 설치하여야 한다.

3. 지정수량 이상의 위험물을 차량으로 운반하는 경우에 있어서 다른 차량에 바꾸어 싣거나 휴식·고장 등으로 차량을 일시 정차시킬 때에는 안전한 장소를 택하고 운반하는 위험물의 안전확보에 주의하여야 한다.

4. 지정수량 이상의 위험물을 차량으로 운반하는 경우에는 당해 위험물에 적응성이 있는 소형수동식소화기를 당해 위험물의 소요단위에 상응하는 능력단위 이상 갖추어야 한다.

5. 위험물의 운반도중 위험물이 현저하게 새는 등 재난발생의 우려가 있는 경우에는 응급조치를 강구하는 동시에 가까운 소방관서 그 밖의 관계기관에 통보하여야 한다.

6. 제1호 내지 제5호의 적용에 있어서 품명 또는 지정수량을 달리하는 2 이상의 위험물을 운반하는 경우에 있어서 운반하는 각각의 위험물의 수량을 당해 위험물의 지정수량으로 나누어 얻은 수의 합이 1 이상인 때에는 지정수량 이상의 위험물을 운반하는 것으로 본다.

Ⅳ. 법 제20조제1항의 규정에 의한 중요기준 및 세부기준은 다음 각호의 구분에 의한다.

1. 중요기준 : Ⅰ 내지 Ⅲ의 운반기준 중 "중요기준"이라 표기한 것
2. 세부기준 : 중요기준 외의 것

**Ⅴ. 위험물의 위험등급**

별표 18 Ⅴ, 이 표 Ⅰ 및 Ⅱ에 있어서 위험물의 위험등급은 위험등급Ⅰ · 위험등급Ⅱ 및 위험등급Ⅲ으로 구분하며, 각 위험등급에 해당하는 위험물은 다음 각호와 같다.

1. 위험등급Ⅰ의 위험물
   가. 제1류 위험물 중 아염소산염류, 염소산염류, 과염소산염류, 무기과산화물 그 밖에 지정수량이 50kg 인 위험물
   나. 제3류 위험물 중 칼륨, 나트륨, 알킬알루미늄, 알킬리튬, 황린 그 밖에 지정수량이 10kg 또는 20kg 인 위험물
   다. 제4류 위험물 중 특수인화물
   라. 제5류 위험물 중 유기과산화물, 질산에스테르류 그 밖에 지정수량이 10kg인 위험물
   마. 제6류 위험물
2. 위험등급Ⅱ의 위험물
   가. 제1류 위험물 중 브롬산염류, 질산염류, 요오드산염류 그 밖에 지정수량이 300kg인 위험물
   나. 제2류 위험물 중 황화린, 적린, 유황 그 밖에 지정수량이 100kg인 위험물
   다. 제3류 위험물 중 알칼리금속(칼륨 및 나트륨을 제외한다) 및 알칼리토금속, 유기금속화합물(알킬알 루미늄 및 알킬리튬을 제외한다) 그 밖에 지정수량이 50kg인 위험물
   라. 제4류 위험물 중 제1석유류 및 알코올류
   마. 제5류 위험물 중 제1호 라목에 정하는 위험물 외의 것
3. 위험등급Ⅲ의 위험물 : 제1호 및 제2호에 정하지 아니한 위험물

**(2)** 시 · 도지사는 운반용기를 제작하거나 수입한 자 등의 신청에 따라 운반용기를 검사할 수 있다. 다만, 기계에 의하여 하역하는 구조로 된 대형의 운반용기로서 행정안전부령이 정하는 것을 제작하거나 수입한 자 등은 행정안전부령이 정하는 바에 따라 당해 용기를 사용하거나 유통시키기 전에 시 · 도지사가 실시하는 운반용기에 대한 검사를 받아야 한다.

① 운반 용기에 관한 사항은 행정안전부령으로 정한다.

② 운반용기의 검사를 받고자 하는 자는 신청서(전자문서로 된 신청서를 포함)에 용기의 설계도면과 재료에 관한 설명서를 첨부하여 기술원에 제출하여야 한다. 다만, UN의 위험물 운송에 관한 권고 (RTDG, Recommendations on the Transport of Dangerous Goods)에서 정한 기준에 따라 관련 검사기관으로부터 검사를 받은 때에는 그러하지 아니하다.

③ 기술원은 검사신청을 한 운반용기가 규정에 의한 기준에 적합하고 위험물의 운반상 지장이 없다고 인정되는 때에는 용기검사필증을 교부하여야 한다.

④ 기술원의 원장은 운반용기 검사업무의 처리절차와 방법을 정하여 운용하여야 한다.

⑤ 기술원의 원장은 전년도의 운반용기 검사업무 처리결과를 매년 1월 31일까지 시 · 도지사에게 보고하여야 하고, 시 · 도지사는 기술원으로부터 보고받은 운반용기 검사업무 처리결과를 매년 2월 말까지 소방청장에게 제출하여야 한다.

## 2. 위험물의 운송 [제21조(위험물의 운송)]

**(1)** 이동탱크저장소에 의하여 위험물을 운송하는 자(운송책임자 및 이동탱크저장소운전자를 말하며, 이하 "위험물운송자"라 한다)는 당해 위험물을 취급할 수 있는 국가기술자격자 또는 안전교육을 받은 자이어야 한다.

**(2)** 대통령령이 정하는 위험물의 운송에 있어서는 운송책임자(위험물 운송의 감독 또는 지원을 하는 자를 말한다. 이하 같다)의 감독 또는 지원을 받아 이를 운송하여야 한다. 운송책임자의 범위, 감독 또는 지원의 방법 등에 관한 구체적인 기준은 행정안전부령으로 정한다.

### 1) 대통령령이 정하는 위험물

① 알킬알루미늄

② 알킬리튬

③ 알킬알루미늄 또는 알킬리튬의 물질을 함유하는 위험물

### 2) 위험물의 운송기준 [시행규칙 제52조(위험물의 운송기준)]

① 위험물 운송책임자는 다음에 해당하는 자로 한다.

　　㉠ 당해 위험물의 취급에 관한 국가기술자격을 취득하고 관련 업무에 1년 이상 종사한 경력이 있는 자

　　㉡ 위험물의 운송에 관한 안전교육을 수료하고 관련 업무에 2년 이상 종사한 경력이 있는 자

② 위험물 운송책임자의 감독 또는 지원의 방법과 위험물의 운송시에 준수하여야 하는 사항은 별표 21과 같다.

---

[별표 21]

위험물 운송책임자의 감독 또는 지원의 방법과 위험물의 운송시에 준수하여야 하는 사항(제52조제2항관련)

1. 운송책임자의 감독 또는 지원의 방법은 다음 각목의 1과 같다.
　가. 운송책임자가 이동탱크저장소에 동승하여 운송 중인 위험물의 안전확보에 관하여 운전자에게 필요한 감독 또는 지원을 하는 방법. 다만, 운전자가 운반책임자의 자격이 있는 경우에는 운송책임자의 자격이 없는 자가 동승할 수 있다.
　나. 운송의 감독 또는 지원을 위하여 마련한 별도의 사무실에 운송책임자가 대기하면서 다음의 사항을 이행하는 방법
　　1) 운송경로를 미리 파악하고 관할소방관서 또는 관련업체(비상대응에 관한 협력을 얻을 수 있는 업체를 말한다)에 대한 연락체계를 갖추는 것
　　2) 이동탱크저장소의 운전자에 대하여 수시로 안전확보 상황을 확인하는 것
　　3) 비상시의 응급처치에 관하여 조언을 하는 것
　　4) 그 밖에 위험물의 운송중 안전확보에 관하여 필요한 정보를 제공하고 감독 또는 지원하는 것

2. 이동탱크저장소에 의한 위험물의 운송시에 준수하여야 하는 기준은 다음 각목과 같다.

　가. 위험물운송자는 운송의 개시전에 이동저장탱크의 배출밸브 등의 밸브와 폐쇄장치, 맨홀 및 주입구 의 뚜껑, 소화기 등의 점검을 충분히 실시할 것

　나. 위험물운송자는 장거리(고속국도에 있어서는 340km 이상, 그 밖의 도로에 있어서는 200km 이상을 말한다)에 걸치는 운송을 하는 때에는 2명 이상의 운전자로 할 것. 다만, 다음의 1에 해당하는 경우 에는 그러하지 아니하다.

　　1) 제1호가목의 규정에 의하여 운송책임자를 동승시킨 경우

　　2) 운송하는 위험물이 제2류 위험물·제3류 위험물(칼슘 또는 알루미늄의 탄화물과 이것만을 함유한 것에 한한다)또는 제4류 위험물(특수인화물을 제외한다)인 경우

　　3) 운송도중에 2시간 이내마다 20분 이상씩 휴식하는 경우

　다. 위험물운송자는 이동탱크저장소를 휴식·고장 등으로 일시 정차시킬 때에는 안전한 장소를 택하고 당해 이동탱크저장소의 안전을 위한 감시를 할 수 있는 위치에 있는 등 운송하는 위험물의 안전확 보에 주의할 것

　라. 위험물운송자는 이동저장탱크로부터 위험물이 현저하게 새는 등 재해발생의 우려가 있는 경우에는 재난을 방지하기 위한 응급조치를 강구하는 동시에 소방관서 그 밖의 관계기관에 통보할 것

　마. 위험물(제4류 위험물에 있어서는 특수인화물 및 제1석유류에 한한다)을 운송하게 하는 자는 별지 제48호서식의 위험물안전카드를 위험물운송자로 하여금 휴대하게 할 것

　바. 위험물운송자는 위험물안전카드를 휴대하고 당해 카드에 기재된 내용에 따를 것. 다만, 재난 그 밖 의 불가피한 이유가 있는 경우에는 당해 기재된 내용에 따르지 아니할 수 있다.

**(3)** 위험물운송자는 이동탱크저장소에 의하여 위험물을 운송하는 때에는 행정안전부령으로 정하는 기 준을 준수하는 등 당해 위험물의 안전확보를 위하여 세심한 주의를 기울여야 한다.

# 감독 및 조치명령

## 1. 출입검사 [제22조(출입 · 검사 등)]

**(1)** 소방청장(중앙119구조본부장 및 그 소속 기관의 장을 포함), 시 · 도지사, 소방본부장 또는 소방서장은 위험물의 저장 또는 취급에 따른 화재의 예방 또는 진압대책을 위하여 필요한 때에는 위험물을 저장 또는 취급하고 있다고 인정되는 장소의 관계인에 대하여 필요한 보고 또는 자료제출을 명할 수 있으며, 관계공무원으로 하여금 당해 장소에 출입하여 그 장소의 위치 · 구조 · 설비 및 위험물의 저장 · 취급상황에 대하여 검사하게 하거나 관계인에게 질문하게 하고 시험에 필요한 최소한의 위험물 또는 위험물로 의심되는 물품을 수거하게 할 수 있다. 다만, 개인의 주거는 관계인의 승낙을 얻은 경우 또는 화재발생의 우려가 커서 긴급한 필요가 있는 경우가 아니면 출입할 수 없다.

**(2)** 소방공무원 또는 국가경찰공무원은 위험물의 운송자격을 확인하기 위하여 필요하다고 인정하는 경우에는 주행중의 이동탱크저장소를 정지시켜 당해 이동탱크저장소에 승차하고 있는 자에 대하여 위험물의 취급에 관한 국가기술자격증 또는 교육수료증의 제시를 요구할 수 있고, 국가기술자격증 또는 교육수료증을 제시하지 아니한 경우에는 주민등록증, 여권, 운전면허증 등 신원확인을 위한 증명서를 제시할 것을 요구하거나 신원확인을 위한 질문을 할 수 있다. 이 직무를 수행하는 경우에 있어서 소방공무원과 국가경찰공무원은 긴밀히 협력하여야 한다.

**(3)** 출입 · 검사 등은 그 장소의 공개시간이나 근무시간내 또는 해가 뜬 후부터 해가 지기 전까지의 시간내에 행하여야 한다. 다만, 건축물 그 밖의 공작물의 관계인의 승낙을 얻은 경우 또는 화재발생의 우려가 커서 긴급한 필요가 있는 경우에는 그러하지 아니하다.

**(4)** 출입 · 검사 등을 행하는 관계공무원은 관계인의 정당한 업무를 방해하거나 출입 · 검사 등을 수행하면서 알게 된 비밀을 다른 자에게 누설하여서는 아니된다.

**(5)** 시 · 도지사, 소방본부장 또는 소방서장은 탱크시험자에 대하여 필요한 보고 또는 자료제출을 명하거나 관계공무원으로 하여금 당해 사무소에 출입하여 업무의 상황 · 시험기구 · 장부 · 서류와 그 밖의 물건을 검사하게 하거나 관계인에게 질문하게 할 수 있다.

**(6)** 출입 · 검사 등을 하는 관계공무원은 그 권한을 표시하는 증표를 지니고 관계인에게 이를 내보여야 한다.

(7) 출입·검사 등을 행하는 관계공무원은 법 또는 법에 근거한 명령 또는 조례의 규정에 적합하지 아니한 사항을 발견한 때에는 그 내용을 기재한 위험물제조소등 소방검사서의 사본을 검사현장에서 제조소등의 관계인에게 교부하여야 한다. 다만, 도로상에서 주행중인 이동탱크저장소를 정지시켜 검사를 한 경우에는 그러하지 아니하다. [시행규칙 제76조(소방검사서)]

## 2. 위험물 누출 등의 사고 조사 [제22조의2(위험물 누출 등의 사고 조사)]

(1) 소방청장, 소방본부장 또는 소방서장은 위험물의 누출·화재·폭발 등의 사고가 발생한 경우 사고의 원인 및 피해 등을 조사하여야 한다.

### (2) 누출·화재·폭발 등의 사고에 따른 조사에 관한 사항

① 소방청장, 시·도지사, 소방본부장 또는 소방서장은 위험물의 저장 또는 취급에 따른 화재의 예방 또는 진압대책을 위하여 필요한 때에는 위험물을 저장 또는 취급하고 있다고 인정되는 장소의 관계인에 대하여 필요한 보고 또는 자료제출을 명할 수 있으며, 관계공무원으로 하여금 당해 장소에 출입하여 그 장소의 위치·구조·설비 및 위험물의 저장·취급상황에 대하여 검사하게 하거나 관계인에게 질문하게 하고 시험에 필요한 최소한의 위험물 또는 위험물로 의심되는 물품을 수거하게 할 수 있다. 다만, 개인의 주거는 관계인의 승낙을 얻은 경우 또는 화재발생의 우려가 커서 긴급한 필요가 있는 경우가 아니면 출입할 수 없다.

② 출입·검사 등은 그 장소의 공개시간이나 근무시간내 또는 해가 뜬 후부터 해가 지기 전까지의 시간내에 행하여야 한다. 다만, 건축물 그 밖의 공작물의 관계인의 승낙을 얻은 경우 또는 화재발생의 우려가 커서 긴급한 필요가 있는 경우에는 그러하지 아니하다.

③ 출입·검사 등을 행하는 관계공무원은 관계인의 정당한 업무를 방해하거나 출입·검사 등을 수행하면서 알게 된 비밀을 다른 자에게 누설하여서는 아니된다.

④ 출입·검사 등을 하는 관계공무원은 그 권한을 표시하는 증표를 지니고 관계인에게 이를 내보여야 한다.

(3) 소방청장, 소방본부장 또는 소방서장은 사고 조사에 필요한 경우 자문을 하기 위하여 관련 분야에 전문지식이 있는 사람으로 구성된 사고조사위원회를 둘 수 있다.

(4) 사고조사위원회의 구성과 운영 등에 필요한 사항은 대통령령으로 정한다.

-위험물사고 조사위원회의 구성 [시행령 제19조의2(위험물사고 조사위원회의 구성 등)]
① 위험물사고 조사위원회(이하 이 조에서 "위원회"라 한다)는 위원장 1명을 포함한 7명 이내의 위원으로 구성한다.
② 소방청장이 구성하는 위원회의 위원은 다음 각 호의 어느 하나에 해당하는 사람 중에서 소방청장이 임명하고, 위원장은 위원 중에서 소방청장이 임명한다.
  1. 소방청(소속 기관을 포함한다), 소방본부 또는 소방서 소속의 소방공무원
  2. 기술원의 위험물업무 관련 부서의 장
  3. 「소방기본법」제40조에 따른 한국소방안전원의 위험물 업무 관련 부서의 장
  4. 위험물 업무에 관한 학식과 경험이 풍부한 사람
  5. 위험물사고의 원인 및 피해의 조사에 관한 학식과 경험이 풍부한 사람
③ 소방본부장 또는 소방서장이 구성하는 위원회의 위원은 다음 각 호의 어느 하나에 해당하는 사람 중에서 소방본부장 또는 소방서장이 임명하고, 위원장은 위원 중에서 소방본부장 또는 소방서장이 임명한다.
  1. 소방본부 또는 소방서 소속의 소방공무원
  2. 위험물 업무와 관련된 단체 및 연구기관 등의 회원 또는 임직원
  3. 위험물 업무에 관한 학식과 경험이 풍부한 사람
  4. 위험물사고의 원인 및 피해의 조사에 관한 학식과 경험이 풍부한 사람
④ 위원회의 위원은 위험물사고의 유형에 따라 적임자를 임명하고 위원의 임기는 해당 위험물사고의 조사가 종결될 때까지로 한다.
⑤ 소방청장, 소방본부장 또는 소방서장 중 2 이상이 위원회를 구성·운영하는 경우에는 위원회 상호 간 조사활동, 정보공유 등에 적극 협조하여야 한다.
⑥ 소방청장이 구성하는 위원회의 위원장은 전문적인 조사를 위하여 필요한 경우에는 해당 분야에 전문적인 지식과 경험이 있는 자로 구성된 자문단을 구성·운영할 수 있다.
⑦ 소방본부장 또는 소방서장이 구성하는 위원회에 출석한 위원에게는 예산의 범위에서 수당, 여비, 그 밖에 필요한 경비를 지급할 수 있다. 다만, 공무원인 위원이 그 소관 업무와 직접적으로 관련하여 위원회에 출석하는 경우는 그러하지 아니하다.

## 3. 탱크시험자에 대한 명령 [제23조(탱크시험자에 대한 명령)]

시·도지사, 소방본부장 또는 소방서장은 탱크시험자에 대하여 당해 업무를 적정하게 실시하게 하기 위하여 필요하다고 인정하는 때에는 감독상 필요한 명령을 할 수 있다.

## 4. 무허가장소의 위험물에 대한 조치명령 [제24조(무허가장소의 위험물에 대한 조치명령)]

시·도지사, 소방본부장 또는 소방서장은 위험물에 의한 재해를 방지하기 위하여 허가를 받지 아니하고 지정수량 이상의 위험물을 저장 또는 취급하는 자[주택의 난방시설(공동주택의 중앙난방시설을 제외한다)을 위한 저장소 또는 취급소, 농예용·축산용 또는 수산용으로 필요한 난방시설 또는 건조시설을 위한 지정수량 20배 이하의 저장소에 관하여 허가를 받지 아니하는 자를 제외한다]에 대하여 그 위험물 및 시설의 제거 등 필요한 조치를 명할 수 있다.

## 5. 제조소등에 대한 긴급 사용정지명령 [제25조(제조소등에 대한 긴급 사용정지명령 등)]

시·도지사, 소방본부장 또는 소방서장은 공공의 안전을 유지하거나 재해의 발생을 방지하기 위하여 긴급한 필요가 있다고 인정하는 때에는 제조소등의 관계인에 대하여 당해 제조소등의 사용을 일시 정지하거나 그 사용을 제한할 것을 명할 수 있다.

## 6. 저장·취급기준 준수명령 [제26조(저장·취급기준 준수명령 등)]

(1) 시·도지사, 소방본부장 또는 소방서장은 제조소등에서의 위험물의 저장 또는 취급이 규정에 위반된다고 인정하는 때에는 당해 제조소등의 관계인에 대하여 동항의 기준에 따라 위험물을 저장 또는 는 취급하도록 명할 수 있다.

(2) 시·도지사, 소방본부장 또는 소방서장은 관할하는 구역에 있는 이동탱크저장소에서의 위험물의 저장 또는 취급이 규정에 위반된다고 인정하는 때에는 당해 이동탱크저장소의 관계인에 대하여 동항의 기준에 따라 위험물을 저장 또는 취급하도록 명할 수 있다.

(3) 시·도지사, 소방본부장 또는 소방서장은 제2항의 규정에 따라 이동탱크저장소의 관계인에 대하여 명령을 한 경우에는 행정안전부령이 정하는 바에 따라 당해 이동탱크저장소의 허가를 한 시·도지사, 소방본부장 또는 소방서장에게 신속히 그 취지를 통지하여야 한다.([시행규칙 제77조(이동탱크저장소에 관한 통보사항)])

 1) 명령을 한 시·도지사, 소방본부장 또는 소방서장

 2) 명령을 받은 자의 성명·명칭 및 주소

 3) 명령에 관계된 이동탱크저장소의 설치자, 상치장소 및 설치 또는 변경의 허가번호

 4) 위반내용

 5) 명령의 내용 및 그 이행사항

 6) 그 밖에 명령을 한 시·도지사, 소방본부장 또는 소방서장이 통보할 필요가 있다고 인정하는 사항

## 7. 응급조치통보 및 조치명령 [제27조(응급조치통보 및 조치명령)]

(1) 제조소등의 관계인은 당해 제조소등에서 위험물의 유출 그 밖의 사고가 발생한 때에는 즉시 그리고 지속적으로 위험물의 유출 및 확산의 방지, 유출된 위험물의 제거 그 밖에 재해의 발생방지를 위한 응급조치를 강구하여야 한다.

(2) 사태를 발견한 자는 즉시 그 사실을 소방서, 경찰서 또는 그 밖의 관계기관에 통보하여야 한다.

(3) 소방본부장 또는 소방서장은 제조소등의 관계인이 응급조치를 강구하지 아니하였다고 인정하는 때에는 응급조치를 강구하도록 명할 수 있다.

(4) 소방본부장 또는 소방서장은 그 관할하는 구역에 있는 이동탱크저장소의 관계인에 대하여 응급조치를 강구하도록 명할 수 있다.

# 06 보칙

### 1. 안전교육 [제28조(안전교육)]

**(1)** 안전관리자 · 탱크시험자 · 위험물운송자 등 위험물의 안전관리와 관련된 업무를 수행하는 자로서 대통령령이 정하는 자는 해당 업무에 관한 능력의 습득 또는 향상을 위하여 소방청장이 실시하는 교육을 받아야 한다.

　1) 안전관리자로 선임된 자 [시행령 제20조(안전교육대상자)]

　2) 탱크시험자의 기술인력으로 종사하는 자

　3) 위험물운송자로 종사하는 자

**(2)** 제조소등의 관계인은 교육대상자에 대하여 필요한 안전교육을 받게 하여야 한다.

**(3)** 교육의 과정 및 기간과 그 밖에 교육의 실시에 관하여 필요한 사항은 행정안전부령으로 정한다.

　1) 소방청장은 안전교육을 강습교육과 실무교육으로 구분하여 실시한다. [시행규칙 제78조(안전교육)]

　2) 안전교육의 과정 · 기간과 그 밖의 교육의 실시에 관한 사항은 별표 24와 같다.

[별표 24]

안전교육의 과정 · 기간과 그 밖의 교육의 실시에 관한 사항 등(제78조제2항관련)

1. 교육과정 · 교육대상자 · 교육시간 · 교육시기 및 교육기관

| 교육과정 | 교육대상자 | 교육시간 | 교육시기 | 교육기관 |
|---|---|---|---|---|
| 강습교육 | 안전관리자가 되고자 하는 자 | 24시간 | 신규종사전 | 협회 |
| | 위험물운송자가 되고자 하는자 | 16시간 | | 협회 |
| 실무교육 | 안전관리자 | 8시간 이내 | 신규종사후 2년마다 1회 | 협회 |
| | 위험물운송자 | 8시간 이내 | 신규종사후 3년마다 1회 | 협회 |
| | 탱크시험자의 기술인력 | 8시간 이내 | 가. 신규 종사 후 6개월 이내<br>나. 가목에 따른 교육을 받은 후 2년마다 1회 | 기술원 |

※ 비고
- 안전관리자 강습교육 및 위험물운송자 강습교육의 공통과목에 대하여 둘 중 어느 하나의 강습교육 과정에서 교육을 받은 경우에는 나머지 강습교육 과정에서도 교육을 받은 것으로 본다.
- 안전관리자 실무교육 및 위험물운송자 실무교육의 공통과목에 대하여 둘 중 어느 하나의 실무교육 과정에서 교육을 받은 경우에는 나머지 실무교육 과정에서도 교육을 받은 것으로 본다.
- 안전관리자 및 위험물운송자의 실무교육 시간 중 일부(4시간 이내)를 사이버교육의 방법으로 실시할 수 있다. 다만, 교육대상자가 사이버교육의 방법으로 수강하는 것에 동의하는 경우에 한정한다.

2. 교육계획의 공고 등
   가. 협회의 회장은 강습교육을 하고자 하는 때에는 매년 1월 5일까지 일시, 장소, 그 밖에 강습의 실시에 관한 사항을 공고할 것
   나. 기술원 또는 협회는 실무교육을 하고자 하는 때에는 교육실시 10일 전까지 교육대상자에게 그 내용을 통보할 것

3. 교육신청
   가. 강습교육을 받고자 하는 자는 협회가 지정하는 교육일정 전에 교육수강을 신청할 것
   나. 실무교육 대상자는 교육일정 전까지 교육수강을 신청할 것

4. 교육일시 통보
   기술원 또는 협회는 제3호에 따라 교육신청이 있는 때에는 교육실시 전까지 교육대상자에게 교육장소와 교육일시를 통보하여야 한다.

5. 기타
   기술원 또는 협회는 교육대상자별 교육의 과목·시간, 강사의 자격, 교육의 신청, 교육수료증의 교부·재교부, 교육수료증의 기재사항, 교육수료자명부의 작성·보관 등 교육의 실시에 관하여 필요한 세부사항을 정하여 소방청장의 승인을 받아야 한다. 이 경우 안전관리자 강습교육 및 위험물운송자 강습교육의 과목에는 각 강습교육별로 다음 표에 정한 사항을 포함하여야 한다.

| 교육과정 | 교육기관 | |
|---|---|---|
| 안전관리자 강습교육 | • 제4류 위험물의 품명별 일반성질, 화재예방 및 소화의 방법 | • 연소 및 소화에 관한 기초이론 • 모든 위험물의 유별 공통성질과 화재예방 및 소화의 방법 |
| 위험물운송자 강습교육 | • 이동탱크저장소의 구조 및 설비 작동법 • 위험물운송에 관한 안전기준 | • 위험물안전관리법령 및 위험물의 안전관리에 관계된 법령 |

3) 기술원 또는 「소방기본법」의 규정에 의한 한국소방안전원은 매년 교육실시계획을 수립하여 교육을 실시하는 해의 전년도 말까지 소방청장의 승인을 받아야 하고, 해당 연도 교육실시결과를 교육을 실시한 해의 다음 연도 1월 31일까지 소방청장에게 보고하여야 한다.

4) 소방본부장은 매년 10월말까지 관할구역 안의 실무교육대상자 현황을 협회에 통보하고 관할구역 안에서 협회가 실시하는 안전교육에 관하여 지도·감독하여야 한다.

(4) 시·도지사, 소방본부장 또는 소방서장은 교육대상자가 교육을 받지 아니한 때에는 그 교육대상자가 교육을 받을 때까지 이 법의 규정에 따라 그 자격으로 행하는 행위를 제한할 수 있다.

## 2. 청문 [제29조(청문)]

시 · 도지사, 소방본부장 또는 소방서장은 다음에 해당하는 처분을 하고자 하는 경우에는 청문을 실시하여야 한다.

① 제조소등 설치허가의 취소

② 탱크시험자의 등록취소

## 3. 권한의 위임 · 위탁 제30조(권한의 위임 · 위탁)

(1) 소방청장 또는 시 · 도지사는 이 법에 따른 권한의 일부를 대통령령이 정하는 바에 따라 시 · 도지사, 소방본부장 또는 소방서장에게 위임할 수 있다.

시 · 도지사의 권한은 이를 소방서장에게 위임한다. 다만, 동일한 시 · 도에 있는 2 이상 소방서장의 관할구역에 걸쳐 설치되는 이송취급소에 관련된 권한을 제외한다. [시행령 제21조(권한의 위임)]

1) 제조소등의 설치허가 또는 변경허가

2) 위험물의 품명 · 수량 또는 지정수량의 배수의 변경신고의 수리

3) 군사목적 또는 군부대시설을 위한 제조소등을 설치하거나 그 위치 · 구조 또는 설비의 변경에 관한 군부대의 장과의 협의

4) 탱크안전성능검사(용량이 100만리터 이상인 액체위험물을 저장하는 탱크, 암반탱크, 지하탱크저장소의 위험물탱크 중 행정안전부령이 정하는 액체위험물탱크 규정에 의하여 기술원에 위탁하는 것을 제외한다)

5) 완공검사[지정수량의 3천배 이상의 위험물을 취급하는 제조소 또는 일반취급소의 설치 또는 변경(사용 중인 제조소 또는 일반취급소의 보수 또는 부분적인 증설은 제외)에 따른 완공검사, 옥외탱크저장소(저장용량이 50만 리터 이상인 것만 해당) 또는 암반탱크저장소의 설치 또는 변경에 따른 완공검사 규정에 의하여 기술원에 위탁하는 것을 제외한다]

6) 제조소등의 설치자의 지위승계신고의 수리

7) 제조소등의 용도폐지신고의 수리

8) 제조소등의 설치허가의 취소와 사용정지

9) 과징금처분

10) 예방규정의 수리·반려 및 변경명령

(2) 소방청장, 시·도지사, 소방본부장 또는 소방서장은 이 법에 따른 업무의 일부를 대통령령이 정하는 바에 따라 소방기본법에 의한 한국소방안전원 또는 기술원에 위탁할 수 있다.

### 4. 수수료 [제31조(수수료 등)]

다음에 해당하는 승인·허가·검사 또는 교육 등을 받고자 하거나 등록 또는 신고를 하고자 하는 자는 행정안전부령이 정하는 바에 따라 수수료 또는 교육비를 납부하여야 한다.

1) 임시저장·취급의 승인

2) 제조소등의 설치 또는 변경의 허가

3) 제조소등의 탱크안전성능검사

4) 제조소등의 완공검사

5) 설치자의 지위승계신고

6) 탱크시험자의 등록

7) 탱크시험자의 등록사항 변경신고

8) 정기검사

9) 운반용기의 검사

10) 안전교육

### 5. 벌칙적용에 있어서의 공무원 의제 [제32조(벌칙적용에 있어서의 공무원 의제)]

다음의 자는 형법[제129조(수뢰, 사전수뢰), 제130조(제삼자뇌물제공), 제131조(수뢰후부정처사, 사후수뢰), 제132조(알선수뢰)) 적용에 있어서는 이를 공무원으로 본다.

1) 검사업무에 종사하는 기술원의 담당 임원 및 직원

2) 탱크시험자의 업무에 종사하는 자

3) 위탁받은 업무에 종사하는 협회 및 기술원의 담당 임원 및 직원

# 벌칙

## 1. 벌칙 [제33조(벌칙)]

① 제조소등에서 위험물을 유출·방출 또는 확산시켜 사람의 생명·신체 또는 재산에 대하여 위험을 발생시킨 자는 1년 이상 10년 이하의 징역에 처한다.

② ①의 규정에 따른 죄를 범하여 사람을 상해(傷害)에 이르게 한 때에는 무기 또는 3년 이상의 징역에 처하며, 사망에 이르게 한 때에는 무기 또는 5년 이상의 징역에 처한다.

## 2. 벌칙 [제34조(벌칙)]

① 업무상 과실로 제조소등에서 위험물을 유출·방출 또는 확산시켜 사람의 생명·신체 또는 재산에 대하여 위험을 발생시킨 자는 7년 이하의 금고 또는 7천만원 이하의 벌금에 처한다.

② ①의 죄를 범하여 사람을 사상(死傷)에 이르게 한 자는 10년 이하의 징역 또는 금고나 1억원 이하의 벌금에 처한다.

## 3. 벌칙 [제34조의2(벌칙)]

설치장소의 허가를 위반하여 제조소등의 설치허가를 받지 아니하고 제조소등을 설치한 자는 5년 이하의 징역 또는 1억원 이하의 벌금에 처한다.

## 4. 벌칙 [제34조의3(벌칙)]

저장소 또는 제조소등이 아닌 장소에서 지정수량 이상의 위험물을 저장 또는 취급한 자는 3년 이하의 징역 또는 3천만원 이하의 벌금에 처한다.

## 5. 1년 이하의 징역 또는 1천만원 이하의 벌금 [제35조(벌칙)]

① 탱크시험자로 등록하지 아니하고 탱크시험자의 업무를 한 자

② 정기점검을 하지 아니하거나 점검기록을 허위로 작성한 관계인으로서 허가(허가가 면제된 경우 및 허가를 받은 것으로 보는 경우를 포함)를 받은 자

③ 정기검사를 받지 아니한 관계인으로서 허가를 받은 자

④ 자체소방대를 두지 아니한 관계인으로서 허가를 받은 자

⑤ 운반용기에 대한 검사를 받지 아니하고 운반용기를 사용하거나 유통시킨 자

⑥ 명령을 위반하여 보고 또는 자료제출을 하지 아니하거나 허위의 보고 또는 자료제출을 한 자 또는 관계공무원의 출입·검사 또는 수거를 거부·방해 또는 기피한 자

⑦ 긴급 사용정지·제한명령을 위반한 자

### 6. 1천500만원 이하의 벌금 [제36조(벌칙)]

① 위험물의 저장 또는 취급에 관한 중요기준에 따르지 아니한 자

② 변경허가를 받지 아니하고 제조소등을 변경한 자

③ 제조소등의 완공검사를 받지 아니하고 위험물을 저장·취급한 자

④ 제조소등의 사용정지명령을 위반한 자

⑤ 수리·개조 또는 이전의 명령에 따르지 아니한 자

⑥ 안전관리자를 선임하지 아니한 관계인으로서 허가를 받은 자

⑦ 대리자를 지정하지 아니한 관계인으로서 허가를 받은 자

⑧ 업무정지명령을 위반한 자

⑨ 탱크안전성능시험 또는 점검에 관한 업무를 허위로 하거나 그 결과를 증명하는 서류를 허위로 교부한 자

⑩ 예방규정을 제출하지 아니하거나 동조제2항의 규정에 따른 변경명령을 위반한 관계인으로서 허가를 받은 자

⑪ 정지지시를 거부하거나 국가기술자격증, 교육수료증·신원확인을 위한 증명서의 제시 요구 또는 신원확인을 위한 질문에 응하지 아니한 사람

⑫ 명령을 위반하여 보고 또는 자료제출을 하지 아니하거나 허위의 보고 또는 자료제출을 한 자 및 관계공무원의 출입 또는 조사·검사를 거부·방해 또는 기피한 자

⑬ 탱크시험자에 대한 감독상 명령에 따르지 아니한 자

⑭ 무허가장소의 위험물에 대한 조치명령에 따르지 아니한 자

⑮ 저장·취급기준 준수명령 또는 응급조치명령을 위반한 자

### 7. 1천만원 이하의 벌금 [제37조(벌칙)]

① 위험물의 취급에 관한 안전관리와 감독을 하지 아니한 자

② 안전관리자 또는 그 대리자가 참여하지 아니한 상태에서 위험물을 취급한 자

③ 변경한 예방규정을 제출하지 아니한 관계인으로서 허가를 받은 자

④ 위험물의 운반에 관한 중요기준에 따르지 아니한 자

⑤ 위반한 위험물운송자

⑥ 관계인의 정당한 업무를 방해하거나 출입·검사 등을 수행하면서 알게 된 비밀을 누설한 자

## 8. 양벌규정 [제38조(양벌규정)]

① 법인의 대표자나 법인 또는 개인의 대리인, 사용인, 그 밖의 종업원이 그 법인 또는 개인의 업무에 관하여 제조소등에서 위험물을 유출·방출 또는 확산시켜 사람의 생명·신체 또는 재산에 대하여 위험을 발생시킨 자는 그 행위자를 벌하는 외에 그 법인 또는 개인을 5천만원 이하의 벌금에 처하고, 같은 위반행위로 사람을 상해 하면 그 행위자를 벌하는 외에 그 법인 또는 개인을 1억원 이하의 벌금에 처한다. 다만, 법인 또는 개인이 그 위반행위를 방지하기 위하여 해당 업무에 관하여 상당한 주의와 감독을 게을리하지 아니한 경우에는 그러하지 아니하다.

② 법인의 대표자나 법인 또는 개인의 대리인, 사용인, 그 밖의 종업원이 그 법인 또는 개인의 업무에 관하여 벌칙 제34조부터 제37조까지의 어느 하나에 해당하는 위반행위를 하면 그 행위자를 벌하는 외에 그 법인 또는 개인에게도 해당 조문의 벌금형을 과(科)한다. 다만, 법인 또는 개인이 그 위반행위를 방지하기 위하여 해당 업무에 관하여 상당한 주의와 감독을 게을리하지 아니한 경우에는 그러하지 아니하다.

## 9. 과태료 [제39조(과태료)]

(1) 200만원 이하의 과태료

① 승인을 받지 아니한 자

② 위험물의 저장 또는 취급에 관한 세부기준을 위반한 자

③ 품명 등의 변경신고를 기간 이내에 하지 아니하거나 허위로 한 자

④ 지위승계신고를 기간 이내에 하지 아니하거나 허위로 한 자

⑤ 제조소등의 폐지신고 또는 안전관리자의 선임신고를 기간 이내에 하지 아니하거나 허위로 한 자

⑥ 등록사항의 변경신고를 기간 이내에 하지 아니하거나 허위로 한 자

⑦ 점검결과를 기록·보존하지 아니한 자

⑧ 위험물의 운반에 관한 세부기준을 위반한 자

⑨ 위험물의 운송에 관한 기준을 따르지 아니한 자

(2) 과태료는 대통령령이 정하는 바에 따라 시·도지사, 소방본부장 또는 소방서장(이하 "부과권자"라 한다)이 부과·징수한다.

과태료의 부과기준(시행령 제23조 관련)

1. 일반기준

가. 과태료 부과권자는 다음의 어느 하나에 해당하는 경우에는 제2호의 개별기준에 따른 과태료 금액의 2분의 1까지 그 금액을 줄일 수 있다. 다만, 과태료를 체납하고 있는 위반행위자에 대해서는 그러하지 아니하다.

1) 위반행위자가 「질서위반행위규제법 시행령」에 따라 수급자, 보호대상자, 장애인, 1급부터 3급까지의 상이등급 판정을 받은 사람, 미성년자 어느 하나에 해당하는 경우

2) 위반행위자가 처음 위반행위를 한 경우로서 3년 이상 해당 업종을 모범적으로 경영한 사실이 인정되는 경우

3) 위반행위가 사소한 부주의나 오류 등 과실로 인한 것으로 인정되는 경우

4) 위반행위자가 같은 위반행위로 다른 법률에 따라 과태료·벌금·영업정지 등의 처분을 받은 경우

5) 위반행위자가 위법행위로 인한 결과를 시정하거나 해소한 경우

6) 그 밖에 위반행위의 정도, 위반행위의 동기와 그 결과 등을 고려하여 과태료를 줄일 필요가 있다고 인정되는 경우

나. 위반행위의 횟수에 따른 과태료의 부과기준은 최근 1년간 같은 위반행위로 과태료 부과처분을 받은 경우에 적용한다. 이 경우 위반횟수는 과태료 부과처분을 한 날과 다시 같은 위반행위를 적발한 날을 각각 기준으로 하여 계산한다.

2. 개별기준

(단위 : 만원)

| 위반행위 | 해당법조문 | 과태료금액 |
|---|---|---|
| 가. 법 제5조제2항제1호(제조소등이 아닌 장소에서 지정수량 이상의 위험물을 취급할 수 경우 중 90일 이내의 임시저장 기간)의 규정에 의한 승인을 받지 아니한 자<br>(1) 승인기한(임시저장 또는 취급개시일의 전날)의 다음 날을 기산일로 하여 30일 이내에 승인을 신청한 자<br>(2) 승인기한(임시저장 또는 취급개시일의 전날)의 다음 날을 기산일로 하여 31일 이후에 승인을 신청한 자<br>(3) 승인을 받지 아니한 자 | 법 제39조제1항제1호 | 50<br><br>100<br><br>200 |
| 나. 법 제5조제3항제2호(제조소등에서의 위험물의 저장 또는 취급에 관하여는 중요기준 및 세부기준 중 세부기준에 따라야 한다)의 규정에 의한 위험물의 저장 또는 취급에 관한 세부기준을 위반한 자<br>(1) 1차 위반시<br>(2) 2차 위반시<br>(3) 3차 이상 위반시 | 법 제39조제1항제2호 | 50<br>100<br>200 |

| | | |
|---|---|---|
| 다. 법 제6조제2항(제조소등의 위치·구조 또는 설비의 변경없이 당해 제조소등에서 저장하거나 취급하는 위험물의 품명·수량 또는 지정수량의 배수를 변경하고자 하는 자는 변경하고자 하는 날의 1일 전까지)에 따른 품명 등의 변경신고를 기간 이내에 하지 아니하거나 허위로 한 자 | 법 제39조제1항제3호 | 30 |
| 1) 신고기한(변경하려는 날의 7일 전날)의 다음날을 기산일로 하여 30일 이내에 신고한 자 | | 70 |
| 2) 신고기한(변경하려는 날의 7일 전날)의 다음날을 기산일로 하여 31일 이후에 신고한 자 | | 200 |
| 3) 허위로 신고한 자 | | 200 |
| 4) 신고를 하지 아니한 자 | | |
| 라. 법 제10조제3항(제조소등 설치자의 지위승계는 승계한 날부터 30일 이내에 시·도지사에게 그 사실을 신고하여야 한다)에 따른 지위승계신고를 기간 이내에 하지 아니하거나 허위로 한 자 | 법 제39조제1항제4호 | 30 |
| 1) 신고기한(지위승계일의 다음날을 기산일로 하여 30일이 되는 날의 다음날을 기산일로 하여 30일 이내에 신고한 자 | | 70 |
| 2) 신고기한(지위승계일의 다음날을 기산일로 하여 30일이 되는 날의 다음날을 기산일로 하여 31일 이후에 신고한 자 | | 200 |
| 3) 허위로 신고한 자 | | 200 |
| 4) 신고를 하지 아니한 자 | | |
| 마. 법 제11조(제조소등의 폐지)의 규정에 의한 폐지신고를 기간 이내에 하지 아니하거나 허위로 한 자 | 법 제39조제1항제5호 | |
| (1) 신고기한(폐지일의 다음날을 기산일로 하여 14일이 되는 날)의 다음날을 기산일로 하여 30일 이내에 신고한 자 | | 30 |
| (2) 신고기한(폐지일의 다음날을 기산일로 하여 14일이 되는 날)의 다음날을 기산일로 하여 31일 이후에 신고한 자 | | 70 |
| (3) 허위로 신고한 자 | | 200 |
| (4) 신고를 하지 아니한 자 | | 200 |

| | | |
|---|---|---|
| 바. 법 제15조제3항(위험물 안전관리자를 선임한 경우 14일이내에 선임신고를 하여야 한다)에 따른 안전관리자의 선임신고를 기간 이내에 하지 아니하거나 허위로 한 자 | 법 제39조제1항제5호 | |
|   1) 신고기한(선임한 날의 다음날을 기산일로 하여 14일이 되는 날)의 다음날을 기산일로 하여 30일 이내에 신고한 자 | | 30 |
|   2) 신고기한(선임한 날의 다음날을 기산일로 하여 14일이 되는 날)의 다음날을 기산일로 하여 31일 이후에 신고한 자 | | 70 |
| | | 200 |
|   3) 허위로 신고한 자 | | 200 |
|   4) 신고를 하지 아니한 자 | | |
| 사. 법 제16조제3항(탱크시험자의 중요 등록 사항 변경은 30일 이내)을 위반하여 등록사항의 변경신고를 기간 이내에 하지 아니하거나 허위로 한 자 | 법 제39조제1항제6호 | |
|   1) 신고기한(변경일의 다음날을 기산일로 하여 30일이 되는 날)의 다음날을 기산일로 하여 30일 이내에 신고한 자 | | 30 |
|   2) 신고기한(변경일의 다음날을 기산일로 하여 30일이 되는 날)의 다음날을 기산일로 하여 31일 이후에 신고한 자 | | 70 |
| | | 200 |
|   3) 허위로 신고한 자 | | 200 |
|   4) 신고를 하지 아니한 자 | | |
| 아. 법 제18조제1항(정기검사 및 정기검사 결과 보관)을 위반하여 점검 결과를 기록하지 않거나 보존하지 않은 경우 | 법 제39조제1항제7호 | |
|   1) 1차 위반 시 | | 50 |
|   2) 2차 위반 시 | | 100 |
|   3) 3차 이상 위반 시 | | 200 |
| 자. 법 제20조제1항제2호(위험물 운반의 세부 기준)의 규정에 의한 위험물의 운반에 관한 세부기준을 위반한 자 | 법 제39조제1항제8호 | |
|   (1) 1차 위반시 | | 50 |
|   (2) 2차 위반시 | | 100 |
|   (3) 3차 이상 위반시 | | 200 |

| | | |
|---|---|---|
| 차. 삭제 | | |
| 카. 법 제21조제3항(위험물의 운송 시 세심한 주의 의무)의 규정을 위반하여 위험물의 운송에 관한 기준을 따르지 아니한 자<br>(1) 1차 위반시<br>(2) 2차 위반시<br>(3) 3차 이상 위반시 | 법 제39조제1항제9호 | 50<br>100<br>200 |

**(3)** 지정수량 미만인 위험물의 저장 또는 취급에 관한 기술상의 기준, ·시도의 조례가 정하는 바에 따라 관할소방서장의 승인을 받아 지정수량 이상의 위험물을 90일 이내의 기간 동안 임시로 저장 또는 취급하는 경우, 군부대가 지정수량 이상의 위험물을 군사목적으로 임시로 저장 또는 취급하는 경우 외의 부분은 규정에 따른 조례에는 200만원 이하의 과태료를 정할 수 있다. 이 경우 과태료는 부과권자가 부과 · 징수한다.

**1** 위험물안전관리법의 목적으로 바른 것은?

① 공공의 안전을 확보
② 소방기술의 발전
③ 국민의 생명과 재산의 보호
④ 국가경제 발전에 기여

> **TIPS!**
>
> [제1조(목적)]
> 위험물안전관리법은 위험물의 저장·취급 및 운반과 이에 따른 안전관리에 관한 사항을 규정함으로써 위험물로 인한 위해를 방지하여 공공의 안전을 확보함을 목적으로 한다.

**2** 위험물안전관리법에 사용하는 용어의 정의가 바르지 않은 것은?

① 위험물 : 인화성 또는 발화성 등의 성질을 가지는 것
② 지정수량 : 위험물의 종류별로 위험성을 고려하여 정하는 수량
③ 제조소 : 지정수량 이상의 위험물을 제조외의 목적으로 취급하기 위한 장소로서 허가를 받은 장소
④ 저장소 : 지정수량 이상의 위험물을 저장하기 위한 장소로서 허가를 받은 장소

> **TIPS!**
>
> [법 제2조]
> ㉠ "위험물"이라 함은 인화성 또는 발화성 등의 성질을 가지는 것으로서 대통령령이 정하는 물품
> ㉡ "지정수량"이라 함은 위험물의 종류별로 위험성을 고려하여 대통령령이 정하는 수량으로서 제조소등의 설치허가 등에 있어서 최저의 기준이 되는 수량을 말한다
> ㉢ "제조소"라 함은 위험물을 제조할 목적으로 지정수량 이상의 위험물을 취급하기 위하여 허가(허가가 면제된 경우 및 협의로써 허가를 받은 것으로 보는 경우를 포함)를 받은 장소를 말한다.
> ㉣ "저장소"라 함은 지정수량 이상의 위험물을 저장하기 위한 대통령령이 정하는 장소로서 허가를 받은 장소를 말한다.
> ㉤ "취급소"라 함은 지정수량 이상의 위험물을 제조외의 목적으로 취급하기 위한 대통령령이 정하는 장소로서 허가를 받은 장소[별표 3]를 말한다.
> ㉥ "제조소등"이라 함은 ㉢~㉤의 제조소·저장소 및 취급소를 말한다.

**3** 다음 중 위험물관리법의 적용제외 대상이라 보기 어려운 것은?

① 제조소

② 항공기

③ 철도

④ 궤도

> 🦅 TIPS! ⋯⋯⋯⋯⋯⋯⋯⋯⋯⋯⋯⋯⋯⋯⋯⋯⋯⋯⋯⋯⋯⋯⋯⋯⋯⋯⋯⋯⋯⋯⋯⋯⋯⋯⋯
>
> [제3조(적용제외)]
> 이 법은 항공기·선박(선박법에 따른 선박을 말한다)·철도 및 궤도에 의한 위험물의 저장·취급 및 운반에
> 있어서는 이를 적용하지 아니한다.

**4** 국가는 위험물에 의한 사고를 예방하기 위하여 시책을 수립·시행하여야 한다. 다음 중 그 시책과 거리가 먼 것은?

① 위험물의 유통실태 분석

② 소방시설업에 대한 개발

③ 위험물에 의한 사고 유형의 분석

④ 사고 예방을 위한 안전기술 개발

> 🦅 TIPS! ⋯⋯⋯⋯⋯⋯⋯⋯⋯⋯⋯⋯⋯⋯⋯⋯⋯⋯⋯⋯⋯⋯⋯⋯⋯⋯⋯⋯⋯⋯⋯⋯⋯⋯⋯
>
> [제3조의2(국가의 책무)]
> 국가는 위험물에 의한 사고를 예방하기 위하여 다음의 사항을 포함하는 시책을 수립·시행하여야 한다.
> ㉠ 위험물의 유통실태 분석
> ㉡ 위험물에 의한 사고 유형의 분석
> ㉢ 사고 예방을 위한 안전기술 개발
> ㉣ 전문인력 양성
> ㉤ 그 밖에 사고 예방을 위하여 필요한 사항

**5** 지정수량 미만인 위험물의 저장 또는 취급에 관한 기술상의 기준에 대한 지정은 어떤 법령으로 하는가?

① 소방청장고시

② 행정안전부령

③ 시·도지사 조례

④ 대통령령

> 🦅 TIPS! ⋯⋯⋯⋯⋯⋯⋯⋯⋯⋯⋯⋯⋯⋯⋯⋯⋯⋯⋯⋯⋯⋯⋯⋯⋯⋯⋯⋯⋯⋯⋯⋯⋯⋯⋯
>
> [제4조(지정수량 미만인 위험물의 저장·취급)]
> 지정수량 미만인 위험물의 저장 또는 취급에 관한 기술상의 기준은 특별시·광역시·특별자치시·도 및 특
> 별자치도의 조례로 정한다.

**Answer** 3.① 4.② 5.③

**6** 다음 중 위험물 저장 및 취급에 대한 설명으로 바르지 않은 것은?

① 지정수량 이상의 위험물을 저장소가 아닌 장소에서 저장하거나 제조소등이 아닌 장소에서 취급하여 서는 아니된다.

② 시·도의 조례가 정하는 바에 따라 관할소방서장의 승인을 받아 지정수량 이상의 위험물을 30일 이 내의 기간동안 임시로 저장 또는 취급하는 경우

③ 제조소등의 위치·구조 및 설비의 기술기준은 행정안전부령으로 정한다.

④ 둘 이상의 위험물을 같은 장소에서 저장 또는 취급하는 경우에 있어서 당해 장소에서 저장 또는 취 급하는 각 위험물의 수량을 그 위험물의 지정수량으로 각각 나누어 얻은 수의 합계가 1 이상인 경 우 당해 위험물은 지정수량 이상의 위험물로 본다.

>>>> TIPS!
.................................................................................

[제5조(위험물의 저장 및 취급의 제한)]
-지정수량 이상의 위험물을 저장소가 아닌 장소에서 저장하거나 제조소등이 아닌 장소에서 취급하여서는 아니 된다.
-다음에 해당하는 경우에는 제조소등이 아닌 장소에서 지정수량 이상의 위험물을 취급할 수 있다. 이 경우 임시로 저장 또는 취급하는 장소에서의 저장 또는 취급의 기준과 임시로 저장 또는 취급하는 장소의 위 치·구조 및 설비의 기준은 시·도의 조례로 정한다.
　　㉠ 시·도의 조례가 정하는 바에 따라 관할소방서장의 승인을 받아 지정수량 이상의 위험물을 90일 이내 의 기간동안 임시로 저장 또는 취급하는 경우
　　㉡ 군부대가 지정수량 이상의 위험물을 군사목적으로 임시로 저장 또는 취급하는 경우
-제조소등에서의 위험물의 저장 또는 취급에 관하여는 다음의 중요기준 및 세부기준에 따라야 한다.
　　㉠ 중요기준 : 화재 등 위해의 예방과 응급조치에 있어서 큰 영향을 미치거나 그 기준을 위반하는 경우 직접적으로 화재를 일으킬 가능성이 큰 기준으로서 행정안전부령이 정하는 기준
　　㉡ 세부기준 : 화재 등 위해의 예방과 응급조치에 있어서 중요기준보다 상대적으로 적은 영향을 미치거나 그 기준을 위반하는 경우 간접적으로 화재를 일으킬 수 있는 기준 및 위험물의 안전관리에 필요한 표 시와 서류·기구 등의 비치에 관한 기준으로서 행정안전부령이 정하는 기준
-제조소등의 위치·구조 및 설비의 기술기준은 행정안전부령으로 정한다.
-둘 이상의 위험물을 같은 장소에서 저장 또는 취급하는 경우에 있어서 당해 장소에서 저장 또는 취급하는 각 위험물의 수량을 그 위험물의 지정수량으로 각각 나누어 얻은 수의 합계가 1 이상인 경우 당해 위험물 은 지정수량 이상의 위험물로 본다.

**Answer** 6.②

**7** 다음 중 제조소등의 경우에는 허가를 받지 아니하고 당해 제조소등을 설치하거나 그 위치·구조 또는 설비를 변경할 수 있는 시설은?

① 농예용·축산용 또는 수산용으로 필요한 난방시설 또는 건조시설을 위한 지정수량 20배 이하의 저장소
② 제조소등의 위치·구조 및 설비가 기술기준에 적합할 것
③ 제조소등에서의 위험물의 저장 또는 취급이 공공의 안전유지 또는 재해의 발생방지에 지장을 줄 우려가 없다고 인정될 것
④ 옥외탱크저장소(저장용량이 50만 리터 이상인 것만 해당) 또는 암반탱크저장소

 **TIPS!**

[법 제6조 제3항]
다음에 해당하는 제조소등의 경우에는 허가를 받지 아니하고 당해 제조소등을 설치하거나 그 위치·구조 또는 설비를 변경할 수 있으며, 신고를 하지 아니하고 위험물의 품명·수량 또는 지정수량의 배수를 변경할 수 있다.
㉠ 주택의 난방시설(공동주택의 중앙난방시설을 제외한다)을 위한 저장소 또는 취급소
㉡ 농예용·축산용 또는 수산용으로 필요한 난방시설 또는 건조시설을 위한 지정수량 20배 이하의 저장소

**8** 군용위험물시설의 설치 및 변경에 대한 특례에 대한 설명으로 바르지 않은 것은?

① 군부대시설을 위한 제조소등을 설치하거나 그 위치·구조 또는 설비를 변경하고자 하는 군부대의 장은 제조소등의 소재지를 관할하는 소방본부장이나 소방서장과 협의하여야 한다.
② 국가기밀에 속하는 제조소등을 설치 또는 변경하는 경우에는 당해 공사의 설계도서의 제출을 생략할 수 있다.
③ 군부대의 장이 제조소등의 소재지를 관할하는 시·도지사와 협의한 경우에는 허가를 받은 것으로 본다.
④ 시·도지사는 검토결과를 통지하기 전에 설계도서와 관계서류의 보완요청을 할 수 있고, 보완요청을 받은 군부대의 장은 특별한 사유가 없는 한 이에 응하여야 한다.

**TIPS!**

[제7조(군용위험물시설의 설치 및 변경에 대한 특례)]
㉠ 군사목적 또는 군부대시설을 위한 제조소등을 설치하거나 그 위치·구조 또는 설비를 변경하고자 하는 군부대의 장은 대통령령이 정하는 바에 따라 미리 제조소등의 소재지를 관할하는 시·도지사와 협의하여야 한다.
㉡ 군부대의 장이 제조소등의 소재지를 관할하는 시·도지사와 협의한 경우에는 허가를 받은 것으로 본다.

**Answer** 7.① 8.①

[시행령 제7조(군용위험물시설의 설치 및 변경에 대한 특례)]

㉠ 군부대의 장은 군사목적 또는 군부대시설을 위한 제조소등을 설치하거나 그 위치·구조 또는 설비를 변경하고자 하는 경우에는 당해 제조소등의 설치공사 또는 변경공사를 착수하기 전에 그 공사의 설계도서와 행정안전부령이 정하는 서류를 시·도지사에게 제출하여야 한다. 다만, 국가안보상 중요하거나 국가기밀에 속하는 제조소등을 설치 또는 변경하는 경우에는 당해 공사의 설계도서의 제출을 생략할 수 있다.

㉡ 시·도지사는 제출 받은 설계도서와 관계서류를 검토한 후 그 결과를 당해 군부대의 장에게 통지하여야 한다. 이 경우 시·도지사는 검토결과를 통지하기 전에 설계도서와 관계서류의 보완요청을 할 수 있고, 보완요청을 받은 군부대의 장은 특별한 사유가 없는 한 이에 응하여야 한다.

**9** 탱크안전성능검사의 신청시기로 바른 것은?

① 기초·지반검사 : 위험물을 저장 또는 취급하는 탱크에 배관 그 밖의 부속설비를 부착하기 전
② 충수·수압검사 : 탱크본체에 관한 공사의 개시 전
③ 용접부검사 : 위험물탱크의 기초 및 지반에 관한 공사의 개시 전
④ 암반탱크검사 : 암반탱크의 본체에 관한 공사의 개시 전

**TIPS!**

[시행규칙 제18조 제4항]
탱크안전성능검사의 신청시기
① 기초·지반검사 : 위험물탱크의 기초 및 지반에 관한 공사의 개시 전
② 충수·수압검사 : 위험물을 저장 또는 취급하는 탱크에 배관 그 밖의 부속설비를 부착하기 전
③ 용접부검사 : 탱크본체에 관한 공사의 개시 전
④ 암반탱크검사 : 암반탱크의 본체에 관한 공사의 개시 전

**10** 제조소등의 완공검사에 대한 설명으로 바른 것은?

① 제조소등마다 시·도지사가 행하는 완공검사를 받아 기술기준에 적합하다고 인정받은 후가 아니면 이를 사용하여서는 아니된다.
② 제조소등의 설치를 마쳤거나 그 위치·구조 또는 설비의 변경을 마친 때에는 완공된 전체 제조소등을 한번에 시·도지사가 행하는 완공검사를 받아야 한다
③ 제조소등의 위치·구조 또는 설비를 변경함에 있어서 변경허가를 신청하는 때에 화재예방에 관한 조치사항을 기재한 서류를 제출하는 경우에는 당해 변경공사와 관계가 없는 부분이라도 완공검사를 받기 전에 미리 사용할 수 없다.
④ 제조소등의 일부에 대한 설치 또는 변경을 마친 후 그 일부를 미리 사용하고자 하는 경우에도 당해 제조소등의 전부에 대하여 완공검사를 받을 수 있다.

**Answer** 9.④ 10.①

**11** 다음 중 제조소등 설치자의 지위승계에 대한 설명으로 틀린 것은?

① 제조소등의 설치자가 사망한 경우 그 상속인
② 제조소등을 양수·인수한 자 또는 합병후 존속하는 법인이나 합병에 의하여 설립되는 법인은 그 설치자의 지위를 승계한다.
③ 「지방세징수법」에 따른 압류재산의 매각에 따라 제조소등의 시설의 전부를 인수한 자는 그 설치자의 지위를 승계한다.
④ 「민사집행법」에 의한 경매에 따라 제조소등의 시설의 일부를 인수한 자는 그 설치자의 지위를 승계한다.

**Answer** 11.④

**12** 제조소등의 관계인은 당해 제조소등의 용도를 폐지한 때에는 (　　　)이 정하는 바에 따라 제조소등의 용도를 폐지한 날부터 (　)일 이내에 시·도지사에게 신고하여야 한다. 괄호 안에 들어갈 법령과 일자를 고르시오?

① 시·도지사 조례　　　　14일
② 행정안전부령　　　　　14일
③ 시·도지사 조례　　　　30일
④ 행정안전부령　　　　　30일

> **⚑ TIPS!**
>
> [제11조(제조소등의 폐지)]
> 제조소등의 관계인(소유자·점유자 또는 관리자)은 당해 제조소등의 용도를 폐지(장래에 대하여 위험물시설로서의 기능을 완전히 상실시키는 것을 말한다)한 때에는 행정안전부령이 정하는 바에 따라 제조소등의 용도를 폐지한 날부터 14일 이내에 시·도지사에게 신고하여야 한다.

**13** 다음 중 제조소등 설치허가의 취소와 사용정지의 경우에 대한 설명으로 바르지 않은 것은?

① 변경허가를 받지 아니하고 제조소등의 위치·구조
② 완공검사를 받지 아니하고 제조소등을 사용한 때
③ 수리·개조 또는 이전의 명령을 위반한 때
④ 대통령령에 의한 기술기준적합에 관한 특별점검을 하지 아니한 때

> **⚑ TIPS!**
>
> [제12조(제조소등 설치허가의 취소와 사용정지 등)]
> 시·도지사는 제조소등의 관계인이 다음에 해당하는 때에는 행정안전부령이 정하는 바에 따라 허가를 취소하거나 6월 이내의 기간을 정하여 제조소등의 전부 또는 일부의 사용정지를 명할 수 있다.
> ㉠ 변경허가를 받지 아니하고 제조소등의 위치·구조 또는 설비를 변경한 때
> ㉡ 완공검사를 받지 아니하고 제조소등을 사용한 때
> ㉢ 수리·개조 또는 이전의 명령을 위반한 때
> ㉣ 위험물안전관리자를 선임하지 아니한 때
> ㉤ 대리자를 지정하지 아니한 때
> ㉥ 대통령령에 의한 기술기준적합에 관한 정기점검을 하지 아니한 때
> ㉦ 행정안전부령에 의한 기술기준적합에 관한 정기검사를 받지 아니한 때
> ㉧ 저장·취급기준 준수명령을 위반한 때

**Answer** 12.② 13.④

**14** 다음 중 산화성고체에 해당하지 않는 것은?

① 아염소산염류
② 염소산염류
③ 과염소산염류
④ 황화린

**15** 제조소등에 해당하지 않는 것은?

① 지정소
② 제조소
③ 저장소
④ 취급소

**16** 제조소등의 과징금처분에 관한 내용으로 바른 것은?

① 사용의 정지가 그 이용자에게 심한 불편을 주거나 그 밖에 공익을 해칠 우려가 있는 때에는 사용정지처분에 갈음하여 5천 만원 이하의 과징금 부과
② 사용의 정지가 그 이용자에게 심한 불편을 주거나 그 밖에 공익을 해칠 우려가 있는 때에는 사용정지처분에 갈음하여 1억 원 이하의 과징금을 부과
③ 사용의 정지가 그 이용자에게 심한 불편을 주거나 그 밖에 공익을 해칠 우려가 있는 때에는 사용정지처분에 갈음하여 2억 원 이하의 과징금을 부과
④ 사용의 정지가 그 이용자에게 심한 불편을 주거나 그 밖에 공익을 해칠 우려가 있는 때에는 사용정지처분에 갈음하여 3억 원 이하의 과징금을 부과

Answer  14.④  15.①  16.③

**17** 제조소등의 위반행위에 대한 과징금 산정 기준으로 바른 것은?

| 연간 매출액 | 1일당 과징금의 금액 |
|---|---|
| ① 5천만원 이하 | 5,000원 |
| ② 5천만원 초과 1억원 이하 | 20,000원 |
| ③ 1억원 초과 2억원 미만 | 40,000원 |
| ④ 2억원 초과 3억원 미만 | 70,000원 |

> **TIPS!**
>
> 과징금의 금액(시행규칙 제26조제1호 관련)
>
> | 등급 | 연간 매출액 | 1일당 과징금의 금액(단위: 원) |
> |---|---|---|
> | 1 | 5천만원 이하 | 7,000 |
> | 2 | 5천만원 초과 ~ 1억원 이하 | 20,000 |
> | 3 | 1억원 초과 ~ 2억원 이하 | 41,000 |
> | 4 | 2억원 초과 ~ 3억원 이하 | 68,000 |
> | 5 | 3억원 초과 ~ 5억원 이하 | 110,000 |
> | 6 | 5억원 초과 ~ 7억원 이하 | 160,000 |
> | 7 | 7억원 초과 ~ 10억원 이하 | 200,000 |

**18** 다음 중 위험물안전관리자에 대한 설명으로 바르지 않은 것은?

① 제조소등의 관계인은 위험물의 안전관리에 관한 직무를 수행하게 하기 위하여 제조소등마다 위험물의 취급에 관한 자격이 있는 자를 위험물안전관리자 선임하여야 한다.

② 안전관리자를 선임한 제조소등의 관계인은 그 안전관리자를 해임하거나 안전관리자가 퇴직한 때에는 해임하거나 퇴직한 날부터 30일 이내에 다시 안전관리자를 선임하여야 한다.

③ 안전관리자를 선임한 제조소등의 관계인은 안전관리자가 질병의 사유로 인하여 일시적으로 직무를 수행할 수 없는 경우 위험물의 취급에 관한 자격취득자를 대리자로 지정하여 그 직무를 대행하게 하여야 한다.

④ 다수의 제조소등을 동일인이 설치한 경우에는 관계인은 대통령령이 정하는 바에 따라 안전관리자를 중복하여 선임할 수 없다.

> **TIPS!**
>
> [제15조 제8항 (위험물안전관리자)]
> 다수의 제조소등을 동일인이 설치한 경우에는 관계인은 대통령령이 정하는 바에 따라 1인의 안전관리자를 중복하여 선임할 수 있다. 이 경우 대통령령이 정하는 제조소등의 관계인은 대리자의 자격이 있는 자를 각 제조소등별로 지정하여 안전관리자를 보조하게 하여야 한다.

**Answer** 17.② 18.④

**19** 관계인이 예방규정을 정해야 하는 제조소등에 포함되지 않는 곳은?

① 지정수량의 50배 이상의 위험물을 취급하는 제조소
② 지정수량의 100배 이상의 위험물을 저장하는 옥외저장소
③ 지정수량의 150배 이상의 위험물을 저장하는 옥내저장소
④ 지정수량의 200배 이상의 위험물을 저장하는 옥외탱크저장소

> **TIPS!**
>
> [시행령 제15조(관계인이 예방규정을 정하여야 하는 제조소등)]
> ⊙ 지정수량의 10배 이상의 위험물을 취급하는 제조소
> ㉡ 지정수량의 100배 이상의 위험물을 저장하는 옥외저장소
> ㉢ 지정수량의 150배 이상의 위험물을 저장하는 옥내저장소
> ㉣ 지정수량의 200배 이상의 위험물을 저장하는 옥외탱크저장소
> ㉤ 암반탱크저장소
> ㉥ 이송취급소
> ㉦ 지정수량의 10배 이상의 위험물을 취급하는 일반취급소. 다만, 제4류 위험물(특수인화물을 제외한다)만을 지정수량의 50배 이하로 취급하는 일반취급소(제1석유류·알코올류의 취급량이 지정수량의 10배 이하인 경우에 한한다)로서 다음 각목의 어느 하나에 해당하는 것을 제외한다.
> −보일러·버너 또는 이와 비슷한 것으로서 위험물을 소비하는 장치로 이루어진 일반취급소
> −위험물을 용기에 옮겨 담거나 차량에 고정된 탱크에 주입하는 일반취급소

**20** 위험물관리법 상 예방규정에 대한 설명으로 바르지 않은 것은?

① 제조소등의 관계인은 예방규정을 정하여 당해 제조소등의 사용을 시작하기 전에 시·도지사에게 제출하여야 한다.
② 시·도지사는 제출한 예방규정이 기준에 적합하지 아니하거나 화재예방이나 재해발생시의 비상조치를 위하여 필요하다고 인정하는 때에는 이를 반려하거나 그 변경을 명할 수 있다.
③ 제조소등의 관계인과 그 종업원은 예방규정을 충분히 잘 익히고 준수하여야 한다.
④ 예방규정은 「소방시설업법」에 의한 안전보건관리규정과 통합하여 작성할 수 있다.

> **TIPS!**
>
> [시행규칙 제63조 제2항 (예방규정의 작성 등)]
> 예방규정은 「산업안전보건법」에 의한 안전보건관리규정과 통합하여 작성할 수 있다.

**Answer** 19.① 20.④

**21** 다음 중 특정옥외저장탱크의 부식방지 조치로 바르지 않은 것은?

① 특정옥외저장탱크의 외부의 부식을 방지하기 위한 코팅

② 특정옥외저장탱크의 에뉼러판 및 밑판 외면의 부식을 방지하는 조치

③ 특정옥외저장탱크의 유지관리체제의 적정 유지

④ 현저한 부등침하가 없도록 하는 조치

> **TIPS!**
>
> [시행규칙 제65조(특정옥외탱크저장소의 정기점검)]
> 특정옥외저장탱크의 부식방지 등을 위한 다음의 조치
> ㉠ 특정옥외저장탱크의 내부의 부식을 방지하기 위한 코팅[유리입자(글래스플레이크)코팅 또는 유리섬유강화 플라스틱 라이닝에 한한다] 또는 이와 동등 이상의 조치
> ㉡ 특정옥외저장탱크의 에뉼러판 및 밑판 외면의 부식을 방지하는 조치
> ㉢ 특정옥외저장탱크의 에뉼러판 및 밑판의 두께가 적정하도록 하는 조치
> ㉣ 특정옥외저장탱크에 구조상의 영향을 줄 우려가 있는 보수를 하지 아니하거나 변형이 없도록 하는 조치
> ㉤ 현저한 부등침하가 없도록 하는 조치
> ㉥ 지반이 충분한 지지력을 확보하는 동시에 침하에 대하여 충분한 안전성을 확보하는 조치
> ㉦ 특정옥외저장탱크의 유지관리체제의 적정 유지

**22** 다음 보기가 설명하는 것은?

> 〈보기〉
> 다량의 위험물을 저장·취급하는 제조소등으로서 제조소등이 있는 동일한 사업소에서 대통령령이 정하는 수량 이상의 위험물을 저장 또는 취급하는 경우 당해 사업소의 관계인은 당해 사업소에 설치하여야 한다.

① 자치소방대

② 의용소방대

③ 자체소방대

④ 종합상황실

> **TIPS!**
>
> [제19조(자체소방대)]
> 다량의 위험물을 저장·취급하는 제조소등으로서 대통령령이 정하는 제조소등이 있는 동일한 사업소에서 대통령령이 정하는 수량 이상의 위험물을 저장 또는 취급하는 경우 당해 사업소의 관계인은 대통령령이 정하는 바에 따라 당해 사업소에 자체소방대를 설치하여야 한다.

**Answer** 21.① 22.③

**23** 다음 중 액체위험물 운반용기로 적절하지 않은 것은?

① 금속제

② 경질플라스틱제

③ 플라스틱 내용기부착

④ 플렉시블(flexible) 합성수지제

> **TIPS!** ----------------------------------------------------------------------------------○
>
> [시행규칙 제51조제1항 관련]
> - **액체위험물 운반용기**
>   금속제, 경질플라스틱제, 플라스틱 내용기부착
> - **고체위험물 운반용기**
>   금속제, 플렉시블(flexible) 합성수지제, 플렉시블(flexible) 플라스틱필름제, 플렉시블(flexible) 섬유제, 플렉시블(flexible) 종이제(여러겹의 것), 경질플라스틱제, 플라스틱 내용기 부착, 파이버판제, 목제(라이닝부착)

**24** 다음의 설명 중 바르지 않은 것은?

① 소방청장은 위험물의 저장에 따른 화재의 예방을 위하여 필요한 때에는 위험물을 저장 또는 취급하고 있다고 인정되는 장소의 관계인에 대하여 필요한 보고를 명할 수 있다

② 소방청장은 관계공무원으로 위험물취급 장소에 출입하여 그 장소의 위치·구조·설비 및 위험물의 저장·취급상황에 대하여 검사하게 할 수 있다

③ 위험물취급 장소의 출입·검사 등은 그 장소의 공개시간이나 근무시간내 또는 해가 뜬 후부터 해가 지기 전까지의 시간내에 행하여야 한다.

④ 위험물취급 장소의 출입·검사 등을 행하는 관계공무원은 법 규정에 적합하지 아니한 사항을 발견한 때에는 그 내용을 기재한 위험물제조소등 소방검사서의 사본을 추후 서식을 갖추어 제조소등의 관계인에게 교부하여야 한다.

> **TIPS!** ----------------------------------------------------------------------------------○
>
> [시행규칙 제76조(소방검사서)]
> 출입·검사 등을 행하는 관계공무원은 법 또는 법에 근거한 명령 또는 조례의 규정에 적합하지 아니한 사항을 발견한 때에는 그 내용을 기재한 위험물제조소등 소방검사서의 사본을 검사현장에서 제조소등의 관계인에게 교부하여야 한다. 다만, 도로상에서 주행중인 이동탱크저장소를 정지시켜 검사를 한 경우에는 그러하지 아니하다.

**Answer** 23.④ 24.④

**25** 다음 중 응급조치통보 및 조치명령에 대한 설명으로 바른 것은?

① 제조소등의 관계인은 제조소등에서 위험물의 유출 사고가 발생한 때에는 즉시 위험물의 유출 및 확산의 방지, 유출된 위험물의 제거 그 밖에 재해의 발생방지를 위한 응급조치를 강구하여야 한다.
② 사태를 발견한 자는 추후 그 사실을 소방서, 경찰서 또는 그 밖의 관계기관에 통보하여야 한다.
③ 소방본부장 또는 소방서장은 제조소등의 관계인이 응급조치를 강구 하였다고 인정하는 때에는 응급조치를 강구하도록 명할 수 있다.
④ 시·도지사는 그 관할하는 구역에 있는 이동탱크저장소의 관계인에 대하여 응급조치를 강구하도록 명할 수 있다.

> **TIPS!**
>
> [제27조(응급조치통보 및 조치명령)]
> ㉠ 제조소등의 관계인은 당해 제조소등에서 위험물의 유출 그 밖의 사고가 발생한 때에는 즉시 그리고 지속적으로 위험물의 유출 및 확산의 방지, 유출된 위험물의 제거 그 밖에 재해의 발생방지를 위한 응급조치를 강구하여야 한다.
> ㉡ 사태를 발견한 자는 즉시 그 사실을 소방서, 경찰서 또는 그 밖의 관계기관에 통보하여야 한다.
> ㉢ 소방본부장 또는 소방서장은 제조소등의 관계인이 응급조치를 강구하지 아니하였다고 인정하는 때에는 응급조치를 강구하도록 명할 수 있다.
> ㉣ 소방본부장 또는 소방서장은 그 관할하는 구역에 있는 이동탱크저장소의 관계인에 대하여 응급조치를 강구하도록 명할 수 있다.

**26** 다음 중 청문을 실시해야 하는 경우는?

① 제조소등 설치허가
② 탱크시험자의 등록
③ 제조소등 설치허가의 취소
④ 소방감리업의 등록

> **TIPS!**
>
> [제29조(청문)]
> 시·도지사, 소방본부장 또는 소방서장은 다음에 해당하는 처분을 하고자 하는 경우에는 청문을 실시하여야 한다.
> ① 제조소등 설치허가의 취소
> ② 탱크시험자의 등록취소

**Answer** 25.① 26.③

**27** 승인 · 허가 · 검사 또는 교육 등을 받고자 하거나 등록 또는 신고를 하고자 하는 자는 수수료 또는 교육비를 납부하여야 한다. 해당되지 않는 경우는?

① 탱크시험자의 등록취소
② 제조소등의 설치 또는 변경의 허가
③ 제조소등의 탱크안전성능검사
④ 탱크시험자의 등록

> **TIPS!**
>
> [제31조(수수료 등)]
> 다음에 해당하는 승인 · 허가 · 검사 또는 교육 등을 받고자 하거나 등록 또는 신고를 하고자 하는 자는 행정안전부령이 정하는 바에 따라 수수료 또는 교육비를 납부하여야 한다.
> ㉠ 임시저장 · 취급의 승인
> ㉡ 제조소등의 설치 또는 변경의 허가
> ㉢ 제조소등의 탱크안전성능검사
> ㉣ 제조소등의 완공검사
> ㉤ 설치자의 지위승계신고
> ㉥ 탱크시험자의 등록
> ㉦ 탱크시험자의 등록사항 변경신고
> ㉧ 정기검사
> ㉨ 운반용기의 검사
> ㉩ 안전교육

**28** 다음 중 벌칙적용의 공무원의제에 해당하는 자로 바르지 않은 것은?

① 검사업무에 종사하는 기술원의 담당 임원 및 직원
② 탱크시험자의 업무에 종사하는 자
③ 위탁 받은 업무에 종사하는 협회 및 기술원의 담당 임원 및 직원
④ 군부대시설을 위한 제조소등을 설치하는 자

> **TIPS!**
>
> [제32조(벌칙적용에 있어서의 공무원 의제)]
> 다음의 자는 형법[제129조(수뢰, 사전수뢰), 제130조(제삼자뇌물제공), 제131조(수뢰후부정처사, 사후수뢰), 제132조(알선수뢰)) 적용에 있어서는 이를 공무원으로 본다.
> 1) 검사업무에 종사하는 기술원의 담당 임원 및 직원
> 2) 탱크시험자의 업무에 종사하는 자
> 3) 위탁받은 업무에 종사하는 협회 및 기술원의 담당 임원 및 직원

**Answer** 27.① 28.④

**29**   다음 중 5년 이하의 징역 또는 1억원 이하의 벌금 해당하는 위반사항은?

① 설치장소의 허가를 위반하여 제조소등의 설치허가를 받지 아니하고 제조소등을 설치한 자
② 탱크시험자로 등록하지 아니하고 탱크시험자의 업무를 한 자
③ 정기검사를 받지 아니한 관계인으로서 허가를 받은 자
④ 저장소 또는 제조소등이 아닌 장소에서 지정수량 이상의 위험물을 저장 또는 취급한 자

---

**TIPS!**

• [제34조의2(벌칙)]
  설치장소의 허가를 위반하여 제조소등의 설치허가를 받지 아니하고 제조소등을 설치한 자는 5년 이하의 징역 또는 1억원 이하의 벌금에 처한다.
• [제34조의3(벌칙)]
  저장소 또는 제조소등이 아닌 장소에서 지정수량 이상의 위험물을 저장 또는 취급한 자는 3년 이하의 징역 또는 3천만원 이하의 벌금에 처한다.
• [제35조(벌칙)] 1년 이하의 징역 또는 1천만원 이하의 벌금
  ㉠ 탱크시험자로 등록하지 아니하고 탱크시험자의 업무를 한 자
  ㉡ 정기점검을 하지 아니하거나 점검기록을 허위로 작성한 관계인으로서 허가(허가가 면제된 경우 및 허가를 받은 것으로 보는 경우를 포함)를 받은 자
  ㉢ 정기검사를 받지 아니한 관계인으로서 허가를 받은 자
  ㉣ 자체소방대를 두지 아니한 관계인으로서 허가를 받은 자
  ㉤ 운반용기에 대한 검사를 받지 아니하고 운반용기를 사용하거나 유통시킨 자
  ㉥ 명령을 위반하여 보고 또는 자료제출을 하지 아니하거나 허위의 보고 또는 자료제출을 한 자 또는 관계 공무원의 출입·검사 또는 수거를 거부·방해 또는 기피한 자
  ㉦ 긴급 사용정지·제한명령을 위반한 자

**Answer**  29.①

**30** 다음 보기의 괄호를 채우시오.

> 〈보기〉
>
> 지정수량 미만인 위험물의 저장 또는 취급에 관한 기술상의 기준, ·시도의 조례가 정하는 바에 따라 관할소방서장의 승인을 받아 지정수량 이상의 위험물을 (   ) 이내의 기간동안 임시로 저장 또는 취급하는 경우, 군부대가 지정수량 이상의 위험물을 군사목적으로 임시로 저장 또는 취급하는 경우 외의 부분은 규정에 따른 조례에는 (   ) 이하의 과태료를 정할 수 있다

① 60일, 100만원
② 60일, 200만원
③ 90일, 100만원
④ 90일, 200만원

---

**● TIPS!**

[제39조(과태료)]

지정수량 미만인 위험물의 저장 또는 취급에 관한 기술상의 기준, ·시도의 조례가 정하는 바에 따라 관할소방서장의 승인을 받아 지정수량 이상의 위험물을 90일 이내의 기간 동안 임시로 저장 또는 취급하는 경우, 군부대가 지정수량 이상의 위험물을 군사목적으로 임시로 저장 또는 취급하는 경우 외의 부분은 규정에 따른 조례에는 200만원 이하의 과태료를 정할 수 있다. 이 경우 과태료는 부과권자가 부과 · 징수한다.

# MEMO

# MEMO

서원각이 취업을 찢었다!

봉투모의고사 **찐!5회** 횟수로 플렉스해 버렸지 뭐야 ~

서울시설공단 봉투모의고사(일반직)

광주도시철도공사 봉투모의고사(업무직)

# 합격을 위한 준비
# 서원각 온라인강의

요점만 담은
**알짜이론**

믿고보는
**교수진**

www.sojungedu.co.kr

| 공 무 원 | 자 격 증 | 취 업 | 부사관/장교 |
|---|---|---|---|
| 9급공무원 | 건강운동관리사 | NCS코레일 | 육군부사관 |
| 9급기술직 | 관광통역안내사 | 공사공단 전기일반 | 육해공군 국사(근현대사) |
| 사회복지직 | 사회복지사 1급 | | 공군장교 필기시험 |
| 운전직 | 사회조사분석사 | | |
| 계리직 | 임상심리사 2급 | | |
| | 텔레마케팅관리사 | | |
| | 소방설비기사 | | |